Wuppertaler Studienbibel

Wuppertaler Studienbibel

Herausgegeben von

Fritz Rienecker

und

Werner de Boor

1974

R. Brockhaus Verlag, Wuppertal

Das
Evangelium des Lukas

erklärt von

Fritz Rienecker

1974

R. Brockhaus Verlag, Wuppertal

5. Auflage

Copyright 1959 by R. Brockhaus Verlag Wuppertal
Printed in Germany
Druck: fotokop wilhelm weihert, Darmstadt
ISBN 3-417-00255-9 Leinen
ISBN 3-417-00256-7 Paperback

Vorwort zur Gesamtausgabe

Das Vorwort zur Gesamtausgabe will über ein Z w e i f a c h e s kurz Rechenschaft geben.
1. Auf welcher Grundlage ist die Wuppertaler Studienbibel aufgebaut?
2. Was will die Wuppertaler Studienbibel?

I.
Auf welcher Grundlage sind die Auslegungen der Wuppertaler Studienbibel aufgebaut?

Die Wuppertaler Studienbibel ist herausgeboren aus der tiefen Ehrfurcht vor der Heiligen Schrift, die als ein Wunder des Heiligen Geistes immer wieder zur Anbetung Gottes zwingt.

Diese Tatsache, daß die Bibel das Wunderwerk des Heiligen Geistes ist, birgt in sich ein Doppeltes: Es ist das Faktum der Knechtsgestalt und das Faktum der Herrlichkeitsgestalt der Schrift.

K n e c h t s g e s t a l t heißt: Vom ersten Wort der Bibel bis zum letzten Wort der Bibel tritt uns das Menschliche des Gotteswortes in ihrer vollen Realität entgegen. — Wir nehmen die Bibel „so wie sie ist", d. h. nicht als ein vom Himmel direkt auf die Erde „heruntergefallenes" Buch, sondern als ein auf Erden im Laufe der Jahrtausende nach und nach entstandenes, von Glaubens-Menschen verschiedener Prägung und Herkunft und Lebensführung geschriebenes Buchwerk.

H e r r l i c h k e i t s g e s t a l t der Schrift heißt: Vom ersten Wort der Bibel bis zum letzten Wort tritt uns weit über alles menschliche Denken und Verstehen erhaben und in einzigartiger Fülle und Heiligkeit die „G ö t t l i c h k e i t" des Bibelwortes, und zwar total und absolut, entgegen.

Das Wunderwerk des Heiligen Geistes besteht nun darin, daß gerade in der Knechtsgestalt sich die Herrlichkeitsgestalt des Gotteswortes lückenlos und fehlerlos offenbart.

Ein B e i s p i e l unter vielen sei erwähnt: Die Knechtsgestalt der Schrift zeigt sich in der Sünd-haftigkeit der m e n s c h l i c h e n S c h r e i b e r und in der Schlichtheit der m e n s c h l i c h e n W o r t e der Bibel. Und dennoch und trotzdem: Gerade in der Niedrigkeit und Sündhaftigkeit der menschlichen V e r f a s s e r der Schrift zeigt sich die Herrlichkeit Gottes, weil diese V e r f a s s e r. obwohl sie (gleich wie wir) einer gefallenen Welt angehören (jedoch als Glaubende) — d e n n o c h für alle Zeiten maßgebend, niemals irrend und lückenlos das Gottes-Wort niedergeschrieben haben. Und weiter: Gerade in der Schlichtheit und Anfälligkeit der menschlichen W o r t e der Schrift (sie sind dem Mißverständnis ausgesetzt) zeigt sich die Herrlichkeit Gottes, weil diese W o r t e — obwohl sie ebenso wie unsere Worte einer g e f a l l e n e n Welt angehören, und zwar der h e b r ä i -s c h e n Sprache im AT und der g r i e c h i s c h e n Sprache im NT, (welche beiden Sprachen auch Folgen der babylonischen Sprachenverwirrung sind) und darüber hinaus eigenen Volks-Sprachen auf Grund von manchmal mangelhafter Ü b e r s e t z u n g e n, d e n n o c h u n d t r o t z d e m f ü r a l l e Z e i t e n m a ß g e b e n d, unverbrüchlich und lückenlos das Gottes-Wort zum Ausdruck bringen.

In diesem Zusammenhang sei kurz auch auf das Verhältnis der heilsgeschichtlichen Wahrheiten der Schrift zu den profangeschichtlichen Dingen hingewiesen. (Unter den profangeschichtlichen Dingen verstehen wir die geschichtlichen, chronologischen, geographischen und naturwissenschaft-lichen Angaben der Bibel).

Unsere Überzeugung ist hier nun folgende:

Die Erhabenheit und Verborgenheit der Heiligen Schrift, in der sich Gott nur dem Glaubenden allein erkennbar macht, verbietet uns, sich dem Wort der Heiligen Schrift mit irgendeiner Frage zu nahen, als nur mit dem aufrichtigen Verlangen nach Gott und Seinem Heil (Sprüche 2, 7). Mit anderen Worten: Auch die profangeschichtlichen Fragen haben wir genauso wie die heilsgeschicht-lichen Dinge allein in der göttlichen Urheberschaft der Schrift zu sehen.

Praktisch gesehen heißt dies, kurz an drei Beispielen illustriert, wie folgt:

1. Wir dürfen, da sich Gott der allgemeinen menschlich-irdischen Sprechweise bedient, Aus-drücke wie „Sonnenaufgang", „Sonnenuntergang", „Himmelsgewölk" (1. Mose 1, 8) die „Enden der Erde", die „Enden des Himmels" usw. usw. nicht als wissenschaftliche Bezeichnungen und For-mulierungen eines Naturforschers des 20. Jahrhunderts ansehen.

2. Wir sind verpflichtet, dort, wo die Schrift symbolisch, metaphorisch oder metonymisch usw. spricht, diese Ausdrucksweise sachentsprechend zu deuten und auszulegen.

3. Wo jedoch die Schrift historisch redet (z. B. 1. Mose 1—3), da gilt es, ebenfalls sachentsprechend von buchstäblichen, historischen Tatsachen zu sprechen.

In der Selbstoffenbarung Gottes will Gott nicht dies und das Naturwissenschaftliche oder Physikalische oder Geologische uns mitteilen, sondern ganz allein nur „SICH SELBST" einer von Ihm abgefallenen Welt offenbaren.

Auch hinsichtlich der jetzt so heiß umstrittenen Frage nach dem Ursprung des Menschen gilt es, schlicht Jesu Wort in Ehrfurcht zu respektieren: Jesus sagt: „Habt ihr nicht gelesen, daß der Schöpfer sie (die Menschen) von Anfang an männlich und weiblich geschaffen hat?" Matth. 19, 4. Damit spricht Jesus das aus (und Er ist die maßgebende Autorität), was der Schöpfungsbericht mitteilt, und zwar auch im Wortlaut. Dazu kommt noch folgendes: Jesus kann auch hierin als die alleinige Autorität angesehen werden, weil Er der Mitschöpfer gewesen ist (Joh. 1, 3). Auch Paulus sagt: (1. Tim. 2, 13) „Adam wurde zuerst gebildet (eplásthe!), danach Eva." —

Wir fassen zusammen: Die Wuppertaler Studienbibel bekennt sich zu folgendem Glaubenssatz: Die Erniedrigung des Gotteswortes ins Menschenwort, die um unsertwillen geschah, bedeutet nie und nimmer, daß die Bibel in irgend einem Punkte irgendwie unsicher oder unzuverlässig oder ein irrendes Wort sei —, sondern daß g e r a d e i n d e r „K n e c h t s g e s t a l t" des G o t t e s - w o r t e s die H e r r l i c h k e i t Gottes des Vaters, des Sohnes und des Heiligen Geistes voller Gnade und Wahrheit sich offenbart, und zwar dem Glaubenden.

II.
Was will die Wuppertaler Studienbibel? — Ein Zweifaches.

A. D i e W u p p e r t a l e r S t u d i e n b i b e l will der persönlichen Schriftforschung des Bibellesers dienen. Die Erfahrung lehrt, daß ein sehr starkes Bedürfnis nach einer solchen praktischen und leichtfaßlichen Verwertung positiver biblischer Forschung vorliegt.

Es sei an dieser Stelle mit dankbarem Herzen darauf hingewiesen, daß gerade bei dem schlichten Bibelleser ein wahrhaft ernstes Suchen nach letzten Erkenntnissen zu finden ist. Man hat den Bibelleser vielfach in seinem Denken unterschätzt.

D i e W u p p e r t a l e r S t u d i e n b i b e l will diesem starken Verlangen nach tieferem Verständnis des Wortes Gottes gerecht werden.

Der Titel „S t u d i e n b i b e l" bedeutet: Jeden Tag in der Stille die Bibel studieren, also eifrig bemüht sein, sich die Schrift zu erarbeiten. Innere Kraft und bleibender Halt werden dabei geschenkt.

B. D i e W u p p e r t a l e r S t u d i e n b i b e l will ferner Hilfsdienste leisten für die Vorbereitung zum Predigtdienst. Dabei denkt der Herausgeber ganz besonders an den f r e i w i l l i g e n M i t a r b e i t e r im Verkündigungsdienst. Gerade ihm, d e s s e n Z e u g n i s h e u t e s o s e h r w i c h t i g ist, der aber neben seinem irdischen Beruf wenig Zeit zur Vorbereitung hat, wollen die Erläuterungen Handreichung sein.

D i e W u p p e r t a l e r S t u d i e n b i b e l hat ihre Texterklärungen nach zwei Gesichtspunkten ausgerichtet:

1. Der sachliche Gesichtspunkt,
2. Der erbauliche Gesichtspunkt.

Was bedeutet das?

Zu 1. Die sachliche Worterklärung will Fragen v e r s t a n d e s m ä ß i g e r Art, schwierige Schriftstellen, nicht leicht faßbare Wortzusammenhänge, „palästinensische Sitten und Gebräuche" zu klären versuchen.

Zu 2. Die erbauliche Worterklärung will n i c h t wie die sachliche dem V e r s t a n d e dienen, sondern dem H e r z e n. Sie will die Worte in ihrem überzeitlichen Vollsinn zu fassen suchen, die biblischen Begriffe in ihrem ewigen Gehalt zu begreifen sich bemühen.

Bei all diesem fleißigen Bemühen weiß aber auch der ernste Bibelleser sehr wohl, daß nur der Heilige Geist allein der wahre Erklärer des Wortes Gottes ist. Die fleißige Bitte um das Wirken des Heiligen Geistes ist darum fort und fort ebenso dringend nötig wie das anhaltende, gründliche Forschen und Studieren der Heiligen Schrift.

Auf folgendes sei aber noch aufmerksam gemacht: Die Erklärungen der neutestamentlichen Bücher sind neben der eignen eingehenden Text-Forschung und der Heranziehung gegenwärtiger Literatur im allgemeinen geleitet von den wissenschaftlichen Arbeiten dreier bedeutender Theologen: Von Prof. D. Friedrich G o d e t (1812—1900), von Prof. D. Theodor v. Z a h n (1838—1933) und von Prof. D. Adolf S c h l a t t e r (1852—1938). Fritz Rienecker

Richtlinien
für den Benutzer der Wuppertaler Studienbibel

In bezug auf den Bibeltext.

Der Bibeltext ist fett gedruckt. Wiederholungen aus dem behandelten Bibeltext sind fett gedruckt.

In bezug auf die Parallel-Stellen.

Mit Absicht sind eine große Fülle von Bibel-Stellen als Parallelen gebracht. Für diese Parallel-Stellen ist links eine Spalte freigelassen. Damit nicht Fußnote und Parallelstelle miteinander verwechselt werden, ist die Bezeichnung: Zu Vers 2, zu Vers 10 usw. gewählt. Diese Bezeichnung „z u V e r s" steht aber nur dort, wo m e h r e r e Bibelverse hintereinander zusammengestellt sind. Das ist darum geschehen, um sofort zu wissen, zu welchem Vers die Parallelstellen gehören. —

In bezug auf die Handschriften:

Zu den wichtigsten vom Text abweichenden Lesarten, die sich im allgemeinen in den Fußnoten finden, sind folgende Zeichen gesetzt, die der Erklärung bedürfen:

Die Handschriften des Neuen Testaments.

Bezeich-nung	aus Jahr-hundert	Namen	Standort: in Bibliothek:	
ℵ	IV	Sinaiticus	London	Neutestamentlicher Teil einer Vollbibel. Die romantische Entdeckungsgeschichte, wie sie Tischendorf erzählt, s. bei Tischendorf. Gregory 348 ff. Gregory 23 ff. 1844 im Katharinenkloster auf Sinai in einem Abfallkorb zum Heizen bestimmt. Genannt sei auch: S c h n e l l e r : Tischendorf-Erinnerungen.
A	V	Alexandrinus	London	Das NT mit 1. Clemensbrief und den sogen. Psalmen Salomos, seit 1908 in der Bibliothek Alexandrien. 1628 an Karl I. von England geschenkt. Vollbibel mit einzelnen Lücken.
B	IV	Vaticanus	Rom	Einer der größten Schätze der päpstlichen Bibliothek. Vollbibel mit Lücken.
C	V	Ephraemi rescriptus	Paris	In Pariser Nationalbibliothek stehend. Vom Syrer Ephraem überschrieben. 1535 nach Paris gekommen. Bibel mit vielen Lücken.

Diese vier Bibeln des IV. und V. Jahrhunderts dürfen als die wichtigsten Zeugen gelten. — Wenn sie auch auf die Hauptsitze der katholischen und anglikanischen Kirche R o m, P a r i s, L o n d o n verteilt sind, so hat doch der deutsche Protestantismus sich um ihre gelehrte Erforschung sehr bemüht.

Die Zusammenfassung der v i e r Handschriften ℵ A B C zu einer Text-Gruppe wird die h e s y - c h i a n i s c h e oder ä g y p t i s c h e T e x t f o r m genannt. Hesychius war ein Grieche in Alexandrien. Weil Alexandrien in Ägypten liegt, wird diese Textgruppe auch die ägyptische Textform genannt.

Weitere Handschriften des Neuen Testaments.

Bezeich- nung	aus Jahr- hundert	Namen	Standort: in Bibliothek:	
D	VI	Bezae Cantabri- giensis	Cambridge	Enthält die 4 Evangelien und die Apostel- geschichte, aber mit großen Lücken
E	VIII	Basiliensis	Basel	
F	IX	Boreelia- nus	Utrecht	Diese Handschriften enthalten die vier Evangelien
G	X	Seidelianus I	London	
H	IX	Seidelianus II	Hamburg	
L	VIII		Paris	H und L enthalten Apostelgeschichte und Briefe
046	VIII		Rom	046 enthält Offenbarung des Johannes

Die sogenannte **Koine** ist diejenige Handschriftengruppe, welche die Zusammenfassung der einzelnen Handschriften E F G H L und 046 bildet.

Es sind also die Handschriften aus dem VIII. bis X. Jahrhundert. Die Koine ist die in Antiochien und später in Konstantinopel zur allgemeinen Verbreitung gekommene Textform. Diese Textform tritt uns, da Erasmus von Rotterdam solche späten Handschriften benutzte, in Luthers Bibelübersetzung entgegen. Luther stürzte sich auf diese späte Handschriftengruppe, also auf die sogenannte K o i n e, die in der Erasmus-Ausgabe vorlag.

Die Erasmus-Arbeit war eine sehr flüchtige Arbeit.

„Erasmus benutzte höchstens drei Handschriften, die er von den Predigermönchen in Basel entlieh und die heute noch erhalten sind (keine von ihnen ist älter als das 12. Jahrhdt.). Sie zeigen, daß Erasmus die Handschriften selbst durcharbeitete und dann als Vorlage in die Druckerei gehen ließ. Für die Offenbarung des Johannes, die in jenen Handschriften fehlte, wurde eine Handschrift aus Maihingen herangezogen; in ihr fehlte der Schluß 22, 16—21; Erasmus übersetzte ihn einfach aus der Vulgata ins Griechische, ohne das irgendwo anzugeben." Michaelis, Einleitung in das NT 1954 Seite 357.

In unserer Bibeltextübersetzung des Lukas-Evangeliums gehen wir in den Fußnoten manches Mal auf die genannten zwei Handschriftengruppen ein, also auf die h e s y c h i a n i s c h e oder ä g y p t i s c h e, auf welche wir unsere Übersetzung aufbauen, weil es die ä l t e s t e n Handschriften sind.

Die K o i n e - G r u p p e, d. i. die Vorlage Luthers, erwähnen wir ebenfalls.

Andere Handschriften werden jeweilig im Text erklärt.

Am Schluß der Studienbibel soll eine Übersicht über die Geschichte der Handschriften folgen.

In bezug auf besondere Urtext-Wörter.

Schwierige Wörter des griechischen Textes, die die Möglichkeit verschiedener Übersetzungen bieten, sind in den Fußnoten eingetragen. Die griechischen Wörter sind dabei in Klammern gesetzt und in lateinischen Buchstaben wiedergegeben!

Abkürzungs-Verzeichnis

I. Allgemeine Abkürzungen:

AT	= Altes Testament	Jes	= Jesaja
NT	= Neues Testament	Jer	= Jeremia
atst	= alttestamentlich	Kla	= Klagelieder
ntst	= neutestamentlich	Hes	= Hesekiel
grie	= griechisch	Da	= Daniel
hebr	= hebräisch	Hos	= Hosea
lat	= lateinisch	Joe	= Joel

LXX = Septuaginta. Das ist die griechische Übersetzung des AT, angeblich von 70 gelehrten Juden auf Befehl des Königs Ptolemäus Philadelphus 200 v. Chr. in Alexandrien angefertigt.

Ob	= Obadja
Jon	= Jona
Mi	= Micha
Nah	= Nahum
Hab	= Habakuk
Ze	= Zephanja
Hag	= Haggai
Sach	= Sacharja
Mal	= Maleachi

Am = Amos

II. Literatur-Abkürzungen

W—B = Walter Bauer: Griechisch-Deutsches Wörterbuch. 4. Aufl. 1952

Bl—De = Blaß—Debrunner: Grammatik des ntl. Griechisch 9. Aufl. 1954 zitiert n. §§.

Radm = Radermacher, Neustl. Grammatik 1925. 2. Aufl.

Ki—Th W = Kittel Theologisches Wörterbuch

NTD = Neues Testament Deutsch Göttingen 1932 ff.

Schl = Schlatter: Der Ev. Lukas, Calw. Verlag 1935

St—B = Strack—Billerbeck: Kommentar zum NT aus Talmud usw. Bd. I—IV. München 1922 ff.

b) Apokryphen

Tob	= Tobias
1 Makk	= 1. Makkabäer
2 Makk	= 2. Makkabäer
Sir	= Sirach

c) Neues Testament

Mt	= Matthäus
Mk	= Markus
Lk	= Lukas
Jo	= Johannes
Apg	= Apostelgeschichte
Rö	= Römer
1 Ko	= 1. Korinther
2 Ko	= 2. Korinther
Gal	= Galater
Eph	= Epheser
Phil	= Philipper
Kol	= Kolosser
1 Th	= 1. Thessalonicher
2 Th	= 2. Thessalonicher
1 Tim	= 1. Timotheus
2 Tim	= 2. Timotheus
Tit	= Titus
Phlm	= Philemon
1 Pt	= 1. Petrus
2 Pt	= 2. Petrus
1 Jo	= 1. Johannes
2 Jo	= 2. Johannes
3 Jo	= 3. Johannes
Hbr	= Hebräer
Jak	= Jakobus
Jud	= Judas
Offb	= Offenbarung des Johannes

III. Abkürzungen der biblischen Bücher

a) Altes Testament

1 Mo	= 1. Mose
2 Mo	= 2. Mose
usw.	usw.
Jos	= Josua
Ri	= Richter
Rth	= Ruth
1 Sam	= 1. Buch Samuelis
2 Sam	= 2. Buch Samuelis
1 Kö	= 1. Buch der Könige
2 Kö	= 2. Buch der Könige
1 Chro	= 1. Buch der Chronika
2 Chro	= 2. Buch der Chronika
Esr	= Esra
Neh	= Nehemia
Esth	= Esther
Hio	= Hiob
Ps	= Psalter
Spr	= Sprüche
Pred	= Prediger
Holi	= Hohelied

Vgl. W. Stb. Matth. S. ... = Vergleiche Wuppertaler Studienbibel Matthäus-Band Seite ...
Vgl. W. Stb. Mark. S. ... = Vergleiche Wuppertaler Studienbibel Markus-Band Seite ...

Das Evangelium des Lukas

erklärt von

Fritz Rienecker

1974

R. Brockhaus Verlag, Wuppertal

Inhalt und Gliederung

Die hier angegebene Gliederung berichtigt einige während der Drucklegung des Buches notwendig gewordene Korrekturen (Seite 147 muß es heißen: C. Dritter Strahl).

Vorwort zur Erklärung des Lukas-Evangeliums.

Auch in diesem Bande ist wie in den früheren Bänden Bibelauslegung und Bibelanwendung miteinander verbunden.

Weil, grundsätzlich gesehen, beim Bibelverständnis auch das Wortverständnis wichtig ist, so gilt es, den Wortlaut der Bibel nach allen Seiten hin zu beleuchten und mit allen Mitteln für die Gegenwart und das persönliche Bewußtsein lebendig zu machen. Dabei genügt nicht die grammatisch-exegetische Auslegung allein, mittels derer man zwar Wichtiges feststellen, aber nicht Persönlichkeit und Gesinnung, Herz und Leben beeinflussen kann.

Weil die Wortbilder der Sprache Offenbarungsträger des Heiligen Gottes sind, darum ist der gläubige Christ e i n e r s e i t s immer ernstlich bemüht, den Buchstaben ganz genau und ganz ernst zu nehmen, also das Wort Gottes so getreu wie nur irgend möglich zu erforschen. A n d e r e r -s e i t s ist aber der gläubige Christ stets bewußt und überzeugt, daß nur der Heilige Geist der wahre Erklärer des von ihm geschriebenen Wortes Gottes ist. Fleißiges Forschen und Exegetisieren schließt daher die Bitte um den Heiligen Geist nicht aus, sondern ein.

Die Übersetzungen, unter exegetischen Gesichtspunkten gewonnen, sind teils versweise, teils abschnittsweise mitgeteilt, damit eine organische und lebendige Anschauung des Schrifttextes möglich werde. Die Sprache ist auch in der vorliegenden Auslegung keine theologische Fachsprache, sondern die Gedanken sind absichtlich in einer leicht verständlichen Form wiedergegeben.

Der Verfasser ist sich aber bei all seiner Arbeit des eigenen Unvermögens voll bewußt. Er kennt deshalb nur das eine Seufzen, daß Gott in Seiner Freundlichkeit auch diese Bibelerklärung segnen möchte zur Verherrlichung Seines Namens.

Fritz Rienecker

EINLEITUNG

I. Lukas, ein Arzt und Schriftsteller zugleich.

Vgl. hierzu die wertvollen Ausführungen der Theologen F. Godet († 1900) und Prof. Zahn († 1933)

Lukas wird an drei Stellen des Neuen Testamentes mit Namen genannt: die zwei ersten Bibelstellen sind Kol 4, 14: „Es grüßt euch **Lukas, der Arzt, der Geliebte**", und Phlm 24: „Es grüßt dich Epaphras, mein Mitgefangener, sowie Markus, Aristarchus, Demas, **Lukas,** meine Mitarbeiter."

Aus diesen beiden Grüßen ergibt sich folgendes:

1. Lukas war einer der Mitarbeiter des Paulus bei seiner Missionsarbeit unter den Heiden.

2. Da Kol 4, 11 von Paulus ausdrücklich die Mitarbeiter aus der Beschneidung herausgehoben werden, ohne daß Lukas ihnen beigezählt wurde, so kann kein Zweifel sein, daß Lukas aus n i c h t jüdischem Geschlechte stammte. Lukas ist also Heidenchrist gewesen.

3. Aus dem Titel A r z t, der dem Lukas in Kol 4, 14 beigelegt wird, geht hervor, daß er ein wissenschaftlich Gebildeter war.

Unter den ersten Predigern des Evangeliums ist Lukas neben Paulus wahrscheinlich der einzige, der sich eine gründliche wissenschaftliche Bildung erworben hatte.

Die d r i t t e Stelle, in der Lukas erwähnt wird, ist 2 Tim 4, 11: „**Lukas allein** ist bei mir." Der Apostel steht am Ende seines Lebens. Er ist zum zweitenmal in Rom gefangen (ums Jahr 66). Seine Mitarbeiter befinden sich sämtlich auf Missionsreisen, nur Lukas ist bei ihm in der Gefangenschaft, auf die dann bald des Paulus Märtyrertod folgte. Es erhebt sich die Frage: Seit welcher Zeit etwa besteht das Verhältnis der engeren Arbeitsgemeinschaft zwischen Paulus und Lukas? — Weil Lukas, der Arzt, die beiden Berichte verfaßt hat — die Apostelgeschichte und das dritte Evangelium —, so läßt sich mit Bestimmtheit sagen, daß das Verhältnis zwischen Paulus und Lukas m i n d e s t e n s seit dem Zeitpunkt bestand, als Paulus von Troas nach Mazedonien hinüberfuhr (Apg 16, 10).

Wir fragen: Hat der Apostel Paulus den Lukas nicht vielleicht schon vorher gekannt? Woher stammte denn Lukas? Eusebius und Hieronymus berichten, ohne Zweifel auf Grund alter Überlieferungen, daß Lukas aus Antiochien gebürtig gewesen sei. Zahn macht in seinen „Exkursen zur Lebensgeschichte des Lukas" auf eine um 300 n. Chr. geschriebene grie Handschrift aufmerksam, deren Übersetzung lautet : „Es ist Lukas ein antiochenischer Syrer, seines Gewerbes ein Arzt, ein Schüler von Aposteln. Später aber hat er den Paulus bis zu dessen Martyrium begleitet. Nachdem er dem Herrn unbeirrt und selbstlos gedient hat, entschlief er, 84 Jahre alt, in Böotien (oder in Theben, der Hauptstadt Böotiens) voll Heiligen Geistes" usw.

Der Theologe Godet sagt: Bei dem Bericht von der Gründung der Gemeinde von Antiochien (Apg 11, 20—24) fällt unwillkürlich die Lebhaftigkeit und Frische auf, mit welcher diese Begebenheit erzählt ist. Es herrscht darin ein Zug der Begeisterung. Man meint, der Verfasser habe diese Zeilen unter dem Eindruck der treuesten, persönlichen Erinnerungen geschrieben. Wenn dem so ist, müssen Lukas und der Apostel Paulus, der verschiedene Jahre in dieser jungen Gemeinde zugebracht hatte, alte Bekannte gewesen sein. Man begreift dann leicht, daß ihn der Apostel in Troas sofort zu seinem Mitarbeiter für das beginnende Missionswerk in Griechenland machte. Dies dient gleichzeitig zur Bestätigung des Gedankens, der sich beim Lesen von Apg 16, 10 ff. ganz von selbst aufdrängt, daß nämlich der Verfasser der Schrift in diesem ersten W i r - A b s c h n i t t und demgemäß auch in den beiden anderen W i r - A b s c h n i t t e n solche Begebenheiten erzählt, an denen er selbst teilgenommen hat. Von hier aus erklärt sich der ganze weitere Bericht der Apostelgeschichte auf natürliche Weise. Die erste Person der Mehrzahl, das W i r , hört in dem Augenblick auf, wo der Apostel und seine Begleiter Silas und Timotheus Philippi verlassen, weil nämlich Lukas in dieser Stadt als Stütze der jungen Gemeinde zurückbleibt. Das „Wir" tritt wieder auf in dem Augenblick, da Paulus am Schluß der dritten Reise auf dem Wege nach Jerusalem wieder durch Philippi kommt (Apg 20, 5) und Lukas sich aufs neue ihm anschließt. Es hört natürlich mit der Ankunft in Jerusalem auf, da sich die Erzählung von da an nur auf Paulus bezieht.

Das „Wir" erscheint wieder beim Aufbruch nach Rom (Apg 27,1) und dauert bis zum Ende des Buches fort, woraus sich ergibt, daß Lukas mit Aristarchus (Apg 27,2) die Reisebegleitung des Apostels bildete. Daher sind denn auch diese beiden bei den Grüßen am Schluß der zwei ersten Briefe, die Paulus von Rom aus geschrieben hat (Kolosser und Philemon), erwähnt. Nach 2 Tim 4, 11 befindet sich nur noch Lukas in der Gefangenschaft des Paulus bis wenige Monate vor dem Märtyrertode des Apostels.

Die meisten seiner Freunde haben ihn verlassen, teils um zu dienen, teils aus Liebe zur Welt wie Demas. Nicht ohne Grund vermutet man, daß Lukas jener „Bruder" gewesen ist, von welchem in 2 Ko 8, 18 gesagt wird, daß er „das Lob habe durch alle Gemeinden", und daß er mit Titus zu einer Kollektenreise nach Korinth gesandt worden sei. Nach den Forschungen des Gelehrten Zahn hat sich Lukas nach der Hinrichtung des Paulus in Rom im Jahre 66 oder 67 nach Griechenland begeben, um sich dort eine Zeitlang als wandernder D i e n e r d e s W o r t e s G o t t e s aufzuhalten.

II. Theophilus, der Adressat des Lukas-Evangeliums, ein angesehener Mann.

Beide Schriften, sowohl das Lukas-Evangelium als auch die Apostelgeschichte, sind einem und demselben Manne g e w i d m e t worden. Da Theophilus in Lk 1, 3 „hochansehnlicher Theophilus" genannt und angeredet wird — (mit solchem Titel „hochansehnlich" wurden damals Senatoren und Ritter (clarissimus), wie die römischen Prokuratoren Felix Apg 23, 26; 24, 3 und Festus Apg 26, 25 angeredet) — scheint Theophilus ein angesehener Mann gewesen zu sein. Der Theologe Zahn übersetzt die Anrede mit „Exzellenz". Die Widmung an Theophilus schließt natürlich nicht aus, daß diese Bücher von vornherein für einen großen Leserkreis berechnet waren. Man hat im Altertum ebenso wie heute Bücher bestimmten Personen gewidmet.

Wo wohnte Theophilus? In welchem Lande wir Theophilus zu suchen haben, ergibt sich aus der Wahrnehmung, daß Lukas palästinensische, kretensische, athenäische und mazedonische Orte, Sitten und Eigentümlichkeiten einer Erklärung für bedürftig hält, dagegen in Sizilien und Italien (namentlich Unteritalien und Mittelitalien bis Rom) alle Orte (Apg 28), ja selbst kleine Lokalitäten (V. 15) als bekannt voraussetzt. In I t a l i e n haben wir vielleicht darum T h e o p h i l u s zu suchen. Aber auch für die Reisen von Antiochien aus nach Cypern und durch Kleinasien bis nach Troas (Apg 13, 4—14, 26; 15, 40—16, 11) wird die Bekanntschaft vorausgesetzt.

Die klementinischen Rekognitionen (Beglaubigungen) aus der Mitte des 2. Jahrhunderts berichten, auf die Predigt des Petrus hin habe Theophilus, der unter allen

angesehenen Bürgern von A n t i o c h i e n die erste Stellung eingenommen habe, den
großen Portikus (Halle oder Säulengang) seines Hauses den gottesdienstlichen Versammlungen eingeräumt.

Der so umfassende geschichtliche Überblick, der in Lk 3, 1. 2 gegeben wird, wie
auch der Charakter der ganzen Schrift beweisen, daß Lukas an einen g r ö ß e r e n
K r e i s von Lesern griechischer Herkunft geschrieben hat, als deren Repräsentant er
den Theophilus ansah.

Diese Widmung war überdies keine bloße Ehrensache. Bis zur Entdeckung der
Buchdruckerkunst war die Herausgabe eines Buches etwas sehr Kostspieliges; daher
pflegten die Schriftsteller ihre Werke irgendeiner reichen Persönlichkeit zu widmen, die
im Falle der Annahme als „patronus libri", als der Pate der Schrift, wenn man so sagen
darf, angesehen wurde. Dieser patronus libri nahm es auf sich, dem neuen Werk den
Weg in die Öffentlichkeit zu bahnen. Zu diesem Zweck verschaffte er dem Schriftsteller Gelegenheit, sein Werk in einem auserlesenen Kreise vorzulesen. Auch ließ er auf
seine Kosten die ersten Abschriften herstellen.

Die Abfassung des Lukas-Evangeliums legt man gewöhnlich in die Zeit zwischen 63
und 66 nach Christus.

III. Die Quellen des Lukas-Evangeliums.

Die erste Quelle unserer evangelischen Erzählungen war unstreitig die Predigt der
Apostel. Es ist kein Zufall, daß diese Apostel Zeitgenossen und **Zeugen** des Lebens
ihres Meisters gewesen sind. Zu diesem Zweck sind sie selbst von dem Herrn Jesus
ausgewählt und zu Seinen Begleitern gemacht worden. Jesus bezeichnet sie häufig als
S e i n e b e r u f e n e n Zeugen, so Lk 24, 48: „Ihr seid Zeugen dafür", und Apg
1, 8: „Ihr werdet Meine Zeugen sein in Jerusalem und in Samaria und bis ans Ende der
Welt", Jo 15, 26: „Der Geist wird von Mir zeugen, und ihr werdet auch von Mir
zeugen, weil ihr von Anfang an bei Mir waret." Dieser Charakter eines Augenzeugen
war denn auch für die Apostel maßgebend, als es sich nach der Himmelfahrt darum
handelte, an Stelle des Judas einen neuen Apostel zu wählen; vgl. Apg 1, 21f.

Wenn dann nachher in der Apg 2, 42 von der **Lehre der Apostel** (didaché ton
apostolon) die Rede ist, so hat man darunter unstreitig vor allem die E r z ä h l u n g e n
d e r A p o s t e l von dem Leben und der Lehre Jesu zu verstehen. Das war damals
die einzige Dogmatik, der einzige Katechismus der Christen.

Daß die mündliche Tradition jene festen Formen annahm, die uns an den synoptischen Erzählungen überraschen, läßt sich noch aus einem weiteren Umstand erklären.
In der ersten Zeit geschah die evangelische Verkündigung ohne Zweifel in **aramäischem
Dialekt,** der die Sprache des Volkes und der Apostel war. Aber es befand sich in
Jerusalem eine zahlreiche jüdische Bevölkerung, die **nur griechisch** redete, die sogenannten Hellenisten. Sie sollen mehr als drei Synagogen in Jerusalem gehabt haben,
in denen das AT nur grie, in der Übersetzung der Septuaginta, gelesen wurde. Man
mußte daher gleich in den ersten Zeiten der grie Gemeinden Sorge tragen, daß die
mündliche Tradition in grie Sprache wiedergegeben wurde. Es war dies aber eine
schwierige Arbeit. Es handelte sich darum, namentlich die Lehrreden Jesu in eine solche
Sprache zu übertragen, deren Geist ein ganz anderer war. Man nahm diese Arbeit
jedenfalls nicht leicht und überließ sie nicht dem nächsten Besten. Es war die Aufgabe
der Apostel selbst, wenigstens derjenigen Apostel, die grie redeten, was z. B. wahrscheinlich bei Andreas und Philippus (vgl. Jo 12, 20 ff.) und namentlich bei Matthäus,
dem einstigen Zollbeamten, der Fall war, die Übersetzung zu überwachen.

Mit diesem Modell der grie Sprache, in das die Erzählungen über das Leben Jesu von den autorisierten Übersetzern hineingegossen wurde, bekam die Berichterstattung über Jesu Leben und Lehre ein noch fester stehendes Gepräge als vorher. In dieser Form konnte sie sich leicht bis zur schriftlichen Fixierung erhalten. Die lebendige Tradition war die reiche Quelle, aus welcher alle schöpften.

„Nach meiner Ansicht", schreibt Godet, „haben wir somit in der mündlichen Tradition ein hinlänglich festes und zugleich biegsames Prinzip, um das so auffallende Verhältnis zwischen unsern drei Synoptikern zu erklären, einerseits ihre Ähnlichkeit, ja teilweise w ö r t l i c h e Übereinstimmung, andererseits aber auch ihre V e r s c h i e - d e n h e i t !" R. Seeberg (Berlin) sagt: „Und das ist nun das Wunderbare, daß alle vier Evangelien trotz ihrer Verschiedenheiten und Eigenheiten doch, zusammen genommen, in wunderbarer Harmonie und Einheit das herrliche Bild Jesu zur Darstellung gebracht haben. Nicht das ist das Problem: Wie erklären sich die Verschiedenheiten?, sondern das ist das Problem: Wie ist diese wunderbare Übereinstimmung nur möglich?" — Wir antworten: Durch die Leitung des Heiligen Geistes allein ist es möglich und wirklich. Es ist noch nie eine Weissagung aus menschlichem Willen, d. h. aus dem eigenen Geist der Männer Gottes hervorgebracht, sondern sie haben geredet, getrieben von dem Heiligen Geiste.

Ehe wir jedoch dieses Kapitel über die Quellen des Lukas zum Abschluß bringen, müssen wir noch etwas von dem hinzufügen, was der schon oft genannte Theologie-Professor Z a h n dazu gesagt hat. Er sagt: „Von den schriftlichen Quellen, aus denen Lukas seinen Stoff geschöpft hat, sagt er in seiner Vorrede (Kap. 1, 1—4) keine Silbe. An Gelegenheit zur Ausbeutung von m ü n d l i c h e n Mitteilungen der Augenzeugen und Ohrenzeugen Jesu hat es ihm wahrlich nicht gefehlt. Die Christen, die nach dem Tode des Stephanus um das Jahr 34 von Jerusalem nach Antiochien kamen und durch ihre Predigt die dortige Gemeinde ins Leben riefen und als L e h r e r dieser Gemeinde dort blieben (Apg 11, 19 ff.; 13, 1), waren lauter frühere A p o s t e l - S c h ü l e r (Apg 21, 16), und es wäre eine sonderbare Annahme, daß nicht der eine oder andere von ihnen Jesus selber noch gesehen und gehört hätte.

Lukas, der ihnen seine Bekehrung verdankte, stand schon um das Jahr 40 unter der Wirkung der frischen Erinnerung jerusalemischer Christen. Ein Manaen, ein Jugendgespiele des Tetrarchen Herodes z. B., konnte dem Wißbegierigen Auskunft geben über die Verhältnisse der Machthaber in Palästina zu Lebzeiten Jesu (Lk 3, 1.19; 23, 7 — 12).

Da die Mutter Jesu die Auferstehung ihres Sohnes, als Mitglied der Gemeinde von Jerusalem, wer weiß wie lange, überlebt hat (Apg 1, 14; Jo 19, 27), muß auch der Schatz ihrer Erinnerungen ein Gemeingut der Christen von Jerusalem während der Jahre 30 bis 40, also auch der ersten Prediger in Antiochien gewesen sein; und auf M a r i a als treue Hüterin dieses Schatzes weist Lukas zweimal (2, 19.51) mit unmißverständlicher Absicht den Leser hin.

Als Lukas um Pfingsten 58 mit Paulus nach Jerusalem reiste, fand er schon unterwegs bei einem mehrtägigen Aufenthalt in Cäsarea Gelegenheit, mit einem „Diener des Wortes von Anfang an", wahrscheinlich auch einem Augenzeugen der evangelischen Geschichte, in dessen Haus zu verkehren (Apg 21, 8—14; vgl. das unten zu Lk 9, 61 Bemerkte). In Jerusalem angekommen, besuchte er mit Paulus das Haus des Jakobus, der unter demselben Dach mit seinem Bruder Jesus in Nazareth aufgewachsen war (Apg 21, 18). Hat Lukas sich, wie es scheint, von Pfingsten 58 bis zum Spätsommer 60, sei es ohne Unterbrechung oder doch vorwiegend, in Palästina aufgehalten, so standen ihm dort die ergiebigsten und zahlreichsten Quellen geschichtlicher Belehrung über die Worte, Taten und Leiden Jesu zur Verfügung." So weit die trefflichen Ausführungen Professor Zahns.

IV. Plan und Aufbau des Lukas-Evangeliums.

Lukas hat ebensowenig wie die drei andern Evangelisten die Geschichte nur um der Geschichte willen erzählt. Unsere vier Evangelisten haben es auf das H e i l abgesehen und stellen die Tatsachen so dar, daß sie vom Leser als Gegenstand des G l a u b e n s erkannt werden.

Matthäus zeigt das Verhältnis der Geschichte Jesu zu der alttestamentlichen Offenbarung. Zwar eröffnet er mit den Schlußworten einen weiten Ausblick auf das künftige Missionswerk. Gleichwohl ist er wesentlich der Vergangenheit zugewendet.

Lukas hebt zwar gleichfalls die Beziehung zwischen dem Alten und Neuen Bund hervor, aber vor allem sucht er in der Tätigkeit und in der Lehre Jesu den Ausgangspunkt und den Anfang der neuen geistigen Schöpfung aufzuzeigen; sein Blick ist auf die Zukunft gerichtet.

Markus hat bei seiner Darstellung weder die Vergangenheit noch die Zukunft im Auge, sondern einzig und allein das unvergleichliche Schauspiel, welches sich dem Zeugen des Lebens Jesu darbot; er will Jesus selbst, wie er lebte und handelte, darstellen, in keiner anderen Absicht, als um in seinen Lesern den Eindruck, den die Augen- und Ohrenzeugen von Seiner Persönlichkeit empfangen hatten, möglichst vollständig hervorzurufen.

Der Evangelist Johannes endlich faßt in Jesus die in die Zeit hereingetretene Ewigkeit, das in die Menschheit eingegangene göttliche Leben ins Auge, und bietet es allen denen an, die nach diesem Höchsten verlangen.

Es ist leicht begreiflich, daß gerade das Lukas-Evangelium, das ja unter allen vier Evangelien den engsten Zusammenhang mit der weiteren Entwicklung des Christentums aufweist, in der Apostelgeschichte eine Fortsetzung erhalten hat. Lukas-Evangelium und Apostelgeschichte bilden ein zusammengehöriges Ganzes, daher zeigt auch der Gang beider Schriften eine auffallende Ähnlichkeit. Der Inhalt des Evangeliums läßt sich in drei Namen zusammenfassen: N a z a r e t h , K a p e r n a u m , J e r u s a l e m . Ebenso läßt sich der Inhalt der Apostelgeschichte in drei Namen zusammenfassen: J e r u s a l e m , A n t i o c h i e n , R o m . In Kapernaum tritt ans Licht, was sich in der Stille in Nazareth vorbereitet hat. In Jerusalem vollendet sich, was in Kapernaum vorbereitet wurde. Ebenso auch in der Apostelgeschichte. In Antiochien sehen wir die Saat, die in Jerusalem am Pfingstfest aufgegangen ist, ihre Blüten treiben. In Rom schauen wir die Vollendung der Loslösung des Neuen Bundes von dem alten Boden und seine Umpflanzung in den neuen Boden, auf dem er fortan seine Früchte bringen sollte. Beschreibt das Evangelium die Art und Weise, wie das Heil in Israel trotz der Feindseligkeiten seiner Häupter und der Verblendung des Volkes zustande gekommen ist, so zeigt die Apostelgeschichte, wie die Gründung des Reiches Gottes unter den Heiden nicht in der Weise stattfand, daß Israel als bekehrtes Gottesvolk die Heiden in seine Mitte aufgenommen hat, was der normale Verlauf gewesen wäre, sondern wie die Gründung des Reiches Gottes vielmehr auf fortwährenden Widerspruch seitens Israels stieß, in Palästina wie in den Heidenländern, bis nach Rom, wo es endlich zum völligen Bruch kam.

Zur weiteren Charakteristik des Lukas-Evangeliums sagt Lange (Lange, Bibelwerk): „Das dritte Evangelium trägt die deutlichste Spur von der Individualität des Verfassers, wie uns diese schon anderswo bekannt wurde. Sahen wir in Lukas einen Christen aus den Heiden, so trägt auch sein Werk einen entschieden universalistischen Charakter. Er führt die Abkunft des Herrn nicht wie Matthäus bis auf Abraham, sondern bis auf Adam zurück und bemüht sich weniger, den Christus Gottes im Verhältnis zu Israel als Ihn im Verhältnis zur ganzen Menschheit hinzustellen."

Und weiterhin, kein anderes Evangelium läßt so sichtbare Spuren des paulinischen Geistes sehen, wie eben das Lukas-Evangelium. Wohl ist es nicht wahrscheinlich, daß Paulus, wo er s e i n Evangelium erwähnt (Rö 2, 16; 2 Tim 2, 8), dabei an eine geschriebene Erzählung des Lukas gedacht hat, aber doch stimmen beide auf die treffendste Weise überein in der Beschreibung der Abendmahlseinsetzung (Lk 22, 1. 19. 20; vgl. 1 Ko 11, 23—29), in dem Bericht der Erscheinung Christi, die dem Petrus zuteil wurde (Lk 24, 34; vgl. 1 Ko 15, 5) und in andern Einzelheiten.

Das Lukas-Evangelium ist ein fortlaufender Kommentar zu dem geheimnisvollen Wort des Apostels: „Gott hat Seinen Sohn gesandt in der Ähnlichkeit des Fleisches der Sünde" (Rö 8, 3). Es ist, als habe Lukas seinen eigenen Beruf in der Tätigkeit Jesu gesehen. Er schildert mehr noch als andere den Herrn **Jesus als Arzt,** und zwar als den großen Arzt, der gekommen ist nicht allein, um zu **dienen** (Mt 20, 28), sondern der im Lande umhergezogen ist und wohlgetan hat (Apg. 10, 38), der Mitleiden zeigte mit allen Körper- und Geisteskrankheiten, der Kraft von Sich ausgehen ließ, zu heilen! (Lk 5, 17). Alle berichten Jesu Versuchung in der Wüste, aber Lukas allein fügt hinzu, „der Teufel wich von Ihm eine Zeitlang." Alle erzählen Sein Leiden in Gethsemane, aber Lukas allein hat uns den ergreifenden Bericht von dem Schweiß, der „wie große Blutstropfen" auf die Erde herabfiel, und dem stärkenden Engel aufbewahrt. Alle sprechen von Petri Reue, aber Lukas allein von dem Blick des Herrn.

Das dritte Evangelium ist die Krone der synoptischen Evangelien.

V. Schließt planmäßiges Quellenstudium göttliche Eingebung aus?
Lk 1, 1—4

Schon der erste Blick auf Vers 1—4 läßt den grie gebildeten und stilistisch geschulten Schriftsteller erkennen. Die Ausdrücke, die Lukas hier in der Vorrede gebraucht, gehören nicht dem hebr Sprachschatz des NT an, sondern sind dem klassischen Griechisch entlehnt. Statt der trockenen Aneinanderreihung der Sätze, die dem hebr Stil eigen ist, begegnet uns in Vers 1—4 die schöne syntaktisch gegliederte grie S a t z p e r i o d e, die uns in der deutschen Übersetzung von dem f e i n e n   A u f b a u und dem r h y t h m i s c h e n   W o h l k l a n g des grie Originals keine Vorstellung geben kann. Philologen vom Fach haben den Stil des Vorwortes ganz bedeutend gewürdigt. Der Gelehrte Wilhelm Bousset sagt: „Lukas beherrscht die grie Kunstprosa besser als ein Paulus." (Bousset-Heitmüller Die Schriften des NT S. 392)

Lukas baut seine V o r r e d e deshalb so glanzvoll auf, weil er mit seinem Werk einem vornehmen und gebildeten Manne, nämlich dem Griechen Theophilus, gegenübertritt.

Aber nicht nur die äußere Form seiner Vorrede, sondern auch die folgende Tatsache gibt Kunde von seiner wissenschaftlichen Bildung. Lukas eröffnet als einziger Evangelist nach dem Vorbild der grie Historiker sein Werk mit einem kurzen Widmungswort. Wenn wir diesen Prolog mit der Vorrede der grie Geschichtsschreiber Herodot, Thukydides, Polybius vergleichen, so müssen wir sagen, daß Lukas ein trefflicher Literaturkenner der klassischen Geschichtswerke gewesen ist.

Die grie Historiker schrieben ihre Werke, um die großen Taten der Hellenen dem Gedächtnis der Nachwelt aufzubewahren. Das Interesse, in dessen Dienst nun Lukas seine Feder stellt, ist weit höherer Art als das der grie Meister, deren Methode er befolgt. Er will von dem größten Ereignis der Weltgeschichte, von dem Himmel und Erde, Zeit und Ewigkeit, Vergangenheit und Zukunft umfassenden Thema des ewigen Gottes und Seines ewigen Sohnes Kunde geben.

Das, was Lukas in dem Widmungswort seiner Evangeliumsschrift zu ihrer Rechtfertigung vorbringt, ist nichts anderes als der Hinweis auf eine historisch-exakte Untersuchung.

Lukas bezieht sich dabei auf die unbedingte A u g e n z e u g e n - s c h a f t seiner Gewährsmänner. Es war ja heilige Geschichte, die er schrieb, Geschichte, in der es sich um Wohl und Wehe der ganzen Menschheit handelt. Hier hat der Wahrheitsbeweis eine soteriologische (heilslehrmäßige) Bedeutsamkeit. Der G e i s t der Wahrheit und der W i l l e zur Wahrheit lebte mit jugendlich lebendiger Kraft in den Zeugen, die der W a h r h e i t selbst, nämlich Jesus Christus, ins Angesicht geschaut hatten.

1. Da ja viele es unternommen haben, eine Erzählung von den unter
2. uns zum Abschluß gekommenen Ereignissen abzufassen, * so wie es uns die überliefert haben, die von Anfang an Augenzeugen und Diener des Wortes gewesen sind:

In dem Ausdruck „unternommen haben" liegt eine leise Andeutung der Tatsache, daß die früheren Verfasser wohl noch nicht alle Hilfsmittel herangezogen haben. Deshalb sandte Lukas an Theophilus nicht nur einfach eine der älteren Schriften, sondern machte sich selbst daran, Jesu Lebenslauf zu beschreiben, um seinem hohen Freunde eine völlig authentische (zuverlässige) Kenntnis jener geschichtlichen Hergänge zu geben.

Das Wort „**unter uns**" ist das gleiche wie Johannes 1, 14 nur mit dem Unterschied, daß dort einer der anfänglichen Augenzeugen im Namen seiner Mitzeugen selbst redet, hier dagegen einer, der von den Augenzeugen und Urzeugen erst die Kunde von den geschehenen Tatsachen empfangen hat.

Die beiden Ausdrücke „Augenzeugen" u n d „Diener des Wortes" beziehen sich nur auf die G l ä u b i g e n , also auf die Gemeinde Jesu. Nicht, was ein Pilatus oder Herodes oder Kaiphas und Hannas, nicht, was die Pharisäer und Schriftgelehrten über das Leben, Leiden und Sterben des Herrn zu berichten haben (die zwar auch alle „Augenzeugen" gewesen waren), will Lukas niederschreiben, sondern nur das,

was Glieder der Gemeinde des Herrn als **Augenzeugen u n d Verkündiger des Evangeliums** zu sagen wissen über Jesus von Nazareth.

Daß Tausende, die nicht zu dem Kreis der Gemeinde gehörten,
Reden Jesus vernommen und Taten von Ihm gesehen haben, daß Pilatus und Kaiphas Worte mit Ihm gewechselt und daß der Kaiser oder
seine höchsten Beamten in Rom durch den Bericht des Prokurators
Festus von Paulus und dem durch ihn gepredigten Jesus etwas erfahren
haben (Apg 25, 15; 19, 26), zeigt, daß alle jenen Zeitgenossen, die
außerhalb der Gemeinde standen, von dem Größten, was zu ihren Lebzeiten auf Erden geschehen ist, im Grunde nichts gesehen und nichts
gehört haben, und zwar darum, weil sie nichts sehen und nichts hören
wollten (Lk 8, 10; 10, 23).

Es geht hier also nicht um ein Ideensystem, sondern um Tatsachen.
Die Apostel sind nicht ersonnenen Fabeln gefolgt, sondern waren selbst
persönliche Zeugen der übernatürlichen Herrlichkeit ihres Herrn (2 Pt
1, 16).

Freilich, das Wissen um die Tatsache der Existenz eines Jesus und
Seiner Apostel ist noch nicht „Glaube". Die ungläubigen Zeitgenossen
Jesu wußten auch um die Existenz eines Mannes, der Jesus von Nazareth geheißen hat, und glaubten trotzdem nicht an ihn. Zu diesem
Glauben gelangt nur der, der glauben will und der bis ins tiefste Herz
wahr und aufrichtig zu Gott kommen will. Für damals und für heute
gilt es: „Wer zu Gott kommen will, der muß **glauben, daß er ist.**"

Der Ausdruck „überliefert haben" hat hier keine nähere Bestimmung.
Wenn nähere Bestimmungen nicht vorhanden sind, dann bezieht sich
das Wort auf eine m ü n d l i c h e Ü b e r l i e f e r u n g (Apg 16, 4;
1 Ko 11, 2.23; dann 15, 3). Auch das Hauptwort „Überlieferung" (Mt
15, 2. 3. 6; Kol 2, 8; 2 Th 2, 15 usw.) bezieht sich auf mündliche Überlieferung. Vor aller schriftlichen Festlegung gab es also schon „Überlieferung", und auch das, was wir heute „Evangelium" und „Heilige Schrift"
nennen, war, ehe es schriftlich aufgezeichnet war, bereits Bestandteil
mündlicher „Überlieferung".

Der Ausdruck **von Anfang an** bezieht sich auf den Lebensanfang des
Herrn. — Die Berichterstatter aller dieser „Anfangsereignisse" sind nicht
„Diener des Wortes" im engeren Sinne, sondern im weiteren Sinne —
nämlich Maria, des Herrn Mutter, die vielleicht auch all das weiter-
gegeben hat, was ihr von Zacharias und Elisabeth, von Simeon und
Hanna berichtet worden war.

**3 So habe auch ich mich entschlossen, der ich allem von Anbeginn an
   genau nachgefolgt bin, dir (alles) der Reihe nach schriftlich darzu-
 4 stellen, sehr geehrter Theophilus, * damit du die unbedingte Zu-
   verlässigkeit der Reden, von denen du Kunde bekommen hast,
   gründlich erkennest.**

Dieser Vers bildet den Hauptsatz. Durch das gute Griechisch: „auch
ich habe es für gut befunden", weist Lukas auf den Entschluß hin, ein
Geschichtsschreiber der Jesus-Geschichte zu werden!

Bei dem Ausdruck „von Anbeginn" (anothen = von oben herab), scheint sich Lukas mit einem Wanderer zu vergleichen, der bis zur Quelle des Flusses vorzudringen sucht, um den Fluß hernach in seinem ganzen weiteren Lauf zu verfolgen. — Die apostolische Berichterstattung und Verkündigung, die ganz von dem praktischen Zweck der Verkündigung des Heils beherrscht war, fing erst mit der öffentlichen Tätigkeit Jesu an. Lukas fühlte sich aber gedrungen, weiter zurückzugehen und die allerersten Anfänge der Jesus-Geschichte zu beleuchten; siehe Kapitel 1 und 2 (die Kindheitsberichte). Und wie er die „Überlieferung" nach dieser Seite vervollständigte, so bemühte er sich auch, solche Tatsachen und Reden Jesu zu sammeln, die in jener fehlten; dies liegt in dem „pasin" = „alle". Das Lukas-Evangelium beweist dies in allen seinen Teilen.

In betreff des Theophilus siehe die Einleitung, Seite 2.

Nachdem uns Lukas über seine Vorarbeiten Aufschluß gegeben hat, spricht er sich nunmehr über den Zweck seiner Schrift aus: Er wollte seinem hohen Gönner die unanfechtbare, unerschütterliche Wahrheit und Grundlage des Glaubens-Unterrichtes, den Theophilus früher bei ihm empfangen hatte, ans Herz legen.

I. Hauptteil

Über die Vorgeschichte des Vorläufers und seines Herrn

Lk 1, 5—2, 52

Lukas tritt im Unterschied zu Matthäus mit der Denkweise eines Griechen an den Gegenstand der Erzählung heran und will die Tatsachen der Geschichte Jesu, wie wir in der Vorrede Lk 1, 1—4 schon hörten, bis zu ihrem Anfang hin ergründen. Er sagt sich: Ein so außerordentliches Ereignis wie das öffentliche Auftreten Jesu kann nicht ohne Vorbereitung eingetreten sein. Jesus kann nicht als ein erwachsener Mann, dreißig Jahre alt, vom Himmel gefallen sein, wie es sich Marcion vorstellt, sondern Theophilus und die Christen werden fragen, welches wohl der Ursprung eines solchen außergewöhnlichen Mannes gewesen sein mag. Wir hören darum in den Kapiteln 1 und 2 von den Anfangsgeschichten des Lebens Jesu.

1. Der Anknüpfungspunkt.

Lk 1, 5—6

Die Geschichte von Zacharias und Elisabeth eröffnet das messianische Drama. Wenn Gott nun ein neues Werk beginnt, dann wirft Er das alte nicht beiseite, sondern knüpft an das alte an! Im Schoß Israels, in Jerusalem, im Tempel (dem Mittelpunkt des gottesdienstlichen Lebens Israels), leitet Gott die Entstehung des Neuen Bundes ein.

Auch Schlatter hat auf diesen Gesichtspunkt der Anknüpfung des Neuen an das Alte aufmerksam gemacht. „Im Tempel beginnt die Geschichte, die der Evangelist Lukas erzählt. In den Tempel wird auch nachher der neugeborene Messias-Christus, wie das Gesetz es vorschrieb, gebracht. Auch der zwölfjährige Jesus betritt bei Seinem ersten Besuch den Tempel mit dem Gedanken, nun sei Er in dem, was Seinem Vater gehört . . ."

Mit diesen Sätzen am Anfang des Evangeliums hängen zusammen die letzten Sätze des Lukas-Evangeliums, Kap. 24, 52.53: „Die Jünger kehrten vom Berge der Himmelfahrt ihres Herrn nach Jerusalem zurück mit großer Freude und waren zu jeder Zeit i m T e m p e l und priesen Gott." —

Ja, „im Tempel" zu Jerusalem, der Fortsetzung der Stiftshütte, knüpft Gott das Neue an. — Erst als Jerusalem Ihn, den Heiland, endgültig verwarf, wurde auch der Tempel dem Untergang geweiht (vgl. Lk 13, 35; 19, 46 und 21, 6).

Zu Vers 5:
1 Chro 24, 10

5 Es lebte (war) in den Tagen des Herodes, des Königs von Judäa, ein Priester, namens Zacharias, aus der Priesterabteilung Abias; und seine Frau war von den Töchtern Aarons, und ihr Name war Elisabeth.

Wir übersetzen deshalb so wörtlich, um den Unterschied der Aus-
drucksweise zwischen Vers 1—4 und Vers 5 ff. darzulegen. Derselbe
Mann, der durch die wohlgesetzte Rede des Prologs sich als ein durch
Schule und Beschäftigung mit der grie Literatur gebildeter Forscher ein-
geführt hat, beginnt nun durch lange Kapitel hindurch in einem
Stil zu erzählen, der jeden, der ein wenig Hebräisch versteht, wie eine
Übersetzung aus einer semitischen Sprache anmutet. Dem klassischen
Stil der Vorrede begegnet man erst wieder in der zweiten Hälfte der
Apostelgeschichte. Die Ausdrucksweise **es geschah in den Tagen des
Königs Herodes** ist hebr. Kein grie Geschichtsschreiber würde so schrei-
ben. Wir denken an 2 Sam 21, 1; 1 Kö 10, 21; Jer 1,2; Mt 2, 1.

Über „Herodes den Großen" siehe in W. Stb. Matthäus Seite 19 ff.
mit Fußnoten.

Der Ausdruck „die Priesterabteilung Abias" beruht auf der Einteilung der Priesterschaft in 24 Ordnungen, die auf David zurückgeht
(1 Chro 24, 3. 10). [1])

Da Elisabeth „aus den Töchtern Aarons" war, entsproß der Täufer
Johannes einer rein priesterlichen Familie. Von seinen Eltern heißt es
weiter:

**6 Sie waren aber beide gerecht vor Gott, indem sie in allen Geboten
und Rechtssatzungen des Herrn untadelig wandelten.**

Der Ausdruck **gerecht** bezieht sich auf die Erfüllung der levitischen
Gebote. Gott ließ die Gerechtigkeit als eine aufrichtige vor Sich gelten.
Das Wort **ohne Tadel** entspricht dem Wort „fromm" in 1 Mo 17, 1.
Wer für den Dienst Gottes würdig sein will, der muß Ihm gegenüber
gehorsam sein und sein Herz unbedingt und restlos an Seine Gebote
binden. Die beiden Eltern **wandelten**, d. h. sie führten nicht nur zeit-
weise ein Gott wohlgefälliges Leben, sondern sie bemühten sich, heilig
ernst fort und fort das zu tun, was vor Gott recht war. Niemand
konnte ihnen etwas nachsagen. Sie standen beständig „im Heiligtum
vor Gott".

Zur makellosen H e r k u n f t der Eltern des Täufers trat also ein
L e b e n nach Gottes Willen und Wohlgefallen noch hinzu. Was für
ein vorbildliches Ehepaar und Elternpaar ist uns damit vor die Seele
gestellt.

Diesen Wandel vor Gott sah Gott. Er wollte Zacharias und Elisabeth
zu Geistesträgern machen. Darum erzog Er sie auch anders als die
übrigen Menschenkinder. Ein neuer Anfang im Reiche Gottes sollte an-

---

[1] Jede **Abteilung** hatte zweimal im Jahr den Dienst im Tempel auf acht Tage zu versehen. Der
priesterlichen „F ü h r e r s c h a f t" gehörte Zacharias nicht an, denn diese bestand aus dem fun-
gierenden und dem im Amt gewesenen Hohenpriester und aus den Priestern der ersten Abteilung
jener 24 Ordnungen. Die Priesterabteilung Abias stand an a c h t e r Stelle in der Rangordnung,
also weit zurück. Während die vornehmen Priester durchweg in Jerusalem ihren Wohnsitz hatten,
wohnten die übrigen da und dort im Lande verstreut. Es war dem Priester erlaubt, sich mit einer
„e i n f a c h e n" Israelitin zu verheiraten, doch war ehrenvoller für ihn eine Frau von priesterlicher Herkunft, in der „gehobenen Sprache" ausgedrückt, „eine Frau aus der Zahl der Töchter
Aarons".

gebahnt werden durch den Durchbruch eines Elternpaares in das Glaubensleben eines Abraham und einer Sara hinein! Da aber die Verheißung an Abraham im Begriff war, erfüllt zu werden, zeigte sich auf
einmal überraschend, daß hier genau dieselben Symptome in Erscheinung traten wie damals bei Abraham: „Es war kein Erbe da"! Und
Elisabeth war schon längst über das Alter hinaus, wo sie noch hoffen
konnte, die Mutter eines Sohnes werden zu können!

2. Eine Großtat Gottes.

Lk 1, 7—25

**7 Und sie waren kinderlos, deshalb, weil der Elisabeth dies versagt
blieb, und beide waren in ihren Tagen vorgerückt.**

Der Ausdruck „sie waren beide in ihren Tagen vorgerückt" ist rein
hebr, siehe 1 Mo 18, 11; 24, 1; Jos 13, 1; 23, 1; 1 Kö 1, 1.

Kinderlosigkeit war für ein im vorgerückten Alter stehendes Ehepaar ein großes Unglück, ja, es wurde sogar als ein Zeichen göttlicher
Ungnade und als Schande vor den Leuten überaus schmerzlich empfunden und erschien als Zeichen der Entziehung des in 1 Mo 1, 28 verheißenen göttlichen Segens. Lukas deutet an, daß die Ursache der
Kinderlosigkeit von Elisabeth herrührt, die er „gerecht" nennt. — Es
ist kein Zufall, sondern es gehört zur Weisheit des himmlischen Erzie-
hers, daß Er gerade diejenigen, die Er besonderer Gnaden würdigt,
durch besonders schwere Proben gehen läßt.

Gerade diese Kinderlosigkeit hat wesentlich dazu beigetragen, die
Ehe der beiden nun Altgewordenen zu einer Stätte göttlicher Offenbarung zuzubereiten. Nun waren sie ja weniger verstrickt in die Gedanken und Sorgen der Welt. Sie hatten in stiller Einsamkeit lernen
können, des H e r r n z u h a r r e n und blind zu glauben, daß G o t t
S e i n e s E i d e s g e d e n k t (Zacharias heißt: E s g e d a c h t e
J a h w e, und Elisabeth: G o t t i s t m e i n E i d).

Als echte Israeliten konnten diese beiden Graugewordenen nun unmöglich glauben, daß Kinderlosigkeit Gottes letzter Wille sei. Darum schauten sie sehnsuchtsvoll aus nach Nachkommenschaft.

**8 Es begab sich aber, indem er Priester vor Gott war in der Ordnung
seiner Priesterklasse,**

Wieder ein „es begab sich" = hebr Art. Die Worte **vor Gott** oder
„vor dem Angesicht Gottes" heben die Wichtigkeit der priesterlichen
Verrichtung hervor.

Zu Vers 9:
2 Mo 30, 7

**9 Da traf ihn nach dem Brauche des Priesteramtes das Los, zu räuchern,
und (zu diesem Zwecke) in den Tempel des Herrn hineinzugehen.**

Nach dem „Brauche des Priesteramtes" heißt: Mit der ganzen Dienst-
klasse Abias hielt Zacharias sich für die Dauer einer Woche in Jerusalem auf und versah den Dienst im Tempel. Durchs Los fiel ihm die
Aufgabe zu, das Räucherwerk anzuzünden. Zu diesem Zweck trat er
in das sogenannte Heilige, in welchem außer dem goldenen Leuchter

und dem Schaubrottisch auch der Räucheraltar stand. ²) Der Ausdruck „Tempel des Herrn" hebt die Heiligkeit des Tempels hervor (2 Mo 30, 7).

10 Und die ganze Menge des Volkes war draußen zur Stunde des Räucheropfers betend.

Nachdem Zacharias das Räucherwerk auf die glühenden Kohlen des Räucheraltars geschüttet hatte, hatte er sich, wie es vorgeschrieben war, zur Anbetung niedergeworfen. Im ganzen Lande wandte sich zu dieser Stunde das Angesicht des Volkes gen Jerusalem und betete zur Stunde des Räucherwerks. In der Stunde, wo der Priester vor Gott tritt, faßt er als Repräsentant des Volkes die Gebete aller zusammen und bringt sie vor Gott. In dieser Stunde darf er auch sein eigenstes, heiligstes Anliegen vor Gott bringen. Das aufsteigende Räucherwerk ist ein Bild des aufsteigenden, Gott wohlgefälligen Gebetes. Siehe Ps 141, 2 und Offb 5, 8 und 8, 3.4.

11 Es wurde ihm aber ein Engel des Herrn sichtbar, der zur Rechten des Räucheraltars stand.

Die Stunde des Gebetes ist die Stunde der Offenbarung Gottes. Gott hatte das Gebet der beiden Alten nicht vergessen. Und noch viel herrlicher, als es je erbeten war, wurde erhört, was sie sehnsuchtsvoll erwarteten. Es erschien ihm ein Engel des Herrn. „Zur Rechten des Räucheraltars" ist ein Zeichen dafür, daß er wirklich in Gottes Auftrag und Vollmacht zu Zacharias kommt.

12 Und Zacharias geriet, als er Ihn sah, in Verwirrung, — und Furcht fiel auf ihn.

Wenn die unsichtbare Welt plötzlich sichtbar wird, gerät der Mensch in Verwirrung. Wenn dann das Bewußtsein seiner Unwürdigkeit und Sünde aufwacht, wird aus der Verwirrung Furcht, denn er fühlt, daß ihm ein Gericht bevorsteht.

13 Es sprach aber der Engel zu ihm: „Fürchte dich nicht, Zacharias, denn dein Gebet ist erhört worden, und deine Frau Elisabeth wird dir einen Sohn gebären, und du wirst seinen Namen Johannes 14 nennen. * Und es wird dir Freude und Frohlocken sein, und über seine Geburt werden sich viele freuen.

Zuerst beruhigt der Engel den Zacharias. Er bringt eine Gnaden- und nicht eine Gerichtsbotschaft. Er kündigt einen Sohn an, den langersehnten Nachkommen. Der Ausdruck: **deine Bitte** kann sehr gut bedeuten: „deine stehende Bitte". Der Name Johannes kommt her von Jochanan (2 Kö 25, 23; 1 Chro 12, 4. 12) und bedeutet so viel wie

---

² Sowohl morgens v o r dem **Brandopfer** um 9 Uhr als auch nachmittags um 3 Uhr n a c h dem Brandopfer fanden G e b e t s gottesdienste im Tempel statt (Apg 3, 1), deren symbolische Begleithandlung die Anzündung des Räucheropfers war. Zu dem Wort „vom **Los** getroffen" (Apg 1, 26) bemerkt Langes Bibelwerk: „Das Los ist deshalb angewendet worden, weil im Dienste des Heiligtums nichts der menschlichen Willkür überlassen bleiben sollte."

„der Herr begnadigt". Er findet sich mehrmals im AT. Gnade bildet zwar nicht das Charakteristikum der Predigt des Johannes, aber die Gnadenökonomie (Haushaltung, Herrschaft) ist durch sein Auftreten eingeleitet worden. Zum Wesen der Gnadenhaushaltung gehört aber, daß sie bis zur letzten Spur hin die Sünde unbarmherzig verfolgt und schonungslos straft. Die Voraussetzung der Gnade ist völlige Umkehr.

Dieser Sohn wird „ein Zeichen der Gnade" und „ein Gegenstand der Freude sein". Einer Freude, die bis zum Erzittern gehen soll, zum Frohlocken, Jubeln; und zwar gilt dies Jauchzen nicht nur für die Angehörigen des Johannes, sondern für alles Volk!

Zu Vers 15:
Ri 13, 4. 5

15 Denn er wird groß vor dem Herrn sein, und Wein und berauschendes Getränk wird er keineswegs trinken, und mit Heiligem Geist wird er erfüllt werden schon im Mutterleib.

Johannes wird unter die besonders geweihten Männer eingereiht, die in nichtpriesterlichen Kreisen das Vorbild der israelitischen Heiligkeit zu verwirklichen suchten. Man nannte sie Nasiräer, d. h. „Gottgeweihte", „Gottverlobte". [3]

Zu der Einfachheit seines Lebens kommt als ausschlaggebend noch hinzu, daß er schon im Mutterleibe mit Heiligem Geist erfüllt wird. Hier ist der Heilige Geist nach der Seite Seiner Machtwirkung gemeint, wie Er über die Propheten als Dienstgeist (zwar nur kurze Zeit) kam, auch über Simson und Saul, und sie zu Werkzeugen Gottes machte.

Zu Vers 17:
Mt 17, 11—13
Mal 3, 1. 23. 24

16 Und er wird viele der Söhne Israels zu dem Herrn, ihrem Gott bekehren. 17 * Und er wird vor Ihm hergehen in Geist und Kraft eines Elia; er wird die Herzen der Väter zu den Kindern bekehren, und die Ungehorsamen zur Klugheit der Gerechten, um dem Herrn ein zugerüstetes Volk zu bereiten.

Es wird fürs erste eine mächtige religiöse Bewegung, eine große Erweckung unter dem Volk angesagt. Aus der Gottentfremdung werden **viele** herausgerissen und auf dem Weg der Umkehr wieder zu Gott zurückgeführt werden.

Durch solche Arbeit wird er die messianische Zeit anbahnen, und dies wird die Krone seines Werkes sein. Das charakteristische Merkmal der Wirksamkeit des Johannes ist, wie einst bei Elias, „die Kraft". [4]

Zu Vers 18:
1 Mo 18, 11

18 Und Zacharias sprach zu dem Engel: „Woran soll ich dies erkennen? Denn ich bin alt und meine Frau ist in ihren Tagen vorgerückt."

[3] Er war eine Art Laienpriester, deren Lebensweise schon durch 4 Mo 6, 1—21 geregelt war. Vom lebenslänglichen Nasiräat sind uns zwei Beispiele bekannt: Simson und Samuel (Ri 13, 5 und 1 Sam 1, 11).
[4] Auch hier ist auf Maleachi angespielt, wo es heißt (3, 23): „Siehe, Ich sende euch den Propheten Elia, ehe der große und schreckliche Tag kommt." Das Volk und seine Gesetzeslehrer hatten diese Verheißung buchstäblich verstanden und erwarteten die persönliche Wiederkunft des Elia (Jo 1, 21; Mt 16, 14; 17, 10; 27, 47). Die Verheißung ist hier im geistlichen Sinne zu deuten, entsprechend dem Wesen des Propheten selbst. Ein neuer, dem Elias ähnlicher Reformator wird Johannes sein.

Die Bitte um ein Zeichen wird hier wie ein strafwürdiges Vergehen behandelt. Und doch haben Abraham (1 Mo 15, 8), Gideon (Ri 6, 36. 39
dreimal) und Hiskia (2 Kö 20, 8) eine ähnliche Bitte ausgesprochen,
ohne daß es ihnen zur Sünde gerechnet worden wäre. Warum ist nun
in diesem Falle nicht recht, was in all den andern Fällen recht war?
Wohl deshalb, weil Zacharias zeitlich n a c h jenen kam und diese
ganze Reihe von Offenbarungen und Erscheinungen hinter sich hatte,
die er als Priester wohl kennen mußte. Zudem hätte schon der Ort, an
welchem er diese Botschaft empfing, und die himmlische Erscheinung,
die sie ihm überbrachte, ihm jeglichen Zweifel nehmen sollen. Sein Zweifel
war also nichts anderes als Mangel an Glauben und die Unfähigkeit,
sich kraft der göttlichen Verheißung über den natürlichen Verlauf der
Dinge zu erheben.

19 Und der Engel antwortete und sprach zu ihm: „Ich, ich (im Urtext
steht „ego" = betontes „ich") **bin Gabriel, der vor Gott steht, und
ich bin gesandt, mit dir zu reden, und dir gute Botschaft zu verkünden"** (im Urtext: dich zu evangelisieren).

Zu Vers 19:
Da 8, 16

Der Bote gibt sich ihm zu erkennen als eine schon bekannte Persönlichkeit: „Ich bin Gabriel". Der Name bedeutet: „der starke Mann
Gottes". [5])

Gabriel ist der Bote Gottes, der Überbringer froher Botschaften, der
Evangelist Gottes, er baut auf. Den vorhin angeführten Worten des
Zacharias: „Ich bin ein alter Mann" stehen die Worte des Engels gegen-
über: „Ich bin Gabriel, der vor Gott steht."

Vor Gott Stehende werden von Gott gebraucht und gesandt. Vor
Gott Stehende rechnen nicht mehr mit dem, was vor Augen ist, sondern mit dem, was Gott gesprochen hat. Der Engel sagt weiter: „Ich bin
gesandt, mit dir zu reden, **dich zu evangelisieren"**, wie der Grundtext
sagt. Evangelium heißt gute Botschaft, Botschaft, die uns heraushebt
aus dem Sichtbaren und hineinhebt ins Unsichtbare, ins ewige Wort
Gottes, wo uns die Blicke in die ewigen Herrlichkeiten eröffnet werden.

**20 Und siehe, du wirst stumm sein, und unvermögend sein, zu reden
bis zu dem Tage, da dieses geschehen wird, dafür, daß du meinen
Worten nicht geglaubt hast, welche zu gegebener Zeit erfüllt werden.**

Dieses Wort ist ein Gericht über den Unglauben, aber gerade hier
und in solchen Durchbruchszeiten wird offenbar, wie alle Gerichte
Gottes (in der Geschichte der Erlösung) zutiefst **Gnadengerichte** sind.
Wir wollen bei der Gerichtsseite nie die Gnadenseite vergessen. Es war
für Zacharias eine Hilfe, eine Handreichung, eine Gnade Gottes, daß er

---

[5] Die Bibel bezeichnet zwei himmlische **Engelwesen** mit „Namen": G a b r i e l (siehe Da 8, 16 und
9, 21) und M i c h a e l, ein Name, welcher bedeutet: „W e r   i s t   w i e   G o t t ?" (Da 10, 13. 21;
12, 1; Jud Vers 9; Offb 12, 7). Diese beiden Namen sind symbolisch, sie drücken den Charakter und
die Tätigkeit ihrer Träger aus. G a b r i e l ist der mächtige Diener Gottes, bestimmt, Gottes Werk
auf Erden zu fördern. Seine Tätigkeit ist somit eine p o s i t i v e. Die des M i c h a e l ist eine
n e g a t i v e. Wie sein Name andeutet, ist er der Zerstörer alles dessen, was sich mit Gott zu
messen und sich Ihm entgegenzustellen wagt. Michael ist der Kämpfer Gottes, er richtet und schlägt
nieder.

bis zur Stunde der Erfüllung der Geburt des verheißenen Sohnes stumm
bleiben mußte. Das Heilige, die gute Botschaft, konnte sich in ihm
niederlegen, ohne durch fortwährenden Austausch der Gedanken er-
drückt zu werden.

Zacharias hatte nun Zeit, sich in eine neue Welt einzuleben, sich zu
orientieren und Wurzel zu fassen, um dann mitten unter seiner Umgebung dazustehen als ein Lichteskind. Es war wunderbare Gnade, daß
er stumm wurde und beim Hinausgehen nachher nur Zeichen machen
konnte: „Fragt mich nichts, ich kann nicht reden." —

21 Und das Volk, das auf Zacharias wartete, wunderte sich, daß er im
22 Tempel verzog. * Als er aber herauskam, vermochte er nicht zu
ihnen zu reden, und sie erkannten, daß er im Tempel ein Gesicht ge-
23 sehen hatte, und er winkte ihnen zu und blieb stumm. * Und es
geschah, als die Tage seines Dienstes zu Ende waren, ging er weg
in sein Haus.

Das Volk wartete im Vorhof auf den üblichen Segen. Es wunderte
sich über das ungewöhnlich lange Verweilen des Priesters hinter dem
Vorhang. An seinem Unvermögen zu reden und zu segnen erkannte
die Menge, daß er eine Vision im Tempel gehabt habe. Durch anhaltende Handbewegungen veranlaßte er sie, ohne den Segen empfangen
zu haben, nach Hause zu gehen.

Wie einzigartig ist doch dieses Geschehen. Die Gerichtsseite in diesem Ereignis macht offenbar, daß Gott aufgrund des Unglaubens des
Zacharias ihn in der Ausübung seines Priesteramtes „den Segen zu
spenden" hinderte.

Das Stummsein des Zacharias macht aber auch die heilsgeschichtliche
Seite deutlich: Wo die **Stimme des Predigers in der Wüste** angekündigt
wird, verstummt das Priestertum des AT. Es verstummt der levitische
Segen, wo „der Same kam, in welchem alle Völker gesegnet werden
sollten".

24 Nach diesen Tagen aber befand sich seine Frau Elisabeth in guter
Hoffnung, und sie selbst zog sich fünf Monate zurück und sagte: *
Zu Vers 25:   **25 „So hat mir der Herr in den Tagen getan, in welchen Er gesehen**
1 Mo 30, 23   **hat meine Schmach unter den Menschen, um sie wegzunehmen.**

Warum ist Elisabeth nicht gleich voller Freude unter die Leute ge-
gangen, um sich dieses Glückes zu rühmen? Warum zieht sie sich fünf
Monate still zurück? Warum verheimlicht sie ihr Glück? Gott hat sie
Mutter werden lassen. Nun ist sie es Ihm und sich selbst schuldig, nicht
mehr als Unfruchtbare (V. 36) unter die Leute zu treten. Daraus er-
klärt sich die Zeit von fünf Monaten. Nach fünf Monaten wird der
Zustand der Schwangerschaft sichtbar, dann kann man sie als die von
Gott Gesegnete in der Tat erkennen.

Die Tatsache: „Er hat so angeblickt, daß Er wegnimmt", läßt sich
nicht kürzer wiedergeben. Der Ausdruck „Schmach", welcher an die
langjährigen Demütigungen erinnert, die der frommen Israelitin widerfahren waren, wird erklärt durch die Worte des Engels in Vers 36: „**die,**
welche die Unfruchtbare hieß". ‚Die Unfruchtbare" war ihr Spott-

name unter den Frauen ihres Ortes gewesen, aber Gott hatte sie angesehen und gesegnet.

Aus dem **Glauben** kommt wahre göttliche Frucht, nicht aus der Natur. Nur Glaubensfrucht ist für die Ewigkeit, und was nicht aus dem Glauben kommt, das ist Sünde. Wohl uns, wenn wir durch den Lebenszusammenhang mit Gott Frucht bringen für Gott!

Das durften nun auch die beiden Alten, Ergrauten, an der Schwelle des Neuen Testaments Stehenden, erfahren.

Ihr armseliges Erdenleben, Gott zur Verfügung gestellt, durfte durch Gottes große Gnade Frucht tragen, Frucht für die Ewigkeit. Ihr Johannes, von Gott erbeten, war die Frucht ihres verborgenen Glaubenslebens. Und ihr Johannes wurde fruchtbar für die künftigen Generationen, indem er Raum machen konnte dem Herrn.

Ein von Gott geschenkter Segen wird aber erst dann zum wirklichen Segen für das Volk Gottes und die Welt, **wenn er an Gott wieder zurückgegeben wird;** wenn die Frucht ein verborgenes, Gott allein dargebrachtes **Opfer** bleibt. Nur diejenigen, die in der Aufopferung ihres Lebens den Sinn ihres Lebens gesehen haben, werden in Wahrheit Frucht bringen für Gott.

3. Bei Gott ist kein Ding unmöglich.

Lk 1, 26—38

Wie wir aus der vorigen Geschichte gesehen haben, kam der Priester stumm aus dem Tempel zurück. Er konnte die herrliche Botschaft von der Nähe des Messias dem Volke nicht verkündigen, sondern mußte sie als stilles Geheimnis mit in seine Berge nehmen. Das alles waren schon Anzeichen dafür, daß es mit dem Tempelwesen zu Ende gehen werde.

Wie so ganz anders stellt sich nun die zweite Geschichte dar. Sie wird nicht einem Priester zuteil, sondern einer jungen Israelitin. Sie geschieht nicht im Tempel, sondern zu Nazareth in Galiläa; nicht beim Räuchern am Altar, sondern in der schlichten Wohnung der Jungfrau Maria. Maria aber nimmt den himmlischen Boten nicht ungläubig auf, sondern im Glauben. „Der Engel erschien", hieß es bei Zacharias, und „der Engel ging hinein", heißt es hier (Vers 28). Jener empfing die Verheißung, seine Frau, die betagte Elisabeth, solle ihm den „Vorläufer" des Messias gebären, und — zweifelte. Maria dagegen vernahm das Unerhörteste, daß sie den **Messias Selbst,** den „Sohn Gottes", gebären sollte, und zwar gebären als Jungfrau, und — sie war **bereit, zu glauben!** Der Priester muß mit der himmlischen Botschaft stumm nach der Heimat wandern und erst, als ihm der Sohn geboren wird, findet er die Sprache wieder. Maria dagegen ist sofort voll seliger Freude und eilt zur Elisabeth, um mit Loben und Danken ihr Glück zu verkünden. Das ist der Gegensatz des Alten Bundes zum Neuen Bund.

Ungeachtet dieser Ungleichheit, worin schon die Größe des Neuen Bundes über den Alten, das Hinausgehen des Christentums über das Judentum sich ankündet, findet doch die innigste Beziehung und Verwandtschaft zwischen dem Alten und dem Neuen Bund statt. Beide Verkündigungen werden von d e m s e l b e n Engel gebracht! In der zweiten Verkündigung wird sogar vom Engel auf die erste hingewiesen. Der eine ist der S p ä t g e b o r e n e des alten, schon „über seine Zeit" hinausgekommenen Priesterpaares, der andere der Z u e r s t g e b o r e n e einer J u n g f r a u. Der Spätgeborene wird im Mutterleibe mit Heiligem Geist erfüllt, der zweite wird durch die überschattende Wirkung Gottes in der Kraft des Heiligen Geistes in der Jungfrau g e z e u g t und von ihr g e b o r e n.

„Es war eine heilige Stunde, da das, was uns hier erzählt wird, geschah, die Stunde, die der Jungfrau den Sohn, der Welt einen Heiland, der Erde neues Leben, der Menschheit den Sohn Gottes schenken sollte — die Stunde der Empfängnis Christi, die Stunde der Herabkunft des Wortes Gottes, des Logos (Jo 1, 1), auf die Erde, ins Fleisch! Zum Lesen dieser Geschichte gehört eine Andacht und ein heiligernster Sinn. Sie muß mit Anbetung und Demut (2 Mo 3, 5) gelesen werden" (Heubner).

Die Verkündigung der wunderbaren Abkunft Christi von der „Jungfrau" wird schon im Paradiese 1 Mo 3,15 prophezeit. Diese Verheißung, wo vom W e i b e s - Samen und nicht vom M a n n e s - Samen die Rede ist, schließt ganz ausdrücklich den Mann von der Zeugung aus. Die Israeliten hingen in ihren atst Geschlechtsregistern so fest an der männlichen Abstammung, daß außer in dieser Verheißung (1 Mo 3, 15) nie anders als von Mannes-Samen bei ihnen die Rede ist. [6])

Zur Jungfrauengeburt vgl. auch Gal 4, 4, wo Paulus nichts von einem „gezeugt vom Vater" sagt, sondern schreibt: „geworden aus einer Frau".

26 Im sechsten Monat aber wurde der Engel Gabriel von Gott in eine Stadt von Galiläa, namens Nazareth, gesandt.

Aus Jerusalem und dem Tempel versetzt uns der Bericht in eine kleine Provinzstadt in das Haus einer der Welt unbekannten Jungfrau. Aus dem priesterlichen Kreis heraus gelangen wir in das gewöhnliche israelitische Privatleben. — Die Zeitangabe im sechsten Monat entspricht den fünf Monaten in Vers 24. Der Augenblick ist gekommen, wo Elisabeth aus ihrer Verborgenheit hervortreten und als dasjenige, was sie ist, erkannt werden kann. Gott hat auf diesen Zeitpunkt gewartet, um an diese erste Tat die Verheißung einer viel größeren anzuschließen. Der Name Galiläa bezeichnet den nördlichsten Kreis Palästinas, der an Phönizien angrenzt. Der vollständige Name

---

[6] Das **Geschlechtsregister des Lukas** ist das des Eli, des Vaters der Maria. Nach dem Gefühl des Altertums ziemte es sich nicht, die M u t t e r als Glied der genealogischen Kette zu nennen. Bei den Alten war man Sohn seines V a t e r s, nicht seiner Mutter. Während nun bei jenem der Stammvater im Grundtext „er zeugte" steht, sagt Lukas bei Joseph (Lk 3, 23): „Jesus war, wie man ihn dafür hielt, ein Sohn Josephs." Damit legt Lukas Protest gegen das „zeugte" ein. Er setzt Josephs Namen an Stelle des Namens der Maria, weil der Frauenname im Stammregister nicht genannt wurde. Der Mann hatte die Pflicht, seine Frau öffentlich zu vertreten. Vgl. hierzu den Stammbaum bei Matthäus, wo Frauennamen genannt werden. W. Stb. Matth. 15.

dieses Landesteiles war „Kreis der Heiden", wegen der vielen Heiden, die dieses Gebiet bewohnten (vgl. Jes 8, 23 und Jes 9, 1, wo von dem Heidengaliläa die Rede ist). Dies Grenzland war von den ernsten Juden darum verachtet. Und nun geht ein **Engel** Gottes dorthin, um den einziggeborenen Sohn Gottes, das Ziel aller Propheten-Voraussagen, anzukündigen. Und die Stadt heißt **Nazareth**. Sie wird im AT niemals genannt.

27 Zu einer Jungfrau, die einem Manne namens Joseph aus dem Hause Davids verlobt war; und der Name der Jungfrau war Maria.

Zu Vers 27: Mt 1, 16. 18

Zweimal wird betont, daß die Sendung des Engels nicht einer Ehefrau, sondern einer **Jungfrau** galt, am Anfang des Verses 27 und am Schluß. Nicht ein Fürwort folgt am Schluß, sondern nachdrücklich wieder der Ausdruck „parthenos", d. h. Jungfrau. Der Engel wird nicht gesandt in den Palast eines Großen und Reichen, sondern in die arme Wohnung einer armen Jungfrau. Und wer war diese Jungfrau, diese Maria, die von Ewigkeit ausersehen war, die Mutter unseres Heilandes zu werden, die Frau, deren Same der Schlange den Kopf zertreten soll? Es ist merkwürdig, wie schweigsam die Schrift darüber ist. Alles, was wir von ihr wissen, von ihrem Stand, Charakter, ihrem Leben und ihren Führungen, beschränkt sich auf wenige Züge, die zur Verherrlichung ihres Kindes erzählt werden. Diese wenigen Züge aber lassen uns tiefe Blicke tun, sie sind reich genug, um uns ahnen zu lassen, welche Fülle der Begnadigung der Herr über diese Seine Magd ausgegossen hat. Vielleicht wäre eine weitere Erklärung zu sehr zur Ehre Marias ausgeschlagen. Die Schrift aber verfolgt nur die Ehre Gottes. Die Marienverehrung der katholischen Kirche hat in der Schrift keinen Grund. Maria war die Verlobte Josephs. Der Herr hatte die beiden zusammengeführt, denn Er wollte der Jungfrau einen Schutz und Hüter geben, welcher die befremdliche Geburt vor loser Rede sichern und dem Kinde sein Bürgerrecht in Israel geben sollte.

Beziehen sich diese Worte **aus dem Stamme Davids** auf J o s e p h oder auf J o s e p h u n d M a r i a oder nur auf M a r i a ? Die Worte beziehen sich nur auf **Maria**. Es soll hiermit angedeutet werden, daß Maria nach der Darstellung des Lukas aus d e m G e s c h l e c h t D a - v i d s s t a m m t e (vgl. Vers 32 und 69). Die davidische Abstammung Josephs ist in der Stelle Kap. 2, 4, ferner durch das Geschlechtsregister im Matthäus und durch den Titel „Davidssohn", der dem Heiland öffentlich beigelegt wurde, bezeugt.

28 Und nachdem er zu ihr hineingegangen war, sprach er: „Sei gegrüßt, Begnadigte, der Herr mit dir!"

Derselbe Bote, der den Messias schon im AT verkündigt hat, erscheint zum zweiten Mal und tritt zu Maria. Das grie Wort „Begnadigte" bezeichnet mehr als eine natürlich Begnadete. Es ist etwas Besonderes an ihr von Gott her geschehen. Der Gruß „Sei gegrüßt, Begnadigte, der Herr mit dir!" ist auch deshalb besonders auffällig und wichtig, weil es nicht als gute Sitte galt, einer Frau überhaupt einen Gruß anzubieten. Das wird auch deutlich an folgendem jüdischen Ge-

betswort: „Ich danke Dir, Gott, daß Du mich nicht geschaffen hast als
Heiden, als Aussätzigen oder als eine Frau." —

Mit dem Gruß der Gnade ist das NT eröffnet. Eine neue Welt ist
eingeleitet: die Welt der Gnade.

**29 Sie aber wurde über dem Worte bestürzt und überlegte, was für
ein Gruß dies wohl sei?**

Das Erschrecken der Jungfrau ist ein Beweis dafür, daß sie **nicht sündlos** ist, wofür sie von der katholischen Kirche angesehen und angebetet
wird. Wäre sie sündlos, könnte sie unbewegten Antlitzes, ohne das
geringste Erschrecken vor dem Engel stehenbleiben. Es ist immer ein
Zeichen von Sündhaftigkeit, wenn die Annäherung der unsichtbaren
Welt bei Menschen Furcht erregt (Jes 6, 5; Lk 5, 8). — Bei Jesus dagegen finden wir nicht den geringsten Schrecken, wenn Engel zu Ihm
kommen (vgl. Versuchungsgeschichte, Verklärung, Gethsemane).

30 Und der Engel sprach zu ihr: „Fürchte dich nicht, (Bleibe nicht in
deiner Furcht), **Maria, denn du hast Gnade bei Gott gefunden.**

Der Ausdruck „Gnade finden" bezeichnet einen besonderen Gnaden-
beweis, der ihr zuteil wird.

Zu Vers 31:
Jes 7, 14
Mt 1, 21—23

**31 Und siehe, du wirst guter Hoffnung werden und einen Sohn ge-
bären, und wirst Seinen Namen Jesus nennen.**

Die von dem Engel gebrauchten Ausdrücke erinnern an die in Jes
7, 14: „Die Jungfrau ist schwanger und wird einen Sohn gebären und
wird Ihn Immanuel heißen." **Jesus** bedeutet: „Gott ist Heil oder Rettung."

Zu Vers 32:
2 Sam 7, 12. 13

**32 Dieser wird groß sein und ein Sohn des Höchsten genannt werden,
und Gott, der Herr, wird Ihm den Thron Seines Vaters David geben. ·
33 Und Er wird über das Haus Jakob bis in die Ewigkeiten herrschen,
und Seines Königtums wird kein Ende sein."**

Also „Sohn des Höchsten", Sohn Gottes, des Schöpfers und Erhalters
Himmels und der Erden, soll Er genannt werden. Oh, hätte Maria ganz
verstanden, was in diesem Worte gesagt ist, wie unendlich groß Der
ist, Den sie unterm Herzen tragen und mit ihrem Blute nähren soll,
wie hätte sie dies ertragen können!

Wohl hat es auch sonst Menschen gegeben, die den Namen Jesus
oder Josua geführt haben, aber keinen einzigen, der das war, was er
hieß, nämlich ein **Seligmacher,** d. h. einer, der Sein Volk errettet von
seinen Sünden.

Wohl hat es weiterhin Menschen gegeben, die man **groß** nannte,
aber keinen in dem vollen Sinne des Wortes, wie der Messias Christus,
der da groß und wahrhaftig war in Seiner Gottheit, groß und wahrhaftig in Seiner Menschheit, groß in Seinen Wundern, groß in Seiner
Lehre, groß in Seinem Wandel. Keinen hat es gegeben, der Seiner
Natur und Seinem Wesen nach zugleich der Sohn des Allerhöchsten,
der ewige Sohn des ewigen Vaters, der Abglanz Seiner Herrlichkeit und

das Ebenbild Seines Wesens war, und dessen Werk darum so wichtig ist. Auch **Könige** hat es gegeben, Könige auf dem Stuhle Davids und über das Haus Israel, aber keine Könige, die **ewiglich** sind, keine Könige der Wahrheit und Herzöge der Seligkeit, keine Fürsten des Friedens und des Lebens, wie Jesus Christus es war.

Das ist eine seltsame Größe, die da anfängt in einem Stalle, die da endigt an einem Kreuze und in der Zwischenzeit mit Leiden, Schmach und Trübsal beladen wird. Groß ist nicht unbedingt der, der gewaltig einer Riesen-Versammlung Christus predigt. Der ist groß, der, wenn er den Herrn verkündigt, aus den Häusern gestoßen, mit Steinen beworfen wird, und der dann weitergeht und dasselbe versucht an einem andern Ort. So gebührt es, derer zu gedenken, denen ein Herr und Meister mit der Dornenkrone vorangeht, verspottet, geschmäht und gegeißelt. — Sieh auf Christus, bedenke, was Er verdiente und was Ihm hier auf Erden zuteil ward: welch ein Recht, welche Ansprüche hast du, daß es dir besser gehe als Ihm, und daß man dir Ehre zolle, während Er Schmach leiden mußte! Lerne, daß die Schmach, die dich dem verschmähten Jesus ähnlich macht, wahre Größe ist. — Größer als Gesundheit sind oft Krankheit und Schwachheit, weil die Herrlichkeit der gläubigen Seele, die in Demut und Ergebung und Harren besteht, deutlicher durch die hinwelkende Hülle hervorblickt. (Rieger, Müller)

34 Maria aber sagte zu dem Engel: „Wie wird das sein, da ich von keinem Manne weiß?"

Die Jungfrau, berufen, die Mutter Jesu zu werden, darf nicht davor zurückbeben, ihrem Verlobten und der Welt ein Rätsel zu werden; denn in dem Augenblick, wo sie die Mutter dessen werden soll, der sich nicht scheuen wird, das Leben der Niedrigkeit zu tragen und der sich nicht fürchten wird, von der Welt Schmach und Schande zu erdulden, muß auch sie den Mut zeigen, in die Wege Gottes einzugehen und in das Todesweh zu willigen, d. h. vor der Welt als ehrlose Jungfrau zu erscheinen. Für eine reine Jungfrau gab es gewiß nichts Schrecklicheres. Deshalb ihre Frage: „Wie soll das geschehen?"

35 Und der Engel antwortete, sprach zu ihr: „Heiliger Geist wird auf dich kommen; und die Kraft des Höchsten wird dich überschatten, darum wird auch das Heilige, das gezeugt wird, „Sohn Gottes" genannt werden."

Zu Vers 35:
Mt 1, 18. 20

Nach Mt 1, 20 ist „to gennomenon" abgeleitet von „gennao", nicht „das geboren wird", sondern „das erzeugt wird" (gennao heißt erzeugen).

Was hier in Maria **gezeugt** wird, heißt hier: **das** Heilige, nicht ein Heiliger, damit sie wohl verstehe, dies Kind wird nicht erst durch die Gnade geheiligt, wie die heiligen Männer des AT und NT. Es ist in Wahrheit vom ersten Augenblick des Gezeugtseins an **das Heilige**, d. h. das von Sünden Unbefleckte (Da 9, 24), das Sündlose.

Man hat gegrübelt, wie es denn möglich war, daß von Maria etwas Sündloses geboren werden konnte. Das Kind habe doch aus dem sündlichen Fleisch der Maria nur sündliches Fleisch annehmen können. Aber es heißt hier in Vers 35 ausdrücklich, daß nicht darum das Kind ein Heiliges sein werde, weil es von der J u n g f r a u — ohne Zutun des Mannes — geboren werde, sondern darum, weil der H e i l i g e Geist über die Jungfrau gekommen sei, um es in ihr zu zeugen. Dieser Zeugung durch den Heiligen Geist ist es zu verdanken, daß der Sohn Gottes aus Maria „ohne Sünde" hervorging.

Wie überaus fein und zart ist der Ausdruck: „die Kraft des Höchsten wird dich überschatten". Es ist dabei wohl an eine Wolke gedacht. Die Wolke war im Volk Israel das Zeichen der göttlichen Gnadengegenwart und Herrlichkeit. Wenn wir hoch in den Bergen auf der Wanderung die Wolken umgeben, dann sind wir von ihnen ganz und gar eingehüllt und sehen nichts als die Wolken allein. So wird auch Maria ganz vom Heiligen Geist ganz und gar eingehüllt und umgeben gewesen sein. Und dieses Kommen der Kraft des Höchsten und dieses Eingehülltwerden von der Wolke Gottes im Heiligen Geist wird so vollständig gewesen sein, daß Maria weiter nichts sieht und spürt als eben nur die Gnadenwolke des Heiligen Geistes, die das Kommen des Heilandes als sündloses Kindlein bewirkt hat.

W ä r e der Herr Jesus n i c h t **GEZEUGT** von dem Heiligen Geist, sondern nur **ERFÜLLT** mit dem Heiligen Geist, sei es auch schon im Mutterleib wie bei Johannes, oder gar erst bei Seiner Taufe, so wäre Er nur ein bloßer Mensch, ein sündiger Mensch gewesen (vielleicht der größte Prophet, aber nie und nimmer der eingeborene Sohn Gottes). Nicht wegen irgendwelcher ausgezeichneten Taten oder wegen einer später über Ihn sich ergießenden Gnade wird Er **Gottes Sohn** heißen, sondern weil Er der ewige Sohn Gottes wesensmäßig von Ewigkeiten her **war** — darum ist Er auch auf Grund Seiner wunderbaren, durch den Heiligen Geist aus Gott geschehenen Zeugung bei der Menschwerdung der Sohn Gottes **geblieben.** Christus ist **wahrhaftiger Gott,** aber ebenso auch **wahrhaftiger Mensch. Jesus ist der einzige Mensch, der wohl der Geburt, aber nicht der Wiedergeburt bedurfte.** Seine Geburt aber ist Gleichnis und Ursache unserer Wiedergeburt.

Von der ewigen Gottgleichheit und Gottgemeinschaft vor Grundlegung der Welt, durch die der Messias-Christus Selbst später sagen konnte: „Ehe denn Abraham ward, bin Ich" (Jo 8, 58), sagt der Engel der Maria nichts, weil sie es einfach nicht verstanden hätte. Darüber legt er noch den Schleier. — Der Herr offenbart auch heute noch alles zu Seiner Zeit. Der Herr offenbart nur soviel, als wir ertragen können (Rö 8, 23; 1 Jo 3, 2). — Jesus ist Gottes Sohn, das war genug für Maria. Wir sind Gottes Kinder, das ist genug für uns. Hier ist Weisheit und Gnade zugleich.

Merken wir jedoch noch folgendes: Der zweite Adam, der Sohn Gottes, ist nicht wie der erste Adam unmittelbar aus Gottes Hand hervorgegangen, sondern Er ist von einem M e n s c h e n g e b o r e n, auf daß Er in Wahrheit unserer menschlichen Natur teilhaftig und in Blutsverwandtschaft mit unserem ganzen Geschlecht Gemeinschaft habe, in allen Dingen Seinen Brüdern gleich, auf daß Er ein barmherziger und treuer Hoherpriester werde vor Gott, zu versöhnen die Sünden des Volkes (Hbr 2, 17). Darum schämt Er Sich auch nicht, uns Seine Brüder zu heißen, nämlich alle, die an Seinen Namen glauben, welche auch nicht von dem Geblüt, noch von dem Willen des Fleisches, noch von dem Willen eines Mannes, sondern aus Gott geboren sind (Jo 1, 12.13).

36 Und siehe, Elisabeth, deine Verwandte, sie hat trotz ihres Alters einen Sohn empfangen, und dieses ist ihr sechster Monat, sie, welche die Unfruchtbare heißt.

Es läßt sich schwerlich angeben, welcher Verwandtschaftsgrad zwischen Maria und Elisabeth, der Tochter Aarons (Vers 5) bestand. [7])

Der Engel gibt der Maria unaufgefordert ein Z e i c h e n , während er das Fordern eines Zeichens dem Zacharias als Unglaube auslegt. Warum?

Weil hier bei Maria das Allergrößte einem sterblichen Menschen anvertraut wird.

37 Denn von Gott her wird nichts (kein Wort) unmöglich sein.

Vgl. 1 Mo 18, 14; Jer 32, 17. 27; Sach 8, 6; Mt 17, 20 (wörtlich) „Bei Gott ist kein Spruch kraftlos" (auch Rö 4, 17). Gott hat Adam geschaffen, nicht nur ohne Zutun eines Mannes, sondern auch ohne Zutun einer Frau. Gott hat Eva geschaffen mit Zutun eines Mannes und ohne Zutun einer Frau. Nichts ist leichter, als zu glauben, daß auch Jesus o h n e Zutun eines Mannes, aber m i t Zutun einer Frau von Gott ins menschliche Dasein gerufen werden kann.

> Zu Vers 37:
> 1 Mo 18, 14

Hat unser Gott nicht Himmel und Erde geschaffen aus nichts, ohne daß irgend etwas von irgend einer Seite dazu getan worden wäre? Trägt Er nicht alle Dinge auch heute noch mit Seinem kräftigen Wort? Ist Ihm nicht alles, aber auch alles untertan und darum alles möglich?

Es ist gar nicht auszusagen, welch eine unendliche Fülle der Glaubensstärkung darin liegt, daß der Herr allmächtig ist. Ja, was bei Menschen unmöglich ist, das ist bei Gott möglich (vgl. Mt 19, 24—26).

38 Maria aber sprach: „Siehe, die Sklavin des Herrn! Es geschehe mir nach deinem Wort." Und der Engel ging von ihr weg.

Es war ein entscheidender Augenblick in Marias Leben. Man kann sagen, es kam in Vers 38 für Maria alles darauf an, daß sie in diesem Augenblick als gläubig gehorsam erfunden würde. Der Augenblick war da, wo der Antrag Gottes an sie gekommen war und wo sie dem Antrag ihr Jawort geben mußte. Das Jawort aber war der Glaube, wie geschrieben steht: „Im Glauben will ich mich mit dir verloben" (Hos 2, 20) Gottlob, sie hat ihr Jawort in aller Einfalt gegeben. Sie hat sich damit fürs ganze weitere Leben zur Sklavin des Herrn entschieden.

---

[7] Es besteht kein Grund zu glauben, daß Maria wegen ihrer Verwandtschaft mit Elisabeth dem Stamme Levi entsprossen sei. Die verschiedenen Stämme konnten durch Heiraten miteinander verbunden werden. 4 Mo 36, 6 macht keine Schwierigkeit, da es allein von sogenannten Erbtöchtern handelt, deren Stamm sonst auszusterben Gefahr laufen konnte.

Noch übersieht sie nicht all die Kämpfe, die damit verbunden sind,
aber sie steht wie auf einem Felsen, an dem alle brandenden Wogen
zerschellen müssen.

Maria sah in ihrer Einfalt nur auf das eine, auf des Herrn Gnade,
und vergaß sich selbst. Das macht sie zur kühnsten Glaubensheldin, das
läßt sie so kühn ihr Ja und Amen zu den allergrößten Verheißungen
sprechen; das läßt sie, ohne auch nur einen Augenblick zu schwanken,
oder mit ihrem Fleisch und Blut sich zu besprechen, sofort die allergrößte Gnade und Ehre annehmen.

Und wann kann auch heute noch das Gotteskind ein gesegneter
Knecht, eine gesegnete Magd des Herrn werden? Wenn das Kind Gottes
sich wie Maria so gläubig, so selbstverleugnend, so leidensbereit, so
ergeben, so gehorsam, so freudig Seinem Gott auf Tod und Gedeih
ausliefert. —

Du Gotteskind, rede du Ihm darum gar nichts drein, schreibe Ihm
gar nichts mehr vor, laß es aber deine ganze Sehnsucht, deine Freude,
deine Ehre, deine Seligkeit ganz allein sein, wenn Seine Befehle, Seine
Verheißungen an dir, in dir und durch dich in Erfüllung gehen und du
sterbend mit dem letzten Atemzug noch sagen kannst: „Siehe, hier
bin ich, Dein Knecht, Deine Magd. Tue mit mir, wie Du willst und
was Du willst!"

Bei solchen, die so im Innersten ihres Herzens denken, wird Jesus
Christus zunehmen in dem Maße, wie alles Eigne immer mehr abneh-
men wird.

Der Bibelausleger Besser sagt: „Maria hat die Frau wieder zu Ehren
gebracht. Der Unglaube der Eva hat Sünde und Tod gebracht — der
Glaube der Maria dagegen zum Erlöser von Sünde und Tod verholfen."

Dr. Eichhorn sagt: „Maria hat ein Doppeltes getragen: 1. D i e
E h r e des Glaubens vor Gott und allen Gotteskindern und 2. D i e
S c h m a c h des Glaubens vor der gottlosen Welt. Zu allen Zeiten
haben Hunde und Säue ihre eigene Unreinheit ihr angehängt. — Wir
aber preisen Gott, der den Weg gefunden hat, der Menschheit den
Retter anzuvertrauen."

Stockmayer sagt: „Das letzte Wort aus dem Munde der Elisabeth,
als der werdenden Mutter des Täufers, war: Der Herr hat meine
Schmach h i n w e g g e n o m m e n, während Maria von Anfang an
bereit war, Schmach a u f s i c h z u n e h m e n.

4. Der Segen der Gemeinschaft.
Lk 1, 39—45

Der Engel des Herrn ist verschwunden. Maria steht da mit einem
tiefbewegten, reichen, vollen Herzen, das Geheimnis aller Geheimnisse,
größer denn alles, was je die Welt hörte und sah, in ihrem Herzen, ja,
in ihrem Mutterschoße bergend.

Maria hatte sich in der großen Stunde ihrer Heimsuchung dem Walten
Gottes hingegeben und anvertraut. Seitdem war sie im Glauben sicher,

daß sie Mutter sei. Da sehnt sie sich in dem übervollen Drang ihres Herzens nach eines Menschen Herz, dem sie alles sagen und mitteilen kann. Maria sehnt sich nach G e m e i n s c h a f t. Wahres Leben aus Gott sucht nach Gemeinschaft. Das Ich sucht ein trautes Du. Je mehr sie ihr Herz vor dem Herrn ausschüttet, desto voller wird es. Sie muß jemand haben, dem sie alles offenbaren kann. Daheim steht sie jedoch allein. Die Menschen um sie herum können sie nicht verstehen! Sie würde nichts als Mißverständnis und Verkennung, ja vielleicht Hohn und Spott empfangen. Sie war zwar nicht wie Zacharias mit Verstummen geschlagen, aber sie war nicht viel besser daran! Dem feinsten jungfräulichen Gefühl drohte eine Aussicht in unabsehbare Verkennung und Schande. Da tut es nicht gut, allein zu stehen. Es konnte ihr sogar gefährlich werden, sobald Zeiten der Anfechtungen kamen. Gemeinschaft gläubiger Seelen ist oft die einzige Arznei für Angefochtene. Dagegen ist die E i n s a m k e i t oft ein üppiger Boden für manche Giftpflanzen des Zweifels und der Verzagtheit.

Aber wohin denn nun? — Gab es einen besseren Ort für sie, als dort bei Elisabeth, an die der Engel sie so deutlich gewiesen hatte? Das ist ja nicht nur ihre Verwandte, nicht nur eine bejahrte und in den Wegen Gottes erfahrene Frau, eine mütterliche Freundin der vielleicht mutterlosen Maria — sondern sie ist eine, der ähnliche Gnade widerfahren war. Wie war ihr der Wink des Engels so wertvoll! In Sehnsucht wandte sie sich jetzt nach den Bergen Judas. Dort begehrt sie Glaubensaussprache, Glaubenszwiesprache, Glaubensstärkung. — Ob sie ahnt, daß ein Zusammenhang zwischen ihnen beiden besteht?

Ja, die Gemeinschaft der Heiligen ist etwas unbeschreiblich Köstliches, sie ist unter allen Werken des Heiligen Geistes, die Er auf Erden ausrichtet, das größte und schönste Werk, die Krone von allem.

39 Maria aber stand in diesen Tagen auf, ging hin auf das Gebirge mit Eile in eine Stadt Judäas.

Außerordentliche Umstände gebieten außerordentliche Wege und außerordentliche Eile. Ob es fünf Tagereisen weit und darüber ist bis zum ersehnten Ziele, ob es nach der damaligen Volkssitte für eine Jungfrau schicklich war, eine solche weite Fußreise zu machen oder nicht: der schwere Herzensdrang beflügelt eilend die Schritte der Maria und überwindet alle Bedenken.

Es ist ergreifend, den Gedanken der Jungfrau während der Reise ein wenig nachzugehen. Wer ist wie diese Auserwählte? Wer kennt sie, wer ahnt, was ihr geschehen? Wie ist ihre Seele bewegt, voll Andacht, voll heiligen dank- und loberfüllten Sinnens!

Luther sagt: „Billig wäre es gewesen, daß man ihr einen goldenen Wagen bestellet und sie mit 4000 Pferden geleitet hätte und vor dem Wagen her trompetet und geschrieen hätte: Hier fähret die Frau aller Frauen! Aber solches alles hat geschwiegen. Das arme Mägdlein geht zu Fuß so einen weiten Weg, bis in die zwanzig Meilen, und ist dennoch die Mutter Gottes. Da wäre es nicht Wunder, wenn alle Berge gehüpfet und getanzet hätten vor Freuden."

Der Gruß der Maria

40 Und sie trat hinein in das Haus des Zacharias und begrüßte Elisabeth.

Die Ausdrücke „trat hinein" und „grüßte" heben die Feierlichkeit des Augenblickes hervor. Mit dem in Israel gebräuchlichen Gruße: „Friede sei mit dir!" der uns auch aus dem Munde des Auferstandenen so vertraut entgegentönt, tritt Maria in das Haus. Die Wärme und Herzlichkeit eines solchen Grüßens ist mehr als Grüßen; es ist ein ausgeteilter Segen (Mt 10, 12.13). Etwas Erquickliches, etwas von der Kraft des auferstandenen Siegesfürsten liegt darin.

Wie waren doch die beiden Sich-Grüßenden so verschieden: Maria die junge, wenig beachtete Jungfrau aus dem verachteten Nazareth, Elisabeth dagegen die bejahrte Priesterfrau!

Aber was tut es! Die Einigkeit im Geist setzt über die Unterschiede des Standes und des Alters hinweg. So müssen auch unter denen, die Gott lieben, solche Scheidewände fallen. „Ein Bruder, der niedrig ist, rühme sich seiner Höhe, und der da reich ist, der rühme sich seiner Niedrigkeit" (Jak 1, 9.10).

41 Und es geschah, als Elisabeth den Gruß der Maria hörte, geriet das Kind in ihrem Leibe in Bewegung und Elisabeth wurde voll Heiligen Geistes.

Elisabeth wird in diesem Augenblick des Grußes der Maria „vom Heiligen Geist erfüllt". Die Heiligkeit des Geistes, in welcher Maria lebt, geht auf Elisabeth über. Elisabeth fühlt es deutlich und klar: Das ist nicht etwas Natürliches, was hier vorgeht, sondern etwas Wunderbares.

Der Gruß der Elisabeth

42 Und sie (Elisabeth) **rief laut mit lauter Stimme und sprach: „Gesegnet bist du unter den Frauen, und gesegnet ist die Frucht deines Lei-**
43 bes! * Und woher wird mir dieses, daß die Mutter meines Herrn
44 zu mir kommt? * Denn siehe, als die Stimme deines Grußes in mein
45 Ohr drang, hüpfte das Kind mit Frohlocken in meinem Leibe. * Und glückselig, die da geglaubt hat, denn es wird zur Vollendung kommen, das von seiten des Herrn zu ihr Geredete."

Zu Vers 45:
Lk 11, 28

Noch bevor Maria von der ihr zuteil gewordenen, wunderbaren Offenbarung und dem Anlaß ihrer Reise erzählen kann, erkennt Elisabeth im Geiste nicht nur, daß Maria eine Offenbarung empfangen hat, sondern auch, daß das, was ihr dadurch angekündigt worden ist, inzwischen bereits angefangen hat, in und an Maria verwirklicht zu werden.

Elisabeth weiß, daß die Frucht ihres Leibes a u c h groß sein werde vor dem Herrn, aber sie erkennt freudig an, daß der Maria Leibesfrucht über alle Gesegneten gepriesen werden muß. Darum begrüßt sie, die überaus glückliche Mutter, Maria, als die Allerglücklichste oder besser als die Gesegnetste unter allen. Elisabeth, diese ehrwürdige bejahrte Pilgerin, beugt sich demütig vor ihrem Herrn. Nicht nur vor ihrem Herrn, sondern auch vor Seiner Mutter, dieser jugendlichen und geringen Magd! Wir merken es an den Worten: „Woher kommt mir das, daß die Mutter meines Herrn zu mir kommt?" Wie neidlos kann sie, die doch auch eine Gesegnete ist, sich mit der Gesegneteren der ihr zuteil gewordenen größeren Gnade freuen! Voll seliger Beugung gibt sie Maria die Ehre, ganz wie wenn die Mutter eines Königs zu einem der geringsten Untertanen gekommen wäre.

So ist es allezeit im Reiche Gottes die Regel, daß das Große zu dem Kleinen kommt. Der Herr des Himmels kommt zum Stäublein und wohnt bei ihm.

„Und glücklich zu preisen bist du, die du geglaubt hast", spricht Elisabeth weiter. **Das ist die erste Seligpreisung** des NT, Wurzel und Summe aller folgenden. Elisabeth denkt offenbar mit Wehmut an den Unglauben ihres Mannes, und wie der Herr ihn deshalb gestraft hat. Wie ganz anders trat Zacharias damals herein in sein Haus. Wie fröhlich grüßend dagegen jetzt ganz wie ein heiteres Kind kommt Maria zu ihr. **Ja, selig, wer glaubt!** Das ist die Regel, das Grundgesetz des Neuen Bundes: „Wer da glaubt, der wird selig werden."

Diese Seligpreisung des Glaubens aus erfahrenem Munde — welch eine Glaubensstärkung ist darin beschlossen! Wie empfängt Marias Glaube hier Bestätigung und Förderung! Zuerst diese wunderbare Übereinstimmung in der Begrüßung der Elisabeth und des Engels. Redet Elisabeth nicht, wie wenn sie selbst bei der Begrüßung des Engels zugegen gewesen wäre? Diese überraschende Ähnlichkeit der Worte — deuten sie hier nicht darauf, daß beide aus **einer Quelle schöpfen,** nämlich aus der des Heiligen Geistes, der Engeln und Propheten Licht und Wahrheit gibt? Und dann — Elisabeth weiß alles, ehe Maria ihr nur ein Wort sagt. Der Engel hatte zur Maria geredet von einem König, von etwas Heiligem, ja, vom Gottessohn; nun begrüßt Elisabeth sie als die Mutter ihres Herrn. Wie trefflich stimmt das alles überein!

5. Der Lobgesang der Maria
Lk 1, 46—56

Das Loblied der Maria, diese „Krone aller Psalmen des Alten Bundes und zugleich der herrliche Anfang alles Lobsingens im Neuen Bunde", ist besonders wunderbar. Wie das Brausen des Sturmwindes fährt der Heilige Geist durch die Geschichte der Völker und Zeiten und ruft zur Umkehr, zum Glauben und zur Nachfolge auf. Aus überwältigender Gnadenerfahrung der Gegenwart Gottes entsprungen, stehen die Worte der Maria da wie ein Ja und Amen zu aller bisherigen Geschichte des Reiches Gottes rückwärts und leuchten vorwärts wie eine große Weissagung bis in die fernsten Zeiten. Das große Halleluja des Neuen Bundes hat damit herrlich seinen Anfang genommen.

Mit dem Lobgesang der Maria beginnen die Lobgesänge des NT. — In Lukas 1 und 2 sind es deren vier. 1. Das Magnifikat (Lk 1, 46—55, Marias Lobgesang); 2. Das Benedictus (Lk 1, 68—79, Zacharias Lob-

gesang); Das Gloria in excelsis (Lk 2, 14, der Engel Lobgesang); 4. Das
Nunc dimittis (Lk 2, 29—32, Simeons Lobgesang). Es folgen dann noch
viele im NT, sowohl in den Evangelien als auch in den Briefen und
in der Offenbarung des Johannes.

Den Boten Gottes geht es immer und immer wieder um das Lob
und die Anbetung Gottes. Sie nehmen damit schon ein Stück vom herrlichen Ziel der ewigen Vollendung voraus. Denn die Anbetung Gottes
des Vaters, des Sohnes und des Heiligen Geistes (vgl. Offb 5) wird ja
in der Ewigkeit wieder und wieder das Zentrale sein und bleiben.

Und noch eines sei gesagt: Das Magnifikat der Maria ist ein typisch
endzeitlicher Gesang. Darum ist es gerade merkwürdig, daß die meisten
Formen im Aorist stehen, d. h. in der Vergangenheitsform, obwohl es
sich allermeist um Geschehnisse handelt, deren Erfüllung noch aussteht.
Es ist dies charakteristisch für die Anbetung. Denn die Anbetung sieht,
wie wir schon sagten, alles vom Ende her. Paulus tat das auch in seinen
Anbetungshymnen. Lies Rö 8, 30, wo steht: „Die h a t Er auch herrlich
gemacht!" Paulus sieht die Gemeinde trotz all der gegenwärtigen Leiden schon im Herrlichkeitszustand! Und Johannes hat sich Jesu Wort
eingeprägt: „Jesus sagt: Wer an Mich glaubt, der hat das ewige
Leben" schon hier und jetzt, nicht nur einst und später!

46 Und Maria sprach. Es sind im ganzen nur wenige Worte von der
Maria uns aufbewahrt. Außer diesem Lobgesang und Vers 34 und 38
nur noch zwei Worte, nämlich in Lk 2, 48 und Jo 2, 3.5. Maria scheint
eine von den Stillen, Verborgenen gewesen zu sein, die wenig von sich
reden machen. Hier aber tut sich ihr Mund weit auf. Wenn die Gnade
Gottes das Herz überlaufen macht, dann reden auch die Schweigsamen.
Was Maria ausspricht, ist ihr innerstes Eigentum und Heiligtum. Es erfüllt ihr Herz, treibt und bewegt ihre Seele. Hatte nicht Elisabeths
Gruß ihr ein großes T h e m a gegeben?

Marias Psalm bringt wunderbar zum Ausdruck, wie sehr Maria in der
Schrift lebte. Das Leben der Gläubigen war allezeit nicht nur geistlich,
sondern auch b i b l i s c h. Die Bibel ist die Quelle ihrer Kraft, ihrer
Liebe, ihres Lobens und Dankens, ihres Betens und Ringens (siehe Jesus
als Vorbild). In den Worten der Bibel hat nun einmal der Heilige
Geist unstreitig die beste Ausdrucksform für alle Zeiten gefunden. —
In den Worten der Bibel kann der Heilige Geist Seine tiefsten Gedanken am treuesten, wahrsten und treffendsten ausdrücken. So bewegt
sich denn Marias Lobgesang in lauter Bibelworten. Was Mirjam und
Debora, was Hanna und David zuvor gesungen, das hallt in ihrer Seele
wider und vereinigt sich unwillkürlich und ungesucht zu einem wun-
dervollen Ganzen, zu dem großen Halleluja des Neuen Bundes. Maria
hat nicht Psalmen dichten wollen, sondern sich nur an Psalmen erquickt und gestärkt! Und siehe, da ward ihr Innerstes selbst ein
Psalm!

In drei Strophen geht der Psalmgesang der Maria einher: (Wir umschreiben die Grundtext-Übersetzung)

1. Strophe: Maria rühmt Gottes Barmherzigkeit.

47 **Meine Seele macht groß den Herrn** * **Mein Geist hat vor Freuden**
48 **frohlockt in Gott, meinem Erretter** * **Denn er hat auf die Niedrigkeit Seiner Sklavin heruntergeblickt.** Denn siehe, von jetzt ab
49 werden mich glücklich preisen alle Generationen * Denn der da
mächtig ist, hat große Taten an mir gewirkt. Dessen Name heilig
50 ist * Seine Barmherzigkeit existiert von Generation zu Generation,
bei denen, die Ihm Ehrfurcht entgegenbringen

Zu Vers 46:
1 Sam 2, 1—10
Zu Vers 48:
Ps 113, 5. 6
Lk 11, 27
Zu Vers 50:
Ps 103, 13. 17

2. Strophe: Maria rühmt Gottes Allmacht.

51 **Er hat mit Seinem Arm machtvoll gewirkt.** Er hat auseinander-
gestreut, die in der Herzensgesinnung hochfahrend sind (auf andere
52 herabgeschaut haben) * Er hat Gewaltige von den Thronen herab-
gestürzt.
53 Er hat Niedrige erhöht * Er hat die Hungrigen (bis an den Rand)
gefüllt mit Gutem. Er hat die Reichen (als leergemachte Gefäße)
davongeschickt

Zu Vers 51:
2 Sam 22, 28
Zu Vers 52
Ps 147, 6
Zu Vers 53:
Ps 34, 11;
107, 9

3. Strophe: Maria rühmt Gottes Treue über Israel.

54 Er hat Sich Israels, Seines Kindes (pais) hilfreich angenommen. Er
55 hat Sich der Barmherzigkeit erinnert * Ganz so, wie Er geredet hat
zu unsern Vätern, nämlich zu Abraham und zu seiner Nachkommenschaft in Ewigkeit hin.

Zu Vers 55:
1 Mo 17, 7
18, 18

Zur 1. Strophe
Maria rühmt Gottes Barmherzigkeit

46 **Meine Seele macht groß den Herrn!** heißt: „Meine Seele erkennt Ihn an als den großen Gott, der ganz allein zu ehren und zu
rühmen ist" (Ps 103, 1; 2 Mo 15, 1; Ps 96; 72, 17. 18). Gott großmachen heißt weiter: Sein ganzes eigenes persönliches Verhalten und
Wesen so für Gott öffnen, daß man mit heiliger Hingabe sich selbst
und anderen Menschen die unendlichen Herrlichkeiten Gottes überzeu-
gend und lebendig deutlich zu machen versucht.
Die Seele (Psyche) ist nach der Schrift das Lebensgebiet, das den
Leib beseelt, daher das Wesen der Persönlichkeit. Der Ausdruck:
„meine Seele" umfaßt somit also das Denken, Fühlen und Wollen. All
dieses ist bei Maria jetzt bewegt und erfüllt von der Anbetung Gottes.
Diese Anbetung ist ein Großmachen des Herrn. Warum macht Maria
„groß den Herrn"? Hat sie Großes erlebt? Ja. Sie soll in einzigartiger
Weise die Christophora, d. h. die „Christusträgerin" werden. Aber
dieses Große und Einzigartige, völlig Unfaßbare, was ihr anvertraut
ist, wird die Leute veranlassen, über Maria zu Gericht zu sitzen, denn
sie werden sagen: „Was? Die noch nicht verheiratete Maria bekommt
ein Kind?" — Verachtung der Leute — Herzeleid bei ihrem Verlobten
werden die Folgen sein! Und dennoch „Maria macht groß den Herrn!"
Großmachen heißt also weiter: Mein ganzes Denken, Loben, Sinnen
und Trachten halten viel von Ihm, reden viel von Ihm. Als das Erste
am Morgen, als das Letzte am Abend und den Tag über gilt es, Ihn

groß zu machen. „Ach, wäre jeder Puls ein Dank und jeder Odem ein Gesang."

47 Mein Geist hat frohlockt in Gott meinem Erretter. (Vulgata Text) — Warum?

48 Weil Er heruntergeblickt hat auf die Niedrigkeit Seiner Sklavin. — Dieses göttliche Hinunterblicken ist zugleich ein „Sich der Elenden annehmen". Das gilt nicht nur der Maria, sondern uns allen. Und auf Grund dieses „im Elend nicht liegen gelassen sein — sondern angenommen worden sein . . ." preist Maria sich als die Glückliche. —

Maria sieht in diesem Geschehnis, daß das ewige herrliche Heil des im ganzen AT angekündigten Messias durch das nichtswürdige und unwürdige Werkzeug Maria nunmehr Tatsache werden wird.

Maria erkennt in ihrem Mutterdienst einen seligen Sklavinnen-Dienst. Des Herrn Sklavin zu sein, das ist ihr einziger Ruhm und Ehrentitel. Maria gedenkt der großen Gnade, daß der Herr Sich durch ihre Niedrigkeit, d. h. durch den geringen Stand, in den Davids Geschlecht geraten war, nicht hat abhalten lassen, sie zu hoher Ehre zu erwählen. Sie, die geringe Jungfrau, sie, die auch nie an Ehre gedacht hat, sie, die so gar keinen äußeren Vorzug bei sich erkennt, ja, sich auch gar keines inneren Vorzugs bewußt ist —, sieht sich so unversehens, über Bitten und Verstehen, so überaus gnädig von ihrem Gott angesehen, auserkoren unter Tausenden, höher begnadigt als alle heiligen Frauen der Vorzeit. Maria sieht sich freundlicher angesehen als die gepriesene Rahel, als die gesegnete Hanna, als die fromme Ruth und die königliche Esther —, daß sie gar nicht anders kann, als ihr Herz und ihren Mund zum fröhlichen Psalm aufzutun, um ihres Gottes Heilandsart in all diesem Seinem Tun zu preisen.

48 b Denn siehe, von jetzt an werden mich glücklich preisen alle Generationen.

Maria will nicht gepriesen sein, sie will noch weniger heilig gesprochen sein. Man soll sie nicht als Gottes Mutter, als Königin des Himmels ehren, nein, das will sie nicht. Aber wer kann es ihrem Lobgesang wehren, daß Maria, die soeben noch von ihrer „Niedrigkeit" sprach, sich als die glücklich zu Preisende ansieht. Denn sie sieht ja in dem Gegenwärtigen das Kommende, nämlich das Heil, das unsagbare herrliche ewige Heil!

Beides bekundet Maria in Vers 48, nämlich
a) die Erkenntnis der eigenen Nichtswürdigkeit und
b) die Erkenntnis der geoffenbarten Herrlichkeit des Herrn im eigenen Leben und im Leben des Volkes Israel und der Völker der Welt. Sollte nicht auch unsere Glaubenshaltung immer auf diesen Doppel-Grundton gestimmt sein a) Ich bin zu gering — ich bin nicht wert und b) aber Du Herr bist groß und anbetungswürdig! Immer wieder sei es zu rühmen, dieses barmherzige Hinunterblicken Gottes des Herrn auf uns — zu Weihnachten, am Karfreitag — zu Ostern — zu Pfingsten und weiterhin, immer und täglich und stündlich, des Tages und des

Nachts. „Der Hüter Israels schläft noch schlummert nicht" — Gott ist der Allerhöchste und siehet in die Tiefe. Wo ist ein solcher Gott wie der unsrige, der da sitzet am höchsten und siehet dennoch herunter auf die Niedrigen auf Erden. — Und dieses Sehen ist Heil!

49 Das Wort: **Der da mächtig ist, hat Großes an mir gewirkt** erinnert an Ps 126, wo es nach Luther heißt: „Wenn der Herr die Gefangenen Zions erlösen wird, so werden wir sein wie die Träumenden . . . Dann wird man sagen unter den Völkern: „Der Herr hat Großes an uns getan" — Hier ist der erste Anfang der Erfüllung dieser Zukunftsweissagung von Ps 126 gegeben. Auch der Maria ist es bereits wie einer Träumenden, daß sie sich fragte: „Ist es Traum oder Wirklichkeit? Ist es möglich? Solche Gnade! Ich arme, geringe, sündige Sklavin — soll die Mutter meines Herrn werden? Des ewigen Vaters einzig Kind — auch mein Kind?" Überwältigend groß ist die Allmacht und Heiligkeit Gottes.

50 Mit dem Wort: **Sein Erbarmen existiert von Generation zu Generation bei denen, die Ihm Ehrfurcht entgegenbringen,** geht Marias Blick weit über die Grenzen Israels hinaus.

Als den Mächtigen, Heiligen und Barmherzigen hat Maria nun Gott, ihren Heiland gepriesen. Der war Er immer und der bleibt Er auch für alle Zukunft. Sieht man vorwärts, sieht man rückwärts — immer ist Er unwandelbar d e r s e l b e Gott. Die Offenbarungen Gottes bleiben aber nicht auf einer Stufe stehen. Wie man im Leben des einzelnen von einem Zunehmen der Erkenntnis Gottes sprechen kann, so ist es auch in der Geschichte Seines Reiches. Seine Offenbarungen wachsen und nehmen zu an Licht, und an Kraft, an Klarheit und an Länge und Breite und Tiefe und Höhe (Eph 3, 18). Mit Jesus, dem Sohne der Maria, finden nun alle früheren Offenbarungen ihre herrlichste Erfüllung. In Ihm wohnt ja die ganze Fülle der Gottheit leibhaftig (Kol 2, 9). In Ihm ist uns alle Herrlichkeit Gottes, alle Seine Macht, Heiligkeit und Barmherzigkeit in ganz unvergleichlich höherem Lichte offenbar geworden.

Zur 2. Strophe

Maria preist Gottes große Allmacht, die sich über die ganze Menschheit ausbreitet (Vers 51—53) — Zeit der Heiden-Völker. —

Die große Allmacht Gottes offenbart sich in sechs „ER hat . . ." Siehe den Text dazu auf Seite 29. In Psalm 62 heißt es: „Gott hat ein Wort geredet, das habe ich etliche Male gehört, daß Gott allmächtig ist". — Die Großen und Mächtigen dieser Erde, die auf ihren eigenen Arm sich stützen, die Gewaltigen und die Reichen sind Ihm in Seinem Handeln und Regieren kein Hindernis. — Die sechs von Maria aufgeführten Großoffenbarungen Gottes zeigen, wie unser Gott ein umkehrender Gott ist, dem nur an dem Einen liegt, daß der Mensch nicht sich selbst zum Gott mache — sondern daß der Mensch Gott als Gott anerkenne und ehre. Wir sind angesichts des Bekenntnisses der

Maria gefragt, ob wir als Gemeinde Jesu wirklich heilig ernst es
praktizieren, Gott als Gott anzuerkennen und zu ehren, damit der
Allmächtige nicht auch uns auseinanderjage. Wie mächtig ist doch
dieses göttliche Wirken, das zerbricht, was hoch hinauswill — das aber
erhebt und zurechtbringt, was niedrig ist.

**53 Maria singt weiter: Die Hungrigen hat Er mit (ewigen) Gütern
bis an den Rand gefüllt und die da reich sind, hat Er leer ausgehen
lassen.**

Maria hat als die arme Davidstochter oftmals das Los der Armen,
Zurückgesetzten, Gedrückten empfunden. — Aber jetzt war es ihr zur
Gewißheit geworden, daß die Gnade Gottes gerade solche, wie sie es
ist, reich und satt machen werde. Die Hungrigen, die nach der Ankunft
und Hilfe des Messias ein herzliches Verlangen in sich tragen, die füllt
Er mit ewiger Freude und ewigem Leben. Die Reichen und Satten aber
läßt Er leer ausgehen.

Zur 3. Strophe:
Maria rühmt Gottes Treue über Israel.
Vers 54 und 55

**54 Er hat Sich Israels, Seines Kindes (pais = auch Seines Sohnes)
hilfreich angenommen.**

**55 Er hat Sich der Barmherzigkeit erinnert, und zwar so, wie Er
zu unsern Vätern geredet hat, nämlich zu Abraham und zu seiner Nachkommenschaft in Ewigkeit.**

„Er hat Sich angenommen" kommt her von dem griechischen „anti-
lambanesthai" und heißt: „einem die hilfreiche Hand bieten, wenn er
gefallen ist". Die Verse 54 und 55 erinnern an Mi 7, 20: „Du lässest
Jakob erfahren Deine Treue und Abraham Deine Barmherzigkeit, wie
du unsern Vätern geschworen hast seit den Tagen der Vorzeit". Marias
Gedanken werden später durch das Wort Jesu (Jo 8, 56) bestätigt. ER
hat Sich der Barmherzigkeit erinnert, und zwar so, wie Er den Vätern
es verheißen hat. Er zürnt nicht ewiglich. Er wird Israel nicht vergessen,
das berufen ist als Sein pais, das kann heißen „Sohn" oder „Knecht"
(Jes 41, 8), den Segen Abrahams über alle Völker zu bringen. Er wird
Israel reinigen von Seiner Missetat (Jes 40, 1.2), daß Seine Seele an
Israel wieder Wohlgefallen hat (Jes 42, 1). Er wird den verachteten,
zertretenen Wurm, der zum Spott und Sprichwort der Heiden geworden
ist, wieder zu Ehren bringen.

Das ist der Ton, der durch alle Psalmen und Propheten des AT hin-
durchklingt. Das war Israels Hoffnung, und immer klarer gestaltete sich
in Maria das Bild des großen Nachkommens Abrahams, der da ist Jesus
Christus, der Grund alles Heils, das durch Israel über alle Völker der
Erde kommen wird (Gal 3, 16). Jesus Christus ist der wirkliche und
„rechte Israel und Sohn oder Knecht Gottes", an dem Gott Sein Wohlgefallen hat. In Ihm soll erfüllt werden: „Ich habe mein Angesicht im
Augenblick des Zorns ein wenig vor dir verborgen, aber mit ewiger

Gnade will Ich Mich dein erbarmen, spricht der Herr, dein Erlöser"
(Jes 54, 8).

Nun ist die Zeit da! Maria erkennt sich als die hochbegnadete Mutter des Verheißenen. Nun wird das fast vernichtete Israel Ströme der Barmherzigkeit erfahren und die Weissagung, die sich Jahrtausende verzog, soll nun erfüllt werden dem Abraham und seinem leiblichen und geistlichen Samen ewiglich.

Was für ein großer Blick wird hier von Maria in das Liebesherz Gottes getan, das in unendlichem Erbarmen gegen Sein Volk schlägt! Das ist die große Ursache des Frohlockens der Maria. Denn als echte Israelitin trug sie schwer an der Erniedrigung ihres Volkes.

Maria weiß, der ewige Gott, der Gott Abrahams, Isaaks und Jakobs hilft auf — Seinem Volk — immer und ewiglich! Er gedenkt auch des Volkes Israel nach dem Fleisch. Er wird Israel auch darin wieder aufhelfen, wenn die Fülle der Heiden eingegangen ist. Wenn schon Israels Fall der Welt Reichtum war, wieviel mehr wird die Welt gesegnet werden, wenn ihre Zahl voll sein wird, d. h. wenn ganz Israel als heilsgeschichtliches Ganzes selig und als der Knecht des Herrn seinen Segen an die Heiden ausrichten wird! (Rö 11, 12.25.26). — Der Vollzahl der Heiden entspricht eschatologisch (endzeitlich) die Vollzahl Israels. Viel Großes und Herrliches wird sich erfüllen, ehe kommen wird der große Tag des Herrn.

Damit ist der Lobgesang der Maria zu Ende.

56 Maria aber blieb etwa drei Monate bei ihr, und sie kehrte um in ihr Haus.

Gesegnete drei Monate! Da haben sich Maria und Elisabeth gegenseitig noch alles mitgeteilt, was der Herr gesagt und verheißen, und Maria hat es recht erfahren, warum der Engel sie hierhin gewiesen hat. Wie manches Licht mag ihnen da noch aufgegangen sein aus dem festen prophetischen Wort.

Und der stumme Zacharias ist auch der stete Zeuge und Zeitgenosse jener drei Monate gewesen. Er ist der Dritte im Bunde, und sein stummer Mund war ein beredter Zeuge für die Wahrheit aller jener großen Offenbarungen, daß auch der leiseste Zweifel verstummen mußte. Des Zacharias stumme Lippen waren beredter als alle redenden Lippen der Priester zu Jerusalem. Sie redeten aber nicht vom Gesetz, sondern von lauter Gnade. [8])

[8] Godet fragt: Ob wohl die **Abreise der Maria** vor oder nach der Geburt des Täufers stattgefunden habe? Manche Ausleger meinen „v o r h e r", mit Berufung auf Vers 57, wo nur von Nachbarn und Verwandten, nicht von Maria die Rede ist. Das läßt sich damit erklären, daß sie in der folgenden Szene keine Aufgabe hatte. Es kann auch sein, daß sie in der Zeit zwischen Geburt und Beschneidung des Kindes abgereist ist. Aber es ist unmöglich, das Verhältnis der drei Monate zu den sechs in Vers 36 zu übersehen. Es ergibt sich daraus von selbst die Folgerung, daß Maria bis zu dem für Elisabeth und für sie selbst so wichtigen Zeitpunkt, bei Geburt des Täufers, bei Elisabeth gewesen sein muß. Wieviel später hätte sie auch erst davon erfahren, wenn sie wenige Tage vorher abgereist wäre. Der Vers 56 ist daher als eine Vorwegnahme anzusehen, dazu bestimmt, den Bericht über Maria abzuschließen, ehe die Erzählung zu Johannes dem Täufer, dem Gegenstand des folgenden Abschnittes weitergeht.

6. Die Geburt Johannes des Täufers.

Lk 1, 57—66

**57 Die Zeit aber der Elisabeth war da, daß sie gebären sollte, und sie
58 gebar einen Sohn. * Und die Nachbarn und ihre Verwandten hörten
es, daß der Herr Sein Erbarmen mit ihr groß gemacht hatte, und sie
freuten sich mit ihr.**

Der Verfasser gibt uns hier ein liebliches Bild aus dem israelitischen
Volksleben. Man sieht die Nachbarn und Verwandten nacheinander
ankommen; jene zuerst, weil sie in der Nähe wohnen. Die glückliche
Mutter bildet den Mittelpunkt der Szene; einer um den andern tritt
zu ihr und beglückwünscht sie wegen der großen Gnade, die ihr widerfahren ist, und freut sich mit ihr. (Godet) Auch das Wort Gottes weiß
diese Freude zu schätzen (Ps 127, 4.5). Es liegt in der Tat eine Fülle
göttlicher Barmherzigkeit in jener glücklichen Geburt. Kinder sind
eine Gabe des Herrn, und Leibesfrucht ist ein Geschenk (Ps 127), und
darüber sollte man sich nicht freuen? Wohl dem Kinde, das mit solch
heiliger Freude bei seinem Eintritt in das irdische Leben begrüßt wird.

Zu Vers 59:
1 Mo 17, 12

**59 Und es geschah am achten Tage, da kamen sie, das Kindlein zu be-
schneiden, und sie nannten ihn nach seines Vaters Namen Zacha-
60 rias. * Und seine Mutter antwortete und sprach: „Nein, sondern er
wird Johannes heißen."**

Durch die Beschneidung wird das Kind dem atst Bundesvolk ein-
verleibt. Für seine heidnischen Leser bemerkt Lukas, daß diese Handlung am achten Tage nach der Geburt stattfand. Mit der Beschneidung
war die Namengebung verbunden. Man gab ihm einen Namen in der
Regel nach dem Namen des Vaters oder eines seiner Vorfahren.

Hier aber wird diese Regel bewußt durchbrochen. Nicht Zacharias,
sondern **Johannes** soll das Kind heißen. Johannes soll nicht bloß die
Familie des Zacharias fortsetzen. Mit ihm soll überhaupt ein Neues
anfangen. An Johannes soll offenbar werden, daß er ein Mann, von Gott
gesandt, ist, der sowohl seinen Namen als auch seine Gaben und seine
Berufung nicht aus seinem Vaterhause und aus seiner Freundschaft, sondern **von Gott her** hat. Und sie verwunderten sich alle, daß beide
Eltern so bestimmt bei dem fremden Namen „Johannes" blieben.

Die beiden Namen Zacharias und Johannes deuten treffend die Herzensstellung an. Zacharias („Gott gedenkt"), weist ganz atst in die Zeit
der Verheißung. Der Name Johannes verkündet: „Gott ist gnädig". Die
Gnade und Wahrheit ist da, wenn auch erst in der Morgenröte. Die
Sonne geht auf und leuchtet hell und deutlich für alle diejenigen, die
„nicht mehr schlafen und ruhen". Die beiden Eltern aber sind solche
„Frühaufsteher", denn die Sonne der Gnade ist aufgegangen. Ja, **Gott
denkt daran, daß Er gnädig ist.**

**61 Und sie sprachen zu ihr: „Niemand aus deiner Verwandtschaft
62 trägt diesen Namen." * Sie winkten aber seinem Vater zu, wie er
63 ihn nennen wollte. * Und er verlangte ein Täfelchen und schrieb
die Worte: „Johannes ist sein Name"; und alle verwunderten sich. ***

64 Auf der Stelle aber war sein Mund und seine Zunge aufgetan wor-
65 den, und er redete, indem er Gott pries. * Und es kam über alle
   ihre Nachbarn Furcht; und auf dem ganzen Gebirge von Judäa wur-
66 den alle diese Dinge besprochen. * Und alle, die es hörten, nahmen
   es sich zu Herzen und sagten: „Was wird wohl aus diesem Knäblein?" Denn auch die Hand des Herrn war mit ihm.

Der Ausdruck „schrieb und sprach" ist nicht so zu verstehen, als sei
ihm zur Namensnennung schon die Sprache wiedergegeben worden. ⁹)

Was Zacharias während seines Stummseins durchgemacht und gelitten
hat, vermag wohl niemand zu beschreiben! Sein Herz hätte mögen
übersprudeln, als Elisabeth der Mutterhoffnung entgegensah und er
damit die volle Gewißheit dessen erhielt, was zu ihm gesagt war. Nach
allen Seiten hin hätte er es hinausrufen mögen, was der Herr an ihm
getan hatte. Aber — er konnte ja nicht reden, nicht einmal seiner Elisabeth konnte er sein Herz ausschütten! Er versuchte es wohl manchmal mit dem Täfelchen — aber das war ja nur ein armseliger Notbehelf!
Es will ihm fast das Herz zerspringen in seiner Not, alles, was ihn so
bewegt, in sich verschließen zu müssen! Er ist g e s e g n e t und wird
doch g e z ü c h t i g t und zwar mit dem, w o m i t e r g e s e g n e t
i s t. Die große Freude wird ihm zur Pein, und sein Sohn, der Freude
brachte, wird ihm zum Bußprediger, noch ehe er geboren ist. So waren
neun lange Monate dahingegangen. Mit Sehnsucht wird er des Tages
der Geburt geharrt haben. Nun wird das Kind geboren — aber das Band
der Zunge ist noch nicht gelöst! Wie gern hätte er seinem Gott jetzt
Lob gesungen. Er kann nicht! Das war noch eine letzte schwere Glaubensprobe für den Zacharias! Hatte denn der Engel nicht gesagt: Er
werde stumm sein bis auf den Tag, da dies geschehen wird? D i e s?
Was denn? Heißt das nicht: bis auf den Tag der Geburt des Kindes?
Und nun wird die Zunge doch nicht los?

Der Tag der Geburt ist vorbei, aber Zacharias ist und bleibt stumm.
Der Tag der Beschneidung kommt, der erst am achten Tag nach der
Geburt begangen wird. Aber Zacharias kann sich nicht in die fröhlichen
Gespräche mischen. Wie sehr mochte es in Zacharias kämpfen! Aber
unbeirrt trotz des immer noch währenden Stummseins hält sein Glaube
fest an der Verheißung, und die Bestimmtheit, mit der er schreibt:
„Johannes ist sein Name" ist das letzte Siegel seines Vertrauens. Jetzt
ist es klar, daß aus dem ungläubigen ein gläubiger Zacharias gewor-
den ist. „Und auf der Stelle war sein Mund aufgetan und seine Zunge
geöffnet und er redete und lobte Gott." Zacharias hat seine letzte
Glaubensprobe bestanden! Nun endlich löst sich auch der Bann von
Zunge und Herz! Die Verwunderung der Anwesenden steigert sich zur
Furcht, die wir schon kennen aus Vers 12 und 29 und später aus Lk

⁹ Es ist dem grie. und hebr. Sprachgebrauch gemäß zu erklären. Nicht ist zu übersetzen: „Er schrieb
und sprach", sondern „Er schrieb die Worte", denn das grie. Wort „legon = sagend", wird nicht
nur von mündlichen, sondern auch von schriftlichen Worten gebraucht. Das Wunder der Aufhebung
des Stummseins wird erst in Vers 64 gemeldet.

2, 9. Gottes gewaltiger Arm (die Majestät Seiner Gnade, die Heiligkeit Seiner Nähe) ergreift die Menschen (1 Mo 3, 10; 2 Mo 33, 20).

Daß das Elternpaar, das so lange geschwiegen hatte, nun den Gästen des Hauses alle seine Geheimnisse aufdeckt, ist anzunehmen. Man kann sich denken, wie das Wunder, daß der Sprachlose redet, indem er Gott lobt und preist, einen ganz außerordentlichen Eindruck auf die Gäste ausübt. Der Widerspruch gegen den Namen **Johannes** ist mit einem Schlage verstummt. Ja, seine Bedeutung wird auch in den Herzen der Anwesenden tief empfunden. Es ist, als hörten sie das Rauschen der Füße Desjenigen, Der da kommt.

So gnädig hat Gott die Strafe gewendet, die Er über Zacharias um seines Unglaubens willen hatte kommen lassen. Sie hat mit dazu dienen müssen, die Hand des Herrn zu offenbaren und Gottes Gnade allem Volk kundwerden zu lassen. Was hier im Hause dieser Priesterfamilie vorging, hat gewiß nicht wenig dazu beigetragen, die Erwartung des Messias im Volk aufs lebhafteste anzuspannen.

66a Und alle, die es hörten, nahmen es zu Herzen.

Die Kunde ergriff sie. Sie konnten es nicht wieder loswerden, sie mußten es immer wieder in ihrem Herzen bewegen. Es waren ja Männer wie Moses, Simson (Richter 13), Samuel, bei deren Geburt ähnliche Dinge geschahen. Längst verwelkte Hoffnungen brachen in den Herzen wieder auf. Und die Freude blieb, denn die Hand des Herrn war mit dem Kindlein, und es wuchs und es ward stark im Geiste (Vers 80), und zwar in dem Heiligen Geiste, der schon im Mutterleib es erfüllte und seines Geistes Kraft war. Man sieht ihm den Nasiräer an, er war es äußerlich und innerlich.

So geht vor dem Botschafter her die Botschaft, daß Gott große Dinge mit ihm vorhat. Ihm ist der Weg bereitet zum Herzen des Volkes, auf daß er damit den Weg dem Herrn bereite. So steht er da, dieser Johannes, von Gott gesandt, ein Mann, der zwar nie selbst ein Wunder getan, aber mit einem Wunder in die Welt eingeführt ist und als ein Wunder vor den Augen des Volkes gewandelt hat!

7. Der Lobgesang des Zacharias.
Lk 1, 67—79

Zu Vers 68: Kap. 7, 16
Zu Vers 69: Ps 132, 17
Zu Vers 72: 1 Mo 17, 7 3 Mo 26, 42
Zu Vers 73: 1 Mo 22, 16. 17 Micha 7, 20

67 Und sein Vater Zacharias ward voll Heiligen Geistes und er weis-
68 sagte und sprach: * Gesegnet sei der Herr, der Gott Israels, daß Er
69 besucht hat Sein Volk und eine Erlösung geschaffen hat; * Und Er hat uns im Hause Seines Knechtes David ein Horn des Heils aufgerich-
70 tet. * So wie Er durch den Mund Seiner heiligen Propheten von
71 Ewigkeit her geredet hat; * eine Errettung von unseren Feinden und
72 aus der Hand aller der uns Hassenden (uns zu schenken) * und mit unseren Vätern Barmherzigkeit zu üben, und Seines heiligen Bundes
73 zu gedenken, * uns den Eid einzulösen, welchen Er unserm Vater
74 Abraham geschworen hat; * daß wir furchtlos, aus der Feinde Hand

75 errettet, Ihm dienen; * (und zwar) vor Ihm in Heiligkeit und Gerechtigkeit, in allen unseren Tagen (d. h. unser Leben lang).
76 Und du aber, Kindlein, wirst ein Prophet des Höchsten genannt werden, denn du wirst vor dem Herrn hergehen, Seinen Weg zu
77 bereiten; * Seinem Volke Erkenntnis des Heils in Vergebung ihrer
78 Sünden zu geben, * wegen des herzlichen Erbarmens unseres Gottes,
79 in welchem uns der Aufgang aus der Höhe besucht hat; * und denen, die in Finsternis sind, zu erscheinen und denen, die in Schatten des Todes sitzen, unsere Füße zu richten auf den Weg des Friedens.

Zu Vers 76:
Mt 3, 3
Zu Vers 77:
Jer 31, 34
Zu Vers 78:
4 Mo 24, 17
Jes 60, 1. 2
Mal 3, 20
Zu Vers 79:
Jes 9, 1

68 a „Gesegnet sei der Herr (der Gepriesene sei der Herr), der Gott Israels" — Zacharias bezeichnet den Gott Israels als den wirklich lebendigen, ewigen und wahrhaftigen Gott Israels. Dieser Jahwe-Gott hat nun Sein Volk besucht. Der Ausdruck „besuchen" bezeichnet ein göttliches Eingreifen und Ankommen nach einer Zeit scheinbaren Sich-nicht-Bekümmerns.

68 b „daß Er besucht hat Sein Volk und eine Erlösung geschaffen hat." Die Geburt des Johannes ist die erste auffällige Tatsache der sich vollendenden Erlösung. Nach der aus dem AT uns wohlbekannten Prophetenweise sieht Zacharias schon am Anfang der Geschichte alles fertig und vollendet. Sein Glaube „hat" in dem Kindlein schon das vollkommene Heil anbrechen sehen. „Er hat Sein Volk erlöst." Diesmal ist es eine ganze volle Erlösung, ein Losmachen, ein Loskaufen aus aller Knechtschaft (denn davon ist das Wort hergenommen), ein völliges Frei- und Losmachen, ein Sprengen aller Ketten, eine Erleichterung von aller Last.

69 „Er hat uns im Hause Seines Knechtes David ein Horn des Heils aufgerichtet." — Das Bild des Horns kommt im AT häufig vor zur Bezeichnung der niederstürzenden Kraft. Das Bild ist aber nicht von den Hörnern des Altars hergenommen, die die Heil-Suchenden zu ergreifen suchten, sondern von den Hörnern des Stiers, in denen die Kraft dieses Tieres ihren Sitz hat. Der Ausdruck „im Hause Davids" läßt nicht daran zweifeln, daß Zacharias die Jungfrau Maria als Nachkomme Davids ansieht. Das Horn des Heils ist mächtig, die alte Schlange und all ihren Samen niederzustoßen und zu durchbohren.

70 „Der Herr hat Seine Erlösung schon lange vorher, von Ewigkeit her, mitgeteilt durch den Mund Seiner heiligen Propheten." — Es geht daraus klar hervor, daß die Größe des Gnaden- und Heilsplanes Gottes, daß die Erlösung durch alte, fortwährend bestätigte Verheißungen angekündigt worden ist. Einem Priester wie Zacharias, der von Kindheit an im AT unterrichtet wurde, waren diese Weissagungen wohlbekannt. Das Beiwort heilig bezeichnet die Propheten als Männer, die Gott geweiht hat zu Organen Seiner Offenbarung.

Die beiden Verse 71 und 72 entwickeln den Begriff Horn des Heils von Vers 69. Das Horn des Heils meint eine Errettung von unsern Feinden und von der Hand aller, die uns hassen. Es hat für unser Ohr etwas Befremdliches, daß Zacharias gleich von den „Feinden" redet.

statt von den „Sündern". Aber sein Blick geht aufs Ganze und aufs Ende. Des Priesters Blick sieht die Erlösung seines Volkes, zu dem er ja selbst gehört. Zacharias schaut in dem Herrn einen König, einen David-König, dessen Werk es (wie bei David) sein wird, daß Er Israel erlöse von der Hand aller seiner Feinde. Was hat denn David anders getan, als Gottes Kriege geführt? Das wird auch dieser König tun, nur daß Seine Hände sich nicht mit Blut beflecken, und Er darum zugleich den Tempel Gottes bauen kann (1 Chro 22, 8). Des Zacharias Worte sind ganz atst und bezeichnen einfach und wahr die Hoffnung der Erleuchteten in Israel, wie sie z. B. nach Christi Auferstehung noch in dessen Jüngern lebte (Apg 1, 6).

72. 73 „Mit unseren Vätern Barmherzigkeit zu üben, und Seines heiligen Bundes zu gedenken: uns den Eidschwur einzulösen, welchen Er unserem Vater Abraham geschworen hat." — Gott denkt an Seinen Bund. Es reut Ihn noch nicht, daß Er dieses Volk erwählt hat, dieses halsstarrige Volk, das nicht müde wurde, Seinen Zorn zu reizen, und dessen Geschichte eine ganze Reihe greulicher Abfälle und darum auch furchtbarer Gerichte ist; dieses Volk, dem Er so große Offenbarungen gegeben, an dem Er so große Wunder getan hat, wenn Er ihnen half aus so vielen großen Nöten; dieses Volk, das aber Seine Propheten tötete und steinigte, die ihm gesandt wurden! Und doch denkt der Herr an Seinen Bund! Ja — sie haben Seinen Sohn genommen und haben Ihn gekreuzigt, und Er denkt dennoch und trotzdem an Seinen Bund mit diesem Volk, denn Gottes Gaben und Berufung gereuen Ihn nicht (Rö 11, 29).

Und damit wir einen festen Trost haben, hat Er Sich so weit herabgelassen, daß Er einen Eid getan hat. Und weil Er keinen Höheren hatte, bei dem Er schwören konnte, schwur Er bei Sich Selbst (Hes 33, 11): „So wahr Ich lebe, spricht der Herr." Er will kein Gott sein, Er will nicht Jehova, der Lebendige, sein, wenn Er Seinen Bund nicht hielte. Kann der Herr Sich noch tiefer herablassen, kann Er noch mehr tun, um ein ungläubiges Herz zu stillen?

Gedenke doch des Eides Gottes, der an so mancher tröstlichen Verheißung hängt, gedenke des letzten, großen Eides, der Jesus heißt (Mt 26, 63.64), und zeihe deinen Gott keines Meineides! Wie hat Er doch unser armes, von Zweifeln geplagtes kleingläubiges Herz so gut gekannt! Wie hat Er doch so treulich durch Sein **Wort,** durch Seinen **Bund** und nun auch noch durch Seinen **Eid** dafür gesorgt, daß alle Bedenken und Einwendungen zuschanden werden müssen! Schämen wir uns der Sündhaftigkeit unseres mißtrauischen Herzens, die es nötig macht, daß Gott auch noch schwören mußte! Aber geradezu unerhört wäre es, wenn wir sogar dem schwörenden Gott nicht glauben wollten!

74. 75: „Daß wir furchtlos, aus der Feinde Hand errettet, Ihm dienen, vor Ihm in Heiligkeit und Gerechtigkeit in allen unseren Tagen" (d. h. unser Leben lang). — Das große Ziel, die herrliche Frucht der Erlösung ist „Gottesdienst in Heiligkeit und Gerechtigkeit." — Wie wird sich bei dieser Aussicht das Herz des Priesters Zacharias gefreut haben. Wie

manchmal hatte sich, wenn er in den Tempel ging, dem Herrn zu dienen, seine eigene Sünde wie eine schwere Last auf sein Herz gelegt.
Wie manchmal war er betrübt, wenn er sah, wie das Volk nur mit seinem Munde zum Herrn nahte und Ihn nur mit seinen Lippen ehrte,
aber im Herzen ferne von Ihm war. Nun soll seine priesterliche Sehnsucht gestillt werden: „Gottesdienst in Heiligkeit und Gerechtigkeit"
wird die Erlösung näher heranbringen. In solchem Gottesdienst wird
ganz Israel als ein priesterliches Volk seinen Beruf erfüllen (2 Mo 19, 6).
Mit Nachdruck sei es betont: Es ist von der **Frucht** der Erlösung die
Rede und nicht von Grund und Ursache der Erlösung. Es ist die **Frucht**
der Dankbarkeit für die Erlösung, daß das erlöste Volk nun aufrichtig
und ganz dem Herrn von Herzen **dient.** Aber auch dieser reine Gottesdienst, diese Heiligkeit und Gerechtigkeit, diese Frucht der Dankbarkeit
ist Gottes Werk, Gottes Gabe bis zum Endziel.

Nachdem Zacharias das große Heil seines Volkes gepriesen hat, wendet sich sein Blick auf das Kindlein Johannes. „Und auch du, Kindlein"
(Zacharias sagt nicht: „du, mein Sohn", sondern „du, Kindlein"; so
sehr tritt der Vater in den Hintergrund gegenüber dem Werk, das
er in seinem Johannes sich verwirklichen sieht). „Und auch du, Kindlein, wirst eine wichtige Stellung zu dem erschienenen Heil einnehmen,
wirst ein Prophet des Höchsten heißen." Das Kindlein wird nur ein
Prophet des Höchsten genannt und nicht Sohn des Höchsten (Vers 32)!
Wohl zu beachten! Mit dem Wort „Prophet des Höchsten" wird der
Inhalt von Vers 16 und 17 wiedergegeben.

Für einen echten Israeliten war ein Prophet etwas ganz Besonderes.
Die Propheten waren die profiliertesten Erscheinungen in der eigentlichen Geschichte Israels. In ihnen schien Israel (der Gotteskämpfer) zu
seinem wahren Beruf gekommen zu sein. Die Propheten waren ein
lebendiges Zeugnis dafür, daß Gott mit seinem Volke war. Und nun,
wie lange war kein Prophet aufgestanden! Vierhundert Jahre waren
seit Maleachi vergangen. Wurden auch seitdem in den nach dem babylonischen Exil aufgekommenen Synagogen die „Propheten" in allen
Sabbaten gelesen (Apg 13, 27), so konnte dies doch das lebendige Auftreten prophetischer Persönlichkeiten nicht ersetzen.

76 b „Du wirst vor dem Herrn hergehen, Seinen Weg zu bereiten". —
Um diese bedeutsamen Worte des Zacharias ganz zu verstehen, muß man
das, was er hier von dem Werk des Johannes sagt, vergleichen mit
dem, was er in Vers 71 über das Werk des Messias ausgesprochen hat.
Der Messias Selbst wird das **HEIL**-Soteria bringen, Johannes aber wird
die **Erkenntnis** des Heils geben = die Gnosis der Soteria. [10])

---

[10] Godet sagt: „Der **Heilsbegriff in Israel** war gefälscht. Ein hochmütiger religiös verbrämter
Patriotismus hatte sich des Volkes und seiner Oberen bemächtigt. Das Ideal einer äußeren Befreiung
war an die Stelle der Hoffnung auf die geistliche Erlösung getreten. Ehe daher der Messias selbst an
die Ausführung Seines Werkes gehen konnte, mußte eine andere göttlich beglaubigte Persönlichkeit
auf die B e r i c h t i g u n g dieses falschen Heilsbegriffes unter dem Volk hinarbeiten und es ihm
zum Bewußtsein bringen, daß die Grundlage der messianischen Erlösung in der rein g e i s t l i c h e n
Tatsache der Sündenvergebung bestehe. Hätte Christus ohne solche Vorbereitung dieses geistliche.

78 a „Wegen des herzlichen Erbarmens unseres Gottes" — Der Ausdruck „herzliches Erbarmen" heißt im Griechischen „splanchna eleous" und bedeutet: „die Eingeweide der Erbarmung". Diese sind nach atst Anschauung der Sitz aller tieferen Empfindungen, speziell des Mitgefühls und der Liebe. — Das Heil wird auf das Erbarmen Gottes selbst zurückgeführt, wie in den Worten Jesu: „So sehr hat Gott die Welt geliebt . . ." oder „Soweit ist Gott mit Seiner Liebe zur Welt gegangen, daß Er sogar Seinen einziggeborenen Sohn dahingab" (Jo 3, 16).

Welch ein Sieg der Barmherzigkeit über die Gerechtigkeit! Das Herz Gottes liegt nun bloß und frei da. Durchsuche das Herz deines Gottes, durchsuche es nach allen Regungen und innersten Bewegungen, du wirst nichts Feindseliges in irgendeinem Teilchen finden, kein einziges Verdammnisurteil mehr für die, die das Heil ergreifen wollen.

78 b „In welchem uns der Aufgang aus der Höhe besucht hat." — Ein aus der Höhe aufgehendes Gestirn hat uns besucht, das heißt: „ein Wesen, das von oben her kommt." Es soll dadurch ausgedrückt werden, daß dieses auf Erden erscheinende Wesen göttlichen, ewigen Ursprungs ist. Zacharias wußte durch Maria von dem wunderbaren Geheimnis der Menschwerdung Jesu.

Gott, der in der Gemeinschaft Seines Sohnes, Seines Geliebten, in ungetrübter Seligkeit von Ewigkeit her lebte, gibt Sein Liebstes, Bestes für uns hin. Er will lieber die Unmittelbarkeit und volle Seligkeit Seiner Gemeinschaft eine Weile entbehren, Er will lieber — menschlich gesprochen — für eine Zeit verwaist, vereinsamt sein, als daß Er uns ins ewige Verderben laufen ließe: Welch ein Opfer des Vaters! Welch **herzliches Erbarmen** unseres Gottes! Wer ist würdig und fähig, in die Tiefen der Gottheit hineinzuschauen, und zwar in die Tiefen ihres Erbarmens!

79 „Denen, die in Finsternis sind, zu erscheinen und denen, die in Schatten des Todes sitzen, unsere Füße zu richten auf den Weg des Friedens." — Die Ausdrücke dieses Verses sind Jes 9, 1 und Jes 60, 2 entlehnt. Die Finsternis ist das Bild der Entfremdung von Gott und des damit verbundenen Zustandes des Elendes und der Unwissenheit. Der Schatten des Todes ist Ausdruck tiefster Umnachtung. So beklagenswert erscheint dem Priester Zacharias der Zustand, in dem sich die jüdische und heidnische Welt beim Kommen des Heilandes befindet. Der Ausdruck „sitzen" bezieht sich auf den Zustand der Erschöpfung und Verzweiflung, in den die Menschheit hineingeraten ist. — Es ist nicht nur nötig, den Ausdruck „Weg des Friedens" zu fassen in der Bedeutung: „der Weg, der zum Frieden und zum Heil führt", sondern auch, auf welchem man in Frieden, d. h. in Sicherheit „wandelt".

---

von der politischen Befreiung so grundverschiedene Heil dem Volke angeboten, so hätte sich das Volk unfehlbar von Ihm abgewendet mit dem Vorwurf, er bilde Sich selbst eine Heilstheorie aus, entsprechend Seiner Ohnmacht. Die Aufgabe des Johannes war somit die, dem Volk wieder den Begriff eines vor allem in der Sündenvergebung bestehenden Heils beizubringen. Diese Worte werfen ein helles Licht auf die Notwendigkeit der Sendung eines Vorläufers."

„Der Aufgang aus der Höhe" ist das Heil des Messias. Dies Heil gleicht der aufgehenden Sonne. Während aber die irdische Sonne die in der Morgenfrühe eine von unten her sich erhebende Sonne ist, ist „der Aufgang aus der Höhe" die von oben herabkommende und in die Welt hineinstrahlende Sonne. Nur „aus der Höhe" kann ein Licht in die nächtliche Finsternis kommen. „Wer von der Erde ist, der ist von der Erde und redet von der Erde. Der vom Himmel kommt, ist über alle", sagt der Täufer (Jo 3, 31). Es ist ein „Besuch", der da kommt von dem Vater des Lichtes, bei welchem „keine Veränderung ist noch Wechsel des Lichts und der Finsternis". Das Sitzen in Trägheit und Finsternis hört auf. Wir lernen nun gehen, und zwar gehen einen neuen Weg, einen Weg des Friedens. Wir lernen wandeln einen Weg mit Gott.

Wie dem Lobgesang des Zacharias eine Bemerkung vorausging, die die vorangegangenen Erzählungen über die Geburt des Täufers abschloß (Vers 66), ebenso folgt nun auch eine geschichtliche Bemerkung, die den Zweck hat, den Übergang von der Kindheit zum Amtsantritt des Täufers zu vermitteln.

8. Johannes wächst heran.

Lk 1, 80

80 Das Knäblein aber wuchs und wurde stark im Geist, und er war in den Einöden bis zu seinem öffentlichen Auftreten vor Israel.

Zu Vers 80: Mt 3, 1

Das Wort „Einöde" bezeichnet nicht gerade eine eigentliche Wüste, sondern einen menschenleeren Ort, wo nur Wälder, Triften, Steppen und einsame Hirtenzelte sich befinden. Es wird die sogenannte „Wüste Juda" gemeint sein, jene einsame Gegend am Westufer des Toten Meeres. In der Einöde, in der Stille konnte sich Johannes den Augen des auf ihn aufmerksam gewordenen Volkes entziehen.

Wichtig ist der Umstand, daß Johannes, wie wir sehen, seine Vorbereitung nicht gesucht und gefunden hat bei den Schriftgelehrten, bei Pharisäern, nicht bei hohen Gelehrten. Diese Art der Vorbereitung ist zwar nicht zu verachten; aber das sollen wir merken, daß sie nicht das Wesentliche ist.

Paulus, der Gelehrte, ging drei Jahre nach Arabien in die Stille. Bei Johannes lernen wir auch den Segen der Einsamkeit kennen. Je mehr die Augen der Welt auf uns gerichtet sind, desto mehr bedürfen wir dieser Stille. Aus dem Betkämmerlein heraus kann man getrost hintreten auf den Schauplatz der Öffentlichkeit. Die einsame, betende Beschäftigung mit dem Worte Gottes rüstet und stärkt zum Kampf. Da wird der Heilige Geist Lehrmeister, und ein besserer, als Menschen es sein können. Was dort gelernt wird, das kann ihm kein Teufel irremachen. Dort wird jene Elia-Festigkeit, die kein Ansehen der Person kennt, gewonnen.

Johannes aber gewöhnte sich in der Wüste äußerlich an die strenge Lebensart und Einfachheit, durch die er — ein Nasiräer (Vers 15) von

Kopf bis zu Fuß — allem Volk seiner Zeit, und auch uns noch, sinn-
bildlich bezeugen sollte, was seine Predigt in Worten aussprach: „Rein
ab und ganz-Christus an!" — — Wieviel Segen ist doch aus der Wüste
gekommen! Auch Jesus selber, ferner Moses, Elias und Paulus sind vor
ihrem öffentlichen Auftreten in die Stille gegangen.

9. Der große Herrscher der Zeitwende muß dem „Kindlein im Stalle" dienen.

Lk 2, 1—7

Die Tage des Kaisers Augustus und des Königs Herodes sind die
M i t t e d e r W e l t g e s c h i c h t e . „Als die Fülle der Zeit kam,
da sandte Gott Seinen Sohn, der aus einem Weibe geworden ist und
geworden ist unter dem Gesetz" (Gal 4, 4) und andererseits „Wo die
Sünde mächtig geworden ist, da ist die Gnade noch viel mächtiger geworden" (Rö 5, 21). Die Sünde war mächtig geworden hinsichtlich des
J u d e n t u m s und hinsichtlich des H e i d e n t u m s .

Der Ausdruck „die Fülle der Zeit" von Gal 4,4 bedeutet: Zur Zeit
des größten und ausgedehntesten Weltreiches, nämlich des römischen
Reiches, wird Jesus geboren. „Alle Welt" lesen wir im Luthertext Lk
2, 1. Wörtlich heißt es: „die ganze bewohnte Erde". [1])

In politischer — in sprachlicher — in verkehrstechnischer Beziehung
war die Zeit erfüllet. Ein Reich (das Römische Weltreich), eine Sprache
(die grie Sprache), ein Verkehrsnetz (Straßen und Schiffsverbindungen)
einte das Weltreich am Mittelmeer.

Zu keiner Zeit zuvor hätten die Apostel mit so großer Schnelligkeit
das Wort vom Kreuz ausbreiten können wie zu dieser. Die Kanäle
waren bereitet. Die Welt hatte unter Gottes treuem Leiten dem Reiche
Gottes in die Hände gearbeitet. D i e Z e i t w a r e r f ü l l t .

Zu dem Gewaltigen, was Gal 4, 4 weltgeschichtlich darstellt, kommt
hinzu Rö 5, 21: W o d i e S ü n d e m ä c h t i g g e w o r d e n i s t . . .
Mächtig war die Sünde im Judentum aufgebrochen. Vgl. dazu W. Stb.
Matth S. 19 ff. und das zu Lk 1 hier auf Seite 37 ff Gesagte.

Mächtig war die Sünde im Heidentum aufgebrochen:

Der philosophische Freisinn hatte weithin den alten Götterglauben
lächerlich gemacht. Ein Mischmasch von alten und neuen Ersatz-Reli-
gionen (Synkretismus) hatte sich breit gemacht.

Was nun dem Menschen (dem jüdischen und dem heidnischen) von
sich aus unmöglich war, das tat Gott — indem Er von Sich aus die Rettung (das Heil) sandte, und zwar im Kindlein von Bethlehem.

---

[1] So nannte das stolze'Römische Volk sein Reich, das damals, wenn auch nicht die ganze b e -
w o h n t e, so doch die ganze damals b e k a n n t e Erde umfaßte: ganz **Europa** (mit Ausnahme der
Länder nördlich der Donau und östlich des Rheins), dann ganz **Kleinasien, Syrien, Ägypten** und die
langgestreckte Nordküste Afrikas bis an die große Wüste Sahara!

1 Es geschah aber in jenen Tagen, daß eine Verordnung vom Kaiser
  Augustus herauskam, eine Zählung des ganzen bewohnten Erdkreises
2 vorzunehmen. * Diese Zählung war die erste zur Zeit der Statthalterschaft des Quirinius in Syrien. (Quirinius (Cyrenius) hatte auch
3 die Oberaufsicht über Palästina). * Und alle machten sich auf, um
  sich in Listen einschreiben zu lassen, jeder in seinem Heimatort. *
4 So ging auch Joseph von Galiläa, und zwar aus der Stadt Nazareth
  nach Judäa hinauf in die Stadt Davids, welche Bethlehem heißt, weil
5 er aus dem Hause und von dem Stamme Davids war, * um sich einschreiben zu lassen mit Maria, seiner Verlobten, welche „in guter
6 Hoffnung" war. * Es geschah aber, als sie dort weilten, war es soweit,
7 daß sie gebären sollte. * Und sie gebar ihren Sohn, den Erstgebore-   Zu Vers 7:
  nen, und wickelte ihn in Windeln und legte ihn in eine Krippe, denn   Mt 1. 25
  es war für sie kein Platz in der Herberge.

Bei dem Ungeheuerlichen des Wunders der Menschwerdung Gottes
packt uns das fast primitiv Einfältige, man möchte sagen, Trockene
und Chronikartige der Erzählung des Lukas, die vielen „und", dann
„es geschah" oder „es begab sich", dann die einfachen, kurzen, kunst-
losen Sätze. Solch eine nackte Objektivität läßt sich nur bei dem denken, der sich bewußt ist, n i c h t s   w e n i g e r ,   a b e r   a u c h
n i c h t s   m e h r   a l s   d i e   W a h r h e i t   s c h r i f t l i c h   f e s t -
z u l e g e n .

Die einzigartige, unbegreifliche Verheißung, die der Maria in Kap
1, 31—37 gegeben war, geht nun in Erfüllung. Der ewige und heilige
Gottessohn, Gott Selbst wird inmitten der sündhaften Menschheit
geboren.

Wir kehren zum Text zurück:

Schlicht, als ob überhaupt nichts Besonderes passiert sei, beginnt
Lukas:

Es geschah aber in jenen Tagen. Durch die Zeitangabe „in jenen
Tagen" werden wir wieder zu Kap 1, Vers 57 ff zurückversetzt, d. h.
in die Zeit der Geburt des Johannes des Täufers. „In jenen Tagen" ist
aber ein so allgemeiner Ausdruck, daß damit weder der Geburtstag als
solcher noch das Geburtsjahr unseres Heilandes angegeben ist.

Die Geburtstage und Geburtsjahre der Großen der damaligen Zeit, z. B.
Augustus, Tiberius usw., liegen auf das genaueste fest. In den Geschichtswerken sind solche Tage vermerkt. Die Evangelisten, die von
Jesus geschrieben haben, scheint das nicht im geringsten gekümmert
zu haben. Sie wollten eben nicht eine Biographie von Jesus abfassen
oder ein wissenschaftliches Geschichtswerk herausgeben. Sie wollten
nicht Wissen vermitteln, sondern G l a u b e n   w e c k e n .

Die Hineinstellung der Geburt Jesu in den geschichtlichen Zusammenhang mit dem K a i s e r   A u g u s t u s hat lediglich den Zweck,
zu zeigen, wie die Größten dieser Erde letzten Endes nichts anderes
sind als Handlanger für die Verwirklichung des Willens Gottes!

Der Lukas-Text lautet: **Es geschah ... daß herauskam eine Verordnung** (ein Dogma) **von Kaiser Augustus.** [2])

Für **Gebot** (Verordnung) steht im Griechischen „dogma". Der Ausdruck „Dogma" hat verschiedene Bedeutungen im NT. [3])

Für „zählen" steht „apographesthai". Das bedeutet „das Eintragen des Namens eines jeden Bürgers, seines Alters, Standes, des Namens seiner Frau und seiner Kinder, endlich seines Vermögens und Einkommens in das offizielle Register zum Zweck der Steuer-Berechnung."

Das Resultat der Zählung des Kaisers Augustus war 60 Millionen Menschen. Das bedeutete: ein großes Reich, eine große Macht. Das Ergebnis der göttlichen Zählung bedeutet: „Ein armes Menschengeschlecht, eine verlorene Welt!" —

In Vers 2 lesen wir: **Diese Zählung war die erste zur Zeit der Statthalterschaft des Quirinius** (Cyrenius) **in Syrien.** [4])

Den Senator P. Salpicius Quirinius kennen auch die römischen Geschichtsschreiber. Geboren zu Lanuvium bei Tusculum in Italien hatte

---

[2] **Augustus** ist der Beiname des ersten römischen Kaisers. Der eigentliche Name dieses ersten römischen Kaisers ist „Gajus Julius Cäsar Octavianus". Von diesem ersten römischen Kaiser weiß man genau Geburtstag und Jahr. Es ist der 23. 9. 690 nach der Gründung der Stadt Rom. Im Jahre 722 kam Augustus (erst 32jährig) zur Regierung. Das war nach unserer Zeitrechnung 31 vor Christi Geburt. Nachdem er vier Jahre regiert hatte, verlieh ihm der römische Senat den Ehrentitel **Augustus,** d. h. der „**Erhabene".** Am 19. August (des Jahres 767 nach der Gründung Roms), das ist nach unserer Zeitrechnung 14 nach Christus, starb Augustus im 77. Lebensjahr! — 45 Jahre hat er regiert. Seine glanzvolle Regierungszeit ist als das „Augusteische Zeitalter", ja geradezu als das **goldene Zeitalter** in die Geschichte eingegangen. Göttliche Verehrung zollte man dem Kaiser Augustus. Das zeigen uns die in einem Stein eingegrabenen Worte, die man auf einem Denkmal in Halikarnassos, gefunden hat: „Die ewige und unsterbliche Natur des Weltalls hat als außergewöhnliche Wohltat den Menschen die höchste Gottheit geschenkt, indem sie Kaiser Augustus in unser glückliches Leben brachte, den Vater des Vaterlandes, den göttlichen Römer und den Heiland des ganzen Menschengeschlechtes, dessen Vorsehung nicht nur alle Gebete erfüllte, sondern sogar übertraf usw." Unter den glanzvollen „goldenen" Regierung dieses ersten und größten römischen Kaisers und Friedensherrschers wurde nun Jesus —, der allein wahre Friedensfürst, der allein wahre Retter und ewige Heiland, der allein wahrhaftige Gott von Ewigkeiten her zu Ewigkeiten hin, geboren.

[3] Hier heißt **Dogma** die Veröffentlichung eines Beschlusses. und zwar hier die Veröffentlichung einer **kaiserlichen** Verordnung. Es ist die Verordnung der Zählung des Römischen Reiches. In Hebr 11, 23 steht in der Handschrift Alexandrinus auch „Dogma", d. h. „Vor der Verordnung Pharaos fürchteten sich die Eltern Moses nicht."

[4] Es sei kurz das Ergebnis der Zählung hinsichtlich der Steuerabgaben durch Kaiser Augustus angegeben. Es betrug, so sagen die Geschichtswerke, jährlich 600 Talente für Judäa; für Galiläa und Peräa jährlich 200 Talente, das sind zusammen 8 Millionen Mark, eine unerhört große Summe. Das ist auf den Kopf der Bevölkerung etwa 6.— DM Steuern. die nach Rom flossen. Da die Familien sehr kinderreich waren (wir setzen den Fall 4 Kinder pro Familie), so sind das 4 und 2 = 6 mal 6 DM = 36.— DM. Diese 36 DM entsprachen etwa 90 Arbeitstagen. Darüber hinaus hat Herodes der Große für sich noch sehr hohe Steuern eingezogen, die Zöllner schluckten für sich ebenfalls viel Geld, auch die römischen Besatzungsbehörden. — Es lag ein Steuerdruck ohne Gleichen auf Israels Schultern. Herodes besaß ein Jahreseinkommen von 13 Millionen Mark. Dieses Einkommen wurde zur Hälfte aus Steuerabgaben eingetrieben. Wir müssen also zu den 90 Arbeitstagen nochmals 90 Arbeitstage hinzurechnen. Das sind also 180 Arbeitstage. — Das bedeutet aber, daß über die Hälfte des Arbeitslohnes als Steuern abgeführt wurde.

er es durch gewandtes Wirken verstanden, hohe Reichsämter zu er-
klimmen.

**3 Und alle machten sich auf, um sich in Listen eintragen zu lassen,
4 jeder in seinem Heimatort. * So ging auch Joseph von Galiläa her,
und zwar aus der Stadt Nazareth nach Judäa hinauf in die Stadt
Davids, welche Bethlehem heißt, weil er aus dem Hause und von
5 dem Stamme Davids war, * um sich einschreiben zu lassen mit
Maria, seiner Verlobten, welche in guter Hoffnung war.**

Auch im Befehl des Kaisers und in dem Gehorsam des Juden Joseph
gegenüber dem absolut regierenden Heiden Augustus wird sichtbar die
allein regierende Hand Gottes, und zwar dadurch, daß Jesus als Erfüllung der Schrift und damit als Erfüllung des Willens Gottes in
B e t h l e h e m geboren wurde.

In Vers 4 heißt es betont: **Joseph ging von Galiläa her** (und zwar
aus der Stadt Nazareth) **nach Judäa hinauf.**

Nazareth liegt 525 Meter über dem Meeresspiegel und Bethlehem
777 Meter über dem Meeresspiegel. In etwa fünf Tagesmärschen konnte
man Bethlehem von Nazareth her erreichen! Die Entfernung zwischen
Nazareth und Bethlehem betrug 170 km.

Bethlehem war zur Zeit von Maria und Joseph eine recht armselige
Ortschaft. Schon 700 Jahre vorher hatte der Prophet Micha Bethlehem
als k l e i n bezeichnet. In Micha 5, 1 heißt es: „Du aber, Bethlehem,
in der Landschaft Ephrath bist zu klein, als daß du zu den Hauptorten
Judas gehörtest — aber aus dir wird Mir Der hervorgehen, der in
Israel Herrscher sein soll..."

Lukas nennt jedoch nicht Bethlehem als „Erfüllungsstätte" alttestamentlicher Weissagungen, sondern er nennt Bethlehem einfach d i e
S t a d t D a v i d s. [5])

Die Stadt Davids ist nämlich nicht die Residenzstadt, sondern die
Geburtsstadt von David (vgl. 1 Sam 16, 1—17,12).

Daß Joseph D a v i d i d e war, geht deutlich aus Vers 4 hervor und
bestätigt damit das Geschlechtsregister von Joseph in Matth 1, 1—16.
Joseph stammt direkt aus der Königslinie.

Die Reise von Nazareth nach Bethlehem mit ihren 170 km muß
Maria, die im neunten Monat ihrer Schwangerschaft stand, sehr be-
schwerlich gewesen sein. Eine Mühsal sondergleichen für die zahllosen
Volkszählungs-Wanderer war aber nicht nur der schlechte Straßenzustand,
sondern auch die Hitze des Tages, der Staub der Straße, der Mangel
des Wassers, die Unregelmäßigkeit der Ernährung. Die Anstrengungen

---

[5] Zu jener Zeit dürfte Bethlehem vielleicht ein paar Hundert Einwohner (ca. 900) gehabt haben.
hauptsächlich von Hirten und armen Landleuten bewohnt gewesen sein. Heute zählt Bethlehem
ca. 7500 Einwohner.

des Marsches, die Mangelhaftigkeit der nächtlichen Unterkünfte, das
alles mußte die hochschwangere Maria durchmachen!

In Bethlehem angekommen, fing erst die ganze Not an. Weil der
kleine Ort von Leuten wimmelte, war buchstäblich keine nächtliche
Unterkunft zu finden. Was für Seufzer und flehentliche Gebete mögen
zum Himmel hinaufgestiegen sein, daß Gott doch den beiden jungen
Eheleuten (die ja wegen des baldigen Eintrittes der Niederkunft der
Maria in einer ganz großen Not sich befanden), eine Unterkunft
schenken möchte. Aber keine Erhörung der dringenden Bitte wurde geschenkt.

6 Es geschah aber, als Maria dort weilte, war es soweit, daß sie ge-
7 bären sollte. * Und sie gebar ihren Sohn, den Erstgeborenen, und
wickelte ihn in Windeln und legte ihn in eine Krippe, denn es war
für sie kein Platz in der Herberge.

Einfach und schlicht erzählt Lukas das wichtigste Ereignis der Weltgeschichte: die Geburt des Heilandes. ⁶)

Der biblische Text betont: „Maria gebar ihren Sohn, den **Erstgeborenen** (griech. den prototokos)." Die katholische Kirche glaubt, daß der
Ausdruck „Erstgeborener" soviel bedeutet wie Einziggeborener, daß
also Maria keine späteren Kinder bekommen habe, weil Maria keinen
ehelichen Umgang mit Joseph gepflogen habe.

Demgegenüber möchten wir jedoch feststellen, daß der Ausdruck
„Erstgeborener" (prototokos) ganz bewußt im Unterschied zu „Einziggeborener" (monogenés) zu gebrauchen ist. Es gebührt sich auch an dieser Stelle dem Buchstaben der Schrift seine ganze Ehre zu erweisen, denn
Jesus hatte nach mehrfachem Zeugnis der Evangelien 4 Brüder und
mehrere Schwestern (vgl. Mt 12, 46 ff; 13, 55. 56; Mk 3, 31 ff; Lk
8, 19 ff; Joh 2, 12; 7, 3).

Das Wort „Erstgeborener" ist ausgesprochen hebräisch. Erstgeborener
Sohn entspricht dem hebräischen b e k o r, einem Ausdruck von besonderer rechtlicher Bedeutung, weil der hebräische Erstgeborene (wenn
irgend möglich) im Tempel zu Jerusalem dargestellt, besser „vom Priesterdienst losgekauft" werden mußte. Lukas bereitet uns also durch die
Bedeutung des Wortes „Erstgeborener" schon jetzt auf die Darstellung
im Tempel vor, die Lukas allein von den vier Evangelisten erzählt.

Lukas bemerkt mit besonderer Hervorhebung „es war **für sie** (autois)
kein Raum in der Herberge". Diese Ausdrucksweise ist gewählter, als

---

⁶ Während von Elisabeth in dem viel kürzeren Bericht zwei verschiedene Worte für „Gebären"
gebraucht werden, ist hier mit Bedacht dasselbe Wort gleich dreimal verwendet worden: **„Zeit des
Gebärens", „gebar"** und **„Erstgeborener"** (immer Formen des griechischen Wortes: tiktein)! Das
griechische Wort bedeutet „gebären" im ausschließlichen Sinne von der Frau, während das zweite
Wort, das oben bei der Geburt des Johannes auch gebraucht wurde (gennaan), auch die Beziehung
zum Manne einschließt. Noch einmal soll also die sorgfältige Wahl des Wortes ankündigen, daß es
sich in dieser Geburt um eine ausschließliche Angelegenheit der Mutter allein handelt. „Er ist in
Wahrheit und Wirklichkeit **jungfräulich** Erstgeborener, und darum in einzigartiger Weise Erstgeburt"
(Dillersberger).

es auf den ersten Blick scheint. Hätte Lukas nur sagen wollen, die Karawanserei (die Herberge als solche) habe niemanden mehr aufnehmen können, so hätte es genügt zu schreiben: „Es war kein Platz mehr da in der Herberge" Weil er aber betont im Satz voran setzt **für sie war nicht Raum,** weist Lukas auf die besondere Lage hin, in der sich die beiden Eheleute befanden hinsichtlich der bevorstehenden Geburtsstunde des Jesuskindleins.

In dieser Tatsache, daß für den Herrn überhaupt keine Herberge da war, ging auch das Wort in Erfüllung: „Er kam in das Eigene, **und die Eigenen nahmen Ihn nicht auf"** (Jo 1, 11).

Erschütternd ist dieser große Verzicht auf alle menschlich so nötigen Gegebenheiten für die Geburt eines Menschenkindleins, welches doch in eine weiche und warme Wiege hinein gehört, von lieben Mutterhänden fein und lieb bereitet. Vielleicht kann symbolhaft das Liegen in der Futterkrippe als ein Zeichen von dem großen Golgatha- und Erlösungs-Opfer, wovon alle Lebewesen zehren werden, angesehen werden. [7])

D r e i m a l finden wir die K r i p p e erwähnt: Bei der Geburt, dann aus des Engels Mund, endlich als die Hirten das Kind finden (Lk 2, 7. 12.16). (Näheres über den „Stall" dann bei dem Bericht über die Hirten.)

Der palästinensische Bauer pflegt sich selbst auf dem Boden zu betten. Das macht ihm nichts aus. Aber eine Wiege für das Neugeborene, das hat — (seit Abrahams Zeit) — selbst die ärmste palästinensische Mutter. (Siehe Dalman, Orte und Wege 1921 S 36 f.)

Mit der Krippe hat Ihn Israel, das auserwählte Volk Gottes, in Empfang genommen. Mit dem Kreuz hat Ihm Israel den schimpflichsten Abschied gegeben!

10. Nur Boten aus der Ewigkeit können von dieser Großtat Gottes künden und anbetend singen.

Lk 2, 8—14

8 Es waren Hirten in derselben Gegend, welche unter freiem Himmel
9 waren und ihre Herde des Nachts bewachten. * Und ein Herrn-Engel (Bote) trat an sie heran und die Herrlichkeit des Herrn um-
10 leuchtete sie und große Furcht überfiel sie. * Und der Engel sagte zu ihnen: „Fürchtet euch nicht, denn siehe, ich bringe euch eine frohe Nachricht, welche eine große Freude enthält und welche allem
11 Volk gehören wird. * Es ist euch heute ein Retter (ein Heiland)
12 geboren, welcher ist Christus, ein Herr in der Stadt Davids. * Und dieses diene euch als Zeichen: Ihr werdet finden ein eben geborenes Kindlein, welches eingehüllt ist in Windeln und welches in einer

---

[7] Die Krippe ist der Futtertrog für das Vieh (hebr. ebus oder urwa). Auf Grund einer Weihnachtspredigt von Hieronymus mag man sich die Krippe Jesu als einen Futtertrog vorstellen, wobei die eine Hälfte in die Felswand der Grotte hineingehauen war und die andere Hälfte aus Lehm gemacht an der Felswand hing, wie dies in palästinensischen Grotten noch heute zu sehen ist (Abb. bei Willam, Das Leben Marias).

Zu Vers 13:
Da 7, 10
Zu Vers 14:
Lk 19, 38
Jes 57, 19
Eph 2, 14. 17

13 Krippe liegt." * **Und plötzlich war zusammen mit dem Engel eine
14 himmlische Schar sichtbar, die Gott lobte und sprach:** * **„Ehre
(oder Herrlichkeit) ist bei Gott in Himmelshöhen und Friede ist auf
Erden bei den Menschen des Wohlgefallens."**

Nicht über dem Kindlein vor Marias Augen erstrahlte das himmlische Licht. Der Stall blieb finster und behielt seine gewöhnliche Art.
Aber draußen auf dem Felde gegen die Wüste hin, da, wo die Schaf-
hirten bei den Herden lagerten, da verrichtete einer der himmlischen
Engelboten hohes Botenamt (Schlatter).

Als der erste Adam nach dem Ebenbilde Gottes geschaffen war, begrüßte ihn eine im Wohlgefallen Gottes vollendete, „sehr gute"
Schöpfung, und dieser Adam war doch von der Erde und irdisch. Der
andere Adam aber, der der Herr vom Himmel ist (1 Ko 15, 47) —
für Ihn ist nur Stall und Krippe da. Aber was die Erde Ihm nicht
entgegenbringt, davon ist der Himmel voll! Die Erde schweigt. Alles
schlummert in tiefer Nacht. Der Himmel aber feiert einen großen
und ewigen Tag, und von seinem reichbesetzten Tisch fallen den
„Hündlein" auf Erden so köstliche Brosamlein zu, daß sie eine mächtige
Ahnung ergreift von der zukünftigen Herrlichkeit des Neuen Himmels
und der Neuen Erde.

Die Offenbarungen Gottes in der Erscheinung Seines Engels, die
sonst nur den Auserwählten des Alten Bundes, nämlich den Propheten
als solchen, und zwar auch nur e i n z e l n e n zuteil wurden, werden
jetzt einer ganzen Gruppe von armen Hirten zuteil, die des Nachts
auf dem Felde ihre Herden hüteten. Hirten sind es, die zuerst Kunde
von der Menschwerdung Gottes aus Engel Mund vernehmen.

Der Stand der S c h a f h i r t e n wird in der rabbinischen Literatur
sehr verachtet. Sie wurden seitens der Pharisäer als Räuber und Be-
trüger hingestellt und den Zöllnern und Sündern gleichgestellt. Man
rechnete die Hirten zum Pöbel, der das Gesetz nicht kennt. Vor Gericht wurden die Hirten nicht als Zeugen zugelassen. Der bürgerlichen
Ehrenrechte waren sie beraubt.

Ein rabbinischer Ausspruch lautete: „Kein Stand in der Welt ist so
verachtet wie der Stand der Hirten." [8)] Von solchen Hirten, die in der Nähe Bethlehems ihre Herde bewachten, ist nun in der Weihnachtsgeschichte die Rede.

Auf denselben Fluren, wo einst David die Herden seines Vaters
weidete, unter demselben Sternenhimmel, an dem schon David sich
erbaut (Ps 8), sangen die Hirten vielleicht die Psalmen Davids und
stärkten daran ihre Sehnsucht nach D a v i d s S o h n. Die Annahme,
daß hier in Bethlehem jene Erwartung besonders lebhaft gewesen ist,
wenigstens bei denen, die auf die Erlösung warteten, dürfte vielleicht
berechtigt sein.

ᵡ Der Pharisäismus meinte, daß das Nomadenleben in wasserarmen Gegenden die Hirten veranlaßte,
die primitivsten Forderungen über Händewaschen, Geschirrspülen und Wahl der Speisen zu versäumen. Die Hirten gehörten darum wie die Zöllner und Sünder zu dem **„Volk der Erde"**, zu dem
„am ha-ares", welche die Pharisäer so sehr verachteten.

Belege hierzu finden wir in Lk 2, 38, wo nicht nur von Simon und
Hanna ausgesagt wird, daß sie auf „die Erlösung" (lytrosis) zu Jerusalem
warteten, d. h. auf den Messias — sondern daß, wie es in Vers
38 steht, „in Jerusalem **viele**" waren, die sich der gleichen Sehn-
sucht hingaben. Wenn wir zu diesen in der Stille Wartenden außer
Zacharias und Elisabeth, Maria und Joseph dann noch die Hirten von
Bethlehem hinzurechnen dürfen, so wird die Schar der auf das Heil
Wartenden nicht sehr klein gewesen sein. Worin wird ihre Messias-
Erwartung bestanden haben? Vielleicht darin, daß sie im Sinne von
Jes 40, 1 und Jes 49, 13 der Erlösung Israels harrten. Vielleicht sahen
diese „Stillen im Lande" den Trost und die Hilfe Gottes darin, daß E r
Sich der E l e n d e n und V e r a c h t e t e n im Volke besonders er-
barme und annehme. [9])
Wir kehren zu den Hirten von Bethlehem zurück. Nacht war es.
Tiefe, feierliche Stille ruht auf den schlummernden Gefilden. Kein Laut
läßt sich hören. Still funkeln die Sterne. Die Hirten wachen bei ihren
Herden! In dieser gesegneten Einsamkeit ist der Herr oft so nahe. Gerade in der Stille darf man dann die Nähe seines Gottes erfahren und
erleben.

Weil die Geburt des Heilandes sich in der Nacht vollzog — darum
waren die Hirten die einzigen, die als die bei der Herde Wachenden
die Botschaft vernehmen konnten. „Nicht Schlafende werden geweckt,
sondern die Bethlehemiten werden gerufen, die in jener Nacht wachten." (Schlatter)

**9 Und ein Herren-Engel trat an sie heran und die Herrlichkeit des
Herrn umleuchtete sie.**
Wenn irgendwo in der Menschheitsgeschichte es nötig gewesen wäre,
dann ist es wohl hier, daß E n g e l r e d e n müssen. — Im Himmel
war der Ratschluß der Menschwerdung gefaßt worden. Vom Himmel
her war der Sohn Gottes gekommen, um die Menschheit zu Sich zu
nehmen. Zum Himmel soll die Menschheit wieder geführt werden.
Die Erde soll mit dem Himmel wieder vereinigt werden. Soll es uns da

[9] Unbeschadet der Verachtung der Hirten im Alltag wird aber (auch sogar im Spätjudentum) Gott
(im Anschluß an die Auffassung im Alten Testament, besonders Ps 23) immer wieder **„der gute
Hirte Israels"** genannt, der Seine Herde aus Ägypten herausgeführt hat. Aus dem Hirtenstand kamen
die großen und bedeutungsvollen Männer Israels. Es sei nur an Moses, David und Amos erinnert.
In der rabbinischen Literatur werden Moses und David als treue Hirten gepriesen. Die Gesetzes-
lehrer werden Israels Hirten genannt! — (Siehe Belege im Theol. Wörterbuch zum NT Kittel Bd. VI.
Seite 487 ff).
Vielleicht spiegelt sich in dieser Hochachtung des Hirten seitens der Heiligen Schrift, die im scharfen
Kontrast zur Verachtung des Hirten seitens des Pharisäers steht — die Liebe des Heilandes gerade zu den Verachteten und Geringen, zu den Zöllnern und Sündern wider.
Wie ganz anders war doch dagegen das Messiasbild des Pharisäismus. Belege für dieses Messiasbild
sind neben den im NT selbst befindlichen besonders die sogenannten Psalmen Salomos, vor allem
die 17. Ode nach der Septuaginta. Diese 17. Ode sieht den Messias als den großen Gewaltherrscher,
der die Feinde Israels, d. h. alle Heiden vernichten wird. Jerusalem wird als das Zentrum der Welt
in die Erscheinung treten. Nur der rassisch reine Jude wird Teil haben am Reiche des Messias. Die
Heiden werden als Sklaven dem Volk der Juden zu dienen haben. (Vgl. weiter die in Frage kommenden Stellen in der W. Stb. Matth. und Mark.).

etwa befremden, daß die Bewohner des Himmels an der Ausführung
der himmlischen Beschlüsse in ganz besonderer Weise freudigen Anteil
nehmen?

Der Herren-Engel tritt aber nicht einfach und schlicht auf, wie einst der
Erzengel Gabriel dort im Tempel bei Zacharias oder dort in dem Hause
in Nazareth bei der Jungfrau Maria, sondern der **Lichtglanz des Herrn,**
die Doxa = Herrlichkeit, umleuchtete ihn. Die Herrlichkeit des Herrn
ist jene Schechina, jene Lichtfülle Jahwes, die Seine Gegenwart bekundet, jene Feuersäule, in der Jahwe (2 Mo 33, 14; Kol 1, 15) vor dem
Volke herzog und unter dem Volke wohnte. Es geschah also die erste
Offenbarung des Heilandes an Israel genau in derselben Weise, wie
das Bundesvolk nach seiner ganzen Führung und Erziehung es erwarten
konnte. Diese Licht-Herrlichkeit des Herrn umleuchtete nicht nur den
Engel, sondern auch die H i r t e n. Sie sind umflossen von diesem
Strahlenmeer, vor dem die Sterne erblassen und die Nacht zum Tage
wird! Diese Lichtherrlichkeit des Herrn ist ein Glanz aus der Höhe,
der uns ahnen läßt die Größe und Unermeßlichkeit derjenigen Herrlichkeit, in der die Engel vor dem Angesichte Gottes stehen. In ihr neigt
sich der Himmel zur Erde, um der Erde zu verkündigen, daß auch sie
wieder zu einer Stätte der göttlichen Ehre ewig geweiht werden soll.
Diese himmlische Klarheit soll, weiterleuchtend von Jahr zu Jahr, von
Jahrhundert zu Jahrhundert, sich verklärend über die Erde ausbreiten
in der Gemeinde der Gläubigen, bis daß Er kommt, nämlich d e r H e r r
S e l b s t, der Weltenerlöser, durch Den ein Neuer Himmel, eine Neue
Erde werden. [10])

Und große Furcht überfiel sie. Wenn die Doxa, d. h. die strahlende Licht-
herrlichkeit des Himmels durch das Dunkel der Erde bricht, dann ist
Furcht und Entsetzen stets die erste Reaktion des sterblich-sündigen
Menschen. Die göttliche Lichtkraft bereitet auch dann noch dem Menschen Furcht und Schrecken, wenn sie freudige und heilbringende Kunde
bringt (Lk 8, 25 u. 1 Mo 28, 17). Die Sünde, die Unvollkommenheit
und Ohnmacht des Menschen ist es, die in dem Tageslicht der himmlischen Offenbarung deutlich und kraß hervortritt und einen Schrek-
ken erregt, als ob der göttliche Richter selbst gekommen wäre und
alles an das Licht bringen wollte, was noch an verborgener Sünde vorhanden ist. Auch der Gläubige erbebt und erzittert bei einer solchen
Glanzerscheinung aus der Ewigkeit. Er erschrickt, solange er noch im
Glauben und nicht im Schauen steht (Da 10, 15. 16; Offb 1, 17; Lk
1, 12.29).

---

[10] Das Umleuchten der Herrlichkeit des Herrn in jener einzigartigen Nacht wird im gleichen Sinne
in Apg 26, 13 erwähnt, wo Paulus von seiner Bekehrung berichtet, daß plötzlich ihn und seine
Begleiter ein Licht umleuchtet hat, heller denn der Sonne Glanz. Das griechische „**doxa kyriou**"
entspricht dem hebr. „**kabod Jahwe**" = „Herrlichkeit des Herrn". Gott ist Licht (1 Jo 1, 5). Er ist der
Vater der Lichter (Jak 1, 17). Sein erstes Wort war: „Es werde Licht" (1 Mo 1, 3). Bei Ihm ist nur
Licht (Dan 2, 22). Darin ist keine Veränderung noch eines Wechsels Schatten (Jak 1, 17). Er wohnt
in einem unzugänglichen Licht (1 Tim 6, 16). Zu diesem Seinem wunderbaren Licht beruft Er uns
(1 Pt 2, 9). In Seinem Licht bewahrt Er uns und das Erbteil Seiner Heiligen (Kol 1, 12).

Der Licht-Engel tritt als eine freundliche Gestalt auf die erschrockenen Hirten zu und redet Worte, so groß und so gewaltig, daß auch heute noch, wenn sie in ein heilsbedürftiges Herz hineinklingen, der Schrecken vor der Majestät und Heiligkeit Gottes verschwinden muß und die Klarheit und Herrlichkeit Seiner Gnade ihm entgegenstrahlt, daß man nur anbeten kann.

10 Und der Engel sprach zu ihnen: „Fürchtet euch nicht!" Es ist die allererste Weihnachtspredigt, und zwar ist sie sehr kurz, einfach und schmucklos. (Luther sagt: In diesen Versen 10—14 muß jedes Wort genauestens abgehorcht werden.) Diese erste Weihnachtspredigt enthält nur einen Spruch: „Fürchtet euch nicht!" Wo die Herrlichkeit des Herrn in Gnade und Wahrheit aufleuchtet, da ist kein Raum mehr für Furcht, sondern nur für Freude und Freudigkeit.

Denn siehe, ich bringe euch eine frohe Nachricht, welche große Freude ist und welche dem ganzen Volke gilt. Im Grundtext steht: ich „evangelisiere" euch, d. h. „ich bringe euch eine frohe Nachricht".

Eine erste Dreiheit enthält diese Engels-Botschaft in Vers 10: 1. Frohe Nachricht. 2. Große Freude. 3. Allem Volk.

Nicht Gericht, sondern **frohe Nachricht** bringt der Engel des Herrn. Das ist der erste Wesenszug des Neuen Bundes. Das Wort euangelitzesthai = evangelisieren, frohe Nachricht bringen — wird aber noch verstärkt durch das Wort **große Freude.** Das ist der zweite Wesenszug des Neuen Bundes. Und diese große Freude wird noch weiter verstärkt dadurch, daß sie **allem Volk,** jedem Menschen auf Erden (wie Vers 14 b) voll und ausschließlich gilt. Das ist der dritte Wesenszug des Neuen Bundes. Mag es auch dem Buchstaben nach und von den Hirten zuerst a l s F r e u d e f ü r d a s V o l k I s r a e l aufgenommen worden sein, dem Wesen nach ist damit der volle Universalismus des Heils gemeint, der der ganzen Menschheit gehört.

Eine zweite Dreiheit enthält die Engelsbotschaft in Vers **11 a: 1. Weil geboren ist — 2. euch — 3. heute.**

1. **Er ist geboren.** Die Geburt ist immer die erste Wirklichkeit eines Menschen mit Fleisch und Blut (vgl. Jo 1, 14). Dieser Heiland ist „geboren". Geboren ist Er und nicht erschienen wie dieser Engel, der Ihn verkündigt im Lichtgewand der Herrlichkeit Gottes. Nein, dieser Heiland ist unser Blutsfreund geworden, Bein von unserm Bein, Fleisch von unserm Fleisch, damit Er wüßte, wie es uns in diesem armen Leibe des Fleisches zumute ist, und ein mitleidiger Hoherpriester würde, zu sühnen unsere Sünde und uns hinaufzuziehen als Glieder Seines Leibes, von Seinem Fleische und Seinem Gebein (Eph 5, 30).

2. **Euch,** sagt der Engel, das ist das herrlichste Wort in der ganzen ersten Weihnachtspredigt. „Euch" spricht der Engel, „euch", d e n M e n c h e n, nicht uns, den Engeln, ist Er geboren, ist Er Mensch geworden. Luther sagt: „Die Engel b e d ü r f e n doch eines Heilandes nicht, die Teufel w o l l e n sein nicht. Er ist um unsertwillen gekommen, wir bedürfen Seiner."

3. Heute! Der Heiland, der da ist von Ewigkeit zu Ewigkeit, ist in die Zeit eingetreten. Das Wort „Heute" bezeichnet Seine Geburt als eine geschichtliche Tatsache. Die Menschwerdung des Sohnes Gottes ist nicht ein Gedanke, eine Idee, ein Phantasiegebilde, das sich in sehnenden und hoffenden Gemütern gestaltet hat, sondern eine g e s c h i c h t l i c h e T a t s a c h e, die eine unendliche Wirkung hervorgerufen hat.

Jahrhunderte sind seit jenem **Heute** vergangen, aber klingt das Wort des Engels uns nicht immer noch ins Herz, als wäre es heute? Die Geschichte unseres Heilands, so wahr und wirklich sie in der Zeit geschehen ist, ist nicht wie anderer Menschen Geschichte nur der Zeit angehörig, nein, sondern hier wird die Vergangenheit zur Gegenwart, denn diese Geschichte gehört der Ewigkeit an und erneuert sich unaufhörlich und setzt sich fort, sooft ihre beseligende Kraft von einem Menschenherzen erfahren wird.

Eine dritte Dreiheit enthält die Engelsbotschaft.

Ein Retter (Heiland), welcher ist der Christus — ein Kyrios (Herr) in der Stadt Davids. Drei Titel — drei Namen für das Kindlein von Bethlehem:

1. Retter (Heiland)! Soter! — 2. Christus (Gesalbter-Messias) — 3. Herr (kyrios).

Vgl. W. Stb. Markus S. 38ff

Zu 1. **Retter (Heiland).** Es ist im AT öfter von Heilanden, von Rettern, die Rede, so werden z. B. die Richter „Heilande" genannt oder solche, die der Herr in schwerer Zeit zur Rettung Seines Volkes berufen hat (Ri 3, 9; 2 Kö 13, 5; Neh 9, 27; Obadja 21). — Vor allem ist aber das Wort „Heiland" ein Ehrenname Jahwes von altersher (1 Sam 14, 39; Ps 17, 7; 51, 16; Jes 43, 3. 11). Nun aber ist ein Heiland von Gott gesandt, der zugleich der Heilandgott selber ist. Darum ist Er der Heiland, und ist in keinem andern Heil und Rettung (Soteria), und ist auch kein anderer Name den Menschen gegeben, darinnen sie sollen selig werden.

Es ist eigenartig, daß das Wort **Heiland,** das im Sprachgebrauch der Gemeinde Jesu sehr viel gebraucht wird, im NT von Jesus nur 16 mal steht.

In den Evangelien kommt Heiland (Retter-soter) nur zweimal vor, und zwar in Lk 2, 11 und Jo 4, 42. Von Paulus wird „Heiland" meistens vom e r h ö h t e n Herrn gebraucht (z. B. Phil 3, 20 und Tit 2, 13 u. 14).

Es ist nicht zu übersehen, daß vor „soter" = „Retter" oder „Heiland" k e i n Artikel steht. Der Engel verkündet den Hirten nicht „d e n Heiland", sondern überhaupt einen Heiland, der mit den Heilanden zu vergleichen ist, die Gott zu sehr verschiedenen Zeiten erweckte. Man vergleiche Neh 9, 27. Aber durch das folgende Wort „Christus" wird den Hirten gleich gesagt, daß dieser Heiland (Retter) nicht mit jenen Helden Israels zu vergleichen ist, sondern d e r Retter schlechthin ist. Auffällig ist hier die Kleinschreibung und Artikellosigkeit des Namens Christus. Doch Näheres darüber in W. Stb. Markus S. 38 ff.

2. Welcher ist **Christus.** Mit dem Worte **Heiland** (Retter) hat der Engel das große W e r k Jesu verkündigt. Jetzt nennt er Seinen Titel. Er ist **Christus,** d. h. der Gesalbte, hebräisch: der Messias. Dieser Name kommt im AT nur bei Daniel 9, 25. 26 vor, war aber von da ab unter dem jüdischen Volke so herrschend geworden, daß der Engel mit diesem Worte sofort Verständnis fand.

In Israel wurde der P r i e s t e r g e s a l b t (2 Mo 29, 7; 3 Mo 4, 3. 5; 3 Mo 8, 12 und Ps 105, 15). Die Salbung mit Öl verkündigte dem Priester, daß er zu seinem hochwichtigen Dienst des „Öles" d. h. des Heiligen Geistes bedürfe. Später ist der G e s a l b t e in Israel der K ö n i g (1 Sam 2, 10. 35; 10, 1; Ps 2, 2 und Jes 45, 1). Jesus ist nun der Priester und König zugleich. Er ist ein P r i e s t e r k ö n i g mit dem prophetischen Geiste, wie Israel Seiner bedarf. Nur durch diesen Christus oder Gesalbten im eigentlichen und vollen Sinne des Wortes können die Kinder Israel und alle, die durch den Glauben Ihm zugetan sind, Christen, d. h. Gesalbte, werden: nämlich „das auserwählte Volk, das königliche Priestertum, das heilige Volk, das Volk des Eigentums, das da verkündigt die Tugenden dessen, der es berufen hat von der Finsternis zu Seinem wunderbaren Licht."

3. **Herr** (kyrios). Der Engel setzt zu Christus noch k y r i o s = **Herr** hinzu. Diese Verbindung ist im N T einzig. Aus Apg 2, 36: „Herr und Christus" ist ersichtlich, daß jedes Wort seine bestimmte, abgegrenzte Bedeutung hat. Wenn das neugeborene Kind von dem Engel „Herr" genannt wird, dann ist das sehr bedeutungsvoll. Der Erstgeborene Marias ist ein „kyrios", ein Herr der Hirten und des ganzen Volkes! Weil die gesamte Prophetie nur E i n e n kennt, der ewig auf dem Throne sitzt, fällt ein volles Licht auf das Kind, das in dieser Nacht geboren worden ist und das der ganzen Menschheit als der Herr gilt. **Kyrios ist im tiefsten Grunde „Gott".** — (Vgl. Kittel Wörterbuch).

Das letzte, was der Engel zu sagen hat, ist, daß sich die Geburt „in der Stadt Davids" ereignete. Dies ist nicht bloß eine Bekräftigung dessen, daß Jesus wirklich der Messiaskönig ist, der ja aus dem Hause Davids stammen sollte, sondern auch die Eigenart der Erfüllung der messianischen Weissagungen wird damit deutlich gemacht.

So groß auch die Offenbarungen des Neuen Bundes über den Alten Bund hinauswuchsen, so sollen doch all diese buchstäblichen Erfüllungen zeigen, wie tief der Neue Bund im Alten Bund verwurzelt ist.

12 Und dieses diene euch (Hirten) **als Zeichen** (als Erkennungszeichen): **Ihr werdet finden ein soeben geborenes Kindlein, welches eingehüllt ist in Windeln und welches in einer Krippe liegt.**

Ein wunderbarer Tausch, der D i e n e r (gemeint ist der Herren-Engel) selbst kommt in der „Herrlichkeit seines Herrn", nämlich in überirdischem Lichtglanz, daß man erschrickt (Vers 9), aber der H e r r S e l b s t kommt als ein Windelkind in der Krippe. In der Tat, hätte es nicht der Herren-Engel selber gesagt — wie hätten die armen Hirten diese Botschaft glauben und annehmen können?!

Auch die Kunde von dem E r k e n n u n g s z e i c h e n wird für die
Hirten, wie alles, was der Engel bisher gesagt hatte, in einer Dreiheit
entfaltet:
1. Ein Kindlein — 2. eingewickelt in Windeln — 3. in eine Krippe hineingelegt.

Zunächst kurz etwas über das Erkennungszeichen selbst! Wie eigen-
artig dieses K r i p p e n - E r k e n n u n g s z e i c h e n der bittersten
Armut und Niedrigkeit, dieses „semeion", im Unterschiede zu den
späteren Zeichen, den „semeia", welche als Wunder und Machttaten
Jesu Ihn als den Messias gewaltig auswiesen. (Vgl. hierzu W. Stb. Matth.
S. 125: „Über die Wunderzeichen in ihrer dreifachen Bedeutung" und
W. Stb. Markus S. 97 und Apg 2, 22, wo von Jesus von Nazareth die
Rede ist als von Dem, der von Gott beglaubigt ward durch Machttaten
und Wunder und Zeichen.)

Vielleicht darf hier schon auch auf die ganz große einzigartige und
einmalige Tatsache hingewiesen werden, daß Jesus Selbst „das Wunderzeichen (semeion) schlechthin (Lk 2, 34) gewesen ist, dem widersprochen wurde." — In Mt 12, 39 ff. ist Jesus auf Grund des Jonaszei-
chens als der Auferstandene das Wunderzeichen (semeion) für die
Menschheit. Auf Grund von Mt 24, 30 ist Jesus als der Wiederkommende ebenfalls das Wunderzeichen (semeion) und zwar das „Zeichen
des Menschensohnes" für die Menschen, d. h. in dem „wiederkommenden Heiland" sind die Wundenmale an Händen und Füßen als das
„Erkennungszeichen" Seiner ehemaligen Niedrigkeit wahrzunehmen.

Nun zu der Dreiheit der Botschaft des Engels zurück!

1. **Ein Kindlein** (brephos). Was für ein hilfloses Wesen ist doch ein
eben geborenes Kindlein! — In solch eine Hilflosigkeit ist der ewige
Gott und Herr hineingestiegen. „Den aller Welt Kreis nie beschloß,
der liegt jetzt in Marien Schoß; er ist ein Kindlein worden klein, d e r
a l l e D i n g e r h ä l t a l l e i n !"

2. **Eingehüllt in Windeln.** Mit diesen sorgsam einhüllenden Windeln
soll die fürsorgende Mutterliebe angedeutet sein. Schlatter meint: „Jede
doketische (Schein) Vorstellung von einem Wunderkind, das sich
sofort bewegt und sich selber helfen kann, ist damit vernichtet."

3. **In eine Krippe hineingelegt.** Die Geburt des Herrn im „Stall" wird
indirekt zweifach berichtet. Einerseits weist Lukas durch die schon erwähnte dreimalige Erwähnung der Krippe in 2, 7 u. 12 u. 16 auf einen
Stall hin — und andererseits zeigt die bethlehemitische Überlieferung
auf eine Höhle als Stätte der Geburt. Denn in Palästina dienen in der
Nähe der Ortschaft gelegene Höhlen den Hirten als Stall. Vielleicht
sind die Hirten der Weihnachtsgeschichte sogar selbst die Besitzer dieses Stalles gewesen. (Über die unter der Geburtskirche in Bethlehem
befindliche Höhle siehe die genauen Ausführungn im Theol. Wörterbuch zum NT von Kittel Bd. VI, S. 490).

So brachte Maria ihren Erstgeborenen zur Welt, der vom Engel als
Erbe des Thrones Davids, Seines Vaters (Lk 1, 32), vorhergesagt worden war.

Dieser Erbe des Thrones Davids besaß zur Zeit einen Stall als Königshalle, eine Krippe als Thron, Heu und Stroh als Ruheplatz, eine Stallampe als Kronleuchter, zwei Menschen ohne Obdach als Hofleute.

„Man muß die Weihnachtsgeschichte einmal ohne den poetischen, anheimelnden Glanz der lutherischen Übersetzung lesen, um die rauhe, irdische Realistik zu erfassen, in der hier erzählt wird. Der Evangelist berichtet nicht vom h o l d e n K n a b e n i m l o c k i g e n H a a r, vom r e i n l i c h e n S t a l l und von r e d l i c h e n H i r t e n, sondern von einem erschöpften Paar, von dem Elend einer jungen Mutter, die in Fremde und Not ihr Kind ohne alle Hilfe zur Welt bringen muß, von einem Kind, das das Licht der Welt in einem schmutzigen Viehstall erblickt, und von dessen Ankunft zunächst niemand als ein paar proletarische. Viehhirten Notiz nehmen." (Gollwitzer)

13 Und plötzlich war der Engel von einer Menge des himmlischen Heeres umgeben, die Gott lobte und sprach:

Die grie Bezeichnung p l e t h o s s t r a t i a s o u r a n i o u = **eine Menge des himmlischen Heeres** entspricht dem hebr z e b a h a s c h - s c h a m a i m = „Heer des Himmels", wie in 1 Kön 22, 19; 2 Chron 18,18. Aber hier ist nicht an Himmelskörper, an Sonne, Mond und Sterne zu denken, sondern an lebendige Wesen. Es ist ein wohlgeordnetes diszipliniertes Ganzes. Die Schrift kennt Ordnungen in der Menge der himmlischen Engel-Wesen. Sie spricht von Engeln und Erzengeln (1 Th 4, 16; Jud 9). Um den Engel, der die Weihnachtsbotschaft verkündigte, scharte sich „e i n e Menge des himmlischen Engel-Heeres". — Es heißt nicht „die Menge" oder „die ganze Menge", nein, sondern „eine Menge".

Zur ersten Weihnachts p r e d i g t, verkündigt durch einen Herren-Engel, kommt also das erste Weihnachts l i e d hinzu, gesungen von den himmlischen Engelscharen, ein Lied, das nie wieder verstummen wird, sondern fortklingt durch alle Jahrhunderte, durch alle Gottesdienste der feiernden, anbetenden Gemeinde von Ewigkeit zu Ewigkeit. Es heißt: „Ehre sei Gott in der Höhe und Friede auf Erden bei den Menschen des göttlichen Wohlgefallens."

Die von Menschen verachteten Hirten werden von Gott so hoch geachtet, daß sie Zeugen wurden eines großen Engelfestes, das droben über der Geburt des Kindleins in der Krippe gefeiert wird. „Als der Herr die Erde gründete, da lobten Ihn die Morgensterne miteinander und jauchzten alle Kinder Gottes" (Hio 38, 6. 7). Jetzt, wo der Grund- und Eckstein zu der Neuen Erde gelegt werden sollte, da muß in dem immerwährenden heilig-herrlichen Himmel ein Neues „gefeiert" werden! Ein solches Fest geziemt sich für die Ankunft des Sohnes Gottes auf Erden und dann erst wieder zu Seiner Wiederkunft in großer Macht und Herrlichkeit (Mt 25, 31).

Der Anbetungshymnus droben in Himmelshöhen.

Vers 14

14 Ehre (und Herrlichkeit existiert) **bei Gott in Himmelshöhen und Friede auf Erden bei den Menschen des Wohlgefallens!**

Die Engel preisen die Geburt des Herrn als den Anfang der größten
Verherrlichung Gottes in der Menschheits- und Allgeschichte. Die an-
betenden Engelscharen sehen hier im Kindlein von Bethlehem schon
die damit verbürgte Vollendung. Jedes ihrer Lied-Worte wird zu einer
großen Prophetie, und wenn der Blick auf die arme Gegenwart das
Jauchzen der Weihnacht dämpfen möchte, so muß das prophetische
Vorausschauen der herrlichen zukünftigen Vollendungsziele Gottes die
Stimme wieder zu Jubel und Jauchzen ertönen lassen.

Der himmlische Anbetungs-Hymnus der Engel droben im Himmel besteht nicht, wie Luthers Übersetzung es zum Ausdruck bringt, aus drei
Teilen — sondern nur aus zwei Gliedern.

Luthers Übersetzung lautet:
1. Ehre sei Gott in der Höhe, 2. Friede auf Erden, 3. und den Menschen
ein Wohlgefallen.

Luther hat die ihm damals vorgelegene griechische Koine-Fassung
richtig übersetzt, denn diese hat im Griechischen das Wort Wohlgefallen = eudokia im Nominativ und nicht wie die älteren Handschriften, die Luther nicht gekannt hat, nämlich Vaticanus und Sinaiticus,
im G e n e t i v. Und darum auch Luthers Dreiteilung des himmlischen
Lobgesanges.

Die wörtliche Übersetzung sieht so aus:
1. Herrlichkeit (oder Ehre) existiert bei Gott in Himmelshöhen.
2. Friede existiert auf Erden bei den Menschen des (göttlichen) Wohlgefallens.

Der 1. Teil des Anbetungs-Hymnus der Engel sagt, was d r o b e n
im Himmel ist. Der 2. Teil des Anbetungs-Hymnus der Engel sagt, was
d r u n t e n auf Erden ist.

Beide Teile stehen nicht im Optativ, so wie Luther es übersetzt hat:
„Herrlichkeit s e i Gott ... Friede s e i auf Erden"; das fehlende Hilfs-
verb „sein" muß am besten im Indikativ wiedergegeben werden, also
„Herrlichkeit i s t (oder existiert) bei Gott .. Friede i s t (oder existiert)
auf Erden .."

1. Teil

Die Engel im Himmel sagen: „Bei unserem Gott in Himmelshöhen
i s t eine Herrlichkeit ohnegleichen offenbar geworden." So unermeß-
lich groß war unserm Gott die Menschwerdung Seines ewigen Gottes-
Sohnes, daß Er durch die Jahrtausende hindurch immer und immer wieder
auf dieses einmalige, einzigartige, Himmel und Erde, alle Zeitalter und
Ewigkeiten umfassende Ereignis aufmerksam gemacht hat. „Denn die
Freundlichkeit Gottes, wörtlich die M e n s c h e n f r e u n d l i c h k e i t
Gottes, (die Philanthropia Gottes) und die G ü t e Gottes sind in
dem Soter-Heiland Jesus Christus erschienen", so sagt's der Titus-Brief
(Tit 3, 4). „Die Gottesgerechtigkeit ist enthüllt in dem Evangelium"
— (welches Jesus-Christus ist), so sagt's der Römerbrief (Rö 1, 17) —
„Wir schauten mit Freuden und kostbar verweilender Aufmerksamkeit
(etheasametha) Seine Herrlichkeit", so sagt's Johannes Kap 1, 14.

Der Ausdruck D o x a = Herrlichkeit (Ehre), im Hebräischen k a b o d.
bedeutet bei dem M e n s c h e n „seine Ehre, sein Ansehen" — Bei

G o t t ist die D o x a Sein einzigartiger Lichtherrlichkeitsglanz, Seine unvergleichliche Heiligkeit und ewig reine Schönheit. — Dieser strahlende Lichtherrlichkeitsglanz der majestätischen Gottesschönheit wird in noch nie geahnter Macht überboten durch das, was in Bethlehem geschah. Staunend und gewaltiger als die brausenden Mereswogen singen die himmlischen Heerscharen ihrem Gott und Herrn ein Neues Lied, wie sie es wohl noch nie zuvor gesungen haben, denn die Herrlichkeit Dessen, der der rechte Vater ist über alles, was Kinder heißt im Himmel und auf Erden, hat Sich im Kindlein zu Bethlehem nicht nur den Menschen, sondern auch den Engeln in einem so überschwenglichen Maße offenbart, daß sie gleichsam jetzt erst völlig wissen, was sie an ihrem Gott und Vater haben.

Wohl kannten sie den Gott, der die L i e b e Selber ist, und dessen größte Herrlichkeit nicht nur Seine Macht, sondern auch Seine Liebe ist. Aber nun hat sich ihrem Blick eine neue Tiefe und Fülle der Liebe Gottes erschlossen, wie sie auch im Himmel völlig neu und unbeschreiblich kostbar war, deren Anblick auch sie überraschte und, obwohl sie n i c h t ihnen, den E n g e l n , s o n d e r n u n s , den M e n s c h e n , galt, sie entzückte. Wie hätte es auch selbst ein Engel nur ahnen können, daß Gott Seine Herrlichkeit auf Erden so wunderbar wiederaufzurichten imstande sein würde, daß der Vater im Himmel einer Sünderwelt zuliebe Seinen eingeborenen Sohn von Seinem Herzen reißen werde, und daß dieser Sein Sohn solche Liebe zu den Verlorenen haben werde, daß Er um der gefallenen Sünderwelt willen den Thron Gottes mit der Krippe und dem Kreuz vertauschen würde! Diese Menschwerdung des Sohnes Gottes offenbart das Geheimnis der tiefen Gottesliebe, in das auch die Engel gelüstet zu schauen (1 Petr 1, 12).

2. Teil

14b Und Friede ist auf Erden bei den Menschen des (göttlichen) **Wohlgefallens.**

Zwei Fragen gilt es zunächst zu beantworten:
1. Was ist mit „Friede auf Erden" gemeint? 2. Was ist mit dem Ausdruck „Menschen des göttlichen Wohlgefallens" gemeint?

1. Was ist mit **Frieden** gemeint? Mit Frieden ist kein anderer gemeint als J e s u s C h r i s t u s . Der Lobeshymnus der Engel könnte darum auch an Stelle von **Friede ist auf Erden** heißen: J e s u s C h r i s t u s i s t a u f E r d e n .

Kann man nun aber so ohne weiteres für **Friede** den Herrn Jesus einsetzen? Außerbiblische und biblische Belege können das bestätigen.

Rabbiner-Aussprüche sagten: „Der Name des Messias ist **Friede.**" — „Groß ist der Friede, denn, wenn der Messias kommt, hebt Er n u r mit Frieden an!"

In Jesaja 9, 5 wird der Messias **Friedefürst** genannt. In Eph 2, 14 heißt es: „Er", nämlich Christus, „ist unser Friede." Das letzte Wort, das der scheidende Herr Seinen Jüngern sagt (Joh 14, 27) ist: „Meinen **Frieden** gebe Ich euch." Und das erste Wort des Auferstandenen heißt:

„Friede sei mit euch"! (Jo 20, 19 u. 21 u. 26). Und der Römerbrief
sagt (Rö 5, 1) „. . . so haben wir Frieden mit Gott durch unseren Herrn
Jesus Christus". —
Jesus Christus ist der Friede in Seiner Person, und zwar wesenhaft.
Jesus Christus ist der Friede, indem Er den Frieden wirkt und schafft.
2. Was ist mit dem Ausdruck Menschen des (göttlichen) Wohlgefallens gemeint?
Der Ausdruck „Menschen des Wohlgefallens" bedeutet nicht, wie der
Ausleger Zahn meint: „Menschen, die gutwillig auf die Taten und
Worte Gottes eingehen", oder wie die Vulgata meint: „Menschen mit
gutem Willen." Nein — das ist hier nicht gemeint. Der Ausdruck
„bei den Menschen des Wohlgefallens" (Genitiv e u d o k i a s) — oder
wie Luthers Vorlage, nämlich die Koine-Handschriftengruppe, es hat:
an den Menschen ein Wohlgefallen (Nominativ eudokia) — wird als
das Wohlgefallen zu verstehen sein, das G o t t an den Menschen hat.
Diese unbegreifliche Tatsache, daß Gott an der „verlorenen und verdammten Menschheit" Wohlgefallen hat — ist unter Beweis gestellt durch
das Kommen des Kindleins von Bethlehem.
Die Wendung: e n a n t h r o p o i s e u d o k i a s = bei den· Menschen des Wohlgefallens bezieht sich auf den Gnadenratschluß Gottes, der in Christo erschienen ist (vgl. Eph 1, 5. 6). Das grie
„eudokia" entspricht dem hebr „razon = Wohlgefallen" als Äußerung der Gnade und Wohltaten Gottes (vgl. Ps 145, 16). Die Menschen erzeigten Gott wegen ihrer Sünde nie Wohlgefallen. — Aber
Gott erzeigte durch Seinen Sohn Sein Wohlgefallen!
Der 2. Teil des Lobgesanges der himmlischen Heerscharen enthält
also nichts anderes als den kostbaren Inhalt des ewigen, göttlichen
Evangeliums. Gott hat von Sich aus das Liebste und Beste in jener
Bethlehem-Nacht der Erde geschenkt, nämlich Seinen geliebten Sohn,
auf dem Sein Wohlgefallen von Ewigkeiten her geruht hat (vgl. Mt
3, 17 u. Mk 1, 11 u. Lk 3, 21).
In der Sendung d e s S o h n e s S e i n e s W o h l g e f a l l e n s,
und zwar hinein in diese Welt, ist diese Welt trotz Sünde und Verdammnis zum Gegenstand Seines Wohlgefallens geworden! O Wunder,
Wunder ohnegleichen! Es ist sowohl in dieser Welt wie in Ewigkeit
völlig unmöglich, solches Wunder, solche Macht der Liebe verstehen und
begreifen zu können, — aber a n b e t e n wollen wir schon hier zusammen mit den himmlischen Heerscharen und erst recht dort drüben in
der Herrlichkeit dieses Wunder von Bethlehem. Anbetung gebührt Ihm,
dem Dreieinigen Gott in die Ewigkeiten der Ewigkeiten.
Mit dem Ausdruck Menschen des Wohlgefallens (wir haben auf
Grund des kostbaren Evangeliumsinhaltes hinzugefügt „Menschen des
göttlichen Wohlgefallens") ist also ganz bewußt die Großtat Gottes
von Weihnachten in Seiner monumentalen O b j e k t i v i t ä t anbetend
gerühmt! —
Nichts ist hier an dieser Stelle von dem subjektiven Verhalten des
Menschen erwähnt oder auch nur angedeutet, nichts von des Menschen

Willen, von seinem „Jasagen", seiner Hingabe, seinem Glauben an die
Tat Gottes.

Es ist in diesem Weihnachts-Hymnus der himmlischen Heerscharen
nur allein die Großtat Gottes gerühmt, wie es Jesus Selbst Jo 3, 16
ausspricht: „So weit ist Gott mit Seiner Liebe zur Welt gegangen, d. h.
zur verlorenen und verdammten Welt, daß ER Seinen einziggeborenen
Sohn sandte..." —

Es ist in diesem Weihnachts-Hymnus der himmlischen Heerscharen
dasselbe gesagt, was Paulus in 2 Ko 5, 19 niedergeschrieben hat:
„Gott war in Christo und hat die Welt, d. h. die verlorene Welt, mit
Sich v e r s ö h n t ..."

Kurz, was schon im AT in dem Protevangelium (1 Mo 3, 15) angedeutet ist: „... Er wird der Schlange den Kopf zertreten..." das ist,
nachdem es immer und immer wieder von den AT-Propheten vorausgesagt worden ist, dann in Jesus Christus unwiederbringliche Tatsache
geworden: „Gott hat Seines eigenen Sohnes nicht geschont, sondern
hat Ihn für uns a l l e dahingegeben..." von Bethlehem an bis Golgatha! —

Schlatter formuliert dies so: „Menschen, denen Gott Sein Wohlgefallen gab, gibt es deshalb, weil der Christus bei der Menschheit ist. Sein
Dasein ist für sie „Nichtanrechnung der Verschuldung", Aufhebung der
die Menschen von Gott trennenden Scheidung. Darum, weil hier Versöhnung Gottes von Gott her mit den Menschen geschieht, preisen Ihn die
Himmlischen. Dies alles aber ist Gottes Selbsteigenes Werk, Wirkung
Seines Willens. Mit dem Hinweis auf das Wohlgefallen Gottes ist in
die Verkündigung Seiner Gnade die Bezeugung Seiner Hoheit hinein-
gesetzt."

11. Die vor dem irdischen Gericht nicht zugelassenen Zeugen bestimmt Gott zu Seinen ersten Zeugen.

Lk 2, 15—20

(Die Hirten von Bethlehem)

Sollte das von Engeln auf die Erde hinabgesungene Gotteslob aus
ihrem Munde wieder in großer Freude von der Erde hinaufsteigen,
dann mußten sich die Hirten von der Wahrheit des verkündeten Wortes mit eigenen Augen überzeugen. Der Glaube kann der E r f a h -
r u n g nicht entbehren. Das Wort Gottes selbst treibt überall auf die Erfahrung hin. Der Engel hatte den Hirten ausdrücklich den Weg gewiesen:
**Ihr werdet finden ein eben geborenes Kindlein, welches in Windeln
gewickelt ist und in einer Krippe liegt.** Diesem Zeichen sollen sie nachgehen, wie einst Maria (1, 36), denn der Glaube soll zum Schauen führen. Und nur insofern er das tut, hat er wirklich seligmachende Kraft.
Das herrlichste göttliche Lebenswort, sofern es nicht erfahren wird, ist
und bleibt toter Buchstabe ohne Wert. Christus ist geboren. Seine Geburt ist mit Engel- und Menschenzungen verkündet. Nun gilt es: „erfahren", daß Er wirklich geboren ist, und zu Ihm in ein näheres Verhältnis treten! —

15 Und es geschah, als die Engel von ihnen in den Himmel fuhren — da sprachen die Hirten untereinander: „Laßt uns hingehen nach Bethlehem und laßt uns sehen das Wort, was geschehen ist und was der Herr uns kundgetan hat."

Merkwürdig nun die Wendung: **„laßt uns sehen das Wort, das geschehen ist."** — Ein Wort wird doch nicht gesehen, sondern nur g e h ö r t! Warum hier s e h e n? Weil das Wort, was durch Engel-Mund verkündigt worden war, ein Ereignis ist. Darum war das Wort nicht allein „Rede", sondern wirklich auch etwas, was g e s c h a u t und e r l e b t und b e t a s t e t werden (vgl. 1 Jo 1, 1), also mit allen Sinnen des Menschen wahrgenommen werden konnte. Darum heißt es auch weiter, „das Wort, das **geschehen** ist."

Und dieses gehörte und gesehene Wort, das geschehen ist, „hat der Herr kundgetan", so sagen die Hirten.

Hat Gott der Herr geredet im Wort, dann gilt es, nicht eher zur Ruhe zu kommen, bis wir Christus im lebendigen Glauben neu gesehen haben und als „Geschehnis" neu erleben durften! —

16a Und sie kamen eilend.

Unglaubliches war den Hirten gesagt, Unglaubliches ihnen zugemutet. Ein.soeben geborenes Kindlein soll der Herr der Welt, der Heiland, der Messias sein?

Was taten die Hirten? Sie warteten den Tag nicht ab. Wo es das Christus-Ereignis zu sehen gilt, da verlohnt es sich, da bedarf es der Eile, da bedarf es eines schnellen Entschlusses, einer eilenden Tat. [11])

16b Und sie fanden die Maria und den Joseph und das Kindlein, welches in der Krippe lag.

Was war hier zu sehen? Ein dunkler, schmutziger Stall, ein hilfloses, soeben geborenes Kindlein, welches so armselig da lag, daß es nicht einmal eine Wiege hatte, sondern in einem Futtertrog der Kühe und Schafe lag.

Wahrlich, es war ein ganz großer Glaube, der von den Hirten gefordert wurde! Ein unerhörter Gegensatz bestand zwischen dem Wort des Engels und dem Lobgesang der himmlischen Heerscharen einerseits und dem Ereignis im finstern Stall andererseits! Dieser unerhörte

---

[11] V o m e i l e n d e n u n d s c h n e l l e n G e h o r s a m ist oft in der Schrift die Rede. Von Joseph heißt es Mt 1, 24: **„Joseph, vom Schlaf erwacht, tat,** wie ihm der Herren-Engel befohlen hatte." Joseph gehorchte dem Herren-Engel sofort. In Mt 2, 13 lesen wir, daß Joseph noch in der gleichen Nacht, wo der Befehl des Herren-Engel kam, sich sofort auf die Flucht nach Ägypten begab. obwohl es, menschlich gesprochen, eine Katastrophe war. (Eine unerhört beschwerliche und gefährliche Reise durch wilde Gebirge und lange Wüstengegenden, wo kein Baum und Strauch wuchs, über 200 km lang, galt es zu machen.) Von Z a c h ä u s heißt es, als Jesus zu ihm gesagt hatte: „Steig eilend vom Baum hernieder . . ." „Und Zachäus **stieg eilend hernieder.**" Abraham stand des Morgens „f r ü h" auf und machte sich mit Isaak auf den Weg.
Echter Gehorsam ist ein immer augenblicklicher und eilender Gehorsam. Des Heilandes Sache hat Eile. Des Ewigen Wort und Befehl wirkt sich aus in der **Dringlichkeit,** und zwar in einer solchen Dringlichkeit, die keinen Aufschub duldet und welche Terminarbeit ist. Des Heilandes Sache gleicht der eiligen Erntearbeit, die, weil der Tag sinkt oder das Gewitter aufzieht, dringend und schnell zu geschehen hat.

Gegensatz zwischen dem Wort draußen und dem Ereignis drinnen, zwischen der freudevollen Verkündigung und der rauhen Wirklichkeit, zwischen dem Licht auf den Fluren und der Finsternis im Stall, zwischen dem erlebten Glück bei den Herden — und der Jämmerlichkeit im Viehstall fiel zu deutlich auf.

Das den Hirten gegebene Zeichen von Stall und Krippe war für sie wahrhaftig eine so ganz einzigartige Glaubensübung, daß es uns ist, als hörten wir den eben geborenen Christus denen, die zuerst Ihn zu sehen gekommen sind, zurufen, was Er später so feierlich Johannes dem Täufer hat sagen lassen: S e l i g   i s t ,   d e r   s i c h   n i c h t   a n   M i r   ä r g e r t !

17 Da sie es aber sahen, machten sie bekannt das Wort, welches zu ihnen von diesem Kinde gesagt war.

Das gläubige Anschauen des Christus, sei es in der Krippe, sei es in Seinem Leben und Wandel, das lebendige Erfahren der Freundlichkeit und Seligkeit Gottes, unseres Heilandes, schafft allein die rechten Zeugen, gibt auch Gewalt über die Herzen der teilnehmenden Zuhörer.

Wo innerlich reife und lautere Erfahrung vorliegt, da hört alles Disputieren auf, denn da sprechen Jesu Jünger keine Ansichten, Lehren und Meinungen aus, sondern da sind sie Zeugen von Tatsachen (Jo 15, 27) und treten darum mit einer die Welt überraschenden Festigkeit auf, ganz nach dem Vorbild des Herrn. „Wir reden, was wir wissen, und zeugen von dem, was wir gesehen haben." Zu zeugen ist keines Standes Vorrecht, sondern eine selige Tat priesterlicher Herzen und allgemeine Christenpflicht. Nie darf solch Zeugnis verstummen in einer Gemeinde, darin Christus lebt und lebendig bleiben soll.

18 Und alle, die es hörten (Maria eingeschlossen), wunderten sich über das von den Hirten zu ihnen Gesagte.

Es ist hier in keiner Weise etwas Ähnliches berichtet wie Lk 1, 65. Die Herrlichkeit des Kindleins von Bethlehem breitete sich noch nicht über die Grenzen des Stalles aus. Nichts geschieht hier, das geeignet wäre, eine Bewegung unter dem Volke hervorzurufen. Es würde auch in der Tat eigentümlich berühren, wenn nun die Krippe zum Wallfahrtsort geworden wäre. Es würde gar nicht passen zum Bilde Dessen, von dem es heißt: „Er wird nicht schreien noch rufen, und Seine Stimme wird man nicht hören auf den Gassen" (Jes 42, 2). Ein unbestimmtes Verwundern bleibt bei vielen nur haften.

19 Maria aber behielt alle diese Worte und verarbeitete sie in ihrem Herzen.   Zu Vers 19: Kap. 2. 51

Das ist das Einzige, was wir in der ganzen Geburtsgeschichte von Maria lesen. Ihr erschien nicht der Engel in der Herrlichkeit Gottes. Sie hörte nicht den Lobgesang der Engelscharen, sondern sie ist umgeben von lauter Niedrigkeit. Maria bekommt keine Offenbarungen mehr, außer durch das Wort der Hirten und durch das prophetische Wort des Simeon und der Hanna und durch das, was später im Besuch „der Weisen aus dem Morgenland" geschieht.

Nur einen Satz lesen wir von der Maria, und dieser Satz gibt uns einen Blick in ihr Innerstes. Nicht ein Verwundern war es nur, wie bei den andern, sondern ein „Behalten" und „Verarbeiten" im Herzen. [12])

Das Evangelium nimmt nicht nur ein warmes Herz in Anspruch, sondern auch ein treues Gedächtnis zum Behalten, zum Überdenken und Bewegen eines großen ewigen Inhalts. Nur so wird das Evangelium ein festes, unentreißbares Eigentum. Die Heilsgedanken unseres Gottes sind so groß und so tief und so reich, daß ein Mensch sie nicht auf einmal fassen und bewältigen kann. Sie wollen verarbeitet sein. „Gott will", wie Luther sagt, „daß Sein Wort uns ins Herz hineingedruckt werde und ein solch Malzeichen bleibe, welches niemand abwaschen kann, gerade als wäre es darin gewachsen und ein natürlich Ding."

Wie treu Maria alles behielt und verarbeitete, das sehen wir aus dem genauen Bericht, den sie von allen diesen Erfahrungen wahrscheinlich den Aposteln, besonders dem Arzt Lukas gegeben hat und der durch sie dann auf uns heute gekommen ist. Nachdem Christus durch Seine Auferstehung mächtig bezeugt worden war als der Sohn Gottes und sich durch den Heiligen Geist in Seiner Gemeinde verklärt hatte, da hat Maria dann den Schatz ihres Herzens aufgetan, der nun nicht mehr ihr allein gehörte.

20 Die Hirten aber kehrten wieder um, priesen und lobten Gott für alles, was sie gehört und gesehen hatten, so, wie es ihnen (seitens der Engel) **gesagt worden war.**

Die Hirten kehrten aber wieder um in die Nacht, in die Kälte, in die Gefahr, in den schweren Alltag zu ihrer Herde und fanden dort zwar alles wieder so, wie es vorher gewesen war. Ihre Herde bedurfte wieder täglich der Pflege und der Bewachung, und in der weit gedehnten Wüste müssen sie die Orte suchen, an denen die Nahrung für die Tiere wächst. War nicht alles im alten Stand geblieben? Nein! Die Hirten haben etwas Neues empfangen, und damit war alles in ihrem Leben neu geworden, einen neuen Blick in den Himmel, einen neuen Blick auf die Erde in den Alltag hinein.

13. Der Herr des Gesetzes wird unter das Gesetz getan.
Lk 2, 21—38

Aus der frühesten Kindheit Johannes des Täufers wird nichts berichtet, dagegen aus der frühesten Kindheit Jesu werden uns drei wichtige Doppelereignisse mitgeteilt.

---

[12] Der Unterschied zwischen dem „Verwundern" und dem „Verarbeiten" (Luther übersetzt „bewegen") wird im Grundtext auch dadurch zum Ausdruck gebracht, daß verschiedene Zeitformen gebraucht werden. Der Aorist „ethaumasan" = „sie verwunderten sich" bringt etwas Vorübergehendes und Augenblickliches zum Ausdruck. Der Imperfekt „synterei" = „sie behielt" und „symballousa" = „sie verarbeitete" ist im Unterschied zu dem augenblicklichen Verwundern, das bald vorüber ist, ein tiefes, innerliches Nachsinnen. Das 1. Wort „synterein" hat es mit dem Gedächtnis zu tun, das 2. Wort „symballein" geschieht mit dem Herzen. Maria behielt durch ständiges Nachsinnen über die Worte, durch Wachhalten der Worte, Ins-Bewußtsein-rücken, all die Worte in ihrem Gedächtnis. Das Wort „symballein" heißt eigentlich „zusammenwerfen". Alle die Worte, die Maria auch von den Hirten gehört hat, warf sie mit all den früher gehörten zusammen. Dann hat sie bewußt angeschaut und überschaut, alles miteinander neu verglichen und neu überdacht, und zwar hat sie das getan in ihrem Herzen fort und fort! Das ist die rechte Art und Weise, mit dem Worte unseres Gottes umzugehen!

1. D o p p e l e r e i g n i s : Als das Kindlein 8 Tage alt war, wurde Es im Hause in Bethlehem beschnitten und Ihm der Name gegeben. Hiervon berichtet Vers 21.

2. D o p p e l e r e i g n i s : Als das Kindlein 40 Tage alt war, fand das Reinigungsopfer der Mutter Maria im Tempel zu Jerusalem statt. Zu gleicher Zeit wurde auch das Darstellungsopfer für das Jesuskindlein dargebracht. Davon berichtet uns Vers 22—24.

3. D o p p e l e r e i g n i s : Im unmittelbaren Anschluß an das Reinigungs- und Darstellungsopfer fand der Lobgesang von Simeon und der Hanna statt. Davon berichten die Verse 25—38.

Alle drei Doppelereignisse haben das Gemeinsame, das Jesuskindlein in Seiner Niedrigkeit und Seiner Herrlichkeit zu zeigen.

D a s e r s t e D o p p e l e r e i g n i s .

21 Und als acht Tage vorbei waren (erfüllt waren), **um Ihn zu beschneiden, da wurde Sein Name „Jesus" genannt, welcher von dem Engel genannt war, bevor Er im Mutterleibe empfangen worden war.**

Es werden die vom Gesetz vorgeschriebenen 8 Tage für die Beschneidung streng eingehalten. Die Beschneidung nahm der Vater vor. Sie geschah im Hause in Bethlehem. Wir müssen annehmen, daß bald nach der Volkszählung, nachdem alles vollzogen war, die Leute wieder von Bethlehem in ihre Heimat zurückgekehrt sind. Mit diesem Heimkehren der vielen Menschen wurden die Herbergsplätze von Bethlehem wieder frei.

W a s b e d e u t e t d i e B e s c h n e i d u n g ? 1. Sie bedeutet ein Bekenntnis: Gott legt Hand an mich. Ich bin ein Sünder. Ich bin des Todes schuldig. 2. Die Beschneidung bedeutet Aufnahme in das auserwählte Volk. Obwohl ich des Todes schuldig bin, läßt mich doch Gott am Leben und nimmt mich sogar auf in Sein auserwähltes Volk Israel. Er macht einen Bund mit mir. Er tut es deshalb, weil Er die Bestrafung der Sünden des Volkes Israel anstehen lassen wird bis zu dem Tage, wo Gott die Bestrafung der Sünde auf Den legen wird, der nie eine Sünde getan hat, Jesus Christus. Lies Rö 3, 25. 3. Die Beschneidung bedeutet eine Verpflichtung. Der Israelit sagt sich los vom Eigenwillen, schneidet sich los vom Eigenleben.

Für Jesus war die Beschneidung der Anfang Seines Opferweges nach Golgatha.

1. Gott legt Hand an das Jesuskindlein. Wie eigenartig! ER der Sündlose wird hier des Todes schuldig erklärt im Blick auf die Stellvertretung von Golgatha. 2. ER, der Auserwählte von Ewigkeit her, der der Aufnahme in das auserwählte Volk darum nicht bedurfte, wird aufgenommen, nicht weil Gott die Bestrafung der Sünde anstehen lassen will, sondern weil Gott die Bestrafung der Sünde an Ihm vollstrecken will. 3. Die Verpflichtung, die in der Beschneidung gegeben ist: nämlich sich loszusagen vom Eigenwillen, hat der Heilige Gottessohn in vollkommener Weise erfüllt. In Jo 5, 14 lesen wir: Der Sohn kann nichts von Sich Selber tun, sondern was Er sieht den Vater tun, das tut glei-

cherweise auch der Sohn. Und in 1. Ptr 1, 18—22 hören wir von dem Leiden und Sterben eines unschuldigen und unbefleckten Lammes.

Mit der Beschneidung war die Namengebung verbunden. Wir lesen: Da ward Sein Name genannt **Jesus,** welcher von dem Engel genannt wurde.

Den Namen Jesus hat er also von Gott durch den Engel bekommen. Das ist wichtig. Wenn Menschen Namen geben, dann ist das ein Wunsch, den man in der Namengebung zum Ausdruck bringen möchte. Mit der Namengebung z. B. des Namens Friedrich möchte man wünschen, daß der Betreffende ein friedvoller Mensch werde. Wenn Gott einen Namen gibt, dann ist darin nicht der Wunsch, sondern die Wirklichkeit enthalten. Der Name Jesus bedeutet und verwirklicht: Gott hilft mächtig, zeitlich und ewig.

Das zweite Doppelereignis.

Zu Vers 22:
3 Mo 12
Zu Vers 23:
2 Mo 13, 2
Zu Vers 24:
3 Mo 12, 8

22 Und als die Tage ihrer Reinigung nach dem Gesetz Moses erfüllt waren, brachten sie Ihn nach Jerusalem hinauf, um Ihn dem Herrn 23 darzustellen, * wie es geschrieben steht im Gesetz des Herrn, daß jede männliche Erstgeburt welche zur Welt kommt, dem Herrn 24 „heilig" genannt werden soll! * Und um ein Opfer zu geben, so wie die Worte lauten im Gesetz des Herrn: ein Paar Turteltauben oder zwei junge Haustauben.

Zwei Handlungen wurden auf Grund des Gesetzes vollzogen, einmal das Reinigungsopfer, das für die Mutter dargebracht werden sollte, Vers 22 und Vers 24, zum anderen die Darstellung des Kindes als des Ertsgeborenen Vers 23.

Eine Mutter galt nach dem Gesetz, wenn sie einem Knaben das Leben geschenkt hatte, 40 Tage für unrein. Während dieser Zeit mußte sie zu Hause bleiben und durfte den Tempel nicht betreten. Diese rituelle Unreinigkeit war ein Zeugnis davon, daß alle Menschen in Sünden geboren werden. Das Bewußtsein der Sünde sollte lebendig erhalten bleiben (1. Mo 3, 10.16). —

Maria hätte sich bei ihrem Reinigungsgang sagen können: Bin ich denn überhaupt unrein geworden, als das Wunder der Geburt Jesu geschah? Maria aber hegte nicht solche Gedanken. Sie geht als Magd des Herrn bescheiden und gehorsam den Weg, der jeder Wöchnerin vorgeschrieben ist: den Weg zum Reinigungsopfer. Und gerade durch diesen Weg des Gehorsams hinein in den Tempel von Jerusalem, um das Reinigungsopfer zu bringen, bereitet sie das vor, daß der Christus als der Herr und Erlöser durch den Simeon und die Hanna erkannt und gepriesen wird.

Das Opfer der Armen war ein Paar Tauben, die eine Taube zum Brandopfer, die andere als Sündopfer. Die Reichen mußten für das Brandopfer noch ein Lamm hinzubringen, während für das Sündopfer eine Taube auch für die Reichen genug war (3. Mo 12, 8).

Der Herr forderte die Heiligung der männlichen Geburt Israels zum Dank dafür, daß Er sie verschont hatte, als Er die Erstgeburt der Ägyp-

ter schlug. In der Erstgeburt war das ganze Volk bei den Ägyptern geschlagen, bei Israel verschont (obwohl es auch des Todes schuldig war).
Israel sollte sich dessen bewußt bleiben, daß es nur durch die freie
Gnade das Volk Gottes sei. Darum sollte es die Erstgeburt dem Herrn
heiligen und in der Erstgeburt sich selbst als Volk. Diese Heiligung
wurde „Darstellung" genannt und deutete an, daß das Kind dem Herrn
geweiht und zum Dienst am Tempel übergeben worden sei.

Von diesem Tempeldienst wurde aber die Erstgeburt dadurch ab-
gelöst, daß der Herr die L e v i t e n als Ersatz für die Erstgeborenen
angenommen hatte, damit sie den priesterlichen Dienst statt der Erstgeborenen ausführen sollten (4. Mo 3, 13.40). Um aber in dem Herzen
des Volkes das Bewußtsein des Rechtes Gottes an der Erstgeburt lebendig zu erhalten, setzte Gott ein Lösegeld für jeden Erstgeborenen fest.
Der Loskaufpreis betrug 5 Schekel (4. Mo 3,47 und 18, 16; vgl. auch
Mk 11, 15).

Joseph hat die Zahlung von fünf Schekel, das sind 20 Mark, an den
Tempel geleistet. Um 20 Mark zu verdienen, mußte ein Handwerker wie
Joseph vierzig Tage lang arbeiten.

Obwohl Jesus hier gelöst wird, wie jedes israelitische Kind von seinem Priesterdienst, so hat Er Sich doch Gott Selbst dargestellt, als wäre
Er nicht gelöst. In Ihm und mit Ihm sind, wie hier im Schattenbild, so
auf Golgatha im Wesen und in Wahrheit alle Seine nachgeborenen
Brüder Gott geheiligt und sind als Sein Eigentumsvolk ein Königreich
von lauter Priestern. Das ist die neutestamentliche Erfüllung der alttestamentlichen Zeremonie.

Das dritte Doppelereignis.

Der Lobgesang des Simeon und der Hanna, Verse 25—38

Von Simeon.

Vers 25—35

25a Und siehe, ein Mensch war zu Jerusalem mit dem Namen Simeon,
und dieser Mensch war gerecht und fromm und wartete auf den
Trost Israels.

Zu Vers 25:
Jes 40, 1
49, 13

Eine wunderbare Erscheinung, dieser Simeon! Wer war er? Im Text
heißt es: „Er war ein Mensch". Nach der ganzen Erzählung zu urteilen
war's ein Greis, bei den Menschen vielleicht unbekannt, wohl aber bekannt bei Gott. Er erscheint in dem lukanischen Bericht, man möchte
fast sagen, ähnlich wie Melchisedek, von dem im mosaischen Bericht
weder Vater noch Mutter, noch die Ahnenreihe noch der Anfang der
Tage noch das Ende des Lebens bekannt gegeben wird (Hebr 7, 3).

Simeon ist ein Vorbild für viele gottesfürchtige Seelen. Seine Gerechtigkeit war ein treues Beobachten des Gesetzes und seine Gottesfurcht
ein ehrfürchtiges Respektieren der Hoheit und Heiligkeit Gottes. Weil
er erkannte, daß es unmöglich war, aus sich heraus das Gesetz Gottes
zu erfüllen, sehnte er sich nach Trost und Frieden. Dies konnte ihm
nur der verheißene Messias bieten. Darum ging mehr und mehr seine

Gottesfurcht in ein Warten auf den Trost Israels über. Er mußte aber lange warten, bis in sein Greisenalter hinein.

„Prosdechomai" heißt nicht nur warten, sondern besser e r w a r t e n. Das Erwarten ist ein ganz bestimmtes Warten, d. h. bei dem, der etwas erwartet, ist der Blick, die ganze Aufmerksamkeit gerichtet auf das was kommt, was eintreten wird. Prosdechomai steht bei Simeon Vers 25 und bei Hanna und bei den „Stillen in der Stadt Jerusalem" Vers 38.

Solch ein Warten oder Erwarten gehört zum Ausreifen aller wahren Frömmigkeit. Der wartende Knecht ist immer der treueste Knecht. —

Woher kommt der Ausdruck „Trost Israels"? Vielleicht erinnert dieser Ausdruck an Jes 40, 1 ff.

Wie die Gemeinde des Neuen Testaments hinsichtlich der Wiederkunft Christi immer lauter und dringender rufen wird: „Ja, komm, Herr Jesus" (Offb. 22, 20), so wurde auch damals das Bitten um das Kommen des Christus immer gewaltiger. Die tiefe Schmach des Volkes Israel trieb die ernsteren und tieferen Menschen in die Schrift hinein, zu forschen, ob denn nicht bald die Zeit gekommen sei, da der Herr Sich Seines Volkes annehmen werde. Wer auf 1. Mose 49, 10 und Daniel 9, 24 achtete, dem legte es sich nahe, daß der Herr bald kommen müsse.

Ganz besonders aber hat das, was mit Zacharias im Tempel zu Jerusalem vor nicht langer Zeit geschehen war, auf alle die, die den Priester Zacharias aus dem Tempel hervortreten sahen, einen tiefen Eindruck gemacht. Dieser Eindruck hat die Erwartung gewaltig beflügelt. Unter ihnen mochte auch Simeon gewesen sein mit seinem sehenden Herzen.

25b Und der Heilige Geist war auf ihm.

Das Wiedererwachen des prophetischen Geistes war schon bei Zacharias, Elisabeth und Maria in die Erscheinung getreten. Simeon und Hanna scheinen schon längere Zeit von prophetischem Geiste getrieben worden zu sein. Der Heilige Geist ist auch ein Geist des Gebets. Simeon war ein fleißiger und brünstiger Beter.

26 Und ihm ward eine Antwort gegeben von dem Heiligen Geist.

Es war ihm innerlich zur seligen Gewißheit geworden, er sollte den Tod nicht sehen, er habe denn zuvor den Christus des Herrn gesehen. Wie wird diese Antwort seine Sehnsucht mächtig beflügelt haben. Wie werden sich seine Augen fortan umgeschaut haben nach dem Christus des Herrn, nach dem Trost Israels! Nach dem Text muß Simeon zwar auf einen M a n n gewartet und nicht nach einem Kindlein Umschau gehalten haben.

27 Und er kam im Geist (d. h. auf Anregung des Geistes) **in den Tempel.**

Diesmal kam also Simeon nicht nach seiner Gewohnheit an den heiligen Ort, wo er immer so gern weilte, sondern ein unwiderstehlicher Drang ergriff ihn, gerade zu dieser Stunde in den Tempel zu eilen. Die Leitung Simeons durch den Heiligen Geist ist noch ganz alttestamentlich. Der Geist wohnt nicht (immanent) in ihm, wie in den späteren Gläubigen, sondern kommt von Fall zu Fall auf und über ihn als Macht, die ihn dann führt und drängt.

27b **Und als die Eltern das Jesuskindlein hereinbrachten, um mit Ihm**
28 **nach dem Brauch des Gesetzes zu verfahren * da nahm er es in seine**
29 **Arme und pries Gott und sprach: * Nun entläßt Du Deinen Knecht,**   Zu Vers 29:
30 **Herr, und zwar nach Deinem Wort in Frieden. * Denn meine**   1 Mo 46, 30
31 **Augen haben Dein Heil geschaut** (Jes 40, 5) * **das Du bereitet hast**
   vor dem Angesicht (vor den Augen) aller Völker (Jes 52, 10):
32 *** ein Licht zur Offenbarung für die Heiden** (Jes 42, 6 und 49, 6)   Zu Vers 32:
   und zur Verherrlichung Deines Volkes Israel. [13])   Jes 42, 6
                                           49, 6

Als die drei armen Leute (Maria, Joseph und das Jesuskindlein) den
Tempel von Jerusalem betraten, zog nichts an ihnen die Blicke der Umstehenden auf sich, die dort herumstanden und den Ausführungen der
pharisäischen Lehrer lauschten oder im Vorhof der Heiden Handel trieben. Jeden Tag kamen ja viele Mütter zum Reinigungsopfer und zum
Darstellungsopfer ihres Erstgeborenen. Die kleine Gruppe verdiente
wirklich keine besondere Aufmerksamkeit. Doch gerade an diesem Tag
weilte im Vorhof ein Mann, der tiefer sah als die übrigen und wahrzunehmen vermochte, was der Menge verborgen war. — Mit heiliger
Ehrfurcht tritt Simeon vom Heiligen Geist geleitet heran und schaut
das Kindlein an. Da wird es ihm offenbar, es wird ihm zur seligsten Gewißheit: D i e s   K i n d l e i n   i s t   E r ! Und Simeon nahm Es auf seine
Arme. Wer konnte es dem Greise verwehren? Und lobte Gott. Es muß
ein tiefergreifender Anblick gewesen sein, als der Greis sich über das
Kindlein beugte. Er herzt und küßt Es nicht. Die Ehrfurcht verbietet es
ihm, mit diesem Kind zu tun, wie man mit andern Kindern zu tun
pflegt. Welches Leuchten mag über das alt gewordene Angesicht gezogen
sein! Simeon hat erreicht, was er sich ersehnt und erhofft hat. Sein
Herz ist aufgelöst in göttlicher Freude.

In Simeon sehen wir das Bild des zur Erfüllung seiner besonderen
Mission gelangten Israels, denn das Heil sollte ja von den Juden kommen. „Herr, **nun** entläßt Du Deinen Knecht in Frieden." Simeon steht
da als einer, der eben in den Wagen der Ewigkeit steigen will. Mit
diesem „Nun" löst er sich von dieser Erde. Mit seinen leiblichen Augen
hat er zwar nur ein kleines Kindlein geschaut. Mit seinen Glaubensaugen
aber hat er in diesem Kindlein das ewige Heil Gottes erblickt, ein wunderbares Geheimnis.

Nun hat Simeon genug. Jetzt hat er Frieden. Alle Sorgen um die
Zukunft seines Volkes und aller Druck, welcher auf seiner Seele wegen
der dunklen Gegenwart noch lastete, ist von ihm genommen. Nun begehrt er nichts mehr. Seine Dienstzeit ist zu Ende. „Nun, Herr, entläßt Du Deinen Knecht" oder anders übersetzt: „Herr, nun spannst Du
Deinen Knecht aus, und zwar in Frieden nach Deiner Zusage!"

Seinen Frieden findet der begnadigte Gottesknecht nicht in seinen
Werken, sondern allein darin, daß er Jesus hat und Sein Heil.

---

[13] (In Vers 30 übersetzt Luther: „Meine Augen haben Deinen Heiland gesehen". Im Urtext heißt
es: „Dein Heil" (to sotérion). So steht auch in Luk 3, 6. Luther sagt auch dort: „Alles Fleisch wird
den Heiland Gottes sehen". Wörtlich „das Heil Gottes sehen." Elberfelder und Menge haben auch
„Heil").

Es ist interessant, daß Simeon hier für das Wort „Herr" nicht das
Wort „kyrios" = „Herr" gebraucht, sondern sich des Ausdrucks „des-
pota" = „Herrscher, Gebieter" bedient. Als Sklave will er ganz seinem
Gebieter ergeben sein.

„Meine Augen haben Dein Heil g e s e h e n ". Der Ausdruck „gesehen" ist bezeichnend. Wir erinnern an den Bericht über die Hirten, wo
es auch heißt: „Laßt uns das Wort s e h e n" (2, 15).

Simeon sieht in diesem Kindlein das Heil nicht nur für Israel, sondern auch für alle Völker. Simeon drückt es so aus: „Das Heil, das Du
bereitet hast vor den Augen a l l e r V ö l k e r (Jes 52,10). Ein Licht
zur Offenbarung für die Heiden und zur Verherrlichung Deines Volkes
Israel."

Was bisher Maria im M a g n i f i c a t angedeutet hat, was Zacharias
im B e n e d i c t u s uns ahnen ließ, was das G l o r i a i n e x c e l s i s
D e o, der Lobgesang der Engel bereits verkündigte — das wird jetzt
ganz klar und ganz uneingeschränkt im N u n c d i m i t t i s des Simeon,
d. h. in dem Lied: „Nun entläßt Du Deinen Knecht..." zum Ausdruck
gebracht, nämlich „Ein Licht zur Offenbarung für die H e i d e n", d. h.
daß das Jesuskind „allen", d. h. den Heiden und den Juden, das Heil
bringt.

In dem Augenblick, wo das Jesuskindlein losgekauft wird von Seinen
Erstgeburtspflichten im Volke Israel, wird Es zum H e i l - E i g e n t u m
a l l e r V ö l k e r d e r E r d e.

Wir staunen über die tiefe Einsicht, die Simeon hat über des Messias
Beruf. Daß der Messias das Heil für alle Völker wirkt und eine Erleuchtung für die Heiden bilde, für jene gottlosen Heiden, die außerhalb des auserwählten israelitischen Volkes standen, bedeutet für den
Pharisäismus Ärgernis und Umsturz. — Israel und die übrigen Völker,
miteinander auf gleiche Stufe zu stellen, das war nach Meinung der
jüdischen Schriftgelehrten Irrlehre und Aufruhr! Ein engherziger Nationalstolz hatte Stellen wie Jes 42, 6 und Jes 49, 6 vergessen lassen. [14])

**33 Und Sein Vater und Seine Mutter wunderten sich über das, was
über Ihn geredet war.**

Wie mächtig und ergreifend mußten die Klänge dieses Liedes die
Seele Seiner Eltern durchziehen!

34a und Simeon segnete sie, lesen wir weiter. Was für Eltern das
Beste war, nämlich „das Segnen", das tut er jetzt. Eine priesterliche
Seele darf und soll segnen.

Dem irdischen Denken mag es vielleicht befremdlich scheinen, daß
Simeon nun in Vers 34b und 35 so rücksichtslos einen bitteren Tropfen
in den Freudenkelch der Mutterwonne mischt. Simeon hatte die „Herrlichkeit" des Kindes geschaut und verkündet. Er ist aber auch nicht
blind für Seine „Niedrigkeit". Aus dem prophetischen Worte des Alten

---

[11] Man findet in der ganzen rabbinischen Auslegungsliteratur keine einzige Stelle, wo die beiden
soeben angeführten Jesaja-Zitate berücksichtigt worden sind, wie wenn jenes Licht für die Heiden
dem geistigen Auge Israels lästig gewesen wäre. Da man jene Jesaja-Stellen nicht auslöschen konnte,
tat man so, als ob diese Worte im AT überhaupt nicht wären (Strack-Billerbeck Bd. 2. S. 139).

Bundes gibt Simeon der Mutter Maria zu verstehen, daß ihr Benjamin,
ihr „Glückskind" ein Benoni, d. h. ein „Schmerzenskind" werden wird
(1. Mo 35, 18). Das sind Gottes wunderbare Wege.

Wie irdisch waren die Vorstellungen vom Messiasreiche selbst bei
den Jüngern des Herrn, sogar noch nach seiner Auferstehung! Wie
wurde es ihnen doch so unsagbar schwer, zu verstehen, daß Christus
leiden müsse und auferstehen (Lk 24, 25.26). Und bei Simeon? Der
Trost Israels ist zugleich der, der durch tiefstes und schmerzlichstes
Leid zu gehen hat. Wie kommt ihm diese Erkenntnis? War's unmittelbare Eingebung? Nein, das Forschen in der Schrift hat ihm dies geschenkt. Wie anders das Forschen der Schriftgelehrten! [15]) Simeon hatte
das Wort von dem l e i d e n d e n   K n e c h t e   G o t t e s bei Jesaja
(Kap. 50,6; Kap. 53) und andere verwandte Weissagungen in Psalmen
und Propheten besonders beachtet.

34b Siehe, dieser ist bestimmt (wörtlich: liegt) **zum Fall und zum Aufstehen vieler in Israel.**

Es zeugt von einem tiefen Blick des alten Simeon, daß er die Verheißung des Jesaja (Kap. 8, 13—15) in Christus sich erfüllen sieht.
Alle müssen in Israel an Ihm vorbei und keiner kann Ihn unbeachtet
lassen. Israel ist wie ein Strom, der sich an Christus, dem Felsen, brechen und zwiegeteilt weiterströmen wird. Dem einen zum Fall, dem
andern zum Heil.

Immer noch bis auf den heutigen Tag spaltet sich die Menschheit und
wird sich auch scheiden an Ihm! Während die einen rühmen, daß das
Evangelium eine Kraft Gottes sei, selig zu machen alle, die daran glauben, so ist der gekreuzigte Christus den andern ein Ärgernis, ein Skandal, eine Torheit, ein Unsinn.

Zu Vers 34:
Jes 8, 4
Mt 21, 42

[15] Eigenartig dieses Forschen in der Schrift bei den Schriftgelehrten, die über das Gesetz des
Herrn nachsannen bei Tag und Nacht. Und doch! An Jesus, den Messias, glaubten sie nicht, trotz
eifrigsten Bibellesens. Wie ist das nur möglich? Wie ganz anders das Forschen in der Schrift bei
Simeon und den Stillen im Lande und bei Jesus als Zwölfjähriger und in Seinen späteren Jahren.
Diese Gesetzeslehrer lasen die Schrift um der äußeren Erkenntnis willen, der Verstand und das
Wissen wurden bereichert. Das Herz aber blieb leer! — Simeon und die Stillen im Lande lasen als
„geistlich Hungernde und Dürstende" die Schrift und wurden erquickt. Daraus folgert: Eine Schrift-
erkenntnis hat nur so viel Wert, als sie herausgeboren ist aus einem suchenden Herzen und dann
umgesetzt wird in ein Gott geheiligtes Leben. Die pharisäische Erkenntnis will Selbstzweck sein.
Sie macht die Menschen stolz. Pharisäische Erkenntnis produziert aus den Tiefen des eigenen
Seelenlebens ein festes Denksystem, um dann nachträglich durch Schriftworte dem eigenen menschlichen System vom irdischen Messias die göttliche Weihe zu geben. Man verfügt über das Gottes-
wort. Man zwingt die Schrift in den eigenen Dienst, statt Diener des Wortes zu sein. Die Zuständig-
keiten sind vertauscht! Und die Folge ist, daß Gottes Wort verkürzt oder verlängert oder mißverstanden wird. Man gibt Anlaß zu Spaltungen und Zerteilungen. Wo aber solche Früchte wachsen
und in die Erscheinung treten, da sind das nie und nimmer Wirkungen Gottes.
Der beste und glücklichste Stand ist nie die Zinne des Tempels, also nicht das hoch oben sein,
sondern das Druntenbleiben, das Bettlersein am Geist, das Bekennen des Hauptmanns zu Kapernaum:
„Ich bin nicht wert, daß Du unter mein Dach kommst." „Ich bin nicht wert aller Barmherzigkeit
und Treue." „Ich bin nicht wert, die Schuhriemen zu lösen." „Ich habe mich unterwunden, mit dem
Herrn zu reden, wiewohl ich Erde und Asche bin!" Das ist der glücklichste Stand auf Erden! — Dort
gilt es zu bleiben. Dann gibt es ein kostbares und unschätzbares Wachstum im Glauben und in
echter biblischer Erkenntnis. So war es bei Simeon und den Stillen im Lande. So ist's auch heute.

34c „Und zu einem Zeichen des Widerspruches." Dieses große Zeichen
der Liebe Gottes macht man zu einer Zielscheibe des Hohnes und
Spottes.

35 Und es wird ein Schwert durch deine Seele dringen.

Nicht erst auf Golgatha ist das Schwert durch Marias Seele gedrungen, sondern schon oft, aber auf Golgatha zuletzt und am tiefsten.

Simeon redet zwar von einem großen Ereignis, von einem tödlichen
Schwertstich, an dem ihr Mutterherz verbluten werde. Aber w a s für
ein Ereignis das ist, das schaut Simeon noch nicht. Der Geist Gottes
verschont ihn mit diesem schrecklichsten der Schreckensbilder, der
Schand-Hinrichtung Jesu als „V e r b r e c h e r" a m F l u c h h o l z , verschont vor allem auch die Mutter damit, aber Fluchholz n o t und Fluchholz e r n s t steht dem Simeon schon vor Augen, wenn er statt des
K r e u z e s , das Jesus erlitt, das S c h w e r t nennt, das Jesu Mutter
durchbohrt.

Dasselbe Ereignis aber, das wie ein Schwert durch Marias Seele dringt,
muß zugleich dazu dienen, **daß die** (bösen) **Gedanken aus vieler Herzen
offenbar werden** (Vers 35b). (Die „bösen", so liest die auf dem Sinai
gefundene Handschrift.) Am Kreuz von Golgatha wurde offenbar das
verräterische Herz des J u d a s , das böse Selbstvertrauen des P e t r u s ,
ferner die große Schwachheit der a n d e r e n J ü n g e r . Am Kreuz von
Golgatha wurde offenbar das heuchlerische Herz der Pharisäer voll
Neid und Rache, das haltlose Herz des Pilatus, der Wankelmut des
Volkes Israel mit seinem Hosianna und dann „Kreuzige Ihn!" und die
Roheit der Heiden. Am Kreuz von Golgatha wurde offenbar, was Jeremia (17, 9 wörtlich) sagt: **„Es ist das Herz überaus tückisch und ein
heilloses Ding; wer kann es ergründen?"** Der bis zur tatsächlichen Kreuzigung des Fürsten des Lebens gesteigerte Widerspruch muß aller Welt,
muß den Feinden des Herrn selbst, muß jedem das innerste Herz bloß-
legen. „Das hätte nicht allein ich", sagt Luther, „sondern auch kein
Apostel können denken noch glauben, daß so eine große Bosheit in der
Welt wäre."

V o n H a n n a .
Vers 36—38

**36 Und es war eine Prophetin Hanna, eine Tochter Phanuels, aus dem
Stamm Asser. Diese war hochbetagt. Nachdem sie mit ihrem Mann
37 sieben Jahre nach ihrer Jungfrauenschaft gelebt hatte, * war sie
eine Witwe geblieben und war vierundachtzig Jahre alt. Sie wich
nicht vom Tempel und diente nachts und tags (Gott) mit Fasten
und Gebeten.**

Es ist merkwürdig, daß wir ganz genau erfahren, wer diese Hanna
gewesen ist. Aber die Worte ihres Lobgesanges vernehmen wir nicht.
Gerade umgekehrt wie bei Simeon, wo vom Leben nichts berichtet
wird, aber der Lobgesang wiedergegeben war. Der Bericht gewinnt dadurch das Gepräge des Geschichtlichen, von Lukas mit Sorgfalt erkun-

det: **Hanna,** „dás Gnadenkind", wie ihr Name übersetzt werden kann, wird ausdrücklich mit dem Titel einer P r o p h e t i n geehrt. Sie hatte ihren Beruf in der Weise der alttestamentlichen Prophetinnen, ähnlich wie **Debora** (Richter 4, 4) und Hulda (2 Kön 22, 14), wenn auch vielleicht nur für einen kleinen Kreis. Sie heißt eine Tochter Phanuels (des Schauers Gottes). Der Name des Mannes wird nicht genannt. Sie war vom Stamme Asser, der sein Gebiet in der nordwestlichen Ecke Galiläas hatte. Aus den Gegenden, die am fernsten vom Tempel lagen, war die Hanna gekommen. Gott zu dienen, war ihre höchste Freude, war ihr Element, in dem sie lebte und selig war. Betend und fastend gab sie sich ohne Unterlaß ihrem Gott hin.

Solche Alten, die so in Gott und in Seinem Wort und im Gebet leben, sind gewaltige Prediger, auch wenn sie nicht mit dem Wort predigen. Sie sind jedoch schlichte Darsteller des Wortes.

38a Und sie trat in eben dieser Stunde hinzu und pries Gott.

Ihr Loben und Preisen war ein Echo des Simeon. Sein Zeugnis nahm sie auf und verstand es, weil sie vom gleichen Geiste erfüllt war. Simeon hat ihr vorgesungen, und sie singt ihm nach. Das von Simeon Geweissagte wird durch Hanna bestätigt, das ist göttliches Wirken. Wie manchmal mochten sich die beiden Alten hier getroffen, ihr Harren und Hoffen miteinander ausgetauscht haben! Nun freuen sie sich miteinander. Die Freude der alten Hanna strömt aber über, daß sie es nicht lassen kann, zu reden von dem, was sie gesehen und gehört hat.

38b Sie redete von Ihm (dem Jesuskinde) **zu allen, die auf die Erlösung Jerusalems warteten.**

Zu Vers 38: Jes 52, 9

Wir begegnen hier einem Häuflein Stiller im Lande. Ob es viele oder wenige waren, wird nicht gesagt, doch wird es wohl in Jerusalem eine kleine „Gemeinschaft" gewesen sein, zum Teil die Frucht der treuen Arbeit des Simeon und der Hanna. Diese beiden scheinen eine Art Mittelpunkt für die Wartenden gewesen zu sein. Der Ausdruck „Erlösung in Jerusalem" kommt her von Jes 52, 9, wo es heißt: „Jahwe hat Mitleid mit Seinem Volk, „Er erlöst Jerusalem".

So ist Jesus in den Tempel getragen und dargestellt worden vor dem Herrn, ohne daß die amtliche Priesterschaft des Tempels und Jerusalems Notiz davon nahm. Die Gabe der Prophetie, die dem schlichten Israeliten Simeon und der Hanna innegewohnt hat, ist dieser Priesterschaft ganz abhanden gekommen. Der Heilige Israels wird zum Tempel hinein gebracht, und die beamteten Diener des Heiligtums ahnen es nicht.

Der Tempel, den Jesus besucht hatte, in dem die Stillen ein Fest S e i n e r E r s c h e i n u n g gefeiert hatten, blieb stumm. In Nazareth aber in der heiligstillen Entwicklung wuchs das Heil der Welt zum Kind und Jüngling und Mann heran.

14. In Nazareth.

Lk 2, 39—52

**39 Und als sie alles nach dem Gesetz des Herrn erfüllt hatten, kehrten
40 sie nach Galiläa zurück in ihre Stadt Nazareth. * Das Kind aber
wuchs und erstarkte und wurde erfüllt mit Weisheit, und Gnade
Gottes war auf Ihm.**

Jesus war und blieb Nazarener, bis Er über dreißig Jahre alt war. Den
größten Teil Seines Lebens also brachte Er in der Verborgenheit zu.
Aber eine Geschichte durchdringt die ganze Verborgenheit der 30
Jahre und läßt sie hell aufleuchten.

Die Geschichte des zwölfjährigen Jesus repräsentiert Seine ganze Entwicklung. Das Kind Jesus wuchs heran, nicht wie ein Wunderkind, sondern wie ein Menschenkind gleich wie wir, ausgenommen die Sünde.

Jesus ist geboren auf übernatürliche Weise, und ist geworden und
gewachsen auf natürliche Weise. Es war Seine Menschwerdung kein
Schein und kein Spiel, sondern voller Ernst.

Die vor uns liegende Jugendgeschichte des Zwölfjährigen wirft Strahlen rückwärts und vorwärts. Sie ist ein nachleuchtender Glanz Seiner
heiligen Geburt und ein vorleuchtender Glanz Seines zukünftigen Er-
löserdienstes.

Zu Vers 41: **41 Und Seine Eltern gingen alle Jahre gen Jerusalem auf das Osterfest.**
2 Mo 23, 14—17

Nach dem mosaischen Gesetz (2 Mo 23, 14—17; 34, 23 ff; 5 Mo 16,
16 f) waren alle männlichen Israeliten (die Minderjährigen, Greise,
Kranken und Sklaven ausgenommen) verpflichtet, dreimal im Jahre,
nämlich am Passah-, Pfingst- und Laubhüttenfest, im Tempel zu erscheinen, um an der Festfeier teilzunehmen. Eine buchstäbliche Durchführung dieses Gebotes war allerdings bei der zum Teil weiten Entfernung von Jerusalem nicht allen Juden zu allen drei Festen möglich.
Unsere Stelle beweist, daß man sich mit der Teilnahme an einem dieser
Feste begnügte. Daß bei diesen Anlässen auch viele in der weiten
Diaspora lebende Juden zum Tempel als dem religiösen Mittelpunkt des
Judentums wallfahrteten, bezeugt P h i l o D e m o n a r c h. II, 1). [16])

**42 Und da Er zwölf Jahre alt war, gingen sie hinauf, entsprechend der
Sitte des Festes.**

Wie mag es den Jesusknaben verlangt haben nach diesem Passahfest!
Wie mag sein Herz in heiliger Freude aufgegangen sein, als Er mit der
jubelnden, psalmsingenden Festkarawane hinauf ziehen durfte nach Jerusalem! Wie muß Ihm zumute gewesen sein, als Er zum erstenmal diese

---

[16] Die Zahlenangaben bei Josephus (Jüd. Kr. VI. 9, 3) und im Talmud beweisen, daß die
Zahl der Festpilger, namentlich am Passahfest, sehr groß war. Sie kann auf eine Million und
darüber geschätzt werden, während die Stadt selbst nur etwa 60 000 Einwohner hatte (J. Jeremias).
Aus der Zahl der geschlachteten Passahlämmer, die etwa 250 000 betrug, kann man auf die Menge
der Pilger schließen. Frauen waren zu den Festwallfahrten nicht verpflichtet, konnten sich aber
daran beteiligen. Sie begleiteten gern ihre Männer. Nach rabbinischer Vorschrift (Nidda V. 6) war
ein Knabe mit der Vollendung des 13. Lebensjahres zur.Erfüllung aller Gebote, und darum auch
zur Festwallfahrt verpflichtet. Es war aber jüdischer Grundsatz, den heranwachsenden Knaben
schon vor dem 13. Lebensjahr an die Gesetzesbeobachtung zu gewöhnen.

herrliche Stadt betrat und ihren hohen Tempel vor sich daliegen sah. Das ist also die heilige Stadt, wo Gott Sein Volk um Sich sammelt. Das ist also der heilige Berg, von dem das Heil nach allen Teilen der Erde hinausgehen sollte! Ja, es ist nur E i n G o t t, und es besteht nur „Ein einziges göttliches Gesetz". Ps. 84, 120—134 und die anderen Psalmen preisen die herrlichen Gottesdienste im Tempel zu Jerusalem. Wie mußte das alles Ihn tief beschäftigen! Nirgendwo fand Sein Inneres so reiche Förderung wie hier. Kein Wunder, daß ER Sich von der heiligen Stätte nicht trennen konnte und im Tempel zurückblieb.

43 Als die Tage (des Festes) **zu Ende waren, daß sie heimkehrten, blieb der Knabe Jesus in Jerusalem zurück, ohne daß Seine Eltern 44 es merkten.** * **Sie nahmen an, Er sei bei der Reisegesellschaft** (eine Tagesreise für Familien betrug etwa 20 bis 30 km) **bei den Ver- 45 wandten und Bekannten.** * **Und als sie Ihn** (da) **nicht fanden, 46 kehrten sie auf der Suche nach Ihm nach Jerusalem zurück.** * **Und es geschah, nach drei Tagen fanden sie Ihn im Tempel mitten unter den Lehrern sitzen, denen Er zuhörte und die Er fragte.** * **Alle, die 47 Ihm zuhörten, waren erstaunt über Sein Verständnis und Seine Antworten.**

Zu Vers 43:
2 Mo 12, 18

Hier im Tempel fühlte sich der Jesusknabe daheim. Die Lehrer, die Seine Antworten und Fragen bewunderten, waren die Gesetzeslehrer. Es waren öffentliche Belehrungen für die Festpilger möglich und zwar in zwangloser Form von Frage und Antwort. Hier war also Gelegenheit, auf alle die Fragen, die Herz und Sinn bewegten, Antwort zu holen. (Die Rabbiner nahmen schon Kinder mit 6 Jahren in ihre Schulen auf. Ein Rabbinerwort lautete: „Vom 6. Lebensjahr an aufwärts empfangen wir das Kind und m ä s t e n es mit dem Gesetz wie einen Ochsen" — Dabei schenkten sie den geweckten Schülern größere Aufmerksamkeit und ließen sich sogar in Wechselreden mit ihnen ein wie mit ihresgleichen.)

Des Zwölfjährigen kindliches Fragen brachte die ergrauten Denker in Erstaunen. Welche Ströme des Lebens werden erst aus dem Munde des Mannes geflossen sein!

48 Als sie (die Eltern) **Ihn sahen, waren sie erschrocken** (24). **Und Seine Mutter sprach zu Ihm: „Kind, warum hast Du uns das angetan? Siehe, D e i n Vater und ich haben Dich voller Angst ge- 49 sucht!"** * **Da antwortete Er ihnen: „Wie konntet ihr Mich nur suchen? Wußtet ihr nicht, daß Ich in Dem, was Meines Vaters 50 ist, sein muß?"** * **Und sie verstanden das Wort nicht, das Er zu ihnen sprach.**

Zu Vers 49:
Jo 2, 16

Die Antwort des Jesusknaben klingt so wunderbar auf die schmerzvolle Rede der Mutter. Da ist keine Entschuldigung, kein Zugeständnis eines Fehlers. Ein Gefühl göttlicher Hoheit spricht aus diesem Jesus-Wort des Zwölfjährigen, eine Gewißheit, daß Er allezeit doch i n d e m sein mußte, was des Vaters sei, d. h. in dem Denken, Fühlen und Wollen des Vaters daheim zu sein.

Dies erste Wort „muß ich nicht sein in dem, was Meines Vaters ist" aus dem Munde unseres Heilandes ist die Losung zu allen späteren Worten und Taten des Herrn und der Schlüssel zu allen Seinen Lebensäußerungen. Zum erstenmal nennt Er G o t t S e i n e n V a t e r und zwar offenbar im Gegensatz zu dem „Dein Vater" im Mund der Mutter.

Er sagt nicht: in dem, was unsers Vaters ist, sondern: in dem; was M e i n e s Vaters ist. Zum erstenmal fühlt und erkennt Er Sich als G o t t e s s o h n. Es ist die aufbrechende Ahnung Seines einzigartigen Verhältnisses zu Gott. Er fühlt den großen Gegensatz zwischen dem himmlischen und irdischen Vater.

Vater nennt Er Seinen Gott. Im Alten Testament wird Gott als Vater bezeichnet, entweder in bezug auf die „Schöpfung" oder in bezug auf Israel d e n E r s t g e b o r e n e n S o h n (2. Mo 4, 22), also zur Bezeichnung der Stellung Gottes zu Seinem Volk. Aber nirgendwo wird Gott so V a t e r genannt, daß der Einzelne als Gotteskind zu Gott Vater sagen konnte. Keiner der Männer des Alten Bundes, so stark auch ihr Glaube war, so innig auch ihre Hingebung an Gott war, hat es je gewagt, diesen Gott seinen persönlichen Vater zu nennen. Zu heilig und zu erhaben dachte der Israelit sich Gott. Er war sich des großen Abstandes zwischen dem Schöpfer und dem Geschöpf, zwischen dem Ewigen und dem Staubgeborenen, dem Heiligen und dem Sünder viel zu sehr bewußt, als daß er Ihn mit diesem traulichen Namen „Vater" hätte bezeichnen können. Vielmehr wird dies als das hohe Vorrecht des kommenden Messias ausdrücklich hervorgehoben (Ps. 89, 27; 2. Sam 7, 14).

Woher kommt denn nun dem Jesuskinde das Bewußtsein des hohen Rechtes, daß Er in diesem hohen und ausschließlichen Sinn der einzige unter allen Menschen Gott **Seinen** Vater nennen darf?

Maria war vielleicht weise genug, von dem Geheimnis Seiner wunderbaren Zeugung durch den Heiligen Geist zu schweigen, ähnlich, wie sie damals dem Joseph gegenüber geschwiegen und gewartet hat, bis Gott selbst das Geheimnis der Zeugung durch den Heiligen Geist dem Joseph offenbar gemacht hatte. Nun mußte sie plötzlich innewerden, daß das große Geheimnis ihres Herzens nunmehr auch Ihm, dem Zwölfjährigen, erschlossen sei. Woher kam Ihm das? Der Heilige Geist, der der Lehrer des Herrn Jesus war, hat es Ihm aus der Heiligen Schrift wohl kundgetan. „Siehe, eine Jungfrau wird schwanger werden..." (Jes 7, 14). Darum fühlte Er Sich so daheim im Tempel.

Mit dem Erwachen des menschlichen Selbstbewußtseins mußte bei Jesus durch den Heiligen Geist ein stilles Ahnen erwachen, daß Er in einzigartiger und einmaliger Weise der Sohn Gottes sei (Ps. 2, 7; 89, 27. 28; 2. Sam 7, 14; Spr 30, 4). Es wuchs weiter dies Bewußtsein in Ihm, als Er zum Fest nach Jerusalem zog. Dort oben im Tempel im Zwiegespräch mit den Lehrern und Meistern in Israel bricht es klar und so mächtig im Bewußtsein auf, daß Er es auch im Wort ausspricht.

Unter allen Fragen, die Er den Meistern in Israel vorlegte, unter allen Antworten, die sie hier aus Seinem Munde hörten, war darum keine so groß, so bedeutsam, als die antwortende Frage an Seine Mutter „Muß ich nicht sein in dem, was Meines Vaters ist."

Der Sohn des Vaters kann in alle Zukunft hinein nichts anders als in dem sein, „was Seines Vaters ist". Er ist innerlich gehalten und gebunden, und zwar mit tausend Fäden, in dem zu sein, was des Vaters ist. Das ist das Maß der höchsten Freiheit des Sohnes, der den Gedanken gar nicht aufkommen lassen kann, nicht in Dem zu sein, was Seines Vaters ist.

„In dem, was meines Vaters ist" war jetzt (im Augenblick) für den Zwölfjährigen der T e m p e l, die Stätte, die Gott erwählt hatte, um im Tempel unter Seinem Volk zu wohnen, bis daß der Vorhang zerriß.

Dies ist dasselbe was Jesus später sagt: „Meine Speise ist die, daß Ich tue den Willen des, der Mich gesandt hat und vollende Sein Werk. Des Vaters Willen zu tun, im Vater-Wort und Vater-Werk sich allezeit finden zu lassen, von des Vaters Hand und von des Vaters Herz a l l e i n sich führen zu lassen, das war es, worin Er sein mußte, worin Er auch mit ganzer Hingabe leben wollte. Das war Seine Freude. Darin war Er daheim. Das war das Brot, von dem Sich Seine Seele nährte. Der Vater, das ist der Mittelpunkt Seines Lebens, aus dem hervorquellen alle Seine Gedanken, Gefühle, Worte, Werke, unwiderstehlich, ohne Unterbrechung, ohne Aufhören. „In dem zu sein, was des Vaters ist", das ist das Gepräge Seines ganzen Lebens. Zwischen diesem ersten Wort „Vater", im Tempel als Zwölfjähriger gesagt, und dem letzten Wort „Vater", am Kreuz als Dreiunddreißigjähriger gesprochen, wo Er Seine Seele in des Vaters Hände befiehlt, vom ersten Wort bis zum letzten Wort, ist jedes Wort, jedes Wunder, jeder Dank, jede Tat bis zur größten des Sterbens, bei Jesus durchatmet, durchglüht, durchpulst von dem einen Verlangen, in **Dem zu sein, was Seines Vaters ist.** Nie tat Er etwas anderes als das, was Er vom Vater gesehen und gehört hatte (Jo 5, 19; 8, 38).

Derjenige, der dem Herrn nachfolgt, lernt still und tiefer und gründlicher in allen seinen Dingen, in all seinem Tun und Reden, mehr und mehr „in Dem zu sein, was des Vaters ist." Der Vater im Himmel ist ihm der erste Gedanke am Morgen. Der Vater im Himmel ist ihm der letzte Gedanke am Abend. Der Wille des Vaters ist ihm in allem maßgebend, ist Seine Speise früh, mittags und abends (Jo 4).

51 Und hinab ging Er mit ihnen und kam nach Nazareth und ordnete Sich ihnen (Seinen Eltern) unter.

Jesus hätte denken können, nun sei Sein Beruf, wie Samuel beim Tempel zu bleiben und los und ledig aller Alltagssorgen Seinem großen Ziele entgegenzuwachsen. So etwas kommt Ihm aber nicht in den Sinn! Die heilige Ruhe Seines Herzens band Ihn an den G e h o r s a m. Das Elternhaus in Nazareth war dem Zwölfjährigen j e t z t d a s, w a s d e s V a t e r s i s t. In Selbstverleugnung betritt Er Seine Laufbahn aus Entbehrungen und Mühen, in Niedrigkeit und Verborgenheit, die auch dem Anspruchlosesten die Zeit „lange" machen konnte. In Geduld und in der Verborgenheit wird er noch achtzehn Jahre auf den Ruf des Vaters warten und schweigen.

Die Liebe zum himmlischen Vater vernichtet nicht die Liebe zu den irdischen Eltern, sondern verklärt und heiligt sie, daß man mit derselben inneren Notwendigkeit, mit der man „sein muß in dem, was des himmlischen Vaters ist" auch in dem sein muß, was der irdischen Eltern Tagewerk und Wille ist. Das ist wahre Freiheit für die Jugend, alles andere ist Zügellosigkeit. Auch der irdische Beruf ist „in dem, was des Vaters ist".

Luther sagt zu dieser Bibelstelle: „Er ordnete Sich ihnen unter" folgendes: „Er wird also auch alles im Hause getan haben, was man Ihn geheißen hat, Späne aufgelesen, Wasser, Brot, Fleisch geholt, Stube gekehrt und Sich nichts verdrießen lassen haben, ob es gleich geringe, kleine und unansehnliche Werke waren. Durch den Gehorsam gegen die Eltern, durch die dienende Liebe, durch die Treue gegen Gottes Wort, durch den Fleiß, mit dem man Gottes Ehre sucht, werden alle diese kleinen Dinge zu großen Übungen des Gehorsams. Es will uns der Gedanke wunderlich vorkommen, daß Jesus, der nunmehr zu dem größten, wahrsten und unzweifelhaftesten Bewußtsein und Amt gelangt war (welches je ein Mensch gehabt hat), dieses Amt im sofortigen Gehorsam gegenüber kleinsten unwichtigen Dingen sieht. Er, der doch berufen ist, einen Bau auszuführen, dessen Breite und Länge und Höhe und Tiefe niemand ausmißt, trägt geduldig und gelassen Seinem Pflegevater die Zimmereraxt nach und hilft armer Leute Hütten bauen."

In der Bindung an den Vater im Himmel bewährt sich die Bindung an die Menschen auf Erden, die Bindung an den irdischen Beruf.

51b Und Seine Mutter bewahrte alle diese Worte in ihrem Herzen.

Maria verläßt den Tempel nicht in völliger Freude, darum, daß sie nun ihr Kind wieder bei sich hat, sondern „nachdenkend". Das Wort: „Mein Vater" hat ihr ihren Sohn, den sie eben wiedergefunden wähnte, von neuem wieder genommen. Wenn auch Sein Fuß jetzt den Tempel verläßt und zur Heimat wandert, sie fühlt, das Herz ihres Sohnes bleibt beim Vater droben, auf dem Sein Sinn und Auge unerschütterlich ruht. Das schließt aber in keiner Weise aus, daß Er in Liebe und Gehorsam Seinen Eltern ein wirkliches, vorbildliches Kind blieb.

Maria behielt alle diese Worte. Sie vergaß es nicht, daß sie nach dem Wort des Engels den Sohn des Höchsten zu pflegen habe, der ihr nur „geliehen" war, und den sie dann nur ewig haben konnte, wenn sie Ihn voller Selbstverleugnung an den Höchsten zurückgab.

Wir lesen noch einmal Vers 40: „Das Kind wuchs und erstarkte und wurde erfüllt mit Weisheit, und Gottes Gnade war auf Ihm".

Und gleich anschließend Vers 52

Zu Vers 52:
1 Sam 2, 26
Spr 3, 4

52 Und Jesus nahm zu an Weisheit, an Alter und Gnade bei Gott und den Menschen.

Der Jesusknabe wuchs heran wie alle Menschen und zwar nicht nur dem Leib nach, sondern auch dem Denken nach. Es heißt: „Er wurde mit

Weisheit erfüllt" und nicht: „Er war voller Wissen." Sein kindliches Tun,
Handeln und Reden war allezeit weise, d. h. wohlüberlegt, passend,
immer das Rechte treffend, wie man es bei keinem andern Kinde findet.
Darum heißt es mit Recht, das Kind wurde mit Weisheit erfüllt, d. h.
wir dürfen keine Erwachsenen-Weisheit bei Ihm, dem Kinde suchen. Er
war kein unnatürlich frühreifes Kind, ein wohl hochbegabtes, aber doch
voller Kinderweisheit. Mit dem zunehmenden Alter kam dann auch die
zunehmende Weisheit. In der Schule des Lebens und in der Erfahrung
gewinnt man sie, und die Kenntnisse, die dazu nötig sind, werden mit
Mühe und Arbeit erworben. Hierin war Jesus ein Mensch gleich wie
wir.

Jesus hatte Seine göttlichen Fähigkeiten, also Allmacht, Allwissenheit,
Allgegenwart nicht wie einen Raub festgehalten, sondern Er hatte Sich
derselben auch tatsächlich entäußert, d. h. Er hatte immer wieder bewußt darauf verzichtet, damit Er Seinen Brüdern in allen Dingen gleich
werde, allein ausgenommen die Sünde. Es ist demnach eine falsche Annahme, wenn man Ihm in den Tagen Seiner Niedrigkeit die Allwissenheit, die Allmacht und die Allgegenwart und anderes zuschreibt. So
wenig wie wir uns das bei dem Kinde Jesus auch nur denken können,
so wenig dürfen wir es bei dem Manne annehmen. Und doch blieb Er
fort und fort wesensmäßig der Sohn Gottes.

D e r G l a u b e ist die Hand, womit wir das Göttliche erfassen, wodurch wir göttlich denken und tun. So lange, bis der Vorhang unseres
Fleisches fällt, schauen wir durch d e n G l a u b e n in die unsichtbare
Welt hinein und hören durch den G l a u b e n Gottes Stimme, und
stehen durch den G l a u b e n in Gottes Gemeinschaft. Diesen G l a u b e n h a t J e s u s in vollster Stärke, Reinheit und Klarheit gehabt. Sein
Leben ist ein G l a u b e n s l e b e n in der umfassendsten Bedeutung des
Wortes. Er hat Gehorsam gelernt, nicht anders, wie Adam ihn auch
würde erlernt haben, wenn er nicht durch des Teufels Betrug sich zum
Unglauben hätte verführen lassen. Jesus hat den Gehorsam im Kampf
mit dem Teufel und dem Tod gelernt und jedesmal Glaubenssieg gezeigt. Welch ein Trost für uns! Er ist versucht, gleichwie wir, Er weiß,
wie es uns zumute ist in allen Lagen, in allen Trübsalen.

Er nahm zu an Alter. Einige übersetzten „Körpergröße". Das grie
Wort h e l i k i a (vgl. Lk 19, 3) kann beides heißen: Alter und Körpergröße. Es ist hier das Wachstum nach der äußerlichen leiblichen Seite
gemeint. Der Sohn Gottes hätte auch wohl wie der erste Adam als ein
e r w a c h s e n e r Mensch in Sein menschliches Dasein treten können.
Aber damit Er u n s e r e s Wesens werde, hat Er alle Entwicklungsalter
durchlaufen. Wir haben uns demnach Jesus zu denken als **Lehrling**
bei Seinem Vater, als **Geselle** danach und nach Josephs wahrscheinlich
früh erfolgtem Tode sogar als **Meister** und **Ernährer** Seiner Familie.

Weil nach Matthäus 13, 55.56 die Familie zahlreich war, es waren
vier Brüder und mehrere Schwestern, blieb die harte Frage nach dem
täglichen Brot für die Seinen durch den Tod des Ernährers Ihm nicht

unbekannt. Das Wort vom „Sorgen" in Mt 6 hat Er zuvor Selbst gelernt, ehe Er es uns so trefflich sagen konnte. E r h a t a l l e s d u r c h -
g e m a c h t : das Berufsleben mit seinen tausend Anfechtungen und
Nöten und Schwierigkeiten. So wuchs Jesus an Alter und Leibesgröße
und hinsichtlich Seines Alters auch in das irdische Leben und seine
Lasten hinein. Alles ist so still und verborgen vor sich gegangen, daß
auch Nathanael aus dem nur zwei Stunden entfernten Kana nichts von
Ihm weiß, während doch das Handwerk den Herrn Jesus manchmal
über die Grenzen Nazareths geführt haben wird. Ja, die zu Nazareth
sagen, als sie Ihn in der Synagoge später hören, woher kommt Ihm
denn solches? Das ist rechte Demut, die still verborgen bleibt und erst
dann, wenn Gottes Auftrag aus der Stille und Verborgenheit zur
Tätigkeit ruft, hervortritt. Durch „Stillesein" stark sein, war Jesu Schule
und ist auch für uns der Weg, auf dem wir Ihm ähnlicher werden. Jahre
der Stille sind keine verlorenen Jahre, Stunden der Stille sind ebenso
keine verlorenen Stunden. Jesus war in der Welt, und die Welt kannte
Ihn nicht, und doch hat Er dieser Welt den wichtigsten Dienst für Zeit
und Ewigkeit geleistet.

Und er nahm zu an Weisheit. Die Mutter, die Natur, die Heilige
Schrift, das Leben und das Gebet, das waren die reichen Hilfsmittel, die
dem Jesusknaben gegeben worden waren, zu einem klaren und gesunden Wissen heranzureifen.

Es ist etwas erstaunlich Großes um ein Leben, das in W e i s h e i t
geführt wird, in welchem alles am Licht der Ewigkeit erwogen und
getan wird, wo man es immer gründlicher lernt, das gesamte irdische
Leben mit seinen Sorgen, Leiden und Freuden, seinen täglichen Bedürfnissen und Ansprüchen, seinen Verlegenheiten und Versuchungen,
in den einen großen Grundakkord E i n s i s t n o t hineinzuziehen und
und bei allem zu fragen: Wie denkt der Herr im Himmel darüber, und
wie wirst du einst darüber denken, wenn die Erde zu deinen Füßen
liegt und du drüben im Ewigkeitslichte stehst? Das ist Weisheit. So sich
zurechtzufinden hier unten, von der Ewigkeits-Warte aus, das ist Weisheit. Darin immer mehr Übung, Erfahrung und Gewandtheit zu gewinnen, das heißt „z u n e h m e n an Weisheit".

Wie weit man hier und da gehen darf, wie weit man im Verkehr mit
anderen gerade jetzt zu sprechen hat oder zu schweigen hat, wann man dem
Nächsten, der sich an einem versündigt hat, sein Unrecht unter vier
Augen zu sagen hat, wann und wie lange man ihn schweigend zu tragen hat, und wo man nachzugeben, wo man auf seinem Recht zu bestehen hat, wie weit man einen Leidenden trösten oder erst vermahnen
muß, wieviel an Erholung man sich gönnen darf, wann und wie man in
rechter Weise dem fehlenden Dienstboten zu helfen hat, wie weit man
„allen alles" werden darf, wie man den Parteien in Kirche und Staat
sich gegenüberzustellen habe, alle diese Fragen findet man nicht dadurch
beantwortet, daß man die Bibel aufschlägt und irgendeinen Bibelvers
mechanisch herausgreift, sondern wenn man die aus Gottes Wort ge-

wonnene Gotteserkenntnis und Welterkenntnis unter weiser Berücksichtigung der augenblicklich gegebenen Verhältnisse und Personen richtig zueinander in Beziehung setzt.

Er nahm zu an Gnade bei Gott und den Menschen. Wir müssen hier an ein Zunehmen der Gnade des göttlichen Wohlgefallens und der väterlichen Huld über diesem Jesuskinde denken. Er war von Anfang an ein Gegenstand der Gnade, aber je mehr Er heranwuchs und sich Gottes Gnade und Kraft in Ihm ausbreitete, je mehr Er alle Versuchungen in Glaube und Weisheit überwand und Gehorsam lernte, desto mehr nahm auch die Gnade Gottes über Ihm zu. Wir stehen hier wieder vor einem Teil Seiner Erniedrigung, und zwar unstreitig vor dem größten und geheimnisvollsten. Auch Sein Verhältnis zum Vater, wie Er es hatte von Anfang, ist entäußert, der Schöpfer hat Sich zu einem Geschöpf erniedrigt, das durch Seinen Gehorsam innerlich wächst und zunimmt.

Aber Jesus nahm auch zu an Gnade b e i d e n M e n s c h e n. Der Zwölfjährige trat ja fortan immer mehr in Berührung mit den Menschen. Da hat denn bald Sein freundliches, folgsames, dienstbereites, liebevolles und aufrichtiges Wesen die Herzen der Menschen gewonnen, daß sie Ihm freundlich zugetan und Ihm hold waren. Die Welt hat trotz ihres tiefen Sündenzustandes doch immer noch im geheimen Achtung vor der Größe einer tadellosen Gesinnung, vor den Werken und Tugenden der Gottseligkeit. So ging es dem Herrn auch. Es ist eine wunderbare Gottesgabe, wenn man auch Gnade bei den Menschen findet. Es ist etwas überaus Schönes um jene von Christi Sinn erfüllte und geheiligte Liebenswürdigkeit des Wesens und des Charakters, welche unwillkürlich die Leute anzieht und gewinnt.

II. Hauptteil

Der Beginn des Christusdienstes
Lk 3, 1—22

A. Johannes der Täufer, der Vorläufer des Christus

1. Die geschichtliche Einleitung 3, 1—2

Lukas macht in seinem Evangelium einen neuen Anfang. Das in Kap. 1 und 2 Erzählte war in der Stille geschehen. Nur den Stillen im Lande waren diese Ereignisse bekannt geworden.

Eine Zeit des Schweigens war gefolgt. Der Sohn Gottes wuchs im Verborgenen im kleinen Nazareth heran.

Was der Evangelist Lukas nunmehr erzählt, nämlich vom 3. Kapitel an, das vollzog sich bis an das Ende des Heilands in breiter Öffentlichkeit. Johannes und Jesus sind aus der Verborgenheit hervorgetreten. Wieder bringt Lukas genau so wie in Kap. 1 und 2 jetzt in Kap. 3 den Täufer Johannes und Jesus in eine enge Beziehung zueinander.

Beide, den Knaben Johannes und den Jesusknaben, verließ der Lukasbericht von Kap. 1 und 2 wie folgt: Den einen in der Wüste, den andern zu Nazareth. Von beiden nahm Lukas Abschied mit der Feststellung, daß sie beide „zunahmen und erstarkten". (Luk 1, 80; 2, 40; 2, 52)

Nachdem Johannes der Täufer dreißig Jahre lang im Verborgenen gelebt hatte, trat er öffentlich auf. Kurz darauf auch Jesus, um gleichsam den geringen zeitlichen Abstand zwischen beider Geburt zu wiederholen.

Johannes der Täufer, der Vorläufer des Christus
(des Gesalbten, des Messias)
Lk 3, 1—20

1. Die geschichtliche Einleitung 3, 1—2.

Die Worte des Zacharias gehen jetzt in Erfüllung. Diese wichtige und besondere Epoche des Reiches Gottes verbindet der Evangelist Lukas mit welt- und geistesgeschichtlichen Ereignissen, und zwar nicht nur um das Datum des göttlichen Geschehens festzulegen, sondern um auch mit dieser historischen Übersicht zugleich die ganze Not und Dunkelheit der damaligen Zeit anzugeben. Das schon zu Beginn von Kap. 2 angeführte Paulus-Wort aus Röm 5 „wo die Sünde mächtig geworden ist" packt uns auch jetzt wieder.

V. 1 schreibt Lukas: **Im fünfzehnten Jahr der Regierung des Kaisers Tiberius, als Pontius Pilatus Statthalter von Judäa war, und Herodes Vierfürst (Tetrarch) von Galiläa, sein Bruder Philippus Vierfürst (Tetrarch) von Ituräa und der Landschaft Trachonitis und**

2 Lysanias Vierfürst (Tetrarch) von Abilene war — unter dem Hohenpriester Hannas (Annas) und Kaiphas (Kajaphas) — da geschah (da erging) ein Wort Gottes an Johannes, den Sohn des Zacharias, in der Wüste.

Der Ausdruck Kaiser Tiberius hier in Kap. 3 und der Name Kaiser Augustus in Kap. 2 erinnert daran, daß Palästina damals kein freier Staat war, sondern zum römischen Weltreich gehörte. Die Besatzungsmacht, die über das Volk Israel verfügte, war die römische Militärgewalt. Alles was im Neuen Testament berichtet wird, spielt sich zur Zeit dieser römischen Militärgewalt ab, deren höchste Spitze die römischen Kaiser waren. In Luk 2 war es Kaiser Augustus (31 vor bis 14 n. Chr.). In Luk 3 ist es der K a i s e r   T i b e r i u s (14 n. bis 37 n. Chr.). Der Kaiser Tiberius ist es, von dem der Heiland sagte: „Gebt dem Kaiser, was des Kaisers ist." — Sein Bildnis betrachtete Jesus auf der Münze, die man ihm zeigte (Luk 20, 24—25. Sieh dort.)

Wir sind gewöhnt, in unseren Geschichtswerken genaue Jahreszahlen zu finden. Alle diese Jahreszahlen gehen von dem Geburtsjahr unseres Heilands aus. Und die Rechnung ist klar und eindeutig.

Das aber war im Altertum nicht der Fall und darum nicht einfach. Die einzelnen Völker, ja sogar die Städte hatten ihre eigenen Methoden. Daher ist die Zeitrechnung der alten Völker ziemlich verworren, und es erfordert zuweilen die größte Mühe, die Ereignisse zeitlich richtig miteinander in Verbindung zu bringen.

Auch die alten Geschichtsschreiber stöhnten unter dieser Schwierigkeit und suchten so nach einem festen Anhaltspunkt, den sie als Grundlage annehmen konnten, um die Ereignisse zu datieren.

Lukas richtet sich in der Angabe der Jahreszahlen nicht nach der Rechnungsart der Griechen und Römer. Er gibt einfach die Regierungszeit des Kaisers an. — Jeder verstand das und wußte so, wann d. h. in welchem Jahre Jesus und Johannes der Täufer ihre öffentliche Lehrtätigkeit begonnen hatten. Es war das 15. Regierungsjahr des Kaisers Tiberius.

Wenn wir den Schwierigkeiten begegnen, die die Zeitrechnung früher mit sich brachte, können wir nicht dankbar genug sein für unsere gegenwärtige Zählung n a c h   d e r   G e b u r t   C h r i s t i . Wir haben sie dem Abt Dionysius zu verdanken, der sich selber aus lauter Bescheidenheit den Beinamen Exiguus, d. h. der Geringste, zulegte. Dieser Dionysius, der im Jahre 556 n. Chr. gestorben ist, erhielt von dem damaligen Papst den Auftrag, für eine Reihe von Jahren die Daten des Osterfestes zu berechnen. Bei der Durchführung dieses Auftrages benutzte er als erster die Zählung: „Nach der Fleischwerdung des Herrn". Auf Grund seiner Berechnungen glaubte Dionysius, daß Christus im Jahre 754 nach der Gründung Roms geboren sei. Er ließ seine Jahreszählung mit dem 1. Januar dieses Jahres beginnen.

Er irrte sich aber, denn er setzte die Geburt Christi wahrscheinlich sechs Jahre zu spät an. Es steht historisch fest, daß Herodes vor dem Osterfest des Jahres vier vor Christus gestorben ist. Das war also in dem Jahr, wo der Engel des Herrn dem Joseph in Ägypten erschien, um ihm mitzuteilen, daß sie gestorben seien, „die dem Kindlein nach dem Leben getrachtet haben". (Matth 2, 19 u. f.). Das Kind kann damals ungefähr zwei Jahre alt gewesen sein (Matth 2, 16) und es ist also wahrscheinlich in dem Jahr geboren, das wir sechs vor Christus nennen. Das klingt zwar eigenartig, aber der Fehler liegt bei Dionysius. Für die Chronologie macht dieser Rechenfehler nicht allzuviel aus. Die Hauptsache ist, daß wir einen festen Punkt haben.

In seinem Streben nach Genauigkeit (Luk 1, 3) gibt Lukas eine s i e b e n f a c h e Z e i t b e s t i m m u n g für das öffentliche Auftreten des Täufers an.

Sieben Namen werden von Lukas genannt. Fünf Namen vertreten die politische Obrigkeit. Zwei Namen vertreten die geistliche Obrigkeit in Israel.

Mit dieser ausführlichen Namensangabe kommt die hohe Bedeutung des Augenblicks zum Ausdruck, in welchem die neutestamentliche Heilsgeschichte eröffnet wird. Die übersichtliche Namensangabe beginnt mit der Nennung des Kaisers Tiberius hinsichtlich des römischen Reiches, dem umfassendsten Gebiet. Die Erwähnung der vier anderen Namen führt in den engeren Kreis, ins Land Palästina hinein, das in vier Gebiete aufgeteilt ist. Neben dem Kaiser Tiberius werden als politische Oberhäupter folgende vier Namen genannt: P o n t i u s P i l a t u s, H e r o d e s (Antipas), P h i l i p p u s, sein Bruder und endlich L y s a n i a s. Herodes Antipas trug den Titel V i e r f ü r s t von Galiläa. Der Bruder des Herodes Antipas, nämlich Herodes Philippus wird auch Vierfürst (Tetrarch) genannt, und zwar von Ituräa und der Landschaft Trachonitis. Lysanias ist Vierfürst (Tetrarch) von Abilene.

Die beiden erstgenannten Fürsten, Herodes Antipas und Herodes Philippus, waren Söhne des grausamsten aller Fürsten, des Herodes des Großen. Was sie an Entzetzlichkeiten bei ihrem Vater gesehen hatten, das lag auch auf diesen beiden wie ein Fluch.

Von der grausamen Lebensgeschichte H e r o d e s d e s G r o ß e n (37 vor bis 4 n. Chr.) steht kurz in W. Stb. Matth S. 19 Fußnote 3. Fast alles, was wir über ihn wissen, verdanken wir dem jüdischen Geschichtsschreiber Josephus, der es seinerseits wiederum den verloren gegangenen Schriften des Nikolaus von Damaskus, eines Hofbeamten des Herodes, entnommen hatte.

Unter allen Söhnen aus den zehn Ehen, die Herodes der Große geschlossen hatte, glich, was Herrschsucht, Prunksucht und Unsittlichkeit anbelangte, H e r o d e s A n t i p a s am meisten seinem Vater. (Vgl. Luk 3, 19a und b)

Diese katastrophale staatliche und politische Situation, daß das auserwählte Volk Gottes unter der verhaßten Gewalt der Herodianer stand und der Sklaverei der Römerherrschaft ausgeliefert war, das ließ eine politische Messiashoffnung, einen Schrei nach Befreiung und Erlösung von gottloser Knechtung wie nie zuvor laut werden. Dieses Schreien nach Befreiung machte sich Luft in allerlei sogenannten Messiasliedern,

die dem ehemaligen König Salomo in den Mund gelegt wurden und
sich die Psalmen Salomos nannten. Das berühmteste Messiaslied dieser
mächtig um sich greifenden politischen Sehnsucht war der 17. Psalm
Salomonis. Man muß diesen Psalm einmal gelesen haben, um die damalige gewaltige Messiashoffnung und Messiasleidenschaft, die im Volk
aufgebrochen war, verstehen zu können. Nur ein Vers sei aus diesem
17. Psalm herausgegriffen: „Herr, sieh darein und erwecke einen König,
den Sohn Davids — o Gott, daß er über Israel herrsche. Gürte ihn mit
Stärke, daß er die Ungerechten (d. h. die gottlosen, verfluchten) Machthaber zerschmettere. Reinige Israel von den Hunden (Heiden), die es
wüste zertreten.... Rette uns von der Besudelung durch die unreinen
(schmutzigen) Feinde!...."

Neben der bedrückenden und bedrohenden politischen Lage markiert
Lukas durch die Namen H a n n a s (Annas) und K a i p h a s (Kajaphas)
die bedrückenden r e l i g i ö s e n V e r h ä l t n i s s e in Israel. Wenn der
Evangelist zwei Hohepriester nennt, so ist damit auch die Zerrüttung
des geistlichen Regimentes angedeutet; denn nach dem Gesetz durfte
immer nur e i n Hoherpriester im Amt sein.

Schon unter der Regierung Herodes des Großen und noch mehr unter
der Herrschaft der Römer hatte die rechtmäßige Nachfolgeschaft im
Hohepriestertum aufgehört. Der Vorgänger des Pilatus, Valerius Gra-
tus, hatte im Jahre 15 n. Chr. den Hohenpriester **Hannas** abgesetzt und
im Laufe einiger Jahre nacheinander mehrere Hohepriester neu erwählt
und wieder davongejagt, bis er endlich in Kaiphas (Kajaphas, dem
Schwiegersohn des Hannas) ein hinlänglich dienstbeflissenes Werkzeug
gefunden hatte. Dieser verwaltete das Amt vom Jahre 18—36 n. Chr.
Trotz alledem blieb **Hannas** in den Augen des Volkes und auf Grund
des Gesetzes der wahre Hohepriester. — Dieses Vorhandensein von zwei
Hohenpriestern war der Anfang der Auflösung des im AT so wichtigen und bedeutungsvollen Amtes. — Der Zerfall Israels war also von
dem Politischen aus bis ins Herz des auserwählten Volkes Israel eingedrungen.

In diese Nacht der Gottlosigkeit und des Sittenzerfalls, in diese Finsternis der Trost- und Hoffnungslosigkeit, und zwar sowohl in politischer als auch in religiöser Beziehung, trat die Gestalt des Täufers
Johannes.

Dem Priester Zacharias und seiner Gattin Elisabeth in hohem Alter
wunderbar im Tempel angekündigt und als ein Wunder seltsam geschenkt, wo menschlich gesprochen nichts mehr zu erhoffen und zu erwarten war, gleichsam eine **aufsehenerregende Frucht** der elterlichen
Gebete, war Johannes herangewachsen in jenem Kreise der Stillen im
Lande, zu denen eine Maria und Joseph, zu denen die Hirten von
Bethlehem, zu denen ein Simeon und eine Hanna gehörten.

Wahrscheinlich bald, vielleicht kurz nach dem Tode der greisen
Eltern, hat es den Johannes (sein Name heißt „Gott hat sich erbarmt")
in die Einsamkeit und in die Wüste getrieben. Die Höhlen der Wüste
Judäas waren in jenem heißen Land die kühlenden Zufluchtsstätten,

waren seine „Wohnung". Seine Nahrung bildeten die Heuschrecken und der Honig der wilden Bienen. Noch heute werden Heuschrecken gelegentlich gegessen. Man trocknet sie (so wird es auch Johannes gemacht haben) und mahlt sie zu Pulver. Weil dieses Heuschreckenpulver bitter schmeckte, aß man Honig dazu, und zwar den Honig der wilden Bienenschwärme. Rock, Hemd und Bett war dem Johannes sein kamelhärener Mantel.

So lebte er zwar äußerlich arm, aber innerlich reich — von den Verheißungen Gottes im AT — in Einfachheit, Einsamkeit und völliger Unabhängigkeit von den Menschen. Er glich jenem Elias im AT, der darum zum Manne Gottes wurde, weil er die Erbärmlichkeit seiner Zeit einfach nicht mitansehen konnte und den Auftrag Gottes für sein Volk, den er in sich fühlte, um jeden Preis ausrichten mußte. Johannes und Elias waren beide Männer, die mit ihrem Volk und ihrer Zeit ganz verwachsen waren, aber gerade um ihres Volkes willen sich von ihm losgerissen hatten.

Solche durch und durch aktiven, lebendigen Männer und Boten Gottes können nicht irgendwie zusehen, abseits stehen, sich resigniert abfinden mit den Dämonien des Verfalls und der Auflehnung, sondern fühlen sich innerlich mächtig gedrängt und getrieben zum Kampf gegen die Mächte und Kräfte des Bösen, um ihnen zu trotzen und sie zu besiegen. Dazu bedarf es (und das wissen diese Gottesboten) der festen und bestimmten Berufung von oben her und der außerordentlichen Kraft des Heiligen Geistes. Darum wird bei Johannes und Elias immer der G e i s t betont. Johannes wird vor Ihm (Jesus) hergehen im Geist und der Kraft des Elias Lk 1, 12.

2. Des Täufers Berufung und Wirksamkeit
Lk 3, 3—18

2b Da geschah (erging) ein Wort Gottes an Johannes, den Sohn des Zacharias, in der Wüste.

Das Auftreten des Johannes wird in Vers 2b mit atst klingenden Worten geschildert. Lukas erinnert damit bewußt an Berichte über Berufungen von Propheten des Alten Bundes (vgl. Jer 1, 2; Hes 1, 1; Joe 1, 1f).

Im AT wird, wie hier bei Johannes, auch der Vater des berufenen Propheten mit Namen genannt (vgl. Jer 1, 1; Joe 1, 1 usw.) W i e das „Wort Gottes" zu Johannes gekommen ist, ist nicht erwähnt. Jedenfalls war es eine unmittelbare Gottesoffenbarung, die ihm zuteil wurde.

„Ein Wort Gottes" kam zu Johannes, so lesen wir in Vers 2b. Ein wunderbares Wort, ein vollmächtiges Wort wird es gewesen sein. Nicht ein Wort bloßer Rede, das Johannes auszurichten hätte, sondern ein Wort, das zu g e s c h e h e n hat, das Ereignis werden soll, das als Tat Gottes sich vollzieht, das als das Handeln Gottes eingreift mitten in die Geschichte hinein.

So muß auch unser Wort, was wir kundmachen und was wir zugleich
darzubringen haben, und hörbar sichtbar darzubringen haben, durch
unser ganzes Wesen und Sein, w a h r n e h m b a r werden. An Johannes
predigte alles. Wort und Leben, Geist und Gebärde, Herz und Hand.
Sprache und Haltung, alles legte Zeugnis ab von dem Großen, was
Gott durch Seinen Boten zu sagen hatte.

Ein Wort Gottes kam zu Johannes. Ein achtungsgebietendes Wort,
ein Heiliges Wort; denn es enthielt das göttliche Gericht in seinem
ganzen Ernst, in seiner ganzen Strenge und Unnachgiebigkeit über ein
verlorenes Volk. Ein Wort Gottes, das schonungslos und rückhaltlos
aufdeckte, aufrollte der Menschen Sünde und Schande, der Leute Verderben und Bosheit und Falschheit auf der ganzen Linie in allen Ständen und Berufen.

Ein Wort kam zu Johannes. Ein ungeheures Wort, ein überragendes
Wort; denn es enthielt die Gnade und viel Vergebung in ihrer ganzen
Heiligkeit und Herrlichkeit, in ihrer ganzen Tiefe und Köstlichkeit
über ein verlorenes und sündiges Geschlecht. Ein Wort, das Leben
und Seligkeit enthielt, ein Wort der Vergebung. Das Wort **Vergebung
der Sünden**, d. h. Tilgung der Sünden enthielt die höchste Hoffnung der
Propheten des Alten Bundes (Jes 33, 24; Jer 31, 34; Jes 55, 7; Hes 18, 31;
36, 25 u. 27; Sach 13, 1; Mi 7, 18).

Beides ist im „Wort Gottes, das zu Johannes kam" enthalten, das
Gericht und die Gnade, das Zerschlagen und das Verbinden, das Verwunden und das Heilen, das Niedertreten und das Aufrichten, das
Gedemütigtwerden und das Getröstetwerden, und zwar beides in seiner ganzen Wahrheit und Wirklichkeit. Wir werden es gleich sehen!

Vergebung der Sünden! Wie mag Johannes selbst vor diesem über-
wältigenden Auftrage, vor diesem ungeahnten Entschluß Gottes anbetend in den Staub gesunken sein! Gott wird dennoch zuletzt den
Sieg davontragen! „Wo die Sünde mächtig geworden, da wird die
Gnade noch viel mächtiger sein" (Rö 5, 20). — „Wendet euch zu Mir, so
werdet ihr selig . . . . !" (Jes 45, 22)
Das ist das Wort Gottes das an Johannes erging.

a) Die Johannespredigt über die Umkehrtaufe
Lk 3, 3—6

3 Und er kam in die ganze Umgegend des Jordan, um eine Taufe der
4 Umkehr zur Vergebung der Sünden zu predigen; * wie geschrieben
   steht im Buche der Reden des Propheten Jesaja: „Eine Stimme des
   Rufenden in der Wüste; bereitet den Weg des Herrn, macht gerade
5 Seine Pfade! * Jede Schlucht wird voll werden und jeder Berg und
   Hügel wird erniedrigt werden; und das Krumme wird zum geraden
6 Weg und die Unebenheiten zu ebenen Wegen; * Und alles Fleisch
   wird sehen das Heil Gottes.

W. Stb. Matth
S. 31
W. Stb. Mk
S. 42
Zu Vers 3—18:
Mt 3, 1—12
Mk 1, 1—8
Zu Vers 4:
Jes 40, 3—5

Nachdem, wie wir es vorhin ausgeführt haben, „ein Wort Gottes"
an Johannes ergangen war, kam er in die ganze Jordangegend, um eine
Taufe der Umkehr zur Vergebung der Sünden zu predigen. Die Taufe
des Johannes trägt eine doppelte Bezeichnung.

1. Sie ist eine Taufe der U m k e h r (Bekehrung)
2. Sie ist eine Taufe zur V e r g e b u n g d e r S ü n d e n .

Zu dem, was wir über die Umkehrtaufe im Matthäus-Band S. 31—33
und ·im Markus-Band S. 43 f gesagt haben, sei noch folgendes hinzugefügt:

Im Tempel war ein reichgestalteter Gottesdienst für alle Bedürfnisse
des Gewissens. Nun aber eröffnet sich in der W ü s t e , weit draußen
vor dem heiligen Tempel und vor der heiligen Stadt eine Stätte,
wo in durchschlagender Weise eine Wirkung auf die Gewissen ausgeübt wird, nicht etwa, um sie nur zu schrecken, sondern um in ihnen
ein Neues werden zu lassen. Und dies geschah durch die Handlung der
Ganztaufe, die, in der Art und Weise, wie Johannes sie forderte und
vollzog, für die Juden zwar völlig neu und noch nirgends vorgeschrieben oder angekündigt worden war, aber dennoch der einzige Durchgang zur Vergebung der Sünden wurde. Während die Umkehrpredigt
der atst Propheten (hebr = schub = Umkehr) sich meistens folgen-
dermaßen vollzog: Kehrt um, sonst geht Jerusalem zugrunde; kehrt
um, sonst nützt euer Opfer gar nichts; kehrt um, sonst wird euer
Gott euch verwerfen; wird die Umkehrforderung des Johannes verlangt
mit der Begründung: „Das Königreich Gottes, die Herrschaft Gottes,
hat sich genaht, der Messias ist im Kommen, der König ist da!"

Das Wort „Wüste" oder „Steppe" (en te erämo) hat eine besondere
Bedeutung für Israel. Israel wurde immer an seine 40jährige Wanderung
durch die Wüste erinnert, und zwar in doppelter Hinsicht.

1. Die Wüste (Steppe) ist durch Israels Ungehorsam gekennzeichnet
   (Hb 3, 8f; Apg 7, 41ff)
2. Die Wüste ist durch Gottes Treue und Gnade gekennzeichnet, indem Gott an seinem Volk besondere Zeichen und Wunder tat
   (Apg 7, 36; 13, 18) (Manna = Wasser) und in besonderer Weise
   gesprochen hat (Apg 7, 38 u. 44)

Aus dieser Erinnerung heraus erwuchs im Judentum die Neigung, der
Wüste (Steppe) Besonderes zuzuschreiben. Vgl. St-B IV S. 954 und
W. Stb. Matth. S. 32

a) Die Wüste ist der Ort des Grauens und der Schrecken, der Straf-
gerichte Gottes, die Heimat des Teufels. Nach 3 Mo 16, 7—10 wurde
am Versöhnungstage der eine Bock in die Wüste (Steppe) hinausgejagt,
um für Asasel bestimmt zu werden. Damit sollte gezeigt werden, daß
die Sünde an den Ort des Grauens und des Gerichtes gestoßen sei.

b) Die Wüste (Steppe) ist aber auch die Stätte, wo Gott Seine Propheten zubereitet hat, z. B. Mose, Elia, den Täufer, Paulus usw.

c) In der Zeit vor Christi Kommen deutete der Aufenthalt in der
Wüste (oder die Wüste selbst) auf die messianische Endzeit hin. Es

entstand der Glaube, daß in der Wüste der Messias erscheinen würde. Dieser Glaube wirkte sich praktisch dahin aus, daß irdisch-messianische Bewegungen oft und gern in die Wüste zogen (Apg 21, 38).

„Prediger falscher messianischer Prägung gab es darum vor und nach Johannes viele. Aber alle diese falschen Messias-Propheten schlugen andere Wege ein. Sie erklärten insgesamt Abrahams Söhne als das erste Volk der Erde. Und um ihm die politische Allmacht zu verschaffen, griffen sie zu den Waffen. Verschiedene gaben sich als Könige aus. Wieder andere behaupteten, Wunder wirken zu können, oder stellten doch solche in Aussicht. Keiner aber dachte daran, seine Anhänger sittlich zu heben." Riciotti

Wie ganz anders dagegen Johannes der Täufer. Wie unerhört hart erscholl seine drohende Gerichts- und Umkehrpredigt, die klar und eindeutig auf die Umwandlung der Gesinnung und des Herzens und auf die Erneuerung des Lebens aufrüttelnd hinwies. Abrahams Kinder könnten auch aus Steinen herausgemeißelt werden.

(Über den Ernst der Predigt des Täufers siehe ausführlich in W. Stb. Matth. S. 31 f; Matth. 3, 1–12 und W. Stb. zu Markus 1, 1–8).

Wir fassen zusammen: Daß der Täufer das Volk in der Wüste um sich sammelte, steht also mit jener allgemein jüdischen Auffassung von damals in Verbindung, aber daß er dem Volk die baldige Ankunft des Messias mächtig und eindringlich veranschaulichen wollte, das ist das ganz Neue und einzigartig Große. Und weiter: Er, der Sohn eines Priesters, ging nicht in den Tempel nach Jerusalem, trat auch nicht (wie später Jesus und auch Paulus es getan haben) in den Synagogen der israelitischen Gemeinden auf, sondern Johannes ruft sie v o m T e m p e l f o r t und heraus aus Jerusalem, hinein in die Wüste. Er ruft sie zu sich, weil ein radikal Neues beginnen muß.

Aber nicht nur der Verkündigungs o r t, die Wüste, (im Gegensatz zu Tempel und Synagoge) und auch nicht die Verkündigungs h a n d - l u n g des Täufers (die Ganztaufe im Gegensatz zu den Opfern und Gottesdiensten des Tempels), sondern auch die Verkündiger g e s t a l t und das Verkündigungs w o r t stellen lauter u n p r i e s t e r l i c h e Z ü g e des Sohnes des Priesters dar.

Aber über all dem „Unpriesterlichen" des Täufers und über all dem Ernsten und Harten, das da draußen in der Wüste, fern von Jerusalem geschah (man mußte 40 km wandern durch Felsenland, Hitze und Staub, von Räubern bedroht), leuchtete dennoch, aus den Tiefen der Einöde und Wüste heraus, die Herrlichkeit des Heils, d i e V e r g e b u n g, d. h. die Tilgung der Sünden, die frohe Botschaft, daß alles Fleisch das Heil Gottes sehen wird, daß „Gott sich erbarmt hat", so wie der Name „Johannes" selbst zu deuten ist. (Vgl. unsere Ausführungen auf Seite 14 f)

Weil dies alles mit solch elementarer Wucht und Gewalt hervorbrach, ist der Sohn des Priesters, der Täufer Johannes, m e h r als ein

Priester des Tempels. Der Sohn des Priesters ist „der Prophet"! Das NT, der N e u e Bund, beginnt nicht mit dem Jesus von Nazareth, sondern mit der B o t s c h a f t des Propheten Johannes. Das ist das übereinstimmende Zeugnis aller vier Evangelien und auch all der Zusammenfassungen der Botschaft über das Christuszeugnis, das uns in den Predigten der Apostelgeschichte (bitte dort nachlesen) begegnet. Das Wort Jesu in Mt 11, 9, wo es heißt **Er ist mehr als ein Prophet** zeigt aber deutlich und wichtig an, wieviel höher Jesus dann den Täufer über die atst Propheten setzt und ehrt. Ja, Jesus nennt ihn sogar den g r ö ß t e n unter denen, die geboren worden sind (vgl. W. Stb. zu Mt 11, 11).

So wurden Gottes Heiligkeit und Gottes Güte, Gottes Gericht und Gottes Gnade, Gottes Majestät und Gottes Huld über die Sünde des Volkes und der einzelnen nach beiden Seiten hin offenbar. G o t t s c h e n k t   n i c h t s — es muß alles offenbar, alles an das Licht vor Seinem Angesicht. G o t t s c h e n k t a l l e s. Von dem, was erkannt und bekannt ist, was an das Licht gebracht ist, was herausgegeben ist, will Er nichts mehr wissen, das hat Er hinter Sich geworfen, das hat Er versenkt in die Tiefe des Meeres. — Soweit unsere Zusammenfassung.

Die Evangelisten Matthäus, Markus, Lukas und Johannes sehen die Erfüllung des Prophetenwortes aus Jesaja und Maleachi in dem Auftreten Johannes des Täufers,[1] der dem Herrn vorangeht, Ihm den Weg zu bereiten.

---

[1] Das Auftreten Johannes des Täufers wird von Lukas durch eine Weissagung aus Jes 40, 3—5 begründet und bewertet. Mt und Mk führen hierzu nur Jes 40, 3 an. Bei Mk ist dieses abgekürzte Prophetenwort noch mit Mal 3, 1 verbunden (Mt 3, 3; Mk 1, 2—3). Lukas zitiert die Worte aus Jes 40, 3—5 fast vollständig und wörtlich nach der Septuaginta. Der Prophet Jesaja stand seinerzeit vor der Frage, welches Heil er zu erwarten hatte. In der Stille seines Herzens, mit welchem er sich Gott zuwandte, empfing er durch eine wundersame Stimme auf seine Frage nach dem Heil. Gleich dem anhaltenden Trompetenstoß eines Herolds vernahm er den Ruf:

Jes 40, 3 „Horch, es ruft einer: Durch die Wüste bahnet einen Weg für Jahwe. Eine Straße baut in der Steppe unserem Gott!

4 Jedes Tal aufgefüllt, jeder Bèrg und Hügel geebnet. Das Krumme wird gerade, das Höckrichte durchschnitten.

5 **Und offenbar wird die Herrlichkeit Jahwes und alles Fleisch schaut es zumal.** Ja, der Mund Jahwes hat gesprochen." (in hebr. Urtextübersetzung)

Nach der S e p t u a g i n t a (der grie. Übersetzung des Hebräischen), die Lukas benutzt hat, heißt dieser Jesaja-Spruch:

3 Es ist die Stimme eines Rufenden in der Wüste: Bereitet den Weg des Herrn! Macht gerade Straßen unserm Gott!

4 Jede Vertiefung (Tal) soll ausgefüllt werden und jede Erhebung und Anhöhe soll geebnet werden. Alles Krumme soll ins Gerade und das Unebene soll in eine Ebene verwandelt werden.

5 Und die Herrlichkeit des Herrn wird erscheinen. **Und alles Fleisch wird das Heil Gottes sehen.**

Wenn wir den ursprünglichen hebr. Wortlaut und die grie. Übersetzung der Septuaginta miteinander vergleichen, dann sehen wir, wie frei die Septuaginta-Leute übersetzt haben und wie Lukas sich nicht des Hebräischen bedient, sondern die Septuaginta-Übersetzung braucht.

Der Weg des Herrn führte durch die Wüste, als Er Sein Volk damals
von der Knechtschaft Ägyptens erlöste.

Weil der Herr auch jetzt durch die Wüste zu Seinem Volk kommen
will, muß dafür gesorgt werden, daß nichts die Schnelligkeit des Kommenden aufhält und nichts die Gnade des Königs trübt.

b) Des Johannes Predigt über das Umkehrgericht

Lk 3, 7—9

7 Er sagte nun zu den Volksmengen, die herausgingen, um sich von
ihm taufen zu lassen: „Ihr Giftschlangengeburt, wer hat euch An-
8 leitung gegeben zu fliehen vor dem kommenden Zorn? * Schaffet
nun würdige Früchte der Umkehr! Und fangt nicht an bei euch selbst
zu sagen: Wir haben den Abraham zum Vater! Denn ich sage euch,
daß Gott auch vermag aus diesen Steinen dem Abraham Kinder zu
9 erwecken. * Es liegt aber auch schon die Axt an der Wurzel der
Bäume, also, der nicht gute Frucht schafft, wird abgehauen und ins
Feuer geworfen."

W. Stb. Matth.
S. 35 ff.
Zu Vers 7—9:
Mt 3, 7—10
Zu Vers 7:
Mt 23, 33

Was Lukas hier berichtet, stimmt fast wörtlich mit Mt 3,7—10 überein. (Vgl. W. Stb. Mt S. 35 ff.) Anders als Matthäus sagt Lukas aber
nichts von dem großen Zulauf, besonders seitens der Pharisäer und
Sadduzäer zur Taufe des Johannes. Lukas sagt auch nichts über die
Taufe selbst aus, auch ebensowenig über die Nahrung und Kleidung
des Täufers (vgl. Mk 1, 5.6; Mt 3, 7). Und Matthäus läßt die oben
genannten Umkehrworte auch an die Pharisäer und Sadduzäer gerichtet
sein. Nach Lukas sind diese Umkehrworte jedoch an das Volk gerichtet. Markus weist mehr auf die, die aus Jerusalem kamen. — Wenn
bei Lukas auch die führenden Schichten, nämlich die Pharisäer und
Sadduzäer, nicht genannt werden, so wird doch der herrschende
Z e i t g e i s t des ganzen Volkes mit scharfen Worten gerügt.

Zu dem, was über **Otterngeburt** und **Schlangenbrut** gesagt worden ist
in W. Stb. Mt S. 35 ff sei noch folgendes hinzugefügt.

Es ist aufschlußreich und wichtig, daß im Urtext für „Schlange"
hier nicht das sonst gebräuchliche griechische Wort „ophis", sondern
das andere Wort „echidna" herangezogen ist. Das besagt, daß mit dem
Wort „echidna" das G i f t der Schlange besonders betont werden soll.
Vor solch einer giftigen und Verderben bringenden Schlange hat man
Abscheu, man bekämpft sie radikal und tötet sie. (Kittel Wörtb. Bd. II)

Wenn der Täufer den Zeitgeist des ganzen Volkes, einschließlich
der Pharisäer und Sadduzäer, und bei Matthäus besonders die verderbliche Wesensart der Pharisäer durch das Wort von der Giftschlan-
gen-Geburt bloßstellt, dann traf das mit ungeheurer Wucht und
Schärfe mitten ins Herz der pharisäischen Heuchelei und Scheinheiligkeit. (Lies W. Stb. Mt zu Mt 5, 17 und Mt 23).

Johannes stellte der Volksmasse die Frage, wer ihnen Belehrung erteilt
habe, dem kommenden Zorn zu entfliehen? Der Täufer erinnert deutlich an Maleachis Weissagung von dem großen und schrecklichen Tag

des Herrn (Mal 4, 1—5). Er stimmt hierin mit allen Propheten des Alten Bundes überein, die von dem Tage des Herrn weissagen (vgl. Jes 2, 12; 13, 6.9.13; 34, 8—10; Hes 7, 7—10; Joe 1, 15; 2, 1—3; 3, 19, Am 5, 18; Ze 1,14—16.18; 2, 2). Dieser von den Propheten angekündigte Gerichtstag ist einerseits das zukünftige Gericht am Ende der Tage über alle diejenigen, die feindlich gegen Gott und Sein Volk gesonnen sind. Andererseits ist es aber auch ein Gericht, das an Israel jetzt schon durch das Auftreten des Messias vollzogen wird, in dem ohne Ansehen der Person, die an Christus Glaubenden von den an Christus nicht Glaubenden geschieden werden. Die Zeitgenossen des Täufers glaubten, wie wir es eingangs auf Grund der Psalmen Salomons ausführten, durchweg, der Messias würde nur einzig und allein über die Heiden, die Gojim, furchtbar zu Gericht sitzen und Israel herrlich Recht verschaffen.

Um sich vor dem kommenden Zorn des Messias zu schützen, fordert Johannes der Täufer eine wahre und aufrichtige Umkehr. Es sollen **Früchte** gebracht werden, welche die Echtheit der Umkehr beweisen sollen. Gute oder würdige Früchte beweisen, daß eine wirkliche Umkehr stattgefunden hat. (Vgl. hierzu das in W. Stb. Matth S. 35—38 ausführlich Gesagte). Obwohl die Pharisäer und Sadduzäer im jüdischen Volk grundsätzlich verschiedene Ansichten über die göttlichen Dinge, über Ewigkeit und Gericht vertraten, so waren doch beide Parteien in dem Punkte einig, daß sie stolz waren auf ihre H e r k u n f t vom Erzvater Abraham. Ein weitverbreiteter Gedanke bei diesen Führern der Juden war, die Gerechtigkeit und das V e r d i e n s t d e r V ä t e r , besonders Abrahams, bilde einen Schatz, aus welchem die Frommen der israelitischen Nation die Ergänzung ihrer vielleicht noch nicht ausreichenden Gerechtigkeit und die Sühne ihrer Sünden empfingen. Johannes betrachtete die Leute solch einer Gesinnung nicht als Abrahamskinder, sondern als Ausgeburt der Giftschlangen. Ihre Berufung auf die leibliche Abstammung ist fleischlicher Wahn und Irrsinn. Genau so wie der Täufer sagte auch Jesus den Juden, die auf ihre leibliche Nachkommenschaft von Abraham pochten, daß nicht Abraham, aber der Teufel ihr Vater sei (Jo 8, 44). Auch das, was Paulus in den Kapiteln Rö 9—11 schreibt, ist ebenfalls eine deutliche Widerlegung der Rede: „Wir haben Abraham zum Vater."

Johannes wendet sich mit erbarmungslosem Ernst an die „Volksmassen" als solche. Sie bildeten sich ein, Gott käme ohne sie nicht aus. Gott wäre ihnen gegenüber gewissermaßen verpflichtet, sie selig zu machen, weil Er es dem Abraham und seinen Nachkommen unter Eid versprochen habe. Mit den Händen auf die am Boden liegenden Steine hinweisend, sagt Johannes, daß Gott auch aus diesen **Steinen** der Wüste dem Abraham Kinder erwecken kann. (In einem alten lat Johanneslied von Diakonus Paulus heißen die Herzen der Heiden „harte Steine". Das Bibelwort von den Steinen der Wüste würde dann bedeuten, daß an Stelle der hochmütigen Söhne Abrahams, die sich weit erhaben über die Heiden dünken, **Gott aus den Heiden „Abrahamssöhne" machen wird.)** Paulus hat dieses Bibelwort von den Steinen zur vollen Entfaltung gebracht. An die Stelle des Israel nach dem Fleische ist das Israel nach dem Geiste gesetzt (Gal 3, 15 ff; Rö 2, 28; Phil 3, 3), wozu auch die Heiden gehören und zwar in der überwiegend größeren Zahl.

Das Gericht, in dem die Abrahamskinder untergehen, die sich nur einzig und allein auf ihre äußerliche Abkunft von Abraham stützen, steht nahe bevor. Die Axt, mit der der Baum gefällt werden soll, liegt schon an der Wurzel.

Auch mit diesem Bild vom Baume, das hier gebraucht wird, steht der Täufer nicht allein da, auch Jesus wendet dieses Bild an in Mt 7, 16 ff; 15, 13. Ist der Baum gut, dann trägt er gute Früchte. Eine echte Bekehrung oder Umkehr zeigt sich in den **Früchten** des neuen Lebens.

Matthäus (3, 8) spricht im Unterschied zu Lukas von **der Frucht,** womit er die geschlossene E i n h e i t des Neuen Lebens betont. Lukas dagegen spricht (3, 8) von **den Früchten** der Umkehr, um die V i e l g e s t a l t i g k e i t des Neuen Lebens zum Ausdruck zu bringen. V i e l f ä l t i g soll sich das Neue Leben zeigen und offenbaren.

Aus dem Vergleich, den wir hinsichtlich der unbarmherzigen Bildworte des Täufers betreffend Stein und Baum und Axt und Feuer und Gericht mit den Worten Jesu und des Paulus gezogen haben, sehen wir daß Johannes der Täufer kein abseitsstehender Sonderling ist, sondern daß auch Jesus und die Apostel ebenso ernst vom Gericht Gottes gesprochen haben.

c) Des Johannes Predigt über die Umkehrwerke
Von der sogenannten Standespredigt
Lk 3, 10—14

10 Und während ihn die Volksmengen fragten und sagten: „Was sol-
11 len wir nun tun?" * antwortete er und sagte: „Wer da zwei Röcke hat, teile mit dem, der nicht hat, und der da Speisen hat, tue gleicher-
12 maßen." * Es kamen aber auch Zöllner, um sich taufen zu lassen,
13 und sprachen zu ihm: „Meister, was sollen wir tun?" * Er aber sprach zu ihnen: „Über das euch Angeordnete erhebt nichts mehr!" *
14 Es fragten ihn aber auch die Kriegsleute und sagten: „Und wir, was sollen wir tun?" Und er sprach zu ihnen: „Erpreßt niemandem Geld ab, klagt niemand fälschlich an, und seid zufrieden mit euren Besoldungen!"

Der in den Versen 10—14 erzählte Bericht gehört zum „Sondergut" des Lukas, d. h. das hat Lukas allein wiedergegeben. Matthäus und Markus haben das nicht geschildert. Man nennt diese Verse 10 bis 14 die S t a n d e s p r e d i g t des Täufers.

Johannes bekam augenblickliche Wirkungen seiner Predigt zu sehen. Von der Menge des Volkes, die hinausströmte, bemerkt Lukas, daß sie dem Täufer ihre Sünde bekannte, ein jeglicher die seine. Sie wenden sich an Johannes mit der bestimmten Frage: „Was sollen wir tun?"

Und was antwortete Johannes auf die einzelnen Gewissensfragen? Hier sehen wir recht deutlich, daß Johannes nicht darauf ausgeht, den

Zusammenhang zwischen Bekehrung und irdischem Beruf abzubrechen. Er fordert niemand auf, bei ihm in der Wüste zu bleiben, sondern, nachdem Johannes die Zeichen einer inneren Umkehr wahrgenommen hat, verweist er einen jeden zurück in seinen Stand und Beruf, verlangt aber innerhalb dieses Standes und Berufes wirkliche **Früchte** der Bekehrung.

Darin zeigt sich die wahre Größe des Propheten, daß er die Lebensweise, die ihm für seinen Sonderberuf auferlegt wurde, nicht zur Vorschrift seiner Mitmenschen macht. In der Forderung der echten Liebe als Frucht der Umkehr stimmt Johannes mit den alten Propheten (vgl. Mi 6, 6—8) und vor allem mit Jesus und auch mit den Aposteln völlig überein (vgl. Lk 10, 25—37; 1 Ko 13 usw.). Auch hierin steht der Täufer mitten drinnen in der Reihe der Propheten und Boten Gottes.

Die Z o l l b e a m t e n waren wegen ihrer Erpressungen und Betrügereien derart berüchtigt, daß ihnen bei jüdischen Behörden nicht gestattet wurde, einen Eid zu leisten.

Der Täufer, den die Zöllner mit „Meister" anreden, sagte ihnen nicht, daß sie ihren Beruf aufgeben müßten, sondern ganz einfach, nicht mehr als das Erlaubte oder Vorgeschriebene zu fordern.

Der Täufer scheut sich nicht, auch den S o l d a t e n, die wir uns als Nichtjuden vorzustellen haben, eine Antwort auf ihre Frage zu geben. Die Frage dieser heidnischen Krieger: „Und wir, was sollen wir tun?" klingt sehr besorgt. Sie fragen, ob es auch für sie noch eine Rettung vor dem kommenden Zorn Gottes gibt, weil doch ihr Beruf sich gar nicht mit der jüdischen Frömmigkeit vereinbaren läßt?

Johannes rät auch ihnen ebensowenig wie den Zöllnern, ihren Beruf aufzugeben. Er fordert sie auf, die Befehle ihrer Vorgesetzten recht auszuführen. Sie sollen ihre Gewalt nicht mißbrauchen, d. h. die Leute nicht mißhandeln zum Zweck der Gelderpressung und schikanieren durch Denunziationen, sondern sich mit ihrem Sold begnügen.

Die Zöllner und Soldaten sollen also nicht ihren S t a n d, sondern ihre S t a n d e s s ü n d e n aufgeben. Gerade als bekehrte Zöllner und Kriegsleute sollen sie rechte Frucht der Buße bringen.

Wir fassen zusammen: „Das Volk wird nicht zur Armut verpflichtet, sondern zum Geben, und nicht das Geldgeschäft macht den Zöllner schuldig, sondern seine Dieberei. Und denen, die im Heerdienst stehen, werden nicht die Waffen abgenommen, sondern die geldgierige Erpressung und grausame Gewalttat wird ihnen verwehrt. Es werden für das Volk nicht neue Lebensbedingungen gesucht, damit der Christus zu ihm kommen könne. E r k o m m t i n d i e W e l t, in der Geschäfte gemacht und Zölle gezahlt werden und in der es Soldaten gibt, damit sie Frieden halte und Liebe, reine, wahre Liebe übe. Mitten in dieser Welt, nicht neben ihr, hat auch Johannes seinen Platz.

„Die Bindung des Wortes an die jetzt gestellte Frage hat zur Folge, daß ausschließlich von dem gesprochen wird, was j e t z t g e t a n werden muß. Das gibt den Geboten des Täufers eine provisorische Haltung.

Was die Zöllner und Krieger dann zu tun haben, wenn der Christus erschienen sein wird, davon reden die Sprüche des Täufers noch nicht. Ist der Christus gekommen, so wird sich ihr erneuerter Wille darin zeigen, daß sie zu Ihm kommen. Das wird vom Fortgang der Erzählung nachdrücklich gesagt. W o r i n b e s t e h t d i e U m k e h r d e s S ü n - d e r s ? D a r i n , d a ß e r z u J e s u k o m m t. Wie empfängt er die Vergebung? Dadurch, daß Jesus ihm Seine Gemeinschaft gewährt." (Schlatter)

Der Täufer weiß, die Abwaschung des alten Unrats wird für die Länge nicht viel helfen, und das Geschenk, die Vergebung der Sünden, wird nur dann sich entfalten und recht bewähren, wenn eine neue Kraft von oben her das Neue Leben entwickelt und wachsen läßt. Weil das so ist, darum hören wir im folgenden von dieser Kraft des Heiligen Geistes, von dem, der größer und stärker ist als der Täufer, nämlich Jesus, der Christus. —

d) Die Johannes-Predigt vom Kommen des Christus (Messias)

Lk 3, 15—17.

W. Stb. Matth.
S. 37f.
W. Stb. Mark.
S. 46f.
Zu V. 15—17:
Mt 3, 11—12
Mk 1, 7—8
Jo 1, 19—28

15 Während aber das Volk in Erwartung war und alle in ihrem Herzen wegen Johannes überlegten, ob er nicht selbst der Christus sei, *
16 antwortete Johannes allen und sagte: „Ich taufe euch zwar mit Wasser, es kommt aber, der stärker ist als ich. Ich bin nicht fähig, den Riemen Seiner Sandalen zu lösen. Dieser wird euch taufen mit
17 Heiligem Geist und Feuer. * Seine Worfschaufel ist in Seiner Hand, Seine Tenne gründlich zu reinigen und den Weizen in Seine Scheune zu sammeln, die Spreu aber wird Er mit unauslöschlichem Feuer verbrennen."

Diesen Abschnitt haben die drei ersten Evangelisten gemeinsam. Das Warten des ganzen Volkes auf „den Christus", den Messias, war damals sehr lebendig. Die Zustände in und um Jerusalem zur Zeit des alten Herodes und seiner Nachfolger erregten, wie wir dies zu Beginn des 3. Kapitels ausgeführt haben, bei frommen Israeliten im Anschluß an Verheißungen des Alten Bundes (vgl. Jes 4, 2—5. 7; 40. 1 f; 52. 9; Zeph. 3, 14—20; Sach. 9, 9 ff.; 12, 1 ff.) die Sehnsucht nach dem Christus (Messias), oder nach dem Trost Israels. Die Hoffnung für Jerusalem hinsichtlich der Erwartung des Messias kommt auch im A c h t z e h n g e b e t zum Ausdruck. Was das „Achtzehngebet" ist, siehe in W. Stb. Matth. S. 71 und Fußnote 4.

Auf die Meinung des Volkes, ob er vielleicht selbst der Christus wäre, legte Johannes in Demut ein Zeugnis vom kommenden Christus ab. (Vgl. W. Stb. Matth. S. 37 f und Mark. S. 46f.)

Johannes meint weiter, daß er nicht fähig sei, diesem nach ihm Kommenden, der mit Heiligem Geist und Feuer tauft, den Riemen Seiner Sandalen zu lösen, d. h. auch nur die niedrigsten Sklavendienste dem Christus zu leisten. In dieser Haltung zeigt sich des Täufers echte Demut. (Vgl. dazu W. Stb. Mark. S. 47 Fußnote).

Mit einem einzigen Worte Tausende gewinnen zu können und doch die Tausende nur stets zu einem anderen ganz hinzuweisen, den sie noch nicht einmal sehen, um, sobald dieser kommt, bescheiden zurückzutreten, ja, sich sogar zu f r e u e n über dieses eigene Zurücktreten, w e n n n u r d i e s e r a n d e r e w ä c h s t — wer hat wohl je einen demütigeren und ergebeneren Charakter gesehen und könnte sich wohl zu solch einer „Größe" eigenster Art erklären, wenn das Wort Lk 1, 15 und 80 nicht der Ausdruck der reinsten Wahrheit wäre?

Johannes spricht davon, daß der Kommende mit dem Heiligen Geiste taufen werde. Johannes weist damit sehr deutlich auf eine alles durchdringende Geisteswirkung hin. Dies wird noch deutlicher, indem er diese Geistestaufe zugleich Feuertaufe nennt. Das Wasser berührt nur die Oberfläche, das Feuer aber dringt in den Bestand der Dinge ein.

Diese Wirkung des **Feuers** in Vers 16 ist, zunächst positiv gesehen, den Israeliten als Bild der Heiligung sehr geläufig, weil das Feuer des Altars aus dem irdischen Diesseits in das Jenseits der göttlichen Gegenwart versetzte.

Das Feuer in Vers 16 bezeichnet ferner die Tätigkeit des Geistes auch nach der Seite seiner negativen Tätigkeit, insofern als es alles verzehrt, was dem Werden des neuen, gottgeweihten Menschen im Wege ist und darum zugrunde gehen muß. Das Feuer ist demnach allerdings ein Bild des Gerichts, aber jenes g n a d e n v o l l e n G e r i c h t s, das reinigt und läutert, wie das Feuer des Goldschmieds.

Das Feuer in Vers 17 dagegen ist das Bild des l e t z t e n G e r i c h t s, das diejenigen vernichten wird, die der Wirkung des heilsamen Feuers in der Heiligung sich entzogen haben. Daher ist es auch von dem Feuer in Vers 16 ausdrücklich durch das Beiwort „unauslöschlich" d. h. ewig, unterschieden (vgl. Mt 18, 8 unaufhörlich).

Unter dem Bilde der Scheidung des Weizens von der Spreu bei der Ernte wird ebenfalls die Gerichtstätigkeit d e s C h r i s t u s geschildert. Nach der Weissagung in Mal 3 und 4 sah Johannes offenbar im Geiste den Tag der ersten und zweiten Zukunft des Herrn in eins. Das in Vers 17 Gesagte bezieht sich auf die zweite Ankunft des Herrn, nämlich den Tag des letzten Gerichts. Das Wort des letzten Propheten im Alten Bunde: „Da werden alle Verächter und Gottlosen Spreu sein und der künftige Tag wird sie anzünden, spricht der Herr Zebaoth" (Mal 4, 1) erfährt hier eine **erste** neutestamentliche Bestätigung. Wenn der Täufer sagt, daß d e r C h r i s t u s die Worfschaufel in Seiner Hand hat, dann bedeutet dies, daß die Scheidung als solche zwar schon nahe ist. d. h. der scharfe Gegensatz zwischen dem Weizen für die himmlische Scheune und der Spreu für das unauslöschliche, ewige und unaufhörliche Feuer wird bald in Erscheinung treten, und zwar in dem Annehmen und Ablehnen des Messias..

Das G e r i c h t s - B i l d, das der Täufer über den kommenden Christus, d. h. den Messias, dem Volke Israel entwirft, und welches im Sinne echter Prophetie als eine Zusammenschau der ersten und der zweiten Wiederkunft des Herrn gesehen worden war, war einerseits in seiner ersten Verwirklichung, als dann Jesus kam und Seine öffentliche Tätigkeit begann, ein ganz anderes und doch anderseits genau dasselbe! Man vgl. hierzu das Joh. Ev., wo auch in besonderer Weise die ungläubige Ablehnung des Messias das Gericht, das harte Gericht als solches, über Israel darstellt! Man vgl. auch W. Stb. Matth zu Kap. 13 und Mark zu Kap. 4, dann Paulus in Röm 9—11. — Es ist zwar zwischen diesem Bild des Täufers und der messianischen Wirksamkeit Jesu, die volles Heil und göttliches Gericht vollführte, zu mancher unberechtigten Spannung gekommen (Lk 7, 18 ff; lies bitte dort).

In jeder e c h t e n Christus-Verkündigung wird eine berechtigte Spannung bestehen bleiben, die darin sich zeigt, daß sich immer beides, göttliches Gericht und volle Gnade darstellt! Jesu Erscheinen birgt weder eine b i l l i g e G n a d e noch ein o b e r f l ä c h l i c h e s G e - r i c h t.

e) Des Johannes Tätigkeit (summarisch dargestellt)

Lk 3, 18

18 Während er nun vieles und anderes zum Trost auch noch sagte, evangelisierte er das Volk.

Mit einer kurzen Schlußformel beendet Lukas den Bericht von der Predigttätigkeit des Täufers. Wenn der Evangelist von der Ankündigung des furchtbaren Gerichts schreibt, so berichtet er auch, daß Johannes dem Volke den reichen Trost des Evangeliums predigte. Damit wird das noch einmal bestätigt, was am Anfang schon gesagt worden war, daß auch in der Predigt des Johannes die Mitteilung von Gottes Gerichten und von Seiner Gnade zu finden ist. Dies wird mit dem Ausdruck **Johannes evangelisierte das Volk** festgelegt. In diesem Evangelisieren ist der Hinweis auf Jo 1, 29 zu sehen: „Siehe, das ist Gottes Lamm, welches der Welt Sünde trägt". [2])

---

[2] Es ist also nicht wahr, daß der Täufer auf Grund der Schilderung der Synoptiker Mt, Mk und Lk n u r geschlagen und gescholten habe, nur von Gericht und Verdammnis zu predigen wußte — im Unterschied zum Evangelium des Johannes, nach dem er „nur" Evangelium verkündigt habe (Lies Jo 1, 29—36). Nein! Auch Mt, Mk und Lk wissen von dem Täufer die Verkündigung der frohen Botschaft zu berichten. Man denke an die anschaubare und wahrnehmbare Predigt der Taufe der Umkehr in die Vergebung der Sünden hinein; also Umkehr und Vergebung. Man denke an Vers 6, wo es heißt, „alles Fleisch wird das **Heil Gottes** sehen". Man denke ferner an Vers 18, wo es heißt, „Johannes **tröstete,** richtete auf, ermunterte" (parakaléo) und fernerhin Johannes **evangelisierte** das Volk, d. h. verkündigte das Evangelium, die Freudennachricht vom Heil. Man denke endlich an das prophetische Wort des Vaters Zacharias: „Und du Knäblein Johannes wirst vor dem Herrn hergehen, um Seinem Volk die Erkenntnis des **Heils** zu verschaffen, die ihnen durch **Vergebung ihrer Sünden** zuteil werden wird" (Vgl. Jer 31, 34). So will es das **herzliche Erbarmen** unseres Gottes, in welchem uns der Aufgang aus der Höhe besucht hat, (Jes 60, 1—2; Mal 3, 20) um denen Licht zu spenden, die in Finsternis und Todesschatten sitzen ... Und der Name „Johannes" selbst bedeutet **„Gott hat sich erbarmt."**

W. Stb. Matth.
S. 198ff.
W. Stb. Mark.
S. 129
Zu V. 19—20:
Mt 14, 1—12
Mk 6, 14—29

f) Des Johannes Gefangennahme
Lk 3, 19—20

19 Herodes aber, der Vierfürst, der von ihm des Ehebruchs überführt
wurde wegen Herodias, der Frau seines Bruders, und wegen all
20 der bösen Dinge, welche Herodes getan hatte, * setzte zu allen Ver-
gehungen noch dieses hinzu, daß er Johannes in den Kerker werfen ließ.

Der große Umkehrprediger, der nicht um die Gunst des Volkes
buhlte und furchtlos wie ein Elias auch denen die Wahrheit sagte, die
auf dem Thron saßen, rügte den König Herodes Antipas. Dieser hatte
die Ehefrau Herodias seinem enterbten Bruder Herodes Philippus I
abspenstig gemacht und zu dessen Lebzeiten geheiratet. Herodes Antipas wurde dann auch wegen anderer Missetaten von Johannes getadelt.
Daraufhin setzte der Herodianer den Johannes im Gefängnis fest.
Durch den jüdischen Geschichtsschreiber Josephus wird diese kurze
Geschichte des Lukas bestätigt. (Jos. Altert. XVIII, 5, 1. 2,) Hiernach
wurde Johannes auf die Festung Machaerus gebracht.

Was die Evangelisten Matthäus und Markus ausführlich erzählen (Mt
14, 1—12; Mk 6, 14—29) deutet Lukas nur kurz an. Er will damit
offenbar die Geschichte Johannes des Täufers zum Abschluß bringen,
um auf das überzugehen, was sich auf Jesus bezieht.

W. Stb. Matth.
S. 39
W. Stb. Mark.
S. 47
Zu V. 21—22:
Mt 3, 13—17
Mk 1, 9—11
Jo 1, 32

B. Die Taufe Jesu und die Weihe des Christus (Messias)
Lk 3, 21. 22

21 Es geschah aber, als das gesamte Volk sich taufen ließ und Jesus
22 getauft worden war und betete, daß der Himmel sich öffnete, * und
der Heilige Geist herab kam in leiblicher Gestalt wie eine Taube auf
Ihn, und daß eine Stimme aus dem Himmel erklang: „Du bist
Mein geliebter Sohn, an Dir habe ich Wohlgefallen gefunden."

Das Verhältnis zwischen Jesus und dem Täufer gleicht dem zwischen
zwei Gestirnen, die in manchen Phasen ihres Laufes einander folgen.
Die Ankündigung der Geburt beider, ihre Geburt selbst, der Anfang
ihrer öffentlichen Tätigkeit, ihr Tod, folgen bald aufeinander. Und
doch fand zwischen diesen beiden Männern, die einander vermöge der
Bedeutung ihres Lebensganges innerlich so nahe standen, n u r e i n e
e i n z i g e   d i r e k t e   B e g e g n u n g   s t a t t. In diesem Augenblick
durchschreitet das eine Gestirn rasch die Bahn des andern. Und dann
trennen sie sich, und jedes verfolgt wieder den ihm vorgeschriebenen
Weg. Diesen einzigartigen Augenblick des unmittelbaren Zusammen-
treffens beider schildert jetzt der Evangelist in der Geschichte von
der T a u f e J e s u i m J o r d a n f l u ß.

Es gibt wichtige und große Flüsse. Unter allen Flüssen der Erde aber
ist der bedeutendste der Jordan. Warum?

Jesus ist darin getauft. Der Gottessohn senkte Seinen Körper tief
hinein in den Jordan und ließ sich im Jordanwasser ganz untertauchen
durch des Täufers Hand. Hier begann der Opfergang und Sterbens-

gang **d e s   C h r i s t u s**, des Gesalbten. Hier fing aber auch unser
Aufgang, unser Freudengang und Freiheitsgang an, unser zeitliches und
ewiges Glück.

Die Taufe Jesu wird nur in einem Satz erzählt. Aber welch ein un-
aussprechliches Gewicht enthält dieser eine kurze Satz. Schlicht berichtet Lukas: „Johannes taufte alles Volk", „Jesus wurde getauft."

Durch die Taufe vereinigte Sich der Herr mit dem Volke. Lukas fügt
als einziger der drei Evangelistenberichte zu seinem Satz „als Jesus
getauft wurde" noch hinzu das so sehr wichtige Wörtlein **und betete.**
Wie über alle Maßen bedeutungsvoll ist dieses Beten Jesu bei dem Her-
aussteigen aus dem Wasser. Unser Evangelist lenkt gern sein Augenmerk auf solche wichtigen Gelegenheiten, bei welchen Jesus betete
(vgl. Lk 6, 12; 9, 16. 29; 11, 1).

Bei der Taufe Jesu ereignete sich ein Dreifaches:

1. Der Himmel öffnete sich;
2. Der Heilige Geist kam herab;
3. Die göttliche Stimme wurde gehört.

Diese drei Tatsachen waren für Johannes **u n d** Jesus geistig und sinnlich wahrnehmbar.

1. **Der Himmel öffnete sich.** [3]) Man könnte dieses Auftun des Himmels als eine Wechselwirkung zwischen dem Himmel und der Erde
schlechthin betrachten, weil der Christus als der aus dem Himmel Gesandte die Erde für den Himmel heimholt.

2. **Der Heilige Geist kam herab in leiblicher Gestalt wie eine Taube
auf Ihn.** Lukas sagt ausdrücklich „Der Heilige Geist". — Matthäus
sagt: „Geist Gottes", Markus sagt: „der Geist". — Die Gestalt der
Taube hat etwas in sich Geschlossenes, Abgerundetes. Am Pfingstfest
erscheint der Heilige Geist in der Gestalt von **zerteilten** Feuerzungen,
welche sich auf die Häupter der Anwesenden niederlassen. Pfingsten ist
das Sinnbild der **v e r s c h i e d e n e n** unter die Jünger verteilten Gaben. Hier bei dem Herrn Jesus ist der Heilige Geist in Seiner **G a n z -
h e i t , E i n h e i t** und **F ü l l e** Ihm zuteil geworden. Gott gab Ihm den
Geist nicht nach dem Maß „wie den Propheten", sondern es ist die
völlig bleibende Einwohnung des Geistes, das **v o l l k o m m e n e
E r f ü l l t w e r d e n   m i t   d e m   H e i l i g e n   G e i s t**, und zwar ohne
Maß (Jo 3, 34). Im Gegensatz zu dem Erfülltwerden mit Geist bei den
Propheten des AT muß das Wort des Täufers im Evangelium Johannes
1, 32 angeführt werden: „Der Heilige Geist **blieb** auf Ihm." Bei den
Männern im AT kam der Heilige Geist als **v o r ü b e r g e h e n d e**
Wirkung auf sie, hier „blieb" der Heilige Geist ständig, und zwar in
Seiner **F ü l l e**, ohne Maß!

3. Die dritte Kundgebung, die vom Himmel geschah, war die **göttliche Stimme.** Nach Markus und Lukas ist die göttliche Himmels-Anrede

[3] (Vgl. hierzu den Text bei Mt 3, 16: „**U n d   s i e h e ,   d i e   H i m m e l   w u r d e n   g e ö f f n e t**".
Die Koine Handschriftengruppe sagt: „Die Himmel wurden **I h m** geöffnet" — Mk 1, 10: „Die Himmel wurden auseinandergerissen"). Näheres siehe dort W. Stb. Matth. Bd. I und Mark. Bd II.

an Jesus gerichtet: „Du bist Mein geliebter Sohn . . ." (54) Bei Matthäus stehen diese Worte in der dritten Person: „Dieser ist Mein geliebter Sohn!" Der angeführte Unterschied ist kein Widerspruch. Die Stimme Gottes, die an Jesus gerichtet war, nahm der Täufer zur Kenntnis.

Die Himmelsstimme verkündigt den Herrn als Sohn Gottes, an welchem der himmlische Vater Wohlgefallen fand. Die Bezeichnung: „. . . Mein Sohn, der Geliebte", entspricht dem hebr Wort „jachia" = der Einzige, der Einziggeborene Sohn Gottes. Dem M a n n e Jesus ist nun ein weiterer Blick als dem zwölfjährigen Knaben aufgegangen. Nicht nur für Seine Person zu sein „in dem, was des Vaters ist" (Vgl. hierzu das zu Lk 2, 49 Ausgeführte), ist forthin Sein Anliegen, sondern jetzt ist das H e i l a n d s bewußtsein gereift, jetzt erkennt Er. daß Er mitten unter dem s ü n d i g e n V o l k „i n d e m, w a s d e s V a t e r s i s t", sein müsse, nämlich in dem Werke des Vaters zur Erlösung des Volkes. Dieser Selbsterniedrigung begegnet sofort die göttliche Verherrlichung: „Du bist Mein geliebter Sohn, an Dir habe Ich Wohlgefallen gefunden!" Vgl. W. Stb. Mk S. 49

Das Wort „Du bist Mein Sohn . . ." hat aber nicht nur für d e n C h r i s t u s (den Gesalbten, den Messias) Bedeutung, sondern hat auch für uns einen tiefen Sinn, und zwar soteriologisches Gewicht. Zum Vater im Himmel geht der Weg n u r über den Sohn. Der Sohn kann darum allein unser Mittler sein. Der Vater sagt: „Dies ist mein geliebSohn." Diesem Sohn zuliebe läßt der Vater uns vor Sein Angesicht kommen. Dem Sohn zuliebe läßt Sich der Vater von uns sprechen. — Ohne den Sohn ist's unmöglich. In dieser Beziehung gilt das Wort des Vaters: „Dies ist mein geliebter Sohn" auch uns.

Noch ein Gedanke über die Geltung des Wortes: „Du bist Mein geliebter Sohn". . . Gott hat zwar viele als Seine Werkzeuge gesendet und ausgerüstet für ihren Dienst. Sie alle aber erhielten ihre Sendung innerhalb ihres irdischen Lebens. Hingegen „den Sohn" hat Gott aus dem überirdischen Leben heraus in das irdische Leben hineingesendet. Der Sohn existierte schon vor Seinem irdischen Leben in Ewigkeit bei Gott, Gott bei Gott, wesensgleich und wesenseins mit dem Vater (Jo 1, 1).

Die Bedeutung der Taufe wird aber weiterhin noch nicht ganz vollständig erkannt, wenn man in ihr nur einen Faktor des Erlösungswerkes Jesu sieht und nicht auch eine Phase in der Geschichte der Gemeinde Jesu. Weil Jesus in diese Taufe des Sünders eingegangen und dann mit Seinem Kreuz und Auferstehen ihr Inhalt geworden ist, heißt von nun an „getauft werden": mit Christus sterben, um mit Ihm zum Neuen Leben zu erstehen. (Siehe Römer 6)

Die Geschichte der Taufe Jesu hat endlich auch in christologischer Hinsicht bleibendes Gewicht.

Sie gibt unserem Glauben an den Sohn Gottes den objektiven Grund eines göttlichen Zeugnisses, das ebensowenig geleugnet als widerrufen werden kann. Und sie offenbart ein Stück von der Fülle des göttlichen

Wesens, wie der Vater dem Sohne Zeugnis gibt und der Geist in sichtbarer Gestalt herniederkommt.

Erwäge: Die doppelte Wirksamkeit des Geistes bei Jesus: Geburt (1, 35) und Taufe (3, 22) und bei den Jüngern (Jo 20, 22 u. Apg 2, 38). Erwäge: Johannestaufe — Jesustaufe — Geistestaufe (Apg 19, 1—7).

Nicht die Wassertaufe, sondern die Geistestaufe ist das Bad der Wiedergeburt (Rö 6, 3—5; Gal 3, 27; Kol 2, 11, 12; 1 Ko 12, 13; Eph 4, 5 1 Pt 3, 21; Tit 3, 5; Jo 3, 5).

C. Die Ahnentafel Jesu, des Christus (des Gesalbten)

Lk 3, 23—38

Durch die Taufe hat Gott das Verborgene, in welchem Jesus bisher geblieben war, weggenommen und Ihn aus dem Kreis von Personen gelöst, von dem Er bisher umgeben und gleichsam abgeschirmt war. Dieser Augenblick, wo Er in Sein eigentliches Selbst eintritt und Seine Erlöser-Aufgabe verwirklicht, erscheint dem Lukas als der geeignetste Zeitpunkt, um das Geschlechtsregister Jesu zu geben (2. Mose 6, 4).

23 Und Er selbst, Jesus, war, da Er anfing, ungefähr dreißig Jahre. Er
24 war, wie man meinte, ein Sohn Josephs, des Eli * des Matthat, des
25 Levi, des Melchi, des Jannai, des Joseph, * des Matthathias, des
26 Amos, des Nahum, des Esli, des Naggai, * des Maath, des Mattha-
27 thias, des Semei, des Joseph, des Joda, * des Joanan, des Resa, des
28 Zorobabel, des Salathiel, des Neri, * des Melchi, des Addi, des
29 Kosam, des Elmadam, des Er, * des Jesu, des Elieser, des Jorim,
30 des Mathahat, des Levi, * des Symeon, des Juda, des Joseph, des
31 Jonam, des Eliakim, * des Melea, des Menna, des Matthatha, des
32 Nathan, des David, * des Jessai, des Jobed, des Boos, des Sala,
33 des Naasson, * des Aminadab, des Admin, des Arni, des Esrom,
34 des Phares, des Jouda * des Jakob, des Isaak, des Abraham, des
35 Thara, des Nachor, * des Serouch, des Ragau, des Phalek, des Eber,
36 des Sala, * des Kainam, des Arphachsad, des Sem, des Noe, des
37 Lamech, * des Mathousala, des Henoch, des Jaret, des Malaleel, des
38 Kainam, * des Enos, des Seth, des Adam, des Gottes.

W. Stb. Matth. S. 14ff.
Zu V. 23—38
Mt 1, 1—17

Wir geben anläßlich der Ahnentafel Jesu einen kurzen Rückblick über Kapitel 3 und stellen fest, daß Jesus, als Er Sich anschickte, öffentlich Sein Amt anzutreten, dreifach beglaubigt wurde. Diese dreifache Bestätigung ist im 3. Kapitel nacheinander wie folgt entfaltet worden:

1. Johannes als Vorläufer war bestimmt, den Herrn in die Weltgeschichte einzuführen. Das war seine Mission. Dieser Aufgabe entsprach seine antipharisäische, universale Haltung; sie sprach sich ferner aus in seiner Predigt und wurde endlich besiegelt durch seinen Leidensgang (Kap 3, 2b—20).

2. Allein hier wurde dem Herrn neben der geschichtlichen Beglaubigung des Johannes im Hinblick auf Sein Leben, Leiden und Sterben eine zweite und höhere zuteil. Es geschah nämlich, daß eine Stimme kam vom Himmel, die sprach: „Du bist Mein geliebter Sohn, an welchem ich Wohlgefallen gefunden habe." So wurde Jesus beglaubigt vom Vater im Himmel selbst, nicht allein durch die Stimme vom Himmel, sondern auch durch die Offenbarung des Heiligen Geistes. Dadurch wurde Jesus beglaubigt in Seiner g ö t t l i c h e n N a t u r und damit als d e r G o t t W o h l g e f ä l l i g e.

3. Mit dieser zweiten Bestätigung aber läuft parallel die dritte, welche in Seiner menschlichen Natur und Abstammung liegt, in der wahren M e n s c h e n n a t u r C h r i s t i, wie diese Ahnentafel nachweist. Diese dritte Legitimation aber geht nicht über die zweite hinaus, sondern sie steht ihr als Parallele gegenüber. Christus muß ebenso notwendig d e r w a h r e M e n s c h e n s o h n sein wie d e r w a h r e G o t t e s - s o h n, wenn Er der Heiland der Menschheit werden sollte. In ihm mußte die Einheit der Gottheit und der Menschheit in persönlicher Gestalt erscheinen. Wie Er aber der Menschensohn war, vor allen anderen durch die Kraft der Salbung mit dem Heiligen Geist, so war Er andererseits auch der Sohn Gottes nicht bloß im Sinne Seiner unmittelbaren ewigen göttlichen Herkunft vom Vater, weil Er von dort kam, sondern auch infolge Seiner geschichtlichen Herkunft von Adam als der Erbe der gottmenschlichen Bestimmung, ausgedrückt durch den Satz in Vers 38 **Adam, welcher war** (ein Sohn) **Gottes.**

Vielleicht ist es noch wichtig, in diesem Zusammenhang zu erwähnen, daß Jesus Lk 1, 32 **Sohn des Höchsten** genannt wird, während Johannes der Täufer nur P r o p h e t d e s H ö c h s t e n (Lk 1, 76) heißt. Dieses ewig herrliche Geheimnis, nämlich die M e n s c h h e i t u n d d i e G o t t h e i t J e s u, ist durch Lukas doppelt beurkundet und bestätigt, und zwar einmal bei der Geburt in Bethlehem (Lk 2) und zum andernmal bei der Ahnentafel (Lk 3).

III. Hauptteil

Jesus von Nazareth in Seinem Christus- (Messias-) Wirken von Judäa bis Galiläa
Lk 4, 1 — 9, 50

W. Stb. Matth.
S. 41
W. Stb. Mark.
S. 49

Sieben Strahlen der Christus-Herrlichkeit in Niedrigkeit

A. Erster Strahl
Der Christus (Messias) geht als Sieger aus der Versuchung hervor.

Der Stammbaum Jesu in Kap. 3 zeigte, daß Jesus durch Seine Menschwerdung mitten hineingestellt worden ist in die Reihe der Menschheit, die mit Adam ihren Anfang genommen hat. Jesu Stammvater war Adam. Immer wieder muß man, wenn dieser Satz: „Adam der Stammvater Jesu" unser Ohr oder unser Auge trifft, einen Augenblick stille halten, um anzubeten, wie tief Sich der ewige Gottes-Sohn, Gott von Gott, erniedrigt hat.

Weil Jesus als ein Nachkomme Adams wieder gutmachte, was Sein Stammvater — Adam — verkehrt und entstellt hatte, darum nennt Ihn Paulus den l e t z t e n A d a m (den es-chatos Adam) oder den zweiten Adam (Siehe 1 Ko 15, 22. 45. 47; Rö 5, 12. 18).

Der „letzte Adam" hat genauso wie der erste Adam eine Probe zu bestehen.

Wird Er siegen oder wird Er unterliegen? Das ist jetzt die große Frage.

Alle drei Synoptiker, die die hohe Ewigkeitsbedeutung dieser Prüfung kannten, erzählen davon. Sie geschah zu der Zeit des Eintritts Jesu in Seine öffentliche messianische Tätigkeit. Wir weisen auf die Wichtigkeit dieser Zeitangabe noch besonders hin.

1. Die Versuchungsgeschichte selbst!
Lk 4, 1—13

Diese Auseinandersetzung gehört zum Gewaltigsten der ganzen Weltliteratur. Mit atemloser Spannung sehen wir dem Herrn Jesus nach, wie wir einem Menschen nachblicken, der auf einem schmalen, schwankenden Baumstamm hoch über einen tosenden Gießbach geht. Ein einziger unsicherer Tritt, und alles ist verloren.

Die gewaltigste Entscheidung, die je gefallen ist, hat sich nun in jenen Stunden der Versuchungsgeschichte vollzogen, die unser Evangelium schildert. H i e r h a t s i c h f ü r J e s u s s e l b s t w i e a u c h für uns eine zeitliche und ewige Zukunft entschieden. Wäre der letzte Adam ebenso wie der erste Adam der Probe unterlegen, dann gäbe es kein Gethsemane, kein Golgatha, kein Ostern, kein Pfingsten. Ewige Hölle wäre dann unser Los.

Wir kommen zum Text:

1 Jesus aber voll Heiligen Geistes kehrte zurück zum Jordan 2 und wurde im (Heiligen) Geiste 40 Tage lang in der Wüste (umher) geführt; daß Er vom Teufel versucht würde. Und Er aß nichts in jenen Tagen. Und als sie vorüber waren, hungerte Ihn. –

Mit den Worten „voll Heiligen Geistes" und „vom Jordan" knüpft Lukas diese Geschichte an die Erzählung der Taufe an. Während andere Getaufte nach der Taufhandlung in ihre Wohnung zurückkehrten, um ihren alten Beruf in einem neuen Geiste wieder aufzunehmen, eröffnet sich für Jesus eine ganz neue Lebensweise, die von dem bisherigen Leben so völlig andersartig verlief. Zunächst ging es wieder in die Wüste, in die Verborgenheit hinein!

Jesus ging nicht aus eigenem Willensantrieb in die Wüste. Der Heilige Geist, der in ganzer Fülle in Ihm wohnte, trieb ihn mit unwiderstehlicher Gewalt, nicht nur zur Wüste hin, sondern in der Wüste umher, und zwar zu einem ganz bestimmten Zweck.

Gottes Absicht ist es, daß Jesus vom Teufel versucht werden sollte. Gott steht also auch selbst hinter diesem Versuchungsgeschehen in der Wüste. (Vgl. Lk 22, 31f; 1 Kor 10, 13) Und auf Grund des AT ist der „Versuchte" immer der Fromme und Gerechte und nicht der Gottlose. Vgl. als Beispiel Abraham (1 Mo 22), Joseph, Hiob usw. Das Ziel der Versuchung ist die Bewährung und Vertiefung des Glaubens und nicht die Gefährdung oder gar Zerstörung des Glaubens. (Vgl. Joseph im Hause Potiphars). Darum kann auch z. B. Jakobus schreiben: „Eine Versuchung Gottes zum Bösen hin kann es nicht geben, weil Gott nicht zum Bösen hin versucht werden kann und darum von sich aus auch niemanden zum Bösen versucht" (Jak 1, 13). – Und weil das so ist und nicht anders sein kann, darum soll sich der Christ stets freuen, wenn er in mancherlei Versuchungen hineingeführt wird. Vgl. Jak 1, 2 – Im Psalter haben wir darum sogar mehrfach die Bitte um derartige Prüfungen. Lies Ps 26, 2; 139, 23 f; Jer 20, 12. (Weiteres dazu siehe Broschüre des Verf. „Warum all das Leid und Übel in der Welt?")

Die an Gott gerichtete Bitte im Vaterunser: „Führe uns nicht in Versuchung, sondern erlöse uns von dem Übel", kann darum nicht anders verstanden werden als „Bewahre mich vor dem Argen in dem Sinne, daß er mich nicht überrumpele — sondern Du, Gott, gib mir den Sieg, wenn der Feind mich antastet, mich quält oder mir bange macht."

Der Satan tritt persönlich auf den Kampfplatz, wie er sich vorher niemals gezeigt hat. Der Fürst der Finsternis drang wohl mit dem

Aufgebot seiner ganzen Höllenmacht vierzig Tage lang auf den Herrn
Jesus ein. Der Satan wußte, um was es sich handelt. (Vgl. W. Stb.
Matth. S. 41 Fußnote u. W. Stb. Mark. S. 49)

Wenn vielleicht jemand fragen würde: „Ist es nicht schon verwerflich und sündig, überhaupt mit dem Teufel zusammenzukommen?"
so möchten wir darauf ein Zweifaches antworten: [1])

Die Geschichte der Versuchung des Herrn Jesus darf eine erschütternde Offenbarung des Bestehens der Macht und der Gesetze des Reiches
der Finsternis genannt werden. Das Bestehen dieses Reiches des persönlichen Bösen wird nicht geoffenbart durch den Heiligen Gott. Es offenbart sich selbst in Tatsachen wie die Versuchung Jesu. Die Versuchungsgeschichte zeigt, daß der Teufel ein böser Geist, ein Feind Gottes
ist. Der Teufel kennt Jesus, darum haßt er Ihn. Der Teufel kennt die
Schrift und darum haßt er sie. Er haßt sie und verdreht sie. Verdrehen
und verführen ist sein Element, die Lüge sein Handwerk.

M e r k w ü r d i g i s t e s , w i e i m m e r w i e d e r d i e h ö c h s t e n
E n t f a l t u n g s z e i t e n d e s R e i c h e s G o t t e s v o n e i n e r e r -
h ö h t e n R e a k t i o n d e s R e i c h e s d e r F i n s t e r n i s b e g l e i -
t e t w e r d e n . — Wo die Geschichte der Menschheit anfängt, zeigt
sich der Vater der Lüge in Gestalt einer Schlange. Wo Israel das
auserwählte Volk Gottes werden soll, ahmt er die Wunder Moses
durch ägyptische Zauberer nach. Wo der Sohn Gottes im Fleische erscheint, vermehrt er die Zahl der Besessenen und versucht, Ihn selbst zu
Fall zu bringen. Und wo er die letzte Entwicklung des Gottesreiches sich
nähern sieht, da wütet er am heftigsten „eine kleine Zeit" (Offb 20, 3).

Die Versuchungen, die der Herr Jesus hier in der Wüste zu bestehen
hatte, waren viel schwerer als die der ersten Menschen. Sie befanden
sich im herrlichen Paradies, wurden von Gott besucht und wußten
nichts von den furchtbaren Anfechtungen und Angriffen Satans. Jesus

---

[1] 1. Der Herr Jesus wußte nicht, daß es der Teufel war. Wie hätte sich sonst der Herr Jesus vom Teufel nach dem Berge und nach der Zinne des Tempels hinführen lassen wollen. Hätte Er gewußt, daß
der Teufel Ihn führt, dann hätte Er sofort strikt „nein" gesagt und sich nicht weiter von ihm
führen lassen und gehorcht. Auch hätte der Herr sich nicht in eine zweite und dritte Versuchung
eingelassen, sondern gleich am Anfang gesagt: „Hebe dich weg von Mir, Satan!" — Und endlich,
hätte der Herr von vornherein gewußt, daß es der Teufel ist, wäre Er also „allwissend" gewesen,
wie das manche von Jesus behaupten, dann wäre die ganze Versuchung nur ein großes Schauspiel
gewesen und keine Versuchung in ihrem wesentlichen Sinn.
Wohl hatte der Herr Jesus in den vierzig Tagen, in denen Er in der Wüste umhergetrieben und
vom Teufel versucht wurde, sicher gemerkt, daß Mächte der Finsternis Ihn umdrängen, aber als
diese Tage vorüber waren und in Seine erschöpfte Lage eine freundliche Gestalt (so dürfen wir
wohl annehmen) zu Ihm trat (Mt 4, 3) und sich teilnehmend Seiner annahm, da hat Er nicht gewußt, daß dies der Teufel persönlich sei.
2. Der Herr Jesus hatte sich nicht eigenwillig in die Versuchungsprobe hineinbegeben. Er war nicht
schuldhafterweise mit dem Teufel zusammengekommen, vielmehr wurde Er „v o m H e i l i g e n
G e i s t e g e f ü h r t", und das, was augenscheinlich vom Teufel angezettelt war, hatte doch seinen
von Gott gewirkten Standort im Heilsplan Gottes.
Was im Geist begonnen war, wurde dann auch im Geist vollendet und zwar mit dem Schwert des
Geistes, welches ist das Wort Gottes.

hielt sich in der unwirtlichen Wüste auf, wo nur Sand und Steine lagen. Er wurde unablässig vierzig Tage und Nächte innerlich vom Teufel bedrängt. Die innere Spannung war ungeheuer, so daß Er vierzig Tage lang Essen und Trinken vergaß. ²)

In einem solchen Zustand tödlicher Schwachheit mag sich Jesus wohl nach Ablauf der vierzig Tage befunden haben, und diesen Augenblick benutzte der Versucher für den entscheidenden letzten und endgültigen Anlauf.

Die erste Versuchung
Lk 4, 3 u. 4

Zu Vers 4:
5 Mo 8, 3

3 **Es sprach aber der Teufel zu Ihm: „Wenn Du Gottes Sohn bist,**
4 **sprich zu diesem Stein, daß er Brot werde!" * Und es antwortete ihm Jesus: „Es steht geschrieben, daß nicht vom Brot allein der Mensch leben wird!"** (Die Worte „sondern von jedem Wort Gottes" hat nur die Koine Handschrift und D.)

Nun setzt Satan noch einmal ein, um zum letzten Angriff vorzugehen. Er macht sich Jesus wahrscheinlich in Gestalt eines Lichtengels sichtbar (2 Ko 11, 14), vermutlich in ausgesucht scheinheiliger und blendender Gestalt. Von außen tritt er heran als einer, der sich (aus nicht sofort klaren Gründen) für Jesus interessiert und ihn bemitleidet, und über dessen wahren Charakter und Wesen Jesus erst später mehr und mehr Licht bekommt. Der Herr Jesus erkennt ihn erst aus seinen Worten.

Vers 3 u. 4 schildert eine besonders fein ausgedachte Versuchung. Mit herzbewegender Teilnahme tritt vielleicht jener Unbekannte zu dem durch Hunger völlig erschöpften Jesus und schlägt Ihm vor, doch kraft seiner Gottessohnschaft („Woher weiß er dies?" möchte Jesus sich wohl fragen) **diesen** Stein in Brot zu verwandeln.

Der Singular „Sprich zu d i e s e m S t e i n" bei Lukas ist anschaulicher als der Plural „Sprich, daß diese Steine" bei Matthäus. Vielleicht reicht ihm Satan sogar einen Stein hin, der durch sein Aussehen an Brot erinnert und das Verlangen nach Brot weckt. — So benutzt dieser Seelenmörder immer den rechten Augenblick, den rechten Ort und die rechten Umstände. Wenn wir einsam sind, wenn eine Not uns quält und Schmerzen uns bedrücken oder wir vom Bibelkurs heimkommen, dann ist er zur Stelle.

---

² Man hat gemeint, diese Enthaltung Jesu könne keine vollständige gewesen sein. Er habe die wenigen Nahrungsmittel nicht verschmäht, die Ihm die Wüste darbot (wilder Honig, Heuschrecken). Allein das „ouden" = „nichts" macht diese Annahme unmöglich. Es lassen sich als Beweis für die Möglichkeit eines so langen Fastens nicht nur Beispiele wie das des Moses und Elias anführen, sondern auch Beispiele aus neuerer Zeit haben bewiesen, daß der menschliche Organismus eine so lange, vollständige Enthaltung von aller Nahrung ertragen kann. Es wird gesagt, daß aber dann nach 6 Wochen Fastenzeit der kritische Moment übermächtig eintritt, wo das Bedürfnis nach Nahrung sich außerordentlich geltend macht; denn der völlig erschöpfte Körper fühlt sich dann ganz ohnmächtig.

Die Worte: „Wenn Du Gottes Sohn bist" drücken genau wie bei der ersten Versuchung im Paradies (1 Mo 3, 1) einen Zweifel aus; ihr Sinn ist: „Wenn Du wirklich Gottes Sohn bist, dann brauchst Du doch nicht zu hungern, dann brauchst Du Dich doch nicht in solch einer erschöpften Lage aufzuhalten. Das ist Deiner nicht würdig." Der Satan spielt damit auf die Anrede Gottes bei der Taufe an, die da lautet: „Du bist mein lieber Sohn". Er will Jesus irre machen an Seiner Sohnschaft und an dem Zeugnis des himmlischen Vaters und Ihn dazu bewegen, Seine äußere, armselige Lage seiner Stellung als Sohn Gottes anzupassen.

Jesus spürt Seine völlige Erschöpfung, das Hungergefühl ist überwältigend. Ist es da nun ein Unrecht, mit den von Gott geschenkten Gaben zu arbeiten? Die Gaben sind doch gegeben, daß wir damit arbeiten, damit wuchern usw.!

Die Gaben und Kräfte aber, die Gott uns anvertraut hat, sind uns nicht gegeben als Selbstzweck, sondern als Mittel zum Zweck. Der Satan wollte Jesus verleiten, die Wunderkräfte, welche Ihm zur Aufrichtung des Reiches Gottes anvertraut sind, zum Selbstzweck und nicht als Mittel zum Zweck anzuwenden. Jesus hätte damit eigenmächtig die Bedingungen des Menschseins, denen Er sich ja freiwillig unterworfen hatte, aufgehoben. Er hätte Seine Erniedrigung, Seine Menschwerdung sozusagen wieder abgegeben und Seine Gottessohnschaft, d. h. Allmacht-Allwissenheit wieder an sich gerissen und dann durch großartige Wundertaten alles irdische Elend aufgehoben, ohne daß die Sünde (der eigentliche und wahre Grund alles Elends) beseitigt worden wäre. Damit wäre das Programm Seines Berufes umgestoßen gewesen.

Jesus wollte aber nicht Seine Gottessohnschaft festhalten, Er hatte sich ja ihrer entäußert, d. h. darauf verzichtet. Es war der göttliche Wille, daß Er Seine leibliche Versorgung und Bewahrung ganz und ausschließlich dem himmlischen Vater anheimstellen sollte. „Trachtet am ersten nach dem Reiche Gottes, das übrige, nämlich das Zeitliche, wird euch zufallen." Dieses Wort sollte sich vor allem an Ihm selbst bewahrheiten. W e r   s i c h   g a n z   d e r   S a c h e   G o t t e s   u n d   S e i n e n   h e i l i g e n   Z w e c k e n   w i d m e t, braucht nicht und soll nicht, wenn Gott es so fügt und führt, mit Sorgen der Nahrung sich herumschlagen. Wenn die natürlichen Kräfte (in diesem Falle das Brot) nicht ausreichen, tut Gott ein Wunder. Dies besagt das Wort, auf das sich der Heiland dem Versucher gegenüber beruft: **„Der Mensch lebt nicht vom Brot allein."** Jesus stellt sich damit ganz in die Reihe der M e n - s c h e n und will jetzt nicht als G o t t e s s o h n eine Vorzugsstellung einnehmen. E r   w i l l   v o n   k e i n e r   a n d e r e n   G o t t e s s o h n - s c h a f t   e t w a s   w i s s e n ,   a l s   v o n   d e r ,   d i e   i n   S e i n e r   M e n s c h h e i t   e i n b e g r i f f e n   i s t. Wenn Er als G o t t e s - s o h n sich hilft, dann ist Er kein Vorbild mehr für die Menschen.

Der Ausdruck **der Mensch** im Munde Jesu erinnert den Satan daran, d a ß   J e s u s ,   o b w o h l   e r   d e r   S o h n   G o t t e s   i s t ,   e n t -

s c h l o s s e n   i s t,   d i e   B e d i n g u n g e n   d e s   m e n s c h l i c h e n
D a s e i n s   v o l l k o m m e n   e i n z u h a l t e n.   Wie jeder andere
Mensch will er täglich den Vater um das Brot bitten und es von
Ihm erwarten. Er will Müdigkeit und Hunger erdulden, ohne zu
irgendeinem eigenmächtigen Erleichterungsmittel Seine Zuflucht zu
nehmen. Er erklärt, daß das Wissen um Seine Gottessohn-Würde als
wahrhaftiger Gott Ihn niemals dazu bringen würde, auch nur einen
Augenblick Seine niedrige Daseinsform als Mensch zu verleugnen. In
allem will er restlos und ganz Seinem himmlischen Vater v e r -
t r a u e n. Er, der himmlische Vater, wird es in allem recht machen. [3])

Ein Drittes zeigt, wie ernst es dem Herrn mit Seinem Menschsein ist:
Jesus beruft Sich bei Seiner Antwort auf Satans Angriffe nicht auf die
himmlische Stimme, die in der Taufe am Jordan auf Ihn zukam (Lk 3),
sondern auf das Wort Gottes, das **geschrieben steht** in der mosaischen
Schrift. Seine Worte, mit denen Er den Teufel besiegt, sind nicht neue,
von Ihm selbst geprägte Worte, sondern längst gesprochene Gottes-
worte aus der zuvor geschriebenen Schrift. Als ein frommer Israelit
nimmt Er diese Worte der Schrift als die Worte Seines Gottes für
Seine harte, gegenwärtige Situation in der Stunde der Versuchung
kindlich und vertrauensvoll in Anspruch als Trost und Halt Seines
menschheitlichen Daseins. Nicht nur: „Ich und der Vater sind eins“,
sondern auch: Ich und die Menschheit sind eins!

Das Schriftwort 5 Mo 8, 3 meint nicht, Jesus und wir bedürften zur
Erhaltung des Lebens keiner Nahrungsmittel. Gott hat das Brot zur
Ernährung des Menschen geschaffen. Aber Gott kann, wenn Er will,
auch auf andere Weise Menschen versorgen und erhalten (5 Mo 29, 5).
Darum ließ Gott das Volk in der Wüste Hunger leiden und speiste es
dann mit Manna, um kundzutun, daß der Mensch vor allem ·davon
lebt, was durch den Mund Jahwes e n t s t e h t, d. h., auf Grund des
Befehls Jahwes. Das bedeutet: Jahwes Wort ist eine solche Kraft,
daß es uns am Leben erhält (Ps 33, 9).

So sah Jesus dieses atst Wort an und b e s t a n d siegreich die Versuchung, die Israel nicht bestanden hatte.

---

[3] Der Text des von Jesus angeführten Schriftwortes aus 5 Mo 8, 3 lautet vollständig und zwar mit
Einschluß von Vers 2 des besseren Verständnisses wegen: Mose spricht zu Israel: (V. 2) „Gedenke
daran, wie dich (nämlich Israel) Jahwe, dein Gott, nun 40 Jahre lang in der Steppe auf dem ganzen
Zuge geleitet hat, um dich in Not geraten zu lassen und auf die Probe zu stellen, damit Er erfahre,
wie du gesinnet bist, ob du (Seine Befehle) ausführen wollest oder nicht (V. 3). Er ließ dich in
Not geraten, ließ dich Hunger leiden und speiste dich (dann) mit Manna, das dir und deinen
Vätern unbekannt war, um dir kundzutun, **daß der Mensch nicht vom (natürlichen) Brot allein lebe,
sondern daß der Mensch von allem lebt, was der Befehl Jahwes bewirkt.“** (Ps 33, 9)

Soweit der alttestamentliche Text. Er zeigt uns, wie sehr Jesus M e n s c h ist und sein will, wie sehr
Er sich auch mit der Geschichte Seines Volkes eins weiß und auch damit so ganz und gar eingegangen
war in Sein Volk: „w a h r h a f t i g e r M e n s c h“, von David, Abraham und Adam abstammend
(Vgl. Ahnentafel in Kap. 3).

Wir fassen zusammen:
Der Sinn der ersten Versuchung ist:
a) Glaube ist unbegrenztes, kindliches Vertrauen. Gott kann und
   wird auch dort erhalten, wo nichts ist, wo alles gegen die Vernunft spricht (Lk 5, 1 ff.).
b) Glaube ist d a n n rechter Gebrauch der von Gott geschenkten
   G a b e n. [4])

Die zweite Versuchung

Lk 4, 5—8

5 **Und während er (der Teufel) Ihn hinaufführte, zeigte er Ihm alle**
6 **Königreiche des Erdkreises in einem Augenblick (im Nu) * und es**
  sprach der Teufel zu Ihm: „Ich will Dir diese ganze Macht geben
  und ihre Herrlichkeit, denn sie ist mir übergeben, und wem ich will,
7 **dem gebe ich sie; * wenn Du nun vor mir niederkniend huldigen**
8 **würdest, wird alles Dein sein!" * Und es antwortete Jesus und**   Zu Vers 8:
  sprach: „Es steht geschrieben: ‚Du sollst niederkniend huldigen   5 Mo 6, 13. 14
  dem Herrn, deinem Gott, und Ihm allein dienen.‘ "

Was bei Matthäus als die dritte Versuchung berichtet wird, stellt
Lukas als die zweite Versuchung dar. Diese Umstellung beruht wohl dar-
auf, daß Matthäus die Angriffe vielleicht der Zeitordnung nach be-
schreibt, in welcher sie geschehen sind; Lukas beachtet dagegen ver-
mutlich eine Stufenfolge der Orte: die **Wüste**, der **Berg**, die **heilige
Stadt.**
Der Teufel führte Jesus hinauf und zeigt Ihm von diesem höheren
Standort aus alle Königreiche des Erdkreises, und zwar im „Nu". Der
Versucher behauptet, ihm sei dieser ganze Machtbereich und seine
Herrlichkeit gegeben worden. Er könne beides darum auch nach seinem
Belieben weitergeben. Der Teufel fordert von Jesus, ihn anzubeten.
Man hat diese Bedingung der Anbetung, an welche der Satan die
Abtretung seiner Herrschaft knüpft, für eine zu plumpe Versuchung
gehalten. Jeder Israelit hätte einen solchen Vorschlag sofort mit
Entrüstung und berechtigtem Zorn zurückgewiesen. Der Sinn ist jedoch
folgender:
Israel als Volk hatte von Gott die Verheißung der Oberherrschaft
über die anderen Völker empfangen und erwartete daher den Messias,
durch den diese Verheißung in Erfüllung gehen sollte.

---

[4] Rengstorf sagt dazu folgendes: „Jesus unterwirft Seine Gaben und ihren Gebrauch der Schrift,
welche Gottes Willen offenbart und uns Ihm unterwirft. Das Wort 5 Mo 8, 3, das Er dem Versucher entgegenhält, stellt fest, daß alles Leben aus Gottes Wort stammt (1 Mo 1, 3ff.) und
durch Ihn allein erhalten wird. Deshalb bedarf, wer mit Gott verbunden ist und Sein Wort besitzt, zur
Erhaltung des Lebens **nicht der eigenmächtigen Beschaffung** des Brotes, sondern darf und kann alles,
was Er als Nahrung benötigt, in unbegrenztem Vertrauen aus Seiner Hand erwarten. **Das ist auch
das Vertrauen der Brotbitte des Vaterunsers.** In diesem **unbegrenzten Vertrauen** zu Gott erweist
Jesus sich als **Sein Sohn** und auch **als wirklicher Mensch** und nicht etwa dadurch, daß Er aus Steinen
Brot machen und so ein Wunder tun könnte. Damit wird aber nicht das Wunder als solches abgelehnt, sondern nur sein selbstsüchtiger Gebrauch." Soweit Rengstorf in NTD S. 66.

Es war also durchaus nichts Unrechtes an dem Wunsch, dieser Zukunft entgegenzustreben. An diesen göttlich gegebenen Auftrag knüpft
nun der Feind an. Von der Bergesspitze aus zeigte Ihm der Versucher
alle Reiche der Welt, die ganze bewohnte Erde, in einem Augenblick.
Es war ein satanisches Zauber- und Blendwerk. — Alle satanischen
Wunder haben etwas Täuschendes an sich. Sie haben einen bestrickenden Schein (2 Th 2, 9). Sie sind keine Segenswunder, die zu Gott führen, sondern Kunststücke, unerhörtes Gaukelspiel, welche die Seelen
von Gott abführen. Wir würden uns sehr irren, wenn wir uns unter
dem Versucher jene verzerrte Figur denken wollten, die das Mittelalter
aus ihm gemacht hat.

Das Wort des Teufels: „Diese ganze Macht und ihre Herrlichkeit
ist mir übergeben", enthält die Anspielung auf einen r e c h t m ä ß i
g e n Herrschaftsanspruch. Der Satan hatte also, so dürfen wir wohl
folgern, v o r seiner Empörung unsere Erde als sein Herrschaftsgebiet
bekommen. Er ist aber entthront! Und vor ihm steht Der, Dem die
Herrschaft über die Welt verheißen war (Vgl. Ps 2, 8; Da 7, 13. 14
usw.) und Der nun gekommen ist, **die Werke des Teufels zu zerstören**
(1 Jo 3, 8b). Mit dem Wort: „**Ich gebe sie, wem ich will**", worin sich
der Teufel für den absoluten und unumschränkten Beherrscher der Erde
erklärt, spricht er eine große Lüge aus. Wohl hat der Satan unstreitig
eine furchtbare Gewalt in der Welt. Er kann den Menschen, den er
begünstigt, auf die höchste Stufe irdischer Macht erheben. Dies zeigt
die Erfahrung immer wieder. Und Jesus selbst spricht vom Archonten
dieser Welt, d. h. vom M a c h t h a b e r u n d H e r r s c h e r d i e s e r
W e l t in Jo 12, 31; 14, 30; 16, 11. Diesen „Gewaltigen" hat der
Herr in höchstem Maße ernst genommen. Und auch die Apostel des
Herrn wissen von der furchtbaren Macht des G o t t e s d i e s e s
A e o n s in 2 Ko 4, 4 und in Eph 6, 12. Und jeder, der im Reiche
Gottes arbeitet, weiß von dieser u n h e i m l i c h e n Tatsache des
u n h e i m l i c h e n Feindes in sich und um sich zu berichten, und zwar
aus bitterster, eigenster Erfahrung. Der Christ weiß, wie stark der alte,
böse Feind ist. Aber — und nochmals aber — trotz dieser Aussagen
über den Teufel als den Todfeind Gottes weiß der Glaube immer und
immer wieder von dem einen und einzigen Gott Himmels und der Erden
wunderbar zu zeugen! Der Christ weiß die beglückende Tatsache, daß
in allem, was ihm begegnet, er nicht mit zwei Herren — also Gott
und Satan — zu rechnen hat, sondern nur mit dem einen Herrn ganz
allein. Und so hat es auch der Herr, als unser unvergleichliches Vorbild, in dieser zweiten Versuchung des Teufels gehalten. Er hat ganz
allein mit Gott, Seinem Vater, gerechnet.

Jesus hatte das Machwerk des Teufels durchschaut. Jesus kannte
auch die Verheißungen, die dem Volk Israel und seinem Messias im
Hinblick auf die Überordnung Israels über die anderen Völker gegeben
waren. Aber daß diese im AT gegebenen Verheißungen von der weltumspannenden göttlichen Auserwählung Israels aus allen Völkern **nun**
etwa eine ä u ß e r e B e v o r z u g u n g o d e r m a c h t p o l i t i s c h e

Herrschaftsstellung Israels über die Völker zu bedeuten hätte, das stand an keiner Stelle der Schrift. Das war gerade das Satanische in dem versucherischen Anliegen des Teufels. — Diesem Satanischen des weltpolitischen Messiasbildes hatte sich das auserwählte Volk zur Zeit Jesu leider ganz und gar bereits hingegeben. (Vgl. hier das zu Lk 3 Gesagte über die damalige falsche Messiashoffnung und 17. Psalm Salomos).

Der verführerische Anschlag Satans bestand also in der zweiten Versuchung darin, daß Jesus bei dem Gang Seines Werkes den irdischen Messiaswünschen des fleischlichen Israels willfahren sollte. Auf diese Weise sollte Er sich die Gunst des Volkes und die Mitwirkung seiner frommen Oberhäupter (der Pharisäer und Schriftgelehrten) erwerben. Einen Triumph nach dem anderen sollte Er dann erringen und den atst Verheißungen über Israel und über seinen Messias nunmehr die herrliche und glanzvolle Erfüllung und Ausführung bringen. Das war die satanische Auslegung der Bibel.

Von einer immer wiederkehrenden und bis in die Gegenwart hineinreichenden satanischen Exegese der Bibel wissen wir auch gerade heute mehr als genug zu berichten. Es sei nur an das Schwärmertum, an die Irrlehrer, an die verderbenbringenden Sekten, an all die okkulten Bewegungen, an den Freisinn in Philosophie und Theologie erinnert. [5])

Auch diesmal geht Jesus als Sieger aus der Versuchung hervor und weist das Angebot des Teufels mit den Worten zurück: „Du sollst niederkniend huldigen dem Herrn, deinem Gott, und Ihm allein dienen!" Dieser Ausspruch ist aus 5 Mo 6, 13 nach dem alexandrinischen Text der Septuaginta zitiert. Der hebräische Text lautet: „Jahwe, deinen Gott sollst du fürchten, Ihn sollst du verehren."

Die Antwort Jesu, die man auch übersetzen kann: **Du sollst den Herrn, deinen Gott, anbeten und Ihm allein dienen** ist der große Wahlspruch Seines Erdenlebens geworden. Mit allem, was Er ist und hat, stellt Er sich Seinem Vater und Gott zur gehorsamen Verfügung. „Nichts **kann** der Sohn aus Sich Selbst tun", (nicht wesensmäßig, sondern willensmäßig ist dieses „Nichtkönnen" des Sohnes zu verstehen), „sondern, was Er den Vater tun sieht, das tut gleicherweise auch der Sohn". (Jo 5, 19) Wer Gott anbetet, gibt sich selbst ganz auf, um sich ganz an Gott in unbedingtem Gehorsam Augenblick um Augenblick zu verlieren und in Seinem Dienst aufzugehen. Das Wort für **Dienen** (latreuo) bezeichnet hier das priesterliche Dienen. Das Leben und Wirken Jesu war ein beständiges priesterliches Dienen im

---

[5] In einem weiteren, übertragenen Sinn könnte man den Inhalt dieser zweiten Versuchung des Teufels vielleicht auch noch so formulieren: Innerhalb dieser Welt „eine sogenannte Ordnung" zu erzielen mittels eines leisen Bundes mit dem Geiste dieser Welt. eine allmählich zunehmende *äußere Weltverklärung*, die man dann etwa auch mit der Bezeichnung eines allmählichen **geistigen** „Kommens des Reiches Gottes" schmücken könnte, bei der aber eine tatsächliche **persönliche Wiedergeburt** und **persönliche Heiligung** der einzelnen unter Gott ewig ausbliebe — das wäre das Versuchliche dieser interessanten vorgeschlagenen Übereinkunft des Satans in der Versuchung Jesu.

schlichten Gehorsam, bis hin zum Tode, ja, zum Tode am Kreuz (Phil 2, 8). „Wiewohl Er der Sohn war, lernte Er, auf Grund Seines Leidens, den Gehorsam" (Nach Michel übersetzt, Hbr 5, 8).

Diesen absoluten Gehorsamscharakter soll auch unser Leben durch Jesus bekommen. Es soll von der Anbetung Gottes getragen sein und im priesterlichen Dienen (latreuo) sich Ihm hingeben. — Dieser Gehorsamsweg ist aber zutiefst ein O p f e r w e g. Es gilt dabei, sich immer wieder mit all unserem eitlen, eigensinnigen und eigenwilligen Begehren auf den Altar Gottes zu legen und so das Leben unserem Gott als Opfer darzubringen (Vgl. Rö 12, 1).

Dieses sich selbst und sein Leben dem Herrn fort und fort — auch in all den kritischen Augenblicken des Alltags und gerade dann erst recht — hingebende Opfern ist Gehorsam gegenüber dem Willen Gottes, ist, wie Paulus noch hinzufügt, „der dem Wort gemäße G o t t e s - d i e n s t". Es ist wichtig, daß hier für „Gottesdienst" dasselbe grie Wort steht (und zwar hier als Hauptwort), das Jesus in dem Satz „Ihm allein **dienen** (nämlich „latreia")" gebraucht, also priesterliches Dienen in hingebendem Gehorsam.

Dieser „opfernde" Gehorsam, bei dem sich die Heiligung des Christen vollzieht, kennt nur eines: L a u t e r e n, p ü n k t l i c h e n, g e - w i s s e n h a f t e n u n d f r e u d i g e n G e h o r s a m g a n z u n d g a r!

W i r f a s s e n z u s a m m e n: I n d e r z w e i t e n V e r s u - c h u n g s o l l t e J e s u s s i e g r e i c h a b b i l d e n u n d v e r - k ö r p e r n, w a s e s u m d e n u n b e d i n g t e n, u n g e t e i l t e n u n d f r e u d i g e n G e h o r s a m i s t, d e r d i e a n d e r e s o w i c h t i g e S e i t e d e s e c h t e n G l a u b e n s a u s m a c h t.

Die dritte Versuchung
Lk 4, 9—12

9 Er führte Ihn aber nach Jerusalem und stellte Ihn auf die Zinne des Tempels, und er sprach zu ihm: „Wenn du Gottes Sohn bist, 10 stürze Dich von hier herab! * Denn es steht geschrieben, daß Er Seinen Engeln befehlen wird Deinetwegen, Dich zu behüten; * 11 und daß sie Dich auf Händen tragen, damit Du nicht etwa an einen 12 Stein Deinen Fuß stößest!" * Und es antwortete ihm Jesus und sprach: „Es ist gesagt: Du sollst nicht versuchen den Herrn, Deinen Gott!"

Zu Vers 10:
Ps 91, 11. 12

Zu Vers 12:
5 Mo 6, 16

Jesu Sieg in der ersten Versuchung legte klar, was es ist um den r e c h t e n G e b r a u c h der von Gott gegebenen G a b e n und was echter „Glaube" ist: nämlich unbegrenztes und unbedingtes V e r - t r a u e n zu Gott dem Vater. Der Vater machts recht!

Die zweite Versuchung zeigte uns Jesus als Den, der den ungeteilten und freudigen G l a u b e n s g e h o r s a m uns aufschloß, der keine Konzession macht weder nach links noch nach rechts oder irgendwelche Verbeugung vor dem Ich oder vor der Welt.

Die dritte Versuchung offenbart uns eine dritte Seite des „Glaubens Jesu Christi", Glauben auch hier wieder als genitivus subjektivus, d. h. als Wesenszug der Person Jesu gesehen.

Diese letzte Versuchung in der Wüste ist ein Anreiz zur Übersteigerung oder Überspitzung des W e s e n s   d e s   G l a u b e n s. [6])

Weil es sich bei dieser Versuchung um die Übersteigerung des Glaubens handelt, darum greift der Teufel selber zum W o r t G o t t e s und zitiert Ps 91, 11—12. „Es steht geschrieben: ‚Er wird Seinen Engeln Deinetwegen Auftrag geben, Dich zu behüten, und sie werden Dich auf Händen tragen, damit Du Deinen Fuß an keinen Stein stößest.' " Der Teufel hatte bemerkt, daß Jesus ihm zweimal ein Schriftwort als Schwert des Geistes entgegengezückt hatte, da versucht der Teufel es nun seinerseits auch mit der gleichen Waffe. Seiner Beweisführung liegt ein Schluß a fortiori (zum Stärkeren) zugrunde: „Wenn Gott den gewöhnlichen Gerechten so zu schützen verheißt, wieviel wird Er es mit Dir, Seinem Sohne, tun!"

Es ist nun bedeutungsvoll, daß der Satan bei dieser dritten Versuchung ein g r o ß e s G l a u b e n s w o r t der Schrift aus Ps 91, dem Glaubenspsalm des AT zitiert, um den Herrn zu v e r f ü h r e n (bitte diesen Glaubenspsalm lesen).

Worin liegt das Verführerische, das Satanische in dieser dritten Versuchung?

Wir möchten meinen in folgendem: Jesus soll sich öffentlich für den Messias, d. h. den Erretter des Volks erklären. Bei dieser auffallenden Proklamation, welche noch dazu vor dem heiligen Tempel in Jerusalem zu erfolgen hat, soll Jesus in kühnem Glauben handeln. — Das sieht echt biblisch und glaubensvoll aus. Aber, der „Pferdefuß" ist dieser: In solch einer e i g e n w i l l i g e n G l a u b e n s t a t würde nicht Gottes Majestät und Heiligkeit geehrt und respektiert, sondern h e r a u s - g e f o r d e r t und e r z w u n g e n werden. Das Verhältnis zwischen dem himmlischen Vater und dem auf Erden wandelnden Sohne würde ins Gegenteil verkehrt werden. Der Sohn würde sich zum Herrn machen und der Vater zum Knecht degradiert werden! — Etwas Unausdenkbares! Das war ja des Teufels eigene satanische Sünde, daß er das Gottgleichsein, das er nicht besaß, (ganz anders als Jesus, der von Ewigkeiten her Gott wesensgleich war) wie ein Räuber an sich reißen wollte. — Zu solch einer Satanssache wollte er Jesus verführen.

Jesus bezeichnet in Seiner Antwort das Ansinnen des Teufels mit dem Ausdruck **Gott versuchen.** Hier steht im Griechischen ein verstärkter Ausdruck für peirazein = versuchen (wie V. 2). Es steht hier ekpeirazein. Man kann die Verstärkung vielleicht so wiedergeben:

---

[6] Das Symbol dieses höchsten Bereiches unseres irdischen Daseins ist, weil es die **geistliche Seite** des Glaubens betrifft, die heilige Stadt (Mt 4, 5) und der Tempel, welche das Sinnbild der heiligen Gottesdienste sind, wo dem Höchsten Ehre und Anbetung gebracht wird.

G o t t   f r e c h   h e r a u s f o r d e r n. — Dies ist nach Auffassung Jesu, wie nach der ganzen Schrift, größter Frevel. [7])

Es ist nichts anderes als eine Herausforderung Gottes, ja, sogar eine Drohung des Geschöpfes, daß, wenn der Schöpfer nicht sofort und im Augenblick dem Geschöpf hilft, dem Schöpfer der Laufpaß gegeben wird. Das ist Gotteslästerung.

Die Majestät des allmächtigen und heiligen Gottes erheischt, daß unser Vertrauen auf Ihn unbegrenzt und unser Gehorsam ungeteilt sei! Wir dürfen Ihm jede Hilfe z u t r a u e n, aber nie eine einzige Ihm vorschreiben. Wir dürfen in restlosem Gehorsam Ihm kindlich und fröhlich dienen, aber nie und nimmer Ihm kommandieren oder gebieten wollen.

Echter Glaube, so wie Jesus ihn uns vorlebte und vorbildete, ist die bereitwillige kindliche Abhängigkeit vom Vater im Himmel, das allerunselbständigste, was es überhaupt gibt.

Mit anderen Worten: Der beste und glücklichste Stand auf Erden sind nicht die Zinnen des Tempels, das „Hochoben-sein", sondern das „Drunten-bleiben", das Sitzen zu Jesu Füßen, das Lernen von Seinem Worte, das Bettlersein am Geist, das Bekennen des Hauptmanns zu Kapernaum: „Ich bin nicht wert, daß Du unter mein Dach kommst" (Mt 8, 8). „Ich bin nicht wert aller Barmherzigkeit und Treue" (1 Mo 32, 11). „Ich bin nicht wert, die Schuhriemen zu lösen" (Jo 1, 27). „Ich habe mich unterwunden mit dem Herrn zu reden, wiewohl ich Staub und Asche bin. Das ist der glücklichste Stand auf Erden! — Dort gilt es zu bleiben! Dort gibt es ein echtes W a c h s t u m   d e s   G l a u - b e n s, der sich der f o r t w ä h r e n d e n   A b h ä n g i g k e i t   des Kindes vom Vater freudig bewußt ist.

L u t h e r   sagt: „Im Tempel hatte das Kind einst ahnungsvoll ge- sagt: ‚Ich muß sein in dem, was meines Vaters ist', und die heilige Ahnung ward ihm bestätigt in der Taufe am Jordan. Jetzt soll Er a u f dem Tempel durch einen Sprung vom Tempel herab beweisen, daß Er auch d o r t   o b e n   i n dem sei, was Seines Vaters ist. Wie teuflisch diese Ironie!

Und nun wird der Versucher sogar ‚Doktor der Heiligen Schrift' und spricht: ‚Da Du so sehr auf die Schrift pochst, will ich Dir auch einen Spruch sagen, der Dich getrost macht: Er hat Seinen Engeln be- fohlen über Dir usw. Du wirst durch Deine wunderbare Behütung alle Welt gewinnen. Und gerade die Frommen, die sich zum Tempel halten, auf die es hier doch wesentlich ankommt, werden Dir zufallen und sagen: Das ist der Gesandte Gottes, der Messias, den Gott handgreif- lich zu uns schickt.' So will Ihn der Teufel locken zu einem Glauben,

---

[7] Das Schriftwort, mit dem Jesus auch diesmal dem Versucher in den Weg tritt, ist wie die vorher- gehenden Schriftworte der Zeit des Durchzuges Israels durch die Wüste entnommen und steht 5 Mo 6, 16. Moses spielt in der Rede, aus der diese Worte stammen, auf die in 2 Mo 17 erzählte Begebenheit an, nämlich auf die durch den Wassermangel veranlaßte Äußerung des jüdischen Volkes: „Ist Jahwe in unserer Mitte oder nicht?"

der im tiefsten Grunde kein Glaube ist, sondern geistliche Überhebung, d. h. Überspitzung und Übersteigerung des Glaubens, also Grenz-überschreitung des Glaubens.

Mit dem schlichten Wort, das der Herr dem Versucher entgegenhält: ‚Wiederum steht auch geschrieben: Du sollst den Herrn, Deinen Gott, nicht versuchen‘, zeigt der Herr zunächst, wie Schrift durch Schrift erklärt werden müsse, und verdammt die schlechte, nicht ausgestorbene Kunst, mit v e r k ü r z t e r oder v e r l ä n g e r t e r Schrift die Seelen irre zu machen. Hat doch der altböse Feind das Wort ‚auf allen deinen Wegen‘ ausgelassen. Der eigenmächtige Luftsprung ist kein W e g , auf dem die Engel behüten können, wohl aber ein Ver-suchen Gottes. Und dieses schaut Jesus als das Gefährlichste an." — Soweit die Worte Luthers. [8])

Diese dritte Versuchung, die uns vor der Grenzüberschreitung des Glaubens nach der Seite der Übersteigerung und Anmaßung hin warnen will, hat immer wieder nach zwei Seiten hin die Christen bedroht. Wir meinen die sogenannten W u n d e r h e i l u n g e n und die Auf-tischung sogenannter O f f e n b a r u n g e n d e s G e i s t e s .

Über die Wunderheilungen sagt K a r l H e i m : „Wer nichts von Gott weiß und kein betender Mensch ist, dem ist es selbstverständlich, daß es bei Krankheiten nur eine Hilfe gibt, nämlich: einfach den Arzt kommen lassen. —

Aber wenn wir ein Gebetsleben führen, kommt uns unwillkürlich der Gedanke: Ist schon ein Konsultieren des Arztes nicht Unglaube, ein letztes Mißtrauen gegen die Allmacht Gottes? Steht nicht geschrie-ben: Ich bin der Herr, dein Arzt? Sollten wir nicht etwas Großes wagen für Gott und den natürlichen Halt fahren lassen? Die ärztliche Behandlung, ist das nicht das Geländer, an dem wir uns im Unglauben noch immer anklammern? Sollten wir uns nicht abstoßen und in die Tiefe stürzen, um uns tragen zu lassen von der göttlichen Allmacht ganz allein? Also keine Operation, keine Medizin, sondern Gott allein?

Jesus war in der dritten Versuchung vor die gleiche Frage gestellt, vor der Hunderte von Christen immer wieder stehen. Darf ich die natürlichen Mittel benutzen? Oder ist das Kleinglaube? Soll ich den Halt der natürlichen Mittel loslassen? Was ist recht vor Gott?

Es gibt Stunden, da dürfen wir im Glauben auf alle natürlichen Mittel verzichten, alle guten Stützen fallen lassen, auf Siegesboden treten und Heilung erwarten allein durch die Wunderkraft Gottes. Viele Christen haben das auch in unseren Tagen erfahren und erfahren

---

[8] „Wo es der Teufel nicht kann dahinbringen, daß wir an Gott verzagen, so versucht er es auf der anderen Seite, ob er uns könne hoffärtig machen, daß wir auch das glauben, was Gott nicht geboten zu glauben. Darum führt er Christum auf eine heilige Stätte, denn es sind dem Menschen doch köstliche Gedanken, daß er meint, er sei voll Glaubens und auf rechter, heiliger Bahn, und er steht doch nicht im Tempel drinnen, sondern nur auf dem Tempel auswendig, d. h. er ist nicht im rechten, heiligen Sein des Glaubens, sondern in seinem Schein." Luther.

es immer wieder. A b e r w i r d ü r f e n d i e s e S t u n d e n i c h t
s e l b s t h e r b e i f ü h r e n. E s i s t G o t t e s S a c h e, d a s z u
t u n. Sonst treten wir aus dem Kindesverhältnis zu Gott heraus. D e r
G l a u b e m u ß i m m e r g e h o r s a m s e i n." Soweit Karl Heim.

Wir fügen hinzu: Die Macht Gottes offenbart sich in dreifacher
Weise, und zwar so, wie Er es will. Einmal äußert sie sich durch direk-
ten Eingriff in unseren kranken Leib und schenkt Gesundung und Heilung, und zwar wunderbar und vollkommen, beseitigt ein schweres
Krebsleiden oder eine langwierige Lungentuberkulose oder ein hoff-
nungsloses Magen- und Darmleiden usw. Ein anderes Mal hilft Gott
durch Operation und ärztliche Hilfe, die Krankheit zu heilen. Ein drittes Mal hilft Gott die Krankheit t r a g e n. Wir denken besonders an
Paulus, dem Gott sagen läßt: „Meine Gnade genügt dir" (2 Ko
12,8—10).

Wie Gott in den einzelnen Fällen hilft, ob durch plötzliche Wegnahme des Leidens oder durch den Arzt oder durch Tragen des Leides
— d a s b e s t i m m t E r g a n z a l l e i n! Alles drei, ob so oder so,
wird dem Kinde Gottes zum Segen gereichen!

Hinsichtlich der Auftischung neuerer, tieferer und größerer Erkenntnisse und Offenbarungen der Schrift sagt K r u m m a c h e r in An-
lehnung an die dritte Versuchung folgendes: Verkleidet in die Gestalt
eines Lichtengels, sucht der Versucher dich aus dem Stand des Klein-
seins herauszulocken. Er führt dich in die heilige Stadt auf die Tem-
pelzinnen. Er führt dich zu einem Spekulieren über unerforschliche
Geheimnisse. Der Versucher geht weiter und lehrt dich e i g e n e Gedanken für n e u e O f f e n b a r u n g e n d e s G e i s t e s ansehen,
das i n n e r e L i c h t höher achten a l s das g e s c h r i e -
b e n e W o r t. — Da gilt es zu schreien: „E s s t e h t g e s c h r i e -
b e n!"

Wir fügen hinzu: Der Versucher sieht sich seine Leute an. Er weiß, wir
lieben die Schrift und sind in der Bibel zu Hause; da kommt der Versucher mit der Schrift zu uns, und der Versuchermund ruft uns zu:
„Es steht geschrieben!"

So wagt in der dritten Versuchung des Herrn der Versucher, das
Schriftwort den eigenen Zwecken dienstbar zu machen. Und dieser
Versuchung sind auch wir preisgegeben, wenn wir als „schriftgelehrte"
Menschen unser Denksystem aufbauen, dem wir dann durch Schriftworte die göttliche Weihe geben. Wir sind dem Versucher schon er-
legen, wenn wir über das Wort verfügen wollen. Ist es nicht vielmehr so, daß Gottes Wort über uns zu verfügen hat? Wir zwingen die
Schrift in unseren Dienst, statt Diener des Wortes zu sein. Die Zu-
ständigkeiten sind verwechselt, und der Versucher bringt es dahin, daß
die Schrift gebraucht wird, damit Gottes Wort zerteilt werde!

Wir sind am Schluß der Versuchungsgeschichte. **Der Glaube des
Herrn Jesus** (Vgl. Gal 2, 20) und damit aller echte Glaube birgt, von
der Versuchungsgeschichte her gesehen, ein Dreifaches in sich:

1. Glaube ist unbedingtes und restloses Vertrauen (1. Versuchung)
2. Glaube ist unbedingter und ungeteilter Gehorsam (2. Versuchung)
3. Glaube ist unbedingte und kindlich demütige Abhängigkeit und kein eigenwilliges Überschreiten dieser Haltung (3. Versuchung)

Der Herr blieb der Sieger! Dieser erste offizielle große Sieg entschied den ganzen Lauf Seines Lebens, wie der Fall des ersten Adam die Entscheidung gab für das ganze Menschengeschlecht! Dieser erste Sieg Jesu war die Grundlage aller späteren Siege, wie der erste Sieg Adams auch die Grundlage für das Leben des Menschengeschlechtes überhaupt gewesen wäre (Rö 5).

Des Herrn erster Sieg führte Ihn von Sieg zu Sieg, von Licht zu Licht — nicht im Sinne eines Sich-Ausruhens auf dem ersten Siege, nein —, sondern im Sinne einer lebendigen Wurzel, von der heraus es dann zu einem Wachstum aus Glauben zu Glauben ging.

Die Schule der Versuchung und Erprobung verließ Jesus mit einem festen Programm Seines „Christusamtes und -dienstes". Und dieses Christus-Programm hat Er in der Tat Schritt für Schritt, Stunde um Stunde durchgeführt bis hin zu Seinem Tode, ja, bis zum Tode am Kreuz.

Gesegnet und gestärkt, nämlich durch die Taufe im Jordan und durch die Prüfung in der Wüste, geht Er der auf Ihn wartenden Menschheit entgegen, um sie zu erlösen und zu befreien von Sünde und Tod und Teufel und ihr zu schenken und wiederzugeben, was ihr einst gehört, was sie aber verscherzt und verloren hatte durch ihren Abfall von Gott — nämlich Vergebung der Sünden — ewiges Leben und — Seligkeit.

2. Der Schlußsatz zur Versuchungsgeschichte

Lk 4, 13

13 Nachdem der Teufel mit seiner ganzen Versuchung zu Ende war, stand er von Ihm ab bis auf einen anderen Zeitpunkt (bis zur gelegenen Zeit oder bis zu einer anderen Gelegenheit).

Zu Vers 13:
Hbr 4, 15

Der Ausdruck: **bis auf eine Zeit** wird von vielen Erklärern auf den Kampf Jesu in Gethsemane bezogen. — Wir möchten jedoch meinen, daß der Ausdruck „achri kairou" vielmehr so übersetzt werden muß: **bis zu einer anderen Gelegenheit.** Der Teufel wird nicht müßig warten bis zur Stunde in Gethsemane, sondern wird fort und fort jede Gelegenheit ausnutzen, um den Herrn zu Fall zu bringen. Der Satan setzt seine Versuchungen fort, sei es durch die Feinde Jesu (die Pharisäer, welche in all ihren Anfragen dem Herrn eine Falle zu stellen suchten) oder sei es durch die Freunde (siehe die Petrus-Antwort in Mt 18, 22. 23). W i r   a b e r :   „W i r   s a h e n   S e i n e   H e r r - l i c h k e i t" (Jo 1).

B. Zweiter Strahl
Der Christus wirkt von Stadt zu Stadt und Dorf zu Dorf.
Lk 4, 14—5, 11

Der Weg, den Jesus zu gehen hat, ist Ihm klar vorgezeichnet. Er wird Sein Volk besuchen, indem er von Stadt zu Stadt, von Dorf zu Dorf zieht. Sooft Er den Ruf Gottes dazu vernimmt, wird Er gehorchen. Auf den Antrieb des göttlichen Geistes, mit dem Sein Wille eins war, wird Er reden und handeln. Wenn Er Wunder tut, so wird Er dabei nur die Absicht haben, den Menschen einen sichtbaren Beweis des Heils, das Er bringt, zu geben und sie zur Aneignung desselben zu ermuntern [9].

W. Stb. Matth.
S. 45

W. Stb. Mark.
S. 53

Zu V. 14 u. 15:
Mt 4, 12—17
Mk 1, 14. 15

1. Der Anfang der Tätigkeit Jesu in Galiläa
Lk 4, 14. 15

14 Und Jesus kehrte in der Kraft (dynamis) **des (Heiligen) Geistes nach Galiläa zurück. Und der Ruf von Ihm ging aus durch die 15 ganze Umgegend.** * **Und er pflegte in ihren Synagogen zu lehren, von allen gepriesen.**

Dieser 14. Vers schließt unmittelbar an Vers 1 an und ergänzt ihn. Jesus verließ den Jordan (Vers 1), um nach Galiläa zurückzukehren (Vers 14). Der Aufenthalt in der Wüste war sozusagen ein Halt, den Er auf den Antrieb des Heiligen Geistes auf diesem Wege machte.

---

[9] Der Bericht über die galiläische Tätigkeit enthält die Schilderung dieser schlichten Arbeit. Jesus gebraucht das Recht jedes israelitischen Mannes, an den Sabbaten in den Synagogen predigen zu dürfen. Er geht also den einfachen, natürlichen Weg, welche die Ordnung des israelitischen gottesdienstlichen Lebens Ihm wies.
Beiläufig dazu sei noch folgendes bemerkt: Alle drei Synoptiker knüpfen den Anfang dieser Tätigkeit an den Bericht der „Taufe" und der „Versuchung" an. Aber Matthäus und Markus haben dabei das Besondere, daß sie als Beweggrund der Rückkehr Jesu nach Galiläa die Gefangennahme des Täufers angeben (Mt 4, 12; Mk 1, 14). Da nun die „Versuchung" einige Zeit vor der Gefangennahme des Täufers stattgefunden haben muß, fragt es sich fürs erste, was Jesus in dieser Zwischenzeit getan habe, und dann fürs zweite, wie die Gefangennahme für Jesus ein Beweggrund sein mußte, nach Galiläa zu gehen, d. h., gerade in das Gebiet des Herodes Antipas, der Johannes gefangen hielt.
Über diese zwei durch den Bericht der beiden anderen Synoptiker Matthäus und Markus nahegelegten Fragen gibt Lukas keinen Aufschluß, weil er an dieser Stelle von der Gefangennahme des Täufers gar nicht spricht und sich begnügt, den Anfang der öffentlichen Tätigkeit Jesu an Seinen Sieg in der „Versuchung" anzuknüpfen.
Nur der Bericht des v i e r t e n Evangeliums löst diese Schwierigkeiten. Nach der Darstellung des Evangelisten Johannes ist eine z w e i f a c h e Rückkehr nach Galiläa wohl zu unterscheiden.
Die e r s t e unmittelbar nach der Taufe und Versuchung (Jo 1, 43). Vor dieser berief Jesus am Jordan einige der jungen Galiläer, die sich um den Vorläufer geschart hatten, in Seine Nachfolge.
Die zweite Rückkehr fand viel später statt (Jo 4, 1f) und ist in Verbindung gesetzt mit der Feindseligkeit der Pharisäer gegen den Täufer.
In die Zwischenzeit fallen nach dem vierten Evangelium folgende Begebenheiten: Die Verlegung des Wohnsitzes Jesu von Nazareth nach Kapernaum (Jo 2, 12), die erste Reise nach Jerusalem zum Osterfest und die Unterredung mit Nikodemus (Jo 2, 13 — 3, 21), endlich eine längere Tätigkeit in Judäa gleichzeitig mit der des Täufers, der noch in Freiheit war (Jo 3, 22—36; vgl. bes. V. 24).

Bevor Er jedoch von der Versuchung nach Galiläa heimkehrte, ging Er wiederum an den Jordan zur Taufstelle des Täufers Johannes zurück, um dort, wie der Evangelist Johannes uns erzählt (Jo 1, 29—51), die ersten sechs Jünger zu Sich zu rufen, und dann nach Kana in Galiläa (Jo 2, 1—11); von dort aus durchwandelte Er Galiläa, wobei Er auch Kapernaum berührte (Lk 4, 23). Endlich zog der Herr nach Nazareth. Nachdem dann in Nazareth jene große Ausweisung erfolgte, wanderte Jesus mit Seiner Mutter und Seinen Brüdern (Jo 2, 12) nach Kapernaum, wo Er vorläufig nur kurzen Aufenthalt nahm, aber später, nach Seiner Rückkehr aus Jerusalem (Jo 2, 13—4, 54), Sich gänzlich dort niederließ und Kapernaum zu „Seiner Stadt" machte (Mt 4, 13; 9, 1) — (Nebenbei sei bemerkt, daß Matthäus erst in Kapitel 13, 54—58 und Markus erst in Kapitel 6, 1—6a diesen Bericht von der Predigt in Nazareth nachholt.) Führung und Leitung durch den Heiligen Geist deckt sich sehr oft mit der „Schiebung" und Lenkung durch die Verhältnisse.

Der 14. Vers ist aber nicht nur chronologisch die Wiederanknüpfung an Vers 1, sondern auch inhaltlich durch die Wiederaufnahme des Ausdrucks „voll heiligen Geistes".

Diese Schau der Tätigkeit Jesu in ihrem Zusammenhang mit der Wirksamkeit des Heiligen Geistes ist dem Lukas-Evangelium in besonderer Weise eigen. Wir machten in Kapitel 1 und 2 und 3 darauf schon aufmerksam. Man lese dort nach die Erläuterungen zu 1, 15 und 17 und 35 und 41 und 67 und 80, dann 2, 25—27 und 40, dann 3, 16 und 22, dann 4, 1.

„In der Kraft des Heiligen Geistes", was heißt das? Derselbe Geist, der den Herrn in die Verborgenheit (4, 1), weg von den Menschen geführt hatte, führt Ihn jetzt in die Öffentlichkeit, zu den Menschen hin. Damit ist gesagt, daß Jesus Sich in allem vom Heiligen Geist

Nach dieser Tätigkeit in Judäa, welche von Ostern bis Dezember dauerte (Jo 4, 35), kehrte Jesus zum zweiten Male nach Galiläa zurück (Jo 4, 3), diesmal über Samaria.
Diese **zweifache** Rückkehr aus Judäa nach **Galiläa** am Anfang der Tätigkeit Jesu ist offenbar von unseren Synoptikern in e i n e **zusammengelegt worden,** was zur Folge hatte, daß alle dazwischenliegenden Begebenheiten in der Erzählung der Synoptiker verschwanden. **Lukas hat die erste Rückkehr im Auge, da sie ja unmittelbar an die Versuchung anknüpft,** Markus und Matthäus die zweite Rückkehr, da dieselbe, nach ihrer Darstellung, durch die Gefangennahme des Täufers veranlaßt worden ist. Die Erzählung des Evangelisten Johannes wirft durch die **Unterscheidung** dieser **doppelten** Rückkehr ein helles Licht auf den ganzen Verlauf der Begebenheiten (Jo 2, 11; 3, 24; 4, 54). Das Verfahren der Evangelien-Berichterstattung, wie es uns hier vorliegt, ist ganz natürlich. Die Evangelienberichterstattung war **nicht vom historischen Interesse bestimmt,** sondern von dem Bedürfnissen der **Evangelisation,** von dem Streben, den Glauben zu begründen und zu befestigen. Auf diese Weise sind auch die verschiedenen Festreisen nach Jerusalem bei den Synoptikern in eine einzige, nämlich die letzte, zusammengeschmolzen. Bestimmte Gruppen der Begebenheiten werden bei einer solchen Evangelistentätigkeit gern zusammengestellt, so daß sie zuletzt ganz in eins zusammenfallen. Erst als Johannes unabhängig von der Evangelien-Berichterstattung aus seinen persönlichen Erinnerungen geschöpft hat und die Geschichte Jesu in ihrem historischen dreijährigen Ablauf wiedergab, da stellte sich der Gemeinde Jesu das vollständige Gemälde Seiner öffentlichen Tätigkeit vor Augen.

leiten läßt. Das gilt auch uns. Wer sein Leben immer wieder dem Ich und seinen Belangen öffnet, ist nicht offen für die Leitung durch den Heiligen Geist. Den nach Gott hin sich öffnenden Menschen leitet der Heilige Geist. Diesen führt der Geist Gottes, und zwar sowohl in die Stille — als auch unter die Menschen, sowohl in die Ruhe — als auch in die Arbeit. Der Heilige Geist weiß um das rechte Verhältnis von Ruhe und Arbeit, von „Einnehmen" und „Ausgeben" hinsichtlich des Dienstes im Reiche Gottes. Der Heilige Geist weiß um das rechte Schweigen und das rechte Zeugnisablegen.

Wir haben oft weithin diese Bereitschaft für die Führung durch den Geist Gottes verloren. Darum das Durcheinander.

Lukas spricht „von der Kraft" des Heiligen Geistes. Das Reden Seiner kraftvollen Worte, das Tun Seiner kraftvollen Werke (Wunder) strömten bei dem Herrn aus der Kraftquelle des Heiligen Geistes. Das grie Wort für Kraft, nämlich Dynamis, enthält das Symptom des machtvollen Bewegtwerdens, des machtvoll Heilenden und Aufrichtenden. Wir dagegen haben aus dem Wort Dynamis das Wort Dynamit gebildet und bezeichnen damit einen machtvoll zerstörenden Sprengstoff.

Doch wo der Geist Gottes und nicht der Geist des Menschen und des Ichs am Werke ist, da geschieht nicht Vernichtungsarbeit, sondern Aufbauarbeit. Wo der Geist Gottes, die göttliche Dynamis-Kraft tätig ist, da wird Schöpferisches, Göttliches, Ewiges geleistet. Die große Arbeitskraft, die schöpferischen Leistungen der „Heiligen im Licht" sind immer echte Dynamik aus der Kraft des Heiligen Geistes. Obwohl diese „Heiligen der Gemeinde Jesu" oft körperlich schwache, kränkliche Menschen waren, so haben sie dennoch Leistungen vollbracht, die oft Gesunde und Starke ihnen nicht nachmachen. Der Geist des Herrn, der ein Geist der Kraft ist, wirkt auch durch gebrechliche Werkzeuge Großes — ja gerade durch sie erst recht.

Wir kehren zum Text zurück.

Jesus kehrte nach Galiläa zurück so lasen wir in Vers 14b. „Das ist an sich keine Selbstverständlichkeit. Die messianische Bewegung hat durch den Täufer in Judäa begonnen. Es wäre also das Gegebene, dort mit dem Wirken einzusetzen. Außerdem ist Jesus in Judäa durch die Ereignisse am Jordan feierlich eingeführt, und Judäa, mit der Hauptstadt Jerusalem, ist doch der eigentliche Sitz des Gottesvolkes. Dort ist der Tempel. Dort werden die Opfer gefeiert. Dort strömen die Massen zusammen. Dort ist die Priesterschaft. Dort sind die Schulen der Schriftgelehrten. Dort ist die Tradition der Propheten. So sollte man erwarten, daß Jesus dort beginnt. Aber Er geht nach Galiläa. Jesus wird später auch nach Judäa kommen" (Gutzwiller).

Jesus wird auch in Judäa und Jerusalem das Evangelium verkündigen und Wunder tun (Lies Jo 2, 23). Jesus wird in Jerusalem Sich Selbst darbringen als das Opfer zu einer Erlösung für viele. In Jerusalem wird Jesus das Werk der Erlösung vollenden. Aber diese Stunde ist noch nicht gekommen. In Galiläa, dem verachteten Lande, will Er zuerst Sich Seine Gemeinde sammeln. Nach den Verachteten, den Geringen, den Verworfenen, nach diesen sehnt Sich Sein Heilandsherz. Diese sind aufnahmebereit. Die Mächtigen, „die Reichen, die Geistesstolzen aber sind nicht empfänglich. Sie glauben, sich selbst helfen zu können. Wer an Selbsterlösung glaubt, wartet nicht auf den Erlöser. Wer auf eigene Kraft und Macht vertraut, weiß nicht, daß er auf Gnade angewiesen ist.“

Mit Galiläa ist im Lukas-Evangelium auch das Leitwort der Einteilung grundsätzlich gegeben. Die Hauptteile des Evangeliums sind nach den geographischen Räumen gegliedert. Der erste Teil der lukanischen Berichterstattung findet in Galiläa statt, der zweite Teil auf dem Weg von Galiläa nach Judäa (vielfach auf der Grenze zwischen beiden Ländern), und der dritte in Judäa selbst. Innerhalb dieser drei Räume stellt Lukas auch einigermaßen eine chronologische Abfolge der Ereignisse zusammen, aber nur in großen Zügen, denn es geht ihm mehr um das T h e m a t i s c h e als um das Z e i t l i c h e des Geschehens.

Jesus war als ein ganz anderer, als der Er damals von Galiläa nach dem Jordan zu dem Täufer gegangen war, jetzt wieder nach Galiläa zurückgekehrt. Der Heilige Geist, der bei der Taufe über Jesus zur besonderen Bevollmächtigung für Seinen Dienst gekommen war, zeigte Sich als die Dynamis-Kraft, die Ihn zu einem „aufsehenerregenden“ Wirken befähigte. Durch den Heiligen Geist vollführte Er Kraftwirkungen und Wunder, von denen ein Nikodemus sagt: „Niemand kann solche Wunder tun wie Jesus“ (Jo 3, 2). Sein Ruf verbreitete sich in der ganzen Umgebung. Er trat regelmäßig in den Synagogen lehrend auf. Allerseits fand Er große Anerkennung und wurde als Prediger gerühmt (Mt 7, 29). Jesus ist unter die Menschen getreten. Seine Botschaft ist keine Privat-Angelegenheit, keine Winkelsache, keine verborgene Gegebenheit, sondern die alleröffentlichste Tatsache der Welt. Der Stein ist ins Wasser geworfen und zieht einen Wellenkreis nach dem andern. Immer größer und weiter — bis alle diese Wellenkreise an das Ufer der Ewigkeiten schlagen. Das neue Lied ist erklungen. Es wird nie wieder verstummen — auch in den Ewigkeiten nicht mehr.

Er lehrte in ihren Synagogen. „Jesus lehrt auch anderswo. Am Ufer des Sees, am Hang der Hügel, in den Häusern, aber Er lehrt vor allem zuerst und immer wieder in den Synagogen. Denn dort kommt das Volk zusammen, dort wird die Thora und werden die Propheten gelesen. Darum ist in der Synagoge der äußere und innere Anknüpfungspunkt für die Lehre Jesu gegeben. Das Lehren wird als erstes betont. Es ist im Leben Jesu nicht das Wichtigste. Sein Tod und Seine Auferstehung sind wichtiger. Wenn das Lehren trotzdem als erstes hier hervorgehoben wird, so ist damit die Wichtigkeit des Wortes gezeigt“ (Gutzwiller).

Immer wieder müssen auch wir auf das Wort unseres Heilandes hören. Menschenworte sollten uns nicht ablenken, auf Ihn zu hören!

Nicht die Wissenschaft löst die letzten Rätsel und beantwortet die tiefsten Fragen, sondern das Wort unseres Heilands allein.

Die Synagogen, in denen Jesus als Reiseprediger auftrat, waren Versammlungsstätten, die seit der Rückkehr aus dem Exil, vielleicht auch schon vor der Gefangenschaft bestanden. Überall, auch in heidnischen Ländern, wo sich eine kleine jüdische Gemeinde fand (selbst wenn es nur 10 Familien waren), bestanden solche gottesdienstlichen Stätten. Man versammelte sich daselbst am Sabbat und dann auch am Montag und Donnerstag, den Gerichts- und Markttagen. Die Synagogenvorsteher saßen auf einem erhöhten Platz am Ende des Saales. Wollte jemand reden, wozu jeder anwesende erwachsene männliche Israelit das Recht hatte, so gab er diese Absicht durch Aufstehen kund. Es gab in den Synagogen keine amtlich bestellten Lektoren. Jedes dazu befähigte männliche Gemeindeglied konnte an der Lesung der Schriftabschnitte sich beteiligen. Am Anfang des Gottesdienstes wurden Abschnitte aus den fünf Büchern Mose gelesen. Die Lesung aus den Abschnitten der prophetischen Bücher bildete den Schluß des Gottesdienstes. Es konnte sich daran noch eine Auslegung der verlesenen prophetischen Lektionen schließen, wenn sich dazu vorher Männer gemeldet hatten. Amtlich gebunden war auch diese Predigt nicht. Was Lukas von Jesus berichtet, daß Er zur Vorlesung des prophetischen Textes aufstand, nach der Vorlesung aber zum Vortrag Seiner Ansprache Sich niedersetzte, war allgemeine Vorschrift. Nebenbei sei noch bemerkt, daß man „Auswärtigen" gern Gelegenheit gab, ein freies Wort in der Synagoge zu reden (Apg 13, 15).

Er wurde von allen gepriesen, so lesen wir Vers 15b. Seine Gestalt, Seine Art zu reden und Sich zu geben, Sein Auftreten und Sein Wirken haben etwas Unwiderstehliches. Wer nicht mit Vorurteil zuhört und schon innerlich gegen Ihn eingenommen und verhärtet ist, muß ihn bewundern und lieben. Und Er zwingt zur Entscheidung. Die Massen geraten in Bewegung. Sie nehmen alle Stellung mit einem Ja oder Nein. Es gibt keine Neutralen, die gleichgültig abseits stehen. Das erste ist nicht etwa der Widerstand, sondern das doxa zein, d. h. das Ehren und Rühmen. Erst langsam meldet sich der Widerstand zum Wort und verdichtet sich zu einer eigentlichen Front der Feindschaft. Aber am Anfang steht die jubelnde Anhängerschaft. Es klingt alles wie ein neues Lied, und es ist ein neuer Aufbruch. So ist mit diesen wenigen Worten das galiläische Wirken gezeichnet als ein Lehren und Wirken in die Breite, als ein Wecken der Freude und als ein Werk des Heiligen Geistes.

W. Stb. Matth.
S. 196ff.

W. Stb. Mark.
S. 124ff.

Zu V. 16—30:
Mt 13, 53—58
Mk 6. 1—6

2. Jesu Antrittspredigt in Nazareth.

Lk 4, 16—30

16 Und Er kam nach Nazareth, wo Er erzogen war, und Er ging nach Seiner Gewohnheit am Tage des Sabbats in die Synagoge, und Er

17 stand auf, um vorzulesen. * Und es wurde Ihm das Buch des Pro-
    pheten Jesaja dargereicht, und als Er das Buch öffnete, fand Er die
18 Stelle, wo geschrieben war: * „Der Geist des Herrn ist auf Mir,
    deshalb, weil Er mich gesalbt hat; — zu evangelisieren die Bettel-
    armen, hat Er Mich gesandt; — zu verkündigen Gefangenen eine Frei-
    lassung und den Blinden die Wiedererlangung des Augenlichts; —
19 zu senden, die da mißhandelt sind, in die Freiheit; * anzukündigen
20 ein angenehmes Jahr des Herrn". * Und Er rollte das Buch zu-
    sammen und gab es dem Diener zurück und setzte Sich. Und die
21 Augen aller in der Synagoge sahen unverwandt auf Ihn. * Er fing
    aber an, zu ihnen zu sagen: „Heute ist diese Schrift erfüllt vor
22 euren Ohren"; * Und alle stimmten Ihm bei und staunten über
    die Worte der Gnade, die aus Seinem Munde kamen, und sagten:
23 „Ist dieser nicht ein Sohn Josephs?" * Und Er sprach zu ihnen: „Si-
    cherlich werdet ihr dieses Gleichnis (Sprichwort) zu Mir sagen: „Arzt,
    heile dich selbst." Alles, was wir gehört haben, was in Kapernaum
24 geschehen ist, tue auch hier in deiner Vaterstadt!" * Er sprach
    aber: „Wahrlich (Amen), Ich sage euch, daß kein Prophet angenehm
25 ist in seiner Vaterstadt. * Der Wahrheit entsprechend aber sage
    Ich euch: Es waren viele Witwen in den Tagen Elias in Israel, als
    der Himmel für drei Jahre und sechs Monate verschlossen war,
26 da eine große Hungersnot war über das ganze Land; * Und zu kei-
    ner von ihnen wurde Elia gesandt, sondern nur nach Sarepta bei
27 Sidon, zu einer Witwe. * Und es waren viele Aussätzige in Israel
    zur Zeit des Propheten Elia, und keiner von ihnen wurde gerei-
    nigt, sondern nur Naeman, der Syrer."

Zu Vers 17:
Jes 61, 1. 2

Zu Vers 19:
3 Mo 25, 10

Zu Vers 23:
Mt 4, 13

Zu Vers 25:
1 Kö 17, 1. 9;
18, 1

Zu Vers 27:
2 Kö 5, 14

Jesus beginnt nach Lukas sein öffentliches Auftreten in seinem
Heimatdorf Nazareth. Der Evangelist will damit nicht sagen, daß
Jesus dort zeitlich die erste Predigt gehalten habe, denn es geht ja
aus dem Text hervor, daß der Herr schon vorher in Kapernaum und
anderswo gewirkt hat (vgl. hierzu auf Seite 116 und Jo 1, 43 u. Jo 4, 1f.
und vor allem Lk 4, 23. In Kapernaum hatte der Herr bereits Wunder
getan). Lukas will vielmehr durch die Szene in Nazareth an einem Beispiel gleich zu Beginn des öffentlichen Wirkens Jesu zeigen, wie dieses
Wirken eine Scheidung der Geister in Aufnahme und Ablehnung, in
Ja und Nein hervorgerufen hat. So ist diese Szene in Nazareth inhaltlich und stimmungsmäßig wie eine Art Prolog und Ouvertüre zum
galiläischen Wirken des Herrn. Die Szene ist deutlich in zwei Abschnitte gegliedert.

a) In begeisterte Aufnahme.
b) In haßerfüllte Ablehnung.

a) Die begeisterte Aufnahme.

„Welch eine eigenartige Geschichte ist diese Geschichte dort in Nazareth! Am Beginn licht und hell — am Ende unheimlich finster. Am
Beginn himmlischer Frieden — am Ende höllisches Wüten. Am Beginn

glühende Bewunderung für den großen Landsmann — am Schluß wollen sie Ihn umbringen.

Das Merkwürdige an diesem Umschwung ist aber dies, daß niemand anders als J e s u s   S e l b s t ihn herbeigeführt hat.

Bedeutsam aber ist es, daß wir es hier nicht nur mit einem einmaligen Vorgang zu tun haben, sondern daß diese unsere Geschichte geradezu programmatischen Charakter trägt. Was hier in Nazareth binnen weniger Stunden sich abspielt, das wiederholt sich im ganzen Berufsleben des Herrn: Am Anfang Zustimmung — zum König wollen die Massen Ihn krönen — dann aber Abkehr, ja Haß und Mord, und am Schluß das Kreuz! Und immer wieder sehen wir, daß Jesus selbst diesen Umschwung herbeiführt!" (Hilbert)

Warum Er das tut, werden uns nicht nur diese Geschichte, sondern auch all die anderen Erzählungen aus Seinem Leben sagen.

Jesus ist erst dann nach Nazareth gekommen, um zu predigen, als Er schon einen gewissen Ruf in den Synagogen der Umgegend erlangt hatte (Vers 14. 15).

Der Ausdruck **nach Seiner Gewohnheit** wird selbstverständlich auf die ganze Kindheit und Jugendzeit Jesu vor Seiner Taufe zu beziehen sein. Darum heißt es auch: „. . . wo Er erzogen war". Die Kinder hatten Zutritt zum Gottesdienst in der Synagoge vom fünften oder sechsten Jahr an. Dieser Gottesdienst war ein äußerst wichtiges Mittel für die geistige und religiöse Entwicklung Jesu. Die Lesungen des Alten Testaments, die Er regelmäßig mehrmals in der Woche hören konnte, trugen sicher das ihrige dazu bei, Ihm jene genaue Kenntnis der heiligen Schriften zu verschaffen, von welcher Seine ganze Predigt Zeugnis ablegte.

Als Jesus nach der gesetzlichen Verlesung des alttestamentlichen Abschnittes Sich von Seinem Platz erhob und dadurch angezeigt war, daß Er einen prophetischen Abschnitt zu verlesen bereit sei, wurde Ihm von dem Synagogendiener das Buch des Propheten Jesaja, d. h. eine, nur dieses Buch enthaltende Lederrolle überreicht. Aus dieser Rolle wurde schon an den vorangegangenen Sabbaten vorgelesen. Jesus ließ sich nun eine für Seine Zwecke geeignete Stelle von Seinem himmlischen Vater zeigen. Er stieß auf die Worte des Jesaja, Kapitel 61, 1ff, diese verlas Er. Das Zitat lautet wörtlich: „Der Geist des Herrn ist über Mir, weil Er Mich gesalbt hat, frohe Botschaft zu bringen Armen; weil Er Mich gesandt hat, Kriegsgefangenen Freilassung zu verkünden und den Gebundenen Hoffnung, auszurufen ein Gnadenjahr des Herrn."

Es entsprach dem Charakter des göttlichen Menschensohnes, daß Er gleich zu Anfang Seiner Wirksamkeit auch Seiner Heimat das „Evangelium" brachte. Es war eine Fügung Gottes, die Sein Wesen aufs schönste enthüllte, daß Er hier in dem mißachteten Nazareth das alttestamentliche Evangelium von dem **Christus** (also dem Gottgesalbten, dem Messias), der den Armen das Evangelium predigt, der das Gna-

denjahr des Herrn auszurichten hatte, **verkündigen mußte.** I n d e m E r
d i e s e S c h r i f t a u s l e g t e , l e g t e E r S e i n H e r z a u s. Das
Zeugnis von jenem Gottgesalbten, dem Christus der Schrift, ward ein
Zeugnis Ihm selber, und die Predigt von der Predigt des Jubeljahres
ward zu dieser Predigt des Jubeljahres selbst.

Nach dem feierlichen Vorlesen jener Worte aus dem Alten Testament, die Er nicht nur von der Rolle her ablas, sondern aus der Tiefe
Seines innersten Lebens sprach, rollte Er das Buch zusammen, gab es
dem Diener und setzte Sich nieder. „Aller Augen, die in der Synagoge
waren, sahen auf Ihn." Da sieht Er ihnen allen ins Auge, Seinen lieben
und bekannten Jugendgenossen. Jeder vielleicht ist ein Stück Seiner
Lebensgeschichte, Seines Liebens, Glaubens und Hoffens. — Und jetzt
möchte Er ihnen die große „Frohe Botschaft" verkünden vom Reich
Gottes.

Vers 21: „Und Er fing an, zu ihnen zu reden von dieser Botschaft.
„Heute", sprach Er, „ist diese Schrift vor euren Ohren erfüllt worden."
Jesus erkennt in der Selbstaussage des Propheten Jesaja „Der Geist
des Herrn ist auf Mir" die maßgebende Vorausdarstellung Seiner eigenen Person und Seiner Aufgabe. Besonders seit dem Tage Seiner
Taufe steht Ihm das Werk „des Christus", des Messias, klar vor der
Seele.

Ein Siebenfaches enthält die Predigt des Herrn in der Synagoge
zu Nazareth.

1) Der Geist des Herrn ist auf Mir, deshalb weil Er Mich gesalbt hat.

Von dem Heiligen Geist, der in der Taufe in einzigartiger
Weise, ohne Maß in Fülle auf den Herrn gekommen ist, weiß Sich der
Heiland fort und fort ohne Unterbrechung beherrscht. Auch hier sehen
wir wieder, wie dicht beieinander der Herr und der Geist sind, ja wie
beide sozusagen e i n e s sind (vgl. dazu das schon früher Gesagte über
das Einssein vom Geist und vom Herrn zu Vers 14). Was bedeutet es,
daß hier die Rede ist nicht vom Heiligen Geist, sondern vom G e i s t
d e s H e r r n ? Antwort: Es soll hier sicherlich die göttliche Dreieinigkeit zum Ausdruck gebracht werden. Es ist der **Geist** (Heiliger Geist),
der **Herr,** das ist Gott Vater (im AT wird Gott Vater immer wieder Herr
genannt), dann Jesus, der Sohn Gottes, auf dem der Geist ruht, drei
Personen und doch Eins! Die eine Person Jesus ist so vom Geiste und
von Gott erfüllt, daß der Ausdruck: „der Geist des Herrn ruht auf
mir" die Wesenseinheit der göttlichen Dreieinigkeit ausmacht. Ein
anbetungswürdiges Geheimnis!

Er hat mich gesalbt. Jesus von Nazareth ist „d e r Christus", d. h.
der Gesalbte schlechthin. Als d e r Christus, d. h. der Gesalbte, ist Er
d e r wahre und einzige Hohepriester, der wahre und einzige Prophet,
der wahre und einzige König. Alle drei wurden im AT gesalbt zu
ihrem Amt. Jesus umfaßt alle drei Ämter in Seiner Person in vollkommener und vollendeter Weise.

Im Gegensatz zu den Vorstellungen von der Herrschaft des Gesalbten, des Messias, als einer mit weltlichen Mitteln herzustellenden
Weltherrschaft, weiß Er und lehrt Er durch die Verlesung des alttestamentlichen Textes, daß es das Wort des Vaters ist und der Geist
Gottes es ist, wodurch Jesus die ewige Königsherrschaft Gottes aufrichten soll und will.

2) Das Zweite, was Jesus darum zur Kennzeichnung der Ihm be-
fohlenen Verkündigung sagt, ist, daß Er den Armen, den Verlangenden
und Bettelnden, d. h. solchen, die in Schwachheit und gedrückter Herzensverfassung sich befinden und darum Hilfe flehend vor Gott sich
beugen, eine gute, gerade sie erfreuende Botschaft zu bringen hat. —
Darum lesen wir in Vers 18:

„Er hat Mich gesandt, zu evangelisieren die Bettelarmen." —

Mit dem Ausdruck „bettelarm" sind die materiell Armen und die
durch den Heiligen Geist innerlich Armgewordenen gemeint. (Vgl. W.
Stb. Matthäus, zu Mt 5, 3. Seite 49.) Diejenigen, die sich dieser Arm-
seligkeit (vgl. 1. Seligpreisung der Bergpredigt) bewußt sind, sind auf-
nahmefähig für die Frohbotschaft der Gnade. „Jesus weiß Sich nicht zu
denen gesandt, die da glauben, keine Hilfe zu brauchen und keines
Helfers zu bedürfen, sondern zu denen, die unter dem eigenen Zustand
und dem Zustand der Welt leiden und auf Hilfe warten. Ihnen ist Seine Botschaft Frohbotschaft", sagt ein Ausleger. Daß die Bildworte hergenommen sind von der sozialen Sphäre, zunächst den Armen
und Verachteten im Leben die Heilung und Freude verheißend, ist
nicht nur Vorliebe des Lukas, sondern in der ganzen Offenbarung
Gottes selbst zutiefst begründet, weil es eben das Kommen Gottes zu
den Menschen war. Immerhin versäumt Lukas keine Gelegenheit,
solche Dinge noch immer besonders hervorzuheben. Gnade läßt sich eben
anders nicht besser darstellen als in der Herablassung zu dem, was
nichts ist.

3) Die Worte **zu heilen die zerstoßenen Herzen** (Jes 61, 1) fehlen
in den alexandrinischen Handschriften und mehreren Urkunden der
Itala. Man könnte zwar annehmen, daß sie hier nach dem Hebräischen
und der Septuaginta hinzugefügt worden seien. Allein, da sie die fast
unentbehrliche Grundlage der Worte Jesu in Vers 23 bilden, ist es
wohl nötig, sie beizubehalten.

4) **zu verkündigen Gefangenen eine Freilassung** Die äußere Gefangenschaft in Babylon mit der Rückkehr in die Freiheit war nur
ein kleines Zeichen dieses kommenden großen geistigen Geschehens,
Befreiung aus der inneren Gefangenschaft des Menschen durch die Sünde und durch den Teufel. Hier ist das eigentliche Exil und hier die
eigentliche Befreiung. Christus ist der größte Befreier der Menschheit.
Darum ist Freiheit eine der Zentralwahrheiten, der wesentlichsten
Elemente der christlichen Botschaft. Wo der Atem dieser Freiheit nicht
verspürt wird, wo alles wieder durch Gesetzlichkeit, Ängstlichkeit und
Furcht abgeschnürt wird, ist das Wesen der Frohbotschaft entstellt.

5) **zu verkündigen den Blinden die Wiedererlangung des Augenlichtes**
Das Bild der Blinden, denen das Augenlicht wiedergeschenkt wird,
paßt eigentlich weder zu dem Bild des Jubeljahres noch zu der Rückkehr aus dem Exil. Im Hebräischen heißt es wörtlich: „Für die Gefes-
selten Öffnung". Diesen Ausdruck scheinen die Septuaginta-Übersetzer
auf die Beraubung und Wiedererlangung des „Sehens" bezogen zu
haben. Lukas folgt ihnen, bezieht aber vielleicht das Wort „Blinde"
auf die Gefangenen, die aus dem Dunkel des Kerkers ans helle Tageslicht treten. Im übertragenen Sinne darf man die Nacht der Blindheit mit der Nacht der Gottesferne gleichsetzen. Der Christus ist das
Licht der Welt. Vgl. Jo 8, 12 u. Jo 9, 5. Vgl. hierzu Mt 5, 14—16 (W.
Stb. Matthäus Seite 52 f. und Jo 8, 12).

6) Die Worte: **zu senden die Mißhandelten in die Freiheit** oder
wie Luther übersetzt: „den Zerschlagenen, daß sie frei und ledig sein
sollen", sind einer anderen Stelle des Jesaja entnommen (Jes 58, 6).
Vielleicht war es ursprünglich eine vom Abschreiber auf den Rand ge-
setzte Parallele, die dann in den Text übergegangen ist.

Der Christus steht auf seiten der Schwachen, zu kurz Gekommenen,
der Vergewaltigten. Seine Botschaft hat sozialen Charakter. Aber darüber hinaus geht es um viel Tieferes. Es geht um das innere Bedrückt-
und Bedrohtsein durch die Macht des Satanischen und Dämonischen.
Der Mensch ist unter Druck gesetzt und führt darum eine bedrückte
Existenz. Satan ist der Fürst dieser Welt, und darum ist das Evangelium
eine innere Revolution, denn es stürzt den falschen Machthaber, den
Usurpator vom Thron, um an seiner Stelle die Herrschaft Gottes
wieder aufzurichten. Diese Herrschaft, die nicht bedrückt, sondern
befreit und froh macht.

7) **anzukündigen ein angenehmes Jahr des Herrn.** Der Ausdruck
„eniautous kyrio dektos" bedeutet: **das willkommene Jahr des Herrn,**
nämlich das Jahr, welches der Herr dazu ausersehen hat, den Menschen
die ganz außerordentliche Gnade des Erlösungswerkes zu erweisen.
Es entspricht einem hebr Ausdruck, der den Sinn hat: **Das Jahr, in
welchem Jahwe Seinen Gnaden- und Heilsratschluß ausführt.**

Hesekiel nennt das Jubeljahr **das Jahr der Vergebung** (Hes 46, 17).
Dieser Ausdruck ist eine Bezeichnung auf Grund von 3 Mo 25.

Der Prophet Jesaja hat die durch das Gesetz bestimmte, periodische
Wiederherstellung des sogenannten Halljahres oder Jubeljah-
res als Vorbild der messianischen Erneuerung aufgefaßt. Er legt seine
Weissagung dem Messias (Christus) selbst in den Mund wie in anderen
Stellen, z. B. Jes 49.

Hätte Jesus diese Stelle selbst aufgesucht, so würde es einfach heißen: „Er las". In dem griechischen Wort „heure" liegt aber, daß Er
d a l a s , wo die Stelle sich von selbst öffnete. — Es leuchtet ein, daß
Jesus keinen Text aus der Hand seines Vaters hätte erhalten können,
der auf die augenblickliche Lage besser gepaßt hätte.

Eine Zeit göttlicher Gnade anzukündigen, eine Amnestie allen Verschuldeten, eine Freilassung der Verhafteten und eine Wiedereinsetzung derselben in ihren angestammten Besitz zu proklamieren und damit den Gedrückten und Geknickten, aber auch vor Gott sich Beugenden eine frohe Botschaft zu bringen, das erklärt der Prophet Jesaja für
die B e r u f s a u f g a b e , für welche Gott den Messias, den Christus,
mit Geist gesalbt hat.

Indem Jesus nach Verlesung dieses Textes unter gespanntester Aufmerksamkeit aller Anwesenden Seine Rede mit den Worten beginnt:
Heute ist diese Schrift erfüllt vor euren Ohren, erklärt Er nicht nur,
daß Ihm diese Predigt das Wesentliche Seines Berufes sei, sondern daß
Er sich jetzt anschicke, diesen Seinen Beruf durch die Verkündigung des
alttestamentlichen Wortes Gottes auszuüben. D i e G n a d e n z e i t
i s t a n g e b r o c h e n . D i e V e r k ü n d i g u n g d e r s e l b e n i s t
n i c h t m e h r W e i s s a g u n g v o n Z u k ü n f t i g e m , s o n d e r n
K e n n z e i c h n u n g d e r G e g e n w a r t , i s t E r f ü l l u n g d e r
W e i s s a g u n g . D i e s e W o r t e d e s H e r r n e n t h a l t e n d a s
u m f a s s e n d e P r o g r a m m S e i n e s W i r k e n s u n d S e i n e r
M e s s i a s - , d . h . C h r i s t u s a u f g a b e . E i n P r o g r a m m i s t
e s , w e l c h e s J e s u s n i c h t a u s e i g e n e m A n t r i e b a u f
g e s t e l l t h a t , s o n d e r n w e l c h e s E r a u s d e n h e i l i g e n
S c h r i f t e n h e r a u s g e l e s e n h a t , a l s d e n W i l l e n G o t
t e s , d e n E r z u e r f ü l l e n g e k o m m e n w a r . [10]

D ä c h s e l macht in seinem bekannten Bibelwerk auf folgendes
aufmerksam: Die Worte Lukas 4, 19 und 21 z u v e r k ü n d i g e n

---

[10] Das Gesetz über das Jubeljahr (3 Mo 25) spricht als eine tiefe typische Bestimmung das ewige
vollkommene **Gottesrecht** aus, das die historischen Verhältnisse des irdischen Gemeinde-, Personen-
und Güterrechtes bestimmen soll. In diesem Gesetz spiegelt sich das richtige Verhältnis des Eigentumsrechtes Gottes zu dem Eigentumsrecht des Menschen ab.
Wie die höhere Bedeutung des Sabbattages sich an das natürliche Bedürfnis der Ruhe nach der Sechs-
Tage-Arbeit anschließt, so erhält auch das **Sabbatjahr** oder Brachjahr, (welches nach sechsjähriger
Feldbestellung für das Land notwendig war), eine höhere Bedeutung. Das Land soll gewissermaßen
durch diese seine Ruhe dem Herrn und Schöpfer huldigen. Das Land sollte alle sieben Jahre einmal
frei sein von dem Zwange der Kultivierung. Es sollte nicht, wie gewöhnlich, besät und abgeerntet
werden, sondern frei produzieren, was es in seinem Schoße trug. Als reines **Gottesgut** sollte es
seine Fülle ausbreiten und sollte werden zum **Gemeingut** für alle, für Herren und Gesinde, für
Juden und Fremdlinge, für Menschen und Vieh. Von sieben zu sieben Jahren sollte also der Glanz
eines **gottgeweihten** Ackerbodens die Herrlichkeit der zukünftigen verklärten paradiesischen Welt
schon jetzt aufleuchten lassen.
Wie aber die **Natur** im siebenten Jahr ein Sabbatjahr, ein Ruhejahr hatte, so sollte auch die **Gemeinde Jahwes** nach 50 Jahren mit der Natur zusammen (also nach sieben mal sieben) ein Feierjahr
erhalten. Höchst bezeichnend sollte es anfangen mit dem großen Versöhnungstag. Aus dem Schulderlaß vor Gott sollte der Schulderlaß in der menschlichen Gemeinschaft hervorgehen. Mit Posaunen
sollte der Beginn dieser großen Festzeit eingeleitet werden. Jn diesem Jahr sollte jedes Erbstück,
das ein Israelit aus Not verkauft hatte, wieder an ihn zurückfallen.
Auch die Dienstbarkeit, in die der Israelit durch seine Armut bei seinem Bruder, einem besser
gestellten Israeliten, verfallen war, sollte mit diesem Jahr aufhören. Die Dienstbarkeit soll also
niemals zur Leibeigenschaft werden. So wurden mit dem Jubeljahr die Knechte frei, und die Besitzlosen gewannen ihr Erbe wieder. Die idealen Grundverhältnisse des heiligen Volkes, in denen sich

d a s a n g e n e h m e J a h r (das Jubel- und Erlaßjahr) d e s H e r r n, und
h e u t e i s t d i e s e S c h r i f t e r f ü l l t v o r e u r e n O h r e n ist tatsächlich auch buchstäblich zu nehmen. Dächsel sagt: Ein Jubel- und
Erlaßjahr muß das Jahr jener Eröffnungstätigkeit des Herrn Jesus gewesen sein, weil erst so sein Wort in Lukas 4, 21 (vgl. Vers 19 mit 3
Mose 25, 10) die rechte Unterlage zu den geschichtlichen Zeitumstän-
den bekommt. Nach Daniel 9, 25—27 läßt sich genau berechnen, daß
gerade in dem Jahre der Eröffnungstätigkeit Jesu ein Jubeljahr gewesen
ist.

Es ist also von der größten Bedeutung, daß beim Antritt der öffentlichen Wirksamkeit des Herrn Jesus Predigt und Sache genau überein-

der ewige Gottesstaat abspiegeln sollte, sollten aus den Verkümmerungen einer schweren Wirk-
lichkeit wieder hervorbrechen, und die Volksgemeinschaft sollte als solche von den oben genannten
Nöten erlöst, als die heilige Gemeinde der gleichbegüterten Erbsöhne und Erbtöchter Jahwes dies
Halljahr oder **Jubeljahr** feiern.
So hatte der göttliche Geist in Israel die drei wesentlichsten Güter des Lebens der W i l l k ü r
entzogen:

1. **Den Grund und Boden,**
2. **den Ertrag des Feldes und**
3. **die persönliche Freiheit des Menschen.**

Diese drei Güter waren Gott allein vorbehalten und sollten daher immer wieder an die. heilige
Gottesgemeinde, d. h. **an Israel,** zurückfallen.
Durch dieses Gesetz sollte einerseits das Besitzrecht Gottes auf das ganze Land anerkannt, andererseits das Gleichgewicht unter den Bürgern des Landes erhalten oder wiederhergestellt werden.
Wenn im Volke Israel jeder einzelne sich als Knecht Gottes wie als Glied des Brudervolkes betrachten sollte, so mußte der Ungleichheit des Besitzes schon durch die Gesetzgebung vorgebeugt
werden, so daß die Erhebung der Reichen und die Unterdrückung der Armen im voraus gar nicht
erst aufkommen konnte. Schon die Aussicht auf das Halljahr mußte eine Gleichmäßigkeit unter
den Israeliten garantieren.
Die Praxis aber hat leider gezeigt. daß das Jubeljahr in seinem vollen Umfang **nie** gefeiert worden
ist (2 Chron 36, 21). In der alttestamentlichen Geschichte findet sich auch nicht eine einzige Erwähnung von einer Durchführung dieses Gesetzes.
Moses sah voraus, daß das Volk Israel dem Lande seine Feier nicht gönnen würde. Und er verkündigte, in der einstigen Verödung werde das Land dafür zu seinem Recht und zu seiner Feier
kommen (3 Mo 26, 34. 35). Seine Weissagung erfüllte sich zuerst nach 2 Chron 36, 21 in der babylonischen Gefangenschaft. In den letzten Jahren jener Katastrophe machte freilich das Volk einen
Anlauf, das Jubeljahr zu verwirklichen, aber vergebens (Jer 34).
Weil die Juden wohl aus Geiz oder Unglauben die im Gesetz vorgeschriebenen Sabbatjahre nicht
gefeiert hatten, so sollte das Land 70 Jahre hintereinander unbebaut bleiben und die Sabbatjahre
von 490 Jahren nachholen. Eine Zahl, die der Regierungszeit der Könige von Saul bis auf Zedekia
entspricht. Die 70 Jahre sind von Jerusalems erster Eroberung durch Nebukadnezar 606 bis 536, das
ist bis zum ersten Jahre der Regierung des Königs Cyrus in Babylonien, zu rechnen.
Allein, je mehr die Wirklichkeit dem Gesetz widersprach, desto mehr erkannten die Propheten,
daß sich das Jubeljahr zuerst in **geistlichen Verhältnissen** darstellen müsse, bevor es in den irdischen
sich verwirklichen könne. Sie sahen im Geist, daß **Gott selber** ein großes **Halljahr** stiften werde, daß
Er selber als der große Schuldherr den Erlaß für Seine Schuldner ausrufen, Seine Gefangenen frei
lassen und dadurch die Zeit einer großen allgemeinen Wiederherstellung der Gemeinde des Herrn
stiften werde. So entstanden die Verheißungen, in denen das als das große Halljahr
Gottes geschildert wird, Verkündigungen, in denen der Messias (Christus) als der Gottesbote auftritt, der das Halljahr ausposaunt, wie z. B. die Stelle Jes 61, welche der Herr hier in Nazareth vorlas
und erklärte.

stimmten. Das a n g e n e h m e J a h r d e s H e r r n , das Christus Seinem Volk in Wirklichkeit brachte, hat aber noch einen weit größeren
Zeitumfang als den eines Kalenderjahres; denn die Gnadenzeit Gottes
dauert noch heute an! Soweit Dächsel.

Wir kehren nun wieder zu unserem Text zurück.

Die dramatische Schilderung auch der scheinbar unbedeutendsten
Handlungen Jesu und die treffliche Wiedergabe der Aufmerksamkeit
der Versammlung stammt ohne Zweifel aus dem Bericht eines Augenzeugen. Der bescheidene Zimmermann war ihnen, als er noch in Nazareth weilte, vielleicht ein lieber, aber unbedeutender junger Mensch.
So mochten sie sich möglicherweise manchmal verwundert haben, daß
man draußen so viel Wesens aus diesem Jesus machte. Aber mittlerweile, als Er immer mehr Berühmtheit erlangte, sonnten sie sich an
Seinem Ruhm, an dem jeder sich „Mitbesitzer" dünkte.

Da saßen sie nun in der Synagoge am Sabbat, auf einen geistigen
Hochgenuß gefaßt und zur Bewunderung entschlossen.

Die Wirkung der Worte Jesu in der Synagoge zu Nazareth war
erstaunlich.

Den gleichen Eindruck hatten auch die Hörer des Propheten Hesekiel. Von Ihnen urteilt der Geist Gottes: „Du bist ihnen wie ein
süßes Lied, schön von Stimme. Sie hören deine Worte, aber sie tun
sie nicht." (Hes 33, 32). Gottes Wort ist für sie nur Ohrenschmaus.

Die Hörer Jesu zollten Ihm volle Anerkennung. Aber Lob und
Beifall bilden nicht die gottwohlgefällige Atmosphäre, in welcher der
Ewige wirken kann. Gottes Wort ist ein Hammer, der die Herzen
zerschlägt, ein Feuer, das in den Seelen brennt. Wer das Wort Gottes
in dieser Weise erfährt, der ergeht sich nicht in prächtigen Lobsprü-
chen, vielmehr beugt er sich in der Stille. Jesus durchschaut Seine Hörer. Er läßt Sich nicht durch Beifall blenden. Jesus fühlt Sich nicht geho-
ben, sondern bedrückt durch diese Wirkung Seiner Rede. Eine begeisterte, lobspendende Zuhörerschaft bedeutet nichts, wenn die Frucht
ausbleibt, nämlich die „Bekehrung zu Gott und Glaube an den Herrn
Jesus". Wenn die Hörer hingerissen schwärmen, ist es ein deutlicher
Beweis dafür, daß das Schwert des Wortes Gottes nicht durch ihr
Herz gedrungen ist. Jesus erkennt den oberflächlichen Sinn Seiner
Hörer, die nur am Äußeren hängen bleiben.

Sie wollen gegenüber der Stadt Kapernaum (V. 23) nicht zurückge-
setzt werden. Sie wollen durch Zeichen und Wunder, die Er auch in
Nazareth tun soll, vor den anderen besonders geehrt werden. Ja, sie
meinen, dazu einen Anspruch zu haben. Kurzum, sie wollen Jesus anerkennen — aber nur, wenn Er ihnen zu Willen ist. Sie wollen sich
Ihm beugen — aber nur, wenn Er sich zuvor vor ihnen beugt. Sie wollen sich Ihm anschließen — aber nur, wenn Er zuvor ihr Vorrecht vor
den andern anerkannt hat!

Da sehen wir, was ihre Seele erfüllt, bei aller Bewunderung für die
hinreißende Rede Jesu: Sie pochen auf ihre Vorzüge und Vorrechte.

Ihnen liegt vor allem daran, daß sie selbst zu Ehren kommen, daß ihr eigener Wille geschieht. Ihre Seele ist erfüllt von sich selbst, statt von Gott. Sie beten sich selbst an — statt Gott. Sie vergöttern sich selbst und nehmen Gott die Ehre als Gott!

Ist dieser Zug in den Menschenherzen erstorben? Finden wir ihn nicht in unseren eigenen Herzen wieder?

Solange Gott uns führt, wie es uns behagt, stimmen wir Ihm freudig zu. Wenn aber die Tage kommen, die uns nicht gefallen, schwindet vielfach unser sonst so fröhlicher Glaube dahin. Das alles sind Anzeichen, daß es uns eigentlich gar nicht um Gott zu tun ist, sondern um uns selbst!

Wir fragen: Kann Jesus eine solche Frömmigkeit anerkennen, kann Jesus Sich solchen Herzen anvertrauen und mitteilen? Kann Gott solche Menschen frei und stark machen durch Seinen Geist? Nimmermehr!

Wollen wir Gott haben, so darf unsere Seele nicht erfüllt sein von dieser Welt, von ihrer Lust oder ihrer Last, nicht erfüllt sein vor allem von uns selbst. Wenn man Gott haben will, muß man alles andere fahren lassen und nur noch eins begehren — Gott!

Wo Gott ist, da hört jeder andere Wille auf. Gott ist der unbedingte Herr. Er hat allein die Gewalt, und Er will allein die Gewalt haben; denn Er ist Gott und wird Gott bleiben. Darum, wollen wir Gott haben, so müssen wir Ihm die unbedingte Herrschaft einräumen über unsere ganze Seele. Wollen wir Gott haben, so müssen wir Ihm einen grenzenlosen Gehorsam zu leisten entschlossen sein.

Ist dem also, dann verstehen wir auf einmal Jesus. Er will die Menschen für Gott gewinnen. Sie aber lauschen nur voll Bewunderung Seiner Rede und wollen dabei ihr eigener Herr bleiben, ihr Herz begehrt vor allem, daß der eigene Wille geschehe. Wie kann sich Gott in solche Seelen herablassen?

Will Jesus uns wirklich zum Vater bringen, so muß Er uns offenbaren und überführen, wie tief die Menschen in dem Ichleben stecken, wie fest diese Sünde in unserem ganzen Wesen verwurzelt ist! So reizt Jesus Seine Landsleute zum Widerspruch. Er lockt aus ihnen heraus, was in ihren Tiefen schlummert. Er bringt den geheimen Stolz, ihre ganze anspruchsvolle Hoffart ans Licht. Er macht offenbar, daß dieser fromme Hochmut nichts anderes ist als Götzendienst. (Hilbert)

Die Leute von Nazareth halten es für selbstverständlich, daß Jesus Sich einen Namen machen soll; denn dadurch werden ja auch sie geehrt. Die von den stolzen Einwohnern zu Jerusalem so geringschätzig angesehene Stadt Nazareth („Was kann aus Nazareth Gutes kommen?") würde dann durch diesen ihren Jesus hoch zu Ehren kommen. Die Brüder des Herrn (solange sie noch ungläubig waren) dachten auch so. Darum forderten sie Ihn (nach Jo 7, 3—5) auf, Sich auf den großen öffentlichen Schauplatz in Jerusalem zu begeben. Er soll

Sein Werk nicht so im Verborgenen tun. Wenn Er zur allgemeinen
Geltung und Anerkennung gelangen soll als der Messias Seines Volkes, welcher aus Nazareth stammt, dann muß Er sich in der großen
Öffentlichkeit zeigen, d. h. in Jerusalem, der Hauptstadt des Landes,
auftreten.

Jesus aber kam, dem eigentlichen und tiefsten Elend zu helfen, nämlich, daß sie den Fluch der Sünde erkennen. [11])

Der Heiland ist zu den verlorenen Schafen vom Hause Israel
gesandt worden, zu den bankrott Gewordenen, zu den Gebeugten, zu
den Kranken, die des Arztes bedürfen. Die Zuhörer dort in Nazareth
fühlten sich aber nicht hilfsbedürftig. In ihren Herzen war Sattheit.
Sie hielten sich nicht für verlorene Sünder. Sie blickten tief herab
auf die unreinen Heiden. „Wir sind Gottes Volk, ein Volk von Gerechten", so dachten sie. Sie ruhten aus auf dem Vorzug der göttlichen Erwählung und pochten auf ihr Vorrecht. Sie dachten nicht daran, daß Gott völlig unverdient, aus freier Gnade Israel erwählt hatte
(5 Mo 6, 10). Es kam ihnen nicht in den Sinn, daß Vorrechte große
Verpflichtungen in sich schließen und daß Vorrechte ein Ansporn sind,
diejenigen, die noch zurückstehen, in diese Segnungen mit hineinzuziehen.

Es wird gehen wie zu den letzten Zeiten des Elia und Elisa. Heiden
bekommen den Vorzug vor Israel. Sie ergreifen begierig das Heil, das
Israel verschmäht. Die Witwe zu Zarpath verdankte dem Propheten
Elia Rettung vom Hungertode, und ein Heide, Naeman von Syrien,
wurde von unheilbarer Krankheit durch Elisa geheilt und wurde ein
Verehrer Jahwes mitten in heidnischer Umgebung. So wird es auch
jetzt gehen. Das große Heil, das in Jesus angekommen ist, werden die
Heiden begierig ergreifen. Israel aber bleibt draußen. Die Juden wollten keinen Sünderheiland. Sie warteten auf einen Messias (Christus), der

---

[11] Das Bild vom Arzt und vom H e i l e n, welches Jesus hier gebraucht, läßt sich nur dann verstehen,
wenn die Jesaja-Stelle, welche Er soeben vorgelesen hatte, insbesondere die Worte: „Um zu heilen
die Zerschlagenen", dazu in Beziehung gebracht werden. Eben aus diesem Grunde haben wir diese
Worte gegen die Autorität der alexandrinischen Handschrift beibehalten: „Du, der du nach deiner
Meinung uns von unserem Elend, von dem Du in der Predigt sprachst, erlösen willst, hilf dir zuerst
aus deinem eigenen Elend." Das „Elend" Jesu, von welchem Er sich selbst helfen soll, ist wahrscheinlich das Elend Seiner jetzigen niedrigen Stellung und das der Verachtung Nazareths durch die
Judäer und Jerusalemer Leute. Er hatte bisher manchen Hilfsbedürftigen in fremden Städten, besonders in K a p e r n a u m, Hilfe gebracht, in Seiner Vaterstadt aber, deren Bewohner Ihm viel
näher stehen sollten, schien Er sich mit einer schönen Rede begnügen zu wollen.
Jesus muß aber dem Wunsch seiner Vaterstadt, Er solle sich durch ein großes Schauwunder legiti-
mieren, entgegentreten. Erinnert nicht dieses Ansinnen der Nazarener an die dritte Versuchung des
Teufels? (Lk 4, 9—12). Weil Er solch ein Schauwunder nicht verrichtet, darum will man Ihn nicht
anerkennen!
Kein Prophet wird anerkannt in seinem Vaterlande. Jedoch als Mensch, als Größe, als Held, als
Genie, als ein Mann, der ein großes **Schauwunder** getan hätte, bewundert zu werden, — dazu gibt's
ein „J a". Aber, daß Er als Prophet eine ernste, tief erschütternde Botschaft zu bringen hatte, die an
Herz und Nieren geht und den Menschen in seinem Innersten packt, das wollen die Leute seiner
Heimat, seine Ortsgenossen und ehemaligen Jugendkameraden, nicht hören.

sie nur äußerlich vom lästigen Römerjoch befreien sollte. Ihr Messias
sollte große Machttaten und Machtwunder verrichten, das Königreich
in Israel aufrichten, Sein Volk an die Spitze aller Völker stellen und
es zum Weltherrscher machen. Darum wurden sie so erbost, als Jesus
darauf hindeutete, daß das Heil zu den Heiden übergehen werde. Jesus
hatte den empfindlichsten Punkt getroffen. Unerträglicher Gedanke,
daß die Heiden ihnen vorgezogen werden sollten!

b) Haßerfüllte Ablehnung

28 Und alle in der Synagoge wurden voller Wut, als sie dieses hör-
29 ten. * Und sie standen auf, stießen Ihn zur Stadt ganz hinaus und
führten Ihn bis an den Steilabhang des Berges, auf welchem ihre
30 Stadt erbaut war, um Ihn hinabzustürzen. * Er aber, während Er
mitten durch sie hindurch schritt, ging weg.

Sie trieben Ihn an eine Felsschlucht, um Ihn als Gotteslästerer hinabzustürzen. — Denn die Galiläer waren ein heißblütiges, rasch han-
delndes Volk. An der Felsschlucht angelangt, wandte Er Sich jedoch
um und ging mitten durch sie hindurch.

Es ist kein Grund vorhanden, bei der Art des Entkommens Jesu
an ein Wunder zu denken. Die Majestät Seiner Persönlichkeit und
die Festigkeit Seines Blickes flößten diesem wütenden Volkshaufen
Ehrfurcht ein. „So hatten sie nun doch ein Wunder", nur ein anderes,
als sie sich ausgedacht und gefordert hatten.

Eine gleiche Scheu fiel auf die Häscher, die Ihn in Gethsemane fest-
nahmen, als Er in Festigkeit und Ruhe Sein „Ich bin es" sprach. Hier
in Nazareth wagte keiner, Ihn anzutasten. Die Feinde durften keine
Minute früher die Hand an Ihn legen, als es der Vater bestimmt hatte.

Diese Vorgänge in Nazareth deuten auf den ganzen weiteren Verlauf der Dinge. Die Gedanken Gottes und die Gedanken der Juden
gingen stracks gegeneinander. Gott sandte einen Retter, der in aller
Stille und Verborgenheit Tränen trocknen, Sünder retten, ein geknick-
tes Rohr aufrichten und ein schier erlöschendes Lichtlein wieder an-
fachen will. Die Juden dagegen wollten große Taten sehen, deren Folge
neue glänzende Verhältnisse sein sollten. Nicht aber wollten sie nur
Worte hören, welche die inneren Schäden aufdeckten und Heilung
brachten. Jesus entsprach ihren Wünschen nicht. Er richtete Sich nicht
nach den Neigungen der Menschen. Er ging Seinen Weg unentwegt, treu
der Sendung des Vaters, wenn Er auch nicht verstanden und zuletzt
verworfen wurde.

D a s   w a r   S e i n   A u s g a n g   v o n   S e i n e m   H e i m a t o r t,
v e r b a n n t   u n d   h e i m a t l o s,   s o   z i e h t   d e r   M e n s c h e n-
s o h n   a u s,   u m   d i e   M e n s c h e n   z u   e r r e t t e n   u n d   z u   s e g-
n e n. So endet diese Eröffnung des Gnadenjahres — erschütternd ge-
nug — mit genau derselben Situation, die vorher in der Versuchungsgeschichte erzählt worden war. Dort wollte der Satan den Christus,

den Gesalbten hinabstürzen, um Ihn los zu werden. Hier waren es Seine
eigenen Landsleute, die den Christus, der ihr Christus werden wollte,
hinabstürzen wollen, um Ihn loszuwerden. Das Angebot des Heils
lehnen sie ab. Ohne Ermüden bietet der Heiland Sich selber, d. h. die
Gnade an, auch wenn die Menschen nein sagen. Immer wieder ist Ablehnung, ja Verwerfung die Antwort.

So erfüllt sich, was in der Prophetie des greisen Simeon gesagt
worden ist: „Dem Zeichen", das Gott in Seinem Sohne setzt, „wird
widersprochen", und durch die Seele der Mutter geht schon jetzt das
Schwert. Denn der Schritt der Loslösung von Seinem Heimatort, die
Ihm um Seines Auftrages willen auferlegt wird, schließt auch die Trennung von den Seinen in sich. —

W. Stb. Matth.
S. 45
W. Stb. Mark.
S. 57

Zu V. 31—37:
Mt 4, 13
Mk 1, 21—28

3. Der aus der Synagoge von Nazareth Vertriebene beginnt nun in der Synagoge zu Kapernaum zu wirken.

Lk 4, 31—37

Die Freude, den Christus, d. h. den Messias zu begrüßen, war in
besonderem Maße der Stadt Kapernaum zugedacht, die am westlichen
Ufer des Sees Genezareth lag, nicht weit von dem Einfluß des Jordans in den See. An der Handelsstraße zwischen Damaskus und dem
Mittelländischen Meer gelegen, hatte sie sich zu einer blühenden Stadt
empor entwickelt. In dieser Stadt ließ Jesus Sich nieder in dem Sinne,
daß Er sie zum Mittelpunkt Seiner Missionsreisen machte. Hier scheint
Er in der Regel unter dem Dache des Petrus gewohnt zu haben. „Einen
eigenen Herd" hatte Er nicht (Mk 1, 29; Lk 9, 57; Mt 8, 20). Die Aus-
zeichnung, die auf diese Weise Kapernaum erfuhr, erinnerte den
Evangelisten Matthäus an die prophetischen Worte des Jesaja: „Jenes
Land der Seestraße, dieses Galiläa der Heiden, ja, das Volk, das im
Finstern saß, hat ein großes Licht gesehen und die da saßen in dem
Gebiet und im Schatten des Todes, über ihnen ist das Licht aufge-
zogen."

Jener Landstrich war tatsächlich der verachtetste des jüdischen Landes, fern von der sichtbaren Residenz des auserwählten Volkes, von
Heiden berührt und mit Heiden vermengt. Jetzt wurde dieser Landstrich der Schauplatz der Offenbarung der Herrlichkeit des Herrn. Der
Herr lehrte in der Vollmacht der Wahrheit des göttlichen Wortes, nicht
wie die Schriftgelehrten in der Unlebendigkeit der toten Formel.

Zu Vers 32:
Jo 7, 46

31 Und er kam hinab nach Kapernaum, einer Stadt in Galiläa. Und Er
32 lehrte sie am Sabbat. * Und sie gerieten außer sich über Seine Lehre,
33 (didache) denn Sein Wort geschah in Vollmacht (exousia). * Und
      in der Synagoge war ein Mensch, der hatte einen Geist (pneuma)
34 des unreinen Dämons, und er schrie mit lauter Stimme: * „Halt,
      was ist zwischen uns und Dir, Jesu, Du Nazarener? Bist Du ge-
      kommen, uns zu verderben? Ich kenne Dich, wer Du bist, der

35 Heilige Gottes!" (hagios tou theou) * Und Jesus drohte ihm, indem Er sprach: „Verstumme und gehe aus von ihm!" Und der
Dämon warf ihn mitten unter sie und fuhr von ihm aus, ohne ihm
36 zu schaden. * Und es kam über alle ein entsetztes Staunen, und
sie redeten mit sich untereinander und sagten: „Was ist dies für
ein Wort (logos), denn in Vollmacht (exousia) und in Kraft (dyna-
37 mis) gebietet Er den unreinen Geistern und sie gehen aus?" * Und
es ging ein (Echo) Ruf aus über Ihn in jedem Ort (topos) der Umgegend.

Lukas betont gern die „Vollmacht" (exousia) und die „Kraft" (dynamis) Jesu.

Jesu Lehrtätigkeit war auf Gottes Vollmacht gegründet. Er war ein
von Gott bevollmächtigter Prophet, der keiner menschlichen Bevollmächtigung bedurfte wie die übrigen Lehrer des Volkes. In dieser
Vollmacht und Kraft predigte und lehrte Jesus das Volk öffentlich an
den Sabbatten in den Synagogen.

Während des Lehrvortrages Jesu in der Synagoge fand durch einen
Besessenen eine Unterbrechung statt. Man könnte sich wundern darüber, daß ein Mensch, der an Besessenheit litt und als unrein anzusehen war, sich in der Synagoge befand. Jedoch seine Krankheit, die
vielleicht zu Hause sich nur in Anfällen manchmal zeigte, trat hier
wohl zum erstenmal offen und schrecklicher als sonst zutage. Die Anwesenheit und das Lehren Jesu brachte sie zum Ausbruch. In dem Ausdruck „ein Geist (Hauch) eines unreinen Dämons" bezeichnet das Wort
„Geist" den Einfluß, das Wort „unreiner Dämon" das Wesen des
Satanischen.

Mit dem ganzen Reich der Dämonen sagt er: „Was ist zwischen uns
und Dir, Jesus", und lehnt ab, was er doch nicht leugnen kann, daß
Jesus in einer berufsmäßigen Beziehung ihm und dem ganzen Reiche
der bösen Geister entgegentreten wird. Als ein Verderber erschien ihm
der Erlöser.

Es lag aber dem Herrn, wie auch später Seinen Knechten (Ap 16, 18)
fern, von dem Geist eines Dämonen ein Bekenntnis oder Zeugnis anzunehmen. An besessene Menschen, die vom Teufel so furchtbar gequält wurden, verwandte Jesus jede Liebesmühe, um ihnen zu helfen.
Die Dämonen selbst jedoch hat der Herr in Vollmacht und Kraft bedroht, weil sie unverbesserlich sind.

Wo Gottes Geist waltet, stellt der Mensch seine Kraft freiwillig in
den Dienst des Werkes Gottes. Wo aber ein Dämon haust, wird der
Mensch ein unfreiwilliges Werkzeug der finsteren Macht. Die Wut des
Dämons teilt sich der Seele des Besessenen mit. Er muß zwangsmäßig
die Gedanken des Dämons durch die Sprachwerkzeuge äußern. Der
Dämon ist ein gewalttätiger Geist. Er schiebt den menschlichen Geist
auf die Seite und führt an seiner Stelle ein unseliges, knechtendes Regiment. Aber Jesus erbarmt Sich des Rasenden. Gebietend fuhr Er ihn
an mit dem Machtspruch: **Verstumme und geh aus von ihm.** Da schüt-

telt der unreine Geist den armen Menschen. Er stürzt in die Mitte der
Versammlung. Laute, grelle Töne entfahren ihm. Aber es war der
letzte Wutanfall. —

Die dämonische Macht ließ ihn fahren, und die gräßliche letzte
Szene, worin der unreine Geist ihn verderben zu wollen schien, hatte
ihn nicht im mindesten verletzt. Jetzt ergriff ein entsetztes Staunen
die Versammelten. Dies ängstliche Staunen aller Augenzeugen ist ein
Beweis dafür, daß die Heilung des Besessenen das erste Wunder dieser
Art in Kapernaum war. Das entsetzte Staunen aller Anwesenden
machte sich in dem gegenseitigen Zuruf Luft, den wir in Vers 36
lesen: **Was ist das für ein Wort, daß Er in Vollmacht und Kraft den
unreinen Geistern Befehl gibt, und sie fahren aus?**

Der Eindruck, den schon die Predigt gemacht hatte, wurde durch
die Tat mächtig verstärkt und kam der Anerkennung der Predigt als
einer prophetischen zugute.

W. Stb. Matth.
S. 100
W. Stb. Mark.
S. 59
Zu V. 38—39:
Mt 8, 14. 15
Mk 1, 29—31

4. Jesus heilt die Schwiegermutter des Simon Petrus.

Lk 4, 38—39

**38 Er brach aber auf von der Synagoge und ging hinein in das Haus
Simons. Die Schwiegermutter aber des Simon wurde von einem hit-
39 zigen Fieber gequält. Sie baten Ihn ihretwegen. * Und Er stellte sich
oberhalb ihres Bettes, bedrohte das Fieber, und es verließ sie. Auf
der Stelle aber stand sie auf und diente ihnen.**

Nach dem vorhin erwähnten Zwischenfall in der Synagoge, auch
wohl am Schluß des Gottesdienstes, begab Sich Jesus in das Haus
Simons, des hernach großen Apostels Petrus. Dieser Jünger, der aus
Bethsaida stammte (Jo 1, 44) wohnte nach unserem Text in Kaper-
naum. Petrus war verheiratet (vgl. 1 Ko 9, 5) und wohnte mit seiner
Frau und Schwiegermutter in einem Hause. Markus berichtet, daß
Jesus von Simon, Andreas, Jakobus und Johannes begleitet wurde
(Mk 1, 29). Simons Schwiegermutter lag in starkem Fieber darnieder.
Petrus und seine Frau haben den Herrn gebeten, sich ihrer anzunehmen.

Matthäus berichtet, daß Jesus die Kranke berührte (Mt 8, 15); Markus erzählt, Er faßte sie bei der Hand (Mk 1, 31); nach Lukas stellte
Sich Jesus oberhalb von ihr. Der Herr trat hiernach an das Kopfende
des Bettes und forderte in gebietendem Tone das Aufhören des Fie-
bers. Das Fieber wich. Die wieder Gesundgewordene stand sogleich auf
und bediente Jesus und Seine Begleiter.

Dieser Tag wurde für Simons Haus zu einem Festtag. Die Familie
fühlte, daß es in Kapernaum kein Haus gab, welches so hoch begnadigt
war wie das ihrige.

W. Stb. Matth.
S. 101
W. Stb. Mark.
S. 59
Zu V. 40—41:
Mt 8, 16. 17
Mk 1, 32—34

5. Jesus heilt am Abend Kranke und Besessene

Lk 4, 40—41

**40 Während aber die Sonne unterging, brachten alle, welche Kranke
hatten (mit mancherlei Krankheiten) diese zu Ihm. Indem Er aber**

41 einem jeden von ihnen die Hände auflegte, heilte Er sie. *Es fuhren aber auch Dämonen von vielen aus, während sie schrien und sagten: „denn Du bist der Sohn Gottes!" Und indem Er sie bedrohte, ließ Er sie nicht reden, denn sie wußten, daß Er der Christus (Messias) war.

Zu Vers 41:
Mk 3, 11. 12

Während des Sonnenunterganges entfaltete Jesus noch eine reiche Heiltätigkeit. Es war der Augenblick des Tages, in welchem sich die Sabbatruhe ihrem Ende näherte.

Der Ausdruck **unterging** in Vers 40 im Hinblick auf die Sonne am Abend (nicht, wie man auch übersetzt: untergegangen war) zeigt, mit welcher Ungeduld man diesen Augenblick erwartete, und zwar nicht, weil es dann kühl wurde, wie einige gemeint haben, sondern weil da der Sabbat zu Ende ging und man von diesem Augenblick an Kranke tragen durfte, ohne daß man das Gesetz übertrat (vgl. Jo 5, 10).

Besonders hervorgehoben wird die Heilung vieler Besessener. Ihr lautes Bekenntnis zur Gottessohnschaft Jesu gab dem Herrn Jesus Anlaß, ihnen dies in drohendem und wirkungsvollem Tone zu untersagen. Der Herr Jesus wollte nicht durch diese Zeugnisse und Zeichen die Anerkennung Seines Volkes gewinnen. Er konnte Seinen Messias-Beruf nicht auf die Zeugnisse einer so geisterhaften und dunklen Lebenssphäre stützen. Er bedrohte sie und ließ sie nicht ausreden. Das im Reiche der bösen Geister mindestens seit der Versuchungsgeschichte berichtete Ereignis, daß Jesus der Messias, der Christus, sei, soll nicht durch das Geschrei der unter der Herrschaft dieser Geister stehenden Kranken in der Menschenwelt verbreitet werden. Denn ein so entstandener Glaube an Jesus, den **Christus**, würde um nichts wertvoller sein als das tote Wissen der bösen Geister selbst: Die Teufel glauben auch an Gott, aber sie zittern. (Jak 2, 19)

Jesus legte jedem einzelnen die Hände auf und heilte ihn. Er hat sich also jedem ganz speziell gewidmet. Er vollzog keine Massenheilungen. Jesus hat vor Tausenden gesprochen, aber Sein Ziel war die Rettung der einzelnen Seele. So ist Jesus heute noch. Sein Auge überblickt das Ganze und ruht auf jedem einzelnen der Seinen. Er widmet Sich der einzelnen Seele so, als ob Er für sie allein da wäre. Er ist für jeden und auch für alle da!

Die beiden anderen Synoptiker erwähnen die Handauflegung nicht. Lukas kann diesen Umstand von sich aus nicht hinzugefügt haben, er hatte also einen besonderen Gewährsmann. Diese Handlung ist das Sinnbild einer Übertragung, sei es eines A m t e s (Mose und Josua, 5 Mo 4, 8—10; 1 Tim 5, 22 u. a.), oder eines S e g e n s (1 Mo 48, 14 u. a.), oder einer S c h u l d (3 Mo 4. 4. 15. 24), oder einer G a b e (2 Tim 1, 6), oder auch, wie hier, einer Gabe der Kraft und Gesundheit (Apg 9, 17 u. a.). Allerdings hätte Jesus auch bloß durch das Wort (7, 6—10), ja, durch einen einfachen Willensakt (Jo 4, 50) heilen können. Allein erstlich liegt etwas echt Menschliches in diesem Auflegen der Hand auf das Haupt dessen, dem man sein Wohlwollen zuwendet.

Es ist eine Bewegung der Liebe. Jesus will dadurch zwischen Sich und dem Kranken ein persönliches Band herstellen; denn Er will nicht bloß heilen, sondern zu G o t t z u r ü c k f ü h r e n !

Die Dämonen haben ein instinktives Gefühl von dem höheren Wesen Jesu. Der Geheilte in der Synagoge hatte dem Schrecken, welchen Jesu Person und Lehre hervorriefen, in der Anrede H e i l i g e r G o t - t e s Ausdruck gegeben. Der Titel S o h n G o t t e s ist einer ähnlichen Empfindung entsprungen; denn der Grundzug des göttlichen Wesens ist die Heiligkeit. Die Dämonen erkennen an der Heiligkeit Jesu den sichtbaren Repräsentanten dessen, vor welchem sie zittern. Dieser Ausruf ist gleichsam ein Vorspiel der gezwungenen Anbetung, die sie Ihm einst darbringen müssen (Phil 2, 10). Jesus kann aber diese ihnen durch Furcht abgenötigte Huldigung nicht annehmen. Möglicherweise hatten die Dämonen bei ihrem Ausruf die Absicht, Jesus in ein übles Licht zu bringen, sei es durch die Erregung messianischer Erwartungen in dem Volk, sei es durch Erregung des Scheins eines Zusammenhanges zwischen dem Werk Jesu und dem ihrigen. Dann mußte Jesus nur umso entschiedener Seine Sache von der ihrigen trennen.

Ein großer Tag der Feier und der Arbeit war so für den Herrn vergangen. Ein langer Siegestag in Seinem Kampf mit dem Reich der Sünde und des Todes war abgeschlossen. Sein Leben war in die höchste Bewegung versetzt. In solchen Situationen eilte Er gern in die E i n s a m - k e i t. Denn es war dem Volke nicht gut, in einer solchen stürmischen Aufregung zu verharren. Ihm selber war es ein Bedürfnis, Sich in der Einsamkeit des Gebetes in der Gemeinschaft Seines Vaters zu erholen. So trieb es Ihn am anderen Morgen früh hinaus in die Stille einer Einöde.

W. Stb. Mark.
S. 60ff.
Zu V. 42—44:
Mk 1, 35—39

Zu Vers 44:
Mt 4, 23

6. Jesus evangelisiert im ganzen Land.

Lk 4, 42—44

42 Als es wieder Tag geworden war und Er hinausging, begab Er Sich an einen wüsten Ort. Und die Volksmengen suchten Ihn und kamen bis zu Ihm, und sie suchten Ihn festzuhalten, daß Er nicht 43 von ihnen gehen sollte. * Er sprach aber zu ihnen: „Ich muß auch den anderen Städten das Königreich Gottes als Evangelium mit- 44 teilen, denn dazu bin ich gesandt worden." * Und Er war mit Predigen beschäftigt in den Synagogen Judäas.

Die Ereignisse an dem einen Sabbat in Kapernaum waren geeignet, zu einer doppelten Gefahr zu werden:

1. Daß Jesus als der Mann, der durch W u n d e r heilt, begehrter wurde als **der Prediger des Evangeliums.**

2. Daß die Bevölkerung sich von der Predigt abwandte und dem W u n d e r h e i l e n zuwandte. Jesus verließ darum am frühen Morgen des anderen Tages Kapernaum und begab Sich an einen einsamen Ort.

Als es aber (wieder) **Tag geworden war und Er hinausging, da begab Er Sich an einen wüsten Ort.**
Wenn Jesus viel nach außen hin tätig war, drängte es Ihn umso mehr zur Einkehr beim Vater. Ausgabe und Einnahme hielten bei Ihm gleichen Schritt. Leicht geschieht es, daß einer, der im Dienste des Herrn steht, vor lauter Vielgeschäftigkeit nicht zur inneren Sammlung kommt. Er wird zerstreut, verflacht, ausgeleert und geschwächt. Anders bei Jesus! Jeden Morgen mußte Er Sich aufs neue schenken lassen, was Ihm für den anbrechenden Tag nötig war; denn Er lebte durch den Vater (Jo 6, 57).

Es ist uns — dieser Fall mit eingeschlossen — dreimal erzählt, daß der Heiland die Nacht (hier nur teilweise) im Gebet zugebracht hat. Ob Er dies auch sonst öfter tat, wissen wir nicht. Jedenfalls erfahren wir daraus, daß Jesus manchmal das Bedürfnis hatte, laut, d. h. Sich Selbst vernehmlich, aber allein und unbemerkt, mit dem Vater zu reden. Solches Beten war gewiß sehr sachlicher Art, „ohne viel Worte zu machen" (Mt 6, 7). Und nur die Fülle und der Ernst des Stoffes waren es, was so viel Zeit in Anspruch nahm, und gerade die Fülle des Stoffes trieb Ihn wohl hier mit solchem Ernst zum Vater. Hatte sich doch zum erstenmal das menschliche Elend in solcher Menge, in solch bunter Vertretung, um Hilfe flehend an Ihn gewandt. Er wandte Sich den Menschen von ganzem Herzen zu in den Lagen, in denen Er ihnen vorderhand am verständlichsten wurde, nämlich in ihren körperlichen Nöten und seelischen Verwirrungen. Je mehr Tätigkeit Er aber nach außen entfaltete, desto mehr hatte der Herr das Bedürfnis und Verlangen, Seine innere Kraft durch die Stille im Gebet zu stärken. Denn daß Er die Wunder nur so leichter Hand hingestreut hätte, das anzunehmen, wäre Aberglaube oder Phantasie. **Denn der Sohn kann nichts von Sich Selbst tun.** Nicht wesensmäßig — denn Er war ja G o t t e s s o h n — aber w i l l e n s m ä ß i g konnte und wollte Er nichts von Sich selbst tun; denn Er war ja wahrhaftiger Mensch und wollte von keiner anderen Gottessohnschaft etwas wissen als von der, die in Seiner Menschheit beschlossen war (vgl. unsere Betrachtungen zur Versuchungsgeschichte S. 102), **sondern was Er sieht den Vater tun, das tut gleicherweise auch der Sohn** (Jo 5, 19). Und daß der Vater dies tun möge, das war der Gegenstand Seines Flehens. Hinter diesen Kranken standen vor Seinem Geist die Tausende ihrer Leidensgenossen, die unter der gleichen Not aussichtslos seufzten. Da galt es zu tun, was Er uns später selbst zu tun empfiehlt: B i t t e n , s u c h e n , a n k l o p f e n . Es heißt nicht: „Es wird dir sozusagen auf dem Teller dargeboten", nicht: „Hole nur", nicht: „Alle Türen stehen dir offen", oder: „Tu sie nur schnell und leicht auf". Von alledem steht nichts in der Schrift, sondern es heißt: „Bitte!" „Suche!" „Klopfe an!" Laß deine Beziehungen zu Gott in den Sorgen um Sein Reich ein Stück innerster und tiefster Lebensgeschichte und Mitleidensgeschichte von dir werden, wo dein Herzblut gegeben wird. (Siehe Erklärungen zu Lk 5, 15 und 6, 12)

Auf dieses „B i t t e, S u c h e, K l o p f e a n !" war denn auch Jesus, der Sohn Gottes, zur Vollführung Seiner Aufgabe angewiesen. Gott sieht die Person nicht an. Das ist ein Grundgesetz, das immer wieder in der Bibel sich ausspricht. Die Gesinnung, die inneren Motive, die Herzenshaltung, die allein sieht Gott an. Das gehört nicht zur Person, nicht zum Angesicht (persona bedeutet das Äußere eines Menschen), sondern das gehört zum Herzen tief innen!

Wollte Jesus vom Vater Hilfe für die Menschen erhalten, so mußte Er als einfacher Mensch vor Gott treten. Dazu war Er ja Mensch geworden. Nur so konnte dem Menschen auf dem Wege, daß Er „ward gleich wie ein anderer Mensch", geholfen werden. Wir verkennen völlig die Größe und Schwere der Aufgabe, wenn wir dies vergessen und meinen, Er habe da immer wieder Seine Gottheit in Anspruch genommen.

So begnügte Sich Jesus als einfacher Mensch (denn nur als solcher konnte Er für die Menschen vor den Vater treten) mit dem „Bitten, Suchen, Anklopfen". Da fand Er wohl vielfach Riegel, die seit Tausenden von Jahren eingerostet waren, Riegel alten Fluches, die Ihm nicht sofort aufgetan wurden, bis zu jenen letzten Riegeln, die endlich nur um den Preis Seines Lebens auf Golgatha aufgehen wollten.

Es suchten Ihn aber die Volksmassen und kamen bis zu Ihm und suchten Ihn festzuhalten, daß Er sie nicht verlassen sollte. Er aber sprach zu ihnen: Ich muß auch andern Städten das Evangelium verkündigen vom Königreich Gottes, denn dazu bin Ich gesandt worden. Und der Herr Jesus predigte in den Synagogen Judäas (Galiläa).

Bald erneuerte sich das Gedränge der Hilfesuchenden und Heilsbegierigen vor dem Hause des Simon. Jesus war fort, aber Simon wurde gedrängt, Ihn aufzusuchen (Vgl. Mk 1, 36). Auf diesem Wege schlossen sich, wie es scheint, nicht nur Hausgenossen, sondern auch Leute aus dem Volkshaufen an, und als sie Jesus fanden, erklärten sie Ihm, er werde von allen sehnlichst gesucht, während die anderen Ihn baten, Er möge nicht aus der Stadt fortgehen.

S o t a t e n d i e B ü r g e r z u K a p e r n a u m d a s G e g e n t e i l v o n d e m, w a s d i e N a z a r e n e r g e t a n h a t t e n. J e n e h a t t e n I h n f o r t g e s t o ß e n, d i e s e w o l l t e n I h n f ü r s i c h b e h a l t e n.

Zudringliche Anträge ließen sich wahrscheinlich vernehmen, aber Jesus konnte Sich keine Fesseln anlegen. **Auch den anderen Städten muß ich das Evangelium von der Königsherrschaft Gottes bringen; denn dazu ward ich gesandt**, erklärte Er ihnen. Es war dies ein heiliges, inneres Muß. Nicht menschliches Drängen, noch weniger eigene Meinung, konnte Ihn in diesem Drang aufhalten.

Es ist wichtig zu betonen, daß Jesus Selbst immer wieder die Verkündigung in den Vordergrund rückt. Die Wunder und Zeichen sind der Verkündigung untergeordnet.

7. Jesus ruft Seine ersten Jünger, die Sünder sind, in die ausschließliche Nachfolge.

Lk 5, 1—11

W. Stb. Matth.
S. 46ff.
W. Stb. Mark.
S. 54
Zu V. 1—11:
Mt 4, 18—22
Mk 1, 16—20

Bis zur Zeit hatte Jesus in den Synagogen Galiläas gepredigt, ohne
von einem stehenden Jüngerkreis begleitet zu sein. Indem aber Sein
Werk sich erweitert, fühlt Er das Bedürfnis, diesem Seinem Werk eine
festere Gestalt zu geben und diejenigen als ständige Begleiter zu Sich
zu ziehen, die Ihm der Vater als die ersten Gläubigen zugeführt hat.
Die Begleiter Jesu bei der Heilung der Schwiegermutter des Petrus hat
Lukas noch nicht genannt (s i e baten Ihn 4, 38, sie, die Schwiegermutter des Petrus, diente i h n e n 4, 39). Nach Markus 1, 29 waren es
Petrus, Andreas, Jakobus und Johannes. Eben diesen begegnen wir in
der folgenden Erzählung.

Sie gehörten ohne Zweifel zu Seinen fleißigsten Zuhörern. Sie
wußten ja seit Tagen am Jordan und besonders seit jenem Abend in
Kana, daß Er der Christus (Messias) sei. Aber Jesus überall ganz und
fortwährend nachzufolgen, daran hatten sie bisher noch nicht gedacht.

Jesus aber bestimmte ihnen eine g ä n z l i c h e N a c h f o l g e. Sie
sollten Seine Lehren in sich aufnehmen, f o r t w ä h r e n d e Zeugen
Seiner Taten sein. Indem Er sie aufforderte, ihren irdischen Beruf zu
verlassen, um ihnen eine neue Betätigung anzuweisen, mit der jene
unvereinbar war, hat Jesus eigentlich den christlichen Predigtdienst begründet.

Eine ähnliche Berufung, wie die hier erzählte, wird Markus 1, 16—20
und Matthäus 4, 18—22 berichtet. Es fragt sich, ob es dieselbe Begebenheit ist oder ob man eine zweimalige Berufung der gleichen Personen
anzunehmen hat. Wir werden diese Frage am Schluß untersuchen.

Eine andere Frage ist hier noch zu lösen. Wie kommt es, daß Lukas
nicht den Andreas erwähnt? Diese Frage wird dadurch beantwortet, daß
man sagt, Petrus sei in dieser Erzählung des wunderbaren Fischzuges
so sehr Hauptperson, daß selbst die Söhne des Zebedäus, Johannes
und Jakobus, dadurch in den Schatten gestellt werden. Lukas spricht
aber von andern Personen, die im Schiff des Petrus gewesen waren.
Unter diesen „andern" Personen ist sicher auch Andreas gewesen. —
Später ist aber Andreas von Lukas unter den Zwölfen mit Namen
genannt worden.

1 Es geschah aber, indem die Volksmenge Ihm zusetzte und das
2 Wort Gottes hörte, stand Er selbst an dem See Genezareth. * Da
   sah Er zwei Boote am Ufer liegen. Die Fischer aber waren von
3 ihnen weggegangen und wuschen die Netze. * Er stieg aber in eins
   der Schiffe, das des Simon war. Er bat ihn, vom Lande ein wenig
   wegzufahren; Er setzte Sich aber und lehrte vom Schiff aus die
4 Volksmengen. * Wie Er aber aufgehört hatte zu reden, sprach Er
   zu Simon: „Fahre hinauf auf die Höhe (des Sees) und laßt eure
5 Netze hinunter zum Fang." * Und Simon antwortete und sprach:
   „Meister (besser „Vorgesetzter"), die ganze Nacht haben wir uns

Zu Vers 4:
Jo 21, 6

abgemüht, aber nichts bekommen. Auf Dein Wort aber werde ich
6 die Netze hinunterlassen." * Und als sie dieses taten, fingen sie
7 eine große Menge Fische. Es rissen aber ihre Netze. * Da
winkten sie den Gefährten im anderen Schiff, daß sie kämen, ihnen
beizustehen. Und sie kamen, und füllten beide Schiffe, so daß sie
8 zu sinken drohten. * Als aber Simon Petrus das sah, fiel er nieder
zu den Knien Jesu und sagte: „Geh weg von mir, denn ich bin ein
9 sündiger Mann, Herr!" * Denn ein Schauder hatte ihn ergriffen und
alle, die mit ihm waren, wegen des Fischfangs, den sie gemacht

Zu Vers 10:   10 hatten. * Ebenso erging es aber auch dem Jakobus und Johannes,
Mt 13, 47   den Söhnen des Zebedäus, die Simons Genossen waren. Und Jesus
sprach zu Simon: „Fürchte dich nicht! Von nun an wirst du Men-
Zu Vers 11:   11 schen lebendig fangen!" * Und während sie die Schiffe auf das
Mt 19, 27   Land zurückgeführt hatten, verließen sie alles und folgten Ihm
nach.

Der S e e G e n e z a r e t h ist vier Stunden lang und in der Mitte
zweieinhalb Stunden breit. Er ist sehr reich an Fischen. Über der
schönen Ebene am Ufer rauschen die hohen Palmenkronen. Immergrüne
hohe Zypressen heben ihre Wipfel über die Häuser von Kapernaum
zum klaren Himmel empor. Ein wahres Stück Paradies ist diese Gegend
am See Genezareth. Er wird Matthäus 4, 18 d a s G a l i l ä i s c h e
M e e r genannt und Johannes 6, 1 und 21, 1 d a s M e e r T i b e r i a s.

Aber so schön die Gegend auch ist — wie eine schrille Dissonanz
wirkt das Bild der vier Fischer am Ufer aus unserm Lukastext! Es ist
ein ergreifendes Bild irdischer Mühe und Plage. Petrus hat mit seinen
Gefährten die ganze Nacht gefischt und nichts gefangen. Trübe und
sorgenvoll gestimmt, waschen sie ihre Netze aus. Auch für den besten
Arbeiter kommt vielleicht einmal eine Zeit, wo er mit aller Arbeit
„nichts vor sich bringt".

Da naht den vier Fischern der Herr, umgeben von einer Volksmenge, die in stürmischer Weise, ja geradezu rücksichtslos sich zum
Herrn vordrängt, um diesen einzigartigen Redner wieder einmal zu
hören. Der Herr steigt in eins der am Ufer liegenden Schiffe, das dem
Simon gehört, und bittet ihn, er möge sein Schiff ein wenig vom Lande
wegführen. Jesus will bei der Predigt Seine Zuhörer von dort besser
übersehen.

Auf zwei Dinge gilt es zu achten:

1. Der Herr **bittet** den Simon. Wie fein wird dies menschlich-
freundliche Bitten (e r o t e s e n) unterschieden von dem machtvollen
Befehlswort in Vers 4 „Fahre auf die Höhe..."

2. Der Mann, dem das Schiff gehört, wird nicht P e t r u s, sondern
Simon genannt. Es ist ein feiner Zug, daß Petrus hier noch nicht mit
seinem späteren Namen, sondern mit seinem hebräischen Eigennamen
bezeichnet wird, denn er steht noch nicht im Dienste Jesu. — Es ist
weiter festzustellen, daß Simon ganz deutlich als der Leiter des
Fischzuges erscheint. I h n bittet Jesus. Ihn kann Er auch bitten. Hat

Jesus doch nicht lange vorher seine Schwiegermutter vom Fieber ge-
heilt (4, 38. 39). Jesus darf bitten und darf erwarten, daß Petrus dem
Herrn sein Schiff so lange zur Verfügung stellt, bis Jesus mit Seinem
Lehren zu Ende ist.

Jesus, der s o n s t   n u r   i n   S y n a g o g e n   l e h r t e und predigte
(Lk 4, 15. 16—37; 6, 6; 13, 10), verkündigt jetzt einer zu Ihm drän-
genden Volksmenge am Seeufer das Wort Gottes. Auch bei den Rabbinern wurden als Predigtstätten nicht nur die Synagogen, sondern
auch die Straßen und freien Plätze benutzt.

Welchen Inhalt diese „Seepredigt“ des Herrn gehabt hat, ist uns nicht
berichtet worden. [1]) Es heißt nur kurz: „Er setzte sich und lehrte vom
Schiff aus die Volksmengen.“

Obgleich Jesus wußte, daß Petrus die ganze Nacht nichts gefangen
hatte, sprach Jesus, nachdem Er Seine Rede geendet hatte, zu ihm:
**„Fahre auf die Höhe des Sees und laßt eure Netze hinunter zum
Fang!“** Ein merkwürdiger B e f e h l , den Simon empfängt, ganz entgegen allen Regeln seines Handwerks.

Jesus hatte unter anderem auch deswegen diesen so eigenartigen
Befehl „Fahre auf die Mitte des Sees...“ an Simon ausgegeben, weil
Er zugleich beabsichtigte, den Fischer selbst in Seinem Netz zu fangen.

Weil Petrus Dem, der es befohlen hat, nun nicht widersprechen will,
antwortet er: „**Meister** (besser „Vorsteher“) **die ganze Nacht haben
wir uns abgemüht, aber nichts bekommen. Auf Dein Wort aber werde
ich die Netze hinunterlassen.“**

Es gilt hier besonders zu achten auf das Wort M e i s t e r , das im
Griechischen e p i s t a t e s heißt. Das Wort ist besser mit „Vorsteher,
Vorgesetzter“ zu übersetzen. Der Vorgesetzte erteilt dem Untergebe-
nen einen Befehl. — Jesus „bittet“ hier nicht, wie das in Vers 3b der
Fall war, sondern Jesus b e f i e h l t . Die Antwort des Petrus ist G e -
h o r s a m . —

Was besagt das Wort e p i s t a t a , mit dem Simon den Herrn anredet? Weil „epistata“ die Anrede für einen höheren Aufsichtsbeamten,
einen Vorsteher ist, so muß Simon in Jesus den Höheren, den B e -
v o l l m ä c h t i g t e n gesehen haben. [2])

---

[1] Aber wir mögen es uns wohl denken, **wovon** Er dort geredet hat. Wir können es vielleicht
schließen aus dem Zweck, den Er für Simon mit Seiner Predigt hatte. Der Inhalt mag darum sicherlich die „Frohbotschaft“ vom Heil (vgl. Lk 4, 18. 19) gewesen sein. Für ihn hatte Er nachher noch
eine ganz b e s o n d e r e   S e e - P r e d i g t zu halten, eine Predigt mit d e r   T a t . Darauf will
Er ihn wohl jetzt mit Seinen Worten: „Bitte, fahre ein wenig vom Lande weg mit deinem Boot!“
vorbereiten. Von der schwimmenden Kanzel aus wirft Jesus das Netz des Wortes Gottes nach dem
Volkshaufen, der am Ufer steht. —
Während der Rede werden auch Petrus und die andern drei gespannt auf die Worte des Herrn
gehorcht haben. Ihre gedrückte, niedergeschlagene Lage hatte ihr Herz empfänglich gemacht für
Jesu großes Wort. Und nachdem Er ausgeredet hatte, erscheint dem Herrn die augenblickliche
Lage der von Gott geschenkte Zeitpunkt zu sein, Petrus und die anderen drei jungen Fischer zu
einem anderen, nämlich **geistlichen** Fischerberuf endgültig zu berufen. (Man vgl. im AT Hes 47, 10).
[2] Weil Simon auf Grund von Jo 1, 51 von Jesus den Titel „Menschensohn“ vernommen hat und
auch dabei gehört hat, was „Menschensohn“ bedeutet, nämlich daß die Engel Gottes Ihm fort-

Zu dem, was dem **Bevollmächtigten** untersteht, gehören, nach dem
8. Psalm, auch die Fische im Meer. Darum kann der epistates einen
Fischzug befehlen zu einer Stunde, wo sonst ein Fischfang so gut
wie aussichtslos ist.

Darum gehorcht der Fischer Simon dem von Gott Bevollmächtigten
nach Überwindung alles dessen, was sein Fischerverstand ihm auch
immer sagt. Simon sieht eben in dem Mann von Nazareth nicht den
Sohn des Zimmermanns, der vom Fischereigewerbe nichts versteht,
sondern den H e r r n, der Vollmacht hat auch über die Tiere des
Meeres. — (Vgl. dazu Bornhäuser: Studien zum Sondergut des Lukas.)
Darum antwortet Simon: **„Auf Dein Wort aber werde ich die Netze
hinunterlassen".**

Mit dem Wörtlein **aber** fängt der Glaube des Simon an, und zwar
ein Glaube, der sich als G e h o r s a m darstellt, als Glaubensgehorsam,
der wider alle Vernuft und gegen alle Berufspraxis und Berufserfah-
rung dennoch und trotzdem dem Herrn ganzes und unbedingtes Vertrauen schenkt, ein Vertrauen, das sich in blindem Gehorsam offenbart.

Ludwig Schneller schreibt: „Auf dem See Genezareth wirft man
die Netze nur bei Nacht aus; denn am Tage fängt man beinahe nichts.
Bei einem meiner Besuche habe ich die Fischer am See Tiberias gefragt,
ob sie nicht auch bei Tage Netze auswerfen. Da lachten sie über diese
Unwissenheit!"

In der Zeit also, die für das Fischer-Handwerk am geeignetsten
war, hatte sich Simon angestrengt und abgemüht, aber ohne Erfolg.
Jetzt soll er am h e l l e n T a g e weit hinaus vom Land fort a u f d i e
H ö h e f a h r e n, d. h. dorthin fahren, wo der See sehr tief ist.

Und doch, so verwunderlich des Herrn Wort auch klingt, er sagt
kurz: **„Aber** auf Dein Wort will ich das Netz hinunterlassen."

**„Und da sie das taten, fingen sie eine große Menge Fische, und ihre
Netze zerrissen. Da winkten sie den Gefährten, die im andern Schiff
waren, daß sie kämen, ihnen beizustehen. Und sie kamen und füllten
beide Schiffe, daß sie zu sinken drohten."**

Simon steht überwältigt vom Glück da. Welche Freude war dieser
unerhörte Arbeitssegen für die Jünger! Und nun das Eigenartige!
Während Simon die Fische in seine Netze zieht, ist er selbst in das
Netz des Heilandes gefallen! Beute machend ist Simon selbst zur
Beute des Heilandes geworden. [3]

während dienen (lies Jo 1, 51), so wird vielleicht Simon an Psalm 8 gedacht haben. Psalm 8 ist
ein messianischer Psalm; denn es wird darin vom Menschensohn i. d. Versen 5—10 gesprochen. In
Vers 2b heißt es dabei: „Jahwe hat dem Menschensohn (= dem Messias) alles unter die Füße gelegt:
,Schafe und Rinder allzumal, dazu auch die Tiere des Feldes, die Vögel des Himmels, **die Fische im
Meer** und was die Pfade der Meere durchzieht'".
[3] „Bewundernswert", meint Chrysostomus, „ist die feine Seelsorge des Herrn, wie Er jeden durch
diejenige Art und Form der Ausdrucksweise zu Sich zieht, die dem ,Sich-ziehen-lassenden' am vertrautesten ist. Die Sternforscher aus dem Morgenland ,zieht' Er durch den Stern, die Fischer ,zieht'

Simon spürt die Nähe Gottes und fühlt umso tiefer seine große
Unwürdigkeit diesem unermeßlichen Segen gegenüber. Unwillkürlich
zieht es ihn in den Staub. Wir lesen:

**„Als aber Simon Petrus das sah, fiel er nieder zu den Knien Jesu
und sprach: ‚Herr, geh weg von mir, ich bin ein sündiger Mann!‘ Denn
ein Schauder hatte ihn ergriffen und alle die mit ihm waren, angesichts
dieses Fischzugs, den sie miteinander getan hatten.“**

„Es ist bedeutungsvoll, daß hier plötzlich neben dem Namen S i m o n
der Name P e t r u s auftritt, was sonst in der Geschichte nicht der
Fall ist. Simon, der später den Namen Petrus erhält, weil er das große
Bekenntnis zu Jesus als dem Sohne Jahwes ausspricht, erscheint auch
hier schon als Bekenner, wenn auch seine Anrede ‚Herr‘ nicht schon
den ganzen vollen Inhalt hat, den sie später gewann.

Man übersehe nicht, daß berichtet ist, Simon habe sich vor Jesus
auf die ‚Knie‘ niedergelassen. Solche, wie uns leicht scheinen kann,
äußerlichen Dinge sind für die Evangelien durchaus nicht nebensächlich. Schwerlich hat Simon bis dahin jemals vor Jesus gekniet.“ (Bornhäuser). Die besondere Hervorhebung des K n i e f a l l s des Simon
will darauf hinweisen, daß mit dem Erlebnis des Fischfangs sich in dem
Verhältnis zwischen Jesus und Simon etwas geändert hat. Das betont
an das Ende des Satzes gestellte „Herr“ soll dies zum Ausdruck bringen.

Das Bekenntnis des Petrus: „Herr, ich bin ein sündiger Mann“,
besagt im damaligen Verständnis, daß sein Leben bisher a b s e i t s
v o m G e s e t z, wie die Pharisäer es ausgelegt haben, verlief. Petrus
fühlt sich n i c h t a l s „G e r e c h t e r“, wie das bei den Pharisäern
der Fall war und nennt sich darum ein **Sünder.** Petrus weiß, daß man
die Wundermacht Gottes nicht schauen kann und das Wort Jesu nicht
zu hören imstande ist, ohne das Bewußtsein der Sünde und Schuld zu
haben! Darum wurde Simon so vom Schrecken vor der Majestät des
Überirdischen ergriffen, wie einst Z a c h a r i a s (Lk 1, 12) und die
H i r t e n (Lk 2, 9). Er fürchtet wie Gideon (Ri 6, 22. 23), Manoah
(Ri 13, 22) und Jesaja (Jes 6, 5) als sündiger Mensch in Gottes Gegenwart „vergehen zu müssen“.

In solchen Augenblicken schwindet alles Äußerliche, alles Förmliche.
Das tiefste Empfinden des Herzens bricht durch, und was da immer im
Verborgenen war, kommt ans Licht. Und ein solches Bewußtsein im
Menschenherzen ist das Wissen um die Heiligkeit Gottes, die Tod und
Verderben bringt für das unheilige Geschöpf.

Er durch den Fischfang.“ — Jesus und der Heilige Geist sprechen in solchen Worten und Rede-
wendungen, wie sie am besten für diejenigen verständlich sind, denen sie gelten. Von David, der
ein Hirte war, sagt die Schrift: „Von den Schafen holte Er ihn, daß Er Sein Volk weiden sollte.“ Der
Prophet Amos berichtet: „Ich bin kein Prophet noch eines Propheten Sohn, sondern ich bin ein
Hirt, der Maulbeeren abliest. Aber der Herr nahm mich von der Herde weg und sprach zu mir:
„Geh hin und weide Mein Volk“ (Amos 7, 14. 15). Der Samariterin, die der Herr am Brunnen
fand, predigte Er von dem Wasser des Lebens usw. „Der Heiland macht allen Menschen alles zum
Himmel, damit Er alle gewinnen möchte.“

Zu dem Ausdruck in Vers 9 **„denn ein Schaudern hatte den Simon Petrus ergriffen"** sei noch wiedergegeben, was Bornhäuser dazu gesagt hat: „Wir treffen das Wort Schauder „thambos" im Neuen Testament nur noch zweimal an. (Lk 4, 36 und Apg 3, 10) Jedesmal tritt das, was mit Schauder bezeichnet wird, als die Folge einer gnädigen Wundertat Jesu ein. Nachdem Jesus zu Kapernaum einen Besessenen geheilt hat, heißt es: Und es kam ein Schaudern über alle (4, 36). In der Apostelgeschichte bei der Heilung des Lahmen heißt es: Sie wurden von Schaudern erfüllt und gerieten außer sich über dem, was sich ereignet hatte (3, 10). Man ist versucht zu fragen: Warum fassungslose Furcht, warum Schaudern? Sollte man nicht eher Freude und Lobpreis erwarten, wenn Jesus bzw. Seine Jünger in Seinem Namen heilen und helfen? Es ist die Schuld der A u f k l ä r u n g , daß uns Heutige weithin nicht Schauder und Furcht ergreift, wenn Gott eingreift. Sie hat aus dem Gott, zu dem selbst Jesus, der Sohn, im hohenpriesterlichen Gebet „H e i l i g e r Vater" sagt, einen schwachen, weichherzigen, lieben Gott gemacht. Sowohl das Alte wie das Neue Testament ist der Zeugnisse dafür voll, daß, wo Gott naht, der Mensch erschrickt und sich fürchtet. V o n   d i e s e m   h e i l i g e n   S c h r e c k e n ,   v o n   d i e s e r   e h r f u r c h t s v o l l e n   S c h e u   i s t   S i m o n   e r f ü l l t , als ihm durch die Tat des Mannes, in dem er den kommenden Messias sieht, der Gott, (d e r   v o l l   l a u t e r e r   G ü t e   i s t) ,   i n   e i n e m   E r e i g n i s , w a s   g r e i f b a r   i s t ,   n a h e   k o m m t . " Soweit Bornhäuser.

Da kommt von Jesus das ganz Große und Neue auf ihn zu, nämlich dies, daß Jesus den „Sünder", der seine Sünde und Schuld erkennt, nicht verurteilt und verdammt, sondern begnadet und an Sein Heilandsherz zieht. Jesus hatte freundlich auf den zu Seinen Knien liegenden Petrus geblickt und zu ihm gesprochen: „Fürchte dich nicht!" Wie selig wird es da dem Petrus ums Herz gewesen sein, als er aus der Tiefe des Sündenbewußtseins herausgehoben wurde auf die Höhe der Sündenvergebung. Wohl dem, den des Herrn Güte zur Umkehr leitet!

„Fürchte dich nicht, denn von nun an wirst du Menschen fangen!" (lebendig fangen) [4]) Mit diesem Wort weist der Herr ihm einen neuen Beruf zu. Glücklich zu preisen ist der, den der Herr so unmittelbar in

---

[4] Ambrosius und andere Kirchenväter haben diesen Vers vom **„Menschen lebendig fangen"** so übersetzt: „Du wirst Menschen beleben, d. h. du wirst Menschen durch dein Fangen zum ewigen Leben verhelfen" (Rö 6, 23). — Origenes meint: „Die stummen Fische kommen in Netzen an Land und **sterben** ihren Tod. Wer aber durch die Fischer Jesu eingefangen wird und aus dem Meer ans Land kommt, der **stirbt** zwar auch, aber der Welt und der Sünde. Aber nach diesem Absterben für Welt und Sünde wird er **lebendig gemacht durch das Wort der Gnade** und empfängt ein neues Leben."
Wie kostbar und teuer ist dieses Wort von der Gnade. Nicht der gebietende Herr, der die strenge Entsagung fordert, steht hier vor uns, sondern Der, welcher durch den überreichlichen Reichtum Seiner Gabe beglückt und segnet. Das Leitwort in diesem Bericht ist darum dies: Das erste im Evangelium ist nicht die Entsagung, der Verzicht, sondern Herrlichkeit, Größe, Freude, die auf die Jünger zukommen dadurch, daß Jesus ihn so ganz und gar überwältigt mit Wonne und Seligkeit.

Seinen Dienst beruft! Immer wieder offenbart Sich Gott Seinen von Ihm in den Dienst gerufenen Propheten oder anderen Boten in einer Weise, wie sie es vorher nie geahnt haben. Im Lichte dieser Offenbarung erkennt der Mensch dann seine eigene Unzulänglichkeit und Schuld erst recht und in ganz besonderer Weise. (Vgl. 2 Mo 4, 10. 17; Jes 6; Jer 1, 4—10; Hes 1—3; Ri 6, 11—23; Apg 9, 3—9; Dan 10; Offb 1, 13—20).

Der Herr kleidet Seine Verheißung in die Sprache, die Petrus vertraut war. Der Fischer soll Menschen fangen, wie David, — (der von den Schafhürden weggeholt wurde), — Sein Volk weiden sollte (Ps 78, 71. 72). Petrus erfährt hier eine doppelte Beförderung: **Menschen** soll er in Zukunft fangen und nicht mehr Fische; und zum L e b e n soll er sie fangen und nicht, wie bisher seine geringe Beute, zum T o d e. Dies ist auch im Worte des Grundtextes ausgedrückt. Dort steht: z o g r e u e i n , das zusammengesetzt ist aus z o o s und a g r e u o = l e b e n d i g f a n g e n .

Du wirst Menschen „lebendig fangen", d. h. „für das wahre Leben fangen." Vgl. Josua 2, 13 nach der Septuaginta.

Gerade Josua 2, 13 weist dann auch hin auf den Zweck des l e b e n d i g E r h a l t e n s , nämlich ein dienender Gefangener zu werden. Man vergleiche 2 Tim 2, 26, wo vom Gegensatz her der Ausdruck z o g r e i n verdeutlicht: „das wunderbare Fangen der Seelen erfolgt mit der Zielsetzung des freien, lebendigen Gehorsams." So hat uns Jesus in dieser wunderbaren Geschichte vom Fischfang ein Fünffaches verdeutlicht.

1. Am Anfang des Jüngerkreises und damit auch zu Beginn des Werdens der neuen Gemeinde, der Gemeinde Jesu, steht n i c h t d a s G e r i c h t s w o r t , s o n d e r n d a s G n a d e n w o r t , nicht die eigene sühnende Tat, sondern der Empfang der Vergebung, nicht der Mensch, sondern Gott in Seiner Güte und Gnade.

Daraus wächst unmittelbar als naturnotwendige, herzerquickende Folge das „Sich-Herausnehmen-Lassen" aus irdischen Bindungen und Ichbezogenheiten und der freiwillige Verzicht auf das, was dem neuen Leben (dem Leben mit dem Herrn) im Wege steht. Diese Hingabe an den Herrn, und zwar aus freien Stücken, ist das Charakteristische, was die Übermacht der Gnade zuerst bei dem Sünder wirkt.

2. Jesus hat in dieser Geschichte eine Gruppe Glaubender dazu bestimmt, sich ganz Seinem Werk auf Erden zu widmen. Damit ist der Predigtdienst von Jesus als Beruf fest und tief eingesetzt. Zu diesem Predigtdienst gehört ein Zweifaches: 1. Gläubig geworden sein an Jesus; 2. Berufen zum Dienst für Jesus.

Die Jünger waren fleißig und sorgfältig im Fischerhandwerk. Solche Leute, die sich von ihrem irdischen Beruf nicht so leichten und schnellen Herzens trennen lassen und die man aus diesem Beruf ungern ziehen sieht, die kann Jesus gebrauchen. Sie brachten ihre Fahrzeuge mit der reichen Beute ans Land. Gerade jetzt, wo sie den größten Erfolg in ihrem Beruf erlebt hatten, gaben sie ihm den Abschied. Jesus war ihnen zu groß geworden.

Sie verließen ihr Haus und ihren Besitz samt ihren Angehörigen, verzichteten auf einen gesicherten Verdienst, führten mit Jesus ein Wanderleben, ohne zu wissen, wo sie am nächsten Tag ihr Haupt niederlegen und wie sie ihr Leben fristen würden.

3. Petrus erhielt zuerst den Auftrag: **„Du sollst Menschen fangen"** und dann: **„Weide meine Schafe."** — Diese Befehle sind nicht zwei verschiedene Aufträge, sondern zwei Seiten und Gesichtspunkte ein und desselben Auftrages. Die Bezeichnung **Fischer, Menschenfischer** will gewissermaßen den Anfang des Seelsorgedienstes zum Ausdruck bringen — also die missionarische, erweckliche Predigttätigkeit. — Die Bezeichnung „Weide meine Schafe" will auf das Ziel der Wortverkündigung hinweisen, nämlich auf die Heimführung in das ewige Land der himmlischen Heimat (Mt 13, 48).

Die Bezeichnung H i r t (Schafe weiden) drückt das aus, was mit dem Bild vom Fischer (Menschen fangen) noch nicht gesagt werden konnte. Das Bildwort „Hirt" weist hin auf die tägliche und individuelle Sorge für die Glieder der Gemeinde Jesu, nachdem sie zur Gemeinde des Herrn gerufen worden sind. Darum zuerst M e n s c h e n f a n g e n (Fischer), dann S c h a f e w e i d e n (Hirte) wie Jo 21, 16 ff es gesagt wird.

4. Bei diesem ganzen Wunderwerk des wunderbaren Fischzugs offenbart Sich Jesus Selbst als „Reichtum", den man nicht fassen und bergen kann in die Netze des Herzens und des Verstandes.

Das menschliche Denken und Fühlen und Wollen droht zu zerreißen vor Glück und vor Freude, und das Schifflein des Lebens droht zu sinken vor der kostbarsten Last, die je in ein menschliches Leben gekommen ist in Jesus Christus, den Herrn und Heiland unserer Seele. Es ist bekannt, wie beliebt das **Fisch-Symbol** bei den alten Christen war.

5. Nicht an jeden, der in die Nachfolge Jesu berufen wurde, wird die Forderung gestellt, seinen irdischen Beruf zu verlassen. Für die meisten gilt es, ihren irdischen Beruf zu verklären und im irdischen Beruf für die Ewigkeit zu wirken. Nicht jeder kann ein Prediger werden, der von der Kanzel herunter das Netz wirft. Aber jeder kann in seinem irdischen Beruf nicht bloß für seine Seele, sondern auch für die Seelen anderer sorgen. Selbst gewonnen und gefangen werden, das ist die erste Seligkeit; andere aber zu werben und ins Reich Gottes zu bringen, das ist die andere Seligkeit.

Wir sind am Schluß und kommen auf die Frage zurück: Ist in Lk 5, 1—11, Mt 4, 18—22 und Mk 1, 16—20 ein und dieselbe Tatsache berichtet — oder nicht? Muß man eine zweimalige Berufung der gleichen Personen annehmen oder nicht?

Riggenbach und Zahn meinen, daß im Bericht des Lukas eine ganz andere Berufung erzählt sei als in der Aufzeichnung von Matthäus und Markus.

D. Dritter Strahl

Weiteres Wunderwirken des Christus (Messias) und Seine Gegner.

Lk 5, 12—6, 11

W. Stb. Matth.
S. 92
W. Stb. Mark.
S. 62

1. Jesus heilt einen Aussätzigen.

Lk 5, 12—16

Zu V. 12—16:
Mt 8, 1—4
Mk 1, 40—45

Bei Lukas, wie bei Markus (1, 40), findet die Heilung des Aussätzigen auf der ersten Predigtreise statt, die Jesus zusammen mit Seinen Jüngern macht. Matthäus schließt diese Wunder unmittelbar an die Bergpredigt an. Beim Herabsteigen vom Berg begegnet Jesus dem Kranken und heilt ihn. Diese letztere Angabe ist so bestimmt und die der beiden andern so allgemein, daß es natürlich ist, hier dem Matthäus den Vorzug zu geben. Über Aussatz siehe in W. Stb. Matth 8, 1—4 Fußnote 5.

12 Und es geschah, während Er in einer der Städte weilte, siehe, da war ein Mann da, über und über mit Aussatz bedeckt. Und als er aber Jesus sah, fiel er auf das Angesicht nieder und bat Ihn und sagte:
13 „Herr, wenn Du willst, kannst Du mich reinigen" * Und Er streckte die Hand aus, rührte ihn an (oder umarmte ihn) und sagte: „Ich
14 will, sei rein!" Und sogleich ging der Aussatz weg von ihm. * Und Er befahl ihm, es keinem zu sagen, sondern gehe hin, zeige dich dem Priester und bringe die Gabe dar für deine Reinigung, wie
15 Mose angeordnet hat, ihnen zum Zeugnis! * Umso mehr aber verbreitete sich die Rede über Ihn, und viele Volksmengen kamen zusammen, zu hören und sich heilen zu lassen von ihren Krankheiten. Er selbst aber zog Sich zurück in die Einöden und verharrte im Gebet.

Zu Vers 14:
3 Mo 14, 2—32

Unser Evangelist hat die folgenden Geschichten nicht chronologisch, sondern nach einem bestimmten Gesichtspunkt zusammengestellt. Die Berichte des 5. Kapitels zeigen diese Eigenart auffallend. Petrus meinte, wegen seiner Sündhaftigkeit der Gemeinschaft mit Jesus unwürdig zu sein (Lk 5, 8). Der Aussätzige galt als ein von Gott für eine besondere Versündigung Gestrafter (W. Stb. Matth 8, 3 Fußnote). Der Gichtbrüchige bedurfte der Sündenvergebung. Die Berufung des Zöllners, der schon durch Seinen Beruf als markanter Sünder dastand, ist ein Beweis dafür, daß Jesus ihn würdigt, mit Ihm in Gemeinschaft zu treten. Diese Reihe der Erzählungen zeigt, wie Jesus das in Lk 4, 18—21 aufgestellte Programm verwirklicht, d a s a l l e G e d r ü c k t e n , Z u r ü c k - g e s e t z t e n , A r m e n , G e b e u g t e n , K r a n k e n u n d S ü n - d e r S e i n e e r b a r m e n d e L i e b e e r f a h r e n d u r f t e n .

Die Heilung des Aussätzigen wird wohl in der Nähe von Kapernaum oder in Kapernaum selbst geschehen sein. Der griechische Text schildert anschaulich die Überraschung, welche durch den plötzlichen und entsetzlichen Anblick entstand. Der Kranke stand da, ohne daß man ihn kommen sah. Es mußte überraschend sein, denn er hatte doch

die Vorschrift des Gesetzes übertreten. Der Ausdruck: p l e r e s l e p r a s
voll Aussatzes, den wir mit „über und über mit Aussatz bedeckt" übersetzt haben, ist ein medizinischer Fachausdruck. Der Aussatz hatte schon
das letzte Stadium erreicht. Völlig hoffnungslos war der Unglückliche
dem nahen Tode ausgeliefert. Der Ausgestoßene suchte Jesus, weil er
wohl schon viel von ihm gehört hatte, um Hilfe und Heilung bei Ihm
zu finden.

Nachdem der Aussätzige den Herrn entdeckt hatte, fiel er auf sein
Angesicht und bat Ihn: „Herr, wenn Du willst, kannst Du mich reinigen!"

Alle drei Evangelisten sagen: r e i n i g e n, statt: heilen, weil bei
ihnen sich mit dieser Krankheit das Bewußtsein von der levitischen
Unreinheit verbindet. In den Worten: Wenn Du willst, kannst Du,
liegt beides, große Angst und großer Glaube. Andre Kranke waren
geheilt worden — das wußte der Aussätzige —, daher der Glaube. Aber
es war wahrscheinlich der erste Kranke seiner Art, dem es gelang, bis
zu Jesus zu kommen und Seine Hilfe anzuflehen; daher seine Angst.

Er traute es dem Herrn zu im Glauben. Nur fragt es sich, ob Jesus
w i l l. Von der Unreinheit unserer Sünde will Jesus uns unbedingt
rein machen, darum sollen wir Ihn unbedingt bitten. Anders bei den
äußeren Übeln und Leiden. Auch hier k a n n Jesus heilen und helfen.
Aber manchmal ist es Sein Wille, daß die Krankheit verbleibt, weil sie
notwendig ist zur D e m ü t i g u n g (2 Ko 12, 7), zur D u r c h h e i l i-
g u n g (Hebr 2, 10; 5, 8. 9). Bei Krankheiten wollen wir uns hüten,
eigenwillig etwas durchzusetzen.

Markus, der gerne Jesu Gefühle schildert, hebt das tiefe Mitleid
hervor, das den Herrn bei dem Anblick des Todgeweihten ergreift.
Die Berichte der drei Evangelisten treffen wörtlich zusammen in einem
Umstand, der einen sehr lebhaften Eindruck auf die Zeugen gemacht
haben muß und sich in wörtlicher Form erhalten hatte: Er streckte die
Hand aus und umarmte ihn. Der ansteckende Charakter des Aussatzes
war allgemein bekannt. Die Berührung eines Aussätzigen machte nach
dem Gesetz unrein. Jesus aber berührte nicht nur den Aussätzigen,
sondern u m f a ß t e i h n f e s t m i t S e i n e r H a n d. Denn das Wort,
das Luther mit „anrühren" übersetzt hat, bedeutet ein U m f a s s e n
und U m a r m e n und U m s c h l i e ß e n (Mk 10, 13. 16; 1 Jo 5, 18).
Vgl. W. Stb. Mt zu 8, 3.

Begibt Jesus Sich nicht durch Sein ganzes menschliches Dasein in eine
noch viel größere Gefahr, nämlich durch die Berührung Seiner reinen
Natur mit unserer Sündennatur, ohne derselben zu unterliegen?

Der Heiland hat die unreine Menschheit umschlossen, indem Er ganz
in sie eingegangen ist; so tut Er auch jetzt bei jedem einzelnen. Er
rührt unsere Sündenunreinheit nicht nur mit den Fingerspitzen an, Er
umfaßt den Unreinen mit dem Arm Seines Erbarmens.

14 Und Er befahl ihm, es niemandem zu sagen, sondern: „Gehe hin,
und zeige dich dem Priester und opfere für deine Reinigung, wie Moses
verordnet hat, ihnen zum Zeugnis." Markus hat in weit anschaulicher

Form den strengen, ja drohenden Ton beibehalten, in welchem der Befehl und das Verbot erteilt wurden (siehe Mk 1, 43). Das Wort t r i e b i h n s o f o r t v o n S i c h, in Markus aufgezeichnet und dort auch in Kap. 1, 12 gebraucht, bezieht sich auf den Kreis, der sich um Jesus gebildet hatte. Das schroffe Verbot Jesu, die Heilung niemand zu sagen, ist am besten zu verstehen, wenn man annimmt, daß es Jesus hauptsächlich um die Erfüllung der gesetzlichen Vorschrift bezüglich der Heilung der Aussätzigen zu tun war. Er hält Sich an Seine in der Bergpredigt gegebenen Worte: I h r s o l l t n i c h t w ä h n e n, d a ß I c h g e k o m m e n b i n, d a s G e s e t z a u f z u l ö s e n ; I c h b i n n i c h t g e k o m m e n a u f z u l ö s e n, s o n d e r n z u e r f ü l l e n (Mt 5, 17). So bekommen auch die Schlußworte: **zum Zeugnis für sie** einen ganz einfachen Sinn, nämlich für die Priester und nicht für das Volk. Das Zeugnis ist der Beweis von der Achtung Jesu für das mosaische Gesetz, welches das Opfer des Aussätzigen den Priestern liefern wird (vgl. 3 Mo 13, 49 und 14, 10).

Was der Aussätzige den Priestern zu melden hatte, zeigt dennoch den Heiland als Herrn des Gesetzes: Die Priester des Alten Bundes müssen nach dem Gesetz mit der Reinerklärung dieses Menschen amtlich bestätigen, daß ein Größerer als sie gekommen ist. „Sein" Priestertum wird nicht nur r e i n e r k l ä r e n, sondern auch in Wahrheit r e i n m a c h e n in göttlicher Machtvollkommenheit durch Sein Opfer von Golgatha.

Wie wird doch in diesem Wunder das Ineinander von Göttlichkeit und Menschlichkeit im Herrn so eindrucksvoll dargestellt. — Nur in diesem Einssein von wahrer Gottheit und wahrer Menschheit, göttlich freier Souveränität und zugleich menschlichem Gehorsam gegen das Gesetz, in dieser Vereinigung der Gegensätze besteht das große Geheimnis des Gottessohnes und Menschensohnes.

Nach Markus beachtete der Aussätzige das Verbot Jesu, „es niemand im Volke zu sagen", nicht und erschwert durch diesen Ungehorsam Jesu Wirksamkeit in Galiläa.

15 Die Rede (Kunde) aber über Ihn verbreitete sich noch mehr, und große Volksmassen kamen zusammen, zu hören und sich von ihren 16 Krankheiten heilen zu lassen. * Er aber entwich in die Wüste und verharrte im Gebet.

Das Gebet war das Gegengewicht, das Jesus allen Gefahren entgegenstellte, die fortwährend von innen oder von außen Sein Werk bedrohten. [5])

Der Heiland hat es nicht auf eine Massenbewegung abgesehen, getragen von einer begeisterten Volksmenge, Sein Weg ging hinab,

---

[5] Ein ergreifendes Bild: „In schweigender Nacht auf stiller Bergeshöhe liegt Jesus **auf den Knien**, eins mit dem Vater, Sich Ihm ganz erschließend, Ihm ganz hingegeben, Ihn fassend mit aller Macht Seiner Seele. Sich Ihm verbindend in den letzten Tiefen, bis die Sonne aufgeht **und den einsamen** Beter umstrahlt mit purpurner Glut. — Erst der Jünger Kommen und Rufen zieht Ihn herab auf die Erde und entreißt Ihn der tiefen Versunkenheit in Gott."

immer tiefer hinab (Phil 2, 8). Jesus kam nie aus der rechten Bahn,
der Beifall der großen Menge hat ihn nicht einen Augenblick mit
fortgerissen. Vielmehr bekämpfte Er die Gefahren der schwärmerischen
und fleischlichen Begeisterung und Suggestion fort und fort.

In dem beispiellosen Sturm und Drang der Arbeit
blieb Jesus der große Beter (vgl. zu Mt 8, 4).

Und wir? Wie wenig haben wir Zeit zum Gebet! Uns nimmt die
Arbeit so in Anspruch, daß wir kaum eine ganze Stunde am Tage
meinen erübrigen zu können, um Gottes Angesicht zu suchen und
stille Zwiesprache zu halten mit unserm Vater im Himmel. Nicht
um uns Gott deutlich zu machen, nicht um Gott zu überreden, müssen wir uns Zeit nehmen zum Gebet, sondern um unserer selbst willen,
um uns im Vertrauen zu Ihm und in der Abhängigkeit von Ihm zu
üben, kurz, um überhaupt dem Neuen Leben „Ihm nach" Ausdruck
zu geben.

„An unserem Gebetsleben können wir klarer als an allem andern
erkennen, wie wir eigentlich zu Gott stehen. Der Glaube ist
nichts anderes, sagt Luther, denn eitel Gebet. [6])

Wir werden zu Sklaven der Arbeit und damit zu Sklaven dieser
Welt, wenn wir nicht beten, wenn wir nicht Stunden der Einsamkeit
haben mit Gott, wenn wir nicht ein Leben des Gebets führen wie
Jesus! Im Gebet allein erheben wir uns über diese Welt, erheben wir
uns über unser jämmerliches Ich, im Gebet allein haben wir Gott."
(Aus: Hilbert „Eins ist not.")

W.Stb.Matth.
S. 111ff.

W.Stb.Mark.
S. 65ff.

Zu V. 17—26:
Mt 9, 1—8
Mk 2, 1—12

2. Jesus vergibt Sünden und heilt.

Die Heilung des Gelähmten
Lk 5, 17—26

17 Und es geschah an einem der Tage, als Er lehrte, daß auch Pharisäer und Gesetzeslehrer dabei saßen, die aus allen Ortschaften
Galiläas und Judäas und Jerusalem herbeigekommen waren. Und

---

[6] Können wir nichts ohne Ihn, wie sollte nicht jede Aufgabe, die der Tag uns stellt, jede Schwierigkeit, die sich vor uns auftürmt, jede Not und Sorge, die uns drückt, jede Erfahrung unserer Schwachheit uns ganz unmittelbar treiben zu der inbrünstigen Bitte: „O Herr, hilf, o Herr, laß wohl-
gelingen!" Wenn wir **allein** ans Werk uns machen, ist das eine Verleugnung und eine Entthronung
Gottes, als käme es auf **unser Rennen und Laufen an**, als wären **wir** Gott auf Erden und Herr des
Lebens **und König** des Todes. „Wer nicht betet noch Gott anruft in seiner Not", sagt Luther, „der
hält Ihn gewiß nicht für einen Gott, gibt Ihm auch nicht Seine göttliche Ehre."
Kann es für uns eine Freude geben, die **außer** Gott liegt? Kann ein Leid uns treffen, das uns nicht
Ihm in die Arme triebe? Muß da nicht alles, **aber auch alles**, uns ein erwünschter Antrieb werden, zu
Ihm zu kommen? Wenn wir Gott von ganzem Herzen lieben in der Liebe, mit der Jesus uns geliebt
hat, dann würde auch unser Leben **ein Beten ohne Unterlaß** sein, dann gäbe es nichts, was uns von
Gott scheiden könnte, dann wäre uns alles nur ein Mittel, um Gott zu suchen, Gott zu dienen, mit
Gott zu verkehren! Wer Gott liebt, lebt, um zu beten!
Wer sagt: „Ich habe keine Zeit!", der betrügt sich selbst um das Wichtigste

18 eine Kraft des Herrn war da, ⁷) um zu heilen. * Und siehe, Männer brachten auf einem Bett einen Menschen, welcher gelähmt war,
19 und sie suchten ihn hineinzutragen und vor ihn hinzusetzen. * Und
da sie wegen der Volksmenge keinen andern Weg fanden, ihn hineinzutragen, stiegen sie hinauf auf das Dach, ließen ihn hinab
20 durch die Ziegel mit dem Bettlein mitten vor Jesus hin. * Und da
Er ihren Glauben sah, sprach Er: „Mensch, deine Sünden sind dir
21 erlassen!" * Und es fingen an die Schriftgelehrten und die Pharisäer sich Gedanken zu machen und zu sagen: „Wer ist Dieser,
welcher Lästerungen redet? Wer kann Sünden erlassen außer Gott
22 allein?" * Da aber Jesus ihre Gedanken erkannte, antwortete Er
und sprach zu ihnen: „Was überlegt ihr in euren Herzen? *
23 Was ist leichter zu sagen: „Es sind dir deine Sünden erlassen" oder
24 zu sagen: „Stehe auf und gehe umher?" * Damit ihr aber wißt, daß
der Sohn des Menschen Vollmacht hat auf der Erde, Sünden zu
erlassen, sprach Er zu dem Gelähmten: „Stehe auf, und nimm dein
25 Bettlein, gehe in dein Haus!" * Und sogleich stand er auf vor ihnen, hob auf, worauf er gelegt war, ging weg in sein Haus und
26 pries Gott. * Und ein Entsetzen ergriff alle, und sie priesen Gott
und wurden voller Furcht, indem sie sagten: „Wir haben heute un-
glaubliche Dinge (paradoxes) gesehen."

Nachdem wir so wortgetreu wie nur möglich die Verse 17—26 zusammenhängend übersetzt haben, — geben wir nunmehr die e i n z e l n e n
Verse für die Erklärung wieder, und zwar ausnahmsweise in freierer
und den Urtext umschreibender Übersetzung.

17 Eines Tages wâr der Herr in einem Hause wieder mit der Ausübung
Seiner Lehrtätigkeit beschäftigt. Unter den Zuhörern waren auch
Seine Gegner, Pharisäer und Gesetzeslehrer. Sie waren aus allen
Dörfern Galiläas, Judäas und auch von Jerusalem gekommen. Eine
Herren-Kraft (eine Kyrios-Dynamis) war Er, um sich heilend zu
erweisen.

Das Volk drängt sich zu Jesus. Das Volk ist schwerhörig für das The-
oretische, aber es hat ein feines Gefühl für L e b e n u n d T a t s a c h e n
und findet sich schnell in neue Verhältnisse, wenn sie ihm einleuchten.
So hat es bald herausgemerkt, daß Jesus ein Bevollmächtigter Gottes
ist. Es macht in aller Einfalt Gebrauch davon. Sie nahen sich mit ihren
Anliegen als vor Gott. Hochinteressant ist hier der Ausdruck des Lukas
„**Und eine Herren Kraft** (eine K y r i o s - D y n a m i s) **war da** (oder war
Er)," d. h. die Herren-Kraft war da in Person, um sich als Heiland (heilend) zu offenbaren. Den Ausdruck D y n a m i s - Kraft gebraucht Lukas oft, im ganzen 14 mal, 1, 35; 4, 14; 4, 36 usw. —, aber

---

⁷ Er war aber nicht nur ein Lehrer, sondern Er war „eine Kraft", die Dynamis-Kyrios war da, wie
es wörtlich heißt.
Dieser Tag war wieder ein solcher, an dem sich wie an jenem Abend in Kapernaum (Lk 4, 40)
diese **göttliche Kraft** ganz besonders reich entfaltet hat. — Und, eigentümlich, bei der herrlichen
Offenbarung und Darstellung der göttlichen Macht, da begegnen wir hier auf galiläischem Boden
dem ersten Zusammenstoß Jesu mit der Behörde von Jerusalem.

die Verbindung D y n a m i s - Kraft mit K y r i o s - Herr nur hier!
Kyrios-Herr weist über die Geburtsgeschichte Lk 2, 11 zurück in das
AT. Im AT ist Kyrios der Name für Gott. Wenn nun hier wortwörtlich
gesagt wird „Eine Herrenkraft-K y r i o s-Dynamis" — oder wie Codex
D hat „D i e Kyrios-Dynamis war Er", so soll doch auch dadurch die
Göttlichkeit Jesu von Lukas wiederum bezeugt werden: Und diese
Bezeugung der Göttlichkeit Jesu ist wichtig für das, was hinsichtlich des
nachher eintretenden Wortes von der Sündenvergebung sich vollzieht,
was die Gegner so vor den Kopf stieß. — Wir kehren zum Text zurück.
Jesus war nicht allein mit dem Volk. Des Heilandes Predigen und
Wirken hatte Aufsehen erregt. Man wurde in weiten Kreisen auf Ihn
aufmerksam. Er war eine Neuigkeit, eine interessante Erscheinung auf
dem Gebiet der Frömmigkeit. Man reiste, um Ihn zu studieren.

So waren aus weitem Umkreise, sogar von Jerusalem, Pharisäer und
Gesetzeslehrer hergekommen und saßen scharf beobachtend da. Hier
war einer, der l e h r t e. Und doch hatte Er keine Schule durchlaufen
wie die Schriftgelehrten und Pharisäer. Gesetzeslehrer oder Schriftgelehrte bildeten an sich keine politische Partei wie die Pharisäer und
Sadduzäer. Die Schriftgelehrten Israels waren ohne Zweifel mit Bedacht den Pha-
Fragen des Gesetzes. Man hatte sie ohne Zweifel mit Bedacht den Pharisäern beigegeben, welche von Jerusalem nach Galiläa gesandt worden
waren, um Jesus zu überwachen und nötigenfalls sich mit Ihm ausein-
anderzusetzen (Vers 21). War es nicht eine wunderbare Fügung, daß
gerade an diesem Tage, an welchem die Feinde Jesu in der Versammlung zugegen waren, um Anklagematerial zu sammeln, der Gelähmte zu
Jesus gebracht wurde? Das war göttliche Führung und Fügung. Das ist
die Art und Weise des himmlischen Vaters, daß Er durch die Macht der
Tatsachen Seinen Feinden „das Maul stopft". (Näheres über Pharisäer
Vgl. W. Stb. Matth. zu Kapitel 3, 7—9)

**18 Da, auf einmal brachten Männer einen völlig gelähmten Menschen
(Paralytiker) auf einer Tragbahre. Die Träger versuchten, bis an
Jesus heranzukommen, um den Kranken vor Ihn niederzusetzen.**
**19 * Aber wegen der vielen Menschen war es ihnen unmöglich, ihn
hineinzubringen. Sie stiegen daher auf der Außentreppe des Hauses
auf das flache Dach empor, von dort aus ließen sie ihn zwischen
einigen schnell abgedeckten Tonziegeln (Keramik) mitsamt der
Tragbahre herunter, direkt vor Jesus hin.** Die Verstimmung der
Versammlung über diese denn doch an Originalität alles übertref-
fende Unverschämtheit mag vielleicht groß gewesen sein.

Anders aber Jesus. Er hat Seine helle Freude an dem Tun dieser
Männer. In diesem, alle gewöhnlichen Rücksichten überfliegenden Eifer
sieht Er Glauben, und zwar lebendigen Glauben, und mehr will Er
nicht. Der lebendige Glaube bricht durch alle Hindernisse, „durch
Stahl und Stein" hindurch. Den Kranken kostete es gewiß viele Schmerzen, auf diesem ungewöhnlichen Wege zu Jesus zu gelangen. Er wurde
in die Mitte der vielen Anwesenden hineingelegt, allen Blicken ausgesetzt.

Da nach der Auffassung der Juden die Krankheit immer eine Folge der Sünde war, so war es für den Kranken doppelt schwer, den Weg in die Öffentlichkeit zu dem Herrn anzutreten, womit er nicht allein dem Heiland, sondern dem ganzen anwesenden Volk sich als Sünder vorstellte. Aber er schob alle Rücksichten auf Menschen von sich. Jetzt war eine Gelegenheit zu einer Begegnung mit Jesus. [8])

Es ist von vornherein unwahrscheinlich und unmöglich, daß der lahme Mensch willenlos so mit sich machen ließ, wie man etwa mit einem Stück Holz zu tun pflegt, das man hinträgt und fortträgt, und ihn hinauftrug und herabließ zu dem Ort, wo Jesus wirkte und sprach. — Vielmehr scheint doch tatsächlich sein Glaubensmut erst die Veranlassung zu dieser Unternehmung zu sein.

Jesus sah in dem Glauben, wie schon angedeutet, nicht lediglich den Genesungsdrang eines Kranken, sondern vielmehr den V e r s ö h - n u n g s d r a n g einer schuldbewußten, heilsbegierigen Seele, die diesen genialen beflügelten Weg der Zuflucht eingeschlagen hatte. Er sah in der Tat dieser kühnen Gruppe den gemeinsamen Glauben an und sprach zu dem Kranken: „Mensch, deine Sünden sind dir vergeben!"

20 Als Jesus dieses ganz originelle Wagnis sah, sprach Er: „Mensch (a n t h r o p o s), von all deinem Unrecht (h a m a r t i a i) spreche Ich dich hiermit frei."

Machtvoll erfolgt der große Freispruch von aller Schuld. Der Mensch in seiner Verkehrtheit achtet Gesundheit für das allerhöchste Gut und versäumt darüber das wahre Leben. Den Gelähmten drückt die innere Not mehr als sein körperlicher Zustand. Woher wissen wir das? Weil Jesus niemand die Erlassung der Sünden schenkt, der sich nicht d a r - n a c h s e h n t .

Vom israelitischen Gesichtspunkt aus gesehen hat dieses Wort des Herrn Jesu, sei es nach Matthäus, Markus oder Lukas wiedergegeben, eine hohe Bedeutung. Die Anrede ist verschieden — aber worauf es ankommt, das ist bei allen dreien gleich gebracht: „Deine Sünden sind dir vergeben" — ein Zeichen, wie tief sich dies Wort eingeprägt hat. Es bedeutet eine ganz neue Stellung zu dem Problem S ü n d e u n d L e i d e n . Bornhäuser schreibt folgendes: „Die jüdische Meinung über Sünde und Leiden ist die: Wo Leiden ist, ist Sünde als Voraussetzung da, und wo noch Leiden ist, ist die Vergebung noch nicht v ö l l i g da." Nun sagt Jesus zu dem, der noch gelähmt auf dem Bett liegt: „Deine Sünden sind Dir vergeben!" und spricht damit ein Evangelium für Tausende und aber Tausende aus. Heißt doch Sein Wort nicht weniger als dies: Es mag einer an den Folgen seiner Sünden lei-

---

[8] Die dem Glauben Gewalt tun, reißen das Himmelreich an sich. Wer zu Jesus will, darf sich durch nichts hindern und abschrecken lassen. Der Gelähmte und seine Träger waren solche **Einbrecher,** die mit Gewalt einbrachen ins Himmelreich. Es war ein Einbrechen, ein Durchbrechen des Glaubens im wahrsten und wirklichsten Sinne und nur aus dem kühnsten Vertrauen heraus, das ans Verwegene zu grenzen schien, zu erklären.

den, vielleicht zu leiden haben bis an sein Lebensende, er kann doch ganz in Gnaden sein, kann Vergebung haben.

21 Das war natürlich etwas für die Gesetzeslehrer und Pharisäer. Sie fingen an zu denken und sprachen untereinander (Dialoge führend): Da haben wir's! Das ist ja eine Gotteslästerung (Blasphemie), es kann doch wahrhaftig nur Gott allein vom Unrecht freisprechen.

22 * Jesus durchschaute ihre Gedanken ganz und gar und sprach zu
23 ihnen: Was beschäftigt denn euer Inneres so stark? * Was ist leichter zu sagen: Von all deinem Unrecht spreche ich dich hiermit frei, oder zu sagen: Stehe auf und gehe umher?

Was diese Gesetzesmenschen empörte, das war die Tatsache, daß Jesus von Sich aus den Menschen von aller Schuld frei und los sprach. Das war ja ein Eingreifen in das Majestätsrecht Gottes. Das ganze AT schreibt an keiner Stelle dem Messias die Vollmacht der Sündenvergebung zu. Der Satz, daß nur Gott Sünden vergeben kann, ist an sich voll und ganz wahr. Weil also Jesus Sich nach ihrer Meinung als Mensch anmaßt, was allein Gott zusteht, beschuldigen sie Ihn der Gotteslästerung.

Jesus erkannte, wie Markus sich noch genauer ausdrückt, „in Seinem Geist" (vgl. Mk 2, 8) die Gedanken Seiner Gegner. Mit der Frage: „Was ist leichter?" läßt Sich Jesus zu den Gedanken der Angeredeten herab.

Der Herzenshärtigkeit und der Torheit wegen mußte das Geringere zum Beweis des Größeren werden. Das Wort der Sündenvergebung dient wieder zum Beweis der Göttlichkeit des Wunders. In diesem Sinn ist es zu verstehen, wenn der Herr sagt: „**Damit ihr aber wißt, daß der Sohn des Menschen Vollmacht hat, auf der Erde Sünden zu erlassen! spreche Ich**"... Der Sündenvergebung, dem wahrhaft Größeren, fügt der Herr nunmehr die leibliche Heilung noch hinzu. Die göttliche Vollmacht, die Jesus bezeugt und behauptet, verhüllt Er in Demut. Er sagt nicht: „damit ihr erkennt, daß Ich wirklich in göttlicher Vollmacht, nicht aber als Mensch die Sünden vergebe."

Der Herr unterläßt es, von sich zu bezeugen: „Ich bin Gott!" Er nennt Sich „der Sohn des Menschen". Seine göttliche Vollmacht bekundet Er damit, daß Er Vollmacht hat, a u f E r d e n die Sünden zu vergeben.

24 Damit ihr aber wißt, daß der Menschensohn wirklich von Gott her Vollmacht (e x u s i a) hat, auf Erden von jedem gegen Gott und Mensch begangenen Unrecht freizusprechen", sprach Er machtvoll zu dem Gelähmten: „Ich sage dir, stehe auf, nimm dein kleines Tragbett und gehe heim."

Zum erstenmal gebraucht Lukas hier den Ausdruck „Menschensohn". Der Titel „Gottessohn" drückt Jesu Verhältnis zu Gott aus. Der Titel „Menschensohn" Sein Verhältnis zur Menschheit. Der Menschensohn ist der Menschheit Anwalt und Befreier. Dieser Anwalt und Befreier hat soeben in die Sterne gegriffen. Er hat etwas getan, was nur Gott kann. Er hat die Riesenlast menschlicher Schuld weggenommen. Das hat Er getan. Göttlich machtvoll hat Er das getan.

25 Und augenblicklich stand er auf. Alle konnten es sehen. Er nahm das, worauf er gelegen war, auf den Arm und ging Gott preisend nach Hause.

Christus hatte als Arzt des Leibes an seinem Körper s i c h t b a r bewiesen, was Er v o r h e r als Arzt der Seele u n s i c h t b a r an seinem Herzen getan hatte.

Der Gelähmte stand auf. Jeder konnte sehen, daß er wirklich gesund geworden war. Alle mußten erkennen, daß Jesus in göttlicher Vollmacht die Sünden vergeben konnte.

Dieses Ereignis macht die Augenzeugen fassungslos. Sie priesen Gott und waren doch von Furcht erfüllt.

26 Da gerieten sie alle außer sich (Ekstase) vor Überraschung. Sie priesen Gott. Eine große Furcht bemächtigte sich ihrer voll und ganz. Sie sagten: „Das ist doch etwas ganz Merkwürdiges (Paradoxes), was wir da heute gesehen haben."

Unter dem geöffneten Dach ist etwas ganz Unerhörtes passiert. Etwas G ö t t l i c h - Vollkommenes ist geschehen. Und zwar nicht nur in der Verborgenheit der Seele ist das geschehen, sondern auch in der Sichtbarkeit des Körpers. Zur Freisprechung der Seele ist die Heilung des Leibes getreten. Dieser Doppelakt ist das Wunder unter dem geöffneten Dach. Das geöffnete Dach weist hin auf den geöffneten Himmel. Der geöffnete Himmel weist wiederum hin auf das zukünftige Ganze der Schöpfung, auf ihre Wiederherstellung.

3. Jesus ruft einen besonders auffallenden Sünder in Seine Nachfolge.

Berufung des Levi

Lk 5, 27—32

W. Stb. Matth.
S. 113ff.
W. Stb. Mark.
S. 68ff.
Zu V. 27—32:
Mt 9. 9—13
Mk 2. 13—17

27 Und danach ging Er hinaus und sah einen Zöllner, namens Levi, an
28 der Zollstätte sitzen. * Er sprach zu ihm: „Folge Mir nach!" Und
29 er ließ alles zurück, stand auf und folgte Ihm nach. * Und Levi machte Ihm ein großes Mahl in seinem Hause. Und es war eine große Menge Zöllner und andere, die mit ihnen zu Tische lagen.
30 * Und die Pharisäer und die Schriftgelehrten unter ihnen murrten bei Seinen Jüngern und sagten: „Weshalb eßt und trinkt ihr mit
31 den Zöllnern und Sündern?" * Und Jesus antwortete und sprach zu ihnen: „Die da gesund sind bedürfen nicht eines Arztes, sondern die
32 Kranken. * Ich bin nicht gekommen, Gerechte zu rufen, sondern Sünder zur Bekehrung."

Lukas knüpft genauso wie Matthäus und Markus die Geschichte von der Berufung des Matthäus (Levi) unmittelbar an die Erzählung von der wunderbaren Heilung des Gelähmten an.

Während Jesus aus dem Hause, vielleicht aus dem des Petrus, wo der Gelähmte geheilt wurde, hinausging und am See Genezareth vorüberging (Mk 2, 13), sah Er einen Zöllner an seiner Zollstätte sitzen.

Auffällig ist, daß Matthäus den Zöllner „Matthäus" nennt (Mt 9, 9), und daß dort Matthäus unter den Aposteln mit diesem Beinamen aufgeführt wird (Mt 10, 3). Lukas und Markus nennen ihn L e v i oder

Levis (Lk 5, 27; Mk 2, 14). Markus bezeichnet den Zöllner als einen Sohn des Alphäus.

Ist uns nicht wohl manchmal der Gedanke aufgestiegen, wir seien übel daran, daß wir nicht zur Zeit Jesu gelebt hätten? Aber wie ist es denn den Leuten von Nazareth, wie ist es den meisten Seiner Mitlebenden unter den Juden ergangen? Was sie von ihm sahen, machte sie weithin an Ihm irre.

Dieser Verkehr mit „Verbrechern", mit allerlei dunklem Gesindel, diese Armut, diese gleiche schmachvolle Unterwerfung unter die heidnische Obrigkeit, dieser armselige Prophet, dem nicht einmal seine eigenen leiblichen Brüder glauben — das bereitet viel Anstoß und Ärgernis! Vielleicht hätten wir uns auch an Ihm gestoßen.

Nachdem Matthäus „ja" gesagt hatte zu dem Ruf Jesu, veranstaltete er ein „großes Mahl" in seinem Hause für seine Standesgenossen zum Abschied und dem Herrn zu Ehren, der diese entscheidende Wendung seines Lebens bewirkt hatte. Jesus verschmäht diesen Beweis dankbarer Liebe nicht, sondern Er nahm mit Seinen Jüngern Platz unter den Ausgestoßenen des Volkes. Den Pharisäern mußte das unsagbar anstößig erscheinen. Es galt als eine levitische Verunreinigung, sich mit Zöllnern und in Laster Versunkenen zur Tischgemeinschaft zusammenzufinden.

Die Pharisäer und die Schriftgelehrten stellten die Jünger des Herrn zur Rede, daß sie keine Hemmungen hätten, mit dieser heruntergekommenen Gesellschaft zu essen und zu trinken. Obgleich sich dieser Angriff gegen Jesus richtete, wurden die Jünger angegriffen. Der Herr ergriff darum das Wort und verteidigte Seine Handlungsweise mit den Worten: „Die da gesund sind, bedürfen nicht eines Arztes, sondern die da Krankheit haben." Dieses im Talmud und bei Profanschriftstellern oft vorkommende Schriftwort steht bei Lukas in der einfachsten Gestalt des Gegensatzes: „Die da gesund sind" und „die da Krankheit haben." Markus und Matthäus sagen: „die da stark sind", d. h. die gründlich und dauerhaft Gesunden. Dieses vom Herrn angewandte Sprichwort hat eine zweifache Bedeutung. Er richtete es an die Lehrer und Seelsorger Israels, daß sie damit als schlechte Ärzte beschämt werden, weil sie doch zum Stärken der Schwachen und zum Heilen der Kranken berufen sind (Hes 34, 4). Sie handeln in liebloser Selbstsucht. Sie meiden die Kranken, um nicht angesteckt zu werden. Die Einzahlform A r z t ist im Munde des gekommenen Arztes anschaulich packend.

Das Wort des großen Arztes Jesus Christus bezeugt, daß Er jedem, der es annimmt, alle Sünde vollmächtig vergibt. Dies ist der Zweck Seines Kommens.

Wer sind nun die Gesunden, die des Arztes n i c h t bedürfen? Der Zusammenhang des Sprichwortes zeigt, daß der Herr in Wirklichkeit keine „Gesunden" und „Gerechten" auf Erden kennt, sie d ü n k e n sich nur gesund und gerecht. Vor Jesus, dem Arzt, der die Sünde heilen will, sind alle Menschen nur Kranke und Sünder.

Mit dem großen Ruf: „Ich bin gekommen!", bezeugt Sich Jesus als „der Messias". Sein Ruf, der an alle ergeht, meint jedermann als

„Sünder" und nicht als „Gerechte". Die Pharisäer, die sich als Gerechte,
nicht aber als Sünder erkannten, begehrten nicht die Hilfe des Arztes.
Es ist, als sagte der Herr: „Ich bin gekommen, a l l e zu rufen,
aber n i c h t a l s G e r e c h t e , s o n d e r n a l s S ü n d e r ! "

4. Jesus, der Sünderheiland, spricht über das Fasten.

Lk 5, 33—35

33 Sie (die Pharisäer und Schriftgelehrten) sprachen aber zu Ihm:
„Die Jünger des Johannes fasten fleißig und verrichten dabei Gebete gleichwie auch die (Jünger) der Pharisäer. Die Deinigen aber
34 essen und trinken. * Jesus aber sprach zu ihnen: „Ihr könnt doch
nicht die Söhne des Hochzeitssaales (d. h. die Hochzeitsgesellen, die
unentbehrlichen Freunde des Bräutigams, die das Fest zu gestalten
haben) während der Bräutigam bei ihnen ist, veranlassen zu fasten
35 * Es werden aber Tage kommen, und wo der Bräutigam ihnen genommen wird, dann werden sie in jenen Tagen fasten."

Die Pharisäer sowohl als auch die Johannesjünger fasteten fleißig.
Da gerade das F a s t e n den Konflikt auslöste, hätten die Glaubens-
willigen erkennen können, daß der Messias da war. Wir lesen z. B.
als jüdische Lehre bei Maimonides: „Alles Fasten wird in den Tagen
des Messias a u f h ö r e n , und es werden keine anderen als gute
Tage und Tage der Freude sein, wie geschrieben steht Sach 8, 19." In
diesem Sinne nennt sich Jesus im Gegensatz zu Seinen Fragestellern
„der Bräutigam" und die Zeit Seiner Gegenwart bei den Seinen eine
Zeit der Hochzeitsfreude. Mit der Frage, ob die Genossen des Bräutigams zum Fasten veranlaßt werden können, solange der Bräutigam
noch bei ihnen ist, sagt der Herr, daß das Fasten zur Hochzeitsfreude
nicht paßt.

Solange der Bräutigam da ist, haben die auserwählten Jünger des
Herrn, die Freunde des Bräutigams, alle Ursache, sich zu freuen. Weil
Fasten zum Trauern gehört, wäre es ein Widerspruch zur Hochzeitsfreude, jetzt zu fasten. Die Jünger werden oft noch Ursache zum
Fasten haben, wenn der Bräutigam von ihnen genommen wird. Diese
ganz allgemein gehaltene Ankündigung bezeichnet die Tage Seines
Leidens und Sterbens. Für die Johannesjünger, deren Meister jetzt im
Gefängnis lag, war dies ein vergleichender Hinweis, den der Herr später wiederholte (vgl. Mt 17, 12). Jesus will ihnen sagen: „Euer Meister,
um dessen Gefangennahme ihr fastet und trauert, ist nicht der wirkliche Bräutigam, der ähnlich, aber anders weggenommen wird."

Die augenblickliche Freude in der Zeit, in welcher der Herr bei den
Jüngern weilt, möchte Er keineswegs getrübt wissen. Wenn auch noch
das größte Leid bevorsteht, wenn auch der Täufer im Kerker schmach-
tet, so sollen sich Jesu Jünger des Bräutigams freuen, sie sollen darum
jetzt nicht fasten. Die Tage des „Fastens" (jedoch in einem anderen
Sinne) werden schon wiederkehren, wenn der Bräutigam nicht mehr bei
den Seinen ist. Dieses Fasten ist dann kein Fasten in gesetzlicher, alt-

W. Stb. Matth.
S. 116ff.
W. Stb Mark.
S. 70ff.
Zu V. 33—35:
Mt 9, 14—15
Mk 2, 18—20

testamentlicher und pharisäischer Weise, das sich der Mensch in eigner Wahl auferlegt, sondern dieses Fasten umschließt die ganze Zeit der Gemeinde während der Abwesenheit ihres Herrn, das ist zwischen Himmelfahrt und Wiederkunft. Diese Zeit ist eine ernste Zeit und voll Trübsal, die aber doch wieder Freude und Glück ist. Der einzelne, der mit seinem Herrn in Lebensgemeinschaft steht, darf sich freuen, wie einst die Jünger zu Anfang; auch dann, wenn Kreuzeswege kommen. Das letzte Ziel aber ist die Hochzeit des Bräutigams mit den Seinen, dann sind in Vollkommenheit und Vollendung die Tage der Freude und Wonne, in denen alle Festtage ihr herrliches Ziel gefunden haben werden.

W. Stb. Matth.
S. 118ff.
W. Stb. Mark.
S. 71ff.
Zu V. 36—39:
Mt 9, 14—17
Mk 2, 18—22

5. Jesus, der Sünderheiland, spricht über das Verhältnis des Neuen Lebens zum Alten Leben in drei Gleichnissen.

Lk 5, 36—39

Die ersten beiden Gleichnisse (Vers 36—38)

36 Er sagte aber auch ein Gleichnis zu ihnen: Niemand schneidet aus einem neuen Kleid ein Stück Stoff aus und setzt es auf ein altes Kleid. (Tut er es) aber doch, dann zerschneidet er sowohl das neue, als auch würde zu dem alten Kleid das Stück Stoff von dem neuen 37 nicht passen. * Und niemand gießt neuen Wein in alte Schläuche, (Tut er es) aber doch, dann zerreißt der neue Wein die Schläuche und er selbst wird verschüttet und die Schläuche werden verdor- 38 ben, * Nein, neuen Wein muß man in neue Schläuche gießen. * 39 Und niemand, der den alten Wein trinkt, will den neuen, denn er sagt: „Der alte ist angenehm."

Durch das bisher Ausgeführte ist verständlich, was der Herr vom Alten und Neuen spricht. Die beiden Gleichnisse vom K l e i d e und vom W e i n erinnern in diesem Zusammenhang lebhaft an das Rüsten zur Hochzeit, wovon der Herr in Vers 34 und 35 anläßlich der Fastenfrage gesprochen hatte. Die beiden Parabeln dürfen darum vom Vorhergehenden nicht getrennt werden, wenn sie verstanden werden sollen.

Lukas gibt dem Gleichnis vom Flicklappen vielleicht einen etwas tieferen Sinn als die beiden ersten Synoptiker. Es ist nach seiner Formulierung eine Torheit, aus einem n e u e n K l e i d ein Stück Stoff herauszuschneiden, um ein altes zu flicken. Das neue Kleid wird beschädigt und unbrauchbar, und das Stück Stoff vom neuen Kleid harmoniert nicht mit dem alten Kleide. Nach Matthäus und besonders nach Markus wird der Lappen zum Flicken des alten Kleides vom „ungewalkten Tuch" genommen. Das ungewalkte Tuch eignet sich aber nie und nimmer zum Flicken. Denn dieser neue Stoff zieht sich z. B. bei Nässe zusammen und reißt dabei den schon mürben Stoff des alten Kleides noch mehr auseinander. (Weiteres siehe in W. Stb. Matth. zu 9, 16—17 und Mark. 2, 21 und 22)

Die beiden ersten Evangelien Matthäus und Markus erwähnen nur einen Schaden, Lukas nennt zwei Schäden, nämlich a) Beschädigung des neuen Kleides; b) Verunglimpfung des alten Kleides.

Es ist die Frage: „Was meint Jesus mit dem neuen und dem alten Kleide?" Im Vorhergehenden sagt der Herr, daß nach der Wegnahme des Bräutigams ein neues „Fasten" eintreten wird.

Mit dem neuen Kleide meint Jesus das Neue Leben der Jünger. So töricht es nun ist, von einem neuen Kleide ein Stück Stoff herauszuschneiden, um das alte Kleid zu verbessern, so unklug ist es auch, das Neue, was Jesus bringt, mit dem Alten, was als pharisäisches Gesetzeswesen existierte, in Einklang zu bringen, nämlich in dem Sinne, daß das Neue nur als Flickwerk dem Alten dienen soll, d. h. daß das Alte nur ein bißchen ausgebessert oder verbessert wird. Das würde einen doppelten Fehlschlag bedeuten, und zwar a) eine Entstellung und Verzerrung des Alten; b) eine Deformierung und Verstümmelung des Neuen.

Viele Ausleger sind der Meinung, der Herr wolle mit dem z w e i - t e n Gleichnis vom alten und vom neuen **Wein** das gleiche sagen wie mit dem ersten Bilde. Das ist vielleicht nicht ganz zutreffend. Dem alten und neuen Kleide entsprechen nicht völlig die alten und die neuen Schläuche. Ein Kleid wird von außen angezogen. Der Wein aber wird innerlich in die Schläuche aufgenommen. Wenn mit dem K l e i d e mehr die Außenseite des neuen Lebens angedeutet wird, so will der **Wein** mehr auf die Innenseite des neuen Lebens hinweisen, also auf den Geist das Augenmerk lenken.

Die Schläuche sind das Bildwort für die Menschen, die den Geist des Neuen Lebens in sich aufnehmen. Es sind die P e r s o n e n, die den Geist nur als neue Menschen, d. h. als bekehrte Menschen aufnehmen können.

Die beiden Gleichnisse vom **Kleid** und vom **Wein** ergänzen sich aber und enthalten ein Zweifaches: 1. Das Neue soll nicht mit dem Alten zum Zwecke der Verbesserung des Alten vermengt werden; 2. Für das Freie und ganz Neue kommen nur die neuen Leute, d. h. die klar bekehrten Leute in Frage. Die im Alten befangen und erstarrt sind und nicht davon loskommen, vermögen wie die alten Schläuche den neuen Wein oder den neuen Geist weder zu fassen noch zu halten.

Wenn der Herr sagt, daß niemand neuen Wein in alte Schläuche gießt, so rechtfertigt Er damit das Verfahren auch des Täufers, welcher immer wieder seine Jünger auf das Neue, nämlich den Herrn und die Hinkehr zu Ihm, hingewiesen hat. [9])

---

[9] Man lese Jo 1, 29—51 und 3, 25—36. — Sich dem Herrn hingeben, das ist die einzige und alleinige Voraussetzung für das Aufnehmen des Neuen Lebens, des Neuen Weines in neuen Schläuchen. Obgleich Johannes der Täufer von dem neuen Wein weissagte und zum Bräutigam gewiesen hat, gab es noch fastende Johannesjünger, die es eben nicht fassen konnten. Jenen Jüngern des Täufers sagte der Herr: „Ihr seid noch beim Alten. Meinen Jüngern aber laßt das Neue!"
Die Originalität und die Unabhängigkeit der Quelle des Lukas geht aus der ganzen Stelle wieder klar hervor. Was Matthäus und Markus betrifft, so hat sicher keiner von beiden den Lukas benutzt. Würden sie wohl durch Weglassung des dritten Gleichnisses die Lehre Jesu noch „gesetzfeindlicher" gemacht haben, als sie in ihrer eigenen Vorlage schon war?
Sie machen u. a. verständlich, weshalb noch Josephus den Täufer der Erwähnung für wert gehalten hat, und erhellen wahrscheinlich auch in gewisser Weise den Hintergrund des 4. Evangeliums. Die

Nachdem Jesus in nachdrücklichster Form den Gegensatz zwischen
den zwei geistigen Grundhaltungen und ihren Organen ausgesprochen
hat, heißt Er in einem d r i t t e n G l e i c h n i s die aufrichtigen Vertreter des alten Systems, sich in acht zu nehmen vor dem Gewohn-
heitsgeist, der die Menschheit so leicht beherrscht, und gegen die neue
Haltung ungerecht machen kann.

Das dritte Gleichnis (Vers 39)

**39 Und niemand, der alten Wein getrunken hat, will neuen, denn er
sagt: der alte ist bekömmlich.**

Das Bild ist, wie im vorhergehenden Gleichnis, der augenblicklichen
Sachlage entnommen. Der neue Wein kreist in den neuen Schläuchen.
Frisch, aber etwas herb, widerstrebt er vielleicht im ersten Augenblick
dem Gaumen derer, die an den alten milderen Wein gewöhnt sind. Ebenso verhält es sich mit dem Wesen des Neuen Lebens, welches Jesus
predigt und verwirklicht. Das gesetzliche System ist viel bequemer,
denn es ist leichter, Gott das Äußere, nämlich die Frömmigkeitsübun-
gen zu geben, als das Innere, das Herz, Ihm darzureichen. Wer sich
an den alten Wein gewöhnt hat, mag den neuen nicht. Er ist ihm zu
brausend und schäumend. Das neue Wesen des Geistes bringt Aufruhr. Wer in den altgewohnten Bahnen dahingeht, wird unliebsam
aufgerüttelt. Man ruht behaglich auf den äußerlichen frommen Übungen aus.

Das viele Fasten war den Johannesjüngern eine Gewohnheit, daß
sie lieber dabei bleiben wollten, als das Neue der Jünger Jesu anzunehmen. Die Länge der Zeit macht das Gewohnte oder Alte angenehm, wenn es auch sonst als ein schweres Joch erscheint.

D i e J ü n g e r d e s T ä u f e r s bilden im 3. Evangelium, deutlicher als in den beiden ersten, eine Gemeinschaft mit festen Lebens-
formen. Neben ihrer Sitte zu fasten, die auch Markus und Matthäus
kennen, weiß die Sonderüberlieferung des Lukas von einer besonderen Gebetssitte dieses Kreises, die auf den Täufer selbst zurückgeht
(11, 1). Das ist wieder einer der Züge, in denen die Überlieferung des
3. mit der des 4. Evangeliums zusammenstimmt. Jo 3, 25 ff. stehen sie
sogar als Gruppe in Auseinandersetzung mit schriftgelehrten Kreisen
über die von ihrem Meister geübte Taufe. Das Zusammenstimmen in
diesem Punkte ist umso wichtiger, als lange nach Johannes' Tode
Apg. 19, 1 ff. eine offenbar feste Gruppe von Täuferjüngern erwähnt
werden kann. So spärlich die Notizen sind, so ermöglichen sie doch
einen Eindruck von den kräftigen Wirkungen und Nachwirkungen des
Täufers.

Täuferbewegung ist eben — ohne daß wir wissen, warum — nicht in der Urgemeinde aufgegangen,
sondern hat sich eigene Wege gesucht und ist diese Wege offenbar zum Teil sogar in Auseinandersetzung mit der Gemeinde Jesu gegangen. Das deutet sich bei Lukas und Johannes wenigstens an.
Insofern sind auch ihre bescheidenen Mitteilungen für uns von hohem Wert, zumal sie unabhängig
sind und einander doch ergänzen" (Rengstorf S. 82).

6. Jesu Gang mit Seinen Jüngern durchs Ährenfeld.

Lk 6, 1—5

1 Es geschah aber am Sabbat, daß Er die Saatfelder durchwanderte.
Seine Jünger rupften sich Ähren aus und aßen sie, indem sie sie mit
2 den Händen zerrieben. * Einige aber der Pharisäer sagten: „Wie
kommt ihr dazu, das zu tun, was an den Sabbaten nicht erlaubt
3 ist?" * Und Jesus antwortete ihnen und sprach: „Habt ihr denn nicht
gelesen, was David getan hat, als ihn und die mit ihm waren
4 hungerte? * Wie er hineinging in das Haus Gottes und die Schaubrote nahm, sie aß und denen gab, die mit ihm waren, obwohl
5 sie nicht davon essen durften, als nur die Priester allein?" * Und
Er sagte ihnen: „Der Sohn des Menschen ist ein Herr des Sabbats."

W. Stb. Matth.
S. 157
W. Stb. Mark.
S. 73
Zu Vers 1—5 :
Mt 12, 1—8
Mk 2, 23—28
Zu Vers 3 :
1 Sam 21, 7
Zu Vers 4 :
3 Mo 24, 9

Der Herr und Seine Jünger führten kein Wohlleben in diesem irdischen Dasein. Während sie am Sabbat die Saatfelder durchwanderten,
rauften sie Ähren aus, was das Gesetz den Armen erlaubt hatte
(5. Mo 23, 25). Das Pflücken einiger Ähren fällt nicht unter die Anklage des Diebstahls.

Die Jünger, obwohl sie dem Herrn später bestätigten, daß sie nie
Mangel gehabt hatten (Lk 22, 35), fingen an, die ersten Ähren zu
rupfen, denn sie waren hungrig. Da wurden sie von den Pharisäern
angehalten und sogleich angefahren, als hätten sie eine große Sünde
begangen. Aus dem harmlosen Tun wurde eine Sünde gegen das
Sabbatgebot gemacht, indem sie das Ährenausraufen als „Erntear-
beiten" deuteten. Dem Gesetz Gottes fügten sie ihre kleinlichen
Satzungen hinzu.

Dem Vorwurf der pharisäischen Gegner, daß solche Handlung Sabbatbruch bedeute (Sach 7, 4 Strafe: Steinigung) entgegnet Jesus mit
dem Hinweis auf die Tat des David.

Wenn Jesus daran erinnert, daß David mit seinen Genossen hungerte, so nimmt Er damit auch den Hunger Seiner Jünger ernst. Der
König David, der bei den Pharisäern in hohem Ansehen stand, hungerte mit den Seinen auf der Flucht vor Saul. Der Hohepriester erlaubte damals dem David und seinen Begleitern, die heiligen Schaubrote zu essen. Die Pharisäer konnten mit ihrem Wort: **„Es ist nicht
erlaubt!"** doch nicht das tadeln, was der hochgepriesene König David
selber getan hat. [1]) Das königliche Gesetz der Liebe, aus welchem
alle Gebote abgeleitet sind, steht höher als alles pharisäische, starre

---

[1] Wenn die Pharisäer ihren Grundsatz folgerichtig durchgeführt hätten, dann hätten sie diese Handlungen des Priesters am Sabbat auch als ein Entweihen des Sabbats ansehen müssen (2 Mo 31, 14;
1 Makk 2, 24). Dazu kommen noch rabbinische Sprüche. Sie heißen z. B.: „Im Heiligtum ist kein
Sabbat"; „Das Schlachten der Opfertiere vertreibt den Sabbat", d. h. der Sabbat ist aufgehoben,
wenn es gilt, Opfertiere zu schlachten. In ganz anderem Geiste als in rabbinischer Gesinnung zeigt
der Herr durch die Erinnerung an die Geschichte Davids, daß ein Sättigen des Hungernden auch am
Sabbat erlaubt ist. Gott, der Herr, hat alle Seine Gesetze und Ordnungen ja nur um des Menschen
willen aufgestellt. Es ist daher unmöglich, das Sabbatgebot im „Gegensatz" zur Stillung des Hungers,
d. h. zur Barmherzigkeit zu stellen.

W. Stb. Mark.
S. 73ff.
W. Stb. Mark.
2, 23—28

und krampfhafte Deuten und Auslegen der Gebote Gottes im toten
Buchstaben-Sinne.

Die Worte des Herrn in Mk 2, 27 sind klar und tiefgründig. Rabbi
Jonathan sagt wörtlich im Talmud: „Der Sabbat ist in euren Händen
und ihr nicht in seinen Händen, denn es heißt: „Der Sabbat ist für
euch" (2 Mo 16,29; Hes 20,12). Der Sabbat ist nach Gottes Absicht also
eine Einrichtung der Barmherzigkeit, die dem Menschen zum Besten,
zur Ruhe und Erquickung (5. Mo 5,14; 2. Mo 23, 12), zum Segen und
zur Heiligung dienen soll. Das ist auch der innerste Grund der Frage
des Herrn, ob man am Sabbat das Leben erhalten oder verderben soll?
(Mk 3, 4) Gott will durch den Sabbat segnen, geben und erfreuen.
Nach Gottes Ordnung soll also der Sabbat den Menschen zur Ruhe
und Sammlung der Seele dienen. Die Pharisäer aber verdrehten Gottes
Wohltat in eine Plage. Ihre falsche Sabbat-Deutung greift der Herr
mit den Worten an, die Markus berichtet: „Der Sabbat ist um des
Menschen willen geworden und nicht der Mensch um des Sabbats willen" (Mk 2, 27). Vgl. W. Stb. Markus zur Stelle. Die Geschichte aus
dem Leben Davids läßt erkennen, daß das Gesetz in den Ausnahme-
fällen der Not den Menschen keine mechanische Zwangs-Schranke
auferlegt. Am Beispiel Davids wird gezeigt, daß das Leben Davids
auf dem Spiele stand. Das Gesetz verordnet sogar gewisse „Arbeiten"
als Pflicht. Die „Arbeit" im Tempel, z. B. das Auflegen der Schaubrote
im Hause Gottes, das Darbringen des doppelten Sabbatopfers (4. Mo
28,9), wozu das am Sabbat sonst verbotene „Feuer anzünden" gehört.
Vgl. W. Stb. Markus zur Stelle.

Lukas sagt in Vers 5 im Unterschied zu Markus, daß des Menschen
Sohn ein Herr des Sabbats ist. Jesus, der Gesetzgeber, der Herr des
Gesetzes, erfüllt das Gesetz im rechten Sinne, im Geist und in der
Wahrheit. Christus, der Herr des Sabbats, bringt als Menschensohn
darum Seinen Brüdern und Nachfolgern die Freiheit, das Sabbatgebot
nicht in der Knechtschaft des toten Buchstabens, sondern in der Freiheit des Geistes zu gestalten. In diesen Worten des Herrn liegt der
Keim der apostolischen Lehre, die Paulus in Römer 14, 4. 5. 17 und
Kolosser 2, 16. 17 ausspricht. Wir sind nicht berechtigt, aus diesem
Schlußwort des Herrn eine „Abschaffung" aller Sabbatgebräuche in
der Gemeinde Christi zu begründen. Die Worte Jesu über den Sabbat
deuten auf die wesentliche Bedeutung des Sabbats hin. Der Sabbat,
welchen Gott nach der vollbrachten Schöpfung einsetzte, hat für Israel
und für alle Menschen keine vorübergehende Gültigkeit, sondern eine
b l e i b e n d e Bedeutung. Solange der Mensch auf Erden lebt, soll er
einen Sabbat Gottes haben. Das entspricht der menschlichen Natur und
der göttlichen Ordnung. Jesus, der Herr des Sabbats, hat uns den
Sabbat-Tag neu geschenkt und vertieft. Und darüber hinaus schauen
wir freudig auf die zukünftige große ewige Sabbatruhe (Hebr 4, 9), in
welcher sich die Gottes-Ruhe im Hinblick auf das Erlösungswerk mit
der ersten Ruhe von Seinem Schöpfungswerk vereinigt und vollendet.

Aber nicht nur mit Rücksicht auf Seine Person, sondern auch hinsichtlich Seines Berufs ist Jesus ein Herr des Sabbats. Gerade die von dem
Sabbatfrieden Seines Heilands-Herzens ausströmende Ruhe und Freude
ist der wahre Sabbatsegen Gottes. Und so ist Jesus auch hierin der
Herr des Sabbats. Der Sabbat hat in Ihm seinen eigentlichen Sinn
und sein Ziel gefunden.

7. Die Heilung der verdorrten Hand am Sabbat.

Lk 6, 6—11

W. Stb. Matth.
S. 159f.
W. Stb. Mark.
S. 76ff.
Zu V. 6—11:
Mt 12, 9—14
Mk 3, 1—6

6 Es geschah aber an einem andern Sabbat, daß Er in die Synagoge
ging und lehrte. Und dort war ein Mensch, dessen rechte Hand
7 gelähmt war. * Es beobachteten Ihn aber die Pharisäer, ob Er am
Sabbat heile, damit sie einen Grund hätten, Ihn anzuklagen. *
8 Er aber wußte ihre Überlegungen. Er sprach zu dem Manne, der
die vertrocknete Hand hatte: „Stehe auf und stelle dich in die
9 Mitte!" Und er stand auf und stellte sich hin. * Jesus aber sprach
zu ihnen: „Ich frage euch, ob es am Sabbat erlaubt ist, Gutes zu
tun oder Böses zu tun, ein Leben zu retten oder zu verderben?" *
10 Dabei blickte Er sie alle im Umkreis an und sprach zu jenem:
„Strecke deine Hand aus!" Er tat es und seine Hand wurde wieder-
11 hergestellt. * Sie aber wurden von blinder Leidenschaft gepackt
und besprachen sich untereinander, was sie wohl Jesus antun
könnten.

Nach den beiden ersten Synoptikern könnte es scheinen, dieses Ereignis sei unmittelbar am gleichen Sabbattage der vorhergehenden
Ährenfeld-Begebenheit gefolgt. Lukas belehrt uns dagegen, daß es
ein anderer Sabbat war, an welchem Jesus die hier erzählte Heilung
vollzog.

Die beiden ähnlichen Geschichten (Lk 13, 10—17; 14, 1—6), die
Lukas später erwähnt, sind nicht als eine verschiedenartige Bearbeitung
der gleichen Begebenheit anzusehen, denn diese drei Berichte zeigen
zu deutliche Unterschiede. Unsere Erzählung setzt voraus (siehe das
Verhalten der Pharisäer!), daß Jesus oft am Sabbat heilte. (Vgl. Lk
13, 10 ff.; 14, 1 ff.; Jo 5, 9; 9, 14)

Die Heiltätigkeit ist mit der Lehr- und Predigttätigkeit verbunden
(Lk 5, 31). Es wird den Pharisäern bekannt gewesen sein, daß Jesus
in den Synagogen während des sabbatlichen Gottesdienstes Kranke
heilte (Lk 4, 31—37). Die Anwesenheit eines Mannes, dessen rechte
Hand nach dem alleinigen Bericht des Lukas gelähmt war, versetzt
die Pharisäer in gespannte Erwartung, ob der Herr es wohl in ihrem
Beisein wagen würde, am Sabbat zu heilen. Die Pharisäer lauerten
listig darauf, um dann als Verkläger gegen Ihn auftreten zu können.

Der Herr scheut nicht den Kampf mit Seinen Gegnern. Er kommt
vielmehr ihrer Anklage zuvor. Der Heilungsbedürftige wurde von Ihm
aufgefordert, aufzustehen und sich in die Mitte des Raumes zu stellen.

Damit bekundete Er dem Kranken Seine Hilfsbereitschaft. Den lauern-
den Feinden legte Jesus eine Frage vor. Sie lautet: „Ist es erlaubt, am
Sabbat Gutes oder Böses zu tun, ein Leben zu retten oder zu verder-
ben?" Das Unterlassen des Guten ist immer ein Begehen des Bösen.
Diese Regel gilt auch für den Sabbat. Schlechtes Handeln ist nicht
allein am Sabbat verboten, sondern immer verboten. Gutes Handeln
ist nicht allein jeden Tag geboten, sondern auch am Sabbat geboten.
Jesus erläuterte Seine Doppelfrage, indem Er Sein jetzt beabsichtigtes
Handeln als ein „Gutes tun" darstellt. Der Mann mit der verdorrten
Hand hatte allerdings keine lebensgefährliche Krankheit gehabt. Die
Wiederherstellung der rechten Hand konnte darum nicht der Rettung
eines Lebens gleichgesetzt werden (vgl. Mt 5, 21 f.; 1 Jo 3, 15). Aber
der schaffenden Arbeit und damit auch dem Leben hat Jesus den
Gesundgewordenen durch die Heilung der rechten Hand wieder zu-
rückgegeben. Jesus konnte nun von den Pharisäern erwarten, daß sie
Seine Heilung an dem anwesenden Mann als eine gottgefällige, am
Sabbat erlaubte Tat beurteilten. Er vollzog ja die Heilung allein
durch Sein Wort, ohne irgendwie eine Hand zu rühren, also eine
Arbeit zu vollführen. Anstatt aber, daß der eine oder der andere der
anwesenden Pharisäer Ihm Seine Frage beantwortete, trat etwas ganz
Furchtbares ein. Die Gegner geraten in blinde Wut; sie beraten sich
untereinander, was sie Jesus wohl antun sollten. Der grie Text läßt die
Unsicherheit und das Schwankende in der Berechnung der Gegner erkennen. In dieser Stimmung erwägen sie die verschiedenen Möglichkeiten, den Herrn unschädlich zu machen.

Der verborgene (von den Juden leider verbogene) Sinn des Sabbats
ist, daß wiederhergestellt werde die wahre Liebe zu Gott und die
wahre Liebe zum Nächsten. Und weil die wahre Liebe das Leben retten will und nicht verderben lassen kann, zeigt Jesus, daß Sein letztes
Ziel und damit auch das Ziel der Liebe (Er ist ja die Liebe) die
Wiederherstellung und Gesundung alles dessen ist, was „hier kranket,
seufzt und fleht". Jesus erweist sich schon hier im ersten Anfang
mächtig als der Wiederhersteller der gesamten Schöpfung Gottes. Das
Gnadenjahr des Herrn ist angebrochen (Lk 4, 16—19).

Die Juden hatten an ihrem Sabbat den Menschen „verdorren" lassen.—
Der Herr des Gnadenjahres aber wird mit dem wahren und ewigen
Sabbat die Menschen nicht ewiglich verdorren lassen, sondern zu wah-
rem Leben, zu wahrer Vollkraft und göttlicher Schönheit „wieder aufstehen" lassen. [2])

---

[2] Daß Jesus nach der Auffassung und im Geiste der Prophetie den Sabbat zu Werken der Nächstenliebe benutzte, hat später mit dazu dienen müssen. daß Er gerade durch Seine durch Wort und Tat
hervorgerufenen Heilungen am Sabbat den Tod erlitt.
Aber über Tod und Auferstehung hinaus steht fest, daß Jesus mit diesem Sabbatwunder und mit all
den folgenden Sabbatwundern und all Seinen Wundern überhaupt nicht nur den ursprünglichen Sinn
des Sabbats wiederhergestellt hat, nämlich, daß er als das Geschenk Gottes eine Wohltat für den
Menschen sein sollte, sondern weit darüber hinaus es der „Herr" ist, der alles wieder zurechtbringt,
zurechtstellt, was falsch gemacht war seitens der Juden, seitens der Menschen.

D. Vierter Strahl

Die Weisheit und Kühnheit des großen Lehrers.
Lk 6, 12—49

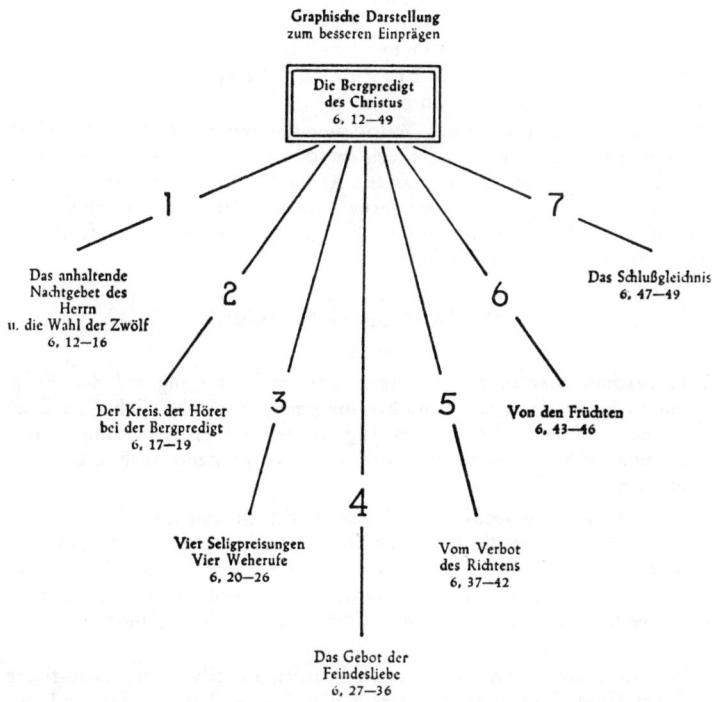

Graphische Darstellung
zum besseren Einprägen

Die Bergpredigt
des Christus
6, 12—49

1

7

Das anhaltende
Nachtgebet des
Herrn
u. die Wahl der Zwölf
6, 12—16

2

6

Das Schlußgleichnis
6, 47—49

Der Kreis. der Hörer
bei der Bergpredigt
6, 17—19

3

5

Von den Früchten
6, 43—46

4

Vier Seligpreisungen
Vier Weherufe
6, 20—26

Vom Verbot
des Richtens
6, 37—42

Das Gebot der
Feindesliebe
6, 27—36

In den Kapiteln 4, 14—6, 11 hat sich das Evangelium der Großtaten Gottes durch den Christus angekündigt und dargestellt: Das angekündigte „Gnadenjahr des Herrn" (4, 19) ist im Anbruch.

Die Antrittspredigt des Herrn in der Synagoge zu Nazareth, in der Er vom Heilen und Lösen, vom Sehendwerden und Starkwerden gekündet hat, ist zur Tat und Wirklichkeit geworden. Der Besessene in der Synagoge zu Kapernaum ist von seinen Fesseln gelöst (Lk 4, 33—37). Das Fieber der Schwiegermutter des Petrus ist dem machtvollen Drohen des Herrn geschwunden (Lk 4, 38—41). Dem Petrus und seinen Gesellen ist wunderbar geholfen worden (Lk 5, 1—11). Der Aussätzige ist geheilt (Lk 5, 12—15). Dem Gichtbrüchigen ist die Krankheit ge-

nommen (Lk 5, 17—26). Die Liebe des Herrn hat dem Levi zu neuem
Leben verholfen (Lk 5, 27—32). Hochzeitsgewänder und neue Freude
hat der große Bräutigam den Seinen gebracht (Lk 5, 33—39). Der mit
der verdorrten rechten Hand ist dem Leben, der schaffenden Arbeit gesund und vollkräftig zurückgegeben worden (Lk 6, 6—11). Man vergleiche die Schlußworte von Vers 11.

Es ist darum dem heidenchristlichen Charakter
des Lukas gemäß, daß er das Evangelium der Tatsachen dem Evangelium der Lehren vorangehen
läßt. Auf die heilige Erfahrung folgt nun die heilige Rede und Schulung.

Für die Ausbreitung Seiner Worte und Lehren bildet Sich der Herr
nunmehr einen engeren Jüngerkreis in der Berufung der Zwölfe aus.
Diese Zwölfe nannte Er zwar auch „Apostel", aber zunächst erwählte
Er sie als Schüler, die von Ihm lernen sollten. Und mit Weisheit und
Sorgfalt erwählte Er sie, nachdem Er vorher die Nacht hindurch im
Gebet vor Gott zugebracht hatte.

W. Stb. Matth.
S. 129

W. Stb. Mark.
S. 84

Zu V. 12—16:
Mk 3, 13—19
Mt 10, 2—4
Vgl. Apg 1, 13

1. Die Wahl der zwölf Apostel.

Lk 6, 12—16

**12 Es geschah aber in diesen Tagen, daß Er hinausging auf den Berg,
um zu beten. Und Er verbrachte die ganze Nacht im Gebet zu Gott
13 (Gebet Gottes). ˙ Und als es Tag wurde, rief Er Seine Jünger heran und wählte von ihnen zwölf aus, die Er dann auch „Apostel"
nannte.**

Im Bergland hat Jesus betend die Nacht durchwacht. Schon mehr
als einmal hat Lukas dieses innige Gebetsbedürfnis des Heilandes hervorgehoben, das Jesus öfter in die Einsamkeit führte (Lk 4, 42; 5, 16).
Aber die hier angewendeten Ausdrücke enthalten einen ganz besonderen Nachdruck. Das Wort „die Nacht durchwachen" findet sich nur
hier.

Die Wahl dieses ungewöhnlichen Ausdrucks, sowie die analytische
Zeitform (Imperfekt und Partizip) heben die willenskräftige und anhaltende Beharrlichkeit dieses Nachtwachens hervor. Der Ausdruck
proseuche tu theou = wörtlich „Gebet Gottes", ist auch einzig
im Neuen Testament. Dieser Ausdruck bezeichnet nicht irgend eine
besondere Bitte, sondern einen Zustand tiefster Andacht in der heiligen
und unmittelbaren Gegenwart Gottes, eine Anrufung, die in die
innigste Gemeinschaft mit Gott übergeht. Während dieser Nacht stellte
Jesus Sein Werk in dem entscheidenden Stadium, in das es nunmehr
eingetreten war, Seinem Gott vor und hielt Rat mit Ihm. Während
dieses langen Gebetsringens, die ganze Nacht hindurch, hatte Jesus
wahrscheinlich alle Seine Jünger einzeln Seinem Vater dargestellt, damit der Vater diejenigen bezeichne, die der Sohn zu den Sendboten
des Heils machen sollte. Wie mag es den Jüngern, die zahlreich sich
um Jesus eingefunden hatten, zumute gewesen sein, als Jesus wie ein

Feldherr einen um den andern aus ihrer Mitte hervorrief, bis die Zahl
der Zwölf voll wurde!

„Simon", so fing Er an. Mit welcher Spannung harrte man gerade
auf jeden neuen Namen. Mit welchem inneren Zusammenzucken hörte man
dann den eigenen Namen rufen. Aus der Schar der Jünger „wählte Er
die Zwölf", „welche Er auch Apostel nannte". Das ist bedeutsam.
Die übrigen Jünger mußten es sich gefallen lassen, daß diese Zwölf
eine besondere Stellung vom Herrn bekamen. Der Heiland hatte sie
gewählt auf Grund göttlicher Anordnung. Gott ist souverän.

Die Jünger können gar nicht anders als diesem einzigartigen Herrn
gehorchen. „Sie gingen hin zu Ihm". Hat Er aber die gewollt, die Ihm
der Vater gegeben hat; so wissen wir doch nun, an wen wir uns zu
halten haben, wenn wir zu Ihm wollen. Denn für zwei Ziele hat Er sie
„geordnet".

1. Sie sollten bei Ihm sein, das ist das erste. Sie sollten ausharren
mit Ihm in Seinen Versuchungen bis zur Stunde im Garten Gethsemane; denn sie sollten ja Seine Zeugen werden bis an der Welt
Ende (Apg 1, 8). Sie mußten Seine „Stillen Stunden" kennen, im All-
tagsleben mit Ihm aus- und eingehen, Seiner Arbeit zuschauen, in die
Geheimnisse Seiner Erzieherweisheit einen Blick gewinnen, ja auch
mit den Zielen Seines Tuns vertraut werden.

2. Das Zweite ist, sie werden Seine Vollmacht teilen. So sucht
und schafft Er Sich gewissermaßen Beine und Füße, Zungen und Lippen,
die Sein Werk weiter treiben.

Berufung und Bevollmächtigung der Apostel ist von Matthäus (10,
1 ff.) einmal, von Lukas zweimal erzählt, und zwar so: Nach Lukas hat
Jesus sie zuerst ernannt, wohl damit sie nun im besonderen Sinne
Seine Schüler würden. Das ist hier in Kapitel 6, 12—16 geschehen. Be-
fähigt, die Vollmacht zu erhalten, das ist in Kap. 9, 1—6 berichtet, wo
Jesus ihnen die Vollmacht zum Aposteldienst erteilt. Dies ist wohl
der Hergang nach genauer Schilderung. Matthäus faßt beide Handlungen Jesu in eins zusammen. Das hängt mit seiner nur aufs Lehrhafte
und aufs Grundsätzliche Gewicht legenden Art zusammen.

So hat der Heiland nun eine Helferschar für Seine Arbeit erhalten.
Er, der wunderbare Kanal machtvoller Güte Gottes, ist verzwölffacht.
Für das eigentliche geistliche Tun erhielten die Zwölfe vor der
Hand weder Vollmacht noch Auftrag.

Zu dem Titel „Apostel" vergleiche unseren Exkurs in W. Stb. Markus, zu Mk 3, 13—19 unter dem Stichwort „Apostel" und „Apostelverzeichnis", dann Jo 17, 18; 20, 21; Mt 19, 20; Apg 1, 8. Aus diesen
Stellen darf man nicht den Schluß ziehen, daß die Aufgabe der Apostel
bloß darin bestanden habe, Zeugen Jesu zu sein. Der Name selbst
drückt mehr aus, vgl. 2. Ko 5, 20: „Wir sind Botschafter Christi . . .
und wir bitten euch als solche: Laßt euch versöhnen mit Gott."

Mit dieser Wahl der Zwölf war das Werk Jesu nun organisiert. Es hob
sich von der Stufe einer örtlich und zeitlich vereinzelten Erscheinung
auf die Stufe einer die Völker und Zeiten umfassenden und im Geiste

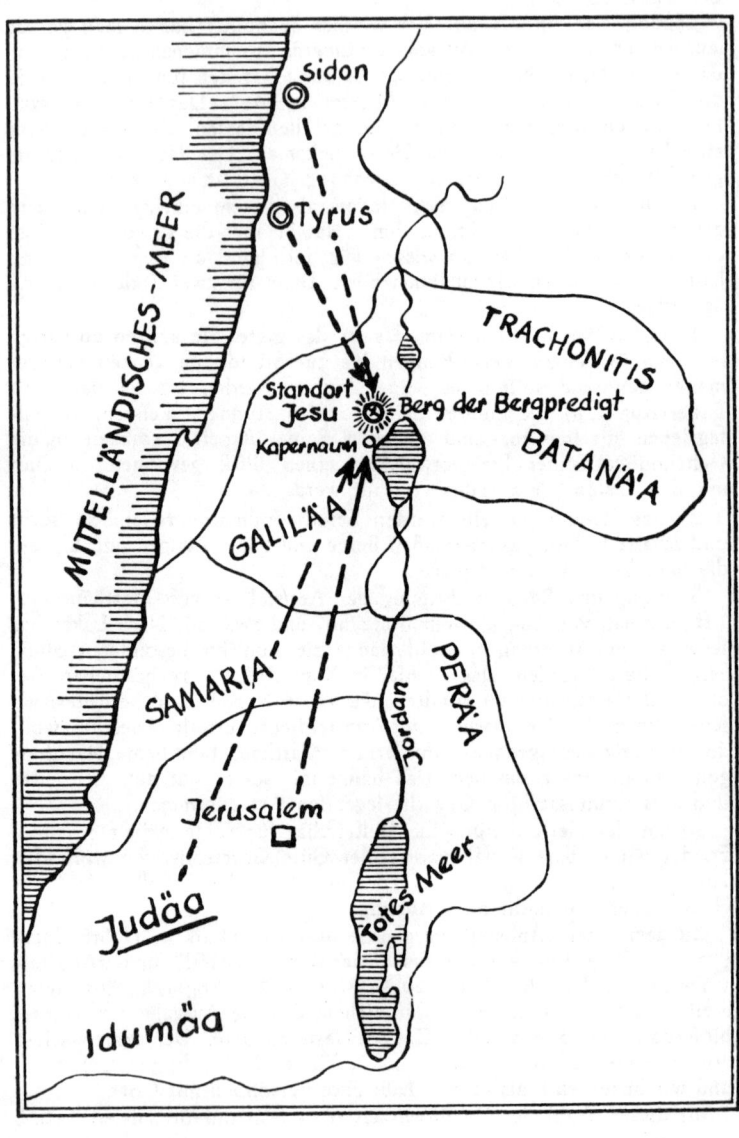

schon mit Beschlag belegenden Institution empor. Des Herrn Werk bekam festen geschichtlichen Boden und eine klare Aussicht in die Zukunft, mit allen ihren Hoffnungen und allen ihren Gefahren.

14 „Simon, welchen Er auch Petrus nannte und Andreas, seinen Bru-
15 der, Jakobus und Johannes, Philippus und Bartholomäus, * Matthäus und Thomas, Jakobus des Alphäus Sohn, Simon, genannt
16 Zelotes, * Judas, des Jakobus Sohn und Judas Ischariot, welcher Sein Verräter wurde."

(Über dies Apostelverzeichnis siehe ausführlich im W. Stb. zu Markus im Exkurs).

Jesus erwählte zwölf Apostel. Die Zwölfzahl in der Heiligen Schrift ist die vorherrschende und bleibende Signatur des Volkes Gottes, das zwölf Stammvätern entstammt.

Die Apostel sollen die Stammväter und Richter (Mt 19, 28; Lk 22, 30) des neuen Gottesvolkes werden, das aus allen Völkern der Erde gezeugt wird, wie dies die Söhne Jakobs für Israel waren (vgl. Ps 22, 32; 102,19; Jes 43, 7; 65, 17; Mt 28, 19; Jo 1, 43).

Das „Zwölfapostelvolk" ist heilsgeschichtlich die Erfüllung des israelitischen Zwölfstämmevolkes (vgl. Offb 21, 12).

Dieser Zwölfapostelkreis repräsentierte das neutestamentliche Gottesvolk, das der Träger und Fortsetzer der Verheißungen Gottes sein sollte, zuerst unter Juden (Mt 10, 5), hernach in aller Welt (Mt 28, 19; Lk 24, 47).

2. Der Kreis der Hörer bei der großen Predigt des Christus.

Lk 6, 17—19

W. Stb. Matth.
S. 47ff.
Zu V. 17—19:
Mt 4, 23 —
5, 1

17 Und da Er mit ihnen (nämlich den Aposteln) (vom Berg) herabkam, stand Er auf einem flachen Platz samt einer großen Schar Seiner Jünger und einer großen Menge des Volkes von ganz Judäa
18 und Jerusalem und von der Küste von Tyros und Sidon. * Diese kamen, um Ihn zu hören und von ihren Krankheiten geheilt zu werden, auch die da geplagt waren von den unreinen Geistern.
19 Sie wurden geheilt. * Und die ganze Schar suchte Ihn anzurühren, denn es ging eine Macht von Ihm aus, und Er heilte alle.

Jesus ist umringt von großen Scharen Kranker, Leidender und Besessener, die Er alle heilt. Diese von Lukas berichtete Heiltätigkeit Jesu beleuchtete die hohe und einzigartige Bedeutung der Stunde. Unglücklichen und Leidenden zu helfen, sollen die Jünger in Seiner Schule lernen. Jesus war mit den Zwölfen auf einen flachen Platz, auf ein Feld am Fuße des Berges herabgestiegen. Die hier gehaltene Predigt wird darum vielfach als „Feldpredigt" bezeichnet. Wir bleiben jedoch bei dem Ausdruck „Bergpredigt". Es werden dreierlei Hörergruppen unterschieden: 1. die zwölf Apostel; 2. die große Schar Seiner Jünger; 3. eine große Volksmenge.

Die ersteren vertreten die Säulen und Träger der Gemeinde Jesu.

Die zweiten vertreten gewissermaßen die Gemeinde Jesu als solche, und zwar in ihren einzelnen Gliedern.

Die dritten symbolisieren die Menschheit, die verlangend nach dem Reiche Gottes ausschaut.

Die Heilung aller Kranken und Besessenen, die geplagt waren, enthüllte die gewaltige Entfaltung von Wunderkräften, die an diesem Tage vor der Bergpredigt stattfanden. Es war ein noch höherer Grad von Kraftwirkung, wie er schon einmal bei einer ähnlichen Gelegenheit geschildert wird (Lk 4, 42). Alle, die von Ihm geheilt werden sollten, brauchten nur Seinen Körper oder Sein Gewand zu berühren, weil sich dies als heilkräftig erwies. Es wird dadurch erklärt, daß eine Heilkraft vom Herrn ausging. Ein Recht der Reliquienverehrung kann aus dieser Heilkraft, die vom Herrn Selbst ausging, nicht abgeleitet werden.

Die Bergpredigt

Diese große Predigt Jesu enthält folgende Abschnitte:

3. Vier Seligpreisungen und vier Weherufe (Lk 6, 20—26)
4. Die Verwirklichung des Gebotes der Feindesliebe (Lk 6, 27—36)
5. Vom Richten (Lk 6, 37—42)
6. Von den Früchten (Lk 6, 43—46)
7. Das Schlußgleichnis (Lk 6, 47—49)

W. Stb. Matth.
S. 48ff.
Zu V. 20—23:
Mt 5, 3. 4.
6. 11. 12
Zu Vers 21:
Offb 17, 16. 17
Ps 126, 5. 6
Jes 61, 3

Zu Vers 24:
Jak 5, 1
Zu Vers 25:
Jes 5, 22
Zu Vers 26:
Jak 4, 4
Mi 2, 11

3. Seligpreisungen und Weherufe.

Lk 6, 20—26

20 Und Er hob Seine Augen auf zu Seinen Jüngern und sagte: „Glück-
21 selig ihr Armen, denn euer ist das Königreich Gottes! * Glückselig, die ihr jetzt hungert, denn ihr werdet satt werden! Glück-
22 selig, die ihr jetzt weint, denn ihr werdet lachen! * Glückselig
   seid ihr, wenn euch die Menschen hassen, und wenn sie euch aussondern und schmähen und euren Namen als einen bösen ver-
23 werfen, um des Menschensohnes willen! * Freuet euch an jenem
   Tage und hüpfet; denn siehe, euer Lohn ist groß im Himmel, denn
24 auf dieselbe Weise haben ihre Väter den Propheten getan. * Aber
25 Wehe euch Reichen, denn ihr habt euren Trost empfangen! * Wehe
   euch, die ihr jetzt voll seid, denn ihr werdet hungern! Wehe, die
26 ihr jetzt lacht, denn ihr werdet trauern und weinen! * Wehe, wenn
   alle Menschen gut von euch reden, denn auf dieselbe Weise haben
   ihre Väter den Lügenpropheten getan.“

Beide Evangelisten, Matthäus und Lukas, betonen, ehe der Herr anfing zu predigen, die Feierlichkeit dieses denkwürdigen Augenblicks. Matthäus berichtet: „Und Er öffnete Seinen Mund, lehrte sie und sprach“ (Mt 5, 2). Lukas schreibt: „Und Er hob Seine Augen auf zu Seinen Jüngern und sagte“ (Lk 6, 20). Unser Evangelist sagt hiermit nicht, daß nur die Jünger des Herrn Zuhörer dieser Predigt waren, sondern auch das Volk war anwesend (vgl. Lk 7, 1). Es ist hier nur erwähnt, daß Jesus Seine Jünger besonders angeschaut hat.

Im Unterschied zu Matthäus, der acht Seligpreisungen erwähnt (Mt
5, 3—11), berichtet Lukas nur v i e r S e l i g p r e i s u n g e n am Eingang der Predigt. Diesen vier Segenssprüchen werden in genauer Wech-
selbeziehung v i e r W e h e r u f e angeschlossen, die zum S o n d e r -
g u t unseres Evangelisten gehören. Damit ist eine völlige Umkehrung
und Umwertung aller irdischen Verhältnisse im Königreich Gottes angedeutet. Die direkte Anrede an die Armen und Reichen in den Seligpreisungen und in den Weherufen richtet sich an die gesamte Hörer-
schaft, weil sich wohl Vertreter beider Menschenklassen darunter befanden.

Erste Seligpreisung: „**Glückselig seid ihr Armen, denn euer ist das
Königreich Gottes!**" Der Herr preist die aus der Masse herausgehobe-
nen Jünger glücklich, die gegenwärtig arm sind, die jetzt hungern und
weinen. Die Jünger waren nie arme Leute gewesen. Die Söhne des
Zebedäus trieben mit Dienstknechten ihr Fischerhandwerk (Mk 1, 20).
Petrus hatte mehrere Mitarbeiter. Der Zöllner Levi hatte einen ge-
winnbringenden Beruf, so daß er ein großes Gastmahl in seinem
Hause halten konnte (Lk 5, 29). Unter den Jüngerinnen Jesu befanden
sich auch wohlhabende Frauen (Lk 8, 3; 23, 49. 55), und einige Anhänger des Herrn waren reich (Lk 23, 50—53; Mt 27, 57; Jo 19, 38—42).
Die Jünger Jesu haben weder auf ihren selbständigen Predigtreisen
noch in Begleitung mit ihrem Meister Mangel gelitten (Lk 22, 35;
10, 5—7).

Wir fragen: Wie ist das Wort: „**Glückselig, ihr Armen**" zu verstehen? Matthäus spricht in der ersten Seligpreisung der Bergpredigt
klar und deutlich von „den Armen im Geist" und dann von „den
Hungernden nach Gerechtigkeit" (Mt 5, 3. 6), was bei Matthäus dem
Ganzen einen tieferen Sinn zu verleihen scheint als hier bei Lukas,
wo vielleicht nur an einen Mangel hinsichtlich äußerer Lebensnotwen-
digkeiten gedacht wird. Das ist jedoch nicht der Fall. Lukas vertritt
in den Seligpreisungen keinen anderen Gedanken als Matthäus. [4])

Die Bergpredigt des Matthäus und die des Lukas — (beides ein und
dieselbe Predigt) — kann nur verstanden vom Gegensatz der
pharisäischen Gesetzesgerechtigkeit her (siehe ausführlich in W. Stb.
Matthäus zu Mt 5, 17—19 und am Schluß der Bergpredigt dort).

---

[4] Pfister sagt: „Schaut die ersten Jünger an. Sie wurden arm durch die Gerichtspredigt Johannes
des Täufers. Sie wurden in ihrer inneren Armut vertieft durch die Begegnung mit Jesus. Das Zusammensein mit Ihm machte sie immer ärmer in sich selber. Als der Herr am Kreuze starb, — wie arm
waren sie da, innerlich und äußerlich. Aber auch nach Seiner Auferstehung bleiben die Jünger die
Armen, die Bedürftigen, die Wartenden. Und der Pfingsttag mit seinem Reichtum hat sie von
neuem arm und klein in sich selber gemacht. So sind die ersten Apostel heischende und bittende
Bettler geblieben, bis sie durch die Todespforte vom Glauben und Warten ins Schauen und Haben
gelangten. Ja, der Jesusjünger bleibt arm in sich selber, hilflos wie ein Kind. Und ist doch reich und
stark in Gott, mächtig wie ein Held. Jesusjünger sind elende Bettler und zugleich Könige. Bettler,
wenn sie auf sich schauen, Könige, wenn sie auf Jesus blicken. Die Schwächsten und Hilflosesten
und doch die Stärksten und Siegreichsten. Durch Schwachheit stark, durch Armut reich. Denn wenn
ich schwach bin, dann bin ich auf Gott geworfen. ,Wenn ich mich rühmen will, dann will ich mich
meiner Schwachheit rühmen' sagt Paulus."

Die Pharisäer vertraten die Auffassung: Wer ganz genau das Gesetz erfüllt, der ist r e i c h bei Gott. Wer aber außer dem mosaischen Gesetz noch all die überlieferten Traditionen der Väter, durch welche das mosaische Gesetz ausgelegt und bedeutend erweitert wurde, genau hält, b u c h s t ä b l i c h e r f ü l l t, der ist s e h r   r e i c h bei Gott und kann ruhig und getrost dem Tage der Abrechnung entgegensehen.

Im Gegensatz zu dieser pharisäischen Gesetzesgerechtigkeit sagt nun Jesus klar und deutlich: Glückselig zu preisen seid **ihr Armen**, die ihr vor Gott nichts aufzuweisen habt, die ihr vor Gott elend und hilfsbedürftig seid, die ihr keine andere Hilfe erwartet als die Hilfe von Gott allein (vgl. Ps 25, 16—22; 69, 30; 70, 6; 74, 21; 86, 1—6; Zeph 3, 12).

Wenn nach Lukas Jesus sagt: „Selig seid ihr Armen", so ist dies dasselbe Wort des Matthäus: „Glückselig die Armen durch den Geist (oder im Geist)".

Wenn Lukas neben den Heilruf Jesu für die Armen den Weheruf Jesu über die „Reichen" setzt, dann hat er den Kern richtig verstanden in dem Sinn, daß die Pharisäer als die Reichen gemeint sind.

Und weiter: Ebenso wie bei Matthäus das Ja zu den Armen, — das Nein zu den Reichen (unausgesprochen) mit eingeschlossen ist, so steckt auch bei Lukas genauso wie bei Matthäus (siehe dort) in diesem Nein drinnen der scharfe Gegensatz zum pharisäischen Schriftgelehrtentum. Bei diesem gilt: „Es gibt nur einen Weg ins Himmelreich zu kommen, den durch V e r d i e n s t." Das ist der stolze Weg, auf dem die Schriftgelehrten hineinzukommen gedenken. Sie irren sich. Die Jünger aber sollen sich nie reich dünken und nie auf etwas anderes hoffen als auf Gottes G n a d e a l l e i n. Dann gilt ihnen und wird ihnen gelten das Wort: „Heil den **Armen**, denn ihnen gehört das Reich Gottes".

Die wahre geistliche Armut hat in der Heiligen Schrift viele Verheißungen. Jes 29, 19 verheißt: „Die Elenden werden Freude haben im Herrn, und die Armen unter den Menschen werden fröhlich sein in dem Heiligen Israels" (vgl. Jes 41, 17; 66, 2; Ps 68, 11; 72, 2. 4. 12. 13; 34, 19; 38, 21; 9, 10; 10, 14; 37, 15). Wer auf Gottes Gnade traut, ist in seiner Armut reich.

Bemerkenswert ist die Begründung der ersten Seligpreisung: „denn euer ist das Königreich Gottes". Damit wird die endgeschichtliche und die gegenwärtige Königsherrschaft Gottes vereinigt. Diese Gottesherrschaft ist schon gegenwärtig eine lebendige und erfahrbare Wirklichkeit, die empfangen, gewonnen und sein eigen genannt werden kann. Die Armen besitzen bereits das Königreich Gottes, weil Gott es für gut befunden hat, es ihnen zu geben (Lk 12, 32).

Das Wort: „Heil ihr Bettelarmen; denn euch gehört das Königreich Gottes", gilt auch heute noch uns. Wir sollen arm werden und arm bleiben. Arm werden heißt den Abbau des eitlen, aufgeblasenen Ich erleben, hinuntergeführt werden von den Lügenhöhen unseres eigenen

Reichseins, Sattseins, Großseins, in das Tal unserer wirklichen Armut und Bedürftigkeit. Und weiter: „Arm werden" heißt abbauen mit all den Scheinfundamenten und Scheinstützen, an denen wir uns halten, durch die wir selbst etwas sein möchten. Abbauen bis auf den Punkt, wo unsere ganze Armut offenbar wird. „Arm bleiben" heißt aus solchem „Abgebauthaben" und solchem „Abgebrochensein" nicht herauskommen. Schlatter sagt: „Wer je aus der Armut herausfällt, der fällt aus der Verheißung heraus."

Zweite Seligpreisung: „**Glückselig seid ihr, die ihr jetzt hungert, denn ihr werdet satt werden!**" Mit dieser Seligpreisung kommt ebenfalls der Gegensatz zu den pharisäischen Schriftgelehrten zum Ausdruck. Wer gerecht ist, braucht nicht nach Gerechtigkeit zu hungern. Die Erzählung vom Pharisäer und Zöllner gibt zu dieser Seligpreisung die beste Illustration.

Den jetzt Hungernden aber gilt die Verheißung: „Ihr werdet satt werden". Heil denen, die nicht satt sind mit ihrer Bekehrung, die nicht stehen geblieben sind bei ihrer Wiedergeburt. Heil den Menschen, die von der einzigen Leidenschaft und Sehnsucht erfüllt sind, es ihrem Gott in jeder Weise recht zu machen in allen Dingen. „Der erste Schritt zum wahren Leben ist der Schritt aus dem trügerischen Sattsein ins göttliche Hungern, aus der falschen Sicherheit in die rechte Unsicherheit, aus der eingebildeten Unabhängigkeit in die kostbare Abhängigkeit von Jesus. Dann erwachen wir zur Empfänglichkeit für Jesus, wenn das große Heimweh nach Jesus uns überfällt. Wo Heimweh und Hungern ist, da ist Gott am Werke" (Vgl. Pfister).

Die dritte Seligpreisung: „**Glückselig seid ihr, die ihr jetzt weinet; denn ihr werdet lachen**", entspricht der zweiten Seligpreisung bei Matthäus: „Selig sind, die da Leid tragen; denn sie sollen getröstet werden."

Wir finden gerade bei Lukas solche Leute, die den Schmerz und die Tränen der Buße nicht kennen. Es sind die, „die auf sich selbst vertrauen", daß sie gerecht seien und darum die andern, d. h. die Nichtpharisäer, verachten. Es sind die, die der Buße nicht bedürfen (Lk 15, 7), d. h. eben die pharisäischen Schriftgelehrten (Lk 15, 2). Ihnen gilt Jesu Wort in Vers 25: „Wehe euch, die ihr jetzt lachet; denn ihr werdet weinen und heulen."

Wer sich aber in die Behandlung von oben begeben hat, wer erschrocken ist über sich selbst, der ist jetzt ein Trauernder, wird aber auch ein Getrösteter, ein „Lachender" werden.

Der zweiten und dritten Seligpreisung ist gemeinsam das Wörtlein **jetzt**. Was hat das zu bedeuten? Antwort: Jesus spricht in der zweiten und dritten Seligpreisung durch das Wörtlein **jetzt** von der gegenwärtigen Weltzeit, in welcher die Macht der Ungerechtigkeit regiert, was Trauer und Wehklage im Herzen des Gläubigen auslöst. Jeder Hunger nach den wahrhaftigen Gütern wird in der künftigen Welt gestillt „denn ihr werdet gesättigt werden", und: „denn ihr werdet lachen!"

Es wird dann nach der Prophetie des Alten und Neuen Testamentes, an welche beide Seligpreisungen erinnern, kein Hunger, kein Durst, kein Leid, kein Geschrei, keine Traurigkeit und kein Tod mehr sein (Jes 25, 6; 49, 10; 35, 10; Ps 126, 1 f.; Offb. 7, 17; 21, 4).

Die vierte Seligpreisung: **Glücklich seid ihr, wenn euch die Menschen hassen und euch aussondern (ausschließen) und schmähen und euren Namen als einen bösen verwerfen um des Menschensohnes willen. Freut euch an jenem Tage und hüpfet, denn siehe, euer Lohn ist groß im Himmel...."**

Diese vierte Seligpreisung Jesu ist der Heilruf für die um Jesu willen Angefeindeten und Verfolgten.

Wenn Jesus sagt: „Selig seid ihr, wenn euch die Menschen hassen und euch aussondern (ausschließen) und schmähen und euren Namen als einen bösen verwerfen um des Menschensohnes willen", dann setzt das Wort „hassen" und „ausschließen" schon solche Taten des Ausschließens voraus.

Der Ausdruck „absondern" bezieht sich auf die Ausschließung aus der Synagoge. Es ist die Strafe, die von den Rabbinern als „niddur" bezeichnet wird (Jo 9, 22; 12, 42; 16, 2). Der eigentümliche Ausdruck „den Namen verwerfen" soll bedeuten: den Namen mit Abscheu aussprechen, oder besser gesagt: „aus Haß und Verachtung den Namen überhaupt nicht mehr aussprechen".

Nach Matthäus sagt Jesus zu den Zwölfen: „Ihr werdet geschmäht werden". Unter einer solchen „Schmähung" nur eine persönliche Beschimpfung zu verstehen, ist zu wenig. Wenn diese Schriftgelehrten schmähen, dann heißt das: sie fluchen und bannen.

Die Illustration dazu steht in Mt 10, 25. Dort heißt es: „Haben sie den Hausvater (Lehrer) Beelzebub geheißen, so werden sie seine Hausgenossen (Schüler) auch also heißen."

Bei dem „Gehaßt- und Verfolgt-werden" haben wir zu prüfen, ob es bei uns wirklich ein Leiden „um des Menschensohnes willen" ist, wie in Vers 22 deutlich steht, oder ob es ein Gehaßtwerden ist um unserer Christusunähnlichkeit willen.

Der Herr spricht den Gehaßten, Abgesonderten, den Geschmähten und Verworfenen um Seinetwillen die Glückseligkeit zu. Wichtig ist, was Tertullian sagt: „Nicht das Leiden, sondern die Ursache des Leidens macht den Märtyrer."

23 „Freuet euch an jenem Tage und hüpfet; denn siehe, euer Lohn ist groß im Himmel, denn auf dieselbe Weise haben ihre Väter den Propheten getan."

Der Herr sagt den Jüngern, daß sie sich freuen und vor Freude hüpfen sollen, wenn ihnen diese Anfeindungen widerfahren. Jesus tröstet sie mit dem Hinweis auf den großen Lohn im Himmel, den sie als Entgelt für die Schmähungen um Seinetwillen empfangen. Es ist hier von keinem Lohngedanken die Rede. Gott gibt wohl das ewige Leben, aber als Dank oder als Gnade für erlittene Trübsale, jedoch nicht als Verdienst.

Der Lohn, der ein großer ist, befindet sich schon jetzt im Himmel, wo Gott ihn sicher aufbewahrt (vgl. Lk 18, 22; 1 Pt 1, 4).

Jesus sagt den Seinen, was ihnen an Verfolgungen widerfahren werde, hätten schon die Propheten von ihren nächsten Verwandten erfahren.

Alles, was die Jünger um Christi willen von der gottfeindlichen Welt leiden, verbindet sie mit allen Heiligen von Abel an bis zu den Propheten des Alten Bundes. Zwei Gruppen durchziehen die Geschichte der Menschheit. Es ist die Gruppe der Verfolger und der Verfolgten (vgl. Mt 23, 35; Lk 11, 51).

Erster bis vierter Weheruf.

24 „Aber wehe euch Reichen, denn ihr habt euren Trost dahin.
25 Wehe euch, ihr jetzt Vollen, denn ihr werdet hungern.
Wehe euch, ihr jetzt Lachenden, denn ihr werdet trauern und weinen.
26 Wehe euch, wenn alle Menschen gut von euch reden, denn ebenso taten ihre Väter den falschen Propheten."

Im Gegensatz zu den vier Seligpreisungen folgen vier Weherufe. Dieses lukanische Sondergut gehört zur vollständigen Ausprägung des Kontrastes. Wie es dem Herrn völlig fern lag, Menschen selig zu preisen, die arm an irdischen Gütern sind, war Er auch weit davon entfernt, über jeden Reichbegüterten ein Wehe auszusprechen. Ein Nikodemus, ein Zöllner Levi, ein Joseph von Arimathia, auch wohlhabende Frauen, die sich in ihrem Schuldbewußtsein zu Jesus hingetrieben fühlten, fanden ein weit geöffnetes und erbarmendes Herz bei Ihm, wie jeder arme Mensch.

Es ist allerdings nicht ausgeschlossen, daß unter den Pharisäern auch äußerlich Reiche waren, Jakobus, bei dem sich manche Gedanken aus der Bergpredigt nach Matthäus und nach Lukas finden, bezieht sich offensichtlich auf diesen ersten Weheruf des Herrn, wenn er sich an die äußerlich Reichen wendet (vgl. Lk 6, 24 mit Jak 5, 1—2). Sehr bedeutsam werden die Reichen als „voll", aber nicht eigentlich als „satt" bezeichnet (Lk 15, 16; Ps 17, 14). Es sind die Reichen und Vollen, die sich am Erdengut befriedigt dünken.

Das hier gemeinte Lachen ist auch das boshafte Lachen, das die Gerechtigkeit haßt und über den Gerechten triumphiert. Der Inhalt des dritten Weherufes bildet eine Überleitung zum vierten Wehe, wo vom „Gutreden", Schmeicheln und Heucheln die Rede ist mit einem Hinweis auf die falschen Propheten. Wehe denen, die von den Stimmführern des von Gott abgefallenen Geschlechts als die rechten Führer gepriesen werden.

W. Stb. Matth.
S. 63 ff.
Zu V. 27—36:
Mt 5, 39—48

4. Die Verwirklichung des Gebotes der Feindesliebe.

Lk 6, 27—36

27 Ich aber sage euch, denen die da hören: „Liebet eure Feinde! Tut
28 Gutes denen, die euch hassen! * Segnet, die euch fluchen! Betet für
29 die, die euch kränken. * Dem, der dich auf die Wange schlägt,
   biete auch die andere dar! Und wer den Mantel von dir wegnimmt,
30 dem verweigere du auch nicht das Unterkleid. * Jedem, der dich
   bittet, gib! Und von dem, der das Deine wegnimmt, fordere nichts

Zu Vers 31:
Mt 7, 12

31 zurück! * Und ebenso wie ihr von den Leuten behandelt werden
32 wollt, ebenso behandelt auch ihr sie (Menge)! * Und wenn ihr nur
   diejenigen liebt, die euch lieben, welcher Dank ist euch? Auch die
33 Sünder lieben ja diejenigen, welche sie lieben. * Und wenn ihr
   Gutes nur denen tut, die euch Gutes tun, welcher Dank ist euch?

Zu Vers 34:
3 Mo 25, 35. 36

34 Auch die Sünder tun dasselbe. * Und wenn ihr nur denen leiht,
   von welchen ihr hofft (das Geliehene) zurück zu empfangen, welcher Dank ist euch? Sünder leihen auch Sündern, daß sie das gleiche
35 wieder erhalten. * Vielmehr liebet eure Feinde und tut Gutes und
   leihet, wo nichts (hinsichtlich der Zurückerstattung) zu hoffen ist!
   Und euer Lohn wird groß sein. Und ihr werdet Söhne des Höchsten sein. Denn Er ist gegen die Undankbaren und Bösen gütig. *
36 Werdet barmherzig, gleichwie euer Vater barmherzig ist!

Lukas faßt hier die beiden letzten Stücke von der neuen Gerechtigkeit in der Bergpredigt nach Matthäus (Mt 5, 31—48) teilweise zusammen. Unser Evangelist läßt die Auslegung des Dekaloges ganz fehlen. Diese Spruchreihe ist im Unterschied zu Matthäus einerseits verkürzt, andererseits aber erweitert. Einige Sätze, vom Verbot, über den
Nächsten lieblos zu richten, die der erste Evangelist später bringt
(Mt 7, 1—5), bilden bei Lukas nachher den Abschnitt Vers 37—42. Die
sogenannte hier eingefügte „goldene Regel" (Lk 6, 31) erscheint in der
Bergpredigt des Matthäusevangeliums auch später und zwar erst Mt
7, 12.

Mit den Anfangsworten (Vers 27a) wird betont, daß der Herr mit
Seiner Rede über den engeren Jüngerkreis hinausgeht auf alle, die
im Augenblick zuhören. Was der Herr nach Mt 5, 21—39a gesprochen
hat, ist hier bei Lukas sogleich am Anfang in Vers 27 und 28 in dem
hervortretenden Gebot zusammengefaßt: „Liebet eure Feinde! Tut
Gutes denen, die euch hassen! Segnet, die euch fluchen! Betet für die,
die euch kränken!", was noch einmal mit Nachdruck betont wird in
Vers 35.

Die Feindesliebe und das hier damit Zusammenhängende ist zu allen
Zeiten als ein besonderes Kennzeichen der Jünger Jesu angesehen
worden. Die Apostel sprechen diese Grundsätze auch auf das bestimm-
teste aus! (vgl. Rö 12, 19—21; 1 Th 5, 15; 1 Ko 6, 7; 1 Pt 3, 9). Dieses vom Herrn Geforderte, obgleich es ganz und gar der menschlichen
Natur widerspricht, hat sich die Gemeinde Jesu angeeignet (vgl. hierzu die Ausführungen in W. Stb. Matthäus, zu Mt 5, 43—48, Seite 66
und 67).

Jesu Gebot von der Feindesliebe hat seinen Grund darin, daß der Wiedergeborene eben ein Kind des Vaters im Himmel ist. Die Liebe dem Feinde gegenüber ist ein Zug des himmlischen Vaters. Die Liebe Gottes bezieht sich auf jedes Seiner Geschöpfe.

Clemens von Alexandrien sagt mit Recht: „Das Gebot, daß man seine Feinde lieben soll, bedeutet nicht, daß man das Böse lieben soll oder Gottlosigkeit oder Ehebruch oder Diebstahl, sondern den Dieb und den Gottlosen und den Ehebrecher als solchen trotzdem lieben soll, und zwar n i c h t insofern er sündigt und durch ein irgendwie beschaffenes Tun den Namen Mensch entwürdigt, sondern insofern, als er Mensch und ein Geschöpf Gottes ist" (Clemens Stromata IV, 93, 3). Der gleiche Gott, der den Segen des Himmels aus den Wolken des Himmels herabschenkt, häuft auf die ungerechten Menschen das Dunkel Seines Zornes auf (Rö 2, 5). Wie Gottes heilige Liebe im Gegensatz zum Bösen sich im Zorn offenbart, so enthüllt sich in Gottes Zorn die Heiligkeit Seiner Liebe. Wer die Liebe Gottes von der Heiligkeit Gottes trennt, erlangt über Aussprüche Jesu, wie die hier vorliegenden, eine einseitige Auffassung.

Es muß sehr ernst beachtet werden, daß der sterbende Erlöser für Seine Feinde gebetet hat und Seinen zornig erregten Jüngern in dem Augenblick, als sie Feuer vom Himmel regnen lassen wollten, gesagt hat: „Wisset ihr nicht, wes Geistes Kinder ihr seid?!"

Der gleiche Herr aber rief den Pharisäern und den Reichen und Satten die vier Weherufe zu (Lk 6, 24—26).

Zusammenfassend sei gesagt: Das Gebot Christi von der Feindesliebe ist nach dem Gesamtinhalt der Schrift so aufzufassen, daß die L i e b e sich als heilige Liebe äußert, die auch, wenn es sein muß, strafen kann.

Es ist weiterhin zu bedenken, daß Jesus mit dem Gebot der Feindesliebe der falschen Auffassung Seiner Zeitgenossen über das alttestamentliche Gesetz entgegentritt. Der von Matthäus mitgeteilte Satz: „Und du sollst deinen Feind hassen!" (Mt 5, 43) steht an keiner Stelle des Alten Testamentes, er ist vielmehr ein Zusatz der Schriftgelehrten. Jesus stellt dem alttestamentlichen Gesetz mit der Forderung der Feindesliebe nicht etwas ganz anderes oder etwas ganz Verschiedenartiges gegenüber, wie die kritischen Ausleger behaupten, nein — Jesus stellt Sich vielmehr nur in Gegensatz zur f a l s c h e n Auffassung des alttestamentlichen Gesetzes. Er zeigt, daß das Gebot der Liebe einen viel weiteren Umfang hat, als nur eine gewisse Gruppe sympathischer Menschen zu lieben.

Das Gebot der Feindesliebe ist endlich als eine ganz besondere und dem Christentum eigene Forderung der Gemeinde Jesu bezeichnet worden. Das ist richtig, denn der Geist der vergebenden und versöhnenden Liebe ist allerdings nur im lebendigen Christentum zu finden. Diese schönste Frucht des Glaubens kann aber nicht ohne ihre Wurzel denkbar sein. Die Wurzel, die der Frucht der Feindesliebe ihre Lebenssäfte zuführt, ist Gottes unendliches Erbarmen in Christo gegen die Sünder. Gott Selbst hat uns durch den Kreuzestod Christi die allergrößte Feindesliebe erzeigt (vgl. Lk 23, 34; Rö 5, 10; Eph. 2, 16; 4, 32; Kol 3, 13; 1 Pt 2, 21). Aus dieser Wurzel der großen Feindesliebe Gottes zu uns (Er liebte uns ja schon, als wir noch ohne Gott Seine Feinde waren) empfängt auch die Feindesliebe der Jesusjünger ihre Kraft und Ausdauer und die Gnade der Vergebung.

Wie sich nun die Feindesliebe in Wort und Tat äußern soll, zeigt der Herr in einer dreifachen Stufenfolge.

1. Die gute Tat soll dem Haß entgegengesetzt werden (Vers 27b) .
2. Segensworte sollen auf Fluchworte erwidert werden (Vers 28a).
    Wo aber die gute Tat und das Segenswort den feindlichen Haß nicht abwehren, — soll,
3. als das einzig noch Mögliche, die Fürbitte geleistet werden (Vers 28b).

Eine solche Fürbitte für die Feinde vollbrachte Jesus am Kreuz, vollführte der sterbende Stephanus, als er gesteinigt wurde (Apg 7, 60).

Die Fürbitte ist als Bitte für die Feinde nichts anderes als Weitertragen und Abgeben aller seelischen Belastungen in Gott hinein. Dadurch wird der Mensch inerlich frei und kann in Freiheit dem Hassenden, Fluchenden und Verleumder gegenübertreten. Betende Liebe ist der neue Geist und die neue Kraft, die alles überwindet.

Über das Gebot der Feindesliebe und über das Gebet für die Feinde darf sich jeder Jünger Christi n i e m a l s v o n s e i n e m G e f ü h l, s o n d e r n e i n z i g u n d a l l e i n n u r v o n d e r H e i l i g e n S c h r i f t her leiten lassen.

W. Stb. Matth.
Mt 5, 38—42

29—30 „Dem, der dich auf die Wange schlägt, biete auch die andere dar! Und wer das Oberkleid von dir wegnimmt, dem verweigere du auch nicht das Unterkleid! Jedem, der dich bittet, gib! Und von dem, der das Deine dir wegnimmt, fordere nichts zurück!"

Jesus führt nun drei Beispiele an, um uns die Feindesliebe an Hand praktischer Begebenheiten einzuprägen. Absteigend geht Er vom Schlimmeren zum Geringeren, indem ein wirkliches Schlagen des Leibes, ein Rauben des Eigentums und ein aussichtsloses Geben erwähnt wird. Damit wird des Herrn Gebot von der Feindesliebe mitten ins praktische Leben hineingestellt. Es ist hier beim Backenstreich weniger der Schmerz des körperlichen Leidens gemeint, sondern an die Schmach des verachtenden Schlagens gedacht (Vgl. die Ausführungen in W. Stb. Matthäus zu Mt 5, 38—42).

An diesem krassen und derben Beispiel will der Herr deutlich machen, daß der Jünger Jesu die Frechheit und Gemeinheit des anderen nicht zum Maßstab des eigenen Handelns zu machen hat, also nicht auf einen groben Klotz einen groben Keil setzen darf, oder anders ausgedrückt, eine erlittene Kränkung durch eine noch größere Kränkung zurückzahlen kann, — sondern in seinem Verhalten gegenüber dem andern, gegenüber dem Beleidiger und Unrechttuenden völlig innerlich frei sein soll! D. h. nicht des anderen böses Reden und Tun soll den Jünger Jesu bestimmen und leiten, sondern Gottes heiliges Reden und heiliges Tun soll ganz allein das Leitmotiv in jeder Situation sein. Der Jünger Jesu ist im Herrn so stark, daß ihm das Reden und Tun des anderen nicht irgendwie etwas anhaben könnte. Denn das Gute, das Göttliche ist immer stärker und größer als das Böse. — Der Egoismus ist in der Auflösung begriffen, weil das Ego, d. h. das Ich sich in Gott hinein verliert. Darum reagiert der wahre Christ nicht mehr vom Standort des eigenen Ichs her, sondern vom Standort in Gott her. Der wahre Christ steht über den „irdischen Dingen" und Geschehnissen, mögen sie auch noch so schwierig und notvoll sein — weil er in den „überirdischen Dingen" und Geschehnissen daheim ist, seinen ewigen Standort am Herzen Gottes gefunden hat. — So ist die Reaktion eines echten Christen immer eine ganz andere als die Reaktion eines Nichtchristen hinsichtlich der ihn bestürmenden und bedrängenden Welt. — Wenn er Böses entgegenzunehmen hat, gibt er Gutes zurück.

Auf Grund des anderen Beispiels: „Wer dir den Mantel wegnimmt, dem verweigere du auch nicht den Rock!" — soll dem nicht gewehrt werden, der das wertvolle Obergewand nimmt, und darüber hinaus soll auch nicht einmal die Wegnahme des billigeren Untergewandes verhindert werden. Die Ausdrucksweise des Lukas setzt einen Raubfall voraus. Die Wegnahme des Untergewandes ist nach dem mosaischen Gesetz das Letzte und Ärgste (2. Mo 22, 26. 27). Matthäus, der dieses Beispiel in gerichtlicher Ordnung berichtet, hat die umgekehrte Reihenfolge, daß er erst das billige Untergewand, dann das wertvollere Obergewand nennt. Ein Gläubiger bemächtigt sich zunächst des billigeren Kleidungsstückes seines Schuldners, um überhaupt etwas in Händen zu haben. Der Räuber dagegen greift zuerst nach dem wertvolleren Obergewand und zuletzt nach der Unterkleidung. Der Herr will auch durch dieses zweite Beispiel kraß und unvergeßlich zeigen, wie Jesu Jünger lieber auf ihre Kleidung verzichten, als auch nur im geringsten sich durch Rachsucht versündigen.

W. Stb. Matth.
Mt 5, 40

Das dritte Beispiel „jedem Bittenden zu geben" scheint auf den ersten Blick nicht in den Zusammenhang zu passen. Diese Aufforderung ist jedoch an dieser Stelle ganz folgerichtig. Der Jünger des Herrn soll nicht fragen, was rechtliche Verpflichtung ist. Er soll vielmehr in Willigkeit geben, wenn es ihm auch nicht so angenehm ist.

Lukas zeigt, daß mit der Bitte um eine Gabe ein zudringlicher Gewaltakt verbunden sein kann. Mancher Gottlose borgt, ohne von vornherein an die Rückzahlung zu denken (Ps 37, 21).

Da ist nun eine praktisch ernste Frage, ob man sich von jedem unordentlichen Bettler das wegbetteln lassen soll, was für den eigenen Lebensunterhalt unbedingt nötig ist. Die buchstäbliche Ausübung des Gebots, jedem Bittenden zu geben, ist unmöglich und nicht gemeint. Wer so gibt, schenkt dem Ungerechten keine gute Gabe, sondern bestärkt ihn nur in seiner Sünde, und dies Bestärken der Sünde ist keine Liebe, auch keine Feindesliebe.

Wahre Feindesliebe soll aber dem Angreifer nicht vorenthalten werden. In welcher Art dem Feinde die Liebe erwiesen wird, im Dulden
oder im Wehren, im Weigern oder im Geben, das bleibt der Leitung
des Geistes im Augenblick überlassen.

Der wahre Christ wird dadurch mehr und mehr zu einem Kanal,
durch den die Wasser Gottes strömen. Alles, was er von Gott her
täglich persönlich an Güte und Liebe empfängt und erfährt, gibt er
weiter.

Nach den Forderungen von der Feindesliebe stellt Jesus nun die
bekannte Formel auf „**Alles (Gute), was ihr wollt, daß euch die
Menschen tun sollen, das tut ihnen gleicherweise!**" (Lk 6, 31). Dieser
bekannte Spruch wird als die kurze Summe der ganzen Bergpredigtforde-
rung angesehen. Hieronymus nennt ihn ein „Brevier der Gerechtigkeit". Bei Matthäus steht diese sogenannte „goldene Regel" ziemlich
am Schlusse der Bergpredigt (Mt 7, 12), und zwar zwischen der Mahnung zum Gebet und der Aufmunterung, durch die enge Pforte zu
gehen (vgl. W. Stb. Matthäus zu Mt 7, 12). Unsere Forderung hat in
dem Matthäus-Zusammenhang für die Erklärung ihre Schwierigkeiten.
Die Reihenfolge, wie sie dagegen Lukas mitteilt im Anschluß an Vorschriften über die Feindesliebe, ist leichter verständlich.

Der Jünger des Herrn soll am eigenen Bedürfnis wahrnehmen, was
er dem Nächsten schuldig ist. Der natürliche Mensch fragt am liebsten
nicht, was er seinem Mitmenschen schuldet, sondern zu was der
Nächste ihm gegenüber verpflichtet ist.

Im Volksmund der Juden und Heiden kehrt dieser Spruch des
Herrn oft wieder; aber in der negativen Form: „Was du nicht willst,
das man dir tu, das füg' auch keinem andern zu!" Hierzu W. Stb. Matthäus zu Mt 7, 12.

Durch die negative Ausdrucksweise aber ist leider die volle Schärfe
des Heilandswortes abgeschwächt. In dieser Fassung zeigt sich oft der
reinste Egoismus, der darin zum Ausdruck kommt, daß das eigene Ich
vor und nach dem Nächsten kommt und über ihm bleibt. Die positive
Forderung des Herrn appelliert dagegen ganz bewußt an die selbstver-
leugnende Liebe, die sich wechselseitig für einander aufopfert. Der
Herr will, daß wir durch das Bewußtsein des gegenseitigen Aufeinander-
Angewiesenseins uns mahnen und antreiben lassen zur tätigen Nächstenliebe. Jeder soll sich an des anderen Stelle und ihn an die seine
denken.

Vers 32—36

32 **Und wenn ihr nur diejenigen liebt, die euch lieben, welcher Dank
   ist euch? Auch die Sünder lieben ja diejenigen, die sie lieben.** *
33 **Denn wenn ihr Gutes nur denen tut, die euch Gutes tun, welcher**
34 **Dank ist euch? Auch die Sünder tun dasselbe.** * **Und wenn ihr nur
   denen leiht, von welchen ihr hofft, (das Geliehene) zurück zu empfangen, welcher Dank ist euch? Sünder leihen auch Sündern, daß sie**
35 **das Gleiche wieder erhalten.** * **Vielmehr liebet eure Feinde und
   tut Gutes und leihet, wo nichts (hinsichtlich der Zurückerstattung)**

zu hoffen ist! Und euer Lohn wird groß sein. Und ihr werdet
Söhne des Höchsten sein. Denn Er ist gegen die Undankbaren und
36 Bösen gütig. * Werdet barmherzig, gleichwie euer Vater barmherzig ist!

Die Nächsten- und Feindesliebe, welche sich an der Selbstliebe messen soll, kann völlig wertlos sein, wenn das eigene Ich in den Vordergrund gerückt wird. Um solchen falschen Gedanken einen Riegel vor-
zuschieben, führt Jesus aus, daß nie und nimmer die Aussicht auf vor-
teilhafte Gegenleistungen die Triebfeder zur Ausübung der Liebe sein
darf. Die natürliche Liebe trachtet zwar nach einer angemessenen Wiedervergeltung, was im Grunde genommen eigentlich nur Egoismus ist.
Die von Jesus geforderte Liebe dagegen ist durchaus selbstlos. Es ist
die A g a p e - L i e b e. Ein besonderes Beispiel solcher Selbstlosig-
keit ist das Leihen, von dem man weder die Zinsen noch das
Kapital zurückempfängt (Mt 5, 41. 42). Alte Ausleger sahen hier fälsch-
licherweise ein Verbot, Zinsen zu nehmen (vgl. 2 Mo 22, 25).

Für eine solche Feindesliebe stellt Jesus einen großen ewigen
„Lohn" in Aussicht und schenkt den höchsten Adel der Gotteskindschaft, „Söhne des Höchsten" heißen sie.

Gottes Art ist es, daß Er Sich gütig gegen Undankbare und Böse erzeigt. Gott sieht im Bösen den Unglücklichen, der Seiner barmherzigen
Liebe so sehr bedarf. Wir müssen darum von unserer natürlichen Hartherzigkeit Abstand nehmen, die im Unglücklichen immer das Böse
sieht und sucht.

Matthäus schließt Jesu Mahnung zur Feindesliebe mit dem Wort:
„So seid nun vollkommen, wie der himmlische Vater vollkommen ist"
(Mt 5, 48). Lukas schließt Jesu Forderung mit einer praktischen Sentenz: „Werdet barmherzig, gleichwie euer Vater barmherzig ist!" (Lk
6, 36). Der erste Synoptiker spricht von der inneren Gerechtigkeit,
d. h. der Vollkommenheit, zu welcher die Liebe führt; unser Evangelist redet vom dem Wesen der Liebe (vgl. Kol 3, 14). Dieser Spruch
bildet die Überschrift zu einer Reihe von Einzelgeboten: nicht zu
richten, nicht zu verurteilen, sondern zu vergeben, zu geben.

5. Vom Richten.

Vers 37—42

37 Und richtet nicht, so werdet ihr gewiß nicht gerichtet werden.
Verurteilt nicht, so werdet ihr nicht verurteilt werden! Sprecht
38 frei, und ihr werdet freigesprochen! * Gebt, und euch wird gegeben werden! Ein gutes, gedrücktes, geschütteltes überfließendes
Maß wird man euch in den Schoß legen. Denn mit dem Maß, mit
39 dem ihr messet, wird euch wieder gemessen werden. * Er sprach
aber auch ein Gleichnis zu ihnen: „Kann etwa ein Blinder einen
Blinden einen Weg führen? Fallen sie nicht beide in die Grube? *
40 Der Schüler ist nicht über den Lehrer. Aber, der da ausgelernt hat,

W. Stb. Matth.
S. 81 ff.

Zu V. 37—42:
Mt 7, 1—5

Zu Vers 38:
Mk 4, 24

Zu Vers 39:
Mt 15, 14

Zu Vers 40:
Jo 15, 20

41 wird seinem Lehrer gleich sein. * Was aber siehst du den Splitter
im Auge deines Bruders? Den Balken aber in deinem eigenen Auge
42 bemerkst du nicht? * Wie kannst du zu deinem Bruder sagen:
Bruder, gestatte, daß ich den Splitter ausziehe, der in deinem Auge
ist, während du selbst nicht in deinem Auge den Balken siehst?
Du Heuchler, ziehe zuerst den Balken aus deinem Auge, und dann
magst du zusehen, wie du den Splitter, der im Auge deines Bruders ist, herausziehst. —"

Dieser Abschnitt beginnt mit dem Verurteilen des Richtgeistes.
Wir werden erinnert an Mt 7, 1 und 2a, vgl. W. Stb. zu Mt 7, 1. 2. Das
darauf folgende Wort läßt an Mt 7, 2b denken. Siehe W. Stb. Matthäus.

In loser Verbindung mit dem Vorhergehenden folgen dann zwei
Stücke, die außerhalb der Bergpredigt bei Matthäus stehen: Das Gleichnis vom blinden Führer (Mt 15, 14) und vom Schüler und Lehrer (Mt
10, 24 f.). Dann folgen die Bildworte vom Splitter und vom Balken.

Wir beginnen mit dem Ersteren, mit der Verurteilung des Richtgeistes. — Mit dem Richtgeist ist nicht jedes Richten als solches verboten. Es ist ein Wesensunterschied zwischen einem verletzenden, persönlichen Urteil und einer sachlichen Beurteilung. Wenn Eltern ihre
Kinder beurteilen, Erzieher die ihnen anvertraute Jugend, Vorgesetzte
ihre Untergebenen, Untergebene ihre Vorgesetzten, Schüler ihre Lehrer,
Richter die Sträflinge beurteilen, so ist das notwendig. Aber dieses
Beurteilen muß in wahrhaftiger und lauterer Weise geschehen. Die
Motive, aus denen heraus das geschieht, sind entscheidend. Jeder prüfe
darum die Beweggründe, die ihn zum Urteil über den anderen nötigen,
ob dadurch geholfen und aufgebaut werden kann, oder ob dadurch
eine Sache nur verschlimmert und Öl ins Feuer geschüttet wird. —

Auf keinen Fall darf eine Beurteilung aus dem Grunde erfolgen, daß
man sich dadurch selbst als besser hinstellen will gegenüber dem
anderen.

Lieblose Nörgelei, hartherzige Kritisiersucht, verurteilen von oben
herab, richten, um den anderen zu schädigen oder zu schaden, Kritik,
um selbst zu glänzen, immer Recht haben wollen, jeden Andersden-
kenden bloßstellen, kurz, was Jesus verbannt wissen möchte, ist der
böse, lieblose Richtgeist.

Die Verheißung des Herrn im Text: „nicht gerichtet werden, nicht
verurteilt werden, losgesprochen werden", kann sich auf diese und
auf die künftige Welt beziehen. Hier besonders an das Endgericht zu
denken, ist (nach dem Zusammenhang) ganz natürlich.

Wer Barmherzigkeit übt, wird in gleichem Maße die göttliche Barmherzigkeit erfahren. Dem Geber wird ein „gutes, gedrücktes, geschütteltes und überfließendes Maß zuteil", daß kein leerer Raum im Gefäß
übrigbleibt. Die von Gott zugemessene Gabe ist so reichlich, daß sie

in den Gewandbausch gegeben wird. Der Gewandbausch oder der Schoß ist die taschenähnliche Vorrichtung der morgenländischen Kleidung (An einigen Stellen des AT Jes 65, 6; Jer 32, 18; Ps 79, 12 ist dieser Ausdruck von der Strafvergeltung Gottes angewandt). Wie sich die Jünger des Herrn zu ihren Mitmenschen verhalten, so wird Gott auch mit ihnen verfahren. Interessant ist, daß die letzten Worte, also Vers 37b und 38, bei Matthäus in ähnlichem Zusammenhang stehen (Kap 7, 2b), aber mit dem Unterschied, daß dort das verbotene Richten, hier dagegen das gebotene Geben erwähnt ist (vgl. W. Stb. Matthäus zu Mt 7, 2).

Das Gleichnis von den blinden Wegleitern richtet sich im Matthäus-Evangelium mehrfach gegen die Pharisäer oder die Führer des Volkes (vgl. Mt 15, 14; 23, 16. 24; vgl. Rö 2, 19). Blind sind die geführten Menschen, blind sind auch ihre Führer. Die Leiter und Geleiteten müssen unweigerlich in die Grube fallen. Lukas bringt diesen Spruch in der lebhafteren Frageform und ohne Beziehung auf die Pharisäer. Die Einfügung des Gleichnisses in diesem Zusammenhang ist schwierig. Es richtet sich wahrscheinlich gegen solche, die zur Rache und zur Vergeltung auffordern. Solche zur Rache aufreizenden Menschen sind „Blinde", die den Blinden den Weg zeigen wollen. Jesus spricht mit diesem Gleichnis Seine Jünger an, die dazu berufen sind, einmal Führer Seiner Gemeinde zu werden. Damit sie aber Seiner Gemeinde keinen Schaden zufügen, wendet der Herr Sein ehemalig gegen die Pharisäer gerichtetes Wort in seelsorgerlicher Art auf die Seinen an.

Die seelsorgerliche Absicht des Herrn ist besonders durch das nächste Wort erkennbar: „Der Schüler (Jünger) ist nicht über seinen Lehrer". Matthäus berichtet diesen Ausspruch in der Aussendungsrede an die zwölf Apostel (Mt 10, 24). Nach dem Zusammenhang dieser Rede bei Matthäus ist der Sinn des Wortes, daß ein Schüler die gleichen Verfolgungen zu erwarten hat wie sein Lehrer. In der gleichen Bedeutung steht das Leitwort in den Abschiedsreden Jesu: „Ein Knecht ist nicht größer als sein Herr" (Jo 15, 20). — Dasselbe Wort ist dagegen in Jo 13, 16 so angewandt, daß die Jünger mit ganzem Ernst das nachtun und nachbilden sollen, was ihr Herr vorgebildet und vorgetan hat. So ist also dieses Wort auf verschiedene Weise anwendbar. Im menschlichen Leben kommt es vor, daß ein Knecht über seinen Herrn (Pred 4, 14; 10, 7; Spr 30, 22), oder der Schüler über seinen Lehrer hinauswächst.

Jesus ist Lehrer und Herr im einzigen und vollkommenen Sinn. Wenn der Jünger als Schüler in der Schule des Herrn fleißig gelernt hat und ernst sich übt, dann fängt er an, dem großen Lehrer ä h n - l i c h zu werden in „Wort und Werk und allem Wesen". Das ist der Sinn von Vers 40.

Jesus will im folgenden Vers 41 den Seinen sagen, daß sie sich hüten sollen, die Brüder zu meistern und zu richten, und daß sie sich kein strengeres Gericht auszuüben erlauben, als Er Selbst in Langmut und Liebe über sie ergehen läßt. Der Splitterrichter will ja höher stehen als der vergebende, freundlich strafende und langmütig tragende Herr. [5])

Die Reihenfolge des Matthäusevangeliums, wonach erst auf die Warnung vor dem Richten sich dann die Bildworte vom Splitter und Balken anschließen, läßt keinen Zweifel darüber aufkommen, daß der Jünger des Herrn zwar streng über sich selbst das Richteramt auszuüben hat, aber mild gegenüber dem Nächsten sein soll. Abgesehen vom Zusammenhang des Matthäus-Evangeliums könnte es sich hier um eine Mahnung an die Jünger handeln, ein waches und scharfes Auge auf die eigene Lebensführung zu haben.

Mk 9, 43 und 47: „Ärgert dich dein rechtes Auge, deine rechte Hand — so reiße das aus und wirf's von dir...!" Ein ernstes Wort, das unsern Vers 42 dick unterstreicht.

Durch das Gleichnis vom Splitterrichten wird erläutert, wie töricht und unmöglich es ist, wenn jemand, der selbst noch viel Mangel und Gebrechen im eigenen Charakter und Glaubensleben aufzuweisen hat, einem anderen zurechthelfen will, der an einem kleineren Übel leidet. Das Organ unseres Sehvermögens ist das empfindlichste unseres Körpers. Der Vorschlag: „Gestatte, Bruder, daß ich den Splitter aus deinem Auge herausziehe!" klingt hilfsbereit, aber der Herr bezeichnet eine solche scheinbare Hilfsbereitschaft als Heuchelei. Das Bestreben, andere Brüder wegen kleiner Fehler lieblos kritisieren und bessern zu wollen, ist völlig verfehlt, wenn die eigenen gröberen Fehler und Verfehlungen übersehen werden.

Die Angabe nach außenhin, für das Heil des Nächsten besorgt zu sein, ist in Wirklichkeit weiter nichts als die Lust im Verborgenen, den Bruder an den Pranger zu stellen. Diese richtende Lieblosigkeit wird dann noch in das heuchlerische Gewand der zurechthelfenden Liebe gekleidet. Wie abgrundtief verdorben ist doch das menschliche Herz.

W. Stb. Matth.
S. 87

6. Von den Früchten.

Lk 6, 43—46

Zu V. 43—46:
Mt 7, 16—20

43 Denn es gibt keinen guten Baum, der faule Früchte trägt, aber auch **44** nicht umgekehrt trägt ein fauler Baum gute Frucht. * Denn ein jeder Baum wird an der eigenen Frucht erkannt. Denn von Dornen pflückt man keine Feigen, auch erntet man nicht eine Traube vom

---

[5] Jesus will mit dem Gleichnis vom Splitter und Balken kundtun, daß auch Seine Jünger selbst nicht frei vom Bösen sind. Sie sollen darum demütig zurückhaltend und weise schonend im Urteil über andere sein. Unbefugtes Richten über den Nächsten züchtet den eigenen Hochmut, was eine gefährlichere Sünde ist. Wenn ein Bruder den Nächsten richtet, gefällt er sich selbst und bekundet damit, daß er selbst besser sei als der andere. Ein arabisches Sprichwort sagt: „Man sieht besser in einer schwarzen Nacht auf einem schwarzen Stein einen schwarzen Käfer, als den Hochmut im eigenen Herzen." Hochmütige Eigenliebe, die Quelle des Splitterrichtens, vergrößert nur das eigene Verfehlen und Verschulden.

45 Dornbusch. * Der gute Mensch bringt aus dem guten Schatz des
Herzens das Gute hervor, und der Böse bringt aus dem Bösen das
Böse hervor, denn aus dem Überfluß des Herzens redet sein
46 Mund. * Was aber nennt ihr mich „Herr, Herr" und ihr tut nicht,   Zu Vers 46:
was Ich sage?"   Mal 1, 6

Die nötige Vorbedingung für die Besserung des Bruders betont
das folgende Doppelgleichnis: Vom Baum und seinen Früchten. Jeder
Baum trägt die Früchte, die seiner Natur oder seinem Wesen entsprechen. Der Herr drückt das plastisch dann noch durch ein anderes
Gleichnis aus: „Denn von Dornen pflücken sie keine Feigen, auch
ernten sie nicht eine Traube aus dem Dornbusch". Vgl. Jak 3, 12. Der
Mensch steht nicht unter dem physischen Gesetz wie der Baum, dennoch sind von ihm nur solche Früchte oder Werke zu erwarten, die
seinem Heiligungsernst oder Nichternst in der Nachfolge Jesu entsprechen. Mit dem Drohwort, das schon Johannes der Täufer aussprach
(Mt 3, 10), begründet Jesus die Warnung vor gefährlicher Selbsttäu-
schung.

Die Frucht ist das sichere Erkennungszeichen von der Beschaffenheit des Baumes. Das gesprochene Wort und die ausgeführte Tat sind
gleichfalls das Merkmal des innersten Wesens des Menschen. Das Wort
und die Tat kommen aus dem Herzen, der Vorratskammer der Gesinnung. Was der Mensch spricht und was der Mensch tut, sind darum
ein Ausfluß aus dem Überfluß des Herzens. Jeder kann nur nach der
Beschaffenheit seines Herzens reden und handeln. Wer ein böses Herz
hat, dem ist es unmöglich, Gutes zu sprechen und Gutes zu tun. Vgl.
W. Stb. Matthäus zu Mt 15, 15—20 und Markus zu Mk 7, 17—23.

Lukas bietet in Vers 46 noch eine kurze Zusammenfassung von dem,   W. Stb. Matth.
was Jesus nach Mt 7, 21—23 ausführlich sagt. Es heißt hier in einem Mt 7, 21—23
Fragesatz: „Was nennt ihr mich Herr, Herr und tut nicht, was Ich
sage?" Dieser Text legt den ganzen und entscheidenden Nachdruck auf
das Tun der Worte des Herrn, wie dies auch in dem Gleichnis zur
Sprache kommt, das in Mt 21, 28. 31 mitgeteilt wird.

Jesus wendet Sich an solche, die Ihn „Herr" nennen. Es scheint, daß
viele Seiner Zuhörer Ihn wohl als „Herrn" erkannten und bekannten,
und Jesus will auch als Herr bekannt und anerkannt sein, denn Er
ist als Messias der ewige Sohn Gottes, der, nach vollbrachter Erlösung,
als der wahre und wirkliche Herr zur Rechten Gottes sitzt (Phil 2, 9—
11; Jo 20, 28; 1 Ko 12, 3).

Man kann aber leider auch Jesus nur zum Schein einen „Herrn" heißen. Um aber Jesu wahrer Jünger zu sein, genügt ein solches Schein-
bekenntnis nicht. Das echte Mund-Bekenntnis muß mit dem echten
Tat-Bekenntnis Hand in Hand gehen.

7. Das Schlußgleichnis vom Hausbau.
Lk 6, 47—49

W. Stb. Matth.
S. 89

47 „Jeder, der zu Mir kommt und hört Meine Worte und tut sie, den   Zu V. 47—49:
48 will Ich euch zeigen, wem er gleich ist. * Er ist gleich einem Men- Mt 7, 24—27

schen, der ein Haus baute, welcher in die Tiefe grub und das Fundament auf den Felsen legte. Als aber Hochwasser eintrat, brandete der Strom gegen jenes Haus, aber er vermochte es nicht zu erschüttern, denn es war gut gebaut. " Wer aber hört, ohne danach zu tun, ist einem Menschen gleich, der ein Haus ohne Fundament baute auf die Erde. Es brandete der Strom und zugleich fiel das Haus zusammen und der Einsturz jenes Hauses war groß."

Das Gleichnis vom Hausbau bildet den machtvollen Schluß der Bergpredigt Jesu. Wie Matthäus, leitet auch Lukas den Schluß-Epilog durch die Forderung ein, daß es nicht auf Worte, sondern auf das Tun ankommt. Der Herr faßt hier am Schluß zusammen, warum Er Seine Predigt gehalten hat. Ein Mensch soll sich mit dem Hören Seines Wortes nicht allein zufrieden geben, sondern er muß das Gehörte in die Tat und Wahrheit umsetzen (vgl. Jak 1, 22—25; 2, 17. 18. 22; Rö 2, 13; Gal 3, 12).

Beim Hausbau kommt alles auf das Fundament an, auf welchem das Gebäude steht. Der Mann, der das Gehörte in die Tat umsetzt, gleicht dem Erbauer, der tief bis auf den Felsen gräbt, um auf diesem Grunde das Haus aufzubauen. Ein solches Haus ist gegen Sturm und Flutgefahren gesichert. Lukas spricht nur von einer großen Wasserflut, Matthäus von Wasserflut „und Sturmesbrausen". Unser Evangelist verschiebt das Bild und denkt an einen Fluß, der über die Ufer steigt, was für Palästina auch naheliegt. Die Wasserfluten aber können einen Felsenbau weder untergraben noch erschüttern noch zusammenstürzen lassen, denn er ist fest gegründet.

Wer nur beim Hören des Wortes bleibt, gleicht einem Erbauer, der sein Haus ohne Fundament baut. Wohl unterscheidet sein Haus sich in nichts nach außen hin von dem Haus, das auf dem Felsengrund steht. Aber was sich lange Zeit äußerlich in nichts unterscheidet, offenbart dann die Flut der Trübsal und des Leidens, der Krankheit und der Altersnöte und zeigt an, daß der eine auf Felsengrund, der andere auf Sand gebaut hat.

Es besteht bei uns die Gewohnheit, daß unsere Predigten mit einem Segensspruch schließen. Jesu Predigt endigt dagegen mit einer Drohung. Fast alle biblischen Bücher haben einen friedlichen Abschluß, nur vier Bücher der Schrift, der Prediger, Jesaja, die Klagelieder und Maleachi enden mit einer Drohung. Wenn die Schlußkapitel dieser Bücher in der Synagoge gelesen wurden, las man den vorletzten Vers nach dem letzten Vers noch einmal, um nicht mit einer Drohung heimzukehren. Wenn diese Sitte in der Synagoge bestand, dann ist es verständlich, welche erschütternde Wirkung die Bergpredigt des Herrn auf die Zuhörer ausgeübt hat.

Vgl. hier das, was in W. Stb. Matthäus zu Mt 7, 28—29 gesagt worden ist.

Jesu Wanderwege von Kapernaum aus.

Jesu Wanderweg von Kapernaum über Bethsaida — Magdala — Tiberias nach Nain. (Dicker Strich) Die Länge dieses Wanderweges beträgt 50 km. — Hin und zurück etwa 100—120 km.

E. Fünfter Strahl

Kap 7—8,3

W. Stb. Matth.
S. 95ff.

Zu V. 1—10:
Mt 8, 5—13

1. Die Heilung des Knechtes des Hauptmannes zu Kapernaum.

Lk 7, 1—10

Lukas erzählt das Heilungswunder des Hauptmanns-Knechtes zu Kapernaum ausführlicher als Matthäus. Die Berichte beider Evangelisten bieten einige bedeutende Verschiedenheiten, die aber nicht als Widersprüche auszuschlachten sind.

a) Jesu Ankunft in Kapernaum.

Lk 7, 1

1 Nachdem Er (Jesus) alle Seine Reden beendet hatte vor dem lauschenden Volk, ging Er nach Kapernaum hinein.

Nach Beendigung der Bergpredigt entließ Jesus die Volksmenge und stieg mit Seinen Jüngern weiter vom Berge herab. Der Herr wählte Kapernaum wiederum zu Seinem Wohnsitz. Matthäus nennt deshalb diesen Ort „Seine Stadt" (Mt 9, 1). Kapernaum lag am nordwestlichen Ufer des Sees Genezareth. Heute sind von der Stadt nur Trümmer zu finden (vgl. Mt 11, 23). Strategisch war Kapernaum ein wichtiger Punkt, denn diese Stadt lag an der großen Handelsstraße von Jerusalem nach Damaskus. Obwohl in Galiläa der Tetrarch Herodes Antipas noch eine gewisse Selbständigkeit innehatte, machte sich doch die römische Oberhoheit ihm gegenüber geltend. Die Römer legten eine Besatzung nach Kapernaum, um keine Aufstandsversuche der feindlichen Juden gegen Rom aufkommen zu lassen. An der Spitze dieser Besatzung stand ein Hauptmann oder Centurio. Sobald der Herr in Kapernaum ankam, nahm der Hauptmann Seine Hilfe für einen Kranken in Anspruch.

Wir verweisen besonders auf W. Stb. Matthäus zu Mt 8, 5—13 auf Fußnote 10 hin, wo von der Stellung der Juden zu den Heiden und umgekehrt die Rede ist.

b) Die ersten Sendboten des Hauptmanns.

Lk 7, 2—6 a

2 Eines Hauptmannes Knecht (doulos) aber, der (dem Hauptmann) wertvoll war, lag krank darnieder und war dem Tode nahe. *
3 Da er aber von Jesus hörte, sandte er zu Ihm die Ältesten der Juden, und ließ Ihn bitten, Er möchte kommen und Seinen Knecht
4 (doulos) heilen. * Als diese aber zu Jesus kamen, baten sie Ihn dringend und sagten: „Er ist es wert, daß Du ihm dieses gewährst.
5 * Denn er hat unser Volk lieb, und die Synagoge hat er uns er-
6a baut." * Jesus aber ging mit ihnen hin.

Die Kunde von Jesu Barmherzigkeit und Wundermacht, welche sich in alle Orte der Umgegend ausbreitete (Lk 4, 37), hatte auch der Hauptmann zu Kapernaum vernommen (Vers 3).

Dieser heidnische Offizier suchte bei Jesus Hilfe für seinen erkrankten Knecht, den er sehr schätzte. Die Krankheit aber hatte schon solche Fortschritte gemacht, daß sein Knecht dem Tode nahe war.

Der besorgte Hauptmann wagte als Heide nicht, sich persönlich an Jesus zu wenden, sondern er sandte Älteste der Juden, um dem Herrn seine Bitte vorzutragen.

Diese Vertreter der jüdischen Behörde nehmen sich sofort der Sache des heidnischen Hauptmannes an. Sie bitten den Herrn, den Knecht des Hauptmannes (wörtlich nach dem grie Text) h i n d u r c h - z u r e t t e n, d. h. durch die Todesgefahr, in welcher er schwebte, hindurchzuretten (Lk 7, 2).

Es scheint, daß das Anliegen der Ältesten in Vers 3 bei Jesus nicht direkt Gehör gefunden hat. Der Bericht von Vers 4, daß sie den Herrn dringend baten, deutet wohl auf diese Tatsache hin. Die Versicherung „der Ältesten", daß jener Heide es wert sei, ihm diesen Wunsch zu erfüllen, wird damit begründet: „Er liebt unser Volk" und: „die Synagoge hat er uns erbaut".

Durch die Fürsorge der Boten des Hauptmanns beeindruckt, schließt Sich Jesus den Ältesten in Richtung der Hauptmannswohnung an.

c) Die Sendung der Freunde des Hauptmannes.

Lk 7, 6b—8

6b Als Er aber nicht mehr weit von dem Hause entfernt war, sandte der Hauptmann Freunde und ließ Ihm sagen: „Herr, bemühe Dich nicht, denn ich bin nicht würdig, daß Du unter mein Dach trittst. *
7 Deshalb habe ich mich auch selbst nicht für würdig genug gehalten, zu Dir zu kommen, sondern sprich ein Wort, und mein Knecht
8 (eigentlich mein pais = mein Sohn) wird geheilt. * Denn auch ich bin ein Mensch, der unter Befehlsgewalt steht, obwohl ich Soldaten unter mir habe, und wenn ich zu einem sage: ‚Gehe', so geht er; und zum andern: ‚Komm', so kommt er und zu meinem Knecht (doulos): ‚Tue dies', so tut er es."

Der Hauptmann fühlt sich als Heide (von Haus aus) nicht würdig, Jesus, den Christus, in sein Haus aufzunehmen. Ehrerbietig und demütig nennt der Hauptmann Ihn „Herr". Ihm gegenüber hat er die Grenzen seiner eignen Machtbefugnisse verspürt. Obwohl er als Offizier militärische Kommandogewalt hat, also Machtbefugnisse besitzt — die Untergebenen müssen dem Hauptmann aufs Wort gehorchen — so spürt der Hauptmann dennoch seine Ohnmacht vor der Krankheitsmacht seines Knechtes.

Die Leute von Kapernaum haben dem Hauptmann von Jesus gesagt, daß in diesem Propheten die göttliche Vollmacht über die Krankheits-

macht zur Verfügung stünde. — Der heidnische Offizier hat das sofort
mit nüchternem Blick erfaßt. Er weiß: Ihm, dem römischen Offizier,
sind wohl die Soldaten unterstellt; aber die Krankheit ist ihm nicht
unterstellt.

Bei Jesus, dem Christus, ist das aber ganz anders. Dem Herrn gehorchen alle Kräfte und Geister, auch alle Krankheiten auf ein einziges
Wort. Anfangs bat der Hauptmann den Lebensretter, zu seinem sterbenden Knecht ins Haus zu kommen. Jetzt ist der Hauptmann besorgt,
er hätte sich durch seine erste Bitte der Unbescheidenheit schuldig gemacht. Er läßt sagen: „Herr, bemühe Dich nicht, denn ich bin nicht
würdig, daß Du unter mein Dach kommst". Und fährt fort: „Sprich
nur aus der Ferne (ein einziges Wort genügt) und mein Knecht wird
gesund." Auch in der Abwesenheit wird das bloße Wort des Herrn
den Kranken heilen, mag der Knecht auch noch so schwer darnieder-
liegen.

Wie fein und lebendig ist von Lukas alles geschildert. Dabei sei
noch auf ein Vierfaches aufmerksam gemacht.

1. Während der Heide sagt: „Ich bin nicht würdig" — sagen die
Ältesten so liebevoll von ihm: „Er ist es wert". —

Sie halten es für nötig, den Hauptmann dem Herrn besonders durch
den Hinweis auf seine außerordentlichen Verdienste: „Erbauung der
Synagoge" zu empfehlen, weil sie meinten, ohne diese Leistungen habe
er als Heide bei Jesus keine Aussicht auf Erhörung seiner Bitte. —
Der Heide aber sieht richtiger: Das, worauf er ganz allein seine Hoffnung hinsichtlich der Erhörung seiner Bitte setzen kann, ist die Macht
und Güte des Herrn!

2. Weil der Hauptmann sich für unwert hielt, daß Christus in sein
Haus eingehe, wurde er für wert geachtet, daß Christus in sein Herz
einzog. Und dieses Einziehen des Heilandes in das Herz des Hauptmanns war ein viel größeres Geschenk als das Eintreten ins Haus. Der
Herr hatte in vielen Häusern gesessen, auch in den Häusern der Pharisäer (Lk 7, 36 und 14, 1), aber ihre Herzen blieben leer. Des Hauptmanns Herz wurde gefüllt mit Ihm! (vgl. dazu Augustin).

3. Des Hauptmanns Entschluß, in Kapernaum eine Synagoge zu
bauen (vielleicht war die frühere Synagoge zu klein oder gar bau-
fällig geworden) ist mit reichem Segen gekrönt worden. Denn dieser
Synagoge wurde größere Ehre zuteil als dem Tempel zu Jerusalem.
Man lese einmal nicht nur bei Matthäus, Markus und Lukas nach,
sondern auch im Johannes-Evangelium, um festzustellen, wie oft Jesus
in der Synagoge von Kapernaum gelehrt und Wunder getan hat.
(Merkwürdigerweise wird von allen römischen Hauptleuten, die im
NT vorkommen, immer im günstigen Sinn berichtet, so außer dem
Hauptmann von Kapernaum und dem Hauptmann Cornelius Apg 10,1 ff.
noch von dem Hauptmann, der als Wache unter dem Kreuz Christi
stand und ausrief: Wahrlich, dieser ist Gottes Sohn gewesen (Mt 27,
54; Lk 23, 47).

4. Der Verlauf der ganzen Geschichte zeigt, daß Jesus, obwohl Er die Bitte des Hauptmanns um Heilung erfüllt, das heidnische Haus nicht zu betreten brauchte. Wenn die beiden ersten Evangelisten durch verschiedene Aussprüche die Heilstätigkeit Jesu auf Israel beschränken (vgl. Mt 10, 5; 15, 24; Mk 7, 24—30), so fehlt es auch im Lukas-Evangelium trotz seines heilsgeschichtlich universalistischen Gedankens nicht ganz an Worten dieser Tatsache (vgl. Lk 14, 16 ff.; 19, 9), nämlich, um mit Paulus zu sprechen, daß geschichtlich zuerst den Juden und dann den Heiden das Evangelium gebracht werden sollte (Rö 1, 16).

d) Die Heilung des sterbenskranken Knechtes.
Lk 7, 9—10

9 Als Jesus aber dies hörte, verwunderte Er Sich über ihn; und Er wandte Sich um zu dem Volkshaufen, der Ihm folgte, und sprach: „Ich sage euch: In Israel selbst habe ich solchen Glauben nicht 10 gefunden!" * Und als die Abgesandten in das Haus zurückkehrten, fanden sie den Knecht (doulos) gesund.

Der Herr war verwundert! Daß der Herr Sich verwundert hat, berichten die Evangelien nur zweimal: Hier über den großen Glauben des Heiden, und das andere Mal über den Unglauben der Bürger zu Nazareth (Mk 6, 6).

Jesus suchte einen Glauben, der nicht wegen der Zeichen und Wunder den Herrn haben wollte. Wenn an dem heidnischen Hauptmann auch wohl manches andere des Rühmens wert war, z. B. die liebreiche Sorge für seinen Sklaven, die Liebe zu Israel, die ungewohnte Demut eines Römers und die bescheidene Zurückhaltung, so rühmt Jesus vor all dem Rühmenswerten dennoch einzig und allein seinen großen G l a u - b e n .

Ein heidnischer Mann, Vertreter der römischen Militärgewalt, traut es dem Heiland ohne weiteres zu, daß Er, ohne zu kommen oder die Hand aufzulegen, nur mit einem Wort die Krankheit auch aus der Ferne beseitigen kann. In Israel, wo doch zuallererst ein solches Vertrauen zu suchen und zu finden sein sollte, ist es nicht vorhanden.

Die Geschichte schließt damit, daß die Ausgeschickten bei der Rückkehr in das Haus des Heiden den Knecht wieder gesund vorfanden. Jesus kam nicht zu den Heiden und brachte ihnen dennoch das Heil, und zwar durch ihren Glauben an Sein Wort.

2. Die Auferweckung des Jünglings zu Nain.
Lk 7, 11—17 (Sondergut)

Im Anschluß an die Wunderheilung aus der Ferne berichtet Lukas in seinem Sondergut ein Ereignis, wie der Herr in zuvorkommender Barmherzigkeit einer Witwe im Elend hilft. Der Herr erbarmt Sich nicht allein über einen Menschen, dessen großen Glauben Er bewundern muß, sondern Er zeigt auch da sein Mitleid, wo durch den Jammer über das Elend jeder Keim des Glaubens verschwunden ist.

a) Die Begegnung mit einem Leichenzug.

Lk 7, 11—12

11 Und es geschah bald danach (in der Folgezeit), **daß Er in eine Stadt ging, die Nain hieß. Und Seine Jünger und ein großer Volks-**

Zu Vers 12:
1 Kö 17, 17

12 haufe begleiteten Ihn. * **Wie Er aber Sich dem Tor der Stadt näherte, siehe, da wurde ein Toter herausgetragen, der einzige** (eigentlich: Einziggeborene) **Sohn seiner Mutter, und diese war eine Witwe, und eine stattliche Volksmenge der Stadt begleitete sie.**

Der Bericht versetzt uns in eine liebliche Landschaft, die dem Felsmassiv des kleinen Hermon vorgelagert ist. Nördlich bildet der Berg Tabor und südlich der Kleine Hermon die Grenze dieser Landschaft. Hier lag südöstlich von Nazareth in der Nähe von Endor das Städtchen Nain. Nain lag 50 km südwestlich von Kapernaum entfernt. Man brauchte vielleicht zwei Tagmärsche, um von Kapernaum nach Nain zu gelangen. Die Bedeutung dieses Ortsnamens ist entweder „die Liebliche" oder nach Talmud „das Angenehme". Am Abhang vor dem Osttor der Stadt treten Felsen hervor, die als Gräber benutzt wurden. Jesus näherte Sich auf der Straße von Daberath diesem Städtchen (Einen hochinteressanten Bericht über „Nain — heute" gibt K. E. Wilcken).

Jesus kommt, von Seinen Jüngern und einer großen Volksmenge begleitet, im rechten Augenblick in die Nähe des Stadttores von Nain. Das Ereignis an diesem Tore kann als ein treffender Beweis einer besonders trostreichen göttlichen Leitung und Führung betrachtet werden. Der Vater im Himmel wollte es so haben, daß viele Zeugen dieses Wunder der Totenauferweckung mit erleben sollten.

Daß der Trauerzug nach außerhalb der Stadt sich begab, war kein zufälliges Ereignis, sondern ist darauf zurückzuführen, daß die Juden die Bestattung ihrer Toten nicht innerhalb der Stadt (unter den Lebenden) erlaubten, sondern nur außerhalb der Mauern ihrer Ortschaften.

Fünfzig Kilometer mußte der Herr von Kapernaum her nach Nain wandern — und zwar wie immer auf heißer, staubiger Landstraße, wo Durst und Sonnenbrand quälen —, um hier in Nain einer trauernden und verzweifelten Witwe den soeben verstorbenen einzigen Sohn wieder zurückzugeben. —

Die drei Glieder dieses zwölften Verses beschreiben ein dreifaches Herzeleid, das mit jedem Satzglied gesteigert wird und zu immer größerem Mitleid veranlaßt.

1. Ein Jüngling war gestorben. Nach dem AT ist es Gericht, in der Hälfte der Erdentage hinweggerafft zu werden (Ps 55, 24; 102, 25).

2. Der Tod des einzigen Sohnes ist ein besonders hartes Gericht Gottes und darum Anlaß zur ungewöhnlichen Trauer. In 1 Kö 17, 18 sagt die Witwe zu Sarepta in Phönizien zum Propheten Elias, als ihr einziger Sohn gestorben war: „Du Mann Gottes . . . bist du deshalb

zu mir gekommen, um meine Verschuldung bei Gott in Erinnerung zu bringen und den Tod meines Sohnes herbeizuführen!"

Die Bitterkeit des Schmerzes um einen einzigen Sohn war darum in Israel sogar sprichwörtlich.

3. Die leidtragende Mutter war eine Witwe. Aus dem AT ist zu erkennen, daß der Witwenstand in Israel sehr schwer war. In vielen Schriftstellen ist zu lesen, daß eine Witwe auf das Mitleid angewiesen ist, weil sie ohne Stütze und Hilfe dasteht. Es ist nach jüdischer Meinung eine besonders schwere Strafe, wenn Gott die Frauen zu Witwen machen will. Doppelt groß ist darum hier die Trauer (Ruth 1, 20, 21; 1 Tim 5, 5; Hiob 24, 3).

b) Das Wunder der Totenerweckung.

Lk 7, 13—15

13 **Und als der Herr sie sah, wurde Er innerlich bewegt über sie und**
14 **sprach zu ihr: „Weine nicht!" * Und als Er hinzutrat und die Bahre**
berührte, standen die Träger still. Und Er sprach: „Jüngling, Ich
15 **sage dir, stehe auf!" * Und der Tote richtete sich auf und fing an**
zu reden. Und Er gab ihn seiner Mutter.

Vor dem Stadttor zu Nain begegneten sich zwei ganz verschiedene Züge: Der eine Zug wurde durch den Tod, den König des Schreckens (Hiob 18, 14) in Bewegung gesetzt. Der andere Zug wurde von dem Fürsten des Lebens geführt, von Jesus, dem Christus. Nach morgenländischer Sitte gingen die Klageweiber und die Flöten- und Zimbelspieler dem Leichenzuge voran. Die trauernde Witwe ging nicht wie bei uns hinter, sondern „vor" der Totenbahre her. Die Bahre, von vier Männern auf der Schulter getragen, war ein Brett ohne Deckel, auf welchem der Tote, in ein Leinentuch gehüllt, lag. Sein Angesicht jedoch war unbedeckt. Der Bahre folgten zuletzt die Freunde und Bekannten.

Zu Vers 15:
1 Kö 17, 23
2 Kö 4, 36

„Als der Herr die trauernde Witwe und Mutter sah, hatte Er Mitleid mit ihr." In tiefer Ergriffenheit sagte Jesus das zärtliche Wort: **„Weine nicht!"** Er, der das herzzerbrechende Weinen der einsam gewordenen Mutter hörte, neigt Sich tröstend zu der tiefgebeugten Frau herab. Es ist ein sanftes und zartes, ein starkes und verheißendes, ein sehr einfaches Herzenswort, das wir aus dem Munde des Heilandes vernehmen. Seine beiden Worte sind kein nichtiger Trost eines Menschen (Hiob 16, 2). Seine schlichten Worte enthüllen die stärkste Kraft des göttlichen Trostes. Was Er der Witwe in ihrer Trübsal sagte, ist ein Zeugnis Seiner erbarmenden Liebe für alle Weinenden. Es ist ein kräftiger Vorgeschmack des großen, voll zum Ausdruck gebrachten „Weine nicht!" des siegreichen Löwen aus dem Stamme Juda (Offb 5, 5; 21, 4).

Dieses eine schlichte Wort genügte. Schweigend trat Er heran. Still berührte Er die Totenbahre. Die Träger, die nach jüdischem Brauch im Eilschritt dahingingen, standen still.

Mit atemloser Spannung schaut wortlos und still die Menge auf den
Herrn. Dem Worte Seines erbarmenden Mitleids folgte majestätisch
die Tat der Hilfe. Ein Ergreifen des Toten bei der Hand wird nicht
berichtet. Der Herr über Leben und Tod berührte nur die Bahre. Der
Herr rief auch nicht Gott an, wie einst Elia (1 Kö 17, 21), sondern
es war nur ein einfaches Gebieten in eigener Macht. Jesus spricht Sein
zweites Allmachtswort, das ähnlich klingt wie die Auferweckungsworte
bei Jairi Töchterlein und am Grabe des Lazarus. Es lautet: „Jüngling,
Ich sage dir, stehe auf!" Dieser majestätische Ruf drang bis in die
Totenwelt hinab. Der Tote hatte des Herrn Wort vernommen. Das
Lebenswort aus dem Munde des Lebensfürsten wirkte die Lebenskraft
des Verstorbenen. Der Tote richtete sich auf. Es bedurfte keiner fremden Hilfe, keiner fremden Hand, um ihn aufzurichten. Der Tote richtete sich selber auf und fing an zu reden. Er lebte wieder, als wäre
er nie gestorben. Der Christus (der Gesalbte), der Messias, hat hier
von der Totenbahre ebenso schnell und leicht erweckt, wie ein anderer vom Schlaf jemanden aufzuwecken sucht. Wie wunderbar groß zeigt
der Christus darin den Unterschied zwischen Sich und Seinen Dienern
und Knechten.

Man versäume nicht, einmal die Totenauferweckung bei Elia in 1 Kö
17, 19—22 zu lesen und zu vergleichen mit den drei Totenauferweckungen des Herrn! Welch ein gewaltiger Unterschied. In dem Satze: Und Er
gab ihn seiner Mutter, liegt eine Erinnerung an die zwei Totenerweckun-
gen des AT (1 Kö 17, 23; 2 Kö 4, 36).

c) Die Wirkung des Wunders.

Lk 7, 16

Zu Vers 16:
Lk 1, 68

**16 Es ergriff aber alle die Furcht, und sie verherrlichten Gott indem
sie sagten: „Ein großer Prophet ist unter uns erweckt worden, und
Gott hat Sein Volk besucht."**

Die Rückkehr des verstorbenen, einzigen Sohnes der Witwe zum
Leben durch Jesu Vollmachtswort verursachte eine aufsehenerregende
Wirkung bei allen Augenzeugen.

Jesus offenbarte Sich durch diese Totenauferweckung als der vom Volke
erwartete Messias. Seine Augenzeugen erblickten in Ihm jetzt den
„großen Propheten", welchen Gott unter ihnen erweckt hatte (Vgl.
5 Mo 18, 15. 18).

Die mosaische Weissagung von dem großen Propheten ist nach dem
Zeugnis einer Anzahl neutestamentlicher Stellen (Mt 21, 11. 46; Mk
6, 15; Lk 13. 33; 24, 19; Jo 1, 21. 45; 6, 14; 4, 25; 5, 45—47; Apg 3, 22.
23; 7, 37) in Jesus von Nazareth, dem Christus, erfüllt.

Die Zuversicht, daß in Jesus der ersehnte Messias, der Christus,
gekommen ist, wird noch mit der Aussage unterstrichen, daß Gott Sein
Volk besucht oder heimgesucht habe. Mit dieser Zeit der Heimsuchung
ist der Anbruch des messianischen Zeitalters gemeint (vgl. Lk 1, 68.
70). Das Gnadenjahr des Herrn hat begonnen (Lk 4, 19).

3. Ausbreitung der Kunde Seiner Taten.

Lk 7, 17

17 Und die Kunde hiervon breitete sich aus in ganz Judäa und überall in der ganzen Umgebung.

Diese Rede, oder diese Kunde von Jesus, dem Christus (Messias), breitete sich aus in ganz Judäa.

Die Bemerkung dieser weiten Ausbreitung von Jesu Wundertat bildet gleichsam den Übergang zur folgenden Geschichte von Johannes dem Täufer. Der Vorläufer des Herrn hatte auch die Kunde von dem Auftreten des großen Propheten und von Gottes gnädiger Heimsuchung vernommen.

4. Antwort Jesu an die zwei Johannesjünger.

Lk 7, 18—23

Wie die Bemerkung über die Kunde von Jesu Wundertaten in Lk 7, 16 und 17 die hier berichtete Botschaft Johannes des Täufers an den Herrn vorbereitet, so bietet auch die leise Anspielung auf die Eliageschichte (vgl. Lk 7, 15 mit 1 Kö 17, 23) unserem Evangelisten einen Anlaß, eine Episode von dem Prediger der Wüste einzufügen, welcher nach Maleachis Weissagung „der andere Elia" war (Mal 4, 5: Mt 11, 14).

Wie Josephus berichtet (Ant. XVIII, 5, 9), lag der Vorläufer des Herrn in der Bergfeste Machärus, jenseits des Toten Meeres, gefangen. Herodes hatte ihn festsetzen lassen wegen seines Strafwortes gegen den Ehebruch des Vierfürsten (Mk 6, 20). Es war statthaft, daß seine Jünger ihn im Gefängnis besuchten und mit ihm sprechen durften, wie das auch bei Paulus möglich war (Apg 28, 30). Die wachsende Kunde von Jesu Predigttätigkeit und Wundertätigkeit drang dadurch bis hin zu Johannes im Gefängnis. Was er hörte, veranlaßte ihn, seine Jünger mit einer Frage zu Jesus zu senden.

18 Und es berichteten dem Johannes seine Jünger alle diese Dinge, 19 und Johannes berief zwei seiner Jünger, * sandte sie zu dem Herrn und sagte: „Bist Du der Kommende, oder sollen wir einen 20 anderen erwarten?" * Als aber die Männer bei Ihm (bei Jesus) eintrafen, sprachen sie: „Johannes der Täufer hat uns zu Dir gesandt und sagt: ‚Bist Du der Kommende, oder sollen wir einen 21 anderen erwarten?' * In jener Stunde aber heilte Er viele von Krankheiten und Plagen und bösen Geistern, und vielen Blinden 22 wurde das Augenlicht geschenkt. * Und Er antwortete und sprach zu ihnen: „Gehet hin und verkündigt Johannes, was ihr seht und gehört habt! Blinde sehen wieder, Lahme gehen umher, Aussätzige werden rein und Taube hören, Tote stehen auf, Arme empfangen 23 gute Botschaft. * Und glückselig zu preisen ist der, welcher keinen Anstoß an Mir nimmt!"

Ausführlich in W. Stb. Matth. S. 143ff.
Zu V. 18—23: Mt 11, 2—6

Zu Vers 19: Mal 3, 1

Zu Vers 22: Jes 35, 5. 6 61, 1

Zu Vers 23: Mt 13, 57 26, 31

Die Frage, die dem gefangenen Gottesknecht auf der Seele brannte,
lag im Sinne aller, die sehnend auf den Kommenden warteten. Der
verheißene Messias, der König und Gründer der Gottesherrschaft, war
der Gegenstand und Inhalt seiner Frage.

Der Antwort des Herrn auf die Frage der Johannesjünger geht die
Bemerkung in Vers 21 voraus, daß Jesus zu jener Stunde viele Menschen von ihren Krankheiten, Plagen und bösen Geistern heilte, Tote
auferweckte und Blinden das Sehvermögen schenkte. Es war eine
Stunde, wie sie sich mehrfach im Leben des Herrn ereignete (Lk 4, 40;
5, 17; 6, 18). Ehe die Boten mit Jesus ins Gespräch kamen, waren sie
Augenzeugen Seiner herrlichen Wundertaten und Hörer Seiner gewaltigen Predigten. Der Herr ermunterte die Sendboten, ihrem Meister
im Kerker zu melden, was sie sahen und hörten. Die Heiltätigkeit war
Jesu Beruf und eine ständige Begleiterscheinung Seiner machtvollen
Predigt. Durch Seine Wundertaten traten Kräfte der zukünftigen Welt
in Erscheinung. Die Vergebung der Sünden, welche die Menschen von
Ihm empfingen, war ein Zeugnis dafür, daß Jesus mehr als ein großer
Prophet war. Alles, was die Sendboten sahen und hörten, bestätigte,
daß Jesus der Stärkere, der Kommende war; Er war Der, dessen Kommen der Täufer verkündigt hatte (Lk 3, 16). Dies alles soll dem gefangenen Gottesknecht zur Stärkung des Glaubens dienen.

Hinsichtlich der Frage: „Zeigt nicht die Botschaft der Johannesjünger im Auftrag ihres Meisters, daß der Täufer an Gott und Jesus
irre geworden ist" — möchten wir hinweisen auf die ausführlichen
Darlegungen in der W. Stb. Matthäus, zu Mt 11, 2—6. Dort ist eingehend geantwortet worden.

Die Botschaft des Täufers an Jesus veranlaßt den Herrn, ein um-
fassendes Zeugnis über Seinen Vorläufer und Knecht abzulegen. —
Es ist der letzte Freundesdienst und Liebesdienst, den der Herr Seinem Boten und Knecht Johannes erweist.

In dem kurzen, man möchte meinen „allzu kurzen" öffentlichen Auftreten des Täufers hat das Wort des Johannes immer und immer wieder die Größe Seines Herrn, des nach ihm Kommenden, des Stärkeren,
verkündet — jetzt beginnt der Herr in tiefer Verbundenheit mit Seinem Knecht in der in den Versen 24—35 festgehaltenen Lobrede Größtes von Seinem treuen Diener auszusagen.

Wir verweisen auf die ausführlichen Darlegungen in W. Stb. Matthäus zu Mt 11, 7—19.

W. Stb. Matth.   5. Jesu Zeugnis über Johannes zu den Volksmengen.
S. 146ff.
                                              Lk 7, 24—28

Zu V. 24—28   24 Als aber die Boten des Johannes weggegangen waren, fing Er an,
Mt 11, 7—12   über Johannes zu den Volksmengen zu reden: „Was seid ihr in
                     die Wüste hinausgegangen zu betrachten? Ein vom Winde wan-
                 25 kendes Rohr? * Was seid ihr hinausgegangen zu sehen? Einen Men-

schen, der da in kostbare Kleider gekleidet ist? Siehe, die in
herrlicher Kleidung einhergehen und in Üppigkeit leben, befinden
26 sich in Königspalästen. * Was seid ihr hinausgegangen zu sehen?
Einen Propheten? Wahrhaftig, Ich sage euch, der mehr ist als ein
27 Prophet! * Dieser ist es, über welchen geschrieben steht: „Siehe,
Ich sende Meinen Engel vor Deinem Angesicht her, welcher Dei-
28 nen Weg vor Dir her bereiten wird." * Ich sage euch: Unter den
von Frauen Geborenen ist keiner größer als Johannes; der Kleinste
aber im Königreich Gottes ist größer als er.

Nach dem Weggang der Boten des Johannes führt der Herr den
Volksmassen das Bild des großen Propheten vom Jordan vor Augen.
Jesus zeigt seine erhabene Stellung im Kreise der Propheten des AT.
Er betont aber auch die Überlegenheit des kleinsten neutestament-
lichen Reichsgenossen über den Täufer, der noch in der Vorhalle des
Königreiches Gottes stand. Außer einigen geringen sprachlichen Ände-
rungen wiederholt Lukas das gleiche, was Matthäus berichtet. Inhalt-
lich ist das hier Gesagte schwierig.

Um den Volksscharen die Größe des Johannes zum Bewußtsein zu
bringen, stellt Jesus ihnen dreimal die Frage, warum sie seinerzeit
so begeistert hinaus in die Wüste zu Johannes geströmt wären.
1. Wollten sie am Jordan ein vom Winde geschütteltes Schilfrohr
sehen, oder
2. wollten sie einen feingekleideten Mann betrachten? Die Zuhörer
mußten diese beiden Fragen verneinen. Um die Worte des Herrn zu
verstehen, sind diese Fragen zu der Lebensführung und -haltung des
Täufers in Beziehung zu setzen.

An Johannes, dem Prediger in der Wüste, war nicht allein das
g e s p r o c h e n e Predigtwort wahrzunehmen, sondern auch fort und
fort das v o r g e w a n d e l t e Gotteswort zu studieren. Alles an ihm
hat gepredigt: die Predigtweise und die Lebensweise waren eins. Wie
kann da von einem Schilfrohr, das sich im Winde hin- und herbewegt,
auch nur im entferntesten die Rede sein?

Die Übereinstimmung von Tat und Wort, vom gewandelten und gesprochenen Predigtwort hat ihm die Kerkerhaft eingetragen. Denn der
sittenreine Prediger im rauhhaarigen Gewand hatte sich innerlich berufen gefühlt, nicht nur dem Volk, sondern auch dem üppigen und wol-
lüstigen Fürsten, dem König Herodes Antipas, die Wahrheit zu sagen
(Vgl. Mt 14, 3 und 4). Diese seine Standhaftigkeit hatte dem Täufer
nicht nur den Kerker eingebracht, sondern ihn dann auch sein Leben
gekostet (vgl. Mt 14, 6—12).

Wie echt und wirklich hatte sich also bei dem Täufer die bedeutungsvolle und allein wahre Voraussetzung aller Reichsgottesarbeit
gezeigt — zum großen Vorbild auch für uns.

Man kann nicht Christ sein, ohne die Tatsache der eignen Verwand-
lung zu demonstrieren. „Christ sein" ist nicht irgendwie ein Worte
machen, ein Reden über allerlei christliche Dinge und christliche An-

gelegenheiten, sondern lebendiges „Christ sein" ist Fleisch und Blut, ist Leben und Wirklichkeit. Der Mensch damals wie heute wird nicht von Theorien gepackt, sondern vom Christusleben her ergriffen, d. h. von der Ganzheit und Echtheit eines „Lebens in Christo".

Und das war einzigartig beim Täufer zu sehen. Und darum war die Volksmenge hinausgeeilt zum Prediger in der Wüste. Nicht das schwankende Schilfrohr — nicht den Schein wollte man erleben in der Wüste, sondern das Echte und Wesenhafte.

3. Die dritte Frage des Herrn lautete: „Was zu sehen seid ihr hinausgegangen? Einen Propheten? Wahrhaftig, Ich sage euch, der mehr ist als ein Prophet." — Johannes ist der letzte aller alttestamentlichen Propheten, der Schlußstrich der prophetischen Reihe, der ausgestreckte Finger, der auf den Messias hinweist. Er hat eine heilsgeschichtliche Funktion. In ihm ist die Schnittlinie zwischen Altem und Neuem Testament. Unter Hinweis auf Mal 3, 1 nennt der Herr den Täufer „Engel" Gottes. Engel und Bote ist im Hebr und im Grie dasselbe Wort — aber weil jeder Prophet ein Bote Gottes ist, haben wir hier, um den Gedanken des Herrn vielleicht besser wiederzugeben, das Wort „Bote" bewußt mit „Engel" übersetzt. Freilich ist „Engel" nicht wörtlich zu nehmen. Jesus sagt Vers 27b: „Siehe Ich sende Meinen Engel vor Deinem Angesicht her". Wie wunderbar auch dieses Wort „vor Deinem Angesicht her"!

Das aber ist die höchste Kennzeichnung des Engels, daß er „vor Gottes Angesicht steht (vgl. Gabriel Lk 1, 19: „Ich bin Gabriel, der da steht vor dem Angesicht Gottes!") Somit ist des Täufers Lebensführung und Sein Beruf tatsächlich dem Dienste eines Engels zu vergleichen. Lies Hbr 1, 7. —

Größeres konnte der Heiland über Seinen Diener und Knecht vor aller Öffentlichkeit nicht aussagen als dieses Wort „Unter den von Frauen Geborenen ist keiner größer als Johannes". Wenn es dann weiter heißt: „Der Kleinste aber im Königreich Gottes ist größer als er", dann bedeutet dieses Wort Jesu aber: Das Kleinersein des Johannes gegenüber dem Geringsten der Gemeinde Jesu bezieht sich niemals auf den beruflichen oder persönlichen Wert.

Denn, wenn nach den Worten des Herrn Johannes der Täufer, der von allen Propheten des Alten Bundes den Gipfelpunkt bildet, vor der neutestamentlichen Entwicklung dennoch zurücksteht, so wird damit nur angezeigt, daß ein wichtiger Abstand grundsätzlich zwischen dem Alten und Neuen Testament besteht.

Bei dem Täufer und im Alten Testament sind die messianischen Elemente, die zur neutestamentlichen Erkenntnis hinüberleiten, zwar als Hinweise, als ausgestreckte Finger auf Jesus Christus hin zu sehen. Jesus Christus aber ist erst das „A m e n" Gottes und das „J a" Gottes zu allen Verheißungen und Weissagungen des AT.

Jesus fährt fort:

W. Stb. Matth.
S. 148ff.

Zu V. 29—35:
Mt 11, 16—19

Zu Vers 29:
Lk 3, 7. 12
Mt 21, 32

Zu Vers 30:
Apg 13, 46

Zu Vers 32:
Spr 29, 9

Zu Vers 34:
Mt 9, 11
Lk 15, 2
Jo 12, 37

29 „Und das ganze Volk, das zuhörte, und die Zöllner gaben Gott
30 recht und ließen sich taufen mit der Taufe des Johannes. * Die
Pharisäer aber und die Gesetzeslehrer verwarfen den Heils-Rat
Gottes für sich selbst, daß sie sich nicht von ihm taufen ließen.
31 * Wem soll Ich nun die Menschen dieses Geschlechtes vergleichen
32 und wem sind sie gleich? * Sie sind Knaben gleich, die auf dem
Markte sitzen und sich untereinander zurufen: Wir haben euch
die Flöte geblasen und ihr habt nicht getanzt; wir haben geweint
33 und ihr habt nicht geklagt. * Johannes der Täufer ist gekommen,
er aß kein Brot und trank keinen Wein, da sagtet ihr: Er hat
34 einen Dämon. * Der Sohn des Menschen ist gekommen, der ißt
und trinkt, nun sagt ihr: Siehe, ein Fresser und Weinsäufer, ein
35 Freund der Zöllner und Sünder! * Und die göttliche Weisheit ist
gerechtfertigt von allen ihren Kindern."

Jesus, der noch weiter von Johannes spricht, blickt auf die Zeit zurück, in der jener noch in Freiheit in voller Manneskraft wirkte.
Dieser kurze Übersichtsbericht von seiner damaligen Tätigkeit gehört
zum lukanischen Sondergut (Vers 29—30) und bildet einen sinnvollen
Übergang zum Folgenden.

Jesus zeigt ein zweifaches Ergebnis des Wirkens seitens des Täufers.
Bei den niederen Klassen und den Verachteten des Volkes war anfangs
eine günstige Aufnahme seiner Botschaft wahrzunehmen. Die Mehrheit des Volkes und zahlreiche Glieder aus dem Zöllnerstande erklärten Gott für gerecht, indem sie dem Bußruf des Täufers folgten
und sich der Taufe zur Sündenvergebung unterzogen (Lk 3, 3). Im Gegensatz hierzu boten die Häupter des Volkes, die Pharisäer und Gesetzeslehrer, dem Täufer einen bewußten Widerstand. Ihr Verhalten bestimmte zuletzt das Volksganze. Die Volkshäupter vereitelten oder
vernichteten den Heilsrat Gottes für sich selbst und für die anderen.

Während in den Versen 29 und 30 von der Vergangenheit die Rede
ist, wendet Sich Jesus im Folgenden (Vers 31—35) an das gegenwärtige Verhalten des Volkes, das sich in einer gegensätzlichen Haltung
zu Johannes und gegen Jesus Selbst äußerte. Der Herr spricht die
anwesende Volksmenge wegen der launischen Beurteilung des Täufers
und Seiner Person schuldig. Mit der Bezeichnung „die Menschen dieses
Geschlechts" (vgl. Lk 11, 29—30. 32) werden zwar alle Zeitgenossen,
bei denen dieser launische Charakter in Erscheinung tritt, in diese Anklage einbezogen. Auf Grund von Vers 30 aber sind in besonderer
Weise sicherlich die Pharisäer und Schriftgelehrten mit dem Gleichnis
von den eigensinnigen Kindern gemeint. Sie gleichen in ihrer Stellung
zu Johannes und Jesus den launenhaften Kindern beim Spiel. Sie spie-
len die Flöte, aber keiner tanzt. Sie stimmen einen Klagegesang an,
niemand aber schlägt an die Brust (Mt 11, 17; Lk 7, 32). Jesus sagt
mit diesem Gleichnis: Seine Zeitgenossen sind wie die mürrischen Kinder,
die an allem, was Gott durch Johannes und Ihn getan hat, eine bös-

willige Kritik üben. Gott aber sandte dieser Generation Johannes den Täufer und „den Sohn des Menschen" als letzte Boten vor der Endkatastrophe. Dem Täufer sagten sie wegen seiner asketischen Lebensweise, er habe einen Dämon; Jesus, der eine nicht asketische Lebensweise führte, wurde ein Fresser und Weinsäufer, ein Freund der Zöllner und Sünder genannt (Lk 5, 27—32; 15, 1). Die Bekehrungspredigt des Johannes paßte ihnen nicht und die Evangeliumspredigt Jesu sagte ihnen auch nicht zu. Die damaligen Zeitgenossen waren so wankelmütig und flatterhaft, daß sie an allem, was Gott für sie tat, herumnörgelten.

Im Gegensatz zu diesem törichten Verurteilen seitens der wetterwendischen Menge weiß Jesus, daß nicht alle auf das Gerede der Zeitgenossen horchen. Der göttlichen Weisheit, die ihre Propheten und Boten zu Israel sendet, wird von allen ihren Kindern eine Rechtfertigung zuteil (Lk 11, 49). Der Mehrheit der Zeitgenossen, die den Charakter der gegenwärtigen Generation darstellen, treten die wenigen Kinder der Weisheit gegenüber. — Kinder der Weisheit sind alle diejenigen, die sich von Johannes und Jesus willig und gern belehren ließen und nicht auf das törichte und launenhafte Gerede ihrer Zeitgenossen hörten. Die Kinder der Weisheit (vgl. Spr 8) haben die heiligernste Predigt des Johannes und die heilig-liebevolle Evangeliumspredigt Jesu mit Freuden aufgenommen in Herz und Leben hinein. Die Kinder der Weisheit spürten und merkten, daß sowohl in dem Täufer als auch in dem Sohne Gottes Selbst die ewige Weisheit auf den Plan getreten war.

Die Wunder waren da, Jesus war da, zwar mächtig und gewaltig in Taten und Worten (Er predigte gewaltig und nicht wie die Schriftgelehrten Mt 7, 29 und Mk 1, 22 und Lk 4, 32), aber die Weltgeschichte als solche wird nicht verändert, die Römer bleiben im Land. — Sünde und Korruption herrschen „oben und unten", bei „Vornehmen und Geringen", Krankheit und Tod sammeln weiterhin ihre Beute ein. Aber dennoch war etwas ganz Neues, ganz Einzigartiges, bisher noch nie Dagewesenes angebrochen, etwas, was über alle Zeiten und über alle Völker hinaus Ewigkeitsbedeutung, Herrlichkeitssinn, göttliches Format hatte. Jesus Christus war gekommen und wurde erkannt und gesehen, geglaubt und geliebt von denen, die sich ihre Augen öffnen ließen für dieses unfaßbare und unbegreiflich kostbare Heil. Gerade in dem Menschensohn, der da aß und der da trank und den auch hungerte und dürstete, der da schlief und wieder erwachte, der da in Seiner Armut und Niedrigkeit nicht hatte, wohin Er Sein Haupt legen konnte (lies Lk 9, 58), und der mit Zöllnern und Sündern umging — in Diesem und in keinem anderen war das Zeit und Ewigkeit, Erde und Himmel umfassende Heil transparent geworden, und zwar glashell und unmißverständlich, unzweideutig und lauter!

Das zu sehen und handgreiflich täglich immer wieder neu zu erfahren und zu erleben als etwas ganz unbeschreiblich Kostbares und Wunderbares, das war den Kindern der Weisheit beschieden, d. h.

allen denen, die sich dem „Licht der Welt" mit ganzer Hingabe und
seliger Bereitschaft öffneten.

Denn nicht darin besteht die Gnade und das Heil, daß sich die
Menschen zu Gott hinaufarbeiten mit Beten und Fasten, mit Almosen
geben und pharisäischer Gesetzesbeobachtung und Leistung — sondern
daß Gott zu den Menschen hinabgestiegen ist und ihnen gleich wurde
in allem, Mensch unter Menschen.

6. Die dankbare Sünderin beim Gastmahl im Hause des Pharisäers Simon.

Lk 7, 36—50 (Sondergut)

Wieder beginnt ein neuer Abschnitt vom angefangenen „Gnadenjahr
des Herrn" (lies Lk 4, 19) sich zu entfalten. Lukas berichtet uns von
diesem neuen Abschnitt.

Er bietet uns damit in einem „Sondergut" eine der ergreifendsten
Erzählungen in den Evangelien dar. Eine stadtbekannte Sünderin salbt
aus Dankbarkeit die Füße des Herrn. Aus Zartgefühl verschweigt der
Evangelist den Namen der Berüchtigten. Dieses Verschweigen hat in
der alten Kirche zu einer äußerst verworrenen Entwicklung der Auslegungen geführt. In der harmonistischen Bearbeitung der Salbungsgeschichte in den Evangelien ist die hier genannte große Sünderin mit
Maria Magdalena und sogar mit Maria von Bethanien, der Schwester
des Lazarus, gleichgestellt worden. Unsere Geschichte des lukanischen
Sondergutes hat unverkennbare Berührungspunkte mit der von Matthäus (Kap 26, 6—13), Markus (Kap 14, 3—9) und Johannes (Kap 12,
3—8) berichteten Salbungsgeschichte.

Die Ähnlichkeiten der vier Berichte haben in der alten Kirche weiterhin auch Legenden der verwegensten Art hervorgerufen. Es handelt sich
aber nicht um vier, sondern um zwei verschiedene Geschichten. Das
von Matthäus, Markus und Johannes Erzählte ist eine Geschichte, die
von dem, was Lukas berichtet, streng auseinanderzuhalten ist. In diesen beiden Erzählungen sind die Zeit und der Ort völlig verschieden.
Die von den Evangelisten, außer Lukas, erzählte Salbung bezieht sich
auf den Tod Jesu. Was unser Evangelist berichtet, ereignete sich viel
früher. Das in unserem Text Berichtete fand in einer galiläischen Stadt
statt. Die andere Salbung wurde dem Herrn in einem Dorfe nahe bei
Jerusalem zuteil. Für die Verschiedenheit von zwei Salbungsgeschichten
sprechen die Namen der Gastgeber, Simon, der Pharisäer, und Simon,
der Aussätzige (vgl. W. Stb. Matthäus zu Mt 26, 6—13).

Jesus, der in schrecklicher Weise ein Fresser und Weinsäufer genannt wird (Vers 34), läßt Sich vom Pharisäer (Lk 7, 36; 11, 37; 14, 1)
und vom Zöllner (Lk 5, 29) zu festlichen Mahlzeiten einladen. Er hat eine
besondere Zuneigung zu den Zöllnern und Sündern, worüber sich die
Pharisäer ärgerten (Lk 5, 30; 7, 34; 15, 1 f.; 19, 1—10). Im Unterschied
zu diesen Verachteten standen die Pharisäer nach dem Urteil des Herrn
in einem ungünstigeren Licht (Kap 7, 29—35; 18, 9—14). Die Verse
29—30 in Kap 7 lassen den tiefen Gegensatz zwischen den Pharisäern

und dem Täufer aufbrechen. Sie lauten: „Und das ganze Volk, das
zuhörte, und die Zöllner gaben Gott recht und ließen sich taufen mit
der Taufe des Johannes. Die Pharisäer aber und die Gesetzeslehrer
verwarfen den Heilsrat Gottes für sich selbst, daß sie sich nicht von
ihm taufen ließen!" — Wie erschütternd klingen doch diese Worte des
Herrn. Was für eine Macht hat doch der sterblich sündige ohnmächtige
Mensch in sich. Er kann den ewigen Heilsrat Gottes des Allmächtigen
und Allgütigen **verwerfen**. Im Griechischen steht für „verwerfen"
athetéo, d. h. beseitigen, unwirksam machen.

In der nun folgenden Geschichte schildert Lukas dramatisch packend
von einer tiefgefallenen Sünderin, die zur Aufnahme des Heilsrates
Gottes kam. Dieser Gegensatz, der da bestand zwischen Pharisäern und
Gesetzeslehrern, die den Heilsrat Gottes verwarfen — und der Verworfenen, die das Heil Gottes sehnsuchtsvoll verlangend ergriff —
dieser Gegensatz kommt in der hier vorliegenden Erzählung klar zur
Geltung. Der pharisäische Gastgeber ließ im Gegensatz zum Volk
Ihn nicht als Prophet, sondern nur als Lehrer von anfechtbarer Autorität gelten (Vers 39. 40). Für die Sünderin dagegen war Jesus weit
mehr als ein Prophet, nämlich der Christus, der Retter von Schuld und
Sünde. Alles dies zeigt einen engen Zusammenhang mit dem in Vers
24—35 Erzählten.

a) Das Ärgernis im Hause des Pharisäers Simon.
Lk 7, 36—38

36 **Es bat Ihn aber einer von den Pharisäern, daß Er mit ihm essen
   möge. Und als Er in das Haus des Pharisäers ging, nahm Er bei
37 Tische Platz. * Und siehe, eine Frau, welche in der Stadt eine Sünderin war und erfahren hatte, daß Er in dem Hause des Pharisäers zu Gaste sei, brachte ein Alabasterfläschchen mit Salbe herbei.
38 * Und während sie weinend von hinten her Seinen Füßen sich
   näherte, fing sie an, mit Tränen Seine Füße zu benetzen und mit
   den Haaren ihres Hauptes zu trocknen und Seine Füße zu küssen
   und mit der Salbe zu salben.**

Jesus war bei einem Pharisäer namens Simon zu Gast. Der endgül-
tige Bruch zwischen dem Herrn und den Pharisäern war noch
nicht vollzogen. Mitglieder der pharisäischen Partei konnten
darum ohne Schwierigkeiten Jesus zu Tisch laden. Lukas
berichtet mehrfach davon, daß Jesus von Pharisäern eingeladen
wurde (Lk 11, 37; 14, 1). Es kann jedoch aus unserer Geschichte gefolgert werden, daß Simon seinen Gast nicht gerade herzlich und
freundlich, sondern mehr mit einer kritischen Zurückhaltung empfangen hat (Vers 45. 46). In seinen Antworten an Jesus liegt der Ton
kühler Höflichkeit (Vers 40. 43). Nach seiner eigenen Bemerkung
schwankt er zwischen dem Eindruck der Hoheit Jesu und dem Widerwillen gegen Ihn von seiner Partei her (Vers 39). Simon nahm also
eine noch abwartende Stellung ein (Vers 40).

Wir wollen die von Lukas so trefflich geschilderte Geschichte nun in ihren einzelnen, so lebendig gemalten Phasen verfolgen.

Die Häuser der reichen Juden hatten nach dem Hofe zu Säulenhallen. Nach der Sitte des Morgenländers durften auch Fremde dem hohen und feierlichen Gastgelage vom Hofe aus zuschauen. Wir sehen auf den Tischen die Speisen und Früchte bereitgestellt. Vor den Tischen sind hohe und weiche Polster, worauf die Gäste ruhen werden. Sie werden sich während des Gastmahls auf den linken Arm stützen. Die bloßen, von den Sandalen befreiten Füße werden dann nach hinten rückwärts ausgestreckt sein.

Schon kommen die Gäste. Nach ihrer Kleidung in bunter morgenländischer Art ist zu schließen, daß es Schriftgelehrte und angesehene Ratsherren sind. Der Hausherr geht auf einen jeden zu, grüßt ihn mit dem Gruß: „Friede sei mit dir", und küßt ihn mit dem Friedenskuß. Dieser Kuß auf die Wange ist die Versicherung des Willkommenseins und der Liebe und Freundschaft. Dann kommen Diener mit kühlem Wasser und waschen den Gästen die durch den Straßenstaub beschmutzten Füße und erfrischen somit die müde gewordenen Glieder. Zu Hause hatte man sich vor jedem solchen Gastmahl zwar schon ganz gebadet und gesalbt. Da man aber barfuß oder auf Sandalen ging, bedurfte man jetzt beim Eintritt ins Haus des Gastherrn nur noch der Fußwaschung, weil vom Straßenstaub ja nur der Fuß wieder beschmutzt worden war. Wir sehen, wie genau sich die Pharisäer der Reinigungsvorschriften unterwarfen. Unreinigkeit bedeutete für sie Übertretung des Gesetzes. Nach dem Waschen wurde wohlriechendes Öl (Parfüm) zum Ordnen der Haare und zum Salben des Hauptes und der Hände (die man sich ebenfalls nochmals gewaschen hatte) vom Hausherrn gereicht.

Weil der Herr den Pharisäern am wenigsten Veranlassung geben wollte zu der Beschuldigung, daß Er sie zurückgestoßen hätte, war Er der Einladung gern gefolgt. Der Herr wollte keine Gelegenheit versäumen, ihnen Buße zu predigen, damit, wenn sie sich beugten, Er ihre Seele gewinnen könnte. Er versuchte es mit ihnen auf allerlei Weise, durch Strenge und durch Güte, durch Härte und durch Freundlichkeit. Es ist nicht wahr, daß Er sie nur gescholten habe, Er hat ihnen auch Seine ganze Liebe gezeigt. „Johannes kam, aß nicht, trank nicht, da sagten sie, er hätte den Teufel. Des Menschensohn kam, aß und trank mit ihnen, da sagten sie: „Seht mal, was ist das für ein Mensch, ein Weinsäufer, der Zöllner und Sünder Geselle!" — Die Pharisäer mußten sich durch diese Worte, die sie über Jesus gesagt hatten, selbst verurteilen. Er war auch ihr Tischgenosse, ließ Sich auch von ihnen zu Tische laden, obwohl sie doch Seine persönlichen Feinde waren (sie hatten schon den Gedanken erwogen, Ihn zu töten Lk 6, 11) und nicht heilshungrigen Zöllnern glichen. Trotz ihrer Feindschaft fürchtet der Herr Sich nicht, sondern zeigt ihnen und auch uns heute das, was Feindesliebe heißt.

Das Festgelage ist in vollem Gang. Da tritt plötzlich ein ungeladener
Gast ein, Vers 37 und 38: Und siehe, eine Frau, welche in der Stadt
eine Sünderin gewesen war und erfahren hatte, daß Jesus im Hause
des Pharisäers zu Gast sei, brachte ein Alabasterfläschchen voll Salb-
öl herbei; und während sie weinend von hinten her Seinen Füßen sich
näherte, fing sie an, mit Tränen Seine Füße zu benetzen und mit den
Haaren ihres Hauptes zu trocknen und Seine Füße zu küssen und mit
Salbe zu salben.

Das Wort: „**Und siehe**" gibt das außerordentliche Zeichen der Verwunderung über diesen plötzlichen Zwischenfall an. Die Eintretende
war eine Sünderin, die in großen Sünden gelebt hatte. Um das Außerordentliche ihrer Ehrenbezeugung vor Jesus zu erklären, müssen wir
annehmen, daß sie den Herrn schon früher gesehen und gehört und daß
Er ihr schon eine große Wohltat erwiesen hat. Vers 42 und 47 zeigen
an, welche große Wohltat es gewesen war: „Die Vergebung aller ihrer
Sünden." „Ihr sind viele Sünden vergeben worden." Mag dies nun beim
Hören einer Predigt gewesen sein, oder in einer besonderen Unterredung, oder durch einen jener Blicke Jesu, die wie ein Strahl vom
Himmel in die gebrochenen Herzen fielen ... sie hatte von Ihm die
große Botschaft von der Vergebung aller ihrer Sünden empfangen, und
die duftende Salbe, die sie mitbrachte, war das Bild ihrer großen und
tiefen Dankbarkeit für die unschätzbare Wohltat. — Sie kam nicht mit
leeren Händen. Als Jüdin wußte sie, was ihrem Volke von dem Herrn
befohlen war: „Erscheinet nicht leer vor Mir, nicht ohne Gabe oder
Opfer!"

Wie es Brauch der Diener war, die bei der Tafel hinter ihren Herren
standen, ihnen stehend aufzuwarten, bereit, im Augenblick ihrer Herren Befehle auszurichten, so trat sie denn auch von hinten heran, um
Ihm zu dienen und Ihn zu ehren. Da man, wie schon gesagt, bei Tisch
auf einem Divan halb liegend die unbeschuhten Füße nach hinten aus-
streckte, so konnte die Frau ohne Hindernis bis zu Jesus gelangen und
Seine Füße salben. Aber in dem Augenblick, wo sie sich anschickt, Ihm
diese Huldigung zu erweisen, bricht sie bei der Erinnerung an ihre Verfehlungen in Tränen aus. Ihre Tränen fließen auf die Füße des Heilands und, da sie kein Tuch hat, um sie abzuwischen, so macht sie sich
ein Tuch aus ihrem schnell gelösten Haar. Um diese Handlung zu würdigen, erinnere man sich, daß es bei den Juden eine der größten Demütigungen für eine Frau war, öffentlich mit aufgelösten Haaren zu erscheinen.

Nicht ein einziges Wort ist von ihrer Zunge gekommen. Wozu war
es auch nötig, daß ihre Zunge redete? Ihre Augen und Hände sprachen
ja so deutlich. Ihr ganzes Tun und Handeln war lauter Beredsamkeit.
Besser, daß die Werke reden und die Zunge schweigt, als daß die Zunge
redet und die Werke schweigen. Bei dieser Frau war die Zunge still,
das Herz aber laut in innerer Bewegung und schrie in Liebe und Anbetung und Dankbarkeit zu ihrem Gott. — Im W e i n e n bestand ihr
Gebet. — Im F ü ß e w a s c h e n ihr Dienst, der der geringste und nie-

drigste Dienst war. — Im T r o c k n e n d e r F ü ß e ihre Liebe. — Im
K ü s s e n d e r F ü ß e ihre Untertänigkeit. So küßten die Untertanen
ihre Obrigkeit. Samuel küßte den David, da er ihn zum König gesalbt
hatte, zum Zeichen, daß er ihn als seinen Herrn anerkannt hatte. So
küßten die Perser ihre Könige, die Römer ihre Kaiser. So küßten auch
die Kinder ihre Eltern, der Jakob den Isaak, der Joseph den Jakob, der
Tobias seinen Vater, der Schüler seinen Meister. — I m S a l b e n b e -
s t a n d i h r D a n k o p f e r. Eine köstliche Salbe war es, wozu sie vielleicht ihr ganzes Vermögen hingegeben hatte. Die Salben und Parfüme-
rien versandte man in Alabasterflaschen, die oben versiegelt und durch
Zerbrechen des Halses geöffnet wurden.

Lk 7,39

**39 Als aber der Pharisäer, der Ihn geladen hatte, das sah, sprach er bei
sich selbst und sagte: „Wenn dieser (der) Prophet wäre, hätte Er
erkannt, welches und was für ein Weib das ist, welches Ihn an-
rührt, nämlich daß es eine Sünderin ist."**

Nichts hörte der Pharisäer von der Frau, nicht ein einziges Wörtlein,
viel sah er aber, viel Weinen und Tränen, und doch, wie lieblos sind
seine Gedanken Jesus gegenüber und der Frau gegenüber.

Nach jüdischer Auffassung meinte der Pharisäer, daß der Herr als
Prophet doch alles Verborgene wissen müßte und darum vor der Be-
rührung der Unheiligen schaudernd zurückschrecken würde. Obwohl
Jesus nicht der Auskunft eines Menschen über diese Frau bedurfte,
wußte Er ganz genau, wer diese Frau gewesen war und wie ihr jetziges
Tun nur der Ausdruck ihrer tiefen Dankbarkeit zu ihrem Lebensretter
war und als ein Beweis der Liebe anzuerkennen und anzunehmen ist.
Wie hoch Jesus die Handlungen der Sünderin als Zeichen der dankbaren
Liebe einschätzt, zeigt Er dem Pharisäer mit Seinem Gleichnis von den
beiden zahlungsunfähigen Schuldnern.

b) Das Gleichnis von den zwei Schuldnern.

Lk 7, 40—43

**40 Und Jesus antwortete und sprach zu ihm: „Simon, Ich habe dir
41 etwas zu sagen!" Er aber sagte: „Lehrer, sprich, sage an!" * „Ein
Gläubiger hatte zwei Schuldner, der eine schuldete 500 Denare
42 (500 DM), der andere 50 (50 DM). * Weil sie nicht zurückzahlen
konnten, schenkte er es beiden. Wer nun von ihnen beiden wird
43 ihn am meisten lieben?" * Simon antwortete und sprach: „Ich nehme
an, der, dem er das meiste geschenkt hat." Er aber sprach zu ihm:
„Du hast richtig geurteilt."**

Das Gleichnis, das Jesus erzählt, ist ein feiner Beweis für die prophetische Gabe, die Jesus besaß. Die Worte Jesu zeigen an, was in dem
Herzen der Sünderin vorging und auch, was die Gedanken und Fragen
des Simon betreffen.

Jesus zeigt im Gleichnis den großen Schulderlaß und die große Liebe,
den kleinen Schulderlaß und die kleine Liebe. Nur die Armen können
ermessen, was Gottes Gnade bedeutet. Der Pharisäer versteht nicht,
daß diese Frau trotz ihrer Schuld Gott näher steht als er. So verteidigt
der Herr mit diesem trefflichen Gleichnis die Ehre der begnadigten
Sünderin. Wir müssen die Klugheit bewundern, mit welcher Jesus den
Ankläger als Zeugen gegen sich selbst auftreten läßt, aber auch den
feinen Takt, daß Er dem Gastgeber den stärkeren Tadel verschweigt.
In dem Bilde des großen und kleinen Schuldners haben wir Simon und
die Sünderin zu erblicken. Die überströmende Liebe der Sünderin ist
ein Beweis eines großen Schulderlasses; Simons geringe Liebe ist ein
Hinweis auf seine noch unvergebene Sünde, was Jesus aber nicht ausspricht, sondern dem eigenen Urteil des Pharisäers überläßt.

c) Anwendung des Gleichnisses.
Lk 7, 44—47

Zu Vers 44:
1 Mo 18, 4

Zu Vers 45:
Rö 16, 16

44 **Und Er wandte Sich der Frau zu und sagte zu Simon: „Siehst du
diese Frau? Ich kam in dein Haus, Wasser für Meine Füße gabst du
Mir nicht; sie aber benetzte mit den Tränen Meine Füße und trock-
45 nete sie mit den Haaren. * Einen Kuß gabst du Mir nicht; sie aber
hat, seitdem sie hereinkam, nicht aufgehört, Meine Füße zu küs-
46 sen. * Du hast Mein Haupt nicht mit Öl gesalbt, sie aber hat mit
47 Salbe Meine Füße gesalbt. * Deswegen sage ich dir, ihre vielen
Sünden sind ihr vergeben, darum hat sie viel geliebt; wem aber
wenig vergeben ist, der liebt wenig."**

Simon, der dem Herrn, seinem geladenen Gast, bei dem kühlen
Empfang weder Wasser zum Fußbad noch einen Kuß zum Willkom-
mensgruß noch wohlriechendes Öl aufs Haupt gab, wie das Sitte und
Anstand war nach morgenländischer Weise, wird nachdrücklich auf die
begnadigte Sünderin hingewiesen. Die Frage: „Simon, siehst du diese
Frau?" läßt vermuten, daß der Pharisäer sie keines Blickes gewürdigt
hatte. Die Begnadigte netzte des Herrn Füße mit ihren Tränen, trock-
nete die Füße ihres Erretters.

Der Grund der Dankbarkeit der großen Sünderin wird mit den
Worten angedeutet: „Deswegen sage Ich dir, ihre vielen Sünden sind
ihr vergeben, denn sie hat viel geliebt."

An diesen Worten des Herrn ist viel herumgedeutet worden. Nach
zwei Seiten hin kann das Gleichnis mißverstanden werden.

Das erste Mißverständnis besteht in Folgendem: Man behauptet, die
Sünderin habe deshalb die Vergebung ihrer vielen Sünden erlangt, weil
sie viel g e t a n hätte, also: Wasser für die Füße (Tränen) — Trocknen der Füße — Küssen der Füße — Salben der Füße —, was Jesus alles
rühmend aufzählt. Weil sie, nach den Worten des Textes, „viel geliebt
hat", darum erst wären ihr die Sünden vergeben worden.

Solch ein Mißverständnis steht aber im Gegensatz zum Inhalt des
Gleichnisses von den beiden zahlungsunfähigen Schuldnern. Auf Grund

des Gleichnisses ist nicht das viele Tun, sondern ganz allein der Schuldenerlaß die Ursache der Liebe des Schuldners. Die von Gott angeordnete Reihenfolge: Zuerst Sündenvergebung und dann die dankbare Liebe des Sünders, würde geradezu umgekehrt, wenn die Liebe des schuldbeladenen Sünders den großen Gott erst veranlaßt hätte, die Sünden zu erlassen. Der Schlußsatz: „Wem wenig vergeben worden ist, der liebt wenig" widerlegt diese Folgerung. Es müßte dann heißen: „Wer wenig liebt, dem wird wenig Sünde vergeben."

Mit anderen Worten kurz zusammengefaßt: Wie beim Schuldner z u e r s t das Nachlassen der Schuld kommt und dann erst die dankbare Liebe — so kommt bei Gott von Sich aus die Vergebung der Sünden, die Erlösung durch Sein Blut z u e r s t und dann erst das neue Leben der dankbaren Liebe zum Herrn, welches sich in Werken des Glaubens zeigt. —

Das zweite Mißverständnis des Gleichnisses von den zwei Schuldnern ist folgendes: „Um viel lieben zu können, muß man erst tief in Schuld sich verstricken, muß man erst schwer gesündigt haben."

Antwort: Die Größe unserer Liebe zu Gott richtet sich nicht nach der Größe der Sünde (denn vor Gott ist die größte und auch die kleinste Sünde gleichmäßig verdammt als Sünde), sondern nach der Tiefe und Echtheit unserer Reue, nach der Tiefe und Echtheit des Bewußtwerdens unserer Katastrophe des Sündenfalles. Der Pharisäer war sich kaum einer Schuld bewußt. Wozu hätte er eines Heilandes der Sünder bedurft! Er denkt, er hat wenig Sünde und braucht darum wenig Vergebung und hat deshalb den Herrn nicht lieb. Er war stolz auf seine Gesetzesstrenge, war selbstgerecht im Bewußtsein seiner Tugenden und guten Taten.

Weil er sich selbst sucht, darum konnte er nicht Gott suchen, nicht Gott sich hingeben. Seine Selbstliebe war der Tod der Liebe zu Gott und dem Nächsten. Er war der eigentliche Sünder, der schlimmste Ehebrecher, weil er die größte Liebe so schmählich verachtete.

Wie anders ist die Sünderin. Vor dem heiligen Jesus war sie zusammengebrochen, überwältigt von dem Gefühl ihrer Schuld. Ihr Gewissen hatte Frieden gefunden. Nun quoll in ihrer befreiten Seele empor mit Urgewalt eine grenzenlose Liebe zu Dem, Der ihr die Last abgenommen, Der ihre Sündenschuld vergeben hatte. Die Größe ihrer Liebe zeigt an, wieviel ihr vergeben worden war. Weil sie wußte, wie groß ihre Sündenschuld gewesen, darum hatte sie eine große Sündenvergebung erfahren und darum liebte sie viel. (Vgl. auch D. Hilbert „Eins ist not" (1928) zu der betreffenden Stelle)

Wir müssen nicht erst in tiefe Sünden vor Menschen fallen, um große Vergebung nötig zu haben. Wir sind alle (auch die Besten und Frömmsten) vor Gott zehntausend Pfund schuldig, d. h. wir sind alle ohne Ausnahme verlorene und verdammte Sünder und brauchen alle eine große Vergebung.

d) Des Herrn Trostworte an die Sünderin.

Lk 7, 48—50

Zu Vers 48:
Lk 5, 20. 21
Zu Vers 50:
Lk 8, 48
17, 19
18, 42

48 49 Er sprach aber zu ihr: „Deine Sünden sind vergeben!" * Und es fingen an, die mit zu Tische lagen, unter sich selbst zu sagen: „Wer 50 ist dieser, welcher auch Sünden vergibt?" * Er aber sprach zu der Frau: „Dein Glaube hat dich errettet, gehe hin in Frieden hinein!"

Gegenüber der pharisäischen Ableugnung der Sündenvergebung wiederholt ihr Jesus die Zusicherung der göttlichen Tatsache ihrer Sündenvergebung, für die sie eine so lebhafte Dankbarkeit dem Herrn entgegengebracht hat. Diese ausdrückliche persönliche Zusicherung des Herrn entspricht dem, was in unserm Leben das Zeugnis des Heiligen Geistes ist, nachdem wir durch den Glauben die Verheißung des Heils ergriffen haben (Eph 1, 13). (Godet)

Indem Er nun zu der Frau redet: „Dein Glaube hat dir geholfen, gehe hin in Frieden", schließt Er der Versammlung den unerschütterlichen Felsengrund auf, worauf ihre Vergebung ganz allein ruht. Sie steht im Genuß des Ratschlusses: Wer glaubt, wird selig. Nicht die Liebe und nicht die Werke haben ihr geholfen, sondern ihr Glaube hat sie gerettet und selig gemacht. Die Liebe und die Werke sind die Früchte ihres Glaubens.

Wie beschaffen der glückliche Zustand war, der durch das Wort des Heilandes: „Gehe hin in Frieden" bei der Begnadigten eingetreten ist, wird nicht erwähnt. Es wird dagegen darauf hingewiesen, welchen Eindruck die Worte des Heilandes bei den Anwesenden hinterließen. Die Gäste, die mit zu Tische lagen, begehren auf in ihrem Herzen: „Wer ist dieser, daß Er auch Sünden vergibt?" Sie konnten weiter nichts als Anstoß nehmen an Seiner Liebe zur Sünderin.

So nehmen wir tiefbewegt Abschied von dem inhaltsreichen siebenten Kapitel. Neu ist uns wieder aufgeschlossen der Reichtum und die Fülle des in Kapitel 4, 19 angekündigten und nunmehr angebrochenen Gnadenjahres des Herrn, und zwar in den zwei Wunderszenen „Heilung des Knechtes des Hauptmanns von Kapernaum" und „Auferweckung des Jünglings zu Nain" und dann in den Berichten von der Frage des Täufers und von dem beispiellos glänzenden Zeugnis des Herrn und in der so lebensechten malerischen Geschichte von der großen Sünderin.

Das überraschende Ergebnis des lichtvoll anbrechenden Gnadenjahres des Herrn ist, daß nicht die geistlichen Führer Israels, nicht das auserwählte Volk als solches die Herrlichkeit der einzigartigen Gnadengegenwart des Herrn annimmt und aufnimmt, sondern daß der Heide und die tiefgefallene Sünderin zum lebendigen Glauben an den Herrn und Heiland kommen. Davon gibt die erste und die letzte Geschichte von Kapitel 7 kostbare Kunde.

7. Die dienenden Frauen in der Nachfolge Jesu.

Lk 8, 1—3 (Sondergut)

Woher hatte Jesus Seine materiellen Mittel während der drei Jahre Seines Predigens und Wirkens? Seiner B e r u f s a r b e i t als Zimmermann hatte Er entsagt. Auf die Kraft, auf wunderbare Weise für Seine Bedürfnisse zu sorgen, hatte Er ebenfalls freiwillig verzichtet. Außerdem war Er ja auch nicht allein. Eine gemeinsame Kasse diente der Verpflegung und den anderen Bedürfnissen der herumwandernden Gruppe (Jo 13, 29). Dieser Kasse entnahm man auch Gaben für die Armen (Jo 12, 6). A b e r w i e w u r d e d i e K a s s e g e f ü l l t ? Die Gastfreundschaft erklärt wohl einigermaßen das Rätsel, aber nicht vollständig. Die wahre Antwort auf diese Frage geht aus dem Abschnitt Lk 8, 1—3 hervor, der deshalb sehr wichtig ist.

1 **Und es geschah danach, daß Er nacheinander Stadt und Dorf durchzog, um zu predigen und um das Evangelium** (evangelisierend) **vom Königreich Gottes zu verkündigen. Mit ihm gingen die Zwölf.** *
2 **Und etliche Frauen, die von bösen Geistern und Krankheiten geheilt waren, nämlich Maria, welche Magdalena genannt wurde, von**
3 **welcher sieben Dämonen ausgefahren waren.** * **Und Johanna, eine Frau des Chusa, eines Verwalters von Herodes, und Susanna und viele andere, welche ihnen dienten mit ihrem Vermögen.**

Zu Vers 1:
Lk 4, 43

Zu Vers 2:
Mk 15, 40. 41

Dieser Abschnitt ist in dreifacher Hinsicht ein hinreichendes Zeugnis für die V o r t r e f f l i c h k e i t d e r Q u e l l e n des Lukas: 1. F ü r i h r e O r i g i n a l i t ä t : Die anderen Evangelisten bieten keinen ähnlichen Nachweis. 2. F ü r i h r e G e n a u i g k e i t : Wer hätte so einfache positive Nachrichten erfunden, wie die über Namen und Stand der Frauen? 3. F ü r i h r e R e i n h e i t : Was ist mehr entfernt von Wundersucht und Legendendichtungen als diese natürliche, prosaische Schilderung der äußerlichen Betreuung des Herrn?

Mit diesen Worten (Vers 1—3) läßt Lukas eine neue Epoche der Lehrtätigkeit Jesu eintreten. Jesus nimmt nicht mehr Kapernaum, Seine Stadt (Mt 9, 1), zum Mittelpunkt Seiner Tätigkeit. Er fängt nun ein völliges Wanderleben an und hatte buchstäblich nicht mehr, wo Er Sein Haupt hinlegte.

Das Imperfekt „**Er durchwanderte**" bezeichnet eine langsame und anhaltende Art des Reisens. Er nahm Sich Zeit, überall zu verweilen. Zu dem allgemeinen Begriff der Verkündigung „keryssein" = **predigen** fügt das zweite Zeitwort **evangelisieren** (d. h. die frohe Botschaft vom Himmelreich ankündigen) den der Gnadenverkündigung als den vorherrschenden Charakter Seiner Predigt hinzu. — Die Zwölfe begleiteten Ihn.

In unserem kleinen Abschnitt werden nun nicht wie früher Jünger, sondern auch J ü n g e r i n n e n mit Namen genannt, die Jesus und die Apostel auf den Reisen begleiteten. Sie dienten dem Herrn und Seinen Jüngern mit ihren Gütern. Vermögende Frauen sorgten also für den äußeren Lebensunterhalt. Von einem Predigtdienst der Frau ist hier keine Rede.

Von den vielen Reisebegleiterinnen des Herrn und Seiner Jünger werden nur d r e i mit Namen genannt.

Die Erstgenannte, M a r i a M a g d a l e n a, wurde von ihrer Besessenheit geheilt. Es ist die nach ihrer Heimat Magdala oder Migdol (Turm), am Westufer des Sees Genezareth, genannte Maria. Lukas, der Arzt, berichtet, daß sieben Dämonen von ihr ausgefahren sind, was den Gipfelpunkt der Krankheit kennzeichnet. Alle Berichte der Evangelien über Jesu Tod, Begräbnis und Auferstehung erwähnen die Maria Magdalena in bedeutender Stellung (Lk 24, 10; Mt 27, 56. 61; 28, 1; Mk 15, 40. 47; 16, 1; Jo 19, 25; 20, 1—18). Sie mit der großen Sünderin zu identifizieren, wie dies oft geschehen ist, wurde schon als Irrtum erwiesen.

J o h a n n a, die Frau des Chusa, eines Finanzbeamten des Herodes Antipas, und S u s a n n a, werden auch wohl vor der Zeit ihrer Nachfolge des Herrn krank gewesen sein. Die einzige Erwähnung der beiden ersten Frauen bei Lukas (Lk 24, 10) und der Frauen von Galiläa (Lk 23, 49. 55—24, 10; vgl. Mk 15, 40. 47; 16, 1), läßt erkennen, daß sie Jesus und Seine Apostel noch auf der letzten Reise von Galiläa nach Jerusalem begleiteten und sie insgesamt von ihrem Vermögen unterstützten.

Wer waren „die anderen Frauen", von denen Lukas noch in Vers 3 sagt: „und viele andere"? Wir lesen in Mk 15, 40. 41 davon: „Es schauten aber auch F r a u e n v o n f e r n e zu. Unter ihnen auch M a r i a aus Magdala, dann M a r i a, die Mutter des Jakobus des Kleinen und des Joses, und S a l o m e, die Ihm, als Er noch in Galiläa weilte, nachgefolgt waren und Ihm gedient hatten und viele andere, die mit Ihm hinaufgegangen waren nach Jerusalem." Aus dieser Bibelstelle geht hervor, daß neben Maria Magdalena, die ja in Lk 8, 2 mit Namen genannt ist, zu den „a n d e r e n F r a u e n", die in Lk 8, 2 nicht genannt sind, gehört haben. Maria, die Mutter des Jakobus und Salome, die Mutter des Johannes. Wer Jakobus und Johannes sind, siehe in W. Stb. Markus zu Mk 3,13—19 „Apostelverzeichnis".

Daß Jesus mit völliger Ruhe die Handreichungen dieser Jüngerinnen annahm, darin offenbart Sich Seine Demut und Hoheit, und darin hat Er Sein volles Vertrauen zu der Reinheit und Treue dieser Begleiterinnen an den Tag gelegt. Wir sehen in dieser Gemeinsamkeit die Morgenröte einer neuen Welt der Liebe, die nur der Geist Christi ins Leben rufen kann.

F. Sechster Strahl
Der Wanderlehrer und Herr der Gewalten.
Lk 8, 4—9, 7

1. Das Gleichnis vom vierfachen Ackerfeld und vom Licht.
Lk 8, 4—18

W. Stb. Matth
S. 170ff.
W. Stb. Mark.
S. 99ff.
Zu V. 4—15:
Mt 13, 1—23
Mk 4, 1—20

Jesus hatte bis jetzt nur einige Gleichnisse erzählt (Lk 5, 36—39; 6, 29. 47 f.). Von jetzt ab aber gebraucht Er eine ziemliche Zeit lang diese Form der Belehrung. Mit dieser Lehrweise bezweckt Jesus ein Doppeltes: Den empfänglichen Hörern sollte sich die Wahrheit durch diese bildliche Einkleidung umso fester einprägen. Den Oberflächlichen sollte durch diese Bildersprache die Wahrheit nicht enthüllt, sondern verhüllt werden. Diese Form der Belehrung bewirkte eine Sichtung unter den Zuhörern. Die Gleichnisse Jesu verraten eine ständige Beobachtung irdischer Verhältnisse und Lebensgebiete, aus denen stets Analogien mit dem Geistigen sichtbar gemacht werden.

a) Das Gleichnis.

Lk 8, 4—8

4 Als aber eine große Volksmenge zusammenkam und Leute von jeder Stadt zu Ihm herbeikamen, sprach Er durch ein Gleichnis. *
5 „Der Sämann ging aus, seinen Samen zu säen; und indem er säte, fiel ein Teil daneben auf den Weg und wurde zertreten, und die Vögel
6 des Himmels fraßen es auf. * Und anderes fiel auf den Felsen, und als es aufging, vertrocknete es, weil es keine Feuchtigkeit hatte. *
7 Und anderes fiel mitten unter die Dornen. Und indem die Dornen
8 mitwuchsen, erstickten sie es. * Und anderes fiel in die gute Erde, und es ging auf und trug hundertfältige Frucht." Bei diesen Worten rief Er laut: „Wer Ohren hat zu hören, der höre!"

Der Hinweis darauf, daß sich eine große Volksmenge um Jesus versammelte und Leute aus allen Städten herzukamen, ist vielsagend.

Die Volksgunst, der Sich Jesus anfangs erfreute, schien noch zuzunehmen (vgl. Lk 4, 15; 5, 1; 6, 17). Lukas deutet hier einen Höhepunkt jenes Zulaufs an. Jesus ließ sich durch diesen äußeren Schein nicht täuschen. Durch die Darstellungsform Seiner Predigt zeigt Er, daß Er keine großen Hoffnungen auf die herzuströmenden Volksmassen setzte.

Die Umgebung bietet dem Herrn das Bild der vier Klassen Seiner Zuhörer, die Er vor Augen hat. Das Gelände steigt am Seeufer von unten nach oben steil an. Der höchste Teil des Abhangs ist nur mit einer dünnen Erdschicht bedeckt, während die Muttererde an Ackerkrume zunimmt, je mehr sich das Feld dem Tale zuneigt. Hieraus sind die erwähnten Bodenunterschiede erklärlich.

Charakteristisch sind die vier Verhältniswörter, die Lukas anwendet: **„daneben", „auf", „mitten unter", „in"**, für das verschiedene Verhältnis des Samens zum Boden.

Die Bodenbeschaffenheit ist für den Entwicklungsgang des Samens ausschlaggebend. Die erste Bodenart bringt den Samen nicht einmal zum Keimen. Dafür, daß das Gesäte nicht keimt, sind sofort äußere Zerstörungsursachen wirksam: Es sind die Füße der Vorbeigehenden und die Vögel. Matthäus und Markus nennen nur die Vögel.

In der zweiten Art des Bodens k e i m t der Same. Aber auf dem Felsgrund kann sich die Wurzel nicht entwickeln. Da die Sonne die dünne Erdschicht bald ausgetrocknet hat, stirbt die Pflanze ab.

In der dritten Bodenart e n t w i c k e l t sich der Same bis zur Ähre.
Die mitwachsenden Dornen ersticken aber den Weizen, ehe er die
Frucht zur Reife bringt.

In der vierten Erdart durchläuft der Same alle Entwicklungsstadien.
Lukas nennt allein den höchsten Grad der Fruchtbarkeit des guten
Ackerlandes, indem er sagt: Dieser Boden trägt h u n d e r t f ä l t i g e
F r u c h t. Die beiden ersten Synoptiker erwähnen noch die geringeren
Fruchtbarkeitsgrade: Markus in aufsteigender Ordnung, also 30 — 60 —
100fältig, Matthäus dagegen in absteigender Ordnung, also 100 — 60 —
30fältig.

Der Herr mahnt Seine Hörer zu ganzer Herzensaufmerksamkeit. Obwohl man unser Gleichnis leicht verstehen kann, so genügt dennoch
das leibliche Ohr nicht für das rechte Hören und Verstehen. Es muß
das Herzensohr, d. h. die innere Aufgeschlossenheit dazukommen. Die
Formel: „Wer Ohren hat zu hören, der höre!" kommt achtmal in den
Evangelien vor (Mt 11, 15; 13, 9. 43; Mk 4, 9. 23; 7, 16; Lk 8, 8;
14, 35) und kehrt noch in der Offenbarung wieder (Offb. 2, 7. 11. 17.
29; 3, 13. 22; 13, 9). Es heißt, mit anderen Worten: Wer von Gott
durch die Gleichnisreden gesegnet werden will, der höre mit dem
H e r z e n verlangend und nehme es dann zu Herzen (vgl. 5 Mo 29, 4;
Jes 32, 3; 35, 5; Jer 5, 21; Hes 12, 2; Sach 7, 11; Mt 13, 13).

b) Der Zweck der Gleichnispredigt.

Lk 8, 9—10

**9 Als aber Seine Jünger Ihn fragten, was dieses Gleichnis bedeute, *
10 antwortete Er und sprach: „Euch ist es gegeben, die Geheimnisse
des Königreiches Gottes zu erkennen, den übrigen aber** (tritt alles
nur) **in Gleichnissen** (entgegen)**, damit sie sehenden** (Auges) **doch
nicht sehen, und hörenden** (Ohres) **doch nicht hören."** (Jes 6, 9. 10)

Zu Vers 10:
Jes. 6, 9. 10

In der Frage der Zwölfe nach der B e d e u t u n g der Gleichnisrede
erkannte Jesus das Aufgeschlossensein und das Herzensverlangen Seiner
Jünger, was Er bei der Menge des Volkes vermißte.

Alles Nähere darüber finden wir in W. Stb. Matthäus zu Kap. 13,
10—15 und Markus zu Kap. 4, 10—20.

Der Herr verkündigte den Seinen das Geheimnis des Königreiches
Gottes, d. h. den göttlichen Heilsrat, wie er in Zukunft vollendet wird.
Das Gleichnis sollte die Scheidung zwischen Willig-Gesinnten und
Feindlich-Gesinnten herbeiführen. Die willig gesinnten Jünger kamen,
durch die Bildersprache angezogen, zu Jesus, um sich über die Deutung
des Gleichnisses belehren zu lassen. Die Volksmasse jedoch, der das
ernstliche Herzens-Interesse fehlte, ging weg. Die israelitische Nation
hatte gegen den klaren Ruf der frohen Botschaft mutwillig ihr Ohr
verstopft. Darum wurde sie nicht verständiger, sondern abgestumpfter.
Diese Haltung bewirkte Gottes gerechtes Gericht. Diese Verstockungs-
entwicklung des jüdischen Volkes war bereits von Jesaja vorausgesagt
worden. Das jüdische Volk stieß das leuchtende Licht in Jesu mehr und
mehr von sich. Dieses Licht verhüllte der Herr daraufhin mit dem

Schleier des Gleichnisses. Die Folge war, daß Gottes Werke vor den Augen der Gleichgültigen und Unbußfertigen mehr und mehr zugedeckt wurden, während andererseits dieselbe Gleichnispredigt die Pläne und Gedanken Gottes für die Empfänglichen und Gläubigen immer mehr offenbar machte.

Es steht jedem Hörer jederzeit frei, von der großen Volksmenge zu dem kleinen Jüngerkreise überzutreten, um das Geheimnis des Königreiches Gottes zu erkennen.

c) Die Deutung des Gleichnisses.

Lk 8, 11—15

11 „Dieses Gleichnis aber bedeutet: Der Same ist das Wort Gottes. *
12 Die aber nebenhin am Wege sind die, welche es wohl gehört haben. Dann aber kommt der Teufel und nimmt das Wort von ihren Her-
13 zen weg, damit sie ja nicht durch Glauben errettet würden. * Die aber auf dem Felsen, das sind diejenigen, welche, sobald sie das Wort hören, mit Freuden aufnehmen. Aber sie haben keine Wurzel. Für eine Zeitlang glauben sie, aber in der Zeit der Versuchung
14 fallen sie ab. * Das aber mitten unter die Dornen Gefallene, das sind diejenigen, welche es wohl gehört haben, aber unter Sorgen und Reichtum und Vergnügungen des Lebens dahingehen, und es
15 ersticken und es nicht zur Reife kommen lassen. * Das aber in der guten Erde, das sind die, welche mit einem guten und feinen Herzen das Wort gehört haben und es festhalten und Frucht bringen in Beharrlichkeit.

Zu Vers 11:
1 Petr 1, 23

Zu Vers 15:
Apg 16, 14
Hbr 10, 36

Das Werden des Gottesreiches vergleicht der Herr mit dem Entwicklungsgang des gesäten Samens. Wie dieser Werdegang von der Bodenbeschaffenheit abhängig ist, so hängt auch die Wirkung der W o r t - v e r k ü n d i g u n g von der H e r z e n s b e s c h a f f e n h e i t der Zuhörer ab.

Die Zuhörer, die der ersten Bodenart entsprechen, sind so geartet, daß das Wort wohl in ihr Ohr fällt, aber nicht von ihnen aufgenommen wird. Der auf der Erdoberfläche liegende Samen geht ohne Wirkung zugrunde. Er wird zertreten oder von den Vögeln gefressen.

Lukas sagt, daß der Teufel (diabolos) das gehörte Wort aus den Herzen raubt, Matthäus nennt ihn den Bösen (poneros), Markus bezeichnet ihn als den Satan (satanas). Die Tätigkeit des Teufels wird in der Deutung nur mit dem Sachverhalt in Parallele gestellt. So wie der nicht aufgenommene Same den Vögeln zum Fraß dient, so bietet sich das vom Herzensohr nicht aufgenommene Gotteswort dem Teufel zum Raube dar. Um die Wirkung des Wortes zu vereiteln, nimmt es dann der Teufel wieder ganz weg, indem er es in Vergessenheit geraten läßt.

Die Hörer in der Deutung des zweiten Gleichnisteiles entsprechen dem Samen, der auf das Felsige, d. h. auf ein wohl aufgelockertes Erdreich fällt. Negativ sagt Jesus, daß der gekeimte und aufgewachsene Same in der dünnen Erdschicht keine Wurzel hat. Ohne Bild gespro-

chen heißt das: obgleich der Hörer ein aufgeschlossener Hörer des
Wortes ist, gleicht er doch der wurzellosen Saat, welcher der feste
Grund fehlt. In der Art dieser oberflächlichen Hörer liegt es, daß durch
leichte und schnelle Begeisterung der Same wohl schnell Boden findet.
Lukas fügt sogar hinzu, daß die Aufnahme des Wortes mit sichtbarer
F r e u d e geschehen ist. Wenn es aber gilt, unter dem Druck von
mancherlei Schwierigkeiten und Widerwärtigkeiten sich als Liebhaber
des Wortes zu beweisen oder zu bewähren, fallen sie sogleich ab. Sehr
bald wird offenbar, daß diese scheinbaren oder oberflächlichen Anhänger innerlich nicht fest gegründet sind. Wie der Same bei der felsigen
Bodenart zwar nicht sofort auf eine undurchdringliche Härte gelangt,
aber in eine zu f l a c h e Erdschicht fällt, so trifft das verkündigte
Wort bei diesen Hörern zwar keine gänzliche Verständnislosigkeit an,
aber eine Oberflächlichkeit des Sinnes, wodurch das Wort im Herzen
nicht tief bewegt und bewahrt wird.

Nach der Deutung des dritten Gleichnisteiles fällt der Same auf keinen hartgetretenen oder auf einen zu dünnen Boden, aber die Acker-
erde ist durch Dorngewächs verunreinigt. Die Hörer, die dieser Bodenart entsprechen, stehen der Wortverkündigung nicht mit harter Verständnislosigkeit oder Oberflächlichkeit des Sinnes gegenüber, wohl aber liegt
eine Zwiespältigkeit des Herzens, eine Geteiltheit der Sinne bei ihnen
vor. Heimliche sündige Neigungen, wie Sorgen oder Verlangen nach
Reichtum oder Lebensgenüssen erfüllen das Herz und werden nicht
herausgegeben. Der Same wächst zwar aus diesem verunreinigten Boden
empor, er gelangt aber nicht zur Reife, weil die Dornen wuchernd mit-
wachsen und die Pflanzen ersticken. Die im Herzen verborgenen sündlichen Neigungen, die nicht preisgegeben sind, werden mächtiger und
mächtiger und belegen den ganzen Menschen mehr und mehr mit Beschlag. Völlige Erstickung und Tötung auch des guten Anfangs ist das
Ende solchen Hörens. Lukas hat wie Markus eine Dreigliederung der
erstickenden Faktoren, welche die Saat nicht ausreifen lassen. Es sind
1. d i e S o r g e n, 2. d e r R e i c h t u m und 3. d i e G e l ü s t e d e s
i r d i s c h e n L e b e n s. Matthäus spricht von einem Zweifachen, d. h.
von Sorgen der Weltzeit und vom Betrug des Reichtums (Mt 13, 22).

Von einer r e c h t e n Aufnahme im Vollsinn des Wortes kann erst
bei den Hörern der vierten Art die Rede sein. Matthäus spricht von
einem Hören und Verstehen. Markus erwähnt ein Hören und Aufnehmen. Die Hörer der zweiten Art nahmen sogar das Wort mit Freuden auf. Im Gegensatz zu dieser zweiten Hörergruppe sagt Lukas ganz
absichtlich und deutlich, daß die rechten Hörer das Wort in einem
guten und feinen Herzen **festhalten**, nachdem sie es gehört haben.

Sie halten das gehörte Wort aber nicht nur fest, sondern lassen es
zur R e i f e k o m m e n. Die rechten Hörer, die das Wort festhalten,
beweisen im Fruchtbringen Beharrlichkeit, Stetigkeit, Treue, daß es zu
einer immer reicheren Frucht kommt.

Das verkündigte Wort findet bei diesen Hörern ein stets offenes
Ohr und ein stets aufgeschlossenes Herz und einen willigen Sinn. Die

Wortverkündigung wirkt dann bei solchen Ohren und Herzen eine Um- und Neugestaltung des ganzen Lebens, ein Ausreifen von Stufe zu Stufe und ein vielfältiges herrliches Fruchtbringen.

Die Deutung der vier Gleichnisteile darf nun in einem wichtigen Punkte nicht mißverstanden werden. Der Ackerboden kann für seine verschiedene Bodenart nicht verantwortlich gemacht werden. — Der Hörer aber ist nicht ohne bewußte Willensentscheidung so geworden, wie innerlich sein Herzensboden beschaffen ist. Durch diese Tatsache bleibt die V e r a n t w o r t u n g des Hörers als solche dem Wort Gottes gegenüber in jedem Falle voll und ganz bestehen.

d) Das Gleichnis vom Licht.

Lk 8, 16—18

W. Stb. Mark.
S. 106f.

Zu V. 16—18:
Mk 4, 21—25

16 **Niemand aber, der ein Licht anzündet, bedeckt es mit einem Gefäß oder stellt es unter ein Bett, sondern stellt es auf einen Leuch-**
17 **ter, damit alle, die hereinkommen, das Licht sehen. * Denn es ist nichts verborgen, was nicht offenbar werden wird. Es ist auch nichts geheim, was nicht bekannt werden wird und ans Licht kommen**
18 **soll. * Sehet nun zu, wie ihr hört! Denn wer hat, dem wird (noch dazu) gegeben werden; und wer da nicht hat, von dem wird auch das weggenommen werden, was er zu haben meint."**

Zu Vers 16:
Mt 5, 15

Zu Vers 17:
Mt 10, 26

Zu Vers 18:
Lk 19, 26

Der innere Zusammenhang dieser Verse mit dem Gleichnis liegt nicht gerade auf der Hand. Er besteht in Folgendem: Wenn der Hörer des göttlichen Wortes einen wirklichen und bleibenden Segen haben will, muß das Wort Gottes festgehalten werden und als ein innerer Besitz dann auch nach außen hin in Erscheinung treten, nicht wie unter einem Bett versteckt gehalten werden. Jesus hat durch Sein Wort im Herzen der Jünger ein Licht zum Anzünden gebracht. Die Jünger sollen wissen, daß dies deshalb geschah, damit dieses Licht in ihre Umgebung hineinleuchte. Wie ein Leuchter allen leuchtet, ist die vom Herrn verliehene Erkenntnis dazu da, anderen durch Wandel und Wort zugute zu kommen. Ob dies durch den Lebenswandel als solchen oder durch mündliche Mitteilung, d. h. durch die Verkündigung des Wortes geschieht (wie es der Erkenntnis entspricht), wird nicht ausdrücklich gesagt. Die mündliche Ausbreitung der Heilswahrheit wird auch durch den folgenden Vers begründet: „Denn es ist nichts verborgen, was nicht offenbar werden wird."

Die Jünger des Herrn erfreuten sich des Vorzuges, daß ihnen die Geheimnisse des Königreiches enthüllt wurden (Vers 10). Der Jüngerkreis war nun nicht wie bei den heidnischen Mysterien (d. h. Geheimnis-Religionen) eine auserwählte Schar von Eingeweihten, die diese Geheimnisse vor den Ohren der Draußenstehenden geheimhalten sollten, nein, obgleich die Geheimnisse des Reiches Gottes nicht von allen verstanden wurden, sondern erst von Gott und Jesus enthüllt

werden mußten (Lk 10, 22; Mt 16, 17), so waren die Gedanken Gottes
dennoch dazu bestimmt, sie a l l e n Menschen zugänglich und verständlich zu machen. Die Jünger waren nun dazu zuerst berufen, den S i n n
der Gleichnisse den andern zugänglich zu machen (Mt 13, 51 ff.),
weil ihnen der Herr die Geheimnisse des Reiches Gottes ganz besonders
ins Herz gedrückt hatte. Er legte es ihnen nahe, das gehörte Wort mit
völliger Hingabe in der Tiefe des Herzens zu bewegen, daß es ganz und
gar ihr geistiges Eigentum wurde. Im rechten Hören ist alles inbegrif-
fen. Rechtes Hören führt zum Besitz der Wahrheit, was mit dem
Worte Jesu begründet wird: „Denn wer da hat, dem wird gegeben; und
wer da nicht hat, von ihm wird weggenommen werden, auch was
er zu haben m e i n t."

Wenn nun aber Jesus dieses Wort sagt, so tut Er es wahrlich nicht,
um es als soziales Gesetz zu proklamieren, sondern Er will dieses Wort
im geistlichen Sinne verstanden wissen. — Der innere Besitz des Gotteswortes hat die stete und unaufhaltsame Neigung, sich zu vermehren.

Gottes Kräfte entfalten sich. Wer reich ist an innerer Erkenntnis, bekommt immer mehr Erkenntnis, Verständnis und Einblicke in die Got-
teswelt, in die Ewigkeit und ihre Gesetze, erhält immer mehr Kräfte des
Glaubens, bis daß er die Fülle hat. Und wer nicht hat, d. h. nicht glaubt,
nicht sich sagen läßt vom Wort Gottes her, nicht treu damit umgeht,
nicht treu praktiziert, der verliert immer mehr, was er noch hatte, so
daß er nach und nach von Gott entfernt wird. Es ist ein sehr gefährlich Ding um das Hören und Besitzen des Wortes Gottes. Man kommt
unheimlich rasch um alles. Der Glaube ist kein toter Besitz, ist nichts
Stillstehendes, sondern ist entweder wachsender Reichtum, erstarkendes,
um sich greifendes „Leben in Heiligkeit und Gerechtigkeit", oder aber
eine um sich greifende Leere, eine unheimlich zunehmende Armut.

Es besteht ein Gesetz der Wechselwirkung zwischen Gott und dem
Menschen. Jede Aktion des Menschen segnet Gott mit einer Reaktion
von oben. Den Glauben begabt Er, indem Er ihn steigert. Den Unglauben bestraft Er, indem Er ihn ebenfalls steigert. Weil z. B. die Pharisäer,
anstatt in Jesu Taten und Wundern das Reich Gottes zu erkennen, in
entsetzlicher Weise des Herrn Wirken auf dämonische Einflüsse zurück-
führen, werden sie damit bestraft, daß ihr Unglaube, ihr Haß gegen
Jesus größer wird und zur Verblendung und Verstockung heranreift. —
Weil auch die Menge dem Christus gegenüber, trotz Seiner Taten und
Worte, Umkehr und Glauben verweigert hat, darum wird ihnen das
Wort Jesu zum Gericht. Ihre Unentschiedenheit Jesu gegenüber, ihr
„Nichternstmachenwollen" mit den eindringlichen Umkehrforderungen
Jesu, ihr Ungehorsam wird zur Ablehnung und dann ebenfalls zur Ver-
stockung. —

Wir wiederholen noch einmal Jesu ernstes Wort (Mt 13, 12): „Denn.
wer da hat, dem wird gegeben, daß er die Fülle habe; wer aber nicht
hat, von dem wird auch noch genommen, was er hat."

2. Die wahren Verwandten des Christus.

Lk 8, 19—21

19 Es kamen aber die Mutter und Seine Brüder zu Ihm. Aber sie
konnten nicht mit Ihm zusammentreffen wegen der Ihn umgebenden
20 Volksmenge. * Es wurde Ihm aber gemeldet: „Deine Mutter und
21 Deine Brüder stehen draußen und wollen Dich sehen!" * Er aber antwortete und sprach zu ihnen: „Meine Mutter und Meine Brüder
sind diese, welche das Wort Gottes hören und tun."

Aus Markus ist der eigentliche Anlaß ersichtlich, warum die nahen
Verwandten zu Jesus kamen. Es war das Gerücht zu Seinen Angehörigen
durchgedrungen, „Jesus befände sich in einem Zustand des ‚von Sinnen
Seins'" (Mk 3, 21). Nach Mt 12, 24. 26 war dies eine Folgeerscheinung
der pharisäischen Behauptung, Jesus treibe Dämonen durch Beelzebub
aus. Jesu Brüder beabsichtigten darum, sich Seiner zu bemächtigen
(Mk 3, 21). Vielleicht lag das auch hier dem „Jesus sehen wollen" zu
Grunde (vgl. Jo 7, 4. 5). Es wird jedoch nirgends berichtet, daß Maria,
Seine Mutter, die Ansicht ihrer Söhne geteilt hätte.

Wiederholt werden im NT die Brüder Jesu genannt (Mt 12, 46; Mk
3, 21; Lk 8, 19; Jo 2, 12; 7, 3. 5; Apg 1, 14; 1 Ko 9, 5). In Mt 13, 55
und Mk 6, 3 werden Jakobus, Joseph, Judas und Simon als Brüder Jesu
erwähnt. Paulus nennt in Gal 1, 19 „Jakobus, den Bruder des Herrn"
(vgl. Jak 1, 1; Jud 1). Hier von Halbbrüdern oder Vettern Jesu zu reden,
um die „ewige" Jungfrauschaft Marias zu verteidigen, ist Willkür und
ein Gerücht, das erst im zweiten Jahrhundert entstand. Wenn Jesus der
erstgeborene Sohn genannt wird (Lk 2, 7; vgl. Mt 1, 25), so setzt das
noch mehr Kinder voraus, die hernach geboren wurden.

Jesus ging nicht hinaus zu Seiner Mutter und zu Seinen Brüdern. Er
ließ sie auch nicht zu Sich kommen, daß Sein Lehrvortrag vor der Volksmenge unterbrochen wurde. Ohne die engsten Familienbande zu verachten, nennt der Herr die Hörer und Täter Seines Wortes „Seine Mutter
und Seine Brüder". Die geistlichen Verwandten stehen Ihm näher als
die leiblichen Angehörigen.

3. Der Christus bändigt Sturm und Wellen.

Lk 8, 22—25

22 Es geschah aber an einem der Tage, daß Er in ein Schiff stieg, Er
und Seine Jünger; und Er sprach zu ihnen: „Laßt uns übersetzen
23 an das jenseitige Ufer des Sees!" Und sie fuhren ab. * Während der
Fahrt aber schlief Er ein. Und es fuhr ein Sturmwind herab auf den
See und das Schiff füllte sich mit Wasser und sie waren in
24 Gefahr. * Da traten sie (zu Ihm) und weckten Ihn auf und sprachen:
„Meister, Meister, wir kommen um!" Er aber stand auf, bedrohte
den Wind und die Wogen des Wassers. Und sie beruhigten sich
25 und es trat eine Stille ein. * Er aber sprach zu ihnen: „Wo ist euer
Glaube (geblieben)?" Erschrocken aber staunten sie und sagten untereinander: „Wer ist denn Dieser, daß Er auch den Winden und
dem Wasser gebietet, und sie Ihm gehorchen?"

W. Stb. Matth.
S. 168f.
W. Stb. Mark.
S. 94f.
Zu V. 19—21:
Mt 12. 46—50
Mk 3, 31—35

Ausführlich
erklärt in
W. Stb. Matth.
S. 105 ff.
W. Stb. Mark.
S. 111 ff.
Zu V. 22—25:
Mt 8. 18.
23—27
Mk 4. 35—41

Lukas berichtet ebenso wie seine beiden synoptischen Vorgänger hintereinander die Stillung des Sturmes, die Heilung des Dämonischen, die Heilung des blutflüssigen Weibes und die Auferweckung von Jairus' Töchterlein. Diese Tatsachenberichte bezeugen den Höhepunkt der Wundermacht Jesu. Der Herr bewies Seine Vollmacht über die Kräfte der Natur, über die Dämonenwelt, über Krankheit und Tod.

Wenn Lukas hier wie auch sonst (vgl. Lk 5, 17; 20, 1) schreibt: „An einem der Tage", so liegt darin keine Unkenntnis über die bestimmte Zeit, sondern vielmehr der Gedanke, daß sich diese Geschichte nicht sogleich nach dem Besuch der Verwandten Jesu ereignete. Es ist ihm nicht darum zu tun, die Begebenheiten nach der Zeitfolge zu ordnen, sondern einem bestimmten Grundgedanken entsprechend zu erzählen. Er unterläßt es, den in Mk 4, 35 ff. gezeichneten Zeit- und Ortsrahmen unserer Geschichte näher anzugeben. Nach Mt 8, 18 fand die im Folgenden berichtete Seefahrt am Abend statt, als Jesus die Bergpredigt gehalten hatte; Markus (4, 35) läßt sie unmittelbar auf den Gleichnisvortrag folgen. Die unbestimmte Zeitangabe des Lukas ist kein Widerspruch zur Angabe des Markus. Jesus wollte nach Seinem Plan (vgl. Vers 1) das Evangelium außerhalb von Galiläa predigen, nämlich in der Dekapolis, dem Zehnstädteland. Nach dem genauen Bericht des Markus ließ Jesus Sich in dem Schiffe von den Jüngern fortführen, von dem aus Er das Volk gelehrt hatte. Andere Schiffe, von Freunden und Anhängern besetzt, folgten ihnen und geleiteten sie. Müde und erschöpft von der Tagesarbeit schlief der Herr auf einem Kissen hinten auf dem Boote. Wir sehen hier Jesus ganz als Mensch, der ermüdet und der Ruhe bedarf. Seine göttliche Majestät wurde bald enthüllt.

Während der Fahrt auf dem See erhob sich plötzlich ein gewaltiger Sturmwind. Wegen der Tiefenlage des galiläischen Meeres und seiner großen Temperaturgegensätze waren solche Orkane nicht selten. Die Jünger, die sich in äußerster Lebensgefahr befanden, weckten den im Hinterteil des Schiffes schlafenden Meister. Es war ein Notschrei der höchsten Angst. Jesus erwachte. Er schalt den Sturm und die Wellen. Sein göttliches Machtwort wirkte. Die Naturgewalten beruhigten sich. Markus und Lukas berichten, daß der Herr nach Seiner Rettungstat einen Verweis erteilte, Matthäus erwähnt das Umgekehrte. Die Frage des Herrn bei Markus: „Habt ihr noch keinen Glauben?" und bei Lukas: „Wo ist euer Glaube?", klingt ernster als die Anrede: „Ihr Kleingläubigen" bei Matthäus. Jesus konnte von den Jüngern einen Glauben erwarten, der selbst die höchste Lebensgefahr überdauerte. Ihr Notschrei zeugt von Unglauben (lies W. Stb. Matthäus zu Mt 8, 23—27 und Markus zu Mk 4, 35—41), weil sie fürchten, trotz Seiner Anwesenheit unterzugehen.

Im Gegensatz zu den Rationalisten, welche diese Geschichte als Märchen, Sage oder Phantasiegebilde ansehen, erkennen wir in Ehrfurcht das Wunder an als ein Zeugnis von der Herrschaft Jesu auch über die Natur.

4. Der Christus bändigt die Dämonen.

Lk 8, 26—39

Ausführlich
erklärt in
**W.Stb.Matth.
S. 108ff.
W.Stb.Mark.
S. 114ff.**
dazu Exkurse
W.Stb.Mark.
S. 82, 83,
117, 118

Zu V. 26—39:
Mt 8, 28—34
Mk 5, 1—20

Dieser Geschichte sind einige Bemerkungen vorauszuschicken. Der Herr hat sich soeben als der Bezwinger des Aufruhrs und Tobens in der äußeren Welt gezeigt, Er hat Wind und Wogen Sein: „Seid still!" zugerufen und mit einem Wort den Sturm auf dem Meer zum Schweigen gebracht. Aber es gibt etwas viel Wilderes und Schreckenerregenderes als die Winde und Wellen in ihrem schlimmsten Wüten, das ist der Mensch, wenn er alle Fesseln gesprengt hat und sich zum Werkzeuge dessen hergibt, der Fluch und Unheil überall dahin trägt, wohin seine Herrschaft reicht. Und der Christus hat hier noch eine gewaltigere Tat zu vollbringen, als Er sie dort auf dem Meere vollbracht hat. Auch hier wird Er sich als machtvoll erweisen, der die verlorene Harmonie wiederherstellt. Er spricht, und auf Sein allmächtiges Wort wird sich der so viel tollere Aufruhr, diese so viel blindere Wut im Menschenherzen legen, und auch hier wird eine große Stille eintreten.

„Wenn wir die drei Berichte, die uns über diese merkwürdige Heilung des Besessenen von Gadara bei Matthäus und Markus und Lukas überliefert sind, miteinander vergleichen, so ergibt sich gleich zu Anfang eine Schwierigkeit, indem nämlich Matthäus von zwei Besessenen spricht, Markus und Lukas nur von einem. Man hat viele Versuche gemacht, diese Behauptung in Einklang zu bringen. Augustinus vermutet, der eine sei eine vornehmere, angesehenere Persönlichkeit gewesen, ein anderer Ausleger meint, der eine sei so viel wilder und gefährlicher gewesen, daß der andere neben ihm ganz zurücktrat und von den meisten Personen gar nicht beachtet wurde. Wie wir es nun auch erklären wollen, e i n e r von den beiden Besessenen ist mehr zurückgetreten, und so meinen wir, dem Lukas folgend, im allgemeinen von d e m e i n e n B e s e s s e n e n sprechen zu sollen, der dem Herrn begegnete, als Er aus dem Schiffe kam; nicht als ob der andere nicht zugegen gewesen wäre; aber da die Berichte, wo nur e i n e r auftritt, die ausführlicheren sind, so wollen wir uns ihnen anschließen." (vgl. Trench, Die Wunder des Herrn S. 119, 1895)

Mehr als die soeben genannten Verschiedenheiten bei den drei Synoptikern hinsichtlich des einen oder des zweiten Besessenen stehen seit langem die Teufelsaustreibungen im heftigsten Feuer der Kritik. Die Auffassung von der Innewohnung eines bösen Geistes im Menschen muß nach Ansicht dieser Kritiker preisgegeben werden. Man macht bei den biblischen Schreibern den Mangel an tieferen medizinischen und psychiatrischen Kenntnissen geltend. Epilepsie, Geisteskrankheiten, Tobsucht, Hysterien hätte man fälschlich auf den Einfluß böser Geister zurückgeführt. Mit diesen Krankheiten hätten sich, dem Gesichtskreis des Kranken entsprechend, suggestive Wahnvorstellungen von Besessenheit verbunden.

Darauf sei sogleich bemerkt, daß die biblischen Berichte von Heilungen Besessener gegenüber den außerbiblischen so tiefgreifende Unterschiede aufweisen, daß sie keinen Vergleich aushalten (vgl. Jos. Ant.

VIII, 2, 5). Jesus „heilte" durch den Geist Gottes (Mt 8, 28). — Im
nichtbiblischen Schrifttum wird durch Zauberformeln diese Krankheit
behoben.

Eine Akkomodation (Angleichung) Jesu an den Volksglauben Seiner
Zeit ist widersinnig. Jesus glaubte an die Wirklichkeit der Besessenheit;
Er unterschied deutlich Krankheit und Besessenheit (Lk 13, 32).

a) Die Begegnung mit den Besessenen zu Gadara.

Lk 8, 26—29

**26 Und sie fuhren zu Schiff hinüber in das Gebiet der Gerasener,
27 welches gegenüber von Galiläa liegt. * Als Er aber an Land gestie-
gen war, begegnete Ihm ein Mann aus der Stadt, der Dämonen
hatte und seit langer Zeit keine Kleidung mehr trug und auch nicht
28 mehr zu Hause blieb, sondern in den Gräbern (sich aufhielt). * Da
er aber Jesus sah, schrie er auf, fiel vor Ihm nieder und rief mit
lauter Stimme: „Was willst Du von mir, Jesus, Sohn Gottes, des
29 Höchsten? Ich bitte Dich, quäle mich nicht!" * Denn Er hatte dem
unreinen Geist geboten, von dem Menschen auszufahren. Schon
seit langer Zeit hatte er (der böse Geist) ihn gepackt. Er war mit
Ketten und Fußfesseln gebunden und bewacht, und nachdem er die
Fesseln zerrissen hatte, wurde er von dem Dämon in die Wüsten
getrieben.**

Jesus landete mit den Jüngern am östlichen Ufer des Sees Genezareth
im Gebiet der Gerasener. Nach der im Text erwähnten großen Schweineherde zu urteilen (Vers 32, 33), wohnten in dieser Gegend viele Heiden. Es war sicherlich nicht die Absicht des Herrn, hier das Evangelium
zu predigen (vgl. Lk 4, 43), sondern Er wollte sich mit Seinen Jüngern
ein wenig in die Stille zurückziehen. Am Landungsorte kaum angekommen, begegnete Jesus einem Manne, der von Dämonen besessen war.
Dieser Besessene, der aus der naheliegenden Stadt stammte, durchstreifte
seit geraumer Zeit unangekleidet die Umgegend. ' In seiner Scheu mied
er die menschliche Wohnung und erwählte die hier gelegenen Grabhöh-
len zu seinem Aufenthalt. So oft die Tobsuchtsanfälle sich bei ihm
wiederholten, versuchte man ihn zu fesseln. Mit einer ungewöhnlichen
Kraft, welche die Dämonen ihm verliehen, zerriß er die Fesseln. Im
Banne der dämonischen Gewalt wurde er dann willenlos in die Einöden
getrieben.

Es wird nichts davon berichtet, daß der vom Dämon Besessene dem
Herrn Jesus gegenüber handgreiflich werden wollte. Ehe sich der Ge-
quälte gewalttätig zeigte, beschwichtigte der Herr den Dämon durch ein
beschwörendes Befehlswort. Eine Bitte um des Herrn Hilfe ging weder
von seiten des Besessenen noch seiner Angehörigen voraus. Die bejammernswerte Gestalt bewog Jesus, hier helfend einzugreifen. Der
gefährliche Mensch dachte nicht daran, sich an Jesus zu vergreifen.
Er bat Ihn fußfällig um Schonung. Der im Banne der Dämonen Stehende
vermochte nicht, die von Jesus beabsichtigte Heilungstat als Wohltat zu
erkennen, sondern er sah dies als eine Schädigung des Lebens an. Er
war in seiner hochgradigen Tobsucht derart von dem unreinen Geist

beherrscht, daß er sein eigenes Ich von dem Dämon nicht unterscheiden konnte.

b) Die Heilung des Besessenen.

Lk 8, 30—33

30 Jesus aber fragte ihn: „Was für einen Namen hast du?" Er aber sprach: „Legion", denn es waren viele Dämonen in ihn hineinge-**31** fahren. * Und sie baten ihn, daß Er ihnen nicht gebieten möchte, **32** in den Abgrund zu fahren. * Es war aber dort eine große Herde Schweine, die auf dem Berge weidete. Und sie baten Ihn, daß Er **33** ihnen gestatten möchte, in jene (Schweine) zu gehen! * Und Er erlaubte es ihnen. Da fuhren die Dämonen von dem Menschen aus und fuhren in die Schweine hinein, und die Herde jagte den Abhang hinunter in den See und ertrank.

Jesus wollte dem bedauernswerten Menschen eine völlige Heilung widerfahren lassen. Das konnte aber nur geschehen, wenn die dämonischen Geister ihn verließen. Jesus fragte zuerst nach dem Namen der Dämonen, die in dem besessenen Menschen sind, weil Er die unheimliche Verbindung zwischen dem Menschen und dem Teufel brechen will.

Die dämonischen Gewalten hatten aber derart die Oberhand, daß der Besessene in Verbindung mit ihnen dem Herrn antwortete, daß sein Name „Legion" sei. Eine ganze Legion dämonischer Geister bewohnte das Innere dieses Menschen. Das lateinische Wort „Legion" ist ein römischer Kriegsausdruck, der eine vermeintlich unwiderstehliche Schar von 4000 bis 6000 Soldaten umfaßte. In der Antwort an Jesus identifiziert sich der Besessene mit der Kriegsmacht, die ihn völlig beherrschte. Hier sehen wir seine ganze Ohnmacht, daß er nicht das Geringste vermochte, sich dieser Tyrannei zu entledigen.

Bemerkenswert ist nun, daß es heißt: „Sie baten Ihn, daß Er ihnen nicht gebiete, in den Abgrund wegzugehen." Das Heer der Dämonen merkte, daß sie ihre Beute preisgeben mußten. Das Befehlswort Jesu hatte seine Wirkung (Vers 29). Nach der Lesart: „Er bat Ihn", machte sich der Besessene mit zum Sprecher der Dämonen, welchen er sich gleichstellte. Sie fürchten den Abgrund oder Feuersee, in den sie am Jüngsten Gericht geworfen werden (Offb 20, 7. 14).

Um vor dem Abgrund sicher zu sein, bitten die Dämonen den Herrn, in die Schweineherde fahren zu dürfen, die auf dem Berge weidete. Lukas berichtet, daß Jesus diesen Wunsch der Dämonen erfüllte; den Wortlaut Seiner Erlaubnis teilt er nicht mit. Nach Mt 8, 32 ist es ein Befehl: „Geht hin!". Die ganze Herde (nach Mk 5, 13 zweitausend an der Zahl) stürzte die Böschung hinunter.

Das Bitten dieser bösen Geister wird erhört, aber nur zu ihrem Verderben. Sie dürfen in die Säue fahren, und was sie am meisten gefürchtet hatten, das tritt ein; sie finden keine Werkzeuge mehr für ihre Tätigkeit, sie sind gewaltsam in eben das Gefängnis getrieben, das sie am stärksten verabscheuten. (Wir geben hier im Unterschied zu unseren Erklärungen im Matthäus-Band einen anderen Deutungsversuch an.)

c) Die Wirkung des Heilungswunders.

Lk 8, 34—39

34 **Als aber die Hirten sahen, was geschehen war, flohen sie und ver-**
35 **kündeten dies in der Stadt und auf dem Lande. * Da gingen die**
Leute (aus der Stadt) hinaus, das Geschehene zu sehen. Sie kamen zu
Jesus und fanden den Menschen, von welchem die Dämonen ausge-
fahren waren, angekleidet und vernünftig zu den Füßen Jesu sitzen.
36 **Und sie fürchteten sich. * Die es aber gesehen hatten, verkündigten**
37 **ihnen, wie der Besessene gerettet worden war. * Da bat Ihn aber**
die ganze Menge aus der Umgegend der Gerasener, „Er möchte von
38 **ihnen weggehen", denn eine große Furcht hatte sie ergriffen. * Er**
aber stieg in ein Schiff und kehrte zurück. Der Mann aber, von dem
die Dämonen ausgefahren waren, bat Ihn, bei Ihm bleiben zu
39 **dürfen. Er entließ ihn aber und sprach: * „Kehre heim in dein**
Haus, und erzähle, wieviel Gott dir getan hat!" Da ging er weg und
verkündigte es durch die ganze Stadt, wieviel Jesus ihm getan hatte.

Jesu Heilungstat rief eine Bewegung hervor. Eine große Volksmenge der Umgegend war in Aufregung geraten.

Mit großem Erstaunen mußten sie jetzt wahrnehmen, daß der Mann,
der bisher in seiner furchtbaren Besessenheit die ganze Umgegend unsicher machte, angekleidet und vernünftig zu Jesu Füßen saß. Der Errettete fühlte sich zu seinem Retter hingezogen. Die Herdenbesitzer mitsamt den Bewohnern wünschten auf Grund ihres Schrecks, Jesus möchte
ihre Gegend verlassen. Der Herr erfüllte ihren Wunsch und drängte
Sich ihnen nicht auf. Er entschloß Sich, nach Galiläa zurückzufahren.

Die Wundertat Jesu machte auch auf den Geheilten einen tiefen Eindruck.
Als Jesus in das Schiff trat, bat Ihn der Besessene, daß er bei Ihm bleiben möchte. Fürchtete er etwa, daß in der Abwesenheit seines Helfers
die Geister aus dem Abgrunde ihre Herrschaft über ihn wieder antreten
könnten? Oder drängte es ihn im Gefühle seiner Dankbarkeit, hinfort
ein Nachfolger Dessen zu werden, dem er diese allmächtige Tat der
Befreiung verdankte? Was auch seine Beweggründe sein mochten, der
Herr hatte ein anderes mit ihm vor. Der Herr zwar verließ die, die
sich Seiner Gegenwart unwert gezeigt hatten, aber Er wollte Sich doch
nicht unbezeugt unter ihnen lassen. Einigen Geheilten hat der Herr
verboten, von Gottes Güte zu sprechen (Mt 8, 4; Lk 8, 56). — Dieser
erhält den ausdrücklichen Befehl, überall die Gnade, die er erfahren,
bekannt zu machen.

Wir dürfen annehmen, daß vielleicht bei denjenigen Geheilten, wo die
Gefahr vorlag, daß alle tieferen Eindrücke verflüchtigt würden durch
ein nur äußerliches Wiederholen der äußeren Umstände der Heilung,
von Jesus das Schweigen geboten wurde, damit ein innerliches Durch-
denken und Verarbeiten der wunderbaren Gnadenführung des Herrn
möglich werde. Wo es sich aber um ein zur Schwermut geneigtes, nie-
dergeschlagenes Herz handelte, wie dies offenbar der Fall war bei solch
einem einsiedlerischen melancholischen Leidenden, — da erging der Befehl, hinzugehen und anderen die großen Dinge zu verkünden, die

Gott an ihm getan hatte. Durch solches Weiter- und Wiedererzählen sollte seine Seele in ihrem gesunden Zustande erhalten werden. Vgl. Trench.

5. Der Christus bändigt Krankheit und Tod.

Lk 8, 40—56

Lukas verbindet, wie auch Markus, mit Jesu Rückkehr aus der Gegend der Gerasener die Wiedererweckung der Jairustochter und die Heilung der Blutflüssigen. Matthäus läßt dagegen auf die Geschichte der Besessenen-Heilung die Heilung des Gichtbrüchigen und die Berufung des Levi folgen, die Markus und Lukas schon vorher erwähnen (vgl. Lk 5, 17—29). Unser Evangelist zeigt die Herrlichkeit des Herrn in aufsteigender Stufenfolge, d. h. Jesus gebot zuerst dem Seesturm und dann dem Wüten der Dämonen. Nunmehr triumphiert Er über die Macht der Krankheit und des Todes.

Ausführlich behandelt in
W. Stb. Matth. S. 120ff.
W. Stb. Mark. S. 120ff.
Zu V. 40—56:
Mt 9, 18—56
Mk 5, 21—43

a) Die Bitte des Jairus an Jesus.

Lk 8, 40—42

40 **Als aber Jesus zurückkehrte, empfing Ihn das Volk. Denn alle hat-**
41 **ten nämlich auf Ihn gewartet. * Und siehe, da kam ein Mann mit Namen Jairus, der ein Vorsteher der Synagoge war. Und er fiel zu den Füßen Jesu nieder und bat Ihn, in sein Haus zu kommen. ***
42 **Denn er hatte eine einzige Tochter von etwa zwölf Jahren, welche im Sterben lag. Während Er aber hinging, umdrängten Ihn die Volksmengen von allen Seiten.**

Die Rückkehr Jesu aus der Gegend der Gerasener nach Kapernaum (vgl. Mt 9, 1) schildert Lukas ebenso anschaulich wie Markus. Im Gegensatz zu dem Benehmen der Bewohner zu Gerasa, die den Herrn von sich wiesen, wurde Er hier von einer großen Volksmenge mit Spannung erwartet.

Unser Evangelist lenkt zunächst unsere Aufmerksamkeit auf Jairus, einen Vorsteher der Synagoge.

Obgleich Jairus ein Volljude und Inhaber eines gottesdienstlichen Amtes war, ließ er sich nicht abhalten, Jesus fußfällig um Hilfe anzuflehen. Er wird mehrfach der Predigt und Lehre des Herrn in der Synagoge zugehört haben. Da sich alle menschliche Kunst an seinem dahinsterbenden Töchterlein als nichtig erwies, bat Jairus, Jesus möge in sein Haus kommen. Die Erwähnung, daß es seine einzige Tochter war, zeigt den tiefen Schmerz des Vaters. Jesus war entschlossen, ohne Zögern in sein Haus zu gehen, um bald zu helfen.

b) Die Unterbrechung durch die blutflüssige Frau.

Lk 8, 43—48

43 **Und eine Frau, die seit zwölf Jahren mit einem Blutfluß behaftet**
44 **war, welche von keinem (Arzt) geheilt werden konnte, * trat von hinten herzu, berührte die Quaste Seines Kleides. Sofort kam ihr**

45 Blutfluß zum Stehen. * Und Jesus sprach: „Wer hat Mich berührt?"
Weil niemand es gewesen sein wollte, sprach Petrus: „Meister, die
46 Volksmengen bedrängen und stoßen Dich!" * Jesus aber sprach:
„Es berührte Mich jemand, denn Ich habe gemerkt, daß eine Kraft
47 von Mir ausging." * Als aber die Frau sah, daß es nicht verborgen
blieb, kam sie zitternd und fiel vor Ihm nieder und erzählte vor
allem Volk, weswegen sie Ihn angerührt habe, und wie sie sofort
48 geheilt wurde. * Er aber sprach zu ihr: „Tochter, dein Glaube hat
dir geholfen, gehe hin in Frieden!"

Jesus folgte der Bitte des betrübten Vaters. Er begab Sich auf den
Weg in sein Haus. Da trat ein Ereignis dazwischen, wodurch sich Sein
Kommen verzögerte. Mitten aus der Volksmenge drängte sich eine
Frau an Jesus heran, die seit zwölf Jahren an einem Blutfluß zu leiden
hatte. Lukas sagt nichts davon, daß diese Kranke von den Ärzten
drangsaliert und ausgebeutet wurde. Er erwähnt nur, daß sie von keinem Arzt geheilt werden konnte. Nach dem Gesetz (3 Mo 15, 25) war
eine solche Frau unrein. Eine gewisse Scham verhinderte die Kranke,
vor aller Ohren ihre Krankheit kundzutun. Die Frau versuchte, möglichst
unbemerkt an Jesus heranzukommen. Sie glaubte, zur Erlangung der
Heilung müsse wenigstens die Quaste (4 Mo 15, 38 ff. und 5 Mo
22, 12) der Kleidung des Herrn berührt werden. Auch Matthäus erwähnt die Quaste. Es sind die vom Gesetz vorgeschriebenen vier Trod-
deln. Darin zeigte sich die Kraft ihres Glaubens, daß sie nicht einmal
die Berührung Seiner Person benötigte.

Die Kranke hatte sich nicht vergeblich zu Jesus hindurchgedrängt. Er
wußte um das geheime Seufzen des Glaubens. Ihr Verlangen wurde
erfüllt. Lukas, der Arzt, berichtet: „Und sofort kam ihr Blutfluß zum
Stehen." Trotz des Volksgedränges empfand der Herr, daß Ihn jemand
auf besondere Weise angerührt hatte. Petrus fand wegen des Volksgedränges die Frage des Herrn eigenartig. Jesus aber unterschied deutlich eine Berührung durch äußere Ursachen von einer Anrührung durch
den Glauben. Die Kraft, die von Jesus ausging, strömte mit Seinem
vollen Wissen und Willen auf die Frau über. Es ist die in Ihm vorhandene Heilkraft (vgl. Lk 5, 17; 6, 19). Diese Tatsache bestätigt Jesus
dem Volke und den Jüngern. Die Frau, die nicht verborgen bleiben
konnte, ließ der Herr wissen, daß durch Seinen Liebeswillen Seine Heilkraft ihr zuströmte. Die von ihrer langjährigen Krankheit Befreite fiel
nieder vor ihrem Erretter und bekannte in Demut die ganze Wahrheit.

In liebevoller Herablassung betrachtete Jesus die heilbringende Berührung als eine Tat des Glaubens und versicherte der Frau die
gewonnene Gesundheit. Die Anrede: „Tochter" offenbart Seine Liebe.
Sein Wort: „Sei getrost", nach anderen Handschriften, macht ihr Mut
und befreit sie von der Angst. Jesus entläßt die Geheilte mit dem
Gruß des Friedens.

Zu der Heilung der blutflüssigen Frau ist noch einiges zu bemerken.
Die Berührung der Kleiderquaste berechtigt nicht zur Verehrung der
sogenannten Reliquien Christi und der Heiligen. Diejenigen Ausleger,
die dieses Heilungswunder leugnen, suchen ihre Zuflucht zu Deutun-

gen, die wir ablehnen. Eine solcher Deutungen grenzt geradezu an fri-
volen Spott, wenn die Heilkraft Jesu mit einer elektrischen Batterie
verglichen wird, die jederzeit eine Wirkung ausübt. Von einer magi-
schen oder magnetischen Heilung kann keine Rede sein. Die Heilung
durch medikamentische Therapie oder Psychotherapie und Autosugge-
stion zu erklären, ist keiner Widerlegung wert. Die Heilkraft, die von
Jesus ausging, vermag kein medizinisches Wörterbuch zu deuten.

c) Die Erfüllung der Bitte des Jairus.

Lk 8, 49—56

49 **Während Er noch redete, kommt einer von dem Synagogenvorsteher und sagt: „Deine Tochter ist gestorben. Bemühe den Meister
50 nicht mehr!"** * **Als Jesus das hörte, antwortete Er ihm: „Fürchte
51 dich nicht, glaube nur, und sie wird gerettet werden!"** * **Als Er
aber in das Haus kam, ließ Er es nicht zu, daß jemand mit Ihm
hineinging, außer Petrus und Johannes und Jakobus und den Vater
52 des Mädchens und die Mutter.** * **Es weinten aber alle und betrauer-
ten sie. Er aber sprach: „Weinet nicht! Sie ist nicht gestorben. Sie
53 schläft nur!"** * **Da verlachten sie Ihn, denn sie wußten ja, daß sie
54 gestorben war.** * **Er aber faßte ihre Hand, rief und sprach: „Kind,
55 erwache!"** * **Da kehrte ihr Geist zurück und sie stand sofort auf.
56 Er befahl, ihr zu essen zu geben!** * **Und ihre Eltern gerieten außer
sich. Er aber gebot ihnen, keinem das Geschehene zu sagen!**

Zu Vers 52:
Lk 7, 13

Zu Vers 56:
Lk 5, 14
Mk 7, 36

Die Unterbrechung durch die blutflüssige Frau bereitete für Jairus
eine harte Geduldsprobe. Während Jesus noch mit der Geheilten redete, wurde dem besorgten Vater mitgeteilt, daß seine Tochter schon
gestorben war. Bis dahin hatte er den Herrn gebeten, mit in sein Haus
zu eilen; er hatte Ihn, nach dem Wortlaut des Grundtextes, am Arme
gezupft. Jetzt aber nutzte dieses Treiben und Drängen nichts mehr.
Das Kind war gestorben. Da konnte nur der Glaube an den „Toten-
auferweckenden" Heiland helfen. Diesen notwendigen Glauben sprach
Jesus in das Herz des betrübten Vaters hinein. Die Verheißung:
„Fürchte dich nicht, glaube nur, und sie wird gerettet werden!", wirkt
den wahren Glauben.

Lukas erwähnt nichts davon, wie es der Text nach Mt 9, 25 und
Mk 5, 40 tut, daß Jesus die lärmende Trauerversammlung hinaustrieb.
Er berichtet nur, daß der Herr den laut Klagenden mit den Befehls-
worten entgegentrat: „Weinet nicht!" Seine Begründung: „Sie ist
nicht gestorben, sondern sie schläft nur", wurde verlacht. Dieses Aus-
lachen durch die trauernde Menge beweist den wirklichen Eintritt des
Todes. Von einem Scheintode, wie dies etliche liberale Erklärer behaupten, kann keine Rede sein.

Die drei vertrautesten Jünger und die Eltern durften nun als Augenzeugen miterleben, daß Jesus die Verstorbene wie eine Schlafende bei
der Hand faßte und ihr zurief: „Kind, wach auf!" Der aramäische Ruf:
„Talitha kumi", den Markus aufbewahrt hat (Mk 5, 41), wird von
Lukas nicht erwähnt. Die Gestorbene hörte die Stimme des Sohnes

Gottes, daß sie sogleich erwachte und aufstand. Lukas berichtet allein
von der Anordnung des Herrn, dem Kinde zu essen zu geben. Jesus
handelt bei der größten Wundertat ganz natürlich. Der Herr gebot den
Eltern mehrfach (Lk 5, 14 u. a.), von der erlebten Wundertat, durch die
sie in Staunen gesetzt wurden, nicht weiter zu reden. Jede nur fleischliche Messiaserwartung sollte im Keime erstickt werden.

G. Siebenter Strahl

Jesus ist der bevollmächtigte Herr im Kreise Seiner Jünger und in Seiner öffentlichen Tätigkeit.

Lk 9, 1—50

1. Der Christus bevollmächtigt die Zwölf.

Lk 9, 1—6

Dieser Abschnitt versetzt uns in das Ende der galiläischen Tätigkeit
Jesu. Jesus erweiterte Sein Werk, indem Er Seine erwählten Jünger
aussandte. [1])

Die Instruktionsrede an die Jünger berichtet unser Evangelist in der
gleichen Form wie Markus (Mk 6, 8—10), aber anders als Matthäus.
Die vom ersten Synoptiker erwähnte Aussendungsrede vereinigt Frag-
mente von sehr verschiedenen Reden, die aber alle mit dem apostolischen Beruf zusammenhängen.

a) Die Sendung der Jünger.

Lk 9, 1—2

1 Da Er die Zwölfe zusammenrief, gab Er ihnen Macht und Vollmacht
2 über alle Dämonen und Krankheiten zu heilen. ˙ Und Er sandte sie,
das Königreich Gottes zu verkündigen und gesund zu machen.
Die zunächstliegende Veranlassung zur Aussendung der Zwölfe war
für Jesus das große Elend des auserwählten Volkes, das von seinen
Lehrern und Führern gänzlich vernachlässigt wurde (vgl. Mt 9, 35—38).
Seine Apostel, oder „die Zwölfe", wie dies bei Lukas ein stehender
Ausdruck für den engeren Jüngerkreis des Herrn ist (Lk 9, 10; 17, 5;
22, 14; 24, 10), sollten die Stimme des großen Hirten laut werden
lassen unter einem verschmachteten und zerstreuten Volk, das wie
Schafe ohne Hirten umherirrte.

[1] Lukas läßt den Bericht von der Aussendung der Zwölfe auf die gleichen Begebenheiten folgen
wie Markus. Dieser schiebt nur den Besuch in Nazareth dazwischen (Mk 6, 1—6). Markus und
Lukas schildern dann die wunderbare Speisung im Anschluß an die Rückkehr der Jünger. Von
hier an überspringt Lukas die Kapitel Mk 6, 45 — 8, 36, um erst beim Petrusbekenntnis wieder
neu einzusetzen (vgl. V. 18). Hierauf folgen die .erste Leidensverkündigung und Mahnung zur
Leidensnachfolge, die Verklärung, die Heilung des Mondsüchtigen, die zweite Leidensverkündigung
und der Rangstreit der Jünger.

Der Herr suchte Seine Erwählten, die Ihn bisher nur als Zeugen begleiteten, zu selbständiger Berufsarbeit zu führen. Er wollte durch sie in allen Städten und Orten Galiläas die Kunde des Königreiches Gottes ausbreiten. Mit dieser Tätigkeit war noch nicht die eigentliche Heilsverkündigung verbunden, zu der erst die Ausgießung des Heiligen Geistes befähigte. Sie sollten nur verkündigen, daß das Königreich Gottes, das Ziel der allgemeinen Sehnsucht, erscheinen wird und daß Jesus, der Gründer dieses Königreiches Gottes, in ihrer Mitte war.

Der Ausdruck „synkalesamenos = Er rief zusammen" bezeichnet eine feierliche Versammlung und sagt mehr als der Ausdruck „proskaleisthai = zu sich rufen", wie wir ihn bei Markus und Matthäus finden.

Die Aufgabe, die die Apostel bekamen, war nicht die, „vor" dem Herrn herzugehen, sondern hier und dort Seiner Spur nachzugehen. Nicht zu säen schickt er sie aus, sondern zu ernten; nicht anzufangen, sondern fortzusetzen, was Er Selbst schon angefangen hat. Darum mußten sie jedesmal untersuchen, wer würdig sei, sie zu empfangen. Darum sollten sie den Staub abschütteln, wo n a c h d e r P r e d i g t i h r e s H e r r n nun auch ihr erneuter Versuch verschmäht wird. So verstehen wir auch erst das Verbot großer Reiseausrüstungen. Die Jünger kamen ja nicht als Fremde unter Feinde, sondern als Freunde in eine Gegend, wo ihnen selbst der Herr schon die Wege gebahnt hatte. J e m e h r J e s u s d i e E n t w i c k l u n g d e r g r o ß e n A u f g a b e S e i n e s L e b e n s s c h a u t, d e s t o m e h r d r i n g t E r a u f d e n b i t t e r e n, h a r t e n E r n s t d e r E n t s c h e i d u n g. Damit des Herzens Gedanken klar offenbar werden sollten, sendet Er jetzt Seine Apostel aus.

Die Austreibungen der Dämonen und die Krankenheilungen der ausgesandten Apostel sollten die Wahrheit ihrer Verkündigung bestätigen und auf Jesus, den Geber dieser Gnadengaben, hinweisen. Das Königreich Gottes sollte nicht durch Menschenkraft gegründet und erbaut werden. Jesus erteilte darum den Jüngern auch die außerordentliche Gnadengabe der Heilung.

Der Auftrag an die Jünger war einerseits eine Wiederaufnahme der Tätigkeit Johannes des Täufers, der bald seinen irdischen Lauf vollendete. Aber hier war noch mehr (vgl. Lk 7, 28). Diesen Kindern des Reiches Gottes hatte der Herr zur Predigt auch das Vermögen und die Vollmacht der Wundertätigkeit verliehen. Von Johannes dem Täufer wird nicht berichtet, daß er Wunder vollbracht hat.

Die Übertragung der Wundermacht Jesu auf Seine Schüler hat einen gewissen Vorgang in der Übertragung des Geistes des Elias auf den Elisa. Mit demselben Mantel, mit dem Elias das Wasser des Jordans geteilt hat, teilt es auch Elisa **auf dem Rückweg.** [2])

---

[2] „Ein bedeutsamer Unterschied ist aber doch zwischen Elisa und den Jüngern Jesu vorhanden. Als Elisa die Wasserquelle zu Jericho gesund macht, sagt er: „So spricht der Herr." Die Jünger Jesu aber tun ihre Wunder nicht, indem sie sagen: „So spricht der Herr!", sondern sie tun ihre Wunder im Namen des Herrn, im Namen Jesu. Jesus ist und bleibt der Wundertäter, und Seine

b) Jesu Amtsvorschrift für die Jünger.

Lk 9, 3—5

Zu Vers 4:
Lk 10, 5—7

3 Und Er sprach zu ihnen: Nehmt nichts mit auf den Weg, weder einen Stab, noch einen Ranzen, noch Brot, noch Geld, daß keiner
4 zwei Unterkleider habe. * Und ein Haus, in welches ihr eintreten
5 könnt, daselbst bleibt, und von dort geht heraus! * Und alle, welche euch nicht aufnehmen mögen, schüttelt den Staub von euren Füßen ab, wenn ihr aus jener Stadt hinausgeht gegen sie zum Zeugnis!"

Wie Jesus Seinen Sendboten für ihren Dienst die erforderliche Kraft und Vollmacht zusprach, so gab Er ihnen auch die nötigen Anweisungen für den Antritt der Reise und den Verlauf der Reise.

Er empfiehlt ihnen, so los und ledig von allem auszuziehen, wie sie jetzt sind. — Die Ausrüstung für eine Reise besteht vornehmlich in dreierlei: Geld, Mundvorrat und Kleidung. Das Mitnehmen von Geld verneint Matthäus am schärfsten, er nennt drei Metallarten: Gold, Silber und Kupfer; Markus erwähnt nur Kupfer; Lukas spricht bloß von Silber, dem Ausdruck für Geld im allgemeinen. [3])

Keine Ausrüstung mitzunehmen, wie Jesus es fordert, ist, richtig verstanden, die schönste und reichste Ausrüstung. Jesus, der den Jüngern auf diese Weise jede Beschwerung für die Reise verbot, erlaubte und gebot ihnen, im Glauben alles Nötige zu erwarten. Sie durften im voraus dessen gewiß sein, was sie hernach bekennen mußten: daß sie keinen Mangel gehabt haben (vgl. Lk 22, 35). Die Urgemeinde hat nun diese Vorschrift von der Nichtausrüstung besser verstanden als heute manche Schwärmer. Jede Ausrüstung der Prediger und Missionare mit Geld und Kleidung darum zu verurteilen, steht im Gegensatz zur Schrift. Die Apostel Johannes (vgl. 3 Jo 5—8) und Paulus (2 Ko 11, 8), selbst Jesus (Lk 22, 36) haben sich die buchstäbliche Befolgung dieser Worte nicht auferlegt. Es muß bedacht werden, daß Jesus Seine Boten in die Städte und Orte I s r a e l s sandte, wo alle Seine Diener, wie auch die Leviten, ein Anrecht auf Versorgung hatten (4 Mo 18, 31; vgl. 1 Ko 9, 13. 14). Auf die Sendung unter die Heidenvölker läßt sich des Herrn Vorschrift nicht anwenden.

Apostel sind nur Seine Vermittler. Es ist in den Evangelien schon so, wie später in der Apostelgeschichte. Petrus sagte zu Aeneas in Lydda: „Aeneas! Jesus Christus heilt dich, stehe auf!" (Apg 9, 34). So wird durch das Wirken der Apostel der Eindruck von der Wundermacht Jesu noch vervielfacht, und es ist verständlich, daß das Fragen: „Wer ist der?" überall sich vertieft und Entscheidungen bewirkt." (Vgl. Bornhäuser.)

[3] Der Herr verbietet Seinen Jüngern, weder Geld noch eine Reisetasche mit Mundvorrat mit sich zu führen. Matthäus und Lukas berichten: „auch keinen Stab"; Markus sagt dagegen: „Und gebot ihnen, daß sie nichts bei sich trügen auf dem Wege, denn allein einen Stab." Matthäus sagt: „Keine Schuhe"; Markus dagegen: „Er gebot ihnen, daß sie geschuht wären." Es ist nur ein scheinbarer Widerspruch, welcher durch die einstimmige Vorschrift der drei Evangelisten: „keine zwei Röcke mitzunehmen" erklärt wird. Sie sollten an Kleidung und Schuhen nichts doppelt haben.

Was Jesus sagen will, ist: Wir wollen nicht Fleisch für unseren Arm halten, nicht unser Vertrauen auf äußere Ausrüstung setzen, sondern so wenig Bedürfnisse haben als möglich, und einfach und frei im Pilgerlauf und Zeugendienst wandeln.

Der Herr erteilte den Zwölfen auch eine besondere Vorschrift im Falle, daß sie in einem Hause A u f n a h m e fanden. Die Jünger sollen nicht wie die Irrlehrer auf fleischliche Behaglichkeit bedacht sein (Rö 16, 18), d. h. die Herberge wechseln, wenn sie nicht behaglich genug ist, oder lieber bei Reichen als bei Armen einkehren. — Aus einem gastfreien Hause, in das sie zuerst einkehrten, sollten sie erst dann wieder ausziehen, wenn der Ort, dem ihre Predigt galt, von ihnen verlassen wurde, um einem anderen Ort das Evangelium zu verkündigen. Die Urgemeinde wählte ja auch besondere Häuser oder Familien als b l e i - b e n d e Mittelpunkte für den Diener und das Werk des Evangeliums (vgl. Apg 9, 43; 16, 15. 40; 17, 7; 18, 3).

Mit dieser Vorschrift hängt auch die andere für den Fall, daß sie a b g e w i e s e n wurden, eng zusammen. So wenig Jesus Sich Selbst aufnötigte (vgl. Lk 8, 37; Jo 3, 22), so wenig sollten auch Seine Boten sich und das Evangelium einem Hause aufdrängen. Wo die Diener Gottes keinen Eingang finden, ziehen sie sich zurück. Jesus fordert sie in einem solchen Fall zu einer symbolischen Handlung als Zeugnis gegen sie auf. Den Staub von den Füßen schütteln bedeutet zunächst: „Wir nehmen nichts von euch mit" (vgl. Lk 10, 11); „Wir haben nichts von euch begehrt, und nicht das Eure, sondern euch gesucht" (2 Ko 12, 14). Es bezeugt (vgl Neh 5, 13; Apg 13, 51), daß eine Stadt unter einen Bann gerät, die Christi Boten abweist. Die Apostel sollen es gegenüber ihren Landsleuten in den Städten, die ihre Predigt von sich stoßen, ebenso machen. Sogar den Staub, das Geringste, was es gibt, sollen sie abschütteln. Damit sollen sie erklären, daß sie nichts zu schaffen haben mit dem Schicksal, das dieser Leute wartet.

Der Herr Jesus hat Seine Apostel also darauf vorbereitet, daß ihnen auch eine schlimme Aufnahme bei den Menschen bevorstehen könnte. Darum gibt Er ihnen die Anweisung zum rechten Verhalten ihren Widersachern gegenüber.

In der Regel meinen jungbekehrte Christen in ihrem Eifer, sie würden es bald dahin bringen, daß viele, viele s c h n e l l zum Glauben kommen würden. Sie gehen leicht, ohne gründliche Kenntnis der dämonischen Tiefe des Weltverderbens, in die Welt hinein und sind dann in Gefahr, große Mißgriffe zu begehen und demzufolge Erfahrungen zu machen, durch die sie sehr erschüttert werden können. Der Herr Jesus eröffnet darum den Jüngern die ganze Leidensperspektive der Verfolgung und Not, die ihnen bevorstehen wird, weit hinaus über ihre jetzige Reise.

Unser Text enthält wichtige Lehren für alle die, denen es aufgetragen ist, das Werk des Herrn zu treiben. Wir lernen aus diesem Text: 1. daß der Herr den hauptberuflichen Dienst der Wortverkündigung und Seelsorge gewollt hat, 2. daß die, welche sich von Ihm senden lassen, mit besonderer Kraft von oben ausgerüstet werden, 3. daß der

Ausgangspunkt aller Arbeit das Haus ist und die Familie (Vers 4 und
5), 4. daß es der Welt gegenüber eines entschiedenen Zeugnisses bedarf,
5. daß man das klare Evangelium verkündigen soll und nicht wissenschaftliche Vorträge, 6. daß man Kranken die Hände auflegen soll und
für sie beten, 7. daß das Ziel der Evangeliumsverkündigung „Bekehrung
von Menschenseelen zu Jesus, dem Heiland, hin" sein soll und sein
muß, 8. daß nach der Verkündigung des Evangeliums die Stille aufzusuchen ist (Mk 6, 30. 31).

c) Das Ergebnis ihrer Sendung.

Lk 9, 6

**6   Sie gingen aber hinaus, durchzogen nacheinander die Dörfer, evan-
gelisierend und überall heilend.**

Alles bisher Erzählte (Lk 8, 40—9, 5) ereignete sich in der Stadt. Von
Kapernaum aus durchzogen die Sendboten das Land von Dorf zu Dorf. [4]
Sie haben an allen Orten das Evangelium gepredigt und Kranke geheilt.
Jesus suchte vorwiegend die Städte für Sein Wirken auf (vgl. Lk 4,
16. 31. 43; 5, 12; 7, 11. 34), ohne die Dörfer auszuschließen (Lk 8, 1;
13, 22; Mk 6, 6). Die Apostel des Herrn beschränkten sich während
ihrer ersten Predigtwanderung augenscheinlich auf die Dörfer. Die Tätigkeit ihres Meisters erfuhr eine gewisse Ergänzung. Das Wörtlein
„überall" kann sich auf die Predigt und die Krankenheilung beziehen.
An allen Orten, die sie durchzogen, fanden die Jünger Gelegenheit, die
ihnen verliehenen Geistesgaben anzuwenden.

W. Stb. Matth.
S. 198

W. Stb. Mark.
S. 128f.

Zu Vers 7—9:
Mt 14, 1. 2
Mk 6, 14—16

Zu Vers 9:
Lk 23. 8

2. **Der Christus beeindruckt tief den Herodes Antipas.**

Lk 9, 7—9

**7   Es hörte aber der Vierfürst Herodes alle die Geschehnisse, und er
war in Verlegenheit, weil von einigen gesagt wurde, daß Johannes
8   aus den Toten erweckt wurde. * Von einigen aber, daß Elias erschienen ist, von anderen aber, daß einer der alten Propheten auf-
9   gestanden ist. * Herodes aber sprach: Den Johannes habe ich enthauptet. Wer aber ist dieser, über welchen ich derartiges höre? Und
er begehrte Ihn zu sehen.**

Die Bemerkung über Herodes Antipas haben alle drei Synoptiker.
Während der Abwesenheit der Zwölfe wird sich die Enthauptung
Johannes des Täufers ereignet haben. Nach dieser Mordtat war es dem
Herodes in seiner Residenz in Livias nicht mehr behaglich. Das Schloß,
in dem ihm das blutige Haupt des Täufers überbracht worden war,
hatte für Herodes etwas Unheimliches an sich. Er bezog darum seine
neuerbaute Residenzstadt Tiberias. Hier ergriff ihn ein neues Grausen,
als er die Kunde von Jesu Wundertaten vernahm. Mancherlei Gerüchte,
die im Volke umliefen, kamen auch zu ihm. Lukas betont besonders

---

[4] Marcion hat die Lesart: „Sie durchzogen sowohl Städte als auch Dörfer." Codex D liest:
„nacheinander die Städte und fingen an . . ."

des Herodes bange Ungewißheit, [5]) Matthäus und Markus erwähnen mehr sein erwachtes Gewissen.

Herodes war in Verlegenheit, weil verschiedene Ansichten über Jesus im Umlauf waren. Unser Evangelist berichtet drei verschiedene Meinungen: 1. Jesus ist der auferstandene Täufer. 2. Jesus ist der erschienene Elias. 3. Jesus ist ein Prophet der Vorzeit. Heidnischer Aberglaube, der sich auch bei den Juden eingenistet hatte, meinte, die Seele des enthaupteten Johannes sei in einen anderen Leib eingewandert. Dieser Wahn fand am Hofe des Vierfürsten geneigtere Ohren als das Wort der Wahrheit. Der Fluch des Unglaubens hatte das Herz des Vierfürsten feige gemacht (vgl. 3 Mo 26, 36; Hi 15, 20. 21). Wer keine Gottesfurcht hat, fürchtet sich vor abergläubischen und törichten Dingen.

3. Die wunderbare Speisung der Fünftausend.

Lk 9, 10—17

Die Geschichte von der Speisung der Fünftausend ist die einzige aus der ganzen galiläischen Tätigkeit, die allen vier Evangelien gemeinsam ist (Mt 14, 13ff.; Mk 6, 30ff.; Jo 6). Sie ist darum wichtig für das Zueinanderordnen der synoptischen und der johanneischen Berichte. In a l l e n v i e r E v a n g e l i e n i s t d i e s e s W u n d e r a l s H ö h e - p u n k t d e r g a l i l ä i s c h e n T ä t i g k e i t h i n g e s t e l l t. Unmittelbar nachher fängt Jesus bei den Synoptikern an, Seinen Aposteln das Geheimnis Seines baldigen Leidens zu offenbaren (Lk 9, 18—27; Mt 16, 13—28; Mk 8, 27—38). Bei Johannes wird durch dieses Wunder eine entscheidende Krisis in dem Werk Jesu in Galiläa herbeigeführt, und die darauffolgende Rede spielt bestimmt auf den nahen gewaltsamen Tod des Herrn an.

Der Beweggrund, aus dem heraus Jesus Sich an einen einsamen Ort zurückzog, ist bei Lukas das Bedürfnis, Sich mit Seinen Aposteln in der Stille zu unterhalten. Markus erzählt ein wenig verschieden davon, Er habe ihnen nach diesem Predigtausflug etwas Erholung verschaffen wollen, da die Menge der Ab- und Zugehenden ihnen keine Ruhe ließ. Nach Matthäus wäre die Nachricht von der Ermordung Johannes des Täufers der Anlaß gewesen.

Diese ziemlich verschiedenen Auffassungen können leicht aufeinander abgestimmt werden, wenn die Nachricht von der Hinrichtung des Johannes dem Herrn Jesus ungefähr zur Zeit der Rückkehr der Apostel überbracht und Er dadurch besonders stark an die Nähe Seines eigenen Todes erinnert wurde. Eben unter diesen Eindrücken wünschte der Herr Jesus Seinen Jüngern eine Zeit der Sammlung, um sich mit ihnen ungestört in Belehrungen, Mahnungen und Warnungen über ihre zukünftige Berufstätigkeit auszusprechen. Er mußte Seine Jünger bald allein auf Erden zurücklassen. Er fährt mit ihnen an das Nordufer des Sees, und zwar in das Gebiet des Herodes Philippus (S. W. Stb. Mark. S. 96).

W. Stb. Matth.
S. 201 ff.
W. Stb. Mark.
S. 131 ff.
Zu V. 10—17:
Mt 14, 13—21
Mk 6, 30—44
Jo 6, 1—13

---

[5] Codex D hat statt des verstärkten „diaporeo = in Verlegenheit sein, zweifelhaft sein", das einfache „aporeo = ratlos oder ungewiß sein, in Zweifel sein".

Herodes Antipas, der Mörder des Johannes, kann Ihm dort nicht
sofort nachstellen. Lukas nennt eine abgelegene, unbewohnte Gegend
in der Nähe des Ortes, der Bethsaida heißt. Die in den Evangelien sonst
gewöhnlich mit diesem Namen bezeichnete Stadt lag in der Nähe von
Kapernaum, an der W e s t s e i t e des Sees (Lk 10, 13; Mt 11, 21; Mk 6,
45; Jo 1, 44). Jedoch nach Markus, Matthäus und Johannes fand die
wunderbare Speisung keinesfalls an der Westseite des Sees statt. Denn
vor dem Wunder der Speisung fuhren Jesus und Seine Jünger auf das
jenseitige Ufer hinüber. Nachher aber schickt Jesus sie wieder auf das
westliche Ufer zurück in die Gegend von Genezareth (Mt 14, 34) oder
Ginnesar (Dalman), nach Bethsaida (Mk 6, 45), nach Kapernaum (Jo 6,
17). Wenn also Lukas den Schauplatz der Speisung in die Nähe einer
Stadt namens Bethsaida verlegt, so muß es sich hier um ein anderes
Bethsaida handeln als das an der Westseite gelegene. [6]) Dieses lag in
Batanäa, etwas östlich von der Einmündung des Jordans (Siehe Karte).
Josephus und Plinius erwähnen ausdrücklich diese Stadt, die der Vier-
fürst Herodes Philippus in dieser Gegend hatte bauen lassen.

Sobald die Scharen Seine Abfahrt aus Kapernaum bemerkt hatten,
folgten sie Ihm zu Fuß nach (Mt u. Mk), indem sie an dem nördlichen
Ufer des Sees entlanggingen. Die Eiligsten kamen zu gleicher Zeit wie
Jesus an, ja, nach Markus v o r Ihm. Wir weisen hier auf den Bericht
Dalmans hin („Orte und Wege Jesu", Seite 186, siehe am Schluß
unserer Geschichte. Siehe auch Karte vom See Genezareth).

Durch die unerwartete Ankunft des Volkes wurde also der Plan Jesu,
mit den Jüngern allein zu sein, vereitelt. Aber Jesus ist von der Liebe,
die Ihm dieses „einer Herde ohne Hirten" gleichende Volk bezeugt
(Markus), so gerührt, daß Er es mit herzlicher Freundlichkeit empfängt.
Während Er die Scharen im Lauf des ganzen Vormittags nacheinander
ankommen sah (Jo 6, 5), reifte ein Liebesgedanke in Seinem Herzen,
den uns Johannes mitteilt (6, 4). Es war die Zeit des Passah. Nach
Jerusalem war Er mit Seinen Jüngern nicht gegangen. Der Haß gegen
Seine Person war in Jerusalem sehr heftig. Doch in diesem unerwar-
teten Zusammenlauf der nach Jerusalem pilgernden Festscharen erkennt
Er das Zeichen von oben und beschließt, ein Fest in der Wüste zu feiern.

a) Der Anlaß des Speisungswunders.

Lk 9, 10—11

**10 Nach ihrer Rückkehr berichteten Ihm die Apostel alles, was sie
getan hatten. Da nahm Er sie zu Sich und zog Sich zurück für Sich**

---

[6] Bethsaida (Fischfangort oder Fischhaus) ist der Name von zwei Kleinstädten. Ein Ort dieses
Namens ist die Heimat des Andreas, Petrus und Philippus (Jo 1, 44; 12, 21), welcher vom Herrn
oft besucht wurde (Mk 8, 22). Diese Stadt, die am nördlichen Westufer des Sees Genezareth lag,
darf nicht mit dem hier genannten Bethsaida verwechselt werden. Von dem in unserer Geschichte
erwähnten Bethsaida berichtet Josephus: „Der Vierfürst Philippus erhob dann den Flecken Bethsaida, der am See Gennesar lag, zum Range einer Stadt, verschaffte derselben Einwohner und
Hilfsquellen und nannte sie nach des Cäsars Tochter ebenfalls Julia" (Jos. Ant. XVIII, 2, 1). Die
Lage dieser Stadt war die nördliche Ostseite des galiläischen Meeres.

11 allein in eine Stadt, die Bethsaida heißt. * Da aber die Volksmengen
es merkten, folgten sie Ihm. Er nahm sie auf und redete zu ihnen
über das Königreich Gottes und machte gesund, die der Heilung
bedurften.

Jesu Sendboten hatten auf ihrer Reise viel erlebt. Die Wundertätigkeit der Zwölfe wird sicherlich eine ziemlich lange Zeit in Anspruch
genommen haben. Nachdem Jesus schon ein Jahr in Galiläa zugebracht
hatte, kehrten die Jünger kurz vor dem Passahfest wahrscheinlich nach
Kapernaum zurück, wo ihr Meister sie wieder antraf.

Matthäus und Markus berichten, daß Jesus und die Jünger mit einem
Schiff fuhren, während unser Evangelist die Art der Abreise unbestimmt läßt. Die zusammenströmende Volksmenge, die den Herrn
Jesus auf dem See davonfahren sah, kam Ihm zu Fuß auf dem Landwege zuvor (Mk 6, 33). Geistliche und leibliche Nöte trieben viele
zu Ihm hin.

Die Festreisenden, die wegen der Nähe des Passahfestes nach Jerusalem hin sich bewegten (Jo 6, 4), haben den Andrang noch vermehrt.
Obgleich der Plan des Herrn, Ruhe in der Einsamkeit zu finden, durch
den großen Volksandrang vereitelt wurde, nahm Er die zu Ihm strö-
menden Massen dennoch freundlich auf. Wenn auch nicht alle, die zu
Ihm kamen (Jo 6, 2), ein himmlisches Verlangen erfüllte, so jammerte
Ihn doch des Volkes, das keinen Hirten hatte (Mk 6, 34).

b) Die Vorbereitung für die Speisung.

Lk 9, 12—15

12 Der Tag aber begann sich zu neigen. Da kamen die Zwölf herzu
und sprachen: „Entlaß die Volksmenge, damit sie in die umliegenden Dörfer und Landgüter gehen, um einzukehren und sich mit
Lebensmitteln zu versorgen, denn wir sind hier an einem öden Ort!" *
13 Er aber sprach zu ihnen: „Gebt ihr ihnen zu essen!" Sie aber sprachen: „Wir haben nicht mehr als fünf Brote und zwei Fische, wenn
wir nicht etwa hingehen müßten, um für dieses ganze Volk Speise
14 zu kaufen." * Denn es waren etwa fünftausend Männer. Er aber
sprach zu Seinen Jüngern: „Laßt sie sich niederlegen in Gruppen zu
15 etwa fünfzig!" * Und sie taten so, und alle lagerten sich.

Jesus widmete sich den Volksmassen als Lehrer und Arzt bis zum
Abend (vgl. Mt 14, 14; Mk 6, 34). Der Tag neigte sich [7]). Die Jünger
waren besorgt, der unausbleibliche Hunger möchte das Volk beunruhi-
gen und jede Erbauung zunichte machen. Um aller Verlegenheit zu entgehen, baten sie Jesus, das Volk zu entlassen. Bei den Synoptikern
sind es die J ü n g e r, die am Abend den Herrn auf die Lage hinwie-
sen. Jesus antwortete mit der Aufforderung, die Jünger sollten die
Menge mit Speise versorgen. Johannes berichtet, daß Jesus Sich an
Philippus mit der Frage wendet: „Woher kaufen wir Brot, daß diese
essen?" (Jo 6, 5). Dieser Jünger unterhielt sich mit Andreas, der einen

---

[7] Der Ausdruck: „Der Tag fing an, sich „zu neigen", ist dem Lukas eigentümlich (vgl. Lk 24, 29).

Knaben mit fünf Gerstenbroten und zwei Fischen entdeckte. Johannes
scheint als direkter Augenzeuge mehr die Einzelheiten zu berichten, die
synoptische Darstellung dagegen mehr die Jüngersorge. Johannes und Markus erwähnen noch zweihundert Denare als Kassenbestand
des Jüngerkreises (Jo 6, 7; Mk 6, 37). Der entdeckte Mundvorrat und
die Kasse reichten nicht aus, um die Menge zu sättigen. Eine so große
Volksversammlung, etwa fünftausend Männer o h n e Frauen und Kinder (Mt 14, 21), konnten von dem Wenigen nicht gespeist werden.

Jesus, der durch Andreas und dann durch die anderen Jünger wußte,
daß fünf Brote und zwei Fische vorhanden waren, befahl den Jüngern,
die Volksmenge sich setzen zu lassen. Die Apostel gehorchten. Nach
Matthäus lagerten sich die Anwesenden im Grase. Nach Markus lagerten sie sich „T i s c h g e m e i n s c h a f t z u T i s c h g e m e i n -
s c h a f t", und zwar gruppenweise zu hundert und fünfzig auf das
grüne Gras. Nach Lukas lagerten sich die Volksmengen in Gruppen
von etwa je fünfzig Personen, also so übersichtlich, daß keiner übergangen wurde. Drei Evangelisten aber, Matthäus, Markus und Johannes, gedenken der grünen Rasenfläche, die dem Volk als Lagerplatz
diente.

Gemäß der morgenländischen Sitte, daß die Frauen und Kinder sich
abgesondert halten, scheinen die Männer allein in der angegebenen
Ordnung sich gesetzt zu haben, und daraus erklärt sich, warum nach
den Synoptikern nur s i e gezählt wurden, wie aus Lukas (Vers 14)
und Markus (6, 44) hervorgeht und noch ausdrücklicher aus Matthäus
(14, 21: „ohne die Frauen und Kinder").

c) Das Speisungswunder.
Lk 9, 16—17

Zu Vers 17:
2 Kö 4, 44

16 Nachdem Er die fünf Brote und die zwei Fische nahm, schaute Er
auf zum Himmel, segnete und brach sie, und gab den Jüngern, dem
17 Volkshaufen darzureichen. * Und sie aßen und wurden alle gesättigt. Und es wurde aufgehoben, was ihnen von Brocken übrigge-
blieben war, zwölf Körbe.

Es muß bei den vier Evangelisten einen besonderen Eindruck hinterlassen haben, daß Jesus vor der Vermehrung der Speise ein Dank-
Gebet aussprach, denn sie berichten alle diese Tatsache. Die Apostel
empfanden, daß darin das Geheimnis Seiner Wundermacht lag, die sich
in dieser Stunde offenbarte. Bei Matthäus und Markus heißt es: „E r
b l i c k t e a u f z u m H i m m e l u n d s e g n e t e" (eulogeo), was man
auch mit „Er dankte" übersetzen kann. Bei Lukas heißt es: „Er blickte
auf gen Himmel und segnete sie (eulogeo)", nämlich die Brote, besser
gesagt, die Nahrungsmittel Brot und Fisch. Johannes berichtet: „Er dankte"
(eucharisteo). Es ist jüdische Sitte, vor der Mahlzeit ein Gebet [8]) des
Segens oder des Dankens zu sprechen. Das Gebet zog einen wunderbaren Segen auf eine so geringe Speise herab. Das Wenige an Nahrung

---

[8] Codex D hat die Lesart: „Er betete und . . ."

diente Tausenden zur Sättigung. Jesus, der für Sich Selbst kein Wunder
der Speisebeschaffung tat, als Er vom Teufel versucht wurde, machte
von Seiner Wundermacht Gebrauch, um die anderen, um die vielen zu
sättigen. Es blieben sogar noch zwölf Körbe, gefüllt mit Brocken, übrig.
Jesus befahl nach Jo 6, 12, das Übrige zu sammeln, damit nichts umkam! Gottes Gaben sollten geachtet und gewürdigt werden, auch wenn
man satt ist.

Die z w ö l f Körbe sind in allen vier Evangelien erwähnt. Körbe
gehören zum Gerät einer Karawane. Es waren wohl die, welche die
Apostel bei der Abfahrt mitgenommen hatten. — Die Zahl der gesät-
tigten Gäste ist von Matthäus und Markus am Schluß der Geschichte
angegeben. Lukas hat sie schon in Vers 14 gesetzt; Johannes gibt sie
etwas später als Lukas in Vers 10 in dem Augenblick, wo die Scharen
sich setzten.

Es war ein wirkliches Wunder geschehen. Die Tatsache dieser wunderbaren Speisung wird von allen vier Evangelisten verbürgt. Trotzdem
weigern sich die Ausleger, das Wunder anzunehmen. Sie deuten auf
einen beschleunigten Naturprozeß hin. Das wäre jedoch auch ein Wunder. Die Rationalisten sagen wenig stichhaltig: Jesus verteilte groß-
mütig Seinen geringen Vorrat unter die Menge, und Seinem Beispiele
sind „die übrigen Gelagerten, die Vorräte hatten", gefolgt. Die
Mythentheorie, wonach alttestamentliche Vorbilder oder Parallelen
(2 Mo 16; 4 Mo 11; 1 Kö 17, 8 ff.; 2 Kö 4, 42 ff.) nachgeahmt sein
sollen, verkennt gänzlich den historischen Rahmen unseres Wunders.
Die parabolische und symbolische Erklärung des Wunders scheitert an
der geschichtlichen Tatsache.

Die Speisung der Fünftausend ist und bleibt ein Wunder. Es geht
nun einmal ü b e r unser Vorstellungsvermögen hinaus, daß neue Brote
und neue Fische zum Vorschein kommen. Über diese Dinge zu grübeln
führt zu nichts. Wir sind darauf angewiesen, an der Glaubwürdigkeit
der Evangelienberichte festzuhalten.

Zuletzt ist noch darauf hinzuweisen, daß die Speisung jener Vier-
tausend (Mt 15, 29 ff.; Mk 8, 1 ff.) keine Wiederholung unserer Geschichte ist. Vgl. W. Stb. Matth. S. 217.

4. Die erste Leidensverkündigung und die Leidensnachfolge.

Lk·9, 18—27

Die hier folgende Erzählung entbehrt bei Lukas jeder Orts- und
Zeitangabe. Sie bildet keinen Anschluß an das Vorige. Ein Vergleich
mit dem Markus- und Matthäusevangelium zeigt, daß Lukas über
Begebenheiten hinweggeht, die bei den ersten Evangelien zwei Kapitel
ausmachen (vgl. Mk 6, 45—8, 26; Mt 14, 22—16, 12).

Mit den Versen Lk 9, 18—27 beginnt nun wieder ein Gleichlauf der
evangelischen Berichterstattung bei allen drei Evangelisten, und zwar
bis zur Rückkehr nach Kapernaum (nach der Reise in den Norden
Palästinas) und der Abreise Jesu nach Jerusalem (Lk 9, 51; vgl. Mk
10, 1 und Mt 19, 1). Die den drei Berichten gemeinsamen Begeben-

W. Stb. Matth.
S. 222ff.

W. Stb. Mark.
S. 160ff.

Zu V. 18—27:
Mt 16, 13—28
Mk 8, 27—9, 1

heiten sind: **Die Verklärung, die Heilung des mondsüchtigen Knaben, die zweite Leidensverkündigung, die Ankunft in Kapernaum und das als Vorbild hingestellte Kind bei Gelegenheit ihres Streites** (Wer ist der Größte?).

Die folgende Unterredung (vgl. Mt 16, 13 ff. und Mk 8, 27 ff.) enthält nun drei Gegenstände: 1. **Das Christusbekenntnis** (Vers 18—20). 2. **Das Christus-Leiden und Sterben** (Vers 21. 22). 3. **Die Jünger des leidenden Christus** (Vers 23—27).

a) Das Christusbekenntnis.

Lk 9, 18—20

18 **Und es geschah, als Er für Sich betete und nur die Jünger allein bei Ihm waren, daß Er sie fragte und sprach: „Für wen halten Mich**
19 die Volksmengen?" * Sie aber antworteten und sprachen: „Für Johannes den Täufer, andere aber für Elias, andere aber, daß einer
20 der alten Propheten aufgestanden sei." * Er aber sprach zu ihnen: „Was aber sagt ihr, wer Ich sei?" Petrus aber antwortete und sprach: „Der Christus Gottes!"

Nach Matthäus und Markus hielt sich Jesus in der Gegend von Cäsarea Philippi auf. In dieser abgelegenen Gegend fand der Herr die Stille der Einsamkeit, die Er bisher vergeblich suchte. Er begab Sich nicht in die Stadt, sondern, wie Matthäus schreibt, „in die Umgegend", oder genauer nach Markus: „in die umliegenden Dörfer". Hier war die Möglichkeit, daß Sich Jesus mit Seinen Aposteln vertraulich unterreden konnte. Lukas betont hier, wie schon einige Male, das Gebet (vgl. Lk 6, 12. 13). Wie Jesus damals im Gebet zu Gott vor der Wahl der zwölf Apostel weilte, so betete Er auch jetzt in diesem wichtigen Wendepunkt Seines Erdenlebens, um Sich den Jüngern als den von Gott gesandten Messias zu offenbaren. Die Zwölfe mußten auf Seinen baldigen Leidensgang nach Jerusalem vorbereitet werden. Die erschreckende Aussicht auf den nahen Tod, die Er, der Zweiunddreißigjährige, den Jüngern mitteilen mußte, war für Ihn ein ernster Anlaß, mit Seinem himmlischen Vater im Verborgenen zu reden.

Der Ausdruck: **„nur die Jünger waren bei Ihm"** ist ein Hinweis, daß die Jünger Anteil an diesem Gebet Jesu hatten. Diese Tatsache kündigt einen bedeutungsvollen Augenblick an. Damit ist zum Ausdruck gebracht, daß Er nicht mit allen sprach (vgl. Lk 9, 23), sondern nur mit Seinen Jüngern.

Jesus läßt die Jünger zunächst die verschiedenen Ansichten der Volksmeinung über Seine Person aussprechen, welche sie während ihrer Predigtreise vernommen haben. Die Apostel sagen, das Volk halte Ihn für Johannes den Täufer, für Elias, für einen der alten Propheten (vgl. Lk 9, 8), gar für Jeremia (vgl. Mt 16, 14), oder auch für einen Vorläufer des Messias. Aus Mi 4, 5 glaubte man schließen zu können, daß „am Ende der Tage" wieder verschiedene Propheten auftreten würden, als „V o r l ä u f e r   d e s   M e s s i a s", nicht der M e s - s i a s   S e l b s t. Die Volksmeinung über Jesus war keine Anerkennung,

sondern eine V e r k e n n u n g des Herrn. Durch die Frage nach dem
Echo der Meinung im Volk wollte Jesus den Zwölfen ihre Überzeugung
von Seiner Person vorbereiten. Auf dieser Basis gedachte Er ihnen
dann mitzuteilen, w e r Er ist und wie Er Seinen Messiasauftrag erfüllen würde.

Nachdem Jesus das Echo der Volksmeinung vernommen hatte, hörte
Er aus dem Mund des Petrus im Namen aller Jünger das kräftige Zeugnis ihres persönlichen, lebendigen und selbständigen Glaubens, daß
sie Ihn „für den Christus Gottes" halten. Dieses Petrusbekenntnis wird
von den Synoptikern verschieden mitgeteilt: bei Matthäus: „Du bist
der Christus, der Sohn des lebendigen Gottes"; Markus berichtet: „Du
bist der Christus"; nach Lukas ist Jesus „der Christus Gottes" [9]). In
Jo 6, 69 lautet dies Bekenntnis: „Du bist der Heilige Gottes" Diese
denkwürdigen Worte des Petrus sind der Kern und Stern des christlichen Glaubensbekenntnisses überhaupt.

Mit diesem Bekenntnis des Petrus war die neutestamentliche Gemeinde in ihrem ersten Anfang gegründet. Der Herr Jesus fühlte die
Glückseligkeit dieses Moments, worin Er erfahren durfte, daß Er Wurzel in der Menschheit geschlagen und eine Gemeinde in ihr gewonnen habe, die Ihm b l e i b e n werde, allen Mächten der Hölle zum
Trotz.

b) Das Christus-Leiden und -Sterben.

Lk 9, 21—22

21 Er aber gebot ihnen ernstlich und befahl, dieses keinem zu sagen. *
22 Er sprach: „Denn es muß der Sohn des Menschen vieles leiden und
verworfen werden von den Ältesten und Hohenpriestern und
Schriftgelehrten und getötet werden und am dritten Tage auferweckt werden!"

Zu Vers 22:
Lk 18. 32. 33

Die Frage nach der Volksmeinung und nach der Ansicht der Jünger
über die Person Jesu erinnert lebhaft an die Trennung zwischen der
Volksmenge in Galiläa und dem Jüngerkreis des Herrn (vgl. Lk 8, 10).
Das ernstliche Gebot des Herrn, wonach das von Petrus abgelegte
Glaubensbekenntnis, daß Jesus der Christus Gottes sei, nicht verbreitet
werden darf, hat nur für eine begrenzte Zeit seine Gültigkeit. Erst wenn
Jesus ans Kreuz genagelt war, konnte die apostolische Verkündigung
den Titel „Christus — der Gesalbte — der Messias" mit dem Namen
Jesu verbinden. „Deswegen", sagt Riggenbach (im „Leben Jesu" Seite
318), „war Jesus genötigt, zu gleicher Zeit Sich zu offenbaren und zu
verhüllen, das Feuer anzuzünden und zu dämpfen."

Aber eins ist kostbar und wunderbar. Seit diesem Zeitpunkt bestand
eine kleine Gemeinde, in welcher der Glaube an Jesus als den Christus
das Zentrum der Gemeinschaft war.

Die Absicht, über das Christusbekenntnis der Jünger in der Öffentlichkeit zu schweigen, macht Lukas noch deutlicher als Markus (Mk

[9] In Codex D lautet der Text: „Christus, der Sohn Gottes."

8, 31), indem er die Leidensankündigung durch das Partizip „elthon"
(eigentlich: „indem Er sagte") eng mit dem Schweigegebot verbindet.
Im Unterschied zu den bisherigen Andeutungen auf Sein baldiges
Sterben (vgl. Mt 9, 15; Jo 2, 19; 4, 37. 38) sagte Er jetzt klar, was Ihm
bevorstand. Jesus erwähnt zuerst das „M u ß" Seines Leidens und Sterbens. Des Menschen Sohn m u ß t e durch Gottes Ratschluß und Willen
(Apg 4, 28), den die Propheten voraussagten (Lk 24, 26) zur Versöhnung und zum Heil der Sünder (Ps 16, 2; Hebr 9, 22) leiden und
sterben. Der Herr nennt die Ältesten, Hohenpriester und Schriftgelehrten, die drei Gruppen des Synedriums, als die ungewollten und doch
verantwortlichen Vollstrecker des göttlichen Planes.

Alle drei Synoptiker umschreiben hier den Namen Sanhedrin, indem
sie diese drei offiziellen Kategorien aufzählen. Was für ein furchtbarer
Strich ging durch die Jüngererwartungen bei dieser ersten Passions-
predigt, die da lautete: „C h r i s t u s, v e r w o r f e n v o n d e n j e n i -
g e n P e r s o n e n, w e l c h e k r a f t i h r e s A m t e s, i h r e r H e r -
k u n f t u n d i h r e s W i s s e n s d i e h ö c h s t e A u t o r i t ä t b e -
s a ß e n u n d v o n w e l c h e n m a n g e r a d e d i e A n e r k e n -
n u n g d e s M e s s i a s u n d S e i n e ö f f e n t l i c h e A u s r u f u n g
e r w a r t e t e !

Der Hohe Rat bestand aus 71 Mitgliedern dreierlei Kategorien, und
zwar stellten folgende drei Kreise diese Mitglieder: 1. Die Hohenpriester, wozu der im Amt stehende Hohepriester sowie diejenigen,
die einmal dieses Amt bekleidet hatten, zählten. Hinzu kamen noch
Glieder der wenigen Familien, die als des Hohenpriestertums würdig
angesehen wurden.

2. Die Ältesten, das waren die israelitischen Familien, die durch
S t a m m b ä u m e die Reinheit ihrer israelitischen Herkunft mit Sicherheit nachweisen konnten und deren Töchter sich mit Priestern verheiraten durften.

3. Die Schriftgelehrten, eigentlich die, welche den Auftrag hatten,
den Text des Gesetzes abzuschreiben, aber bald das Ansehen erlangten,
als ob sie allein das nötige Wissen besäßen, um das Gesetz zu erklären; sie galten als die Gesetzeskundigen oder Rechtsgelehrten von
Beruf.

Der Stein aber mußte von den Bauleuten verworfen werden, damit
Er zum auserwählten Eckstein wurde (Ps 118, 22). Das Bekenntnis des
Petrus, daß Jesus der Christus Gottes ist, gewann erst seit Pfingsten
seine ganze Fülle, als er öffentlich predigte: „Es erkenne nun gewiß das
ganze Haus Israel, daß Gott Ihn zum Herrn und Christus gemacht hat,
diesen Jesus, welchen ihr gekreuzigt habt." (Apg 2, 36). Paulus sagt das
gleiche mit den bekannten Worten: „Denn ich hatte mir vorgenommen,
unter euch nichts anderes zu wissen, als nur Jesus Christus, und diesen
als den Gekreuzigten" (1 Ko 2, 2).

Der für die Jünger so unverständliche Leidensweg des Menschensohnes zur Christusherrlichkeit hat sie aufs tiefste erschreckt. Über dieses Erschrecken lies W. Stb. Matth. S. 233 ff.

Den Ausgang des Leidens und Sterbens, den Jesus den Aposteln in Aussicht stellt: „und Er wird am dritten Tage [10]) auferweckt werden", konnten die Jünger nicht verstehen! Jesu klares Bewußtsein von Seinem baldigen Ende und auch Seine feste Zuversicht von dem herrlichen Ausgang, die aus Seiner Leidensverkündigung sprechen, waren ihnen völlig unbegreiflich und absolut dunkel.

Das Bekenntnis des Petrus: „Der Christus Gottes" findet seitens Jesu seine Ergänzung in dem Namen „der Sohn des Menschen", mit welchem Sich Jesus noch Selbst nennt. „Der Menschensohn muß", sagt der Herr Jesus. Dieses „Muß" stammt ebenso aus der Offenbarung des Vaters wie das vorherige Bekenntnis des Petrus. In ihm kommt es zum Ausdruck, wie sich der Wille des Sohnes restlos in den Willen des Vaters fügt (Über den Menschensohn siehe W. Stb. Markus S. 162).

c) Die Jünger des leidenden und sterbenden Christus.

Lk 9, 23—27

23 Er aber sprach zu allen: „Wenn jemand Mir nachgehen will, verleugne er sich selbst und ergreife täglich sein Kreuz und folge
24 Mir. * Denn wer seine Seele retten will, wird sie verlieren, welcher aber um Meinetwillen seine Seele verliert, der wird sie retten. *
25 Denn was nützt es einem Menschen, wenn er die ganze Welt
26 gewönne, sich selbst aber verlöre oder Schaden erleide? * Denn welcher sich Meiner und Meiner Worte schämt, dessen wird Sich der Sohn des Menschen schämen, wenn Er in Seiner Herrlichkeit
27 kommt und des Vaters und der heiligen Engel. * Ich sage euch aber in Wahrheit, es sind einige von denen, die da stehen, welche den Tod nicht schmecken werden, bis sie das Königreich Gottes gesehen haben."

Zu Vers 24:
Lk 17, 33
Mt 10, 39
Jo 12, 25
Zu Vers 26:
Mt 10, 33

Die Unterredungen von Vers 18—22 hatten im vertrauten Apostelkreis stattgefunden. Die Worte Vers 23—26 sind an „a l l e" gerichtet, an die Menge, die sich vielleicht in einiger Entfernung inzwischen angesammelt hatte und die Jesus herbeirufen ließ, um die folgenden Worte ihnen zu sagen. Jesus stellt hier a l l e, die sich an Ihn anschließen, unter dem Bilde eines Zuges von Kreuzträgern dar. Das Bild ist von einer Reise hergenommen.

1. **Sich selbst verleugnen**, das ist das Abschiednehmen. Seinem Ich, seinem Eigenwillen, seinen persönlichen Neigungen und Wünschen den Abschied geben, das ist das „Sichselbstverleugnen", das man auszuführen hat.

Sich selbst verleugnen, das heißt, so leben, als kümmerte man sich um sich selbst und seinen Willen gar nicht mehr.

2. **Sein Kreuz auf sich nehmen.** Das ist die Last, die man zu tragen sich entschließen soll. Das Kreuz ist die schimpflichste Todesstrafe, die es je überhaupt gegeben hat. Jesus verpflichtet die Seinen zum Ster-

---

[10] Codex D und die Itala lesen: „nach drei Tagen." Die Lesart: „anastenai = wird auferstehen" ist sachlich dasselbe wie in Ephraemi, der Koine und Codex D.

ben. Als Er ihnen den Ausgang zeigte, der in Jerusalem auf Ihn wartete, sagte Er ihnen: „Mein Kreuz zeigt euch, wohin Ich euch führe.
Als die Ausgestoßenen, Verfluchten, zum Tode Verurteilten geht ihr
hinter Mir her, denen gleich, die i h r K r e u z z u m R i c h t p l a t z
t r a g e n. F ü r s o l c h e i s t d i e W e l t v e r g a n g e n u n d d a s
L e b e n a b g e s c h l o s s e n; was sie noch vor sich haben, ist nur
Schmach und Schmerz und Tod." —

Diese Kreuzigung des „Ich" geht allmählich vor sich, nach dem von
Gott für jeden einzelnen und für jede einzelne Lebensstufe bestimmten Maß. Dies liegt in den Worten „täglich" und „sein Kreuz". Wenn
Lukas einfügt „täglich", so kann er die Forderung nur so verstanden
haben, daß in ihr von einem immer wiederholten dauernden Handeln in Seiner Nachfolge die Rede sei. Die Bereitwilligkeit eines Nach-
folgers des Herrn, zu dem peinlichen Lebensausgang selbst mitzuwir-
ken, läßt sich kaum klarer veranschaulichen als durch das Kreuztragen eines Verurteilten; er geht ja ohne Zweifel dem schmerzlichen
Todesleiden entgegen.

3. **Mir nachfolgen,** das ist der W e g, den man zurücklegen muß,
jeden Augenblick den von Christus vorgeschriebenen Weg gehen und
bei jedem Schritt Seinen Fußstapfen folgen. Keine Selbsttötung, kein
Heiligungsmittel, kein Wirken für das Reich Gottes n a c h e i g e n e r
W i l l k ü r i s t e s! Darin käme ja nur der scheinbar aufgeopferte Eigen-
wille doch wieder zum Vorschein.

Dieser Satz vom **„Mir nachfolgen"** ist also keine Wiederholung des
ersten: „Folge Mir nach!" Er hebt vielmehr den innersten Lebens-
gedanken des Jüngerseins hervor. Er besagt, daß der Jünger dem Meister in keinem Falle v o r t r e t e und ebensowenig hinter Ihm f o r t-
s c h l e i c h e n soll, sondern, daß er e n t s c h i e d e n Ihm nachfolge in
der gehorsamen Erfüllung des Willens Gottes, der niedergelegt ist in
Seinem Wort, in Seinen Geboten.

Vielleicht wird nun mancher sagen: Ich möchte wohl nach des Herrn
Wort das Kreuz auf mich nehmen und mein altes Leben in den Tod
geben. Ich habe es schon öfters versucht, mich selbst zu verleugnen —
aber plötzlich entdeckte ich, daß mein altes, sündiges Wesen mir noch
gar nicht fremd geworden war, sondern noch immer einen mächtigen
Einfluß auf mich ausübte. Solche Erfahrungen gehören allerdings zu
den traurigsten Erlebnissen des inneren Lebens. Aber wohl denen, die
sich dadurch nicht irremachen lassen, sondern stets von neuem anfangen! Sie sollen sich dabei vor dem Mißverständnis hüten, als ob sie erst
die Bahn zu brechen hätten. J e s u s ist vorangegangen, und I h m gilt
es n a c h zufolgen. Auf I h n gilt es zu schauen, auf Seinen Gehorsam,
auf Seine Treue, wenn Mattigkeit und Müdigkeit einsetzen. (Riggenbach).

**24 „Denn wer seine Seele retten will, der wird sie verlieren. Wer aber
um Meinetwillen seine Seele verliert, der wird sie retten."** Das
„Denn" in Vers 24 bezieht sich auf den ganzen 23. Vers; denn wenn
er das tut, was Vers 23 fordert, dann wird er sich nicht ins Verderben

bringen, sondern im Gegenteil das Heil erlangen. Wir finden hier wieder die paradoxe Form, in welche sich das hebräische Maschal (Sprichwort) gern kleidet. Jeder von beiden Wegen führt den Menschen gerade zum Gegenteil des Zieles, zu dem er ihn zu führen schien.

Psyche bezeichnet die Seele mit der Gesamtheit ihrer natürlichen Triebe und Fähigkeiten. Das psychische Leben **retten** heißt, es so festhalten wollen, wie es ist, indem man es nur zu entwickeln und zu befriedigen sucht. Das aber ist das Mittel, es zu **verlieren.** Denn da will man es zu etwas Bleibendem machen, was seinem Wesen nach doch nur ein Durchgang ist. Um es vor der Vernichtung zu schützen, gibt es nur ein Mittel, man muß sich darin ergeben, es freiwillig zu verlieren, indem man es dem tötenden und zugleich lebendig machenden Hauch des göttlichen Geistes hingibt, der es mit Seiner höheren Kraft erfüllt und ihm ewigen Wert und ewige Schönheit mitteilt. Will man aber das Psyche-Leben erhalten, so verliert man es nicht nur selbst, sondern auch das höhere, das ewige Leben, in welches es sich hätte verwandeln sollen, wie die Blüte in die Frucht.

Aber Jesus sagt: **„Um Meinetwillen"**. (Bei Markus steht: „Um Meinet- und des Evangeliums willen.")

Also nur in der Form der Hingebung seiner Selbst an C h r i s t u s kann der Mensch diesem tiefen Gesetz des menschlichen Seins genügen. Das Ich kann nur zu dem Zweck sich selbst verleugnen, um ein höheres Ich anzuerkennen, vor dessen absolutem Wort es sich beugt.

Keine Wahrheit hat Jesus öfter wiederholt als diese; sie ist sozusagen die Grundlage Seiner Heiligungs-Predigt. Lk 17, 33 ist sie auf die Wiederkunft Jesu angewendet, welche die Zeit ihrer völligen Verwirklichung sein wird. Jo 12, 25 stellt Er sie als das Gesetz Seines eigenen Lebens hin. Mt 10, 39 wendet Er sie auf das Apostelamt an.

Vers 25 und 26: „Denn was nützt es einem Menschen, wenn er die ganze Welt gewönne, sich selbst aber verlöre oder Schaden erleide? [11]) Denn welcher sich Meiner und Meiner Worte schämt, dessen wird Sich der Sohn des Menschen schämen, wenn Er in Seiner Herrlichkeit kommt und des Vaters und der heiligen Engel."

Die Verse 25 und 26 sind die Bestätigung des vorher Gesagten. Jesus setzt den Fall voraus, daß das Erhaltenwollen des eigenen Lebens mit dem denkbar glänzendsten Erfolg gekrönt worden sei bis zur Inbesitznahme der ganzen Welt. Dann würde selbst in diesem Fall das oben ausgeführte Gesetz noch gelten: „Inhaber dieser großartigen Herrschaft geworden, aber dabei verurteilt zu sein, selbst zugrunde zu gehen, was für ein G e w i n n wäre das?!"

Das wäre ein solcher Gewinn, als wenn einem eine Gemäldesammlung zufiele und der Betreffende in demselben Augenblick vollständig blind würde.

---

[11] Das griechische „zemioö" hat den Sinn von „schaden, Schaden zufügen, Schaden erleiden, verlieren, strafen". Nach der Bedeutung des Dingwortes „zemia = Schaden, Verlust, Buße" übersetzen einige Erklärer diesen Ausdruck mit büßen."

Der Sohn des Menschen, der in Seiner, des Vaters und der Engel Herrlichkeit wiederkommt [12]), läßt einem jeden Jünger nach Seinen Worten und Taten eine gerechte Vergeltung zukommen. Wer sich Seiner und Seiner Worte schämt, dessen wird Er Sich auch. schämen. Wer aus Menschenfurcht oder Scheu vor Schmach und Verfolgung das Bekenntnis der Zugehörigkeit zu Jesus verleugnet [13]), weil die Menschen Ihn verworfen haben, dem wird Jesus als der Zeuge vor Gottes Gericht auch Seine Zugehörigkeit zu Ihm verleugnen.

Im Anschluß an die drohende Gerichtsverheißung folgt die Zusage, daß einige von denen, die da stehen, den Tod nicht schmecken werden, bis sie das Königreich Gottes gesehen haben. Diese unglaublich klingenden Worte werden mit einem „Ich aber sage euch in Wahrheit", was einem „Amen" gleichbedeutend ist, stark bekräftigt. Einige Seiner getreuen Jünger, nicht alle, werden nicht sterben, bis sie das Kommen der Gottesherrschaft erleben. Dieser Vers 27 gibt bei allen drei Evangelisten den Schluß der Rede und den Übergang zu dem Bericht von der Verklärung Jesu an. Diese dunklen Worte werden verschieden gedeutet. Einige alte Erklärer verstehen das Sehen des Königreiches Gottes von der Offenbarung auf dem Berge der Verklärung. Andere Ausleger glauben, die Himmelfahrt Christi, die Ausgießung des Heiligen Geistes und die Ausbreitung des Evangeliums in der ganzen Welt wäre das Kommen des Gottesreiches. Etliche deuten unsere Stelle auf die Zerstörung Jerusalems und auf die Wiederkunft Christi (Vgl. W. Stb. Matthäus S. 236—238! Hier die Erklärung dieses Verses 27).

W. Stb. Matth.
S. 239ff.

W. Stb. Mark.
S. 165ff.

Zu V. 28—36:
Mt 17, 1—9
Mk 9, 2—9

5. Die Verklärung Jesu.

Lk 9, 28—36

Alle drei Synoptiker berichten die Verklärung Christi auf einem Berge, in Gegenwart einiger Seiner Jünger, im Anschluß an die erste Leidensverkündigung und die Forderung der absoluten Absage von allem, was irgendwie in der Christusnachfolge hinderlich wäre.

Die Verklärungsgeschichte als Mythos oder Dichtung zu erklären, überlassen wir solchen Erklärern, die in dem klaren Bibeltext an dieser Stelle allerlei fremde Bestandteile sehen. Unsere Erzählung, die wir als eine historische Tatsache ansehen, betrachten wir im Zusammenhang der Passionsgeschichte Jesu. Die Stellung dieser Begebenheit an dem wichtigen Wendepunkt des Lebens Christi, als Er im Begriff stand, Galiläa zu verlassen und nach Jerusalem zu gehen, um dort zu leiden und zu sterben, halten wir für eine Hilfe für das Verständnis der Verklärungsgeschichte. Die oben erwähnte Zusammenstellung der drei Synoptiker veranschaulicht auf geistvolle Weise, daß der Weg Jesu durchs Kreuz zur Krone, durchs Leiden zur Herrlichkeit ging (vgl. 1 Petr 1, 11; Lk 24, 26).

---

[12] Codex D hat im Unterschied hierzu die Lesart: „Der Sohn des Menschen, der da kommt in S e i n e r Herrlichkeit."
[13] Codex D läßt in Vers 26 „logous = Worte" aus, wonach der Wortlaut ist: „Wer sich Meiner und der Meinen schämt."

Die Jünger, vor allem Petrus, konnten sich nicht damit abfinden, daß Jesus leiden und sterben sollte. Jesus hatte dann dazu noch gesagt, daß auch Seine Jünger ihr Kreuz aufnehmen und tragen müßten, wenn sie Seine Jünger sein wollten. An Seinem und ihrem Kreuzesweg dürften sie sich nicht ärgern, denn der Kreuzesweg ist ja nur ein Durchgang zur Verherrlichung. Jesus, der einen schmachvollen Tod erleiden muß, wird als Weltenrichter erscheinen. Von der Herrlichkeit, in welcher der Sohn des Menschen am Ende der Tage kommen wird, sollen drei Seiner Jünger einen ersten Vorgeschmack erhalten, indem Er vor ihnen Sich verklärt. Die Verklärung Jesu ist ein Unterpfand für Seine Wiederkunft in himmlischer Herrlichkeit und göttlicher Königsmacht.

a) Jesu Herrlichkeit.

Lk 9, 28—29

28 Es geschah aber etwa acht Tage nach diesen Reden, da nahm Er Petrus und Johannes und Jakobus zu Sich und stieg den Berg hin-29 auf, um zu beten. * Und während Er betete, wurde das Aussehen Seines Angesichtes anders und Seine Kleidung wurde blitzweiß.

Die synoptischen Berichte erwähnen, daß zwischen der ersten Leidensankündigung, der Rede von der Leidensnachfolge und der Verklärung eine Woche vergangen ist. Matthäus und Markus berichten: „nach sechs Tagen"; Lukas, der den Tag der Leidensweissagung und Verklärung mitrechnet, schreibt: „nach e t w a 8 Tagen". Nicht unbeabsichtigt sagt unser Evangelist „nach diesen Reden". Er stellt damit eine innere Verbindung mit der vorangegangenen Unterredung her. Die Jünger hatten Gelegenheit, eine Woche lang über die ernsten Worte nachzudenken. Im Glauben, am Ziel ihrer Hoffnung zu sein, fühlten sie sich plötzlich wie in den Abgrund gestürzt. Die Verklärung Jesu sollte den Jüngern zeigen, daß Er trotz aller Leidensankündigungen dennoch und gerade deshalb der Herr der Herrlichkeit sei. Weil auch den Jüngern der Leidensweg bevorstand, gewährte Er ihnen eine Stärkung und Erhebung in ihren persönlichen augenblicklichen Anfechtungen und Nöten.

Jesus nahm nur Seine drei vertrautesten Jünger mit Sich, um sie in das Erhabenste und Geheimnisvollste einzuführen. Sie waren Zeugen der Auferweckung von Jairi Töchterlein und später des Kampfes in Gethsemane. Der Grund dieser Aussonderung unter den Zwölfen war nicht willkürlich, sondern ihre Herzensverfassung gab den Ausschlag. Einblicke in die Geheimnisse der höheren Welt und einen Vorgeschmack der Seligkeit können nur innerlich Aufgeschlossene und im Glauben Geförderte empfangen.

Aus der Mitnahme der Vertrautesten ist zu ersehen, daß der Herr wußte, was Ihm auf dem Berge begegnen werde.

Jesus nahm die Jünger mit „auf d e n Berg". Damit ist ein bestimmter Berg in der Nähe von Cäsarea Philippi gemeint, der am Fuß des Libanongebirges lag. Die Tradition nimmt an, es sei der Tabor [14]) gewesen, zwei Stunden südöstlich von Nazareth. Andere glauben, es

[14] Über den Berg Tabor vgl. W. Stb. Matthäus S. 239!

komme hier der mit Schnee bedeckte Hermon oder Penius in Frage, der im Norden Palästinas überall sichtbar ist.

Lukas schildert die Verklärung kürzer und verständlicher als seine beiden synoptischen Vorgänger. Er schreibt nur einfach, daß das Aussehen Seines Angesichtes anders wurde und daß Seine Kleidung weiß aufblitzte. Die Klarheit des verklärten Leibes drang durch die Kleidung und machte sie weiß und glänzend. Die Jünger wußten jetzt, der Herr der Herrlichkeit war ihr Herr und Meister. Der Herr selbst fand in dieser Verherrlichung eine Stärkung Seines Gehorsams, der willig Sein Leben opfert, wenn es des himmlischen Vaters Wille ist.

b) Die Erscheinung Moses und Elias.

Lk 9, 30—33

Zu Vers 31:
Lk 9, 22

30 Und siehe, zwei Männer redeten mit Ihm. Es waren Moses und **31** Elias, * die im Lichtglanz erschienen. Diese erzählten von Seinem **32** Ausgang, welchen Er in Jerusalem nehmen sollte. * Petrus aber und die mit ihm waren, wurden vom Schlaf überwältigt. Weil sie sich aber (angestrengt) wach hielten, sahen sie Seine Herrlichkeit **33** und die zwei Männer, die bei Ihm standen. * Und als jene (zwei Männer) sich von Ihm trennen wollten, sprach Petrus zu Jesus: „Meister, es ist gut, daß wir hier sind, und wir wollen drei Hütten machen, Dir eine, Moses eine und Elias eine." Er wußte aber nicht, was er sagte.

Die Jünger sahen auf dem Berge nicht Jesum allein vom himmlischen Glanze umflossen, sondern auch zwei Männer aus der jenseitigen Welt. Durch das Wörtlein „Siehe" kommt das Überraschende dieser Erscheinung zum Ausdruck. Lukas nennt nicht sogleich die Namen der beiden Männer. Sie wurden erst nach einigen Augenblicken namentlich erkannt. Nach der Zeitform im griechischen Text redeten sie eine gewisse Zeit mit dem Herrn. Ohne jede besondere Erläuterung erkannten die Jünger in den beiden Gestalten Moses und Elias. Diese bedeutendsten Männer des Alten Bundes waren ihnen charakteristisch so bekannt, daß sie ganz ihrer Vorstellung entsprachen.

Moses und Elias bezeichnen den Anfang und die Mitte der Geschichte Israels; Christus ist der Herr des Gesetzes und der Propheten. Aus dem Verhältnis der beiden alttestamentlichen Gottesmänner zu Christus ist der Inhalt ihres Gespräches zu entnehmen. Lukas berichtet, daß sie mit Jesus über Seinen Ausgang [15]) in Jerusalem sprachen. Die Erfüllung [16]) des Gesetzes und der Verheißung durch Seinen Ausgang aus dem Leben, durch Seinen Kreuzestod, Seine Auferstehung und Himmelfahrt bildeten den Gegenstand der Unterredung. Die Erscheinung Moses und Elias zeigte den Jüngern die Einheit des Reiches der Gnade und der Herrlichkeit. Das gegenseitige Sichkennen der Erlösten

[15] Mit Bedacht wählt Lukas den Ausdruck: „exodus", was „Ausgang und Tod" bedeutet. Tod und Himmelfahrt sind zusammengefaßt.
[16] Durch das griechische „pleroun" wird ausgedrückt, welch schwere Aufgabe der Herr in einem so grausamen Tode zu erfüllen hatte.

des Herrn im Reiche der Vollendung wird gleichfalls enthüllt. Moses und Elias, die zu verschiedenen Zeiten gelebt haben und sich auf Erden nicht kannten, waren im Jenseits längst Vertraute geworden.

Lukas schildert anschaulich den Zustand der Jünger während des ganzen Vorgangs. Die drei Apostel sind vom Schlaf beschwert und niedergedrückt [17]). Die glanzvolle himmlische Erscheinung hatte sie überwältigt. Unser Evangelist fügt aber gleich hinzu, daß sie sich durch den Schlaf hindurchgerungen haben [18]). Die Jünger sahen die Klarheit des Herrn und der beiden Männer, die bei Jesus stehen. Die in wachem Zustande gesehene Erscheinung war kein Traum, sondern ein wirkliches Erlebnis. Das Geschaute machte auf die Jünger einen tiefen Eindruck. Petrus ergriff das Wort und äußerte den Wunsch, für längere Zeit ein solches beseligendes Zusammenleben genießen zu können. Er wollte drei schützende Zelthütten für Jesus, Moses und Elias herrichten, um den Augenblick himmlischer Wonne zu verlängern. Diese markanten Worte des Petrus haben sich so eingeprägt, daß alle Synoptiker, mit Ausnahme der Anrede [19]) an Jesus, sie übereinstimmend berichten. Markus und Lukas bemerken dazu, daß er nicht wußte, was er sagte. Der Jünger erwog nicht, daß die Himmlischen keiner irdischen Wohnung bedürfen, daß sich die Ewigkeit nicht in die Vergänglichkeit ziehen läßt.

c) Die Stimme Gottes aus der Wolke.
Lk 9, 34—36

34 Noch während Er dieses sagte, erschien eine Wolke und überschattete sie. Sie fürchteten sich aber, als sie in die Wolke hineingerieten. '
35 Und eine Stimme erscholl aus der Wolke und sagte: „Dieser ist
36 Mein Sohn, der Auserwählte, Ihn hört!" ' Und in dem Augenblick, als die Stimme ertönte, war Jesus wieder allein. Sie aber schwiegen und teilten keinem in jenen Tagen etwas von dem mit, was sie gesehen hatten.

Zu Vers 35:
Lk 3, 22

Die Jünger sollten eine bleibende Frucht von dem Eindruck der Verherrlichung Jesu gewinnen. Zu der Erscheinung, die sie sahen, hörten sie darum noch das Zeugnis des himmlischen Vaters über Jesus, was für Ihn von tiefer Bedeutung war. Eine Wolke überschattete Jesus und die beiden Repräsentanten des Alten Bundes. Es war keine Regenwolke, sondern eine Wolke, die im AT die Schechina, das Symbol der Herrlichkeit Gottes, darstellte. Jahwe erschien auf Erden, indem Er Sich in die Wolke hüllte; mit ihr offenbarte Er in der Hütte des Stifts und im Tempel Seine Gegenwart (2 Mo 40, 34; 1 Kö 8, 10). Sie ist die Hülle, welche einem Sterblichen den unmittelbaren Zutritt zu Gottes Gegenwart verwehrt (1 Tim 6, 16).

Die Erscheinung der göttlichen Wolke löste bei den Jüngern Furcht aus vor dem Wunderbaren. Gott ist nicht allein herrlich, sondern auch

[17] Der Ausdruck: „bargnos" bedeutet „beschweren" oder „niederdrücken".
[18] Das im Profangriechischen gebräuchliche „diagregorein", das im NT nur hier vorkommt, hat die Bedeutung von „im Wachen aushalten, die Nacht durchwachen".
[19] Bei Matthäus nennt Petrus Jesus „kyrie = Herr", bei Markus „rabbi = Meister", bei Lukas „epistata = Gebieter".

heilig. Wie Israel am Sinai (2 Mo 20, 19), wie Daniel und seine Genossen (Dan 10, 7—9) und ein Johannes (Offb 1, 17), erschraken auch die Jünger vor der unmittelbaren Nähe des Allmächtigen.

Aus der Wolke erging eine Stimme an die Jünger. Jene Himmelsstimme erklang schon einmal am Jordan, als der Herr getauft wurde, und später, da Er zum Hohenpriester des Neuen Bundes geweiht wurde (Jo 12, 28). Jesus wird nicht wie sonst als Gottes geliebter Sohn, sondern als „Mein Sohn, der Auserwählte" bezeichnet. Damit wird der Unterschied der besonderen Erwählung zum Werke Gottes gegenüber derjenigen der beiden alttestamentlichen Gottesmänner betont. Die Aufforderung: „Den hört!" ist ein Nachklang eines Verheißungswortes, das durch den Mund Moses kund wurde (5 Mo 18, 15; vgl. Ps 2, 7; Jes 42, 1). Jesus, der nicht nur wie Moses und Elias als Diener verkündigte, was Gott sprach, sondern als Sohn und Gebieter, soll darum gehört werden.

Alle drei Synoptiker berichten, daß nach dem Weggehen der beiden alttestamentlichen Gottesmänner „Jesus allein gefunden wurde". Er stand wieder in Seiner früheren irdischen Gestalt vor ihnen. Moses und Elias und die Wolke waren verschwunden. Die erhabene Gnadenstunde war vorüber. Es ging wieder in die irdischen Verhältnisse und in den Berufsweg zurück. Anfechtungen und Leiden, die zu überwinden waren, traten bald an sie heran.

Das Schweigegebot, das nach Matthäus und Markus der Herr den Jüngern über das Geschehene auferlegte, befolgten sie nach dem Bericht des Lukas schon aus sich selbst. Die beiden ersten Synoptiker erwähnen, daß anderen erst nach der Auferstehung davon erzählt werden sollte. Die Erzählung eines solchen Erlebnisses hätte nur die fleischliche Begeisterung gefördert. Nach Seiner Auferstehung und Himmelfahrt war die Schilderung der Verklärung nicht mehr gefährlich. Gottes Gnadenoffenbarungen zu bezeugen hat seine Zeit. Was dem Petrus die Verklärung des Herrn bedeutete, ist aus seinem Briefe ersichtlich. Er sah sie als eine Weissagung der künftigen Herrlichkeit an (2 Petr 1, 17).

W. Stb. Matth.
S. 244
W. Stb. Mark.
S. 169
Zu V. 37—45:
Mt 17, 14—23
Mk 9, 14—32

6. Die Heilung des Mondsüchtigen.

Lk 9, 37—43 a

Alle drei Synoptiker berichten in unmittelbarem Anschluß an die Verklärungsgeschichte die Heilung des dämonischen oder mondsüchtigen Knaben. Unser Evangelist betont mehr die Besessenheit des Patienten. Diese Geschichte zeigt deutlich, daß es Jesus neben der Krankenheilung darum zu tun war, die Jünger zu einem festeren Glauben und zu einem innigeren Gebetsverkehr mit Gott anzuleiten.

a) Die Bitte des besorgten Vaters.

Lk 9, 37—40

37 Es geschah aber am folgenden Tage, als sie von dem Berg herab-
38 kamen, begegnete Ihm eine große Volksmenge. · Und siehe, ein
Mann aus der Volksmenge schrie und sprach: „Meister, ich bitte

39 Dich, schau auf meinen Sohn, denn er ist mein einziger. * Siehe,
wenn ein Geist ihn packt, dann schreit er plötzlich auf, und der
(Geist) zerrt ihn, so daß ihm der Schaum kommt: und mit Mühe
40 weicht der (Geist) von ihm und reibt ihn auf. * Und ich bat Deine
Jünger, daß sie ihn austreiben sollten, und sie konnten es nicht."

Der Berg der Verklärung steht im lebhaften Gegensatz zur Welt des
Elends, zum ungläubigen Geschlecht am Fuße des Berges. Lukas datiert
den Abstieg vom Berge am folgenden Tage nach der Verklärung. Der
Schlaf der Jünger, das Angebot des Petrus, drei Hütten zu bauen, zeigen, daß die Verklärung in der Nacht und der Bergabstieg am Morgen
stattfand. Anschaulich schildert Markus die Rückkehr zu den neun
zurückgelassenen Jüngern, die von einer großen Volksmenge und von strei-
tenden Schriftgelehrten umgeben waren. Jesu Worte über das Unvermögen der Jünger fehlen bei Lukas (Mk 9, 28 f.). Schlicht erwähnt er,
daß der Kranke des bittenden Vaters einziger Sohn ist, ein Zug, der
uns mehrfach bei ihm begegnet (Lk 7, 12; 8, 42).

Nach dem Inhalt sämtlicher synoptischen Berichte war der Knabe
stumm und taub. Im Vordergrund des Krankheitsbildes stand die
Epilepsie, deren Anfälle nach der Sondernotiz des Matthäus mit dem
Mondwechsel verknüpft waren. Lukas betont mehr die dämonische Besessenheit. Die Jünger, die nach Lk 10, 17 ihre Freude darüber aus-
sprachen, daß ihnen im Namen Jesu die Dämonen untertänig waren,
konnten an dem Knaben nichts ausrichten. Die Heilungstaten, welche
die Apostel in Abwesenheit des Herrn auf ihrer ersten Predigtreise
ausführten (Lk 9, 6. 10), vermochten sie jetzt nicht zu vollbringen.
Die Wirksamkeit dieser Gnadengabe ist eben bei dem Inhaber als auch
bei dem, der sie sucht, völlig vom Glauben abhängig.

b) Die Heilung durch Jesus Selbst.

Lk 9, 41—43 a

41 Jesus aber antwortete und sprach: „O ungläubiges und verkehrtes
Geschlecht! Wie lange soll ich bei euch sein und euch ertragen?
42 Bringe deinen Sohn hierher!" * Noch während der (Sohn) aber
hinzutrat, riß und zerrte ihn der Dämon ganz furchtbar. Jesus aber
bedrohte den unreinen Geist und heilte den Knaben. Und Er gab
43a ihn seinem Vater wieder. * Es wurden aber alle erschüttert über
die Größe Gottes.

Zu Vers 42:
Lk 7, 15

Aus den Berichten des Matthäus und Lukas kann nicht gefolgert
werden, wen Jesus mit dem ungläubigen und verkehrten Geschlecht
meint. Israels und Seiner Jünger Unglaube hat Ihm diesen Klageruf
ausgepreßt. Es ist die alte Gottesklage über Israel, die im Liede Moses
(5 Mo 32, 20), bei Jesaja (Jes 1, 2) und in der Verteidigungsrede des
Stephanus (Apg 7, 51 f) wahrgenommen wird.

Mit der Frage, wie lange Er bei ihnen sein und sie ertragen soll,
tadelt Jesus ihre Unselbständigkeit. Er muß bald von ihnen scheiden.
Seine Geduld und Nachsicht haben sie oft auf die Probe gestellt. Mit
der Unempfänglichkeit und Trägheit ihrer Herzen mußte der Herr
lange Geduld haben.

Jesus, der helfende Arzt, verlor nicht die Geduld, sondern war zum Helfen bereit. Die Nähe des Herrn machte den Dämon rasend. Es war nicht zu verwundern, daß der Teufel auf das gräßlichste in dem Menschen tobte, als er zu Christus geführt wurde; weil ihm Seine persönliche Gnade und Kraft entgegen strahlte, war der Satan der Schwächere. Jesus bedrohte den Dämon, der von dem Knaben Besitz genommen hatte, daß er von ihm wich.

7. Die zweite Leidensankündigung.

Lk 9, 43 b—45

**43b Während aber noch alle sich wunderten über alle Seine Taten,
44 sprach Er zu Seinen Jüngern: * „Laßt diese Worte in eure Ohren hineindringen (Beherzigt diese Worte!), denn der Sohn des Menschen ist im Begriff, den Händen der Menschen preis-
45 gegeben zu werden." * Sie aber verstanden diese Rede nicht, es war ihnen verhüllt, daß sie den Sinn nicht begreifen konnten. Sie fürchteten sich aber, Ihn wegen dieser Rede zu fragen.**

Die beiden anderen Synoptiker (Mt 17, 22 f; Mk 9, 30—32), besonders Markus, berichten, daß Jesus Seine zweite Leidensprophetie nach der Rückreise von Cäsarea Philippi nach Galiläa, bzw. Kapernaum, aussprach. Abweichend von Mt und Mk verbindet Lukas diese Worte des Herrn weder örtlich noch zeitlich mit dem Vorhergehenden, sondern ein sachlicher Gesichtspunkt bedingt den Anschluß an das vorher Berichtete. Das Volk war durch die Wundertat Jesu wie geblendet. Sehr nachdrücklich wendet Sich der Herr an die Jünger und sagt: „Nehmt ihr in eure Ohren!" Jesus läßt Sich durch die Volksbegeisterung zu nichts Falschem verleiten. Die Apostel sollen die Worte der Volksmenge auch richtig verstehen und nur ja nicht zuviel davon halten.

Wie eine Klage klingen bei Lukas die starken Worte an die Jünger, bei welchen die zweite Leidensverkündigung taube Ohren fand. Die Beschreibung der Unwissenheit und Unsicherheit der Jünger läßt uns Lukas als einen trefflichen Psychologen erkennen. Die Hauptursache ihrer Unwissenheit war, daß ein Schleier auf ihrem Geistesauge lag. Die Meinung des Herrn, daß Er nach G o t t e s R a t in die Hände der Menschen überliefert werden mußte, war ihnen unfaßbar. Jesus hätte ihnen als Einziger das Dunkel aufhellen können. Sie aber wagten es nicht, Ihn zu fragen. Es konnte Mt 17, 23 nur ihre Traurigkeit sein, die sie nicht zur Klarheit kommen ließ. Die Furcht, ihre ganzen Hoffnungen würden zerschlagen, hielt sie zurück, den Herrn näher um das zu fragen, was Er ihnen ankündigte.

W. Stb. Matth.
S. 249f.
W. Stb. Mark.
S. 173f.
Zu V. 46—50:
Mt 18, 1—5
Mk 9, 33—40
Zu Vers 48:
Mt 10, 40

a) Der Rangstreit der Jünger.

Lk 9, 46—48

**46 Es stieg aber ein Gedanke in ihnen auf, wer wohl der Größte von
47 ihnen sei? * Da aber Jesus den Gedanken ihres Herzens sah, ergriff
48 Er ein Kind, stellte es neben Sich * und sprach zu ihnen: „Wer**

dieses Kind in meinem Namen aufnimmt, der nimmt Mich auf, und wer Mich aufnimmt, der nimmt Den auf, Der Mich gesandt hat. Denn wer der Kleinste unter euch allen ist, der ist groß."

Unter den Jüngern des Herrn kam ein Streitgedanke auf [20]. Sie stritten darüber, wer der Größere von ihnen sei. Während Jesus das Kreuz vor Augen hatte, hofften die Apostel auf die Königsherrschaft des Messias nach ihrem Sinn. Die Ereignisse der letzten Tage konnten vielleicht einen Anlaß zu solchem Streite bieten. Das Wort an Simon vom Fels der Gemeinde; das Erlebnis der drei Vertrautesten in der Nacht der Verklärung; die wunderbare Bezahlung durch den Stater im Fischmaul (Mt 17, 24—27); die Volksbegeisterung nach der Heilung des mondsüchtigen Knaben, das alles konnte die Eifersucht und die irdische Gesinnung der Jünger erregen.

Der Herr macht ein Kind, das Er neben Sich stellt, zum Gegenstand Seiner Darstellung. Er will ihnen damit die rechte Demut und Liebe veranschaulichen, im Gegensatz von Ärgernis und Verachtung der Kleinen. Der Rangstreit im Reiche Christi ist ein Kontrast zur freiwilligen Selbsterniedrigung des Herrn.

Mehrfach wurden die Apostel vom geistlichen Hochmut versucht und angesteckt. Oft regte sich in ihnen der Gedanke an einen hohen Vorzug und einen hohen Grad der Herrlichkeit im Reiche Gottes. Jesus, der nicht sagt, daß davon nichts zu erwarten ist, führte sie ins rechte Geleise zurück. Er zeigte ihnen den Weg durch Leiden in Demut zur Herrlichkeit (vgl. Mt 20, 20; 19, 27; Lk 22, 24).

Der Vorzug des Kindes vor den Erwachsenen besteht nicht in seiner Schuldlosigkeit oder natürlichen Reinheit, sondern in der Neigung zum Glauben, der Einfalt und Demut, vor allem im Freisein von Heuchelei. Die Gnade Christi verheißt darum den Kindern nicht wegen ihrer Verdienstlichkeit, sondern wegen ihrer Empfänglichkeit für geschenkte Gaben das Königreich Gottes.

Jesus empfiehlt den Jüngern die Aufnahme eines solchen Kindes auf Grund Seines Namens. Wer sich nach Jesu Willen und Gesinnung des Kleinsten liebevoll annimmt, macht sich zum Geringsten, aber er nimmt Jesus Selbst und Gott, das Größte, in sich auf.

b) Johannes Eifersucht gegen einen Außerhalbstehenden.
Lk 9, 49—50

49 Johannes aber ergriff das Wort und sprach: „Meister, wir haben jemanden gesehen, der in Deinem Namen Dämonen austrieb. Wir
50 aber hinderten ihn, weil er nicht mit uns Dir nachfolgt."* Jesus aber sprach: „Wehrt es ihm nicht, denn welcher nicht gegen euch ist, ist für euch."

Zu Vers 50:
Lk 11, 23
Phil 1, 18

Johannes tritt nur sehr selten in der evangelischen Geschichte tätig auf. Er scheint aber damals in sehr aufgeregtem Zustand gewesen zu

---

[20] Das griechische „dialogismos" scheint in diesem Zusammenhange in zwei verschiedenen Bedeutungen angewandt zu sein, nämlich im Sinne von „Streit" (V. 46) und von „Gedanke" (V. 47).

sein (Vgl. auch sein gleich darauf folgendes Auftreten in Lk 9, 34 ff. und ein anderes ebenso auffallendes, das etwas später stattfand Mt 20, 20 ff.). Die Verbindung mit dem Vorhergehenden ist einfacher, als die Kritik meint. Nachdem Jesus in den vorangegangenen Worten auf **Seinen Namen** so großes Gewicht gelegt, fürchtet Johannes, an diesem herrlichen Namen aus Übereilung eine Majestätsbeleidigung begangen zu haben.

Dieser Auftritt, wie er hier unmittelbar nach dem vorigen hingestellt ist, trägt zur Erklärung einiger Stücke der großen Rede (Mt 18) bei, die offenbar in diese Zeit fällt. Die K l e i n e n, die man sich hüten muß zu ärgern (Mt 18, 6), die der gute Hirte selig zu machen sucht (Mt 18, 11—13), und von denen nach dem Willen Gottes nicht eines umkommen soll (Mt 18, 14), sind die Anfänger im Glauben, wie der, gegen den die Jünger intolerant gewesen waren.

„Man sieht", sagt Meyer, „daß es auch außer dem Kreis der regelmäßigen Jünger Jesu Leute gab, bei denen Sein Wort und Seine Werke eine höhere, wunderbare Kraft geweckt hatten; aus diesen aus dem Kreis der Jünger hinausgefallenen Funken waren hier und da von dem Zentralherd abgesonderte Feuer aufgelodert." — Sollte man solche Feuer auslöschen? Es war eine schwierige Frage. Solche Leute, die nicht im regelmäßigen Umgang mit Jesus gestanden hatten, konnten das Ansehen, das sie erlangten, zur Verbreitung von Irrtümern gebrauchen.

Die Antwort Jesu ist sehr weitherzig und erhaben. Einen Menschen, der sich auf Seinen Namen beruft, darf man nicht als Gegner, sondern soll ihn vielmehr auch in seiner vereinzelten Stellung vorläufig als einen Bundesgenossen betrachten.

Die zuletzt besprochenen Verse schließen nun die große und wunderbare Tätigkeit Jesu in Galiläa ab. Auf der Höhe Seiner Arbeit stehend, **„wendet Er Sein Angesicht nun stracks gen Jerusalem"**, um dorthin zu gehen und Sein Leben zu geben als ein Opfer zur Erlösung für die Menschheit.

Treitschke, dieser bevorzugte Kenner der Weltgeschichte, urteilt einmal von Friedrich dem Großen: „Zuletzt ward ihm noch jene Schicksalsgunst, deren auch der Genius bedarf, wenn er einem ganzen Zeitalter den Stempel seines Geistes aufprägen soll; das Glück, in einem reichen A l t e r sich völlig auszuleben." Auch Goethe ist dieses Glück widerfahren. Jesus, der nicht bloß einem Zeitalter, sondern sogar einer ganzen Welt für alle Zeitalter sein Gepräge aufdrückte, hat es entbehrt.

Mohammed hat für sein Wirken 22 Jahre gehabt. Buddha gar 45. Jesus hat schwerlich länger als zwei Jahre gewirkt. Er starb, nachdem Er das dreißigste Jahr nicht weit überschritten hatte. Und von diesem Manne mit so kurzem Lebenswerk gehen nun Auswirkungen durch die Jahrhunderte, die so ungeheuer sind, daß man Jesus billig, auch menschlicherweise, nicht einfach neben irgendeinen andern stellen kann. In der Weltgeschichte ist niemand auch nur entfernt so einflußreich gewesen wie Er (Borchert).

IV. Hauptteil

Jesu Reise von Galiläa nach Jerusalem.

Lk 9, 51—19, 27

Hier beginnt die große Einschaltung oder der sogenannte Reisebericht, der von Lk 9, 51 bis Lk 18, 14, ja bis Lk 19, 27 geht, den Lukas allein hat. Matthäus (Mt 19, 1—20, 34) und Markus (Mk 10) berichten nur kurz von dieser Reise. Lukas erzählt dagegen von einer längeren Reise außerhalb der Grenzen Galiläas. Was er berichtet, sind zusammenhängende Erzählungen von einem mehrfachen Umherziehen, wobei der Herr jedoch immer Jerusalem als Endziel Seiner Reise im Auge hatte. Unser Evangelist stellt mehrere Nebenreisen der letzten Passahreise zusammen (vgl. Lk 10, 38; 13, 10. 22; 14, 25; 17, 11; 18, 31. 35). Jesus reiste zuletzt immer außerhalb von Galiläa umher, in Peräa, Samaria und Judäa (Lk 10, 13 ff.); einmal berührte Er vom Süden die galiläische Grenze (Lk 17, 11; vgl. Jo 11, 54). Längere Zeit hielt Er Sich in der Gegend von Ephraim auf und reiste über Jericho und Bethanien nach Jerusalem. Es ist eine große, langdauernde Reise, wobei der Herr dauernd hin und her, bald dahin und dorthin herumzog, zuweilen in einer Stadt oder Gegend länger weilte und dann wieder aufbrach, um nach Jerusalem, dem endgültigen Reiseziel zu gelangen. Der Aufenthalt Jesu in Bethanien (Lk 10, 38; Jo 11) und wieder an der Grenze Galiläas und in Samaria (Lk 17, 11) ist leicht erklärlich, wenn jene Stelle auf Jesu Anwesenheit in Jerusalem zum Kirchweihfest bezogen wird (Jo 10, 22) und die zweite mit Seinem Aufenthalt in Ephraim (Jo 11, 54) verbunden wird. Der Herr benützte die Ihm noch zugemessene Zeit für eine rege Tätigkeit. Er rüstete Sich vor allem auf Sein Leiden und Sterben in Jerusalem.

Lukas beendet die Tätigkeit Jesu an der gleichen Stelle wie Markus. Der Anfang des lukanischen Reiseberichts erweckt vielleicht den Eindruck, als hätte der Herr eine schnelle Reise nach Jerusalem vorgehabt. Es ist jedoch das gleiche Gesamtbild, das auch Markus und Matthäus bieten. Die beiden ersten Synoptiker berichten ebensowenig von einer schnellen Wanderung von Kapernaum nach Jerusalem, sondern noch von einem Aufenthalt in den Jordangegenden. Unser Reisebericht läßt sich außerdem mit der johanneischen Darstellung in Einklang bringen. Die Bemerkung in Jo 7, 10, daß Jesus nicht öffentlich, sondern im Verborgenen nach Jerusalem reiste, dürfte damit erklärt werden können, daß Er nicht auf dem gewöhnlichen Wege mit der Festkarawane, sondern durch Samaria zur heiligen Stadt wanderte. Seine Ankunft während der Mitte des Festes kann auf einen längeren Aufenthalt einer absichtlich langsameren Reise zurückzuführen sein.

Im lukanischen Reisebericht sind Lehrabschnitte vorhanden, die auch Markus in diese Zeit verlegt. Lukas bietet vorher eine große Sammlung neuer Erzählungen. Hiermit verbindet er manche Worte Jesu, die auch Matthäus erwähnt. Diese Aussprüche werden von Lukas anders formuliert und gruppiert.

Der Reisebericht (Lk 9, 51—19, 27), der fast ein Drittel des Lukasevangeliums ausmacht, wird durch drei Verse (Lk 9, 51; 13, 22; 17, 11), die das Reiseziel nach Jerusalem betonen, in drei Abschnitte aufgegliedert. Die große Einschaltung zeigt hiernach: 1. Den Anfang der Reise nach Jerusalem (Lk 9, 51—13, 21) 2. Eine Reihe von Reiseberichten (Lk 13, 22—17, 10) 3. Die letzten Reiseerlebnisse (Lk 17, 11—19, 27).

A. Der Anfang der Reise von Galiläa nach Jerusalem.
Lk 9, 51—13,21

Der erste Abschnitt des lukanischen R e i s e b e r i c h t s enthält zwei Einschiebungen (Lk 11, 14—12, 59; und 13, 10—21). Diese werden von älteren Auslegern auch als Nachträge der Tätigkeit Jesu in Galiläa bezeichnet. Man glaubt eben, der Inhalt dieser Stücke weise auf die galiläische Zeit zurück. Diese Auffassung ist aber nur ein Versuch, im Interesse einer Evangelienharmonie diese Teile chronologisch in das Leben Jesu einzuordnen.

Es ist eben daran festzuhalten, daß Lukas auch in seinem Reisebericht keine genaue chronologische Reihenfolge innehält, sondern manches nach sachlichen Gesichtspunkten zusammenstellt.

1. Die Ungastlichkeit der Samariter.
Lk 9, 51—56

Zu Vers 51:
Mk 10, 32
Zu Vers 52:
Jo 4, 4

Zu Vers 54:
2 Kö 1, 10. 12

Zu Vers 56:
Jo 3, 17; 12, 47

51 **Es geschah aber, als sich die Tage Seiner Hinwegnahme zu erfüllen begannen, wandte Er entschlossen Sein Angesicht nach Jerusalem,**
52 **um nach dorthin aufzubrechen. ** Dabei sandte Er Boten vor sich her die gingen hin und kamen in ein Dorf der Samariter, um für**
53 **Ihn Unterkunft zu bestellen. ** Sie nahmen Ihn jedoch nicht auf.**
54 **weil Er nach Jerusalem reisen wollte. ** Als aber die Jünger Jakobus und Johannes dies sahen, sprachen sie: „Herr, willst Du, daß wir**
55 **sprechen, daß Feuer vom Himmel herabfalle und sie verzehre?“ ** Er aber wandte Sich um (zu ihnen) und schalt sie hart aus (und sprach: „Wisset ihr nicht, welches Geistes Kinder ihr seid? Der Sohn des Menschen ist nicht gekommen, Menschenleben zu verderben, son-**
56 **dern zu retten“). ** Sie aber gingen hin in ein anderes Dorf.**
Die eingeklammerten Worte stehen in den meisten Handschriften n i c h t.

Dieser Bericht gehört zum lukanischen Sondergut. In feierlich ernstem Stil sind die Einleitungsworte gehalten, die Jesu Abreise aus Galiläa nach Jerusalem andeuten: Lukas spricht von einem Sich-Erfüllen der Tage Seiner Aufnahme. Nach dem griechischen Ausdruck „analempsis = Aufnahme“, durch Hinzuziehung einiger Schriftstellen (Mt 16,

19; Apg 1, 2 . 11. 22; 1 Tim 3, 16) an die „Himmelfahrt" hier allein
zu denken, ist nicht möglich; weil von einem Sich-Erfüllen von **Tagen**
nicht aber von einem „Tage" die Rede ist, kann kein bestimmter Zeitpunkt, wie der Tag der Himmelfahrt allein, gemeint sein. Es handelt
sich vielmehr um die T a g e S e i n e s L e i d e n s u n d S t e r b e n s,
welche dem Ziel Seiner Erdenlaufbahn, der Aufnahme in den Himmel,
vorangehen. So umfaßt die Aufnahme alles, den Tod und die Himmelfahrt, was zum Ausgang von dieser Erde und zum Hingang in den
Himmel gehört. Er trat in dem Bewußtsein die Reise nach Jerusalem
an, Galiläa nicht wieder zu sehen. Wenn Lukas schreibt: „E r
f e s t i g t e o d e r s t ä r k t e S e i n A n g e s i c h t, n a c h J e r u-
s a l e m z u g e h e n", so liegt darin Seine freie, furchtlose, überlegte
und kraftvolle Entschlossenheit.

Jesus wählte den kürzesten Weg, durch Samaria, um nach Jerusalem
zu gelangen. Die Galiläer pflegten zu den Festen in Jerusalem auch
diesen Weg zu benutzen, wie dies Josephus [21]) mitteilt. Auf diese
Weise erreichte Jesus am Ende Seiner ersten Tagereise an der Süd-
grenze Galiläas ein samaritisches Dorf. Seine Begleiter waren wohl
nicht allein die zwölf Apostel, sondern noch eine zahlreiche Jünger- und
Jüngerinnenschar (vgl. Lk 23, 49. 55; 8, 1). Er sandte Boten voraus,
um Quartier zu suchen. Die Samariter zeigten sich dem Herrn und Seinem Reisegefolge gegenüber keineswegs gastfrei. Bei gelegentlichen
Durchreisen der Juden durch Samaria kam es oft zwischen ihnen und
den Samaritern zu blutigen Kämpfen. Man nimmt an, die Samariter
wären gegen Jesus erbost gewesen, weil Er durch Seine Reise nach Jerusalem ihnen nichts von Seiner Wunder- und Heiltätigkeit zukommen
ließ.

Die beiden Zebedäussöhne Jakobus und Johannes empfanden die
Ablehnung Jesu als eine Gesinnung, die Gottes Vernichtungsgericht
verdiente. Die Frage an Jesus, die ihren Zorn offenbarte, ist verständlich im Blick auf des Herrn Anweisung in Lk 9, 5 über ihr Verhalten Häusern und Städten gegenüber, wo ihnen eine gastfreie Aufnahme versagt wurde.

Sie glaubten (nach jüngeren Handschriften: „wie auch Elias getan
hat"), sie hätten das Recht, Feuer vom Himmel zur Vernichtung der
feindlich Gesinnten herabfallen zu lassen (vgl. 2 Kö 1, 10. 12). Jesus
wandte Sich um und drohte ihnen, wie einst dem Fieber (Lk 4, 39),
dem Sturm (Lk 8, 24) und dem Dämon (Lk 9, 42). — Jüngere Handschriften, die Koine, Codex D und Koridethian fügen in Vers 55 und
56 hinzu: „Und Er sprach: Wisset ihr nicht, was für eines Geistes
ihr seid? Denn der Sohn des Menschen ist nicht gekommen, Seelen der
Menschen zu verderben, sondern zu retten" — (vgl. Lk 19, 10; Jo
3, 17).

Sie sollten wissen, daß ihr Geist ein anderer war, als der Geist,
der Elias einst zum Vollstrecken eines Strafgerichts trieb. Die Art des

---

[21] Es heißt bei Josephus: „Die Galiläer, die zu den Festen nach Jerusalem zogen, pflegten ihren
Weg durch Samaria zu nehmen." (Jos. Ant. XX, 6, 1.)

Geistes Christi ist Heilen, Helfen und vom Tode retten; von Strafwundern Jesu ist in keinem Evangelium die Rede. Die Erzählung schließt mit der Bemerkung, daß sie in ein anderes Dorf gingen, um dort Herberge zu suchen. Es war nach dem Wortlaut des Urtextes kein samaritisches, sondern ein anderes, ein jüdisches Dorf.

<table>
<tr><td>W. Stb. Matth.
S. 102</td><td></td></tr>
</table>

W. Stb. Matth.
S. 102

2. Dreierlei Nachfolger des Herrn.

Lk 9, 57—62

Zu V. 57—60:
Mt 8, 19—22

57 Und während sie so auf dem Wege dahingingen, sprach einer zu Ihm: „Ich will Dir nachfolgen, wohin Du auch immer gehst!" *
58 Jesus aber sprach zu ihm: „Die Füchse haben Höhlen und die Vögel des Himmels Nester, der Sohn des Menschen aber hat nicht, wo Er
59 das Haupt hinlege." * Er sprach aber zu einem anderen: „Folge Mir nach!" Der aber sprach: „Erlaube mir, daß ich zuerst weggehe, um
60 meinen Vater zu begraben!" * Er (Jesus) aber sprach zu ihm: „Überlaß den Toten, ihre Toten zu begraben; du aber gehe hin,

Zu Vers 61:
1 Kö 19, 20

61 verkündige das Königreich Gottes!" * Es sprach aber noch ein anderer: „Ich will Dir nachfolgen, Herr, zuerst aber erlaube mir,
62 Abschied zu nehmen von denen in meinem Hause!" * Jesus aber sprach zu ihm: „Keiner, der da die Hand anlegt an einen Pflug und zurückblickt, ist für das Königreich Gottes geeignet."

Die zwei ersten Gespräche der drei kurzen Unterredungen über Jesu Nachfolge bietet auch Matthäus in fast wörtlicher Übereinstimmung (vgl. Mt 8, 19—22). Markus läßt alle drei Gespräche aus. Das dritte Gespräch gehört zum lukanischen Sondergut. Der erste Synoptiker stellt die beiden Unterredungen an den Anfang der galiläischen Wirksamkeit Jesu; die Stellung bei Lukas, am Anfang der Reise nach Jerusalem, des Zeitpunktes, als das Ende des Herrn nahte, führt den tiefgreifenden Ernst der Christusnachfolge vor Augen. Die Nachfolge Jesu auf Seiner letzten Reise nach Jerusalem, auf Seinem Todeswege, ist wahrhaftig nur ein Dasein der völligen Selbstverleugnung, der Mühe und des Kampfes.

Auf diesem Wege bot sich einer an, der nach Matthäus ein Schriftgelehrter war, dem Herrn zu folgen, wohin Er auch ging. Ohne von Ihm berufen zu sein, erklärte er sich bereit, Sein Reisegenosse zu sein. Er redete die Sprache der erregten Begeisterung und folgte dem Eindruck des Augenblicks.

Die Antwort des Herrn auf dieses Angebot läßt erkennen, daß der Ungenannte sich ohne reife Überlegung zu schnell entschlossen hatte. Jesus will ihn zu nüchterner Besinnung veranlassen. Er möge bedenken, wie wenig Ruhe und Bequemlichkeit der Weg in Seiner Nachfolge bietet. Der Sohn des Menschen, der König und Gebieter der Schöpfung, hat weniger als die unvernünftigen Geschöpfe. Die Füchse auf dem Erdboden, die Vögel in der Luft haben ihre Unterkunft. Jesus ist völlig heimatlos. Wer mit dem Herrn seinen Weg gehen will, erwählt durchaus kein beneidenswertes Los.

Wie Jesus dem ersten, der sich anbot, Ihm zu folgen, sozusagen abschreckend antwortete, rief Er den anderen (nach Matthäus einen anderen Jünger) in Seine Nachfolge. Es war wohl ein Jünger im weiteren Sinne, und zwar in der Bedeutung von Jo 6, 66. Der vorhin genannte Schriftgelehrte entschloß sich zu leichtfertig, der andere Jünger war zu schwerfällig. Jesus geht auf seine Bitte nicht ein; er sollte es den Toten überlassen, ihre eigenen Toten zu begraben. Mit den Toten im ersten Satzteil kann der Herr die geistlich Toten verstanden haben (vgl. Eph 2, 1. 2; Jo 5, 24. 25). Solche Menschen sollen ihresgleichen beerdigen. Das Gesetz entband einen Hohenpriester und einen Nasiräer von der Pflicht seinen Toten gegenüber (3 Mo 21, 11; 4 Mo 6, 6 f.). Das Reich Gottes zu predigen ist ein noch höherer Zweck, als einen Toten zu begraben. Der Herr wollte nicht, daß sich der von Ihm Gerufene durch Pflichterfüllung an seinem toten Vater von seiner höchsten Aufgabe fernhalten ließ.

Nach der dritten Unterredung, die Lukas allein berichtet, bot sich ein Mensch selbst, wie der erste, zur Nachfolge des Herrn an. Er zögerte aber wie der zweite. Jesus hielt ihn weder zurück, noch drängte Er ihn. Trotz seines Angebotes wollte er nicht s o g l e i c h in des Herrn Nachfolge eintreten. Er bat den Herrn, wie einst Elisa seinen geistlichen Vater, sich vorher von den Seinen verabschieden zu können. Was dem Elisa erlaubt wurde (vgl. 1 Kö 19, 19—21), konnte Jesus nicht gestatten. Die Form der Antwort des Herrn, in der auf den Pflüger hingewiesen wird, erfordert eine ganze Hingabe an die Sache des Königreiches Gottes.

Zwei Fragen beantworten diese Verse 57—62. Was gibt mir Gott? und: Was gebe ich Ihm? Aus der Vollkommenheit Gottes ergibt sich, daß beide Fragen dieselbe Antwort bekommen. W a s g i b t m i r G o t t? A l l e s, eine ganze Liebe, eine ganze Fürsorge, die Leib und Seele umfaßt, ein ganzes Vergeben, das alle meine Schuld deckt, eine ganze Hilfe, die zum ewigen Leben langt. W a s g e b e i c h G o t t? A l l e s, einen entschlossenen Willen, nicht einen zweifelnden und schwankenden, einen ganzen Gehorsam ohne Vorbehalt, eine ganze Liebe, die alle Kraft und alles Vermögen Ihm dienstbar macht.

Zum Schluß noch einmal die Verse 57—62 überschauend, müssen wir sagen: „Wer hat je mehr gefordert als Jesus? Wer aber hat auch je mehr verheißen oder vergolten als Er?"

Wie trefflich und fein haben Jesu Jünger diese drei Forderungen Jesu an Seine Nachfolger: H e i l i g e r E r n s t, v o l l e E n t s c h i e d e n h e i t, g a n z e S e l b s t v e r l e u g n u n g, verstanden und in ihrer späteren Predigt- und Missionstätigkeit in Anwendung gebracht.

Paul Feine äußert sich: „Es wird bei der urchristlichen Gemeinde a l s N o r m v o r a u s g e s e t z t, daß jeder, welcher sich der Gemeinde anschließt, einen vollen und ganzen Bruch mit der Vergangenheit vollzieht, sich ganz Gott zuwendet, im Glauben die Erlösung in Christus ergreift und mit der Kraft des Heiligen Geistes begabt wird (vgl. Apg 8, 15 und 19, 1—6), so daß sein Lebenswandel nunmehr ein anderer geworden ist" (aus „Bekehrung im Neuen Testament und in der Gegenwart", Seite 13).

Wie scharf betonen die Apostel das E i n s t und das J e t z t bei ihren Gemeindegliedern: f r ü h e r Feinde Gottes, von ihm fern, j e t z t Seine Kinder und Ihm nahe, f r ü h e r im Tode, j e t z t zum Leben hindurchgedrungen, f r ü h e r verloren, j e t z t durch den Glauben gerettet, f r ü h e r über ihren inneren Zustand ungewiß, j e t z t heilsgewiß. Dieser Unterschied zwischen dem unseligen Einst und dem seligen Jetzt tritt mit großer Klarheit im ganzen Neuen Testament hervor (vgl. Rö 6, 21. 22; 2 Ko 5, 15. 16; Kol 1, 12. 13. 21. 22; 2, 13. 14; 1 Tim 1, 12 ff.; 1 Pt 2, 24. 25; 1 Jo 13, 14).

Daß eine feste Gliedschaft zu dieser Gemeinde bestand, zeigt Apostelgeschichte 2, 41, wo es heißt: „S i e w u r d e n h i n z u g e t a n." — Daß dieser Kreis der Gläubigen ein festumgrenzter, von der Welt und den Unbekehrten scharf getrennter war, zeigt Apostelgeschichte 5, 13: „D e r a n d e r n a b e r w a g t e k e i n e r s i c h z u i h n e n z u t u n, sondern das Volk hielt groß von ihnen." Wenn wir im Judasbrief und auch an einigen andern Stellen lesen, daß sich einige heimlich nebenbei eingeschlichen hätten, so waren dies doch immer nur Ausnahmen, die bald entdeckt und hinausgetan wurden.

3. Die Aussendung der siebzig Jünger.
Lk 10, 1—24

W. Stb. Matth. S. 131 ff.

Jesu Tätigkeit in Galiläa war beendet (Lk 10, 13). [1]

Zu Vers 1—12: Mt 10, 7—16

a) Die Aussonderung der Siebzig und die Notwendigkeit ihrer Sendung.
Lk 10, 1—2

Zu Vers 1: Mk 6, 7

1 Nach diesen Begebenheiten aber bestimmte der Herr siebzig (zweiundsiebzig) andere (Jünger) und sandte sie zu zween vor Sich her in jede Stadt und jeden Ort, wohin Er Selbst zu kommen gedachte.

Zu Vers 2: Jo 4, 35 Mt 9, 37. 38

2 * Er aber sagte zu ihnen: „Die Ernte ist groß, aber der Arbeiter sind wenige! Bittet daher den Herrn der Ernte, damit Er Arbeiter aussende in Seine Ernte!"

Der Ernennung der siebzig Jünger sind mehrere Ereignisse vorausgegangen. Die am Versanfang stehenden Worte: „**Nach diesen Begebenheiten aber**" weisen auf das Vorhergehende bis auf die Auswahl der zwölf

---

[1] Wie der Herr, als Er die n ö r d l i c h e n Gegenden Galiläas zuletzt durchreiste, die zwölf Apostel dorthin sandte, so berief Er jetzt für den s ü d l i c h e n T e i l d e r P r o v i n z und darüber hinaus nach Samaria und Peräa hin eine noch größere Zahl — fast sechsmal so viele — Seiner Anhänger, Sein Jüngerkreis hatte sich erheblich vergrößert (vgl. Jo 4, 1. 2; 6, 66; Apg 1, 15—26; 1 Ko 15, 6). Daraus berief Jesus eine so große Schar (Lk 9, 1) für die zwölf Stämme Israels, die zerstreut umherwohnten. Die nicht namentlich genannten Männer dieses großen Jüngerkreises verließen als Seine Nachfolger nicht wie die Apostel ihren Beruf (Lk 18, 28). Sie folgten dem

Apostel zurück. Die Eingangsworte versetzen uns in die Zeit kurz
nach der Abreise Jesu aus Galiläa nach Jerusalem. Wenn der Herr noch
andere Diener bestimmt oder ernennt durch eine Auswahl zu einem
Dienst (vgl. Apg 1, 24), so wird damit bestätigt, daß eine solche Tätigkeit nicht das Vorrecht der zwölf Apostel war. „**Die anderen Jünger**",
welche der Herr bestimmte, erfuhren eine feierliche Einsegnung, die
einen öffentlichen Charakter trug (vgl. Lk 1, 80). Der grie Ausdruck
für „auch andere" oder „noch andere" kennzeichnet die Siebzig (Zweiundsiebzig) als förmlich Außerhalbstehende von den Zwölfen. Die
Zwölf behielt der Herr bei sich. Jetzt, wo es dem Ende bald zuging,
wollte Er Seine persönliche Arbeit an den Zwölfen nicht unterbrechen.
Er wollte sie selbst für ihr Apostel-Amt weiterhin vorbereiten vor der
Menge der übrigen Jünger.

Daß die Predigt des Evangeliums und alles Wirken im Namen Jesu
also nicht ein ausschließliches Vorrecht d e r z w ö l f A p o s t e l sein
sollte, zeigt nicht nur die Aussendung der Siebzig, sondern ist bereits
Lk 9, 59—62 gesagt worden. Die Sendung der Siebzig an diesem entscheidenden Wendepunkt des Lebens Jesu war eine letzte Gnadenheim-
suchung. Die Feindschaft gegen den Herrn sollte mit dem Evangelium
überwunden werden. Ihr Dienst galt als Vorarbeit und Wegbereitung
für den letzten Wanderzug des Herrn. Ihre Predigt war ein abschließen-

Herrn nicht ständig, sondern widmeten sich nebenberuflich dem Dienst im Reiche Gottes, be-
sonders während Seiner letzten Reise nach Jerusalem.
Die Dienstanweisung, die Jesus diesem **großen Kreise** Seiner Sendboten erteilte, hat Ähnlichkeit
mit der Instruktion, welche die zwölf Apostel für ihre erste Predigtwanderung empfingen (vgl.
Lk 9, 2—5). Ein Vergleich dieser Unterweisung mit der weitgreifenden und weissagenden Apostel-
Instruktion des Matthäusevangeliums (Mt 10, 5—42) zeigt Unterschiede und Übereinstimmungen.
Ein tiefgreifender Unterschied in beiden Reden muß erwogen werden. Das, was Matthäus berichtet, bezieht sich auf den **bleibenden** Dienst für alle Zukunft, der durch die Nachfolger jederzeit
fortgesetzt wird. Die von Lukas mitgeteilte Anweisung ist dagegen auf die augenblickliche und
einmalige Sendung der **Siebzig** beschränkt.
Es ist noch auf einen Punkt hinzuweisen. Zwischen der Sendung der **zwölf Apostel** und der Dienst-
reise der **Siebzig** liegt etwa ein Jahr. Während dieser Zeit hat sich der Widerstand gegen Jesus
erheblich gesteigert. Im Blick auf die Verwerfung der Botschaft ist sogleich von den Lämmern
unter den Wölfen die Rede; die größere Eile wird erwähnt (Lk 10, 4); die stärkere Gerichtsandrohung (Lk 10, 11—15) und die Verachtung (Lk 10, 16) gehen mit dem Schluß (Mt 10, 40—42)
parallel.
Die Rede ist bei Matthäus und Lukas hauptsächlich nach Gang und Inhalt ziemlich gleich. Das
Bedürfnis der großen Ernte gilt in beiden Berichten als Begründung der Sendung. Gegen die
Gefahr wird die gleiche „negative Ausrüstung" empfohlen. In allen Schwierigkeiten sollen die
Sendboten am Glauben festhalten, sich aber auch der äußeren Schlichtheit und dann der Eile
befleißigen. Am Anfang ihres Wirkens, ohne Schielen auf Erfolg, wird den Jüngern zuvorkommende
Freundlichkeit nahegelegt. Für den weiteren Verlauf der Tätigkeit dürfen sie den Lohn, der ihnen
zukommt, ohne Bedenken annehmen. In der Ausrichtung ihres Auftrages soll Anspruchslosigkeit
das Merkmal ihres Verhaltens sein. Das Ende, welches den vorwiegend ungünstigen Ausgang
ihres Dienstes enthüllt, bezeugt immer noch, daß die Boten Christi frei von jeder Schuld sind.
Wie in Mt 10,15 wird in Lk 10, 12—15 ein Blick auf das Strafgericht des Unglaubens gerichtet,
aber mit einer Wiederholung aus Mt 11, 21—24 verstärkt. Der Hinweis, daß alle Gesandten des
Herrn verachtet werden, bildet einen passenden Schluß der Instruktionsrede (Lk 10, 16).

des Zeugnis vom nahe gekommenen Reiche Gottes. Die Ausbreitung dieser Botschaft durch die Siebzig bekundete das Werk des Herrn nicht mehr als Winkelsache, sondern als eine missionarische Angelegenheit.

Der Herr sonderte siebzig bzw. zweiundsiebzig Jünger für die vorübergehende Aktion aus. Diese runde und symbolische Zahl entspricht neben der Zwölfzahl (2 Mo 15, 27) den siebzig Ältesten im alttestamentlichen Israel (2 Mo 24, 1; 4 Mo 11, 16); sie zeigt gleichsam ein „Anti-Sanhedrin" des neuen Gnadenreiches.

Jesus ließ die Jünger paarweise hinausziehen, um sie den Segen der „Brüderschaft" genießen zu lassen. Es ist ja besser zwei als einer. Fällt ihrer einer, so hilft ihm der andere wieder auf (vgl. Pred 4, 9). Jeder Einspännerei ist damit die biblische Stütze entzogen. Die Sendung von zwei Glaubenszeugen ist mehrfach in der Schrift erwähnt (vgl. Mk 6, 7). Unter den Zwölfen bildeten Petrus und Johannes ein Paar, in der Apostelgeschichte Paulus und Barnabas (Apg 13, 2; vgl. 15, 39), ja bis auf die zwei Zeugen der Endzeit (Offb 11) besteht diese Einrichtung.

Der Herr begründet, wie schon in Mt 9, 37—38, die Notwendigkeit der Aussendung der Siebzig mit einem Bilde der Ernte. Die Ernte-Arbeit ist in der Heiligen Schrift mehrfach ein festes Sinnbild für die Endzeit (vgl. Joe 4, 13; Mt 3, 12; Lk 3, 17; Offb 14, 15). So vergleicht auch Paulus das Endgericht mit der Ernte (Gal 6, 7f.). Jesus sandte die Zwölfe und die Siebzig aus, um zu ernten. Die Verkündigung der Frohen Botschaft vergleicht der Herr hiernach mit der Erntearbeit. Die Sammlung des Volkes Gottes, das zerstreut umher wohnt, gleicht einem Einbringen der Garben in die Scheune. Wenn Israel auch „ein verwahrlostes Volk" war, so wurde es doch in Jesu erbarmender Liebe unter dem Bilde der Ernte als Gottes Ackerwerk angesehen. Der Nachdruck dieses Bildwortes liegt auf der ganzen mühsamen Arbeit, bis ein Feld so weit zur Ernte reif ist. Die Arbeiter sind nicht allein .die Schnitter, welche nur die Frucht schneiden, die Garben binden und in die Scheune bringen, sondern die Knechte, welche die ganze Arbeit von Anfang an für die Bereitung der künftigen Ernte ausführen.

In diesem einen Volk, in dem „verwahrlosten Volke" Gottes, ist die nötige Erntearbeit so groß, daß der Arbeiter nur wenige sind. An Mietlingen fehlt es allerdings nicht, an r e c h t schaffenden Arbeitern (1 Ko 3, 9; 1 Tim 5, 17; 2 Tim 2, 15; vgl. Phil 2, 20—23) fehlt es dagegen sehr im Reiche Gottes. Männer, welche den Namen oder Titel eines Dieners Christi haben, sind damit noch nicht zugleich die wirklichen Knechte in Gottes großer Ernte.

Jesus gibt den Siebzig (Zweiundsiebzig) die Anweisung, den Herrn der Ernte zu bitten, Arbeiter in Seine große Ernte zu senden. In Seiner Demut richtet Er die Blicke der Jünger auf den Vater. Es ist im Grunde genommen auch Sein Ackerfeld und Seine Ernte, und Er Selbst sendet auch die Arbeiter aus. Die Aufforderung: **„Bittet den Herrn!"** ist das Wichtigste der ganzen Rede. Der Herr wartet auf das Gebet um Aussendung der Erntearbeiter. D a s G e b e t ist und bleibt Nummer Eins!

Das Gebet wirkt und schafft die Arbeiter für den Herrn! — Wer es fassen kann, der fasse es!

D e r H e r r , der Seine Jünger veranlaßte, um Erntearbeiter zu bitten, sagt dann weiter, daß Arbeiter gesendet werden in Seine Ernte. — Nach dem Wortlaut des Urtextes heißt es: „Bittet den Herrn der Ernte, daß Er Arbeiter in Seine Ernte auswerfe, ausstoße!" Damit wird der starke Trieb des Geistes (vgl. Mk 1, 12; Mt 10, 1; Jo 12, 31) und ein gewaltsames Senden (Mt 9, 25; Lk 4, 29) angedeutet. Gottes Geist muß Menschen, jeder Einrede des Fleisches entgegen, packen und überwinden, tüchtig und bereit machen und dann auch aussenden.

b) Die Gefahren der Sendung, die Ausrüstung und die Eile der Sendboten.
Lk 10, 3—4

3 „Gehet hin! Siehe, Ich sende euch wie Lämmer mitten unter Wölfen.
4 * Tragt keinen Geldbeutel, keinen Ranzen, keine Sandalen! Und grüßt keinen auf dem Wege!"

Zu Vers 4:
Lk 9, 3—5
2 Kö 4, 29

Der Herr verknüpft mit dem Auftrag: „Gehet hin!" einen Hinweis für die Siebzig (Zweiundsiebzig), daß ihnen sehr schwere Feindseligkeiten der Menschen begegnen werden, denen sie wehrlos ausgeliefert sind. Es ist ihnen unmöglich, den feindlichen Menschen den geringsten Widerstand entgegenzusetzen. Wenn sie die Botschaft des Königreiches Gottes verkündigen, gleichen sie **Lämmern unter Wölfen.** Zu beachten ist, daß die Jünger nicht „zu den Wölfen", sondern „u n t e r Wölfe" gesandt werden. Damit wird das unsagbar Schwere der Sendung der Boten Jesu veranschaulicht. Den Boten wird mit diesem Bildwort die Verfolgung ihrer Person und die Verwerfung ihrer Botschaft angekündigt. Das ist weit mehr als ein „Nichtannehmen" oder ein „Nichthören" der Predigt.

Die Sendung der Lämmer unter Wölfe war in Israel sprichwörtlich. Wenn schon der Einbruch der Wölfe in die Schafherde sehr gefährlich ist, wieviel gefährlicher ist dann, aller Ordnung und Vernunft zuwider, das Senden und Schicken vereinzelter Lämmer in ein Rudel von Wölfen hinein! Die wehrlosen Lämmer sollen unter den Wölfen leben, wirken und bleiben, ja sie sogar noch überwinden. Unvorstellbar und unfaßlich! Aber von Gott so gewollt! Das läßt uns ganz besonders nicht vergessen, wenn in der Endzeit d i e W ö l f e immer zahlreicher und grauenvoller werden! Der Herr hat's gesagt!

In Erinnerung an Mt 7, 15 sind „Wölfe" die f a l s c h e n Hirten und falschen Propheten Israels, deren natürliche Art es ist, den Boten des Herrn mit tödlichem Haß entgegenzutreten. Jesus zeigt den Jüngern offen und rückhaltlos die ganze Leidensperspektive.

Die Sicherheit für eine so gefährliche Sendung, die Ausrüstung für einen solch verstandeswidrigen Auftrag im Kampfe der Lämmer mit den Wölfen liegt nicht irgendwie in dem Mitnehmen von Waffen, sondern in den Worten: **„Ich sende euch".** Und das genügt.

So wenig nun die siebzig Jünger wegen der Gefahren, mitten unter
Wölfen zu sein, mit Schutzwaffen versehen sein sollen, so wenig sollen
sie sich auch mit dem gewöhnlichen Reisegepäck ausrüsten. Die Anweisung, nicht einmal das Geringste über das Notwendige der Kleidung
hinaus für die Wanderung mitzunehmen, hat den Sinn, nur einzig und
allein auf die Ausrichtung ihrer Sendung bedacht zu sein.

Der Zusatz, keinen auf dem Wege oder unterwegs zu grüßen, wird
verschieden gedeutet. Diese Verhaltungsanweisung hat im AT ihr Vorbild (2 Kö 4, 29). Nach der einen Deutung ist das Wort vom Nicht-
grüßen ein Gebot der Eile. Andere Ausleger sehen in dieser Anweisung
ein Verbot des Gunstsuchens. Diese zweite Erklärung, durch die Begrüßung, wenn sie noch so umständlich ist, eine Gunst erlangen zu wollen,
ist wohl undenkbar. Die morgenländische Begrüßung ist sehr zeitrau-
bend. Alle bei einer solchen Begegnung üblichen Segenswünsche, Um-
armungen, Küsse, Erkundigungen und Reden können einen zeitrauben-
den Aufenthalt verursachen, der einem Eilenden unerwünscht ist. Der
einfache und schlichte Gruß: „Friede sei mit dir!" ist damit keineswegs untersagt.

c) Das Verhalten der Jünger während ihres Dienstes.
Lk 10, 5—11

Die hier gesprochenen Worte Jesu haben in Lk 9 und Mk 6 keine Parallele, sondern entsprechen sachlich dem, was der Herr nach Mt 10, 10—15 den
zwölf Aposteln sagte. Es ist wohl zu beachten, daß ein begründeter und
bedeutsamer Unterschied zwischen dem Bericht des Matthäus und
dem des Lukas besteht, was die Erklärung in bestimmten Punkten zeigen wird. Jesus schickt die Siebzig nicht in öffentliche Versammlungen
oder Synagogen, sondern zu den Empfänglichen in die Häuser und in
die Städte. Unser Abschnitt veranschaulicht deutlich eine H a u s - (Vers
5—7) und eine S t a d t mission (Vers 8—11),

Die Missionierung eines Hauses.
Lk 10, 5—7

5 **In welches Haus ihr auch eintretet, sagt zuerst: „Friede diesem**
6 **Hause!" * Und wenn dort ein Sohn des Friedens wohnt, wird euer**
   Friede auf ihm ruhen, wenn aber nicht, wird er auf euch zurück-
7 **kehren. * In diesem Hause aber bleibt, eßt und trinkt, was man euch**
   bietet! Denn der Arbeiter ist seines Lohnes wert! Wechselt nicht
   (die Wohnung) von einem Haus in ein anderes Haus!"

Zu Vers 7:
1 Tim 5, 18

Die Anweisung des Herrn, daß Seine Boten, wenn sie in ein Haus
kommen, dessen Bewohnern den Friedensgruß zurufen sollen, bestätigt
das Gruß v e r b o t auf dem Wege als einen Grund der Eile, nicht aber
der Unhöflichkeit. Die Siebzig sollten nicht wie die Apostel wählen
oder nachprüfen (Mt 10, 11), ob in solchem Hause einer für diesen Frieden empfänglich oder würdig ist. Jesus will jeden unnützen
Aufenthalt vermieden wissen. Ohne Nachfrage nach dem Dasein von
Friedenskindern sollen sie mit der Fülle der Gnade noch einmal jedem

den Frieden anbieten. Seine Sendboten sind F r i e d e n s b o t e n , welche den wahren Frieden anbieten und bringen, und allen Söhnen des Friedens „Gehilfen" des ewigen Friedens und der vollkommenen Freude sein möchten. Der Sitte in Israel, zu grüßen: „Friede dir!" oder „Friede euch!" schließen sich Seine Boten gern in entgegenkommender Liebe an.

Propheten des Alten Bundes und Johannes der Täufer schickten ihr ernstes „Tut Buße!" voran. Neutestamentliche Verkündiger des Reiches Gottes bringen zuerst den Friedensgruß über ihre Lippen, was ja ihr Kommen lieblich macht (vgl. Jes 52, 7).

Die Sendboten des Herrn sind angewiesen, zunächst ein einzelnes Haus zu besuchen, dem sie den Frieden mitteilen, der sie selbst erfüllt. Mit dem **Haus** ist hier die F a m i l i e gemeint (vgl. Jo 4, 53; 1 Ko 16, 15; Phil 4, 22). Wenn Jesus den e i n z e l n e n , auf dem der Friede ruhen wird, zusammen mit dem **Haus** erwähnt, so ist das ein wichtiger Fingerzeig dafür, daß die einzelnen Menschen in ihrer Familiengemeinschaft aufgesucht werden sollen.

Die Boten Christi werden es aber auch oft erfahren, daß sie den Frieden solchen Menschen anbieten, die keine Friedenskinder sind. Der an die falsche Adresse entbotene Friedensgruß bringt den Friedensboten aber keinen Schaden, sondern der Friede kehrt auf den zurück, der ihn aufrichtigen Herzens ausgesprochen hat. Die Jünger aber sollen mit den beiden Möglichkeiten rechnen, nämlich, daß entweder ihre Friedensbotschaft aufgenommen oder abgelehnt wird. Sie müssen aber auf jeden Fall das Angebot des Friedens aufrichtig und ernst aussprechen. Wer nach Frieden begehrt, findet ihn dann. Die Friedensverächter aber können den Jüngern Jesu den Frieden Gottes nicht r a u b e n .

Um die Hausbewohner oder die Familie, unter der ein Friedenskind ist, erfolgreich für das Evangelium zu gewinnen, sollen die Siebzig nicht willkürlich die Herberge wechseln. Das erweckt den Schein, als wären sie Tag für Tag darauf aus, gut bewirtet zu werden. Echte Boten Christi betrachten sich als Glieder einer Friedens-Familie und genießen auch von den Armen die Speise, die die Gastfreundschaft darbietet. Wie sich wahre Jünger Christi hüten, um eines schändlichen Gewinnes willen (1 Petr 5, 2; 1 Tim 3 ,3; Tit 1, 7. 11f.), wie ein Geschäftsmann das Evangelium zu predigen (1 Tim 6, 5; Röm 16, 17. 18), so wenig verschmähen sie die Gaben der Bruderliebe für ihren nötigen Lebensunterhalt. Der Herr der Ernte, der die Siebzig aussandte, versorgt Seine Arbeiter. Er hebt ausdrücklich hervor, daß der Arbeiter seines Lohnes wert ist. Wo es geordnete Sendungen gibt, beschafft der Herr, Er Selbst, den Lohn, indem Er Menschen willig macht, in brüderlicher Liebe die Reichsgottesarbeiter mit dem Nötigen zu versorgen. Die Boten Christi streuen gewissermaßen als Samen das Geistliche in der Gemeinde aus, sie ernten von ihren Gliedern ihr Leibliches (1 Ko 9, 11). Was Jesu Diener empfangen, das ist kein Almosen, sondern der würdige Lohn ihres Dienstes.

Die Missionierung einer Stadt.

Lk 10, 8—11

8 Wo ihr aber in eine Stadt kommt, und sie euch aufnehmen, eßt das
9 Dargereichte! * Und heilt die Kranken in ihr, und saget ihnen:
10 „Das Königreich Gottes hat sich euch genähert!" * Wenn ihr aber
     in eine Stadt eintretet und sie euch nicht aufnehmen, dann geht
11 heraus auf ihre Straßen und sprecht: * „Sogar den Staub, der uns
     anhängt von eurer Stadt an den Füßen, streifen wir ab. Jedoch die-
     ses sollt ihr wissen, daß das Königreich Gottes sich genähert hat!"

Bei der Anweisung für die Missionierung einer Stadt fällt auf, daß
die Jünger, ohne den vorhin erwähnten Friedensgruß gesagt zu haben,
essen sollen, was ihnen vorgesetzt wird. Diese „S t a d t - V o r s c h r i f t"
wird auf zweifache Art gedeutet. 1.) Einige Ausleger meinen, der Herr
habe die Jünger angewiesen, im Falle ihrer Aufnahme die dargebotene
Speise, ohne wählerisch zu sein, dankbar zu genießen. 2.) Die andere
Auffassung ist einleuchtender. Im Blick auf die herrschenden Tischsitten
in den halbheidnischen Städten entbindet Jesus Seine Sendboten von
dem Friedensgruß und der ängstlichen Beobachtung der rabbinischen
Vorschriften über Rein und Unrein (vgl. Mt 15, 1—3). Diese Ansicht
wird in dem Pauluswort bestätigt: „Alles, was euch vorgesetzt wird,
esset" (1 Ko 10, 27). Die Predigtreise der Siebzig sollte von Hemmungen, wie die dauernde Furcht vor Verunreinigung durch äußerliche Berührung mit dem heidnischen Leben, freigehalten werden.

Ausdrücklich ist die Heilung der Kranken einer gastfreien Stadt
durch die Siebzig erwähnt. Heiltätigkeit und Predigt waren bei den
Siebzig miteinander verbunden. Das Letzte und Beste, was die Jünger
einer Stadt verkündigen sollten, war ja die Nähe des Gottesreiches.

Die Aussendung der Siebzig unter eine Mischbevölkerung von Juden
und Heiden konnte vielleicht unerwünscht sein. Die Boten des Herrn
sind dann angewiesen, in diesem Falle aus der Stadt hinauszugehen.
Das Abschütteln des Staubes von den Füßen versinnbildlicht die völlige Ausschaltung jeglicher Geistesgemeinschaft mit diesen ungastlichen
Stadtbewohnern.

Die Missionierung der Siebzig bewirkte ein Entweder — Oder. In den
Häusern und Städten kam es zur Annahme des Friedens oder zur
Ablehnung und damit zum Gericht.

Was den Z w ö l f e n als solchen nicht befohlen wurde nach dieser
letzten Tat der Heimsuchung, erwähnt Lukas, daß nämlich die Siebzig
der ungastlichen Stadt sagen mußten, daß das Reich Gottes herbeigekommen war. Es heißt hier nicht, wie nach verschiedenen Handschriften und Übersetzungen: „daß das Königreich Gottes zu euch gekommen ist". Die Auslassung der beiden Worte „zu euch", die aus
dem 9. Verse herübergenommen wurden, ist hier wichtig. Die Gottesherrschaft ist trotz ihrer Verachtung und Verschmähung n a h e gekommen, aber n i c h t z u i h n e n.

d) Jesu Gerichtsankündigung über die Verächter Seiner Boten.

Lk 10, 12—16

12 **Ich sage euch, daß es den Sodomitern an jenem Tage erträglicher**
13 **gehen wird, als jener Stadt!** * **Wehe dir, Chorazin! Wehe dir,**   Zu Vers 13:
Bethsaida! Denn wenn in Tyrus und Sidon die Machttaten ge-   Mt 11, 21—23
schehen wären, die unter euch geschehen sind, sie hätten sich
14 **längst, in Staub und Asche sitzend, bekehrt.** * **Jedoch Tyrus und**
15 **Sidon wird es erträglicher gehen im Gericht als euch.** * **Und du,**
Kapernaum, wirst du etwa bis zum Himmel erhöht werden? (Ant-
16 **wort: Nein!) Bis zum Hades wirst du hinabfahren!** * **Wer euch**   Zu Vers 16:
hört, hört Mich; und wer euch verwirft, verwirft Mich! Wer Mich   Mt 10, 40
aber verwirft, verwirft Den, Der Mich gesandt hat!"

Die Erfahrung, daß in Häusern und Städten die Friedensbotschaft
abgewiesen wurde, konnte die Sendboten Christi entmutigen. Damit
aber die Jünger durch solche Erlebnisse den Mut nicht sinken lassen
sollen, versichert Jesus, daß diese Städte sich das schwerste Gericht zuziehen werden. Wie in Mt 10, 15 ist die Gerichtsandrohung eine sehr
ernste Erklärung Jesu, nur mit dem Unterschiede, daß hier bei Lukas
Seine Gerichtsandrohung ohne ein „Amen" eingeleitet wird, und
Lukas G o m o r r h a nicht nennt. Unser Evangelist erwähnt S o d o m
allein, weil diese Stadt wegen ihrer groben Verletzung des Gastrech-
tes sprichwörtlich geworden war (1 Mo 19, 4—11). Die Sodomiter
hatten unbekannten Engeln die Gastfreundschaft versagt. Diese Städte
aber verwarfen die Friedensboten Jesu und damit den Herrn der Herrlichkeit.

Jesus weist mit dem Ausdruck: „**an jenem Tage**" auf das Endgericht
hin, ohne „den letzten Tag" (vgl. Mt 7, 22) bestimmter zu nennen.
Die Untergangskatastrophe ist demnach für Sodom noch nicht das
letzte Gottesurteil. Das Gericht, das jenen in Sünden versunkenen Bewohnern Sodoms noch bevorsteht, wird erträglicher sein als das Gericht jener Stadt, aus welcher die Jünger ausgewiesen wurden!

Die Worte Jesu für die Städte, die Seine Gesandten ablehnen werden, veranlaßt Jesus, einen Blick auf die Orte zurückzuwerfen, welche
sich so lange Seiner Gegenwart erfreut, aber dieselbe nicht zum Heil
ihrer Seele benutzt haben. Er ruft ihnen in Vers 13—15 sehr ernste
Worte zu.

Wir finden diese „**Wehe**" des Herrn in beinahe den gleichen Worten
auch in Matthäus. (Siehe Mt 11, 21—23, vgl. W. Stb. Matthäus.) Chorazin ist zwar weder im AT noch bei Josephus genannt. Dagegen wird
der Ort von der jüdischen Tradition erwähnt. Auch im NT hören wir
nichts von einer Wirksamkeit des Herrn an diesem Ort, doch wissen
wir nun durch diese Worte, daß Er auch dort tätig war, ebenso wie in
Bethsaida. Es werden hier nicht die Predigt, sondern die T a t e n des
Herrn genannt. Diese hatten die Predigt beglaubigt. Zwar werden
Tyrus und Sidon auch als schuldig erfunden werden, doch nur in einem
geringeren Grade als sie. Die Verantwortlichkeit, die aus der Zurück-

weisung der Gnade folgt, steht im gleichen Verhältnis zur Größe der angebotenen Gnade.

Der Ton in den Worten des Herrn wird bewegter, sowie sich Seinem Geiste das Bild derjenigen Stadt darstellt, die bei der Gnadenausströmung über Galiläa am reichsten bedacht worden ist. Es ist **Kapernaum.** Dort hatte Jesus Seine Wohnung genommen, so daß Er sie Seine Stadt nannte (Mt 9, 1). Es ist die Stadt, die zuerst und am meisten durch Wort und Tat von dem Reiche Gottes, vom Reich der Himmel, gehört und gesehen hatte. Wie der **Himmel** hier das Bild der höchsten göttlichen Gnade ist, so ist die **Hölle** (eigentlich der Hades) das Bild der tiefsten Erniedrigung, die der erfährt, der die Gnade verwirft.

Die hier genannten galiläischen Städte und Tyrus werden als Beispiel für andere Marktflecken erwähnt, denen Ähnliches gilt. Wenn hier von Machttaten des Herrn in Chorazin die Rede ist, von denen die Evangelien nichts berichten, so ist das ein erneuter Beweis dafür, daß die Jünger und Augenzeugen bei weitem nicht alles Erlebte und alle Wunder in den Evangelien niedergeschrieben haben (vgl. Jo 20, 30; 21, 25).

Jesus sagt sehr eindeutig, Tyrus und Sidon hätten Buße getan, wenn ihnen die große Gnade geoffenbart worden wäre. Wenn Jesus damit aussagt, daß es manchem zur Errettung vom Verderben n u r a n e i n e m g r ö ß e r e n M a ß e der Gnade gefehlt habe, so soll das nicht zu unerlaubten und vorwitzigen Fragen anregen. Wir dürfen hier nicht fragen: „Warum hat Gott ihnen dann nicht das größere Maß Gnade gegeben?" oder: „Wird es ihnen noch gegeben, damit sie Buße tun?" Die klare Antwort des Herrn: „Es wird ihnen erträglicher gehen am Tage des Gerichts" als denen, die Gottes klares Zeugnis hatten und es dennoch verwarfen, muß genügen und g e n ü g t !

Die Instruktionsrede Jesu an die Siebzig schließt ihrem wesentlichen Inhalt nach wie der Aussendungsbefehl an die zwölf Apostel (vgl. Mt 10, 40). Es ist jedoch ein feiner Unterschied zu beachten, daß nämlich Matthäus von der Aufnahme der Gesandten Christi spricht, während Lukas dagegen das Hören und die Verachtung der Jünger erwähnt. Eine Drohung gegen die Verächter der Ausgesandten des Herrn fällt bei Matthäus weg.

Jesus zeigt mit diesen Schlußworten die hohe Würde und die Autorität Seiner Glaubensboten. Sie sind Christi und Gottes Stellvertreter. Wer sie verachtet, verfehlt sich gegen Gottes Majestät. Der Herr wollte mit diesen Worten das Dienstbewußtsein und den Mut der Jünger stärken. Wo die Wortverkündigung nach Gottes Befehl ausgerichtet wird, redet und w i r k t C h r i s t u s durch sie (Rö 15, 18). In ihrer Predigt wird Christus gehört und aufgenommen. Wer Seine Boten in ihrem Dienste verachtet, verachtet nicht Menschen, sondern Gott (1 Th 4, 8).

e) Die Rückkehr der siebzig Jünger.

Lk 10, 17—24

Nach der Rückkehr berichten die Siebzig mit Freuden über den Erfolg ihres Wirkens (Vers 17—20); aus dem Munde Jesu vernehmen die Zurückgekehrten eine ganz einzigartige Empfindung Seines Herzens über den Werdegang Seines Werkes (Vers 21—24). Die Freude der Jünger und die Freude des Herrn bilden den Kerngedanken des ganzen Berichtes.

Die Freude der siebzig Jünger.

Lk 10, 17—20

17 **Die Siebzig** (Zweiundsiebzig) **aber kehrten zurück mit Freuden und sagten: „Herr, auch die Dämonen sind uns in Deinem Namen**
18 **gehorsam!"** * **Er aber sprach: „Ich sah den Satan wie einen Blitz**
19 **vom Himmel fallen.** * **Siehe, Ich habe euch die Vollmacht gegeben, auf Schlangen und Skorpionen zu treten, und über alle Macht des Feindes, und keineswegs wird er euch irgendwie Schaden zufü-**
20 **gen.** * **Jedoch, darüber freut euch nicht, daß euch die Geister gehorchen, freut euch aber, daß eure Namen in den Himmeln eingeschrieben sind!"**

Zu Vers 18:
Jo 12, 31
Offb 12, 8. 9
Zu Vers 19:
Mk 16, 18
Ps 91, 13
Zu Vers 20:
2 Mo 32, 32
Phil 4, 3
Offb 3, 5

Dieser Abschnitt, der die Rückkehr der Siebzig berichtet, gehört zum Sondergut des Lukasevangeliums. Die zurückgekehrten Jünger berichten voller Freude, daß ihnen sogar die Dämonen gehorchen mußten, wenn sie ihnen in der Vollmacht Jesu entgegentraten. Es ist zu bedenken, daß Jesus den Jüngern mit dem Gebot, Kranke zu heilen, nicht die ausdrückliche Anweisung erteilte, Dämonen auszutreiben. Die Freude der Siebzig ist gut verständlich, weil den neun Aposteln damals der Versuch mißlang, den dämonischen Knaben zu heilen (Lk 9, 37 ff.).

Jesus mußte der Gefahr der Überschätzung ihrer persönlichen Vollmacht über die Dämonen entgegentreten. Diese Zurechtweisung geschah aus herzlicher Liebe zu Seinen Sendboten, daß auch nicht der geringste Tadel darin nachklingt. Mit denkwürdigen Worten sagt ihnen der Herr, daß Er Augenzeuge eines Satanssturzes aus dem Himmel gewesen ist. [2])

---

[2] Dieser wichtige Ausspruch des Heilandes hat eine sehr verschiedenartige Deutung erfahren.
1. Es wird vermutet, Jesus hätte den „Fall" Satans deswegen erwähnt, damit Seine Jünger nicht dem Hochmut verfielen, sondern in der Demut wandelten. In diesem Sinn erläutert Erasmus in seiner Paraphrase: „Jesus erzählte ihnen das Beispiel des Luzifer, welcher wegen Hochmut plötzlich aus dem ganzen Glück gestürzt wurde." Eine solche Warnung liegt unverkennbar in den Worten des Herrn.
2. Den Fall Satans nur als ein symbolisches Bild, als ein Schauen im Geist, oder als eine prophetische Vision zu deuten, ist vielleicht abzulehnen. Hier an ein symbolisches Bild zu denken, ist wegen der Vergangenheitsform „Ich sah" wohl nicht möglich.
3. Das „etheóroun = Ich sah" des Imperfekts wegen nur auf die Zeit der kurzen Wirksamkeit der Siebzig zu beschränken, dazu liegt kein Grund vor. Denn den Sturz Satans aus dem Himmel

Die Zusage, über Schlangen und Skorpionen zu wandeln und in Vollmacht über des Feindes ganze Streitmacht zu siegen, ohne Schaden zu leiden, ist eine Erinnerung an den 91. Psalm (vgl. Ps 91, 13). Dort wird neben Ottern und Löwen der Drache erwähnt, womit auch der Satan bezeichnet wird (Offb 12, 3. 9; 20, 2).

Die bisher errungenen Siege über den Satan und die Versicherung des Herrn von noch größeren Taten sind wertlos, wenn sie nicht das persönliche Heil zur Grundlage haben. Unvergleichlich wertvoller als der Besitz aller Gnadengaben ist die Gnade Gottes selbst, welche alle wahren Jünger des Herrn dadurch übermittelt bekommen, daß ihre **„Namen in das Buch des Lebens eingeschrieben sind"**. Der wichtige Gedanke von der Einschreibung in den Himmeln oder ins Lebensbuch wird in der Schrift oft betont (vgl. 2 Mo 32, 32; Ps 69, 29; 87, 6; 139, 16; Jes 4, 3; Dan 12, 1; Phil 4, 3; Offb 3, 5. 12; 13, 8; 20, 12. 15; 21, 27; 22, 18. 19; Hebr 12, 23); er ist der Grund der größten Freude und ein fester Beweis der persönlichen Heilsgewißheit.

Alles Heil und darum auch der tiefste Grund unserer Freude ruht nicht in unserem Wirken für Ihn, sondern in Gottes Wirken für uns, und zwar ganz allein, und ganz besonders, ganz allein in Seiner schon vor Grundlegung der Welt über uns ausgebreiteten göttlichen Erwählungsgnade.

Die Freude Jesu.

Lk 10, 21—24

Zu V. 21—22:
Mt 11, 25—27

21 In derselben (dieser) Stunde frohlockte Er im Heiligen Geiste und sprach: „Ich danke Dir, Vater, Herr des Himmels und der Erde, daß Du dieses vor Weisen und Verständigen verborgen hast, und hast dieses Unmündigen offenbart. Ja, Vater, so war es ein Wohl-
22 gefallen vor Dir. * Alles ist Mir übergeben von Meinem Vater, und keiner erkennt, wer der Sohn ist, außer allein der Vater, und wer der Vater ist, außer allein der Sohn, und wem es der Sohn

Zu Vers 23:
Mt 13, 16. 17
Zu Vers 24:
1 Pt 1, 10

23 offenbaren will." * Und Er wandte Sich zu Seinen Jüngern (oder zu den Jüngern allein) und sprach: „Glückselig die Augen, die da
24 sehen, was ihr seht! * Denn Ich sage euch, daß viele Propheten und Könige sehen wollten, was ihr seht, und haben es nicht gesehen, und hören, was ihr hört, und haben es nicht gehört."

Die hier von Lukas mitgeteilten Aussprüche Jesu berichtet auch Matthäus, nur nicht zusammenhängend, sondern an zwei verschiedenen

mit den Dämonenaustreibungen der Siebzig allein zusammen zu sehen, dürfte schwerlich richtig sein. Jesus hat ja auch, und zwar schon von Anfang Seines Wirkens an, Dämonen ausgetrieben.
4. Der Theologe Zahn sieht den Sturz Satans im Zusammenhang mit Jesu Sieg über den Teufel in der Versuchungsgeschichte und darüber hinaus mit Jesu Leiden, Sterben und Auferstehen verbunden, und endlich auch in gewissem Sinne proleptisch (als Voraussicht) hinsichtlich der endgültigen Ausstoßung Satans (Offb 12, 7—12).

Stellen (vgl. Lk 10, 21—22 mit Mt 11, 25—27; Lk 10, 23—24 mit Mt 13, 16—17). [3])

Wie köstlich hat hier Lukas Vers 21 die F r e u d e   i m   G e i s t des Herrn Jesus bei der Rückkehr der Siebzig geschildert. Die Erhabenheit dieser Freude wird noch umso mehr gefühlt, wenn man zur Freude Jesu die Freude der Siebzig daneben stellt. Sie freuen sich in dem Großen, Er in dem Guten, das zustande gebracht ist. Sie haben ihre Freude auf die äußere, Jesus die Seine auf die innere Welt gerichtet. Sie sind voll vom Erlebten, Jesus ist voll dankbarer Anbetung, indem Er die Ehre und Größe und Güte des Vaters preist!

In frohlockender Freude spricht Jesus ein Dankgebet und ein Bekenntnis aus, das uns einen tiefen Einblick in Sein Innerstes gewährt.

Der außerordentliche Charakter des Augenblicks im Leben Jesu geht, wie wir schon sagten, aus der genauen Bestimmung hervor: **In eben dieser Stunde,**   a l s   d i e   J ü n g e r   w i e d e r   z u   J e s u s   k a m e n und Ihm von ihren Erfahrungen berichteten. Diese unwissenden und einfachen Landleute, die bei den Mächtigen und Weisen Jerusalems als „das verfluchte Volk" (Jo 7, 49), als das „Erdgeschmeiß" galten (rabbinischer Ausdruck), sind also d i e   W e r k z e u g e, welche Gott Seinem Sohn gibt, um das Reich Satans auf Erden zu zerstören. Durch die geringsten Werkzeuge hat Gott die Absicht, Sein größtes Werk zu vollbringen. In dieser, den menschlichen Erwartungen so ganz entgegengesetzten unerwarteten Führung erkennt Jesus mit freudiger Anbetung die **Weisheit Seines Vaters.**

Das Evangelium steht nicht **unter,** sondern **über** dem Verständnis der in ihren eigenen Augen Weisen und Klugen.

Man mißbraucht jedoch das Wort des Herrn von den Kindern und Einfältigen, wenn man darin einen Freibrief für Dummheit und Beschränktheit, ein Verwerfungsurteil über Wissenschaft und echt christlichen Tiefsinn liest.

Der Herr bezeichnet den **Vater** als den **Herrn des Himmels und der Erde,** aber als den überall waltenden Regierer der Schöpfung, welcher auch die rühmenswerte Ordnung Seines geistlichen Reiches begründet hat, nach welcher sich die Ausbreitung Seines Königreiches vollzieht. Und diese Ordnung bleibt den Weisen und Verständigen verhüllt, den Unmündigen aber wird sie enthüllt. Es ist die göttliche Gnadenordnung, daß der Mensch nicht durch Leistung und Verdienst die Seligkeit erlangt, sondern durch das Gnadengeschenk des Glaubens an Christum allein.

---

[3] Die Einleitung beider Evangelisten lautet verschieden; bei Matthäus heißt es: „In jener Zeit antwortete Jesus und sprach"; (Mt 11, 25) Lukas schreibt: „In eben dieser Stunde frohlockte (13) Er im Heiligen Geiste und sprach" (Lk 10, 21). Die Aussage des Herrn, die bei Matthäus in einem anderen Zusammenhang steht, enthüllt durch die schlichtere Einleitungsformel eine Ergebung in den Ratschluß des Vaters, einen Trost, in welchem der Sohn vor dem Vater hinsichtlich des Gerichtszornes stille wird. Hier in Lk 10, 21 steht: **„eben diese Stunde"** in Verbindung mit der Rückkehr der Siebzig. Es war ein unvergeßlich feierlicher Augenblick.

Die **Unmündigen** oder, nach dem Hebräischen, die E i n f ä l t i g e n, die von allem Eigenen nichts wissen und wissen wollen, aber in Glaubenseinfalt das in Christo geschenkte Heil ergreifen, erlangen das Gnadengeschenk des ewigen Lebens.

Wie die Person Jesu das Z e n t r u m der Erschließung und Verschließung der Heilserkenntnis nach dem göttlichen Ratschluß bildet, so wird auch Gottes Heilsoffenbarung allein durch Ihn vermittelt. Die Erkenntnis des göttlichen Heilsrates ist von der Erkenntnis des Sohnes abhängig, der allein den Vater kennt und denen offenbart, welche Ihn als die Offenbarung des Vaters erkennen. Vgl. hier das zu Mt 11, 27 Gesagte in W. Stb. Matth.

Die von Matthäus und Lukas berichteten Worte Jesu klingen wie Aussprüche des Johannesevangeliums (vgl. Jo 1, 18; 3, 35; 6, 46; 10, 15; 14, 6. 9; 17, 2. 4). Damit ist ein erneuter Beweis gegeben, daß die Synoptiker und Johannes uns ein einheitliches Christusbild darstellen.

Die Worte des herrlichen Lobpreises Jesu vernahmen die zurückgekehrten Siebzig, die zwölf Apostel und Zuhörer aus dem Volke. Jesus wandte Sich nunmehr ausdrücklich an die Jünger. Es heißt in Vers 23: „Er wandte Sich zu den Jüngern allein." Die hier an die Jünger gerichteten Worte Jesu läßt Matthäus in fast wörtlicher Übereinstimmung im Anschluß an die Gleichnisreden folgen, wo die Erfüllung der jesajanischen Weissagung von der Verstockung des Volkes angekündigt wird (Mt 13, 16. 17).

Der Grund, daß Jesus Seine Jünger selig preist, ist, daß sie hören und sehen, was viele Könige und Propheten, nach Matthäus „viele Gerechte" sehnlichst begehrten, aber nicht gesehen und gehört haben. Ein sterbender Jakob wartete auf das Heil des Herrn (1 Mo 49, 18). Der greise Simeon schaute dieses Heil (Lk 2, 30). Abraham freute sich, da er den Tag Christi sah (Jo 8, 56). Ihr gläubiges Warten und Hoffen hatte das jetzt in Christo Erschienene zum Ziel (vgl. Hbr 11, 13. 16. 39). Alle Propheten sehnten sich nach der Zukunft Christi, von welcher sie weissagten (1 Pt 1, 10. 12).

Was die Propheten im einzelnen immer deutlicher in ihren Weissagungen darstellten, erschien in Christo in voller Herrlichkeit. Keiner der Väter und Propheten hätte sich Ihn so vorstellen können.

Es ist die fortgesetzte Freude des Herrn, daß Er die zu den Aposteln gesprochenen Worte (Mt 13, 16. 17) für die Siebzig wiederholt. Seine Seligpreisung enthält gleichsam eine Mahnung, daß sie I h n nicht allein sehen, sondern auch hören, was Er v o m V a t e r offenbaren will. Ihn, den Meister, sehen und hören ist besser und seliger als alles andere, was es auf Erden gibt. Was Er den Unmündigen enthüllt, ist Gegenstand der größten Freude.

4. Das Gleichnis vom barmherzigen Samariter.

Lk 10, 25—37

In starkem Kontrast zu den ungelehrten Jüngern, welche der Herr als die Empfänglichen so hoch rühmte, trat jetzt ein Gesetzeslehrer auf. Dieser Gesetzeskundige glich zwei anderen seinesgleichen (vgl. Mt 19, 16 ff.; 22, 35 ff.). Er wollte Jesus mit der Frage nach dem ewigen Leben auf die Probe stellen. Die Antwort des Herrn erschien dem Gesetzeslehrer zu einfach. Er glaubte das Gebot der Nächstenliebe nicht halten zu können, weil das Gesetz nicht klar sage, „w e r   d e r N ä c h s t e   i s t“. Jesus zeigt ihm durch das folgende Gleichnis, wie leicht der Nächste zu finden sei, wenn wahre Liebe vorhanden ist. Wo diese Liebe fehlt, hilft auch die korrekteste Definition (Begriffserklärung) „w a s   e i n   N ä c h s t e r   s e i“ nichts.

a) Jesu Unterredung mit dem Gesetzeslehrer.

Lk 10, 25—29

25 Und siehe, eine Gesetzeslehrer stand auf und versuchte Ihn und
26 sagte: „Was muß ich tun, um das ewige Leben zu ererben?“ * Er aber sprach zu Ihm: „Was steht im Gesetz geschrieben? Wie liesest
27 du?“ * Er aber antwortete und sprach: „Du sollst lieben den Herrn, deinen Gott, mit deinem ganzen Herzen und mit deiner ganzen Seele und mit deiner ganzen Kraft und mit deinem ganzen Den-
28 ken, und deinen Nächsten wie dich selbst!“ * Er sprach aber zu ihm:
29 „Richtig hast du geantwortet; dieses tu, und du wirst leben!“ * Er aber, weil er sich selbst rechtfertigen wollte, sprach zu Jesu: „Und wer ist mein Nächster?“

W. Stb. Matth.
S. 300
W. Stb. Mark.
S. 212
Zu V. 25—28:
Mt 22, 35—40
Mk 12, 28—34
Zu Vers 25:
Lk 18, 18—20
Zu Vers 27:
5 Mo 6, 5
3 Mo 19, 18
Zu Vers 28:
3 Mo 18, 5
Mt 19, 17

Der Gesetzeslehrer, der plötzlich auf der Bildfläche erschien, gehörte wohl sachlich zu den Schriftgelehrten. Er unterschied sich sicherlich von den Pharisäern (vgl. Lk 11, 44. 45) mehr durch das Halten des Buchstabens des mosaischen Gesetzes. Wenn jener Gesetzeskundige Jesus mit seiner Frage a u f   d i e   P r o b e   s t e l l t e, so erhoffte er im stillen wohl eine Antwort zu bekommen, die dem Gesetze Moses widersprechen würde. Dann war ein Anlaß gefunden, Jesus der Nichtbeachtung des Gesetzes zu beschuldigen. Seine Frage entsprang also einer ganz anderen Quelle als die des reichen Jünglings (vgl. Mt 19, 15 ff.; Mk 10, 17 ff.; Lk 18, 18—23). Das dadurch veranlaßte Gespräch nimmt darum trotz der inhaltlich gleichen Frage einen gänzlich anderen Verlauf.

Jesu Freude über das Glück Seiner Jünger, das sich Propheten und Könige ersehnt hatten, waren fremde Klänge für das Ohr des Gesetzeslehrers, weil er alle Hoffnung für das Heil Gottes in dieser und in der künftigen Welt sich von der Erfüllung des Gesetzes abhängig dachte. Er setzte voraus, auch Jesus müsse menschliche Leistungen als unerläßliche Bedingungen zur Erlangung des ewigen Lebens anerkennen. Weil der Herr und Seine Jünger es mit den rabbinischen

Satzungen nicht so genau nahmen, konnten die Forderungen des Gesetzes nach seiner Ansicht nicht die Bedingungen für das ewige Leben sein. Die genaue Befolgung der Gesetzesvorschriften machte ernstdenkenden Menschen so große Schwierigkeiten, daß sie nie zur wirklichen Freude gelangen konnten. Aus diesem Grunde fragte der Rabbi den Herrn, was der Mensch t u n müsse, um das ewige Leben zu erben. Wenn Jesus antworten würde, es bedürfe keiner menschlichen Leistung, oder wenn der Herr andere Forderungen als die des Gesetzes aufstellen würde, so wäre Jesus in beiden Fällen der Ketzerei überführt. Der Zweck der Versuchung oder der Probe des Fragestellers wäre dann erreicht gewesen.

Der Gesetzeskundige wird erstaunt gewesen sein, als Jesus ihn auf das **Gesetz** hinwies, dessen Lehrer und Wächter er, der Gesetzeslehrer, war. **„Was steht im Gesetz geschrieben, wie liesest du?"** Die Antwort, die der Gesetzeslehrer dem Gesetz entnimmt, enthält die gleiche Zusammenstellung des Gebotes der Gottesliebe aus 5 Mo 6, 5 mit dem der Nächstenliebe aus 3 Mo 19, 18, welche Jesus an anderer Stelle (Mt 22, 37 ff.; Mk 12, 29 f.) als das größte Gebot des Gesetzes erklärt.

Die Verbindung jener beiden Gesetzesstellen als die Summe des ganzen Gesetzes war in dieser Art neu, jedenfalls nicht allgemein geläufig, wie aus der Verwunderung eines anderen Fragestellers hervorgeht (vgl. Mk 12, 32), der diese Antwort von Jesus hörte. Es ist nichts darüber berichtet, wie der Gesetzeslehrer diese Antwort gefunden hat. Jedenfalls zeigt seine Antwort, daß er den Kern des Gesetzes erfaßt hatte. In der alttestamentlichen Stelle (5 Mo 6, 5) ist von drei Grundorganen des Menschen die Rede: vom Herzen, von der Seele und von der Kraft; Lukas fügt nach der Septuaginta noch „mit deinem ganzen Denken" hinzu. Das **Herz**, der Zentralherd des menschlichen Lebens, muß Gott völlig hingegeben sein. Die **Seele**, das Ich, soll sich so in den Dienst Gottes stellen, daß alle Regungen von Gottes Geist regiert werden. Die **Kraft** oder der ganze Wille soll Gott zu Gebote stehen; endlich über den **Verstand** oder das Denken, das intellektuelle Vermögen, muß Gott ganz verfügen können.

Ein Leben der Liebe geht vom Herzen aus, es verwirklicht sich durch die drei genannten Tätigkeitsformen. So kommt durch diese viergliedrige Zusammenstellung eine totale Hingabe an Gott zum Ausdruck. Das zweite der größten Gebote im Gesetz, nämlich die **Nächstenliebe,** kann nur in Verbindung mit der Gottesliebe erfüllt werden. Nur ein Mensch, der von der Gottesliebe beherrscht wird, ist in der Lage, frei vom Egoismus das Ich des Nächsten so hoch einzuschätzen wie sein eigenes Ich.

Nachdem der Gesetzeslehrer seine genaue Kenntnis des Gesetzes unter Beweis gestellt hatte, war Jesus in der Lage, ihm in Übereinstimmung mit dem Gesetz eine stichhaltige Antwort auf seine Frage zu geben, was zu tun sei, um das ewige Leben zu erben. Es geschah mit den Worten: „**Richtig hast du geantwortet, dies tu, und du wirst leben!**" Der Versuch, den Herrn mit dem Gesetz in einen Widerspruch zu verwickeln, war gescheitert.

Der Gesetzeslehrer fühlte selbst das Beschämende aus der Erledigung seiner Frage heraus. Er brach darum das Gespräch nicht ab. Die Bemerkung, „daß er sich selbst rechtfertigen wollte", begründet, warum die Unterredung mit Jesus von ihm fortgesetzt wurde. Um den Verdacht, als erfülle er nicht die **Summe des Gesetzes**, zu entkräften, fragt er nach der Bedeutung und Begrenzung des Begriffes „**Nächster**" durch seine schlagfertige Frage: „Wer ist Nächster für mich?" Er fragt nicht: „Was muß ich tun, um so zu lieben?" sondern er wünscht eine Erklärung, was denkmäßig unter den Begriff des Nächsten falle.

Durch die pharisäischen Satzungen und die Auslegungen der Väter wurde das Gebot der **Nächstenliebe** ausschließlich auf I s r a e l i t e n bezogen und auf persönliche Freunde beschränkt (vgl. Mt 5, 43). N i c h t j u d e n wurden von den Juden als Gottes F e i n d e gehaßt. Sie durften nicht als „Nächste" angesehen werden. Was nun unter den Begriff **Nächster** fällt, zeigt Jesus in der Erzählung vom barmherzigen Samariter.

b) Der barmherzige Samariter.

Lk 10, 30—35

30 **Jesus aber, indem Er** (das Wort des Gesetzeslehrers) **aufnahm, sprach: „Ein Mensch ging von Jerusalem hinab nach Jericho und fiel unter Räuber. Und nachdem sie ihn entkleidet und geschlagen**
31 **hatten, gingen sie weg und ließen ihn halbtot liegen.** * **Es traf sich aber, daß ein Priester jenen Weg hinabging, und als er ihn sah,**
32 **ging er vorüber.** * **In gleicher Weise kam aber auch ein Levit an**
33 **den Ort, und da er ihn sah, ging er vorüber.** * **Ein Samariter aber, der da reiste, ging auf ihn zu, und als er ihn sah, jammerte es ihn.** *
34 **Er trat hinzu und verband seine Wunden, goß Öl und Wein darauf. Er ließ ihn aber auf seinem eigenen Lasttier sitzen, führte**
35 **ihn in eine Herberge und kümmerte sich um ihn.** * **Als er am Morgen sich entfernte, gab er dem Gastwirt zwei Denare** (das sind zwei Tagelöhne des jüdischen Arbeiters) **und sprach: ,Sei um ihn besorgt! Und das, was du noch aufwendest, bezahle ich dir, wenn ich zurückkomme'."**

Jesus nahm die Unterredung mit dem Gesetzesgelehrten wieder auf. Mit Nachdruck gibt die folgende Erzählung eine Antwort auf die Frage des Gesetzeslehrers, wer der Nächste ist. Der Herr illustriert Seine Erklärung durch ein anschauliches und praktisches Beispiel. Er erzählt, **ein Mensch,** Nation und Religion werden nicht genannt, ging von Jerusalem nach Jericho hinab. — Zu bemerken und zu bedenken wäre zwar hier hinsichtlich der Nationalität noch folgendes: Die Nationalität des von den Räubern Überfallenen ist zwar im Blick auf die Beantwortung der vom Schriftgelehrten gestellten Frage nebensächlich. Der Kontrast zwischen dem Verhalten des Samariters und der beiden vor ihm den Ort des Überfalls berührenden Reisenden wird aber schärfer, wenn man darauf hinweist, daß der Zerschlagene tatsächlich J u d e gewesen sein m u ß. Dies geht indirekt aus der Gleichniserzählung hervor. Der Inhaber der Herberge war sicher ein Jude; sonst wäre kein vorbeireisender Jude bei ihm eingekehrt; und der Überfallene war auch Jude, sonst hätte er die Zumutung des Samariters, ihn zu pflegen, abgelehnt.

Die beiden hier genannten Städte Jerusalem und Jericho liegen etwa sieben Stunden auseinander. Der Weg von Jerusalem nach Jericho führte durch die gefürchtete felsige Wüste Juda. Diese Gegend war ihrer Unsicherheit wegen übel berüchtigt. Auf diesem Wege widerfuhr dem Mann, daß er unter Räuber fiel, entkleidet und blutig geschlagen und zuletzt halbtot liegen gelassen wurde. Der Unglückliche war so in der einsamen Wüste dem sicheren Tode preisgegeben, denn das rechtzeitige Eintreffen eines anderen Reisenden konnte wegen der Gefahren des Weges nicht erwartet werden. Wenn aber trotzdem ein Wanderer den gleichen Weg ging, dann war dies etwas Unerwartetes.

Das Unerwartete trat ein. Ein Priester ging denselben Weg nach Jericho hinab. Als er an die Unglücksstelle kam, zeichnet ihn Jesus wie folgt: **„Und da er ihn sah, ging er an der anderen Seite vorüber"**. Diese genaue Ausdrucksweise des Urtextes läßt die Unbarmherzigkeit des Priesters in ihrer Grausamkeit und Härte erkennen. Der Levit offenbarte das gleiche herzlose und unfaßliche Verhalten. Beide, der Priester und der Levit, gingen bei dem Ansichtigwerden des Unglücklichen auf der anderen Seite des Weges, wo der Unglückliche lag, unbarmherzig vorbei.

Vergegenwärtigen wir uns noch einmal im Zusammenhang recht anschaulich die entsetzliche Situation des unter die Räuber Gefallenen. Da liegt er halbtot und halbnackt im heißen Sande. Die Wunden brennen und schmerzen in der Hitze. Kein Wasser ist in der Nähe, das zur Kühlung der Wunden dargereicht werden könnte. Wenn keine Hilfe kommt, muß er elend umkommen. Da hört er Tritte. Er richtet sich etwas empor, und ein Hoffnungsstrahl leuchtet auf seinem Gesicht. Warum? Ein **Priester** kommt.

Da aber, o Schreck, er wagt es nicht auszudenken, der Priester geht vorüber, weicht nach der entgegengesetzten Seite des Weges aus. Ein schmerzliches Gefühl bitterster Enttäuschung zieht durch seine Seele. Von einem Priester hätte er solch eine Nichtbeachtung der göttlichen Gebote und seiner Not am wenigsten erwartet. Verzweifelt und erschöpft sinkt er in den Sand zurück. Die Wunden brennen aufs neue.

Eine geraume Zeit vergeht. Da hört er wieder Tritte. Er faßt neuen Mut, da er sieht, daß es ein Levit ist, der auch die Gebote Gottes kennt. Aber neue Enttäuschung verwundet das Herz des Unglücklichen. Kalt geht auch dieser vorüber.

Jesus gibt für das Verhalten des Priesters und des Leviten keinerlei nähere Gründe an. Die Auslegung hat als Vermutung gesagt: Vielleicht, sah der Priester in dem Geschick des Verwundeten ein Gottesgericht (!). Solche Härte wäre bei der Starrheit des Vergeltungsdogmas nicht verwunderlich. Oder er fürchtete, der Verwundete könne ihm unter den Händen sterben und ihn so levitisch unrein machen? Dann hätte er auch noch die Pflicht der Beerdigung gehabt, was noch mehr Zeit beansprucht hätte. Schließlich erwägen vielleicht der Priester und der Levit die rabbinische Frage, ob es nicht Ausnahmefälle beim Gebot der Nächstenliebe gebe, z. B. bei ernsthafter eigener Lebensgefahr. Die Räuber könnten ja aus irgend einem Versteck plötzlich herausbrechen, um auch den Priester und Levit zu berauben und zu schlagen! Bin ich in solch einem Fall dann nicht mir selbst der Nächste? Träfen diese Erwägungen zu, so wäre das Verhalten des Priesters und Leviten ein Beispiel mehr dafür, daß man infolge sklavischer Bindung an menschliche Lehrmeinungen und Traditionen das einfache Gebot Gottes übertreten kann (s. Mt 15, 6).

Wir kehren zur Gleichniserzählung zurück. Noch einmal hört der Verwundete Tritte. Aber Hoffnung zieht nicht in sein Herz. Denn, der da kommt, ist ein Samariter. Und der Samariter ist der schlimmste Feind des Juden. Mit Betonung steht der Ausdruck „Samariter" an der Spitze des Satzes. Ein halbheidnischer, völlig fremder Mann. Aber siehe da, „der Samariter, als er ihn sah, jammerte ihn des Unglücklichen, und er ging hin zu ihm, verband seine Wunden, goß Öl und Wein darin und hob ihn auf sein Tier und führte ihn zur Herberge und pflegte sein".

Im Verhalten des Samariters ist vorbildlich, daß er a l l e s tut, was in jener Situation n ö t i g war; seine Hilfe ist sachliche, gründliche Hilfe aus männlichem, tatkräftigem Erbarmen, nicht aus bloßer Rührseligkeit heraus. Wein war dem Öl beigemischt, um die Wunde zu desinfizieren. Der Priester und der Levit hatten ihr Herz unbarmherzig verschlossen. Der Samariter aber hatte sein barmherziges Herz aufgeschlossen und die Liebe zum Nächsten praktiziert.

Der Samariter, die Hauptperson des Gleichnisses, pflegte den Unglücklichen weiter; er ist um ihn besorgt. Am anderen Morgen, als der Samariter seine unterbrochene Reise fortsetzen wollte, hörte er nicht auf, noch fernerhin für den Unglücklichen zu sorgen. Dem Gastwirt gab er eine Anzahlung in Höhe von zwei Denaren = 1. 40 Mark, das sind zwei Tagelohnzahlungen für einen Arbeiter, für die Pflege des Kranken und verbürgt sich, sämtliche Pflegekosten nach seiner Rückkehr zu entrichten. Damit ist die Lehrerzählung zu Ende, welche Jesus auf die Frage: „Wer ist mir ein Nächster?" dem Gesetzeslehrer vortrug.

c) Die Nutzanwendung des Gleichnisses.

Lk 10, 36—37

36 „Wer von diesen dreien dünkt dich ein Nächster von dem gewor-
37 den zu sein, der unter die Räuber fiel?" * Er aber sprach: „Der die
Barmherzigkeit an ihm tat." Jesus aber sprach zu ihm: „Gehe hin,
tu auch du gleicherweise!"

Die Frage des Gesetzeslehrers, die den Herrn veranlaßte, ihm das
Gleichnis zu erzählen, wurde nicht ohne Absicht umgestellt. Jesus
fragte nicht: „Wessen Nächster war der Halbtote?" sondern: „Welcher
von den dreien war der Nächste dem Unglücklichen?" Das soll heißen,
wer unter den Dreien hat erkannt, daß er des Elenden nächster Helfer
war, also der Nächste war, von dem das Gebot spricht. Es ist, als
wollte Jesus sagen: „Grüble nicht lange der rabbinischen Wortklau-
berei nach! Gib acht, wenn du einen Armen findest, dem du besser
als jeder andere helfen kannst! Begegnet dir ein solcher, dann sei du
ihm sein Nächster und hilf, ganz gleichgültig, ob der andere ein Heide,
ein Zöllner und Sünder, oder gar ein Samariter ist."

Der Samariter war des Elenden Nächster, das mußte der Rabbiner
zugeben. Um den Samariternamen nicht nennen zu müssen, gebraucht
der Gesetzeslehrer die Umschreibung: „Der die Barmherzigkeit an ihm
tat."

Auf diese Worte gründet Jesus Seine Weisung für den Gesetzeslehrer: „Geh hin und tu gleicherweise!" Der Herr fügt nicht wie in
Vers 28 hinzu: „So wirst du leben!" Denn die Wohltätigkeit macht
nicht selig. Der unverkürzte Inhalt dieser Anweisung Jesu ist nach
dem Zusammenhang: „Übe in gleicher Weise Barmherzigkeit an dem
Elenden, wer er auch immer sei, dann bist du ihm der ‚Nächste' geworden." Mit anderen Worten: Nicht der Hilfsbedürftige als solcher
ist der Nächste, sondern: ich habe jedem Hilfsbedürftigen, wer er auch
immer sei, ob Feind oder Freund, der Nächste zu sein. d. h. d e r zu
sein, der dem anderen sofort mit der Hilfe zu nahen hat.

Wir fassen zusammen: Jesus will in diesem Gleichnis n i c h t s
darüber aussagen, ob der Samariter d u r c h s e i n e l i e b e v o l l e
G e s i n n u n g und d u r c h s e i n e W o h l t ä t i g k e i t das H e i l
e r l a n g e n w ü r d e. Nein — hier steht zur Debatte e i n z i g u n d
a l l e i n d i e F r a g e, die der Gesetzeslehrer spontan neu gestellt
hatte. Es war die Frage n a c h d e m S i n n d e s W o r t e s: „Nächster".
Das Gleichnis bezieht sich n u r a u f d i e s e s W o r t. Jesus zeigt dem
Gesetzeslehrer, daß ein aufrichtiger Mensch diese von ihm als so
schwierig bezeichnete Frage löst, ehe er sie sich nur gestellt hat. Der
unwissende Samariter besaß von selbst (Rö 2, 14) das Wissen, das die
Rabbiner nicht gefunden oder in ihren theologischen Grübeleien verloren hatten, oder nicht finden wollten. Das liebeleere Herz fragt:
„W e r i s t m e i n N ä c h s t e r ?", das liebevolle Herz spricht und handelt nach der Überlegung: „W e m k a n n i c h d e r N ä c h s t e, d. h.
d e r H e l f e n d e s e i n ?"

Das Gleichnis vom barmherzigen Samariter ist von manchen Erklärern allegorisch gedeutet worden. Hiernach ist Christus der Samariter, der unter die Räuber Gefallene sind die im Elend der Sünde und des Todes liegenden Menschen. Christus hat Sich als der große Samariter der Menschen angenommen. Dieser Gedanke, so treffend und wahr er ist, darf aber nicht bis in alle Einzelheiten allegorisch durchgeführt werden; z. B. zu sagen: Jerusalem ist das Paradies; die Räuber sind der Teufel und seine bösen Engel; Priester und Levit sind das Gesetz und die Propheten; die Herberge ist die Kirche; die beiden Groschen (Denare) sind Taufe und Abendmahl. Es ist einleuchtend, daß nach dem Wortlaut der Erzählung und nach dem Zusammenhang für eine solche bis ins einzelne gehende Auslegung keine Berechtigung vorliegt.

5. Die Schwestern Martha und Maria.

Lk 10, 38—42

Lukas hat hier eine der schönsten Geschichten im Sondergut seines Evangeliums niedergeschrieben. Sie gewährt einen Einblick in Jesu tägliches Leben. Zwei charakterlich verschiedenartige Frauen, die Jesus lieben, werden vorgeführt. Martha ist eifrig und emsig bemüht, dem Herrn äußerlich zu dienen. Maria dient Ihm auch, indem sie sich aber von Ihm dienen läßt.

Es ist überraschend, die Schilderung dieses Schwesternpaares Martha und Maria in einer so friedlichen, unaussprechlich glücklichen Stunde mit der Schilderung derselben Frauen an dem Tag des Schmerzes und der Trauer (Joh 11) zu vergleichen. Martha, in beiden Lagen beschäftigt und nach außen gekehrt, Maria, in beiden gesammelt und in sich gekehrt. Daß es sich um keine Kopie handelt, ergibt sich aus dem völligen Stillschweigen des Lukas in betreff des Lazarus.

38 Indem sie aber fortgingen, kam Er in ein Dorf. Eine Frau aber
39 namens Martha nahm ihn auf in ihr Haus. * Und dort war eine Schwester, die Maria hieß; die setzte sich zu den Füßen des Herrn
40 nieder und hörte Sein Wort. * Martha aber wurde abgelenkt durch vielen Dienst. Da trat sie herzu und sprach: „Herr, macht es Dir keine Sorge, daß meine Schwester mich allein zum Dienst zurück-
41 läßt? Sprich doch zu ihr, daß sie Hand mit mir anlege!" * Der Herr aber antwortete und sprach zu ihr: „Martha, Martha, du sorgst
42 und beunruhigst dich um vieles. * Wenig aber ist not, aber doch nur Eines! Maria hat das gute Teil erwählt, welches ihr nicht weggenommen wird."

Zu Vers 38:
Jo 11, 1;
12, 2. 3

Zu Vers 42:
Mt 6, 33

Jesus befand Sich auf der nach Lk 9, 51 angefangenen Wanderung, was aus den Eingangsworten: **Indem sie aber hingingen,** hervorgeht. Es besteht kein Zweifel darüber, daß Bethanien das Dorf war, in welchem Jesus freundliche Aufnahme fand (Jo 11, 2). Wenn es heißt: **Er kam in ein Dorf,** so bedeutet das nicht, daß Jesus allein war, sondern daß Begleiter, wenigstens Sein engster Jüngerkreis, Ihn umgaben. Aus diesem Umstand erklärt sich, daß Martha viele Dienstleistungen zu verrichten hatte.

Im Hause der Martha wohnte auch Maria, ihre Schwester, und ihr Bruder Lazarus.

Die beiden Schwestern, die den Herrn liebten, waren bemüht, ihrem Gast ihre Freude und Liebe zu bekunden. Jesus legte Sich zu Tisch und tat Seinen Mund zum Reden auf. Die Worte des Textes: **Und da sie** (Maria) **sich zu Jesu Füßen setzte,** lassen vielleicht erkennen, daß Maria dem Herrn zuerst auch gedient hatte, hernach aber den Worten Jesu zuhörte, und sich, um besser hören zu können, zu Seinen Füßen niedersetzte.

So völlig und ausschließlich Maria Jesu Worte hörte, war Martha von den Geschäften der Bedienung und Aufwartung derart in Anspruch genommen, daß sie nicht auf des Herrn Worte hören konnte. In der Meinung, ihr Tun und Mühen sei allein berechtigt, trat Martha an den Herrn heran und sagte: „**Herr, macht es Dir keine Sorge, daß meine Schwester mich allein zum Dienst zurückläßt?**" Das Verhalten der Martha zeigt sich unbillig darin, daß sie in der Unstimmigkeit mit ihrer Schwester den Herrn als Bundesgenossen für sich gewinnen will. Jesu Warnung und Rüge wird besonders eindringlich durch die Doppelanrede an Martha (vgl. Lk 7, 14; 22, 31; Apg 9, 4; 22, 7). Die Wiederholung ihres Namens sollte sie sanft und fest von ihrer Zerstreutheit zu sich selbst zurückführen. Ihr Bemüht- und Beunruhigtsein um vieles kommt stark in den Worten des Herrn zum Ausdruck.

Das Verhalten der Maria, die mit voller Hingabe den Worten Jesu lauschte, bezeichnet der Herr als die Erwählung des guten Teiles, das ihr nicht entrissen wird. Ihr Sitzen zu Jesu Füßen, um Sein Wort zu hören, ist nach des Herrn Urteil nicht allein berechtigt, sondern Martha sollte es auch nicht tadeln. Das erwählte Teil der Maria ist im Unterschied zu dem, was Martha tat, das **Einzige,** ja **Notwendige** und sogar das G e b o t e n e. Wenn Jesus in einem Hause als Gast einkehrt, sollen die Hausbewohner das Hören Seiner Worte als das Höchste und Wichtigste ansehen. Darin besteht das Heil, das der Herr einem Hause bringen will; es ist darum das Eine, das Notwendige.

Die hier berichtete Erzählung von Martha und Maria kann zu sehr unrichtigen Folgerungen führen. Es ist z. B. falsch, Martha als Typus einer irdisch gesinnten Frau, Maria aber als eine himmlisch gesinnte Jüngerin Jesu anzusehen. Beide Frauen waren Freundinnen und Jüngerinnen des Herrn, deren Freude es war, dem Herrn nach ihrem besten Vermögen zu dienen. In Jo 11, 5 steht: „Jesus aber hatte Martha lieb und auch ihre Schwester und Lazarus". Martha steht zuerst. Martha war der Ansicht, dem Herrn am besten mit einer ausgezeichneten Bewirtung zu dienen; Maria hörte dagegen heilsverlangend auf die Worte Seines Mundes. Martha wollte dem Herrn viel geben; Maria hatte Verlangen, viel von Ihm zu empfangen. Bei Martha steht die Produktivität, bei Maria die Rezeptivität im Vordergrund. Jede der beiden Frauen hatte ihre besondere Aufgabe und Gnadengabe. Martha, welche ihre Liebe durch eine ausgesuchte Bewirtung beweisen wollte, wurde nicht vom Herrn getadelt, sondern e r m a h n t, bei allem Diensteifer nicht das Höchste zu vergessen, das Maria erwählt hatte.

Martha ist nicht der Typus irdisch gesinnter Weltleute, sondern sie charakterisiert das Wesen vieler Christen, die rastlos für des Herrn Sache tätig sind, aber den persönlichen Besitz des Herrn darüber vergessen. Maria steht als Symbol der Glücklichen vor uns, die Ruhe in Ihm fand. Beide Wesensarten müssen im Glauben geheiligt werden.

Der Martha-Charakter verfällt leicht dem Extrem der rastlosen Tätigkeit für den Herrn im Sinne der Leistung und der Werkheiligkeit, die Maria-Natur dem Extrem des Quietismus, d. h. tatenlos mystisch gearteter Frömmigkeit. Im Reiche Gottes haben die beiden Wesensarten ihren Wert. Der Eifer der Martha und die Andachtsruhe der Maria können, wenn sie vereinigt werden, die Harmonie der gläubigen Gemeinde zum Guten fördern. [4])

6. Das Gebet.
Lk 11, 1—13

Lukas läßt hier drei kurze Abschnitte folgen, die eine Belehrung über das Gebet enthalten [1]).

a) Der Anlaß zur Unterweisung im Gebet.
Lk 11, 1

1 Als Jesus an einem Orte war, betete Er. Als Er damit aufgehört hatte, sprach einer Seiner Jünger zu Ihm: „Herr, lehre uns beten, gleichwie auch Johannes seine Jünger lehrte!"

W. Stb. Matth. S. 72 f.
Zu Vers 2—4: Mt 6, 9—13

Der Herr versäumt nicht, während Er weiterreist, immer wieder die Stille des Gebets aufzusuchen. Wichtige Abschnitte Seines Lebens waren für Jesus besondere Anlässe, mit Seinem himmlischen Vater zu reden.

Er begnügte Sich nicht mit der beständigen Richtung des Herzens zum Vater, auf die man häufig die Gebetspflicht reduzieren will. Es fanden in Jesu Leben regelmäßig bestimmte Gebetszeiten statt. Das geht hier aus Vers 1 hervor: **Als Er aufgehört hatte, zu beten.** Infolge

Jakob Kroeker sagt in seinem wertvollen Büchlein: „Der verborgene Umgang mit Gott": „Maria hatte ein feines Gemerk dafür, wann es Zeit zum Ruhen und wann es Zeit zum Dienen war. Daher ruhte sie, während andere dienten, und sie diente, während andere kritisierten. Was Jesus bei Martha tadelte, war nicht, daß sie überhaupt diente, sondern daß sie jetzt diente. Sie hatte nicht die Augenblicke erkannt, wo Er ihr dienen wollte. Jesus sah, wie sie unter der Fülle ihrer Arbeit jene Augenblicke versäumte, wo Er bereit war, Kraft ihrem Leben zu verleihen.

In uns selbst sind wir keine lebendige Quelle, die immer frisches Wasser zu geben vermag, sondern wir sind nur Kanäle jener einen Quelle, die Christus ist. Wer in der Stille sich füllen läßt, wird im Geräusch des Tages zu geben haben."
[1] Im Anschluß an die Szene im Hause der Martha folgt die Unterweisung über das rechte Beten. Die stille Andacht dort hängt mit dem Gebete engstens zusammen.

einer dieser Gebetszeiten, die wohl für Seine Umgebung immer das Zeichen zur andächtigen Sammlung waren, erbat sich ein Jünger eine besondere Anweisung für das Gebet.

Die Bitte dieses Jüngers lautet: „Herr, lehre uns beten, wie auch Johannes seine Jünger es gelehrt hat!" Was Johannes seinen Jüngern über das Gebet gesagt hat, wissen wir nicht.

Aufgrund dieser Stelle hat die spätere Tradition einige Gebete des Johannes erdichtet, denen aber kein besonderer Wert beizumessen ist.

Der Herr versagte den Jüngern ihre Bitte nicht und gab ihnen das große, unendlich tiefe Gebet, welches das unschätzbare Kleinod der Gemeinde der Gläubigen für alle Zeiten geworden ist.

W. Stb. Matth.
S. 72ff.

b) Das Vorbild des Gebetes.

Lk 11, 2—4

Zu Vers 2—4:
Mt 6, 9—13

2 Er sprach aber zu ihnen: „Wenn ihr betet, dann sprecht: ‚Vater, 3 geheiligt werde Dein Name! Es komme Dein Königreich! * Das zum 4 Leben nötige Brot gib uns täglich! * Vergib uns unsere Sünden, denn auch wir selbst vergeben jedem, der uns Schuldner ist; und führe uns nicht in Versuchung hinein!' "

Durch die teilweise Wiederholung des schon vor längerer Zeit gesprochenen Gebets in der Bergpredigt (Mt 6, 9—13) will Jesus sagen: Wenn ihr nach Worten für euer Gebet sucht, dann sprecht mit diesen Worten! Der Geist des Gebets gibt ohne Zweifel auch neue eigene Worte, was aber das Bedürfnis nicht aufhebt, sich an das von Jesus gegebene Gebets-Vorbild zu halten. 2)

Auffällig ist die kürzere Fassung dieses „Unser-Vater-Gebetes" bei Lukas. Diese kürzere Fassung des „Unser-Vater-Gebetes" besteht im Urtext in der Auslassung der dritten und siebten Bitte, also im Weglassen von „Dein Wille geschehe" und „sondern erlöse uns von dem Bösen".

Das von Jesus gelehrte Gebet beginnt nach Lukas im Urtext mit der schlichten Anrufung Gottes und dem Wunsche: „Vater, geheiligt werde Dein Name!"

Das Fehlen des besitzanzeigenden Fürwortes „unser" im Grundtext des Lukas bedeutet erstens eine stärkere Betonung des **Vater**namens.

---

2 Es ist zunächst zu beachten, daß bei Matthäus das „Unser-Vater-Gebet" in der Bergpredigt steht; Lukas berichtet es dagegen aus einer späteren Zeit des Lebens Jesu, es hat bei ihm seine Stelle im Reisebericht. Diese Tatsache hat zu mancherlei Vermutungen geführt. Der erste Synoptiker soll hierbei unchronologisch das aus einer späteren Zeit gesprochene Gebet mit der Bergrede des Herrn verschmolzen haben. Lukas habe dagegen dieses Gebet der Zeitfolge nach richtig eingeordnet.
Die Schwierigkeit dieser Fragen ist wohl am besten dadurch behoben, wenn eine „Wiederholung" des gleichen Gebets angenommen wird. „Herr, lehre uns beten!", das war die Bitte des Jüngers. Jesus spricht ihnen nun jenes „Unser-Vater-Gebet" nochmals vor, nicht weil die Jünger das ausdrücklich wünschten, sondern weil Er das „Unser-Vater-Gebet" für das richtige ansah.

Es erinnert an den aramäischen Vaternamen „Abba" = „der Vater", welcher griechisch mit „pater" = „Vater", oder mit „ho pater" = „der Vater" übersetzt wird. Wie Jesus Seinen Vater „Abba" nannte (Mk 14, 36), so bedienten sich auch aramäisch und griechisch redende Christen dieser Gebetsanrede (vgl. Rö 8, 15; Gal 4, 6).

Durch das Wort „U n s e r" in „Unser Vater" bei Matthäus weitet sich der Blick über das eigne stille Gebets- und Herzenskämmerlein hinaus zur Christus-Gemeinde, die auf dem ganzen Erdenrund sich ausbreitet. Das Gebet im „Verborgenen" wird damit zum Gebet, „das die Welt umspannt". — (Vgl. W. Stb. Matth. S. 73).

Bei Lukas ist im Grundtext aber das „unser Vater" nicht nur um das „u n s e r" gekürzt, sondern auch um das „d e r D u b i s t i n d e n H i m m e l n". Die vollere Form der echt jüdischen Redeweise: „der Vater i n d e n H i m m e l n" findet sich außerhalb des Matthäusevangeliums nur vereinzelt (vgL Mt 11, 25; Lk 11, 13).

Unter den fünf Bitten, die das Gebet des Herrn nach dem Grundtext bei Lukas enthält, beziehen sich zwei unmittelbar auf die Sache Gottes, und die stehen vornan, und drei auf die Bedürfnisse der Menschen, die nehmen die zweite Stelle ein. Dieser der Sache Gottes gegebene absolute Vorrang schließt bei dem Betenden eine solche Ichverleugnung, eine solche Liebe und einen Eifer für Gott und Seine Sache ein, die dem Menschen von Haus aus nicht eigen sind und das Herz eines wirklichen Kindes Gottes, eines Wiedergeborenen, voraussetzen muß, dem, wie dem Herrn Selber, die Angelegenheiten des himmlischen Vaters am wichtigsten sind. Erst dann, wenn der Wiedergeborene so sich selbst ganz und gar in Gott verloren hat, kommt er auf sich zurück, aber nicht auf sich allein, sondern als Glied der Gottesfamilie. Nachdem er bis jetzt **Du** gesagt hat, also: „**Dein** Name werde geheiligt — **Dein** Königreich komme!" fährt er nun fort mit „wir". Der brüderliche Sinn tritt so im zweiten Teil seines Gebets als Ergänzung des K i n d e s bewußtseins dem himmlischen Vater gegenüber auf, der den ersten Teil des Gebets bestimmt hatte. Die b r ü d e r l i c h e Fürbitte fließt mit der persönlichen K i n d e s - Bitte zusammen.

E r s t e B i t t e : „**Dein Name werde geheiligt!**" Der Name Gottes bezeichnet das Wesen Gottes und ist an Sich Selbst heilig. Er bleibt heilig, auch wenn Millionen Menschen als Gotteslästerer den Himmel stürmen wollten.

Aber die Gemeinde der Gläubigen muß als Zeugin des Herrn Jesus diesen Namen Gottes verklären und heiligen vor der Welt: durch den Wandel und durch das Wort. Das ist ihre Aufgabe, ihre hohe Berufung und darum auch ihr dringendstes und sehnlichstes Gebets-Anliegen.

Der Wunsch dieser Bitte ist bewußt in einer gebieterischen Form ausgesprochen. Es soll die Heiligung des Namens Gottes von Gott Selbst herbeigeführt und durchgeführt werden. Die Ausbreitung der Ehre Gottes über die ganze Welt ist das Ziel der Wege und Werke Gottes (vgl. Jes 5, 16; 6, 3; 19, 18—25; 29, 23; Hes 20, 40).

Z w e i t e   B i t t e : „**Dein Königreich komme!**" Der Ausdruck „Königreich Gottes" bezeichnet die Herrschaft Gottes, die neue Ordnung der Dinge, die durch Christus Jesus begründet ist und sich durch den Glauben an Ihn auf Erden entwickelt und ausbreitet. Jesus hat Sich während Seines ganzen Erdenwandels keinen Augenblick um etwas anderes gekümmert und gemüht als darum, es Seinem Vater im Himmel in allem recht zu machen. Nie kam ein Moment, wo Er, und zwar auch in den dunkelsten Stunden und Führungen, Sich nicht unter den Willen des Vaters gebeugt hätte. Strahlt einmal die Aufgeschlossenheit des Heiligen Willens Gottes im Grunde unseres Herzens auf, dann kann sich das Reich Gottes, d. h. die Herrschaft und der Wille Gottes, darin aufrichten.

Diese Bitte können darum genauso wie die erste Bitte nur solche sprechen, denen es wirklich ein Herzensanliegen ist, daß Gott zu Seinem Rechte, zur Herrschaft komme, daß Er das Regiment führe. Die sehnliche Bitte, ja dringendstes Anliegen: „**Es komme!**" setzt voraus, daß diese Königsherrschaft noch nicht so da ist, wie Gott es will.

Dieser heiße Gebetswunsch „Es komme" steht aber einerseits nicht im Gegensatz dazu, daß das Reich Gottes durch die Predigt Jesu und Seiner Jünger (Lk 4, 13; 8, 1; 9, 2. 60) den Hörern bereits gegenwärtig ist (Lk 10, 9. 11), und daß es durch Jesu Wirken schon tatsächlich Wirklichkeit wurde (Lk 11, 20; 17, 21 f.; vgl. 4, 21; 7, 20. 22. 28; 13, 18—21). Andererseits aber hebt das Dasein des Reiches Gottes schon hier jetzt die Vorstellung n i c h t auf, daß die Aufrichtung der Königsherrschaft Gottes ein Gegenstand der H o f f n u n g ist, die erst am Ausgang der Geschichte verwirklicht wird (vgl. Lk 1, 33; 19, 12—27). Das gegenwärtige Gottesreich in den Herzen Seiner kleinen Herde (Lk 12, 32; 18, 16) ist noch ein verhülltes Geheimnis (Lk 8, 10; 9, 27), welches erst am Ende der Tage vollkommen enthüllt wird (Lk 19, 11; 20, 29—36), daß es von allen Menschenaugen gesehen (Lk 9, 26) und von der Gemeinde Jesu vor aller Welt öffentlich in Herrlichkeit in Besitz genommen wird (Lk 6, 20—23; 14, 14; 22, 16. 18. 29; 1 Jo 3, 2).

Die Brotbitte, die bei Lukas im Grundtext die dritte Bitte ist, bezieht sich auf die menschlichen Bedürfnisse, die zunächst das zeitliche Leben erfordert. Die Erklärung dieser Bitte hat wegen des Ausdruckes „**epiousios**" [3]) seine Schwierigkeit.

In dem bekannten Kittel'schen Theologischen Wörterbuch schlägt Foerster, nachdem er sich 8 Seiten lang mit vielen Quellen und Lite-

---

[3] Im NT kommt „epiousios" nur vor im „Unser-Vater-Gebet" Mt 6, 11 und Lk 11, 3. Das Wort „epiousios" scheint dem profanen und dem biblischen Griechisch fremd zu sein. „Es scheint", sagt Origenes, „von den Evangelisten gebildet worden zu sein." Es geht wahrscheinlich aus von dem Wort „usia", welches Wesen, die Existenz bedeutet. Dieses Wort „usia" steht im Gegensatz zu „periusios", das „überflüssig" heißt. Der Sinn der vierten Bitte ist also demnach: „**Gib uns jeden Tag das zum Leben notwendige Brot.**" So aufgefaßt, entspricht der Ausdruck sehr genau den Worten in Spr 30, 8: „**Das Brot meines bestimmten Teils**", wo der Ausdruck das „**Bestimmte**" ein stiller Gegensatz ist zu dem **Überflüssigen.**

ratur-Angaben über die Entstehung und Bedeutung von „epiousios" eingehend und wissenschaftlich ausgelassen hat (Bd. II, S. 595) folgende Übersetzung vor: **„Das Brot, das wir brauchen, gib uns heute (Tag für Tag.)"**

Jesus, der mit Seinen Aposteln von den täglichen Gaben Seines Vaters lebte, wußte aus Seiner eigenen Erfahrung, wie sehr Seine Jünger eine solche Bitte nötig hatten und haben werden.

Die gläubige Gemeinde weiß, daß sie abhängig ist einzig und allein von ihrem Gott, auch in denjenigen Dingen, die sich auf die Erhaltung ihres i r d i s c h e n Leibes und Lebens beziehen. Das Vaterunser ist nicht so übergeistlich in dem Sinn, als ob das B r o t nicht in ein Gebet passe.

„Vergib uns unsere Sünden, denn auch wir selbst vergeben jedem, der uns schuldig ist." Das Gebet des Herrn enthält nach der Bitte um leibliche Versorgung einen Gebetswunsch, der sich auf das geistliche Leben bezieht. Wie Gott allein Brot geben kann, vermag auch Er ganz allein die Vergebung der Sünden zu schenken und zu geben. Das tiefste Bewußtsein und Wissen des Jüngers Jesu um seine völlige Abhängigkeit von Gott hinsichtlich seines Lebens und seines Seins überhaupt ist das der **Sünde.** Und die e r s t e Bedingung, um in dem brennenden Eintreten für die Ehre Gottes tätig sein zu können, ist, von der Sündenschuld durch die Vergebung befreit zu sein. Lukas gebraucht hier den Ausdruck „Sünden" (hamartiai). Matthäus sagt an der gleichen Stelle „Schulden" (opheilemata). Das Verhältnis Gläubiger — Schuldner oder Heiliger — Sünder wird auf Gott übertragen. In der Tat, wenn Gott nicht gegeben wird, was Ihm gehört, so ist es eine Schuld der Sünde geworden. Das Kind Gottes wird vor Gott immer ein Schuldner oder Sünder bleiben.

Die Bitte um Vergebung der begangenen Sünden zerfällt in zwei eng zusammenhängende Sätze, die von den beiden Evangelisten Matthäus und Lukas nicht mit gleichen Worten im Urtext überliefert sind. Die Perfektform „aphekamen = wir haben erlassen" bei Matthäus setzt voraus, daß der Gläubige, der Gott um Schuldenerlaß bittet, seinem Schuldner b e r e i t s verziehen hat. Die Gegenwartsform: „aphiomen = wir erlassen" bei Lukas drückt nicht allein die Gleichzeitigkeit aus, sondern weist auf die Notwendigkeit der b e h a r r l i c h a n h a l t e n d e n v e r s ö h n l i c h e n G e s i n n u n g des Betenden hin.

Lukas sagt: **„Denn auch wir selbst vergeben jedem . ."** Matthäus: „Wie auch wir vergeben haben den . ." Godet meint dazu: „Wir selbst, so arg wir sind, machen Gebrauch von dem uns zustehenden Recht der Gnade und erlassen ihre Schulden denen, die uns schuldig sind; ,w i e v i e l m e h r w i r s t D u, V a t e r, d e r D u d i e G ü t e S e l b s t b i s t, D e i n G n a d e n r e c h t g e g e n u n s g e b r a u c h e n!' In demselben Sinn ist wohl auch das ,w i e a u c h w i r' des Matthäus zu fassen. Der Unterschied ist bloß der, daß das, was Lukas als M o t i v anführt (denn auch), Matthäus als V e r g l e i c h s p u n k t hinstellt (wie auch).

Der Ausdruck: ‚Jeder, der uns schuldig ist', bei Lukas kann ebensogut die Schuldner im eigentlichen Sinn bezeichnen als die, die ihren Liebespflichten gegen uns nicht nachgekommen sind. — Der ganze unbedingte Ausdruck des Lukas: ‚Wir vergeben jedem, der uns schuldig ist', setzt voraus, daß der Gläubige in der Liebessphäre und Versöhnungslinie lebt, die in der Bergpredigt als Prinzip des Handelns gesetzt ist."

Wir sagen's nochmals: Nicht nur muß der Beter des Vaterunsers ein Kind Gottes sein, sondern ein g e l ö s t e s Kind Gottes. Gelöst am Kreuz — im Blute des Lammes muß er nicht nur Tilgung der Sünden der Vergangenheit gefunden haben, sondern Loslösung von dem unversöhnlichen Wesen.

„Warum wird es vielen so schwer, andern g a n z zu vergeben? Warum stecken sie immer wieder armselige Grenzen? Erstens ahnen sie gar nicht, wie groß ihre Schuld Gott gegenüber ist, fallen dann aber über ihren Bruder her und würgen ihn. Erkennt man einmal die eigene Schuld und die Tiefe seines eigenen Falles Gott gegenüber, so hat man nicht solche Mühe, dem Bruder zu vergeben. Zweitens verstehen sie noch nicht die tiefe Bedeutung jenes Wortes: ‚Denen, die Gott lieben, wirken alle Dinge zusammen zum Guten', d. h. zur Umgestaltung in Christi Bild. Zuweilen benutzt Gott gerade die Unart des Bruders oder der Schwester, um uns die eigene Unart aufzudecken. Gott braucht die Fehler und Unzulänglichkeiten unseres Bruders, um uns unsere eigenen Rückstände unserm Gott gegenüber zum Bewußtsein zu bringen. Das Vergeben und Tragen wird leicht, ja, kann sogar süß und selig werden, wenn wir in denen, die uns Unrecht tun, M i t a r b e i t e r a n u n s e r e r S e l i g k e i t sehen, Mitarbeiter an der Ausgestaltung des vollen Heils. Es ist eine ganze Werkstatt, wo alles unter einer Leitung steht, zur Erreichung dessen, was Gott Sich vorgenommen, nämlich die Umgestaltung eines adamitischen Wesens in die Gestalt eines Christus-Wesens hinein, und zwar von Herrlichkeit zu Herrlichkeit.

Wenn wir das einmal erkennen, sehen wir hinter der Hand des Bruders die Hand des Vaters. Dann ist das Ertragen nicht mehr so schwer; dann gibt man dem Bruder zurück, aber nicht Schlag für Schlag, sondern Liebe und Güte; man häuft feurige Kohlen auf sein Haupt. (Vgl. Stockmayer) [4]

„Führe uns nicht in Versuchung hinein!" Auf die Bitte um Vergebung begangener Sünden folgt die Bitte um Bewahrung vor Versuchung. Die beiden Bitten bei Lukas: „Vergib uns unsere Sünden..." und: „Führe uns nicht in Versuchung hinein!" stehen in Beziehung zueinander!

[4] Gregor von Nyssa sagt treffend zu dieser Bitte: „In der Tat sind es doch nur einige Pfennige, unbedeutend und leicht abtragbar im Vergleich zu den Zehntausenden von Talenten, wenn wir die Schulden unserer Brüder uns gegenüber mit den eigenen Verfehlungen Gott gegenüber zusammenstellen." (Greg. v. N. S. 147.)

Die Bewahrungsbitte vor der Versuchung setzt Beter voraus, welche die Vergebung der Sünden erlangt haben und welche bitten, in Zukunft ein heiliges Leben zu führen. — Mit anderen Worten: Mit dem Bewußtsein seiner vergangenen Übertretungen verbindet sich bei dem Christen das Gefühl seiner Schwachheit und daher die Furcht vor k ü n f t i g e n Verfehlungen.

Das Wort Versuchung (peirasmos) im Griechischen hat eine dreifache Bedeutung: P r ü f u n g , V e r s u c h u n g und A n f e c h t u n g , was an den einzelnen Stellen der Schrift vielleicht zu unterscheiden ist. Die Bitte: „Führe uns nicht in Versuchung" will besagen, daß hier „peirasmos" wie folgt zu verstehen ist, d. h.: „Führe uns nicht in Versuchung m i t e i n e m b ö s e n A u s g a n g !"

Jesus ermuntert uns, die Bitte um Bewahrung vor der Versuchung auszusprechen, weil Gott die Macht hat, von uns den bösen Ausgang abzuwenden. Es ist für uns ohnmächtige Menschen ein starker Trost, die wir dauernd von Versuchungen bedroht sind, daß wir zu Gott mit dieser Bitte beten dürfen, der stark und willig ist, den bösen Ausgang zu beseitigen. In Gottes Macht liegt es, uns nicht über unser Vermögen zu versuchen, sondern Er vermag der Versuchung einen solchen Ausgang zu schaffen, den wir ertragen können (1 Ko 10, 13).

Der Sinn der Bitte: **„Führe uns nicht in Versuchung hinein!"** in der von uns dargelegten Bedeutung: „Führe uns nicht in eine Versuchung mit bösem Ausgang", wird deutlicher, wenn wir die Bitte bei Matthäus: „Erlöse uns", oder besser gesagt: „Entreiße uns von dem Argen", mit heranziehen. Der Ausdruck „entreißen" ist eine militärische Bezeichnung und wird für die Befreiung eines Gefangenen aus der Gewalt des Feindes gebraucht. Der Feind ist der Arge, der dem Gläubigen auf seinen Weg Schlingen legt. Diese Schlingen und Stricke sind unter anderem auch unser Selbstvertrauen, Eigendünkel, Kleinglaube, Verzagtheit, Minderwertigkeitskomplexe, Angst usw. (Vgl. die Verleugnung des Petrus.)

Was nun der Ausdruck „peirasmos" im Sinne von P r ü f u n g betrifft, so ist hier Jak 1, 13 zu nennen, wo es heißt: „Niemand sage, wenn er (zum Bösen) versucht wird: Ich werde von Gott versucht — denn Gott kann nicht vom Bösen versucht werden und versucht Selbst niemanden (zum Bösen). Ein jeder wird (zum Bösen) versucht, wenn er . . ."

Unter P r ü f u n g können wir also eine Versuchung Gottes, E i n A u f - d i e - P r o b e - S t e l l e n z u m G u t e n h i n — verstehen. Gott prüft, um zu klären und zu festigen. Solche Bewährungsproben sind eine Forderung der göttlichen Erziehungsweisheit. In 1 Mo 22, 1 heißt es: „Nach diesen Geschichten versuchte Gott Abraham", d. h. Gott stellte Abraham auf die Probe, ob nicht Abraham sein Herz an Isaak hängen würde. Bei solchen „Prüfungen" gilt es, nicht zu bitten: „Führe uns nicht in Versuchung", sondern da gilt es zu beten: „Prüfe mich, Herr, und erfahre, wie ich's meine, und sieh, ob ich wandle auf trüglichem Wege." (Ps 139, 23—24; vgl. 1 Mo 42, 15; 1 Chr 29, 17; Ps 11, 4. 5; Jer 20, 12; Ps 17, 3; Jer 12, 3; Ps 26, 2 usw.)

Prüfungen dieser Art gereichen zum Segen. Prüfungen, die so beschaffen sind, sollen zur Freude dienen (vgl. Jak 1, 2. 12; Rö 5, 8; 1 Petr 1, 6. 7; vgl. Hi 33, 19—30).

Das Wort „A n f e c h t u n g" umschließt beide Begriffe, also die „V e r s u c h u n g" und die „P r ü f u n g".

Die Bitte: „Sondern erlöse uns von dem Bösen", die Matthäus als die 7. Bitte im „Unser Vater" aufgezeichnet hat, ist bei Lukas nicht angegeben. Matthäus ist auch hier vollständiger als Lukas. [5])

Dem „Unser-Vater-Gebet" folgt noch für die Jünger eine weitere Belehrung Jesu über das Beten.

c) Die Erhörung des Gebetes.

Lk 11, 5—13

Jesus zeigte Seinen Jüngern das „Vaterunser" als Vorbild eines Gebets, nach welchem alles Wesentliche von Gott erbeten werden soll. Nach dieser Belehrung versichert Er ihnen die E r h ö r u n g ihres Gebets. Diese Zuversicht begründet der Herr: 1. durch ein Beispiel aus dem Alltag (5—8); 2. im Blick auf die tägliche Erfahrung (9—10); 3. vor allem im Blick auf die Barmherzigkeit des Vaters im Himmel (11—13).

Das Gleichnis vom zudringlichen Freunde.

Lk 11, 5—8

5 Und Er sprach zu ihnen: „Wer von euch wird einen Freund haben und wird zu ihm gehen um Mitternacht und spräche zu ihm: ‚Freund,
6 leihe mir drei Brote, * weil mein Freund von der Reise bei mir an-
7 gekommen ist, und ich nicht habe, was ich ihm vorsetze.‘ * Jener drinnen würde antworten und sprechen: ‚Mach mir keine Mühen! Schon ist die Türe verschlossen und meine Kinderchen sind mit mir
8 im Bett, ich kann nicht aufstehen und dir geben.‘ * Ich sage euch: Selbst wenn er nicht aufstehen und (das Erbetene) geben würde, weil er sein Freund ist, so würde er doch wegen seiner Zudringlichkeit aufstehen und ihm geben, so viel er nötig hat."

Zu Vers 8:
Lk 18, 5

Dieses Gleichnis vom zudringlichen Freund hat Lukas allein.

Die hier vorliegende Parabel wird nicht in der ruhigen Form der Erzählung vorgetragen, sondern kommt in lebhafter rhetorischer Frageform zur Sprache. Die Hörer werden einfach vor die Entscheidung gestellt, ob sie in einem bestimmten Fall nicht auch so handeln würden.

---

[5] Die Doxologie „Denn Dein ist das Reich und die Kraft und die Herrlichkeit in Ewigkeit" — findet sich in keiner Handschrift des Lukas. Bei Matthäus steht die Doxologie in der Koine Handschriftengruppe, die dem Übersetzer Luther damals vorgelegen hat.

Der im Gleichnis erwähnte Fall ist in allen Einzelheiten geschildert. Einerseits nötigt eine große und peinliche Verlegenhet gebieterisch zum Bitten wegen der Pflicht der Gastfreundschaft im Morgenland; andererseits steht der Gewährung der Bitte ein sehr großes Hindernis im Wege.

Das Gleichnis malt lebendig die Verhältnisse eines kleinen morgenländischen Dorfes. Es gibt dort keine Kaufläden, sondern die Hausfrau backt vor Sonnenaufgang den Tagesbedarf für die Familie. Die Bewirtung eines Gastes ist im Morgenland unbedingte Ehrensache. Die Bitte um drei Brote ist für die beabsichtigte Abendmahlzeit des Gastes nötig. Aus der Antwort des Gebetenen (Lk 11, 7), der den Bittenden gar nicht anredet, ist der Ärger des gestörten Nachbarn oder Freundes spürbar. Das Öffnen der schon geschlossenen Tür ist wegen des Balkens und Riegels umständlich und mühsam; es verursacht auch lautes Geräusch. Es ist an ein Haus gedacht, das aus einem Raume besteht. In dem erhöhten Teil des Raumes lag die ganze Familie zur Ruhe. Sie würden alle aufgestört, wenn der Vater aufstünde und den Riegel der Tür öffnete.

Angesichts der morgenländischen Pflicht der Gastfreundschaft konnte sich ein Bittender nicht leicht beruhigen in der hier dargestellten Situation. Eine Ablehnung der Bitte wäre undenkbar. Die keinerlei Scheu zeigende Zudringlichkeit wird schließlich Erfolg haben. Dieses anhaltende Bitten des Freundes muß dem Gebetenen auf die Dauer beschwerlicher werden als die Mühe des Aufstehens. Der im Schlaf gestörte Freund zögerte dann nicht, nachdem er sich einmal erhoben hatte, die Bitte des in Verlegenheit geratenen Nachbarn zu erfüllen. Er gibt ihm nicht nur die erbetene Leihgabe, sondern so viel er benötigt.

Jesus versichert durch den Schlußsatz: „Ich sage euch..." (Lk 11, 8a) nachdrücklich, daß ein solches beharrliches Bitten zum Ziel gelangt. Mehr als die Freundschaft zum Bittenden veranlaßt den Gebetenen die ihm lästig werdende Zudringlichkeit, alles Nötige herzugeben. Der Schluß dieses Gleichnisses erinnert lebhaft an die Parabel vom ungerechten Richter (vgl. Lk 18, 1—8).

Die Nutzanwendung des Gleichnisses.

Lk 11, 9—13

W. Stb. Matth.
S. 83ff.

Zu Vers 9 13:
Mt 7, 7—11

9 „Auch Ich, Ich sage euch: Bittet, so wird euch gegeben werden! Suchet, so werdet ihr finden! Klopfet an, so wird euch aufgetan wer-
10 den! * Denn jeder, der da bittet, empfängt; und der da sucht, findet;
11 und dem, der da anklopft, wird aufgetan werden. * Wer aber von euch würde, wenn der Sohn den Vater um einen Fisch bittet, (der
12 Vater) ihm statt eines Fisches eine Schlange geben? * Oder auch, wenn er um ein Ei bitten würde, er ihm einen Skorpion geben
13 würde? * Wenn nun ihr, die ihr böse seid, gute Gaben euren Kindern zu geben wißt, wieviel mehr wird der Vater aus dem Himmel Heiligen Geist denen geben, die Ihn bitten!"

Vers 9 enthält die Anwendung des voranstehenden Beispiels. Alle Bilder sind dem Gleichnis entnommen: das **Anklopfen**, das Bitten, aber auch das **Suchen**. Dies letztere erinnert an die Bemühungen des Freundes, der bei Nacht die Tür suchen muß und sie öffnen möchte. Die Steigerung in den Bildern hebt den Eifer des bittenden Freundes hervor, der bei den sich mehrenden Hindernissen noch wächst. — Diese Vorschrift hat Jesus Seiner persönlichen Erfahrung entnommen (Lk 3, 21 ff.).

Es liegen feine Unterschiede in der Anwendung der drei Bildworte vor. Wer **bittet**, will etwas empfangen, was er nicht hat. Wer **sucht**, hat entweder etwas verloren, oder er möchte suchend etwas erlangen, was Zeit und Mühe verlangt. Wer **anklopft**, muß sich den Zutritt zu dem verschaffen, von welchem er die Erfüllung seines Wunsches erwartet. Die Aufforderung zum Suchen bedeutet ein e r n s t h a f t e s Verlangen (vgl. Jer 29, 13. 14). Das An-die-Tür-Klopfen bezeichnet ein a n h a l t e n d e s Verlangen, wenn die Gewährung der Bitte sich auch verzögert und schwierig scheint (vgl. Lk 18, 1).

Die Grundtatsache, daß der Bittende empfängt, der Suchende findet und daß dem Anklopfenden die Türe geöffnet wird, mit anderen Worten, daß der ernste Beter die Erhörung seiner Gebete erlangt, begründet Jesus in Vers 11—13 mit Vorgängen aus dem praktischen Alltag.

Wenn schon hier auf Erden die Bitte der Kinder auf die Eltern eine große Macht ausübt, so bewegt das Gebet der Kinder Gottes das Herz des Vaters im Himmel noch viel mehr. Es kommt nicht vor, daß der irdische Vater seinem Kinde statt eines Fisches eine Schlange, und statt eines Eis einen Skorpion gibt. (Die Worte, daß, „wenn der Sohn den Vater um Brot bittet, er ihm einen Stein gibt", fehlen in den ältesten Handschriften. Nur in der Koine-Handschriftengruppe war's vorhanden. Was Koine ist, siehe W. Stb. Mark. S. 8.) Ein rechter Vater gibt dem Sohn nichts Ungenießbares, nichts Schädliches oder gar Erschreckendes.

Ein Mensch, der vielleicht hart und streng gegen seine Mitmenschen sein kann, kann sein Kind als sein Fleisch und Blut nicht verleugnen. Gott kann dann noch unendlich viel weniger Seine Kinder verleugnen. Seine Güte geht über alles Vermögen und Begreifen der Menschen hinaus. Wenn die Menschen, die von Natur böse sind, ihren Kindern gute Gaben auf ihre Bitten gewähren, so wird es der Vater im Himmel noch weit mehr tun.

So führt uns das Ende des Abschnitts über die Belehrung zum echten Gebet auf den Ausgangspunkt zurück, auf den Titel „**Vater**", der Gott beigelegt ist und das Kindschaftsverhältnis voraussetzt. Die zwei von Jesus aufgezählten Lebensmittel scheinen auf den ersten Blick zufällig herausgegriffen zu sein. Aber wie Bovet bemerkt, sind geröstete Fische und hartgesottene Eier gerade die gewöhnlichen Bestandteile der Mittagsmahlzeit eines Reisenden im Orient. Bei Matthäus fehlt das „Ei"

das Lukas gewiß nicht aus seinem Eigenen hinzugetan hat. Die äußeren Beziehungen zwischen Fisch und Schlange, Ei und Skorpion sprin-
gen in die Augen. Alles in den Lehrreden Jesu ist anschaulich, treffend, vollkommen bis in die kleinsten Züge hinein.

Wenn es aber auch oft scheint, als erhöre Gott unsere Gebete
nicht, so sollen wir dennoch treu anhalten im Gebet. Der **Vater** im Himmel, der gut ist, erfüllt nicht immer, was wir wünschen, aber Er erfüllt
immer, was uns als Fisch und Ei zum Besten gereicht. Hier kann uns
Augustins Beispiel eine gute Belehrung erteilen. Er erzählt, seine Mutter Monika bat Gott, Er möge verhüten, daß ihr Sohn nach Rom, der
verführerischen Weltstadt, zöge. Augustin zog dennoch hin, und auf
diesem Wege fand er Christus.

Weil Jesus diese Worte über das Gebet an Seine J ü n g e r richtet,
so werden nicht allein Seine Gegner, sondern alle Menschen als „böse"
bezeichnet. Wir sind alle böse von Jugend auf (vgl. Hi 15, 14. 15; Mt
19, 27) im Gegensatz zu dem allein guten Gott. Er, der allein gute
Gott, gibt dem Bittenden **Heiligen Geist,** nicht, wie Matthäus schreibt:
„Gott gibt gute Gaben". Der Heilige Geist ist die höchste Gabe. Es
heißt nicht, „der Vater im Himmel", sondern **„der Vater aus dem
Himmel"** gibt. Der Himmel ist der Ursprungsort oder die Heimat des
Heiligen Geistes. Bezeichnend ist, daß der Herr in Seiner Mahnung
zum rechten ernsten und anhaltenden Bitten zuletzt nur **„den Heiligen
Geist"** als den Gegenstand des Gebetes nennt.

Indem der Herr aber am Ende dieser Unterweisung alles in dem Gebet um den Heiligen Geist zusammenfaßt, gibt Er zugleich zu erkennen,
von welchen Gebeten man unbedingte, von welchen man dagegen nur
bedingte Erhörung erwarten kann. Das Gebet um geistliche Gaben
wird immer erhört, das Verlangen nach besonderen zeitlichen Segnungen nur dann, wenn man wirklich um einen Fisch, nicht um eine
Schlange usw. gebeten hat. (Schlangen, Skorpione sind die eigentlichsten
Symbole der Wüste und Öde, die verletzen und nicht heilen und fördern!) [6])

7. Jesu Verteidigungsrede wegen der Dämonenaustreibung und Absage der Zeichenforderung.

Lk 11, 14—36

Die jetzt mitgeteilten Reden Jesu gegen die Pharisäer bilden den
schärfsten Kontrast zu den soeben geschilderten Stücken: Jesus in Beth-

---

[6] Der Ausleger Zahn sagt: „Wie aber können sie, die ihren eigenen Kindern nur Gutes gönnen
und geben, daran zweifeln, daß der Vater, **der vom Himmel her gibt,** die Gabe, die für den Besitz
und die Erhaltung ewigen Lebens unerläßlich ist. d. h. **den Heiligen Geist,** denen versagen werde,
die Ihn darum bitten! — Menschliche Väter geben von der Erde her ihren Kindern irdische Nahrungsmittel für das irdische und zeitliche Leben. Der Vater, der vom Himmel her Seine Gaben
austeilt, gibt zwar auch das tägliche Brot, aber Er allein kann auch himmlische Gaben geben,
die das Leben in Ewigkeit erhalten. Und Er tut es gern, wenn Er um solche gebeten wird, denn Er
will in Seiner väterlichen Liebe, daß Seine Kinder Seines ewigen **Lebens** teilhaftig werden."

anien (Lk 10, 38—42); Jesus lehrt die Jünger beten (Lk 11, 1—13). Ohne Orts- und Zeitangabe folgen die rohen und sinnlosen Schmähungen, welche die Heilung eines stummen Besessenen veranlaßte. Die ganze Verteidigungsrede des Herrn ist einer der stärksten Beweise im Neuen Testament für die Existenz der Dämonen. Jesus beweist, daß Er der Messias ist. Satan, der Starke, der seinen Palast bewahrt, wird von Jesus, dem Stärkeren überwunden. In der Absage der Zeichenforderung äußerte der Herr in erhabenster Form Sein Selbstbewußtsein, daß Er Sich über Jonas und Salomo stellte. Die Reden des Herrn dringen sehr ernst auf die Entscheidung für oder gegen Ihn. Jesus wendet Sich in Seiner Rede an boshafte Gegner, an Halbherzige und Wankelmütige. Es ist auf die Dauer unmöglich, Seiner Person und Seinem Werke gegenüber neutral zu bleiben. Der Herr beansprucht eine so ungeteilte Hingabe, daß Gleichgültigkeit schon Feindschaft ist.

W. Stb. Matth.
S. 161ff.
W. Stb. Mark.
S. 91ff.
Zu V. 14—26:
Mt 12, 22—30.
43—45
Mk 3, 22—27

a) Die Heilung des stummen Besessenen.

Lk 11, 14—16

14 Und Er war daran, einen Dämonen hinauszuwerfen. Und dieser war stumm. Es geschah aber, als der Dämon herausgegangen war, 15 redete der Stumme, und die Volksmengen verwunderten sich. * Etliche aber von ihnen sprachen: Mit Beezeboul, dem Fürsten der Dämonen, treibt Er Dämonen aus. * Andere aber versuchten und begehr- 16 ten ein Zeichen vom Himmel von Ihm.

Die Form „en ekballon" in Vers 14 bedeutet: Jesus war mit dem Hinauswerfen von Dämonen beschäftigt. Alles sah auf Ihn und war gespannt darauf, ob es dem Herrn gelingen würde. „Kophos" (stumpf) kann stumm oder taub heißen. Da die Heilung vollständig und alsbald gelingt, drücken alle ihre Überraschung aus. Aber plötzlich werden inmitten der von Verwunderung ergriffenen Volkshaufen Stimmen laut, die eine unerhörte und freche Anklage erheben. Es bestünde ein Bund zwischen Jesus und dem Satan. Satan habe Ihm die Macht verliehen, die Dämonen aus den besessenen Menschen hinauszuwerfen. Andere gemäßigtere Zuschauer in dieser Geschichte verlangen, Jesus solle, um Sich von einem solchen Verdacht zu reinigen, doch einmal ein Wunder tun, das über den Kreis der alltäglichen Heilungen hinausgehe und ein offenbar vom Himmel stammendes Zeichen sei.

So zerteilten sich Jesu Gegner aus Anlaß des Heilungswunders in zwei Parteien. Der Herr wandte Sich hiernach zuerst gegen die verleumderische Erklärung Seiner Dämonenaustreibung (Vers 17—26), und nach einem Zwischenfall (Vers 27—28) wandte Er Sich gegen die, welche ein Zeichen forderten (Vers 29—36).

b) Jesu Verteidigungsrede gegen die Verleumder.

Lk 11, 17-26

Jesus zeigt zuerst, daß kein Dämon durch einen Dämon ausgetrieben werden kann. Dann schildert Er die Beschaffenheit einer wirklichen Dämonenaustreibung.

Jesus treibt die Dämonen in eigener Vollmacht aus.

Lk 11, 17-19

17 Er aber erkannte ihre Gedanken und sprach zu ihnen: Jedes Königreich, wenn es sich selbst entzweit, wird zerstört, und ein Haus
18 nach dem anderen stürzt ein. * Wenn aber auch der Satan gegen
sich selbst entzweit ist, wie kann sein Reich dann bestehen? Denn
19 ihr sagt ja, daß Ich die Dämonen durch Beezeboul austreibe. * Wenn
Ich aber die Dämonen durch Beezeboul austreibe, durch was treiben
eure Söhne sie aus? Darum werden sie eure Richter sein.

Der Herr verteidigt Sich gegen Seine Feinde mit einer bewunderungs-
würdigen Milde. Jesus verteidigt Sich nicht mit der Schrift, sondern
beruft Sich auf den gesunden Menschenverstand. Er zeigte ihnen die
Torheit ihrer sündlichen Überlegungen. Ein Staat oder ein Gemeinwe-
sen, das in eine solche Zwietracht und Zerrissenheit hineingeraten ist,
daß der eine Teil den anderen Teil bekämpft, geht zugrunde. Jeder
Staatsorganismus, in welchem eine Partei die andere hinauswirft und
ausrottet, muß zerfallen. Im Satansreiche ist zwar Widerstreit und Un-
friede reichlich vorhanden, wie das seinem bösen Wesen völlig entspricht. Das Reich Satans aber steht geschlossen zusammen und ist ein-
heitlich, wenn es gilt, gegen das Königreich Christi aufzutreten. Alle
Glieder sind sich dann einig. Dieser Zusammenschluß würde zerstört,
wenn Christus mit Beezeboul Dämonen austriebe. Das satanische Reich
würde untergehen, wenn Satan sich selbst bekriegte und gegen seine
eigenen Helfer kämpfte.

Jesus hält Seinen Feinden vor, daß ihre Beschuldigungen gegen Ihn
ihre eigenen Leute trifft. Ihre Stammesgenossen (Jesus nennt sie „eure
Söhne"), welche auch Dämonen austrieben, werden nicht beschuldigt,
mit Beezeboul im Bunde zu stehen, sondern werden anerkannt. Wenn
diese jüdischen Exorzisten mit Beezeboul die Dämonen austrieben,
wäre der Vorwurf gegen Jesus berechtigt gewesen. Weil das bei ihren
eigenen Leuten nicht der Fall war, muß ihre Anschuldigung gegen Jesus
als lästerliche und schändliche Verleumdung verdammt werden.

Der wirkliche Sachverhalt der Dämonenaustreibung

Lk 11, 20-26

20 Wenn Ich aber mit dem Finger Gottes die Dämonen austreibe, so   Zu Vers 20:
21 ist schon das Königreich Gottes zu euch gelangt. * Solange der   2 Mo 8, 15
Starke schwer bewaffnet seinen Palast bewacht, ist sein Besitztum
22 in Frieden. * Wenn aber Einer, der stärker ist als er, herbeikommt   Zu Vers 22:
und ihn besiegt, dann nimmt er seine volle Rüstung weg, auf welche   Kol 2, 15
er sein Vertrauen gesetzt hatte, und verteilt seine Rüstungsstücke.
23 *Wer nicht mit Mir ist, ist gegen Mich. Und wer nicht mit Mir   Zu Vers 23:
sammelt, zerstreut.   Lk 9, 50

Jesus bediente Sich bei der Dämonenaustreibung nicht der Mittel
und Kunstgriffe der jüdischen Exorzisten, sondern Er trieb sie mit dem

„Finger Gottes" (vgl. 2 Mo 8, 19), d. h. mit der Macht des Heiligen Geistes (vgl. Mt 12, 28) aus. Jesus braucht bloß den Finger aufzuheben, so verläßt der Satan seine Beute. Diese Redeweise ist das Symbol der unbedingten Herrschaft und Übermacht über Satan. Dann aber ist in Jesus Gottes Reich schon im Kommen.

Nach den Worten Jesu ist der Satan ein stark bewaffneter Geist, der seinen Besitz nicht leicht fahren läßt. Er mußte aber vor dem Herrn als dem Stärkeren weichen. Seine ganze Rüstung hilft ihm dabei nicht im geringsten. Wenn also Jesus den Satan austreibt, kann das nur durch eine stärkere Macht geschehen.

Wer auf Grund der mächtigen Siege Jesu über das Reich des Satans sich aber dennoch n i c h t entschließen kann, völlig auf Jesu Seite zu treten, der ist kein Glied des Reiches Gottes.

Es gibt kein Mittelreich zwischen dem Satansreich und dem Gottesreich. Wer nicht am Ausbau des Reiches Gottes hilft und nicht gegen den Satan zu Felde zieht, verhindert die Vollendung des Gottesreiches. Jesus verdeutlicht diesen Gedanken noch mit einem Bilde von der Ernte. Wer Menschen nicht dahin zusammenbringt, wohin er sie zusammenbringen soll, streut sie auseinander, daß sie nicht als Glieder des Reiches Gottes zur gottgewollten Einheit gelangen.

In Lk 9, 50 und Mk 9, 40 trieb ein Mensch im Namen Jesu Dämonen aus, obgleich er nicht Seiner Jüngerschar angehörte. Jener Mensch gehörte innerlich zu Jesus, weil er mit Ihm und für Ihn arbeitete. Dieser Fall hat mit den vermeintlich Neutralen und Lauen nichts gemein, weil sie nicht für Jesus, sondern gegen Jesus arbeiten.

24 Wenn der unreine Geist ausgeht von dem Menschen, durchzieht er wasserlose Orte, sucht Ruhe und findet sie nicht; er sagt: Ich will 25 zurückkehren in mein Haus, von wo ich ausgegangen bin. ˙ Und ist 26 er angekommen, findet er es ausgefegt und geschmückt. ˙ Dann geht er hin, nimmt sieben andere Geister hinzu, schlimmere als er selbst, und sie gehen hinein und wohnen dort. Und es wird das Ende jenes Menschen schlimmer als der Anfang.

Zu Vers 26:
Jo 5, 14

Die drei Verse 24-26 enthalten eine Art Gleichnisrede, deren Zweck auch ist, die verderblichen Resultate der scheinbaren Heilungen darzutun, welche ohne die Mitwirkung Jesu vollbracht werden. Der Exorzist hat seine Zauberkünste ausgeübt. Der unsaubere Geist hat seine Beute zum Schein fahren lassen, hat die Behausung, die man ihm für den Augenblick unleidlich gemacht, geräumt. Aber es fehlt an dieser Heilung, damit sie bleibend sei, ein Doppeltes. Erstlich ist der Feind nicht besiegt, nicht gebunden; er ist nur ausgetrieben, er kann sich daher frei in der Welt umhertreiben, also auch wiederkommen, wenn es ihm beliebt. Der zweite Mißstand ist, daß der ausgetriebene Dämon nicht durch einen neuen Besitzer ersetzt, daß das Haus leer gelassen worden ist; der Geist Gottes ist nicht an die Stelle der für den Augenblick entfernten teuflischen Macht getreten. Jesus begnügt Sich nicht, den Feind zu vertreiben, um ihn dann freizulassen. Er schickt ihn in

sein Gefängnis, in den Abgrund zurück (Lk 8, 31; 4, 34). Das vermochten die Exorzisten nicht. Ferner führt Jesus die befreite Seele zu Gott
zurück und ersetzt den unreinen Geist durch den Heiligen Geist, was
den Exorzisten noch viel weniger möglich war. Daraus folgt, daß das
Werk der Exorzisten stets für einen Rückfall die Tür offen läßt, und
zwar noch für einen viel schlimmeren, als der vorherige Zustand war,
daß dagegen das Werk Jesu der Besessenheit wirklich ein Ende macht
und eine gründliche Heilung bewirkt.

Der ausgetriebene Geist durchwandert dürre Örter. Der Exorzist ent-
sandte den Geist in die Wüste als den eigentlichen Aufenthaltsort der
bösen Geister (Tob 8, 3; Baruch 4, 35; vgl. was über die Entsendung des
verfluchten Bocks in die Wüste für Azazel, den Fürsten der Dämonen,
gesagt wird 3 Mo 16,10). — Aber nachdem der unsaubere Geist eine
Zeitlang umhergestreift ist, kommt ihm eine Sehnsucht nach seiner
früheren Behausung; er besinnt sich, ob es ihm nicht gelänge, dahin
zurückzukehren. Er findet, daß das Haus seit seinem Ausgang ein ganz
befriedigendes Aussehen bekommen hat, reinlich, geordnet, wohnlich
geworden ist. Damit will Jesus die durch die angebliche Heilung erlangte Herstellung der physischen und geistigen Kräfte des Besessenen
schildern, die dem Dämon einen neuen Genuß in Aussicht stellt. Aber der
ausgetriebene Geist will die Freude nicht allein haben. Er ladet also sieben
Geister ein, schlimmer als er. Diese lassen sich nicht lange bitten, und
mit Lust stürzt die wilde Rotte in das so wohl vorbereitete Haus hinein.
In diesem verzweifelten, durch einen Rückfall herbeigeführten Zustand
hatte Jesus den Besessenen von Gardara (8, 29) und Maria Magdalena
(8, 2) getroffen, daher die Ausdrücke Legion und sieben Dämonen, die
einen durch einen oder mehrere Rückfälle verursachten Zustand bezeichnen. So weiß Jesus den furchtbaren Vorwurf, daß Er ein Gehilfe des
Satans und ein Feind Gottes sei, von Sich aus auf die von Seinen
Gegnern gerühmten Exorzisten zurückzuschieben. Alle diese Bilder
mußten leicht verständlich sein in einem Kreis, wo solche Tatsachen
nichts Ungewöhnliches waren.

Folgende sehr ernste praktische Bedeutung hat dies Gleichnis Jesu:
Wenn die Empfänglichkeit für Jesus nicht zu einer entschiedenen H i n -
g a b e a n G o t t und Gottes Werk und einer ebenso entschiedenen
A b s a g e a n d e n E r z f e i n d G o t t e s führt, so bereitet eben diese
Unentschiedenheit für die Einwirkungen des Bösen die beste Gelegen-
heit, des Menschen Herr zu werden.

Obwohl Lukas den Satz nicht hinzufügt, womit Jesus nach Mt 12, 45
dies Gleichnis auf das jüdische Volk Seiner Zeit insgesamt anwendet,
kann doch die Meinung auch hier keine andere sein. Denn welche
besondere Menschenklasse sollte jener Besessene im Gleichnis darstellen? Die Juden (vgl. Lk 14, 27), die einst durch die Predigt des Täufers
sich mächtig ergreifen ließen (vgl. Lk 3, 10. 21; 7, 24-26. 29) und, als
dann Jesus Sein Prophetenamt in Galiläa auszuüben begann, diesem
voller Bewunderung zujauchzten (Lk 4, 15; 5, 26; 7, 16; 9, 43), e r -

greifen doch nicht mit Entschiedenheit Ihn Selbst und stellen sich nicht auf Jesu Seite gegenüber den ärgsten Beschuldigungen und sinnlosesten Anklagen Seiner erbitterten Gegner.

Jesus war gekommen, des Teufels Werke zu zerstören (1 Jo 3, 8). Jede Dämonenaustreibung ist ein Schritt zu diesem Ziele. Weil das Volk dem Reich der Finsternis nicht völlig den Rücken kehrte, wurde es immer schlimmer mit Israel. Israel verstockt sich immer mehr gegen Gottes Macht und Liebe. Diese Verschlimmerung, die zunehmende Verstockung ist mit dem Bilde der siebenfachen Verstärkung des zurückkehrenden Dämons angedeutet.

c) Der Ausruf einer Frau und Jesu Antwort.

Lk 11, 27-28

Zu Vers 27:
Lk 1, 28. 48
Zu Vers 28:
Lk 8, 15. 21

27 Es geschah aber, als Er dieses sagte, erhob eine Frau aus der Volksmenge die Stimme und sprach zu Ihm: „Glückselig der Leib, der 28 Dich getragen hat und die Brüste, welche Du gesogen hast!" * Er aber sprach: „Glückselig sind vielmehr diejenigen, welche das Wort Gottes hören und bewahren!"

Der Lobpreis der Frau war wohl eine schöne Huldigung in einem Augenblick, als die Hierarchen des Landes Ihn schon als einen Ketzer verdammten, der, wie sie sagten, mit dem Teufel im Bunde sei. Allein, das Wort mußte weitergeführt werden, wenn es nicht zu einem Irrtum erstarren sollte. Es war ganz der Wahrheit gemäß, wenn jene Frau die Maria selig pries. Nur mußte sie wissen, daß Maria durch ihr einzigartiges Hören und Bewahren des Wortes Gottes zu ihrer wunderbaren Erfahrung der Heimsuchung Gottes gekommen war und daß sie auch jetzt noch unter dieser Bedingung stand.

Die begeisterte Frau sollte aber auch nicht meinen, die Seligkeit der Maria sei eine ausschließliche. Daher wurde jener lobpreisenden Frau verkündigt, daß alle Gläubigen durch das Hören und Bewahren des Wortes Gottes einer ähnlichen Seligkeit wie Maria teilhaftig würden. Sie wurde also eingeladen, mit zu der heiligen Familie zu gehören, in deren Herzen Jesus einkehrt, so daß alle miteinander Seines Wesens teilhaftig werden mit Seiner Mutter, in der Abspiegelung Seines Bildes mit Seinen Brüdern und Schwestern Ähnlichkeit gewinnen.

d) Jesu Absage der Zeichenforderung.

Lk 11, 29-36

Jesus wandte Sich jetzt an die, welche nach der Dämonenaustreibung ein Zeichen vom Himmel forderten (Vers 16). Der Herr gibt der verstockten Volksmenge nur ein Zeichen (Lk 11, 29-32). Er zeigt ihnen, daß das jetzt angezündete Licht genügt (Vers 33-36).

Das Zeichen des Propheten Jona. [7])

W. Stb. Matth.
S. 167f.

Lk 11, 29-32

Zu V. 29—32:
Mt 12, 38—42

29 Als sich aber die Volksmengen zahlreich versammelten, fing Er an zu sagen: Dieses Geschlecht ist ein böses Geschlecht. Ein Zeichen sucht es. Es wird ihm aber kein Zeichen gegeben werden außer dem 30 Zeichen Jonas. * Denn gleichwie Jona den Niniviten ein Zeichen wurde, so wird es auch der Sohn des Menschen für dieses Geschlecht 31 sein! * Die Königin des Südens wird im Gericht mit den Männern dieses Geschlechtes auferweckt werden und sie verurteilen. Denn sie kam von den äußersten Enden der Erde, die Weisheit Salomos zu 32 hören, und siehe, mehr als Salomo ist hier! * Die Männer von Ninive werden aufstehen im Gericht mit diesem Geschlecht und es verurteilen; denn sie bekehrten sich auf Grund der Predigt Jonas; und siehe, mehr als Jona ist hier!

Zu Vers 31:
1 Kö 10, 1

Zu Vers 32:
Jon 3, 5

Jesus wandte Sich mit Seiner Rede an die Volksmassen, die bei der Dämonenaustreibung anwesend waren und ein Zeichen vom Himmel forderten (Vers 14. 16). Nach dem Matthäusbericht forderten die Pharisäer und Schriftgelehrten ein Zeichen. Jesus schlug ihnen diesen Wunsch ab. Die Austreibung des Dämonen achteten sie nicht als eine ausreichende göttliche Legitimierung Seiner Messianität, sie begehrten ein Zeichen vom Himmel, etwa wie der Mannaregen in der Wüste oder der Stillstand von Sonne und Mond oder wie das Fallen des Feuers vom Himmel bei Elia. Die Forderung des Zeichens war nur ein Vorwand zur Rechtfertigung ihres Unglaubens. Der Herr gab ein Zeichen, aber kein solches, wie sie es wünschten.

Wenn Israel wäre wie die Niniviten, würde es ohne ein außergewöhnliches Zeichen an Jesus glauben. Dieser Gedanke wird im Folgenden entwickelt: Salomo tat kein himmlisches Zeichen; Jona verrichtete in Ninive kein Wunder; die Königin des Südens und die Niniviten aber glaubten dennoch, auch ohne ein Zeichen. Der heidnischen Königin genügte die Weisheit Salomos; die Bewohner Ninives wurden durch Jonas Predigt zur Buße bewegt.

Die Königin des Südens wird erweckt werden, um die Juden zu verurteilen. Am großen Tage der Auferstehung wird sie als Zeugin gegen Israel auftreten. Die Männer von Ninive werden gleichfalls am Tage des Gerichts gegen das Judenvolk auftreten. Der Bericht des Lukas enthält eine dreifache Steigerung: Eine Heidin und ein Jude; die äußersten Enden der Erde und Israel; Salomo und Jona und des Menschen Sohn.

---

[7] Matthäus und Lukas führen das Zeichen des Propheten Jona verschieden an. Der erste Evangelist erwähnt den dreinächtelangen Aufenthalt Jonas im Bauche des Fisches und seine Rettung aus demselben, was Lukas nicht berichtet. Auf den ersten Blick scheint es, als spiele Lukas nicht wie Matthäus auf das Zeichen der Auferstehung an, sondern nur auf des Jona Bußpredigt in Ninive. Aber schon die Zukunftsform (V. 30) „. . . so **wird**" (wie bei Matthäus nicht: i s t), „des Menschen Sohn diesem Geschlecht sein", deutet die Auferstehung an. Der Gedanke ist: Wie Jona dem Tode entrissen wurde und hernach den Niniviten Buße predigte, so wird auch der Sohn des Menschen als Auferstandener der ganzen Welt Heil ankündigen.

Und woher kommt dieser Mangel an geistlichem Unterscheidungsvermögen, den das jüdische Volk soeben an den Tag legt und der es hindert, in der Erscheinung Jesu eine göttliche Offenbarung zu erkennen?

Ist etwa diese Erscheinung nicht genug ans Licht gestellt worden? Sind die einzig dastehenden Wunder der Krankenheilungen und Totenauferweckungen nicht Merkmal und Zeichen genug, oder fehlt es dem Volk an natürlichem Verstand? Nein, die Ursache liegt woanders, sie liegt im sittlichen Zustand des Volkes. Sie wollen nicht. Sie fallen immer mehr dem Zustand der Verstockung, der Verfinsterung anheim! Der Grund hierzu ist in der Erklärung zu Vers 23 schon gegeben.

Karl Heim sagt zu diesen Versen noch folgendes: „Es wird ihm kein Zeichen gegeben werden." Nur ein Zeichen sollen sie haben. Aber das ist eben gerade das Gegenteil von dem Zeichen, das sie begehren. „Wie Jonas war drei Tage und drei Nächte in des Walfisches Bauch, also wird des Menschen Sohn drei Tage und drei Nächte mitten in der Erde sein." Also die Pharisäer und Schriftgelehrten sollen Jesus sterben und in die Erde sinken sehen. Aber mehr sollen sie nicht zu sehen bekommen. Es ist eine der erschütterndsten Szenen in der Leidensgeschichte, wie die Schriftgelehrten und Ältesten, die Menschen, die das Zeichen von ihm gefordert hatten, unter dem Kreuz stehen und von Ihm Abschied nehmen. Kopfschüttelnd sagen sie: „Andern hat Er geholfen und kann Sich Selber nicht helfen. Ist Er Christus, der Auserwählte Gottes, der König von Israel, so steige Er nun vom Kreuz, daß wir sehen, so wollen wir Ihm glauben. Er hat Gott vertraut, der erlöse Ihn nun, hat Er Lust zu Ihm." Es ist, als wollten sie Ihn zum letztenmal bitten: Meister, gib uns ein Zeichen! Dann wollen wir Dir glauben. Jesus aber hängt schweigend am Kreuz und sieht, wie die verlorenen Schafe vom Hause Israel, zu denen Er gesandt ist, alle von Ihm weglaufen, zweifelnd, kopfschüttelnd, höhnend, weil ihnen das Zeichen fehlt. Sein Sterben sollen sie sehen, aber Seinen Sieg sollen die Pharisäer und Schriftgelehrten nicht sehen. Den sollen nur die sehen, die ohne Pfand auf Seinen Ruf hin alles verlassen haben, ihre Netze, ihren Zolltisch, Vater, Mutter und Brüder, und sind Ihm nachgefolgt. Die Leute von Ninive sollen auftreten gegen die Juden am Jüngsten Gericht, denn sie haben ohne Beweis geglaubt, als dieser sonderbare Fremdling Jona, der unbekannte Prophet, eine Tagereise weit in ihre Stadt hineinwanderte und nur das eine Wort vor sich herrief: „In 40 Tagen wird Ninive untergehen."

W. Stb. Matth. Das Licht von Jesus genügt ohne jedes Zeichen.
S. 78f.
                               Lk 11, 33-36

Zu V. 34—36:   33 Keiner, der ein Licht anzündet, stellt es ins Kellerloch noch unter
Mt 6, 22. 23   den Scheffel, sondern auf den Leuchterstock, damit die Hereinkom-
               34 menden das Licht sehen. * Das Licht des Leibes ist dein Auge.
                  Wenn dein Auge einfältig (gesund) ist, ist auch dein ganzer Leib

erleuchtet; wenn es aber böse ist, ist auch dein Leib verfinstert.
35 * Prüfe nun, ob nicht das Licht, das in dir ist, Finsternis ist!
36 * Wenn nun dein Leib ganz erleuchtet ist, daß er keinen (einzigen)
Teil verfinstert hat, dann wird er so erleuchtet sein, wie wenn
die Leuchte dich mit dem Blitzstrahl erleuchtet.

Es verhält sich mit dem geistigen Licht Jesu ebenso wie mit dem na-
türlichen. Unser Leib genießt das äußere Licht nur vermittelst des
Auges. Die Hände, die Füße bekommen nur durch das Auge Licht, um
sich dann richtig bewegen zu können. Sie wissen, woran sie sind. Das
Auge ist also des Leibes Licht; es ist dasjenige Organ, das das äußere
Licht aufnimmt, um den ganzen Leib damit recht zu leiten!

So hat auch die Seele ein Organ. Dieses Organ ist das Herz, aus
dem die Tätigkeit des Fühlens, des Wollens, des Denkens hervorgehen
(Mt 6, 21). Wenn das Herz rechter Art ist, d. h. aus der Wahrheit ist
und das Wahre will, so eignet es sich die Offenbarung der göttlichen
Wahrheit an und teilt dieses Licht allem Seelenvermögen mit. Wo nicht,
so bleibt es im Zustand der Finsternis und alle Fähigkeiten der Seele mit
ihm. Auch der Verstand steht dann ganz im Dienst des Bösen und arbeitet der Wahrheit entgegen.

Auf diese Worte hin brauchen die Zuhörer bloß noch „sich an
die Brust zu schlagen" und zu prüfen, was sie hindert, das in Jesus
erschienene Licht zu erkennen und es zu ihrem Licht zu machen.

Man kann der größte Gelehrte oder der geistreichste Rabbiner sein und
doch keinen Strahl von diesem Licht empfangen, das nur vermittelst
eines aufrichtigen Herzens aufgenommen werden will. Wenn aber der
Mensch sich ganz und gar, ohne jeden Rückhalt, der Wirkung des Lichtes
hingegeben hat, so kommt es dahin, daß er selbst innerlich und äußerlich licht wird, wie einer, auf den eine Lichtquelle ihre hellen Strahlen
wirft (vgl. 2 Ko 3, 18; Rö 8, 29).

Jesus hat also damit jeden einzelnen Hörer sehr ernst aufgefordert,
nachzuprüfen, ob nicht sein geistiges Erkenntnisvermögen bereits verfinstert ist, weil er die in Jesus Christus geoffenbarte Wahrheit noch
nicht erkannt hat (Vers 35). Ein solcher aber, der Jesus Christus annimmt und aufnimmt, erkennt in Ihm nicht nur die Herrlichkeit des
Eingeborenen voller Gnade und Wahrheit (vgl. Jo 1, 14), sondern wird
in Sein Bild von Herrlichkeit zu Herrlichkeit verwandelt (2 Ko 3, 18). —

s. Jesu Wehe-Reden gegen die Pharisäer und Gesetzeslehrer

Lk 11, 37 — 12, 12

Der Hauptinhalt der Strafrede gegen die Pharisäer und Gesetzeslehrer
ist in Mt 23 berichtet. Jesus beschloß mit dieser Rede Sein öffentliches
Wirken vor Seinem Todesleiden. Nach den Berichten des Markus und
Lukas beendete Jesus Seine messianische Bezeugung in Jerusalem mit
einer Warnung an die Jünger vor der Hoffart, Habsucht und Scheinheiligkeit der Schriftgelehrten (vgl. Mk 12, 38-40; Lk 20, 46. 47). Das

hier von Markus und Lukas Berichtete bringt Matthäus am A n f a n g jener großen Rede des Herrn (vgl. Mt 23, 6. 7. 14).

Die einzelnen Wehe sind bei Lukas ganz anders und so originell im Unterschied zu Matthäus begründet, daß an eine Umarbeitung aus dem Bericht des ersten Evangelisten nicht zu denken ist. Die weitgehende Übereinstimmung mit der Rede in Mt 23 erklärt sich vielleicht daraus, daß Jesus am Schluß Seines Wirkens Gedanken und Sinnsprüche aus dieser früheren Rede hier in Lukas 11 wiederholt hat. Es ist auch gut möglich, daß der Herr das verderbliche Treiben der Volksobersten noch schärfer strafte, wodurch die s p ä t e r e Rede in Mt 23 gegen die frühere hier in Lukas 11 eine Erweiterung und Verschärfung erfuhr. Die harten Anreden an die Pharisäer und Schriftgelehrten: „Heuchler" (Mt 23, 13. 15. 23. 25. 27. 29), „Törichte und Blinde" (Mt 23, 17. 19), „Blinde Wegleiter" (Mt 23, 16. 24) und „Blinde" (Mt 23, 26) kommen bei Lukas nicht vor.

Gemäß der von Lukas selbst angegebenen Verbindung (Kap. 12, 1) fassen wir die zwei Reden Jesu „ g e g e n " die Pharisäer und „ ü b e r " die Pharisäer (11, 37-54 und 12, 1-12) in ein Ganzes zusammen. Wir haben hier den Höhepunkt des Kampfes zwischen Jesus und der pharisäischen Partei in Galiläa. Diesen ungewöhnlich heftigen Auftritten entsprechen die ähnlichen Vorgänge, die nach Johannes 8 bis 10 in Judäa stattfanden. Der Hintergrund des folgenden Zusammenstoßes ist sicherlich noch die im vorhergehenden Abschnitt widerlegte gehässige Anklage.

Der Abschnitt enthält: Einleitung: Anlaß zur Strafrede Jesu (Vers 37-38); Hauptteil: 1.) Die Vorwürfe gegen die Pharisäer (Vers 39-44); 2.) Die Vorwürfe gegen die Schriftgelehrten (Vers 45-54); 3.) Die den Jüngern gegebenen Zusprüche (Kap. 12, 1-12).

Einleitung: Der Anlaß zu der Strafrede Jesu.

Lk 11, 37-38

**37 Als Er aber zu Ende geredet hatte, bat Ihn ein Pharisäer. daß Er bei ihm frühstücken möge! Er ging hinein und legte Sich zu Tische.
38 * Als aber der Pharisäer sah, daß Er Sich vor dem Frühstück nicht gewaschen hatte, verwunderte er sich.**

Die Verhandlung Jesu mit Seinen Gegnern hatte wahrscheinlich schon eine Zeitlang gedauert. Er hatte jeden ihrer Angriffe zurückgewiesen. Markus berichtet, es sei ein solches Volksgedränge um Jesus herum (Mk 3, 20) entstanden, daß keine Möglichkeit vorhanden gewesen sei, das Brot zu essen. Das gab Veranlassung, daß ein in nächster Nähe wohnender Pharisäer auf den Gedanken kam, den Herrn zu bitten, für einen Augenblick in sein Haus einzutreten, um ein Frühstück zu nehmen, wie es um die Mittagszeit früher oder später genommen werden konnte. Jesus nahm die Einladung an. Er konnte Sich aber um so weniger auf große Tischzeremonien, etwa auf die pharisäischen Handwaschungen einlassen, als es Ihm sehr darum zu tun war. recht bald

Sein Tagewerk im Volk fortzusetzen. Lukas sagt nichts davon, ob der Gastgeber seine Verwunderung in bedenklichen Mienen oder in vorwurfsvollen Worten äußerte, weil Jesus ohne Waschung Seiner Hände Sich zum Frühstück niedergelassen hatte.

Den Anstoß, den der Pharisäer an Jesu Benehmen nahm, konnte der Herr nicht stillschweigend übersehen. Die erwiesene Gastfreundschaft durfte kein Anlaß sein, die Strafrede wegen der Schuld der pharisäischen Volksführer abzumildern.

Jesus hält den Pharisäern d r e i Sünden vor, die in den Augen Gottes ihre ganze Schein-Frömmigkeit wertlos machten: a) die Heuchelei (Vers 39-41); b) den Ehrgeiz (Vers 42-43); c) den schädlichen Einfluß, den sie mit ihrer Schein-Frömmigkeit auf das ganze Volk ausübten (Vers 44).

a) Die Vorwürfe gegen die Pharisäer.

Lk 11, 39-44

Die Heuchelei der Pharisäer.

W. Stb. Matth.
S. 304ff.
Zu V. 39—52:
Mt 23, 1—36

Lk 11, 39-41

39 Der Herr aber sprach zu ihm: Nun, ihr Pharisäer, das Äußere des Bechers und der Schüssel reinigt ihr, euer Inneres aber ist voll von 40 Raub und Bosheit. * Ihr Unverständigen! Hat nicht Der, welcher 41 das Äußere machte, auch das Innere gemacht? * Gebet vielmehr das darin (in der Schüssel) Befindliche als Almosen, und siehe, alles ist für euch rein!

Die beim Gastmahl vor Ihm stehenden Tafelgeräte dienten Jesus als Anknüpfungspunkt Seiner Rede, indem Er auf die Reinigung der Trink- und Eßgefäße hinwies. Jesus stellte damit nicht die Außenseite der Innenseite der Gefäße gegenüber, sondern Er zeigte den Kontrast der äußeren Reinheit der Tafelgeräte zur inneren Unreinheit der Pharisäer (Matthäus stellt dagegen das Äußere und Innere der Geräte gegenüber, Mt 23, 25. 26). Jesus vergleicht nun Becher und Schüssel mit den Menschen, an welchen auch wie bei den Tafelgeräten ein Äußeres und Inneres unterschieden werden kann. Die peinliche Beobachtung der pharisäischen Reinigungsvorschriften paßt gar nicht zu ihrer inneren Gesinnung. Die Pharisäer unterlassen es, ihr Herz „von Raubsucht und Bosheit" zu reinigen. Diese innere Reinigung ist unendlich wichtiger als die Beachtung ihrer äußeren Reinigungssatzungen.

Die pharisäische Torheit, die in der Hochschätzung der äußeren und in der Geringschätzung der inneren Reinheit bestand, brachte Jesus ihnen durch die Frage zum Bewußtsein: „Hat nicht Der, welcher das Äußere gemacht hat, auch das Innere gemacht?" Weil der Schöpfer Leib u n d Seele des Menschen geschaffen hat, und zwar den Leib als Wohnung der Seele, darum ist es Torheit zu glauben, daß allein durch Reinigung des Körpers Gottes Wohlgefallen erlangt wird, während das Innenleben, Herz und Seele, ruhig den Schmutz der Sünde behalten dürfte. [8])

Die Anweisung in Vers 42, das in den Schüsseln Befindliche als Almosen zu geben, ist verschieden aufgefaßt worden. Einige Ausleger beziehen „dies in den Schüsseln Befindliche" auf den Inhalt der Becher und Schüsseln. Hiernach soll das zum Lebensunterhalt in den Tafelgefäßen Befindliche mit den Armen geteilt werden.

Das „darin Befindliche" kann aber nicht nur bedeuten, was in Bechern und Schüsseln ist, sondern es ist auch der Schatz des „Inneren". Jesus weist die Anwesenden darauf hin, statt daß Raubsucht und Bosheit ihre Herzen erfülle, sollten sie sich stets in barmherziger Liebesgesinnung üben. Ihr Inneres sollte mit Güte und Freundlichkeit gefüllt sein. Und wes das Innere, nämlich das Herz voll ist, des geht der Mund über!

Durch ein solches Tun von innen heraus wird der ganze Lebenswandel entscheidend bestimmt. Die Mahnung des Herrn enthält ein Doppeltes: Die Heiligung von Speise und Trank geschieht nicht durch eine äußere Waschung der Gefäße, sondern wenn in barmherziger Liebe an Bedürftige ausgeteilt wird. Durch tätige Herzensgüte und Liebe, nicht durch Waschungen, wird der Unreinheit des Herzens gesteuert, die sonst Raubsucht und Bosheit verursacht.

„Und siehe, dann ist alles rein!" Dieses Resultat würde im Nu erreicht werden. Keineswegs liegt in diesem Ausspruch der Gedanke des Verdienstes der Werke. Diese Vorschrift gleicht der Anweisung, die der Täufer dem Volkshaufen gab (Lk 3, 11): „Wenn du zwei Röcke hast, so gib einen davon dem, der keinen hat." Das wird das beste Mittel sein, um zur Buße, zur Umkehr zu gelangen. Es handelt sich noch nicht um das Heil, sondern um die das Heil vorbereitenden Gesinnungen, um die Kennzeichen der Bekehrung, der Umkehr.

Der Ehrgeiz der Pharisäer.

Lk 11, 42—43

42 Aber wehe euch, Pharisäer, denn ihr verzehntet die Minze und die Raute und jedes Gartengewächs, und ihr geht am Gericht, an der Liebe Gottes vorbei! Dieses aber ist nötig zu tun, jenes aber gilt

---

[8] K. Heim sagt hierzu noch folgendes: „Die Pharisäer wollten nicht mit der „unreinen Welt" in Berührung kommen. Deshalb hatten sie allerlei strenge Regeln ausgebildet über das, was man nicht essen, nicht trinken, nicht anfassen darf, wenn man rein leben will. Jesus aber sagt ihnen: „Das alles ist nur eine Irreleitung des Gewissens." Es ist eins jener teuflischen Mittel, um die Magnetnadel unseres Gewissens abzulenken von der Hauptsache, um die es sich immer allein handelt. Die Welt, von der wir uns unbefleckt erhalten wollen, ist in Wahrheit nicht außer uns, sie besteht nicht in dem, was von außen in uns hineinkommt. Nein und abermals nein! Sie ist zuerst in uns. Der Schmutz sitzt in unserm Herzen. Aus unserm Munde kommt die Unreinheit heraus, so oft wir ein giftiges Wort sagen, das einen Menschen verwundet und das er vielleicht nie mehr vergessen kann. Aus unserm Herzen kommt die Unreinheit ..." Vgl. Mk 7, 17—23 (W. Stb. Markus S. 143f.).

43 es nicht zu lassen! * Wehe euch Pharisäern, denn ihr liebt den ersten Sitz in den Synagogen und die Begrüßungen auf den Märkten!
Das erste Wehe richtet sich gegen die pharisäische Doktrin und Praxis, die auf die Befolgung der kleinsten und äußerlichsten Gebote dringen, aber an den wichtigsten Forderungen des Gesetzes vorübergehen.

Jeder Israelit mußte den Zehnten von seinem Ertrag an Wein, Öl, Getreide usw. geben (3 Mo 27, 30; 4 Mo 18, 21; 5 Mo 14, 22). Um aber die strenge Pünktlichkeit ihrer Gesetzesbeobachtung zur Schau zu tragen, hatten die Pharisäer dieses Gebot auch weiterhin noch auf die unbedeutendsten Erzeugnisse des Gartens ausgedehnt, wie die Minze, die Raute, die Gemüse, die das Gesetz nicht erwähnt.

Den Kernpunkt des Gesetzes, die gerechte Rechtsprechung und die Liebe Gottes, lassen sie völlig außer acht. Die Ausübung des Rechts durch Entscheidung zwischen Recht und Unrecht und die Erfüllung der Gottesliebe, des höchsten Gebotes, unterbleiben. Jesus gebietet, diese Hauptdinge im Gesetz sollte man tun; und die Nebendinge, die Verzehntung der Gartengewächse, sollten auch nicht unterbleiben!

Das zweite Wehe richtet sich gegen die Pharisäer, weil sie die ersten Sitzplätze in den Schulen und die Begrüßungen auf den Märkten über alles liebten. Jesus geißelt ihre eitle Ehrsucht (vgl. Mk 12, 38. 39; Lk 20, 46). Echte Frömmigkeit trachtet nicht nach Ehre bei den Menschen. Dieser Vorwurf ist noch weiter entwickelt in Lk 20. 45—47.

Der schädliche Einfluß, den die Pharisäer mit ihrer Scheinfrömmigkeit auf das Volk ausübten.

Lk 11, 44

44 Wehe euch, denn ihr seid wie die nicht kenntlich gemachten Gräber, über welche die Menschen oben darüber gehen und wissen es nicht!
Das dritte Wehe, das Jesus über die Pharisäer ausruft, greift noch tiefer in ihr inneres Leben. Der Herr vergleicht sie mit alten und unkenntlich gewordenen Gräbern, über welche die Leute hingehen, ohne es zu merken. Jede Berührung eines Grabes oder eines Leichnams verunreinigte auf acht Tage (4 Mo 19, 16). Es konnte leicht vorkommen, daß man sich durch Berührung des Fußes mit einem der Erde gleichgemachten Grabe verunreinigte. Wer nicht ganz auf der Hut ist, verunreinigt sich, ohne es zu ahnen, durch den Umgang mit den Pharisäern. Der schlichte Israelit meint, wenn er mit einem Pharisäer Gemeinschaft pflegt, mit einem Heiligen umzugehen. Es wird sich aber zeigen; der Verkehr mit diesen Scheinheiligen wird zur Folge haben, daß man bald von dem Geist ihres Hochmuts und der Heuchelei angesteckt wird.

b) Jesu Strafrede gegen die Gesetzeslehrer.
Lk 11, 45—54
Eine Einwendung, die ein Gesetzeslehrer machte, gab der Rede Jesu eine andere Wendung. Die Pharisäer bildeten eine Religionspartei, die

Gesetzeslehrer waren ein offizieller Stand. Sie waren die Weisen, die Gesetzeskundigen, welche die Vorschriften des Gesetzes ausforschten und sie dem Gewissen der Frommen einschärften. Sie standen im Rang der geistlichen Führer. Die Mehrzahl gehörte wahrscheinlich zur pharisäischen Partei. Ihre amtliche Würde verlieh ihnen in der Theokratie eine höhere Stellung als die einer Partei. Hieraus erklärt sich die Einwendung des Gesetzeslehrers, mit welcher er Jesus unterbrach: „Lehrer, während Du dieses redest, schmähst Du auch uns." Jesus machte den Gesetzeslehrern wie auch den Pharisäern ein Dreifaches in Seiner Antwort zum Vorwurf: 1. ihren religiösen Buchstabendienst; 2. ihren unduldsamen Fanatismus; 3. ihren verderblichen Einfluß auf das Volk.

Jesu Weheruf gegen die falsche Stellung zum Gesetz.

Lk 11, 45—46

45 Es antwortete aber einer der Gesetzeslehrer und sagte zu Ihm:
46 „Lehrer, während Du dieses sagst, schmähst Du auch uns." * Er
aber sprach: „Auch euch, den Gesetzeslehrern, Wehe, denn ihr belastet die Menschen mit unerträglichen Lasten, und ihr selbst rührt nicht mit einem (einzigen) Finger die Lasten an."

Die Worte Jesu: „Auch euch, den Gesetzeslehrern, Wehe!" erklären, daß die an die Pharisäer gerichteten Weherufe auch ihnen gelten. Sie stellten eine Menge von spitzfindigen Vorschriften bezüglich der Erfüllung des mosaischen Gesetzes auf. Um den ganzen Buchstaben- und Formendienst, den sie den Menschen auferlegten, kümmerten sich die Gesetzgeber selbst nicht. Ihr Wissen um die Gesetze und Vorschriften ersetzte in ihren Augen das Tun.

Jesu Weheruf gegen die Verfolgungssucht.

Lk 11, 47—51

47 Wehe euch, denn ihr baut Grabmäler der Propheten. Eure Väter
48 aber haben sie getötet. * Also seid ihr nun Zeugen und stimmt den Werken eurer Väter zu, denn sie haben sie zwar getötet, ihr aber
49 baut die Grabmäler für sie auf. * Deshalb hat auch die Weisheit Gottes gesagt: ‚Ich sende zu ihnen Propheten und Apostel, und aus
50 ihnen werden sie welche töten und verfolgen, * damit das Blut aller Propheten, das da vergossen wurde seit Grundlegung der Welt,
51 von diesem Geschlecht eingefordert werde; * angefangen von dem Blute Abels bis zum Blute Zacharias', der umkam zwischen dem Opferaltar und dem Tempel-Hause. Ja, Ich sage euch, es wird gefordert werden von diesem Geschlecht!

Das Bauen der Grabmäler getöteter Propheten ist an und für sich nichts Schlimmes. Einige meinen, man befaßte sich mit diesen Arbeiten, um damit den Frevel der Vorfahren gutzumachen. Jesus wollte sicherlich nicht rügen, daß das Andenken der Propheten und Märtyrer durch Denkmäler geehrt und lebendig erhalten würde. Weil aber das Bauen

der Grabmäler von solchen geschieht, die ihren Vätern, den Prophe-
tenmördern, recht geben, ist ihr Tun eine Fortsetzung der Mordtaten
der Vorfahren.

Wegen der Übereinstimmung ihrer Gesinnung mit ihren Vorfahren
droht der gegenwärtigen Generation ein schweres Gericht. Gottes
Weisheit, d. h. nach Gottes Ratschluß, werden noch einmal Propheten
und Apostel, Verkündiger des Evangeliums (vgl. Eph 2, 20; 3, 5) unter
das Volk gesandt, an welchen sie dann die gleiche Gesinnung beweisen,
die ihre Vorfahren an den Propheten gezeigt haben. Die Sendung
neuer Propheten und neuer Boten ist demnach keine Gnadenerweisung
für die Gesetzeslehrer, sondern ein Strafgericht. Sie werden genau wie
ihre Väter etliche dieser Propheten und Apostel töten und verfolgen.

Der Fanatismus der Gesetzeslehrer, der zur Ermordung und Verfolgung der Gottesmänner führte, hat zur Folge, daß das Blut sämtlicher
Märtyrer der ganzen Geschichte des Alten Bundes von Abel bis zum
Propheten Zacharias (vgl. W. Stb. Matth. zu Kap. 23, 35—36. Fußnote
15) von ihnen gefordert wird. Die Namen dieser beiden Blutzeugen
stehen im ersten und letzten Buche der h e b r ä i s c h e n Bibel
(vgl. 1 Mo 4, 8. 10 u. 2 Chro 24, 20—22).

c) Jesu Weheruf gegen den Mißbrauch der Erkenntnis.

Lk 11, 52

**52 Wehe euch, den Gesetzeslehrern, denn ihr habt den Schlüssel der
Erkenntnis weggenommen. Ihr selbst seid nicht hineingekommen
und habt die, die hineinkommen wollten, daran gehindert.**

Der dritte Weheruf gegen die Gesetzeslehrer bringt zum Ausdruck,
daß die Heilige Schrift für sie selbst und das Volk ein verschlossenes
Buch ist. Die Auslegung der Schrift hatten sie sich ausschließlich vorbehalten. Die Erkenntnis wird hier unter dem Bilde eines Hauses
dargestellt, dessen Tür aufgeschlossen werden muß, um hineingehen
zu können. Den Schlüssel dazu haben die Gesetzeslehrer weggenommen, daß sie weder selbst eintreten können noch andere eintreten
lassen werden. Dieser Vergleich der Erkenntnis des Himmelreiches
(Mt 23, 13) mit einem Hause beruht wahrscheinlich auf einer jüdischen
Sitte, nach der einem Rabbi bei der Einführung ins Lehramt sinn-
bildlich ein Schlüssel mit den Worten übergeben wurde: „Wir geben
dir die Macht zu binden und zu lösen" (vgl. Mt 16, 19; 18, 18). Der
Schlüssel ist das Bild des offenen Zugangs zu den Heilsgütern des Tempels und ein Symbol des Amtes, dem es zukommt, auch anderen diesen
Zugang zu ermöglichen. Durch das vernunftsmäßige Hängen am Gesetzesbuchstaben haben die Gesetzeslehrer sich und anderen den Zugang
zur Heilserkenntnis verschlossen.

Aus dem rein intellektualistischen Hängen am Gesetzesbuchstaben ist
der geistliche Despotismus hervorgegangen, das dritte, was Jesus
an den Schriftgelehrten tadelt. Dieser dritte Vorwurf entspricht dem
dritten an die Pharisäer gerichteten Vorwurf: dem verderblichen Ein-

fluß, den sie auf den Geist des Volkes ausüben. Statt das Gesetz als Mittel zu gebrauchen, um das Volk durch Weckung des Sündenbewußtseins für das Heil vorzubereiten, hatte der pharisäische Unterricht der Gesetzeslehrer die peinlich genaue äußere Gesetzesbeachtung selbst zu einem Heilmittel gemacht. So war jener tiefe Gegensatz zwischen der von den Schriftgelehrten gelehrten Religion und der Offenbarung des göttlichen Heils, die Jesus brachte, entstanden. Dies war der Grund, weshalb das Werk Jesu bei dem Volk mißlang.

d) Die Feindschaft Seiner Zuhörer.

Lk 11, 53—54

53 Und da Er von dort herausging, fingen die Schriftgelehrten und Pharisäer an, Ihm heftig zu grollen und Ihn über mehr auszufra-

Zu Vers 54:
Lk 20, 20

54 gen, * indem sie Ihm auflauerten, um etwas aus Seinem Munde zu erjagen.

Es ist ganz verständlich, daß diese allerschwersten Anklagen, die Jesus im Hause des pharisäischen Gastgebers aussprach, nicht ohne Folgen blieben. In Vers 53 und 54 ist ein im Leben Jesu vielleicht einzigartiger Auftritt der Feindseligkeit geschildert. — In großer Aufregung war das Mahl hiermit abgebrochen. Der ganze Schwarm der Gäste sammelte sich um Ihn herum. Sie drangen furchtbar auf Ihn ein. Jeder brachte eine Frage auf, die Ihn in einen Vorwurf verstricken sollte, und jeder lauerte und lauschte, ob Er nicht ein Wort würde fallen lassen, womit sie Ihn vor dem Volk zuschanden machen könnten. Das Volk aber draußen drängte sich in dichten Scharen vor dem Hause. Damit kommen wir in Lukas 12, Vers 1 hinein.

Der Pharisäismus, weit entfernt, eine bloße Form des damaligen Judaismus zu sein, ist vielmehr nur die natürliche Offenbarung des sündigen Herzenszustandes, wo man die Hoffnung nicht aufgeben will, durch eigene Verdienste vor Gott gerecht zu werden. Man ist stolz auf das, was man zu besitzen meint, und immer geneigt, gerade den Schein von dem anzunehmen, was man, wie man wohl weiß, nicht besitzt.

Aber diese ganzen Gewebe des Selbstbetrugs werden von dem Sonnenblick des Königs der Wahrheit durchschaut, und wer, wie die Schriftgelehrten (Vers 45), Partei nimmt für die Sache der Ungerechtigkeit, empfängt von der scharfen Züchtigung Gottes und Jesu seinen gerechten Anteil.

9. Jesu Mahnung an die Jünger zu einem mutigen Bekenntnis.

Lk 12, 1—12

Die Jünger, die vielleicht auch außerhalb des Hauses des Pharisäers standen, ahnten vermutlich, daß Jesus Sich in einer äußerst gefährlichen Lage befand. Da tritt Jesus aus dem Hause und begibt Sich in den Kreis Seiner Getreuen. „**Er sagte zu Seinen Jüngern**", so lesen wir im Text, Vers 1. Jesus fühlt das Bedürfnis, Sich nun besonders an die Seinigen zu wenden, die, wie wir wohl annehmen können, ganz eingeschüchtert dastehen.

Der Ausdruck: **„Jesus fing an"** gibt Seinen folgenden Worten etwas Feierliches. Jesus wendet Sich also zunächst an das kleine, inmitten dieser aufgeregten Menge wie verloren dastehende Häuflein Seiner Jünger und spricht vor aller Ohren Worte voll Kühnheit und Kraft und Majestät.

Wie im Hause des Pharisäers fürchtete Er Sich auch draußen nicht, die Heuchelei der Pharisäerpartei mit dem Licht der Wahrheit zu beleuchten. Seinen Jüngern aber gibt der Herr eine vierfache Ermunterung und Ermutigung.

a) Aufmunterung zum Freimut im Blick auf ihr Amt.

Lk 12, 1—3

1 **Während sich die Volksmenge zu Tausenden versammelte, so daß sie einander traten, fing Er an, zu Seinen Jüngern zu sagen: „Hütet euch zuerst vor dem Sauerteig der Pharisäer, welcher ist die Heu-**
2 **chelei! * Nichts aber ist verhüllt, was nicht enthüllt werden wird,**
3 **und verborgen, was nicht bekannt wird. * Darum wird alles, was ihr im Dunkeln gesprochen habt, im Licht gehört werden; und was ihr ins Ohr geflüstert habt in den Vorratskammern, wird auf den Dächern gepredigt werden." ¹)**

Die Volksmengen bestimmten Ihn, Seine Jünger vor den Ohren des Volkes vor der Heuchelei der Pharisäer zu warnen. Was Er vor aller Ohren spricht, sind kühne und mutige Worte. Der Herr warnt zuerst vor dem Sauerteig der Pharisäer, der bedenklichsten Gefahr für die israelische Frömmigkeit (vgl. Mk 8, 15; Mt 16, 6). Das Neue Testament spricht mehrfach bildlich vom Sauerteig im g u t e n und s c h l i m m e n Sinne (vgl. Mt 13, 33; Lk 12, 1; 1 Ko 5, 6; Gal 5, 9). Die Warnung Jesu vor dem pharisäischen Sauerteig bei der Rückkehr in die Dekapolis mit den Jüngern (Mt 16, 6. 12; Mk 8, 15. Vgl. mit W. Stb. Matth. S. 221 f. u. Mark. S. 155) war durch eine völlig andere Situation veranlaßt. Dort bedeutet der Sauerteig, daß Jesus darunter ein ängstliches Hängen der Pharisäer an jüdischen Formen meint, also ihre Lehrauffassung geißelt. Die Deutung des Sauerteigs wie hier bei Lukas als H e u c h e l e i steht sachlich zu Mt 15, 1-20 (W. Stb. Matth. S. 208 f) und Mk 7, 1—23 (W.Stb. Mk S. 139 f) in Beziehung. Jesus beschuldigt die Pharisäer einer f e i n e r e n Art von Heuchelei. Nach ihrem Sinn wollten sie das Volk mit einem Netz religiöser Formen umspannen, de-

---

¹ Die Rede Jesu an die Jünger ist von Lukas wiedergegeben worden als eine Zusammensetzung aus drei gesonderten Stücken (vgl. Mk 8, 15; Mt 10, 26—33; Mk 3, 28. 29). Die Einleitung von dem großen Volksgedränge um Jesus hat Parallelen im Markusevangelium (vgl. Mk 2, 2; 3, 20; 4, 1; 5, 31; 10, 1); hier wird der Andrang noch überboten, daß die Tausende „einander traten". Der starke Zulauf erklärt sich ganz gut aus den allgemeinen Verhältnissen einer Reise. Sobald Jesus in einem Ort ankam, eilten alle Einwohner herbei, wenn Er dort Halt machte.

nen jeder innere Kern wahrer Frömmigkeit fehlte. Es war ein Widerspruch zwischen Innerem und Äußerem. Eine treffende Umschreibung des Begriffs Heuchelei ist das Pauluswort in 2 Tim 3. 5 von Leuten, welche den äußeren Schein der Gottseligkeit haben, aber ihre Kraft verleugnen.

Die Warnung des Herrn, sich vor allem vor der pharisäischen Heuchelei zu hüten, läßt klar erkennen, daß auch Seine Jünger nicht über die Versuchung zu dieser Untugend erhaben waren. Auch wer die Pharisäer streng verurteilt, kann selbst pharisäische Selbstgerechtigkeit pflegen und damit der Heuchelei verfallen.

Die Warnung vor der Gefahr der pharisäischen Heuchelei begründet und erläutert Jesus dann in Vers 2 mit einer Drohung. Das Verhüllte wird enthüllt, das Verdeckte wird aufgedeckt. Es steht am Ende der Zeiten eine allgemeine Offenbarung alles Verborgenen bevor. Dieser oberste Grundsatz der göttlichen Regierung soll anreizen, jetzt schon stets und immer rückhaltlos nach der Wahrheit zu handeln (vgl. Mk 4. 21. 22). Weil alles im Licht der Wahrheit enthüllt wird, soll sich jeder Jünger Christi vor der Heuchelei hüten. Wenn Gott das im Dunkel verborgene Motiv des Wandels und des Dienstes ans Licht bringt, wird offenbar, ob die Diener des Wortes Gottes Heuchler oder Zeugen der Wahrheit waren. So mahnt Jesus die Jünger, ihren Dienst im Blick auf den großen Tag der Offenbarung auszuüben (Kol 3, 3. 4; 1 Jo 3, 2).

Der Ausdruck in Vers 3 „in den Vorratskammern" ist die Übersetzung des griechischen Wortes „tamieion". Vgl. dazu Mt 6, 6, wo Jesus sagt: „Wenn du betest, so gehe in deine Vorratskammer hinein" (Luther übersetzt „ins Kämmerlein"). Das „tamieion", die Vorratskammer, ist im palästinensischen Bauernhaus der Raum, der keine Fenster hatte und verschließbar war. Hier wurden die Vorräte aufbewahrt. Man konnte weder hineinsehen noch ohne weiteres hineingehen. Das „tamieion" war in Wahrheit der verborgenste Raum des Hauses. — Der Ausdruck „tamieion" im Sinn der verborgenen Vorratskammer und darüber hinaus in der Bedeutung von versteckten, innersten Gemächern und Räumen wird im NT, außer hier, noch gebraucht Mt 24, 26; Lk 12, 24 und Mt 6, 6, im ganzen viermal.

Das „im Dunkeln Geredete" und das „ins Ohr in der Vorratskammer Geflüsterte" bezeichnen den Unterricht des Herrn, der einstweilen nur den Jüngern und nicht dem Volk zuteil wurde. (Zu dem ins Ohr Geflüsterten vgl. Mt 10, 26. 27; siehe W. Stb. Matth. S. 138). Was der Herr im vertrautesten Umgang und im Verborgenen den Jüngern allein ins Ohr sagte, sollten sie als angezündete Leuchten, in stets zunehmendem Hervorbrechen des Lichtes, auf den Dächern in aller Öffentlichkeit predigen oder als Herolde ausrufen. Es ist hier ein wichtiger Gegenbeweis gegen alle christlich-esoterische Geheimtuerei. Jesu Jünger sollen darum frei von Heuchelei und Menschenfurcht die Wahrheit verkündigen.

Die Häuser im Orient haben platte Dächer, von wo aus man die auf der Straße Befindlichen anreden kann. Dieses Bildwort bezeichnet also die größte Öffentlichkeit.

b) Ermunterung zur Furchtlosigkeit im Blick auf Gottes Schutz.

Lk 12, 4—7

4 **Ich aber sage euch, Meinen Freunden, fürchtet euch nicht vor denen, die den Leib töten und hernach keine Möglichkeit haben, noch etwas**
5 **darüber hinaus zu tun!** * **Ich werde euch aber zeigen, vor wem ihr euch fürchten sollt! Fürchtet euch vor Dem, der, nachdem Er getötet hat, Vollmacht hat, in die Gehenna zu werfen! Ja, Ich sage euch, Die-**
6 **sen fürchtet!** * **Werden nicht fünf Sperlinge für zwei Assarion ver-**
7 **kauft? Und nicht einer von ihnen ist vor Gott vergessen.** * **Aber**   Zu Vers 7:
auch die Haare eures Hauptes sind alle gezählt. Fürchtet euch nicht!   Lk 21, 18
Ihr seid mehr wert als viele Sperlinge.

Jesus denkt hier an die Zukunft der Seinen. Er weiß, daß sie mancherlei Gefahren und Verfolgungen zu erdulden haben. Die liebevolle Anrede: „**Ihr, Meine Freunde**" enthüllt den unerschöpflichen Reichtum der Güte des Heilandes. Alle Gläubigen werden „**Freunde**" genannt! Welch ein unbegreiflicher Ehrentitel ist das! Dieser Ehrentitel soll ihnen alle Menschenfurcht nehmen. Menschen können ihnen nichts weiter tun als dieses leibliche Leben nehmen.

Jesus verschweigt Seinen Jüngern aber nicht die Größe der Gefahr, in die sie kommen werden! Er garantiert ihnen nicht den Schutz ihres leiblichen Lebens. Aber Er zeigt ihnen zum Trost zugleich die Grenze der feindlichen menschlichen Macht.

Jesus mahnt darum, Den zu fürchten, der nach dem Tod die Vollmacht hat, in die Gehenna, in die Hölle zu werfen. Die Ausleger sind geteilter Meinung darüber, ob Gott oder der Satan in die Hölle wirft. Die Schrift gebietet nirgends, den Teufel oder den Satan zu fürchten, sondern ihm zu widerstehen (1 Pt 5, 9; Jak 4, 7). Gott hat allein Vollmacht, Menschen zu töten und an den Ort der Qual zu versetzen (vgl. Lk 16, 24. 28). Matthäus schreibt noch, daß die Menschen die Seele nicht töten können. Es soll darum nur Der gefürchtet werden, der die Seele zu verderben vermag (Mt 10, 28). Es heißt also nicht, daß die Seele getötet, sondern verdorben wird, was das Gegenteil von r e t t e n ist. Die Seele verfällt der Verdammnis.

Die folgenden Worte sprechen in den allerstärksten Bildern, die sich nur finden lassen, von der Fürsorge und Allwissenheit Gottes. Dadurch daß Jesus auch das Sterben des Kleinsten und Geringsten in der Natur in Gottes Planen mit hineinbezieht, will Er den Jüngern deutlich machen, daß auch ihr eigenes Sterben erst recht nicht sinnlos sein wird.

Der Ausdruck: „**vor Gott**" ist hebräisch; er bedeutet, daß unter diesen kleinen Geschöpfen nicht ein einziges ist, das nicht als Einzelwesen dem Blick der göttlichen Allwissenheit gegenwärtig wäre. Selbst die kleinsten und wertlosesten Vögel, von welchen fünf für zwei Assarion oder nach Mt 10, 29 zwei für einen Assarion verkauft werden,

werden nicht von Gott vergessen. (Vgl. hier W. Stb. Matth. zu Kap.
10, 29-31, Seite 139 u. 140. Ein Assarion = rund 6 Pfennig.)

Gottes Fürsorge erstreckt sich nicht allein auf unsere Person, sondern
das Geringfügigste, die Haare unseres Kopfes, stehen unter Gottes
Vorsehung. Wir achten nicht darauf, wenn von den 140 000 Haaren
täglich welche ausfallen; Gott aber, bei dem wir vor allen Sperlingen
ausgezeichnet sind, kümmert Sich um die kleinsten Dinge unseres
Lebens. Darum weg mit der Furcht vor Menschen und vor der Natur:
Ihr könnt nicht fallen ohne die Zustimmung Gottes; und wenn Er zu-
stimmt, so muß es Seinem Kinde zum Besten dienen.

So ist demnach die einzige Furcht, die der Jünger haben soll und
darf, die Furcht vor Gott. Was aber die Furcht (Ehrfurcht) vor Gott
bedeutet, wird in den späteren Worten veranschaulicht. Das Haupt-
merkmal, ja, das innerste Wesen dieser Furcht ist u n b e d i n g t e s
V e r t r a u e n u n d b e d i n g u n g s l o s e r G e h o r s a m.

c) Ermunterung zum Bekenntnis Jesu.

Lk 12, 8—10

8 „Ich sage euch aber: Jeder, der sich zu Mir bekennt vor den Menschen, zu dem wird Sich auch der Sohn des Menschen vor den Engeln
9 Gottes bekennen! * Wer Mich aber verleugnet hat vor den Menschen, der wird auch verleugnet werden vor den Engeln Gottes.
10 * Und jedem, der ein Wort gegen den Sohn des Menschen sagen wird,
dem wird vergeben werden. Dem aber, der gegen den Heiligen Geist
gelästert hat, dem wird nicht vergeben werden."

Zu Vers 10:
Mt 12, 32
Mk 3, 28. 29

Durch Verheißung und Drohung ermutigt der Herr zu einem furcht-
losen, treuen und freimütigen Bekenntnis. Es heißt eigentlich, genau
übersetzt: „Jeder, welcher in Mir bekennt vor den Menschen, den wird
auch der Sohn des Menschen in Ihm bekennen vor den Engeln Gottes."
Das hat den Sinn, daß er sein Bekenntnis **in Ihm** tut, d. h. daß er Ihm
ganz und gar zugehört und mit Ihm ganz und gar verbunden ist, ohne
Ihn nicht eine einzige Sekunde zu leben vermag. Einem solchen tut der
Herr auch Sein Bekenntnis in Ihm, d. h. daß Er ganz und gar mit Seinem
Knecht eins ist, daß der Knecht des Herrn Lebenselement ist. Einen solchen wird Er dann als Seinen Angehörigen, Seinen Freund vor den
Engeln bezeugen. Wenn Er vor dem Throne Gottes von den Heer-
scharen Seiner Engel umgeben ist, bekennt Christus das Eins-Sein mit
den Seinen.

So herrlich das Bekenntnis in Ihm sich lohnt, eine so schwere Strafe
zieht die **Verleugnung** Christi nach sich. Wer sich Christi vor den Menschen schämt und mit seinem Bekenntnis „in Ihm" zurückhält, oder mit
denen hält, die Ihm die Ehre nehmen, von dem heißt es: „**der wird
verleugnet werden!"** Diese passive Ausdrucksweise ist bedeutungsvoll.

In Vers 9 steht das Verbum „verleugnen" also im Passiv. Es heißt
nicht wie in Vers 8: „Ich werde den Bekennenden bekennen" und darum:
„Ich will diesen Jünger verleugnen", sondern es heißt: „er wird verleugnet werden." Da ist aus der Verwerfung ein Akt geworden, der sich

von selbst vollzieht als die notwendige Folge des Verhaltens auf Erden.

Da Jesus Vers 11 ausdrücklich auf die Jünger wieder zurückkommt (hymas = euch), so sind die Worte in Vers 10 auch an die Ihn umgebenden Gegner gerichtet und sollen in der Hauptsache eine ernste Warnung an diese sein. Doch sollen diese Worte gewiß auch als Trost und Aufmunterung für die Jünger dienen. Die Jünger sind vielleicht durch den feindselig drohenden Widerstand der geistlichen Führer ihres Volkes gegen ihren Meister in eine innere Not gekommen. Der Trost ihres Herrn besteht darin, daß Er ihnen nun sagt: Es gibt etwas noch Schlimmeres als die Verwerfung Meiner Person, das ist die Lästerung des Heiligen Geistes. Es ist für den Juden nicht leicht und selbstverständlich gewesen, Jesus in Seiner Niedrigkeit als den lange erwarteten Messias zu erkennen. Ihre geistliche Belehrung lag leider seitens der Pharisäer auf einer ganz anderen Linie. Ihren Erwartungen entsprach Jesus von Nazareth durchaus nicht. Jesus sagt damit: Diese mangelnde Erkenntnis betreff Meiner Person schließt die Vergebung nicht für immer aus. Nur das hartnäckige innere Widerstreben gegen den Heiligen Geist, der nach Meiner Auferstehung durch die Predigt an ihnen arbeiten wird, bringt diese Gefahr der Lästerung des Heiligen Geistes bedenklich nahe. Dies ist eine Lästerung ganz besonderer Art; es geht um eine Schmähung Gottes trotz besserer Einsicht und trotz besseren Wissens. Es ist ein bewußtes Hinübertreten auf die Seite Satans und ein Verharren in der Verstockung gegen Gott.

Wir wollen beachten, daß Jesus hier an dieser Stelle, wo der Haß und die Auflehnung der führenden Juden ganz scharf in Erscheinung treten, nicht sagt: Ihr Schriftgelehrten, ihr begeht die Lästerung des Heiligen Geistes, die euch nie vergeben werden wird. Jesus spricht dieses Urteil nicht aus, Er verwarnt sie nur auf das allerernsteste, ob sie nicht sich doch noch zurückreißen und retten lassen möchten.

Zu allen Zeiten hat diese scharfe Warnung des Herrn die Christen stark beschäftigt. Immer wieder taucht die Frage auf: Was ist das für eine Sünde, die nie vergeben werden wird? Ängstliche Gemüter, die sich über diese Frage zergrübeln, ob sie wohl diese Sünde begangen hätten, beweisen damit, daß sie dies n i c h t getan haben. Denn all ihr Forschen und Fragen nach dem Sinn des Wortes Gottes bedeutet ja, daß sie Gottes Gemeinschaft wieder suchen, daß sie Gott fürchten.

Die Heilige Schrift spricht von einem „Widerstreben" (Apg 7, 51), „Erbittern", „Entrüsten" (Jes 63, 10) und „Betrüben" des Heiligen Geistes (Eph 4, 30). Das ist etwas anderes als „die Lästerung des Heiligen Geistes". Dieser bedeutungsvolle Ausspruch wird von allen drei Synoptikern in verschiedener Form berichtet (vgl. Mt 12, 31; Mk 3, 28). Jede Sünde kann durch Reue oder Buße vergeben werden, die Lästerung des Geistes wird nicht vergeben. · Wer sich dem Eindruck nicht verschließen kann, daß Gottes Geist an ihm und in ihm wirkt, aber ihn bewußt ablehnt und bewußt für widergöttlich erklärt, kann nicht den Weg zur Buße finden. Wer das G ö t t l i c h e, ja, die höchste

Offenbarung durch den Heiligen Geist satanisch nennt, verfällt dieser
Lästerungssünde, die weder in dieser noch in der künftigen Welt vergeben wird. Diese ernste Warnung Jesu steht auch hier wieder einmal
im Gegensatz zur Wiederbringungs- und Allversöhnungslehre. (Über
die Lästerung wider den Heiligen Geist vgl. W. Stb. Matth. S. 164 u. 165
u. Markus 3, 28—30 S. 92—94). [2])

d) Versicherung des Beistandes des Heiligen Geistes.

Lk 12, 11—12

Zu Vers 11:
Mt 10, 19. 20
**11 Wenn sie euch hineinbringen vor die Synagogen und vor die Obrig-
keiten und Behörden, dann sorgt nicht, wie oder womit ihr euch
12 verteidigen oder was ihr sagen sollt; * denn der Heilige Geist wird
euch in der selben Stunde lehren, was nötig ist zu sagen.**

In Mt 10, 19. 20; Mk 13, 11 und Lk 21, 14 findet sich noch der gleiche Gedanke. Die Worte: „sie werden hineinbringen" deuten auf solche
Feinde wie die, an die Jesus soeben in Vers 10 die Warnung gerichtet
hat. Es sind zahlreiche und verschiedenartige Gerichte, vor denen Seine
Jünger werden erscheinen und sich verteidigen müssen, nämlich die
religiösen jüdischen Gerichte und die heidnischen Obrigkeiten (Staats-
behörden). Aber die Jünger sollen sich auf keine Verteidigungsrede
vorbereiten. Denn wenn auch Jesus verworfen werden wird, Er wird
trotzdem mit großer Kraft durch den Heiligen Geist weiter wirken
und Seinen Jüngern beistehen. Die Antworten auf die Anklagen der
Feinde werden ihnen unmittelbar dargereicht werden.

Die Apostelgeschichte zeigt treffend, wie sich diese Zusage des Herrn
bewahrheitet hat. Die Obersten, Ältesten und Schriftgelehrten in Jerusalem mußten die Freudigkeit des Petrus und Johannes sehen und sich
wundern (Apg 4, 13). Die Verteidigungsrede des Stephanus ging den
Hörern durchs Herz (Apg 7, 54)! Felix erschrak vor dem gebundenen
Paulus (Apg 24, 25).

Es ist deutlich, daß Jesus den Jüngern diese Zusage im Blick auf Verfolgungen gab. Mit diesen Worten des Herrn argumentieren, d. h. nachweisen zu wollen, jede Vorbereitung für eine Predigt wäre nicht von
Gott gewollt, entspricht nicht dem Text. Vgl. hierzu Mt 10. 19 (Siehe
W. Stb. Matth. S. 136) und Joh 15, 26 ff.

---

[2] Lange sagt zur Lästerung des Heiligen Geistes folgendes:
„Der Sünder kann der Offenbarung Gottes, die bis in sein Inneres kommt, immer wieder eigen-
willig und trotzig mit vollem Bewußtsein widersprechen. Mit diesem Widersprechen aber tritt
der Mensch dann in eine satanische Region. Das Merkmal dieser Verschuldung ist eine ungeheure
innere Aufregung gegen die Erweisung der Wahrheit, mit welcher sich jene Roheit, Bosheit und
Raserei entwickelt, deren eigenste Ausdrucksweise die Lästerung, deren eigenste Stimmung der
Geist der Lästerung ist. Das Lästern ist schon seiner Natur nach geistwidrig; daher wird auch das
Reden wider die bewußten Einwirkungen des Heiligen Geistes in seiner vollen Entfaltung zur
Lästerung wider den Heiligen Geist.
Allein, man darf auch das nicht verkennen, daß mit der allgemeinen Verlästerung des Göttlichen,
insbesondere des Menschensohnes, schon die Gefahr der Lästerung gegen den Heiligen Geist sich
einstellt. In dieser Gefahr befanden sich aber jene Widersacher Christi ganz besonders."

10. Jesu Mahnungen an die Jünger vor dem Volke zur rechten Stellung hinsichtlich der Güter und Verhältnisse dieser Welt und der Zeichen der Zeit.

Lk 12, 13—59

In dieser Lehrrede des Herrn ist ein innerer Zusammenhang wahrzunehmen. Das Gesamte enthält aber auch verschiedene Mahnungen und Warnungen des Herrn, die nach dem Matthäusevangelium bei ganz anderen Gelegenheiten vorgetragen wurden. Es finden sich zwei Bruchstücke aus der Bergpredigt (Mt 6, 25—33; 6, 19—21), ein drittes Stück aus der Dienstinstruktion für die Apostel (Mt 10, 34—36) und neben verschiedenen Aussprüchen (Mt 16, 2. 3; 5, 25. 26) ein Abschnitt aus der großen Eschatalogie (Mt 24, 42—51) hier eingefügt. Hier liegt ein besonders markantes Beispiel der Lehrweise Jesu vor, daß Er gleichartige Aussprüche und längere Redeteile in verschiedenen Verbindungen vortrug, wodurch die göttliche Wahrheit eine mehrfache Beleuchtung erfährt.[3])

a) Der Anlaß zu der Mahnrede Jesu.

Lk 12, 13—15

13 Einer aber aus der Volksmenge sprach zu Ihm: „Lehrer, sprich zu
14 meinem Bruder, daß er das Erbe mit mir teile!" * Er aber sprach zu ihm: „Mensch, wer hat Mich zum Richter oder Erbteiler über euch
15 eingesetzt?" * Er aber sprach zu ihnen: „Sehet zu und hütet euch vor jedem Geiz, denn wenn einer Überfluß hat, so kommt sein Leben nicht aus seinen Gütern."

Zu Vers 15:
1 Tim 6, 9. 10

Das hier Berichtete gehört zum S o n d e r g u t des Lukas. Ein Mensch aus der Volksmenge, nicht ein Jünger, hatte vielleicht unter den Tausenden den Herrn zum erstenmal gehört (vgl. Lk 12, 1) Dem Mann war vielleicht sein Erbteil vorenthalten worden oder er sollte darum betrogen werden. In solchen Fällen wendeten sich die Juden jener Zeit oftmals an die Schriftgelehrten. Ganz wie bei anderen ähnlichen Anlässen (z. B. die Ehebrecherin) weigert Sich Jesus entschieden, irgend etwas zu tun, was die Meinung erwecken könnte, Er wolle Sich an die Stelle der bestehenden Gerichtsobrigkeiten setzen.

---

[3] Was jeder Schreiber der Evangelien nach seiner Eigenart und Begabung niedergeschrieben hat, zeigt immer wieder besondere Seiten der einen Wahrheit. Lukas, welcher die Aussprüche Jesu hier ganz anders zusammenreiht und in anderer Form wiedergibt als z. B. Matthäus, vergönnt uns damit einen Tiefblick in den unaussprechlichen Reichtum der Worte des ewigen Lebens. Falsche Harmonisierungs- und Zerstückelungsversuche nach den Zusammenhängen des Matthäusevangeliums vorzunehmen, würde den Eindruck verwischen, den ein zusammenhängendes Lesen der lukanischen Wiedergabe der Rede des Herrn hinterläßt. Es ist darum für die Bibelleser die höchste Freude und der größte Gewinn, das von Lukas hier Mitgeteilte einfach so aufzunehmen, wie es niedergeschrieben ist. Ein Vergleich mit den Parallelen aus dem Matthäusevangelium wirkt dann fruchtbringend und anregend für die Heilserkenntnis.

Die Anrede „**Mensch!**", und die Frage: „**Wer hat Mich zum Richter oder Erbteiler über euch eingesetzt?**", soll den Fremden zur Besinnung bringen. Jesus gibt damit vor allem zu verstehen, daß Er nicht gesonnen war, Sich auf ein Gebiet zu begeben, was Ihm nicht zustand. Jesus, der von Sich abwies, was Ihm nicht zukam, erkannte damit zugleich die Verpflichtung aller derer an, die dazu eingesetzt sind. In die äußeren politischen und bürgerlichen Verhältnisse wollte Er nicht eingreifen. Das Wort und Vorbild des Meisters gilt für alle Zeiten, daß mit dem g e i s t l i c h e n Amt nicht ungebührlich Fremdartiges vermengt wird. Sehr gern wird das Ansehen eines Geistlichen zur Schlichtung von Rechtsstreitigkeiten mißbraucht.

Es war nicht des Herrn Aufgabe und der Zweck Seines Kommens in die Welt, dem Frager zu seinem berechtigten Erbteil zu verhelfen, sondern ihn von seinem Hauptübel zu heilen. „**Er sprach zu ihnen: Sehet zu und hütet euch vor jedem Geiz!**" Er warnte alle Hörer, weil fast alle Menschen an diesem einen Grundübel leiden.

Die beiden Imperative „**Sehet**" und „**Hütet euch**" in Vers 15a könnte man als Aufforderung ansehen: „Habt die Augen recht offen gegen den Geiz!" Doch übersetzt man vielleicht richtiger: „Seht diesen Menschen, der eben mit der Forderung nach Besitz an Mich herantrat, und hütet euch!" Der griechische Ausdruck, der mit Geiz übersetzt wird, bezeichnet eher „die Begierde, immer mehr zu haben", als das Verlangen, das zu behalten, was man schon hat. Dies Letzte gehört aber mit zum Ersten. Dieses doppelte Verlangen beruht auf einem abergläubischen Vertrauen zu den irdischen Gütern, deren Besitz man mit dem G l ü c k gleichstellt.

Die schwierige Konstruktion des Grundtextes in Vers **15b** weist trotz mancher Verdunkelungen des Wortlautes auf die Torheit des Geizes in folgendem Sinne hin: „Wenn jemand auch Überfluß hat, so bekommt er kein Leben durch seine Güter". Das ist wohl der Sinn dieses schwer zu konstruierenden Satzes.[4]

b) Das Gleichnis vom törichten Reichen.

Lk 12, 16—21

16 Er aber sprach ein Gleichnis zu ihnen und sagte: „Eines reichen Men-
17 schen Acker hatte gut getragen. * Und er überlegte bei sich selbst und sagte: Was soll ich tun, denn ich habe nicht Platz, wo ich meine
18 Früchte sammeln kann? * Und er sprach: Ich will meine Scheunen

---

[4] Die Worte enthalten ein Dreifaches: 1. Das Viele oder das Überflüssige tut es nicht, weil man doch nicht alles verbrauchen kann. 2. Leben kommt nicht aus dem Besitz. Keiner lebt einen Tag länger, auch wenn er noch so viel Nahrungsvorrat hat. Um den Vorrat essen zu können, muß einer am Leben bleiben. 3. **Gott allein** und nicht der „Überfluß" gibt und erhält in jeder Beziehung das Leben. Der Besitz vieler Güter gibt keine Garantie für die Erhaltung des Lebens. Der „Lebensfaden" wird ganz allein nur durch Gottes Willen verlängert oder verkürzt. Das Leben kann bei der größten Armut erhalten bleiben, aber auch beim größten Reichtum unerwartet erlöschen.

niederreißen und größere aufbauen und will allen Weizen und
19 meine Güter sammeln. * Und ich werde zu meiner Seele sagen:
Seele, du hast viele Güter auf viele Jahre vorrätig: ruhe, iß, trink
20 und sei fröhlich! * Gott aber sprach zu ihm: Tor, in dieser Nacht
fordert man deine Seele von dir! Was du aber zubereitet hast, wem
21 wird es gehören? * So ist es mit jedem, der für sich selbst Schätze
sammelt und ist nicht reich in Gott.

Zu Vers 20:
Hbr 9, 27
Zu Vers 21:
Mt 6, 20

Dieses Gleichnis im Sondergute des Lukas ist so einfach, daß es
kaum einer Erklärung bedarf. Die Schilderung der Torheit des Reichen
ist originell. Der Reichtum wird in diesem Gleichnis als Mittel angesehen, sich für viele Jahre ein sorgloses Leben zu verschaffen, als wäre
der Fortbestand des Lebens nur ganz allein vom Essen und Trinken
abhängig.

Die einfache Fassung: „Eines reichen Menschen Acker hatte gut
getragen" verleiht der folgenden Darstellung einen wirksamen Hintergrund. Der Reiche überlegte, wie er den großen Ertrag der Ernte unter-
bringen sollte.

Der Mann hat an sich nichts Böses getan. Er steht vor aller Welt als
kluger Ehrenmann da, ist sehr fleißig, tüchtig und erfolgreich in seinem
Beruf und ist doch vor Gott ein Narr. Der Kornbauer spricht zu sich
selbst: „Meine Früchte, meine Scheune, meine Güter, meine Seele", als
ob dieses alles nur ihm ganz allein gehöre, als ob er nur ganz allein
für sich und von sich aus darüber verfügen dürfte. — Er wird erfahren,
daß dies alles ihm nicht gehört. Auch sind die sechs „Ichs" des Bauern so
sehr charakteristisch: Was soll ich tun — ich habe nicht — wo ich —
ich will — ich will — ich werde sagen. —

Am Schluß des Gleichnisses kommt der schärfste und wirksamste
Kontrast der Schilderung zur Sprache: „Es sprach aber **Gott** zu ihm".
Dieser packende Gegensatz zwischen dem Selbstgespräch des törichten
Reichen und dem Urteil Gottes gehört zu den erschütterndsten Gege-
benheiten des Gleichnisses. Es steht fest, daß es wirklich W o r t e Gottes
sind, die der Reiche hört.

Die Worte Gottes zeigen in konkreter Schärfe die Verblendung der
Gesinnung des Reichen. Während der Reiche noch in der Wahnvorstellung k ü n f t i g e r Genüsse schwelgt, wird von Gott das Urteil über
den törichten Menschen gefällt. Es sind ihm nicht einmal so viele
S t u n d e n beschieden, als er sich L e b e n s j a h r e träumte. Die
nächstfolgende Nacht des Tages, an dem der Reiche über den Frucht-
ertrag seines Ackers seine Zukunftspläne festgelegt hatte, mußte er
schon sterben. „**Deine Seele werden sie von dir fordern**", ist ein besonderer Ausdruck für das Erleiden des Todes. Es kommt ein wider-
williges Erleiden des Todes zum Ausdruck, daß er „seine" Seele herausgeben muß, die er doch als die „Seinige" festhalten möchte. Sprachlich und sachlich kann übersetzt werden: „Man wird deine Seele von
dir fordern".

Die Anrede „**Tor**" wird in der folgenden Schicksalsverkündigung
furchtbar begründet. Gott deckt den Wahn des Mannes auf, der glaubte,

mit seinen für lange Zeit aufgehäuften Schätzen auch sein Leben sichern zu können. Nach dem angekündigten Verlust des Lebens wird noch die Frage nach dem Ergehen des Vermögens aufgeworfen, ohne jede Andeutung einer Antwort. „**Was du aber zubereitet hast, wem wird es gehören?**"

Jesus hatte gewarnt, sich nicht der Torheit hinzugeben, als wäre das Leben von der Menge der Güter abhängig (Lk 12, 15). Unser Gleichnis beleuchtet diesen Ausdruck. Die Erzählung wird in beiden Teilen dieser Tendenz gerecht. Der erste Abschnitt schildert die Art und Weise, wie sich die Habgier die Zukunft vorstellt und mit ihr rechnet. Der zweite Teil deckt die verhängnisvolle Torheit auf, die Geiz und Habgier in Wirklichkeit sind.

c) Eine Verurteilung weltlicher Sorghaftigkeit.

Lk 12, 22—31

Was Jesus den Jüngern im Folgenden sagt, steht mit der vorangehenden Mahnrede an das Volk, aber auch mit der Rede an die Jünger in enger innerer Beziehung (vgl. Verse 13—21, 1—12). Vor allem besteht ein Zusammenhang mit der Verurteilung weltlicher Sorgen und Stützen und der Warnung gegen die Habsucht und die von Gott nichts wissen wollende Überschätzung des Reichtums. Unser Redestück greift auch auf die Ansprache an die Jünger zurück (Vers 1—12). Der Hinweis auf Gottes Fürsorge und Hilfe (Vers 24—29) erinnert unverkennbar an die Ermunterung: „Zersorgt euch nicht!" (Vers 6. 11). Die Mahnung zur Sorglosigkeit bildet einen Teil der Bergpredigt (Mt 6, 25—34).

W. Stb. Matth.
S. 161
     Mahnung zur Sorglosigkeit im Blick auf Gottes Fürsorge.

Lk 12, 22—24

Zu V. 22—31:
Mt 6, 25—33

Zu Vers 24:
Ps 147, 9

22 Er sprach aber zu (Seinen) Jüngern: „Darum sage Ich euch: Sorgt nicht für das Leben, was ihr eßt, noch für (euren) Leib, was ihr an-
23 ziehen werdet! * Denn das Leben ist mehr als die Nahrung und
24 der Leib mehr als die Kleidung. * Betrachtet die Raben, daß sie weder säen noch ernten. Sie haben weder Vorratskammer noch eine Scheune, und Gott nährt sie. Wieviel mehr seid ihr wert als die Vögel!"

Der hier vorliegende Abschnitt wird als Jüngerrede bezeichnet, im Unterschied zu den vorangehenden Ansprachen an die Volksmassen (Vers 15. 16) und an einen Menschen aus der Menge (Vers 13). Was Jesus zu den Jüngern sagt, verknüpft Er mit dem Vorangehenden durch die Worte: „**Darum sage Ich euch**".

In der Tat kann, wie leicht zu erkennen ist, alles Folgende sich nur auf Gläubige beziehen. D a r u m , weil das Leben nicht von den irdischen Gütern, sondern allein von Gott abhängt, braucht der Gläubige nicht ängstlich zu sorgen. Nicht nur von dem habgierigen Trachten nach irdischem Besitz und dem krampfhaften Festhalten an diesem ist der Gläubige frei (siehe Gegenteil: der Kornbauer), sondern er ist auch

der quälenden Sorge um die notwendigsten Bedürfnisse des Leibes ent-
hoben. Sollte Gott, der das Größere, das leibliche Leben gegeben hat,
nicht auch für das Kleinere, nämlich seine E r h a l t u n g, sorgen können und wollen?

Der Mangel an Vertrauen auf Gottes väterliche Fürsorge wird aufgedeckt durch den Hinweis auf die **Raben,** die ihre Nahrung nicht beschaffen und aufspeichern, aber dennoch von Gott ernährt werden.
Lukas drückt sich sehr genau aus. Er sagt nicht, daß die Raben nicht
ernten, sondern daß sie keine Vorratskammer und keine Scheune haben,
trotzdem aber nicht verhungern. Unser Evangelist nennt im Unterschied
zu Matthäus die Raben wegen ihrer Sprichwörtlichkeit, daß Gott für
ihre Jungen sorgt (Hi 38, 41; Ps 147, 9).

Die heilige Unbesorgtheit, die Jesus den Jüngern anpreist, hat
n i c h t s mit l e i c h t s i n n i g e r Sorglosigkeit zu tun. Sorgen im
Vertrauen auf Gottes Vatergüte treibt an zum fleißigen Gebet, zugleich aber auch zur fleißigen A r b e i t. Jesus tadelt die Sorge, die
glaubt, es hinge alles allein von ihr ab. Luther unterscheidet sehr fein:
„Die Sorge, so aus der Liebe kommt, die ist geboten; aber die n e b e n
dem Glauben ist, die ist verboten."

Mahnung zur Sorglosigkeit im Blick auf unser Leben

Lk 12, 25—28

**25 Wer aber von euch vermag dadurch, daß er sorgt, zu seiner (Körper)
26 Länge eine Elle zuzusetzen? * Wenn ihr nun nicht das Geringste
27 vermögt, was sorgt ihr für das Übrige? * Betrachtet die Lilien, wie
sie weder spinnen noch weben. Ich sage euch aber, nicht einmal
Salomo in aller seiner Herrlichkeit war bekleidet wie eine von
28 diesen. * Wenn aber das Gras, das heute auf dem Felde steht und
morgen in den Backofen geworfen wird, Gott so kleidet, wieviel
mehr euch, Kleingläubige!**

Der Sorge, die Jesus verurteilt, liegt nicht allein der Unglaube,
sondern auch der Unverstand zugrunde. Der Mensch kann trotz aller
seiner Sorgen seiner Lebenslänge keine Elle zusetzen. Weil der griechische Ausdruck „helikia = die Lebenslänge" (wie in Jo 9, 21. 23;
Hebr 11, 11) bedeutet, aber auch „Leibesgröße" (Lk 19, 3) ausdrückt,
und Leibesgröße und Lebenslänge in eins zusammenfaßt (vgl. Lk 2,
52; Eph 4, 13), sind die Ansichten der Ausleger über diese Stelle verschieden. Eine Gruppe von Erklärern, die an „Leibesgröße" denkt, versteht darunter die Mahnung des Herrn in dem Sinne: „Sorgt nicht
für die Länge und Größe des Körpers."

Die Pflanzen, die sich keinerlei Sorgen machen, treiben dennoch
mächtige Triebe, ihr aber mögt euch noch so sehr abquälen, wenn ihr
klein von Statur seid, ihr werdet euch nicht größer machen können,
ebensowenig wie ihr mit euren Sorgen auf die Länge eures Lebens
einwirken könnt.

Der Herr meint vielleicht aber auch die gewöhnliche Sorge der Menschen um das Leben und die Lebenslänge überhaupt. Nichts ist häu-

figer als der vergebliche Wunsch eines Sterbenden, sein Leben noch
um ein weniges zu verlängern.

Um den Jüngern die Sorglosigkeit für das Leben ans Herz zu legen,
verwies Jesus in Vers 24 auf ein Beispiel aus dem Tierreiche. In bezug
auf die Kleidung hätte Er auch auf das Tierreich hinweisen können.
Jesus aber wählt in Vers 27 ein zarteres Gleichnis, das gleichsam dem
Endzwecke noch besser entspricht. Der Herr zeigt an einem der un-
scheinbarsten Produkte der Schöpfung die herrlichste Kleidung; die
Lilie (Anemone) ist im Orient häufiger rot, orangenfarbig und gelb,
sonst weiß; unter ihren verschiedenen Arten ist die Kaiserkrone die
schönste, die im Orient auf dem Felde ohne menschliche Pflege
wächst. Der Glanz der Lilien wird mit dem jüdischen Ideal der Herrlichkeit, dem höchsten Gipfel der salomonischen Königspracht verglichen (vgl. 1 Kö 10, 18 ff.; 2 Chro 9, 17; Pred 2, 4). Die Pracht dieser Blumen ist umso auffälliger, je dürftiger ihr Dasein ist. Sie wachsen
wild und werden schnell spindeldürr durch den Schirokkowind (vgl.
Ps 90, 5. 6; 1 Pt 1, 24). Dieser Wind trocknet auch das Gras aus.
Wenn das dürre Gras zur Heizung der Öfen gesammelt wird, so werden die vertrockneten Lilien mit abgepflückt. Die Lilien werden damit
als geringfügig bezeichnet. Es geschieht noch mehr durch den Zusatz:
„das Gras, das heute vorhanden ist und morgen verdorrt und in den
Ofen geworfen wird."

Der Ofen, von dem Jesus hier redet, ist eine irdene Pfanne, um die
man Kohlen herumlegt und die man zum Backen des Teiges gebraucht.
Wenn es an anderer Feuerung fehlte, erwärmte man die Pfanne mit
dürrem Gras.

Jesus hebt den höheren Wert des Menschen gegenüber den wunderbar gekleideten Lilien und dem Gras auch in den Augen des Schöpfers
hervor. Durch die Anrede: Kleingläubige! enthüllt der Herr den geheimen Hintergrund der Nahrungssorgen.

Eine Mahnung, nicht um Essen und Trinken zu sorgen, sondern nach
dem Königreich Gottes zu suchen.

Lk 12, 29—31

29 „Auch ihr, fragt nicht darnach, was ihr essen und was ihr trinken
   möget, und regt euch nicht auf (oder „ängstigt euch nicht" — oder
30 „wollt nicht hoch hinaus" „meteorizesthe"). * Denn dieses alles
31 begehren die Völker der Welt. * Vielmehr sucht (erstrebt, begehrt)
   Sein Königreich (Koine: Königreich Gottes) und dieses (Koine hat
   „alles") wird euch hinzugefügt werden!"

Den Sorgen, mit welchen sich die Menschen in der Welt quälen
(Vers 30), stellt Jesus die eine Sorge gegenüber, die den Gläubigen
beschäftigen muß (Vers 31 ff.). Mit dem Ausdruck „Völker der Welt"
bezeichnet Jesus nicht nur die Heiden — da hätte Er kurz gesagt: die
Heiden —, sondern auch die Juden, die durch ihre Weigerung, in das
Reich Gottes und des Messias einzugehen, sich dazu verurteilen, „Volk
d i e s e r Welt" zu werden wie die andern, und außerhalb des wahren

Gottesvolkes zu bleiben, an das allein die Worte Vers 30 ff. gerichtet sind. [5]

Der Herr empfiehlt ein absolutes **Trachten** nach dem Reiche Gottes. Diese Forderung ist nicht verschieden von der Form: „Trachtet zuerst!" (Mt 6, 33). Es ist auch dort ein Suchen, das jedes andere Suchen ausschließt. Chrysostomus sagt zu dieser Forderung des Herrn: „Wir sind nicht deshalb erschaffen worden, um zu essen und zu trinken und uns zu kleiden, sondern um Gott zu gefallen."

Jesus meint: Es bleibt aber nur ein Sorgen und Trachten euch Jüngern würdig, das Trachten nach dem Reiche Gottes. Hier stehen wir wieder auf dem Boden des Vaterunsers. Gottes Reich bedeutet die Herrschaft Gottes. Gottes Wille soll geschehen, darum völlige Hingabe des ganzen Menschen innerlich in jedem Augenblick an Gott. Dann ist auch nicht mehr nötig, auf die äußere Sicherheit durch Geld und Gut bedacht zu sein. Frei von dem vergänglichen Besitz entsteht ein unvergänglicher Besitz, der Reichtum in Gott. Etwa vorhandene Güter sind dann nur ein Pfand von Gott, Seinen Kindern anvertraut und dazu zu benutzen, das Reich Gottes in uns und durch uns Wirklichkeit werden zu lassen. Der Glaube überläßt es Gott völlig, dann noch „hinzuzufügen", was Er für richtig hält.

Die Stelle Vers 31: „Vielmehr sucht, erstrebt, begehrt Sein Königreich und dieses (gemeint ist das Irdische) wird euch hinzugefügt werden!" steht bei Matthäus (6, 33) in einem Abschnitt der Bergpredigt, in dem Jesus den Pharisäern ihre Habgier vorhält.

d) Eine Mahnung zum rechten Trachten nach dem Königreich Gottes.

Lk 12, 32—40

Das höchste Trachten nach dem Reich Gottes darf seines Erfolges gewiß sein. Die Jünger sollen sich als Erben dieses Königreiches nicht vor der feindlichen Gewalt dieser Welt fürchten, sich aber auch keine Sorgen um die irdischen Güter machen. Weil dieses Reich in Zukunft zur vollen Wirklichkeit und Erscheinung gelangt, fordert der Herr eine ständige Bereitschaft für den Empfang des wiederkommenden Königs. Danach besteht das rechte Trachten nach dem Reiche Gottes,

---

[5] Der griechische Ausdruck „zeteo" in Vers 29, der mit „s u c h e n" übersetzt ist, hat eine mehrfache Bedeutung: suchen, streben, begehren, wünschen, verlangen, fordern, forschen. Das in Vers 30 vorkommende „epizeteo" bedeutet: suchen, forschen, begehren, verlangen, trachten nach, erstreben. Die Vieldeutigkeit dieses Ausdrucks kann zu einer lebhaften Auslegung dieser Worte des Herrn anregen.
Der im Nachsatz von Vers 29 nur einmal im Neuen Testamente vorkommende Ausdruck: „m e t e o r i z o" wird verschieden gedeutet. Wir haben ihn übersetzt mit „regt euch nicht auf", oder „ängstigt euch nicht", oder „wollt nicht hoch hinaus" (Schlatter)! Andere übersetzen: „Lasset euch nicht unruhig hin und her schwebend umtreiben!" Wieder andere deuten: „Verliert nicht den festen Boden unter den Füßen, schwebt nicht in der Luft!" Das griechische „meteorizo" klingt in unserem „M e t e o r" nach. Es bedeutet hiernach „sich im Geiste so weit in die Höhe heben, daß man wie eine Lufterscheinung glänzt, aber auch das Schicksal so vieler Irrlichter teilen muß."

im gläubigen Vertrauen der Offenbarmachung des göttlichen Gnaden-
ratschlusses zu harren und in der steten Bereitschaft auf die Wiederkunft
des Herrn zu warten. Rechtes Trachten ist demzufolge das stete Sich-
füllen-lassen mit dem ganzen Reichtum des ewigen herrlichen zukünftigen Reiches Gottes.

W. Stb. Matth. Der Verkauf aller Erdengüter für den Schatz im Himmel.
S. 165f.   Lk 12, 31—34

Zu V. 33—34: 32 „Fürchte dich nicht, kleine Herde, denn es hat eurem Vater wohl-
Mt 6, 20. 21   33 gefallen, euch das Königreich zu geben! ˙ Verkauft euren Besitz
und gebt Almosen! Schafft euch selbst Beutel, die nicht veralten.
(Schafft euch) **einen unausschöpflichen Schatz in den Himmeln, wo
34 ein Dieb nicht naht und eine Motte nichts verdirbt. ˙ Denn wo
euer Schatz ist, da wird auch euer Herz sein."**
Im Unterschied zu den Tausenden der Volksmenge und zu den Völkern der Welt gleicht die Jüngerschar einer kleinen, wehrlosen Läm-
merherde unter Wölfen (Mt 10, 16). Jesus ist ihr guter und großer
Hirte (Mt 26, 41; Jo 10, 12), der dem kleinen Häuflein nach Gottes
gnädigem Ratschluß den Empfang des Königreiches zusichert. Die
kleine Schar im Vergleich zur Mehrheit des Volkes, die den Hirten
haßt und die Herde bedroht (Lk 6, 22 f.; 12, 51; 21, 17), soll in der
Gewißheit auf des Vaters Wohlgefallen alle Furcht vor den Feinden
überwinden.
Nach dem Zusammenhang kann sich dieser Zuspruch weder auf die
Angst vor Verfolgung beziehen noch auf die Befürchtungen, sie möchten nicht Kraft genug haben, sich auf Erden zu behaupten und das
Reich Gottes aufrechtzuerhalten, sondern es ist vielmehr ein ähnlicher
bekräftigender Schluß wie in Vers 23: „Sollte Der, der euch die größ-
ten Güter gegeben hat, euch nicht noch viel gewisser euren irdischen
Lebensunterhalt geben, solange Er euch in dieser Welt läßt?" Jesus
sagt: „eurem Vater". Ein Herr läßt es Seinem Knecht, der eifrig für
Ihn arbeitet, nicht an der Fürsorge fehlen. Und wenn der Herr ein
„**Vater**", der Knecht ein **Sohn** ist!? Wieviel dann noch mehr!
Das Wort Jesu Vers 33 und 34 soll, wie manche sagen, die große
Ketzerei des Lukas sein, insofern, als das Heil durch das verdienstliche
Werk des Almosen-Gebens und der freiwilligen Armut erlangt werde.
Allein, dabei vergißt man, daß es sich um Leute handelt, denen das
Reich Gottes schon gehört (Vers 32), die es also nicht zu verdienen
brauchen. Nach dem Zusammenhang sind die Imperative: „Verkaufet",
„gebt" nicht ein strenger Befehl, sondern eine Ermutigung: „Tragt
kein Bedenken, so zu handeln, wenn es das Reich Gottes verlangt! Ihr
werdet euch durch ein solches Opfer nicht nur nicht arm machen, son-
dern in Wahrheit bereichern. So weit kann euer Vertrauen auf Gottes
Fürsorge für euch sich erstrecken." Jesus sprach hier bloß aus, was Er
Selbst und was mit Ihm Seine Apostel getan hatten (Mt 18, 28)
Später wendet Paulus schon in ganz anderer Weise dieses große
Gebot des im Gottvertrauen begründeten Sich-Lossagens vom Besitz an.

Paulus sagt (1 Ko 7, 30): „... die da kaufen, als besäßen sie nicht."
Es erlaubt also das Besitzen und auch das Erwerben. Was Paulus verlangt, ist das innerliche Lossein, vermöge dessen der Gläubige bereit
ist, je nach Umständen seinen Besitz sofort und ganz aufzugeben,
wenn es Gott fordert.

Der eigentliche Inhalt der Vorschrift Jesu in Vers 33 und 34 gilt
für alle Zeiten; die Art der Erfüllung wechselt.

Verkaufet!... gebet!... In diesen Ausdrücken liegt sozusagen eine
begeisterte Verachtung der irdischen Güter, in denen der natürliche
Mensch sein Glück zu finden meint. Wir erinnern an die Worte der
Bergpredigt, wo Jesus Sich nicht scheut, das höchste Maß von Freiheit
zu fordern. Es ist klar, daß der Herr Sich an Leute wendet, von denen
Er weiß, daß ihnen der Zugang zum Himmel schon gewiß ist; denn
wozu sollte man sich einen Schatz erwerben an einem Ort, zu dem der
Zugang einem nicht schon offen steht? Der durch Almosen erworbene
Schatz dient also nicht dazu, den Himmel aufzuschließen, sondern zu
verschönern.

Die Anweisung in Vers 33b, Beutel anzufertigen, die nicht veralten,
bezieht sich auf die Art, wie man mit dem erworbenen Gelde umgeht.
Wer Geld und Gut nur für sein eigenes Wohlleben ausgibt, gleicht einem
Arbeiter oder einem Handelsmann, der, im Bilde gesprochen, sein Geld
in einen schadhaften und löcherigen Beutel steckt (vgl. Hag 1, 6). Wer
dagegen sein Hab und Gut dem Trachten nach dem Reiche Gottes
unterordnet, gleicht einem Mann, der seinen Erwerb in einen Beutel
steckt, der nie veraltet. Er hat in dieser kurz bemessenen Zeitspanne
nicht vergeblich geschafft, sondern einen ewigen, im Himmel aufbe-
wahrten Schatz erworben.

Die sprichwörtliche Anführung: Motten, Rost, Diebe ist auf die drei
Hauptarten des gesammelten Gutes der alten Welt bezogen: „Kleider,
Geld, Getreide". Es können Rost, Motten, Diebe aber auch auf das
Feindselige in der Welt, und zwar der Tier- und Menschenwelt bezogen werden. Lukas spricht nur von Dieb und Motte. Beides ist biblischer Sprachgebrauch: Diebe suchen in der Nacht nach Schätzen (Hi
24, 16; Ob 5, 6; Jer 49, 9), Motten zerfressen ein Kleid (Hi 13, 28; Jes
50, 9; 51, 6. 8; Jak 5, 2). Beachtenswert ist, daß, wenn von **„den Schätzen auf Erden"** die Rede ist, stets die M e h r z a h l angewandt wird,
wenn dagegen vom **Schatz im Himmel** die Rede ist, die E i n z a h l
steht. Das Irdische ist Vielheit und Zersplitterung. Das himmlische
Gut ist dagegen ein einheitliches großes und ewiges Ganzes (vgl. Mt
6. 19—21 u. 19, 21).

Der Schatz im Himmel ist ein Bildwort für d a s e w i g e L e b e n.
Dieses Himmelsgut ist der rechte Schatz und das wahre Eigentum.
Schon jetzt gehört den Gläubigen das ewige Leben (vgl. hierzu beson-
ders das Johannesevangelium). Es heißt nun weiter: **„Wo euer Schatz
ist, da wird auch euer Herz sein!"** Der Sinn des ersten Satzteiles ist
„Euer Schatz ist im Himmel sicher aufgehoben und kann nicht ver-

derben." Er ist das unvergängliche, unbefleckte und unverwelkliche
Erbe, das im Himmel aufbewahrt ist für euch (1 Pt 1, 4).

Der zweite Satzteil: „da wird auch euer Herz sein", ist eine Aufforderung und Verheißung in einem. Die gewaltige Aufforderung, das
Herz dem himmlischen Schatz zuzuwenden, liegt schon im ersten Teil:
„Da, wo euer Herz ist" positiv ermunternd und verheißungsvoll begründet. Durch den vorhandenen Schatz im Himmel sind die Jünger innerlich reich, und von obenher wird ihr Herz, ihre ganze persönliche
Lebensrichtung hier unten immer wieder nach obenhin gezogen!

<table>
<tr><td>W. Stb. Matth.
S. 322ff.</td><td>Mahnung zur dauernden Bereitschaft auf die Wiederkunft des Herrn
Lk 12, 35—40</td></tr>
</table>

Zu V. 35—46:
Mt 24, 42—51

**35 36 „Eure Hüften seien umgürtet und die Lichter brennend, * und
ihr selbst seid gleich Menschen, die da ihren Herrn erwarten, wenn
Er von der Hochzeit aufbricht, damit sie Ihm, wenn Er kommt und
37 klopft, sogleich öffnen. * Glückselig sind jene Knechte, welche der
Herr wachend finden wird, wenn Er kommt! Wahrlich, Ich sage
euch: Er wird Sich gürten und sie sich zu Tische legen lassen und
38 wird herzukommen und sie bedienen. * Und wenn Er in der zweiten oder in der dritten Nacht-Wache käme und würde es so finden,
glückselig sind jene zu preisen!"**

Befreit von der Last der irdischen Güter, erhebt sich die Seele wie
ein Luftballon, dessen Seile man durchschnitten hat, hinauf zu dem
Herrn, der einst wiederkommt und den jeder Gläubige fortwährend erwartet. Vers 34 „Wo euer Schatz ist, da wird auch euer
Herz sein", bildet so den Übergang zu den zwei folgenden Gleichnissen:

dem vom heimkehrenden Hausherrn (Vers 35—38)

und dem von dem Dieb (Vers 39 ff.).

Das lange morgenländische Oberkleid muß an den Hüften herauf-
genommen und befestigt werden, weil das Gewand bis zu den Füßen
herabreicht. Dieses Befestigen des Kleides geschah, um sich für einen
Gang oder eine Arbeit zu rüsten (2 Mo 12, 11; Jer 1, 17; Lk 17, 8; 1
Petr 1, 13; Eph 6, 14). Die Leuchter sollen angezündet sein, wenn der
Herr in der Nacht kommt, um Ihm entgegen gehen zu können. Der
Hüftengürtel soll nicht abgelegt und das Licht nicht ausgelöscht werden bis zum Kommen des Herrn. Das erste Bild bringt die Tätigkeit,
das zweite Bild die Wachsamkeit des Jüngers zum Ausdruck.

„Wachen" bezeichnet einen Herzenszustand, bei dem der Gedanke
an Gott und an unsere Verantwortlichkeit gegen Ihn sowie die Erwartung der Wiederkunft unseres Erlösers und Richters dem Geist fortwährend gegenwärtig ist.

(Vers 37) Was tut nun der Herr, wenn er so erwartet und empfangen wird? Gerührt über solche Treue Seines Dieners, läßt der Herr, anstatt sich selbst an den gedeckten Tisch zu setzen, seinen wackeren
Diener hinsetzen und gürtet sich selber, wie der Knecht gegürtet war,
um ihm zu dienen, geht zu ihm hin und wartet ihm mit den Speisen
auf, die der Diener für seinen Herrn zubereitet hatte.

Welch große Verheißung, daß der große ewige Herr in Seiner Herrlichkeit dem dienen will, der ihn treulich erwartet und Ihm hier auf Erden herzlich gedient hat. Je mehr sich Seine Ankunft verspätet hat, umso lebhafter und inniger ist des Herrn Dankbarkeit, desto größer sind die Beweise Seiner Zufriedenheit. Bei den alten Juden hatte die Nacht nur drei Abschnitte (Nachtwachen) (Richter 9, 19), später, wahrscheinlich seit der römischen Herrschaft, nahm man vier an: von sechs bis neun Uhr, von neun bis zwölf, von zwölf bis drei und von drei bis sechs Uhr.

Ob Er in der zweiten oder dritten Nachtwache kommt, der Herr will Seine Knechte wachend finden. Von der ersten und vierten Nachtwache schweigt Jesus. Das hat seinen Grund darin, daß mit Seiner Ankunft nicht zu schnell, aber auch nicht zu spät zu rechnen ist. Die Ungeduld kommt darum nicht zu ihrem Recht, die Sorglosigkeit, die denkt, Er würde vielleicht in der vierten Nachtwache kommen, wird enttäuscht. Der Herr kommt während der zwei mittleren Nachtwachen wieder, wenn die Versuchung am stärksten ist, in den Schlaf zu fallen. Des Herrn Ankunft kann länger auf sich warten lassen, als die Knechte sie erwarten. Vielleicht kann sie erst in der dritten Nachtwache stattfinden. Vielleicht kann sie auch wider alles Erwarten in der zweiten Nachtwache erfolgen. Ein echter Knecht, der stets bereit ist, verliert nicht das sehnsüchtige Verlangen, nach seinem wiederkommenden Herrn auszuschauen!

Ein Ausleger fragt, ob dieses Gleichnis sich nicht vielmehr auf den Tod des einzelnen Gläubigen als auf eine endliche Wiederkunft Jesu beziehe. Aber in diesem Fall müßte das Bild eines Dieners gebraucht sein, der im Hause seines Herrn empfangen wird, nicht das Bild eines abwesenden Herrn, der nach Hause zurückkehrt.

Es scheint hier ein Widerspruch zu sein mit Lk 17, 7—10. Aber dort spricht Jesus das Bewußtsein aus, von dem der D i e n e r erfüllt sein soll: „Ich bin ein unnützer Knecht". Der Herr will dort im Gegensatz gegen das p h a r i s ä i s c h e W e s e n den gesetzlichen und rechtlichen Gedanken des V c r d i e n s t e s aus dem Herzen des Dieners herausreißen.

Hier schildert Jesus die Gesinnung des **Herrn** selbst. Hier ist bereits das neue Verhältnis der Liebe zwischen Herrn und Diener vorausgesetzt (vgl. die Erklärung zu Lk 17, 7 ff).

Wenn wir diese Verse uns noch einmal im Zusammenhang anschauen, dann ist es uns, als ob wir im Geiste in eine dunkle Gegend hineinschauen. Nur in einem Hause ist helles Licht — man schmückt sich, denn man erwartet den nach langer Abwesenheit heimkehrenden Herrn. — Das hellerleuchtete Haus in dunkler Zeit ist die Brautgemeinde. Der Herr hat sie zurückgelassen in einer sehr dunklen Zeit und Welt. Aber sie wartet sehnsüchtig und marschfertig wie einst Israel in Ägypten: gegürtet, Stäbe in den Händen, Schuhe an den Füßen (2 Mo 13, 11).

Denn jeden Augenblick kann der Ruf erschallen: „Der Bräutigam
kommt!" Die Hüften sollen gegürtet sein, d. h. die Gedanken sollen
fest auf den kommenden Herrn gerichtet sein. Die brennenden Lichter
sind die prophetischen Worte (2 Pt 1, 19), die hineinleuchten in unsere
dunkle Zeit, um all die Zeitereignisse recht zu verstehen, um einer
klugen Jungfrau zu gleichen, die bereit ist, mit brennender Lampe dem
Herrn entgegenzugehen, wenn Er kommt.

Durch ein zweites Gleichnis (Vers 39—40) wird die N o t w e n d i g -
k e i t des Wachens und die Gefahr s o r g l o s e r Sicherheit erläutert.
Die Knechte werden in diesem zweiten Gleichnis während der Abwesenheit des Herrn mit einem Hauseigentümer verglichen, der Sorge
dafür tragen muß, daß sein Haus nicht von Dieben ausgeraubt wird.
Der Herr kommt plötzlich wie ein Dieb in der Nacht.

**39 Dieses aber merkt! Wenn der Hausherr wüßte, in welcher Stunde
     der Dieb kommt, würde er nicht zulassen, daß sein Haus durch-
40 wühlt würde. * Seid auch ihr bereit, denn der Sohn des Menschen
     kommt zu derjenigen Stunde, die ihr nicht vermutet!"**

Der Wiederkommende ist nicht bloß ein solcher Herr, der alles ersetzt, was man für Ihn hingegeben hat, sondern Er kommt wie der
Dieb, der alles nimmt, was man vielleicht noch für sich festgehalten
hätte.

Also nicht bloß: „Wachet bis ans Ende!" (Vers 36—38), sondern:
„Wachet, ohne je während des Wachens das Auge zu schließen!" Von
keiner anderen Rede Jesu ist der Einfluß auf die Schriften des Neuen
Testaments fühlbarer als von dieser (1 Th 5, 1 ff; 2 Pt 3, 10;
Offb 3, 3; 16, 15). Man sieht, daß sie recht tief in die Herzen der
Jünger hineingeklungen hatte.

Es folgt auch aus diesem Ausspruch Jesu, daß der Gläubige nicht die
Aufgabe hat, den unbestimmbaren Zeitpunkt irgendwie festzustellen
oder zu berechnen. Er hat wegen seiner Unwissenheit überhaupt nichts
dergleichen zu tun, sondern nur fortwährend treu und inbrünstig auf
den Herrn zu warten.

e) Das Gleichnis vom treuen und klugen Haushalter.

Lk 12, 41—48

Die Gefahr der sorglosen Sicherheit zeigt der Herr in einem Gleichnis von einem Knecht, dem während Seiner Abwesenheit die Aufsicht
über das Hausgesinde anvertraut wurde. Jesus zeigt den Jüngern den
Lohn der Treue und die Strafe der Untreue. Das Gleichnis bezieht sich
hier, wie auch bei Matthäus (Mt 24, 45—51), auf die Verzögerung der
Wiederkunft des Herrn. Der Hausherr ist der gen Himmel gefahrene
und plötzlich wiederkommende Sohn des Menschen. Der Knecht repräsentiert die Führer der Gemeinde, die ermahnt werden, durch das
Ausbleiben der Ankunft des Herrn nicht untreu und sorglos zu
werden.

Die Verantwortung der Knechte des Herrn.

Lk 12, 41—46

41 **Petrus aber sprach: „Herr, sagst Du zu uns dieses Gleichnis, oder**
42 **zu allen?" * Und der Herr sprach: „Wer ist denn der treue und**
verständige Haushalter, den der Herr über Seine Dienerschaft ge-
setzt hat, daß er zur rechten Zeit das zugemessene Getreide gibt? *
43 **Glückselig jener Knecht, welchen sein Herr, wenn Er kommt, so**
44 **tun findet! * Wahrlich, Ich sage euch, Er wird ihn über alle Seine**   Zu Vers 44:
45 **Habe setzen! * Wenn aber jener Knecht in seinem Herzen spricht:**   Mt 25, 21
Mein Herr zögert zu kommen, und anfängt, die Knechte und
Mägde zu schlagen, zu essen und zu trinken und sich zu berau-
46 **schen, * so wird der Herr jenes Knechtes an einem solchen Tage**
kommen, welchen er nicht vermutet, und zu einer Stunde, welche
er nicht merkt, und Er wird ihn in zwei Teile spalten und wird ihm
geben seinen Teil mit den Ungläubigen."

Die Frage des Petrus kann sich wohl kaum auf das Gleichnis vom
Dieb beziehen. Sie ist offenbar durch die Größe der Verheißung in
Vers 37 veranlaßt.

Hier bedeutet das Wort „alle" nicht alle Menschen und das Wort
„uns" nicht alle Gläubigen. Wie hätte Petrus annehmen können, daß
einst am Tage der Wiederkunft des Herrn a l l e Menschen als Diener
des Herrn sich im Hause des Herrn befinden werden? Man hat daher
unter dem Wort „alle" wohl alle Gläubigen und unter dem Wort
„uns" speziell die Apostel und im weiteren Zeitlauf die verantwortlichen Führer der Gemeinde Jesu zu verstehen. Jesus fährt in Seiner
Rede fort, als ob Er auf die Frage des Petrus gar nicht achtgegeben
hätte. In der Tat aber gibt Jesus der folgenden Ermahnung zur Wachsamkeit eine solche Wendung, daß Petrus darin die bestimmte Antwort
auf seine Frage finden kann, etwa so lautend: Wer anders als du,
Petrus, und deine Mitjünger sollten denn die treuen und klugen Hausverwalter sein, welche die regelmäßige Austeilung der geistlichen Nahrung an die Gemeinde Jesu als dem „Hause des Herrn besorgen?

Die Frage des Herrn an die Zwölfe: **„Wer ist denn der treue und**
kluge Knecht?" überläßt jedem die Antwort selbst. Jeder soll sich
selbst ernstlich prüfen. Selbst unter den Jüngern befand sich Judas, der
Verräter, so daß Jesus nicht „alle" als treue und verständige Verwalter
ansehen konnte. Der Herr wollte die Apostel veranlassen, daß jeder
einzelne von ihnen sich für eine der beiden Schilderungen entscheiden
sollte. Unter den Knechten, die über andere gesetzt sind, gibt es
Unterschiede; „allen" aber schärft Jesus den Ernst der Verantwortung
ein.

Der **„Haushalter"** ist zugleich ein **„Knecht"**, der von seinem Herrn
über die Dienerschaft gesetzt ist. Im Gleichnis wechselt darum der
Ausdruck „Haushalter" (Vers 42) und „Knecht" (Vers 43. 45. 46) ab.
Jesus wünscht **„treue"** und **„verständige"** Haushalter oder Knechte.
Die „Treue" steht an erster Stelle (vgl. 1 Ko 4, 2). Die „Verständig-

keit", das ist Klugheit, welche in Einfalt des Herzens nur auf das Eine schaut, was dem Herrn recht ist, kommt aus der Treue und ist einig mit ihr.

Der Verwalter hat die Ehrenstelle, daß er jedem Diener für seine Arbeitsleistung im Hause die gebührende Belohnung zuteilt. Im übertragenen Sinne versteht man darunter die rechte Austeilung des **Wortes** (2 Tim 2, 15), das jeder nach seinem anvertrauten Gnadenpfunde zu verwalten hat. Es soll jedem nach seiner Gebühr, unverkürzt und unverfälscht, weislich und getreulich zur rechten Zeit ausgeteilt werden.

Ein Knecht aber, der in treuer und kluger Verwaltung über das ihm Anvertraute von dem wiederkommenden Herrn angetroffen wird, vernimmt eine Seligpreisung aus Seinem Munde. Er wird schon wegen seiner „Tat" (Jak 1, 25) selig gepriesen. Es wird ihm aber noch eine größere Seligkeit zuteil; der Herr befördert ihn vom Kleinen zum Vielen (Mt 25, 21; 1 Tim 3, 13). Der treue Knecht wird über den ganzen Besitz des Herrn gesetzt.

Es ist ein Unterschied zwischen der Belohnung in Vers 44, die dem treuen Haushalter, und der Belohnung in Vers 37, die dem wachsamen Knecht verheißen wird. Die dem wachsamen Knecht gegebene Verheißung hatte etwas Innigeres in sich. Sie war der Ausdruck der persönlichen Angehörigkeit, der Dankbarkeit des Herrn für die persönliche Liebe, die Ihm der treue Diener bewiesen hatte. Die Haushalter in Vers 44 gegebene Verheißung ist ehrenvoller. Sie ist die offizielle öffentliche Belohnung für die dem Hause geleisteten Dienste. Wie sein Wirkungskreis hier auf Erden ein weitreichender und öffentlicher war, so wird auch seine Stellung in der Ökonomie der Herrlichkeit einen großen, hohen Wirkungskreis umschließen.

Wir kommen zur Charakterisierung des **untreuen** Haushalters. — Während der treue und kluge Haushalter weiß, daß er nur ein „Knecht" bleibt, aber den Auftrag seines Herrn in gewissenhafter Verantwortlichkeit auszuführen bestrebt war, spielt der untreue Verwalter dagegen selbst den „Herrn"

Sehr beachtenswert ist, wie er von Stufe zu Stufe tiefer sinkt. Zuerst spricht er in seinem Herzen: „Mein Herr zögert zu kommen." Er leugnet zwar nicht mit den Spöttern des Herrn Wiederkunft, aber er sagt in seinem Herzen: „Es dauert wohl noch lange!" Wo in Lauheit und Halbherzigkeit die beständige Erwartung der nahen Wiederkunft des Herrn weggeworfen wird, beginnt ein böses Tun.

Ohne Bedenken gibt er sich seinen egoistischen, eigenmächtigen, ehrsüchtigen Neigungen hin. „Schlagen, essen, trinken" sind Bilder, die dem regelmäßigen gewissenhaften Austeilen der Speise bei dem treuen Haushalter entgegengesetzt sind.

Jesus warnt hier die Apostel und alle künftigen Gläubigen, die in Seiner Gemeinde an leitender Stelle stehen werden, vor dem Mißbrauch, den sie mit ihrem „A m t" treiben können.

Es war für Petrus nicht schwer, aus diesen beiden Schilderungen die Antwort auf seine Frage herauszuhören. Wie die Treue eine große herrliche Verheißung erhielt, so empfängt die Untreue eine furchtbare Drohung als Warnung: Dieser Knecht, obwohl er in den Diensten des Hausherrn stand, wird weggeworfen werden und seinen Platz bei den Ungläubigen erhalten, als wäre er nie ein Knecht des Herrn gewesen. [6])

Die Strafe des ungehorsamen Knechtes.

Lk 12, 47—48

47 „Jener Knecht aber, der den Willen seines Herrn gewußt und sich nicht vorbereitete oder nach Seinem Willen getan hat, wird viel 48 geschlagen werden. * Wer aber (den Willen des Herrn) nicht wußte, aber getan hat, was Schläge verdient, der wird wenig geschlagen werden. Von jedem aber, dem viel gegeben worden ist, wird viel gefordert werden; und von dem, dem viel anvertraut ist, wird man um so mehr fordern."

Zu Vers 47: Jak 4, 17

Den Schluß des Gleichnisses bilden hier zwei Sprüche, die zum Sondergut des Lukas gehören. In diesen beiden Versen ist nicht mehr vom „W a c h e n" auf des Herrn Wiederkunft die Rede, sondern vom **Gehorsam.** In der Verschiedenheit der Strafen beweist sich die Unparteilichkeit und Gerechtigkeit des Richters. Nach dem Grundsatz der göttlichen Vergeltung empfängt jeder seine Strafe, wie es dem Maße seiner Schuld entspricht.

Das hier Gesagte trifft alle Jünger des Herrn, die in der Gemeinde ein Amt haben, aber auch sämtliche Glieder der Gemeinde Jesu als solche. Denn die Glieder der Gemeinde Jesu sind genau so wie die Leiter der Gemeinde Wissende. Sie können niemals sagen, sie hätten nicht gewußt, was des Herrn Wille sei. Die Worte Gottes, die sie gehört haben, werden sie anklagen, denn sie haben die Erkenntnis des göttlichen Willens gehabt und trotzdem nicht Jesu Willen gemäß heilig und ernst gehandelt.

Von dem Nichtjünger, den der Herr noch erwähnt, wird nicht gesagt, daß er ein Knecht sei, noch, daß Jesus „sein Herr" ist. Er ist mit dem Wort und Willen Jesu nicht bekannt gemacht worden. Das Gericht über ihn wird nicht so hart sein. Sein Beispiel soll nur dazu dienen, die Strafwürdigkeit eines ungetreuen und ungehorsamen **Knechtes Jesu** ins helle Blickfeld zu setzen.

---

[6] Der Herr zerschlägt ihn in zwei Stücke. Manche Ausleger wollen die Bedeutung dieses Wortes abmildern. Grotius erklärt z. B.: „Er wird ihn bei der Teilung Seines Hauses und Hausgesindes bei der Scheidung zwischen Treuen und Untreuen wohl abteilen und absondern." Diese Auslegung ist unhaltbar. Der griechische Ausdruck „dichotomein" heißt „zerhauen", was die Septuaginta aufs Zerteilen des Opfertieres anwandte (2 Mo 29, 17); das Wort bezeichnet eine harte Todesstrafe, die bei alten Völkern, den Ägyptern (Herodot), den Babyloniern (Dan 2, 5), den Römern (Titus — Livius — Sueton), Griechen (Diodor), auch bei den Juden (1 Sam 15, 33) üblich war. Diese besondere Strafe der Hinrichtung schließt die Höllenstrafe nicht aus, denn es wird ihm das Teil mit den Untreuen oder Ungläubigen gegeben. Wer nicht in treuer Erwartung auf des Herrn Wiederkunft sein Haushalteramt verwaltet, empfängt das Teil der Ungläubigen und hat keinen Anteil an der Seligkeit des Reiches Gottes.

Von den Außenstehenden wendet Sich Jesus wieder den Jüngern zu. Er zeigte die Strafwürdigkeit eines ungehorsamen Knechtes, aber eines Jüngers. Vers 48b: „**Von jedem aber, dem viel gegeben worden ist, wird viel gefordert werden.**" Wer Jesu Zeugnis im Glauben aufnahm, hat viel empfangen. Er wird nach dem Besitz seiner Erkenntnis gerichtet werden.

Der letzte Satz Vers 48c: „Wem viel **anvertraut** wurde, von dem wird umso mehr gefordert werden", greift noch weiter. Denn „paratithesthai = man hat anvertraut" in Vers 48c weist nicht wie „edothe = gegeben wurde" in Vers 48b auf ein Geschenk, sondern auf ein der Obhut anbefohlenes, zur Aufbewahrung **anvertrautes** Gut hin, insbesondere auch auf ein beim Bankhalter hinterlegtes und ihm gegen Zinsen zur Verwaltung überlassenes Kapital.

In dem ersten Satz (48b) ist die Gleichmäßigkeit von empfangener Gabe und geforderter Leistung behauptet, hier (48c) dagegen wird gesagt, daß nicht nur das anvertraute Gut zurückgefordert, sondern mehr als dies eingefordert wird, nämlich das Kapital mit Zinsen. Dieser Satz 48c gilt also nicht, wie der vorige, allen Jüngern, die im Unterschied von den außerhalb der Jüngerschaft verbliebenen Menschen Kenntnis des durch Jesus geoffenbarten Willens Gottes geschenkt bekommen haben, sondern nur denjenigen unter ihnen, die wie die Apostel und die anderen nach ihnen ein Verwaltungsamt oder einen sonstigen Dienst in der Gemeinde empfangen haben. So lenkt dieser Satz deutlich auf das Gleichnis Vers 42—46 zurück. — Die Frage des Petrus ist damit in erschöpfender Weise beantwortet.

f) Die schwere Entscheidungsstunde für Jesus Selbst.

Lk 12, 49—53

Zu Vers 50:
Mt 20, 22
Jo 12, 27

49 „Ich bin gekommen, ein Feuer auf die Erde zu werfen, und wie sehr **50** wünsche Ich, daß es schon angezündet wäre! * Ich muß aber mit einer Taufe getauft werden, und wie werde Ich bedrängt, bis sie vollendet ist."

In diesen Versen zeigt Jesus die gegenwärtige Lage in Beziehung auf S i c h S e l b s t. Es handelt sich dabei nicht mehr um das jüdische Volk, sondern um die ganze Menschheit, in dem Wort „Erde" dargestellt.

Ist unter dem Bild „des Feuers" hier der Heilige Geist gemeint und das vom Geist begleitete Wort Christi? Oder ist damit die scheidende Kraft, die dann Vers 51—53 weiter ausgeführt wird, ausgesagt? Oder ist unter dem Bild des Feuers das neue Leben zu verstehen oder das Feuer des Gerichts, welches das Alte vernichtet und dem „Neuen" Bahn bricht?

Wie Jesus im Gleichnis die alles durchdringende Kraft Seines Wortes, die auch alles umbildet, mit dem Sauerteig vergleicht, so stellt Er hier das gleiche göttliche Wort unter dem Bilde des Feuers dar.

Die Worte des ersten Satzteils: „Ich bin gekommen, ein Feuer auf die Erde zu werfen", bezeugen den Zweck Seines Kommens und Wirkens auf Erden. Wenn Jesus wünscht, es wäre schon angezündet, dann besagt das, daß dieses Ereignis, der wesentlichste Teil Seines irdischen Berufes, noch nicht eingetreten ist.

Der Ausbruch und die Ausbreitung des Feuerbrandes auf der ganzen Erde kann nur stattfinden, wenn Sein Leiden und Sterben vollbracht ist, was Jesus mit dem Bild der Taufe bezeichnet. Mehrfach bediente Sich der Herr dieses Bildes zur Bezeichnung Seines Erlösungsleidens (Mt 20, 22 u. Mk 10, 38 f). Er wählte dieses Bild einerseits, um die Menge Seiner bevorstehenden Leiden darzustellen! Andererseits soll dieses Wort von der Taufe sagen: Wie die Taufe durch Johannes den Täufer die erste V o r b e r e i t u n g für Seinen Messiasberuf war, so v o l l e n d e t sich in der Leidenstaufe Sein Erlöserberuf.

Bei der Wassertaufe durch Johannes nahm Jesus im voraus alle Folgen Seiner Vereinigung mit einer sündigen, verdammungswürdigen Menschheit auf Sich, die Er retten und reinigen wollte. Er Selbst muß nun als der erste der Feuertaufe des Leidens sterben, damit die Feuerfunken dieser Taufe die ganze Welt entzünden. — Dieser Gedanke übt einen erschütternden Eindruck auf Seine Seele aus, und mit vollkommener Aufrichtigkeit spricht Er von der tiefen Bewegung, die Er empfindet.

„W i r   b l i c k e n   h i e r   s c h o n   v o r   d e r   P a s s i o n   i n   d i e   P a s s i o n J e s u   h i n e i n ." Es ist dasselbe innere Erleben, das später im Tempel wieder zutage tritt (Jo 12, 27): „Jetzt ist Meine Seele erschüttert, und was soll Ich sagen?" Zum letztenmal bricht es in seiner ganzen Schwere hervor in Gethsemane. Lukas allein hat uns den ersten Ausbruch dieser innersten Herzensbewegung Jesu aufbewahrt.

Nach dieser Äußerung, gleichsam einer Parenthese (einer Einschiebung) vergleichbar, abgenötigt durch den Gedanken von Vers 49, nimmt Jesus Seine Schau wieder auf und entwickelt sie.

51 Meint ihr, daß Ich gekommen bin, Frieden auf Erden zu bringen? Nein, Ich sage euch, sondern gerade Entzweiung (Zwiespalt, Zer-
52 spaltung). * Denn es werden von jetzt an fünf in einem Hause entzweit sein, drei gegen zwei, und zwei gegen drei werden sich ent-
53 zweien. * Vater gegen Sohn, und Sohn gegen Vater; Mutter gegen Tochter, und Tochter gegen Mutter; Schwiegermutter gegen ihre Schwiegertochter, und Schwiegertochter gegen die Schwiegermutter."

Das Wort: „Meint ihr?" zielt offenbar auf die Täuschung hin, in der sich die Jünger noch immer wiegten, indem sie auf die Aufrichtung des messianischen Reiches ohne alles Leiden hofften (Kap 19, 11). Mit dem, was Jesus hier ausspricht, schildert Er die Gewalt der Entscheidung, die auch die Jünger werden schmerzhaft zu spüren bekommen. Jesu Forderung zur ganzen Hingabe an Ihn wird auch in der engsten menschlichen Gemeinschaft, der Familie, einen inneren Krieg entzünden, nämlich einen Zwiespalt hervorrufen, der die innigsten Bindungen zerreißen kann, wenn sie die Nachfolgeschaft Jesu hindern.

Jesus sieht im Geist die Predigt der Jünger nicht bloß über Palästina,
sondern über die ganze Erde sich verbreiten (Vers 51).

g) Mahnung zur Beachtung der Zeichen der Zeit.

Lk 12, 54—59

54 Er sagte aber auch zu den Volksmengen: „Wenn ihr eine Wolke im
Westen aufsteigen seht, dann sagt ihr sofort, daß ein Regen kommt,
55 und es geschieht so. * Und wenn ein Südwind weht, dann sagt ihr,
56 daß es heiß wird, und es geschieht. * Ihr Heuchler, das Angesicht der
Erde und des Himmels wißt ihr richtig zu prüfen. Warum prüft ihr
57 aber diese Zeit nicht richtig? * Warum beurteilt ihr nicht von euch
58 selbst das, was das Recht ist? * Denn wie du mit deinem Ankläger
vor die Obrigkeit gehst, gib dir Mühe auf dem Wege, von ihm
loszukommen, daß er dich nicht etwa dem Gerichtsdiener überliefere,
59 und der Gerichtsdiener dich ins Gefängnis werfe! * Ich erkläre dir,
du wirst nicht von dort herauskommen, bis du auch den letzten
Heller bezahlest.“

Nachdem Jesus Seinen Jüngern den häuslichen Riß angekündigt hat,
von dem Er schon die ersten Anzeichen schaut und von dem Er auch in
Seiner eigenen Familie die Erfahrung gemacht hat, wendet Er Sich zum
Schluß noch einmal „an die Menge“.

Jesus spricht zunächst von den Wetter-Zeichen der Naturerscheinungen: Regen und Sonnenschein. In Hinsicht auf diese Zeichen bilden
sich die Landleute etwas darauf ein, gute Wetter-Propheten zu sein,
und in der Tat werden sie nicht von den Vorzeichen getäuscht.

Der Regen kommt in Palästina vom Mittelländischen Meer her
(1 Kö 18, 44), der Südwind dagegen, der Samum, der über die Wüste
hergeht, bringt Trockenheit. Das wissen die Leute, und ihre Rechnung
ist sogleich gemacht; und noch mehr, sie ist richtig. Denn das alles geht
in derjenigen Ordnung der Dinge vor sich, die ihnen wichtig ist; es liegt
ihnen wegen ihres Landbaues natürlich daran, das Kommende in dem
Gegenwärtigen zu bemerken, und da sie es wollen, so können sie es
auch.

Aber diese Einsicht, mit der der Mensch begabt ist, stellen sie nicht
in den Dienst eines höheren Interesses. Ein Johannes der Täufer, ein
Jesus erscheint, lebt, stirbt, und dieses sittlich unverständige Volk versteht nicht im geringsten, was das bedeutet! Diesen Widerspruch in
ihrer Handlungsweise kennzeichnet Jesus durch das Wort: „Ihr Heuchler!“ Nicht das Auge fehlt ihnen, sondern der Wille, es zu gebrauchen.

In dem zweiten Gleichnis (Vers 57—59) will Jesus dem Volk nahe-
legen, die gegenwärtige Stunde, die Er ihnen durch Sein Kommen
bietet, zu nützen! Der Wortlaut des zweiten Gleichnisses weicht bei
Matthäus und Lukas voneinander ab, inhaltlich stimmt er aber im
wesentlichen überein. Der erste Evangelist hat ein jüdisches, Lukas ein
römisches Gerichtsverfahren vor Augen. Verschieden ist der Zusammenhang, in welchem das Gleichnis in beiden Evangelien steht. Nach

der Bergpredigt mahnt Jesus, sich der Versöhnlichkeit zu befleißigen
und nicht auf sein vermeintliches Recht zu pochen. Hier bei Lukas steht
das Gleichnis mit denjenigen Worten Jesu in Verbindung, welche die
bevorstehende Krisis und die Zeichen der Zeit erwähnen (vgl. Vers 35).
Insoweit hat das Gleichnis einen anderen Akzent als bei Matthäus. Der
ganze Ton liegt auf der bedrohlichen Lage des Verklagten. Der Ange-
klagte steht bald vor dem Richter.

Der Sinn des Verses 58 ist: „Während ihr, du und dein Gegner,
noch beide nebeneinander auf dem Wege seid, ehe ihr vor dem Richterstuhl ankommt." Da der Schuldner wohl weiß, daß er verurteilt werden wird, sucht er, sofern er ein kluger Mensch ist, sich vorher auf
gütlichem Weg mit seinem Gläubiger abzufinden; denn wenn einmal
der Richter die Sache in die Hand genommen hat, so wird sie nach dem
strengen Recht behandelt.

Der Ausdruck: „von ihm loszukommen" enthält in Verbindung mit
dem Ausdruck „auf dem Weg" den Hauptgedanken des Abschnitts:
„Entledige dich der Sache, der Verschuldung deinem Gott gegenüber, solange du noch kannst." Vor jedem Menschen liegt die wichtigste Aufgabe
seines irdischen Lebens, nämlich sein Schuld-Verhältnis zu Gott ins
reine zu bringen. Wird diese Arbeit nicht vor der Stunde des Gerichts
getan, so ist die Verdammnis die unausbleibliche Folge. Die Zeichen
der Zeit deuten darauf hin, daß der Richterstuhl für die Zuhörer schon
„aufgeschlagen" ist.

Der **Gerichtsdiener,** der Vollstrecker des Urteils, stellt den Arm der
göttlichen Allmacht vor (Vers 58). Ist die Tilgung der Schuld je mög-
lich? Diese Frage wird von Jesus weder verneint noch bejaht. Aus
Seinen Worten ergibt sich nur so viel, daß sie nicht eintritt, ehe der
Gerechtigkeit vollkommen genügt ist. Wieviel liegt also daran, dem
Augenblick zuvorzukommen, wo unser Prozeß aus den Händen der
Gnade in die des Gerichts übergehen wird! Die Form „Ich erkläre" und
der Singular „dir" geben dieser Warnung etwas besonders Feierliches.[7])

11. Jesu Mahnungen, durch zeitige Buße dem künftigen Gericht zu entgehen.

Lk 13, 1—9

Nach Beendigung der Reden Jesu in Kapitel 12 berichtet Lukas in
seinem S o n d e r g u t, im Anschluß an die Ermordung der Galiläer
durch Pilatus, d r e i M a h n u n g e n des Herrn, durch zeitige Umkehr dem künftigen Gericht zu entgehen. Wenn auch kein zeitlicher
Zusammenhang mit dem Vorhergehenden besteht, so ist doch eine
s a c h l i c h e Anordnung damit unverkennbar. Die G r e u e l t a t des

---

[7] Erwäge: D r e i „H ü t e t e u c h !" Hütet euch vor dem Sauerteig der Pharisäer! (Vers 1 u. 2.)
Hütet euch vor dem Geiz! (Vers 14—21). Hütet euch vor dem Sorgengeist! (Vers 22—31).
Sieben böse Geister, die der **Geiz** mitbringt: Neid, Hochmut, Sorgengeist, Undank, Unbarmherzig-
keit, Genußsucht, Narrheit.
Drei große „**W**" in bezug auf die Wiederkunft Jesu: Wachet — Wartet — Wirket!

Pilatus betrachteten wohl einige Zuhörer des Herrn als ein Zeichen der
Zeit, in welcher das bedrückte Volk Gottes solches von einem Heiden
erdulden mußte. Jesus, der von Gott als Richter und Erlöser gegen
Israels Sünde eingesetzt war, mischte Sich nicht in politische Dinge,
sondern benutzt die Nachricht von der kläglichen Ermordung zu einer
drohenden Aufforderung an die Unbußfertigen, solche Vorgänge als
ernste Umkehrpredigten anzusehen. Jesu mahnende Antwort auf die
Nachricht Seiner Hörer enthält zwei sich ergänzende Teile. Zuerst ist
es eine offene D r o h u n g des allgemeinen Unterganges aller Unbekehrten in Galiläa und in Jerusalem (Lk 13, 1—5), sodann eine f r e u n d -
l i c h e A u f m u n t e r u n g zur allein rettenden Bekehrung in Gestalt
eines Gleichnisses, das dem ganzen Volke und dem Einzelnen in beschä-
mender Weise Gottes Langmut veranschaulichen sollte (Lk 13, 6—8).

a) Die Bluttat des Pilatus und das Unglück zu Siloah als Warnung
zur Buße.

Lk 13, 1—5

1 In diesem Zeitpunkt aber waren etliche eingetroffen, die Ihm von
den Galiläern berichteten, deren Blut Pilatus mit ihren Schlacht-
2 opfern im Tempel vermischt hatte. * Er antwortete ihnen und sprach:
„Meint ihr, daß diese Galiläer Sünder waren über alle anderen
3 Galiläer hinaus, weil sie solches erlitten haben? * Niemals. Ich sage
euch, sondern wenn ihr euch nicht bekehret, werdet ihr alle auf
4 gleiche Weise zu Grunde gehen.* Oder daß jene achtzehn, auf welche
der Turm in Siloah fiel, und die er tötete, meint ihr, schuldiger waren
5 als alle Menschen, die zu Jerusalem wohnen? * Nein. Ich sage euch,
sondern wenn ihr euch nicht bekehrt, so werdet ihr alle ebenso untergehen!"

Zu Vers 2:
Jo 9, 2

Einige Ausleger deuten das grie „paresan" nicht als „sie waren anwesend", sondern: „Sie waren gekommen". Diese Bedeutung begründet
man damit, daß jene Leute gerade deshalb zu Jesus kamen, um Ihm
die schauerliche Nachricht vom Untergang der Galiläer zu bringen.
Jedenfalls will Lukas doch wohl sagen, daß es ungefähr die gleiche Zeit
war, als Jesus das Volk in Lk 12, 35—39 auf das künftige Gericht hinwies. Der Herr ist auch hier, wie die zweimalige Anrede: „Ihr alle"
(Lk 13, 3. 5) erkennen läßt, von einer Volksmenge umgeben (vgl. Lk
12, 1. 54)

Die Greueltat des römischen Prokurators an den Galiläern, welche
dem Herrn mitgeteilt wurde, ist nicht in der weltlichen Geschichte bekannt. Es ist denkbar, daß jene Galiläer in ihrer Unruhe und Em-
pörungssucht in irgendeinen Aufstand verflochten waren, daß Pilatus
in seinem Zorn den Befehl gab, sie zu erschlagen, wo auch immer man
sie fand, wenn es auch im Heiligtum beim Opfer war. Jesus läßt Sich
nicht darauf ein, die Tyrannei des römischen Prokurators zu schelten
und die Erschlagenen als Märtyrer ihres Gottesdienstes hinzustellen.
Der Herr verteidigt bei dieser Gelegenheit auch nicht den jüdischen
Vergeltungsglauben Seiner Zeit, daß die Ermordung jener Galiläer die

gerechte Strafe ihrer besonderen Schuld ist. Jesus, der keineswegs den Zusammenhang zwischen Sünde und Strafe leugnet, bestreitet aber die Annahme, daß j e d e s Leid eine Vergeltung für besondere Vergehen ist. Der Herr widerspricht dem Irrwahn, als wären jene Galiläer durch das ihnen widerfahrene Unglück g r ö ß e r e Sünder als alle anderen Galiläer gewesen. Aus besonderen Unglücksfällen lassen sich keine besonderen Sündentaten folgern. Im Gegensatz zur Ansicht der meisten, die ihren Blick nach außen wenden, wenn sie von öffentlichen Unglücken hören, spornt Jesus die Hörer an, sich dem I n n e r e n zuzuwenden. Er mahnt mit Ernst, das Unglück Einzelner als einen Spiegel für alle anzusehen. Die Antwort, die Jesus Seinen Zuhörern als Frage vorhält, ob jene Galiläer größere Sünder als alle Galiläer wären, läßt erkennen, daß sich nach Seiner Meinung ganz Galiläa in seiner Unbußfertigkeit auf dem Wege zum Gericht befand.

Was jene Galiläer erlitten, hat nicht Pilatus in seiner Tyrannei getan, sondern Gott, der sie jetzt durch solche Gerichtsvorspiele warnt. In diesem Sinne erzählt der Herr den noch wohlbekannten Einsturz des Turmes zu Siloah, wodurch die unglücklichen achtzehn getötet wurden. Beides geschah durch Gottes Hand, ob Pilatus oder ein einfallendes Gebäude tötet, ob durch Menschenhand etwas geschieht oder ein Unglück passiert (Am 3, 6), bei beiden ist Gott der Handelnde. Jesus erklärt, daß das ganze Volk, wenn es in seiner Unbußfertigkeit verharrt, ebenso umkommt, d. h. einem gleichen Gottesgericht anheimfallen wird.

Der Sinn der Worte Jesu ist, daß keiner bei erschütternden Heimsuchungen Gottes selbstgerecht und selbstzufrieden fragen soll, welche großen Sünden die Betroffenen wohl begangen haben, sondern jeder soll an seine eigene Brust schlagen und sich durch solche Gerichte zur Bekehrung leiten lassen. Was Jesus hier sagt, kann auch sinnvoll auf den Untergang der jüdischen Nation bezogen werden, welche den wahren Messias verwarf und die Katastrophe im Jahre 70 erleben mußte. Um der dringenden Mahnung zur Bekehrung eine mächtige Unterstreichung zu geben, erzählt Jesus das Gleichnis vom unfruchtbaren Feigenbaum (Vgl. W. Stb. Matth. 21, 19).

b) Das Gleichnis vom unfruchtbaren Feigenbaum.

Lk 13, 6—9

6 Er sagte aber dieses Gleichnis: „Es hatte jemand einen Feigenbaum, der in seinem Weinberg gepflanzt war. Und er kam, Frucht an ihm
7 zu suchen und fand sie nicht. * Da sprach er zu dem Weingärtner: ,Siehe, seit drei Jahren komme ich, Frucht an diesem Feigenbaum zu suchen und ich habe sie nicht gefunden. Haue ihn um! Weshalb saugt
8 er das Land aus?' * Er aber antwortete und sprach zu ihm: ,Herr, laß ihn noch dieses Jahr, bis dahin werde ich um ihn graben und
9 Dünger streuen, * ob er wohl in Zukunft Frucht tragen möchte? Wenn aber nicht, dann magst du ihn umhauen.'"

Zu Vers 6:
Mt 21, 19

Zu Vers 8:
2 Ptr 3. 9. 15

Durch die Worte: „**Es hatte jemand einen Feigenbaum**" wird das
Verhältnis angedeutet, in welchem Gott zu Israel steht. Gott ist der
Besitzer des eigenartigen Besitztums. Der Zusatz, daß Gott Israel als
„Feigenbaum" in seinen Weinberg gepflanzt hat, drückt aus, Israel
wurde nicht auf rein natürlichem Wege G o t t e s V o l k , sondern wie
ein besonders gepflanzter Baum wurde es durch besondere Gottestaten
als Volk in ein außerordentliches Verhältnis zu Gott gerufen (Ps 80,
9. 16). Wenn also der Feigenbaum in den Weinberg seines Besitzers
gepflanzt war, so wurde er dadurch besonders bevorzugt. Diesen Vorzug hatte Israel als Gottesvolk im ganzen Verlauf seiner Geschichte.

Von dieser Klarstellung aus können nun die einzelnen Vorgänge des
Gleichnisses gedeutet werden. Der Besitzer im Gleichnis mußte schon
seit drei Jahren über andauernde Fruchtlosigkeit des Baumes klagen;
Gott hatte über die beständige Unbußfertigkeit und Verstocktheit
Israels seit Jahrhunderten schon zu trauern. Die Deutung der „drei
Jahre" auf die drei Amtsjahre Christi ist unmöglich. Es hätte dann binnen Jahresfrist das in Aussicht gestellte Gericht an Israel eintreten
müssen. Alte Ausleger versuchen nach der Dreizahl in der Vergangenheit Israels drei Perioden aufzuzeigen: Das Zeitalter des Gesetzes, der
Propheten und Jesu, oder der Richter, der Könige und der Hohenpriester. Diese Deutungsversuche sind ebenfalls in den Bereich der
Willkür zu verweisen. Es werden im Gleichnis drei Jahre genannt, weil
aus der ständigen Fruchtlosigkeit eines Baumes in den Fruchtperioden
dieser Zeit seine hoffnungslose Unfruchtbarkeit bewiesen ist. Die drei
unfruchtbaren Jahre des Feigenbaumes entsprechen der gesamten Vergangenheit Israels von seinen Anfängen bis in die Gegenwart.

Nachdem Israel von seiner Vergangenheit bis zur Gegenwart Jahrhunderte hindurch seine unheilbare Verstocktheit offenbarte, ist Gottes
Urteilsspruch bereits gefällt, sein zur Buße völlig unfähiges Volk dem
Gerichte zu übergeben. Den Befehl im Gleichnis: „Haue ihn ab!" begründet der Besitzer des Weinbergs zweifach, was nicht zu übersehen
ist. Das Umhauen des Baumes ist doppelt nötig, weil er durch seine
Unfruchtbarkeit n u t z l o s ist und dazu noch den e d l e n W e i n -
b e r g b o d e n a u s s a u g t . Israel ist ebenso zweifach dem Gericht
verfallen. Es ist nicht allein unwert, noch als Gottesvolk dazustehen,
sondern es genießt auch unnütz die Segnungen des auserwählten
Volkes, die andere, dem Reiche Gottes fernstehende Völker, mit Freuden aufnehmen würden.

Die Antwort des Gärtners auf die Klage und den Befehl des Besitzers
ist eine Fürbitte für den Baum, der bereits der Axt verfallen ist. Wer
ist nun der Gärtner? Ohne Zweifel betrachtet Sich Jesus selbst als den
Gärtner, der an Israel tut, was der Gärtner für den Baum tat. Die Fürbitte des Gärtners, welche das Abhauen des Baumes verhütet, erinnert
die jüdischen Hörer an wiederholte Fürbitten alttestamentlicher Gottesmänner, die das göttliche Gericht aufhielten (2 Mo 32, 7—14; 4 Mo 14,
11—19; 1 Sam 7, 9; Am 7, 2; Dan 9, 16—19).

Der Gärtner begründet und erläutert seine Bitte dahin, mit Auf-
bietung der äußersten Mittel, nämlich mit Graben und Düngen zu
versuchen, den Baum fruchtbar zu machen. Jesu Bitte für Israel legt es
Gott nahe, dem Volk noch eine Frist zu lassen, ob vielleicht das
Äußerstmögliche noch die entscheidende Frucht zeitigt: Erwachen des
Volkes zur Umkehr. Wenn die Fruchtlosigkeit der Arbeit des Herrn an
der zur Zeit Jesu lebenden Generation Israels erwiesen ist, dann wird
das längst angedrohte göttliche Zorngericht an dem Volke vollzogen,
welches das Maß der Sünden seiner Väter voll gemacht hat. (vgl. Mt
23, 32). Israel sieht dann eine Gerichtskatastrophe über sich hereinbrechen, die ihm den Untergang als Nation bringen wird. So geht das
Gleichnis in die Drohung über: „Wenn ihr euch nicht bekehrt, so werdet ihr alle gleichfalls umkommen!"

12. Der Werdegang des Königreiches Gottes.
Lk 13, 10—21

In einigen Reden, die Jesus auf Seiner letzten Reise von Galiläa nach
Jerusalem vor der Volksmenge und vor den Jüngern gehalten hat, wird
oft enthüllt, was in diesem kritischen Zeitpunkt den Herrn besonders
bewegte. Die Wirkungen des göttlichen Wortes auf die Herzen erblickte
Er als Vorzeichen der größten Geistesschöpfung, nämlich der Gemeinde
Jesu, die sich erst in Zukunft entwickeln sollte und die durch Seinen
Tod vorbereitet werden mußte.

Jesus, der auf Seiner Predigtwanderung nach Jerusalem von so hohen
und tiefen Gedanken erfüllt war, versäumte es nicht, am Sabbat die
Synagoge zu besuchen. Eine herrliche Wundertat, welche den Widerspruch der Pharisäerpartei, aber die Freude der Menge auslöste (Lk 13,
10—17), veranlaßte Jesus, in zwei Gleichnissen die Macht des Königreiches Gottes zu schildern (Lk 13, 18—21).

a) Die Heilung des gelähmten Weibes am Sabbat.
Lk 13, 10—17

Lukas berichtet hier in seinem Sondergut eine Wunderheilung Jesu
am Sabbat. Er läßt sie ohne jede zeitliche oder örtliche Verknüpfung
mit dem Vorhergehenden folgen. Die hier erzählte Heilung mit einer
früheren (Lk 6, 6—10) in eins zu setzen, ist unmöglich wegen der einzelnen Züge der Geschichte.

Die Wundertat an dem gelähmten Weibe.
Lk 13, 10—13

**10, 11 Er lehrte aber in einer der Synagogen am Sabbat. * Und siehe,
eine Frau, die einen Geist der Schwachheit hatte seit achtzehn Jahren
und ganz krumm war, vermochte sich ganz und gar nicht mehr auf-
12 zurichten. * Als aber Jesus sie sah, rief Er ihr zu und sprach zu ihr:
13 „Frau, du bist frei von deiner Krankheit." * Und Er legte ihr die
Hände auf. Und sogleich richtete sie sich auf. Und sie verherrlichte
Gott.**

Zu Vers 13:
Mk 7, 32

Während Jesus am Sabbat in einer der Synagogen lehrte, war auch eine Frau anwesend, die wegen ihres krummen Rückens nicht aufschauen konnte. Die Art dieser Krankheit wird so genau beschrieben, daß an Besessenheit wohl nicht gedacht werden kann. Auch Vers 16 gibt kein Recht dazu. Die Krankheit wird einem Geist der Schwachheit (asthenaias) zugeschrieben. Weil alles Leid und alle Krankheit im tiefsten Grund mit der Sünde, mit dem Sündenfall zusammenhängen (Apg 10, 38; 2 Ko 12,7), darum wird hier von Lukas auch mitgeteilt, daß durch diesen Schwäche wirkenden Geist Satan die Frau gebunden hat. Diese Tatsache treibt Jesus noch mehr zum Handeln und Heilen an. Denn Er ist ja gekommen, die Werke des Satans zu zerstören. Jesus rief die Kranke aus eigenem Antrieb an und trug ihr förmlich die Befreiung von ihrer Krankheit entgegen. Ohne irgendeine Bedingung zu glauben, versicherte der Herr ihr die Wiederherstellung. Die vollbrachte Heilung wurde ihr durch Jesu Wort zugesprochen. Erst durch Auflegung Seiner Hände gewann sie den Mut oder auch die Kraft, sich aufzurichten. Die Wiederhergestellte gab Gott die Ehre — eine Tatsache, welche Lukas mit Vorliebe immer wieder bemerkt (vgl. Lk 5, 25).

Die Unterredung wegen der Sabbatheiligung.

Lk 13, 14—17

14 Der Synagogenvorsteher aber, der unwillig war, daß Jesus am Sabbat heilte, sagte zu der Volksmenge: „Sechs Tage sind es, an welchen man arbeiten muß; an diesen Tagen kommt und laßt euch
15 heilen, und nicht am Sabbattage!" * Der Herr aber antwortete und sprach zu ihm: „Ihr Heuchler, löst nicht ein jeglicher von euch am Sabbat seinen Ochsen oder den Esel von der Krippe und führt ihn
16 zur Tränke? * Diese aber, die eine Tochter Abrahams ist, welche der Satan volle achtzehn Jahre gebunden hatte, sollte sie nicht
17 gelöst werden von diesen Fesseln am Sabbattage?" * Und als Er dieses sagte, wurden alle Seine Gegner beschämt. Und die ganze Volksmenge freute sich über alle herrlichen Dinge, die durch Ihn geschahen.

Der Synagogenvorsteher war, wie seine Zunftgenossen, über das Heilungswunder am Sabbat unwillig geworden. Erfüllt von Standesgeist und törichtem Amtseifer war er ohne Mitgefühl für die Wohltat an der Kranken. Jesus anzureden, wagte er nicht. Ebenso wurde auch die Geheilte, die Gottes Ruhm verherrlichte, von ihm in Ruhe gelassen. Die Frau hatte zu ihrer Wiedergenesung keine den Sabbat verletzende Tat getan, nicht einmal eine Bitte hatte sie ausgesprochen, sondern ihr wurde ohne ihr Zutun die Genesung geschenkt. Angesichts dieser Tatsache erscheint der Befehl des Synagogenvorstehers, in Zukunft nur an den sechs Werktagen die Kranken zu bringen, sinnlos. Dem Volke wurde geboten, nicht an allen Tagen die für alle Menschen bereite Gotteskraft zum Gesundwerden anzunehmen. Die Annahme des Gottesgeschenkes der Gesundheit und der Heilung wird als eine Sabbatarbeit verboten.

Schon in der Anrede: „Ihr Heuchler!" enthüllt der Herr die Gesinnung der ganzen pharisäisch eingestellten Synagoge. Sogleich wendet Sich Jesus in Seiner Rede an das ganze anwesende Volk. Mt 12, 11, 12; Lk 6, 9 und später Lk 14, 5 zeigen ähnliche Vorfälle und Antworten. Und dennoch antwortet der Herr immer wieder neu und anders. Der Herr spricht hier nicht vom Fallen in die Grube oder in den Brunnen am Sabbat und vom Herausziehen der Tiere am Sabbat aus dem Brunnen, sondern vom Losbinden, Führen und Tränken der Haustiere. Er sagt Seinen Gegnern, wenn sie auch noch so „streng" seien, so versagen sie aus eigennütziger Sorge dem Vieh nicht die nötige Pflege. Diese beiden einfachen A r b e i t e n des Lösens und Tränkens des Viehes sind eine größere Mühe als das Auflegen der Hände. Der Herr stellt das Verhalten der Pharisäer zu den Tieren am Sabbat Seinem Verhalten zu einer Tochter Abrahams gegenüber. Mit diesem Hinweis erinnert sie Jesus an die hohe Würde einer echten Israelitin vor Gott (vgl. Lk 19, 9; Jo 1, 47). Wenn sie alle keine Bedenken haben, dadurch daß sie ihre Tiere von der Krippe lösen und zur Tränke führen, den Sabbat zu entheiligen, dann kann es sich noch viel weniger um einen Sabbatbruch handeln, wenn eine Abrahamstochter von den Banden des Satans befreit wird. Eine so innerlich Gebundene am Sabbat zu lösen, kann nicht verboten sein. Die kaltherzigen Scheinheiligen sagen vielleicht: Wenn sie achtzehn Jahre gebunden war, konnte Jesus doch noch einen Tag länger mit der Heilung warten. Jesus aber handelt darum schnell und sogleich, weil derjenige, der seinen Nächsten l i e b t , einer Kranken bei erster Gelegenheit zu helfen hat.

Lukas reiht der Sabbatheilung nun einen Vers an, der seinem Sondergute angehört. Im Vergleich zu den übrigen Heilungen am Sabbat wird hier die Beschämung der Gegner und die Freude der Volksmenge über alle seine Taten berichtet. Jesus verteidigte Sich vor Seinen G e g - n e r n , zu denen der Synagogenvorsteher gehörte, und vor den Synagogenbesuchern, der Volksmenge. Aus dieser Tatsache ist die verschiedenartige Stimmung Seiner Zuhörer verständlich. Seinen Widersachern wurde der Mund gestopft. Jesu kraftvolle Antwort einerseits und auch die Heilungstat andererseits steigerte die Bewunderung des Volkes aufs höchste. Diese Situation veranlaßt Jesus, von der künftigen Ausbreitung des Reiches Gottes nach zwei verschiedenen, sich ergänzenden Seiten in zwei kurzen Gleichnissen zu reden.

b) Das Gleichnis vom Senfkorn und vom Sauerteig.

Lk 13, 18—21

18 Er sagte daraufhin: „Wem ist das Königreich Gottes gleich, und womit soll ich es vergleichen?* Es ist gleich einem Senfkorn, das ein
19 Mensch nahm und warf es in seinen eigenen Garten, * und es wuchs und wurde zum Baum und die Vögel des Himmels wohnten in
20 seinen Zweigen." * Und weiterhin sprach Er: „Womit soll ich das
21 Königreich Gottes vergleichen? * Es ist gleich einem Sauerteig, den

W. Stb. Matth.
S. 182ff.
W. Stb. Mark.
S. 109f.
Zu V. 18—21:
Mt 13, 31—33
Mk 4, 30—32

eine Frau nahm und unter drei Maß Mehl verbarg, bis daß das
Ganze durchsäuert wurde."
Diese beiden Gleichnisse bilden auch bei Matthäus eine Einheit (Mt
13, 31—33). Markus berichtet von beiden nur das erste Senfkorngleichnis (Mk 4, 30—33). Markus und Lukas haben die beiden charakteristischen Parallelfragen etwas kürzer als Matthäus. In beiden Gleichnissen
kommt der Gedanke zum Ausdruck, daß sich der unscheinbare Anfang des Königreiches Gottes zu einem überaus herrlichen Ende entfalten wird.

Ein Vergleich des Senfkorns mit anderen Samenarten und anderen
Gartengewächsen wie bei Matthäus fehlt bei unserem Evangelisten.
Die beiden andern Synoptiker, also Matthäus und Markus, stellen
die besondere K l e i n h e i t des Senfsamens und dann die hervorra-
gende G r ö ß e des Senfgewächses einander gegenüber. Seine Größe
übertrifft alle Gartenkräuter; obgleich die Senfpflanze der Klasse der
Gartenkräuter angehört, ist sie ein baumartiges Gewächs; sie soll
eine Höhe von $2^1/2$ bis 3 Meter erreichen. Wenn Lukas einfach schreibt:
„Und wurde zum Baume", nicht wie es anderswo in einer jüngeren
Lesart heißt: „Zu einem großen Baum", dann ist es kein größerer
Baum im Verhältnis zu andern Bäumen, sondern ein Baumgewächs, das
den gewöhnlichen Umfang eines Staudengewächses überragt. Unser
Evangelist denkt nicht wie Matthäus und Markus an die Senf s t a u d e,
sondern an den Senf b a u m.

Jesu Gleichnis zeigt uns den Wachstumsprozeß des Reiches Gottes.
Wie der Sämann nur ein winziges Senfkorn in seinen Garten nieder-
legt, so zeigt auch das Reich Gottes durch Jesu grundlegende Tätigkeit auf Erden eine äußerst unscheinbare und geringfügige Gestalt.

Jesu Anhang ist zunächst nur ein überaus kleiner Kreis von Menschen, nur ein winziges Jüngerhäuflein. Die Säe-Tätigkeit des Menschen hier im Gleichnis wie auch in andern Gleichnissen bezieht sich
auf Jesu reichsgründende Tätigkeit. Wenn es heißt, daß der Mensch
den Samen in seinen Garten warf, dann ist damit nicht Israel allein,
sondern die ganze Welt gemeint als der dem Herrn zugehörige Ackerboden, auf dem Er das Königreich Gottes aufrichten will.

Alle drei Evangelisten berichten in nicht erheblichen Verschiedenheiten vom Nisten der Vögel in den Zweigen des Baumes und unter
seinem Schatten. Dieser Gedanke im Gleichnis ist keine bedeutungs-
lose Ausschmückung der Darstellung. Die Weissagung Hesekiels vom
messianischen Sproß aus dem Hause Davids, der aus einem zarten Reis
zu einem großen Baume heranwächst, hat ebenfalls den Zusatz, daß
alle Vögel unter ihm wohnen und alles Geflügel unter seinem Schatten ruht (Hes 17, 23). Mit diesem Wohnen der Vögel unter dem
Baum vergleicht der Prophet das Wohnen der Völker unter dem Schutz
der Königsherrschaft des Davidssohnes.

Die gleichartige Schilderung des Reiches Assur (Hes 31, 6. 12), die
Schilderung der Herrschaft Nebukadnezars (Dan 4, 9) bestätigt eben-

falls diesen Gedanken. Wenn also die Ausbreitung des messianischen
Gottesreiches mit einem Baum verglichen wird, in dessen Zweigen
die Völker der Erde wohnen, so war das den Hörern aus der prophetischen Bildersprache geläufig. Mit diesem Bild ist die Verheißung gemeint, daß die Völker der Erde in das Reich Gottes eingehen und seinen Schutz und seine Segnungen genießen werden. —

Wenn Lukas das Gleichnis vom Sauerteig mit den Worten einleitet:
„Weiterhin sagte Er", so deutet er damit an, daß Jesus in Seiner Rede
bei dem gleichen Gedanken verweilt und daß beide Gleichnisse zusam-
mengehören. Der griechische Ausdruck „egkryptein" bezeichnet die
Tätigkeit der Frau als ein einfaches Hineintun des Sauerteigs in die
Masse des Mehls, daß der Sauerteig darin „verborgen" ist. Die Bedeutung des Wortes: „zymousthai = durchsäuern" ist der allmähliche
Gärungsprozeß, der nach Beendigung des Einmengens das ganze Mehl
durchsäuert.

Im Gleichnis vom Senfkorn und vom Sauerteig, das ist zu beachten,
tritt ein enger Zusammenhang deutlich zutage. Wie das kleine in den
Boden geworfene Senfkorn zu großem Umfang heranwächst, so gestaltet
auch die kleine Menge an Sauerteig, wenn es der großen Mehlmasse
eingefügt ist, die ganze Masse zu einem großen Sauerteig um. Nach
dem Senfkorngleichnis wird das Kleine durch seine W a c h s t u m s -
k r a f t zu einem Großen, im Gleichnis vom Sauerteig wirkt dagegen
der dem Sauerteig innewohnende Stoff durch seine G ä r u n g s -
k r a f t umgestaltend. Wenn nun nach dem ersten Gleichnis das Reich
Gottes durch seine A u s d e h n u n g s k r a f t trotz des winzig kleinen Anfangs zu einer völkerumfassenden, inneren Größe wird, dann
zeigt die zweite Parabel, daß das Gottesreich trotz seines verschwin-
dend geringen Anfangs mitten in der Menschenwelt eine G e s t a l -
t u n g s - u n d U m b i l d u n g s k r a f t hat, die durchdringend um
sich greift und den sich dem Gottesreich hingebenden Menschen umgestaltet und umbildet und formt, bis er das Wesen des Reiches Gottes
mehr und mehr angenommen hat. Nach dem Senfkorngleichnis wird
das Königreich Gottes in der Menschenwelt als solcher gegründet. Nach
dem Sauerteiggleichnis befindet sich das Gottesreich im Herzen des
Menschen. Beide Gleichnisse sollen die Jünger auf den mächtigen, die
Erde umfassenden Umfang und die umgestaltende Kraft des messianischen Reiches in der Welt hinweisen.

Das Verbergen des Sauerteiges bezieht sich auf Jesu messianische
Tätigkeit, die im ersten Gleichnis einem Mann, im zweiten einer Frau
zugeschrieben wird. Den Samen säen ist Männerarbeit, also die nach
außen hindrängende Wirkungstätigkeit, die Arbeit des zweiten Gleichnisses gehört ins häusliche Leben. Sie ist mehr nach innen, auf die
Familie hin drängende Wirkungstätigkeit der Frau.

Die drei Maß Mehl haben Anlaß zu mancherlei Spielereien in der
Auslegung gegeben. Man wollte sie speziell auf das jüdische Volk
deuten, auf die drei damals bekannten Weltteile, auf die drei Söhne

Noahs, oder auf die Griechen, Juden und Samariter; ältere und neuere
Ausleger haben auf Herz, Seele und Geist, oder auf Leib, Seele und
Geist geraten. Diese Deutungen sind abzulehnen.

Weiterhin ist noch eine andere Deutung abzulehnen, nach welcher
der Sauerteig das eindringende Verderben nach Lehre und Leben in das
Gottesreich sein soll. Dagegen ist einzuwenden, daß doch das **Reich
Gottes** und nicht etwas Unrechtes mit dem Sauerteig verglichen wird.
Der Sauerteig würde, wenn er als Gleichnis für etwas Unrechtes hier
hätte dienen sollen, eine völlig andere Wirkungsweise als das Senfkorn im Parallelgleichnis darstellen. Die Auslegung: Sauerteig als Bild
des Bösen würde demzufolge eine unverständliche Umkehrung im
Verständnis parallel verlaufender Entwicklungen erfordern, für die hier
kein Anhaltspunkt gegeben ist. D i e   t r ö s t l i c h e   V e r h e i ß u n g
von der aus kleinen Anfängen sich entwickelnden Größe des Gottesreiches würde dann von der dunklen und unheilvollen Aussage über
das Verderben überboten werden. Das Verderben, das Unrecht würde
das Reich Gottes durchdringen, bis es völlig dem Verderben anheimge-
fallen sein wird. Drei Stellen des Neuen Testaments (Mt 16, 6; 1 Ko
5, 6—8, Gal 5, 9), in denen das Bild des Sauerteiges als Bösem gebraucht wird, können in unserem Gleichnis nicht als Stütze für diese
Deutung herangezogen werden. Es ist hier eben von der W i r k u n g
des Sauerteigs auf das Gebäck die Rede, die nicht schlimm, sondern gut
ist. Die Absicht der Frau, den Sauerteig zu benutzen, ist hier im Gleichnis nicht die Verunreinigung des Mehles, sondern die Zubereitung
eines schmackhaften Gebäcks.

So zeigen die beiden Gleichnisse die Entwicklung des Gottesreiches
als ein stetes Fortschreiten aus kleinen Anfängen zur ewigen und
bleibenden Größe (vgl. hierzu auch W. Stb. Matth. 13, 31—33, Mark.
4, 30—32).

B. Weitere Ereignisse auf der Reise Jesu von Galiläa nach Jerusalem
Lk 13, 22—17, 10

An dieser Stelle haben wir den zweiten Einschnitt des sogenannten
lukanischen Reiseberichtes. Unser Evangelist ist durch das Wort Jesu:
„Gleichwohl muß Ich heute und morgen und an dem folgenden Tage
weiter gehen; denn es geht nicht an, daß ein Prophet umkomme außerhalb Jerusalem" (Lk 13, 33), zu dieser eigentümlichen Einteilung veranlaßt worden. Die Reise Jesu hat hiernach den Zweck und das Ziel,
in Jerusalem zu leiden und zu sterben. Dem in Lk 9, 51 angekündigten
Ziele ist der Herr jetzt um ein Bedeutendes näher gekommen.

1. Jesu ernste Mahnung zum Ringen nach der Seligkeit.
Lk 13, 22—30

Die hier vom Herrn überlieferte Rede hat in ihren Bestandteilen bei
Markus nur eine Parallele (Mk 10, 31), bei Matthäus finden sich da-

gegen eine ganze Reihe Anklänge, aber in andern Zusammenhängen.
Das Wort von der engen Pforte (Mt 7, 13) hat Lukas in verkürzter
Gestalt (Lk 13, 24). Die Wechselrede zwischen dem Hausherrn und
denen, die Einlaß begehren (Lk 13, 25), hat Ähnlichkeit mit dem Gespräch zwischen dem Bräutigam und den törichten Jungfrauen (Mt 25,
11). Die Worte der Bergpredigt in Mt 7, 23 sind eine genaue Parallele
zu Lk 13, 25; das in Lk 13, 28—29 Gesagte stimmt mit Mt 8, 11—12
überein. Der letzte Vers des Abschnittes (Lk 13, 30) steht zweimal im
Matthäus-Evangelium (Mt 19, 30; 20, 16). Es besteht die Möglichkeit,
d a ß J e s u s s o l c h e W o r t e m e h r f a c h w i e d e r h o l t h a t.

a) Jesu Antwort auf die Frage, ob wenige errettet werden.

Lk 13, 22—27

22 Und Er durchwanderte Städte und Dörfer, indem Er lehrte und
23 Seine Reise nach Jerusalem machte. * Es sprach aber einer zu ihm:
„Herr, ob wohl wenige errettet werden?" Er aber sprach zu ihnen: *
24 „Ringet darnach, durch die enge Tür einzugehen! Denn viele, sage
Ich euch, werden suchen, einzugehen und werden es nicht vermö-
25 gen." * Sobald aber der Hausherr sich erhoben hat und die Türe
abgeschlossen ist und ihr anfangt, draußen zu stehen und an die
Türe zu klopfen, indem ihr sagt: ‚Herr, öffne uns', dann wird Er
antworten und zu euch sagen: ‚Ich weiß nicht, woher ihr seid!' *
26 Dann werdet ihr anfangen zu sagen: ‚Wir haben vor Dir gegessen
27 und getrunken und auf unseren Straßen hast Du gelehrt.' * Und Er
wird sprechen und zu euch sagen: ‚Ich weiß nicht, woher ihr seid!
Gehet weg von Mir, alle, die ihr Täter der Ungerechtigkeit seid!' "
(oder: ihr Übeltäter!)

Zu Vers 24:
Mt 7. 13. 14
Phil 3. 12

Die Angabe, daß Jesus Städte und Dörfer durchwanderte, läßt die
Planmäßigkeit Seiner Reise erkennen. Er lehrte in Orten, wo Er bisher
noch nicht gewesen war. Auf Seiner ganzen Reise hielt Er ständig das
Ziel vor Augen, Jerusalem zu erreichen, um dort zu leiden und zu
sterben.

Die an Jesus gerichtete Frage, ob wenige errettet werden, steht in
keiner Weise in historischem Zusammenhang mit dem Vorigen. Der
von Jesus ausgesprochene Gedanke in den beiden Gleichnissen (Lk
13, 18—21) wird Lukas veranlaßt haben, diese Frage mit der Antwort
Jesu hier anzuschließen. Jesus sprach es in den zwei Gleichnissen deutlich aus, daß das Reich Gottes gegenwärtig eine kleine und unscheinbare Schar ist. Während die Zahl Seiner ständigen Anhänger klein war
(Lk 12, 32), mußte der Herr oft über die Unbußfertigkeit, Leichtsin-
nigkeit und Verständnislosigkeit der großen Masse und seiner Führer
klagen (Lk 7, 31—35; 8, 10; 11, 29—32. 37—52; 12, 54—59). Von der
Zukunft des Volkes redete Jesus darum oft im Ton ernster Sorge und
drohender Weissagung (Lk 10, 12. 15; 11, 24—26; 13, 19). Er wußte
voraus, daß der Haß der jüdischen Obrigkeit nicht eher ruhen wird,
bis sie Ihn umgebracht haben werden (Lk 9, 22. 24). Auch wußte Er,

daß auch Seine Jünger bis aufs Blut verfolgt würden (Lk 9, 23; 11, 49—51; 12, 4—12). Für Jesus war es gewiß, daß das Reich Gottes aber unaufhaltsam innerlich wachsen und zur Vollendung gelangen werde. Die Jünger des Herrn werden zwar zu allen Zeiten eine schwere Glaubensprobe zu bestehen haben. So ist die Frage verständlich, ob aus allen Predigten und allen Heilsveranstaltungen Gottes nur ein kleines Häuflein Erretteter hervorgehen werde?

Lukas sagt nichts Bestimmtes über die Person des Fragers. Aus der erschreckenden Antwort des Herrn läßt sich folgern, daß nicht ein solcher die Frage stellte, der angefochten oder verzagt war. Weil der Herr aber ein rechtes Ringen fordert, war der Fragesteller kein leichtfertiger Spötter, sondern ein solcher, der es ernst meint.

Jesus gibt auf die Ihm gestellte Frage keine offene Antwort, sondern fordert wegweisend auf, zu ringen, um durch die enge Tür zu kommen. Jesus wandte Sich also nicht besonders an den Fragesteller, sondern Er richtete an die Volksmenge die Mahnung, ernstlich nach dem Eingang ins Reich Gottes zu ringen, solange es noch Zeit ist. Er mahnt die Anwesenden (statt sich mit der unfruchtbaren Frage zu befassen, ob nur wenige errettet werden), daß sie lieber ernstlich ringen sollten, das Heil zu erlangen. Die enge Tür ist ein Bild vom Ernst des Eingehens. Weil die Tür eng ist und viele durch sie eingehen wollen, ist es schwierig in das Haus zu kommen, womit das Reich Gottes verglichen ist. Es ist nur dem B e h a r r l i c h e n , und zwar um den Preis der schwersten Opfer möglich, durch die enge Türe zu gehen. Der heilige Eifer wird durch das urtextliche Wort: „agonizesthai" ausgedrückt, das ein „mit dem Tode ringen" bedeutet (vgl. das Wort Agonie, das in agonizesthai steckt). Dieser ernste Ringkampf wird erhärtet durch die Worte: „Sie werden suchen oder trachten". [1])

Die tragische Szene, welche der Herr schon gleich zu Anfang vor Augen hatte, wird bildlich durch einen Hausherrn dargestellt, der denen, die Einlaß begehren, die Türe nicht öffnet. Dieser Schilderung liegt die Vorstellung zugrunde, daß der Hausherr im Hause sitzt und auf die geladenen Gäste bis zu einer bestimmten Zeit wartet. Nach Ablauf dieser Frist erhebt er sich, verschließt die Türe und verweigert jedem den Einlaß. Die Verweigerung des Einlasses beruht nicht auf einem verspäteten Kommen, sondern auf einer Unbekanntschaft der Bittenden. Wenn der Hausherr die Tür verschließt, ist für jeden Einzelnen die Gnadenfrist abgelaufen. Für das jüdische Volk war die Tür offen, solange Jesus noch unter ihm weilte und die Apostel später das Evangelium verkündeten. Die Dauer der Gnadenzeit ist im ganzen Neuen

---

[1] Es ist damit die Mahnung ausgesprochen, ins Reich Gottes eingehen zu wollen, ohne den ganzen Ernst und Willen dabei einzusetzen, wird ein vergebliches Bemühen und Trachten und Suchen sein. Bezeichnend spricht Jesus dieses Begehren in Zukunftsform aus. Alle, die gegenwärtig nicht ernst ringen, werden in Zukunft völlig enttäuscht sein. Ihr ohnmächtiger Wunsch und ihre zu späten Bitten werden ohne Erfolg bleiben. Es kommt eben eine Zeit, wo die Türe verschlossen sein wird und die Anklopfenden abgewiesen werden, das heißt, wo es zu spät sein wird.

Testament nicht näher bestimmt, sondern es wird nur darüber gelehrt, daß sie mit der Wiederkunft des Herrn zum Gericht und zur Vollendung Seines Reiches zu Ende ist (Mt 25, 10). [2])

Die Worte Jesu: „**Ich kenne euch nicht, Ich weiß nicht. woher ihr seid**", richten sich wahrscheinlich gegen den jüdischen Nationalstolz. Dieser glaubte, weil man Gottes Volk sei und von Abraham abstamme, müsse man ohne weiteres ins Reich Gottes gelangen und könne nicht verloren gehen. Der tiefe Ernst und die Tragweite dieser Worte des Herrn fällt besonders ins Gewicht, wenn das Wort des guten Hirten an Seine Schafe erwogen wird: „Ich bin der gute Hirte und Ich erkenne die Meinen und die Meinen erkennen Mich" (Jo 10, 14).

Der zweimalige Hinweis in dem Gleichnis, daß „**Er nicht weiß, woher sie sind**", zerschlägt den draußenstehenden Juden den Dünkel ihrer Herkunft und Nachkommenschaft. [3])

Äußere Vorzüge, seien es auch sittliche und religiöse, erkennt der Herr nicht an. Mit den Worten: „**Weichet alle von Mir weg, ihr Täter der Ungerechtigkeit!**" enthüllt Er ihnen die harte Tatsache, daß sie kein Recht haben, Ihn als Herrn anzurufen. Die Ungerechtigkeit besteht darin, daß sie auf den Ruf zur Umkehr und auf die Predigt des Evangeliums nicht geachtet haben. Dieses scharfe Urteil über die Volksmenge, die um Ihn stand, behält so lange seine Gültigkeit, solang sie Jesu Mahnung zu rechtschaffener und rechtzeitiger Bekehrung mißachten.

b) Der Ausschluß aus dem Reiche Gottes.

Lk 13, 28—30

W. Stb. Matth. S. 95f.

Zu V. 28. 29: Mt 8. 11. 12

28 Dort wird Heulen und Zähneknirschen sein, wenn ihr sehen werdet Abraham, Isaak und Jakob und alle Propheten im Königreiche Got- **29** tes, euch dagegen ausgestoßen und draußen. * Und sie werden kommen vom Aufgang und Niedergang der Sonne und vom Norden und vom Süden und werden sich zu Tische legen im Königreiche Gottes. **30** * Und siehe, es gibt Letzte, die Erste sein werden. und es sind Erste, die Letzte sein werden. —

Mit dem Wörtlein **dort** wird der Ort bezeichnet, wo die Angesprochenen stehen und draußen vor der Türe des Hauses vergeblich anklopfen werden. Obgleich den hier Fernstehenden nach dem Bilde nur der Einlaß versagt wird, ist dieses Versagen doch ein Hinausstoßen aus

[2] Die Schließung des Hauses ist bildlich gesprochen der Abschluß dieser gegenwärtigen Weltzeit. wo der Anteil am Reiche Gottes nicht mehr möglich sein wird. Keiner soll darum die gegenwärtige Gnadenfrist verstreichen lassen. Jeder wird gemahnt, sich zu bekehren, ehe es zu spät ist.
[3] Wenn die Abgewiesenen dann geltend machen werden, daß sie ja Seine Tischgenossen wären und daß Er in ihrer Mitte gelehrt hat und damit zum Ausdruck bringen wollen, durch ihre Zugehörigkeit zum jüdischen Volke ihren Anspruch auf die Teilnahme am Reiche Gottes begründen zu können, so wird ihnen diese Berufung auf Abstammung und Geburt und **äußerliche** Bekanntschaft mit der Person und der Lehre Jesu **keine** „Eintrittskarte" für die Teilnahme am vollendeten Gottesreiche und seiner Seligkeit sein.

der Gemeinschaft der Patriarchen und Propheten. Der jüdische Dünkel, Abrahams Nachkommen zu sein, ändert nichts an dieser traurigen Tatsache.

Wenn es wörtlich heißt: „**Das** Heulen und **das** Knirschen der Zähne", so ist das ein bewußter Hinweis auf das herrschende Elend in der Verdammnis (Vgl. Mt 8, 11; 13. 42. 50; 22, 13; 24, 51; 25, 30).

Wenn vom jüdischen Volke auch viele von der Seligkeit ausgeschlossen werden, so wird die Zahl derer, die zum Heil gelangen, nicht gering sein. Die Gegenden des Sonenaufgangs und -untergangs, des Nordens und des Südens ist eine Umschreibung für alle Länder der Erde (vgl. Jes 45, 6; Mal 1, 11), ganz besonders der entfernten Heidenwelt. Das „Zu-Tische-Liegen" mit den Erzvätern ist ein Bild des Vollgenusses der Seligkeit im Königreich Gottes.

Der Prophet Jesaja schildert auch unter dem Bild einer Mahlzeit mit Fettspeisen und alten Weinen den Vollgenuß der Seligkeit im vollendeten Gottesreiche, das der Herr allen Völkern auf dem Berg Zion bereiten wird (Jes 25, 6). An allen Stellen, in denen Jesus die Seligkeit des Königreiches Gottes mit einem Gastmahl oder Hochzeitsmahl vergleicht (vgl. Mt 22, 1 ff; Lk 14, 16 ff.; Offb 19, 9—17), bilden die Stammbürger des Königreiches Gottes, an dessen Seligkeit alle teilhaben, die im Glauben ihre Söhne geworden sind (Gal 3, 7; Rö 4, 16). Die jüdischen Volksgenossen, welche durch ihre Abstammung von Abraham und durch ihre Zugehörigkeit zum Bundesvolk das nächste Anrecht zur Teilnahme an den Segensgütern des Königreiches Gottes zu haben meinten, bleiben davon ausgeschlossen, weil sie nicht an Jesus Christus, den verheißenen Nachkommen Abrahams, glaubten (vgl. Gal 3, 16). So kommen an Christus gläubige Heiden aus allen Weltgegenden herzu, die dann am Freudenmahle im Königreich Gottes teilnehmen werden.

Der Ausschluß vom Reiche Gottes und das Zu-Tische-Liegen vieler Völker aus allen Himmelsgegenden wird durch den ausdrücklichen Hinweis, daß „**Letzte Erste und Erste Letzte sein werden**", grell beleuchtet. Diese an d r e i Stellen des Neuen Testamentes vorkommenden Worte haben in den verschiedenen Zusammenhängen einen verschiedenen Sinn (vgl. Mt 19, 30; 20, 16). Der Zusammenhang ist an jeder Stelle für die Deutung entscheidend. In der ersten Stelle des Matthäus-Evangeliums hat der Herr noch keinen völligen Ausschluß vom Reiche Gottes im Auge, sondern nur eine Zurückstellung; hier findet dagegen eine gänzliche Verwerfung statt. Die zweite Schriftstelle (Mt 20, 16) spricht von lohnsüchtigen Dienern, hier sind es ungläubige Verwerfer. Jesus spricht an unserer Stelle nicht: „Die Ersten" und „die Letzten", sondern allgemein „Erste und Letzte", um dem Fragesteller (Lk 13, 22) sein eigenes Herz zu zeigen und ihn erwägen zu lassen, auf welcher Seite er steht. [4]

---

[4] Die Geschichte sagt nichts von dem Eindruck, den die Belehrung Jesu auf den ungenannten Fragesteller gemacht hat. Vielleicht hat er den tiefen Sinn der Worte von der Verwerfung Israels in

2. Die Drohung des Herodes und die Bedrohung Jerusalems.

Lk 13, 31—35

Das im Sondergut des Lukas erwähnte Gespräch zwischen Jesus und den Pharisäern (Lk 13, 31—33) läßt erkennen, daß Sich Jesus im Gebiet des Herodes Antipas befand. Der Herr, der nach Lk 9, 51 Galiläa für immer verlassen hatte, weilte jetzt in Süd-Peräa, wo jener Vierfürst in Machärus oft residierte. In dieser Residenzstadt wurde nach dem Berichte des Josephus Johannes der Täufer enthauptet. Der König Herodes hörte wohl erst von Christus, wie aus Mt 14, 1; Mk 6, 14. 30 und Lk 9, 7 hervorgeht, durch die Predigt der ausgesandten Apostel. Antipas war ein leichtsinniger, verschwenderischer und charakterloser Mensch (vgl. Lk 23, 11) aber auch ein schuldbewußter (Lk 2, 7) und Gewalttaten nicht abgeneigter Fürst (Lk 13, 32; vgl. Mk 8, 15), dem Lukas viele böse Taten zuschreibt (Lk 3, 19). Jesus deutete den Pharisäern an, die ihm das Schreckensgerücht von Herodes mitteilten, daß Er nicht in Peräa durch Herodes, sondern durch das geistliche Gericht in Jerusalem, dem sie selbst mit angehörten, ermordet werden würde. Hieraus ist erklärlich, daß Sich Jesus im ersten Teil Seiner Antwort auf Herodes (Lk 13, 31—33) und im zweiten Teil auf Jerusalem bezieht (Lk 13, 34—35).

a) Jesu mutige Botschaft an Herodes.

Lk 13, 31—33

31 In derselben Stunde traten etliche Pharisäer herzu und sagten zu Ihm: „Gehe weg und ziehe von hier, denn Herodes will Dich 32 töten!" * **Da sprach Er zu ihnen: „Geht hin und sprecht zu diesem Fuchs, siehe, Ich treibe Dämonen aus und vollführe Heilungen, heute und morgen und am dritten (Tage) werde Ich vollendet.** * **33 Doch Ich muß heute und morgen und am folgenden (Tag) wandern. Denn es geht nicht an, daß ein Prophet außerhalb von Jerusalem umkommt."**

Lukas verbindet durch „In derselben Stunde", oder nach anderer Lesart: „An dem gleichen Tage" ohne genaue Chronologie das folgende Ereignis zeitlich eng mit der Rede Jesu in Lk 13, 23—30. Vielleicht wurden die Pharisäer durch die Ankündigung, daß die Juden vom Reiche Gottes ausgeschlossen, die Heiden aber in dasselbe aufgenommen werden sollten, bewogen, Jesus das Schreckensgerücht von Herodes zu sagen. Ausleger fragen, ob jene Pharisäer wirklich im Namen des Herodes sprachen oder ob sie sich nur seines Namens bedienten, um Ihn durch ein falsches Gerücht zu vertreiben. Es ist auch undenkbar, daß die Pharisäer den Herrn aus guter Absicht warnten. Einige Er-

seiner ganzen Tragweite nicht ergründen können. Es ist immerhin bemerkenswert, daß sich das hier Gesagte auf die letzte Periode des öffentlichen Lebens Jesu bezieht. Dieser Gedanke von der Berufung der Letzten vor den undankbaren Ersten tritt auch in den drei Gleichnissen des nächsten Kapitels stark in den Vordergrund. Lukas enthüllt in diesen Zusammenhängen, daß Jesu fruchtlose Arbeit am Hause Israels bald ihrem Ende zugehen wird.

klärer halten es für unmöglich, daß Herodes wirklich die Tötung Jesu
beabsichtigte. Diese Ausleger meinen, die gegen seinen Willen vollzogene Ermordung Johannes des Täufers habe ihn noch lange beun-
ruhigt (vgl. Lk 9, 7—9). Sein lange gehegter Wunsch, Jesum zu sehen,
der erst am Todestag Christi erfüllt wurde (Lk 23, 8), wäre unvereinbar mit der Absicht, Ihn töten zu lassen.

Es ist aber auch ebenso unwahrscheinlich, daß die Warnung der
Pharisäer auf einer l ü g n e r i s c h e n Erfindung beruhte. Denn Jesu
Antwort zeigt deutlich, daß Er Herodes als den Anstifter erkannte.
Schon früher in Galiläa (Mk 3, 6) und später in Jerusalem hatten sich
Herodianer und Pharisäer gegen Jesus verbündet gehabt (Mk   12, 13;
Mt 22, 16). Der Wunsch des Herodes, daß Jesus sein Gebiet verlassen
und die Reise nach Jerusalem beschleunigen möge, lag auch im Inter-
esse der Pharisäer. In Jerusalem konnten sie erwarten, daß dem Wir-
ken Jesu mit Hilfe des großen Synedriums ein Ende bereitet werden
würde. [5])

Der Pharisäer Anweisung: „Gehe weg von hier" beantwortet Jesus
mit den Worten: „**Geht hin**" und: „**Sagt diesem Fuchs!**" Der Fuchs ist
das Sinnbild der List und Schlauheit. Die Antwort, die Jesus durch die
Pharisäer dem Herodes sagen läßt, besagt, daß Er so lange Dämonenaustreibungen und Heilungen vollziehe, wie es Ihm beliebt und Ihm
von Gott aufgetragen sei. Er gehe nicht heute fort, wie sie es wollen,
sondern setzt Seine Heilwirksamkeit so lange fort, so lange bis der
Auftrag zu Ende gekommen ist. Jesus nennt von Seinem Wirken nur
die Heiltätigkeit, weil sich der Landesfürst von der Predigt keine
genauere Vorstellung machen konnte. Herodes sollte sich auch selbst
sagen, daß ein so wohltätiges Wirken nicht den Tod oder die Verbannung verdiene.

Das Wort: **heute, morgen und am dritten Tage**" ist eine sprichwörtliche Redensart, die verschieden ausgelegt wird. Die Variation für
den dritten Tag, „an dem angrenzenden oder nächstfolgenden Tag"
oder nach anderer Lesart: „an dem kommenden Tag" zeigt schon die
Sprichwörtlichkeit an. Die drei Tage nach Hos 6, 2 prophetisch auf die
drei Amtsjahre Jesu zu deuten, läßt sich nicht begründen. Am nächsten
liegt es, sie vielleicht so zu verstehen, daß der Herr am **dritten Tag**
auf Jerusalem zuwanderte. Dieser Ausspruch läuft parallel mit Jo 11, 9.

---

[5] Es ist denkbar, daß Herodes die Absicht der Pharisäer in bezug auf Jesus kannte und sie vielleicht wissen ließ, daß er den galiläischen Propheten umbringen lasse, wenn Er nicht Seine Reise
nach Jerusalem beschleunigen würde. Durch diese Arglist, welche die Mordlust des Herodes als
Vorwand benutzte, wollte man den Herrn auf die Probe stellen, ob Er furchtsam war.
Wenn Jesus den Anschein gegeben hätte, als sei Er furchtsam gewesen, würde Er den Feinden
Mut gemacht haben. Schon der leise Verdacht einer furchtsamen Flucht hätte Ihn vor dem Volke
um Sein Ansehen gebracht. Er wäre dann leicht in ihre Gewalt gekommen.
Jesus gibt den Pharisäern zu verstehen, sie sollen es dem Landesfürsten mitteilen, daß Er seinen
schlau ausgedachten Plan durchschaue. Seine nicht einmal ernst gemeinte Drohung könne Ihn in
Seinem Tun und Lassen nicht einschüchtern oder bestimmen.

10 und bedeutet: „Ich habe noch eine bestimmte zugemessene Zeit, in der Ich ohne Furcht und Störung wirke und reise."
Jesus **„mußte"** nach Jerusalem wandern, aber nicht nach der Pharisäer Anweisung, sondern weil es Ihm vom Vater angeordnet war.

Im Ton scharfer, aber heiliger Ironie sagt Jesus den Pharisäern, daß es gar nicht anders geht, als daß ein Prophet in Jerusalem, aber nicht außerhalb der Stadt, umkommen muß. Die Heilige Stadt, in welcher auch der Satan sein Werk hat, darf nicht von der traurigen Aufgabe frei gemacht werden, die ihr von alters her eigen war. Ihr gebührt der sehr betrübliche Vorzug, eine Prophetenmörderin zu bleiben. Wenn Johannes der Täufer zwar außerhalb von Jerusalem ermordet worden war, so steht es dennoch fest, daß Jerusalem dieses Vorrechtes nicht verlustig gehen wird. Es wäre ja gegen jede Regel und Ordnung, sagt Jesus, wenn ein Prophet nicht in Jerusalem umgebracht würde.

b) Jesu Wehklage über Jerusalem.

Lk 13, 34—35

34 **Jerusalem, Jerusalem, die du tötest die Propheten und steinigst, die zu dir gesandt sind! Wie oft wollte Ich deine Kinder sammeln in der Weise, wie eine Henne ihre eigenen Küchlein unter ihre Flü-**
35 **gel nimmt und ihr habt nicht gewollt. * Siehe, es wird euch euer Haus preisgegeben werden. Ich sage euch aber: Ihr werdet Mich nimmermehr sehen, bis die Zeit kommt, wo ihr sprecht: „Gesegnet sei, der da kommt im Namen des Herrn".**

W. Stb. Matth.
S. 312ff.

Zu V. 34—35:
Mt 23, 37—39

Zu Vers 35:
Ps 118, 26

Nach der heiligen Ironie über Jerusalem, welche zur Mördergrube der Propheten geworden ist, bricht der Klageton der tiefen Wehmut bei Jesus durch. Seine innere Ergriffenheit kommt schon in der doppelten Nennung des Namens „Jerusalem" zum Ausdruck. Weil Jesus diese Wehklage über die heilige Stadt im herodianischen Gebiet aussprach, bevorzugen viele Ausleger die Anordnung dieser Aussage, wie Matthäus sie ihr gegeben hat (Mt 23, 37—39). Es ist aber nicht ausgeschlossen, daß Jesus diese Worte zweimal sprach.

Jesus erinnert an die Blutschuld, welche Könige und Einwohner Jerusalems auf sich geladen haben. Der im Tempelhof gesteinigte Sacharja wurde schon von Jesus erwähnt (2 Chro 24, 20—22; Lk 11, 51). Jeremia hatte Unsägliches in Jerusalem zu leiden. Ein Prophet Uria wurde dort mit dem Schwert hingerichtet (Jer 26, 20—23). Mit diesem Hinweis macht der Herr nicht die gegenwärtige Generation für die Verschuldungen ihrer Vorfahren verantwortlich, sondern Er sagt, daß von der derzeitigen Generation nichts anderes zu erwarten ist, weil sie in den Fußspuren ihrer Väter weitergeht. Mit dem lieblichen Bild einer Henne, die ihre junge Brut vor dem Unwetter oder einem Raubvogel, der über ihr kreist, unter ihren Flügeln Schutz bietet, klagt Jesus darüber, daß Er die Bewohner mehr als einmal vor dem drohenden Gericht bewahren wollte. Sein liebevolles Wollen ist jedesmal an dem unüberwindlichen Widerstand ihres Nichtwollens gescheitert. Obgleich Jesus über die vergeblichen Bemühungen, Sein Volk zu retten,

klagen muß, vollendet Er doch Sein Werk, das der Vater Ihm aufgetragen hat. Wenn Sein Werk vorerst auch nicht die äußere Wirkung
hat, die es haben könnte und sollte, so wird doch Gottes Plan erfüllt,
daß einige Errettete aus der gesamten Nation Heilsträger der ganzen
Welt werden.

Von nun an zieht Sich Jesus, der bis jetzt die Kinder Jerusalems
wie eine Henne ihre Küchlein schützend unter die Flügel nahm, von
„Jerusalems Kindern" zurück, daß sie unbeschirmt sich selber schützen
müssen. Dies ist der Gedanke der Worte: „**Euer Haus wird euch
selbst preisgegeben**". Es ist ein weissagender Hinweis auf das Schicksal
des Tempels und der ganzen jüdischen Nation. Jesus wendet Sich mit
dem „**Ich aber sage euch**" nicht mehr an Jerusalem, sondern an Seine
Zuhörer und die Vertreter des ganzen Volkes.

Die etwas dunklen Worte: „**Euer Haus wird euch selbst preisgegeben**" werden verschieden aufgefaßt. Es kann nicht bedeuten, der Tempel werde ihnen überlassen, daß sie damit machen könnten, was sie
wollten. Jesus kann auch nicht gemeint haben, der Tempel werde nach
Seinem Abschied des Schutzes beraubt und seinem Schicksal überlassen
bleiben. Der Herr wollte auch nicht sagen, Gott werde das Haus verlassen. Das grie „aphienai" kann hier nur den Sinn haben, „a u f
e i n e n B e s i t z v e r z i c h t e n u n d i h n d a m i t v e r l i e r e n".
Die Pharisäer und das jüdische Volk, die Jesus umbringen, werden bald
den Tempel, das Gebäude ihrer nur äußerlichen Verehrung, fahren lassen müssen und anderen überlassen.

Mit der Erfüllung dieser Drohweissagung hat aber das Geschichts-
verhältnis zwischen Jesus und Israel sein Ende noch nicht erreicht. Der
Herr geht für eine lange Zeit von ihnen weg. Sein Fernsein von ihnen
wird erst dann ein Ende finden, wenn sie ihre Gesinnung ändern. Die
Worte des Herrn beziehen sich nicht, wie einige Erklärer meinen, auf
Jesu Einzug in Jerusalem, als Ihm ein Teil der Volksmenge huldigte.
Dieser Tag führte keine Umkehr herbei. [6]) Am Ende der Tage aber
wird das bekehrte Israel Jesus von Nazareth, den es einst ermordete,
als den erhöhten Messias mit dem Grußwort aus Psalm 118, 26 empfangen: „Gesegnet sei, der da kommt im Namen des Herrn"!

3. Jesus als Tischgast im Hause eines Obersten der Pharisäer am Sabbat.

Lk 14, 1—24

Es gehört mit zu den Eigentümlichkeiten des Lukas, uns den Herrn
als Gast an einer geselligen Tafel darzustellen, wo Jesus Seine Menschheit am herrlichsten offenbart. Nachdem Jesus am Sabbat einen Wassersüchtigen heilte, umrahmte Er die Mahlzeit durch Tischreden. In solchen
Tischreden werden die Gäste (Lk 14, 7—11), der Gastgeber (Lk 14, 12—
14) und alle Anwesenden (Lk 14, 15—24) belehrt. Das unmittelbar vor-

---

[6] Der Sinn der Worte entspricht dem, was in Jó 7, 34; 8, 21 gesagt ist: „Ihr werdet Mich suchen
und nicht finden; ihr werdet in euren Sünden sterben." Nach der Zerstörung Jerusalems und des
Tempels irrt das jüdische Volk ohne Tempel und ohne den von Gott gesandten Messias umher.

her geschehene Heilungswunder am Sabbat war der Anlaß, die Pharisäer über ihre Stellung zum Reiche Gottes zu belehren.

Lukas berichtet über dieses Gastmahl ohne jede zeitliche oder örtliche Verknüpfung mit dem Vorigen. Es ereignete sich während der langsamen Reise durch Peräa (vgl. Lk 13, 32). Hier herrscht noch nicht der scharfe Ton unversöhnlicher Gegensätze zwischen Jesus und den Pharisäern vor wie in anderen Erzählungen aus der galiläischen Zeit (vgl. Lk 6, 6—11; 11, 37—54). In Peräa, das Jesus in Seinem letzten Lebensabschnitt als Lehrer des Volkes und Wohltäter der Kranken durchwanderte, hatte die Feindschaft gegen Ihn noch nicht den Höhepunkt wie vorher in Galiläa erreicht. Doch die pharisäische Haltung, obgleich sie in freundlichere Formen gehüllt war, erkannte Jesus in ihrem wirklichen Tatbestand.

a) Die Heilung des Wassersüchtigen am Sabbat.

Lk 14, 1—6

1 **Und es geschah, als Er am Sabbat in das Haus eines der Obersten**
 der Pharisäer kam, um Brot zu essen (d. h. ein Mahl einzunehmen),
2 **beobachteten sie Ihn. * Und siehe, ein wassersüchtiger Mensch stand**
3 **vor Ihm. * Und Jesus antwortete und sprach zu den Gesetzeslehrern**
 und Pharisäern und sagte: „Ist es erlaubt, am Sabbat zu heilen oder
4 **nicht?" * Sie aber schwiegen. Und Er ergriff ihn und heilte ihn und**
5 **entließ ihn. * Und Er sprach zu ihnen: „Wer ist unter euch, dessen**
 Sohn oder Ochse in einen Brunnen fällt, der ihn nicht sogleich am
6 **Sabbat-Tage heraufziehen wird?" * Und sie vermochten nicht, darauf**
 eine widersprechende Antwort zu geben.

Zu Vers 1:
Lk 6, 6—11;
11, 37

Zu Vers 6:
Lk 13, 15
Mt 12, 11

Indem Er die Einladung in das Haus eines Pharisäers annahm, bewies Jesus Seinen Mut und Seine Sanftmut. Es war diesmal ein Pharisäer in besonderer Stellung. Jener Oberste der Pharisäer war wie Nikodemus (Jo 3, 1) Mitglied des Hohen Rates (vgl. Lk 7, 3) oder ein Synagogenvorsteher (Lk 8, 41; 13, 14), der der pharisäischen Partei angehörte. Zu dem Gastmahl in des Pharisäers Haus waren noch andere Pharisäer eingeladen, die dem Rabbinerstand angehörten. Die Redewendung **„die Gesetzeslehrer und Pharisäer"** (Lk 14, 3) deutet an, daß die dort Anwesenden nicht in zwei Kreise unterschieden werden sollen, sondern daß sie sowohl Gesetzeslehrer als auch Pharisäer in einer Person waren. Eine solche Personalunion existierte natürlich nicht immer (vgl. Lk 11, 39. 45). Die folgenden Gespräche lassen erkennen, daß die Tischgesellschaft groß war und aus wohlhabenden Leuten bestand. Alle Gäste scheinen überrascht gewesen zu sein, als unerwartet ein Wassersüchtiger erschien, der nicht ihrem Kreis angehörte.

Die Bemerkung: **„Und siehe, ein Mensch, der wassersüchtig war, stand vor Ihm"** deutet an, daß der Gastgeber diesen Kranken geladen hatte, was aber für Jesus unerwartet sein mußte. [1]

---

[1] In anderen Geschichten wird zuerst die Anwesenheit des Kranken, sodann das Auflauern der Pharisäer erwähnt (vgl. Lk 7, 37; 13, 11; 6, 6), hier ist es umgekehrt.

Die Meister in Israel lauerten mit großem Fleiß darauf, ob Jesus etwas reden oder tun werde, was den Sabbatgebräuchen und ihrer Ansicht entgegenstand, um Ihn dann als einen Übertreter des Gesetzes anzuklagen. Jesus kommt den pharisäischen Gesetzeslehrern in ihren Gedanken mit der Frage zuvor: „**Ist es erlaubt, am Sabbat zu heilen oder nicht?**" Er legte ihnen eine strittige Rechtsfrage vor. Unter den Juden bestanden darüber nämlich verschiedene Ansichten. Allgemein war die Meinung, daß am Sabbat eine Heilung n i c h t e r l a u b t sei, wenn keine wirkliche Todesgefahr vorhanden sei. Die anwesenden Gäste vertraten diese Ansicht, scheuten sich aber, dies offen auszusprechen.

Die in schlichter Einfalt, Wahrheit und Liebe gestellte Frage des Herrn brachte alle Gegner zum Schweigen. Das Stillschweigen der Gäste verrät entweder ihre Verlegenheit oder ihre gehässige und grimmige Falschheit (vgl. Mk 3, 4).

Die unausgesprochene Frage der Feinde, ob Jesus den Wassersüchtigen wohl heilen kann oder nicht, findet ihre Beantwortung durch das H e i - l u n g s w u n d e r . Die Wassersucht ist das Symptom eines schweren Herz- und Nierenleidens. Eine sofortige Heilung, wie sie das Evangelium hier berichtet, ist der medizinischen Erfahrung unbekannt. Die H e i l u n g dieser organischen Krankheit, welche weder durch operative Eingriffe noch durch suggestive Einflüsse zuwege gebracht werden kann, offenbart uns nur um so anschaulicher Jesu Wundermacht. [2])

Die zweite Frage des Herrn, wenn z. B. ein Sohn oder ein Ochse in den Brunnen fällt, was sie dann am Sabbat tun würden, bleibt ebenfalls unbeantwortet. In einer ähnlichen Erzählung (Lk 6, 10 f) wird dagegen berichtet, daß die Pharisäer in sinnlose Wut gerieten und feindliche Maßregeln gegen Jesus berieten. Hier dagegen haben sich Seine Feinde schweigend verhalten. Die Zusammenstellung von „Sohn" und „Ochse" hat Anlaß zu manchen Vermutungen gegeben. Nach alttestamentlichen Stellen (2 Mo 21, 33; 5 Mo 22, 4) will man die Lesart: „Esel und Ochse" anstatt „Sohn und Ochse" rechtfertigen. Wenn hier der ähnliche Spruch in Lk 13, 15 etwas anders lautet, so ist das ein Beweis für die gewissenhafte Wiedergabe der Worte des Herrn durch Lukas. In dem Ausdruck „Sohn" spricht Jesus Sein tiefes Mitleid mit dem Kranken aus im Gegensatz zur Herzlosigkeit der Pharisäer. Mit dem ersten Beispiel fragt Jesus, ob ein Liebeswerk an einem M e n s c h e n am Sabbat nicht genau so gut erlaubt sei, wie am Sabbat ein Mahl zu halten und als Gast dazu eingeladen zu werden?[3]) Eine aus dem Eigennutz entsprungene Arbeit am Sabbat, um eines der nützlichsten Haustiere zu retten, hielten dagegen die Tischgenossen für b e r e c h t i g t .

---

[2] Nur mit Willkür und Gewalt wäre unsere Heilungsgeschichte mit der von der verdorrten Hand in eins zu setzen (Mk 3, 1—6 u. Parall.), und zwar wegen der Grundverschiedenheit beider Erzählungen.

[3] Weil Gottes Liebe den Sabbat für das Wohl des Menschen eingesetzt hat, ist doch ein solches Werk zum Wohl des Menschen geboten und kann nie und nimmer als Verletzung des Sabbats angesehen werden.

Auf die Frage des Herrn schwiegen sie wiederum, nicht, weil sie keine
Antwort geben wollten, sondern weil sie keine Antwort geben konn-
ten.[4]) Jesu Wundertat und Frage aus dem alltäglichen Leben haben die
Feinde in Verlegenheit gebracht.

b) Jesu Mahnung zur Demut.

Lk 14, 7—11

7 **Er legte aber den Eingeladenen ein Gleichnis vor, weil Er beob-**
  achtete, wie sich die Gäste die ersten Plätze aussuchten. Er aber
8 **sagte zu ihnen:** * **„Wenn du von jemandem zur Hochzeit einge-**
  laden wirst, dann setze dich nicht auf den ersten Platz. Es könnte
9 **sonst ein Vornehmerer als du von ihm geladen sein.** * **Und der,**
  welcher dich und ihn geladen hat, spräche zu dir: Gib diesem den
  Platz, und du müßtest mit Schande den letzten Platz einnehmen.
10 * **Sondern, wenn du geladen wirst, gehe hin und setze dich auf den**
  letzten Platz, damit der, der dich geladen hat, zu dir spreche:
  Freund, rücke doch näher heran und höher hinauf. Es wird dir dann
  zur Ehre gereichen vor allen denen, die mit dir zu Tisch geladen sind.
11 * **Denn jeder, der sich selbst erhöht, wird erniedrigt werden, und**
  der sich selbst erniedrigt, wird erhöht werden."

Zu Vers 7:
Mt 23. 6

Zu Vers 11:
Mt 23. 12
Lk 18. 14

Wie die Pharisäer den Herrn beim Eintritt ins Haus genau musterten
und beobachteten, ob Er wohl am Sabbat etwas sagen oder tun würde,
was nicht erlaubt war, so lenkte Jesus Sein Augenmerk auf die Geladenen, wie sie sich die ersten Plätze auswählten. Dieses Benehmen
der Gäste veranlaßte Jesus nunmehr, eine höhere, allgemeinere Wahrheit in Form eines Bildes zu veranschaulichen. Seine Worte enthalten
keineswegs eine bloße Klugheitsregel. Das hier angewandte Bild ist
nicht von einem Gastmahle, sondern von der E i n l a d u n g z u e i n e r
H o c h z e i t hergenommen, weil diese Festlichkeit eine Rangordnung
der Gäste mit sich bringt. Dillesberger schreibt dazu so fein und
anschaulich: „Ein besonderer Reiz liegt darin, daß jedesmal auch das
persönliche Verhältnis des Geladenen zum Gastgeber geschildert wird.
Wie kühl klingt doch das erste: ‚Mach diesem Platz' und geradezu von
herzlicher Wärme erfüllt das zweite: ‚Freund, rücke doch näher heran
und höher hinauf.' — Manche Übersetzungen bringen das gar nicht zum
Ausdruck, daß nicht nur das **„Höherrücken"** gemeint ist, sondern
vor allem auch das **Näher-heranrücken** an den Gastgeber
selbst betont sein will. Die ganze Ehre ist also noch dazu getaucht in
eine neu gefestigte, ihn förmlich umsonnende Liebe von seiten seines
Gastfreundes. So gewinnend weiß der Heiland (bei Lukas) um den
Wohlanstand, um die wahre Bescheidenheit zu werben." Dem Christen
aber ist damit viel gesagt. Mag er vielleicht an ein einfaches Gastmahl

---

¹ Keiner vermochte schamlos und unvernünftig erwidern: Ich lasse am Sabbat meinen Sohn oder
meinen Ochsen ertrinken. Es wagte auch niemand zu antworten, daß das Herausziehen eines in
den Brunnen gefallenen Menschen oder Ochsen nicht so viel Arbeit sei wie einen Kranken zu
heilen.

denken oder an das ewige Hochzeitsmahl — er weiß, wie er sich bereiten
muß. Bescheidenheit-Demut, Selbstverleugnung, Rücksichtnahme auf
die anderen — den anderen immer höher achten als sich selbst — das
alles gehört zum Wesenszug eines echten Christen. [5]) [6])

Der Ausdruck **Gleichnis** (Lk 14, 7) und der Sinnspruch (Lk 14, 11)
lassen darum erkennen, daß Jesus hier keine allgemeinen Klugheits-
regeln aufstellt, sondern etwas ausspricht, was eine Andeutung auf das
Innere sein soll (vgl. Lk 18, 14). Der tiefere Sinn des Gleichnisses von
den Tischplätzen ist also das Arm- und Kleinwerden vor Gott. [7])

Die Worte des Herrn, die an die atst Stelle in Spr 25, 6. 7 angelehnt
sind, entsprechen auch den Aussprüchen in den Evangelien (Mk 12, 39 f;
Lk 20, 46), in denen Jesus das ehrgeizige Streben der Schriftgelehrten
nach Ehrenplätzen scharf geißelt. Die Schlußworte unseres Abschnitts
(Lk 14, 11) entsprechen der Anwendung des Gleichnisses von den
Tischgästen in Mt 20, 28: „Der Sohn des Menschen ist nicht gekommen, damit Ihm gedient werde, sondern damit Er diene und Sein Leben
gebe als Lösegeld für viele." —

Unser klar verständlicher Spruch zeigt durch seine vielfache Anwendung, daß er von dem eschatologischen Handeln Gottes spricht, der am
Tage des Endgerichts die Hochmütigen demütigt und die Demütigen
erhöht. So wird diese Tischregel zum Auftakt einer eschatologischen
Warnung, welche zum Verzicht auf selbstgerechte Ansprüche vor Gott
und zum Geringwerden vor Ihm ermahnt. Unser Sinnspruch stellt, wie
andere Sprüche, eine Umkehrung der Verhältnisse in Aussicht. Es ist
wohl zu beachten, daß Jesus nicht das Obenansitzen als solches noch
den vornehmen Stand als Merkmal des Hochmuts rügt, denn die verschiedenen Stände sind nach Gottes Ordnung (vgl. Rö 13, 7); sondern
das Schielen und Trachten nach Ehre und Ruhm ist verwerflich. Das
Gleichnis des Herrn im paulinischen Sinn zu verstehen heißt, sich
für den Ersten unter den Sündern zu halten (1 Tim 1, 15).

c) Jesu Mahnung an den Gastgeber zur Wohltätigkeit.

Lk 14, 12—14

**12 Er sprach aber auch zu dem, der Ihn eingeladen hatte: „Wenn du
ein Frühmahl oder ein Abendessen (Hauptmahlzeit) machst, so lade**

[6] „Freund" spricht Er zu ihm, gleichsam ganz erschrocken, ihn hier unten zu sehen. Und im
griechischen Wort (prosanabethi) ist das „Näher-zu-ihm" sogar vorbetont und gibt dann
dem „Höher hinauf" den besonders warmen, persönlichen Ton. Dadurch erhält die so hervor-
tretende Ehre — denn auch die ist doppelt betont im Grie mit „ana" und dem Komparativ
„anoteron"! — eine wohltuende Umbiegung zu persönlichem freundschaftlichen Verhältnis mit
dem Gastgeber.

[6] Es gibt für den gläubigen und lebendigen Christen keine Regeln bloßer Höflichkeit und Rücksichtnahme allein, sondern für ihn ist auch das Verhalten bei einer einfachen Mahlzeit schon
wichtig, weil auch dieses zu sehen ist in den Geheimnissen des Reiches Gottes.

[7] Die Ermunterung, freiwillig den niedrigsten Platz einzunehmen, hat ihr atst Vorbild in Spr 25,
6—7. Durch vorsichtige und zurückhaltende Bescheidenheit wird mehr erreicht als durch vor-
drängendes Anmaßen.

nicht deine Freunde noch deine Brüder noch deine Verwandten noch
deine reichen Nachbarn ein, damit sie dich nicht etwa auch wieder
13 einladen und dir Gleiches mit Gleichem vergolten werde! * Sondern
wenn du ein Gastmahl machst, dann rufe Arme, Krüppel, Lahme,
14 Blinde herzu. * Und du wirst glückselig sein, weil sie nicht die
Möglichkeit haben, dir wieder zu vergelten. Es wird dir aber wieder
vergolten werden bei der Auferstehung der Gerechten."

Zu Vers 13:
5 Mo 14, 29
Zu Vers 14:
Jo 5, 29

Jesus redete jedem einzelnen der geladenen Pharisäer als ein rechter
Lehrer und Seelsorger ins Gewissen. Die überlegene Haltung Jesu wird
dadurch gekennzeichnet, daß keiner der Anwesenden sich dagegen auf-
lehnte oder etwas dagegen sagte. In diesem gleichen Ton erteilte der
Herr jetzt auch dem Gastgeber eine Mahnung zur Wohltätigkeit. Die
A b s i c h t , in welcher der vornehme Pharisäer Jesus eingeladen hatte,
berührte der Herr mit keinem Wort.

Nach der gewöhnlichen Ordnung lud ein Gastgeber immer seine
F r e u n d e als Gäste ein. Der grie Dichter Hesiod gibt die Regel:
„Wer dich liebt, den rufe zum Mahl!" Dieses Wort ist für den natürlichen Menschen leichter zu befolgen als das Gebot Christi. Was Jesus
sagt, ist kein Verbot, Freunde und Verwandte einzuladen. Jesus v e r -
b i e t e t aber ein Dreifaches: 1.) Die Speise nach unserem Belieben zu
vergeuden und nur an Freunde und Reiche auszuteilen, wenn doch die
Armen es oft so sehr benötigen. 2.) Es ist verboten, Liebe darin zu
sehen, nur diejenigen zu bewirten, die wir lieben und die uns freundlich gesonnen sind. 3.) Es ist verboten, Gutes zu tun mit der Absicht,
daß uns wieder Gutes vergolten werde. ⁸)

Der Beweggrund Jesu enthüllt die Absicht des Gastgebers, der von
seinen eingeladenen Gästen wieder eine Einladung erwartet. Wer eine
menschliche Wiedervergeltung seiner Wohltaten erstrebt, hat den Lohn,
welchen Gott gibt, verscherzt (Mt 6, 2; Lk 6, 24).

Wenn Jesus auf die Auferstehung hinausweist, so deutet Er damit
an, auf welches Ziel und auf welchen Lohn wir sehen sollen.

Glückselig, die Jesu Rat befolgen, daß sie solche Gäste einladen, die
nichts wieder vergelten können; denn es wird ihnen in der Auferstehung der Gerechten vergolten. Der Ausdruck „Auferstehung der

---

⁸ Jesus mahnt, doch lieber die Armen und Hilfsbedürftigen einzuladen als Freunde, Verwandte
und reiche Nachbarn. Die Reihenfolge der hier aufgezählten Gäste geht vom **Nächsten** immer
weiter. Die Freunde gehen oft den Blutsverwandten vor; zuletzt kommen die Nachbarn, aber wohl-
gemerkt die **reichen.** Wenn Tobias zu seinem Sohne sagte: „Gehe hin und bringe etliche aus
unserem Stamme her, die gottesfürchtig sind, daß sie mit uns essen!" (Tob 2, 1), dann war das
eine edle Gesinnung. Jesus straft die Denkweise, die eigennützig ein Wiedergeben der Wohltat
erwartet. Die wahre Liebe soll eben dem Dürftigen zuteil werden. Der Herr erinnert damit an
Mahnungen im Gesetz zur Liebe für Festmahl und Festfreude, die über den Buchstaben hinausgeht (vgl. 5 Mo 14, 28. 29; 16, 11; 26, 11—13; vgl. Neh 8, 10). Wer in der Lage ist, eine Tafel
für andere zu decken, soll nicht auf Wiedervergeltung, sondern auf den künftigen besseren „Lohn",
auf die innere Glückseligkeit schauen. Das Hinsehen auf die ewige Vergeltung ist recht und gut,
aber die Verheißung der künftigen Wiedervergeltung schließt einen tiefen und heiligen Ernst
in sich.

Gerechten" war den Pharisäern geläufig. Die rabbinische Theologie
lehrt vorwiegend eine Auferstehung der gerechten Israeliten. In Jo 5,
28; Apg 24, 15 und Da 12, 2 lesen wir von einer Auferstehung der
Gerechten und der Ungerechten, was Lk 20, 35 nicht widerspricht. Jesus
unterscheidet hier wie Paulus (1 Th 4, 16; 1 Ko 15, 23) und Johannes
(Offb 20, 5. 6) zwischen einer ersten und einer zweiten Auferstehung.
Zur „Auferstehung der Gerechten" gehören die Menschen, welche in
dieser gegenwärtigen Welt nach den Grundgesetzen der zukünftigen
Welt denen (ohne Absicht auf Wiedervergeltung) **Liebe erweisen, die
der Liebe in größtem Maße bedürfen.**

W. Stb. Matth.   d) Das Gleichnis vom großen Gastmahl.
S. 292ff.
Zu V. 16—24:   Lk 14, 15—24
Mt 22. 2—10
Dieses Gleichnis ist mit dem in Mt 22, 1—14 berichteten Gleichnis
vom Hochzeitsfeste des Königsohnes verwandt. Es sind jedoch auch
Unterschiede vorhanden, in denen wir Merkmale einer verschiedenen
Zeit des Ursprungs erkennen. In der lukanischen Parabel erscheinen
die Juden noch nicht als so erbitterte Feinde gegen Christus. Die ein-
geladenen Gäste entschuldigen sich, weil sie der Einladung nicht folgen
konnten. Innerhalb des jüdischen Volkes stehen hier die Armen und
Verachteten den Pharisäern gegenüber. Von einem Strafgericht, von
der Zerstörung Jerusalems wird noch nichts angedeutet. Die Berufung
der Heiden wird beiläufig erwähnt. Das Gleichnis von der königlichen
Hochzeit bei Matthäus ist eine weiter ausgebildete Wiederholung dieses
Gleichnisses, das Jesus zu einer früheren Zeit beim Sabbatgastmahl
eines Pharisäers gesprochen hat. Die beiden verwandten Gleichnisse
sind ein Beweis dafür, daß der Herr in Seiner Weisheit und Liebe solche
Wiederholungen nicht verschmähte. Die Berührung oder die verwandten
Partien in beiden inhaltreichen Gleichnissen sind von den Auslegern oft
stark angefochten worden. Die Unterschiede und die Gleichheiten
sollen beweisen, Matthäus hätte das von Lukas ursprünglich mitgeteilte
Gleichnis von Grund aus umgearbeitet. Die örtliche und zeitliche Umrahmung beider Stücke und ihre Tendenz und Formulierung aber
weichen derart voneinander ab, daß trotz der verwandten Bestandteile
es sich nur um zwei verschiedene Gleichnisse handeln kann.
Beide Gleichnisse weisen indes gemeinsame Züge auf. Die geladenen
Gäste lehnen die Einladung ab. An Stelle der Verächter werden die
ersten besten gerufen. Beide Gleichnisse sind an Gegner des Herrn
gerichtet, denen gegenüber die Verkündigung des Evangeliums erfolgt
ist.
Die Abweichungen beider Fassungen sind folgende: M a t t h ä u s
v e r l e g t d u r c h d i e E i n l e i t u n g : „Und Jesus antwortete wiederum in Gleichnissen und sprach zu ihnen" (Mt 22, 1) u n d d u r c h
d i e F o r t s e t z u n g : „Alsdann gingen die Pharisäer hin und hielten
einen Rat, wie sie Ihm in der Rede eine Schlinge legten" (Mt 22, 15),
d a s G l e i c h n i s i n d i e Z e i t d e r l e t z t e n R e d e n J e s u g e -
g e n S e i n e F e i n d e . Nach Lukas wird der Stolz der Gäste und der Ei-

gennutz des Gastgebers vorher beleuchtet (Lk 14, 7—14). Den falsch erhobenen Anspruch auf das Mahl im Königreich Gottes (Lk 14, 15) korrigiert der Herr, indem Er zu verstehen gibt, daß ihnen dieser Anspruch gar nicht so ohne weiteres gilt. Seine Hörer sind zwar Geladene, sie werden aber das Mahl nicht genießen, weil andere an ihre Stelle treten werden. Das ist der Hauptgesichtspunkt des Gleichnisses. An Stelle der P h a r i s ä e r werden die Z ö l l n e r u n d S ü n d e r eingeführt (Lk 14, 21). Nachdem Jesus die Berufung der Heiden kurz weissagt (Lk 14, 23), kehrt Er zum Anfang und Anlaß zurück (Lk 14, 24). Die Hauptabsicht des Gleichnisses im Matthäusevangelium ist, daß der in Kapitel 21, 42. 43 angekündigte Übergang des Reiches Gottes an die Heiden weiter begründet wird. Der geschichtliche Fortschritt nach dem Gleichnis in Lukas läßt erkennen, was ferner geschehen wird, wenn der Sohn dennoch das Reich erlangt und behält. Hieraus ergeben sich in beiden Gleichnissen durchgreifende Unterschiede.

Die Fassung dieses Gleichnisses bei Matthäus hat noch eine Erweiterung, daß ein von der Straße Hereingerufener kein Feierkleid hatte (Mt 22, 11—13). Neben diesem Zusatz sind noch andere Unterschiede. Lukas schildert das große Gastmahl eines Menschen. Matthäus berichtet von der Hochzeitsfeier des Königsohnes. Der dritte Synoptiker spricht nur von e i n e m Knecht (Lk 14, 17. 21. 22 f.), der erste Evangelist von einer Mehrzahl von Knechten, welche die Einladung zum Mahle überbringen. Lukas erwähnt ein bloßes Entschuldigen und Ausbleiben der Gäste, im Gleichnis von der Hochzeit des Königssohnes werden dagegen die Knechte der zweiten Gruppe mißhandelt und ermordet. Nach dem lukanischen Bericht werden zunächst die Armen und Gebrechlichen der Stadt, sodann die Draußenstehenden an Stelle der Erstgeladenen gerufen, nach Matthäus geht sogleich die Einladung in alle Welt hinaus. In unserem Lukas-Gleichnis wird am Schluß bemerkt, daß nicht alle das Gastmahl im Reiche Gottes schmecken werden; im Gleichnis des ersten Evangelisten sendet der König vor der Hochzeit sein Heer aus, um die Mörder umzubringen und ihre Stadt auszubrennen. Beim großen Gastmahl in Lukas wird das Haus voll von neuen Gästen, beim königlichen Hochzeitsmahl in Matthäus wird dagegen gesagt, daß unter den Berufenen nicht alle auserwählt sind. In beiden Gleichnissen wird durch verschiedene Formulierung auf das Mahl der Heilszeit hingewiesen, an welchem nicht alle teilnehmen. Was Lukas in einfachen Worten sagt (Lk 14, 15. 24), erläutert Matthäus durch ein Bild: daß nur das Hochzeitskleid die Teilnahme an der Hochzeit ermöglicht.

Die örtliche und zeitliche Umrahmung, die unterschiedliche Tendenz und die verschiedenen Formulierungen zeigen zur Genüge, daß es sich bei Matthäus nicht um eine Umarbeitung des von Lukas berichteten Gleichnisses handelt, sondern daß beide Evangelisten zwei grundverschiedene Gleichnisse erzählen. Die verwandten Züge in beiden Parabeln sind nicht von solcher Tragschwere, daß die Tatsache der zwei verschiedenen Gleichnisse dadurch erschüttert wird.

Die Zubereitung des Gastmahls und die Einladung der Gäste.

Lk 14, 15—17

**15 Als aber einer der Tischgenossen dieses hörte, sprach er zu Ihm:
„Glückselig zu preisen ist der, welcher am Mahl im Königreiche
16 Gottes teilnehmen wird."** * **Er aber sprach zu ihm: „Jemand veran-
17 staltete ein großes Gastmahl und lud viele ein.** * **Als es Zeit zum
Mahle war, sandte er seinen Knecht aus, den Geladenen zu sagen:
,Kommt, denn es ist schon alles bereit!'"**

Jesu Verheißung von der Wiedervergeltung der Wohltaten an Armen
und Bedürftigen, die nichts wiedervergelten können, in der Auferstehung
der Gerechten, veranlaßt einen der anwesenden Gäste zu dem sehr
erbaulich klingenden Ausruf: **„Glückselig ist der zu preisen, welcher
am Mahl im Königreich Gottes teilnehmen wird!"** (Vers 15). Diese
scheinbare Zustimmung in einer etwas veränderten Form der Zusage
Jesu (Vers 14) ist in Wirklichkeit eine vollständige Verdrehung. Von
einer innerlichen Aufgeschlossenheit kann bei dem Sprecher keine Rede
sein. Hinter dem frommen Klang dieses Ausspruches verbirgt sich ein
dreifaches Übel: 1.) die Auferstehung der Gerechten wird sinnlich als
ein Festessen im Reiche Gottes aufgefaßt; 2.) Der Pharisäer und Israelit, der das in Lk 13, 28. 29 Gesagte nicht bedenkt, erhebt mit Sicherheit Anspruch auf die Seligkeit, obgleich er die erforderliche Gerechtigkeit nicht beachtet oder beiseite schiebt; 3.) Die ganze Sache wird trotz
der bedenklichen Mahnung träge auf die Zukunft verschoben. Ohne
der ernsten Forderung des Herrn auch nur mit einem einzigen Worte
zu gedenken, rühmt der Pharisäer die Glückseligkeit derer, welche an
der Mahlzeit im Reiche Gottes teilhaben. Er rühmt die Teilnahme am
Gastmahl des Gottesreiches nicht als ein verheißungsvoll winkendes
Ziel, das jedes Opfer wert ist und das nur durch die Bekehrung erlangt
wird, sondern als einen vermeintlich sicheren Besitz für sich und seinesgleichen.

Jesus nimmt darum zur ernsten Fortsetzung Seiner Rede das Wort
wieder auf. Das Gleichnis beginnt: **„Jemand veranstaltete ein großes
Gastmahl".** Das Wörtlein **„groß"** setzt ein Mahl mit ungewöhnlich
zahlreichen Gästen voraus. Die Bemerkung: **„Und er lud viele ein"**
entspricht der Größe des Gastmahls. Das erste Rufen ist als vorläufige
Ankündigung gedacht, die zeitlich mit der Zurüstung des Mahles zusam-
menfällt.[9])

Die Ausdrucksweise: **„Zur Stunde des Gastmahls"** oder „als es Zeit
zum Mahle war" ist ein Hinweis auf den Zeitpunkt, da das Mahl fertig
und bereit ist. Der Wortlaut der Botschaft an die Gäste: **„Kommt, denn
es ist schon alles bereit!"** setzt eine zweimalige Einladung zu festlichen

---

[9] Den Geladenen ist damit noch nicht der genaue Zeitpunkt des Gastmahls bekannt. Es kann
eben nur unter dieser Voraussetzung weiter heißen, daß der Gastgeber seinen Knecht zur Stunde
des Gastmahls aussandte. Der Knecht ist der Überbringer der Botschaft an die Gäste und der
Antwort der Geladenen an den Gastgeber.

Gastmählern voraus, was als morgenländische Sitte bezeugt ist. In dem Wörtlein „schon" eine Mahnung gegen die Saumseligkeit der Gäste zu erblicken, weil sie die Einladung nicht pünktlich befolgten, ist unzutreffend. Ein Nichterscheinen sämtlicher Eingeladenen zur angesagten Stunde würde in der Erzählung nicht stillschweigend übergangen worden sein. Der Ruf, zur Stunde des Mahles zu kommen, spitzt die Einladung scharf zu. Wer jetzt nicht kommt, muß draußen bleiben.

Die Absage der Eingeladenen.

Lk 14, 18—20

18 „Und sie fingen alle an, und zwar ohne Ausnahme, sich zu entschuldigen. Der Erste sprach zu ihm: ‚Ich habe einen Acker gekauft und muß unbedingt hinausgehn, ihn zu sehen. Ich bitte dich, entschuldige
19 mich.' * Und ein anderer sprach: ‚Ich habe fünf Joch Ochsen gekauft, und ich gehe hin, sie zu prüfen. Ich bitte dich, entschuldige
20 mich.' * Und ein anderer sprach: ‚Ich habe eine Frau genommen, und darum kann ich nicht kommen.'"

Alle Geladenen lehnen die Einladung ab. Das Merkwürdige liegt eben darin, daß die Geladenen dem Ruf, jetzt wirklich zum Gastmahl zu kommen, mit Entschuldigungen begegnen. Die frühere vorläufige Einladung schienen sie als eine Ehre und Freude hingenommen zu haben. Jetzt, wo sie wirklich kommen sollen, fangen sie alle an, und zwar ohne Ausnahme, sich zu entschuldigen, als hätten sie sich verabredet. Die vorgebrachten Entschuldigungen sind nach der besonderen Situation verschieden. Der Sinn, der aus ihnen spricht, ist trotz der Verschiedenheit einhellig. Der besondere Wortlaut der drei verschiedenen Absagen ist zu beachten. Die dreifache Ausführung dieser Antworten kann drei verschiedene Klassen von Gästen nach drei unterschiedlichen Abhaltungsgründen charakterisieren. Es steht aber andererseits auf Grund der inneren Gleichartigkeit der drei Antwortenbeispiele die Einmütigket des Widerstrebens aller Gäste fest.

Die beiden Ersten, an welche die Einladung ergeht, geben an, daß sie nicht kommen, weil das Erworbene sie in Anspruch nehme. Der Erste muß notwendig hinausgehen und den Acker sehen, der andere geht hin, um die Ochsenpaare zu prüfen. Das Gleichnis spricht hier von einem Besehen und Prüfen eines schon e r w o r b e n e n Besitzes, um als Besitzer des Eigentums sich zu ergötzen und zu beglückwünschen. Der Mensch kann es kaum erwarten, das Neuerworbene zu sehen und zu prüfen.

Der starke Ausdruck des Ersten: „Ich muß unbedingt" begründet seine Gebundenheit, daß er tun muß, was er nicht lassen kann. Der Zweite gibt einen geringen Grad von Stichhaltigkeit zu erkennen, daß er, ohne eine zwingende Notwendigkeit anzuführen, einfach sagt: „Ich gehe hin sie zu prüfen." Der Dritte unterscheidet sich vom Zweiten, daß er kurz angebunden sagt: „Ich habe eine Frau genommen." Es ist hier wie in den beiden ersten Fällen klar, daß das abhaltende Moment in dem Bedürfnis liegt, den erworbenen Besitz zu genießen und sich der Gaben zu freuen (vgl. 5 Mo 24, 5). Dem Grunde des Fernbleibens fügen alle drei in absteigender Höflichkeit eine Ablehnung hinzu. Die beiden Ersten bitten in höflicher Form: „**Ich bitte dich, entschuldige mich!**" Der Dritte verschmäht eine solche Bitte und sagt einfach frei heraus: „**Ich kann nicht kommen.**" Sämtliche Geladenen offenbaren, daß ihnen ihr Besitz an Acker oder Vieh oder die Häuslichkeit lieber ist als die Einladung. Hab und Gut erfreuen sie mehr als die Teilnahme am Gastmahl. [10])

Der Bericht des Knechtes und die erneute Einladung des Gastgebers.

Lk 14, 21—24

21 „**Und als der Knecht ankam, meldete er dieses seinem Herrn. Darauf ward der Hausherr zornig. Er sprach zu seinem Knechte: ,Gehe schnell hinaus auf die Straßen und Gassen der Stadt und führe die**
22 **Armen und Krüppel und Blinde und Lahme hier herein!' * Und der Knecht sprach: ,Herr, es ist geschehen, was du angeordnet**
23 **hast, aber es ist noch Raum.' * Und der Herr sprach zu dem Knecht: ,Gehe hinaus auf die Landstraßen und an die Zäune und nötige die Leute hereinzukommen, damit mein Haus voll werde!' ***
24 **Ich sage euch aber, daß keiner von jenen Männern, die geladen waren, von meinem Gastmahl zu kosten bekommen wird!"**

Durch den Bericht des Knechtes wird der Hausherr zunächst in gerechten Zorn versetzt. Er beauftragt den Knecht, schnell nach anderen Gästen auszugehen, damit sie an Stelle der Geladenen die Tafel besetzen. Er wartet nicht auf sie. Auch möchte er kein Wort mehr über sie verlieren. Der Knecht soll auf die breiten Straßen und engen Gassen der Stadt hinausgehen. Weil die Ansässigen und Besitzenden die Einladung des Gastgebers verschmäht haben, soll der Knecht die besitzlose Straßenbevölkerung aufsuchen, sie gleichsam von den Straßen und Gassen auflesen. Die Einladung ergeht darum an Bettler, Krüppel, Lahme und Blinde, an die Klassen der Elendesten und Unglücklichsten. Keine Gruppe der Elenden soll übergangen werden. Die Aufzählung entspricht der schon erwähnten (vgl. Lk 14, 13).

Die Anweisung: „**Führe sie hier herein!**" ist mehr als ein bloßer Ruf. Wenn Bettler und Krüppel, die in Straßen und Gassen umherliegen, sich nicht nur als Almosenempfänger an der Türe aufhalten sollen, sondern sogar als Gäste des Hauses empfangen werden und darüber hinaus an der festlichen Tafel des Herrn selbst teilnehmen sollen, dann bedarf es eines **Hereinführens**. Elende und obdachlose Leute müssen bei einer solchen ehrenvollen und beglückenden Einladung vor allem die Scham und Scheu überwinden.

---

[10] Alle Absagen, ob mehr oder weniger begründet, und alle höflichen und unhöflichen Antworten sind doch ein und dieselbe schuldvolle Verschmähung des Mahls und offenbaren zugleich die Herzensgesinnung, die Widersetzlichkeit und Eigensinnigkeit zeigt

Die Erwägung der Sachlage — ein großes Gastmahl ist bereitet, viele
wurden eingeladen, alle die Eingeladenen haben sich entschuldigt, der
Knecht wurde wieder ausgesandt, mit Bettlern und Krüppeln der Straße
die Tafel zu besetzen — läßt erkennen, daß der Knecht immer der hin
und her gehende Bote seines Herrn ist, der ständig des Herrn Befehle
erfüllt. Durch die z w e i t e Aussendung wurde leider nur unvollkom-
men die A b s i c h t des Befehls erreicht, weil die Tafel noch teilweise
leer war. Durch die Meldung: „**Es ist noch Raum da**" ist die Erzählung wieder an einem Punkt von erhöhter Spannung angelangt, wie
bei der ersten Rückmeldung (vgl. Lk 14, 21). Es fragt sich, ob der
Herr jetzt die Erstgeladenen berücksichtigt, daß er ihnen die Plätze
freihält?

Der Herr gibt die Anweisung zu einer dritten Einladung. Der Knecht
soll auf die Wege und an die Zäune hinausgehen und nötigen, hereinzukommen. Es ist hier an Landwege zu denken, die von Zäunen
umgrenzt sind, im Unterschied zu den städtischen Straßen zwischen
Häuserreihen. **Wen** der Knecht zum Hereinkommen **nötigen** soll, ist
nicht gesagt. Damit kommt am stärksten zum Ausdruck, daß der
Knecht **jeden,** der ihm in den Weg kommt, ins Haus des Herrn bringen soll. Der griechische Ausdruck anangkason bedeutet an dieser
Stelle ein dringendes Bitten oder ein d r ä n g e n d e s Zureden,
nicht aber wie in Mt 14, 22 und Mk 6, 45 einen harten Zwang mit
Gewalt. Das Wort des Herrn in unserem Lukas-Gleichnis ist in der
Praxis oft mißbraucht worden. Augustin berief sich auf dieses Wort,
um durch äußere Zwangsmittel bei den Ketzern das innere Wollen
zu erzielen. Das Wollen durch äußeren Zwang zu erreichen, ist gar
nicht der Sinn der Nötigung. Der Herr will nur freiwillig Kommende.
Bettler und Krüppel der Stadt konnten in das Haus des vornehmen
Herrn hereingeführt werden, Fremdlinge der Landstraße aber mußten
genötigt werden, um zu dem hohen Herrn zu kommen. Weil aber
auch der Hausherr in seinem Hause keinen leeren Platz sehen will, wird
das Hereinnötigen so betont.

Das Verschmähen des Mahls hat für die Erstgeladenen die end-
gültige und völlige Ausschließung vom Gastmahl zur Folge. Dieser
Gedanke wird am Schluß des Gleichnisses ausgesagt, daß keiner von
denen, die geladen wurden, von **Seinem** Gastmahl zu kosten bekommen werden.

Diesen Schlußausspruch in die Erzählung selbst einzuschachteln, ist
unsachlich; denn wegen der Mehrzahlsform „**euch**" kann sie nicht zum
Auftrag des Hausherrn des Gleichnisses an den K n e c h t gehören.
Durch die Formel: „D e n n I c h s a g e e u c h" sind die Schlußworte:
„**keiner ... wird von Meinem Gastmahl zu kosten bekommen!**" ein
Ausspruch J e s u. Der Herr tut das oft am Ende eines Gleichnisses
(vgl. Lk 11, 9; 15, 7. 10; 16, 9; 18, 14; vgl. Mt 21, 43). Dies Wort ist
als eine Warnung an die pharisäischen Hörer des Gleichnisses anzusehen. Es ist dabei zu beachten, daß Jesus nicht sagt: „Keiner von
euch", sondern „Keiner von jenen Männern, die **geladen** wurden".

Weil Jesus nur über die Männer, die **geladen** waren, so urteilt, darum bleibt es jedem Hörer selbst überlassen, sich zu fragen, ob er dazu gehört oder nicht dazu zu rechnen ist. So dient der Schlußspruch Jesu zur Bekräftigung des Erzählresultates.

Das Gastmahl des Hausherrn deutet Jesus als **Sein** Mahl. Wie das Reich Gottes **Sein** Reich ist (vgl. Mt 13, 31), so ist auch das Mahl des Reiches Gottes **Sein** Gastmahl.

Die Deutung des Gleichnisses im einzelnen ist von hier aus zu vollziehen. Der Grundbegriff des „Gastmahls" ist dem Herrn durch den pharisäischen Tischgast an die Hand gegeben (vgl. Lk 14, 15). Speise und Trank, die Hunger und Durst des Menschen stillen und sein Herz erfreuen, dienen im AT oft als Bild für die geistlichen Güter der Gottesgemeinschaft (vgl. Ps 23, 5; 24, 11; 36, 9; 107, 9; Spr 9, 1—6). Die Prophetie schildert darum die Seligkeit des Gottesreiches und des messianischen Heils oft unter dem Bilde eines reichen und köstlichen Gastmahls (vgl. Jes 25, 6), das Gott aus Gnaden bereitet, um die Seele der Gäste zu sättigen (Jes 55, 1—3). Die geläufige jüdische Vorstellung vom Gastmahl des Messiasreiches und die entsprechende Bildersprache Jesu (vgl. Lk 13, 29; 22, 30; Mt 5, 6; 8, 11; 26, 29) ist auf diese Weise mit dem prophetischen Sprachgebrauch des AT verknüpft.

Die Erstgeladenen des Gleichnisses sind die Glieder des erwählten Volkes, die Bürger der alttestamentlichen Theokratie, denen die Errichtung des messianischen Reiches im voraus verheißen wurde. Die Bettler und Krüppel der Straße sind die Volksklassen der Zöllner und Sünder, die zwar im natürlich-nationalen Sinne noch zu Israel gehörten, aber nach Auffassung der Pharisäer des Bürger- und Heimatrechts der Theokratie entbehrten. Nach der Sammlung dieser Verstoßenen und Unglücklichen aus I s r a e l wendet sich das Evangelium dann entsprechend der dritten Aussendung des Knechtes im Gleichnis den H e i d e n zu. [11])

4. Mahnungen zum ganzen Ernst in der Nachfolge des Herrn.

Lk 14, 25—35

Dieser ganze Abschnitt ist dem Lukas eigentümlich. Wenn Aussprüche wie Vers 26 und 34 auch sonst noch vorkommen, so steht der Annahme nichts im Wege, daß Jesus solche Worte sicherlich oft wiederholt hat. Der Wechsel der Form an verschiedenen Stellen ist

[11] Aus den drei Absagen der Erstgeladenen ist zu erkennen, daß sie sich durch den Ruf des Gastgebers in der genießenden Beschäftigung ihres erworbenen Besitzes unangenehm gestört fühlten. Um sich ihrem Besitz profitierend hinzugeben, verschmähen sie das Gastmahl des Hausherrn. Das Evangelium wird daraufhin den unglücklichsten Volksklassen angeboten, ihre zaghafte Scheu wird durch freundliche Einladung überwunden und sie werden dem Reich Gottes zugeführt. Es genügt dann weiterhin dem umfassenden Heilsrat der göttlichen Liebe nicht, die Verachteten und Verstoßenen allein aus Israel ins Reich Gottes aufzunehmen, sondern der göttliche Endzweck, **daß Sein Haus voll werde,** wird auf dem Wege der Berufung der **Heiden** verwirklicht.

daraus erklärlich. Die Gleichnisse vom Turmbau und Kriegführen
scheinen gleichzeitig vorgetragen zu sein. Um den Zweck Seiner Lehrweise recht zu erkennen, ist es nötig, sich in den Zeitpunkt der Reise
des Herrn nach Jerusalem hineinzudenken. Jesus war beständig von
einer zunehmenden Volksmenge umgeben. Was nun die Massen bewog, dem Herrn zu folgen, konnte verschiedene Beweggründe haben.
Die Liebe des Heilandes zu den Volksmassen bewegt Ihn, die r e c h t e
Treue und Nachfolgeschaft in ernsten Worten zu schildern, um die
Massen vor Torheit und Wahn zu schützen und zur Selbstprüfung zu
leiten. Forderungen, welche Er früher nur an die Zwölfe richtete,
spricht Er jetzt viel kräftiger und ohne Unterschied zu a l l e n aus. [12])

Die Menge der zweifelhaften Nachfolger veranlaßt Jesus, an den
Ernst und die Opfer zu erinnern, die Seine Nachfolge erfordert (Vers
25—37). Durch die zwei Gleichnisse vom Turmbau und Feldzug warnt
der Herr vor übereilten Entschlüssen (Vers 28—33). Das Bild vom
dumm gewordenen Salz wird in dem Sinne angewandt, daß eine Nach-
folgerschaft ohne anhaltende Ausdauer so wertlos ist wie verdorbenes
Salz (Lk 14, 34—35).

a) Jesu Mahnung zur völligen Selbstverleugnung.

Lk 14, 25—27

**25 Es zogen aber viele Volksmengen Ihm nach, und Er wandte Sich
26 und sprach zu Ihnen: * „Wenn jemand zu Mir kommt und nicht
haßt seinen Vater und die Mutter und die Frau und die Kinder
und die Brüder und die Schwestern und dazu noch die eigene
Seele (d. h. sein eigenes Leben), der kann nicht Mein Jünger sein. *
27 Wer nicht sein Kreuz trägt und hinter Mir her geht, kann nicht
Mein Jünger sein.“**

W. Stb. Matth.
S. 140
Zu V. 26—27:
Mt 10, 37. 38
Zu Vers 26:
5 Mo 33, 9. 10
Lk 18, 29. 30
Zu Vers 27:
Lk 9, 23

Wenn es auch nicht ausdrücklich gesagt ist, so handelt es sich hier
wahrscheinlich um die langsame Wanderung durch Peräa nach Jerusalem
(Lk 13, 32). Der Anschluß des zahlreichen Gefolges auf Seiner Wanderung regte Ihn an, das Volk darüber zu unterrichten. was wirklich
dazu gehört, Sein wahrer Jünger zu werden. Er stellte Bedingungen
für den Eintritt in Seine Jüngerschaft, um die Zahl Seiner Nachfolger
zu sichten. [13])

Die Forderung, die nächsten Anverwandten und sein eigenes Leben
zu hassen, kommt mit unwesentlichen Abweichungen hinsichtlich des
Wortlautes, wiederholt vor. Matthäus führt sie in der Apostelinstruk-

---

[12] Wer trotz dieser scheinbar abschreckenden und doch anziehenden Worte in der Nachfolge
beharrt, war dem Herrn auf diesem Entscheidungsweg willkommen. Jesus beabsichtigt auf dieser
ganzen Wanderung eine S i c h t u n g, um aus der Masse des Volkes Sich einen Jüngerkreis
abzugrenzen.

[13] Jesus weiß um das Mißverständnis der großen Menge. Das richtige Verständnis des Evangeliums ist nicht Sache der **Masse**, sondern ist ernste Angelegenheit des einzelnen. Jesus erklärt
darum anschaulich und eindrücklich, was es bedeutet, sich **Ihm** anzuschließen.

tion (Mt 10, 37—39) an, und wir finden sie bei der Ankündigung Seines Leidens (Lk 9, 23 f; Mk 8, 34 f.; Mt 16, 24 f.). [14]

Weil dieser Lehrspruch jedesmal den besonderen Anlässen entspricht, ist des Herrn Ausdrucksweise an den verschiedenen Stellen unterschiedlich. Jesus gebraucht hier den starken Ausdruck **„Vater. Mutter, Frau, Kinder und Geschwister hassen"**. Der Leser dieser Worte muß sich auch ohne die mildere Fassung in Mt 10, 37—39 sagen, daß Jesus hier nicht das Gebot der Nächstenliebe und der Elternehre außer Kurs setzen will (vgl. Lk 10, 27; 18, 20). Der Herr gebraucht aber den harten Ausdruck „hassen", um Seiner Forderung einen besonderen Nachdruck zu verleihen. Für das Verständnis des Spruches muß der Zusammenhang erwogen werden, ein Kleben am äußeren Buchstaben führt zum Mißverständnis. H a ß ist das Gegenteil von L i e b e, Jesus sagt nun nicht, daß die Liebe zu den Eltern und Verwandten und zum eigenen Leben in Haß umschlagen muß. Nein! Die Liebe zum Herrn erfordert n o t w e n d i g, alles andere in der Welt in dem Sinne zu hassen, daß das einseitige und alleinige Verfolgen eines anderen Lebensziels strikt zu unterbleiben habe. Die Nachfolge Jesu erfordert die Bereitschaft, selbst den grausamsten und schmachvollsten Tod für Jesus zu erleiden. Jesus will mit dieser ernsten und hart klingenden Forderung die gänzliche Hingabe des Herzens an Ihn dem Volke deutlich machen.

Das Erdulden der Leiden um Jesu willen wird hier bildlich als ein Kreuztragen bezeichnet. Der Ausdruck ist von der Sitte hergenommen, daß die zum Kreuzestode Verurteilten ihr Kreuz selbst tragen mußten (vgl. Mt 27, 32). Jesus fordert also von den Jüngern, mit Ihm das Kreuz auf die Richtstätte hinauszutragen, mit Ihm Selbst in den Tod zu gehen.

b) Das Gleichnis vom Turmbau und vom Feldzug.

Lk 14, 28—33

28 „Denn wer von euch, der einen Turm bauen will, setzt sich nicht zuerst hin und überschlägt die Kosten, ob er es auch ausführen kann? "
29 Damit nicht vielleicht, wenn das Fundament zwar gelegt ist, er dann die Fertigstellung nicht besorgen kann und alle, die es sehen, dann
30 anfangen, über ihn zu spotten und sagen: * ‚Dieser Mensch fing
31 zwar an zu bauen, konnte es aber nicht vollenden.' * Oder welcher König, der da auszieht, um sich mit einem anderen König in einen Krieg einzulassen, setzt sich nicht zuerst hin, daß er sich berät, ob er imstande ist, mit Zehntausend dem entgegenzutreten, der mit
32 Zwanzigtausend gegen ihn anrückt? * Wenn aber nicht, dann schickt er, während jener noch ferne ist, eine Gesandtschaft hin und

---

[14] Die Wiederholung dieser Lehrsprüche schien dem Herrn oft notwendig. Unter den Volksscharen, die Ihm nachzogen. waren viele ohne ein ernstliches Heilsverlangen; sie suchten nur Hilfe ihrer leiblichen Nöte. Seine ständigen Jünger zeigten sich in der wahren Heilserkenntnis auch oft schwach. Jesus mußte darum auf die ernsten Bedingungen für den Eintritt in Seine Nachfolge immer wieder hinweisen.

33 bittet um Frieden. * So kann keiner von euch Mein Jünger sein, wenn er nicht allem, was er hat, absagt."

Ein Jünger des Herrn hat, im Bilde gesprochen, zwei Hauptgeschäfte: Bauen und Kämpfen (vgl. Neh 4, 17). Beide Lebensaufgaben sollen nicht in fleischlicher Aufregung, sondern in nüchterner Vorsicht und Bescheidenheit ergriffen werden (2 Pt 1, 5). Die Kosten des Bauens und die Kräfte des Kampfes müssen überschlagen werden. Die Kosten zum Bau und die Kräfte zum Kampf können nur dann bestritten werden, wenn dem eigenen Vermögen an Kraft und Können eine Absage erteilt wird. Wer aber die eigene Kraft und das eigene Können verläßt und die Kraft und das Können des Herrn ergreift, baut den Turm mit hinreichendem Vermögen. Wer in sich selbst schwach, aber stark in dem Herrn ist, vermag den Krieg recht zu führen.

Das Bild vom Turmbau erinnert an das Wort der Bergpredigt (vgl. Mt 7, 24—27), obgleich die nähere Beziehung eine andere ist. Dort wird die feste Grundsteinlegung betont, hier dagegen ist vom Ausführen des Baues die Rede. In der Bergpredigt erschien schon mit dem Fundament alles gewonnen und gesichert. Hier lenkt Jesus auf die **Vollendung** des Baues. Die Ausführung des Turmbaues ist im übertragenen Sinne nicht das erste Kommen des Herzens zum Herrn, sondern die s t ä n d i g e Nachfolge, die g a n z e Jüngerschaft, die Heiligung. Die Bautätigkeit bis zur Vollendung wird nicht so schnell fertig; denn es gilt hier Schwierigkeiten zu überwinden.

Wer einen Turm bauen will, muß von Anfang an alles wohl überlegen, was zur Ausführung gehört. Ein voreiliger und oberflächlicher Anfang gelangt nicht zum Ziel. Jesus weist hiermit den unbesonnenen Zulauf zurück. Wie nur die Vollendung eines Gebäudes den Hausherrn ehrt, so krönt auch nur das Ende, nicht der Anfang, eines Christen Lauf. Ein liegen gebliebener Bau reizt die Menschen zum Spott. [15])

Nicht-Verharren und Nicht-Bleiben in der Nachfolge beruhen auf einem ersten Mangel, auf einer nicht verleugneten, sondern beibehaltenen Liebe zur Welt und zum eigenen Leben. Weil aus unserem eigenen Vermögen heraus nicht einmal der A n f a n g gemacht werden kann, so ist der rechte Kostenüberschlag d. h. der Hinweis auf unsere eigene Armut unbedingt notwendig, um selbstverleugnend auf dem festen Gnadengrund zu bauen.

Wie das erste Gleichnis ein leichtsinniges Unternehmen schildert, zeigt das Gleichnis vom Feldzug, daß keine große Aufgabe ohne reifliche Überlegung unternommen werden kann. Jeder König, der Grund und Ursache hat, mit einem anderen König, der über eine doppelt so große Streitmacht verfügt als er selbst, Krieg zu führen, überlegt sich den Feldzug reichlich. Er fragt sich, ob er ihn mit seiner geringeren

---

[15] In der Nachfolge Jesu ist es für jeden eine Schmach, wenn er nicht mit dem, was er begonnen hat, zur Vollendung kommt. Wenn die Zuschauer Stillstand und Verfall eines angefangenen Lebens in der Nachfolge Jesu wahrnehmen, wird der Christ zu einem Spottbeispiel und **Sprichwort**.

Heeresstärke überwinden wird. Führt seine Überlegung zur Verneinung, so bittet er auf dem schnellsten Wege um den Frieden.

Im Anschluß an die beiden Parabeln warnt der Herr vor einem leichtfertigen Anschluß an Ihn. Die Nachfolge Jesu erfordert eben die Absage von allem.

Jesus sagt, wer nicht allem, was ihm gehört, absagt, kann nicht Sein Jünger sein. Er knüpft damit an die Schlußsätze von Vers 26 und 27 an. Jesu Jünger zu sein ist keine Sache der Masse.

c) Das Bildwort vom verdorbenen Salz.

Lk 14, 34—35

Zu Vers 34:
Mt 5, 13
Mk 9, 50

34 Gut ist das Salz. Ist aber das Salz fade geworden, womit soll dann **35** gewürzt werden? * Weder für das Land noch für den Dünger ist es nützlich. Man wirft es hinaus. Wer Ohren hat zu hören, der höre!

Jesus benutzt hier das Bildwort vom Salz zum dritten Mal (vgl. Mt 5, 13; Mk 9, 50). Markus setzt es wie Lukas an das Ende der galiläischen Tätigkeit Jesu, bei Matthäus steht dieser Ausspruch am Anfang der Bergpredigt. Das Wort bildet hier den Schlußstein der Warnung vor unüberlegter Begeisterung.

Der Herr meint mit dem Salz den Beruf der Jünger. Salz wirkt der Fäulnis entgegen, es reinigt und verleiht der Speise Haltbarkeit. Wegen der ätzenden und reinigenden Kraft wurde im Kultus der Israeliten bei jedem Opfer Salz als Zugabe vorgeschrieben. Diese Salzzugabe wird als Salz des Bundes Gottes bezeichnet (3 Mo 2, 13). Der unauflösliche und ewige Bund Gottes wird als ein Salzbund dargestellt (4 Mo 18, 19; 2 Chr 13, 5). Das Salz des Opfers ist das heiligende und reinigende Wort des Bundes. Diese Symbolik liegt dem Bibelwort des Herrn zugrunde. Die Jünger sollen als geistiges Salz die Menschheit vor moralischer Fäulnis bewahren. Diesen edlen Beruf können die Jünger nur ausführen, wenn die Salzkraft des göttlichen Wortes in ihnen wohnt.[16])

Der bildliche Ausdruck vom Salze erhält durch den Zusatz, daß, wenn es fade geworden ist, es zu nichts mehr nützt, eine eigentümliche Bedeutung. Es gehört zum Wesen des Salzes, daß es nur zu dem ihm eigenen Zweck verwandt werden kann, aber zu nichts anderem taugt. Salz wird nicht zu Düngezwecken gebraucht (vgl. 5 Mo 29, 23; Ri 9, 45; Ps 107, 34; Jer 17, 6; Zeph 2, 9). Das Volk Gottes, [17]) wie auch jeder

---

[16] Wie die Jünger ein reinigendes Salz für die Ungläubigen waren, so war Israel berufen, ein solches Salz für die Heidenvölker zu sein. Jesus leitet die Volksmengen, die Ihm folgen, durch diesen inhaltschweren Ausspruch an zu tieferem Nachdenken. Sie sollen erwägen, inwieweit sie diesem hohen Berufe Genüge geleistet haben oder nicht. Sie sollen bedenken, daß sie durch Unglauben Gefahr laufen, ein fades Salz zu werden, das weggeworfen wird.

[17] Jesus erinnert Seine Hörer deutlich daran, daß ein guter Anfang nichts nützt, wenn es nicht zur Vollendung kommt. Ein unbesonnener Baumeister und ein vermessener Streiter verdienen keinen besseren Namen als „fade gewordenes Salz".

einzelne, sind für keine geringeren Aufgaben brauchbar, wenn sie ihre ursprünglich hohe Bestimmung verfehlen, sondern völlig untauglich (vgl. Exkurs „Was ist unter dem Bild des ‚Salzes‘ zu verstehen?" W. Stb. Mark. S. 179 f.).

Um den Hörern die Wichtigkeit der Rede ans Herz zu legen, krönt der Herr Seine Warnung mit dem Schlußwort: „**Wer Ohren hat zu hören, der höre!**" Die Zuhörer werden zum ernsten Nachdenken aufgefordert, weil das Verständnis der Worte Jesu nicht auf der Oberfläche liegt (vgl. Mt 11, 15; 13, 9. 15; Mk 4, 9. 23; 7, 16; Lk 8, 8;), oder auch, weil es am guten Willen zur Beherzigung der Rede nicht fehlen darf (vgl. Offb 2, 7—3, 22).

5. Drei Gleichnisse von der göttlichen Liebe zu den Verlorenen.

Lk 15, 1—32

Die Gleichnisse des 15. und 16. Kapitels im Lukasevangelium bilden eine zusammenhängende Einheit. Der Umgang Jesu mit Zöllnern und der Eintritt einiger von ihnen in Seine Nachfolge gaben den Anlaß für diese Parabeln. Jedes der drei Gleichnisse des vorliegenden 15. Kapitels schildert auf eigentümliche Art die alles menschliche Denken übersteigende Barmherzigkeit Gottes.

Die Gleichnisse des 16. Kapitels sind noch vor den Pharisäern ausgesprochen (Lk 16,14), jedoch vorwiegend an die Jünger gerichtet (Lk 16, 1). Die wohlhabenden Nachfolger aus der Zöllnerklasse werden ermuntert, Barmherzigkeit und wohltätige Liebe gegen die Menschen zu üben, um nicht die ihnen widerfahrene göttliche Barmherzigkeit unwirksam zu machen. Das Gleichnis vom u n g e r e c h t e n Verwalter zeigt die rechte Verwaltung der irdischen Güter zum Nutzen des Nächsten. Es spornt an, die uns so kurz bemessene Zeit des irdischen Lebens klug und emsig auszunutzen. Das Gleichnis vom reichen Mann und dem armen Lazarus enthüllt uns, wie die Gleichgültigkeit und der Kaltsinn gegen den Nächsten, trotz genügender Warnung durch Gottes Offenbarung, zur Verdammnis führen. Jesus will zeigen, daß die Welt- und Geldliebe der Pharisäer trotz ihrer Werkheiligkeit nichts besser ist als die natürliche Neigung der Zöllner. Die Schuld der Pharisäer ist besonders groß, weil sie mehr als die Zöllner Mose und die Propheten hören.

Die drei Gleichnisse von der Sünderliebe Gottes und Jesu, die Matthäus an anderen Stellen betont (vgl. Mt 18, 12 f; 21, 28 ff), bilden ein Prachtstück des Lukasevangeliums.

Das frühere Gleichnis von den beiden Schuldnern (Lk 7, 41 ff) und das vom großen Gastmahl (Lk 14, 16 ff) enthüllen zwar auch Gottes Liebe zu den Sündern. Der Kernpunkt aller drei Gleichnisse in Lk 15 ist jedoch der einfache Gedanke, daß die Rettung eines verlorenen Menschen als das freudigste Ereignis im Reiche Gottes gefeiert wird.

Jesus offenbart in diesen Gleichnissen den großen Reichtum Seiner barmherzigen Liebe. Die Hilflosigkeit des verlorenen Schafes und die unermüdliche Geduld des suchenden Hirten, die beschmutzte Gestalt der verlorenen Geldmünze und der unverdrossene Fleiß der suchenden

Frau, das selbstverschuldete Elend des verlorenen Sohnes und die wartende Liebe des suchenden Vaters, das sind Züge, welche nur derjenige
zeichnen kann, der in wahrer Heilandsliebe nach diesen Gleichnissen
mit uns handelt.

Der Anlaß der folgenden Gleichnisse.

Lk 15, 1—2

1 Es pflegten aber Zöllner und Sünder in großer Zahl zu Ihm zu kom-
2 men, um Ihn zu hören. * Und die Pharisäer sowohl als auch die
Schriftgelehrten murrten darüber und sagten: „Dieser nimmt Sünder
auf und ißt mit ihnen."

Nach dem Bericht des vorigen Kapitels war Jesus als G a s t im
Hause eines vornehmen Pharisäers (Lk 14, 1). Im Anschluß hieran richtete der Herr Seine Warnung an die Volksmengen, die Ihn auf der
Reise begleiteten (Lk 14, 25—35). Seine ernsten Reden schienen weit
mehr geeignet zu sein, die Menge von dem Eintritt in Seine Nachfolge f e r n z u h a l t e n als dazu zu ermuntern.

In der geschichtlichen Einleitung zu den folgenden drei Gleichnissen
berichtet Lukas, daß Zöllner und Sünder in großer Menge sich in der
Nähe Jesu einfanden, um Ihn zu hören. Sobald die Ankunft des Herrn
an einem Orte bekannt wurde, strömten diese Tiefgesunkenen des
Volkes herbei. Bei Ihm fanden sie, was sie sonst noch nie gefunden
hatten, eine herzliche Liebe und echte Heiligkeit, frei von jeder pharisäischen Scheinheiligkeit. [1])

Bezeichnend heißt es, daß „Zöllner und Sünder" in großer Zahl
Seine Nähe suchten. Die Sünder — das sind solche, die einen lasterhaften Lebenswandel führten — standen mit den Zöllnern außerhalb der
israelitischen Volksgemeinschaft. Sie galten als die G e s e t z l o s e n.
Allen diesen, welche sich durch eigene Schuld den Zugang zum messianischen Reich verschlossen hatten, eröffnete Jesus durch Sein Kommen
auf eine ganz neue Art die P f o r t e der Gnade.

Alle, die in Wirklichkeit der Gnade bedurften, werden durch die
ernsten und entschiedenen Worte der Wahrheit aus dem Munde dessen,
der die Wahrheit ist, angezogen; die „Mitläufer" werden dagegen abge-
stoßen. Der Evangelist bezeugt, daß jene Verrufenen und Tiefgesunkenen nicht kamen, um Zeichen zu sehen, um Brot zu essen oder von
ihrer Krankheit geheilt zu werden, sondern um zu „hören" (vgl.
Lk 5, 1). H ö r e n , aufgeschlossen hören, ist der erste Anfang des Glaubens, um als Sünder Gnade zu finden. [2])

---

[1] Der Kontrast der bußfertigen und gläubigen Sünder zu den selbstgerechten und hochmütigen
Pharisäern (Lk 15, 1) war L u k a s , dem Begleiter des Apostels Paulus, besonders wichtig.
[2] Die aus diesen Gleichnissen hervorleuchtende Gnade im zuvorkommenden Suchen des Verlorenen
und im barmherzigen Pflegen des Gefundenen ist und bleibt für den natürlichen Menschen ein
verborgenes Geheimnis. Die harte Verständnislosigkeit für das Heimfinden des jüngsten Sohnes
seitens des ältesten Sohnes im Gleichnis, der keinen Sinn für die Liebe des Vaters und die Fröh-
lichkeit im väterlichen Hause hatte, ist der treffende Typus des stolzen Herzens der selbstgerechten Pharisäer.

Jesu freundlicher Empfang und die wohlwollende Aufnahme der
Zöllner und Sünder, dieser Menschen von so schlechtem Namen und
Ruf, erregte das aufbegehrende Murren der Pharisäer und Schriftgelehrten. Widerwillig bezeugten sie dem Heiland der Sünder, daß die
verstoßenen, armen Menschen bei I h m Annahme fanden.

Die Worte: „**Er ißt mit ihnen**" enthalten noch eine besondere Beschwerde. Er e m p f i n g nämlich nicht nur die Zöllner und Sünder,
sondern ließ Sich noch von ihnen bewirten. An e i n e r M a h l z e i t
t e i l n e h m e n deutet immer auf eine besonders innige Gemeinschaft
hin (vgl. Mt 9, 11; 1 Ko 5, 11). Jesus setzte Sich durch dieses Verhalten über alle Schranken des sittlichen Anstandsempfindens in Israel
hinweg. [3]) Seine Gegner glaubten, der Herr e r n i e d r i g e Sich durch
Seine gerade den Schlechten zukommende Ehrung. Weil sie Ihm doch
mehrfach ihre Gastfreundschaft erzeigt hatten, mußten sie sich jetzt
eines solchen Gastes mit einem solchen unanständigen Verkehr schämen.

Die Gegnerworte, die für den Ausgangspunkt der langen Antwort
des Herrn von Wichtigkeit sind, enthalten einen vierfachen Grund-
irrtum: 1. Sie meinten, sie seien keine Sünder; 2. ein Sünder werde
man erst durch große oder grobe Sünde, etwa durch Betrügereien, so
wie die Zöllner es machten; 3. der Pharisäer Parole war ein fortwäh-
rendes, liebloses, törichtes Verdammen ganzer Menschenklassen, alle
Zöllner seien schlimmste Sünder; 4. Die Pharisäer gelangten zu dem
Schluß: Jesus muß selbst ein Sünder sein. Mit dem wegwerfenden Ausdruck „**dieser**" verraten Jesu Feinde die böse Gesinnung, die hinter
ihren Gedanken steckte. Dieser, der ihnen unbeliebt und überall im
Wege stand (vgl. Lk 23, 18), den sie nicht gelten lassen und hören
wollten, sucht die T i s c h g e m e i n s c h a f t mit lauter verrufenem
Gesindel. [4])

Wenn sie die Gnade Gottes im AT gekannt hätten, würden sie gewußt haben, daß eine gottähnliche Gesinnung milde und herablassend
gegen die Sünder ist. Das rechte Verständnis der messianischen Verheißung hätte ihnen an Jesu Amtswerk zeigen müssen, daß „**Dieser**"
es ist, der die Sünder „**annimmt**" (vgl. Jes 42, 3; 50, 4) und nicht von
Sich stößt — wie sie es ja fort und fort taten. [5])

Jesus zeigt den Pharisäern zur eigenen Beschämung, daß Gottes
Gnade den verlorenen S ü n d e r sucht, den Bußfertigen aber annimmt,

---

[3] Es braucht nicht angenommen zu werden, daß Jesus gerade jetzt an einer Zöllnermahlzeit teil-
nahm. Die Pharisäer rügen jedoch gerade eben das, was er immer und immer wieder zu tun pflegte.
[4] Weil sie den Ruf und die Annahme der Sünder als Gottes Werk aus eigener Erfahrung nicht
kannten, tadeln sie mit dem verächtlichen Wort „**Dieser**" bei Jesus die Anmaßung, daß Er das tut,
was nur Gott allein tun kann und darf.
[5] Jesus verteidigt Seinen vertrauten Umgang und Seine Tischgemeinschaft mit den Verlorenen
und Tiefstgesunkenen des Volkes in der folgenden schönen Gleichnistrilogie. Die gehässige Gesinnung der Gegner Jesu wird durch diese reichhaltige und tiefe Antwort des Herrn bei der
Wurzel gefaßt und widerlegt. Er zeigt ihnen: „Was ist ein Sünder?" und: „Was ist wahre Umkehr?" Der Herr sagt den Pharisäern und Schriftgelehrten, daß sie genau so Sünder sind wie die
Zöllner, aber mit dem Unterschied, daß jene sich suchen und finden lassen, s i e dagegen nicht.
Jesus r e c h t f e r t i g t das Nahen der bußfertigen Sünder in diesen Gleichnissen. Trotz des

den Hartnäckigen mit Langmut lange trägt und dadurch auch immer und immer noch sucht.

W. Stb. Matth.
S. 254f.
Zu Vers 4—7:
Mt 18, 12—14
Zu Vers 4:
Hes 34, 11. 16
Lk 19, 10

a) Das Gleichnis vom verlorenen Schaf.

Lk 15, 3—7

3 4 Er sprach aber zu ihnen folgendes Gleichnis und sagte: * „Welcher Mensch von euch, der hundert Schafe hat und eines von ihnen verliert, läßt nicht die neunundneunzig in der Wüste zurück und geht 5 dem Verlorenen nach, bis er es findet. * Und wenn er es gefunden 6 hat, legt er es auf seine Achseln mit Freuden. * Und wenn er nach Hause gekommen ist, ruft er die Freunde und Nachbarn zusammen und sagt zu ihnen: ‚Freuet euch mit mir, denn ich habe mein Schaf 7 gefunden, das verloren war! * Ich sage euch: Ebenso wird im Himmel mehr Freude sein über einen Sünder, der sich bekehrt, als über neunundneunzig Gerechte, die der Bekehrung nicht bedürfen.“

Das hier von Lukas mitgeteilte Gleichnis vom verlorenen Schaf hat Ähnlichkeit mit dem Gleichnis vom verirrten Schaf, das Matthäus be-. richtet (vgl. Mt 18, 12—14), aber beide Parabeln sind trotzdem verschieden. [6])

Dem Gleichnis im ersten Evangelium geht eine Bezeugung der göttlichen Fürsorge voran, die sich auf j e d e n erstreckt, auch auf den Geringsten, der an Jesus glaubt (Mt 18, 10—14). In der Lukasparabel handelt es sich um die Rechtfertigung der b e s o n d e r e n Mühe, die an die Gewinnung und Bekehrung der Gefallenen und Gefährdeten gewandt wird, und zwar unter Zurücksetzung der Sicheren und Gerechten, welche glaubten, der Bekehrung und Rettung nicht zu bedürfen. Jesus macht Seinen Anspruch geltend, sich über die Bekehrung eines Sünders zu freuen statt zu murren. Das Gleichnis vom v e r i r r t e n Schaf bei Matthäus und vom verlorenen Schaf bei Lukas ist also lehrinhaltlich ganz verschieden. Dort bei Matthäus wird die wertachtende Liebe des Vaters hinsichtlich auch der Geringsten als Maßstab und Richtlinie für die Gemeinde festgelegt. Hier im Lukas wird die suchende Liebe Gottes dargestellt, die keine Mühe scheut, bis daß sie das Verlorene gefunden hat.

Jesus betrachtete das ganze jüdische Volk nach atst Vorstellung als eine Schafherde, deren Eigentümer und Hirte Gott ist. Weil Israel zu Seiner Zeit sich von dem echten und wahren Glauben an Gott gelöst hatte und keine wahre, geistliche Pflege hatte, nannte es der Herr eine hirtenlose Herde (Mt 9, 36; Mk 6, 34), eine verirrte und zer-

---

pharisäischen Murrens finden sie Annahme bei Ihm. Für die unbußfertigen Pharisäer ist es eine Warnung, die auch ihnen immer noch in Liebe nachgeht. Das ist der große Inhalt bis zum Schluß des letzten Gleichnisses vom Reichen in der Qual (Lk 16, 19ff.). So lautet das Thema: Des Sünders Umkehr oder Verstockung.

[6] Das im Matthäusevangelium angeführte Gleichnis steht in einem ganz anderen Zusammenhang, und der Sinn ist von der Lukasparabel wesentlich verschieden.

streute Menge von Schafen, die in Gefahr standen, gänzlich zugrunde
zu gehen (Mt 10, 6; 15, 24). Die Anwendung dieses Bildes schien besonders treffend auf die Zöllner und Sünder, die vom göttlichen Wandel abgewichen waren und keine gottgewollte Führung und Seelsorge
hatten. [7])

Der Herr fordert durch eine F r a g e die murrenden Pharisäer auf
(vgl. Lk 11, 5 f.), sich in die Lage eines Herdenbesitzers hineinzudenken, der von hundert Schafen eins verloren hat. Die Gefragten müssen
zugeben, daß schon die Liebe zum Eigentum den Hirten antreibt, das
Verlorene zu suchen.

Im folgenden gibt der Herr die anfängliche Frageform auf, geht aber
in der Richtung durch die aufgeworfene Frage weiter. Seine Rede greift
tiefer. Mehr als die Sorge um den B e s i t z deutet Er jetzt den wahren und lauteren H i r t e n s i n n an. Ein **verirrtes** Schaf ist von allen
Tieren ja am hilflosesten. Es findet sich allein nicht zur Herde
zurück, es kann sich nicht im geringsten verteidigen, es ermüdet leicht.
Der Hirte muß darum ganz persönlich sein **verlorenes** Schaf selber
suchen und dann, wenn er es gefunden hat, **tragen.** Die M ü h e des
Tragens kommt hiermit stark zum Ausdruck. Der besorgte Hirte trägt
diese Last, aber mit **Freuden,** und daheim angekommen, teilt er diese
seine Freude mit Freunden und Nachbarn.

Die am Schluß des Gleichnisses erwähnte Aufforderung zur Mitfreude am Wiedergefundenen wird in Parallele mit der Freude der
Himmelsbewohner gestellt über einen Sünder, der sich bekehrt. Dieser
Ausspruch Jesu ist nicht die eigentliche Deutung, sondern eine spe-
zielle Anwendung des Gleichnisses. Der G e g e n s t a n d der Parabel
ist die Bekehrung der S ü n d e r. Die Aufforderung zur Mitfreude am
Schluß ist ein wesentliches Moment der Tendenz des Gleichnisses. [8])

Das Gleichnisthema ist augenscheinlich jener Frage gleichzustellen,
die Jesus bei einem anderen Anlaß stellte: „Welcher Mensch ist unter
euch, der ein Schaf hat und es, wenn es am Sabbat in eine Grube fällt,
nicht ergreifen und herausziehen wird?" (Mt 12, 11). Diese Frage des
Herrn zeigt uns den richtigen Weg zur Deutung unserer Gleichnisrede. Diese Deutung liegt in der Frage: „Wie viel höher steht ein
Mensch als ein Schaf?" Durch einen Schluß vom Kleinen zum Großen
veranschaulicht Jesus den murrenden Pharisäern den wahren Grund

[7] Jesus vermeidet es vor den Pharisäern, die Ihn wegen Seines Umgangs mit solchen Sündern
tadelten, Sich als den wahren **Hirten** zu bezeichnen, der die Verirrten suchte, um sie zur Ge-
meinde Gottes zurückzubringen. Der Herr beschreibt die suchende **Liebe** des sorgenden Hirten.
Er betont dann besonders die **Freude** über das Wiedergefundene bei dem Besitzer, der mit allen
Freunden und Nachbarn sich mitfreuen möchte.
[8] Wenn der A n l a ß zu diesem Gleichnis festgehalten wird, so ist klar, daß die Mitfreude im
Gegensatz zum Murren der Pharisäer über Jesu Umgang mit den Sündern hervorgehoben wird.
Das Gleichnis soll den pharisäischen Hörern zeigen, daß sie gar kein Recht haben, über Jesu
Umgang mit den Sündern zu murren, sondern daß sie sich freuen sollten über die **Bekehrung**
eines Sünders.

Seines Verkehrs mit Zöllnern und Sündern. [9]) Die Sünder sind dazu noch Gottes und Jesu Eigentum, die durch die Sünde dem Vater und dem Sohn verlorengegangen sind. Im Gleichnis liegt ein Selbstzeugnis von Jesu g ö t t l i c h e r Würde verborgen.

Und endlich: Der Anlaß des Gleichnisses zeigt deutlich, w e n Jesus meint, wenn Er dem einen Verlorenen die neunundneunzig Nichtverlorenen gegenüberstellt und sie zurückläßt. Er meint die murrenden Pharisäer.

Wie Jesus bisher zeigte, daß sie zum Murren kein Recht haben, sagt Er ihnen jetzt, daß sie in rechter Herzensstellung geradezu eine liebende Mitfreude aussprechen müßten. Der Gedanke des Gleichnisses ist, wenn schon ein M e n s c h wegen seines wiedergefundenen Schafes die Freunde und Nachbarn zur Mitfreude auffordert, wie viel mehr darf Jesus die Teilnahme an der Freude über die Bekehrung der Sünder beanspruchen?

Die Berechtigung Seines Verlangens, sich über die Bekehrung der Sünder zu freuen, zeigt der letzte Satz des Gleichnisses. Er fordert aber nun die Pharisäer nicht auf, sich mit Ihm zu freuen, sondern hält ihnen vielmehr vor, daß im **Himmel** die Freude des Heilandes über die Bekehrung auch nur eines einzigen Sünders wirklich mit Ihm mit überströmendem Glücksgefühl geteilt wird. Dieser Hinweis mußte die Murrenden in besonderem Maße beschämen. Die Zukunftsform: „Es wird Freude sein" ist gewählt, um anzudeuten, daß sich die Bekehrung des Sünders bis in die fernsten Zeiten wiederholen wird.

Der Herr hält den Pharisäern in heiliger Ironie zur Beschämung ein Z w e i f a c h e s vor: 1. Die Himmelsbewohner freuen sich über die Bekehrung eines Sünders, was ihnen ein Anlaß des Murrens ist; 2. die Engel Gottes haben an einem Sünder, der sich bekehrt, mehr Freude als an neunundneunzig Gerechten ihrer Art.

b) Das Gleichnis vom verlorenen „Groschen".

Lk 15, 8—10

**8 Oder welche Frau, die zehn Drachmen hat und eine Drachme verliert, zündet nicht ein Licht an und fegt das Haus aus und
9 sucht sorgfältig, bis sie die Drachme findet? * Und wenn sie sie gefunden hat, ruft sie die Freundinnen und Nachbarinnen zusammen und sagt: „Freuet euch mit mir, denn ich habe die Drachme
10 gefunden, die ich verloren habe!" * So sage Ich euch, entsteht auch Freude bei den Engeln Gottes über einen einzigen Sünder, der sich bekehrt.**

Das eine Schaf, das verloren ging, verhielt sich zum Gesamtbesitz des Besitzers wie eins zu hundert; die eine Drachme, welche die Frau

---

[9] Was ein Hirte für sein Schaf tut, das tut Jesus an den Menschen. Wenn schon ein Hirte neunundneunzig Schafe wegen eines verirrten zurückläßt und alle Mühe aufwendet, um das Verlorene zu suchen und das Wiedergefundene wiederzubringen, wie sollte Jesus nicht alles versuchen, um das Verlorene zu suchen und wieder zurechtzubringen? Wie kann es Ihm da zum Vorwurf gemacht werden, wenn Er Sich um verlorene Sünder bemüht, um ihnen wieder zurechtzuhelfen?

verlor, stand zu ihrer ganzen Habe im Verhältnis eins zu zehn. Für die arme Frau bedeutete die eine Drachme ein noch empfindlicherer Verlust. In diesem Gleichnis wird der besondere W e r t betont, den eine Menschenseele vor Gott hat.

Mit einem einfachen „oder" werden beide Gleichnisse miteinander verbunden. Diese Verbindung gibt zu erkennen, daß im zweiten Gleichnis kein b e s o n d e r e r Inhalt zu suchen ist. Die Frage des zweiten Gleichnisses ist der des ersten in jeder Beziehung ähnlich. Die Frau wendet — wie der Hirt — a u c h jegliche Mühe an, um das Verlorene wiederzufinden. Der Schwerpunkt des Gedankens liegt hier in der M ü h e des Suchens. Jesus redet auch nicht von einem Mann, sondern von einer Frau, bei der der unermüdliche E i f e r des Suchens nach einer Münze natürlicher als bei einem Mann ist. Dieser psychologisch feine Zug ist zu bewundern. Die Frau als die Kirche oder gar als den Heiligen Geist zu deuten, entspricht nicht dem Sinn des Gleichnisses.

Wie im ersten Gleichnis, so ruft auch hier die Frau ihre Freundinnen und Nachbarinnen zur Mitfreude über das Wiedergefundene zusammen. Der Sinn ist demnach: Wenn eine Frau, die von zehn Drachmen **eine** verliert, alle erdenkliche Mühe aufwendet, um sie wiederzufinden, wie sollte Jesus nicht jegliche Mühe aufbieten, um verlorene Sünder wiederzufinden? Wenn die Frau die Freundinnen und Nachbarinnen zur Mitfreude über das Wiedergefundene auffordert, wie sollte Jesus nicht beanspruchen dürfen, daß alle sich mit Ihm über einen bekehrten Sünder freuen sollten?

Am Schluß begegnet uns wieder eine Anwendung wie im ersten Gleichnis (vgl. Vers 7). Der Herr hält den Pharisäern wiederum vor, daß Sein Verlangen nach Mitfreude über die Bekehrung des Sünders in der Freude der Engel Gottes ihre Erfüllung findet. [10])

c) Das Gleichnis vom verlorenen Sohne.

Lk 15,11—32

Mit der Erzählung vom verlorenen Sohn geht Jesus von der Verteidigung zum Angriff über. Er hält Seinen Tadlern in der Gestalt des älteren Sohnes im Gleichnis ihr häßliches Spiegelbild vor Augen. Dieses dritte Gleichnis ist darum die abschließende Ergänzung der beiden ersten Gleichnisse.

Die Erzählung vom verlorenen Sohn besteht aus zwei zusammengehörigen Bildern. Es ist das Bild von dem jüngeren (Lk 15, 11—24) und das Bild von dem älteren Sohne (Lk 15, 25—32). Das zweite Bild ist eine Rückbeziehung auf die geschichtliche Sachlage (Lk 15, 1), womit die Gleichnisse als solche ihren Abschluß finden.

Der erste Teil des Gleichnisses, die Schilderung des jüngeren Sohnes, enthält fünf Abschnitte, die den Entwicklungsstufen des Lebens eines

---

[10] Der eine Sünder, der sich bekehrt, wird hier nicht mehr im Gegensatz zu den neunundneunzig Gerechten erwähnt, es wird vielmehr deutlicher herausgestellt, daß die Bekehrung **eines** einzigen Sünders schon genügt, um die **Freude** der Engel Gottes anzufachen.

Sünders, der sich bekehrt, entsprechen: Die Abreise (Vers 11—13) —
Das Elend in der Fremde (Vers 14—16) — Die Reue über die Sünde
(Vers 17—19) — Die Rückkehr zum Vater (Vers 20—21) — Die Wie-
derannahme des Sohnes (Vers 22—24). Anders ausgedrückt würde es
lauten: S ü n d e , S t r a f e , R e u e , B e k e h r u n g und R e c h t -
f e r t i g u n g .

Die Abreise des jüngeren Sohnes in ein fernes Land.

Lk 15, 11—13

**11 12 Wiederum sprach Er: Ein Mensch hatte zwei Söhne. * Der Jün-
gere von ihnen sprach zum Vater: ‚Vater, gib mir den mir zukom-
13 menden Teil des Vermögens.' Da teilte der Vater das Vermögen
unter seine Söhne. Nicht lange darnach, als der jüngere Sohn alles
zusammengepackt hatte, wanderte er aus in ein fernes Land und
verschwendete dort sein Vermögen durch ein ausschweifendes
Leben.**

Die zwei ersten Gleichnisse sind gleichartig nach Form und Inhalt
und sie reihen sich im Redefluß aneinander. Das eingeschobene: „Wiederum sprach Er" deutet an, daß die Rede zu einem vorläufigen Abschluß gelangt ist und daß jetzt ein neuer Anfang der Erzählung beginnt. Die Erzählung geht in ihrer Anlage zu einem neuen Gleichnis
über, das von den beiden vorhergehenden unabhängig ist. Die kurzen
Übergangsworte: „Wiederum sprach Er" lassen aber auch erkennen,
daß das Gleichnis vom verlorenen Sohn trotz seiner Verschiedenheit
von den beiden vorigen aus dem gleichen Anlaß zu den gleichen Menschen gesprochen wurde wie die ersten Gleichnisse.

Das Gleichnis vom verlorenen Sohn ist auch in psychologischer Hinsicht, und da gerade ganz besonders, meisterhaft gezeichnet. — Aber
der Hauptton dieses dritten Gleichnisses liegt weder auf dem verlorenen Sohn, noch auf seinem Verlust, noch auf seiner Heimkehr, sondern auf dem **Vater.**

Das neue Gleichnis beginnt nicht in fragender, sondern in erzählen-
der Form. Ein Vater von zwei Söhnen wurde von dem Jüngeren um
die Abfindung seines ihm zukommenden Vermögens gebeten. Nach
hebräischem Erbrecht (5 Mo 21, 17) war das Erbteil des Erstgeborenen
doppelt so groß wie das der Nachgeborenen. Der älteste Sohn ist in
diesem Fall der Haupterbe, auf den zwei Drittel des Gesamtvermögens
fallen, der jüngere Sohn wurde mit e i n e m Drittel abgefunden. Bei
dem Jüngeren, der nach dem Vater und nach dem Erstgeborenen und
Haupterben im Vaterhaus die dritte Stelle einnahm, konnte leicht der
Wunsch entstehen, wenigstens über den Teil seines Vermögens frei
verfügen zu können. Die Stellung im väterlichen Haus hat seinen Trieb
nach Selbständigkeit angefacht und gesteigert.

Der Vater erfüllte den Wunsch des jüngeren Sohnes, daß er ihm das
Teil des Vermögens auszahlte.

Der Vater sagt dem Sohne nichts. Der Vater ist am Anfang des
Gleichnisses der große S c h w e i g e r . So läßt auch Gott schweigend
den Menschen machen, was er will. Er könnte ihn durch die Kraft der

Gnade vor der Sünde bewahren. Aber Gott läßt dem Menschen die Freiheit. Das ist erstaunlich und schwer begreiflich. Aber nachdem der Mensch nach Gottes Willen in Freiheit und zur Freiheit erschaffen ist, läßt Gott dem Menschen den wirklich freien Entscheid.

Gott läßt den Menschen die Straße ziehen, die er sich selber wählt, und läßt ihn nach seinen eigenen Wünschen und Willen schalten und walten. Merkwürdig ist nur, daß die Menschen, solange es ihnen dann gut geht, nicht an Gott denken. Wenn es ihnen aber dann schlecht geht, geben sie Gott die Schuld. Der jüngere Sohn im Gleichnis tut das aber nicht. Und das ist seine Rettung.

Das Elend in der Fremde

Lk 15, 14—16

14 Nachdem er aber alles verschwendet hatte, entstand eine starke Hun-
15 gersnot in jenem Land, und er fing an, Not zu leiden. * Da ging er
hin und suchte bei einem der Bürger jener Gegend Arbeit. Der
16 schickte ihn auf seine Äcker, Schweine zu hüten. * Und er begehrte,
seinen Bauch zu füllen mit den Schoten des Johannesbrotbaumes,
welche die Schweine aßen, aber niemand gab sie ihm.

Kurz und übersichtlich wird hier dargestellt, welches Elend im fernen Lande nach kaum begonnener Ausschweifung dem jüngeren Sohne widerfuhr. Nachdem sein ganzes Vermögen vergeudet war, brach unglücklicherweise sogar noch eine Hungersnot in jenem ganzen Lande aus. In der Fremde, wo er glaubte, in ungezügelter Freiheit leben zu können, sah er sich bald bitter betrogen. Die Worte: **„Und er fing an, Not zu leiden"** besagen, in welche Notlage er durch die Hungersnot geriet. Nach Verschleuderung seines Vermögens hatte er als Fremdling im Ausland keine Hilfsquellen mehr. Es blieb ihm nichts anderes übrig, als Hilfe bei einem Bürger des Landes zu suchen.

Der Ausdruck: „kollao = sich anhängen" deutet an, daß der Bürger jenes Landes ihn anfangs abweisen wollte und sich nur durch anhaltendes und dringendes Bitten bewegen ließ, ihn in seine Dienste zu nehmen. Sein Elend wurde dadurch nur noch größer. Seine Arbeit, Schweine zu hüten, war für einen Juden das allerniedrigste und schimpflichste. Die Entlöhnung für seinen Dienst reichte nicht hin, um den Hunger zu stillen. Von der Nahrung der Ärmsten, von Schoten des Johannesbrotbaumes aus dem Schweinetrog, begehrte er sich zu sättigen. Mit den Worten **„Er begehrte seinen Bauch zu füllen"** wird das Entwürdigende betont, was im Befriedigen des Hungers durch solch ein Schweinefressen liegt. Im ganzen Lande traf er die gleiche erbarmungslose Härte an, daß er nicht einmal das übliche Schweinefutter geschenkt bekam, um seinen Hunger zu stillen.

Die Reue über die Sünde.

Lk 15, 17—19

17 Da ging er in sich und sprach: Wie viele Tagelöhner meines Vaters
18 haben Brot im Überfluß. Ich aber komme um vor Hunger. * Ich will

Zu Vers 18:
Jer 3, 12. 13
Ps 51, 6

mich aufmachen, zu meinem Vater gehen und zu ihm sprechen:
19 „Vater, ich habe gesündigt gegen den Himmel und vor dir. * Ich
bin nicht mehr wert, dein Sohn zu heißen. Mache mich zu einem
deiner Tagelöhner.“

Im äußersten Elend in der Fremde geht er in sich. Der Gegensatz
der Not im fremden Land und der Wohlstand im Hause des Vaters
kommen ihm zum Bewußtsein. Der Sohn erinnert sich daran, wie sein
Vater daheim nicht nur sein eigener lieber Vater gewesen war, sondern auch der gute Vater seiner Knechte und Tagelöhner. Gerade die
harte Behandlung, die er im fremden Land erfährt, ruft ihm jene
äußerst gute ins Gedächtnis. Wenn es heißt, sie hätten Überfluß an
Brot, will das nicht bloß das wohlhabende Haus kennzeichnen, sondern
auch die weit über das Gewöhnliche hinausgehende wohlwollende Behandlung auch der Arbeiter.

Der Gedanke an den Überfluß, dessen sich die Tagelöhner **seines
Vaters** erfreuen — im Gegensatz zu dem Mangel, durch den er hier
verschmachtet —, wirkt so mächtig nun auf ihn ein, daß er den Vater
bitten will, ihn als Tagelöhner anzunehmen. Der beabsichtigten Bitte
gedachte er ein Bekenntnis seiner Schuld vorauszuschicken. Seine Sünde
bezeichnete er als eine gegen den Himmel und vor den Augen des
Vaters geschehene. Er war sich bewußt, die Gebote dessen verletzt zu
haben, der im Himmel thront.

Nach diesem vorausgeschickten Bekenntnis der Sünde will er
aussprechen, daß er sich durch die **Sünde** der Sohnesstellung unwert
gemacht hat. Dadurch hat er sich den Weg zu der Bitte gebahnt, daß
der Vater ihn einstellen soll wie einen seiner Tagelöhner.

4   Die Rückkehr zum Vater.

Lk 15, 20—21

20 Und er machte sich auf und kam zu seinem Vater. Während er
aber noch weit entfernt war, sah ihn sein Vater und, von Mitleid
21 gepackt, lief er hin und fiel ihm um den Hals und küßte ihn. * Da
sprach der Sohn zu ihm: „Vater, ich habe gesündigt gegen den
Himmel und vor dir, ich bin nicht mehr wert, dein Sohn zu heißen.“

Das Ausschauen des Vaters von ferne ist ein Beweis der nie er-
loschenen Liebe des Vaters zu dem verlorenen Sohn. T ä g l i c h hatte
der Vater in Sehnsucht nach der Rückkehr des Sohnes geblickt. Schon
von weitem entdeckte er ihn mit dem scharfen Auge der Liebe, als
er endlich ankam. Der bejammernswerte Zustand seines heimgekehrten
Kindes rührte sein Vaterherz in herzzerreißendem Erbarmen. Rückhaltlos eilte der liebende Vater dem Zurückgekehrten entgegen und fiel
dem Sohn um den Hals und küßte den Sohn, als wäre sein Kindesverhältnis nie getrübt gewesen. Wie wunderbar und seltsam: Anstatt
daß der Sohn dem Vater um den Hals fällt, tut das der Vater. Einen solchen einzigartigen Empfang hatte der Sohn nicht erwartet. Nicht ein
einziges Wort des Vorwurfs, nicht eine Vorhaltung über das schreckliche und liederliche Leben des Sohnes ist aus dem Munde des Vaters

zu hören. Der Vater ist auch hier der große Schweigsame, der liebevoll still bleibt. Das ist zuviel der Güte und Freundlichkeit gegenüber dem Heimgekehrten. Seine Bitte, doch nur als Tagelöhner beim Vater eine Stellung zu erhalten, kann er gar nicht mehr aussprechen. Der väterliche Empfang war ihm zu groß und zu überragend erhaben.

Die Wiederannahme des Sohnes.

Lk 15, 22—24

22 Es sprach aber der Vater zu seinen Knechten: „Bringet schnell heraus das vornehmste Oberkleid und bekleidet ihn und gebt ihm einen
23 Siegelring an seine Hand und Schuhe an die Füße. * Und bringet das Kalb, das Gemästete, herzu und schlachtet es, daß wir beim Essen
24 fröhlich sind. * Denn dieser mein Sohn war tot und ist wieder lebendig geworden, er war verloren und ist wiedergefunden worden.“ Und sie fingen an, fröhlich zu sein.

Zu Vers 24:
Eph 2, 1. 5;
5, 14

Der heimgekehrte Sohn vermochte der erhabenen Vaterliebe gegenüber kein Wort mehr über die Lippen zu bringen. Der Vater versichert dem Sohn auch nicht seine Vergebung durch freundliche Worte, wie: „Ja, dir ist vergeben“ — nein, der Vater erteilt vielmehr den nahestehenden Knechten einen bestimmten Befehl. Der große Schweiger ist nun selber aus seinem Stillschweigen herausgetreten. Worte der Liebe strömen nur so dahin. Zuerst läßt er ein Gewand, das vornehmste und beste, hervorholen. Der Vater kann die Bettlerkleidung nicht mehr ansehen. Er führt den Sohn durch Bekleidung mit dem weißen Oberkleid wieder in den Stand eines vornehmen Juden (vgl. Mk 12,28). Der Siegelring und die Schuhe sind ein Zeichen dafür, daß er jetzt wieder ein freier Mann ist. So sind die drei Gegenstände, die der Vater austeilt, ein dreifacher Beweis für die Wiedereinsetzung in den Sohnesstand. Damit muß sich die nüchterne Texterklärung zufrieden geben. In dem Kleid die Gerechtigkeit Christi, in dem Ring das Siegel des Heiligen Geistes, in den Schuhen die Fähigkeit, auf Gottes Wegen zu wandeln, zu finden, ist Allegorie, entspricht aber doch wohl nicht dem Text als solchem.

Auf des Sohnes Bekenntnis seiner Schuld und Unwürdigkeit antwortete der Vater durch den Befehl der völligen Wiederaufnahme in die Sohnesrechte. Durch den weiteren Auftrag an die Knechte, das Kalb — das Gemästete — herzubringen, kommt seine große Freude zum Ausdruck. Weil es nicht heißt: ein gemästetes Kalb, sondern: „das Kalb, das Gemästete“ wird auf das bestimmte Tier zum Schlachten hingewiesen, das für eine festliche Gelegenheit im Stall bereitstand. In diesem Zuge des Gleichnisses eine Andeutung des Opfers Christi zu finden, läßt sich nicht begründen. [11])

---

[11] Wenn die kritische Theologie meint, weil in dieser Darstellung kein Hinweis auf das Sühne-Opfer Christi vorhanden sei — darum könne Golgatha nicht als Sühnegeschehen des Heilandes angesehen werden, so ist der kritischen Theologie zu entgegnen, daß sie vergessen hat, daß die Erzählung „vom verlornen Sohn“ ein Gleichnis ist, das nicht das Golgatha-Opfer begründen

Die Aufforderung: „Laßt uns fröhlich sein" spricht aus (vgl. Lk 15,
Vers 7), daß alle Hausgenossen an dieser Festfreude teilnehmen sollen.
Die erfinderische Liebe des Vaters zu dem heimgekehrten Sohn wendet
das Beste auf, ja, sie beweist, wie w i l l k o m m e n der Sohn dem
glücklichen Vaterherzen ist. Im Ton überströmender Freude begründet
der Vater seine Anordnungen zum Fest. Die Tatsache, daß sein Sohn
tot und verloren war, aber wieder lebendig geworden und wiedergefunden ist, füllt das ganze Denken und Fühlen und Wollen des Vaters
aus. Tod und Leben sind in der Schrift die Bezeichnung von Sünde und
Bekehrung (vgl Eph 2, 1; 1 Tim 5, 6). Mit dem Bericht: „**Und sie fingen an fröhlich zu sein**" ist die Erzählung an der Stelle des ersten
(vgl. Vers 7) und des zweiten Gleichnisses (vgl. Vers 10) angekommen,
denn die Freude im Himmel bei den Engeln entspricht der Freude im
Vaterhause.

Es besteht die Möglichkeit, daß zum dritten Mal, also in jedem der
drei Gleichnisse, nicht immer wieder die Andeutung der Freude über
das Wiedergefundene einen sichtbaren Widerwillen der pharisäischen
Zuhörer erregte. Die **Freude** der begnadigten Zöllner, dann die Freude
Gottes, Jesu und der Engel Freude verdeutlicht den stärksten Kontrast
zur Gesinnung der Gegner.

Jesus fühlte Sich darum angetrieben, diese lieblose Selbstsucht der
Pharisäer in dem Bild des zweiten Sohnes abschließend nochmals kräftig darzustellen. Der lieblosen Opposition und menschlichen Bosheit
haben wir an dieser Stelle eine der anschaulichsten Seiten des Evangeliums zu verdanken.

Im Anfang des Gleichnisses war von z w e i Söhnen des Vaters die
Rede (Vers 11). Weil bis jetzt nur von dem jüngeren Sohn gesprochen
worden ist, muß die Erwähnung des älteren Sohnes wohl erwartet werden. Es handelt sich darum nicht um eine selbständige Geschichte des
älteren Sohnes im Gleichnis, sondern um den engen Anschluß an das
bisher Erzählte. Jesus beleuchtet durch diese Erzählung das Murren
der Pharisäer (vgl. Vers 2).

oder erklären will, sondern das die suchende und wartende Liebe des Vaters im Himmel ver-
anschaulichen möchte.
Prof. Gollwitzer formuliert dies in treffender Weise wie folgt: „Triumphierend haben rationa-
listische Ausleger sehen wollen, daß diese Geschichte von einem Zorn Gottes und einem ver-
söhnenden Mittlerwerk Christi nichts wisse und daß an ihr alle Theorien von Opfertod und
Versöhnung ,verschwinden wie drückende Alpträume' (so z. B. Ammon, Leben Jesu III, 50).
Wäre hier nicht die Versöhnung Voraussetzung, so wäre die Geschichte nicht geeignet, die
Pharisäer, die von der Wirklichkeit des Zornes Gottes mehr wußten als moderne Theologen,
zu überwinden. Weil Jesus nicht an Stelle des heiligen und gerechten Gottes der Pharisäer die
Theorie von einem selbstverständlichen und allezeit durch die Finger sehenden Vatergott verkündigt, sondern die Wirklichkeit des W u n d e r s bringt, daß eben dieser heilige und gerechte
Gott durch Ihn als den Messias jetzt die Abgefallenen wieder an Seinen Tisch läßt, darum steht
diese Geschichte nicht dem entgegen, was die Bibel vom Zorn Gottes wie von der Versöhnung
durch den Tod Jesu zu sagen weiß, sondern wird durch dies allererst ausgelegt." Soweit Gollwitzer in „Die Freude Gottes" 1951, S. 177.

Die Unterredung des älteren Sohnes mit dem Knecht.   *6*

Lk 15, 25—28a

25 Es war aber sein älterer Sohn auf dem Felde. Und wie er heim-
kam und nahe dem Hause war, hörte er Musik und Reigentanz.
26 * Da rief er einen der Knechte zu sich und erkundigte sich, was die-
27 ses bedeute. * Der aber sprach zu ihm: „Dein Bruder ist zurückge-
kommen. Darum hat dein Vater das Kalb, das Gemästete, ge-
28a schlachtet, weil er ihn gesund wieder bei sich hat." * Da aber ward
jener zornig und wollte nicht hineingehen.

Der ältere Sohn ist während der Heimkehr des jüngeren abwesend.
Was von ihm zu sagen ist, wird in die spätere Zeit des Tages, in die
Rückkehr vom Felde verlegt. Hinter der Abwesenheit des älteren Sohnes die pharisäischen Pflichterfüllungen der gesetzlichen Satzungen zu
sehen, wie einige Ausleger wollen, entspricht nicht dem schlichten
Fortschritt der Erzählung. Der Heimkehrende vom Felde merkt erst,
daß etwas Außergewöhnliches vorgefallen ist, als er sich dem Hause
näherte. Er hörte Musik und Reigentanz, wie es bei festlichen Gastmählern üblich war. Vielleicht ärgerte es den Älteren heimlich, daß
so etwas ohne sein Mitwissen im väterlichen Hause geschah. Mit einer
Verwunderung, die seine Unzufriedenheit verrät, ruft er einen der
Knechte zu sich, der ihm Auskunft erteilen soll.

Der Knecht gibt dem Fragenden durch eine schlichte Antwort Auskunft. Die Ankunft seines Bruders nennt er als Anlaß für die Ver-
anstaltung des Festes, dessen Klänge er hört. Er sagt: „Er ist gesund
heimgekommen". Nicht das Geringste von der Sünde des jüngeren
Sohnes erwähnt der Knecht. Die Erwähnung des Kalbes, des Gemäste-
ten, genügte, den älteren Sohn in Zorn zu bringen. Die Weigerung
hineinzugehen kennzeichnet treffend den Stolz der Pharisäer, die mit
Lasterhaften nichts zu tun haben wollen, aber auch nicht die Absicht
haben, über das erfahrene Heil sich mitzufreuen.

Die Unterredung des älteren Sohnes mit dem Vater.   *7*

Lk 15, 28b—32

28b. 29 Sein Vater aber kam heraus und redete ihm zu. * Er aber
sprach zum Vater: „Siehe, soviele Jahre diene ich dir, und niemals
habe ich ein Gebot von dir übertreten, und mir hast du niemals
ein Böckchen gegeben, damit ich mit meinen Freunden feiern
30 könnte. * Da aber dein Sohn gekommen ist, und zwar der, der
dein Vermögen mit Huren verpraßt hat, hast du ihm das Kalb, das
31 Gemästete, geschlachtet." * Da sprach aber der Vater zu ihm:
32 „Kind, du bist allezeit bei mir und all das Meinige ist dein. * Fröhlich zu sein und sich zu freuen war aber nötig, denn dieser dein
Bruder war tot und ist wieder lebendig geworden. Er war verloren
und ist wiedergefunden worden."

Der Vater hatte inzwischen sichtlich von der Heimkehr des älteren
Sohnes gehört. Und nun geschieht etwas ganz Unglaubliches. Der Vater

verläßt das festliche Treiben im Hause und eilt in freundlichem Entge-
genkommen dem draußen stehenden älteren Sohn entgegen und redet
ihm in Güte herzlich zu. Der Sohn aber läßt sich nicht bewegen, hereinzukommen und an der Festfreude teilzunehmen. Mit trotzigen, bitteren Worten enthüllt er die Gesinnung seines Herzens. Er redet mit
seinem Vater, ohne das freundliche Wort „Vater" über seine Lippen
zu bringen. Dem Vater wird sein ungerechtes Verhalten gegen ihn
und seinen Bruder vorgehalten. Der Gegensatz zwischen seinem Lebenswandel und dem seines Bruders soll die Ungerechtigkeit des Vaters
beleuchten. Der ältere Sohn rechnet dem Vater seinen Gehorsam und
Lohndienst so unbescheiden wie möglich vor. Das liederliche Benehmen des Bruders geißelt er mit scharfer Verachtung. Mit verächtlicher
Verweigerung des Brudernamens sagt er vorwurfsvoll zum Vater:
„Dein Sohn, dieser da", den du noch wagst, als Sohn anzuerkennen,
hat dein Vermögen im ausschweifenden Genuß verschleudert. Er zerreißt damit den Schleier, der über das sündliche Leben des Bruders aus-
gebreitet war.

Die nun folgende Antwort des Vaters ist ein Meisterstück der väterlichen Liebe. Ohne den geringsten Ton der Erregung, ohne die
leiseste Spur des Vorwurfs rechtfertigt der Vater in Ruhe und Sanftmut sich gegen den Vorwurf der Ungerechtigkeit gegenüber dem älteren Sohn. Der Vater redet den älteren Sohn als „Kind" an. Diese
Anrede des Vaters ist eine feine und liebevolle Zurechtweisung gegenüber dem Wort „Vater", das der ältere Sohn bei seinen harten und
unberechtigten Vorwürfen im Groll und Zorn dem Vater gegenüber
nicht gebraucht hatte. — Wie groß und meisterhaft steht dann das
liebevolle „Du" des Vaters am Anfang seiner Rede. Wie versucht er,
den Sohn zu überzeugen, daß nicht bloß das Kalb, das Gemästete, sein
ist, sondern alles, alles, was dem Vater gehört, auch dem Sohn gehört.

Dann fährt der Vater fast wie entschuldigend fort, daß dieses Freudenfest einfach gefeiert werden mußte.

Und nun erfolgt das Schönste. Der Vater kehrt die Worte des Sohnes um. Nicht d e r S o h n , sondern „dieser dein Bruder" ist zurückgekehrt. Liebevoll weckt er die erstorbene Liebe zum Bruder — und
doch ist auch die ganze Majestät des Vaters darin, der nun darauf besteht, daß auch dieser ältere Sohn seinen jüngeren Bruder wieder voll
und ganz anerkennt, ja ihn mit gleicher Freude willkommen heiße,
wie der Vater sie zeigte für den Sohn. Wenn also auch alle Züge dieses Vaters einem menschlichen Vater eignen können, sollte doch über
allen Zweifel aus diesem Vater, hintergründig und geheimnisvoll, das
Bild des himmlischen Vaters selbst lebendig herausleuchten: wie Er gut
ist gegen Undankbare und Böse (Lk 6, 35); gut — aber ohne jede
Weichlichkeit und Schwäche, sondern einfach deshalb, weil Er in him-
melhoher Majestät in Liebe über aller kleinlichen und erbärmlichen
Bosheit der Menschen erhaben ist.

Ein Freudenfest im Hause des Vaters ist also am Platze, weil der
heimgekehrte Sohn dem Tode so wunderbar entronnen ist. Der Vater

fordert den älteren Sohn nicht ausdrücklich auf, an der Festfreude teilzunehmen. Das Freudenmahl wird aber des älteren Sohnes wegen keinesfalls unterbrochen. Der ältere Sohn muß jetzt selbst nach dieser
Erklärung des Vaters entscheiden, ob er noch länger hart und lieblos
draußen stehen bleiben will. Der Vater behält in der Erzählung das
l e t z t e   W o r t .

Für die Erkenntnis der charakteristischen Tendenz des Gleichnisses
ist ein Rückblick auf die ganze Erzählung und auf den geschichtlichen
Anlaß (vgl. Vers 1 u. 2), vor allem ein Vergleich mit den beiden ersten Gleichnissen notwendig (vgl. Verse 3—10). Jesus rechtfertigt Sein
Tun an den Sündern gegen die murrenden Pharisäer zuerst durch das
Bild eines Menschen, der sein verlorenes Schaf, und durch das Bild
einer Frau, die ihre verlorene Geldmünze wiederfindet. Jetzt beschämte
Er ihr Murren durch die Erzählung von einem Vater, der seinen verlorenen Sohn liebevoll aufnahm, als dieser reumütig zu ihm heimkehrte. Das Verhältnis zwischen Vater und Sohn ist ein Bild für das
Verhältnis zwischen Gott, dem himmlischen Vater, und den Menschen.
In den ersten Gleichnissen rechtfertigte Jesus Sein   e i g e n e s   Verhalten gegen die Sünder, jetzt greift Er weiter und tiefer zurück auf die
letzte Begründung Seiner Rechtfertigung (vgl. Jo 5, 19). Es ist nämlich
G o t t e s   V e r h a l t e n   gegen den bekehrten Sünder. Dieser Gedanke ist in den beiden ersten Gleichnissen durch die Andeutung auf
die himmlische Freude zwar vorbereitet. Die Tendenz des dritten
Gleichnisses aber ist, die Freude **Gottes** zu dem bekehrten Sünder im
Gegensatz zu dem lieblosen Murren menschlicher Mißgunst voll und
ganz zum Ausdruck zu bringen. Diese Tendenz wird im Hauptabschnitt
der Mitte (vgl. Vers 20—24) deutlich, dem eine Vorgeschichte (Vers
11—19) vorangeht und eine Schlußepisode (Vers 25—26) folgt.

Im dritten Gleichnis dient nicht ein unvernünftiges Tier oder eine
leblose Münze zur Versinnbildlichung eines Sünders, sondern ein
M e n s c h, der über sich selbst bestimmen kann. Die Aussage des
V e r l o r e n s e i n s dehnt sich in den beiden ersten Gleichnissen zu
einer bildlichen Vorgeschichte aus, welche die   i n n e r e   Geschichte des
Sünders, der Buße tut, vorbereitet. Es sind drei Hauptmomente. Zuerst:
Die Sünde im Anfang und Fortgang. Sodann: Das Elend, in welches die
Sünde führt. Zuletzt: Die Umkehr, zu der das Elend hintreibt. Es ist
im Grunde genommen die Geschichte eines Sünders überhaupt.

Das   a n f ä n g l i c h e   Verhältnis zwischen Vater und Sohn (Lk 15,
11—12) bezieht sich auf die Zöllner und Sünder in Israel. Die Zöllner
und Sünder waren ja Juden,   S ö h n e   des auserwählten Volkes, genau
so wie die   P h a r i s ä e r .   Das Gesetz dünkte sie ein hartes Joch. Im
Verlangen nach Freiheit haben sie die Schranken des göttlichen Gesetzes von sich gestoßen. Sie hatten sich damit außerhalb der Haushaltung
Gottes und ihrer Ordnungen auf sich selbst gestellt. Gott hat es zugelassen. Äußere Zwangsmittel hat Gott nicht angewendet. Das Erbteil
des Vermögens, das dem Sohn ausgehändigt wurde, bedarf keiner be-

sonderen Deutung. Es ist, wie das Verlangen nach dem Erbe, nur ein
W u n s c h nach ungebundener Freiheit. Die Auszahlung des Erbes ist
die Gewährung unbeschränkter Freiheit seitens Gottes. Von dieser Gewährung der Freiheit haben sie nach ihrem Gelüste Gebrauch gemacht.
Sie haben sich der Gemeinschaft mit Gott entzogen und sich in die
fremde, eigne Welt begeben, um dort in völliger Gottvergessenheit der
sündigen Lust ihres Herzens zügellos leben zu können.

Sie haben getan, was sie wollten. Aber sie sind bitter enttäuscht
worden. Die von Gott entfremdete Eigenwelt ihres Herzens hatte nur
einen kurzen Sinnenrausch zu bieten gehabt. Sie hatte nichts zu bieten
vermocht, was den Hunger der Menschenseele befriedigt. Der Sünder
in der Gottesferne, der einen unbeschränkten Lebensgenuß sucht, gerät
bald in den Zustand des Darbens. Er trachtete zwar nach Freiheit, ver-
fiel aber in die Knechtschaft der Sünden der Welt. Er muß in harter
Knechtschaft bis zur Grausamkeit ohne Lohn der Sünde dienen. Die
innere Pein des Darbens steigert sich bis zum äußersten. Bei keinem
findet der Sünder Mitgefühl und Erbarmen. Das Schmachvolle dieser
Knechtschaft besteht im Hüten der Säue; das Verlangen nach den Jo-
hannesbaumschoten veranschaulicht die Steigerung der Pein des Hungers und die Schande der Sünde.

Der Sünder läßt sich in diesem Elend zur Umkehr leiten. So haben
es viele Zöllner und Sünder getan. Sie gingen in ihrem Elend in sich.
Sie erkannten, wie selig es ist, zu Gott zurückkehren zu dürfen und
wie unselig der Dienst in der Sünde ist. Es erwachte in ihnen der Entschluß, ohne den Anspruch auf die verlorenen Sohnesrechte geltend zu
machen, sich wieder zu Gott hin zu bekehren. Gerne bekannten sie
ihre Unwürdigkeit. In demütigem Verlangen waren sie willig, Gott wie
geringe Tagelöhner zu dienen.

Und wie verhält sich nun Gott zu solchen reumütigen und demütigen Sündern? Jesus schildert dies im strahlenden Mittelpunkt des
Gleichnisses (Vers 20—24). Von einem S u c h e n des Verlorenen im
engeren Sinne des Wortes wie in den beiden ersten Gleichnissen, ist im
dritten Gleichnis nicht die Rede. Der Vater sucht nicht den verlorenen
Sohn wie der Mensch nach dem verlorenen Schaf oder die Frau nach
der verlorenen Geldmünze. Hier ist die selbstentschlossene Umkehr des
Verlorenen die Voraussetzung für die Liebesbeweise des Vaters. Die
Ausschau des Vaters von ferne nach dem Verlorenen deutet die göttliche Liebe an, die schon während des Sündenlebens und vor der Bekehrung des Sohnes mit Sehnsucht nach seiner Umkehr ausschaut. Gott
kommt dem Sünder, der sich kaum in aufrichtiger Buße zu Ihm wendet,
schon in herzlichem Erbarmen zuvor, überschüttet ihn mit Beweisen
Seiner Vaterliebe, nimmt ihn, der sich so unwürdig weiß, an Sein
Vaterherz und setzt ihn in alle Kindesrechte wieder ein. Die in den
beiden ersten Gleichnissen erwähnte Freude über einen bekehrten Sünder wird hier als das Freudenmahl dargestellt. Damit ist nicht gesagt,
daß die Knechte im Gleichnis die Engel Gottes sind.

Das Gespräch zwischen dem Vater und dem älteren Sohn am Schluß der Gleichniserzählung legt die Gedanken der Pharisäer bloß, die U r - s a c h e ihres Murrens. In der Gegenrede des Vaters enthüllt der Herr ihr Unrecht. Sie glaubten, in der Aufnahme der Sünder ein schweres Unrecht gegen sich zu sehen. Sie machen ihren eigenen tadellosen Wandel im Gegensatz zu dem ausschweifenden Leben der Sünder geltend. Diesen Sündern bereitet Gott trotzdem eine so freudevolle Aufnahme. Die Antwort des Vaters enthüllt ihnen in liebevollster Form die Verkehrtheit ihrer Gedanken und die Ungerechtigkeit ihrer Anklage gegen Gottes Gerechtigkeit.

Die Freude Gottes und Seiner Engel über bekehrte Sünder besteht zu Recht, das Murren der Pharisäer aber zu Unrecht. Sie sollten an der Freude Gottes und Seiner Engel teilnehmen, statt zu m u r r e n (Vers 1.2).

Und was ist es doch um die eigene Gerechtigkeit, auf die der Mensch so stolz ist! Was ist sie in ihrem wahren und eigentlichen Wesen? Auch das zeigt uns der ältere Sohn im Gleichnis: Was kommt doch da plötzlich aus dem Herzen an giftigen und bitteren Worten und Gefühlen heraus! Alles frühere wird angesichts solchen Verhaltens unsicher und zweifelhaft. Eng, beschränkt, kleinlich, egoistisch, neidisch, eifersüchtig — was alles noch? — so steht er vor seinem grundgütigen Vater. Hier wird das abgründige Geheimnis offenbar, daß Gott nicht nur die Weisheit der Weisen zuschanden macht, sondern daß auch der g e - r e c h t e Mensch vor ihm n i c h t zu bestehen vermag.

Der Blick auf den Vater: Das letzte Wort, das Er zum älteren Sohne sagt: „Denn dieser dein Bruder war tot und ist wieder lebendig geworden. Er war verloren und ist wieder gefunden worden." (Vers 32) ist wert, tausendmal wert, es tief in Herz und Gedächtnis einzuprägen und es niemals zu vergessen!

6. Zwei Gleichnisse vom irdischen Besitz und seine Verwendung.

Lk 16, 1—31

Jesus verteidigte und erläuterte in der Gleichnistrilogie von Lukas 15 die freie Gnade Gottes, die Sich des Sünders erbarmt. Lukas 15 war an die Pharisäer gerichtet. Jetzt wendet Sich Jesus an die Jünger im weiteren Sinne des Wortes. Aber auch die Pharisäer haben zugehört. Der Herr erklärt ihnen, wie aus der Erfahrung der Gnade Gottes die L i e b e zu den Mitmenschen folgen muß. Das erste dieser folgenden Gleichnisse ist oft mißverstanden worden. Die richtige Erklärung hängt von der E r f a s s u n g des Sinnes dieser Erzählung ab. Die Schwierigkeit dieses Gleichnisses besteht darin, daß ein solcher Vorgang aus dem irdischen Leben dargestellt wird, der im Reiche Gottes keine entsprechende Parallele hat.

a) Das Gleichnis vom ungerechten Haushalter.

Lk 16, 1—13

Das Gleichnis vom ungerechten Haushalter ist zu allen Zeiten für die Ausleger eine der schwierigsten Stellen des Evangeliums gewesen.

Die Feinde des Christentums haben sogar es stets als Angriffswaffe benutzt, um darzustellen, wie unmoralisch Jesus hier Seine Zuhörer belehrt. [1])

Um nun das Gleichnis vom ungerechten Haushalter recht verstehen zu können, wollen wir uns schon am Anfang der Auslegung ganz klar darüber sein, was Jesus hier sagen will und zu wem Er spricht. Auf keinen Fall kann man dies Gleichnis allegorisch behandeln, d. h. alle einzelnen Züge auslegen. Es soll nur eine einzige Wahrheit klar und deutlich ins Blickfeld gerückt werden, und zwar zuerst und zunächst für die Jünger, dann aber auch für die Pharisäer (Vers 14).

Die Ausleger gehen verschiedene Wege. Wir wollen aus der Fülle der Auslegungen kurz nur drei Auffassungen herausstellen.

1. Auffassung: Jesus wollte hier nur ein Beispiel der K l u g h e i t geben. Er bringt dazu ein Bild von den „Kindern der Welt". Zum Schluß betont Jesus dies noch einmal, damit darüber kein Zweifel entstehe: Es ist ein ungerechter und betrügerischer Haushalter, aber er hat in s e i n e r Welt und in s e i n e r Weise k l u g gehandelt. So sollen auch die, welche der Lichteswelt angehören, in ihrem Bereich k l u g handeln auch mit den irdischen Gütern. Der Verwalter hat zwar in seiner Klugheit n u r an sich selbst gedacht; die Kinder des Lichtes sollen ebenfalls klug handeln, haben aber dabei an Gott und Sein Reich der Himmel zu denken.

Der Verwalter, als Kind dieser dunklen Welt, hat die Güter seines Herrn vergeudet. Seinem Herrn sind diese Verfehlungen bekannt geworden.

Die uralte Frage des Menschen: Was soll ich tun, um einen Ausweg aus der Not zu finden, treibt ihn zum Überlegen. Er gibt sich nicht gleich verloren, er sucht und findet einen Ausweg. In seiner (ja noch bestehenden) Verwaltervollmacht erläßt er den Schuldnern einen Teil ihrer Schuld, so daß sie ihm verpflichtet sind und ihn später als Gegenleistung aufnehmen werden.

---

[1] Mathilde Ludendorff nennt dieses Gleichnis sogar das grauenvollste der Gleichnisse. — Kaiser Julian, und später manche Ausleger nach ihm, haben dem Herrn Jesus vorgeworfen, Er habe dem jesuitischen Grundsatz „der Zweck heiligt die Mittel" gehuldigt. Denn, ob man auch tausendmal wiederholt, daß nicht die Maßregel des Hausverwalters an sich, sondern nur seine K l u g h e i t den Kindern des Lichtes zur Nachahmung vorgestellt werde, so wird doch auch darin etwas Anstößiges zurückbleiben, solange man in der gewöhnlichen Auslegungsweise behauptet, daß der Verwalter seine frühere Unredlichkeit durch einen n e u e n S t r e i c h — und nicht durch W i e d e r e r s e t z u n g d e s S c h a d e n s — g u t g e m a c h t habe. Wie wäre es denn erklärbar, daß auch die Pharisäer keine Veranlassung zu neuen Beschuldigungen gegen Jesus hierin finden, wenn die Pharisäer auf Grund dieses Gleichnisses eine unmoralische Gesinnung und Denkungsart des Herrn festgestellt hätten?

Nimmt man also an, daß der Verwalter seinen vorigen Irrweg verließ, dann muß man zwar wohl zugeben, daß er nur als ein echtes Weltkind gehandelt hat — von Demütigung oder Schuldbekenntnis lesen wir ja nichts —, aber dann können wir doch begreifen, daß nicht allein aus seiner Schlauheit, sondern auch aus seiner Handlungsweise selbst für die Zöllner eine wichtige Lehre zu ziehen war. Denn in wie vieler Hinsicht konnte so der Haushalter durch das, was er a u f r e i n w e l t l i c h e r E b e n e g e t a n h a t t e, ihnen zum Vorbild dienen! Endlich lernen wir erst bei dieser Auffassung die volle Kraft der Aussprüche in Vers 10—13.

Klug ist also jemand, so meint es Jesus in Vers 8: „Und der Herr (nämlich Jesus) **lobte** den ungerechten Haushalter", der seine verlorene Lage rechtzeitig erkennt und klug und schnell seine Entschlüsse faßt zur Rettung seiner Existenz.

Jesus will sagen: so wie bei den Kindern der Welt in ihren dunklen Geschäften, so muß bei den Kindern des Lichtes in der Art, wie sie mit den irdischen Gütern, besonders mit dem Mammon, umzugehen haben, sich nicht ihre irdische, sondern ihre himmlische Klugheit bewähren. Es gilt, solange noch die Möglichkeit dazu besteht, daß mit Hilfe der irdischen Güter F r e u n d e gewonnen werden, die in der kommenden Zeit, d. h. in der Ewigkeit, die Kinder des Lichts in Liebe empfangen. Mit anderen Worten: Irdische Besitztümer vergehen, die Kinder des Lichts können sie aber klug benutzen, wenn sie beim V e r w a l t e n ihrer irdischen Güter an die Ewigkeit denken.

Die zweite Auslegung: Der reiche Mann ist ein fern von seinen Ländereien lebender vornehmer Herr, der die Verwaltung seines Gutes einem anderen anvertraut hat.

Dieser Verwalter, wir wollen ihn zum besseren Verständnis „ G e - n e r a l p ä c h t e r " nennen, hat nun die Ländereien an verschiedene Unterpächter verpachtet, um dafür einen Teil ihrer Ernte als Pacht zu bekommen. Der Mann in unserm Gleichnis forderte nun von seinen Unterpächtern eine sehr übertriebene Pachtsumme, dem H e r r n der Ländereien dagegen wurde die vereinbarte n o r m a l e Summe von seinem Generalpächter ausbezahlt. Die große Differenz zwischen Einnahme und Ausgabe machte des Generalpächters G e w i n n aus. [2]) Seinen Herrn betrog er dadurch, daß er dessen Ländereien durch Raubbau, zu dem die Unterpächter durch die zu hohen Pachtforderungen gezwungen waren, über die Maßen a u s b e u t e t e.

Dadurch, daß nun eines Tages der reiche Gutsbesitzer Rechenschaft forderte, kommt der Generalpächter in große Verlegenheit. Bei dieser Rechenschaft werden die Ländereien auf ihre Güte und Beschaffenheit untersucht. Seine Absetzung als Verwalter steht bevor.

Was tut er? Er ändert die Pachtkontrakte! Dies war kein Betrug! Denn folgendes ist zu beachten: Die Pachtkontrakte waren nur zwischen dem Verwalter und den Unterpächtern, nicht zwischen dem Herrn der Ländereien und den Unterpächtern abgeschlossen worden. Daß er die hohen harten Forderungen herabsetzte, war nicht ein Betrug, nicht eine Fälschung, sondern Klugheit. Dadurch machte er erstlich seine vorherige hartherzige Gesinnung wieder gut, zweitens erwarb er sich nach seiner Absetzung durch seine den Pächtern erwiesene Wohltat ein sicheres Unterkommen für sein Alter.

Der Herr lobt den ungerechten Haushalter. In dieser zweiten Auslegung nehmen wir an, daß „der Herr" nicht Jesus ist, sondern der

---

[2] Verdienen auf Kosten anderer, um herrlich leben zu können, war sein einziger Gedanke. Der Hausverwalter trägt also mit Recht den Namen „Der ungerechte Haushalter". Er bedrückte die Unterpächter durch die zu hohen Pachtverträge.

reiche Herr im Gleichnis. Der Verwalter hätte von Anfang an schon so handeln müssen, wie er jetzt tut, dann wäre alles gut gegangen.

Die zu deutenden Grundzüge des Gleichnisses sind dann folgende: Der Haushalter ist der Mensch in seinem Verhältnis zum irdischen Gut; der Herr des Haushalters ist Gott. Wir sind untreue Haushalter, wenn wir, wie der Verwalter im Gleichnis, bei dem Gebrauch der Güter nur an uns selbst denken.

Dritte Auslegung: Prof. Rengstorf versucht die Deutung des Gleichnisses vom ungerechten Haushalter ganz besonders vom Zusammenhang mit Lk 15, dem Gleichnis vom verlorenen Sohn her und in Beziehung zu Lk 16, 19—31, dem Gleichnis vom reichen Mann und dem armen Lazarus her zu sehen. Prof. Rengstorf schreibt: „Der verlorene Sohn wurde durch den selbstsüchtigen Gebrauch der natürlichen Güter schuldig. Da unter diesen das Geld voransteht und da auch ein Jünger Jesu es mit dem Gelde zu tun hat (vgl. Mt 17,24 ff.; Jo 12,4 ff.; 13,29), so bedurften die Jünger einer Belehrung über ihr Verhältnis zum Gelde. Jesus hat sie ihnen in diesem Gleichnis gegeben. In seinem Mittelpunkt steht der Verwalter eines großen Grundbesitzes, der bei seinem Herrn wegen Führung seines Amtes zu seinem eigenen Vorteil angeklagt wird. Sein Herr verlangt daraufhin eine genaue Abrechnung von ihm. Was daraus werden muß, ist dem ungetreuen Verwalter ebenso klar wie seinem Herrn. So ist sein Sinnen nur darauf gerichtet, so gut wie möglich davonzukommen. Seine Überlegungen führen ihn auf die Erkenntnis, daß alles für ihn darauf ankommt, seine Vollmacht als Verwalter zur Sicherung seiner Zukunft zu benutzen, so lange sie ihm noch zur Verfügung steht. Er macht das so, daß e r den Schuldnern seines Herrn, mit denen abzurechnen noch immer seine Aufgabe ist, weitgehend entgegenkommt, indem er ihre Schuld beträchtlich herabsetzt. Das sichert dem vor der Absetzung stehenden Verwalter die bleibende Dankbarkeit der Schuldner, so daß er sich um seine Zukunft keine Sorge mehr zu machen braucht.

Nach dem Text lobt Jesus gar nicht den Betrug, und noch viel weniger empfiehlt Er es Seinen Jüngern, nun auch tüchtig zu betrügen, um sich so Freunde zu machen. J e s u s   l o b t   n u r   d i e   K l u g h e i t   d e s   M a n n e s. Klüger, als er gehandelt hat, hätte er in seiner Lage gar nicht handeln können. Und allein d a r i n setzt Jesus ihn, der gerade jetzt betont als ungerechter Verwalter bezeichnet wird, zum Vorbild. Die Jünger (Vers 1) bedürfen dringend solcher Belehrung. Sie sind zwar aus dieser Welt und ihren Bindungen durch Jesus herausgenommen und in das Licht gestellt, das in Jesus erschienen und wirksam geworden ist (1, 78 f; 2, 30 ff); aber das Handeln nach den Maßstäben des Lichtes ist ihnen, die aus dem Dunkel kommen, keineswegs so selbstverständlich, wie es das Handeln nach den Maßstäben der Dunkelheit für alle ist, die dort geblieben sind. Dabei hängt von ihrer Art doch viel ab für die Zukunft der Sache Jesu. Die Mahnung Jesu lautet deshalb: Als die Menschen des Lichtes (Jo 12, 36) zeigt dies und bewährt dies durch die Art und Weise, wie ihr mit den Gütern dieser Welt und besonders mit dem Mammon umgeht. Von dem abschließenden Wort Jesu aus bringt das Gleichnis also nicht nur keine Verherrlichung des Betrugs, sondern im Gegenteil die Mahnung, sich nicht dieser Welt gleichzustellen (Rö 12, 2), die in ihrem Verhalten durch die E i g e n - s u c h t bestimmt ist.

Die Beobachtung, daß Lukas gern Gleichnispaare bringt und daß Lk 16, 19 ff in seinem Eingang mit 16, 1 ff völlig parallel geht und sich außerdem lückenlos an 16, 15a anschließen läßt, ermöglicht aber unter Umständen noch eine weitere Vertiefung. Da Lk 16,19 ff sich an die Pharisäer richtet, so könnte das, wenn diese Erzählung mit 16,1 ff ein Paar bildet, auch von der Erzählung vom ungerechten Verwalter gelten. Dann wäre zwar dieser nicht als Pharisäer gedacht. Wohl aber wäre an ihm den Pharisäern und allen, die es ihnen gleichtun oder doch gern gleichtun würden, gezeigt, wie der sich bei aller eigenen Schlechtigkeit allein richtig verhält, dem durch seinen Herrn die Möglichkeit gegeben ist, Ärmeren und Elenderen gegenüber gütig zu sein." Soweit nach Rengstorf NTD.

Wir fassen zusammen: Die großartige und tiefgründige Verbindung des 15. und 16. Kapitels ist eine wichtige Tür für das Verständnis des Gleichnisses. Das Generalthema der beiden Kapitel dürfte sein: „Des Sünders Umkehr und Verhältnis im neuen Leben zum irdischen Gut und zum Nächsten."

Stellt uns Jesus den Haushalter nun in seiner „eigennützigen" Klugheit als Muster vor? Nein, Jesus will uns ganz gewiß nicht die eigennützige Klugheit des Verwalters als vorbildlich hinstellen, wohl aber die Klugheit als solche, soweit diese mit Ungerechtigkeit nicht in Beziehung steht. Der Grundsatz „aus bösen Beispielen Gutes lernen zu können", ist nicht zu verwerfen. Jesus benutzt auch sonst noch Gleichnisse, die mit unserem verwandt sind. Der Vater im Himmel, der gerne gibt und erhört, wird mit dem Freunde verglichen, der wegen der Unverschämtheit des Bittenden und Bettelnden in der Nacht aufsteht und gibt, was der nächtliche Freund so unverschämt begehrt. Der Vergleich mit dem ungerechten Richter in Lk 18, der sich aus Bequemlichkeit die Witwe vom Halse schafft, kann auf den ersten Augenblick stutzig machen. Aber wenn wir als Kinder des Lichtes lernen sollen, im Bitten nicht nachzulassen, so ist der Vergleich zwischen Gott und dem nächtlich gestörten Vater und dem harten Richter durchaus nicht anstößig. Der Herr erklärt mit Seinem: „wievielmehr" und dem: „und Ich sage euch" ausdrücklich die Ursache und das Recht zur Zusammenstellung von Gegensätzen wie hier im Gleichnis die Eigennützigkeit mit der Klugheit. Jesus wendet Sich an solche, die durch die Botschaft von der himmlischen Freude über ihre Umkehr willig gemacht waren, ein rechtes Verhältnis zu den Erdengütern zu erlangen.

Diese Vorbemerkungen leiten zur Auslegung des Gleichnisses. Das Gleichnis vom ungerechten Haushalter zeigt: 1) Die Verfehlung und

die angedrohte Kündigung des Verwalters; 2) den klugen Entschluß des
bald entlassenen Verwalters; 3) die Ausführung seines Vorhabens; 4)
das Lob des Herrn wegen seiner Klugheit; 5) Jesu Rat an Seine Jünger;
6) wichtige Sinnsprüche des Herrn.

Die Verfehlung und die angedrohte Kündigung des Verwalters.

Lk 16,1—2

1 **Er sprach aber auch zu den Jüngern: „Ein reicher Mensch hatte einen
Verwalter.** Dieser wurde bei ihm (dem reichen Mann) verklagt, daß
2 er sein Vermögen veruntreut hatte. * **Und er rief ihn, sprach zu ihm:
,Was höre ich da von dir? Lege Rechnung ab über deine Verwaltung,
denn du kannst nicht mehr Verwalter sein!'"**

Mit den Eingangsworten: **„Er sprach aber auch zu den Jüngern"**
greift Jesus auf die in Lk 15, 1—3 berichtete Situation zurück, die der
Gleichnistrilogie in Lk 15 voranging. Er verbindet das dort Erzählte
mit unserem Gleichnis. Von dorther sind also diese Worte zu verstehen. Wenn Jesus vorhin zu den murrenden Pharisäern redete, so
wendet Er Sich jetzt auch an die Jünger. Das Wort „Jünger" ist hier
im weiteren Sinne zu nehmen, d. h. nicht allein die Zwölfe, sondern
eine große Schar heilsbegieriger Hörer des Herrn sind hier zu verstehen, eine Zuhörerschaft, die aus Zöllnern und Sündern bestand.
Nach dem Inhalt des Gleichnisses wird bei diesen Jüngern ein Güter-
besitz vorausgesetzt, der auf unrechte Weise in einem Leben ohne Gott
erworben worden war (vgl. Lk 16,9).

Die Erzählung beginnt: **„Es war ein gewisser reicher Mensch, welcher
einen Verwalter hatte."** Der Verwalter mußte einen reichen Besitz
betreuen, er war kein Sklave, sondern ein auf Kündigung angestellter
Beamter. Er wurde dazu mit ausgedehnten Vollmachten über das Vermögen seines Herrn ausgestattet. Wer in der Welt einen so hohen
Posten bekleidet, dem fehlt es nicht an Aufpassern und Anklägern.
Durch das Wort „diaballein" im grie Text kommt das gut zum Ausdruck. Es wird damit keine falsche Anklage oder Verleumdung ausgesprochen, sondern ein heimliches und persönliches Zutragen im Gegensatz zum offenen und ehrlichen Anklagen. Die Anklage, daß er das
Gut seines Herrn nur zu seinem eigenen Vorteil verwaltet hat, beruht
auf Wahrheit. Ausleger, die den Haushalter ehrlich machen möchten,
übersehen gänzlich, daß sich der Verwalter selbst im Gewissen schuldig
weiß. Die törichte Verschwendung ist ein Nachklang aus dem vorigen
Gleichnis (vgl. Lk 15,13).

Der Herr urteilt nicht sogleich nach dem Gehörten, ohne vorher eine
Untersuchung angestellt zu haben. Der Verwalter soll nicht ungehört
abgesetzt werden. Die Untersuchung soll zeigen, ob die Gerüchte zu
Recht oder zu Unrecht bestehen. Für den Fall, daß der reiche Herr
recht gehört hatte, kann der Angeschuldigte natürlich nicht mehr verwalten.

Der kluge Entschluß des vor der Entlassung stehenden Verwalters.

Lk 16, 3—4

3 Der Verwalter aber sprach bei sich selbst: ‚Was soll ich tun, denn
mein Herr nimmt die Verwaltung von mir weg? Graben kann ich nicht,
4 zu betteln schäme ich mich. * Ich weiß, was ich tun werde, damit,
sobald ich von der Verwaltung abgesetzt bin, die Leute mich in ihre
Häuser aufnehmen!‘

Der Verwalter, der bisher in Torheit die Güter seines Herrn ver-
geudete, wird im Augenblick, als die Not ihm droht, klug. Das ist
ein bedeutendes Moment im Gleichnis, das viele Erklärer verkennen.
Die von dem Haushalter gewonnene Klugheit des Entschlusses wird in
drei Stufen des Selbstgespräches geschildert. 1. Er erfaßt schnell die
Not, die auf seine nicht mehr abzuwendende Absetzung folgt. Durch
die Gegenwartsform: „Mein Herr nimmt die Verwaltung von mir
weg", wird die bevorstehende Amtsentsetzung als eine schon fest-
stehende Tatsache bezeichnet. 2. Wie er in Zukunft sein Leben fristen
könnte, dazu sieht er zwei Möglichkeiten. Er, der entlassene Beamte,
verdient entweder sein Brot mit schwerer körperlicher Arbeit, oder er
bettelt. Beide Möglichkeiten erwägt er, um sie zugleich zu verwerfen.
3. Der bedrängte Verwalter, dem die ganze Lage klar vor Augen steht,
sucht nach einem neuen Ausweg. Auf die sich selbst gestellte Frage:
„Was soll ich tun?", findet er bald das Beste. Sein Plan ist, sich Ver-
sorger zu schaffen, die ihn beherbergen.

Die schnelle Ausführung seines Entschlusses.

Lk 16,5—7

5 Und er bestellte die Schuldner seines Herrn einzeln zu sich und
6 sagte zu dem ersten: ‚Wieviel bist du meinem Herrn schuldig?‘ * Der
aber sprach: ‚Hundert Bat Öl.‘ Da sagte er zu ihm: ‚Nimm deine
Schuldscheine (oder Pachtverträge) und setze dich hin und schreibe
7 schnell fünfzig!‘ * Dann sprach er zu einem anderen: ‚Du aber, wieviel bist du schuldig?‘ Der aber sprach: ‚Hundert Kor Weizen,‘ er
sprach zu ihm: ‚Nimm deine Schuldscheine (oder Pachtverträge) und
schreibe achtzig!‘

Die hier im grie Text genannten „chreopheiletai" können die „Pächter" sein oder auch die „Händler". Für die Textauslegung ist das un-
wesentlich. Wenn es Pächter sind, dann sind die vorgelegten Scheine
die Pachtverträge. Wenn es Händler sind, dann sind die Scheine Schuld-
papiere. Der Verwalter fragt zuerst die Schuldner klüglich nach dem
Betrag ihrer Schuld. Obgleich er das vielleicht hätte wissen sollen, will
er durch diese Frage ihr Schuldgefühl zur Dankbarkeit für den Nachlaß
erregen. Keinem der Schuldner wird die ganze Schuld erlassen. Der
reiche Herr sollte noch vorhandene Schuldbriefe vorfinden, um ihm
keine grenzenlose Unordnung nachsagen zu können. Die Schuldner
sollten in der Demut erhalten werden, denn ein völliger Schulderlaß
hätte sie vielleicht üppig und undankbar gemacht. Bei beiden Schuld-

nern wird die Zahl hundert als der ursprüngliche Schuldbetrag genannt, die herabgesetzte Schuld ist aber verschieden. Dem Ersten werden fünfzig, dem Zweiten nur zwanzig vom Hundert geschenkt. Der Verwalter handelt nach Gunst und seinem persönlichen Belieben, um dadurch bei den Pächtern oder Händlern das Empfinden der Verpflichtung gegen seine Person zu stärken.

Das Lob des Herrn wegen seiner Klugheit.

Lk 16,8

Zu Vers 8:
Eph 5, 9
1 Th 5. 5

8 Und der Herr lobte den ungerechten Verwalter, weil er klug gehandelt hatte, denn die Söhne dieser Welt sind klüger als die Söhne des Lichts ihrem eigenen Geschlecht gegenüber.

Das ganze Verhalten des Verwalters war keineswegs darauf angelegt, daß es dem Herrn verborgen bleiben sollte. Für seine Absicht wäre dadurch nichts erreicht worden. Bei der mit der Niederlegung des Amtes verbundenen Rechnungsvorlage mußte es zu Tage treten, durch die geänderten Schuldscheine. Unter dieser Voraussetzung wird in der Erzählung des Gleichnisses das Lob des Herrn berichtet. Der Herr, der den Verwalter lobt, ist doch wohl nicht Jesus, sondern es ist der in Lk 16,3.5 erwähnte Herr des Haushalters. Ohne die Lobesworte des reichen Gutsherrn würde ein Hauptzug des Gleichnisses fehlen. Es ist für die Erzählung unentbehrlich, was der reiche Gutsherr am Schluß zu dem letzten Kunstgriff des Haushalters äußerte. Jesus, der das Lob des Gutsherrn über den Verwalter mitteilt, sucht jedes Mißverständnis zu verhindern, indem Er den Verwalter einen ungerechten Haushalter nennt. [3])

Das letzte Kunststück, das der ungerechte Verwalter mit den Schuldnern ausübte, ist der eigentliche Hauptzug des Gleichnisses. Der Gutsherr lobte den Haushalter, der bald abgesetzt wurde, nicht deswegen, weil der Verwalter daran gedacht hatte, seinen Herrn zufriedenzustellen, sondern deswegen, weil er eine Versorgung nach seiner Amtsentsetzung suchte. Dieses Ziel hat der Verwalter erreicht, wodurch seine Klugheit erwiesen ist. Diese Klugheit lobt der Herr des Haushalters als etwas an sich Gutes. Nach den anschließenden Worten Jesu ist und bleibt die Klugheit unleugbar gut. Jesus hält darum die Klugheit der Bösen für ihre Zwecke den Guten zur Beschämung vor.

Die Aussage des Herrn, daß die Weltkinder klüger sind als die Kinder des Lichts, würde ohne den Zusatz: „. . . in bezug auf ihr eigenes Geschlecht" sich selbst widersprechen. Durch diesen Zusatz erfährt der vorangestellte Satz eine Einschränkung. Jesus will sagen, daß die Kinder dieser Weltzeit innerhalb ihrer eigenen und irdischen Interessen sehr klug sind. Ihre Klugheit entfaltet sich meisterhaft im diesseitigen

---

[3] Der Gutsherr im Gleichnis lobt nicht die Ungerechtigkeit des Verwalters, das wäre ein ungeheurer Widerspruch gegen die Wahrheit. Was zu loben übrig bleibt, ist, daß der Verwalter klug gehandelt hat. Abgesehen von aller Eigennützigkeit und von aller Ungerechtigkeit muß der betrogene Herr die Klugheit seines Haushalters dennoch loben.

und natürlichen Lebensgebiet. In dieser Beziehung aber ist ihre Klugheit so groß und so anerkennenswert, daß sie darin die Kinder des Lichts weit übertreffen! Dieses Ergebnis will der Herr nun in den folgenden Worten verdeutlichen.

Jesu Rat an seine Jünger.

Lk 16,9

9 Und Ich sage euch: „Macht euch Freunde mit Hilfe des ungerechten Mammons, damit, wenn es zu Ende geht, sie euch aufnehmen in die ewigen Zelte!"

Durch die vorangestellten Worte: **„Und Ich sage euch"** bezeichnet Jesus im voraus, was Er Seinen Jüngern auf Grund des Gleichnisses zu sagen hat. Es ist etwas, das dem Lob entspricht, welches der Herr im Gleichnis über seinen Verwalter ausspricht. Das kluge Verfahren dieses Verwalters empfiehlt Jesus Seinen Jüngern zur Nachahmung. Sie sollen diese Klugheit als Kinder des Lichtes ausüben. Er gebietet ihnen, sich Freunde mit Hilfe des ungerechten Mammons zu machen. Der Ausdruck: „ungerechter Mammon" erinnert an den ungerechten Haushalter! [4])

Der Mammon ist für die Kinder des Lichtes ein seelengefährdendes Gut. Deshalb mahnt Jesus, klug damit umzugehen. Wenn Jesus dann von einem künftigen Aufhören des Mammons spricht, so ist damit auf den Zeitpunkt des Todes des Eigentümers hingewiesen, der jedem bevorsteht (vgl. Lk 16,22; 12,20).

„Die ewigen Zelte", von denen Jesus spricht, stehen den im Gleichnis genannten „Häusern" (Lk 16,4) gegenüber. Es sind die Wohnungen jenseits dieser irdischen Lebenszeit, das Ziel des echten und rechten Sorgens und Trachtens der Jünger des Herrn im Gegensatz zu dem Sinnen der Kinder dieser Weltzeit (vgl. 16,8).

Wenn die Jünger ermuntert werden **„macht euch Freunde!"**, dann sind mit den „Freunden" nicht, wie einige Ausleger glauben, Gott und die Engel im Himmel gemeint, sondern unsere Mitmenschen und Brüder. Derjenige Christ, der an den Armen vorübergeht, bereitet sich Ankläger für die Ewigkeit. Wer dagegen gibt und hilft, schafft sich Freunde für die Ewigkeit, denn jeder Liebesdienst oder jede Wohltat im Namen des Herrn reicht nach Gottes Zusage bis in die Ewigkeit hinein (vgl. Mt 10,42; Spr 19,17). Das hier Gesagte liegt mit den Worten des Herrn in Mt 25, 37—40 auf einer Linie, wonach die Wohltat an den Geringsten hier auf Erden an Jesus Selbst getan wurde. Der richtig verstandene Rat Jesu an Seine Jünger kann nicht zur Werkheiligkei verleiten. Die beste Erklärung zu diesen Worten des Herrn liefert Paulus in 1 Tim 6,7.17—19, was dem Grundgedanken der Rede des Herrn entspricht. Der Kirchenvater Augustin sagt gut und tref-

Zu Vers 9:
Lk 14. 14
Mt 6. 20
Mt 10. 40
Mt 19. 21

---

[4] Hiernach kennzeichnet Ungerechtigkeit das Wesen des Reichtums, die dann in Erscheinung tritt, sobald der Reichtum als Selbstzweck angesehen und um seiner selbst willen erstrebt und verwaltet wird.

fend: „Willst du ein kluger Haushalter sein, so gib, was du nicht behalten kannst, auf daß du empfängst, was du nicht verlieren kannst." [5])

Wichtige Sinnsprüche des Herrn.

Lk 16, 10—13

10 „Wer treu ist im Geringsten, ist auch im Großen treu, und wer im
11 Geringsten ungerecht ist, ist auch im Großen ungerecht. * Wenn
ihr nun mit dem ungerechten Mammon nicht treu umgeht, wer
12 wird euch das Wahrhaftige (das wahre Gut) anvertrauen? * Und
wenn ihr mit dem Fremden nicht treu umgeht, wer wird euch das
13 Unsrige geben? * Kein Hausknecht kann zwei Herren dienen, entweder wird er den einen hassen und den anderen lieben, oder er
wird dem einen anhangen und den anderen verschmähen. Ihr könnt
nicht Gott und dem Mammon dienen."

Die Kinder des Lichts, die begütert sind, auch die besitzenden Weltkinder, haben ihr Hab und Gut von Gott empfangen. Allen Menschen hat Gott aber ihren Besitz nur für eine kurze Zeit anvertraut. Solche Gedanken stellen die Voraussetzung der in Lk 16, 10—13· berichteten Aussprüche dar.

Diese Sinnsprüche des Herrn in Vers 10—13 bilden dann weiterhin einen Fortschritt und eine Zusammenfassung des ganzen Gleichnisses. Es wird viermal die rechte Treue in der Verwendung der Güter nach Gottes Gebot gezeigt.

Der erste Vers in dieser Sinnspruch-Reihe Vers 10—13 enthält eine allgemeine Erfahrungs- und Gewissenswahrheit. Was hier für die Verwaltung irdischer Güter gilt, weist in der Anwendung über dieses Gebiet hinaus. [6])

Es ist nach den Worten Jesu ein unauflöslicher Zusammenhang zwischen dem Kleinen und dem Großen. Wer im Großen treu werden und bleiben will, muß es vorerst beständig im jedesmaligen Kleinen oder in den Kleinigkeiten des täglichen Lebens sein. Die wahre Treue hat ihren Grund nicht in der Größe der Sache, an der sie bewiesen wird, sondern in dem gewissenhaften Pflichtgefühl und Verantwortungsbewußtsein dessen, der sie übt. Der Christ, der im Gebrauch irdischer Güter nicht treu gewesen ist, kann nicht in den Besitz von Gütern höherer Art gelangen. [7])

---

[5] Ein Bildwort von einem anderen Gottesmann sei angeführt: Einem reichen Manne wurde im Traum eine kleine Hütte im Himmel als seine Wohnung gezeigt und ein großes, prächtiges Haus für seine armen, frommen Gärtner, und auf seine Verwunderung darüber wurde ihm gesagt: „Man baut im Himmel mit dem Material der Liebestätigkeit auf Erden."
[6] Schon Sirach mahnt, weder das Kleine noch das Große gering zu achten (Sir 5, 18). Wirkliche Herzenstreue bewährt sich bei jeder Gelegenheit. Die Treue im Kleinen ist selbst etwas Großes, ja das Größte. Im Geringen beginnt die Treue. Und hier im Geringen bewährt sie sich und übt sie sich für Größeres. Wer gelernt hat, das Wenige nicht zu veruntreuen, wird es mit dem Vielen hernach auch nicht tun.
[7] Fehlt es schon in dem richtigen Verhältnis zum irdischen Gut, das doch vergänglich ist, an der erforderlichen Gewissenhaftigkeit und Genauigkeit, wie ist dann Gewissenhaftigkeit und Treue dem Unvergänglichen gegenüber zu erwarten?

Und weiter: Bringt schon der selbstsüchtige Gebrauch der natürlichen Dinge Schuld ein (vgl. 15, 11 ff), wieviel mehr Sünde und Schuld wirkt dann erst der Mißbrauch geistlicher Gaben! Dieser Gedanke wird in Vers 12 noch einmal wiederholt.

11 Wenn ihr nun mit dem ungerechten Mammon nicht treu umgeht, wer wird euch das Wahrhaftige (das wahre Gut) **anvertrauen?**
Der „Mammon der Ungerechtigkeit" und „das Wahrhaftige" stehen hier gegensätzlich zueinander. Das Treusein mit dem ungerechten Mammon besteht in der rechten und gottgefälligen Verwendung des irdischen Gutes. Das „Wahrhaftige" ist das wahre Gut, das den Kindern des Lichts anvertraut wird. Es ist das wirkliche echte Heilsgut, dessen Besitz die ewige Seligkeit gewährt.

Das Verhältnis des ungerechten Mammons zum Wahrhaftigen wird noch unter einem anderen Bilde dargestellt.

12 Wenn ihr mit dem Fremden nicht treu umgeht, wer wird euch das Unsrige geben? Dieser Vers ist die Wiederholung des 11. Verses, nur in einer anderen Form. Der Mammon heißt hier „das Fremde", da er nicht das Eigentum des Menschen ist. Der Mensch ist nur Hausverwalter der irdischen Schätze. Diese gehören ja dem höchsten Eigentümer, der sie jeden Augenblick zurückfordern kann. Als solches hat das Geld denn auch nur einen relativen Wert, und **„das Fremde"** steht mit dem **„Geringsten"** in Vers 10 ganz auf einer Stufe. Dem gegenüber stehen wiederum die geistlichen Güter, die der Herr mit Bezug auf Seine Jünger **„das Eure"** nennt, weil sie, wenn sie einmal durch den Glauben erlangt, bestimmt sind, in Zeit und Ewigkeit ihr „u n v e r - g ä n g l i c h e s E i g e n t u m " auszumachen.

Darum brauche - dein Hab und Gut, um viel Gutes zu tun, Tränen zu trocknen, Not zu lindern, Seelen für die Ewigkeit zu gewinnen. Die ersten Christen hatten da die rechte Stellung: „Keiner sagte von seinen Gütern, daß sie sein wären, und war ihnen alles gemeinsam." Die Stellung zu Hab und Gut ist das Barometer des Christenstandes. Jemand hat mit Recht gesagt: „Der Mensch muß sich zweimal bekehren, erst sein Herz und dann auch seinen Geldbeutel."

Wir kommen zum Schluß: Der irdische Besitz, der für die Kinder des Lichts etwas „Fremdes" ist, ist ihnen von Gott anvertraut, um sich durch rechte Verwaltung desselben des Herrn Wohlgefallen zu erwerben.

13 Kein Hausknecht kann zwei Herren dienen. Entweder wird er den einen hassen und den anderen lieben oder er wird dem einen anhangen und den andern verschmähen. Ihr könnt nicht Gott dienen und dem Mammon.
„Kein Knecht kann zwei Herren dienen". Einen sprichwörtlichen Ausdruck wie diesen konnte der Herr wiederholt gebrauchen. Auch hier ist ein psychologischer Zusammenhang zwischen diesem Ausspruch und dem vorhergehenden deutlich. Wer im „Geringsten" nicht treu war und das „Fremde" nicht zu dem in Vers 9 angegebenen Zweck anwandte, bewies dadurch, daß er noch ein jämmerlicher Sklave des Mammons war, konnte aber auch gerade deshalb unmöglich ein Diener

Gottes sein, der will, daß wir das Geld in Seinem Dienst gebrauchen. Damit ist der Übergang zu Vers 13 gegeben.

Ein Hausknecht hat seinem Herrn gegenüber kein eigenes Recht und keine eigene Befugnis. Alles Wollen und Tun eines Knechtes bestimmt der Herr. Wer es versucht, zwei Herren von entgegengesetztem Willen zu dienen, muß sich von dem einen abwenden, um dem anderen anzuhangen. Die Taten und Werke, die dem einen gefallen, mißfallen dem anderen. Dadurch wird die Liebe zu dem einen und die Ablehnung des anderen offenbar. [8])

Dieser Spruch Vers 13 führt die Rede des Herrn zu einem trefflichen Abschluß. Die drei Sinn-Sprüche (Lk 16, 10—13) enthalten nicht allein eine Erklärung des Gleichnisses (Lk 16, 1—9) und eine Belehrung über den rechten Gebrauch des irdischen Besitzes, sondern sie empfehlen die Treue im Kleinen zunächst als kluge Verwendung der vergänglichen Güter und dann als Voraussetzung der rechten Verwaltung der unvergänglichen heiligen Güter.

Ist das Gleichnis von dem ungerechten Haushalter, ganz für sich betrachtet, ein Stein des Anstoßes für manchen Ausleger, so wird es, r e c h t betrachtet, eine der treffendsten Proben der Lehrweisheit des Herrn. Dies zeigt sich besonders, wenn wir beachten, daß diese Belehrung auch in Gegenwart des Judas gegeben wurde, der die Börse trug und für welchen insonderheit die Ermahnung zur Treue „i m F r e m d e n" von hoher Bedeutung war. Indirekt, doch verständlich genug, hört er die Drohung und Warnung, daß das Verharren auf dem Wege der Unehrlichkeit mit dem gänzlichen Verlust der Apostelschaft, ja seiner eigenen Seele endigen muß. Zugleich verdient Beachtung, wie ausgezeichnet diese ganze Darstellung für das Bedürfnis der Sünder und Zöllner berechnet war, die der Herr durch die drei vorigen Gleichnisse getröstet hatte und die Er durch diese zur „Heiligung" führen wollte.

Das durchschlagende Licht, das das Dunkel des ganzen Gleichnisses erhellt, ist in der Bemerkung Vers 8 zu finden: „Die Kinder der Welt . . . !" Die Absicht des Herrn ist es, daß Seine Jünger etwas von den Weltkindern lernen sollen. Und in der Tat, dieses Gleichnis liefert reichen Stoff dazu. Der Haushalter, Typus eines echten Weltkindes, verheimlicht sich keinen Augenblick die Größe der ihm drohenden Gefahr. Unverweilt sinnt er auf Mittel und Wege, sein künftiges Los sicherzustellen.

Welch ein Unterschied der Trägheit, Unschlüssigkeit usw. bei so vielen Kindern des Lichts, wo es die Beherzigung unendlich höherer Interessen gilt!

---

[8] Der Mammon als solcher steht immer im Gegensatz zu dem Wahrhaftigen und Ewigen. Wer also den Mammon zu seinem Herrn macht und sich von ihm bestimmen läßt, kehrt dem Dienste Gottes den Rücken. Der göttliche Herr verlangt, reich in Gott zu werden. Der Mammon fordert, reich im Irdischen zu werden, was gegen Gottes Willen ist. Gottesdienst und Mammonsdienst lassen sich nicht vereinigen, d. h. sind nicht koexistent.

Dieses Gleichnis ist eine Probe von der praktischen Tendenz des neuen Lebens, daß der Herr den Besitz und Gebrauch irdischer Reichtümer als etwas sehr Wichtiges angesehen hat, um darüber in einer Dreizahl von Gleichnissen besonders zu reden (12, 15—21; 16, 1—9; 16, 19—31). Der Herr mißbilligt nicht den Besitz des Reichtums an sich und ist fern von dem einseitigen Spiritualismus, der dem Materiellen jeden Wert abspricht. Aber wiederholt macht Jesus darauf aufmerksam, wie sehr die Habsucht, nicht weniger als die Ehrsucht, den Eingang in das Reich Gottes erschwert und verhindert. Er stößt die Reichen wegen ihres Reichtums nicht von Sich, so wenig wie Er die Armen wegen ihrer Armut willen selig spricht, sondern Er will nur, daß man das irdische Gut im Vergleich mit etwas Höherem und Besserem doch als das „Geringste" und das „Fremde" ansehe.

Wer die von dem Herrn mit so großem Nachdruck gestellte Forderung der Treue im Kleinen in ihrer ganzen Tiefe erfaßt, hat zu gleicher Zeit die schwere und leichte Seite des christlichen Lebens, das Einfache und das Unendliche der Forderung der christlichen Vollkommenheit begriffen. Die Forderung der Treue im Kleinen ist im Grunde keine andere als die Forderung, sich ganz und gar nur an den Herrn zu halten bis in die kleinsten Dinge des Alltags hinein (5 Mo 18, 13; Ps 51, 8).

b) Jesu Zwischenrede gegen die Pharisäer.

Lk 16, 14—18

14 **Dieses alles aber hörten die Pharisäer, die da geldgierig waren,**
15 **und sie rümpften die Nase über Ihn. * Und Er sprach zu ihnen:**
„Ihr wißt euch vor den Menschen als gerecht hinzustellen, Gott aber erkennt eure Herzen. Denn was unter Menschen als hoch
16 **gilt, ist vor Gott ein Greuel. * Das Gesetz und die Propheten reichen bis auf Johannes. Von da an wird die frohe Botschaft vom Königreich Gottes verkündigt, und jeder dringt mit Gewalt in**
17 **dasselbe ein. * Es ist aber leichter, daß Himmel und Erde vergehen,**
18 **als daß vom Gesetz nur ein einziges Strichlein wegfällt. * Jeder, der sich von seiner Frau scheidet und eine andere heiratet, begeht Ehebruch. Und wer eine vom Manne Entlassene heiratet, begeht ebenfalls Ehebruch."**

Zu Vers 14:
Mt 23, 14
Zu Vers 15:
Lk 18, 9—14
Ps 7, 10
Spr 6, 16. 17
Zu Vers 16:
Mt 11, 12. 13

Die hier angeführten Aussprüche des Herrn scheinen auf den ersten Blick in keiner Beziehung zum Zusammenhang zu stehen. Es steht jedoch fest, daß es keine willkürlich zusammengestellten Sprüche sind, die etwa einer anderen Rede des Herrn entstammen. Die Mitteilung der Worte des Herrn an dieser Stelle ist sachlich sehr sinnvoll. Jesu Zwischenrede gegen die Pharisäer enthält die Verwerflichkeit Seiner Gegner und die ewige Gültigkeit des Gesetzes und der Propheten. Beide Grundgedanken dieser Rede kommen im folgenden Gleichnis zur Sprache. Die Verwerflichkeit der Pharisäer liegt in der Hartherzigkeit und Lieblosigkeit des reichen Mannes und der darauf folgenden Verdammnis. Die bleibende Gültigkeit des Gesetzes liegt in dem

Ausspruch Abrahams, der von der unvergänglichen Geltung des Gesetzes und der Propheten handelt und als Antwort dem reichen Mann in der Qual gegeben wird. Man kann den reichen Mann sogar als einen Pharisäer selbst ansehen. Sein dreimaliger Ausspruch „Vater Abraham" in Vers 24, 27 u 30 scheint dies zu beweisen.

Die Pharisäer rümpften die Nase oder spotteten über Jesu Rede, die Er gegen den Mammon hielt. Die Rede des Herrn traf hart die Gedanken ihres Herzens. Seine Rede bewegt sich im großen Wechsel nach zwei Seiten: sie geht von den bußfertigen Sündern, die sich selbst verdammen, aber von Gott gerechtfertigt werden, zu den unbußfertigen Pseudogerechten über, die sich selbst rechtfertigen, deren Herzen Gott aber nicht kennt, daß Er sie richten und stürzen wird. Auf der einen Seite sind es die Zöllner und Sünder, die aus Israels Rechten Verstoßenen; auf der anderen Seite sind es die stolzen und sicheren Abrahamskinder, die das Wort des Heils besitzen, es aber nicht zu ihrem Heil anwenden; die zwar alles hören, was Jesus sagt, aber nicht glauben und Buße tun.

Alle Einzelsprüche, die dem Gleichnis vom reichen Manne und dem armen Lazarus vorangehen, fügen sich genau in die innerste Situation ein. Diese Hauptsprüche schlugen in das Gewissen der Hörer des Herrn ein. Jesus wendet Sich an die sogenannten Gerechten (Lk 15, 7), die aber in ihrem hochmütigen Herzen vor Gott nicht nur ärgere Sünder sind, sondern vielmehr ein Gegenstand des Greuels. Man bedenke das Gewicht des Wortes „Greuel"! Wie hart! Wie ernst! Und warum? Weil die Pharisäer sich nicht mit der himmlischen Welt über die Umkehr der Sünder freuen.

Die Antwort des Herrn in Vers 15 läßt erkennen, wie Er diesen scheinheiligen Hochmut als die tiefste Quelle der eben gezeigten Geringschätzung ansieht. — „Ihr seid es, die ihr euch selbst gerecht stellet", ein Wort, fast wie das bekannte des Propheten Nathan (2 Sam 12, 7: „Du bist der Mann"). (Vgl. Lk 11, 39 und Lk 18, 10, wo das Bild eines Pharisäers gezeichnet wird, der sich sogar in den Augen Gottes rechtfertigen will.) „Gott aber kennt eure Herzen" (1 Sam 16, 7; Ps 7, 10), sagt Jesus weiter.

Das Urteil Gottes wird sich nach einem andern Maßstab richten als das der Menschen, die ihnen augenblicklich zu Füßen liegen. Die Menschen sehen die Gerechtigkeit, mit der die Pharisäer prunken, als echt an, aber Gottes Auge dringt tiefer. Die Herrschaft einer einzigen Leidenschaft wie der Habsucht genügt, um alle die satzungsmäßige Gerechtigkeit, die ihnen die Gunst der Welt verschafft, in Seinen Augen lächerlich zu machen. „Was unter den Menschen hoch ist, ist ein Greuel vor Gott." Dieser Hochmut zeigt sich auf zweifache Weise, 1. darin, daß sich ein Mensch vor anderen Menschen erhöht, und 2. darin, daß andere das äußerlich und angemaßte Hohe an dem Betreffenden rühmen sollen. Dieser Doppelsinn liegt in dem einfachen: „Das Hohe unter Menschen". Alles von Menschen Hochgepriesene, die nur das Äußere sehen, mißfällt dem Herzenskenner (1 Sam 16, 7).

So trifft das ernste Wort des Herrn das Tiefinnerste Seiner Gegner aufs schärfste.

Die Pharisäer und die Angehörigen ihrer Partei befaßten sich eifrig mit den Heiligen Schriften Israels (Jo 5, 39). „Sie wachten streng darüber, ob auch die göttlichen Gebote pünktlich erfüllt würden" (vgl. Lk 6, 6—11; 11, 37—52). Gegen die neue Gottesoffenbarung, das Evangelium, das seit den Tagen Johannes des Täufers gepredigt wurde (Lk 3, 18; 4, 18; 7, 22), waren sie dagegen taub. Das von ihnen verachtete Volk, die Zöllner und Sünder, drangen mit Ernst ins Reich Gottes ein. Die Worte: „Und jeder dringt in dasselbe mit Gewalt ein", werden auch im Passiv übersetzt: „Jeder wird in dasselbe hineingedrängt". Die meisten übersetzen: „Jeder drängt sich in dasselbe hinein". Das Himmelreich gewinnen keine Halben. „Kämpfe bis aufs Blut und Leben, dring hinein in Gottes Reich! Will der Satan widerstreben, werde weder matt noch weich!"

Der Sinn der Worte Jesu ist also der, daß durch das Wirken des Täufers und des Herrn die Zeit der ernsten und ganzen Entscheidung angebrochen ist, in welcher jeder, der nicht durch ganze Umkehr ins Reich Gottes eindringt, der Seligkeit des ewigen Lebens verlustig geht. Jesus führt es den Pharisäern zu Gemüte, daß die Verkündigung des Evangeliums jeden nötigt, ins Reich Gottes einzudringen.

Der Hinweis, daß mit Johannes dem Täufer die alte Ordnung des Reiches Gottes aufgehört hat, könnte leicht zu der irrtümlichen Ansicht verleiten, das Gesetz wäre damit hinfällig geworden. Jesus war nicht gekommen, das Gesetz aufzulösen, sondern zu vollenden (Mt 5, 18). Paulus betont, daß durch den Glauben das Gesetz nicht aufgehoben, sondern aufgerichtet wird (Rö 3, 31). Dieser Grundsatz hat hier seine stärkste Formulierung. Gott wird eher Seine ganze Welt wieder einreißen, als daß ein Strichlein aus Seinem Gesetz wegfällt. Vgl. hierzu das zur Bergpredigt in Mt 5, 17—20 Gesagte in W. Stb. Matthäus.

Jesus gibt den Pharisäern zu verstehen, daß gerade sie in ihrer Feindschaft gegen das Evangelium es sind, die Gottes Gebot nicht halten, sondern aufheben. Um die unverbrüchliche Gültigkeit des Gesetzes zu beweisen, erklärt Jesus wie an anderen Stellen (Mt 5, 32; 19, 9) die Entlassung einer Ehefrau und das Heiraten einer Geschiedenen als Ehebruch. Der Herr will ihnen damit sagen, daß die unverbrüchliche, von Ihm neu bekräftigte Gesetzesordnung die Pharisäer in ihrem Ehescheidungsunwesen richtet. Jesus wurde gerade durch die Laxheit der pharisäischen Gesetzesdeutung und Praxis in bezug auf die Ehe veranlaßt, die Vorschrift über die Ehe als Beweis für die Unverbrüchlichkeit des Gesetzes anzuführen. Die im Gesetz gelehrte Gottesordnung über die Ehe war recht geeignet, die Pharisäer zu überführen, daß sie trotz ihrer Angabe, untadelige Beobachter des Gesetzes sein zu wollen, durch ihre Praxis fort und fort im Widerspruch zum Gesetz stehen und unter dessen Verdammungsurteil fallen. Diese nüchterne Deutung ist die rechte.

Jene Ausleger, die von allegorischer oder geistlicher Deutung der Worte Jesu über die Ehescheidung sprechen, meinen: Die Worte Jesu: „Jeder, der sich von seiner Frau scheidet und eine andere heiratet, be-

geht Ehebruch. **Und wer eine Geschiedene heiratet, begeht ebenfalls
Ehebruch"** würden bedeuten: „Wer mit Rücksicht auf die neue Form
des Reiches Gottes die bleibende Geltung des Gesetzes verwirft, der
begeht Ehebruch, d. h. Sünde." Die Worte: **„Wer eine Geschiedene
heiratet"** hätten den Sinn: „Wer noch das frühere Verhältnis zum
Alten Bund festhalten will, nachdem das Gesetz durch das Evangelium
ersetzt ist, begeht Ehebruch, d. h. Sünde." Wir fragen im Ernst: Wer
von den Zuhörern hätte von einer so seltsam ausgedrückten Belehrung
auch nur ein Wort verstanden?

c) Das Gleichnis vom reichen Manne und dem armen Lazarus.

Lk 16, 19—31

Das Benehmen der Pharisäer (Lk 16, 14. 15) war der Anlaß, daß
Jesus das Gleichnis von Lazarus und dem reichen Manne vortrug. Jesus
predigt hier die große Wahrheit, daß die Unterlassung, „mit Hilfe des
Reichtums sich Freunde zu machen", eine Ursache des ewigen Unglücks
werden kann. Das Gleichnis (l k 16, 19—31) ist ein Gegenstück zum
Gleichnis vom ungerechten Haushalter, mit dem es zusammenhängt.
Wer sich Freunde macht mit dem Mammon der Ungerechtigkeit, empfängt in den ewigen Zelten seinen Lohn (Lk 16, 1—9). Wer aus Stolz
und Selbstsucht seine irdischen Güter nur für eigennützige und selbsti-
sche Zwecke verwendet, wird in die ewige Qual gewiesen (siehe Lk 16,
19—31). 9)

In Einseitigkeit und Oberflächlichkeit hat man in diesen Ausführungen des Heilandes eine Begründung dafür finden wollen, Jesus habe
im irdischen Reichtum etwas Verwerfliches und in der Armut etwas
Verdienstliches gefunden. Zu dieser Auslegung ist man gelangt, weil
kein direkter Beweis von der natürlichen Schlechtigkeit des Reichen
und von der natürlichen Frömmigkeit des Armen vorliegt, sondern
daß Abraham nur das verschiedene Los der beiden im Jenseits erwähnt
(Lk 16, 25). Wirkliche Bosheiten und Untaten des Reichen werden im
Gleichnis „vom reichen Mann und dem armen Lazarus" nicht genannt.
Darin liegt eben der tiefe Ernst der Belehrung. Es ist nicht das Böse,
das der Reiche tut, sondern das Gute, was er unterläßt, das hinreicht,
von Gott verurteilt zu werden. Diese Darstellung, die zeigt, wie ein
Mensch, der der Selbstsucht sich hingibt, ewig unglücklich wird, machte
die bisherige Lehre des Herrn (Lk 16, 9) sehr eindringlich. Eine Mißhandlung des armen Lazarus auf Erden seitens des Reichen war nicht

---

9 Und wer sich mit dem „ungerechten Mammon" wirkliche Freunde macht, zeigt dadurch, daß
er seine höchste Freude nicht in der Erreichung selbstsüchtiger Zwecke, sondern im Glück anderer
findet. Dies alles zusammengenommen, wird man Luther nicht widersprechen können, wenn er
zu dem folgenden Gleichnis (Lk 16, 19—31) sagt: „Es sind nicht Werke, welche uns den Himmel
erwerben, sondern Christus schenkt die ewige Seligkeit aus Gnaden denen, die da glauben und
ihren Glauben in Werken der Liebe und rechter Benutzung des irdischen Gutes beweisen lassen.
Da dies alles beim reichen Mann nicht der Fall ist, so hat ihm der Glaube gefehlt, und das ganze
Gleichnis Kap. 16, 19—31 ist also gegen den Unglauben gerichtet, um vor ihm durch seine
schrecklichen Folgen zu warnen."

einmal nötig, damit der Reiche in die ewige Pein gewiesen werde. Es genügte schon, ihn hilflos vor der Tür liegen zu lassen, ihn den Hunden zu überlassen, um zur Verantwortung gezogen zu werden. [10])
Lazarus, der nicht die Hauptfigur, sondern die Nebenfigur des Gleichnisses bildet, tritt nur leidend oder duldend auf. Jesus würde aber schwerlich von ihm gesagt haben, daß Engel ihn in Abrahams Schoß trugen, wenn er bei seinem Stammvater Abraham keinen anderen Empfehlungsbrief als nur seine frühere Armut hätte aufweisen können.

Das Leben und Sterben des Reichen und des Armen.

Lk 16, 19—22

19 „Es war aber ein Mensch, der war reich und kleidete sich in Purpur
20 und Byssus und lebte alle Tage herrlich und in Freuden. * Ein
    Bettler aber mit Namen Lazarus war hingeworfen vor seine Tür,
21 mit Geschwüren bedeckt. * Dieser begehrte sich zu sättigen von
    dem, was von dem Tische des Reichen herabfiel. Sogar die Hunde
22 kamen und beleckten mitleidig seine Geschwüre. * Es geschah
    aber, daß der Bettelarme starb, und er wurde getragen von den
    Engeln in Abrahams Schoß. Es starb aber auch der Reiche und
    wurde begraben."

Der erste, kürzere Teil des Gleichnisses, der sich mit dem Vorgang auf Erden befaßt, zeigt einen reichen Mann in seinem irdischen Tun und Lebensgenuß als einen untreuen Haushalter hinsichtlich dessen, was „das Gesetz und die Propheten" forderten und was der Reiche wußte. Des Armen Frömmigkeit und die Gottlosigkeit des Reichen werden nur angedeutet.

Mit den Worten: „Ein Mensch aber war reich" wird die Hauptperson der Erzählung eingeführt. Im zweiten Satz wird das fröhliche Prunkleben dieses Reichen geschildert. Es ist ein Gemälde mit starken Strichen und verständlichen Zügen. Purpur war die dunkelrote Farbe eines Wollstoffes, der in überaus hohem Preise stand. Byssus war ein nicht minder kostbarer Baumwoll- oder Leinenstoff, der wegen seiner lichtweißen Farbe ebenfalls sehr teuer war. Beide Stoffarten waren so vornehm, daß nur Könige und Priester solche Gewänder tragen konnten. [11]) Fröhliche Gelage fanden nicht nur dann und wann, sondern täglich bei ihm statt. Bei allen Vergnügungen trug er den prunkvollen Glanz seiner herrlichen Kleidung zur Schau, wie es durch das grie „lampros" zum Ausdruck kommt.

[10] Jesus hielt hiermit den scheinfrommen Pharisäern einen Schwelger oder Lebemann vor Augen, der sich zwar nach außen hin nichts zu Schulden kommen ließ, aber dennoch in der Unterlassung des Guten sich schwer versündigt hatte. Wenn auch über den Reichen keiner direkt etwas Boshaftes zu sagen wußte, so kam er doch an den Ort der Qual.

[11] Mit diesen Angaben über die Kleidung wird ausgesagt, daß auf Grund seiner maßlosen Prunksucht dem reichen Manne nur die kostbarsten Gewänder genügten. Mit diesem Prunken in kostbarster Kleidung stand seine üppige und luxuriöse Lebensweise in Zusammenhang. Er benutzte sein Gut für Vergnügungen in geselligen Tafelfreuden.

Im stärksten Kontrast zu dieser Schilderung des Glanzes und der Pracht wird ein von allem zeitlichen Glück Entkleideter im tiefsten Elend beschrieben. Wie sich der Reiche täglich herrlich ergötzte, so war die Not des Bettelarmen sein täglich gleichbleibender Jammer.

Auffällig ist, daß der Name des Reichen unerwähnt bleibt, der des Armen aber genannt wird. Es ist die einzige Namensnennung in allen Gleichnissen Jesu. Der Name Lazaros wird entweder von „Lo-eser" oder von „Ele-azar" abzuleiten sein. Der Name „Loeser" bedeutet „Ohne Hilfe", in diesem Fall wäre der Arme ein von Hilfe Verlassener; „Eleazar" heißt „Gott ist die Hilfe", in dieser Beziehung wäre Lazarus einer, der Gott seine Hilfe sein läßt. Die gleiche Bedeutung des Namens Lazarus mit dem geläufigen „Eleazar" weist darauf, daß der Arme sein Elend im Vertrauen auf Gott ertrug.

Lazarus war an dem Torweg des Reichen „hingeworfen". [12]) Diese Form „hingeworfen" bringt die Passiv-Konstruktion des Urtextes besser zur Geltung. Es kann jemand durch eine Krankheit niedergeworfen werden (vgl. Mt 8,6. 16; Mk 7, 30). Hier hat es den Sinn, daß sich der Arme nicht einmal selbst frei bewegen konnte, und dann, daß die Leute, die ihn vor die Tür des Reichen brachten, sich seiner entledigten wie von einer schweren Last, die man hinwirft.

Er lag am Tor mit Geschwüren bedeckt. Eine so bösartige Krankheit, die offen vor Augen lag, erforderte dringend eine barmherzige Pflege. Neben der Pflegebedürftigkeit hätte sein ungestillter Hunger das Mitleid des Reichen ansprechen sollen. Aber im Hause des Reichen war keine Hilfsbereitschaft vorhanden. Ähnlich wie in einem der vorigen Gleichnisse erbarmte sich keiner über ihn (Lk 15, 16).

In drastisch steigender Form heißt es zugleich weiter: „Aber sogar die Hunde kamen und leckten seine Geschwüre ab". Dem Armen wurde weder Pflege noch Fürsorge gewährt. Er wurde so wenig beachtet, daß nur die Hunde sich seiner annahmen, die auf hündische Art seine Geschwüre mitleidig beleckten. Die Gelehrten sind sich uneinig darüber, ob das Lecken der Hunde zur Linderung oder zur Mehrung der Schmerzen geschah.

Der Fortgang der Erzählung spricht von dem glückseligen Zustand, in welchen Lazarus durch den Tod versetzt wurde. Von einem Begräbnis des Armen wird nichts erwähnt, was auch gar nicht vermißt wird. Jesus läßt durchblicken, wie das Sterben für den Armen das Ende seines Leidens und der Eingang in die Seligkeit war. Von der Erde, dem Schauplatz seines Leidens, trugen ihn Engel in den Schoß Abrahams. Der Busen oder der Schoß Abrahams ist in der jüdischen Theologie die Bezeichnung für die Gemeinschaft der verstorbenen Frommen mit Abraham im Scheol. Abraham erscheint den Israeliten als persönlicher Sammel- und Mittelpunkt im Totenreich. Es ist dem

---

[12] Der Torweg, wohin man ihn geworfen hatte, lag unmittelbar vor dem Eingang in das Innere des Hauses. Der Hausbesitzer, der hier oft aus- und einging, mußte den Ärmsten unweigerlich sehen. Wie wenig der Bettler das Mitleid des Reichen erregte, besagt das Folgende.

Israeliten darum größte Seligkeit, mit Abraham versammelt zu werden und mit ihm die Glückseligkeit gemeinsam genießen zu dürfen. Die Vorstellung der Tischgemeinschaft liegt nicht notwendig in diesem Ausdruck. Es ist der Engel Beruf, die sterbenden Frommen in Abrahams Schoß zu tragen. So wurde auch Lazarus durch den Dienst der Engel dahin versetzt. Jesus sagt von dem Armen nur das aus, was auch von jedem anderen Frommen in Israel gilt.

Das von dem Armen Gesagte leitet weiter zur Geschichte des Reichen. Es wird berichtet, daß er auch starb. Ehe aber gesagt wird, in welcher Lage er sich befand, wird hinzugefügt: „**Und er wurde begraben**". So wenig die Erwähnung des Nichtbegrabenwerdens bei dem Armen vermißt wird, so wirkungsvoll erscheint aber dieser Zusatz bei dem Reichen. Von allen Gütern dieser Welt blieb ihm nur das Grab, dem der Leib zur Verwesung übergeben wurde. In diesen Worten liegt ein angedeuteter Gegensatz zu dem Getragenwerden des Armen in Abrahams Schoß. Für Lazarus brachte der Tod das Ende seines irdischen Leidens, für den Reichen das Ende seines irdischen Glücks.

Das Ergehen des Reichen jenseits des Grabes.

Lk 16, 23—31

Die Wendung des Geschicks erfolgte sogleich nach dem Tode. Der Hades, der grie Ausdruck für das hebr „Scheol" ist der allgemeine Aufenthaltsort der abgeschiedenen Seelen (vgl. 1 Mo 37, 35; Apg 2, 27. 31), der in zwei Teile geschieden ist, einen Ort der Glückseligkeit für die Frommen und einen Ort der Qual für die Gottlosen, welcher auch Gehenna genannt wird.

Die Bitte des in der Qual Befindlichen und Abrahams Antwort.

Lk 16, 23—26

23 „Als dieser nun im Totenreich war, wo er Qualen litt, hob er seine Augen auf und sah Abraham von ferne und Lazarus in seinem
24 Schoß. * Und er rief und sprach: ‚Vater Abraham, erbarme dich meiner und sende Lazarus, daß er die Spitze seines Fingers in Wasser tauche und kühle meine Zunge; denn ich leide Pein in dieser
25 Flamme!' * Abraham aber sprach: ‚Kind, denke daran, daß du dein Gutes in deinem Leben empfangen hast, und Lazarus gleicherweise das Schlimme. Jetzt aber wird er hier getröstet, du aber lei-
26 dest Pein. * Und bei alledem ist zwischen uns und euch eine große Kluft befestigt, auf daß die, welche von hier zu euch hinübergehen wollen, nicht können, daß sie aber auch von dort nicht zu uns herübergelangen.'"

Der Reiche befand sich am Ort der Qual. Das Aufheben seiner Augen ist als ein Auf- und Ausschauen des Gepeinigten nach Hilfe zu denken. Es ist vom Aufheben der Augen, von der Zunge des Reichen, vom Finger des Lazarus, vom Peinleiden in der Flamme und vom Erquicktwerden durch Wasser die Rede. Von den abgeschiedenen Seelen wird so gesprochen, als befänden sie sich im Stande des leiblichen Lebens. Die Empfindungen und Lebensäußerungen der Abgeschiedenen können auf keine andere Art sprachlich ausgedrückt werden als so, wie Jesus es hier getan und wie es der Wirklichkeit entspricht.

Der Gepeinigte, der durch Aufheben seiner Augen Hilfe suchte, sah Abraham von ferne. Der Erzvater befand sich am Orte der Seligkeit, fern vom Ort der Qual. Lazarus war in seinem Schoße. Damit wird die Vergeltung, die dem Reichen jenseits des Grabes für sein Verhalten im irdischen Leben zuteil wurde, bestimmt hervorgehoben.

Er wendet sich mit seiner Bitte an Abraham, Lazarus zu senden, daß er mit einem Tropfen Wasser an der Spitze seines Fingers ihm die Zunge kühle, um die Glut seiner Qual zu lindern. Eine Geringschätzung des Lazarus, als ob er noch über ihn verfügen könnte, liegt nicht vor. Die Bitte um eine so geringfügige Dienstleistung entsprach dem Bewußtsein, daß er eine Befreiung aus der Qual nicht erwarten konnte. Die Anrufung Abrahams als Vater enthält keinen Rechtsanspruch auf Gewährung seiner Bitte wegen seiner Abstammung von Abraham. Der Reiche möchte nur das Mitleid des Erzvaters erregen.

Durch die Anrede „Kind" atmet Abrahams Entgegnung mitleidige Liebe. Es ist ihm aber unmöglich, die Bitte des Reichen zu erfüllen. Er erinnert ihn zunächst daran, was er bereits im irdischen Leben empfangen hat und was dagegen Lazarus erleben mußte. Der Reiche hat sein „Gutes" in seinem zeitlichen Leben genossen, Lazarus dagegen das Schlimme. Die gegenwärtige Verschiedenheit der Lage beider im Hades steht im umgekehrten Verhältnis zu ihrem Ergehen im Erdenleben.

Zwischen den Seligen und Unseligen im Hades ist eine „große Kluft" befestigt, die keine Willkür und kein Mitleid durchbricht. Es ist ein unüberschreitbarer, weit gähnender, tiefreichender, überall brückenloser Zwischenraum der Scheidung. Durch die „große Kluft" wird die Trennung des Ortes der Seligen vom Ort der Verdammten als eine unabänderliche Weltordnung bezeichnet. Die Gewährung der Bitte des Reichen ist aus diesem Grunde unerfüllbar.

Die zweite Bitte des Reichen und Abrahams Antwort.

Lk 16, 27—31

27 „Er sprach aber: ‚Ich bitte dich nun, Vater, daß du ihn sendest
28 in das Haus meines Vaters; * denn ich habe fünf Brüder, auf daß er ihnen feierlich bezeuge, damit sie nicht auch kommen an diesen
29 Ort der Qual!' * Abraham aber sagte: ‚Sie haben Mose und die
30 Propheten, die laß sie hören!' * Er aber sprach: ‚Doch nicht, Vater Abraham, sondern wenn jemand von den Toten zu ihnen
31 hinginge, so werden sie sich bekehren.' * Er aber sprach zu ihm: ‚Wenn sie Mose und die Propheten nicht hören, werden sie sich auch nicht überzeugen lassen, wenn jemand aus den Toten auferstehen würde.'"

Zu Vers 29:
2 Tim 3, 16

Das Verlangen des Reichen, daß Lazarus als Zeuge zu seinen Brüdern gesandt wird, weist Abraham mit den Worten ab: „Sie haben

Mose und die Propheten, die laß sie hören!" Mit der Benennung „Gesetz und Propheten" wird die gesamte alttestamentliche Schrift zusammengefaßt. Das AT erteilt keine ausdrückliche Auskunft über die Pein, die den Gottlosen im Hades erwartet, aber es legt überall ein mahnendes und warnendes Zeugnis gegen die Reichen ab, die ihren Reichtum in Genuß- und Prunksucht verschwelgen und hart gegen Arme und Elende sind. Gottes Gericht bricht unausbleiblich über sie herein Die fünf Brüder des Reichen sollen auf die Zeugen, die sie haben, hören und ihnen gehorchen.

Die Abweisung Abrahams reizt den Bittenden noch einmal zur Widerrede. Der Reiche meint, daß seine Brüder Mose und den Propheten gegenüber in dem gleichen unbußfertigen Unglauben verharren werden, wie er selbst bei Lebzeiten seine Unempfänglichkeit gegen die Schrift bewiesen hat. Er meint, das Zeugnis eines von den Toten würde einen wirksamen Eindruck auf seine Blutsverwandten hinterlassen. Die Erwartung, das Zeugnis eines Menschen, der von den Toten kommt, werde Buße bewirken, hält Abraham für einen Irrtum, denn die Wirkungskraft zur Umkehr enthält die Schrift. [13])

Es verhält sich in Wahrheit so, daß, wer Mose und den Propheten nicht glaubt, auch durch eine Totenauferstehung nicht zu überzeugen ist. Das Zeugnis der Schrift ist derart wichtig und vollgültig, daß es allein genügt, eine Bekehrung zu bewirken. Ein Wunderzeichen, das auf die Sinne wirkt, reicht bei weitem nicht an das außergewöhnliche Zeugnis der Schrift. [14])

Jesus hatte bei diesem Gleichnis zunächst die Pharisäer im Auge. Sie sollten sich in dem Reichen selbst erkennen, weil sie in ihrem Hängen an Geld und Gut jenen Menschen glichen. Die Mahnung und Warnung des Herrn an Seine Jünger gegen den Mammon schoben sie spottend beiseite. Hätten aber die Pharisäer auf die Schrift oder auf Mose und die Propheten geachtet, würden sie Jesu Lehre nicht verspottet haben, sondern sie hätten darauf gehört und sich bekehrt.

Was Jesus diesen Pharisäern sagt, gilt allen, die an Geld und Gut hängen und unbarmherzig gegen Arme und Elende sind. Wer nicht auf die Warnung der Schrift achtet, sich vor einer egoistischen Verwendung des Geldes zu hüten, fällt unter das gleiche Urteil des Herrn.

Wie schon in der Einleitung erwähnt wurde, bietet die Parabel keine besonderen Aufschlüsse über das Leben nach dem Tode. Was hier über das Totenreich gesagt wird, geht nicht über die atst Zeugnisse hinaus. Ein Wiedersehen und ein Wiedererkennen kann aus diesem Gleichnis jedoch mit Recht voll und ganz gefolgert werden. Der Zweck dieser Erzählung aber ist, die Wahrheit zu veranschaulichen, daß jedem nach dem Tode vergolten wird, was seinem Leben und Wandel auf Erden

[13] Das ganze Gleichnis ist auf die letzte Aussage Abrahams abgestimmt, daß, wer der Heiligen Schrift kein Gehör schenkt, auch nicht darauf achten wird, wenn ein von den Toten Auferstandener Buße predigt.

[14] Besondere Offenbarungen von Hellsehern, Spiritisten oder von Totenerscheinungen und anderen neueren Propheten sind völlig überflüssig, ja sogar unbiblisch und verwerflich.

entspricht. Über den Zeitpunkt der Vergeltung und der Scheidung der Gottlosen von den Frommen im Hades (vgl. Mt 25, 46) erteilt das Gleichnis keine weitere Auskunft. In der Verweisung des Reichen auf Mose und die Propheten ist deutlich ausgesprochen, daß die Heilige Schrift alles enthält, was wir für unsere Bekehrung und Errettung wissen müssen. [15])

7. Verschiedene Belehrungen des Herrn über das rechte Verhalten der Jünger.

Lk 17, 1—10

Die Aussprüche Jesu in diesem Abschnitt stehen mit Ausnahme vom pflügenden Knecht (Lk 17, 7—10) alle bei Matthäus (vgl. Mt 18, 6—9. 15. 21. 22; 17, 20; 21, 21) und Markus (vgl. Mk 9, 42—47; 9, 24; 11, 23) in einer etwas anderen Fassung und in anderen Zusammenhängen. Es ist schwierig, die hier aneinander gereihten Worte des Herrn mit dem Vorigen zu verbinden und eine Verbindung dieser Sprüche untereinander herzustellen. Unser Evangelist unterläßt nämlich jede Angabe des Anlasses, der Zeit und des Ortes. Welche Gründe den Evangelisten leiteten, diese Auswahl und Anordnung der Sprüche Jesu zu treffen und an diese Stelle zu setzen, läßt sich nicht ergründen. Die Einleitungsworte: „**Er sprach aber zu Seinen Jüngern**" scheinen jedoch einen Wink zu enthalten, daß das hier Gesagte mit dem V o r i g e n zu lesen und zu verstehen ist.

Die Ausdrucksweise: „ta skandala = die Ärgernisse (oder) die Anstöße", setzen etwas voraus. [1])

Die Bitte der Apostel um Mehrung des Glaubens in Vers 5 erscheint zunächst als ein Einschub ohne historischen Zusammenhang. Im Anschluß an den Schluß des letzten Gleichnisses (Lk 16, 31) dürfte diese Bitte jedoch verständlich sein. Es ist doch immer wieder daran festzuhalten, daß Jesus stets auf den G l a u b e n zielt und treibt.

Die hier mitgeteilten Aussprüche enthalten v i e r Belehrungen. 1. Jesus spricht zunächst von den A n s t ö ß e n (Vers 1—3a), daß sie

---

[15] Erwäge: 1. Wo bleiben wir nach dem Tode? 2. Macht das Sterben selig? Was der Mensch sät, das wird er ernten. 3. Bringt der Reichtum in die Hölle, die Armut in den Himmel? Glaube oder Unglaube entscheidet — „alle Tage". 4. Können sich Menschen nach dem Tode bekehren? 5. Wird es Unterschiede in der Herrlichkeit geben? Abraham erscheint als der Höhergestellte. 6. Werden sich die Abgeschiedenen wiedererkennen? Der Reiche erkennt Lazarus und Abraham. 7. Wie beschreibt der Herr das Seelenleben nach dem Tode? Nicht Traum und Schlaf — sprechen, sehen, fühlen. 8. Worin besteht die Qual der Unseligen? (Mk 9, 44.) Begierden brennen, Reue nagt wie ein Wurm. 9. Was ist das einzige Mittel zur Bekehrung? Wort Gottes — nicht Wunder. — Totenbefragen streng verboten. 10. Wie wird Lazarus über die großen Leiden denken? (Rö 8, 18)

[1] Es kann ein verschiedenartiger Anlaß sein, daß Jesus hier „**die Ärgernisse**" oder „**die Anstöße**" erwähnt. Wer das Lukasevangelium im Zusammenhang durchliest, kann an die Ärgernisse denken, die von den murrenden und spottenden Pharisäern ausgingen, welche die Hörer des Herrn von der Heilswahrheit fernhalten wollten, weil sie selbst nicht bereit waren, den Umkehr- und Glaubensweg zu gehen.

in dieser argen Welt unvermeidlich sind. Ärgernisse kommen an jeden heran. Wer sie aber verursacht, über dem bleibt ein schweres Wehe des Gerichts. 2. Im Anschluß hieran spricht der Herr von Wahrheit und Liebe, dem einzigen Mittel, die Anstöße, selbst auch unter den Jüngern, zu überwinden (Vers 3b—4). Die besondere Mahnung zur Wahrheit bezieht sich auf die Bestrafung des Sünders, und dann auf die Liebe und Bereitschaft zum Vergeben. Das Zweite ist das Schwerste und doch Unerläßliche. 3. Die Apostel, welche den Sinn der Belehrung verstehen, bitten (Vers 5) um Mehrung des Glaubens, denn aus dem rechten Glauben kommt die L i e b e zum Tragen und Überwinden der Anstöße. Über diesen echten Glauben erteilt Jesus dann eine Belehrung (Vers 5—6). 4. Der Glaube, der Anstöße überwindet, ist demütig und mutig. Er erkennt in Besonnenheit die eigene Verdienstlosigkeit, ja sogar die Untauglichkeit außer der allein Gutes wirkenden Gnade Gottes. Das ist der tiefe Sinn und Zusammenhang des Gleichnisses vom p f l ü g e n d e n K n e c h t , dem weder Dank noch Lohn für seine Schuldigkeit zukommen (Vers 7—10).

a) Jesu Unterweisung über die Ärgernisse.

Lk 17, 1—3a

1 Er sprach aber zu Seinen Jüngern: „Es ist unmöglich, daß die Ärgernisse (zur Sünde) nicht kommen. Wehe aber, durch welchen sie kom-
2 men! 'Es wäre ihm mehr nütze, wenn ihm ein Mühlstein um seinen Hals gelegt und er in das Meer gestürzt würde, als daß er einem 3a von diesen Kleinen zum Anstoß würde. ' Achtet auf euch selbst!"

Zu Vers 2:
Mt 18, 6. 7

Die bisherigen Ansprachen des Herrn waren teils an die Pharisäer, teils an die Jünger gerichtet (vgl. Lk 15, 2—16, 31). J e t z t wendet Sich Jesus ganz besonders an die Jünger. Es ist nicht anzunehmen, daß der Herr Anweisungen vor den Ohren des Volkes vortrug, die sich auf die innersten Angelegenheiten der Jüngerschaft bezogen. Die Pharisäer hatten genug gehört (vgl. Lk 15, 2—32; 16, 15—31), auf das sie nur mit Mißbilligung (Lk 15, 2) und Spott (Lk 16, 14) zu antworten wußten. Während die Pharisäer den Kampfplatz räumten, scharte sich nur noch ein engerer und ein weiterer Jüngerkreis um Jesus (vgl. Lk 15, 1; 16, 1). Es ist sicherlich kein zweckloser Wechsel des Ausdrucks, daß die Hörer einmal als „Jünger" (Lk 16, 1; 17, 1) und mit der weniger vorkommenden Bezeichnung „Apostel" (Lk 9, 10; 17, 5) benannt werden. Nach den Einleitungsworten war der engste Kreis der Jünger um Jesus versammelt, dem einst die Predigt (Lk 5, 10; 6, 13; 8, 1; 9, 1) und die Leitung der Gemeinde (Lk 12, 42—48b) anvertraut werden sollte. Es ist nicht ausgeschlossen, daß auch noch zahlreiche Jünger außer den Zwölfen (Lk 6, 17) und auch Zöllner in großer Zahl (Lk 15, 1) anwesend waren.

Jesu Ausspruch über die Ärgernisse findet sich in Mt 18, 6 und Mk 9, 42 an die Mahnung der Jünger zur Demut angereiht, die Lukas in Kapitel 9, 46—48 berichtet. Der Herr erklärt es für unmöglich, daß keine Ärgernisse oder Anstöße oder Skandale, wie es der Urtext sagt, vorkommen. Nach dem Hebräischen und Griechischen ist ein „Ärgernis" (Skandal genannt) ein Anstoß zur Sünde. Ein Skandalon ist ein Fallstrick, ein Fußeisen, in welchem Tiere gefangen werden, das Stellholz in der Falle, an dem die Lockspeise sitzt. Jesus meint hier mit „ta skandala" Anstöße, die unter den J ü n g e r n vorkommen. Bei der erfahrungsgemäßen Beschaffenheit der Welt und der Menschen und durch den großen verführerischen Einfluß Satans kann es nicht anders sein, daß Ärgernisse oder Anstöße kommen müssen. Obgleich an dieser Tatsache nichts zu ändern ist, vermindert das doch nicht die V e r a n t w o r t u n g eines Menschen, durch den Ärgernisse entstehen.

Das Wehe, das Jesus über jeden ausruft, durch den Ärgernisse kommen, gilt den Jüngern, wenn sie durch ihr Tun und Lassen, durch irreführende Rede oder ein schlechtes Beispiel andere zum Straucheln verleiten. Das scharfe und höchst bedenkliche Wort vom Mühlstein veranschaulicht die schwere Schuld und Strafe der Ärgernisse. Bei vielen alten Völkern wurde dem, der zur Strafe des Ertrinkens verurteilt war, ein schwerer Stein an den Hals gehängt, damit er sicher untersank. Das war eine schreckliche, schmähliche und schimpfliche Todesstrafe, bei der an ein Wiederaufleben und ein Wiederauftauchen kein Denken war. So schwer diese Strafe auch ist, so ist sie doch noch leichter und besser als das höllische Feuer, das den Verführern bevorsteht.

Die Ausdrucksweise: „**Einen dieser Kleinen**" bezieht sich auf anwesende Personen. Die Annahme, es sei ein Kind in der Mitte gewesen, ist nicht nötig. Es sind keine Kinder, sondern „**Anfänger im Glauben**" im Vergleich zu älteren Angehörigen des Jüngerkreises. Der Unterschied zwischen Großen und Kleinen unter den Jüngern Jesu entspricht den Starken und Schwachen bei· Paulus (vgl. Rö 14, 1—15; 1 Ko 8, 7—13; 9, 22; 12, 22). Innerhalb des Jüngerkreises gibt es Große, die an Reife des Glaubens oder an Begabung und beruflichen Aufgaben den anderen voraus sind, und solche, die hinter solchen zurückstehen. Die Kleinen und Geringen sind besonders der Gefahr ausgesetzt, durch Herrschsucht und Lieblosigkeit seitens der Großen in ihrem Glaubensleben geschädigt oder geradezu in Unglaube und Sünde gestürzt zu werden. Der Herr verlangt von den Jüngern, liebevolle Rücksicht auf die Kleinen zu nehmen, daß sie keinen Schiffbruch in ihrem noch schwachen Glaubensleben erleiden. [2]) Jünger des Herrn, die noch im Glauben schwach sind, müssen von den Großen und Starken Seiner Jüngerschar ein besonderes Maß an Liebe erfahren.

---

[2] Die Mahnung des Herrn: „Habt acht auf euch selbst!", Vers 3a, wird von einigen Auslegern zum vorigen, d. h. zu Vers 2 gerechnet. Andere verbinden sie mit dem folgenden, also mit Vers 3b: „Wenn dein Bruder sündigt!" Diese Ermahnung, die in einer etwas anderen Fassung noch an anderen Stellen vorkommt (Mt 18, 6; Mk 9, 42; Apg 20, 28), möchten wir jedoch mit der **Warnung vor den Ärgernissen**, also mit Vers 1 und 2, verbinden. Diese Verbindung hat ihre Begründung darin, daß ein Ärgernis zwar leicht entsteht, aber trotzdem eine schwere Strafe nach sich zieht.

Man kann also den Anfängern im Glauben, den Kleinen, sehr leicht durch Lieblosigkeit, Rücksichtslosigkeit, Hochmut, Nichtbeachtung, Kühle und Kälte im Benehmen, falschen Eifer, **einen Anstoß** geben, so daß sie irre werden an der „Wahrheit selber" und zwar durch die S c h u l d   d e r   V e r t r e t e r   d e r   W a h r h e i t . Der Herr sieht voraus, daß Ihm so auf tausendfache Weise in Zukunft die Anfänge Seiner Saat von solchen „fehlenden" Jüngern werden verdorben werden. Solche Menschen aber, die auf diese Weise die Kleinen im Glauben ärgern, also in Unglückseligkeit stürzen, muß der Herr als Unselige im höchsten Grad bezeichnen.

Wichtiger als alle Erkenntnisse ist die L i e b e , die darauf bedacht ist, niemand an seiner Seele zu schaden.

b) Mahnung zum Vergeben der Sünde.

Lk 17, 3b—4

3b „Wenn dein Bruder sündigt, so halte es ihm vor, und wenn er **4** umkehrt, vergib ihm! * Und wenn er siebenmal des Tages an dir sündigt und siebenmal sich zu dir wendet, indem er sagt: ‚Es ist mir leid', vergib ihm!"

Zu Vers 4:
Mt 18, 21. 22

Das Gegenteil von „Ärgernis geben" ist Lieben. Um kein Ärgernis zu geben, müssen wir nicht nur etwas lassen, sondern auch etwas t u n. Wir müssen lieben ohne Grenzen. Es wird hier in einer anderen Fassung w i e d e r h o l t , was der Herr in Mt 18, 15. 21. 22 sagt. [3]) Nach der Matthäusstelle gebietet der Herr, den Bruder zu überführen oder zu überzeugen (Mt 18, 15). Hier wird durch das Wort „epitimo = **vorhalten**" im Grundtext ein Strafen oder Schelten geboten. Es ist keineswegs ein Widerspruch, denn nach dem Wortlaut beider Stellen soll dem Sünder **geholfen** werden, sich „**umzukehren**". Die brüderliche Bestrafung ist schon in 3 Mo 19, 17. 18 als Liebespflicht ausgesprochen. Eine Bestrafung in Wahrheit und Liebe steht in Gegensatz zum Haß und zur Verachtung des Herzens, vollends zur Falschheit, die einen bösen Leumund hinter den Rücken des Bruders macht (vgl. Spr 27, 5. 6). Jesus fordert keine richterliche Bestrafung, sondern eine b r ü d e r l i c h e Rüge, ein Zurechthelfen in aller Langmut und Liebe, die bessert (vgl. 1 Th 5, 14). Wenn eine solche Zurechtweisung zum demütigen Schuldbekenntnis führt, darf die Vergebung nicht vorenthalten werden. Von einem Dulden und Schweigen ist keine Rede. Echte Bruderliebe sagt die Wahrheit ohne Schwachheit und falsche Schonung gegen die Gefahr der weiter um sich greifenden Sünde.

In dieser Lehre Jesu begegnen sich a l s o   d i e   W e i s h e i t   u n d d i e   L i e b e : Zuerst t a d e l t die Weisheit; dann, wenn der Tadel angenommen ist, v e r z e i h t die Liebe. Dann wird das Gebot Jesu

---

[3] Wie in der Parallelstelle Mt 18, 15 handelt es sich hier nicht bei dem Sündigen um eine persönliche Beleidigung, die im geförderten Glaubensleben noch vorkommt, sondern um ein offenkundiges Sündigen, das die Echtheit des Glaubens in Frage stellt und das Heil des Sünders gefährdet.

erfüllt: „Habt acht auf euch selbst!" Es darf nicht heißen: „Soll ich meines Bruders Hüter sein?" Wir sind verantwortlich füreinander.

Es ist lehrreich, diese Vorschrift, die der Herr ,für den persönlichen Umgang gibt, mit der Verordnung in Mt 18, 15—18 zu vergleichen, die für die Ausübung der Gemeindezucht gilt. Lukas spricht nicht von den drei Stufen der Zurechtweisung wie Matthäus, sondern nur von einem Gespräch zwischen dem Sünder und dem Seelsorger. Einem e i n z e l n e n aber ist nicht gestattet, was einer Gemeinde zusteht, nämlich einen unbußfertigen Glaubensbruder als Sünder hinauszutun. Wenn eine Gemeinde als solche im Namen des Herrn Beweise für die Echtheit einer Reue fordern kann, so muß sich der einzelne Bruder damit begnügen, wenn ein in Sünde gefallener zu ihm z u r ü c k - k e h r t. So oft einer sagt: „Ich bereue es", und wenn es siebenmal am Tage ist, muß die Bereitschaft zur Vergebung vorhanden sein. Auf die Frage des Petrus, ob eine siebenmalige Vergebung genügt, gibt Jesus die Antwort, daß er siebzig mal sieben mal vergeben soll (vgl. Mt 18, 22). Nach talmudischer Satzung (Babyl. Joma f. 86, 2) kann nur drei- mal, nicht öfter vergeben werden. Der Herr bedient Sich der biblischen Redewendung: „Siebenmal des Tages" (Spr 24, 16; Ps 119, 164), um damit die dauernde Bereitschaft zum Vergeben auszudrücken, wie in der Antwort an Petrus.

c) Die Bitte der Apostel um Mehrung des Glaubens.

Lk 17, 5. 6

Zu Vers 5:
Mk 9, 24
Zu Vers 6:
Mt 17, 20;
21, 21

5 6 Und die Apostel sprachen zum Herrn: „Verleihe uns Glauben!" * Der Herr aber sprach: „Wenn ihr Glauben hättet wie ein Senfkorn, könn- tet ihr zu diesem Maulbeerfeigenbaum sagen: Sei entwurzelt und gepflanzt in das Meer! Und er würde euch gehorchen."

Wenn die Jünger sonst durch Hochmut und Rangstreit geteilter Mei- nung waren, so sprachen sie jetzt einmütig die Bitte um Verleihung des Glaubens aus. Es ist in den Evangelien ein einmaliger Bericht von einer so einmütigen Bitte der Jünger. Lukas nennt wie so oft Jesus „den Herrn" (Lk 7, 31; 22, 61), um zu betonen, in welchem Licht Er zu Seinen Aposteln stand, als sie sich gedrungen fühlten, mit ihrer Bitte an Ihn heranzutreten.

Die Bitte der Apostel heißt wörtlich: „Lege uns **Glauben** bei", aber nicht: „Lege uns d e n Glauben bei!" So oft der Glaube ohne Artikel genannt wird (vgl. Mk 4, 40; 11, 22; Apg 14, 9), handelt es sich nicht um den seligmachenden Glauben, wie an Stellen, wo „d e r Glaube" er- wähnt wird (Lk 18, 8; Apg 15, 8; 16, 5). Der Heilsglaube kann nicht stückweise verliehen werden. Die Jünger bitten, wie Jesu Antwort deutlich zeigt, nicht um Mehrung oder Stärkung des Heilsglaubens an Gott oder an Seine Predigt, sondern um Glaubenskraft und Glaubens- vollmacht, die Gott ihrem Tun und Handeln beilegen möchte. Paulus bezeichnet diesen Glauben als eine G n a d e n g a b e für das Leben und Gedeihen der Gemeinde (1 Ko 12, 9; 13, 2; vgl. Rö 12, 3. 6). Die

Jünger und Apostel hatten von dieser Glaubensgabe längst Proben dargeboten (Lk 9, 6; 10, 17—20), aber sie mußten auch ein Versagen dieser Gabe erfahren (Lk 8, 25; 9, 40 f).

Die Antwort des Herrn auf den Wunsch der Jünger, ihren Glauben als Glaubensgabe zu stärken, erinnert an zwei Stellen des Matthäusevangeliums (Mt 17, 20; 21, 21). Der Ausspruch kommt zuerst bei der Heilung des mondsüchtigen Knaben vor, den die Jünger nicht heilen konnten; er wird dann noch bei der Verdorrung des von Jesus verfluchten Feigenbaumes erwähnt, an welcher Stelle ihn auch Markus 11, 22 berichtet. An beiden Stellen wird die Vollbringung des für menschliche Kraft Unmöglichen mit dem Versetzen der Berge verglichen. Durch das Bild des Maulbeerfeigenbaumes betont der Herr noch stärker als durch den Hinweis auf den Berg, daß selbst der senfkornartige Glaube in der natürlichen Welt erstaunliche Dinge hervorbringt, was sonst unmöglich ist. [4]) Weil der Bitte der Apostel um Wirkung der Glaubensgabe vielleicht ein ehrgeiziges Streben nach verdienstlicher Berufserfüllung zu Grunde liegen könnte, trug ihnen der Herr zur weiteren Belehrung das Gleichnis vom pflügenden Knecht vor.

Wir fassen zusammen: Jesus will sagen, es kommt nicht auf das M a ß des Glaubens an, sondern auf das eigentliche W e s e n des Glaubens als Glaubensgabe. Entscheidend ist bei diesem Wesen der Glaubensgabe, ob sie geistgewirkt ist oder in eigener Kraft wirken will. Dieser geistgewirkte Glaube sieht Möglichkeiten, wo die Vernunft keine mehr sieht, um das H i n d e r n i s für den Bau des Reiches Gottes zu beseitigen (den Maulbeerfeigenbaum fortzuschaffen) und in ein Mittel zum Aufbau des Reiches Gottes zu verwandeln (den Baum in den Sand des Meeres zu verpflanzen). Dieser Glaube fängt an, wo man mit dem rechnet, was der Herr tut, was der Herr vermag, wo man sich an Ihn hält. Wer nun diesen Glauben üben will, der lerne die Interessen seines Herrn fortwährend im Auge behalten. Für die Erlangung eigener Interessen gibt es keinen Glauben. Wir sind nur Diener, Sklaven d i e s e s Herrn des Reiches (vgl. W. Stb. Mt 20, 26 S. 274 ff).

Von der Dienststellung eines solchen Sklaven spricht nun Vers 7—10.

---

[4] Die Ähnlichkeit dieses hier berichteten proverbialen Ausspruches mit den beiden Stellen des Matthäus- und Markusevangeliums beweist nichts für die Entlehnung aus einer gleichen Quelle, daß Lukas willkürlich statt des Berges das Bild des Maulbeerfeigenbaumes eingeschoben haben soll. Der Anlaß, der dem Spruch bei unserem Evangelisten zugrunde liegt, ist verschieden von den Anlässen, die Matthäus bei dem ähnlichen Ausspruch erwähnt. Die Wiederholung eines solchen sprichwörtlichen Ausspruchs bei verschiedenen Veranlassungen ist gar nicht unwahrscheinlich; die Wahl eines anderen Bildes erklärt sich aus dem Streben, eine solche Veranschaulichkeit zur Darstellung zu bringen, die der Sache am besten entspricht. Dem Verlangen der Apostel um Wirkung der Glaubensgabe, um das Reich Gottes auf Erden bald auszubreiten, entspricht dem Gleichnis vom Einpflanzen des Maulbeerfeigenbaumes ins Meer vielleicht mehr als das Bild vom Bergeversetzen. Es ist hier nicht nötig, den Maulbeerfeigenbaum als Sinnbild des Reiches Gottes und das Meer als Bild der Völkerwelt aufzufassen; es genügt, das Entwurzeln und Einpflanzen des Baumes als Bild des von den Aposteln gepredigten Evangeliums aufzunehmen, das die Welt umgestaltet.

d) Das Gleichnis vom dienenden Knecht.

Lk 17, 7—10

7 „Wer von euch aber hat einen Knecht, der pflügt oder die Herde
weidet, und wird, nachdem er vom Felde heimgekommen ist, zu
ihm sprechen: ‚Komm schnell herzu und lege dich (zur Mahlzeit)
8 zu Tisch?' * Wird er nicht vielmehr zu ihm sprechen: ‚Bereite, was
ich essen soll, und umgürte dich und diene mir, bis ich gegessen
und getrunken habe, und danach magst du essen und trinken?' *
9 Dankt er etwa dem Knechte dafür, daß er das Angeordnete getan
10 hat? * Also auch ihr, wenn ihr alles das euch Angeordnete getan
habt, sprecht: ‚Wir sind entbehrliche Knechte, wir haben getan,
was wir zu tun schuldig sind.'"

Es ist oft geltend gemacht worden, dieses Gleichnis stehe in keinem Zusammenhang mit dem vorigen. Eine genaue Erwägung der vier
Lehrgespräche des Herrn zeigt jedoch, daß diese Parabel einen guten
Abschluß des Ganzen bildet. Das kurze Gleichnis, das zum Sondergut
des Lukasevangeliums gehört, offenbart eine große pädagogische und
psychologische Weisheit, mit der Jesus Seine Jünger behandelte. Mit
dem Hinweis auf den Maulbeerfeigenbaum zeigte Er ihnen, daß es
nicht auf den s t a r k e n Glauben, sondern auf das i n n e r e W e s e n
des Glaubens ankomme. Selbst, wo ein Fünklein Glauben vorhanden
ist, kann er das Schwerste vollbringen, das sonst Unmögliche leisten,
und eine weltüberwindende Kraft beweisen. Jesus mußte den Aposteln
klar machen, daß ein solcher Glaube durchaus kein Verdienst des
Menschen ist. Jesus veranschaulicht diese Wahrheit von der völligen
Verdienstlosigkeit „des Glaubens" am Gleichnis vom dienenden Knecht.

Ein solcher Sklave war von seinem Herrn völlig abhängig und
strengstens gebunden, in blindem Gehorsam das ihm Auferlegte auszuführen. Der leibeigene Sklave hatte für seine Arbeit nur Anspruch
auf Essen und Trinken, um schaffen zu können.

Bemerkenswert ist, daß der Dienst der Knechte Gottes hier in diesem Gleichnis unter dem Doppelbild des A c k e r b a u e s und der
H i r t e n a r b e i t dargestellt wird. Es heißt Vers 7: „Wer hat . . .
einen Knecht, der pflügt oder die Herde weidet?" Auch Paulus führt
mehrfach dies so an (vgl. 1 Ko 9, 7—12; 1 Tim 5, 18; 2 Tim 2, 6), wie
auch in den Evangelien das Bild der Erntearbeit (Lk 10, 2; Mt 10, 37 ff;
Jo 4, 38) und der Hirtenarbeit (Jo 10, 9; 21, 15; vgl. Lk 12, 32) benutzt
wird. Damit wird die apostolische Arbeit in ihrer schweren und leichten Seite angedeutet. Jeder Jünger soll treu und geduldig die Arbeit
ausführen, die ihm auferlegt ist. [5]

Jesus fragt, ob der Herr es seinem Knechte dankt, daß er alles von
ihm Aufgetragene ausführt. Die Gleichnisschilderung beantwortet diese

---

[5] Nach der Heimkehr von der Tagesarbeit muß der Knecht (der Sklave) noch die Abendarbeit und
die Hausarbeit machen. Sie besteht in der Zurüstung der Mahlzeit für den Herrn. Der leibeigene
Sklave bleibt bis zuletzt für seinen Gebieter geschürzt und dienstbereit. Beim Essen und Trinken
kommt zuerst der Herr, dann der Knecht. Nachdem der Herr gegessen und getrunken hat, darf
sich der Diener mit Speise und Trank bedienen und zur Ruhe gehen.

Frage mit „**Nein**". Mit diesem „Nein" will der Herr nun aber keineswegs gutheißen, daß die Dienste eines Knechtes ohne irgendein Dankeswort jemals ausgeübt würden. Nein, die Sache hier wird so genommen, wie sie in Wirklichkeit ist, d. h. Jesus will einen ganz bestimmten Gedanken mit diesem Gleichnis vom dienenden Knecht veranschaulichen.

Mit dem Schlußsatz des Gleichnisses: „**Wir sind entbehrliche Knechte, denn wir haben nur getan, was wir zu tun schuldig sind**", wird jeder Wahn des Verdienstes für das Tun des Knechtes zermalmt. Es ist zu beachten, daß nicht Jesus oder der Herr im Gleichnis die Knechte als wertlose Knechte beurteilt, sondern daß diese Worte ein Selbstbekenntnis der Knechte selbst sind. Wenn Jesus Seine Jünger sonst auch „Freunde" nennt (Jo 15, 14. 15), so bleiben sie doch in der demütigen Knechtshaltung ihrem Herrn gegenüber. Knechte Gottes oder Jesu Christi ist bis in die Offenbarung der höchste Ehrentitel der Kinder Gottes (vgl. Offb 1, 1; 7, 3; 19, 5; 22, 3).

Die Ableitung des grie „achreios" von „chreia echein = bedürfen, nötig haben" führt auf den Sinn von „**entbehrlich**". Demnach bekennen sich die Knechte als „entbehrliche Knechte". Dies ist die rechte Gesinnung.

Wir fassen zusammen: Der Grundgedanke dieses Gleichnisses ist der, daß jedes Berufen, jedes Vertrauen und jedes Stützen auf die e i g e n e L e i s t u n g verdammt wird. Alles ist nur Gnade. Das Urteil Jesu über das Werk des Knechtes Christi vernichtet den Pharisäismus voll und ganz, indem es in radikaler Weise jeglichen Verdienstgedanken seitens des Menschen und jegliche Verpflichtung und Verbindlichkeit Gottes gegenüber dem Menschen auslöscht.

Ein Ausleger meint: „Diese Mahnung könne nicht, wie Vers 1 gesagt ist, an die J ü n g e r gerichtet sein, weil sie ausdrücklich den Zweck hat, den pharisäischen Gedanken der Verdienstlichkeit und der Leistung und des Rechtsanspruches zu bekämpfen." Allein, Jesus ermahnte die Apostel ja auch, sich vor dem Sauerteig der Pharisäer zu hüten. Und das Gleichnis von den „zu verschiedenen Tageszeiten in den Weinberg berufenen Arbeitern", das denselben Grundgedanken enthält wie die Verse 7—10, ist gleichfalls an die Jünger gerichtet (Mt 20, 1 ff). Die Frage des Petrus nach dem Weggang des reichen Jünglings (Mt 19, 27): „Was wird uns dafür?" zeigt hinlänglich, daß die Gefahr für die Gläubigen immer vorhanden ist. Der Hochmut hängt sich, wie ein nagender Wurm, selbst an die Wurzel des Glaubensgehorsams an.

Die versteckten Ansprüche, die heimliche Einbildung sind so leicht da, wenn man sich im Dienst des Herrn eifrig und erfolgreich betätigt. — Wir sind und bleiben Knechte, die Er nicht braucht, die aber Ihn brauchen!

Zu beachten ist aber der Unterschied zwischen einem Sklaven des irdischen Herrn und dem Sklaven des himmlischen Herrn. Bei jenem ist die Dienstbereitschaft ein Müssen, bei uns ist es ein seliges Dürfen. Dort ein „du sollst", hier ein „ich will, ich darf". Dort das Gesetz,

hier die Freiwilligkeit. Dort ist ein strenger, oft egoistischer Herr. Hier
ist der allergütigste Herr, der Herr, der Seinen Diener so unsagbar lieb
hat, daß Er Sein Leben für Seinen Diener gelassen hat. „Wo ist solch
ein Herr zu finden, der, was Jesus tat, mir tut, mich erkauft von Tod
und Sünden, mit dem eigenen teuren Blut."

Der Begriff der Sklavenschaft enthält weiter die Vorstellung der
Leibeigenschaft (3 Mo 25, 44—46). Der Sklave ist nicht mehr sein eige-
ner Herr wie weiland, als er noch frei war. Er gehört mit Leib und
Leben dem Herrn.

Die Gläubigen sind das Volk des Eigentums geworden (1 Pt 2, 9),
sofern sie erlöst sind. Sie sind grundsätzlich Seelen- und Leibeigene,
aber bedürfen immerfort der Ermahnung, ihre Leiber als Opfer hinzugeben (Rö 12, 1).

C. Die letzten Erlebnisse Jesu auf Seiner Reise von Galiläa nach Jerusalem

Lk 17, 11—19, 27

Wenn unser Evangelist berichtet, daß Jesus zwischen Samaria und
Galiläa reiste, so bedeutet das, daß Er Sich während Seiner Wanderung
eine Zeit an der Grenze beider Landschaften aufhielt. Die Durchreise
durch dieses Grenzgebiet macht es erklärlich, daß sich unter den zehn
Aussätzigen neun Juden und ein Samariter befanden. Die Erwähnung
Jerusalems, das Ziel der Reise, läßt erkennen, warum Jesus diesen Weg
wählte. Eine Verbindung von Vers 11 mit Lk 9, 51—56 zeigt deutlich,
daß der Herr **Jerusalem,** das Ziel Seines Erdenlebens, von Galiläa aus
auf dem kürzesten Weg durch Samaria erreichen wollte. Weil Ihm aber
das erste samaritische Dorf die Aufnahme verweigerte, wählte Er den
anderen Reiseweg. Er wanderte an der Grenze beider Stammgebiete,
um mit Vermeidung Samariens über den Jordan zu gehen. Wahrscheinlich passierte der Herr bei Skythopolis die Jordanfurt, um Sich, wenn
die Zeit da sein würde, dem großen Pilgerzug anzuschließen, der von
Jericho nach Jerusalem hinaufzog. Weil das Passahfest, zu dem Jesus in
Jerusalem sein wollte, noch nicht so nahe war, hielt Er Sich noch eine
Zeit jenseits des Jordans in Peräa auf. Der letzte Abschnitt des lukanischen Reiseberichts führt bis nach Bethanien, vor die Tore Jerusalems.

1. Die Heilung von zehn Aussätzigen.

Lk 17, 11—19

Die hier berichtete Wunderheilung gehört zum Sondergut des Lukas-
evangeliums. Das Wichtigste bei der Heilung der zehn Aussätzigen
ist der Umstand, daß neun Israeliten undankbar waren, ein Samariter
aber sich dankbar erwies.

Zu Vers 11:
Lk 9, 51;
13, 22

Zu Vers 12:
3 Mo 13,
45. 46

a) Die Heilung der Aussätzigen.

Lk 17, 11—14

11 Und es geschah, indem Er nach Jerusalem reiste, zog Er (etwa) auf
12 der Grenze zwischen Samaria und Galiläa entlang. * Und während

Er hineinging in ein gewisses Dorf, begegneten (Ihm) zehn aus-
13 sätzige Männer, welche von ferne standen. * Und sie erhoben die
14 Stimme und sprachen: „Jesus, Meister, erbarme Dich unser!" * Und
als Er sie sah, sprach Er zu ihnen: „Geht hin, zeigt euch den Priestern!" Und es geschah, als sie weggingen, wurden sie rein.

Zu Vers 14:
Lk 5, 14
3 Mo 14, 2. 3

Nach der Satzkonstruktion des Grundtextes zog Jesus etwa auf der
Grenze zwischen Samaria und Galiläa entlang, so daß Er Samaria zur
rechten, Galiläa zur linken Seite hatte. Er wanderte durch die Grenz-
gebiete beider Provinzen.

Das gemeinsame Elend hatte an der Grenze die neun aussätzigen
Juden mit dem einen aussätzigen Samariter zusammengeführt. [6])

Die aussätzigen Männer, die Jesus erblickten, blieben in beträcht-
licher Entfernung stehen. Sie waren nämlich als Unreine nach dem Gesetz verpflichtet, einen solchen Abstand zu wahren (3 Mo 13, 45 f;
4 Mo 5, 2 f). Die Aussätzigen erkannten Jesus sofort, vielleicht durch
eine frühere Begegnung oder durch eine Mitteilung der Dorfbewohner,
daß Er auch Aussätzige heile (vgl. Lk 5, 12—16; 7, 22). Sie riefen Ihn
aus der Ferne mit Namen und Titel an und baten um Sein Erbarmen.
Sobald Jesus durch ihr lautes Rufen auf sie aufmerksam wurde und sie
erblickte, gab Er ihnen die Anweisung, sich den Priestern zu zeigen.
Wenn von Priestern in der Mehrzahlform die Rede ist, dann darum,
weil vielleicht Juden und Samariter verschiedene Priester hatten. Ein
Aussätziger, der von seinem Leiden frei war, mußte sich dann nach
dem Gesetz dem Priester vorstellen, damit dieser ihn reinsprach, um
wieder in die theokratische Volksgemeinschaft aufgenommen zu werden. Mit der Anweisung des Herrn, sich den Priestern zu zeigen, war
die Zusage verbunden, daß sie bei der Ankunft bei den Priestern von
ihrem Übel befreit sein würden. Die Befolgung dieses Gebotes bestätigt ihr Vertrauen auf die darin enthaltene Verheißung. Die Ausführung der Anweisung des Herrn wurde belohnt, denn sobald sie sich
auf den Weg zu den Priestern machten, wurden sie gereinigt.

b) Der dankbare Samariter.
Lk 17, 15—19

15 Einer aber von ihnen, als er sah, daß er geheilt worden war, kehrte
16 um und gab mit lauter Stimme Gott die Ehre. * Und er fiel auf
sein Angesicht zu Seinen (Jesu) Füßen nieder und dankte Ihm. Und
17 dieser war ein Samariter. * Jesus aber antwortete und sprach: „Wur-
18 den denn nicht die Zehn gereinigt? Wo aber sind die Neun? * Hat
sich niemand von ihnen bereit gefunden, umzukehren, Gott die

---

[6] Das Dorf des galiläisch-samaritischen Grenzlandes, in welchem dem Herrn die zehn Aussätzigen
begegneten, wird nicht in einem samaritischen, sondern in einem jüdischen Bezirk gelegen haben.
Es wäre sonst unwahrscheinlich, daß sich neun aussätzige Juden nach Samaria begäben, weil sie in
Samaria noch weniger als bei ihren Stammesgenossen mit der Menschenfreundlichkeit hätten
rechnen können. Ein einzelner Samariter konnte im umgekehrten Fall schon ganz gut im Grenzgebiet Anschluß an jüdische Leidensgenossen finden.

Zu Vers 19:
Lk 7, 50

19 Ehre zu geben, als nur dieser Fremdling?" * **Und Er sprach zu ihm: „Stehe auf, geh hin! Dein Glaube hat dich errettet."**

Die neun Juden, die ihre Heilung als etwas Selbstverständliches ansahen, setzten ihren Weg zum Priester fort. Der Zehnte, ein Samariter, tiefdurchdrungen vom Gefühl seiner Unwürdigkeit, empfand seine Heilung als ein Geschenk, für das er sich gedrungen fühlte, von Herzen zu danken. Die Rückkehr des Samariters erfolgte nicht erst nach der Reinsprechung beim Priester, sondern sogleich bei der Wahrnehmung, daß sein Aussatz verschwunden war.

Jesus spricht Seinen Jüngern und Seiner Umgebung gegenüber Seine Verwunderung darüber aus, daß von allen zehn Geheilten nur dieser eine „Fremdling" umkehrt und Gott die Ehre gibt. Aus Seiner Frage klingt ein Ton der Wehmut über die Undankbarkeit, welche die neun geheilten Juden offenbaren. Auf dem Wege nach Jerusalem mußte dieses Ereignis, der U n d a n k der Juden, der D a n k des Samariters, herzbewegend für den Herrn sein, besonders im Blick auf das, was Ihm in der „Heiligen Stadt" bevorstand.

Der Herr sagte zu dem dankbaren Samariter, der zu Seinen Füßen lag: **„Stehe auf, geh hin, dein Glaube hat dich errettet!"** (vgl. Lk 7, 50). Indem sich der Samariter vor dem Heiland niedergeworfen hatte, gab er sich als Dankopfer dar: Dein bin ich, Du sollst über mich verfügen. Jesus gibt ihm die Versicherung: „Dein Glaube hat dich errettet". Du bist zwar ein Fremdling und gehörst nicht zu dem Volk, das im Besitz der vollen Offenbarung Gottes steht, aber du hast den rechten Glauben, auch wenn dich die Juden nicht als rechtgläubig anerkennen. Geh hin in diesem Glauben! Will dir kein Mensch das Zeugnis geben, daß du auf dem rechten Wege bist, du hast es nun von Gott empfangen. So gewiß dein Glaube dich vom Aussatz gerettet hat, wird er auch weiter dir Rettung bringen, bis du gerettet ans Ziel kommst. —

Man sieht hier bei dieser Geschichte, um am Schluß noch eins zu sagen, wie das Unglück eine Gemeinschaft aus sonst getrennten, sich feindlich gesinnten Menschen stiften kann. Die galiläischen aussätzigen Juden hatten den Samariter willig in ihren Kreis aufgenommen. Mit dem wiederkehrenden Glück schien die Union aufzuhören.

Äußerliche Hilfe hatten alle erfahren, die Heilung der Seele nur einer, der Dankbare. So erfüllt sich Psalm 50, 23. „Zweierlei Dinge sind zum Verwundern: die fortwährende Liebe Gottes trotz der Undankbarkeit der Menschen, und die fortwährende Undankbarkeit der Menschen trotz der Liebe Gottes."

2. Das Kommen des Königreiches Gottes.

Lk 17, 20—37

Schon Johannes der Täufer hatte das nahe Kommen des Reiches Gottes gepredigt (vgl. Mt 3, 2; Jo 1, 26). Jesus bestätigte mit Worten und Werken diese Botschaft (Lk 16, 16). Er war der Arzt Seines Vol-

kes, reinigte die Aussätzigen und nahm alle Suchenden und Glaubenden in Sein Gnadenreich auf.

Die hier berichtete Rede enthält zunächst eine Abweisung der törichten Frage der Pharisäer nach dem wirklichen Reiche Gottes, weil sie
den unscheinbaren Anfang desselben verkannten (Lk 17, 20—21).

In der Fortsetzung belehrt Jesus Seine Jünger über die „künftige"
Offenbarung des jetzt verborgenen Königreiches (Vers 22—37). Diese
Belehrung zeigt, daß nach den j e t z i g e n „Tagen des Menschensohnes" S e i n Tag dann einmal herrlich und voller Majestät offenbar
und erkennbar wird.

a) Ein kurzes Gespräch Jesu mit den Pharisäern.

Lk 17, 20—21

**20 Als Er aber von den Pharisäern gefragt wurde, wann das König-
reich Gottes kommt, antwortete Er ihnen und sprach: „Das Königreich Gottes kommt nicht sichtbar** (oder, daß man es beobachten
**21 kann). * Man wird auch nicht sagen: Siehe hier oder dort! Denn
siehe, das Königreich Gottes ist innerhalb von euch"** (oder, mitten
unter euch).

Zu Vers 20:
Jo 18, 36

Zu Vers 21:
Mt 24, 23

Jesu Gespräch mit den Pharisäern gehört zur Sonderüberlieferung
des Lukas. Der Zusammenhang der Frage der Pharisäer mit dem Vorhergehenden ist nicht zu erkennen. Die Frage der Pharisäer beruhte
auf einem ganz äußerlichen Begriff des göttlichen Reiches, das für sie
ja dem „Messianischen Reich" gleichzusetzen ist. Sie dachten sich das
Kommen des Gottesreiches, also des „Messianischen Reiches", als ein
plötzliches, äußerlich großartiges geschichtliches Ereignis, das man als
Zuschauer genau verfolgen konnte.

Wenn die Pharisäer aus dem Munde Jesu hören wollten, w a n n
nach Seiner Ansicht das mit Sehnsucht erwartete Messianische Reich
anbrechen werde, so meinten sie wohl nicht, an welchem bestimmten
Termin dieses Ereignis eintreten werde, sondern sie wollten hören, an
welchen geschichtlichen Vorgängen oder Naturerscheinungen man den
Eintritt der Gottesherrschaft erkennen werde.

Die irdische Vorstellung vom Messiasreiche weist Jesus als falsch
zurück. Das Reich Gottes kommt nicht „meta paratereseos", d. h. in
wahrnehmbarer Weise, im Sinne von sorgfältiger Beobachtung der
Symptome, vergleichbar der Diagnose bei den Medizinern, oder auf
Grund astrologischer Berechnungen. Nein! — Das Reich Gottes führt
sich auch auf eine nicht sichtbare Weise ein.

Die weitere Antwort Jesu lautet: „Man wird und kann auch nicht
sagen: Siehe hier oder dort ist es, denn siehe, die Königsherrschaft
Gottes ist mitten unter euch vorhanden!" Da dies nicht zu den gläubigen Hörern und Jüngern, sondern zu den P h a r i s ä e r n gesagt ist,
in deren Herzen nicht Gott, sondern ganz andere Dinge herrschten
(Lk 11, 39. 44; 12, 1), so kann „mitten unter euch" nur bedeuten: „in
eurem Bereich, in eurer nächsten Umgebung" ist das R e i c h G o t t e s
i n d e r P e r s o n J e s u und S e i n e r J ü n g e r da. Jesus als den

Repräsentanten des Reiches Gottes zu erkennen, dazu bedarf es allerdings des Glaubens, d. h. der innerlichen Bereitschaft, Jesus anzuerkennen als den Messias, als den Sohn Gottes. Mit dieser Glaubensanerkennung der Person Jesu geht dann Hand in Hand die Erfassung des innerlich geistlichen Charakters des Reiches Gottes — das mit einem irdischen Weltreich des Messias nicht das geringste zu tun hat. Dies zu erkennen und anzuerkennen, sollten die Pharisäer sich angelegen sein lassen, statt nach Zeichen zu fragen, an denen man im voraus die Enthüllung und volle Entfaltung der Gottesherrschaft erkennen könnte.

Auch heute gibt es noch oft Christen, die um Datum und Deutung der endzeitlichen Dinge ganz genau wissen und mit Ausdauer schnell und sicher davon zu reden wissen. Die Pharisäer jener Tage verpaßten bei ihrem Ausmalen der Zukunft des Messianischen Reiches in irdischen Farben und Glanzbildern ganz und gar die Gegenwart. Sie übersahen völlig das, was in Jesus schon einzigartig und unwiederholbar bereits in ihrer Mitte war.

Eichhorn hat das so formuliert: „Mit dem Kommen des Reiches Gottes erwarteten die Pharisäer eine gewaltige Umwälzung der Zustände und Verhältnisse. Der Messias, als der andere David, sitzt alsdann auf dem Thron (Jes 9, 5). Sein Reich tritt an die Stelle der Reiche dieser Welt. Das Volk Gottes bekommt die Herrschaft (Da 7, 27). Es wird nicht mehr auf ihm herumgetreten und gepflügt werden (Mi 3, 12; Ps 129, 3). — Der Mensch in seiner natürlichen Blindheit sehnt sich nach besseren Zuständen, nicht aber nach Besserung des Herzens. Er strebt neue Verhältnisse, nicht aber einen neuen Sinn an. Gott hat durch die Propheten beides verheißen: Die Königsherrschaft Seines Gesalbten und mit Ihm Seines Volkes, und eine gründliche innere Umwandlung, Reinigung und Erneuerung (Jer 31, 33. 34; Hes 36, 25—27). Er legt zuerst einen guten Grund. Er baut das Haus Seiner Königsherrschaft nicht in den Sumpf. Darum richtet Er sie erst auf im Verborgenen der Herzen. Er schafft tief drinnen ein Neues. Dann läßt Er Sein Reich auch in die äußere Erscheinung treten. Mit der Person des Herrn Jesus ist es ganz unmerklich hereingetreten. Die Pharisäer erwarteten eine große Weltkatastrophe. Sie übersahen, was schon in ihrer Mitte war. Eine innere Veränderung und Befreiung von der Herrschaft der Sünde war für sie kein Gegenstand der Sehnsucht. Das brauchten sie nicht." — Soweit Eichhorn.

Wie durch Eichhorn soeben angedeutet worden ist, so bleibt auch für die gläubigen Christen fest stehen, daß die Gottesherrschaft ein Königreich ist, auf das wir zu warten haben. Das Kommen des Königreiches Gottes ist und bleibt das große Ziel des Christenglaubens. Es ist ein Königreich, das nicht, wie die Pharisäer meinen, von außen herein kommt, sondern es wächst vielmehr von innen heraus allmählich der großen, der ganzen Menschheit sichtbar werdenden Gottesoffenbarung entgegen.

Den Pharisäern mußte Jesus in Erinnerung bringen, was sie nicht wußten: das g e i s t l i c h e Wesen des Reiches. Und um die andere

Seite des Reiches Gottes, nämlich die herrliche, ewige, ä u ß e r l i c h e
E r s c h e i n u n g des Reiches Gottes zu bezeugen und zu bekunden,
wendet Er Sich nunmehr an Seine Jünger. Denn nur mit denen, die
schon etwas vom geistlichen Leben besitzen, kann Er in fruchtbarer
Weise von Seiner zukünftigen Erscheinung in Herrlichkeit reden.

b) Jesu Belehrung über die Erscheinung des Reiches Gottes für Seine Jünger.

Lk 17, 22—37

Zu V. 22—37:
Mt 24, 37—39
17. 18. 40. 28
Lk 21, 7—36

Der Zusammenhang dieser Rede mit der vorhergehenden Frage der
Pharisäer ist ganz offensichtlich. Lukas hat nicht, wie einige Kritiker
meinen, die große Zukunftsrede in Matthäus 24 als Quelle benutzt.
Die vorliegende Belehrung des Herrn enthält drei Hauptgedanken: 1.
Vor der Erscheinung des Menschensohnes zur Aufrichtung Seines Reiches muß Jesus vieles leiden und von Seinem Volke verworfen werden.
2. Bei Seinem Kommen zur Errichtung Seines Reiches wird die Welt
sorglos dahinleben. 3. Mit Seinem Kommen bricht das Gericht über die
sichere Welt herein. [7])

Der erstgenannte Gedanke, daß des Menschen Sohn leiden muß und
verworfen wird, ist dieser Rede eigentümlich; er hängt mit der Frage
der Pharisäer eng zusammen, ist auch für den Inhalt der ganzen Rede
von Bedeutung. Die Vorstellung der Pharisäer von der baldigen Aufrichtung des Reiches Gottes als einer irdischen Macht hegten auch die
Jünger. Sie konnten daher die Ankündigung Jesu von Seinem Leiden
und Sterben so wenig fassen, daß die Zebedäiden noch kurz vor Seinem
Leiden um den Ehrenplatz in Seinem Reiche baten (Mt 20, 20 f;
Mk 10, 35). Die Jünger fragten den Herrn sogar noch nach der Auferstehung, ob Er in dieser Zeit das Reich Israel aufrichten werde
(Apg 1, 6) oder nicht. Den Pharisäern erklärte Jesus kurz, daß Sein
Reich geistig-innerlicher Natur ist, nicht wie ein irdisches Reich kommt,
weil sie weitere Belehrungen nicht verstanden. Die Jünger, die das
Gottesreich unter den Völkern verkündigen sollten, bedurften einer
genaueren Belehrung.

Die große Eschatologie in Mt 24 wurde durch die Frage über die
Zerstörung des Tempels veranlaßt. Die Versuche, diese beiden Reden
für verschiedene Ausführungen e i n e r Rede des Herrn zu erklären,
beruhen auf einem zweifachen Irrtum: 1. Jesus hat nicht nur einmal,
sondern mehrfach über Seine Wiederkunft als die sichtbare Vollendung
Seines Reiches gesprochen. 2. Die Berichte der Evangelisten sind keine
Zusammenstoppelungen aus Quellen, in welchen die Wahrheit getrübt

---

[7] Beiden Zukunftsreden muß ihre Ursprünglichkeit und Originalität zuerkannt werden. Die hier
in Lk 17 berichtete eschatologische Belehrung Jesu hat Matthäus nicht erwähnt, sie gehört einer
früheren Zeit an als Mt 24 und Lk 21. Das charakteristische unserer Eschatologie ist, daß sie in
keinem Zusammenhang mit der Zerstörung Jerusalems steht. Die Wiederkehr verschiedener Gedanken, Vergleiche und Sinnsprüche in beiden Reden ist aus der Gleichheit des S t o f f e s erklärlich.

ist. Der Inhalt und die Beschaffenheit beider Reden bietet dafür keinen Anhalt. Die Notwendigkeit des Leidens Jesu für das Kommen des Reiches Gottes wird in Mt 24 und Lk 21 nicht erwähnt. In der Rede Lk 17 findet sich keine Andeutung auf die Zerstörung des Tempels und Jerusalems. Beide Reden haben jede ihren festen eigenen und geordneten Gedankengang, der ihren Anlässen entspricht.

Jesu Belehrung der Jünger über die falsche und die rechte Erwartung des Tages des Menschensohnes.

Lk 17, 22—25

22 Er sprach aber zu den Jüngern: „Es werden Tage kommen, da werdet ihr wünschen, einen der Tage des Sohnes des Menschen zu

Zu Vers 23:
Lk 21, 8

23 sehen, und ihr werdet ihn nicht sehen. * Und man wird zu euch sagen: ,Siehe dort, siehe hier!' Geht nicht hin und folgt nicht! *

Zu Vers 24:
Mt 24. 26. 27

24 Denn gleichwie der Blitz beim grellen Aufblitzen von dem einen Ende unter dem Himmel bis zu dem anderen Ende unter dem Himmel leuchtet, so wird es sein mit dem Sohn des Menschen an

Zu Vers 25:
Lk 9, 22

25 Seinem Tage. * Zuerst aber muß Er vieles leiden und verworfen werden von diesem Geschlecht." ⁸)

Kaum sprach der Herr die Versicherung aus, daß das Reich Gottes in Ihm, dem Herrn, schon in ihrer Mitte vorhanden war, da gedachte Er auch des Vorrechtes Seiner Jünger, die schon Aufnahme in dieses Reich gefunden hatten. Mit diesem Hinweis wird keineswegs die e n d g ü l - t i g e , g l o r r e i c h e , ä u ß e r e , die ganze Erde umfassende Erscheinung Seines Reiches in Abrede gestellt. Die Erwartung der baldigen Erscheinung des Messianischen Reiches, die die Jünger wie auch die Pharisäer hegten, sieht Jesus als einen Irrtum an. Die Jünger konnten aus der Versicherung, das Reich Gottes sei schon gekommen, den Schluß ziehen, der König dieses Reiches werde immer bei ihnen bleiben. Der Herr beeilte Sich, die Seinen auf schwerste Zeiten vorzubereiten. Sie werden daran erinnert, daß sie unter dem Druck von mancherlei Drangsalen sich nach **einem** der Tage des Menschensohnes sehnen. Jesus meint nicht, daß sie sich nach einem der Tage Seines Erdenlebens zurücksehnen sollten, sondern, daß sie die Offenbarung des **Verherrlichten** in großer Macht und Herrlichkeit mit Sehnsucht erwarten möchten. Eine bis dahin nie dagewesene Trübsal steigert die Sehnsucht nach Erlösung durch das Erscheinen des verheißenen Messias so daß Gerüchte von Seiner Erscheinung auftauchen und unlautere Geister das Warten der Gläubigen benutzen, um sich für den Messias auszugeben und die Jünger verführen (vgl. Mt 24, 23—27; Mk 13, 21). Jesus warnt die Seinen, sich durch keine falsche Befriedigung ihrer Sehnsucht nach Ihm verlocken zu lassen. Durch den Zuruf: „Siehe dort, siehe hier!" sollen sie sich vom Wege der Geduld und des Glaubens nicht ablenken lassen und nicht ein falsches Ziel mit Eifer verfolgen.

---

⁸ Nachdem Jesus die Pharisäer auf die Gegenwart des Reiches Gottes hingewiesen hatte, spricht Er nun zu Seinen Jüngern von der Zukunft des Reiches, in dem Jesus königlich sichtbar herrschen wird. wo Jesus in Herrlichkeit und Macht Sich offenbaren wird (1 Ko 15, 25; Offb 11, 15).

Jesus warnt die Jünger, auf die Lügengeister und die Gerüchte zu hören. Die Gerüchte, der Herr sei dort oder hier, verdienen keinen Glauben. Die Wiederkunft des Menschensohnes ist keine Winkelsache, sondern sie erfolgt vor der ganzen Menschheit. Der Herr vergleicht Sein Kommen mit dem Blitz. Jesus wird „an Seinem Tage" überall auf Erden plötzlich und sichtbar in königlicher Herrlichkeit vom Himmel her erscheinen.

Vers 23 scheint mit Vers 21 im Widerspruch zu stehen. Vers 23 lautet: „Und man wird zu euch sagen: Siehe dort, siehe hier! Geht nicht hin und folgt nicht!" Vers 21 lautet: „Man wird auch nicht sagen: Siehe hier oder dort! Denn siehe, das Königreich Gottes ist mitten unter euch!" Beim näheren Hinsehen ist kein Widerspruch zu entdecken.

Vers 21 bezieht sich auf das g e i s t i g e Reich, dessen Kommen nicht wahrgenommen und ausgerufen werden kann, während in Vers 23 von dem s i c h t b a r e n Reich Gottes in Zukunft die Rede ist, dessen Erscheinung fälschlich angekündigt wird. — Der folgende Vers sagt, warum alle diese Ankündigungen notwendig falsch sein werden.

„Seine wunderbaren Erscheinungen nach der Auferstehung, bei verschlossenen Türen, sind das Vorspiel dieses letzten Kommens. Aber um s o wiederzukommen, muß Er weggegangen sein und weggestoßen worden sein. Daran erinnert Vers 25. **Dieses Geschlecht** kann nur jüdische Zeitgenossen des Messias bezeichnen. Der schon angefangene Bruch zwischen Israel und seinem gegenwärtigen Messias wird vollendet werden, und die Verwerfung des Messias durch Sein Volk wird die Entfernung Seiner Person und die Unsichtbarkeit Seines Reiches während eines ganzen Zeitraums zur Folge haben. Dieser Zeitraum wird nach Lukas 13, 35 erst mit der Bekehrung Israels endigen. Wie lange dieser Unglaube Israels dauern wird, weiß Jesus während Seines irdischen Lebens nicht. Dagegen weiß und verkündigt Er, daß diese Zeitperiode, in der die Welt Ihn nicht mehr sehen wird, in einem ganz materialistischen und äußerlichen Zustand der Dinge auslaufen wird (Vers 26—30), dem nur Sein Kommen ein Ende zu machen imstande ist." (Godet) Für die Gläubigen aber gilt bis ans Ende: Im Glauben wandeln! Selig sind, die nicht sehen und doch glauben.

Beispiele aus alter Zeit als Vorspiele am Tage des Herrn.

Lk 17, 26—30

26 „Und wie es geschah in den Tagen Noahs, so wird es sein in den
27 Tagen des Menschensohnes. * Sie aßen, sie tranken, sie heirateten, sie wurden geheiratet, bis zu dem Tage, da Noah in die Arche hin-
28 einging, und es kam die Flut und brachte alle um. * Auf gleiche Weise geschah es in den Tagen Lots: Sie aßen, sie tranken, sie
29 kauften, sie verkauften, sie pflanzten, sie bauten. * An dem Tage aber, da Lot von Sodom hinausging, regnete Feuer und Schwefel
30 vom Himmel und brachte alle um. * Genau so wird es auch sein am Tage des Menschensohnes, wenn Er geoffenbart wird."

Zu Vers 26:
Mt 24, 37—39
Zu Vers 27:
1 Mo 7. 7—23

Zu Vers 29:
1 Mo 19, 15.
24. 25

An zwei geschichtlichen Vorbildern aus der Vergangenheit und an drei Vorgängen aus dem täglichen Leben (siehe unten) weist der Herr nun auf die bei Seiner Wiederkunft entscheidenden Punkte hin. „Wie es geschah zu den Zeiten Noahs." „Wie es geschah zu den Zeiten Lots . . . auf diese Weise wird es auch gehen an dem Tage, wenn der Menschensohn offenbart werden soll." Und welches ist der entsprechende Punkt? Es ist die G o t t l o s i g k e i t der Menschen, daß sie mit dem Essen, Trinken, Heiraten, Kaufen, Verkaufen, Pflanzen, Bauen nur der Welt gedient und sich nicht um Gott gekümmert haben. (Vgl. hier W. Stb. Mt 24, 37—39 S. 323 f.)

Das Alltagstreiben besteht im ersten Beispiel (dem Noah-Beispiel) aus Essen, Trinken, Heiraten und Geheiratetwerden, und im zweiten Beispiel (zur Zeit Lots) wird Kaufen, Verkaufen, Pflanzen und Bauen erwähnt. Matthäus erwähnt nur das Beispiel des Noah (Mt 24, 37. 38).

Es ist nichts besonders Böses von jenen Menschen berichtet: Nur die Dinge des täglichen Lebens: essen, trinken, heiraten, die ja doch notwendig sind, wenn die Menschheit weiter bestehen soll, werden angeführt. In den Zeiten Noahs und Lots ist das gleiche geschehen. Warum wird das so erwähnt? Weil diese Menschen einzig und allein n u r an das Diesseits gedacht haben und alle ihre Bedürfnisse nur auf das natürliche Leben gerichtet waren. Sie haben damit nur sich gedient. Sie lebten nur für die irdische Zeit. Gott und die jenseitige Welt waren außerhalb ihres Sinnens und Trachtens.

Nach den Berichten des AT erscheint die Sündflut (1 Mo 6, 2—7) und der Untergang Sodoms (1 Mo 18, 20; 19, 4—11) als ein Strafgericht über grauenhafte sinnliche Versündigungen. Einige Ausleger folgern darum aus diesen beiden Beispielen (Noah-Lot): Sinnlichkeit sei die Hauptsünde der damals gestraften Menschen gewesen. Diese Sünde werde in der letzten Zeit wiederkehren. Die großen Stadt-Kulturen während der Zeiten Lots würden in noch nie dagewesenem größtem Ausmaße in der letzten Weltzeit wiederkehren.

Wenn der Herr in Seiner Herrlichkeit dann an jenem Tage vom Himmel offenbart wird (vgl. 1 Ko 1, 7; 2 Th 1, 7; Kol 3, 4; 1 Pt 4, 13), wird das Gericht über die in Sinnlichkeit und Gottlosigkeit versunkene Welt hereinbrechen, nach dem Typus des Sündflut- und Feuergerichtes (vgl. 2 Pt 2, 6; Jud 7) zu der Zeit Noahs und Lots.

Die Bereitschaft für die Errettung am Tage des Herrn.

Lk 17, 31—33

Zu Vers 31:
Mt 24, 17. 18
Zu Vers 32:
1 Mo 19, 26
Zu Vers 33:
Lk 9, 24

31 „An jenem Tage soll derjenige, welcher auf dem Dache sein wird und seine Geräte im Hause hat, nicht hinabsteigen, um sie zu holen, und wer auf dem Felde ist, der kehre gleichfalls nicht um 32 zu dem, das zurück ist. * Denket an die Frau Lots! * Wer danach 33 suchen würde, seine Seele zu erhalten, wird sie verlieren, und wer sie verlieren würde, wird sie zum Leben bringen."

Wer bei der Wiederkunft des Herrn versucht, sein Leben zu erhalten, verliert es, wer es verliert oder preisgibt, sichert sich dadurch das ewige Leben. Mit diesem zweiteiligen Spruch, der in sechs verschiedenen Variationen wiederkehrt (Mt 10, 39; 16, 25; Lk 9, 24; Mk 8, 35; Lk 17, 33; Jo 12, 25), kommt der Grundgedanke der Verse 31—33 kräftig zum Ausdruck. — Dieser Grundgedanke lautet: Sein Leben retten wollen, heißt, sich innerlich an irgend etwas anklammern wollen. Dadurch verliert man sein wahres Leben, das Heil, und bleibt mit der Welt dahinten.

Sein Leben verlieren heißt, alles fahren lassen, alles eigene Leben, sich von allem innerlich losmachen und in jedem entscheidenden Augenblick sich selbst den Abschied geben und ja sagen zu Gottes Willen und Anliegen. Dies ist das einzige Mittel, das wahre Leben zu erhalten.

Zur Zeit, wann der Herr wiederkommt, drohen den Jüngern nicht nur Naturkatastrophen, sondern auch Versuchungen, die zum Abfall und zur Verleugnung der Wahrheit verleiten können (vgl. Lk 18, 8; 21, 24—36; Mt 24, 21—24).

Die eilige Flucht, wozu der Herr mahnt, soll demnach nicht der Erhaltung des natürlichen Lebens dienen, sondern der Rettung der Seele für das ewige Leben. In der letzten Entscheidung bei der Ankunft des Herrn gilt es, das ewige Leben festzuhalten. Jesus verleiht Seiner Rede nun einen tieferen Sinn! Wenn Er bisher von der Gefahr der völlig Sicheren und Sorglosen sprach (V. 26—30), so erklärt Er jetzt mit dem Hinweis auf Lots Frau, daß auch den Jüngern das gleiche Unheil widerfahren kann. Wie Lots Frau zwar den ersten Schritt getan hatte, um dem baldigen Verderben zu entgehen, aber mitten auf dem Wege der Rettung stehen blieb, so werden auch die Jünger, welche das Heil schon ergriffen haben, von solchem Unheil bedroht, wenn sie nicht ganz Ernst machen.

Die Scheidung am Tage der Entscheidung.

Lk 17, 34—37

34 „Ich sage euch: In dieser Nacht werden zwei auf einem Bette liegen; der eine wird mitgenommen, der andere wird dagelassen werden.
35 * Es werden zwei zusammen mahlen, die eine wird mitgenommen, die andere wird dagelassen werden. *
36 (Nur in Handschrift: Zwei sind auf dem Felde, einer wird mitgenommen werden, der
37 andere wird dagelassen werden)." * Und sie antworteten und sagten zu Ihm: „Wo, Herr?" Er aber sprach zu ihnen: „Wo der Leichnam ist, dort werden sich die Geier versammeln."

Zu Vers 35:
Mt 24, 40. 41

Zu Vers 37:
Mt 24, 28

Der Tag des Menschensohnes läßt keine Zeit zur Rettung des irdischen Gutes und des natürlichen Lebens. Es ist dann die Zeit der Scheidung und der letzten Entscheidung. Es ist die Zeit der Aufnahme in das Reich der Herrlichkeit und der Ausscheidung aus demselben. Die Schärfe dieser Trennung wird durch zwei Beispiele in Vers 34 und 35 veranschaulicht, während das dritte Bild aus Matthäus 24 in den Text eingedrungen ist und in fast allen Handschriften fehlt. Bei der Wiederkunft des Herrn wird getrennt, was hier auf Erden oft in engster Verbindung zusammen lebte.

Das erste Bild ist der Gemeinschaft bei Nacht entnommen, das andere Bild der Verbindung bei Tage nachempfunden. Das erste Beispiel setzt voraus, daß des Herrn Ankunft bei Nacht, das andere, daß sie bei Tage geschehen kann. Dadurch kommt das Unerwartete der Wiederkunft des Herrn wieder einmal zum Ausdruck. Die Erklärung, weil der Herr für die ganze Welt in dem gleichen Augenblick wiederkommt, würde es für die eine Erdhälfte Nacht und für die andere Tag sein, ist etwas überspitzt.

Bei der unerwarteten Wiederkunft des Herrn, ob bei Nacht oder bei Tage, werden nur äußerlich Vereinigte für immer getrennt. Das Ruhen von zwei Menschen auf einem Lager braucht nicht als eheliche Gemeinschaft aufgefaßt zu werden, weil beide Artikel männlich sind. Es ist jedenfalls an die engste Verbindung zu denken, die zu einer gemeinsamen Ruhe berechtigt. Das folgende Beispiel von der gemeinschaftlichen Tagesarbeit nennt nach dem weiblichen Artikel zwei Frauen, die nach morgenländischer Sitte auf der dort gebräuchlichen Handmühle mahlen. Hier auf Erden sind jetzt und bis zur Ankunft des Herrn Gläubige und Ungläubige untereinander gemischt. Sie ruhen auf einem Lager, sie arbeiten in einem Berufe. Diese engsten Verbindungen werden bei der Wiederkunft Jesu endgültig gelöst werden.

Der Grundgedanke ist: Wer innerlich ganz zu Jesus gehört, Seinen Geist, Sein Leben hat, der wird mitgenommen. Jeder andere wird zurückgelassen da, wo er ist. Er kann weiter schlafen oder seine Mühle mahlen, seine Feldarbeit tun.

Bei diesen Worten Jesu von der großen Scheidung fuhren die Jünger mit Schrecken auf und fragten: „Herr, wo?" Das mochte ihnen entsetzlich vorkommen, daß auch das Volk Israel so von Haus zu Haus sollte gerichtet und geteilt werden. Jesus antwortete ihnen: „Wo der Leichnam ist, da sammeln sich die Geier".

Jesus benutzt hier ein Sprichwort. Dies bedeutete so viel wie: So schnell wie die Geier die Lage erspüren, wo ein Leichnam ist, um sich dort zu versammeln, so schnell wird auch das Gericht der Scheidung eintreten.

Dies Sprichwort von den sich um das Verwesende versammelten Aasgeiern kommt im AT mehrfach vor (vgl. Hi 39, 30; Hos 8, 1; Hab 1, 8; Hes 39, 17). Es ist ein Bild für die Notwendigkeit, Unausbleiblichkeit und Allgegenwärtigkeit des Gerichts. Die Aasgeier wittern und erspähen aus weiter Ferne tote Körper, die ihnen zum Fraß dienen. Die Geier sind das Bild der Gerichtsvollstrecker, die das Faulgewordene wegschaffen. Die sprichwörtliche Sentenz vom Aas und von den Geiern, die es verzehren, spricht den Gedanken aus: Wo die Welt zum Gericht reif ist, da tritt das Gericht so gewiß und so sicher ein, wie sich die Geier bei einem gefallenen Kadaver einfinden.

Mose und die Propheten vergleichen die zur Rache herbeieilenden Völker über das ungehorsame Volk mit herbeifliegenden Geiern, die

ein Aas wittern (vgl. 5 Mo 28, 49; Jer 4, 13). Diese vorgebildeten Gerichte werden ihr Endziel erreichen. Das Gericht wird die ganze Welt
ergreifen, die dann wie ein großer faulender Leichnam sein wird.

3. Die Gemeinde Jesu vor dem Kommen des Herrn einer flehentlich bittenden Witwe vergleichbar.

Lk 18, 1—8

Dieses Gleichnis von der flehentlich bittenden Witwe und dem harten Richter schließt sich eng an die vorangegangene Aussprache über
das zukünftige Kommen der Königsherrschaft Gottes in Herrlichkeit
an. Jesus hatte den Pharisäern erklärt, daß das Reich Gottes vor allem
ein i n n e r l i c h e s , g e i s t i g e s sei. Dann hat Er den Jüngern auch
das äußere Erscheinen des Reiches Gottes in Herrlichkeit angekündigt.

Nun leitet Jesus von der Tatsache des äußeren Herrlichkeits-Kom-
mens des Reiches Gottes über zur praktischen Nutzanwendung, indem
Er Seine Jünger ermahnt, durch ihre Gebete dieses große Ereignis der
kommenden Offenbarung des Reiches Gottes zu beschleunigen und in
dieser Gebetshaltung nicht nachzulassen, auch wenn sich das Herrlich-
keitskommen des Reiches Gottes bei der Wiederkunft des Herrn lange
hinausziehen sollte.

Es steht demnach das ganze 18. Kapitel des Lukasevangeliums, wenn
auch nicht chronologisch, so doch sachlich in innigem Zusammenhang
mit dem, was in Lk 17, 22—37 berichtet ist. Das Gleichnis von der
Witwe und dem ungerechten Richter (Lk 18, 1—8) enthält eine Aufforderung zu anhaltendem Gebet. Das Gleichnis vom Pharisäer und
Zöllner lehrt, beim Beten auf alles eigene Sein und Wollen zu verzichten (Lk 18, 9—14).

Zum unablässigen Gebet der armen Witwe und zum tiefen Selbst-
verzicht des Zöllners gehört die Kindeseinfalt (Lk 18, 15—17). Um
Christi willen wird der wahre Jünger alles gerne verleugnen, was die
Reiche nicht wollte (Lk 18, 18—30). Ein rechter Jünger wird das Geheimnis der Leiden Christi erfassen (Lk 18, 31—34). Am Schluß dieser
ernsten Gedankengänge ist sinnvoll die Heilung des blinden Bartimäus
in Jericho angefügt (Lk 18, 35—43), durch welche den Jüngern kundgetan wird, daß es für die Aufnahme ins Königreich Gottes „geöffneter"
Augen bedarf.

Wenn das Königreich Gottes sichtbar und herrlich in Erscheinung
tritt, wird die Menschheit in einen Zustand allgemeiner Verweltlichung
versunken sein. Wegen dieser Tatsache ermahnt Jesus die Jünger, durch
ihr Gebet den großen Tag der Wiederkunft zu beschleunigen und in
dieser Haltung nicht lässig zu werden, selbst wenn sich Sein Kommen
verzieht. Das Gleichnis dringt auf das anhaltende Gebet im Blick auf
die Gefahren der letzten Zeiten und die geringe Zahl der Auserwählten, die große Versuchungen zu bestehen haben.

a) Die Witwe und der ungerechte Richter.

Lk 18, 1—5

Zu Vers 1:
Rö 12, 12
Kol 4, 2
1 Th 5, 17

Zu Vers 5:
Lk 11, 7. 8

1 Er sagte aber ein Gleichnis zu ihnen, daß sie allezeit beten müßten
2 und nicht nachlassen sollten! * Er sprach: „Es war ein Richter in
3 einer Stadt, der Gott nicht fürchtete und kehrte sich an keinen. * Es
  war aber eine Witwe in jener Stadt und sie kam zu ihm und sagte:
4 ‚Verhilf mir zu meinem Recht gegenüber meinem Bedrücker.‘ * Und
  er wollte lange Zeit nicht. Darnach aber sprach er bei sich selbst:
  ‚Wenn ich auch Gott nicht fürchte, noch einen Menschen berück-
5 sichtige, * so will ich doch dieser Witwe, weil sie mir Mühe macht,
  zu ihrem Recht verhelfen, daß sie nicht am Ende komme und mir in
  das Gesicht schlage.‘ “

Bis zur Wiederkunft des Herrn leben die Jünger mit der Sünde im
Kampf, sie sollen darum im Gebetsringen und Flehen nicht müde
werden, bevor sie das Ziel erreicht haben. Diese Mahnung des Herrn
an die Jünger erinnert an jene Worte: „Sehet zu, wachet und betet!“
in Mk 13, 33, die auch unmittelbar an die Ankündigung Seiner Wiederkunft folgten. Lukas berichtet noch bei der Erörterung des gleichen
Gegenstandes die Nutzanwendung: „Wachet also zu aller Zeit mit
Beten!“ (Lk 21, 36). Die Mahnung zum anhaltenden Gebet steht also
mit der Erwartung der Wiederkunft des Herrn in enger Beziehung. Aus
Lk 17, 22 geht klar hervor, an welches Gebet und an welche Gefahr
der Ermattung beim Beten gedacht ist. [1])

Die Erzählung beginnt wörtlich: „Es war ein gewisser Richter in
einer gewissen Stadt“. Nach 5 Mo 16, 18 sollten in allen Städten Israels Richter eingesetzt werden. Der Richter des Gleichnisses war ein
Orts- und Stadtrichter. In charakterlicher Beziehung besaß dieser Richter keine Gottesfurcht und keine Menschenscheu. Er wußte sich vor
Gott nicht verantwortlich und kümmerte sich nicht darum, was Menschen über ihn redeten. Wie ihn das Gleichnis charakterlich kennzeichnet, so rühmt er sich auch im Selbstgespräch (Lk 18, 2. 4). Auf berechtigte Klagen über seine Rechtsprechung achtet er nicht. Die Richter der
damaligen Zeit standen nicht alle in diesem üblen Ruf. Jesus schildert
eine Ausnahme, um zu zeigen, daß selbst dieser gottlose Richter sich
durch die Beharrlichkeit einer Witwe umstimmen ließ.

Dem so beschaffenen Richter stellt die Erzählung eine Person gegenüber, die Recht bei ihm suchte. Eine Witwe war es, die zu ihm kam.
Eine Witwe ist eine schutz- und wehrlose Frau, die keinen natürlichen
Beschützer mehr hat. Die Zeitform des grie Textes (Imperfekts) „sie
kam“ drückt aus, daß die Witwe nicht einmal, sondern immer und
immer wieder kam. Immer wieder bat sie den Richter, ihr Recht vor
ihrem Bedrücker zu verschaffen. So dringend und wohlbegründet ihr

---

[1] Der Gegenstand des Gebetes ist die Sehnsucht nach der Wiederkunft des Menschensohnes; daß
sie von dem Tage Seiner Zukunft trotz ihrer heißen Sehnsucht nichts schauen, kann leicht zur
Ermattung des Gebetes führen. Wegen der Notwendigkeit des unermüdlichen Betens redete Jesus
das folgende Gleichnis zu den Jüngern.

Anliegen auch war, es hatte jedoch nicht den Anschein, als ob der Ortsrichter ihr Gehör schenken wollte. Es heißt im Gleichnis von ihm: „**Und er wollte nicht**". Jedem neuen Anlauf der Witwe begegnete der Richter mit einer neuen Weigerung. Eine Gesinnung zur Hilfeleistung lag ihm fern. Das Elend der schutzlosen Frau interessierte ihn in seiner Selbstsucht nicht.

Wenn sich der Richter dennoch entschloß, der Witwe zu ihrem Recht zu verhelfen, so fand er dafür nur einen Grund: Diese Frau solle ihm mit ihrem Kommen und mit ihren Bitten nicht mehr lästig werden. Der noch angeschlossene Absichtssatz: „Daß sie nicht am Ende komme und schlage mir in das Gesicht!" betont den entscheidenden und durchschlagenden Beweggrund seines Handelns. Wenn der Richter durchweg die Erfahrung gemacht, daß langes Warten die Leute in ihren Bitten mürbe macht, so lernte er diese Witwe von einer anderen Seite kennen. Er mußte befürchten, sie würde eines schönen Tages tatsächlich tätlich gegen ihn vorgehen. Das hier gebrauchte griechische Wort: „hypopiazein = **unter die Augen schlagen**" kann nicht, wie die meisten Ausleger meinen, in „plagen" oder „belästigen" abgeschwächt werden. Der Sinn des Ausdruckes ist wie in 1 Ko 9, 27 ein wirkliches Schlagen. Der Richter, nicht der Erzähler des Gleichnisses, stellt zynisch die Witwe als eine Furie hin. Er fürchtet sich vor einer Steigerung ihres Andringens bis zum „Schlagen ins Gesicht" hin.

b) Die Nutzanwendung des Gleichnisses.

Lk 18, 6—8

6 Der Herr aber sprach: „Hört, was der ungerechte Richter sagt! ⸳ Gott
7 aber, sollte Er nicht Seinen Auserwählten zu ihrem Recht verhelfen, die da zu Ihm rufen Tag und Nacht, auch wenn Er lange auf Sich
8 warten läßt? ⸳ Ich sage euch, daß Er ihnen zu ihrem Recht verhelfen wird in Eile. Indes, wird wohl der Sohn des Menschen, wenn Er kommt, d e n Glauben auf der Erde finden?"

Nachdem Jesus das Gleichnis erzählt hat, nimmt Er wie sonst (vgl. Lk 16, 8) das Wort zu einer Deutung. Die Erläuterung wird durch die Aufforderung, auf das zu hören, was der ungerechte Richter sagt, eingeleitet. [2]) Diesem ungerechten Richter stellt Jesus den gerechten Gott gegenüber. Der Herr fragt, ob der gerechte Gott nicht v i e l m e h r entschlossen ist, Seinen Auserwählten das Recht zu verschaffen? Es ist nicht zu übersehen, daß es beide Male heißt: „**das Recht**", weil hier an den bestimmten Rettungsakt der Wiederkunft Christi gedacht ist. Mit Absicht werden diejenigen, denen diese Errettung in Aussicht gestellt ist, „Seine Auserwählten" genannt. Sie sind in besonderem Sinne der Gegenstand des göttlichen Liebesrates und der göttlichen Fürsorge. Dadurch, daß die Auserwählten Tag und Nacht zu Gott

---

[2] Die Ungerechtigkeit war also eine dauernde Charaktereigenschaft des Richters. Aber dieser ungerecht sich betätigende Richter war dennoch entschlossen, die unter dem Unrecht des Bedrückers leidende Witwe zu befreien, und zwar wegen ihres ausdauernden Drängens.

rufen, dürfen sie zweifellos gewiß sein, daß Gott ihnen hilft. Ihr tage- und nächtelanges Rufen ist ein sicheres Kennzeichen ihrer Erwählung. Wenn Jesus von einem Rufen der Auserwählten bei Tag und bei Nacht spricht, dann meint Er damit das anhaltende beharrliche Gebet, nicht das ununterbrochene Gebet, das sich weder Zeit zur leiblichen Nahrungsaufnahme noch Zeit zum Schlaf nimmt. Der starke Ausdruck: „boan = **rufen,** schreien" entspricht einem gesteigerten, andringenden Bitten trotz eines längeren Verzugs der Erhörung.

Der Nachsatz: „**Auch wenn Er lange auf Sich warten läßt**" wird sehr verschieden erklärt. Man übersetzt auch: „Und über die Er langmütig ist", was den Sinn hat: „Wenn Er auch Seinen Zorn wegen der Bedrückung Seiner Auserwählten zurückhält". Die Lutherübersetzung: „Und sollte Er's mit ihnen verziehen?" ist wohl am Platz.

Bei all den Übersetzungsmöglichkeiten muß besonders auf den Ausdruck „makrothymein" Wert gelegt werden. Er bedeutet hier kein sofortiges Erhören, sondern ein Verziehen und Aufschieben der Erhörung. In diesen Worten konzentriert sich der Grundgedanke des Gleichnisses. Nach diesen Worten scheint es, als blieben die Gebete ohne Erhörung, als zögere Gott mit Seiner Hilfe. Aus guten Gründen der Weisheit und Liebe läßt Sich Gott zu solchem Warten und Wartenlassen bewegen.

Es ist hier keine Langmut über die böse Welt (2 Pt 3, 9), sondern über die Auserwählten. Darin liegt ein Rätsel, dessen Lösung sich der Glaube erobern muß. Wie die Witwe den ungerechten Richter immer wieder mit Bitten bedrängte, so will Gott von den Seinen dringend und anhaltend gebeten sein. [3]) Der geprüfte und geübte Glaube betrachtet dann eine solche Wartezeit als ein Mittel zur Klärung und Läuterung seines Lebens in der Nachfolge.

Nach der in dem Fragesatz: „Sollte Gott nicht Seinen Auserwählten zu ihrem Recht verhelfen?" erwähnten göttlichen Langmut gibt Jesus die Antwort, daß Gott **in Eile** das Recht Seiner Auserwählten ausführen wird. Die Schlußfolgerung, die der Herr hier aus dem Gleichnis zieht, bekräftigt Er mit Einsetzung Seines Wortes: „**Ich sage euch**". Die Worte „en tachei = in Eile" bedeuten entweder den schnellen Verlauf der Hilfe (vgl. Rö 16, 20) oder das baldige Eintreten des Rettungsvorganges (Offb 1, 1; 22, 6). Beides fließt ineinander (Apg 12, 7; 22, 19). (Vgl. 5 Mo 32, 43; Jes 63, 4; 2 Pt 3, 9. 15; Rö 16, 20). Einen Widerspruch enthält diese Aussage nicht zu der vorhin genannten Verzögerung der Erhörung des Gebetes. Das „in Eile" ist ein göttliches Zeitmaß für die ganze Zeit der Geduld. Er kann nicht schneller zur Erlösung und Offenbarung eilen, als dies Seine Weisheit erlaubt. Gott wirkt alles unablässig eins nach dem andern. Alles, was geschehen muß, wird endlich und plötzlich am Ende der Tage hereinbrechen. Die Befreiung „in Eile" wird dann im vollen Sinne Wirklichkeit. Jesus sagt mit diesen Worten gar nicht, wie bald Seine Ankunft eintreten wird.

---

[3] Gott weist keinen Beter ein einziges Mal von Sich, wie es jener Richter mehrfach getan hat. sondern Er schweigt eine Zeit, um Seinen Auserwählten Gelegenheit zur Beharrlichkeit im Vertrauen zu geben.

Am Schluß des Gleichnisses fragt Jesus nicht, ob der wiederkommende Menschensohn wohl G l a u b e n vorfindet, sondern ob Er „den Glauben" findet. Da Jesus „den Glauben" nennt, meint Er den Glauben des unablässigen, nicht ermüdenden Bittens, kurz den ausharrenden Glauben.

Weil der Glaube der Auserwählten durch die Verzögerung der Erhörung und die Verzögerung der Wiederkunft des Herrn eine schwere Anfechtung zu bestehen hat, meint der Herr die Frage so: Ob wohl der Glaube nach der langen Prüfung noch beharrlich genug ist, um eine solche Rettung wie jene Witwe zu erfahren? Die leichte Zweifelsfrage des Herrn soll anspornen, im gläubigen Gebete auszuharren und nicht matt und lässig zu werden.

Wir fassen den Inhalt des Gleichnisses vom ungerechten Richter in seiner praktischen Deutung und Nutzanwendung zusammen.

Während man nach Vers 1 nur eine allgemeine Mahnung zu unablässigem Beten erwartet, hat sich aus dem so eingeleiteten Gleichnis selbst samt seiner Nutzanwendung ergeben, daß Jesus vielmehr das auf Seine Wiederoffenbarung und die allseitige Herstellung der Gottesherrschaft auf Erden gerichtete Beten Seiner Gemeinde im Sinn hatte. Daher bringt dieses Stück auch mehr als eine Ergänzung zu den früheren Belehrungen über das Ende. Wie die Witwe eine Zeitlang vergeblich den ungerechten Richter mit Bitten bestürmt, so wird auch der Gemeinde die Zeit des scheinbar vergeblichen Wartens l a n g werden, aber sie soll nicht vergessen, daß das auch eine Zeit des langmütigen Wartens Gottes auf ihre Entwicklung zur R e i f e ist.

Hier in diesem Gleichnis erscheint uns die Gemeinde, die ihrem Wesen und ihrer Bestimmung nach die Braut Christi ist und der festlichen Hochzeitserscheinung entgegenharrt, in der Gestalt einer Witwe. Es hat den Anschein, wie wenn ihr Gemahl gestorben wäre in der Ferne. Unterdes lebt sie in einer Stadt, wo sie von einem harten Widersacher stets bedrückt wird, dem Fürsten dieser Welt. Da sie aber stets Gott um Hilfe anruft, so kann es ihr in schwacher Stunde so scheinen, als ob Er zum ungerechten Richter über sie geworden wäre, als ob Er überhaupt ohne göttliche Gerechtigkeit und ohne Liebe zu den Menschen handelte. Nein, sie beharrt im Gebet um Seine erlösende Zukunft. Und wenn diese auch lange ausbleibt, weil Gott einen größeren Blick hat als die Gemeinde und demzufolge Seine Kinder in großen Prüfungen für Sich zum großen Geistesleben der Ewigkeit erzieht, so kommt die Stunde der Lösung und Erlösung des Leibes, die Stunde der Wiederkunft Jesu doch zuletzt überraschend schnell.

Wir wiederholen noch einmal: Was hier im Gleichnis der ungerechte Richter ist, das s c h e i n t nicht selten Gott zu sein, auch im Leben des einzelnen Knechtes Gottes. Es gibt Zeiten, wo dem Knecht das Vaterherz Gottes hart wie Stein und kalt wie Eis zu sein scheint und der Himmel wie verrammelt und verriegelt ist gegen seine Gebete. Keine Antwort kommt auf seine Fragen, kein Liebesblick erweckt zu neuem Mut, keine Gnadenzeichen halten wach und aufrecht. Der Herr schweigt, daß die bange Seele fragen möchte (Ps 77, 8): „Wird denn der Herr ewiglich verstoßen und keine Gnade mehr erzeigen? Ist es denn ganz und gar aus mit Seiner Güte und hat die Verheißung so ein Ende? Hat denn Gott vergessen, gnädig zu sein?" —

Gott will aber die Seinen üben in der Gebetsschule. Er will, daß sie lernen sollen in der Glaubensschule das große Wort: „**Nicht sehen und doch glauben!"**

Laible sagt in seinem Buche „Evangelium für jeden Tag" folgendes: „Es gibt Leute, welche die Gebetserhörung anzweifeln, da Gott alles zum voraus festgesetzt habe und Sich durch die Wünsche und Gebete der Menschen nicht umstimmen lassen könne. Nie hat Jesus Sich mit solchen Zweiflern auseinandergesetzt. Auch das Gleichnis von dem Richter und der Witwe hat es nicht mit ihnen zu tun. Es gilt denen, die an Erhörung glauben, aber im Beten endlich müde werden, weil die Hilfe zu lange verzieht. Sie ringen mit ihrem Leiden Tag und Nacht und rufen zu Gott Tag und Nacht; sie geben es zuletzt auf, errettet zu werden. Ihnen sagt Jesus, daß ihre Gebete alle das Herz Gottes getroffen haben, und ist keines auf die Erde gefallen."

Gleichwohl hat die Frage der Gebetserhörung auch Menschen des Glaubens unruhig gemacht. Jesus spricht deutlich: „Alles, was ihr bittet, so ihr Glauben habt, wird euch widerfahren." Die Erfahrung scheint zu lehren, daß viele Bitten nicht Erhörung finden. Paulus ist schon vor diesem Rätsel gestanden. Dreimal betet er um Errettung von seinem Pfahl im Fleisch, und er ist ihn doch nicht losgeworden. Der Herr gibt ihm Antwort, daß es ihm besser sei, den Pfahl zu behalten, denn „Meine Kraft ist in den Schwachen mächtig". Das eben war des Apostels Kummer, seinen Beruf nicht recht ausüben zu können vor übergroßer Schwachheit. Die Antwort des Herrn stellt ihn zufrieden. Er will jetzt selbst der Schwache und Gebundene bleiben, daß die Kraft Christi ungehindert zu ihm ein- und von ihm ausströmen könne. Sein Gebet ist „über Bitten und Verstehen" erhört. Nach seinem Vorgang haben die Leidensreichsten in der Gemeinde Gottes die meisten Gebetserhörungen erfahren. Sie behielten ihren Pfahl im Fleisch, aber Kräfte des ewigen Lebens gingen von ihnen aus. [4])

4. Das Gleichnis vom Pharisäer und Zöllner.

Lk 18, 9—14

Wie das vorige Gleichnis, so gehört auch dieses zum Sondergut des Lukas-Evangeliums. Mit dem Gleichnis vom ungerechten Richter und der bittenden Witwe erreicht der Redezusammenhang von Lk 17, 20 bis Lk 18, 8 sein Ende; das folgende Gleichnis zeigt eine neue Lehrart des

---

[4] Sie unterliegen fast in ihrem Elend und ihrer Schwachheit, aber durch ihre Gebete wurden sie voll Geistes und Kraft des Herrn. Sie haben fortgebetet, fortgelitten, sind forterhört worden, bis die letzte große Erhörung kam: „Endlich bricht der heiße Tiegel und der Glaub' empfängt sein Siegel, gleich dem Gold im Feu'r bewährt."

Herrn. Ein chronologischer Zusammenhang mit der bisherigen eschatologischen Belehrung besteht nicht, wohl aber eine sachliche Beziehung.

Lukas nahm wohl dieses Gleichnis in dieser Reihenfolge auf, weil
es auch mit dem „**Beten**" in Beziehung steht und daß der Schluß einen
geeigneten Übergang zur kommenden Erzählung bildet (Lk 18, 15—17).
Es unterliegt keinem Zweifel, daß Jesus dieses Gleichnis während
Seiner Reise nach Jerusalem vortrug. Die Tatsache, daß viele Festpilger
nach dem Tempel zogen, wird veranlaßt haben, daß Jesus zwei Menschen beschreibt, die zum Tempel hinaufzogen, um dort zu beten.

a) Das Gebet des hochmütigen Pharisäers.

Lk 18, 9—12

9 Er sprach aber auch zu einigen, die voller Selbstvertrauen waren
und sich für gerecht hielten und die übrigen verachteten, dieses
10 Gleichnis. * „Zwei Menschen gingen hinauf in den Tempel, um zu
11 beten, der eine ein Pharisäer, der andere ein Zöllner. * Der Pharisäer stellte sich hin und betete bei sich selbst wie folgt: ,Gott, ich
danke Dir, daß ich nicht bin wie die anderen Menschen: Räuber,
12 Ungerechte, Ehebrecher oder auch wie dieser Zöllner. * Ich faste
zweimal in der Woche. Ich gebe den Zehnten von allem, was ich
erwerbe.' "

Zu Vers 11:
Jes 58, 2. 3

Zu Vers 12:
Mt 23, 23

Die Eingangsworte des Gleichnisses: „**Er sprach aber auch zu einigen**" kennzeichnen die Hörer, an die Jesus Sich wendet. Es sind weder
jene Pharisäer (Lk 17, 20. 21) noch jene Jünger, denen das in Lk 17, 22
bis 18, 8 Gesagte galt.

Die Hörer, an die das Gleichnis gerichtet ist, werden dreifach gekennzeichnet: 1. als solche, die voller Selbstvertrauen waren, 2. die
von ihrer eigenen Gerechtigkeit sehr überzeugt waren und 3. die auf
alle übrigen mit Verachtung herabblickten.

Die Juden Jerusalems pflegten in den üblichen Gebetsstunden (um
9 Uhr früh und um 3 Uhr nachmittags) ihr Gebet zu verrichten. Neben
den regelmäßigen Gebetszeiten (Lk 1, 10; Apg 3, 1) gab es aber auch
immer Beter im Tempel (Lk 2, 37; Apg 22, 17). Ein Pharisäer und ein
Zöllner gingen zu diesem Zweck zur gleichen Stunde hinauf in den
Tempel. In religiöser und sittlicher Beziehung bestand im damaligen
Judentum zwischen diesen beiden Volksklassen der denkbar weiteste
Abstand. Der Pharisäer galt als ein Mann der exemplarisch strengen
und tadellosen Gesetzesbeobachtung. Der andere, der Zöllner, war
nach der öffentlichen Meinung ein Mensch, der in offenbaren Sünden
und Lastern lebte und den Heiden gleichgeachtet wurde.

Die Erzählung bleibt zunächst bei dem Pharisäer stehn, um zu sagen,
wie er sein Gebet verrichtete. Der Vers (Lk 18, 11) wird verschieden
übersetzt und aufgefaßt. Nach einer Deutung stellte sich der Pharisäer
für sich hin und betete. Einer anderen Handschrift zufolge heißt es:
„Er stellte sich hin und betete bei sich selbst also". Die erste Erklärung
betont eine vornehm abgesonderte Stellung des Pharisäers. Danach

stellte er sich so hin, daß er auffiel und die Blicke der Umstehenden auf sich lenkte (vgl. Mt 6, 5).

Einfacher ist die Auslegung, daß er in bezug auf sich selbst betete. Hiermit kann die gebräuchliche Redeweise: „Er sprach bei sich selbst" (Lk 20, 5. 14; 12, 17; 3, 15; Mk 11, 31; 12, 7) verglichen werden. Ein stilles u n h ö r b a r e s „Fürsichhinbeten" widersprach der damaligen Gebetssitte. Die Schriftgelehrten vertraten unter Berufung auf 1 Sam 1, 13 die Forderung, im F l ü s t e r t o n zu beten. L a u t e s Beten war nicht gestattet, weil die Ehrfurcht vor Gott dieses verbot. Von hier aus verstehen wir Rö 8, 15, wo Paulus vor Freude über die geschenkte Gabe der Gotteskindschaft sich des Wortes „kragomen" bedient, d. h. laut ruft „Abba, lieber Vater".

Das Gebet des Pharisäers beginnt mit den Worten: „Gott, ich danke Dir!" Er dankt mit keinem Wort für das, was Gott ihm getan oder gegeben habe, und was er I h m verdankt, sondern, weil er gleich darauf von den Sünden und Lastern der anderen Menschen, die tief unter ihm stehen, spricht, ist dieses Dankgebet des Pharisäers eine Selbstbespiegelung seiner Frömmigkeit. Der Pharisäer rühmt seine eigenen verdienstlichen Werke. Er beginnt, die große Menge der Sünder in besondere Gruppen einzuteilen. Er selbst, der sich im Gegensatz zu allen anderen Menschen nicht als Sünder erkennt, verurteilt sehr abschätzig alle übrigen als Ungerechte, Räuber, Ehebrecher. Zu diesem allgemeinen Rühmen fügt er noch den persönlichen Vergleich hinzu: „**Oder auch wie dieser Zöllner!**" Auf den Zöllner, der ihm als ein Ungerechter und Räuber gilt, blickt er mit besonderer Verachtung herab.

Das Pharisäergebet zeigte zuerst, w e r e r i s t. Im zweiten Teil seines Gebetes betont er dann die überflüssigen Werke, w a s e r t u t. Das gesetzlich vorgeschriebene einmalige Fasten im Jahre (vgl. 3 Mo 16, 29 ff) überbot er durch ein zweimaliges Fasten in der Woche, nach pharisäischem Brauche am 2. und 5. Wochentag, also am Dienstag und Freitag. Das Gesetz schrieb vor, den Zehnten vom Ertrag des Ackers und der Herden zur Unterhaltung der Leviten abzugeben (3 Mo 27, 30. 32; 4 Mo 18, 21. 24). Der Pharisäer zahlte dagegen von allen Einkünften den Zehnten; um sicher zu sein, nichts Unverzehntetes zu genießen, verzehntete er alles Gekaufte, obgleich die Feldfrüchte oft schon vom Erzeuger verzehntet wurden. Er verzehntet über die gesetzliche Vorschrift hinaus alle Gartenkräuter, wie Minze, Dill, Kümmel (Mt 23, 23) und Raute (Lk 11, 42). Der Pharisäer dankt am Anfang seines Gebetes nicht nur für das, „w e r e r ist", sondern auch für das, was er für Gott tut.

b) Das Gebet des Zöllners und seine Rechtfertigung.

Lk 18, 13—14

Zu Vers 13:
Ps 51, 3
Zu Vers 14:
Mt 23, 12
Lk 14, 11

13 „**Der Zöllner aber stand von ferne und wollte nicht einmal die Augen zum Himmel aufheben und sagte: ‚Gott, sei mir, dem Sün-** 14 **der, gnädig!'** " **Ich sage euch, dieser ging gerechtfertigt in sein Haus hinab vor jenem. Denn jeder, der sich selbst erhöht, wird erniedrigt werden. Wer sich aber selbst erniedrigt, wird erhöht werden.**"

Nicht ohne Grund wird die Gebetsstellung des Zöllners geschildert. Er stand nur von weitem, daß der Pharisäer ihn sehen und auf ihn verweisen konnte. Im Gegensatz zu dem Pharisäer, der aus der Schar der übrigen Andächtigen hervortrat, blieb der Zöllner im einsamen Hintergrund. Dort ein hoffärtiges Heraus- und Hervortreten, hier ein zaghaftes Zurückbleiben.

Der Zöllner, der keine bürgerlichen Ehrenrechte besaß und von allen anständigen Menschen gemieden wurde, wagte seine Augen nicht zum Himmel emporzuheben. Das Aufheben der Augen zum Himmel war beim Beter der Ausdruck des Erhebens der Seele zu Gott. Der Zöllner schlug dagegen seine Augen nieder, weil er sich vor Gott schuldig fühlte. Warum er nicht mit erhobenen Augen betete, zeigt noch die Tatsache, daß er an seine Brust schlug. Das hier gebrauchte griechische „typtein" ist ein starker und bestimmter Ausdruck einer schmerz- und reuevollen Zerknirschung (Lk 23, 48). In solcher Zerknirschung schlägt er mit gesenktem Blick und Haupt an seine Brust. Der Zöllner konnte auch nicht viele Worte machen. Selbst mit Zusagen und Versprechungen vermochte er keinerlei Anrechte zu erwerben. Das wußte der Zöllner. Er konnte sich einfach nur ganz in Gottes Hände ausliefern. In tiefem Schmerz rief er aus: „Gott, sei gnädig, mir, dem Sünder!" In diesem kurzen, aber ernsten Gebete fällt der Nachdruck auf die beiden Worte „dem Sünder". Dementsprechend ist sein Seufzer auch zu verstehen. Er bittet nicht für sich in dem Sinne, daß er nun einmal ein Sünder ist, wie auch die andern es sind, sondern für sich als dem ganz bestimmten und ganz besonders Belasteten. Er will sich unterscheiden von denen, die es nicht in einem solchen Ausmaße sind, wie er es ist. In diesem Sinne entspricht der Artikel vor „Sünder", also „dem Sünder", und die Kürze des Gebets der besonderen Stellung des Beters, der sich von sich aus schamvoll selbst von allen Andächtigen isolieren will und niedergebeugt in tiefem Schmerz an seine Brust schlägt. Nach den Worten des Pharisäers waren alle Menschen Sünder, nur er war allein gerecht. Nach dem Bekenntnis des Zöllners waren umgekehrt alle gerecht, nur er war der Sünder. Das Gebet des Pharisäers war durch die Form des Dankes und der positiven Beurteilung seiner selbst nur ein Selbstrühmen. Das kurze, vielsagende Selbstbekenntnis des Zöllners dagegen war eine Bitte, die aus der Tiefe eines schmerzzerrissenen Herzens aufstieg. Er, der Sünder, erflehte die Zuwendung der göttlichen Huld, auf die er keinen Anspruch hatte, um die er aber als ein freies Geschenk des göttlichen Erbarmens bat.

Die Erzählung, soweit sie die äußerlich erkennbaren Vorgänge berichtete, ist hiermit zu Ende. Das Hinab- und Nachhausegehen nach verrichtetem Gebet brauchte eigentlich nicht erwähnt zu werden. Das Entscheidende aber ist bei diesem Bericht vom Nachhausegehen hier kein irdischer, sondern ein göttlicher Akt, der dem Augenschein entrückt ist. Jesus versichert zunächst: „Ich sage euch, dieser ging gerechtfertigt in sein Haus hinab!" Was der Herr sagt, bedeutet eindeutig nach dem Zusammenhang: Er, der Sünder, ging in dem Bewußtsein nach Hause, daß Gott sein Gebet um Gnade erhört hatte.

Die dem Zöllner zuteil gewordene Gerechtigkeit wird zur Gerechtigkeit des Pharisäers in vergleichende Beziehung gesetzt. Es handelt sich bei „par' ekeinon" um die Wiedergabe eines komparativischen aramäischen „min". Danach heißt es: „**Mehr** gerechtfertigt als jener andere". Die Gerechtigkeit, die der Zöllner durch die sündenvergebende Gnade erlangte, war eine bessere als die pharisäische Gerechtigkeit, welche sich der eigenen Leistung rühmte. (Vgl. das zu Mt 5, 20 in W. Stb. Matthäus Gesagte.)

In den übrigen Stellen des Lukas-Evangeliums (Lk 7, 29. 35; 10, 2. 9; 16, 15), wo das Wort „dikaioun" vorkommt, bedeutet es „gerecht erklären", nicht „gerecht machen". Hier ist die Gerechtsprechung die Antwort Gottes auf das Gebet des Zöllners, im Gegensatz zu dem pharisäischen Vertrauen auf die eigene Gerechtigkeit. Wenn vielfach betont wird, Lukas habe beabsichtigt, in der Predigttätigkeit Jesu die geschichtliche Grundlage der paulinischen Rechtfertigungslehre vorzubereiten, so entspricht dieses Gleichnis ganz besonders dieser Absicht. Dieser hervorgehobene Zug im Gleichnis zeigt eine harmonische Übereinstimmung mit der Rechtfertigungslehre, wie sie schon im AT (Jes 50, 8; 53, 11; Ps 143, 2; 1 Mo 15, 6; Hab 2, 4) verkündigt wurde.

Durch einen allgemeinen Erfahrungsspruch begründet Jesus am Abschluß des Gleichnisses die eschatologische Umkehr der Verhältnisse. Die gegenseitige Über- und Unterordnung, welche beide Beter sich selbst vor Gott anwiesen, erfährt von Gott aus eine Umkehrung. Die allgemeine Erfahrungsregel, die Jesus mehrfach wiederholt (Mt 23, 12; Lk 14, 11), daß jeder, der sich selbst erhöht, wird erniedrigt werden, wer sich aber selbst erniedrigt, wird erhöht werden, ist ein typisches Gesetz des Gottesreiches. [5]

Einige praktische Gedanken zum Gleichnis vom Pharisäer und Zöllner: Ist nicht das Herz eines jeden Menschen von Haus aus ein Pharisäer? Die Sünden anderer Leute sieht es scharf an, die eigenen dagegen vergißt es. Der Pharisäer verließ den Tempel ebenso, wie er hineingegangen war. Bei ihm hatte sich nichts geändert. So bleiben viele bei all ihrem Beten, bei allem Hören und Lesen des Wortes Gottes stets die alten ungebrochenen Menschen, an denen Gott kein Gefallen hat. „Wer die Augen niederschlägt, wird genesen" (Hi 22, 29). Wer sich in den Staub beugt, den zieht Gott liebend an Sein Herz (Ps 51, 19). „Aus Ruinen baut Gott Tempel." „Nur mit Bankerotteuren kann Gott arbeiten" (von Rothkirch).

---

[5] Die Wiederholung des bekannten Erfahrungsgrundsatzes ist in diesem Zusammenhang sinnvoll. Es kommt das unveränderliche Grundgesetz des Reiches Gottes zum Ausdruck, nach welchem alle Menschen von Gott her beurteilt werden, ja, es enthält auch die Begründung dieses Urteils von Gott her. Die Verwerfung des Pharisäers und die Rechtfertigung des Zöllners seitens Gottes enthalten diesen Grund. Das Gleichnis mahnt, das Zöllnergebet nachzuahmen, welches über die pharisäische Selbstgerechtigkeit triumphiert.

5. Jesus und die Kinder.

Lk 18, 15—17

15 Sie brachten Ihm aber auch die Säuglinge herzu, damit Er sie berührte. Als es aber die Jünger sahen, verwehrten sie es ihnen in
16 barscher Weise. * Jesus aber rief sie (die Mütter) zu Sich und sprach: „Laßt die Kindlein zu Mir kommen und hindert sie nicht daran, denn für solche ist das Himmelreich Gottes bestimmt. *
17 Wahrlich, Ich sage euch, wer das Königreich Gottes nicht aufnimmt (in der Art und Weise) wie ein Kindlein, der wird gewiß nicht hineinkommen. "

W. Stb. Matth.
S. 262f.
W. Stb. Mark.
S. 183f.
Zu V. 15—17:
Mt 19, 13—15
Mk 10, 13—16

Zu Vers 17:
Mt 18, 3

Nach Vollendung einer langen Einschaltung, des sogenannten Reiseberichtes, geht Lukas von dieser Geschichte an wieder mit den beiden ersten Synoptikern Matthäus und Markus parallel, um deren Anordnung im wesentlichen bis zur Leidensgeschichte einzuhalten. Unser Evangelist bestimmt den Ort nicht näher, an welchem Jesus mit den Säuglingen zusammentraf, aus Mt 19, 1 ist jedoch zu ersehen, daß Sich der Herr auf Seiner letzten Reise nach Jerusalem befand, als Er von Galiläa endgültig Abschied nahm. Die Erzählung der Kindersegnung ist im Lukas-Evangelium kürzer berichtet. Das „Schelten" Jesu bleibt weg. Bei Lukas fällt außerdem fort, daß Jesus die Kinder umarmte, sie segnete und ihnen die Hände auflegte. Lukas erwähnt diese Geschichte wegen der Lehre und des sachlichen Zusammenhangs mit dem Vorigen an dieser Stelle.

Um die ehrgeizigen und eifersüchtigen Jünger zu beschämen, stellte Jesus schon früher einmal einen kleinen Knaben in ihre Mitte (Lk 9, 46 ff), damit sie sich den Wert eines Kindleins vor Gott und die Anspruchslosigkeit eines Kindleins vor Augen halten sollten. Von dem vorigen Gleichnis Lk 18, 9—14 führt eine natürliche Gedankenverbindung zu dieser Erzählung Vers 15—17 hinüber. Es geschah wiederholt, daß Angehörige ihre noch nicht gehfähigen Kindlein zu Jesus brachten. Im Unterschied zu Matthäus und Markus nennt Lukas diese Kindlein hier „Säuglinge", die dem Herrn zugeführt wurden. Es waren sicherlich wohl noch völlig hilflose Kindlein derjenigen Mütter, die dem Herrn zuhörten. Sie wünschten, Jesus möchte ihre neugeborenen Kindlein anrühren.

Die Jünger erblickten in diesem Begehren der Leute eine unnütze Belästigung ihres Meisters und eine Störung Seiner Heil- und Lehrtätigkeit. Wenn es auch sonst in Israel üblich war, daß Rabbiner und Synagogenvorsteher um solche Wohltat gebeten wurden, so bedrohten oder schalten die Jünger dennoch die Leute, die dieses Anliegen hatten. Wenn die Jünger meinten, die Säuglinge paßten nicht in die Nähe des Herrn, so gab ihnen Jesus zu verstehen, daß Er gerade sie in Seiner Umgebung wünschte. Die Apostel dachten, die Kinder müßten zuerst das werden, was sie waren, um des Herrn Wohlgefallen zu erlangen. Jesus aber versichert ihnen im Gegenteil, daß die Jünger zuerst das werden sollten, was die Kinder sind, um Seiner Gnade teilhaftig zu werden.

Die Forderung Jesu, das Königreich Gottes wie ein Kindlein aufzunehmen, enthält einen Hinweis auf die Empfänglichkeit, welche dem kindlichen Gemüte eigen ist. Nur wer wie ein Kind empfänglich und zuversichtlich geartet ist, findet Eingang ins Königreich Gottes. Wer in dieser Denkart die Kleinen verachtet, läuft Gefahr, das Erbe des Königreiches Gottes zu verlieren. Aus dieser Geschichte die Berechtigung der Kindertaufe abzuleiten, entbehrt jeder exegetischen Begründung.

Diese Geschichte zeigt, daß nach Jesu Anschauung geistige Einflüsse auf die menschliche Seele schon von ihren ersten Lebensstadien an ausgeübt werden können.

Die Erwachsenen müssen erst werden wie die Kinder, wenn sie in das Königreich Gottes kommen wollen. Wann wehren wir unsern Kindern, zu Jesus zu kommen? Wenn wir Kinderbekehrungen ablehnen; wenn wir ihnen ein böses Beispiel geben; wenn wir über den Nächsten lieblos richten. Wie bringen wir unsere Kinder wie die Mütter zu Jesus? Durch Gebet und Gottes Wort, Familien-Andacht, Sonntagsschule und heiliges Vorbild. Erzieharbeit bleibt Kniearbeit (vgl. Arndts Predigten). [6]

W. Stb. Matth.
S. 263ff.
W. Stb. Mark.
S. 184ff.
Zu V. 18—30:
Mt 19, 16—29
Mk 10, 17—30

6. Jesus und der Reiche

Lk 18, 18—30

Alle drei Synoptiker berichten die folgende Geschichte in der gleichen Reihenfolge nach der Segnung der Kinder. Es ist deutlich wahrzunehmen, wie sich die Rede des Herrn durch die gebotenen Anlässe fortschreitend entwickelt und vollendet, daß die Gedanken Jesu immer mehr vom Äußeren zum Inneren dringen. Jesus spricht von der Nachfolge und von der zu ihr gehörenden Verleugnung. Schon für den Anfang der Nachfolge fordert der Herr die Verleugnung des ganzen Reichtums oder des Besitzes. Der Reiche, der sich zur Nachfolge meldete, gab den Anlaß zu dieser Forderung. Für den Fortgang der Nachfolge gehört die Verleugnung jeder Lohnsucht, jedes eigennützige Trachten nach dem Zukünftigen als Ersatz für das Verlassene. Die Frage des Petrus gibt dem Herrn die Anregung zu dieser Bedingung.

Das hier mitgeteilte Gespräch mit dem Reichen bewegt sich dreimal zwischen Frage und Antwort. Auf die erste falsche Fragestellung des Reichen, ob das Erbe des Lebens vom Verdienst des Tuns abhängt, schlägt Jesus in Seiner Erwiderung einen Versuch vor, die Gebote des guten Gottes zu halten und Gutes zu tun. Die zweite törichte Frage

[6] „Warum schicken die Jünger die Kinder fort? Sie seien nur eine unnütze Belastung für Jesus, nur Vergeudung der Zeit. Sie seien ja noch zu klein und könnten nichts begreifen, seien zu schwach und könnten nichts leisten. Himmelreich, ist das nicht etwas Gewaltiges? Den Jüngern kommt es vor, sie selber hätten Mühe, Jesus zu folgen, und müßten sich mächtig strecken, bis sie sich mit ihren Gedanken an Sein Wort anlehnen und mit ihrem Gehorsam in Seinem Gebot bleiben. Ganz recht, sagt ihnen Jesus, das Himmelreich ist groß, so groß, daß ihr davorsteht wie die Kleinen, so groß, daß davor der Unterschied, der euch imponiert, verschwindet. Für euch ist es zu groß, die ihr euch groß dünkt, aber nicht für sie, denen Gott es gibt." (Schlatter.)

des Reichen erwidert der Herr mit der prüfenden Antwort, ob er denn wirklich mit den alten wohlbekannten Geboten schon fertig ist. Nachdem der Reiche in seiner Unwissenheit behauptet, von Jugend an alles getan zu haben, deckt ihm Jesus mit ganzer Offenheit auf, was es heißt, sich jedes äußeren und inneren Reichtums zu entledigen, um als ein Armer ins Reich Gottes zu gehen und Ihm nachzufolgen, von Ihm Gnade zu erlangen und dieses Heilsgut zu bewähren und zu bewahren.

Nach dem Weggang des Reichen erläuterte der Herr Seinen Jüngern die Bedeutung des Vorfalls und Seiner Worte noch ausführlicher. Er belehrte sie, daß Seligwerden für reiche und arme Menschen nur durch die Allmacht der Gnade Gottes möglich ist. Petrus glaubte, was der Reiche n i c h t getan hatte, hätten sie doch getan. Wegen der Dahingabe des Besitzes glaubten die Jünger ein Anrecht auf Belohnung zu haben. Der Herr bezeugt ihnen, daß ein überschwenglicher Gnadenlohn für sie bereit ist, den sie aber verlieren können, wenn sich Lohnsucht bei ihnen einschleicht.

a) Jesu Zwiegespräch mit dem Vorsteher.
Lk 18, 18—23

18 **Und es fragte Ihn ein Vorsteher (árchon) und sagte: „Guter Leh-**
19 **rer, was muß ich tun, um ewiges Leben zu erben?"** * Jesus aber sprach zu ihm: „Was nennst du Mich gut? Niemand ist gut außer
20 der Eine, nämlich Gott! * Die Gebote kennst du: Du sollst nicht   Zu Vers 20: ehebrechen, du sollst nicht töten, du sollst nicht stehlen, du sollst   2 Mo 20, 12-16 kein falsches Zeugnis ablegen, ehre deinen Vater und die Mutter!"
21 * Jener aber sprach: „Dieses alles habe ich gehalten von Jugend
22 auf." * Als aber Jesus das hörte, sprach Er zu ihm: „Eins fehlt dir   Zu Vers 22: noch. Alles, was du hast, verkaufe und teile es aus unter Arme und   Mt 6, 20 du wirst einen Schatz haben in den Himmeln, und (dann) komm
23 und folge Mir!" * Als er aber dieses hörte, wurde er tief betrübt, denn er war sehr reich.

Der hier in Erscheinung tretende Mann, den Matthäus und Markus einfach als „Einen" bezeichnen, der hernach von Matthäus „der Jüngling" genannt wird, ist nach dem Lukas-Bericht „ein Vorsteher". Es handelt sich vielleicht um einen Synagogen-Vorsteher oder einen Obersten der Synagoge.

Markus schildert die Ankunft des eifrigen jungen Mannes viel dramatischer: „Und als Er hinausging auf den Weg, lief einer hinter Ihm her und fiel vor Ihm auf die Knie, fragte Ihn . . ." Lukas begnügt sich nach einem kurzen Eingangssatz mit der Anrede: **„Guter Lehrer".** Der Vorsteher redet den Herrn mit dem bestgemeinten Titel an. Die Anrede: „Guter" oder „Edelster" war gebräuchlich. So hießen z. B. später die sieben Ältesten einer Synagoge „tobim = die Guten". Seine Frage: **„Was muß ich tun, daß ich ewiges Leben erbe?"** erinnert an die gleiche Frage des Gesetzeslehrers, der Jesus versuchen wollte (Lk 10, 25). Im Verlauf der weiteren Antwort auf die gleiche Frage besteht jedoch ein großer Unterschied. Aber auch die Absicht beider Fragesteller ist sehr verschieden. Jener Gesetzeslehrer fragte aus böser Absicht, um den Herrn auf die Probe zu stellen. Dieser Vorsteher fragte in lauterem Ernst und guter Meinung, trotz allen Irrtums. Es ist nicht schwer, eine anschauliche Charakteristik dieses reichen Sprechers zu entwerfen. Begeisterung, Redegewandtheit und Ehrerbietung vor Jesus charakterisieren den Vorsteher. Er war kein Werkheiliger von gewöhnlicher Art, dessen Selbstgerechtigkeit mit Heuchelei im Bunde stand. Der reiche Vorsteher suchte keine Gnade, sondern Lohn. „**Das ewige Leben**", an das er vielleicht als Glied der Pharisäer-Partei glaubte, wollte er durch eigene Tugenden erwerben. Im innern Bewußtsein wurde ihm jedoch immer wieder klar, daß der Schatz seiner guten Werke nicht genügte. Er wollte seiner Gerechtigkeit noch etwas Außergewöhnliches hinzufügen, um mit vollkommener Gewißheit des ewigen Lebens versichert zu sein. Diese Gedanken veranlaßten ihn, vom Herrn eine Antwort auf seine wichtigste Lebensfrage zu hören. Der reiche Vorsteher war also ein Mann voll guten Willens, aber ohne Selbsterkenntnis.

Der Vorsteher hatte es im Ernst und Eifer seiner gesetzlichen Frömmigkeit auf das „**Gutestun**" abgesehen. Mit Ernst sprach er vom **ewigen Leben**. (Hier und noch in Mt 25, 46 ist. bei den Synoptikern vom ewigen Leben die Rede, was im Johannes-Evangelium vorherrschend ist. Dieser kleine Hinweis zeigt, daß dieser Begriff sämtlichen Evangelien angehört. Im AT ist buchstäblich nur in Daniel 12, 2 vom ewigen Leben die Rede, was dann von der Lehre in Israel festgehalten wurde; vgl. Weisheit 2, 23; 15, 3 — und zur Zeit Jesu ein gangbarer Ausdruck und Begriff war.)

Dem ewigen Leben also gilt seine Frage. — Er glaubt an das ewige Leben. Was er gesucht in den besten Stunden seines Lebens, wonach sein geheimstes Streben und Ringen · ging, das sieht er in Jesus als Leben verkörpert.

So günstig wie nur irgend denkbar sind also alle Vorbedingungen erfüllt, daß nun dieser Jüngling Jesus als seinen Heiland finden und durch Ihn ein neuer Mensch werden kann.

Und Jesus? Wallt Sein Herz dem, der da vor Ihm kniet, entgegen? Nimmt Er ihn bei der Hand und richtet ihn auf? Und heißt ihn in Seiner engeren Jüngerschar mit Freude willkommen? Ruhig, kühl, fast abweisend fällt in die Begeisterung des ergriffenen jungen Menschen Jesu Antwort hinein. „**Was nennst du Mich gut? Niemand ist gut denn der Eine, nämlich Gott.**" Wenn Jesus den Gruß „Guter Lehrer" abwies, so sagt Er damit nicht: „Ich bin nicht gut" Der Herr nennt Sich ja Selbst den guten Hirten (Jo 10, 12). Er weiß auch um Seine Sündlosigkeit (Jo 8, 46). Jesus nimmt das Grußwort nicht in dem oberflächlichen Sinne des Fragenden an. Wie Er wegen des Mißverständnisses nicht als Messias begrüßt sein wollte, so lehnt Er auch jetzt einen solchen Gruß ab. Jesu Antwort ist christologisch zu verstehen. Wer Jesus gut nennt, muß Sein Einssein mit Gott und Jesu Gottheit erkennen. Jesu Gegenfrage ist darum nicht zu betonen: „Was heißest du Mich **gut**?" sondern: **„Was** heißest du Mich gut?", d. h. „aus welchem Grunde heißest du Mich gut?"

Nach der Berichtigung des Grundirrtums beantwortet der Herr die Frage des Obersten, was für ein Werk er tun muß, um das ewige Leben zu erben. Jesus sagt nichts von einem außerordentlichen oder besonderen Werke, sondern Er empfiehlt ihm einfach die Erfüllung des Gesetzes. [7])

Der Reiche soll erkennen, daß es keiner neuen Gebote bedarf, um den Willen Gottes zu erfüllen. Jesus verfährt als guter Pädagoge. Weit entfernt, den, der an seine eigene Kraft glaubt, niederzuschlagen, spornt Er ihn an, diesen Weg getreulich bis ans Ende konsequent zu verfolgen. Jesus weiß nämlich sehr gut, daß der Jüngling, wenn er aufrichtig ist, so wie Paulus durch das Gesetz dem Gesetz selbst sterben wird (Gal 2, 19). Ganz auf den Ernst des Gesetzes eingehen, das allein ist der wahre Weg, um zu Jesus Christus zu kommen.

Der junge Mann weiß nichts von dem eigentlichen Sinn der Gebote und meint deshalb, sie wirklich erfüllt zu haben. An dieser Stelle ist der Bericht aus den beiden ersten Synoptikern zu ergänzen. Nach Matthäus fragt der Reiche: „Was fehlt mir noch?" Markus berichtet, daß Jesus ihn ansah und liebte. Jesu Liebesblick erkannte die guten und bösen Eigenschaften des Inneren. Jesu Antwort zeigt, was dem Jüngling wirklich fehlte, und sie deckte den Grund des Herzens auf. In dieser Beziehung ist der folgende Ausspruch des Herrn zu verstehen: **„Eins fehlt dir noch! Alles, was du hast — verkaufe! — Teile es aus — unter die Armen!"** Diesem Rufe zu folgen, bedeutet für den Reichen den völligen Verzicht auf seinen Besitz. Das ist nach dem Bericht des Markus und Lukas das **„Eine, was ihm noch fehlt"**, das Luther gut mit seiner Randglosse wiedergibt: „Es fehlt dir eben mit dem Einen alles noch, nämlich die Hauptsache!" Der Herr hat ihm mit dem Befehl, alles zu verkaufen und an die Armen dann zu verteilen, den Wunsch, ihm ein besonderes Werk zu zeigen, erfüllt.

Der Herr hatte erkannt, daß der Reichtum an irdischen Gütern für den reichen Vorsteher ein Abgott war. In dieser, vom reichen Jüngling noch unerkannten Lieblingssünde liefen alle Fäden seiner verderbten Natur zusammen. Er lag festgebunden an den Stricken des Reichtums. Nur durch die gänzliche Durchreißung dieser Bindungen konnte er erlöst werden. Jesus sah, daß das Herz des Reichen nicht anders errettet werden konnte, als daß er sich äußerlich des Reichtums völlig entledigte. Der Ruf in Jesu Nachfolge kostet das Opfer, alles zu verlassen und ein „Kreuzträger" zu werden (vgl. Mk 10, 21). Was

[7] Es werden die Gebote der zweiten Tafel genannt. Dieser zweite Teil der 10 Gebote umfaßt die Nächstenliebe. Wenn der Reiche seinen Mangel an dieser Liebe erkennt, ist für ihn nicht schwierig einzusehen, daß ihm die Liebe zu Gott erst recht fehlt. Nach Markus und Lukas steht das Gebot: „Du sollst nicht ehebrechen!" an erster Stelle, vielleicht aus Rücksicht darauf, daß der Reiche ein Pharisäer ist.

von diesem reichen Jüngling äußerlich gefordert wurde, muß i n n e r -
l i c h jeder Gläubige an sich vollziehen lassen, daß er alles, was er
an Eigenwillen und Eigenkraft besitzt, drangibt, um, arm und bloß
vor Gott, durch den Glauben den Schatz im Himmel zu erhalten; das
heißt „reich zu werden in Gott" (vgl. Lk 9, 23; 14, 33; 12, 33. 34).

Die „tiefe Trauer", die Betrübnis (vgl. Mt 19, 22) oder die Bestürzung (vgl. Mk 10, 22) deuten an, welch einen ungeheuren Eindruck die Antwort des Herrn auf den jungen Mann zuwege gebracht
hat. Der Reiche muß erkennen, daß seinem eingebildeten „Tugend-
gebäude" die Grundlage fehlte, obgleich er bis zuletzt meinte, er
dürfte nur noch die letzte Hand von sich aus zur Vollendung an sein
Tugendwerk legen. — Der Jüngling ging tiefbetrübt weg. Es wird nichts
davon erwähnt, daß Jesus den Reichen und doch so Armen gescholten
hat. Die Jünger des Herrn aber sollten sich nicht über ihn erheben,
sondern vielmehr zur Selbsterkenntnis geleitet werden.

b) Jesu Belehrung über die Gefahr des Reichtums.

Lk 18, 24—27

24 Als Jesus ihn aber so sah, sprach Er: „Wie schwer werden, die da
25 Reichtum haben, in das Königreich Gottes eingehen. * Denn es
ist leichter, daß ein Kamel durch ein Nadelöhr hindurchgehe, als
26 daß ein Reicher in das Königreich Gottes eingehe." * Es sprachen
27 aber, die es hörten: „Wer kann da noch errettet werden?" * Er
aber sprach: „Das, was bei Menschen unmöglich ist, ist möglich
bei Gott!"

Dieser Vorfall veranlaßte Jesus, den Seinen eine Belehrung über die
Gefahr des Reichtums zu erteilen. Ein Reicher kommt schwer ins Königreich Gottes, weil das sündige Herz zu fest an dem irdischen Besitztum hängt. Um Seinen Zuhörern diese Wahrheit noch fester einzuprägen, fügt der Herr dem bisher Gesagten die sprichwörtliche Sentenz hinzu: „Es ist leichter, daß ein Kamel durch ein Nadelöhr hindurchgehe, als daß ein Reicher in das Königreich Gottes eingehe". Der
Vergleichungspunkt dieses Sprichwortes bildet das menschlich Unmögliche. Hier an einen kleinen Toreingang der Stadtmauer von Jerusalem zu denken, durch welches ein vollbeladenes Kamel nur mühsam
gehen kann, ist wohl eine nicht zutreffende Deutung. Ein ähnliches
Sprichwort findet sich im Koran (Sure 7, 38) und vom Elefanten im
Talmud. Einige grie Lesarten haben statt „kamelos = Kamel" ein
Schiffsseil oder ein Ankertau, was „kamilos" heißt. Diese letzte Deutung ist zwar oft angefochten worden, aber die völlige Unmöglichkeit
kommt doch gut zum Ausdruck.

Der Ausspruch des Herrn lehrte die Zuhörer, einen ernsten Blick
in ihr eigenes Herz zu werfen. Entsetzt fragten sie, wer dann errettet
werden könnte? Die Frage lautet nicht: „Welcher **Reiche** kann selig
werden?", wie der Titel des Büchleins von Clemens von Alexandrien
heißt, sondern: „Welcher Mensch überhaupt kann selig werden?"

Das Seligwerden, das Gerettetwerden, das vom Menschen her unmöglich ist, kann aber Gott möglich machen. Kein Mensch kann aus
eigener Kraft sein Herz umwandeln, daß es nicht mehr am Irdischen
hängt. Die Allmacht der Gnade Gottes jedoch vermag das Herz zu
erneuern, daß es alles Irdische um des Königreiches Gottes willen
preisgibt, daß es statt nach irdischen Gütern nach dem himmlischen
Schatze trachtet.

c) Jesu Belehrung der Jünger über den Lohn der selbstverleugnenden
Nachfolge.

Lk 18, 28—30

28 Petrus aber sprach: „Siehe, wir haben unser Eigentum verlassen und
29 sind Dir gefolgt." * Er sprach aber zu ihnen: „Wahrlich, Ich sage
euch: Es gibt keinen, der Haus oder Frau oder Brüder oder Eltern
oder Kinder um des Königreiches Gottes willen verlassen hat, *
30 ohne ein Vielfaches mehr in dieser Zeit und ewiges Leben in der
kommenden Weltzeit zu empfangen."

Weil jener reiche Mann sich nicht von den irdischen Gütern hat
trennen können, verzichtete er „auf den Schatz im Himmel". Die
Jünger hatten dagegen alles verlassen, und zwar ihren Beruf, ihren
Besitz, ihre Angehörigen, um dem Herrn nachzufolgen. Wenn Petrus
dies betont, so liegt darin eine gewisse Selbstgefälligkeit, und in dem
„**Wir** haben verlassen" eine liebenswürdige Art, daß er sich nicht
selbst ausschließlich voranstellen will, sondern nur im Auftrag des
Apostelkreises spricht. **Alle** Jünger haben das getan, wozu der Reiche
sich nicht entschließen konnte. Die eigentümliche Form hier bei Lukas:
„Wir haben das Eigene (ta idia), das Eigentum verlassen", hebt das
Schwerere des gebrachten Opfers hervor. An Stelle der Furcht, nicht
errettet werden zu können, regt sich bei den Jüngern die Hoffnung
auf eine außerordentliche Belohnung. Der Herr verband ja Selbst die
Drangabe des irdischen Besitzes mit der Erlangung des himmlischen
Schatzes. Weil Petrus mit dieser Zusage die Lohn- und Vergeltungs-
frage anknüpfte, zügelte und heiligte der Herr sein Trachten und
stellte ihm die denkbar reichste Beschenkung in Aussicht. Wenn die
Frage: „Was wird uns nun werden?" bei Markus und Lukas auch fehlt,
so liegt sie doch unausgesprochen in der Antwort des Herrn.

Die Jünger werden nicht erst in der jenseitigen Welt, sondern schon
in dieser Zeit für das Verlassen des Irdischen um des Reiches Gottes
willen reichen Ausgleich erhalten. Diese Verheißung gilt nicht allein
den Aposteln, sondern auch allen Gläubigen. Die vielfältige Vergeltung, die schon in diesem Leben beginnt, wird im ewigen Leben dann
über alle Maßen herrlich vollendet. Markus und Lukas unterscheiden
ausdrücklich die diesseitige und die jenseitige Ausgleichung, was bei
Matthäus durch den Hinweis auf die Zuteilung bei der Welterneuerung
ausgesprochen wird. Dies darf nicht als Widerspruch zu den beiden
anderen Evangelisten ausgewertet werden. Das Verlassen des Irdischen
wird dem Jünger Christi vielfältig ersetzt durch den Gewinn entspre-

chender geistlicher Güter; die Liebe der Eltern und Geschwister und Kinder durch die Freude der Gemeinschaft mit Gotteskindern und der Bruderliebe; das Verzichten auf irdische Güter durch brüderliche Handreichung und Liebesgaben und weiterhin durch den Reichtum der Gnade Gottes und die feste Hoffnung des ewigen Lebens.

7. Jesu dritte Leidensankündigung.

Lk 18, 31—34

W. Stb. Matth.
S. 271f.
W. Stb. Mark.
S. 190f.
Zu V. 31—34:
Mt 20, 17—19
Mk 10, 32—34
Zu Vers 31:
Lk 9, 22. 24
Zu Vers 34:
Mk 9, 32

31 Indem Er aber die Zwölfe zu Sich nahm, sprach Er zu ihnen: „Siehe, wir gehen hinauf nach Jerusalem und es wird alles vollendet werden, was geschrieben ist durch die Propheten von dem 32 Menschensohne. * Denn Er wird überliefert werden den Heiden und Er wird verspottet werden und mißhandelt werden und angespuckt 33 werden. * Und sie werden Ihn geißeln und töten, und am dritten 34 Tage wird Er auferstehen." * Und sie verstanden nichts davon, und diese Rede war ihnen dunkel, und sie begriffen nicht, was Er mit diesen Worten hatte sagen wollen.

Aus den Eingangsworten: „Er nahm aber die Zwölfe zu Sich" geht hervor, daß die Jünger nicht Seine einzigen Reisebegleiter waren. Je mehr durch das Gespräch über die vielfältige Beschenkung die Seele der Jünger bewegt war, umso nötiger erschien es dem Herrn, der irdisch gesinnten Erwartung entgegen zu wirken. Jesus bereitete Seine Jünger vor, Ihm auf dem Todeswege zu folgen, wozu Er sie von der Menge der übrigen aussonderte.

Jesus sagt zu den Jüngern: „Wir gehen hinauf nach Jerusalem!" In dem „Wir" liegt die Andeutung, daß auch die Nachfolge und Bereitschaft der Jünger damit einbegriffen ist. Was der Herr den Zwölfen sagt, ist eine Wiederholung des schon zweimal Gesagten von Seinem Leiden und Sterben (vgl. Lk 9, 22. 44; Mt 16, 21; 17, 22. 23; Mk 8, 21; 9, 44). Jetzt, da Er Sich Jerusalem näherte, sprach Sich Jesus noch bestimmter über Seinen Lebensausgang und Seine Auferstehung aus. Der Hinweis auf das prophetische Wort bei dieser Gelegenheit ist dem Lukas eigentümlich. Der Herr sagt nachdrücklich: von allem, was geschrieben steht (vgl. Lk 22, 37). Die messianische Leidensverkündigung steht als Ganzes vor Seinen Augen. Jeder einzelne Zug Seines Leidens, wie Lukas es beschreibt, findet sich im prophetischen Wort angedeutet. Alles Geschriebene durch die Propheten von dem Menschensohne muß vollendet werden. Eine besondere Weissagung ist in Jes 53 von dem Leiden und der Verherrlichung des Knechtes Gottes zu lesen. Sacharja weissagt von dem schmählichen Lohn des guten Hirten (Sach 11, 12 f), von der Wehklage des Volkes über Den, welchen sie durchbohrt haben (Sach 12, 10), und von dem Schwerte, das den Hirten schlagen wird (Sach 13, 7). Vom Verspotten, Anspucken und Geißeln ist in Jes 50, 6 die Rede. Lukas übergeht in seinem summarischen Bericht die erste Übergabe Jesu an die Hohenpriester und Schriftgelehrten und die Verurteilung zum Tode durch den Sanhedrin mit Stillschweigen. Mit

Markus erwähnt er die Überlieferung an die Heiden. Ausdrücklich
spricht Jesus von Seiner Auferstehung am dritten Tage. Sein Weg geht
nach dem göttlichen Reichsgrundsatz: „Durch Leiden zur Herrlichkeit!"
Das Unverständnis der Jünger war nicht mutwillig, wohl aber in
gewissem Sinne selbst verschuldet. Wie wenig sie den Herrn verstanden, ergibt sich aus der Bitte der Zebedäiden. Lukas betont treffend ihr
völliges Mißverständnis. Die Ursache dazu lag darin, daß die Rede
Jesu ihnen verborgen war. Das Herz der Jünger wies den einzig verständlichen Sinn der Worte des Herrn hartnäckig zurück. Ihr Verstand
suchte vergeblich nach einem anderen und erträglicheren Sinn. Die
Zwölfe waren geistig genau so blind, wie der jetzt auftretende Bartimäus es körperlich war. Die Unfähigkeit der Jünger, die Leidensverkündigung des Herrn zu verstehen, ist ein neuer Beweis für die Wahrheit, daß auf christlichem Gebiete das wahre, geistliche Verstehen
durch das Organ des Herzens geschieht. Wendet sich das Herz von
einer deutlich ausgesprochenen Wahrheit ab, dann ist auch der Verstand unvermögend, deren Inhalt und Wichtigkeit zu erkennen. Auch
hier gilt das bekannte Wort Pascals, daß man menschliche Dinge
kennen müsse, um sie zu lieben; göttliche dagegen lieben müsse, wolle
man sie recht verstehen. Zugleich ist jedoch diese Unfähigkeit der Jünger ein unzweideutiger Beweis für die unumgängliche Notwendigkeit
ihrer Erleuchtung durch den Heiligen Geist, infolgedessen sie später
dasselbe Leiden als durchaus notwendig betrachten lernten, das ihnen
zuerst so anstößig und gerade deshalb so unbegreiflich war. Alle vier
Evangelien haben den breitesten Raum ihrer Erzählungen dem Pas-
sionsbericht gewidmet. Fast Stunde für Stunde ist uns von ihnen aufbewahrt worden.

8. Die Heilung des blinden Bartimäus bei Jericho.
Lk 18, 35—43

W. Stb. Matth.
S. 279
W. Stb. Mark.
S. 194f.
Zu V. 35—43:
Mt 20, 29—34
Mk 10, 46—52

Nach Matthäus heilte Jesus zwei Blinde beim Auszug aus Jericho,
nach Markus einen Blinden beim Auszug, nach Lukas einen Blinden
beim Einzug. Unsere Auffassung läßt zwei Blinde vermuten: einen
beim Einzug, einen zweiten beim Auszug aus der Stadt; von beiden
hebt Markus den Bartimäus als den bekannteren hervor.

a) Die Sachlage des Blinden
Lk 18, 35—39

35 **Es geschah aber, als Er Sich Jericho näherte, daß ein Blinder bet-**
36 **telnd am Wege saß. * Als er aber hörte, daß eine Volksmenge**
37 **hindurchzog, erkundigte er sich, was dieses bedeute. * Sie berich-**
38 **teten ihm aber: „Jesus von Nazareth geht vorüber". * Da rief er**
39 **und sagte: „Jesus, Sohn Davids, erbarme Dich meiner!" * Die aber**
   vorausgingen, geboten ihm ernstlich, er solle still sein, aber er
   schrie um so mehr: „Sohn Davids, erbarme Dich meiner!"

Der Weg führte zunächst nach Jericho und dann durch diese Stadt.
Während dieser Reise war Jesus von einer Menge von Jüngern umgeben, aber auch von einer großen Volksmenge (Lk 19, 39). Das nahe-
liegende Passahfest (Lk 22, 1) läßt zweifellos vermuten, daß Jesus mit
Pilgerscharen nach Jerusalem reiste. [8])

Der Blinde am Wege zu Jericho fragte die lärmende Volksmenge,
die vorüberzog, was es sei, was er höre. Er bekam die Antwort,
daß Jesus von Nazareth vorüberziehe. Das Volk nennt den Herrn
nach dem gewöhnlichen Sprachgebrauch. Die Worte des Blinden, nach
welchen er Jesus, **„den Sohn Davids"**, um Erbarmen anfleht, sind eine
messianische Huldigung, die den Herrn als Erben des israelitischen
Thrones kennzeichnen. Was Bartimäus ausspricht, kennzeichnet gleichsam die Stimmung der Gemüter in diesem Zeitpunkt. Der Tadel, den
die Begleiter an den Blinden richten, bezieht sich in keiner Weise auf
seine messianische Verehrung. Es erscheint aber der Menge wohl als
eine Anmaßung, daß ein Bettler sein Bettleranliegen dem Messias vor-
trägt. Der blinde Bettler aber läßt sich nicht beschwichtigen, sondern
er ruft mit noch lauterer Stimme, indem er seine Bitte wiederholt.

b) Das Heilungswunder und seine Folgen.

Lk 18, 40—43

**40 Jesus aber stand stille. Er befahl, daß er zu Ihm hingeführt werde.
41 Da er Ihm aber nahte, fragte Er ihn: * „Was willst du, daß Ich dir
42 tun soll?" Er aber sprach: „Herr, daß ich wieder sehend werde!" ***

Zu Vers 42:
Lk 17, 19

**Und Jesus sprach zu ihm: „Sei sehend! Dein Glaube hat dich er-
43 rettet." * Und augenblicklich konnte er wieder sehen, und er folgte
Ihm, indem er Gott pries. Auch das ganze Volk, das zugesehen
hatte, lobte Gott.**

Der Zuruf oder das Grußwort des Blinden veranlaßte Jesus, stille zu
stehen. Damit bekundete Sich Jesus vor der Volksmenge, die Ihn begleitete, offen als Messias. Lukas berichtet, daß der Herr befahl, den
Blinden zu Ihm hinzuführen. Wenn Markus vom Abwerfen des Kleides
und vom Herzueilen des Bartimäus berichtet, so kann dies nicht als
Widerspruch zur lukanischen Erzählung ausgewertet werden. Der Blinde
ließ sicherlich keinem der Umstehenden Zeit zur Ausführung des Befehls Jesu.

Wenn Jesus den Blinden fragt: **„Was willst du, daß Ich dir tun
soll"**, so eröffnet Jesus ihm gleichsam alle Schätze Seiner göttlichen
Macht. Er gewährte dem Bettler eine unbeschränkte Freiheit im Bitten.
Der Blinde hatte von manchen Heilwundern des Herrn gehört, wahr-

---

[8] Die Reisegesellschaft bestand demnach aus den zwölf Aposteln, einigen galiläischen Frauen, die
Ihn ständig begleiteten (Lk 8, 2f.; 23, 49. 55; 24, 10), aus mehr als hundert Jüngern (Lk 19, 37)
und ungezählten Festpilgern aus Galiläa und Peräa (Lk 18, 36. 43; 19, 3. 7. 39). Diese verschieden-
artigen Begleiter waren Augenzeugen Seiner Wundertaten, wenigstens hatten sie viel davon gehört. Der blinde Bettler, an dem die bunt gemischte Volksmenge lärmend vorüberzog, wird auch
von des Herrn Taten vernommen haben.

scheinlich auch von der Auferweckung des Lazarus. In einfältigem Glauben erbittet er, wieder sehen zu können. Diese Bitte zeigt, daß er nicht blind geboren war, sondern später blind wurde. Jesus erfüllt seinen Wunsch. Er sagt nicht, „durch Meine Macht bist du wieder sehend!", sondern: **„Dein Glaube hat dich errettet!"** Der Herr offenbart ihm, welchen Wert Er seinem Glauben beimißt. Es ist der Glaube, der an Jesus hielt, als dem Sohn Davids und Messias. Diesen Glauben bekannte er trotz der Drohung der Volksmenge, er ließ sich auch nicht darin beirren, sondern wiederholte seine Bitte nur noch lauter.

Die Mitteilung über den Eindruck, den das Wunder auf das ganze Volk machte, hat Lukas allein aufbewahrt. Es ist, als wollte der Evangelist am Tore der Stadt Jericho ein Vorspiel der Hosianna-Rufe hören lassen, die bald vor Jerusalem noch kräftiger erschallten (vgl. Lk 19, 37).

Der Herr selbst wollte diesen Jubel nicht mehr hemmen. Der Herr legt dem geheilten Blinden kein Schweigen auf, wie einst dem Besessenen (vgl. Mk 5, 19). Er ließ ihn auch nicht nach Hause gehen, sondern gestattete dem Bartimäus, sich der begeisterten Schar anzuschließen. Die Erwähnung der Doxologie, zu welcher die Wunder des Herrn mehrfach veranlassen, ist dem Evangelisten Lukas eigentümlich (vgl. Lk 5, 26; 7, 17; 9, 43; 13, 17), aber auch ganz im paulinischen Geiste (vgl. Rö 11, 33—36). Die Verherrlichung bezieht sich mehr auf die Macht, das Lob auf die Güte Gottes (vgl. Lk 2, 20).

9. Jesus und Zachäus.

Lk 19, 1—10

Die Heilung des blinden Bartimäus fand in Jericho statt. Nach dem S o n d e r b e r i c h t[1]) des Lukas ereignete sich in der Palmenstadt noch ein anderer Vorgang, der Jesu Barmherzigkeit und Milde gegen einen reumütigen Sünder offenbarte. Unter der großen Menge, die den großen Propheten zu sehen begehrte, befand sich auch ein Oberzöllner. In Jericho blühte damals ein lebhafter Durchgangshandel, hauptsächlich in Balsam (vgl. Jos. Ant. XIV, 4, 1, XV 4—2). Der dort

---

[1] Die Stadt Jericho, durch ihren Namen als die Stadt des Wohlgeruchs bezeichnet, war die gepriesene Palmenstadt der Juden, deren Umgebung vorzugsweise als ein auserwählter Himmelsstrich gerühmt wurde. Das Land, „worin Milch und Honig floß", stellte in diesem Tale, welches von der Wunderquelle des Elisa bewässert wird, das reichste Einzelbild seines Segens dar, ungeachtet der giftigen Schlangen, die das heiße Klima dieses tiefen, von heißen Felsen eingeschlossenen, von warmen Jordannebeln durchhauchten Tales ausbrütete. Dort blühten die fürstlichen Pflanzen, die Palme, die Balsamstaude und der Rosenstock inmitten eines reichen, duftenden Pflanzenreiches. Diese Herrlichkeit der Natur von Jericho wird aber in unserer Geschichte nicht etwa repräsentiert durch die Rose von Jericho, sondern durch einen Sykomorenbaum, der gerade jetzt eine wundersame Frucht der edelsten Art trug.

Jericho war vor vielen andern eine Stadt der Priester und der Zöllner. Den Priestern mochte es gefallen, hier in der Fülle des Segens ihres Landes unter der Palme, die das Symbol ihres Landes war, ein beschauliches Stilleben zu führen. Daß die Stadt aber im Kontrast gegen ihre zahlreiche Priesterschaft ebenfalls viele Zöllner zählte, wurde durch die Handelsverhältnisse des Landes herbeigeführt.

erzeugte und hoch besteuerte Balsam veranlaßte, hier ein höheres Zollamt einzurichten als z. B. das in Kapernaum (vgl. Lk 5, 27). Der im grie Text erwähnte „architelones" war kein Staatsbeamter, sondern wie die einfachen Zöllner (Lk 3, 12; 15, 2) ein A g e n t des Generalpächters der Zölle, aber in leitender Stelle.

W e r w a r e n d i e Z ö l l n e r ? Der Zoll wurde nicht unmittelbar vom Staate selbst erhoben, sondern an den Meistbietenden auf längere Zeit, seit Cäsar meist auf ein Lustrum (eine Zeit von fünf Jahren) verpachtet. Der Zollpächter pachtete für ein jährliches Fixum (feste abgemachte Summe) die Zölle eines bestimmten Distriktes derart, daß der Überschuß an vereinnahmten Zöllen ihm zufiel, während ein etwaiger Ausfall von ihm zu decken war.

Bei den Juden war das ganze Zollsystem samt den dazugehörigen Pächtern und Beamten aufs tiefste verachtet und verhaßt, da sie darin immer neue Nahrung für ihren Widerwillen gegen das fremde Rom fanden. Der Haupthaß traf die U n t e r b e a m t e n der großen Zollherren, die in den Grenzstädten und Hafenorten die Zölle einzogen u n d d e n V e r k e h r a u f S t r a ß e n , B r ü c k e n u n d S t a p e l p l ä t z e n s t ä n d i g b e l ä s t i g t e n . Die Zolleinnehmer rekrutierten sich meist aus freigelassenen Sklaven, wohl auch zuweilen aus römischen Bürgern und auch a u s E i n g e b o r e n e n d e r b e t r e f f e n d e n P r o v i n z . Dies sind die Zöllner des NT. Daß ein solches Zollsystem wie das römische und herodianische den größten Mißbräuchen, besonders in nachlässig verwalteten Provinzen, Vorschub leistete, liegt auf der Hand. Die Z o l l h e r r e n wollten nicht bloß die hohe Pacht herauswirtschaften, sondern reich werden, die U n t e r b e a m t e n jedoch nicht minder (Zachäus war ein Obereinnehmer, ein Aufseher der eigentlichen Zolleinnehmer, nicht etwa selbst ein Zöllner). So entstand unendlich viel Erpressung (Lk 3, 12 ff; 19, 8) und Betrug, Härte und Ungerechtigkeit bei der Zolleinziehung (vgl. W. Stb. Matth., das zu Mt 9, 9—13 Gesagte und W. Stb. Mark., das zu Mk 2, 13—17 Gesagte).

Als Jude die Staatseinkünfte für das verhaßte Rom einzusammeln und damit die fremde Zwingherrschaft zu stützen und obendrein auf Kosten unterdrückter Volksgenossen sich ein Vermögen zu sammeln, galt als n a t i o n a l e r Verrat.

Da Israel überhaupt nur Abgaben zu r e l i g i ö s e n Zwecken kannte, war der jüdische Zöllner auch ein r e l i g i ö s e r V e r r ä t e r .

Nun fügte es sich, daß Jesus bei Seinem schnellen, man möchte sagen, kurzen Durchzug durch Jericho n i c h t b e i i r g e n d e i n e m d e r v i e l e n d o r t w o h n e n d e n P r i e s t e r , sondern bei einem Z ö l l n e r einkehrte. Diese Geschichte, welche die Tradition aufgehoben hatte, gehört zu denen, die Lukas wohl mit der größten Herzensfreude gesammelt hat. Man merkt richtig, wie frohgestimmt er sie erzählt.

a) Die Begegnung des Zachäus mit Jesus.

Lk 19, 1—5

1 2 Und Jesus ging hinein und zog durch Jericho. * Und siehe, da war
ein Mann mit Namen Zachäus. Dieser war Oberzöllner und als
3 solcher reich. * Und er suchte Jesum zu sehen, wer Er wäre, und er
konnte es nicht wegen der Volksmenge, denn er war klein von
4 Gestalt. * Und er lief voraus auf dem Wege und stieg hinauf auf
einen Maulbeerfeigenbaum, damit er Ihn sehen könne, denn Jener
5 mußte hindurch kommen. * Und wie Er an die Stelle kam, sah
Jesus hinauf und sprach zu ihm: „Zachäus, steige eilend herab,
denn Ich muß heute in deinem Hause einkehren".

Das Schlußwort der vorigen Geschichte, das Kunde davon gab, wie
alles Volk Gott Lob darbrachte (Lk 18, 43), läßt vermuten, daß sich
die Nachricht von Jesu Ankunft in Jericho ausbreitete, ehe Er dort
ankam. Manche Bewohner dieser Stadt wurden veranlaßt, Ihm entge-
genzuziehen und sich Seiner Begleitung anzuschließen. Das gleiche Verlangen erfüllte auch den reichen Oberzöllner Zachäus: er, der sicherlich
vieles von Jesus gehört hatte, begehrte, Ihn von Angesicht zu sehen.
Vergeblich aber bemühte er sich, einen Platz zu finden, der ihm das
Anschauen des Heilandes ermöglichte. Seine kleine Gestalt war für ihn
ein Hindernis, sein großes Verlangen befriedigen zu können.

Zachäus wollte also Jesus sehen. Und wer Jesus sehen, wer eine Begegnung mit Ihm haben will, dem wird der Vater im Himmel immer
eine solche schenken, sei es auf die eine oder andere Weise.

Nachdem Zachäus eine Weile mit dem Zug gelaufen war, ohne sein
Ziel zu erreichen, läuft er ihm voraus. — Der Maulbeerfeigenbaum ist
ein Baum mit niedrigen, dem Boden parallelen Zweigen, daher leicht
zu ersteigen.

Zachäus, der den Herrn sehen wollte, wurde von Ihm, der auch
einen Nathanael unter dem Feigenbaum sah, **zuvor** gesehen. Es heißt:
„Wie Er an den Ort kam, schaute Jesus hinauf und sprach zu ihm:
‚Zachäus, steige eilends herab, denn Ich muß heute in deinem Hause
verweilen.' " Jesus fand den auf den Baum Gestiegenen, rief ihn mit
Namen, schaute in sein Herz und lud Sich ein, in seinem Hause zu her-
bergen.

Die Einzelzüge der Geschichte sind sehr zu beachten. Jesus ruft den
Zachäus mit Namen, wie Gott auch Selbst Seine Erlösten mit Namen
ruft (vgl. Jes 43 ff). Der Herr ruft Zachäus zur schnellen Entscheidung,
eilend vom Baume herabzusteigen, und Er lädt Sich, Zachäus zuvor-
kommend, Selbst in sein Haus ein. Dieser Fall ist einzig in den Evangelien. Seine Reise unterbrechend, wollte Jesus bei ihm zu Gast sein.
Es heißt nicht: „Ich w i l l ", sondern: „Ich **muß** heute in deinem Hause
übernachten". Jesus spricht aus dem Bewußtsein der göttlichen Bestimmung. Durch das Wörtlein „**heute**" wird angedeutet, daß keine Zeit
mehr zu verlieren war, daß kein Aufschub stattfinden durfte. Für
Jesus bestand nur eine Notwendigkeit, in keine andere Wohnung als
in das Haus des Zöllners einzukehren. Sein Herz gebot es Ihm.

b) Jesu Einkehr bei Zachäus.

Lk 19, 6—10

Zu Vers 7:
Lk 15, 2

Zu Vers 8:
2 Mo 21, 37

Zu Vers 9:
Lk 13, 16

Zu Vers 10:
Lk 5, 32
1 Tim 1, 15

6 **Und er stieg eilend herab und er nahm Ihn auf mit Freuden.** * **Und**
7 **alle, die es sahen, murrten laut und sagten, daß Er bei einem sün-**
digen Manne eingekehrt sei, um bei ihm über Nacht zu bleiben. *
8 **Zachäus aber ging auf den Herrn zu und sprach: „Siehe, Herr, die**
Hälfte meines Vermögens gebe ich den Armen, und wenn ich von
9 **jemand etwas erpreßt habe, gebe ich es vierfach wieder."** * **Jesus**
aber sprach zu ihm: „Heute ist diesem Hause Heil widerfahren,
10 **und zwar darum, weil auch dieser ein Sohn Abrahams ist.** * **Denn**
der Sohn des Menschen ist gekommen, zu suchen und zu erretten
das Verlorene."

Zachäus erschrak nicht, kein Protest kam über seine Lippen. Es war
auch keine Scham bei ihm wahrzunehmen, sondern er war plötzlich für
den Herrn gewonnen. Darum nahm er den hohen Gast mit Freuden auf.

Mit größerer Eile, als die er je zur Einnahme des bedeutendsten Gewinnes angewandt, hat Zachäus sein Haus für den hohen Reisenden
geöffnet, zu dem sein Herz sich ja so außerordentlich hingezogen gefühlt hatte. — Der Herr Jesus hatte gesagt „eilends", und eilends hatte
Zachäus alles ausgeführt.

In der noch von den pharisäischen Vorurteilen beherrschten Menge
zeigt sich wieder einmal allgemeine Unzufriedenheit; daß aber die
Jünger in den Worten: „alle murrten" mit einbegriffen wären, ist
durch nichts angedeutet.

Der Ausdruck: „aber Zachäus ging auf den Herrn zu", setzt die folgende Rede des Zöllners in enge Beziehung zu dem Murren des Volkes. Das Wort „ging auf den Herrn zu" zeigt eine feste Haltung an
(Lk 18, 11, im Gegensatz zu 18, 13). Was waren nun die Worte, die
Zachäus, vor Jesus hintretend, sagte?

„Siehe, die Hälfte meines Vermögens, Herr, gebe ich den Armen,
und wenn ich von einem etwas erpreßt habe (unrechtmäßigerweise
mehr gefordert), so gebe ich ihm dafür das Vierfache zurück." Das Gesetz forderte bei einer Veruntreuung, wenn der Ersatz freiwillig geschah, ein Fünftel mehr als die dem Nächsten abgenommene Summe
(3 Mo 5, 21 ff). War das Entwendete nicht mehr vorhanden und erfolgte die Wiedererstattung unfreiwillig, so betrug der Ersatz das
Vierfache (2 Mo 22, 3. 8). War es aber noch vorhanden, dann bloß das
Zweifache (2 Mo 21, 37). Zachäus wandte also auf den freiwilligen Ersatz, den er zu leisten pflegte, die Regel an, die für den zwangsmäßi-
gen Ersatz, und zwar für den s c h w e r s t e n F a l l, festgesetzt war.

Wäre nun des Zachäus Gelübde und Werk eine Tat des Scheins gewesen, so hätte er vor den Augen Jesu nicht bestehen können.

Das Gelübde des Zachäus ist der Ausdruck eines dankerfüllten Herzens, das sich längst darnach gesehnt hat, Jesus von Nazareth einmal
zu Gesicht zu bekommen. Es ist zugleich ein Beweis dafür, daß das
Herz des Zachäus nicht mehr am Reichtum hing. D i e G e s c h i c h t e

des Zachäus ist der beste Beweis dafür, daß es
nicht unmöglich ist, daß ein Reicher in das Reich
Gottes eingehe.

Das Gelübde des Zachäus ist aber auch ein Zeichen des Ernstes, mit
dem er seine früheren Verfehlungen nicht nur bereut, sondern auch
den dadurch andern zugefügten Schaden wieder gutzumachen bestrebt
ist. Wir können aus dem äußerst knappen Bericht nicht entnehmen,
wieviel von dieser Gesinnung schon v o r der Begegnung mit Jesus in
ihm lebendig gewesen ist und was erst unter dem Eindruck der Person
und Rede Jesu in ihm erzeugt und aus ihm geworden ist. Der Herr
Jesus sagt: „Heute ist diesem Hause Heil zuteil geworden, da auch er
ein Sohn Abrahams ist; denn es kam der Menschensohn, das Verlorene
zu suchen und zu retten." Nicht von der hohen Ehre Seines Besuches
redet Jesus, sondern von einem erfreulichen Erlebnis Seiner suchenden
und rettenden Berufsarbeit. Diese beschränkt sich zur Zeit auf Israel.
Aber sie umfaßt auch alle Glieder dieses Volkes mit Einschluß der von
ihren Volksgenossen verachteten und gehaßten Zöllner, wie überhaupt
der tief Gesunkenen und weit Verirrten. Diesen gilt sie sogar in her-
vorragendem Maße, weil sie als die B e d ü r f t i g s t e n auch meistens
die E m p f ä n g l i c h s t e n (Lk 5, 32; 6, 20; 15, 1—32) und, wenn sie
sich von Ihm finden und retten lassen, auch die D a n k b a r s t e n
sind, wie das Beispiel des Zachäus aufs neue bewiesen hat (vgl. Lk 7,
36—50).

Der Sünder und „Straßenräuber" Zachäus, wie er in den Augen der
Menge erschien, war wirklich ein ganz a n d e r e r geworden. Er war
durch seine Umkehr ein wirklicher I s r a e l i t geworden. Die lieblosen
Tadler hatten übersehen, daß dieser Verachtete und Unwerte als Abra-
hamssohn ihnen dem Fleische nach immer noch verwandt war. Jesus
erteilte ihm das Lob, daß er nun auch dem G e i s t e nach zu den
Nachkommen des Freundes Gottes gehörte (vgl. Lk 13, 16). Wenn der
Herr sagt, daß seinem „Hause" heute Heil widerfahren ist, so liegt
darin ein Wink, daß seine ganze Familie dieses Heil erfährt. Wir haben
hier einen Hinweis auf das Haus oder die Familie als Grundlage der
zu bauenden Gemeinde. Jesus zeigt schon während Seiner Berufsarbeit
die Familie und die Hausgenossenschaft als Mittel und Wege der Ausbreitung des rettenden Glaubens. Diese Tatsache begegnet uns ver-
schiedentlich im NT (vgl. Jo 4, 53; Lk 10, 5). Die Brüderpaare unter
den Aposteln, die Mutter der Söhne des Zebedäus und die Familie
Jesu selbst (Apg 1, 14) sind Beweise dafür, wie sich die Heilsbotschaft
zunächst in der Familie ausbreitete. In der Missionsgeschichte der
Apostel (Apg 16, 15. 31 f; 18, 8) spielt die Familie in dieser Beziehung
eine wichtige Rolle. So werden die Familien des Timotheus, des Philemon, des Onesiphorus und des Stephanas ausdrücklich in diesem Sinne
erwähnt.

Der Tag der Einkehr Jesu in das Haus des Zachäus ist der Geburtstag seines neuen, inwendigen Menschen, und während er aus eigener

freier Wahl an irdischen Gütern ärmer wird, nimmt sein Reichtum an
himmlischen zu, so daß das **Heute** in seinem Bewußtsein eine scharfe
Grenzlinie zwischen dem Gestern und Morgen zieht.

W. Stb. Matth.
S. 329ff.
Zu V. 11—27:
Mt 25, 14—30

10. Das Gleichnis von den anvertrauten Pfunden.

Lk 19, 11—27

Das hier von Lukas mitgeteilte Gleichnis stimmt in mancher Hinsicht mit dem Gleichnis von den anvertrauten Talenten bei Matthäus
(Mt 25, 14—30) überein, es ist aber k e i n e s w e g s d a m i t i d e n -
t i s c h .

Unsere Auffassung ist: Sachliche und formelle Verschiedenheiten
weisen darauf hin, daß Jesus es nicht verschmähte, zwei u n t e r -
s c h i e d l i c h e u n d d o c h ä h n l i c h e Gleichnisse bei verschiedenen Anlässen vorzutragen.

1. Bei Matthäus fehlt der zeitgeschichtliche Rahmen, der bei Lukas
sogar in der Darstellung der Belohnung der treuen Knechte zum Ausdruck kommt (vgl. Lk 19, 17. 19). 2. Nach der Lukasfassung will Jesus
die Erwartung, daß Seine Ankunft zeitlich b a l d eintritt, korrigieren.
Nach dem, wie es Matthäus wiedergibt, b e l e b t der Herr die Erwartung Seiner baldigen Zukunft. 3. In unserem Gleichnis ist der Herr
ein Edler, der ein Königreich einnehmen soll. Matthäus spricht nur von
einem einfachen Besitzer. 4. Der Herr bei Matthäus verteilt a l l e s ,
sein ganzes Gut, unter seine Diener. Daher die Größe der Summen,
während er ihnen bei Lukas nur einen k l e i n e n T e i l seines Besitzes überreicht. 5. Der lukanische Bericht bezeichnet das F e r n s e i n
des Herrn als eine Raumferne, der erste Evangelist als eine Z e i t -
f e r n e . 6. Das Gleichnis von den anvertrauten Pfunden nennt z e h n
Knechte, das Gleichnis bei Matthäus nur d r e i Knechte. 7. Nach der
Matthäusfassung erhielten die Knechte nach ihrer Begabung v e r -
s c h i e d e n e Talente: einer fünf, der andere zwei Talente und ein
dritter nur ein Talent. Nach der Lukasfassung empfingen a l l e Knechte
nur e i n Pfund. 8. Im ersten Evangelium steht der Gewinn im V e r -
h ä l t n i s zu den ausgeteilten Talenten. Bei Lukas entspricht der Gewinn n i c h t den Gaben. 9. Im Gleichnis des Matthäus v e r g r ä b t
der eine Knecht sein anvertrautes Talent in die Erde. Nach dem lukanischen Gleichnis b e w a h r t es der Knecht im Taschentuch. 10. Der
untreue Knecht wird bei Matthäus s t r e n g b e s t r a f t . Bei Lukas
wird ihm nur das anvertraute Pfund a b g e n o m m e n . Im Gleichnis
des Lukas ist noch ein Zug vorhanden, der bei Matthäus fehlt, nämlich: d i e E m p ö r u n g der rebellischen Bürger und das an ihnen
vollzogene Strafgericht.

Diese Punkte veranlassen zu der Folgerung, daß Jesus zwei verschiedene Gleichnisse zu verschiedener Zeit, an verschiedenen Orten
vorgetragen hat. Die Verschiedenheit der beiden Gleichnisse hängt damit zusammen, daß beide verschiedenen Zwecken dienen.

Bei M a t t h ä u s ist der Grundgedanke der, daß die weniger Be-
gabten nicht eifersüchtig oder mutlos werden dürfen im Blick auf die,
welche reichere Geistesgaben haben. Die Tätigkeit eines jeden wird
beurteilt werden nach dem Maß geistlicher Gaben, die ihm verliehen
waren. Bei L u k a s ist der Grundgedanke des Gleichnisses der, daß
die Ökonomie der Herrlichkeit erst kommen kann nach der Ökonomie der Prüfung, weil jeder Gläubige durch die Art, wie er die ihm
verliehene Heilsgnade anwendet, selbst den Anteil bestimmen soll,
den er an der Herrschaft des Herrn bekommt. Während daher die
Talente bei Matthäus G e i s t e s g a b e n bedeuten, deren Größe je
nach der natürlichen Fähigkeit eine verschiedene ist, stellen die Pfunde
oder Minen bei Lukas das von Gott g e s c h e n k t e H e i l dar, mit
der Bestimmung, es zu verbreiten, eine Gnade und eine Aufgabe, die
im gewissen Sinne für alle die gleiche ist.

Das Gleichnis von den anvertrauten Pfunden oder Minen enthält
ein Zweifaches: 1. Die Probe, die der Herr seinen Knechten während
seiner Abwesenheit auferlegt; 2. das Gericht, das über die Knechte
bei der Rückkehr des Herrn ergeht.

a) Die Probe für die Knechte während der Abwesenheit ihres Herrn.

Lk 19, 11—14

11 **Als sie aber dieses hörten, fügte Er noch ein Gleichnis hinzu, weil
Er nahe bei Jerusalem war, und weil sie meinten, das Königreich**
12 **Gottes werde sofort in die Erscheinung treten. * Er drückte Sich**   Zu Vers 12:
wie folgt aus: „Ein vornehmer Mann zog in ein fernes Land, ein   Mk 13, 34
Königreich für sich einzunehmen und um dann wieder heimzukeh-
13 **ren. * Er rief aber zehn seiner Knechte zu sich und gab ihnen zehn
Minen (Pfunde) und sprach zu ihnen: ‚Treibt Handelsgeschäfte da-**
14 **mit, bis ich zurückkomme!' * Seine Mitbürger aber haßten ihn und**   Zu Vers 14:
sandten eine Gesandtschaft hinter ihm her und sagten: ‚Wir wollen   Jo 1, 11
nicht, daß dieser über uns König sei'."

Inhaltlich scheint diese Parabel auf den ersten Blick ganz andersartig zu sein als das, was Jesus dem Zachäus gesagt hatte. Ein ge-
naueres Achten auf den Zusammenhang zeigt jedoch, wie sinnvoll
dieses Gleichnis an dieser Stelle steht. Aus welchem Anlaß der Herr
dieses Gleichnis vortrug, wird mit folgenden Worten erklärt: „**Weil Er
nahe bei Jerusalem war und weil sie meinten, das Königreich Gottes
werde sofort in die Erscheinung treten**". Diese Erwartung Seiner Reisebegleiter ist leicht erklärlich. Der Blinde auf dem Wege nach Jericho
rief vor einer großen Volksschar den Messiasnamen „Sohn Davids"
aus, das Volk wurde zum lauten Lobe Gottes begeistert, und Jesus
hinderte es nicht. Wenn auch ein Murren wegen der Einkehr im Hause
des Zachäus durch die Menge ging, so waren doch alle Herzen von
dem Interesse für die Person des Herrn ganz in Anspruch genommen.
Weil Jesus die messianischen Huldigungen der immer mehr anwach-
senden Festpilger nach Jerusalem annahm (von dessen Toren Er kaum

eine Tagereise entfernt war), lag den aufgeregten Gemütern die Erwartung vielleicht nahe, daß sich Seine Ankunft in Jerusalem zu einem öffentlichen festlichen Einzug als Messias in der Zionsstadt gestalten werde.

Jesus bemüht Sich, wie immer, diese fleischlichen Erwartungen und Erregungen zu dämpfen. Nicht einem Triumph gehen die Seinigen entgegen. Was auf sie wartet, ist eine lange Zeit der Arbeit und Bewährung. Die Treue, die sie während dieser Arbeits- und Probezeit an den Tag legen, wird der Maßstab sein für den Anteil an Herrlichkeit und Macht, der ihnen geschenkt wird, wenn einmal der Tag des Triumphes wirklich gekommen ist. — Was das jüdische Volk als Ganzes betrifft, so wird ihm nicht die Herrlichkeit zuteil, die allgemein erwartet wird, sondern es wird verworfen und völlig zerstört werden. Dies ist der andere Sinn der folgenden Gleichnisrede.

Die Erzählung beginnt damit, daß ein vornehmer Mann in ein fernes Land reise, um für sich ein Königreich in Empfang zu nehmen und dann zurückzukehren.

Wahrscheinlich knüpft Jesus hier an ein zeitgeschichtliches Ereignis an. Herodes' Sohn Archelaus (Mt 2, 22), der durch das Testament seines Vaters Herr von Judäa geworden war, war nach Rom gereist, um dort die Anerkennung des Kaisers für sich als Nachfolger seines königlichen Vaters zu erreichen. Das war ihm auch gelungen, obwohl eine jüdische Gesandtschaft gleichzeitig in Rom um Aufhebung der Herrschaft des herodeischen Hauses und um Übernahme von Judäa unter die unmittelbare römische Verwaltung gebeten hatte (vgl. Jos. Ant. XVII 11, 1). Archelaus erhielt zwar nicht den Titel „König", sondern nur die Würde eines Ethnarchen, übte aber tatsächlich königliche Gewalt aus (ebd. 11, 4). Auf Grund dauernder Klagen seiner Untertanen verlor er nach zehnjähriger Regierung Amt und Land· und mußte in die Verbannung gehen (s. z. 3, 1). Da Jesus hier von Sich selbst spricht, liegt der Vergleichspunkt auf der Hand: Auch Er, der Messias (=König), der als solcher aber noch nicht von Seinem Volke anerkannt worden ist, wird Sein königliches Amt erst ausüben, nachdem Er dahin gegangen ist (vgl. 23, 42), von wo Ihm Seine Vollmacht gegeben wird.

Der künftige König in unserem Gleichnis rief vor seiner Abreise seine zehn Knechte und gab ihnen zehn Pfunde. Es ist so zu denken, daß jeder der zehn Knechte ein Pfund (eine Mine == 80 Pfennige) empfing. Jeder wurde beauftragt, Handelsgeschäfte zu treiben. Merkwürdig lautet die wörtliche Übersetzung: „Handelt, während ich komme!" Die Knechte sollen ständig an das Kommen ihres Herrn denken und dementsprechend handeln.

Im Unterschied zu dem Gleichnis von den Talenten bei Matthäus erscheint einigen Erklärern die geringe Geldsumme unverständlich. Diese Schwierigkeit schwindet, wenn bedacht wird, daß es sich hier nicht um die Verwaltung eines Vermögens handelt, das der Abreisende hinterläßt. Den Knechten wird die Geldsumme mit dem Auftrag über-

geben, Handelsgeschäfte damit zu treiben. Dieser Zug offenbart die
Herrscherweisheit des künftigen Königs. An der geringen Summe, die
er den Knechten übergab, und der unscheinbaren Tätigkeit, die er
ihnen anwies, konnte sich ihre Treue und Verwendungsmöglichkeit für
die Verwaltung als Beamte seines künftigen Reiches erproben.

Kurz nachdem der vornehme Edle abgereist war, legten seine Mitbürger, die ja seine künftigen Untertanen werden sollen, gegen seine
Erhebung zum König Protest ein. Aus Haß gegen seine Person schickten sie ihm eine Gesandtschaft nach, die Widerspruch gegen sein Königtum erheben sollte. An der höchsten Stelle machten sie ihren trotzigen
Eigenwillen in lautem Protest geltend: „**Wir wollen nicht, daß dieser
König über uns herrsche!**" Ihr Versuch hatte keinen Erfolg. Der König
empfing dennoch das Reich. Aus der Fortsetzung des Gleichnisses geht
hervor, daß er als Richter zurückkehrte. Ehe er seine Feinde strafte,
mußten sich seine Knechte verantworten.

b) Die Belohnung der treuen Knechte.

Lk 19, 15—19

15 „**Und es geschah, als er zurückkam, nahm er das Königreich ein
und ließ jene Knechte zu sich rufen, denen er das Geld gegeben
16 hatte, damit er erfahre, wer etwas erhandelt hätte.** * **Es trat aber
herzu der erste und sprach: ,Herr, dein Pfund hat zehn weitere
17 Pfunde eingebracht'.** * **Und der Edle sprach zu ihm: ,Recht so, du   Zu Vers 17:
guter Knecht, weil du im geringsten treu geworden bist, wirst du   Lk 16, 10
18 Vollmacht haben über zehn Städte'.** * **Und es kam der zweite und
19 sagte: ,Dein Pfund, Herr, hat fünf Pfunde erworben'.** * **Und der
Edle sprach zu diesem: ,Und du sollst über fünf Städte gebieten'.**"

Der weitere Verlauf der Erzählung versetzt uns in den Zeitpunkt
nach der erfolgten Rückkehr des Edelgeborenen, der nunmehr mit
königlicher Majestät und Vollmacht versehen ist. Es wird nichts davon
gesagt, wie die Knechte während seiner Abwesenheit mit dem vertrauten Gelde gearbeitet haben. Das Nichterwähnte kommt bei der
nun folgenden Rechenschaftsablage der Knechte zur Sprache. Ein Knecht
nach dem andern trat herzu und gab Rechenschaft von seinem Tun.
Der erste sagt nicht: es sind aus dem einen Pfund im Ganzen zehn geworden, sondern: „Dein Pfund hat zehn Pfunde hinzu erworben". Der
Knecht rühmt sich nicht selbst, sondern er rühmt das Pfund des Herrn.
Er rühmt in demütiger Freude das von seinem Herrn Anvertraute und
berichtet, wie das sich in so reichem Maße fruchtbar bewährt hat. Sein
Herr aber spendet ihm Lob und Lohn reichlich. Die treue Tätigkeit des
ersten Knechtes wird mit einem ausgedehnteren Wirkungskreis und
mit Anerkennung des Herrn belohnt. Nach der Größe des von ihm
gewonnenen Ertrages richtet sich auch die Größe des ihm zugeteilten
Lohnes. Der Knecht, der seine Treue im Geringsten bewiesen hat,
empfängt Vollmacht über etwas Großes, über einen großen Gebiets-

teil im Reiche des Königs. Er bekommt soviel Städte zur Verwaltung, wie er Pfunde erworben hat. [2])

Dem ersten Knecht folgt der zweite. Er rühmt in der gleichen demütigen Freude den Ertrag des ihm anvertrauten Pfundes, nur daß der Ertrag um die Hälfte geringer ist. Ihm wurde die gleiche liebende Antwort vom Herrn zuteil, jedoch mit dem Unterschied, daß die Zahl der Städte, über die er gesetzt wird, sich hier auf die Zahl der erworbenen fünf Pfunde reduziert. Der Umstand, daß die löbliche Anrede: „Recht so, guter Knecht" bei dem zweiten Knecht nicht ausdrücklich wiederholt wird, bedeutet keine Vorenthaltung dieses Lobes. Es fehlt hier auch die Begründung: „Weil du im Geringsten treu geblieben bist!" Beides ergänzt sich von selbst. In Mt 25, 21 wird dagegen die ganze Anrede des Herrn bis auf den Buchstaben wiederholt, um dadurch in beiden Fällen die Gleichheit des Lobes und des Lohnes zu betonen. Ein solcher Anlaß liegt hier nicht vor. Es kommt hier auf den Unterschied an, der sich in der verschiedenen Quantität des zugemessenen Lohnes zeigt. Nach dem Maße der von ihnen bewiesenen Treue, wie sie sich in der jedesmaligen Größe des erzielten Ertrages erwies, wies ihnen der König eine entsprechende Machtstellung in seinem Königreiche zu.

c) Der untreue Knecht und seine Strafe.

Lk 19, 20—26

20 „Und der dritte kam und sagte: ‚Herr, siehe, da ist dein Pfund, 21 welches ich verwahrt hielt in einem Schweißtuche. * Denn ich fürchtete dich, weil du ein harter Mensch bist. Du nimmst, was du nicht 22 gegeben hast, und du erntest, was du nicht gesät hast.' * Und der König sagte ihm: ‚Nach deiner Aussage werde ich dich richten, du böser Knecht! Du wußtest, daß ich ein harter Mensch bin, der ich nehme, was ich nicht gegeben habe, und ernte, was ich nicht gesät 23 habe? * Warum hast du denn mein Geld nicht auf die Bank gegeben? Ich hätte es dann bei meiner Rückkehr mit Zinsen eingetrie-24 ben.' * Und er sprach zu den Umstehenden: ‚Nehmt von ihm das 25 Pfund, gebt es dem, der zehn Pfunde hat'. Und sie sprachen zu 26 ihm: ‚Herr, er hat zehn Pfunde!' * Ich sage euch, daß jedem, der da hat, wird gegeben werden, von dem aber, der da nicht hat, wird auch genommen werden, was er hat."

Zu Vers 26:
Lk 8, 18
Mt 13, 12

Nicht alle zehn Knechte haben während der Abwesenheit des Herrn ihren Auftrag in Treue ausgeführt. Dem Beispiel der beiden Knechte, welche die Klasse der treuen Knechte repräsentieren, wird der andere gegenübergestellt, der sein anvertrautes Pfund im Schweißtuche verwahrte. Er bediente sich der gleichen Logik, wie der dritte Knecht in

---

[2] Nichts bildet den Menschen mehr aus, als Treue im Kleinen. Das bildet höher, besser, tiefer aus als alle Hochschulen dieser Welt, als alle Ausbildung des Denkvermögens. Treue im Gebet, im Lesen des Gotteswortes, im irdischen Beruf, im Dienst des Herrn, in der Arbeit für Ihn, im Sonntagsblätter-Verteilen, das bildet — das fördert!

Mt 25, 24. 25 in seinem Rechtfertigungsversuch, nur in umgekehrter Reihenfolge der Gedanken. Im Matthäus-Evangelium ist die Härte des Hausherrn der Ausgangspunkt. Hier wird das untätige Aufbewahren des Geldes aus der Furcht des Knechts abgeleitet. Die Worte: „Siehe, dein Pfund", stehen dem Ganzen voran. Mit der Rückgabe des Eigentums an den Herrn verbindet er das Geständnis, daß er das Pfund in einem Schweißtuch aufbewahrt hat. Seine Entschuldigung ist insofern heuchlerisch, weil er an Stelle seiner T r ä g h e i t die F u r c h t v o r d e r H ä r t e seines Herrn geltend macht. Der König aber zeigt, daß er sich gerade durch die von dem Knecht angegebene Härte des Königs hätte bestimmen lassen sollen, zur Erfüllung seines Auftrages wenigstens das zu tun, was keiner besonderen Anstrengung bedurft hätte.

Was der träge Knecht zu seiner Verteidigung vorbringt, bahnt gerade den Weg zu seiner Verurteilung. Das Richten eines Verbrechers aus dem eigenen Munde und Geständnis des Schuldigen ist ein allgemeines Rechtsprinzip (vgl. Hi 15, 6; 2 Sam 1, 16). Dem Knechte wird vorgehalten, daß seine Angaben über den Charakter des Herrn ihn gerade zu einer ganz anderen Handlungsweise hätten führen müssen, wenn er ehrlich gewesen wäre. Wenn der Knecht jedoch glaubte, sein Herr wollte nur Nutzen für sich persönlich aus der Arbeit des Knechtes ziehen, wie hätte er dann sein Geld tot und nutzlos aufbewahren können? Der Knecht, der selbst nicht für den Gewinn seines Herrn arbeiten wollte, hätte doch in diesem Falle das Geld zur Bank bringen können, daß es Zinsen einbrächte. Der Umstand, daß er das Geld des Herrn aber verwahrte und unverändert zurückgab, konnte ihm weder zur Entschuldigung noch zur Rechtfertigung dienen, sondern nur als eine Erschwerung seiner Schuld angerechnet werden. Alle Entschuldigung offenbart nur einen Widerspruch nach dem andern. ³)

Wegen der Verwahrung des Pfundes wurde dem Knecht kein Platz in der Verwaltung des Königreiches angewiesen, sondern der König

---

³ Wie Prof. Göbel bemerkt, will der König mit seiner Antwort an den trägen Knecht nicht sagen, daß er seiner Pflicht wirklich genügt hätte, wenn er die Geldsumme dem Wechsler anvertraut hätte; aber er hätte wenigstens konsequent nach dem Urteil gehandelt, das er eben über seinen Herrn ausgesprochen hat, während jedoch sein Verhalten sowohl seine G l e i c h g ü l t i g k e i t gegen die Interessen des Königs als auch seine unbewußte U n a u f r i c h t i g k e i t zeigte.

Dieser Mensch stellt, wie es scheint, einen Gläubigen dar, der in einer gewissen Gleichgültigkeit seinen Tag so dahinlebt, wohl alle Veranstaltungen wie Bibelstunden, Gottesdienste usw. mitmacht, aber selbst nicht tätig ist in der Arbeit für den Herrn. Er kennt in seiner Gleichgültigkeit keine Furcht vor dem großen Tag der Rechenschaft. Bei dieser Gesinnung tut man so wenig als möglich. Man meint, Gott müsse z u f r i e d e n sein, wenn wir uns s c h l e c h t e r Handlungen enthalten und Sein Evangelium durch unser Tun und Reden nicht schänden und die Gottesdienste besuchen. Was versteht nun Jesus unter der **Bank**? Unter der Bank ist sicherlich die göttliche Allmacht zu verstehen, und unter dem von dem Knecht geforderten Akt des Deponierens ein Gebetszustand, in dem der Knecht, der sich unfähig glaubt, selbst für Christus etwas zu tun, wenigstens Gott bitten kann, aus ihm und seiner biblischen Erkenntnis denjenigen Vorteil zu ziehen, den Gott für gut finden wird! Ein solches Gebet wenigstens steht in jedermanns Macht. Die Antwort Jesu käme also darauf hinaus: „W e n n d u n i c h t s e l b s t a r b e i t e n k o n n t e s t, s o h ä t - t e s t d u w e n i g s t e n s d u r c h B e t e n d e i n e T r e u e b e w e i s e n s o l l e n!"

ließ ihm das Anvertraute wegnehmen, womit sein bisheriges Dienstverhältnis aufgehoben wurde. Die Umstehenden wurden beauftragt, das ihm anvertraute Pfund von ihm zu nehmen und es dem zu geben, der zehn Pfunde hatte. Auf den Einwand, daß jener schon zehn Pfunde hat, erwidert der König mit einer sprichwörtlichen Redewendung, daß jeder, der da besitzt, noch hinzuempfängt, und jedem, der nichts besitzt, genommen wird, was er hat! [4] Was der König dem Trägen wegnehmen läßt, kommt dem zugute, der in Treue und Fleiß einen reichlichen Ertrag für seinen Herrn gewirkt hatte. Wenn der Herr wiederkommt, wird jener allgemeine Erfahrungssatz seine Anwendung finden.

d) Das Strafurteil über die Feinde des Königs.

Lk 19, 27

27 „ ‚Jedoch diese meine Feinde, sie, die nicht wollten, daß ich König über sie sei, bringet hierher und schlagt sie vor meinen Augen nieder!‘ "

Die Rede des Königs wandte sich von seinen Knechten ab seinen Feinden zu, um zu sagen, was mit ihnen nunmehr zu geschehen habe. Seine Mitbürger waren in e r s t e r Linie dazu berufen, an den Segnungen seines Königreiches teilzunehmen. Diese seine Mitbürger waren aber seine Feinde geworden, darum hatte er jetzt keine andere Bezeichnung mehr für sie. Der Ausdruck: **„Diese meine Feinde"** deutet zurück auf ihre Aussage: **„Wir wollen nicht, daß dieser über uns König sei!"** Das Strafurteil, das mit der Herbeiführung der Feinde verbunden wird, lautet kurz und schwer: **„Schlagt sie vor mir nieder!"** Der starke Ausdruck im Urtext: katasphaxete = schlachtet ab, besagt im Munde des königlichen Richters, daß den Empörern keinerlei weichherzige Milde widerfährt, sondern ihnen die Strafe eines gewaltsamen Todes ohne Gnade zukommt.

Der Inhalt unseres Gleichnisses tritt jener Erwartung einer **baldigen** Erscheinung des Königreiches Gottes, so wie die Juden es sich gedacht hatten, entgegen (vgl. Lk 19, 11).

Die Parabel spricht zwar von der Aufrichtung einer Königsherrschaft. Dieser Errichtung geht aber eine Reise in ein fernes Land und eine längere Abwesenheit des künftigen Königs voraus. Während dieser

[4] Es gibt ein Gesetz, kraft dessen die Früchte der vergangenen Arbeit zur Erhöhung der künftigen beitragen. Denn jede Gnade, die man sich tätig aneignet und zu einem Mittel der Tätigkeit gemacht hat, vermehrt unsere Empfänglichkeit für höhere Gnadenerweisungen, während jede empfangene, aber nicht angewandte Gnade wieder entzogen wird, was eine Verminderung der Fähigkeit, neue Gaben zu empfangen, zur Folge hat. Aus diesem Gesetz des sittlichen Lebens geht hervor, daß allmählich alle Gnadenkräfte sich in den treuen Knechten konzentrieren und den nachlässigen entzogen werden müssen. Lukas 8, 18 sprach Jesus: „Was er zu haben meint", hier sagt er: „Was er hat". Beide Ausdrücke sind richtig. Wir haben eine Gnade, die uns verliehen ist; aber wenn wir sie uns nicht tätig zu eigen machen, so besitzen wir sie nicht wahrhaft, wir meinen bloß, sie zu haben. (Siehe die Erklärungen zu Lukas 8, 18.)

Zeit muß sich die Treue der königlichen **Diener** erproben und der Haß seiner Mitbürger gegen seine Herrschaft offenbar werden. —

Jesus vergleicht mit der Reise des Edelgeborenen Seinen eigenen nahebevorstehenden Weggang aus der Welt; mit der Rückkehr des Königs will der Herr Seine eigene Wiederkunft in Macht und Herrlichkeit darstellen. Die Stunde Seiner Wiederkunft in großer Macht und Herrlichkeit wird für die Jünger zu einer Stunde der Rechenschaft, für die Feinde zu einer Stunde des Gerichtes werden. Der erste Teil des Gleichnisses (Lk 19, 12—14) kennzeichnet die bevorstehende Zwischenzeit, in welcher der Herr fern sein wird, als eine Zeit der Probe für die Treue der Jünger und des Offenbarwerdens für den Haß Seiner Feinde. Der zweite Teil der Erzählung (Lk 19, 15—27) zeigt, welche Bedeutung die Stunde der Wiederkunft des Herrn für die Treuen und für die Feinde gewinnt.

V. Hauptteil

Jesu letzter Aufenthalt in Jerusalem.

Lk 19, 28—21,38

Der Bericht über den Einzug des Herrn in Jerusalem, der sonst
Ähnlichkeit mit der Darstellung des Markus hat, läßt die huldigende
Jüngerschar den im Namen des Herrn Kommenden als König begrüßen,
und er erinnert an den Lobgesang der Engel in der Geburtsgeschichte,
während Markus unbestimmter vom kommenden Königreich des Vaters
David spricht. Die bei Markus hierauf folgende Erzählung vom un-
fruchtbaren Feigenbaum läßt Lukas aus, weil er schon vorher eine
entsprechende Gleichnisrede berichtet (vgl. Lk 13, 6—9). An dieser
Stelle bietet Lukas im Gegensatz zur Verfluchung des Feigenbaumes
eine eindrucksvolle Schilderung, daß Jesus in der Nähe von Jerusalem
Tränen des Mitleids weinte wegen der Verblendung gegen das Heil.
Die Heilige Stadt wird darum dem Strafgericht der Zerstörung ret-
tungslos entgegengehen (Lk 19, 41—44). Die Tempelreinigung, die bei
Markus eine besondere Bedeutung für den Gang der Dinge in der
Osterwoche zu Jerusalem hatte, berichtet Lukas in abgekürzter Form.
Er führt nicht wie Markus die Mordpläne des Hierarchen und Volksobersten auf die Tempelreinigung zurück, sondern auf Sein Lehren im
Tempel. Die Frage nach der Vollmacht zu solchem Tun (Lk 20, 1—8)
bezieht sich bei Lukas gleichfalls auf das vorhin erwähnte Lehren. Die
jerusalemitischen Streitreden erzählt Lukas in gleicher Ordnung und
wesentlicher sachlicher Übereinstimmung mit Markus, nur die Unterredung mit den Schriftgelehrten über das vornehmste Gebot läßt er
weg, weil schon vorher ein Ersatz dafür berichtet ist (Lk 10. 25). Den
Schluß der Unterredung hat Lukas nach Markus beibehalten (vgl.
Mk 12, 34), und er hängt die Streitrede über die Auferstehung hier an.

In der großen Eschatologie gibt Jesus den apokalyptischen Rätsel-
worten von einer schweren Drangsal die ganz bestimmte und unver-
blümte Beziehung auf die Zerstörung Jerusalems und die Wegführung
der Juden unter alle Völker. Jerusalem wird so lange von den Heiden
zertreten werden, bis der Heiden Zeit erfüllt sein wird (Lk 21, 24).
Paulus stellt damit die Wiederbringung Israels nach der Bekehrung
der Heidenwelt in Aussicht (Rö 11, 25). Das Wort vom Nichtwissen
von Tag und Stunde des Endes in Mk 13, 32 wird von Lukas nicht
erwähnt.

Nach der hier gegebenen Übersicht berichtet dieser Abschnitt des
Lukas-Evangeliums ein Dreifaches:

1. Jesu Einzug in Jerusalem (Lk 19, 28—44).

2. Jesu Auftreten im Tempel zu Jerusalem (Lk 19, 45—21, 4).

3. Jesu Weissagung über den Untergang Jerusalems und des jüdischen Volkes (Lk 21, 5—38).

1. Jesu Einzug in Jerusalem.

Lk 19, 28—44

Nach dem Bericht der drei Synoptiker scheint es, als hätte Jesus den Zug der Festpilger von Jericho bis nach Jerusalem begleitet, so daß Er noch am gleichen Tage dieser Reise in die Hauptstadt eingezogen wäre. Nach Jo 12, 1 kam der Herr jedoch vorher noch nach Bethanien. Hier boten Ihm die Hausbewohner eine Mahlzeit, bei der Maria, die Schwester der Martha, den Herrn salbte, was Lukas unerwähnt läßt. Das Gerücht von der Ankunft des Herrn in Bethanien breitete sich durch die Festpilger aus, so daß am andern Morgen viele in den Ort kamen, um Jesus und Lazarus zu sehen, der von Ihm auferweckt worden war (vgl. Jo 12, 9—12). Die vier Berichte der Evangelien bieten ein vollständiges Bild über alle einzelnen Umstände. Unsere Erzählung enthält: a) Die Vorbereitungen für den Einzug in Jerusalem (Lk 19, 28—36). b) Die Freude der Jünger und der Volksscharen (Lk 19, 37—40). c) Jesu Tränen über Jerusalem (Lk 19, 41—44).

a) Die Vorbereitungen für den Einzug in Jerusalem.

Lk 19, 28—36

28 Nach diesen Worten zog Jesus an der Spitze des Zuges hinauf nach
29 Jerusalem. * Als Er Sich nun Bethphage und Bethanien näherte, und zwar gegen den Berg zu, der Ölberg heißt, sandte Er zwei der Jünger
30 voraus * mit dem Auftrag: „Gehet hin in das Dorf, das vor euch liegt. Beim Hineinkommen werdet ihr ein Eselfüllen angebunden finden, auf dem noch nie jemand gesessen hat. Macht es los und
31 führt es her! * Und wenn euch jemand fragt, warum ihr es löst,
32 dann sprecht: ‚Der Herr bedarf seiner.'" * Als nun die Abgesandten
33 weggingen, fanden sie es so, wie Er es ihnen gesagt hatte. * Als sie aber das Füllen lösten, sprachen seine Besitzer zu ihnen: „Was
34 löset ihr das Füllen?" * Sie aber antworteten: „Weil der Herr seiner
35 bedarf!" * Und sie führten es daraufhin zu Jesus und legten ihre
36 Mäntel auf das Füllen und ließen Jesus aufsteigen. * Während Er aber dahinzog, breiteten sie ihre Mäntel auf dem Wege aus. —

Mit dem Satz: „Nach diesen Worten" in Vers 28 wird nunmehr auch die folgende Erzählung mit dem Vorigen verbunden. Nach der Belehrung Seiner Jünger und Anhänger zog Jesus an der Spitze des Pilgerzuges weiter hinauf nach Jerusalem. [5]) Diese Angabe besagt nicht, daß Er am gleichen Tage, an welchem Er das vorige Gleichnis vortrug,

W. Stb. Matth.
S. 280ff.
W. Stb. Mark.
S. 197ff.
Zu V. 29—38:
Mt 21, 1—9
Mk 11, 1—10
Jo 12, 12—16

---

[5] Der Ausdruck im griechischen „vorn, voran" (Luther sagt: „hinauf") ist in dem Sinne zu nehmen, in dem wir ihn in Vers 4 und Jo 1, 15. 27; 3, 28; 10, 4 finden: „Er ging vor Seinen Jüngern her". Es ist dies eine Erinnerung, die sich in einer noch schärferen Form auch in Mk 10, 32 findet: „Und

nach Jerusalem kam, sondern daß Er nach jener Belehrung unmittelbar von Jericho weiter zog, um nach Jerusalem zu reisen. Nach dem, was Jo 12, 1 f und 12 berichtet, brachte Jesus die Nacht vor Seinem Einzuge in Bethanien zu, um von dort aus ohne weiteren Aufenthalt nach Jerusalem zu reisen.

Die Masse der Festpilger hatte inzwischen am Tage vorher den Weg bis zur Hauptstadt fortgesetzt und dort das Gerücht von der Ankunft Jesu in Bethanien verbreitet. Dies veranlaßte am andern Morgen eine Menge Leute, nach Bethanien zu gehen, um Jesus und auch Lazarus zu sehen, wie wir es schon einleitend andeuteten.

Der Weg, der aus dem Tale von Bethanien über den Hügelgrat von Bethphage sich nach dem mittleren Gipfel des Ölberges hinanzog, um sich dann nach dem Kidrontal hinabzusenken, welches die Höhen Jerusalems von den hundert Meter über dem Kidronbett liegenden Gipfeln des Ölberges trennt, lief durch reiche Palmenpflanzungen, Obst- und Ölgärten. In der österlichen Zeit konnte wohl aber dieser Weg wegen der vielen Pilgerzüge und der Lagerstätten am Abhange des Ölbergs mit einer festlich aufgeregten Lagergasse verglichen werden. Diese Straße wurde jetzt am Samstagabend und Sonntagmorgen früh noch mehr belebt durch die Pilgerzüge, die nach Jerusalem zogen und die Kunde dahin brachten, Jesus wolle heute zur Stadt kommen. Alle Verehrer Jesu wurden durch diese Nachricht aufs höchste aufgeregt und ohne Verabredung geschah es, daß sich bald ein großer Festzug bildete, der Ihm entgegenziehen wollte.

Mit Bethphage und Bethanien wird die Örtlichkeit näher bestimmt, von wo Jesus die beiden Jünger nach dem Reittier absandte. Die Nennung beider Orte erklärt sich daraus, daß die Absendung der Jünger in der Nähe von Bethphage und Bethanien geschah. In Bethphage, dem nähergelegenen Orte von Jerusalem, wurde das Füllen geholt. Nach dem Talmud lag Bethphage östlich von den Mauern Jerusalems in der Richtung des Ölberges.

Jesus entzog Sich bisher den Huldigungen des Volkes. Jetzt will Er Sich mitten in der Volksmenge als Messias offenbaren. Weil Jesus

---

Er ging **vor** ihnen **her**, und sie wunderten sich, indem sie **Ihm** folgten, und waren voll Furcht." Vgl. auch Jo 11, 8 und namentlich Vers 16, wo Thomas sagt: „Laßt uns mit h i n a u f ziehen, daß wir mit Ihm sterben!" —

Die Ausdrücke unseres Verses erinnern an Lk 9, 51: „Es begab sich, da die Zeit erfüllt war, daß Er sollte von hinnen genommen werden, richtete Er Sein Angesicht stracks gen Jerusalem zu ziehen" (Luther).

Zahn sagt: „Der Herr Jesus ging nicht nur an der Spitze Seiner Jüngerschar, sondern war auch der Führer des Pilgerzuges, der nach Jerusalem zum Osterfest wanderte."

Jesus hatte nunmehr das jüdische Galiläa und dann auch Peräa durchwandert. So hat Er Sein Werk im ganzen Land vollendet. Die Begeisterung Seiner galiläischen Anhänger hat ihren Höhepunkt erreicht. Der Bruch mit der herrschenden Partei ist fertig. Ihn leben lassen, wäre für das Synedrium soviel als „Abdanken". Seine Zeit ist gekommen.

Nach Jerusalem ziehen, heißt sterben, das weiß Jesus wohl. Er gehorcht aber ohne Zaudern dem Willen Seines Vaters, während Seine Jünger zittern.

wußte, daß Sein Leben in Jerusalem bald dem Ende entgegenging, würde eine solche Kundgebung für Sein Werk nicht mehr gefährlich werden (Lk 13, 32 f). Sicherlich war Petrus einer der zwei abgesandten Jünger, woraus sich die Anschaulichkeit in der Darstellung der Einzelzüge bei Markus erklärt.

Das hier erwähnte Füllen ist zweifellos ein Eselsfüllen, denn Esel waren die üblichen Reittiere (Ri 10, 4; 12, 14; Sach 9, 9). Die Notiz: „auf dem noch niemand gesessen hatte", kennzeichnet die hohe Bedeutung des Ereignisses. Für heilige Zwecke wurden Tiere gewählt, die noch nie zu irgendeiner Arbeit gebraucht waren (4 Mo 19, 2; 5 Mo 21, 3; 1 Sam 6, 7). Jesus konnte Sein messianisches Königtum nur mit einem jungen, noch nicht eingerittenen Tier einweihen.

Wenn nach der Voraussage Jesu: „Der Herr bedarf sein!" der Besitzer des Füllens willig wurde, den Jüngern das Tier zu überlassen, so läßt sich daraus folgern, daß dieser Mann den Herrn sicherlich kannte und als den „Herrn" anerkannt hat. Dieses Wissen um die Willigkeit des Besitzers, das Tier sofort frei zu geben, bezeugt das p r o p h e t i s c h e Wissen Jesu, was nicht mit Allwissenheit zu verwechseln ist (Lk 22, 10. 31—34; Jo 1, 49; 4, 17 ff).

Die Jünger führten den Auftrag des Herrn aus, und sie brachten Ihm ihre Huldigung dar. Dadurch, daß sie Ihm ihre Oberkleider für Seinen Gebrauch widmen, bringen sie die Hingabe ihrer ganzen Person und ihres Besitzes zum Ausdruck.

b) Die Freude der Jünger und der Anhänger beim Einzug.

Lk 19, 37—40

**37 Als Er aber bereits dem Abhange des Ölberges nahe war, fing die ganze Menge der Jünger an, freudig Gott zu loben mit lauter Stimme um all der Wundertaten willen, die sie gesehen hatten. *
38 Sie riefen: „Gesegnet sei, der da kommt, der König im Namen des
39 Herrn! Friede im Himmel und Ehre in den Höhen!" * Da sprachen etliche der Pharisäer aus der Volksmenge heraus Ihm zu: „Lehrer,
40 verwehre dies Deinen Jüngern!" * Er aber gab ihnen zur Antwort: „Ich sage euch, wenn diese schweigen, dann werden die Steine schreien."**

Zu Vers 38:
Lk 2, 14

Lukas unterscheidet die Einzelheiten der Huldigung etwas genauer als Matthäus und Markus. Die Begeisterung erreichte ihren Höhepunkt, als man das Endziel des friedlichen Einzuges vor Augen hatte. Während der Zug sich dem Abhange des Ölberges näherte, als er immer näher an Jerusalem herankam, begann die Menge mit lauter Stimme Gott zu preisen wegen der großen Machttaten, deren Augenzeugen sie in der Begleitung Jesu gewesen sind. Sie waren an der Stelle angekommen, wo der Weg anfing bergab zu gehen, wo der Gipfel des Berges etwa 700 Meter den Meeresspiegel und etwa 100 Meter das Tal Josaphat überragt. Die ganze Stadt Jerusalem breitet sich hier wie ein großes Panorama vor dem Auge des Zuschauers aus. Während der Weg abwärts ging, stieg der Jubel mehr und mehr.

Den Lobpreis gibt Lukas mit Weglassung des hebräischen: „Hoschianna" nach Psalm 118, 25 f an. Dieses Lied gehörte zum großen Hallelujah (Ps. 115—118), das am Schluß des Passahmahles und beim Laubhüttenfest gesungen wurde. Der Hymnus zeigt hier bei Lukas weniger einen atst Charakter als bei Matthäus und Markus. Den Worten des Psalmes: „Der da kommt im Namen des Herrn" wurde eine messianische Bedeutung verliehen. Unter dem lebhaften Beifall der Menge wurde der Kommende als „der **König**" begrüßt. Damit wird die Königswürde Jesu anerkannt. Jesus ist der von Gott gesandte König. Dem Jubelruf werden die beiden Sätze angefügt: „**Friede im Himmel und Ehre in den Höhen!**" Hiermit wird nicht nur etwa ein Wunsch zum Ausdruck gebracht, daß jetzt Friede zwischen Gott und den Menschen werden möchte und Gott Sich im Himmel verherrlichen möge. Nein, diese Worte sind vielmehr Anbetungs-Hymnen. Sie entsprechen dem Lobgesang der Engel bei der Geburt des Herrn. Sie sind in dem Sinne aufzufassen, daß Friede im Himmel ist, weil Gott Sich Seines Volkes erbarmt hat durch die Sendung des verheißenen Friedenskönigs von Jerusalem.

Um zu sehen, was vorging, hatten sich die Pharisäer unter die Volksscharen gemischt. Weil sie wahrnahmen, daß sie nicht mehr das nötige Ansehen besaßen, dem Volke Schweigen zu gebieten (vgl. Jo 12, 19), wandten sie sich an Jesus mit dem Anliegen, unter Seinen Begleitern Ordnung zu schaffen. Der Herr sollte den Jüngern diesen Jubel verbieten. Weil Jesus nicht das war, als was Ihn Seine Jünger ausriefen, darum ist nach Meinung der Pharisäer der Jubel der Volksmenge weiter nichts als Gotteslästerung!

Jesus bekannte Sich unumwunden zu dem Jubel des Volkes, und Er antwortete den Pharisäern: „**Wenn diese schweigen, so werden die Steine schreien**". Der Ausdruck: „Die Steine werden schreien", ist sprichwörtlich (vgl. Hab 2, 11). Hier ist es eine verborgene Andeutung der Zerstörung Jerusalems, wobei die Steine der Stadt und des Tempels das Strafgericht Gottes bedeuten. Nach dem Petrusbekenntnis verbot der Herr den Jüngern zu sagen, daß Er der Messias sei. Auf Seinem Weg zu Seinem Todesleiden bekannte Er Sich schon bei Jericho vor allem Volke zu dem Bekenntnis des Blinden, der Ihn als Messias um Hilfe anrief. Jetzt, bei Seinem Einzuge in Jerusalem, wollte Er von den Jüngern als der von den Propheten geweissagte Retter Seines Volkes gepriesen sein. Jerusalem sollte sich entscheiden, ob es Ihn als Seinen König und Retter aufnehmen wollte oder nicht. Die Entscheidung war bereits gefallen, denn die vorhin gehörte Rede etlicher Pharisäer gab Zeugnis von der Stimmung der geistlichen Führer des Volkes gegen Ihn.

c) Jesu Tränen über Jerusalem.

Lk 19, 41—44

41 **Als Er nunmehr näher kam und die Stadt sàh, da weinte Er über**
42 **sie * und sagte: „O, daß du an diesem Tage erkannt hättest, was**
dir zum Frieden dient! Nun aber ist es deinen Augen verborgen!
43 *** Ja, es werden Tage über dich kommen, da werden deine Feinde**
einen Wall um dich aufwerfen und dich umzingeln und dich von
44 **allen Seiten bedrängen. * Und sie werden dich niederwerfen, deine**
Kinder zu Boden schmettern und keinen Stein in deiner Stadt auf
dem andern lassen, weil du nicht erkannt hast die Zeit deiner
Heimsuchung.“

Zu Vers 41:
2 Kö 8, 11
Jo 11, 35
Zu Vers 42:
5 Mo 32. 29
Zu Vers 44:
Lk 21, 6

Jesus weinte über Jerusalem! Nach dem Ausdruck des Urtextes:
„eklausen“ vergoß Er nicht nur Tränen, sondern es überfiel Ihn ein
lautes Schluchzen.

Der Bericht über die Tränen Jesu gehört zu dem Sondergut des Lukas. Es bedarf keiner Erwähnung, daß ein solcher Zug ins Evangelium
hineingehört. Dieser Bericht zeigt Jesus als wahren und heiligen Menschensohn. Der Tag des Einzuges des Herrn in die Heilige Stadt war
der letzte Entscheidungstag für Jerusalem. Die ganze Vergangenheit
des Volkes hätte an diesem einen Tag wieder gut gemacht werden
können. Was aber den Einwohnern von Jerusalem zum Frieden gereicht, ist jetzt vor ihren Augen verhüllt. Die göttliche Gnade, die
der einziehende König bringen wollte, war nach Gottes gerechtem
Ratschluß dem Volke verborgen (vgl. Mt 11, 25. 26), aber nicht ohne
seine persönliche Schuld.

Die bevorstehende Katastrophe, auf die der Herr damit hinweist,
ist das Thema Seiner ergreifenden Rede von der Z e r s t ö r u n g
J e r u s a l e m s (Lk 21, 5 f), die Er zwei Tage später dann vor Seinen
Jüngern gehalten hat. Der Herr sagt hier den Untergang Jerusalems
nicht nur im allgemeinen voraus, sondern Er beschreibt auch in Einzelheiten die Art und Weise, in welcher das Gerichtsurteil vollzogen
werden soll. Jesus kündigt eine buchstäbliche Belagerung an, bei der
man sich aller Belagerungsmittel der damaligen Zeit bedient und sich
alle Greueltaten erlaubt, welche Sieger an Besiegten ausüben. Zuerst
wird ein Belagerungswall erwähnt, von dem Josephus berichtet (vgl.
Jos. de bell. Jud. V, 6, 2; V, 12, 2), daß er rings um Jerusalem aufgeworfen und von den Juden verbrannt wurde. Hernach wird Jerusalem
umzingelt und eingeengt. Es kann hier an die 30 Stadien lange Mauer
gedacht werden, die Titus in drei Tagen an Stelle des verbrannten
Walles errichten ließ, welche die ganze Stadt umgab. Infolge dieser
Maßregel bricht über Jerusalem und seine Einwohner die Verheerung
herein. Der Ausdruck: edaphizein hat eine zweifache Bedeutung, entweder dem Erdboden gleichmachen oder an den Boden schmettern (vgl.
Ps 137, 9). Der letzte Teil der Weissagung ist erst bei dem Aufstand
unter Barkochba in den Tagen des Kaisers Hadrian völlig erfüllt wor-

den. Dieses furchtbare Los ist die Folge der Verblendung des Juden-
volkes bis auf den heutigen Tag.

Unser Bericht gehört zu den ergreifenden Kleinodien des Lukas-
Evangeliums. Nach dieser erschütternden Darstellung erwähnt der Verfasser nicht einmal den Einzug in die Stadt. Er denkt nur noch an die
kommenden Ereignisse.

2. Jesu Auftreten im Tempel zu Jerusalem.

Lk 19, 45—21, 4

Nach dem Einzug in Jerusalem ereignete sich das Kommen des
Herrn zu Seinem Tempel, wodurch die Weissagung Maleachi's in Erfüllung ging (vgl. Mal 3, 1 f). Alles von Lukas 19, 45 bis 21, 4 Berichtete ereignete sich im Tempel zu Jerusalem. Durch die Tempelreinigung trat Jesus als strafender Richter und wiederherstellender Gesetzgeber auf (Lk 19, 45—48). In den folgenden Erzählungen wird berichtet, was sich innerhalb des Tempels ereignete. Zunächst beantwortet
Jesus die Frage der Mitglieder des Hohen Rates nach der Machtvollkommenheit Seines Wirkens (Lk 20, 1—8). Hiernach zeigt der Herr den
Abgesandten des Hohen Rates durch das Gleichnis von den bösen
Weingärtnern, daß die Macht der Finsternis ihre Herzen regiert und
ihre Beschlüsse gegen Ihn beherrscht (Lk 20, 9—19). Das Gleichnis vom
großen Abendmahl übergeht Lukas, weil dasselbe schon vorher von
ihm mitgeteilt ist (Lk 14, 16 ff). Jesus beantwortet dann nach seinem
Bericht die Frage der Pharisäer nach der Rechtmäßigkeit der Steuer-
entrichtung an den römischen Kaiser und die Frage der Sadduzäer
nach der Totenauferstehung (Lk 20, 20—40). Wenn Jesus im Gleichnis
von den bösen Weingärtnern Sein Leiden und Sterben ankündigt und
die Urheber des allen im Gleichnis nennt, so betont Er jetzt, daß Er,
der Christus, nicht allein Davids, sondern auch Gottes Sohn ist (Lk
20, 41—44). Ehe Jesus aus dem Tempel scheidet, warnt Er das Volk
vor den Pharisäern und Schriftgelehrten (Lk 20, 45—47). Am Schluß
dieser Auseinandersetzungen im Tempel mit den Volksobersten steht
die liebliche Geschichte vom Scherflein der Witwe (Lk 21, 1—4).

W. Stb. Matth.
S. 283f.

W. Stb. Mark.
S. 202f.

Zu V. 45—48:
Mt 21, 12—16
Mk 11, 15—18
Jo 2, 13—16

Zu Vers 46:
Jes 56, 7
Jer 7, 11

a) Die Tempelreinigung und Jesu Lehren im Tempel.

Lk 19, 45—48

45 **Dann ging Er in den Tempel hinein und fing an, die Verkäufer**
46 **hinauszutreiben,** * **indem Er zu ihnen sagte: „Es steht geschrieben:**
     ‚Mein Haus soll ein Bethaus sein!'. Ihr aber habt es zu einer
     ‚Räuberhöhle' gemacht."
47 * **Er lehrte dann täglich im Tempel. Die Hohenpriester aber und**
     die Schriftgelehrten und auch die Vornehmsten des Volkes suchten,
48 **Ihn umzubringen.** * **Sie fanden aber keine Möglichkeit, ihre Ab-**
     sicht gegen Ihn auszuführen, denn das ganze Volk hing an Ihm
     und hörte auf Ihn.

Ohne den Markusbericht müßte angenommen werden, Jesus hätte die Verkäufer noch am gleichen Tage Seines Einzugs in Jerusalem aus dem Tempel getrieben. Aus dem genauen Bericht des Markus ist ersichtlich, daß Jesus am Nachmittag in Jerusalem einzog und am Abend nichts mehr ausführte, sondern nur im Tempel alles anschaute. Erst am folgenden Tage, als Er von Bethanien wieder zurückkam, wurde von Ihm der Tempel von der offensichtlichen Entweihung gereinigt. Wenn die Händler als „die Verkäufer" bezeichnet werden, so waren dies bekannte Personen, die von den Behörden eine Berechtigung für dieses Geschäft hatten.

Es ist dem Evangelisten Lukas in seinem Kurzbericht von der Tempelreinigung hauptsächlich um den Ausspruch des Herrn zu tun, aus welchem die Bestimmung und die gänzliche Entweihung des Tempels hervorgeht. Die Worte Jesu sind Jes 56, 7 und Jer 7, 11 entlehnt. Jesaja weissagt an dieser Stelle die Aufnahme der gläubigen Heiden ins Reich Gottes, wodurch der Tempel ein Bethaus für alle Völker werden wird. Bei Jeremia wendet Sich Gott gegen die Frevler, welche den Besuch des Tempels als einen Freibrief für ihre Frevel hielten. Ihnen kündigt Gott die Zerstörung des Heiligtums an. Das Haus des Herrn war zur Zeit Jesu von den Gottlosen zur Räuberhöhle gemacht worden, nicht allein durch den dort getriebenen Handel und Geldwechsel, sondern auch durch die Entheiligung, daß grobe Sünder sich ohne Scheu einfanden, um sich durch Opfer ohne Buße Tilgung der Sünden vor Gott zu erwerben.

Die von Jesus vorgenommene Tempelreinigung war eine Realerklärung, daß Er als Messias gekommen war, die Unheiligen aus dem Reiche Gottes auszustoßen und das Gericht über die Sünder zu vollziehen. Eine Bestätigung einer solchen Machtvollkommenheit stand nach Mal 3, 1—3 dem Messias zu. Jesus hatte eine ähnliche Handlung schon am Anfang Seines öffentlichen Auftretens vorgenommen (vgl. Jo 2, 13 ff). Mit der zweimaligen Tempelreinigung bezeugt Jesus Sein messianisches Wirken, das Er in Jerusalem begann und beendete.

Im Anschluß an die Tempelreinigung läßt Lukas eine zusammenfassende Schilderung der Tätigkeit Jesu folgen. Die Darstellung bildet den Übergang zum 20. und 21. Kapitel. Treffend und anschaulich kennzeichnet Lukas die Verhältnisse in diesem kritischen Zeitpunkte. Jesus zeigte täglich in der Öffentlichkeit unerschrockenen Mut, Ruhe und Kraft des Geistes. Der eigenen Sicherheit wegen übernachtete Er nicht in Jerusalem, sondern in Bethanien.

b) Die Frage des Hohen Rates über Jesu Vollmacht und Seine
Gegenfrage.

Lk 20, 1—8

Von Jesu öffentlichem Auftreten in Jerusalem während der letzten Tage vor Seinem Leiden (vgl. Lk 19, 47—20, 1. 26. 47; 20, 9. 45) be-

W. Stb. Matth.
S. 286ff.
W. Stb. Mark.
S. 205f.
Zu Vers 1—8:
Mt 21, 23—24
Mk 11, 27—33

richtet Lukas in Kürze, was sich täglich wiederholte. Er lehrte das Volk
(Lk 19, 47—20, 38) im Tempel, das sich dort vom frühen Morgen an
zahlreich versammelte, um Ihn zu hören (Lk 21, 38; 20, 45). Die
Nächte brachte Jesus, wie die meisten Festpilger (weil die Quartiere
in der Stadt alle wegen des Passahfestes besetzt waren), außerhalb der
Stadt zu und zwar am Ölberg (Lk 21, 37). Unser Evangelist hebt aus
der mehrtägigen Zeit der Leidenswoche einen nicht näher bestimmten
Tag besonders heraus (Lk 20, 1). In der Anordnung und Darstellung
der Ereignisse schließt sich Lukas in diesen Kapiteln eng an Markus
an. Die Verfluchung des unfruchtbaren Feigenbaumes (Mk 11, 20—22),
die Belehrung über die Macht des wundertätigen Glaubens (Mk 11,
23—25) und die Frage nach den zwei Grundgeboten des Gesetzes
(Mk 12, 28—34) l ä ß t Lukas in diesem Zusammenhang a u s , weil er
für diese Stücke schon im voraus einen genügenden Ersatz geboten hat
(vgl. Lk 13, 6—9; 17, 5—6; 10, 25—27).

Die Frage des Hohen Rates und Jesu Gegenfrage.

Lk 20, 1—4

1 **Als Er so an einem Tage das Volk im Tempel lehrte und die Frohe**
 Botschaft verkündigte, da traten die Hohenpriester und die Schrift-
2 **gelehrten mit den Ältesten an Ihn heran * und sprachen zu Ihm:**
 „Sage uns, in welcher Vollmacht tust Du dieses, und wer hat Dir
3 **diese Vollmacht gegeben?" * Er aber antwortete und sprach zu ih-**
4 **nen: „Ich will euch auch ein Wort fragen. Sagt Mir: * Die Taufe**
 des Johannes, war sie vom Himmel oder von Menschen?"

Wie die beiden ersten Evangelisten zeigt auch Lukas das äußere
Verhalten Jesu gegen Seine Feinde während Seiner letzten Lebenstage.
Der Evangelist Johannes bringt diese Streitreden des Herrn innerhalb
der Tempelmauern nicht. Das vierte Evangelium enthüllt vielmehr die
Stunden des Verkehrs Jesu mit Seinen Aposteln ganz „unter sich".
Die Tätigkeit Jesu im Tempel bestand neben der L e h r e auch in
der Verkündigung des Evangeliums (vgl. Lk 3,18; 4,18. 43; 16, 16). Wer
sich noch retten lassen wollte, hatte noch Gelegenheit. Lukas berichtet
keine ausführlichen Proben der Evangeliumsverkündigung von den
letzten Tagen des Herrn, wie dies Johannes tut (vgl. Jo 12, 28—36;
44—50; 18, 20). Die Reden, die unser Evangelist in Kapitel 20 und 21
berichtet, sind alle durch feindliche Äußerungen der Volksobersten
veranlaßt. Die Angriffe gingen vom Hohen Rat aus, der aus den hier
erwähnten drei Klassen der Hohenpriester, der Schriftgelehrten und
der Ältesten zusammengesetzt war. Sie sagten allerdings nicht, daß sie
im Namen des ganzen Hohen Rates sprachen. Wegen der bekannten
Feindschaft der Mehrheit gegen den Herrn kann diese Gesandtschaft
mit einer ähnlichen verglichen werden, die zu Anfang des öffentlichen
Lebens Jesu an Johannes herantrat (vgl. Jo 1, 19—28). Vielleicht hatte
die Übereinstimmung der Frage einen Einfluß auf die Antwort des
Herrn. Die höchste Behörde Israels war zweifellos befugt, sich über

die Autorität aller auftretenden Lehrer zu orientieren. Jesus war auch bereit, auf jede aufrichtig gestellte Frage eine Antwort zu geben. Die Frage der Gegner enthält ein Zweifaches. Sie fragen nach dem **Ursprung** und der **Mittelsperson Seiner Vollmacht.** Zuerst wollte man eine Erklärung über Seine himmlische Sendung aus Ihm herauslocken, um Ursache zu einer Anklage wegen Gotteslästerung zu finden. Die Feinde wollten dann weiter wissen, welcher Gottesgesandte Ihn zu dieser Tätigkeit eingesetzt habe. Durch die griechische Mehrzahlsform „tauta = dieses" der ersten Frage ist nicht allein das Lehren und die Tempelreinigung gemeint, sondern a l l e s , was Jesus seit dem Einzug in Jerusalem getan hat und noch tut. Der Einzug, die Tempelreinigung, die Wunderheilungen und das Lehren im Tempel, das alles enthüllte Jesus als den messianischen König. Die ganze Entfaltung Seiner Erhabenheit und Autorität im Tempel während der letzten Tage konnte nach der Ansicht Seiner Feinde nicht legitimiert werden. [1])

Die Antwort als Gegenfrage war nicht, wie es zuerst scheint, ein geschicktes Ausweichen aus der Situation. Der Herr mußte zuerst wahrnehmen, ob sie bei ihrer Befugnis zum Fragen auch zum Hören der rechten Antwort tauglich waren. Das konnte erst angenommen werden, wenn sie einen Charakter zeigten, der die Wahrheit l i e b t . Solange die Mitglieder des Sanhedrins, als Vertreter des Volkes, keine bestimmte Meinung über Johannes den Täufer aussprechen können, konnte Er ihnen nichts über den Ursprung und den Vermittler S e i n e r Vollmacht sagen. Wer die göttliche Sendung des Täufers anerkannte (der ja keine Wunder getan hatte), mußte Seine Sendung von Gott her noch weit mehr anerkennen, wie einst auch Nikodemus (vgl. Jo 3, 3). Verwarfen nun die Gegner Jesu die Sendung des Täufers und sein Werk, so verdienten sie den Vorwurf, sich über die Autorität Jesu kein Urteil bilden zu können.

Die Verlegenheit der Gegner des Herrn.

Lk 20, 5—8

5 Sie aber erwogen miteinander und sagten: „Wenn wir sprechen: Vom Himmel ist sie, dann wird Er sagen: Warum habt ihr ihm (dem 6 Täufer) nicht geglaubt? * Wenn wir aber sprechen: Von Menschen, dann wird das ganze Volk uns steinigen, denn es ist überzeugt, daß

---

[1] Mit der Anrede: „Sage uns!" eröffnen die Feinde ihre verfänglichen Fragen, die sie dem Herrn an diesem Tage vorlegen. Diese Streitreden werden als Musterbeispiele angesehen, wie sie im Geist und Ton der damaligen rabbinischen Dialektik gehalten wurden. Schon früher wurde dem Herrn die Frage nach der **Vollmacht** Seines Tuns gestellt (Jo 2, 18), und oft wurde versucht, Ihn in Seinen eigenen Worten zu fangen. Jetzt geschah es in gesteigerter, vorsätzlicher und raffinierter Weise mit vereinten Kräften. Es war gleichsam eine Prüfung, weil man vom Messias „Allwissenheit" erwartete (vgl. Jo 4. 25; 16, 30). Es ist ganz natürlich, daß man den Herrn, der so erhaben auftrat, mit einem Netz fein gesponnener Fragen umgab. Die Feinde hofften zuversichtlich, den Kampfplatz als Sieger zu verlassen. Die Glieder des Hohen Rates zögerten keinen Augenblick, Jesus in der Öffentlichkeit zu fragen.

7 Johannes ein Prophet ist". * Und sie antworteten, daß sie nicht
8 wüßten, woher. * Und Jesus sprach zu ihnen: „Dann sage Ich euch
auch nicht, in welcher Vollmacht Ich dieses tue". —

Die Gegenfrage Jesu genügte, um Seine Feinde zu entwaffnen. Er hatte
sie in ihrem eigenen Netz gefangen. Es blieb ihnen nur ein Zweifaches
übrig: entweder die göttliche Vollmacht des Täufers anzuerkennen oder
gegen die einmütige Überzeugung des Volkes zu verstoßen. Menschenfurcht, aber keine Gottesfurcht, hielt die Feinde zurück, gegen die Volksmeinung zu reden. Darin offenbart sich ihre elende Heuchelei. Alle drei
Evangelisten vermerken treffend die Gedanken ihres Herzens, die sich
nicht in hörbaren Worten äußerten. Es wird von ihnen erwogen, was
sie sagen könnten und was Er dann sagen würde. Ihr Gewissen sagt
ihnen schon ihr eigenes Urteil voraus: „Warum glaubtet ihr denn
dem Täufer nicht?" Diese eine Frage aus dem Munde des Herrn wollten sie um jeden Preis vermeiden. Merkwürdig ist ihre Erwägung, daß
unter dem Volke der Glaube an den prophetischen Charakter des
Täufers verbreitet war. Das Volk zeigte in dieser Überzeugung eine
solche Festigkeit, daß die hohen Herren im Falle des Widerspruchs
fürchteten, gesteinigt zu werden. Dieser Zug ist dem Lukas eigentümlich.

Für die Feinde des Herrn war es sehr schwierig, aus der Verlegenheit
herauszukommen. Es kam sie beides gleich hart an: die Wahrheit zu
bekennen oder zu verleugnen. In ihrer Verschlagenheit fanden sie noch
einen dritten Rat, womit sie aber ihre Torheit offenbaren. Die Erklärung, daß sie nicht wüßten, „woher", mußte doppelt peinlich sein,
weil sie sonst immer ihr „wir wissen" (Jo 9, 24—34) hören ließen. Ihre
Antwort war so kurz und unbestimmt, wie es nur möglich war. Das
Peinlichste für die Feinde war, daß sie dem Herrn durch ihre Antwort
das Recht einräumten zu Seiner entschiedenen Gegenerklärung: „So
sage Ich euch auch nicht, in welcher Vollmacht Ich dies tue".

W. Stb. Matth.   c) Das Gleichnis von den bösen Weingärtnern.
S. 290ff.
W. Stb. Mark.   Lk 20, 9—19
S. 206ff.
Zu V. 9—19:   Bei Matthäus geht diesem Gleichnis das von den beiden Söhnen
Mt 21, 33—46   voraus (Mt 21, 32), das sich nach Jesu Worten auf das Verhalten der
Mk 12, 1—12   Vertreter des Hohen Rates gegen Johannes den Täufer bezog.

Das Gleichnis ist ein großartiges Gemälde von dem ganzen Verlauf
der theokratischen Geschichte Israels. Eindrucksvoll wird die wahre
Bedeutung derselben enthüllt. Die gesamte Geschichte des Alten Bundes, die Zeit der Propheten, das Kommen des Messias, Seine Verwerfung und Sein Tod, die Folgen Seines Todes, Israels Verwerfung, der Übergang des Reiches Gottes zu den Heiden, das alles wird
mit den einfachsten Bildern, aber mit entsetzlichster Deutlichkeit dargestellt. Es ist gleichsam die Antwort auf ihre Frage nach dem Ursprung
Seiner Vollmacht: Er ist der Sohn, der Erbe, der höchste Gesandte
ihres Gottes.

Das Gleichnis schildert ein Dreifaches: 1. Die Ehrenstellung der Obersten der Theokratie, 2. das verbrecherische Verhalten der theokratischen Behörden, 3. die Bestrafung für dieses Verhalten.

Die Ehrenstellung der Obersten der Theokratie.

Lk 20, 9

9 Er fing aber an, zu dem Volke dieses Gleichnis zu sagen: „Ein Mensch pflanzte einen Weinberg und übergab ihn Weingärtnern und weilte lange Zeiten in der Fremde."

Nach Matthäus und Markus ist das folgende Gleichnis an die Pharisäer und Ältesten gerichtet, auf die es eine gewisse Beziehung enthält, dagegen läßt Lukas den Herrn zum Volke reden. Nach Lage der Dinge (vgl. Lk 19, 36. 43; 22, 2) sind hier nicht allein die Jerusalemiter, sondern jüdische Festpilger aus allen Landesteilen gemeint, die in der Hauptstadt anwesend waren. Unter diesem in Lk 20, 9 genannten Volk aus allen Gebieten des jüdischen Landes befanden sich auch Sanhedristen (Mitglieder des Hohen Rates oder Synedriums, rabbinisch: Sanhedrin, vgl. Lk 20, 19). Die Eingangsworte in Mk 12, 1: **„Und Er fing an, zu ihnen in Gleichnissen zu reden"**, bezeichnen einen zweiten Anfang, daß der Herr, wie zum Volke in Galiläa, jetzt auch zu den Obersten des Volkes vorwiegend in Gleichnissen redete (vgl. Mt 22, 1). Das schändliche Verhalten der Obersten zu den Boten Gottes seit der Väter Zeiten und das Gericht des ganzen Volkes enthüllt Jesus Seinen Hörern im folgenden Gleichnis.

Der Weinberg ist im Alten und im Neuen Testamente an zahlreichen Stellen ein beliebtes Bild für die israelitische Theokratie, an welcher Gott keine Arbeit gespart hat (vgl. Ps 80, 9 ff; Jes 5, 1 ff; 27, 2 ff; Jer 2, 21; Hos 10, 1; Hes 15, 2 ff; Mt 20, 1 ff; 21, 28 ff. 33 ff). Jesus erinnert ohne Zweifel in diesem Gleichnis an das Lied des Propheten Jesaja vom Weinberg (vgl. Jes 5, 1 ff), das allen jüdischen Zuhörern gut bekannt war. [2])

Die Eingangsworte berichten ferner, daß der Besitzer den Weinberg an Gärtner übergab und verreiste. Die Wahl des grie Zeitwortes „ekdidomi = etwas aus der Hand geben" oder „übergeben", in Verbindung mit dem gleichzeitigen Abreisen für lange Zeit läßt erkennen, daß der Besitzer die Weingärtner in seinem Weinberge selbständig arbeiten ließ. Die Gärtner waren keine Sklaven, Tagelöhner oder Angestellte, sondern ihnen wurde der Weinberg mit allem Zubehör zur selbständigen Bearbeitung und Verwaltung übergeben, freilich mit der Bedingung, die Früchte zur Erntezeit an den Besitzer abzuliefern. Die Selbständigkeit der Winzer und ihre Verantwortung für den Ertrag

---

[2] Matthäus und Markus berichten zu Anfang, wie sorgfältig der Besitzer bei der Anlegung des Weinbergs verfuhr. Es wurde ein Zaun um den Weinberg gezogen, eine Kelter darin gegraben und ein Wachtturm auf das Gelände gebaut. Lukas hat hier gekürzt, weil seine heidenchristlichen Leser weniger mit dem AT vertraut waren. Es würde zu weit führen, den Zaun mit dem Gesetz, die Kelter mit der Zucht und Strafe, und den Wachtturm mit der Prophetie zu vergleichen.

des Weinberges ihrem Herrn gegenüber ist der Punkt, auf welchen es im Gleichnis ankommt.

Weil Jesus an das Lied des Propheten Jesaja vom Weinberge anknüpft, liegt hier eine Andeutung zur Deutung des Gleichnisses. Nach dieser alttestamentlichen Vorlage handelt es sich bei dem Weinberg um ein Bild für das jüdische Volk, bei dem Weinbergbesitzer um Gott; es liegt durchaus nahe, bei den Winzern an diejenigen zu denken, die das jüdische Volk betreuen, nämlich an seine Führer, die Hohenpriester und Ältesten, Schriftgelehrten und Pharisäer (vgl. Mt 21, 23. 45; Lk 20,19).

Das verbrecherische Verhalten der Obersten.

Lk 20, 10—15

Zu Vers 10:
2 Chron 36,
15. 16

10 „Und zur gegebenen Zeit sandte er zu den Weingärtnern einen Sklaven, daß sie ihm von dem Ertrag des Weinberges geben sollten. Die Weingärtner aber sandten ihn mit leeren Händen fort, nachdem 11 sie ihn zuvor geschlagen hatten. * Und er fuhr fort, einen andern Sklaven zu senden. Nachdem sie auch diesen geschlagen und be- 12 schimpft hatten, schickten sie ihn mit leeren Händen fort. * Und er fuhr fort, einen Dritten zu senden. Nachdem sie aber auch diesen 13 verwundeten, warfen sie ihn hinaus. * Es sprach aber der Herr des Weinbergs: ‚Was soll ich tun? Ich will meinen Sohn, den Geliebten, 14 senden, vielleicht werden sie sich vor ihm schämen'. * Während aber die Weingärtner ihn sahen, beratschlagten sie untereinander und sagten: ‚Dieser ist der Erbe. Wir wollen ihn töten, daß das Erbe 15 unser werde'. * Und sie warfen ihn hinaus außerhalb des Weinberges und töteten ihn. Was wird ihnen nun der Herr des Weinberges tun?"

Der Herr des Weinberges sandte Knechte oder Sklaven aus, um die Ablieferung der Ernte zu erlangen. Alle drei Synoptiker bewahren in diesem Berichte ihre Eigentümlichkeit. Matthäus erwähnt zwei Abordnungen, welcher jedesmal mehrere Knechte zugehören; Markus spricht von einer dreimaligen Sendung, der zweimal ein Knecht angehört, und das dritte Mal werden viele andere Knechte geschickt; Lukas erwähnt nur eine dreimalige Sendung, immer mit einem Knechte. Die einzelnen Evangelisten schildern auch die Mißhandlung und die Tötung der ausgesandten Knechte verschieden. Lukas berichtet bei der dreimaligen Sendung eines einzigen Knechtes eine steigende Mißhandlung durch die Weingärtner: 1. schlagen, 2. schlagen und beschimpfen, 3. verwunden und hinauswerfen. ³) Es wird hier das verbrecherische Verhalten

---

³ Wenn die Pflanzung des Weinberges die Gründung des atst Gottesreiches bedeutet, so ist nicht schwer zu erkennen, daß die Knechte die Propheten sind, welche von Israel und seinen Obersten die Hingabe an Gott und die Erfüllung Seiner Gebote forderten. Die Mißhandlung der Knechte ist ein Hinweis darauf, daß das jüdische Volk die von Gott gesandten Propheten verachtet, mißhandelt und getötet hat. Die Worte des Elia (1 Kö 19, 14), die verübten Mordtaten durch Manasse (2 Kö 21, 10—16), die Beispiele des Jesaja, Sacharja, Jeremia und der Propheten überhaupt (Hbr 11, 32—38) verdeutlichen die Worte des Gleichnisses.

der theokratischen Obrigkeit gegen das Prophetentum zur Zeit der Vorfahren geschildert.

Die abweichenden Berichte der Evangelisten erzählen jedoch alle übereinstimmend, daß der Weinbergbesitzer in unsäglicher Langmut Boten aussandte und daß die Winzer sich in steigender Bosheit an den Boten und dem Herrn selbst versündigten. Der Grundgedanke des Gleichnisses zeigt Gottes langmütige Schonung des atst Bundesvolkes, von den ältesten Zeiten an bis zur Zeit Jesu. Die theokratischen Volksführer: die Priester, die Ältesten, die Fürsten, die Könige, zuletzt die Mitglieder des Hohen Rates haben die Gottesboten, die Propheten bis herab auf Johannes den Täufer, verfolgt, mißhandelt und getötet. Der Herr des Weinbergs überbietet in grenzenloser Nachsicht und Güte alle früheren Sendungen. Der Weinbergbesitzer gibt sein Letztes hin, seinen geliebten Sohn. Die Frage des Besitzers: „Vielleicht werden sie diesen scheuen?" könnte so mißverstanden werden, als hätte Gott Seinen Sohn nicht in die Welt gesandt, um zu leiden und zu sterben. Jesus deutet mit dieser Frage im Gleichnis nur an, daß Gott für Seinen Sohn eine bessere Aufnahme erwarten konnte als Seine früheren Knechte.

Der Anblick des Sohnes, der die Winzer mit Ehrfurcht erfüllen sollte, erregte im Gegenteil in ihren Herzen die furchtbarsten Mordpläne. Wenn Jesus den Gärtnern die Worte in den Mund legt: „Damit das Erbe unser werde!" so enthüllt Er damit vor allen Zuhörern die geheimen Pläne dieser heuchlerischen Obersten und die Selbstsucht als Grund ihres Hasses, womit sie Ihn verfolgen. Der fast gleiche Gedanke kommt in dem Votum des Kaiphas zum Ausdruck (vgl. Jo 11,50).

Die Erzählung schließt das Geschick des Sohnes mit seiner Ermordung ab. Auffällig ist, daß der Sohn bei Markus innerhalb des Weinbergs getötet wird und daß nachher der Leichnam über die Mauer des Weinbergs hinausgeworfen wird. Dieser Zug schildert die Ruchlosigkeit der Winzer. Der Leichnam wird geschändet, dem Ermordeten wird das Begräbnis versagt. Bei Matthäus und Lukas wird dagegen umgekehrt erst der Sohn aus dem Weinberg hinausgestoßen und außerhalb desselben umgebracht. Es ist hier eine Anspielung der Tötung Jesu außerhalb der Stadt (vgl. Mt 27, 32 f; Jo 19, 17; Hbr 13, 12 f).

Der Weinbergbesitzer zieht die Winzer, nachdem sie den Erben getötet haben, zur Rechenschaft. Die Frage: „Was wird nun der Herr des Weinberges an ihnen tun?" ist in der Zukunftsform ausgesprochen, während das ganze Gleichnis vorher in Vergangenheitsform erzählt wird. Dies ist ein Hinweis, daß es sich um ein Ereignis der Zukunft handelt, was jetzt angekündigt wird. Nach dem Bericht des Matthäus wird die Frage des Herrn von den Betroffenen selbst beantwortet. Markus und Lukas dagegen legen das von Jesus bestätigte Urteil Ihm Selbst in den Mund.

Der unterschiedliche Bericht der Evangelisten läßt sich sicherlich so ausgleichen, daß einzelne unter den Zuhörern ihre eigenen Richter waren, während andere über diese Sprache erschraken.

Gottes Strafurteil über die jüdische Theokratie.

Lk 20, 16—19

16 „Er wird kommen und diese Weingärtner umbringen und anderen
den Weinberg geben." Als sie das aber hörten, sprachen sie: „Das
17 geschehe nicht!" * Er aber blickte sie an und sprach zu ihnen: „Was
bedeutet denn jenes Schriftwort (Ps 118, 22): Der Stein, den die
18 Bauleute verworfen haben, dieser ist zum Eckstein geworden? * Jeder, der auf diesen Stein fällt, wird zerschellen, auf welchen er aber
19 fällt, den wird er zermalmen." * Und die Schriftgelehrten und die
Hohenpriester suchten in jener Stunde, Hand an Ihn zu legen, aber
sie fürchteten das Volk, denn sie erkannten, daß Er auf sie dieses
Gleichnis gemünzt hatte.

Zu Vers 19:
Lk 19, 48

Lukas berichtet nicht weiter, wie die bösen Winzer umgebracht werden, er sagt auch nicht ausdrücklich, auf welche „anderen" der Weinberg übertragen wird. Es besteht jedoch die Tatsache, daß die Übertragung des Weinbergs von den Juden auf die Heiden erfolgen wird.
Die Hörer, welche dieses Drohwort vernommen haben, wollten es abwenden, indem sie sagten: „Das geschehe nicht!"

Der Herr gibt denen, die Seine Drohworte abwenden möchten, mit
ernstem Blick das Schriftwort in Psalm 118, 22 zu bedenken. Der Herr
fragt gleichsam: „Was ist dies anders als eine Weissagung von Mir
und Meinem Reiche?" Jesus sagt offen, daß das Reich Gottes von
ihnen genommen wird und daß ihre Opposition zu ihrem eigenen
Verderben ausschlägt.

Die Worte aus Psalm 118, aus dem auch der Hosiannaruf stammt,
sind nach dem Zusammenhang des Psalmes ein bildlicher Ausdruck für
die freudige Anerkennung des Gnadenwunders, das die Gemeinde während der Erbauung des Serubabel'schen Tempels erfahren durfte. Der
kümmerlich begonnene Anfang dieses Gotteshauses ist unter großen
Hindernissen glücklich vollendet worden. Das Bundesvolk empfing
in dem neu erbauten Tempel ein Unterpfand der göttlichen Bundes-
treue, welches ihm den Fortbestand des Reiches Gottes zusicherte.
Weil der Tempel den Mittelpunkt des Gottesreiches im Alten Bunde
bildete, konnte die Gemeinde in dem durch Gottes Gnadenbeistand
vollendeten Tempel eine Erfüllung der Verheißung in Jes 28, 16 erkennen, wo es heißt: „Siehe, Ich bin es, der in Zion einen Stein gegründet, einen Stein der Bewährung, einen köstlichen Eckstein wohl-
gegründeter Gründung, wer da glaubt, wird nicht wanken". Die angeführten Psalmworte gehören zu den messianischen Verheißungen.

Die Geschichte Israels hat sich in der Geschichte Jesu Christi gipfel-
haft rekapituliert. Nach verschiedenen Schriftworten (vgl. Jo 2, 19—21;
Sach 6, 12 f) ist Jesus, der im Stande Seiner Niedrigkeit verachtet und
verworfen wurde, im Stande Seiner Verherrlichung der ewige, herrliche Tempel geworden, in dem die ganze Fülle der Gottheit leibhaftig
wohnt, mit dem einmal die versöhnte Menschheit für immer vereinigt

wird. Jesus ist der Grund- und Eckstein dieses neuen Tempels, welcher nach Gottes Beschluß in Zion erbaut wird. Nach dem Bilde des Gleichnisses ist Jesus der von Gott bestimmte Gründer und Träger des Königreiches Gottes. Die Bauleute, die Häupter und Leiter des jüdischen Volkes, haben Jesum Christum verworfen, durch ein Wunder des Herrn aber ist Er zum Grundstein, Eckstein und Schlußstein geworden (vgl. Apg 4, 11; Eph 2, 20—22; 1 Pt 2, 4).

Die Verwerfung Christi, des Grundsteines für den neuen Bau, zieht nicht allein den Verlust des Reiches nach sich, sondern auch das Verderben Seiner Widersacher. Jesus nimmt das Bild vom Stein wieder auf und zeigt durch Anspielung auf weitere Worte des AT, daß Seine Gegner sich durch ihren Unglauben den Untergang bereiten. Der erste Teil Seines Ausspruches, daß, wer über diesen Stein fällt, zerschellen wird, gründet sich auf Jes 8, 14. 15; danach werden sich an diesem Stein des Anstoßes und Fels des Ärgernisses viele stoßen, sie werden fallen und zerschellen. Diese Weissagung ist in Christo völlig erfüllt worden. Der zweite Satz erinnert an den großen Stein in dem Monarchienbilde (vgl. Da 2, 34), der sich vom Berge losreißt; an den Koloß, der Weltreiche anschlägt und sie zertrümmert. Dieser Stein bildet das Reich Gottes ab. Diese Daniel'sche Weissagung erfüllt sich ebenfalls in Christo, dem Gründer des Reiches Gottes. Wer Ihm widersteht, wird vernichtet. Das angedrohte Gericht beginnt mit der Zerstörung Jerusalems. Das jüdische Volk, das Christum verworfen hat, ist seitdem wie Spreu vor der Wurfschaufel in alle Winde zerstoben.

Aus der Erläuterung des Gleichnisses erkannten die Hohenpriester und Pharisäer, daß Jesus von i h n e n sprach und daß sich der Inhalt der biblischen Rede auf sie bezog. Das Schlußwort des Gleichnisses zeigt, daß die Feinde des Herrn nicht aus M i ß v e r s t a n d Seiner Reden immer erbitterter wurden, sondern weil sie allzugut begriffen, was Er ihnen sagen wollte und sich durch Jesu Rede tödlich beleidigt fühlten. Mit wachsender Erblindung ihrer Augen steigt der Haß in ihren Herzen. Sie gaben nicht aus Furcht vor dem Gerichte Gottes ihre Feindschaft gegen Jesus auf, sondern sie suchten in ihrer Verstocktheit Ihn gewaltsam aus dem Wege zu räumen. Nur die Furcht vor dem Volke, das Jesus für einen Propheten hielt, hatte zur Folge, daß ihr Vorhaben nicht zur Ausführung kam. Sie wagten nicht, in diesem Augenblick ihren Anschlag gegen Jesus in die Tat umzusetzen. Sie wollten vor dem Volke nicht als Prophetenmörder erscheinen.

d) Die Frage der Pharisäer wegen der kaiserlichen Steuer.

Lk 20, 20—26

20 Nun lauerten sie Ihm (wieder) auf und sandten Aufpasser, die sich selbst verstellen sollten, als wären sie Gerechte. Sie sollten Ihn bei einem (unbedachten) Worte fassen, um Ihn der Obrigkeit und der 21 Gewalt des römischen Statthalters auszuliefern. * Und sie fragten Ihn und sprachen: „Lehrer, wir wissen, daß Du recht redest und lehrest

W. Stb. Matth. S. 296ff.
W. Stb. Mark. S. 208ff.
Zu V. 20—26:
Mt 22, 15—22
Mk 12, 13—17
Zu Vers 20:
Lk 11, 54

und die Person nicht ansiehst, sondern in Wahrhaftigkeit den Weg
22 Gottes lehrst. * Ist es uns erlaubt, dem Kaiser Steuern zu zahlen oder
23 nicht?" * Als Er aber ihre Arglist bemerkte, sprach Er zu ihnen: *
24 „Zeigt Mir einen Denar. Wessen Bild und Aufschrift trägt er?" Sie
25 sprachen: „Des Kaisers". * Da sprach Er zu ihnen:„ Gebt dem Kaiser,
26 was dem Kaiser zukommt, und Gott, was Gottes ist!". * Und sie
konnten Ihn nicht vor dem Volke bei einem Wort festlegen. Sie
mußten aber staunen über Seine Antwort und schwiegen still.

Was. den Volksobersten auf amtlichem Wege nicht gelang, hofften
sie jetzt durch List zu erreichen. Unter dem Scheine der Lernbegierde
wurden Horcher und Aufpasser zu Jesus geschickt, um Ihm verfängliche
Fragen vorzulegen. Auf Grund der Ihm entlockten Aussprüche wollte
man dann eine gerichtliche Anklage gegen Ihn erheben. Die Horcher
heuchelten Ihm vor, gerechte oder gesetzestreue Leute zu sein, die eine
wichtige Belehrung über eine schwierige Gesetzesfrage wünschten.

Die pharisäischen Sendlinge lobten heuchlerisch die unbestechliche
Freimütigkeit und den Mannesmut des Herrn. Sie glaubten in ihrem
Wahn, sie könnten Jesus wie einen ihresgleichen mit Lob betören oder
zutraulich machen. Weil die Wahrheit in Ihm ist, wußte Er, was in den
falschen Menschen ist. Kein Dichter könnte die Vereinigung der ärgsten Falschheit und Torheit psychologisch tiefer und treffender schildern, als dies in der schlichten Erzählung des Evangelisten geschehen
ist.

Auf die lange und gut durchdachte Vorrede der pharisäischen Abgesandten folgt eine höchst brenzlige Frage über die Steuerzahlungen an
den römischen Kaiser. Jesus soll auf Grund Seiner Freimütigkeit und
Wahrheitsliebe dazu Stellung nehmen. Über die Forderung des Kaisers,
mit der die Herodianer zwar einig sind, der aber die Pharisäer nicht
zustimmten, sollte der Herr ein gerechtes Urteil fällen. Es schien den
Pharisäern S ü n d e und Unrecht zu sein, dem heidnischen Cäsar
Steuern zahlen zu müssen, da sie doch schon ihre Tempelsteuern ent-
richteten. Die Frage hat weiterhin noch ihre eigentümliche Schwierigkeit, denn nach 5 Mo 17, 15 ist es verboten, daß ein Fremder, und
dazu noch ein Heide, das Land und Volk Israels beherrscht, wie es
jetzt der Fall war. Judas der Galiläer und sein Anhang, die keine andere als die Tempelsteuer wollten, die auch versuchten, das römische
Joch abzuschütteln, standen scheinbar auf dem Grunde der Schrift (vgl.
Apg 5,37; Jos. Ant. XVIII, 111; 2,6; XX 5,2; Jud. bell. II, 8, 1). Erklärte
Sich Jesus mit dem pharisäischen Grundsatz e i n i g , so widersetzte Er
Sich der römischen Obrigkeit und Er geriet mit der weltlichen Macht
des Statthalters in persönlichen Konflikt. Die römisch gesinnten Herodianer wären dann als Zeugen zu der Anklage aufgetreten, daß Jesus
gesagt hätte, man sollte dem Kaiser keine Steuern zahlen. Und die
Pharisäer, die sich zwar als „die Gerechten" und Frommen und Hüter
des Gesetzes vorstellten, wären dann selbstverständlich als Mitzeugen
bei der Hand gewesen und hätten in die gleiche Posaune mit den
Herodianern gestoßen.

Wenn Jesus die pharisäische Frage bejaht, also gesagt hätte: „Dem Kaiser ist die Steuerzahlung zu entrichten", dann würde man Ihn, weil das Volk auf die Befreiung vom Joche Roms wartete, als einen schlechten Messias angesehen haben.

In diesem Falle keine Antwort zu geben, war auch unmöglich.

Die Erwägungen zeigen, wie schwierig die Situation für den Herrn war.

Der Herr forderte Seine Gegner auf, Ihm eine Münze zu zeigen oder herzubringen. Markus und Lukas bezeichnen die Münze der Kopfsteuer als einen Denar. Der römische Denar, der zur Zeit Jesu in Judäa im Umlauf war, hatte auf der Vorderseite den Kopf des Tiberius mit der lateinischen Umschrift: „Ti(berius) Caesar Divi Aug(usti) F(ilius) Augustus" = Tiberius Caesar, des göttlichen Augustus Sohn, Augustus. Die Rückseite trägt das Bild der Kaiserin Livia, seiner Mutter, mit Zepter und Blume, und die Schrift: „Pontifex Maximus" = Oberpriester. Jesus, der Seine Gegner nach dem Bild und der Umschrift der Münze fragte, bekam die kurze Antwort: „Des Kaisers". Ein rabbinisches Sprichwort lautet: „Überall, wo die Münze des Königs irgendwie gilt, dort erkennen die Einwohner diesen König als den Herrn". Weil die Münze durch Bild und Umschrift als Eigentum des Kaisers bezeichnet ist, folgert Jesus, daß der Kaiser eine Steuer verlangen darf. Die Beantwortung dieser hochpolitischen Frage richtet sich gegen die jüdischen Revolutionäre (die Zeloten), welche es für Sünde erklärten, einem Heiden Steuern zu zahlen. Mit der Aufforderung: „**Gebt dem Kaiser, was des Kaisers ist!**" schärft der Herr den Gehorsam gegen die staatliche Obrigkeit ein.

Jesus stellt in Seiner Antwort auf die Frage der Feinde dem Gehorsam der staatlichen Obrigkeit gegenüber noch den Gehorsam gegen Gott an die Seite, wonach Er nicht gefragt wurde. Wenn Er fordert: „**Gebt Gott, was Gottes ist!**" so liegt darin die Mahnung, kein Heil von irgendeinem politischen Umsturz zu erwarten. Eine Besserung der bürgerlichen Verhältnisse wurzelt in der Stellung des Menschen zu Gott, der von jeder äußeren politischen Macht völlig unabhängig ist. Jesus zeichnete so in grundsätzlicher Schärfe die Grenzlinien zweier Rechtsgebiete, das Recht des Gottesreiches und des Staates. Der Herr belehrte Seine Fragesteller, daß durch die politische Unterordnung unter den Kaiser ihre Pflicht Gott gegenüber nicht aufgehoben wird. Alles, was zur Erhaltung der rechtlichen Ordnung im bürgerlichen Leben zu tun ist, soll Gott geleistet werden, dem auch das bürgerliche Leben untergeordnet ist. Wer eben in rechtem Gehorsam sich bemüht, Gottes Gebote zu erfüllen, fragt gar nicht nach dem Recht der Steuerzahlung. Wer Gott gibt, was Ihm gebührt, gibt auch der weltlichen Obrigkeit, was ihr rechtlich zukommt. Tertullian sagt zu dieser Stelle: „Deshalb verlangte der Herr auch, man solle Ihm eine Münze zeigen, und fragte wessen Bild das sei, und da Er die Antwort bekam: ‚des Kaisers', sagte Er: ‚Also gebt dem Kaiser, was des Kaisers ist, und Gott, was Gottes ist', d. h. das Bild des Kaisers, welches sich auf der

468   Lukas 19, 28—21, 38

Münze findet, dem Kaiser und das Ebenbild Gottes, das sich im Menschen findet, Gott, so daß du dem Kaiser dein Geld gibst, Gott aber dein Herz. Andernfalls aber, wenn dem Kaiser alles gehört, was wird für Gott übrig bleiben?" (Tert. Idol. 15). Die Worte des Herrn zeigen die rechte Mitte zwischen der Pflicht und Schuldigkeit gegen die Obrigkeit und Gott. [4]) Der zweite Teil des Satzes ist eine Begründung des ersten Satzteiles und er enthält zugleich eine Beschränkung, die rechte Grenze des Gehorsams.

Die hinterlistigen Fragesteller, die dem Herrn eine Schlinge legen wollten, wurden mit dieser kurzen, aber weisen Antwort nach allen Seiten hin gehörig abgewiesen. Alle Synoptiker berichten von der Verwunderung der Frager, die nun offenbar aufbrach.

W. Stb. Matth. S. 298ff.; 302f.
W. Stb. Mark. S. 210 ff. 213f.
Zu V. 27—40: Mt 22, 23—33. 46
Mk 12. 18—27. 34

e) Die Frage der Sadduzäer wegen der Auferstehung der Toten.

Lk 20, 27—40

Nachdem die schriftkundigen Pharisäer vom Herrn eine gründliche Abfertigung erfahren hatten, versuchten es auch die Sadduzäer (vgl. W. Stb. Matth. S. 35, Anm. 11!), Ihm eine verfängliche Frage vorzulegen. Die Sadduzäer waren bisher nicht in einer so erbitterten Feindschaft gegen Jesus aufgetreten wie die Pharisäer. Später verfolgten sie die Apostel (vgl. Apg 4, 1 f; 5, 17 f; 23, 6 f). Im Besitze der höchsten, geistlichen Ämter stand ihnen der irdische Lebensgenuß höher als die Pflege des religiösen Lebens. Übersinnliche Schriftwahrheiten, wie die Auferstehung der Toten, das Dasein der Engel und der Geister, ein Fortleben und eine Vergeltung nach dem Tode zogen sie als sinnliche Verstandesmenschen in Zweifel (vgl. Apg 23, 8; Jos. Ant. XVIII. 1. 4; Jud. bell. II, 8, 14).

Keiner der Synoptiker berichtet, daß die Sadduzäer mit ihrer Frage als Versucher an Jesus herantraten. In der Überzeugung, daß Er mit den Pharisäern an die Totenauferstehung glaube, gedachten sie das Ungereimte Seines Glaubens und Seiner Lehre ins Lächerliche zu ziehen, wenn es ihnen gelänge, aus Seinem Munde ein Wort herauszulocken, was dieser Hoffnung widerspricht. Die antipharisäische Stellung, welche Jesus äußerte, veranlaßte sie, nachzuforschen, ob Seine Gesinnung auch so antisadduzäisch war.

Die eigentümliche Art, in welcher Jesus hier die Auferstehung bekräftigt, verdient eine besondere Aufmerksamkeit. Philosophen versuchen, ihre Unsterblichkeitsidee aus der Natur der menschlichen Seele herzuleiten. Jesus findet den festen Grund der Hoffnung des ewigen Lebens dagegen in der persönlichen Gemeinschaft des Menschen mit Gott. Jesus deckt damit den innersten Grund der sadduzäischen Zwei-

---

[4] Dem Kaiser soll der Jünger Christi um Gottes willen dienen, der ihm die Macht gibt und einst Nebukadnezar über die Väter setzte (vgl. Jer 27, 6—11; 29, 7). Gehorsame Untertänigkeit, welche dem Kaiser und Gott alle Schuldigkeit leistet, verträgt sich mit den Worten des Herrn und dem apostolischen Zeugnis ganz gut miteinander (vgl. Rö 13, 1; 1 Pt 2, 13. 14).

fel auf. Er lag bei ihnen in der völligen Loslösung ihres inneren Lebens von Gott. Der Herr zeigt den einzigen Weg zur vollkommenen Gewißheit eines ewigen Lebens und den wahren Grund für die Hoffnung der Zukunft. Die tiefste Herzenserfahrung lehrt, daß der Ewigkeitsglaube unsicher und unerquicklich ist, solange man Gott nicht gefunden hat.

Nach dem Bericht des Lukas versuchen die Sadduzäer, durch eine Frage den Glauben an die Auferstehung und die Person Jesu ins Lächerliche zu ziehen (Lk 20, 27—33). Jesus löst diese Schwierigkeit, indem Er die Frage in ein höheres Gebiet überführt (Lk 20, 34—36). Der Herr begründet die Totenauferstehung aus der Schrift (Lk 20, 37—38). Die Schriftgelehrten loben Jesu Weisheit in der Beantwortung dieser schwierigen Frage (Lk 20, 39—40).

Eine verwickelte Frage der Sadduzäer wegen der Schwagerehe.

Lk 20, 27—33

27 Nun traten einige Sadduzäer heran, die die Auferstehung der
28 Toten leugneten und Ihn fragten * und sagten: „Meister, Mose hat uns geschrieben: Wenn einem der Bruder, der eine Frau hat, sterben würde und kinderlos bliebe, so soll sein Bruder sie zur Frau nehmen, um seinem verstorbenen Bruder Kinder zu schenken!
29 * Es waren nun sieben Brüder, und der Erste, der eine Frau nahm,
30 31 starb kinderlos. * Die Frau nahm der Zweite * und dann der Dritte. Ebenso aber auch die Sieben. Alle hinterließen keine Kinder
32 33 und starben. * Zuletzt starb auch die Frau. * Wem gehört nun die Frau in der Auferstehung? Denn alle Sieben hatten sie ja zur Frau."

Zu Vers 28:
5 Mo 25, 5. 6

Der gleiche Vorgang wird von Matthäus und Markus berichtet. Hier im Lukasevangelium folgt die Unterredung der Sadduzäer mit Jesus im engen Anschluß an die vorausgehende Auseinandersetzung mit den Pharisäern. Der erste Evangelist macht nicht wie Markus und Lukas seine. Leser mit der Ansicht der Sadduzäer bekannt, daß sie selbst die Auferstehung leugneten. Für jüdische Leser hatte Matthäus das nicht nötig.

Nach dem Gesetz mußte, wenn ein Ehemann ohne Nachkommen starb, der überlebende Bruder die Witwe heiraten, um seinem Bruder Nachkommen zu erwecken. Verweigerte der Schwager die Ehe, dann sollte die Verschmähte ihm öffentlich einen Schuh vom Fuße ziehen und ins Angesicht spucken.

Im Anschluß an das Gebot der Leviratsehe führen die Sadduzäer einen Fall an, der jedenfalls erfunden war, wenn es auch vorkam, daß eine Witwe mehrere Schwäger heiratete. Die hier erzählte Geschichte, daß eine Frau sieben Männer hatte, sollte nur bezwecken, die mosaische Vorschrift ins Lächerliche zu ziehen. In dieser Frage der Sadduzäer kommt die spöttische Ansicht zum Ausdruck, Mose könnte bei dem Gesetz über die Schwagerehe unmöglich an die Auferstehung gedacht haben, weil doch die sieben Brüder in der Auferstehung nicht die gleiche Frau haben könnten. Hieraus zogen die Sadduzäer den Schluß, daß die Lehre von der Auferstehung mit der mosaischen Ansicht und mit der biblischen Lehre überhaupt im Widerspruch steht.

Die Einwände gegen die Grundwahrheiten der Heiligen Schrift haben meistens ihren Grund darin, daß die Begriffe dieser Sinnenwelt auf das Überirdische übertragen werden. Die Sadduzäer und die Pharisäer sind immer wieder die zwei Hauptgruppen der Verführer der Menschen. Die Pharisäer sind Vertreter der Scheinheiligkeit. Die Sadduzäer vertreten unter dem Schein der Wissenschaft und Aufklärung den nackten Unglauben. Die pharisäische Partei stützt ihre Frömmigkeit auf die H e i l i g k e i t   d e s   B u c h s t a b e n s. Die hier genannte sadduzäische Gruppe betont ihre V e r n u n f t s g r ü n d e ,   i h r e   Z w e i f e l   u n d   d i e   F r e i h e i t   d e s   G e i s t e s.

Die Lösung der Schwierigkeit durch den Hinweis auf die himmlischen Verhältnisse.

Lk 20, 34—36

34 Und Jesus sprach zu ihnen: „Die Söhne dieses Aeons heiraten und 35 lassen sich heiraten. * Die aber gewürdigt werden, jener Welt und der Auferstehung aus den Toten teilhaftig zu werden, die heiraten 36 nicht mehr, noch werden sie geheiratet. * Denn sie können ja auch hinfort nicht mehr sterben, denn sie sind den Engeln gleich und sind Söhne Gottes, da sie Söhne der Auferstehung sind." [5]

Zu Vers 36:
1 Jo 3, 1. 2

Der Herr zeigt Seinen Gegnern, daß diese irdischen Verhältnisse im Jenseits nicht fortbestehen. Jesus stellt „**diese Weltzeit**" (diesen Aeon) und „**jene Weltzeit**" (jenen Aeon) gegenüber. Für den gegenwärtigen Aeon ist die Ehe von Gott zur Fortpflanzung und Erhaltung des Menschengeschlechtes eingesetzt. Die Auferstehung, von welcher der Herr spricht, erneuert nicht das jetzige Fleisch und Blut, was das Reich Gottes nicht ererben kann. Der Bestand der Ehegemeinschaft zur Zeugung neuer Sterblicher wird abgetan werden. Wenn Lukas hier von „**Söhnen dieser Weltzeit**" spricht, die heiraten und verheiratet werden, und von „**Söhnen Gottes**", welche in dem künftigen Aeon diese Lebensart nicht mehr hegen, so ist damit nicht gesagt, daß die Gläubigen im Stande der gegenwärtigen Nichtvollendung die Ehe verwerfen sollen. Der Gnostiker Marcion verdreht z. B. diese Stelle und schreibt den Seinen

---

[5] Jesus gibt auf die spöttische Frage der Sadduzäer eine Antwort. Es darf als ein Zeichen Seiner herablassenden Gnade angesehen werden, daß Er die höhnischen Fragesteller noch der Ehre einer Antwort würdigt. Jesus antwortet hier nicht wie bei den Pharisäern mit einem treffenden Einzelwort, nämlich: „Gebt dem Kaiser, was des Kaisers ist", sondern mit einer ausführlichen Gedankenentwicklung. Matthäus berichtet die Antwort des Herrn einfach und bestimmt; Markus stellt sie lebendiger und dramatischer dar; Lukas schlägt einen freieren Weg ein, aber er erwähnt Einzelheiten von äußerster Wichtigkeit. Unser Evangelist übergeht den schönen Anfang der Rede des Herrn (Mt 22, 29; Mk 12, 24), in welchem Jesus die Quelle des irrtümlichen Unglaubens aufgedeckt hat. Es ist dem Evangelisten Lukas nur um die sachliche Widerlegung zu tun.

vor, „schon hier nicht zu heiraten, weil sie sonst nicht Seine ewigen Söhne sind". Der Herr spricht vielmehr im Gegensatz zu den Kindern des Todes von denen, welche gewürdigt werden, Teilhaber des künftigen Aeons und der Auferstehung zu werden. Weil dann kein Sterben mehr ist, bedarf es keiner Fortpflanzung des Menschengeschlechtes. „Söhne Gottes" ist gleichbedeutend mit der vollendeten Sohnschaft auch dem Leibe nach (vgl. Rö 8, 23; 1 Jo 3, 1. 2). Dieser Ausdruck geht parallel mit „Kinder Gottes" oder „Erben Gottes" oder Genossen der Auferstehung, im Gegensatz zu den Kindern des Todes. Weil die Auferstandenen „Söhne Gottes" und „Söhne der Auferstehung" sind, darum sind die irdischen Familienbeziehungen „Kinder und Eltern" nicht mehr vorhanden.

Um den Sadduzäern die Aufhebung der Fortpflanzung des Menschengeschlechtes wegen der Unsterblichkeit in der künftigen Welt zu begründen, macht der Herr geltend, daß die Söhne Gottes und die Söhne der Auferstehung engelgleich (isangelos) sein werden. [6])

Beachtenswert ist, daß Jesus hier nicht von der „Auferstehung d e r Toten", d. h. aller Toten redet, sondern von der **„Auferstehung aus Toten".** Es gibt eine Auferstehung der Toten, der Gerechten und der Ungerechten (vgl. Apg 24, 15), oder, wie der Herr in Übereinstimmung mit den Propheten lehrt, eine Auferstehung des Lebens und des Gerichts (Jo 5, 29; Da 12, 2). Die Auferstehung zur ewigen Schmach und Schande verdient eigentlich keine Auferstehung im höheren Sinne zu heißen. Das NT redet vornehmlich von der Auferstehung der Gerechten (Lk 14, 14). Allgemein ist von der Auferstehung der Toten die Rede (Apg 24,15. 21; 17,32; 1 Ko 15,12; 13, 21; Hbr 6,2); Um den Vorzug derer zu bezeichnen, die das ewige Leben erben, wird der Ausdruck „Auferstehung aus Toten", wie hier bei Markus und Lukas, oder wie bei Paulus: **„Ausauferstehung"** der Toten (Phil 3, 11) gebraucht. Diese eigentliche Auferstehung der Gerechten aus Toten zu wahrhaftem, ewigem Leben, nämlich zur „verklärten Leiblichkeit", ist die „erste Auferstehung" (vgl. Offb 20, 4—6; 12—15).

Die Begründung der Auferstehung durch die Schrift.

Lk 20, 37—38

37 **„Daß aber die Toten auferstehen, darauf hat auch Moses hingewiesen bei dem Dornbusche, wo er den Herrn ,Den Gott Abrahams** 38 **und den Gott Isaaks und den Gott Jakobs' nennt. * Gott ist aber nicht ein Gott der Toten, sondern der Lebenden, denn alle leben sie Ihm."**

Zu Vers 37:
2 Mo 3, 2. 6

---

[6] Matthäus und Markus haben die Ausdrucksweise: „Wie die Engel in den Himmeln", Lukas sagt einfach „engelgleich" (isangelos), aber nicht „gottgleich". Wenn der Herr den auferstandenen Seligen die Engelgleichheit verheißt, so spricht Er damit von wirklich persönlichen Engeln. Meisterhaft verteidigt Jesus hier beiläufig im Gegensatz zum sadduzäischen Unglauben das Bestehen der Engel als persönliche Wesen. Die Vergleichspunkte zwischen den auferstandenen Menschen und den Engeln sind die Geschlechtslosigkeit und die Unsterblichkeit.

Jesus folgert aus dieser Selbstbenennung Gottes, daß Gott kein Gott der Toten, sondern der Lebendigen ist. Wenn Sich Gott den Gott der Erzväter nennt, die längst gestorben waren, so müssen sie auch nach dem Tode noch leben, oder, wie es hier steht, Ihm leben (Hbr 11, 16). Jesus widerlegte aus dem „Fünfbuch Mose" die Ansicht der Sadduzäer, weil sie aus dem mosaischen Gesetze die Leugnung der Auferstehung beweisen wollten. Aus dem Gesetze selbst wird ihnen ihr Irrtum und Mangel an rechtem Schriftverständnis bewiesen.

Der Eindruck der Beweisführung auf die Zuhörer.

Lk 20, 39—40

39 Es antworteten aber etliche der Schriftgelehrten und sprachen: 40 „Meister, Du hast gut gesprochen!" ˙ Und sie wagten Ihn nichts wieder zu fragen.

Die unerwartete und erhabene Antwort des Herrn auf die Frage der Sadduzäer erregte sogar die Bewunderung einiger Schriftgelehrten. Sicherlich haben die Pharisäer und Schriftgelehrten schon oft nach einem triftigen Beweis aus dem mosaischen Schrifttum für die Schriftwahrheit der Auferstehung gesucht, aber vielleicht nicht gefunden. Die Schriftgelehrten sprachen darum ihre freudige Überraschung über die treffende Antwort des Herrn aus.

Sie erkannten, daß kein Ihm gelegter Fallstrick Ihn zu Fall bringen konnte, sondern Ihn nur zu einer neuen Offenbarung Seiner Weisheit veranlaßte. Diese Erfahrung überzeugt die Feinde, daß sie darauf verzichteten, Jesus noch auf diese Art und Weise anzugreifen.

W. Stb. Matth.
S. 302f.

W. Stb. Mark.
S. 215

Zu V. 41—44:
Mt 22, 41—45
Mk 12, 35—37

Zu Vers 42:
Ps 110, 1

f) Jesu Frage nach Seiner Gottessohnschaft.

Lk 20, 41—44

41 Er aber sprach zu ihnen: „Wie kann man sagen, der Gesalbte, der 42 Messias, sei ein Sohn Davids? ˙ Denn David sagt doch selbst im Buche der Psalmen: ‚Es sprach der Herr zu Meinem Herrn: Setze 43 Dich zu Meiner Rechten, ˙ bis Ich lege Deine Feinde zum Schemel 44 Deiner Füße.' ˙ David nennt Ihn doch ‚Herrn', und wie ist Er Sein Sohn?"

Der Streit zwischen Jesus und Seinen Gegnern war an einem Wendepunkt angelangt. Nachdem Jesus genügend auf ihre Fragen geantwortet hatte, ergriff Er jetzt Selbst das Wort und stellte eine wichtige Frage an die Volksobersten. Die Frage des Herrn: „Wie sagen sie"? bedeutet nicht: „Wie ist es doch möglich, daß sie so sprechen?", sondern: In welchem Sinne wird dieser Name dem Messias erteilt?

Jesus geht mit Seinen Gegnern von der Übereinstimmung aus, daß der Messias auch Davids Sohn ist, eine Huldigung, die Er oft ohne Widerspruch hinnahm. Die Propheten Jesaja, Jeremia, Hesekiel, Micha, Sacharja und Haggai, ja sogar die Psalmen Salomos verkündigen die Abstammung des Messias von David. Der Herr aber gab darüber hinaus Seinen Zuhörern ein Rätsel auf, warum David von seinem „**Sohne**" und zugleich von seinem „**Herrn**" reden konnte.

Die Frage, wie David seinen Sohn und Nachkommen zugleich seinen Herrn nennen kann, ist für Glieder der Gemeinde Christi kein Problem. Die jüdischen Hörer des Herrn, welche einen Messias erwarteten, der mit himmlischen Gaben und Kräften ausgerüstet ist, der nur im theokratischen, aber nicht im übernatürlichen Sinne Gottes Sohn ist, konnten dieses Geheimnis nicht ergründen. Der starre Monotheismus, der besonders seit dem babylonischen Exil im Judentum vorherrschend war, verschloß den meisten den Blick für die Weissagungen des AT von der übernatürlichen Herkunft und göttlichen Würde des Messias. Jesus wollte Seinen Hörern vor allem zeigen, daß ihre Christologie unvollständig sei und sich widerspreche, solange diese wichtige Ergänzung darin fehlt. Er brachte sie zum Schweigen, indem Er ihnen zu verstehen gab, daß ihnen der Schlüssel zum wahren Schriftverständnis fehlte.

Es war Ihm bewußt, daß man Ihn wegen Gotteslästerung verurteilen werde, weil Er Sich Gottes Sohn nannte (Jo 5, 18; 10, 33; Mt 26, 65). Jesus wußte im voraus, daß Er Seine Angelegenheit bei der Gerichtsverhandlung nicht ruhig verteidigen konnte. Der Herr bewies darum bereits v o r Seinem Leiden und Sterben vor den Ohren des ganzen Volkes Seine Gottheit aus dem AT. Aus dem 110. Psalm nahm Er bei Seiner Antwort auf die Beschwörung des Hohenpriesters (Mt 26, 64) Bezug mit den Worten: „Von jetzt an werdet ihr sehen den Sohn des Menschen sitzen zur Rechten der Macht und kommen auf den Wolken des Himmels". Die Aussage der Schriftgelehrten: „**Christus ist Davids Sohn**" bestätigt Jesus, indem Er Sich als einen wahrhaftigen und wirklichen Menschen, wie alle übrigen Menschen, ansieht. Das ist aber nur die halbe, nicht die ganze Wahrheit. Mit dieser letzten Rede im Tempel stehen Seine ersten Worte im Gleichklang, die Er als Zwölfjähriger im Tempel aussprach, daß Er beim ersten Tempelbesuch Gott „S e i n e n V a t e r" und beim letzten Sich Selbst „**Gottes Sohn**" nannte. Es ist immer eine wichtige Frage, die eigentliche Lebensfrage der Jahrtausende und das A und O der Christusgemeinde: „Ist Jesus Gottes Sohn"? Sobald diese Frage mit einem „Nein" beantwortet wird, gibt es keine Versöhnung, keine Glaubensgerechtigkeit und keine Heilsgewißheit.

g) Jesu Warnung vor den Schriftgelehrten.
Lk 20, 45—47

45 Während aber das ganze Volk zuhörte, sprach Er zu den Jüngern:
46 * „**Hütet euch vor den Schriftgelehrten, die da gern in langen Gewändern einhergehen und die Begrüßungen auf den Märkten lieben und die ersten Sitze in den Synagogen und die ersten Plätze**
47 bei den Gastmählern einnehmen * **und die die Häuser der Witwen „verschlingen" und zum Schein l a n g e beten. Diese werden ein umso strengeres Gericht empfangen."**

W. Stb. Matth.
S. 304f.; 307f.
W. Stb. Mark.
S. 215f.
Zu V. 45—47:
Mt 23, 1. 5—7.
14
Mk 12, 38—40
Zu Vers 46:
Lk 11, 43

Die beiden ersten Synoptiker (Mt 26, 46; Mk 12, 37) berichteten von dem Eindruck, den die letzte Frage des Herrn hinterließ. Lukas eilt offensichtlich voraus und teilt nur wenig aus der ausführlichen Warnrede mit, welche der Herr gegen die Pharisäer und Schriftgelehrten aussprach, ehe Er den Tempel verließ. Das Wenige, das Lukas hier mitteilt, ist ein Abriß der großen Weherede gegen die israelitische Behörde. Unser Evangelist hat schon (Lk 11, 37—54) manche furchtbaren Wehcrufe in einem andern Zusammenhang aufbewahrt. Jedenfalls haben alle drei Synoptiker diese Rede an den richtigen Z e i t p u n k t gesetzt, wo sie tatsächlich gehalten wurde. [7])

Der Herr wandte Sich von den Unbelehrbaren der israelitischen Behörde ab, um Sich den Empfänglichen im Volke zuzuwenden. Er warnt noch einmal das Volk vor den blinden Blindenführern. Lukas schreibt, daß Jesus diese Warnung vor Seinen Jüngern aussprach. Es waren nicht allein die Apostel Seine Zuhörer, sondern ein weiterer Kreis Seiner Anhänger und Freunde.

Der Herr erwähnt die Schriftgelehrten als die schlimmsten Volksverderber. Der **„Witwen Häuser fressen"** kann zweierlei bedeuten. Unter dem Vorwand, Fürbitte einzulegen, erpressen sie von frommen Frauen bedeutende Geschenke. Es kann auch sein, daß sie sich von den Frauen kostspielige Mahlzeiten bereiten ließen als Entgelt für ihre beichtväterliche Beratung. Das leicht beeinflußbare Gemüt des schwächeren Geschlechtes war von jeher ein Gegenstand der Aufmerksamkeit der Scheinheiligen und Irrlehrer (vgl. 2 Tim 3, 6).

Die Ankündigung der schweren Strafe mit den wenigen Schlußworten ist eine Zusammenfassung der Weherufe, welche Matthäus ausführlich berichtet. Es liegt ganz in der Art des Lukas-Evangeliums, die furchtbaren Urteile nicht besonders zu erwähnen, mit welchen Jesus beim Verlassen des Tempels den Staub von Seinen Füßen schüttelte. Für die heidenchristlichen Leser war diese Strafpredigt vielleicht eine „zu starke Speise".

W. Stb. Mark.
S. 216ff.

Zu V. 1—4:
Mk 12, 41—44

Zu Vers 3:
2 Ko 8, 12

h) Das Scherflein der armen Witwe.

Lk 21, 1—4

1 **Während Er aufblickte, sah Er, wie die Reichen ihre Gaben in den**
2 **Schatzkasten warfen;** * **Er sah aber auch eine arme Witwe, die zwei**
3 **Heller einwarf.** * **Und Er sprach: „Wahrhaftig, Ich sage euch, diese**
4 **arme Witwe hat mehr als alle eingeworfen;** * **denn diese alle haben**
     von ihrem Überfluß eingeworfen zu den Gaben, diese aber hat von
     ihrem Mangel, den ganzen Lebensunterhalt, den sie hatte, einge-
     worfen."

---

[7] Wenn Markus und Lukas nur einen Auszug aus dieser Rede bieten, so lag das entweder an der ihnen zur Verfügung stehenden Quelle oder sie hielten es nicht für nötig, ihren heidenchristlichen Lesern den ganzen Umfang d i e s e r Aussprüche über die Pharisäer mitzuteilen. Aus dem zusammengefaßten Berichte des Lukas geht aber deutlich hervor, daß Jesus den Volksobersten Fragen vorgelegt hat (vgl. Lk 20, 41—47), mit denen das Judentum bis heute noch nicht fertiggeworden ist.

Es verdient Beachtung, daß der Herr so ruhig im Tempel saß, nachdem kurz vorher Sein furchtbares „Wehe euch" erklungen war. Der Gedanke, Jesus wäre in Aufregung oder aus Furcht vor neuen Angriffen aus dem Tempel gegangen, liegt hier fern. Der Herr befand sich dem Schatzkasten oder dem Opferstock gegenüber. [1])

Die arme Witwe, die zwei Lepta (nach unserm Gelde etwa 1 Pfennig) in den Schatzkasten legte, was ihren ganzen Lebensunterhalt ausmachte, steht als ein Vorbild liebestätiger Frömmigkeit, im Gegensatz zur Habsucht der Schriftgelehrten, vor uns.

Jesus achtet die Gaben der Reichen nicht gering. Die kleine Gabe der armen Witwe erhebt Er aber weit über die großen Spenden der Reichen. Die Begüterten gaben von ihrem Überfluß, die Arme gab von ihrem Mangel, alles, was sie für den Lebensunterhalt hatte. Der Wert der Gabe wird nicht nach der finanziellen Größe berechnet, sondern nach dem Opfer, das damit verbunden ist. Es ist nicht bekannt, woher der Herr Kenntnis von der Not der Witwe bekommen hatte. Vielleicht gehörte sie zu den bekannten Armen. Es steht kein Hindernis im Wege, an des Herrn Gabe der Geisterunterscheidung zu denken, die einen Nathanael und eine Samariterin durchschaute. Der Herr lobt sie, weil ihr Herz in Seinen Augen reicher war als ihre Gabe.

Die arme Witwe opferte im Glauben ihren ganzen Lebensunterhalt (für einen Tag). Ihr Vertrauen war größer als die Sorge für die Zukunft des Tempels und ihre eigene Zukunft. Jesus würdigt den Grund, den Charakter und den Zweck ihrer Tat. Der Herr beurteilt die Tat nach dem Herzen. Und darum wird in der Heiligen Schrift vieles erzählt, was die Profangeschichte wegläßt. Heldentaten und Weltereignisse werden in den Evangelien nicht erwähnt, aber der Becher kalten Wassers, das Scherflein der Witwe und die Narde der Maria werden genannt.

3. Jesu große Zukunftsrede.

Lk 21, 5—36

Die große Eschatologie Jesu, die von allen drei Synoptikern im wesentlichen übereinstimmend berichtet wird, steht auch zu anderen eschatologischen Aussagen des NT in völliger Harmonie. Es gibt keine Rede des Herrn in diesem Umfang, bei welcher die Berichte der drei ersten Evangelisten (Mt 24, Mk 13, Lk 21) im wesentlichen Inhalt und in der Anordnung der bedeutendsten Momente so genau

W. Stb. Matth.
S. 315ff.
W. Stb. Mark.
S. 222ff.
Zu V. 5—36:
Mt 24, 1—21.
29. 30. 32—35
Mk 13, 1—19.
24-26. 28-31

---

[1] Der griech. Ausdruck „gazophylakion" bedeutet an den verschiedenen Stellen des NT Schatzkammer (Jo 8, 20) und Opferstock oder S c h a t z k a s t e n. So an unserer Stelle. Nach Josephus befand sich ein solcher Raum im Tempel (Jos. Ant. XIX, 6. 1). Der Talmud berichtet, daß das „gazophylakion" aus 13 trompetenförmigen ehernen Kästen (schopharoth) bestand, das sich im Vorhofe der Frauen befand. Darein legten die Tempelbesucher ihre Gaben für den Tempel. Es kann auch ein bestimmter Schatzkasten gemeint sein, wie ihn z. B. der Priester Jojada neben dem Altar aufstellte (vgl. 2 Kö 12, 9).

übereinstimmen. Es sind allerdings auch wichtige Unterschiede vorhanden, aber diese verdeutlichen nur die Einzelzüge des Gesamtbildes. [2])

Der Ausleger der großen Eschatologie kann das Verhältnis der drei
synoptischen Berichte nicht ignorieren. Es folgt aus allem einwandfrei,
daß Jesus kurz vor Seinem Leiden und Sterben eine ausführliche eschatologische Rede gehalten hat. Die Harmonie der Berichte im wesentlichen zeugt von einem Bemühen der Synoptiker um eine treue Wiedergabe des Inhaltes.

Jesus spricht ohne Zweifel in dieser Rede von der Zerstörung Jerusalems und vom Ende der Welt. Es bleibt die Frage offen, in welchem
Zusammenhang diese beiden Ereignisse in der prophetischen Darstellung unseres Textes zueinander stehen. Zur Lösung dieses Problems ist
vor allem ein Verständnis der Frage der Jünger an den Herrn notwendig. Matthäus hat diese Jüngerfrage vor allem in ihrer ursprünglichen Form am treusten mitgeteilt. Jesus wird zuerst gefragt, wann
diese Dinge geschehen werden. Sie konnten hier an nichts anderes
denken als an die Zerstörung der Stadt und des Tempels, deren Weissagung sie bis ins Innerste erschütterte (vgl. Mt 23, 37—39). Die Jün-

---

[2] Das zuerst Mitgeteilte in Mt 24, 1—14; in Mk 13, 1—13 und in Lk 21, 5—19 entspricht sich
grundsätzlich. Die Fassung der Jüngerfrage ist verschieden. Aber trotz aller Verschiedenheit sind
zwei Punkte gleich. Es sind die Punkte, die sich auf das „wann" und die „Zeichen" beziehen.
Was Matthäus allein als „Zeichen Seiner Ankunft und Vollendung der Weltzeit" nennt. Es ist
die umgekehrte Reihenfolge der Zeit bei Matthäus (Mt 24, 4) und Lukas (Lk 21, 12) im Unterschied zu Markus angegeben. Markus und Lukas führen Trostsprüche aus Matthäus 10 für die
Jünger an (Mk 13, 11; Lk 21, 14ff.). Matthäus hat am Schluß dieses Abschnittes das Wort von
der Evangeliumspredigt, was bei Lukas fehlt und bei Markus etwas früher berichtet wird (Mt 24, 14:
Mk 13, 10), was aber keine bedeutende Gedankenverschiebung.
Die weiteren Abschnitte dann, also Mt 24, 15—28; Mk 13, 14—23; Lk 21, 20—24 entsprechen
auch einander. Lukas unterscheidet sich hier in seiner Kürze; in Lukas 21 fehlt zu Mt 24, 22f. und
Mk 13, 20f. die Parallele, während Lk 17, 23. 37 teilweise solche gibt. An Stelle des Greuels der
Verwüstung (Mt 24, 15; Mk 13, 14) hat Lukas die Belagerung Jerusalems (Lk 21, 20). Matthäus
nennt allein den Sabbat (Mt 24, 20), unser Evangelist erwähnt dagegen die Zeiten der Heiden
und die Zertretung Jerusalems (Lk 21, 24). Zu Mt 24, 26—28 hat Markus keine Parallele. Das
Wort vom Aas, das Markus nicht hat (Mt 24, 28), bringt Lukas vorher (Lk 17, 37).
Die letzten Stücke in Mt 24, 29—35; Mk 13, 24—31 und Lk 21, 25—33 sind ebenfalls identisch.
Nur Matthäus hat das bekannte „sogleich" (Mt 24, 29) und das „Zeichen des Menschensohnes"
(Mt 24, 30). Lukas hat allein die Betonung der allgemeinen Angst (Lk 21, 25) und den Zuspruch
an die Jünger: „Hebet eure Häupter empor"; Matthäus nur erwähnt die große Posaune (Mt 24, 31),
Matthäus und Markus nur erwähnen das Sammeln der Auserwählten durch die Engel (Mt 24, 31:
Mk 13, 27), Lukas hat dafür: „Eure Erlösung naht" (Lk 21, 28). Die schwer zu erklärenden Worte
in Mt 24, 33—35 haben ihre Parallele bei Markus und Lukas; bei Lukas ist das, was nahe ist, das
Königreich Gottes (Lk 21, 31).
Der Schlußteil der Eschatologie in Mt 24, 36—51 erinnert bei Markus an eine kurze Schlußmahnung zum Wachen (Mk 13, 32—37); Lukas bietet etwas Ähnliches in anderer Wendung
(Lk 21, 34—36). Lukas bietet noch andere Parallelen zu Matthäus 24 (vgl. Lk 17, 26f. 34f.; 12.
36f. 42). Eine Menge ntst. Parallelstellen zur großen Eschatologie des Herrn beweisen, daß die
Rede Jesu den Jüngern völlig in Fleisch und Blut übergegangen ist. Die bedeutendste Parallele,
in der unsere Eschatologie oft erklärt wird, ist die Offenbarung. Das Verständnis dieses Buches
ist von der Anerkennung ihres Verhältnisses zu dieser Rede abhängig.

ger fragten außerdem nach den Zeichen der Wiederkunft des Herrn
und der Vollendung der Weltzeit. Sie hatten keine zwei verschiedenen
Ereignisse im Auge, sondern dachten an eine und dieselbe Begebenheit
in z w e i f a c h e r Sicht. Die Jünger koordinierten den Fall des Tempels, Jesu Zukunft und den Abschluß der gegenwärtigen Weltzeit.

Die Jünger glaubten bisher als echte Juden, der Tempel müsse ewig
bestehen, Jerusalem bilde den Mittelpunkt des messianischen Reiches,
alle Völker würden dort zusammenströmen, um die Segnungen des
Gottesreiches zu genießen. In den letzten Tagen und Stunden ihres
Meisters vernahmen die Jünger aus der Weissagung Jesu etwas, wodurch ihre ganze Vorstellung zunichte wurde. Sie dachten bisher, der
Herr werde ewig bleiben und der Tempel überdauere die Zeiten; jetzt
hörten sie, daß Jesus sterben und der Tempel ein Trümmerhaufen
werden soll. Kein Israelit konnte sich ohne Tempel noch eine Fort-
dauer der irdischen Haushaltung denken. Die Jünger begehrten zu
wissen, an welchen Vorzeichen das Herannahen der Entscheidungs-
katastrophe zu erkennen ist, in der das große Doppelereignis hereinbricht.

Um dem Bedürfnis und der Empfänglichkeit der Jünger Rechnung
zu tragen, sagt ihnen der Herr, was sie ertragen können (vgl. Jo 16, 12).
Er sagt ihnen nicht ausdrücklich, daß das eine Ereignis von dem andern durch einen Zwischenraum von vielen Jahrhunderten getrennt
sein wird. Jesus stellt sich als ein weiser Erzieher auf den Standpunkt
der Frager. Er geht von dem Untergang Jerusalems aus und knüpft
daran die Vollendung der Weltzeit. Es läßt sich allerdings innerhalb
der Rede nicht genau abgrenzen, wo der Herr den ersten Hergang
verläßt und nur über den zweiten spricht. Jesus redet eben auch hernach von Ereignissen, die das damalige Geschlecht noch erleben
sollte. Hier einen Lehrirrtum des Herrn oder eine falsche Auffassung
oder ungenaue Wiedergabe der Eschatologie Jesu durch die Evangelisten
anzunehmen, widerspricht dem gläubigen Schriftverständnis.

Im Blick auf den Zusammenhang der ganzen Eschatologie bleibt die
Tatsache bestehen, daß Jesus von der Zerstörung Jerusalems als dem
Typus des jüngsten Weltgerichtes spricht. Das heißt, anders ausgedrückt, daß Er prophetisch vom Früheren als dem Typus des Späteren
redet. Die Zerstörung Jerusalems in der Auffassung ihrer typischen
Bedeutung ist demnach das Thema der eschatologischen Rede Jesu,
jedoch in dem Sinne, daß Er von hier aus den Untergang der irdischen
Haushaltung, der später eintritt, zu gleicher Zeit schaut und weissagt. [3])

[3] Über den perspektivischen Charakter der Prophetie ist in Bengels oft benutzter Bemerkung zu
Mt 24, 29 folgendes gesagt:
„Man wird sagen, es ist ein großer Sprung von der Zerstörung Jerusalems auf das Ende der
Welt, welches doch jener alsbald beigefügt wird. Antwort: Die Weissagung ist wie eine gemalte
Landschaft, welche in der Nähe die Häuser und Wege und Brücken deutlich vorstellt, weiter hinaus
aber Täler und Berge von sehr großem Umfang ganz enge zusammendrängt. Denn so muß auch

Die Eschatologie Jesu, wie sie hier vorliegt, ist ein prophetisches Gesamtgemälde der Entwicklung des Reiches Gottes bis zum Weltende, dessen einzelne Züge in verschiedenen Stufen in einer aufeinanderfolgenden Entwicklung geschichtliche Wirklichkeit werden.

Zusammenfassend sei gesagt: Die eschatologische Rede Jesu enthält eine genaue Antwort auf die Frage der Jünger. Aus dieser Tatsache erklärt es sich, daß in den apostolischen Briefen die Erwartung einer baldigen Wiederkunft des Herrn bezeugt wird, daß z. B. Paulus daran dachte, sie noch selbst zu erleben (vgl. 1 Th 4, 15; 2 Ko 5, 4). Die Jünger sahen die Vorzeichen der Zerstörung Jerusalems immer näher kommen. Sie hatten aber nicht gelernt, daß nach diesem Ereignis die gegenwärtige Haushaltung noch lange fortbestehen sollte. Der aufmerksame Leser dieser Eschatologie wird die Winke des Herrn nicht übersehen, die hier angegeben sind, daß die Zukunft des Herrn nicht so bald stattfindet und daß mit dem Untergang Jerusalems noch nicht das letzte Wort der Weltgeschichte gesprochen wurde (vgl. Mt 24, 48; 25, 5. 19; Lk 21, 24).

Unsere Eschatologie enthält nach dem Bericht der drei Synoptiker eine Dreiteilung: 1. Eine Einleitung, nach welcher die Frage der Jünger den Herrn zu dieser Rede veranlaßt (Lk 21, 5—7; Mt 24, 1—4; Mk 13, 1—4); 2. Die Antwort des Herrn: die eigentliche Weissagung (Lk 21. 8—27; Mt 24, 4—31; Mk 13, 5—27); 3. Eine Schlußmahnung zur Wachsamkeit mit einigen zeitlichen Angaben (Lk 21, 28—36; Mt 24, 32—51; Mk 13, 28—37). Jeder dieser Abschnitte enthält bei allen Synoptikern die gleichen Elemente; sie sind aber nicht bei allen gleich ausführlich, und sie zeigen in Einzelheiten manche Unterschiede.

a) Die Frage der Jünger nach den Zeichen der Zukunft.

Lk 21, 5—7

Zu Vers 6:
Lk 19, 44

5 Als einige vom Tempel sprachen, daß er mit schönen Steinen und 6 Weihgeschenken geschmückt sei, sprach Er: * **„Dieses ist es, was ihr seht. Es werden Tage kommen, an welchen nicht ein Stein auf dem andern Stein gelassen wird, der nicht zertrümmert werden 7 wird."** * **Sie fragten Ihn aber und sagten: „Lehrer, wann wird dieses sein? Und was ist das Zeichen, wann diese Dinge geschehen sollen?"**

Den Anlaß zu dieser prophetischen Darstellung der künftigen Entwicklung des Reiches Gottes gab nach allen drei Berichten der Hinweis auf den Prachtbau des Tempels, worauf Jesus erwiderte, daß dieses herrliche Gebäude einmal völlig zerstört werden würde. Die Jün-

bei denen, die die Weissagung lesen, der Prospekt aufs Zukünftige sein, nach welchem sich die Weissagung richtet."

Andere Erklärer sprechen von einem biblisch-symbolischen und typischen Charakter der Weissagung. Nach dieser Anschauung steht für die Prophetie das Letzte, die Wiederkunft Jesu und der letzte Gerichtstag, im Vordergrund. Hiernach sieht ein Prophet nicht im Näheren auch das Entfernte, sondern umgekehrt, er schaut im Entferntesten das Nähere. Das lehrreichste Beispiel dafür ist Joel 3.

ger fragten den Herrn, w a n n dies eintreten und an welchem Vorzeichen das Bevorstehen dieser Katastrophe erkannt werde. Nach Matthäus und Markus fragten die Jünger den Herrn am Ölberg, als Er
den Tempel verlassen hatte und auf dem Wege nach Bethanien war,
wo Er die Nächte zubrachte (vgl. Lk 20, 37).

Einige, so sagt Lukas, machten den Herrn auf die Pracht des Tempels aufmerksam. Sie gehörten zur Umgebung des Herrn, zu Seinen
Jüngern, an die Er die vorhergehenden Aussprüche gerichtet hatte. Es ist,
als ob die Jünger durch das Abschiedswort an den Tempel (vgl. Mt 23,
37—39) tief ergriffen waren, daß sie versuchten, die F ü r s p r e c h e r
des schwer verurteilten Heiligtums zu werden. Sie zeigten dem Herrn
die Gebäude (Mt 24, 1), die noch nicht vollendet waren, die Stein-
massen (Mk 13, 1), die Jahrhunderte überdauern konnten, und die
Weihgeschenke (Lk 21, 5), mit denen die Opferfreudigkeit und die
Prunksucht das Haus des Herrn geziert hatten. Diese Weihgeschenke
waren zum großen Teil von Heiden gespendet worden. Die heiligen
Gefäße wurden vom Kaiser Augustus und andere Gefäße vom ägypti-
schen Philadelphus gespendet. Herodes der Große hatte nach dem Bericht des Josephus (Jos. Ant. XV, 11. 8; Bell. Jud. VI, 5, 2) den prächtigen goldenen Weinstock, der mit Trauben von Menschengröße ausgestattet war, als Zierstück für die Vorhalle des Tempels geschenkt.
Eine Erinnerung an prophetische Aussprüche (Ps 72, 10; Jes 60, 9), daß
auch Heiden Gaben und Geschenke nach Zion bringen, macht die
Frage der Jünger besonders verständlich.

Die Worte des Herrn: „Dieses, was ihr anschaut" setzen voraus,
daß sie etwas vom Tempel entfernt waren und das Ganze überschauen
konnten.

Die Aussage des Herrn, daß kein Stein auf dem anderen bleibt, der
nicht zertrümmert wird (vgl. Lk 19, 43. 44), ist heute buchstäblich erfüllt. Jeder Jerusalembesucher von heute empfindet die Tatsache, daß
vom Tempel wirklich nur der P l a t z und sonst weiter nichts vorhanden ist, sehr eindrücklich.

Beim normalen Abbruch eines Hauses wird ein Stein nach dem anderen weggenommen, bis keiner mehr übrig bleibt. Hier ist dagegen
von einer totalen und gewaltsamen Zertrümmerung die Rede. Jeder
Stein ist aus seiner Lage gerückt und dann noch zertrümmert.

Die Jünger stellten eine Doppelfrage. Sie wollten den Z e i t p u n k t
und die Z e i c h e n der herannahenden Katastrophe genau wissen.
Der Herr beantwortete nur ihre letzte Frage, während Er in bezug
auf die erste nur allgemeine Andeutungen machte (vgl. Mt 24, 34—36).
Die V o r z e i c h e n , die Jesus angab, sind der Art, daß sie vorläufig nur bei der Zerstörung Jerusalems zu sehen sind. Erst am Ende
der Welt werden sie in ihrer ganzen Furchtbarkeit auftreten. Der
Herr deutete also mit Seiner Antwort eine Reihe von Ereignissen an,
die mit der Zerstörung des Tempels beginnen und, auf einander folgend, bis zum Ende der Welt eintreten werden.

b) Die eigentliche eschatologische Weissagung.

Lk 21, 8—28

Jesus schildert den Zustand der Verhältnisse, der auf Seinen Hingang folgen wird, für die Welt im allgemeinen und besonders für die Gläubigen (Lk 21, 8—19). Der Herr erwähnt die Zerstörung Jerusalems und ihre Folgen (Lk 21, 20—24). Zuletzt werden die Vorzeichen der Wiederkunft Jesu und die Wiederkunft selbst dargestellt (Lk 21, 25—27). Der einzige Unterschied zwischen dem Gang der Rede bei Lukas und den beiden ersten Synoptikern ist der, daß am Schluß des zweiten Teils einige Verse eingeschaltet sind (vgl. Mt 24,22—28; Mk 13, 20—23). Der Schlußvers bei Lukas (Lk 21, 24) entspricht dieser Einschaltung bei Matthäus und Markus.

Die Warnung vor den Verführern.

Lk 21, 8—11

8 Er aber sprach: „Sehet zu, daß ihr nicht verführt werdet, denn viele werden kommen unter Meinem Namen und sagen: ‚Ich bin es‘ und: ‚die Zeit ist nahe geworden‘, gehet nicht hinter ihnen her! *
9 Wenn ihr aber hören werdet von Kriegen und Aufständen, so erschreckt nicht; denn es muß dieses zuerst geschehen, aber das Ende
10 ist noch nicht da.“ * Dann sagte Er zu ihnen: „Es wird sich erheben
11 Volk gegen Volk und Königreich gegen Königreich, * auch große Erdbeben werden an allen Orten sein und Hungersnöte und Seuchen werden sein; Schrecknisse und auch große Zeichen vom Himmel werden geschehen.“

Wie bei Matthäus und Markus steht auch bei Lukas die Warnung vor der Verführung durch falsche Christusse sogleich am Anfang. Die treuen Jünger, die mit Sehnsucht auf den wiederkommenden Herrn warteten, konnten leicht von einem solchen Irrlehrer, der sich als der wiedergekommene Messias ausgab, verführt werden! Ungeduld macht oft leichtgläubig.

Die Jünger des Herrn sollen auch nicht vor Kriegen und Aufständen erschrecken, denn diese Ereignisse müssen eintreten, womit das Ende noch nicht sogleich da ist. Aufstände, Erschütterungen, Hungersnöte und andere Plagen, wie sie hier aufgeführt werden, waren auch schon vor der Zerstörung Jerusalems gar nicht unbedeutend. Unter Kaiser Claudius ereignete sich eine Hungersnot (vgl. Apg 11, 28). Zur Zeit Neros gingen durch Erdbeben in Campanien und Kleinasien ganze Städte unter. Die Geschichtsschreiber Josephus und Tacitus berichten von sonderbaren und schrecklichen Zeichen in Judäa. Die rätselhaften Aussprüche des Herrn finden durch manche geschichtliche Ereignisse ihre erste Erklärung und Erfüllung.

Es ist hier vor allem der Nachdruck auf das Wort des Herrn zu legen, das Matthäus und Markus berichten: daß alle diese Dinge die A n f ä n g e der Wehen sind.

Die Worte des Herrn deuten an, daß alle Ereignisse dieser Art in einem immer größeren Ausmaß dem Weltende vorausgehen werden. Die Zerstörung Jerusalems ist von allen diesen Geschehnissen ein Typus. Der gleiche Gedanke wird in dem Folgenden in anderer Form noch deutlicher ausgesprochen.

Eine Ankündigung der Verfolgungen über die Jünger.

Lk 21, 12—19

12 „Vor diesem allem aber werden sie ihre Hände an euch legen und euch verfolgen, indem sie euch in die Synagogen und Gefängnisse über-
antworten, daß ihr geführt werdet vor Könige und Landpfleger
13 um Meines Namens willen. * Es wird sich euch zu einem Zeugnis
14 erweisen. * Seid ruhig und fest in euren Herzen, überlegt nicht,
15 euch zu verteidigen! * Denn Ich werde euch Mund und Weisheit geben, welcher sie nicht widerstehen oder widersprechen können,
16 alle eure Widersacher. * Ihr werdet aber auch verraten werden von Kindern und Brüdern und Verwandten und Freunden, und einige
17 von euch werden sie töten. * Und ihr werdet gehaßt von allen um
18 Meines Namens willen. * Und kein einziges Haar von eurem Haupte
19 wird verderben. * In eurem Ausharren erwerbt euch eure Seelen!"

Zu Vers 14:
Mt 10, 19
Zu Vers 15:
Apg 6, 10
Zu Vers 17:
Mt 10, 21. 22
Zu Vers 18:
Lk 12, 7
Zu Vers 19:
2 Chron 15, 7
Hebr 10, 36

(Anders übersetzt: „In eurer Geduld werdet ihr euer ewiges Leben erhalten.")

Die Ausdrucksweise: „Vor diesem allem" in Vers 12a kann einen zweifachen Sinn haben. 1. Hier kann eine Rangfolge gemeint sein im Sinne unseres „vor allem"; die genannten Verfolgungen können also als das W i c h t i g s t e gelten; 2. es dürfte aber natürlicher sein, die Worte, zeitlich verstanden, auf d i e Z e i t vor der Wiederkunft des Herrn zu beziehen. Der Herr macht Seine Jünger darauf aufmerksam, daß sie von Verfolgungen heimgesucht werden, e h e Er wiederkommt. Die Gemeinde Christi mußte schon in ihren ersten Anfängen gleich in Jerusalem solche Leiden erdulden (vgl. Apg 4, 3. 7; 5, 18. 26 f; 6, 12; 8, 3; 9, 2; 12, 1 ff).

Die Verfolger werden die Hände an sie legen. In die Synagogen ge-schleppt und dort gegeißelt werden gehört zu den geringsten Leiden (vgl. Mt 10, 17). Es steht ihnen ein noch härterer Kampf bevor, wenn sie vor Könige und Landpfleger geführt werden, um ein Zeugnis des Glaubens abzulegen (vgl. Mt 10, 18). Das Ärgste erwartet sie, wenn Eltern, Verwandte und Freunde sie verraten und töten. In dieser Not-zeit dürfen sie sich eines dreifachen Trostes erfreuen. 1. Es geschieht alles um des Namens des Herrn willen (vgl. Apg 5, 41). 2. Es wird sich für sie als Gewinn erweisen. 3. Während der schweren Gerichtsver-handlungen erfahren sie des Herrn Beistand. — Die Worte: „Es er-weist sich für sie zu einem Zeugnis" bedeutet: „Es fällt für sie vor Ge-richt günstig aus". Wenn sie um des Namens Jesu willen, oder weil sie Christum predigen, unter der Anklage des Staatsverbrechens vor heid-

nische Obrigkeiten gestellt werden, so werden sie als unschuldig befunden. Sie sollen sich darum auch nicht sorgen oder darüber nachdenken, wie sie sich vor Gericht verantworten sollen. Der Ausdruck
„Mund und Weisheit" bedeutet: „Der Herr gibt ihnen die Fähigkeit
des Redens und den zweckmäßigen Inhalt der Rede" (vgl. Lk 12; 11;
Mt 10, 19. 20). Den Gegnern wird ein beharrlicher Widerstand schwer
fallen, wie das in der Apostelgeschichte mehrfach bezeugt wird (vgl.
Apg 6, 10; 7, 51; 13, 8—10).

Die Jünger werden nicht allein von den Feinden Christi verfolgt,
sondern auch die nächsten leiblichen Verwandten werden sie den Gerichten überliefern und etliche von ihnen töten. Was Jesus hier sagt,
gilt nicht allein für die Apostel, sondern für die Gläubigen aller Zeiten. Es sollten auch nicht alle den Märtyrertod sterben. Unter den Zuhörern des Herrn, die diese Voraussage vernahmen, sollten nur die
Erstlinge einer unübersehbaren Schar von Märtyrern sein, die im
Laufe der Jahrhunderte für des Herrn Sache sterben würden.

Der Hinweis, daß die Jünger von jedermann gehaßt werden um des
Namens Jesu willen, wird durch manche Beweise in den apostolischen
Briefen bestätigt (vgl. Rö 8, 35—37; 1 Ko 4, 9. 10; 2 Ko 11, 23—29; Hbr
10, 32—34). Die genaue Erfüllung dieses Wortes war schon in der ersten Zeit der Gemeinde wahrzunehmen. Alle drei Synoptiker und auch
Johannes (Jo 15, 20 f) haben sich den Gedanken an den allgemeinen
Haß tief eingeprägt. Man kann hier auch an die Gefahren denken,
welche die ersten Christen veranlaßte, nach Pella zu fliehen. Es darf
nicht übersehen werden, wie dieser Haß immer höher steigt, je schneller die Entwicklungsgeschichte des Reiches Gottes dem Ende entgegeneilt.

Die Zusage, daß kein einziges Haar von ihrem Haupte verderben
soll, wird in diesem Zusammenhang verschieden aufgefaßt. Weil vorher
gesagt wird, daß etliche von den Jüngern getötet werden, kann diese
Versicherung nicht den Sinn haben: „...ihr werdet unversehrt an
Leib und Leben bleiben". [4] An einen unversehrten Fortbestand der
Gemeinde ist nicht zu denken. Der sprichwörtliche Ausdruck will
vielmehr sagen, daß ihrem wahren und ewigen Leben nicht das kleinste
Verderben zustoßen wird. Wenn Jesus auch keine Versicherung ausspricht, daß die Jünger in keinem Falle getötet werden sollen (vgl. Lk
12, 7; Mt 10, 30), so bleiben sie doch so lange auf Erden, wie es für
den Dienst des Herrn nötig ist. Selbst ihr Tod gereicht zum Heil und
zur Verherrlichung Christi (vgl. Phil 1, 19).

Die bisherige Zusage wird durch den folgenden Satz erläutert: „In
eurem Ausharren werdet ihr eure Seelen erwerben!", d. h. euer ewiges
Leben erhaltet. Diese Worte sind die Kehrseite der Verheißung, daß
ihnen kein Haar verdorben werden soll (vgl. Apg 27, 34). Es wird

---

[4] Die Worte im messianischen Sinne zu fassen, daß kein Haar dem ewigen Verderben anheimfällt,
daß dem Heile in Christus nicht der geringste Schade zugefügt wird, ist nicht der Sinn der Worte
Jesu.

nichts von dem verloren gehen, was zum Bestand des ewigen Lebens gehört. Die Jünger sollen durch Ausharren unter allen Verfolgungen ihre Seelen (oder ihr ewiges Leben) erhalten. [5]) Es ist die gleiche Zusage wie in Mt 24, 13 und Offb 2, 10, während die Ansicht nach der gebräuchlichen Übersetzung, die Seelen mit Geduld zu fassen (vgl. Hbr 10, 36) nicht ganz dem Wortlaut des Verses entspricht.

Die Verwüstung Jerusalems durch die Völker.

Lk 21, 20—24

20 „Wenn ihr aber sehen werdet Jerusalem von Kriegsheeren umzingelt, alsdann erkennet, daß ihre Verwüstung nahe gekommen ist. *
21 Alsdann die in Judäa sind, sollen auf das Gebirge fliehen, und die in ihrer Mitte (in Jerusalem) sind, sollen ausweichen (hinausgehen), und die in den Landgegenden sind, sollen nicht zu ihr (zur Stadt)
22 hineingehen. * Denn dieses sind Tage der Vergeltung, daß erfüllt   Zu Vers 22:
23 werde alles, das da geschrieben ist. * Wehe den Schwangeren und   Jer 5, 29
Säugenden in jenen Tagen! Denn es wird eine große Not auf der
24 Erde sein und ein Zorn diesem Volk. * Und sie werden fallen   Zu Vers 24:
durch des Schwertes Schärfe und gefangen geführt werden unter   Rö 11, 25
alle Völker, und Jerusalem wird zertreten werden von den Heiden,   Offb 11, 2
bis daß der Heiden Zeiten erfüllt werden."

Matthäus und Markus erwähnen hier im Blick auf die Weissagung Daniels den Greuel der Verwüstung. Was für die juden-christlichen Leser des Matthäus-Evangeliums besonders wichtig ist, läßt Lukas beiseite. Nach der Wiedergabe unseres Evangelisten ist schon die Erscheinung der feindlichen Kriegsheere vor Jerusalem ein verhängnisvolles Zeichen, woran die Jünger erkennen sollen, daß dann trotz der tapfersten Verteidigung keine Rettung mehr zu erwarten ist. Jesus schaute und verkündigte schon bei Seinem feierlichen Einzug in Jerusalem die Belagerung und die Zerstörung der Stadt im voraus (vgl. Lk 19, 41 f); jetzt, bei Seinem Weggang aus dem Tempel, weissagte Er die gänzliche Zertrümmerung des herrlichen Tempelbaues. Der Herr kommt jetzt auf die Frage der Jünger zu sprechen (Lk 21, 5 ff).

Hinsichtlich der Weissagung Daniels von der Bedrängnis und Verwüstung Jerusalems und seines Heiligtums sagt Jesus nach Matthäus und Markus zu den Jüngern, daß mit dem Eintreten dieses Ereignisses die Tage der großen Drangsal beginnen werden, die mit Seiner Wiederkunft zum Gericht ihren Abschluß erreichen. Lukas betont damit die Eroberung und Verwüstung Jerusalems als ein wesentliches Moment der prophetischen Verkündigung. Im Unterschied zu Lukas lassen Matthäus

---

[5] Der griechische Ausdruck: „hypomone = Geduld" (Luther) bedeutet nicht nur Geduld, sondern wie in Rö 5, 4; Jak 1, 3. 4 „Ausdauer oder Ausharren", und das Wort „klasthai = fassen (Luther), erwerben" hat nicht den Sinn von „finden", wie in Mt 16, 25, sondern von „behaupten oder erhalten" (vgl. 1 Th 4, 4). Bei der Erhaltung der Seele hat man nicht an das irdische und vergängliche Leben, sondern an das ewige Leben zu denken, dessen Erhaltung für die Jünger Jesu die größte Lebensfrage ist.

und Markus die Zerstörung Jerusalems und die Wiederkunft des Herrn zeitlich bald aufeinander folgen (vgl. Mt 24, 29; Mk 13, 24). Die Übereinstimmung aller drei synoptischen Berichte in der Aufforderung zu einer ungesäumten Flucht läßt erkennen, daß sich auch Matthäus und Markus den Verwüstungsgreuel mit einer Eroberung Jerusalems gedacht haben.

Die Mahnung zur Flucht hat bei allen drei Synoptikern einen fast gleichen Inhalt. Lukas hat die Form der Darstellung etwas verkürzt. Eine eilige Flucht ist das einzige Rettungsmittel. Die Gemeinde Christi in Palästina ist durch diesen Ausspruch vor dem Schwindel bewahrt geblieben, von dem die ganze jüdische Nation seit Anfang des Jüdischen Krieges ergriffen wurde. Bei der Annäherung des römischen Heeres suchte sie nicht hinter den Mauern der Hauptstadt ihre Zuflucht, sondern sie floh nach Pella und entging der furchtbaren Katastrophe (vgl. Eus. Hist. Eccl. III, 5). Es ist ratsam, die einsamen Berge zu erreichen. Es muß um jeden Preis die Stadt verlassen werden, ein r e c h t - z e i t i g e s Verlassen ist nötig. Eine Rückkehr ist unter keinen Umständen anzuraten. Aus den Landgegenden soll sich keiner nach Jerusalem wagen. Jesus begründet Seine Mahnung zur Flucht mit dem Satze: „Denn dies sind Tage der Vergeltung, daß alles erfüllt werde, das geschrieben ist". Es sei hier an 3 Mo 26, 14 ff und 5 Mo 28 erinnert, wo wir in gewisser Hinsicht das Grundthema finden, das in den prophetischen Schriften weiter ausgeführt wird. Aus diesem Grunde können sämtliche Weissagungen von Mose bis zum letzten Propheten hierhergezogen werden, in denen Gott Seinem ungehorsamen Volke im Falle der Unbußfertigkeit die Strafe ankündigen läßt, die heidnische Weltmächte an ihm vollziehen.

Das Wehe über die Schwangeren und Säugenden, die nicht fliehen können, begründet die Größe der Not. Es ist kein Weheruf der Verfluchung, sondern der bitteren Klage, welcher die Barmherzigkeit und das Mitleid des Herrn ausdrückt (vgl. Lk 23, 29).

Der Zorn Gottes über dieses Volk wird sich darin äußern, daß es durch die Schärfe des Schwertes fallen und unter alle Völker als Gefangene weggeführt werden wird. Jerusalem wird von den Heiden unter die Füße getreten, d. h. verächtlich behandelt werden (vgl. Offb 11, 2; 1 Makk 3, 45; 4, 61). Es ist hier eine deutliche Anspielung auf die Weissagung Daniels (vgl. Dan 8, 13). Dieser göttliche Zorn über Jerusalem wird solange dauern, bis die Zeiten der Heiden erfüllt sind. In diesem Zusammenhang ist nicht an eine Gnadenfrist zu denken, die den Heiden zur Bekehrung dient (vgl. Offb 11, 2). Diese Zeiten beginnen mit der Eroberung und Verwüstung Jerusalems durch die heidnischen Kriegsheere, sie dauern bis zum Ablauf der Frist, in der Gott den Heiden Macht über Sein Volk verliehen hat.

Es heißt hier nicht „d i e Zeiten der Heiden", sondern „Zeiten der Heiden". Jesus meint hier nicht speziell die dreiundeinhalb Zeiten, in welchen der Antichrist Stadt und Heiligtum verwüstet und Macht über das Volk Gottes ausübt (Dan 9, 27; 12, 7), bis ihm das Gericht des Menschensohnes ein Ende bereitet (Dan 7, 13). Die Mehrzahl „Zeiten" ist im Hinblick darauf gewählt, daß es früher auch schon Zeiten gab, in denen Jerusalem entweiht und verwüstet wurde, wie z. B. durch Nebukadnezar und Antiochus Epiphanes. Solche Zeiten werden mit der Aufrichtung des Reiches Gottes bei der Wiederkunft Christi in Herrlichkeit beendet. ⁶)

⁶ Die hier angekündigte Belagerung und Verwüstung Jerusalems wird von der Mehrheit der Ausleger älterer und neuerer Zeit auf die Eroberung und Zerstörung durch die Römer unter Titus bezogen. Die Dauer der Zertretung Jerusalems wird auf das Geschick der Stadt gedeutet, das mit jener Katastrophe eintrat und bis in die Gegenwart noch andauert. Das Ende dieses Zustandes soll nach einigen Erklärern mit der schließlichen Bekehrung der Juden eintreten, andere Ausleger glauben mit dem Jüngsten Gericht.
Ein Erklärer ist der Ansicht, Jesus rede in dem Abschnitt Lk 21, 20—24 nicht von der Zerstörung Jerusalems durch Titus, sondern von der allerletzten Bedrängnis der Stadt und des Volkes Gottes durch den Antichristen der Endzeit. Die den Heiden bewilligte Zeit zur Zertretung Jerusalems sollen die von Daniel geweissagten dreiundeinhalbe Zeiten sein (Dan 8, 14; 12, 11), in welchen der Antichrist Macht über das Volk Gottes ausüben kann. Um diese Behauptung zu begründen, werden die „Zeiten der großen Bedrängnis" als eine Zeit der großen Bedrängnis auf der ganzen Erde gedeutet, als eine Zeit, wie sie noch nie dagewesen ist und nicht mehr sein wird. Diese Gedanken aber sind irrtümlicherweise aus Matthäus in die Worte des Lukas hineingetragen. Die große Not, von der Lukas spricht, besteht darin, daß die Bewohner Jerusalems durch die Schärfe des Schwertes fallen oder als Gefangene weggeführt werden. Von einer großen Drangsal, wie sie seit Beginn der Welt nicht dagewesen ist und nicht sein wird (Mt 24, 21), spricht Lukas n i c h t. Die Darstellung bei Matthäus, daß die sichtbare Wiederkunft des Herrn unmittelbar auf die große Drangsal folgt, kann nicht in die Schilderung des Lukas hineingezogen werden. Die große Trübsal kann auch nicht auf die Einschließung Jerusalems durch die Kriegsheere der Heiden und auf die Verwüstung der Stadt während der Zeiten der Heiden ausgedehnt werden. Bei Matthäus ist von keinen Heidenzeiten die Rede, die mit der Verwüstung Jerusalems und der Wegführung ihrer Bewohner in die Gefangenschaft in Verbindung stehen, und daß nach Ablauf der Heidenzeiten die Wiederkunft Christi erfolge.
Eine andere Deutung ist ebenso unhaltbar. Die in Lukas stehenden Verse auf die Zerstörung Jerusalems durch die Römer zu beziehen, soll nicht stichhaltig sein, weil ein zu großes Gewicht auf diese Tatsache gelegt würde, wenn dieselbe als der Anfang, als der erste Akt des Endgerichtes angesehen werde. Der Tempel und Jerusalem hätten durch Jesu vollbrachtes Erlösungswerk ihre Bedeutung verloren, ihre Zerstörung sei nur das Gericht über das abtrünnige Judenvolk, aber keine Verwüstung der heiligen Stätte. Dagegen ist zu sagen, daß Jesus nicht von der Zerstörung der heiligen Stätte, sondern nur von Jerusalem spricht. Die Zerstörung Jerusalems und des Tempels hat für die Geschichte des Reiches Gottes eine ganz andere Bedeutung als alle früheren Gerichte, die über diese Stadt ergangen sind. Der Tempel war, solange er stand, die Stätte der heiligen Anbetung Gottes. Die Apostel gingen noch nach der Ausgießung des Heiligen Geistes zur Stunde des Gebetes ins Heiligtum (Apg 3, 1), um dort dem Volke das Evangelium zu verkündigen. Die Scheidung der Gemeinde Christi vom jüdischen Volke vollzog sich erst durch die Zerstörung des Tempels. Durch dieses Ereignis wurde das Reich Gottes den Juden genommen und auf die Gemeinde Christi übertragen, die aus gläubigen Juden und Heiden bestand.
Die Beziehung unserer Verse auf die Zerstörung Jerusalems durch die Römer kann demnach für richtig gehalten werden. Die beiden erwähnten Momente: das Fallen des Volkes durch die Schärfe des Schwertes und die Wegführung der Gefangenen unter alle Völker, wie es hier in Erfüllung ging, ist bei den Gerichten der Endzeit über Jerusalem und über das Volk Gottes nicht zu erwarten. Josephus berichtet (Bell. jud. VI, 9, 2f.), daß während der Eroberung und Belagerung Jerusalems durch Titus 1 100 000 Menschen durch Schwert, Pest und Hunger starben und 97 000 Gefangene

W. Stb. Matth.
S. 320f.
W. Stb. Mark.
S. 224
Zu V. 25—28:
Mt 24, 29. 30
Mk 13, 24—26

Zu Vers 27:
Dan 7, 13
Zu Vers 28:
Phil 4, 4. 5

Die eigentliche Wiederkunft des Herrn.

Lk 21, 25—28

25 „Und es werden Zeichen an Sonne und Mond und Sternen sein,
und auf der Erde wird Angst der Völker und Ratlosigkeit herr-
26 schen wegen des Getöses und Brausens des Meeres. * Die Menschen
werden sterben vor Furcht und Erwartung der Dinge, die da kommen über den Erdkreis, denn die Kräfte der Himmel werden er-
27 schüttert werden. * Und dann wird man sehen den Sohn des Menschen kommen in einer Wolke mit Kraft und großer Herrlichkeit. *
28 Wenn aber dieses beginnt zu geschehen, dann richtet euch auf und
hebt eure Häupter empor, weil eure Erlösung naht!"

Lukas verbindet durch das „Und" seine Darstellung deutlich mit
dem Vorigen. Die Behauptung, unser Evangelist vermeide das „sogleich" des Matthäus, weil er n a c h der Zerstörung Jerusalems geschrieben habe, ist nicht stichhaltig. Dieser Unterschied hängt mit der
freieren Form der Wiedergabe dieser Rede zusammen. Es ist auf die
Bestimmung des Lukas-Evangeliums für H e i d e n c h r i s t e n zurückzuführen, daß die Flucht am Sabbat, die Verkürzung der Tage,
die falschen jüdischen Propheten und eine weitere Spezialisierung der
Zeichen, wie dies bei Matthäus und Markus geschieht, hier unerwähnt
bleiben. [7])

teils in ägyptische Bergwerke und in andere Provinzen weggeführt wurden. Die Endweissagungen
des Daniel, Hesekiel 38 und 39 und Sacharja 14, besonders Sach 14, 2 sprechen von einer Ge-
fangenenwegführung der Hälfte der Stadt. Es wird noch hinzugefügt, daß das übrige Volk nicht
aus der Stadt ausgerottet, sondern vom Herrn geborgen wird, welcher auszieht, die Völker zu
schlagen. Die in unserer Weissagung angekündigte Verwüstung Jerusalems bis zum Ablauf der
Heidenzeiten läßt sich damit nicht zusammenreimen. Es ist noch zu erwägen, daß die Jünger den
Herrn fragten, wann die angekündigte Zerstörung Jerusalems eintreten werde. Wenn Jesus von
der Zerstörung und Verwüstung Jerusalems sprach, die in der nächsten Zukunft eintreten sollte,
konnte Er unmöglich davon schweigen und nur von der Bedrängnis der Gemeinde am Ende der
Tage reden.

Der Unterschied über diesen Teil der Rede des Herrn bei Matthäus und Lukas kann nicht darauf
eingeschränkt werden, daß Matthäus ins Auge faßte, was der heiligen Stätte, und Lukas betont,
was der heiligen Stadt widerfahren werde. Es kann auch nicht behauptet werden, Lukas schildere
die Zeit der letzten Drangsal vorwiegend nach dem, was während dieser Epoche der heiligen Stadt
und dem Volke Gottes begegnen werde. Lukas hebt nur das Gericht hervor, das über Jerusalem
hereinbricht. Er vertritt nicht die Vorstellung, daß im Anschluß an das Gericht, das über Jerusalem
und den Tempel hereinbricht, die sichtbare Wiederkunft Christi zur Vollendung Seines Reiches
in Herrlichkeit erfolgt. Die Aussage über die zeitliche Trennung der Zerstörung Jerusalems von
der endgültigen sichtbaren Wiederkunft des Herrn hat Lukas weder aus der Weissagung des Alten
Testaments geschöpft, noch hat er sie aus dem Eigenen in die Rede Jesu hineingelegt, er hat sie
auch nicht aus der erweiterten Überlieferung gefolgert. Es ist vielmehr anzunehmen, daß der Herr
Selbst Seinen Jüngern diesen näheren Aufschluß mitgeteilt hat.

[7] Was die Zeichen selbst betrifft, so ist kein Grund vorhanden, bei der Sonne an den Antichristen, bei dem Mond und den Sternen an antichristliche Lehrer zu denken. Es liegt auch kein
Beweis vor, die Sterne im übernatürlichen Sinne von mächtigen Fürsten und die brausende See
vom Völkergetümmel zu deuten. Nach den Worten des Herrn einfach zu glauben, daß Seine

Die Andeutung der namenlosen Angst, welche die Menschenwelt erfüllen wird, ist dem Lukas eigentümlich. Der gleiche Gedanke wird in Offb 6,12—15 weiter ausgeführt. Der Herr kündigt an, daß eine dunkle Ahnung großer Ereignisse kurz vor Seiner Wiederkunft wie ein schwerer Alpdruck auf manchen Menschen lasten wird. Angst und Ratlosigkeit erfüllt die Völkerwelt. Das Meeres- und Wogengetöse erinnert auch an schreckliche Dinge, die über den Erdboden kommen sollen. Die Erschütterung der Himmelskräfte zeigt die Auflösung des bisherigen Natur- und Weltlaufes und den Anbruch einer neuen Weltordnung an.

Menschen hauchen ihren Geist aus vor Furcht und Erwartung der kommenden Dinge auf dem bewohnten Erdkreis. Es gehört nicht mehr zu den Seltenheiten, daß die übermäßige Spannung und seelische Belastung des Augenblicks den Verlust des Lebens zur Folge hat. Der Herr will zusammenfassend sagen, daß alles wankt und auseinandergeht (vgl. 2 Pt 3, 10—12).

Lukas spricht wie Matthäus und Markus von der persönlichen Wiederkunft des Messias zu der Zeit, wenn die ganze Schöpfung in einem Chaos unterzugehen droht. Matthäus berichtet zuerst von dem Zeichen des Menschensohnes, hernach von Ihm Selbst; Markus und Lukas reden sogleich von der Erscheinung des Menschensohnes, Markus „auf den Wolken" und Lukas **„auf einer Wolke"**, von dem Zeichen schweigen beide. Es ist denkbar, daß die Lichtwolke, die Ihn trägt, das Zeichen ist. Erinnert sei an das Wort des Engels bei der Himmelfahrt, daß der Herr s o wiederkommen wird, wie Ihn die Jünger gen Himmel fahren sahen (vgl. Apg 1, 11). Die Erwähnung der Erscheinung und Tätigkeit der Engel am Jüngsten Tag findet sich nur bei Matthäus und Markus. Lukas betont mehr die p r a k t i s c h e Seite der Sache, nämlich die Erwartung und Freude, mit der die Jünger des Herrn das Herannahen dieser Ereignisse schauen werden.

Die Vorzeichen der Wiederkunft des Herrn sollen für die Jünger ein Anlaß der Freude sein! Es ist nicht ausschließlich an das Kommen des Herrn in Herrlichkeit gedacht. Diese Erscheinung ist das Werk eines Augenblicks, wenn dieser Zeitpunkt eingetreten ist; dann ist die Erlösung nicht nur nahe, sondern schon in Wirklichkeit vorhanden. Jesus erinnert die Jünger an die Vorzeichen (vgl. Lk 21, 25. 26), welche einige Zeit dauern werden. Die Ereignisse, durch welche die Welt in ratloser Angst erstarrt, sind für die Gläubigen eine Weckstimme zur frohen Hoffnung und Erwartung. Ihre Häupter, die bisher unter mancherlei Jammer und Verfolgung oft niedergebeugt waren, sollen jetzt erhoben werden (vgl. Rö 8. 19; Jak 5, 8).

Wiederkunft von kosmischen Umwälzungen begleitet sein wird, dürfte das Beste sein. Schon im Alten Testament ist bezeugt, daß schreckliche Zeichen im Reiche der Natur den Tag des Herrn kennzeichnen werden (vgl. Jer 4, 23; Joe 2, 30).

W. Stb. Matth.
S. 321f.
W. Stb. Mark.
S. 229f.
Zu V. 29—33:
Mt 24, 32—35
Mk 13, 28—31

c) Die Belehrung und Mahnung des Herrn an Seine Jünger.

Lk 21, 29—36

Jesus belehrt Seine Jünger über die Nähe der geweissagten Ereignisse durch ein Gleichnis. Der Schluß Seiner eschatologischen Rede enthält eine Mahnung zur Wachsamkeit.

Das Gleichnis vom Feigenbaum.

Lk 21, 29—33

29 Und Er sprach ein Gleichnis zu ihnen: „Sehet den Feigenbaum an
30 und alle Bäume! * Sobald sie ausgeschlagen sind, seht ihr und er-
31 kennt ihr von selbst, daß schon der Sommer nahe ist. * So sollt
auch ihr, sobald ihr seht, daß dieses geschieht, erkennen, daß das
32 Königreich Gottes nahe ist. * Wahrlich, Ich sage euch, dieses Ge-
33 schlecht wird nicht vergehen, bis alles geschehen ist. * Der Himmel
und die Erde werden vergehen, Meine Worte aber werden nicht
vergehen."

Zu Vers 33:
Lk 16, 17

Jesus redet besonders von dem Feigenbaum, weil er ein altes Sinnbild des Volkes Gottes ist (vgl. Hos 9, 10; Mi 7, 1; Jer 8, 13; 24, 1 ff), was auch Er schon in dieser Weise benutzte (Mk 11, 12—14; Lk 13, 6—9). Der Feigenbaum wird speziell erwähnt, weil er sich von anderen Bäumen Palästinas dadurch unterscheidet, daß er im Winter sein Laub verliert und durch seine hervorstehenden kahlen Zweige wie völlig erstorben aussieht, daß an ihm die Wiederkehr des kreisenden Saftes besonders deutlich wahrzunehmen ist. Sein Sprossen ist ein Vorbote des Sommers, ein Sinnbild für den Durchbruch des Lebens durch den Tod. Jesus sagt damit den Jüngern, daß auch der Messias Seine Vorboten hat, was eben die Vorzeichen andeuten. Das Bild des Feigenbaums weist nun nicht allein auf die Schrecken der Endzeit, sondern auch auf die Zeichen der Heilszeit hin. Der erstorbene Feigenbaum grünt, seine Triebe sprießen, der Winter ist endgültig vergangen, der Sommer steht vor der Tür, das Volk Gottes gelangt zu neuem Leben, die letzte Vollendung ist im Anbruch, das Königreich Gottes steht vor der Tür.

Der Herr bestimmt die Nähe Seiner Wiederkunft noch genauer, indem Er sagt: **„Wahrlich, Ich sage euch, daß dieses Geschlecht nicht vergeht, bis alles geschehen ist."** [8])

Die verbreitete Auslegung, **„dieses Geschlecht"** auf das jüdische Volk zu beziehen, ist die beste und sicherste.

Die Erklärer, die meinen, daß Jesus nicht an das jüdische Volk gedacht hat, sondern an die damals lebende Generation, versuchen den

---

[8] Haltlos sind die Deutungen, daß mit „dieses Geschlecht" „das menschliche Geschlecht", „die Gläubigen", „das Geschlecht der Auserwählten", „das künftige Geschlecht", das jene Ereignisse erleben wird, gemeint sei. Diese Erklärungen lassen sich sprachlich nicht rechtfertigen, und sie sind nichtssagend. Das Fortbestehen des Menschengeschlechtes der Gläubigen, der Auserwählten und des künftigen Geschlechtes bis zur Wiederkunft des Menschensohnes bedarf keiner so feierlichen Versicherung des Herrn.

Sinn der Worte: „**bis alles geschehen ist**" wie folgt zu verstehen: Bei
dem Wörtlein „alles", sagt man, ist nicht an die Zerstörung Jerusalems an sich zu denken, auch nicht an Seine Wiederkunft, sondern an
die „Vorzeichen Seiner Zukunft", welche bildlich durch das Treiben
der Feigenbaumblätter angedeutet wurden. Diese Vorzeichen beanspruchen einen gewissen Zeitraum, sie b e g i n n e n und g e s c h e h e n.
Was als „Vorzeichen" Seiner Zukunft dient, ereignet sich in der G e -
g e n w a r t und in der Folgezeit: „**bis das alles angefangen haben wird
zu geschehen**". Während der Lebenszeit der Zeitgenossen des Herrn
war das dann·wirklich der Fall. Sie sahen in der Zerstörung Jerusalems
den Typus des nahenden Weltendes. Jesus wollte sagen, diese Generation wird nicht aus diesem Leben scheiden, ohne daß mit der wirklichen Zerstörung Jerusalems der Anfang des vorher angekündigten
Weltendes eingetreten ist. Der Herr sagt damit nicht, daß sie „alles",
was noch vor dem Ende geschieht, erleben werden.

Zur Bestätigung Seiner Zusage fügt Jesus hinzu, daß Himmel und
Erde vergehen, aber nicht Seine Worte. Alles, was Er in der vorliegenden Eschatologie über Seine Wiederkunft gesagt hat, überdauert Himmel und Erde. Der Herr will hier die Unvergänglichkeit oder die ewige
Dauer Seiner Worte im Gegensatz zum gegenwärtigen Universum be-
kräftigen. Über den Zeitpunkt, wann Himmel und Erde vergehen, Auskunft zu geben, lag nicht im Plan der Rede des Herrn, die Jünger
haben auch nicht danach gefragt. Wenn eine ganz neue Ordnung der
Dinge eintreten wird, dann behalten die Worte des Herrn noch ihre
Gültigkeit.

Die Schlußmahnung der eschatologischen Rede Jesu.

Lk 21, 34—36

34 „**Habt aber acht auf euch selbst, daß eure Herzen nicht abstump-
fen in Völlerei und Trunkenheit und in irdischen Sorgen und jener**
35 **Tag plötzlich (unerwartet) auf euch zukomme.** * **Denn wie ein
Fallstrick wird er herankommen über alle, die da auf der ganzen**
36 **Erde wohnen.** * **Wachet aber, zu jeder Zeit betend, daß ihr gewürdigt werdet, allen diesen Dingen zu entfliehen, die geschehen müssen, und vor dem Sohn des Menschen bestehen könnt!**"

Zu Vers 34:
Mk 4, 19
Zu Vers 35:
1 Thess 5, 3
Zu Vers 36:
Mk 13, 33

Der Abschluß der Eschatologie zeugt von des Herrn erzieherischer
Weisheit. Der Blick der Jünger, der sich in die ferne Zukunft verloren
hatte, wird ins eigene Herz zurückgeleitet. Die ernste Mahnung: „**Hütet
euch!**" soll anspornen, die Erwartung Seiner Wiederkunft für ihr Heil
und zu ihrem Troste auszunützen. Jesus warnt die Jünger, ihre Herzen
nicht zu beschweren, was durch Oberflächlichkeit oder Genußsucht geschehen kann. Dieser Zustand kann durch ein Dreifaches eintreten:
durch Oberflächlichkeit, die die Völlerei von gestern verursacht, durch
Trunkenheit, die für heute ungeschickt macht, durch Nahrungssorgen,
die für morgen plagen. Diese Dinge rauben die Klarheit und Nüchtern-
heit des Geistes, mit der die Zukunft des Herrn erwartet werden muß.

Es soll nicht allein das gänzlich Unerlaubte sorgfältig gemieden werden, sondern auch das Erlaubte ist mit Weisheit zu benutzen, in dem Bewußtsein, daß sie mit keiner langen Zeit zu rechnen haben. Der große Tag des Herrn ist selbst für die Gläubigen unerwartet (vgl. 1 Th 5, 2), für alle anderen Erdenbewohner, die sorglos dahinleben, kommt er jedoch wie ein Fallstrick. Der Vergleich dieses Bildes bezeichnet sowohl das Unerwartete als auch das Verderbliche. Die Worte: „ ...über alle, die da wohnen oder sitzen", deuten ein ruhiges und behagliches Sitzen an (vgl. Am 6, 1—6), wobei sie gleich gefangen sind, sobald ein Strick über sie ausgeworfen wird (vgl. Jer 25, 29; Offb 18, 7. 8).

Die Jünger sollen zu jeder Zeit wachen und beten. Beides ist nötig. Jener Tag wird alle die plötzlich überfallen, die in irdischer Sicherheit dahinleben. Aus diesem Grunde ist ein beständiges Wachen erforderlich. Es ist ebenso notwendig, zu jeder Zeit im Gebet zu wachen, weil ein gebetsloses Wachen unfähig macht zum rechten Empfang des Herrn.

Das Entrinnen aus den Trübsalen durch Gottes Kraft ist die Vorbedingung dafür, vor den Sohn des Menschen gestellt zu werden. Es ist das freimütige Erscheinen, das ruhige Stehen vor Seinem Throne, um Ihn zu schauen, Ihm zu dienen und Ihn zu verherrlichen. Es ist das Gesammeltwerden zu Christo (vgl. Mt 24, 31). Diese letzten Worte der Eschatologie Jesu zeigen den Jüngern nicht allein den Anfang, sondern den Inbegriff der höchsten Glückseligkeit, dessen Gegensatz im Ps 1, 5; Nah 1, 6; Offb 6, 16. 17 geschildert ist.

d) Ein allgemeiner Überblick über die Lehrtätigkeit Jesu.

Lk 21, 37—38

37 Tagsüber hielt Sich Jesus lehrend im Tempel auf. Am Abend aber 38 zog Er hinaus und übernachtete auf dem Ölberge, * und das ganze Volk machte sich früh zu Ihm auf in den Tempel, Ihn zu hören.

Lukas beendet allein die Darstellung von dem Wirken des Herrn in Jerusalem mit einer zusammenfassenden Bemerkung. Dieser lukanische Bericht muß aus den anderen Evangelisten ergänzt werden. Aus Jo 12, 36 ist zu entnehmen, daß Jesus aus dem Tempel ging und Sich vor den Juden verbarg, was auf ein Aufsuchen der Stille auf Stunden oder einen Tag lang schließen läßt, um Sich für den bevorstehenden Kampf zu stärken. Die Synoptiker geben von keinem Tage des öffentlichen Wirkens Jesu einen so reichhaltigen Bericht wie hier in Vers 37 u. 38. Der Vorfall mit den Griechen im Tempel wird sich auch in der Leidenswoche ereignet haben (Jo 12, 20—36). Es ist zu vermuten, daß Jesus noch einen weiteren Kreis Seiner Anhänger mit Seinem Leiden vertraut machte. Was in Jo 12, 37—43 berichtet wird, ist sicherlich eine Zusammenfassung des großen Hauptinhaltes der Belehrung, welche Jesus in den letzten Tagen vor Seinem Leiden erteilte.

Lukas berichtet von dem Verlangen des Volkes, das sich früh auf-
machte, um Ihn zu hören. Die Zuhörer bewiesen damit, solange sie von
den Pharisäern noch nicht geblendet und irregeführt waren, daß sie
verstanden, ihren Propheten recht zu würdigen. Wenige Tage später
war alles anders (vgl. Lk 23, 18). Die wenigen letzten Tage, an welchen
der Herr im Tempel verweilte, müssen inhaltsvolle Tage gewesen sein.
Die unerschütterliche Ruhe, mit der der Herr bis auf den letzten Augenblick auf Seinem Posten verharrte, ist sehr zu beachten. Jesus erfreute
Sich bis zuletzt eines unverminderten Hinhörens auf Sein Wort. Hier
liegt ein neuer Beweis dafür, daß Er Sich freiwillig und ungezwungen
in die Macht Seiner Feinde begab. Das Geheimnis der ungebrochenen
Kraft bis zur letzten Stunde Seines öffentlichen Lebens ist sicherlich in
den nächtlichen Stunden auf dem Ölberge zu suchen.

VI. Hauptteil

Jesu Leiden und Sterben in Jerusalem.[1])

Lk 22, 1—23, 56

Unser Evangelist ermöglicht es dem Leser, den Herrn auf Seinem
Leidenswege Schritt für Schritt zu begleiten. Wie seine synoptischen
Vorgänger und Johannes betont Lukas mit Nachdruck des Herrn Unschuld und Größe Seinen Feinden gegenüber, vor allem zeigt er Gottes
anbetungswürdiges Walten hinsichtlich der Taten der Menschen. In der
Auswahl der Berichte und Auslassungen stimmt Lukas mehr mit Matthäus und Markus als mit Johannes überein, der auch in der Leidensgeschichte seinen eigenen Weg einschlägt. Die chronologische Reihenfolge der Ereignisse ist im Lukas-Evangelium nicht so genau. Ein Vergleich seines Berichtes von der Feier im Obersaal mit der Wiedergabe bei Matthäus und Markus läßt das deutlich erkennen. Weniger
vollständig und geordnet ist seine Erzählung vom Leiden in Gethsemane als bei den anderen Evangelisten. Kurz und allgemein sind seine
Mitteilungen über den Vorfall im Richthause des Pilatus.

Es sind dem Evangelisten Lukas eine Anzahl von Mitteilungen zu
verdanken, durch welche die Kenntnis der Passionsgeschichte des Herrn
aufgehellt und erweitert wird. Er allein nennt Petrus und Johannes,
die das Passah bereiten (Lk 22, 8). Von Lukas werden die ergreifenden
Worte mitgeteilt, mit denen der Herr die Mahlzeit eröffnete (Lk 22,15).
Von den Synoptikern berichtet er allein den Rangstreit der Jünger (Lk
22, 24 ff), der wahrscheinlich die Fußwaschung veranlaßte (Lk 22, 24),
ferner gehören die besonderen Gespräche von Vers 28—30 zu seinem
Sondergut. Beim Leidenskampf in Gethsemane erinnert er allein an den
stärkenden Engel und an den Blutschweiß (Lk 22, 43. 44). Alle Evangelisten erzählen die Verleugnung des Petrus, nur Lukas spricht von dem
Blick des Herrn (Lk 22, 61). Alle erzählen das nächtliche Verhör, Lukas allein berichtet von einer Morgensitzung des Sanhedrins (Lk 22,
66—71), die mit der ersten nicht zu verwechseln ist. Ohne Lukas wüßten wir nichts von der ersten besonderen Anklage der Juden bei Pilatus (Lk 23, 2) und von dem Leiden des Herrn bei Herodes (Lk 23,
5—16). Jesu Anrede an die weinenden Frauen (Lk 22, 27—31), Sein
erstes Kreuzeswort (Lk 23, 34), die Begnadigung des Schächers (Lk 23,
39—43), der letzte Ausruf des Sterbenden (Lk 23, 46), das Verhalten
Josephs von Arimathia im jüdischen Rat (Lk 23, 51) gehören zum Sondergut des Lukas. Eigentümlich ist bei Lukas die besondere Erwähnung

---

[1] Die Fülle des Stoffes und die gewaltige, Zeit und Ewigkeit umfassende Bedeutung dieses Kapitels
der Passionsgeschichte zwingt uns, auf den folgenden Blättern nur den eigentlichen Ablauf des
Prozesses gegen Jesus zur Entfaltung zu bringen. Vergleiche hierzu, was in der Wuppertaler
Studienbibel im Matthäus- und Markusband niedergeschrieben worden ist. — Nur in heiliger
Anbetung kann das Leiden und Sterben unseres Heilandes betrachtet werden.

der Frauen, die mit dem leidenden Herrn in Berührung kamen (Lk 23, 27—31. 55. 56), wie Lukas schon **früher** über den Dienst der Frauen berichtet (Lk 8, 2. 3).

Der Bericht der Passionsgeschichte enthält: A. Die Vorbereitung **des** Leidens (Lk 22, 1—46). B. Das Leiden selbst und die Ereignisse, die **darauf** folgten (Lk 22, 47—23, 56).

A. Die Vorbereitung des Leidens.

Lk 22, 1—46

Dieser Abschnitt der Leidensgeschichte enthält drei Begebenheiten: 1. Den Verrat des Judas (Lk 22, 1—6). 2. Das letzte Passahmahl und die Einsetzung des Heiligen Abendmahles (Lk 22, 7—38). 3. Jesu Gebetskampf in Gethsemane (Lk 22, 39—46).

1. Der Verrat des Judas.

Lk 22, 1—6

1 Es nahte aber das Fest der ungesäuerten Brote, welches Passah ge-
2 nannt ist. * Und die Hohenpriester und die Schriftgelehrten suchten eine Möglichkeit, wie sie Ihn umbringen könnten; denn sie fürchte-
3 ten das Volk. * Es fuhr aber der Satan hinein in Judas, der auch
4 Iskariot hieß und aus der Zahl der Zwölfe stammte. * Judas ging hin und besprach sich mit den Hohenpriestern und Hauptleuten, wie
5 er ihnen Jesus zuführen wollte. * Und sie freuten sich und beschlos-
6 sen, ihm Geld zu geben. * Und er willigte ein und suchte eine passende Zeit, um ihnen Jesus zuzuführen, und zwar hinter dem Rücken des Volkes.

Der Anfang der Leidensgeschichte bei Lukas stimmt am meisten mit Markus zusammen. Lukas schreibt im Eingangssatz nicht wie Markus: „Nach zwei Tagen geschah das Passah" (Mk 14, 1; Mt 26, 2), sondern: **„Es nahten aber die Tage der ungesäuerten Brote"** (Lk 22, 1). Lukas bedient sich hier einer grie statt einer hebr oder aramäischen Bezeichnung: Päsach oder Paschta. Er benutzt mehrfach den griechischen Namen: das Fest der ungesäuerten Brote oder die Tage der ungesäuerten Brote (vgl. Apg 12, 3; 20, 6), und er fügt das bekannte aramäische Paschta hinzu (Apg 12, 4), wenn er im engeren Sinne das Passahlamm oder das Passahmahl betont (vgl. Lk 22, 7. 8. 11. 13. 15). Der Gebrauch beider Ausdrücke ist dadurch erklärlich, daß das im Gesetz gebotene Passahfest am 14. Nisan (4 Mo 28, 16. 17) sich vom Fest der ungesäuerten Brote unterschied, das vom 15. bis zum 21. Nisan dauerte. Weil schon am 14. Nisan der ganze Sauerteig aus den Wohnungen entfernt sein mußte (2 Mo 12, 15), wurde im Volksmund der Name Passah auf das ganze siebentägige Fest der Mazzot oder der ungesäuerten Brote übertragen (vgl. 5 Mo 16. 1 ff; 2 Chro 35, 9. 18). Die beiden Stellen aus Josephus (Jos. Ant. XIV, 2. 1; III, 10, 5) enthalten ein Zweifaches: die erste Stelle verbindet beide Feste, die zweitangeführte Stelle unterscheidet sie.

W. Stb. Matth.
S. 336f.
W. Stb. Mark.
S. 233
Zu Vers 1. 2:
Mt 26, 1—5
Mk 14, 1. 2
W. Stb. Matth.
S. 339
W. Stb. Mark.
S. 337ff.
Zu Vers 3—6:
Mt 26, 14—16
Mk 14, 10. 11
Zu Vers 3:
Jo 13, 2. 27

Das Sanhedrin (der Hohe Rat) hatte schon früher beschlossen, Jesus umzubringen (Lk 19, 47; 20, 20). Lukas begründet, wie schwierig die Durchführung dieses Planes für die Führer Israels war, und wie ihre Furcht vor dem Volke sie in der Ausführung ihres Planes hemmte (vgl. Lk 19, 47; 20, 20). Der lukanische Bericht ist hier aus Mt 26, 3—5 zu ergänzen. Er zeigt, daß an kein unüberlegtes und planloses Suchen des Sanhedrins nach einer Gelegenheit zu denken ist. Bei einer bestimmten Versammlung eines Teiles des Sanhedrins, von der Jo 11, 47—53 berichtet, wurde in einer vertraulichen Sitzung von Gleichgesinnten der Tod Jesu beschlossen. Es bestand keine Absicht, dies noch vor dem Fest zu versuchen, sie wollten die Festzeit erst vorübergehen lassen, um eine bessere Gelegenheit und einen günstigeren Zeitpunkt abzuwarten. Die Ausführung ihres Mordplans wurde aber unerwartet beschleunigt: die Erfüllung der Weissagung des Herrn (Mt 26, 2) wurde durch das alle überraschende Anerbieten des Judas vorbereitet.

Lukas betont, daß der Satan in Judas hineinfuhr und sich seiner bemächtigte. Der Verrat wird damit einerseits ganz und gar als ein Werk Satans bezeichnet. Der lukanische Bericht stimmt auch mit Jo 13, 27 überein.

Andererseits wird berichtet, und zwar von allen drei Synoptikern, daß der Verräter einer der **Zwölfe** war. Durch diese Betonung kommt deutlich zur Sprache, daß Judas trotz des teuflischen Werkes schuldig und verantwortlich war (Jo 12, 4; Apg 1, 16. 17). Schon bei seiner Berufung zum Apostelamt steht bei seinem Namen die Ergänzung: „der Ihn auch überlieferte" (Mt 10, 4) und: „welcher ein Verräter wurde" (Lk 6, 16). Judas wird damit charakterisiert, und es ist ein Hinweis auf das tragische Ende seiner Berufung zum Apostel. Es bleibt ein großes theologisches Problem, daß Judas Iskarioth, ein Teufel (Jo 6, 70), ein Dieb (Jo 12, 6), ein Sohn des Verderbens (Jo 17, 12) und ein Verräter (Lk 6, 16), dennoch von Jesus zum Apostel berufen wurde. Obgleich Jesus den Judas von Anfang an erkannte, erwählte Er ihn dennoch zum Apostel.

Die Glieder des Sanhedrins waren über des Judas Anerbieten hoch erfreut, weil sich jetzt ihre sehnlichsten Wünsche erfüllten. Unter den Jüngern des Herrn offenbarte sich selbst ein Geist der Untreue und des Hasses. In ihrer Freude übernahmen die Sanhedristen die Verpflichtung, dem Judas Geld für sein Anerbieten zu geben. Es ist wohl anzunehmen, daß die vom Propheten Sacharja geweissagte Belohnung nur eine Vorauszahlung war, welcher nach Ausführung des Planes eine größere Summe folgen sollte.

Judas versuchte, Jesus ohne einen Volksauflauf den Hohenpriestern zu überliefern. Das Volk sollte nicht dabei sein. Der poetische Ausdruck „ater = ohne" kommt nur zweimal in diesem Kapitel vor (Lk 22, 6. 35). Für Judas selbst scheint eine stille Ausführung des Planes ebenso wünschenswert wie den Hohenpriestern, die dies im allgemeinen Interesse für nötig ansehen.

2. Das letzte Passahmahl und die Einsetzung des Heiligen Abendmahles.

Lk 22, 7—38

Der Bericht über das Passahmahl ist bei Lukas vollständiger als bei Matthäus und Markus. Er erwähnt einige Umstände, die seine beiden synoptischen Vorgänger nicht erzählen. Unser Evangelist nennt die Namen der beiden Apostel, denen Jesus die Zubereitung des Passahmahles auftrug (Lk 22, 7). Er teilt auch die Rede des Herrn beim Beginn der Mahlzeit mit (Lk 22, 15—18). Im Anschluß an die Mahlzeit erwähnt Lukas die Zurechtweisung der Jünger über ihren Streit um den Vorrang (Lk 22, 24—30). Die hieran anschließende Voraussage von der Verleugnung des Petrus (Lk 22, 31—38) erwähnt Lukas im anderen Zusammenhang als Matthäus und Markus. Die Andeutung über den Verräter (Lk 22, 21—23), die Lukas erst nach der Einsetzung des Abendmahls berichtet, ist kürzer gehalten als bei Matthäus und Markus. Die einzelnen Vorgänge beim Passahmahl sind nicht chronologisch, sondern sachlich geordnet. Zuerst wird das Passahmahl mit der Einsetzung des Abendmahls beschrieben, darauf folgen die Gespräche mit den Jüngern.

W. Stb. Matth.
S. 339ff.
W. Stb. Mark.
S. 240ff.
Zu V. 7—23:
Mt 26, 17—29
Mk 14, 12—25

a) Die Vorbereitungen zum letzten Passahmahle.

Lk 22, 7—13

7 Es kam aber der Tag der ungesäuerten Brote, an dem das Passah-
8 lamm geschlachtet werden mußte. * Und Er sandte Petrus und Johannes aus mit dem Auftrag: „Geht hin und bereitet uns das Passah-
9 mahl, damit wir es essen!" * Sie aber sprachen zu Ihm: „Wo willst
10 Du, daß wir es bereiten?" * Er aber sprach zu ihnen: „Siehe, wenn ihr in die Stadt hineingeht, begegnet euch ein Mensch, der da einen
11 Wasserkrug trägt. Folgt ihm in das Haus, in das er hineingeht! * Und ihr werdet zu dem Hausvater des Hauses sprechen: ‚Der Meister läßt dich fragen: Wo ist das Gastzimmer, wo Ich das Passahlamm mit
12 Meinen Jüngern essen kann?' * Jener wird euch einen großen mit Polstern ausgestatteten Speisesaal zeigen. Dort macht das Mahl
13 bereit!" * Da sie aber hingingen, trafen sie alles so an, wie Er zu ihnen gesagt hatte, und sie bereiteten das Passahmahl zu.

Zu Vers 7:
2 Mo 12, 18-20

Zu Vers 13:
Lk 19, 32

Jesus feierte am Abend des 14. Nisan mit Seinen Jüngern das Passah und setzte das Heilige Abendmahl ein (Lk 22, 14—23). Am Schluß dieser Feier begab Er Sich mit Seinen Jüngern zum Ölberg oder nach Gethsemane (Lk 22, 39 ff). Dort wurde Er gefangen genommen (Lk 22, 47 f), zum Hohenpriester Kaiphas geführt, bei dem sich die Hohenpriester und Ältesten versammelt hatten (Lk 22, 54 f). Hier wurde Jesus verhört und für schuldig befunden. In der Frühe des folgenden Tages wurde Jesus dem Landpfleger Pilatus überliefert und zum Kreuzestode verurteilt (Lk 23, 1 f). Unmittelbar danach wurde Jesus von den Kriegsknechten verhöhnt, zur Kreuzigung geführt und ans Kreuz geschlagen (Lk 23, 25 f). In wenigen Stunden war der Herr verschieden (Lk 23, 50).

Nach dem Bericht der drei Synoptiker wurde Jesus am 14. Nisan gekreuzigt, Er starb und wurde am gleichen Tage begraben. Dieser Tag
war der Rüsttag (Mt 27, 62). Markus erklärt diesen Ausdruck für grie
Leser als den „Vorsabbat" (Mk 15, 42) und Lukas erläutert: „Es war
Rüsttag und der Sabbat brach an" (Lk 23, 54). Nach diesen Berichten
ist Jesus am Freitag nachmittag gestorben und gegen Abend vor Anbruch des Sabbats ins Grab gelegt worden. [2])

Die synoptischen Berichte, daß Jesus am 14. Nisan des Abends zur gesetzlichen Zeit das Passahmahl mit Seinen Jüngern hielt, harmoniert auch
mit den johanneischen Bemerkungen (Jo 19, 14. 31). Der „Rüsttag des
Passah" bezeichnet den Freitag als Vorbereitung auf den ins Osterfest
fallenden Sabbat. An diesem Rüsttage, d. h. vor Anbruch des Sabbats,
wurden nach Jo 19, 41 die Leichname der Gekreuzigten vom Kreuze
abgenommen. So stimmen die vier Evangelien über das letzte Passahmahl und den Todestag Jesu überein.

Jesus beauftragte Petrus und Johannes am Vormittag des 13. Nisan,
das Passahmahl vorzubereiten, und sandte sie voraus in die Stadt. [3])
Um 18 Uhr dieses Tages begann der 14. Nisan, da begann auch das
Schlachten der Lämmer (2 Mo 12,6; 5 Mo 16,6). Nach den Berichten des
Matthäus und Markus beginnen die Jünger, mit dem Herrn über die
Passahmahlzeit zu sprechen. Der lukanische Bericht läßt sich mit den
zwei anderen Synoptikern wohl vereinigen, daß Jesus auf eine vorläufige Frage der Jünger nach dem „wo" dem Petrus und Johannes die Anweisung erteilt, zur Bereitung des Passah wegzugehen.

Die Jünger empfangen eine geheimnisvolle Anweisung hinsichtlich
des Mannes mit dem Wasserkrug, was Lukas nicht weiter ausführt.
Diese Anordnung läßt sich nicht auf eine Verabredung zurückführen.
Der Gang eines Mannes mit dem Wasserkrug auf der Straße läßt sich
nicht verabreden oder im voraus bestimmen. Jesus konnte nur durch
Sein prophetisches Vorherwissen die Jünger auf den rechten Mann
hinweisen. Diesem Manne sollten die Jünger bis ins Haus folgen und
den Hausherrn nach einem Raume fragen, wo der Herr mit den Seinen
essen konnte. Der Herr sagt ihnen, daß der Hausherr ihnen einen
Obersaal anweisen werde, der mit Polstersitzen versehen ist. Petrus
und Johannes fanden alles so vor, wie es ihnen der Herr voraus gesagt hatte.

---

[2] Die Tage beginnen nach jüdischer Rechnung immer am Abend nach 18 Uhr. Der Todestag Jesu
wird von den Synoptikern und von Johannes als Rüsttag (Mt 27, 62; Mk 15, 42; Lk 23, 54;
Jo 10, 14. 31. 42) bezeichnet. Der Rüsttag ist im NT die übliche Bezeichnung für den Freitag,
weil an diesem Tage die Speisen für den Sabbat zugerichtet wurden, an dem das Kochen verboten
war (2 Mo 35, 3). Der in Jo 19, 31. 42 erwähnte Rüsttag bezeichnet den Freitag. Es steht auch
nicht mit dem Charakter des ersten Feiertags im Widerspruch, wenn Simon von Cyrene am Morgen
dieses Tages vom Felde kam (Mk 15, 41; Lk 23, 26) und Joseph von Arimathia am Nachmittag
Leinwand einkaufte (Mk 15, 46).

b) Die Feier des letzten Passahmahles.

Lk 22, 14—18

14 **Und als die Stunde gekommen war, legte Er Sich zu Tische nieder**
15 **und die Apostel mit Ihm.** * **Und Er sprach zu ihnen: „Herzlich hat**
   Mich verlangt, dieses Passah mit euch zu essen, bevor Ich leide. *
16 **Denn ich sage euch: Ich werde nicht mehr davon essen, bis daß es**   Zu Vers 16:
17 **im Königreich Gottes seine volle Erfüllung findet."** * **Dann nahm Er**   Lk 13, 29
   einen Kelch, danksagte und sprach: „Nehmt dieses und teilt es
18 **unter euch selbst!** * **Denn Ich sage euch, daß Ich von jetzt ab nicht**

Anmerkung 3

Donnerstag	Freitag	Samstag	Sonntag
13. Nisan	14. Nisan Fortsetzung	15. Nisan Forts.	16. Nisan
Tag „vor dem Fest des Passah" (Jo 13, 1)	Rüsttag des Sabbat „Vorsabbat" genannt		Auferstehung
Von den S y n o p t i - k e r n dem am Abend beginnenden 14. Nisan wegen der für diesen Tag notwendigen Vorbereitungen (dem Ausfegen des Sauerteigs z. B.) als 1. Tag der ungesäuerten Brote offenbar zugerechnet.	Gefangennahme, Verhöre und Kreuzigung (Simon von Cyrene)	2. Tag im Grab	Jesus begegnet den Frauen usw.
Aussendung der zwei Jünger und Bereitung des Passahs	Kreuzabnahme und Grablegung **1. Tag im Grab**		
14. Nisan Beginn 18 Uhr	15. Nisan Beginn 18 Uhr	16. Nisan Beginn 18 Uhr	17. Nisan Beginn 18 Uhr
Passahfest Schlachten des Passahopfers „zwischen den zwei Abenden" (im Sprachgebrauch dem Mazzothfest zugerechnet. Mt 26, 17; Mk 14, 12; Lk 22, 1)	**Sabbat,** Beginn des eigentlichen Mazzothfestes	3. Tag im Grab	
Einsetzung des Abendmahls	2. Tag im Grab	Einkauf der Spezereien durch die Marien (Mk 16, 1)	

**mehr von dem Gewächs des Weinstockes trinke, bis daß das König-
reich Gottes gekommen ist."**

Ein Vergleich des lukanischen Berichtes über das Passah und die Feier
des Abendmahles mit den Berichten der übrigen Evangelisten bestätigt,
daß alle das gleiche Festmahl und dieselbe Entdeckung des Verräters
mitteilen. Es ist aber auch offensichtlich, daß Lukas nicht die chronologische Folge einhält. Um einen vollständigen Überblick zu gewinnen,
muß sein Bericht aus den anderen Evangelien ergänzt werden. Die
Reihenfolge der verschiedenen Momente während der Festfeier kommen hier nicht zur Geltung. In der Darstellung des Lukas steht vielmehr der scharfe Kontrast zwischen der Stimmung der Jünger und den
Worten des Herrn im Vordergrund.

Die Stunde, in der Sich Jesus mit den Aposteln zu Tische niederlegte,
war die vom Gesetz vorgeschriebene Zeit für die Passahfeier. Matthäus und Markus erwähnen, daß es am Abend war. Nach dem Gesetz
war ursprünglich eine stehende Passahfeier, mit dem Stab in der Hand,
vorgeschrieben (vgl. 2 Mo 12, 11). Später wurde es üblich, dabei zu
Tisch zu liegen, mit dem linken Arm auf den Divan gelehnt. Ein rabbinischer Ausspruch erklärt: „Es ist die Sitte der Sklaven, daß sie stehend
essen, jetzt aber essen sie zurückgelehnt, damit erkannt wird, daß sie
herausgeführt sind aus der Sklaverei in die Freiheit." Über die Anordnung der Tischgesellschaft läßt sich nur wenig mit Sicherheit bestimmen. Nach Jo 13, 23 bekam Johannes den ersten Platz neben dem
Herrn, Petrus wird in seiner Nähe zu suchen sein, weil er nicht mit
ihm sprach, sondern ihm nur einen Wink gab (Jo 13, 24). Die Stelle
des Hausvaters, der die Passahfeier leitet, nahm der Herr Selbst ein.
Lukas führt den Augenblick vor, an dem Jesus die Feier eröffnete (Lk
22, 15. 16).

Die Tischgesellschaft einer Passahfeier durfte nicht unter zehn Personen sein (Jos. Bell. jud. VI, 9. 3). Es mußte eine vollzählige Hausge-
meinde sein. Die Festordnung wurde durch die Folge der Becher bestimmt, die mit Rotwein gefüllt waren. Der Hausvater sprach die Dank-
sagung oder den Segen über den Wein und das Fest und trank aus dem
ersten Becher. Danach wurden bittere Kräuter gegessen, die in Essig
oder Salzwasser getunkt waren, in Erinnerung an die Bitterkeiten, die
die Väter in Ägypten erduldeten. Die Passahgerichte wurden aufgetragen, die gewürzte Brühe, die ungesäuerten Brote, die Festopfer und
das Lamm. Sämtliche Feststücke wurden gedeutet. Es wurde der erste
Teil des großen Halleluja (Ps 113. 114) gesungen und aus dem zweiten
Becher getrunken. Jetzt begann das eigentliche Mahl, wozu man sich
niederlegte. Der Hausvater nahm zwei Brote, brach eines entzwei,
legte es auf das ganze Brot, segnete das Brot, umwickelte es mit bitteren Kräutern, tunkte es ein und vollzog die Spendung mit den Worten:
„Dies ist das Brot des Elends, welches unsere Väter in Ägypten aßen."
Dann wurde das Passahlamm gesegnet und davon gegessen, die Festopfer wurden zum Brot gegessen, das in Brei getunkt wurde, zuletzt

das Passahlamm. Es folgte der Lob- und Dankspruch für das Mahl, die Segnung und das Trinken des dritten Bechers. Hernach wurde der andere Teil des großen Halleluja gesungen (Ps 115—118) und der vierte Becher getrunken. Bisweilen folgte noch ein fünfter Becher unter dem Sprechen von Psalm 120 bis 137.

Der erste Becher war der Verkündigung des Festes gewidmet. Bei diesem Becher sagte Jesus nach dem Lukasbericht, daß Er sehnlich danach verlangte, mit den Jüngern dieses Passahlamm zu essen, bevor Er leiden müßte. Der Herr kündigte ihnen an, es sei die letzte Feier, die Er jetzt im irdischen Leben mit ihnen begehe, Er werde aber ein neues Fest im Königreiche Gottes feiern. Das Passahlamm soll im vollendeten Gottesreich zu seiner vollen Verwirklichung gelangen. Wie das Passah eine fröhliche Feier des dankbaren Gedächtnisses an die Erlösung aus Ägypten war (2 Mo 12, 14. 24—27), so wird auch in dem vollendeten Gottesreich die zum Abschluß gelangte Erlösung der Gemeinde Christi in dankbarem Gedächtnis gefeiert werden.

Beim Essen des gebratenen Passahlammes wurde Wein getrunken, den der Hausvater herumreichte. Mehrere Becher, mit Wein gefüllt, wurden den Festteilnehmern geboten. Jesus nahm nach dieser Festsitte einen Becher in Empfang und reichte ihn nach einem Dankgebet den Jüngern mit den Worten: „**Nehmt ihn und teilt ihn unter euch selbst!**" Er sagt, daß Er von jetzt an nicht mehr von dem Gewächse des Weinstocks trinke, bis das Königreich Gottes gekommen sein werde. Einige Erklärer folgern aus diesen Worten, Jesus habe selbst nichts von diesem Weine getrunken. Diese Behauptung verliert jede Beweiskraft. Das Weintrinken gehörte zur Sitte des Passahmahles. Es bedarf keiner besonderen Erwähnung, daß Jesus als der Hausvater von diesem Becher trank. Der Umstand, daß der Wein das Symbol der Freude ist, beweist nichts gegen die Tatsache, daß Jesus in diesen Stunden von Schmerz erfüllt war und doch Selbst zuerst getrunken hat. Neben Seinen schmerzlichen Empfindungen hatte auch die Freude in Seinem Herzen Raum, weil Er doch die Erfüllung Seines sehnlichsten Wunsches sah.

Der Ausblick auf Sein Leiden, wodurch Sein Heilswerk zur Vollendung gelangte, vermochte Sein Herz fröhlich zu machen, wenn Er auch den tiefsten Schmerz empfand. In dieser Verfassung Seines Gemütes konnte Er den Trank genießen.

Jesus machte den Weintrank zu einem wesentlichen Bestandteil des Passahmahles, welches Er noch vor Seinem Leiden mit den Jüngern feiern wollte. Das geschah nicht hauptsächlich, um Sich und die Jünger auf das bevorstehende Leiden zu rüsten, sondern das Passahmahl als Gedächtnisfeier des Alten Bundes wollte Er durch die Einsetzung des Heiligen Abendmahles zur Gedächtnisfeier des Neuen Bundes erheben, den Er durch Seinen Tod stiftete. Wein und ungesäuertes Brot sind die Symbole des Heiligen Abendmahles.

c) Die Einsetzung des Heiligen Abendmahles und die Kennzeichnung des Verräters.

Lk 22, 19—23

Zu Vers 19:
1 Ko 11, 23-25

Zu Vers 21:
Jo 13, 21. 22

19 Und indem Er Brot nahm, dankte Er, brach es und gab es ihnen und sprach: „Dieses ist Mein Leib, der für euch gegeben wird: Die-
20 ses tut zu Meinem Gedächtnis!" * Und ebenso nahm Er den Kelch nach dem Mahl und sprach: „Dieser Kelch ist der Neue Bund in
21 Meinem Blut, das für euch vergossen wird. * Doch wisset wohl, siehe, die Hand dessen, der Mich verrät, liegt neben Mir auf dem
22 Tisch! * Denn der Sohn des Menschen geht zwar dahin, wie es be-stimmt ist; jedoch wehe jenem Menschen, durch den Er verraten
23 wird!" * Und sie fingen an, bei sich selbst zu fragen, wer von ihnen wird es wohl sein, der dieses tun wird?

Die Einsetzung des Heiligen Abendmahles bildet in den drei Evan-gelien den Mittelpunkt des Berichtes. Ein Vergleich der lukanischen Beschreibung mit den beiden ersten Synoptikern zeigt, daß Matthäus und Markus die Entdeckung des Verräters der Abendmahlfeier vor-ausgehen lassen, die Lukas zeitlich nach dem Abendmahl mitteilt. Eine sorgfältige Vergleichung aller evangelischen Berichte zeigt folgende Anordnung der einzelnen Momente im Passahsaal: 1. Die Eröffnung der Mahlzeit (Lk 22, 15—18); 2. Der Rangstreit der Jünger (Lk 22, 24—27; vgl. Jo 13, 1—11); 3. Weitere Gespräche des Herrn (Jo 13, 18—20; Lk 22, 28—30); 4. Die Entdeckung des Verräters (Mt 26, 21—25; Mk 13, 18—21; Lk 22, 21—23; Jo 13, 21—30); 5. Nach dem Hinausgehen des Verräters ist Jo 13, 34—35 einzuschieben. Aus dem buchstäblichen Bericht des Lukas könnte gefolgert werden, daß Judas noch bei der Einsetzung des Abendmahles anwesend war, aus der Ver-gleichung aller übrigen Berichte wird aber das Gegenteil deutlich.

Die Einsetzung des Heiligen Abendmahles erfolgt unmittelbar im Anschluß an das Passahmahl. Sie fand noch vor dem dritten Becher statt, der zum Kelch des Neuen Bundes geheiligt wurde. Der Herr nahm einen übriggebliebenen Brotkuchen, brach ihn, gab ihn den Jüngern und sprach die Worte der Einsetzung. In der Formel: „Dieses ist Mein Leib" wurde das Wörtlein „ist" von Jesus nicht mitgesprochen, denn nach dem Aramäischen brauchte Er nur zu sagen: „Dieses Mein Leib". Handelt es sich um etwas Wesentliches oder um ein Sinnbild? Der zweite Sinn ist trotz aller Einwände Luthers wohl der richtige. Überall, wo in Sprüchen der Schrift ein „ist" vorkommt, handelt es sich um ein Sinnbild (vgl. Ps 23, 1), hier handelt es sich ganz natürlich um eine symbolische Bedeutung. In der Beschreibung der Einsetzungs-worte weicht Lukas von Matthäus und Markus ab, daß er bei der Dar-reichung die Worte: „N e h m e t, e s s e t" wegläßt und zu „Mein Leib" hinzufügt: „Der für euch gegeben wird" und „Dieses tut zu Meinem Gedächtnis!" Der Wortlaut dieser Einsetzungsformel stimmt am meisten mit den paulinischen Einsetzungsworten überein (1 Ko 11, 24) und entspricht im letzten Satz der Vorschrift über die Passahfeier (vgl. 2 Mo 12, 14; 13, 9; 5 Mo 16, 3). Das Passah wurde zur Erinnerung an die Gnadentat der Erlösung aus Ägypten; das Lamm, welches wegen der Verschonung Israels den Tod erlitt, wurde zum Gedächtnis an diese Gnadentat gegessen. Die Jünger sollen das Brot in Erinnerung daran essen, daß der Herr Seinen **L e i b** in den Tod dahingab, um die Erlösung zu vollbringen.

Nach beendigter Mahlzeit ging gewöhnlich der dritte Kelch herum, welcher der Kelch der Segnung genannt wurde (vgl. 1 Ko 10, 16). Damit ist nicht gesagt, daß die Passahmahlzeit ihren Abschluß erreicht hat, denn es gehörte noch ein vierter oder fünfter Kelch hinzu und das Singen des Lobgesanges (Mt 26, 30). Die Einsetzung des Abendmahles ist ein besonderer Akt im Verlaufe der Passahfeier. ⁴)

Aus den Berichten des Lukas und Paulus geht besonders hervor, daß Jesus hier ein bleibendes Gedächtnismahl für Seine Bekenner aller Jahrtausende angeordnet hat.

Jesu Hinweis auf den Verräter ist als ein Gegensätzliches an das Vorhergehende angereiht. Es ist dem Lukas nicht darum zu tun, diesen Vorfall ausführlich mitzuteilen. Wie er nur den Anfang der Passahfeier berichtet, so stellt er auch jetzt den Anfang der Entdeckung des Verräters in den Vordergrund.

Die Worte des Herrn: **„Jedoch siehe, die Hand dessen, der Mich verrät, ist mit Mir auf dem Tische"**, bezeichnen eine Tischgenossenschaft der innigsten Lebensgemeinschaft. Der Umstand, daß aus dem Jüngerkreis Jesu sich einer fand, der Ihn Seinen Todfeinden überlieferte, bildet einen entsetzlichen Gegensatz zu der Lebensgemeinschaft, die Jesus durch die Einsetzung des Heiligen Abendmahles mit Seinen Jüngern begründen will. Die beiden Worte: **„Jedoch siehe"** betonen diesen Kontrast sehr stark. Was Jesus hier sagt, ist in freierer Form das Gleiche, was in Mt 26, 21; Mk 14, 18; Jo 13, 21 zu lesen ist. Der Herr sagt nicht: „dessen Hand mit **u n s**", sondern „dessen Hand mit **Mir** auf dem Tische ist". Er trennt den Verräter von den getreuen Jüngern, daß Er es mit ihm allein als mit einem Feinde zu tun hat.

Der Herr begründet, warum Er jetzt wieder von einem **„Dahingegeben"** spricht (vgl. Mt 26, 2). Der Sohn des Menschen geht hin, wie be-

---

⁴ Die Einsetzungsworte können nach Matthäus und Markus übersetzt werden: „Denn dieses ist das Blut Meines Bundes" oder auch: „Denn dieses ist Mein Blut, das des Bundes." Lukas und Paulus haben dagegen den Wortlaut: „Dieser Kelch ist der Neue Bund in Meinem Blut." Wie der Alte Bund durch Blut gegründet wurde (2 Mo 24, 8), so wurde der Neue Bund, von welchem Jeremia weissagte (Jer 31, 31—34), durch das Blut Christi zustande gebracht und besiegelt. Matthäus und Markus sagen von diesem Blute, daß es für viele vergossen wird. Lukas sagt: „. . . das für euch vergossen wird." Lukas betont mit Verstärkung die hohe Bedeutung des vergossenen Blutes und deutet an, daß die Darreichung des Kelches besonders auf die Jünger bezogen ist. Wenn die beiden anderen Evangelisten statt dessen „f ü r   v i e l e" schreiben, so hat das vergossene Blut nicht nur eine begrenzte Möglichkeit zur Vergebung der Sünden, sondern es ist im Grunde genommen für „a l l e" vergossen. Jesus schaut im Geist die von Jesaja angekündigten Myriaden von Gläubigen aus allen Nationen, die bis in die kommenden Zeiten das Mahl des Herrn zu Seinem Gedächtnis feiern.

stimmt ist, oder wie Matthäus und Markus berichten: „so. wie es geschrieben steht". Der Sohn des Menschen muß nach dem Ratschluß Gottes sterben, wie es in den prophetischen Schriften vorher verkündigt ist. Die Verantwortung aber dessen, der diesen Plan verwirklicht, wird damit nicht aufgehoben. Jesu Weheruf über den Verräter ist für Judas noch ein Wort der Warnung, um ihm vor dem letzten entscheidenden Schritt am Rande des Abgrundes noch die Augen zu öffnen. Aus den Worten des Herrn spricht Mitleid und Klage über das, was dem Verräter bevorsteht, und das, was er beabsichtigt. Jesus ist Sich bewußt, daß keine Missetat diesem Verrat gleichsteht. Die Lehre der Allversöhnung hat hier keine Stütze, denn der Zusatz: „Es wäre jenem Menschen besser, daß er nicht geboren wäre" (Mt 26, 24; Mk 14, 21), würde ein zu starker Ausdruck sein, wenn Jesus auch nur einen einzigen Lichtstrahl hätte aufdämmern sehen in der Nacht des ewigen Verhängnisses über Judas. Der Weheruf über Judas kennzeichnet den folgenschwersten Fall und den folgenschwersten Fluch.

Der Ausspruch des Herrn über den Verräter erregte die Jünger derart, daß sie sich untereinander befragten, wer von ihnen fähig wäre, ein solches Verbrechen zu vollbringen. Lukas bringt nicht wie die anderen Evangelisten diese traurige Szene zum Abschluß (vgl. Mt 26, 22; Mk 14, 19; Jo 13, 22). Wenn der Herr sagte: **„Einer von euch wird Mich verraten"**, so nennt Er damit Judas nicht ausdrücklich. Alle Zwölfe wurden in Schrecken versetzt, um dem „einen" nicht den letzten Antrieb zur Umkehr zu entziehen. Das **„Einer von euch"**, mußte dem „einen", der gemeint war, das Herz durchbohren. In Wirklichkeit versetzte es die anderen Jünger in Angst und Schrecken. Es wird uns hier ein Einblick in das Herz der Jünger gewährt. Sie zittern im vollen Bewußtsein ihrer Schwachheit vor sich selbst. Sie trauten Ihm zwar ganz, sich selbst aber nicht. Sie wurden in ihrer Unschuld betrübt, Judas erschrak n i c h t in seiner Bosheit.

d) Die Tischgespräche des Herrn mit Seinen Jüngern nach dem Abendmahl.
Lk 22, 24—38

Es ist n i c h t denkbar, daß die Entdeckung des Verräters und der Rangstreit der Jünger n a c h der Einsetzung des Abendmahles stattfanden. Anzunehmen ist, daß sich die Jünger uneins darüber waren, wer von ihnen vor der Mahlzeit die Fußwaschung an den anderen ausüben sollte. Dieser Wortstreit veranlaßte wohl die Fußwaschung, bei der die Worte Lk 22, 25—27 gesprochen wurden. Der Streit der Jünger bewegte den Herrn nicht nur zu dieser symbolischen Handlung, sondern auch zu besonderen Mahnungen.

Die hier folgenden Gespräche beziehen sich: 1. auf einen Streit, der sich am Abend unter den Jüngern erhob (Lk 22, 24—30); 2. auf die Verleugnung des Petrus (Lk 22, 31—34); 3. auf die Gefahr, die bald ihrer wartet (Lk 22, 35—38).

Der Rangstreit der Jünger.

W. Stb. Matth.
S. 274ff.
W. Stb. Mark.
S. 192ff.

Lk 22, 24—30

24 Es war aber auch ein Streit unter ihnen entstanden, wer von ihnen
25 wohl größer zu sein scheine. * Er aber sprach zu ihnen: „Die Könige der Heiden herrschen über sie, und die da Gewalt haben über
26 sie, lassen sich Wohltäter, gnädige Herren nennen. * Ihr aber nicht
also, sondern der Größere unter euch soll sein wie der Jüngere,
27 und der da zu führen hat, wie der, der zu dienen hat. * Denn wer
ist größer, der da zu Tische liegt oder der da dient? Doch wohl
der, der da zu Tische liegt? Ich aber bin in eurer Mitte wie der
28 Dienende. * Ihr seid es, die ausgeharrt haben mit Mir in Meinen
29 Versuchungen. * So vermache Ich euch, so wie es Mir Mein Vater
30 angeordnet hat, ein Königreich. * Ihr sollt an Meinem Tisch in
Meinem Königreich essen und trinken, und ihr werdet sitzen auf
den Thronen der zwölf Stämme, Israel zu richten."

Zu V. 25. 26:
Mt 20, 25—27
Mk 10, 42—44
Zu Vers 24:
Lk 9, 46
Zu Vers 27:
Jo 13, 4—14

Zu Vers 30:
Mt 19, 28

Der von Johannes berichtete Umstand, daß Jesus vom Mahle aufstand, den Jüngern die Füße wusch, um ihnen ein belehrendes Beispiel
von der dienenden Liebe zu geben (Jo 13, 4. 15. 16), wird erst dadurch erklärt, daß die Jünger Ihm beim Beginn der Mahlzeit einen
Anlaß zu einer solchen Belehrung gaben. Den Anlaß zu dieser symbolischen Belehrung erfahren wir aus unserem vorliegenden Bericht
des Lukas.

Die Beschäftigung mit der zukünftigen Herrlichkeit des messianischen Reiches erregte bei den Jüngern mehrfach den Ehrgeiz. Hierher
gehört sachlich das in Lk 9, 46—48; Mt 18, 1—5; und Mk 9, 33—37
Berichtete, wo Jesus Seine Jünger wegen ihres Ehrgeizes zurechtgewiesen hat. Was Lukas hier berichtet und weiter ausführt, stimmt fast
wörtlich mit Mt 20, 25—27 überein.

Der Herr belehrt die Jünger, daß das Verhältnis der Herrscher in
den weltlichen Reichen zu den Untertanen keineswegs auf das Ver-
hältnis im Reiche Gottes anzuwenden ist. [5]) Der Herr will, daß sich
Seine Jünger von den Königen und Fürsten der Erde unterscheiden.
Wer wirklich der Größere im Reiche Gottes ist, muß sein wie der
Jüngere, dessen Aufgabe im Dienen besteht (Apg 5, 6. 10). Jesus un-
terbindet hier nicht jeden Rang- und Amtsunterschied in Seinem
Reiche. Der Herr erkennt tatsächlich eine Aristokratie im Kreise der
Seinen an, aber eine Aristokratie der D e m u t . Der Herr fordert nicht
allein diese Demut, sondern verwirklicht sie durch Sein eigenes Vor-
bild.

---

[5] Es ist bekannt, daß nicht allein Ptolemäus III. in Ägypten den Ehrentitel „Euergetes = Wohltäter" führte, sondern daß er auch römischen Kaisern gegeben wurde. Caligula hieß sogar „soter
kai euergetes = Retter und Wohltäter". Nicht weniger ist die Ehrenbezeichnung: „Vater des
Vaterlandes", für den Kaiser Augustus bekannt. Wenn den Herrschern ein solches Ehren-
prädikat beigelegt wird, ist es ein Zeichen, daß sie sich um das Wohl der Untertanen Verdienste
erworben haben; oft ist es auch eine Selbstbezeichnung der Herrscher, um mehr zu scheinen, als
sie wirklich sind. Die Apostel geben zu erkennen, daß sie von dem gleichen Geist des Hochmutes
erfüllt waren wie die weltlichen Herrscher, die eine solche Schmeichelei mit Wohlgefallen anhören.

Das johanneische Gemälde der Fußwaschung kann mit keinem schöneren Wort unterschrieben werden als mit dem Ausspruch, welchen uns Lukas von Ihm aufbewahrt hat: „Ich bin in eurer Mitte wie Einer, der da dient".

Im Zusammenhang mit dem bisher Gesagten (Lk 22, 25—27) gedenkt der Herr auch der Erhöhung Seiner Jünger, die nach ihrer Demut folgt (Lk 23, 28—30). Er versichert sie der künftigen Herrlichkeit in Seinem messianischen Reiche. Willkürlich ist die Ansicht einiger Erklärer, Jesus hätte diese Worte später ausgesprochen; ebensowenig ist es eine Wiederholung der Verheißung, die Jesus in Mt 19, 28 ausspricht. Es besteht schon die Annahme zu Recht, daß dieses Redestück nach der Fußwaschung und vor die Entdeckung des Verräters gehört, von welchem auch Johannes einiges mitteilt (vgl. Jo 13, 12—20).

Nach der Klarstellung des Verhältnisses zwischen Herren und Dienern im Reiche Gottes geht Jesus dazu über, was den Seinen in Seinem Reiche zufällt. Er spricht von ihnen, die in Seinen Versuchungen durchgehalten haben. Die Worte „Ihr aber" kennzeichnet sie im Unterschied von anderen, die Ihn verließen in Seiner Nachfolge. Die Schmähungen, Nachstellungen und Entbehrungen, die Jesus während Seines ganzen Erdenlebens ertragen mußte (vgl. Hbr 2, 18; 4, 15), bezeichnet Jesus als „Meine Versuchungen". Nach der vierzigtägigen Versuchung in der Wüste verließ Ihn der Satan nur eine Zeitlang (Lk 4, 18), so daß sich demnach das ganze irdische Leben Jesu als eine fortdauernde Versuchung darstellte.

Der durch „aber" angedeutete Gegensatz ist nicht als ein Übergang von der Demütigung des Rangstreites Seiner Jünger zur wahren Erhebung anzusehen. Jesus stellt das „Ihr aber" Seinem „Ich aber" gegenüber. Er war ein Diener unter ihnen, sie haben sich durch Seine Erniedrigung nicht abhalten lassen, bei Ihm zu bleiben. Wegen dieser Gesinnung wird ihnen Jesus an der Herrschaft Anteil geben, welche Ihm der Vater bestimmt hat. Weil sie in den Versuchungen durchgehalten haben, verordnet Er ihnen die Herrschaft in Seinem Reiche. Das grie „diatithemai" bezeichnet nicht allein ein Verleihen und Versehen, sondern auch eine Verfügung, die ein Sterbender für die Zurückgebliebenen testamentarisch erläßt. Jesus, der arm wurde um unsertwillen, dessen Kleidungsstücke bald unter Seinen Augen am Kreuze verteilt wurden, vermachte hier Seinen Jüngern wegen ihrer Treue das höchste Erbteil.

Um ihnen die Schönheit im Reiche Seiner Herrlichkeit darzustellen, wählt Er das mit Vorliebe angewandte Bild, daß Er sie an Seiner Tafel bewirten wird. Es wird ihnen die Ehre zuteil, über die zwölf Stämme Israels zu richten. Der Herr spricht hier nicht wie in Mt 19, 28 von zwölf Thronen, sondern von zwölf Stämmen. Diesen Unterschied führen einige Ausleger auf den Abfall des Judas zurück. Es hängt aber wohl mit der freieren Form der Rede des Herrn bei Lukas zusammen.

Paulus spricht gleichfalls von einem Richten der Welt, das bei der
Ankunft des Herrn ein Vorrecht der Heiligen ist (1 Ko 6, 12). Endlich
schaute der Seher der Offenbarung zwölf Apostelthrone im Reiche
der Vollendung (vgl. Offb 21, 12—14).

Jesu Voraussage von der Verleugnung des Petrus.

Lk 22, 31—34

31 „Simon, Simon, siehe, der Satan hat sich ausgebeten, euch zu sichten
32 wie den Weizen. * Ich aber habe für dich gebetet, daß dein Glaube
nicht aufhöre. Und wenn du dich einst bekehrt hast, stärke deine
33 Brüder!" * Er aber sprach zu Ihm: „Herr, mit Dir bin ich bereit,
34 auch in Gefängnis und Tod zu gehen." * Er aber sprach zu ihm:
„Ich sage dir, Petrus, der Hahn wird heute noch nicht gekräht
haben, und schon wirst du dreimal geleugnet haben, Mich zu
kennen."

Die Voraussage des Herrn von der Verleugnung des Petrus wird im
Textus receptus mit den Worten eingeleitet: „Es sprach aber der Herr",
während andere Handschriften diese Einleitung weglassen.

Matthäus und Lukas berichten von dem Inhalt des Gespräches nur
die Hauptgedanken, so daß sich ihre Berichte ergänzen. Matthäus berichtet den Anfang des Gespräches (Mt 26, 31. 32), Lukas nur die
Unterredung mit Petrus. Der ausführliche Bericht des Lukas läßt sich
gut in die kürzere Darstellung des Matthäus und Markus einfügen.
Das Wort des Herrn ist die Antwort auf die Erklärung des Petrus, daß
er sich niemals an Jesus ärgern werde (vgl. Lk 22, 31. 32; Mt 26, 33).
Der Herr rief ihm warnend zu, was Lukas allein berichtet: **„Simon,
Simon, siehe, der Satan hat sich ausgebeten, euch wie den Weizen zu
sichten."** Jesus redet den Apostel nicht mit dem Namen „Petrus" an,
sondern zweimal (vgl. Lk 10, 41; Apg 9, 4) mit „Simon", um ihn nach
seinem natürlichen Charakter zu bezeichnen. Er mußte es ihn fühlen
lassen, daß er bald nicht einem Felsen, sondern einem schwankenden
Rohre gleichen werde. Nach der wörtlichen Übersetzung hat Satan sich
alle Jünger ausgebeten, er hat gewissermaßen ihre Auslieferung gefordert. Der Satan bittet sich die Jünger von Gott aus, wie es einst bei
Hiob geschah (vgl. Hio 1, 4 ff), um sie wie den Weizen zu sieben. Er
will sie im Sieb hin- und herschütteln und rütteln, um die Körner von
der Spreu zu sondern. Der Satan will das Werk der Erlösung vereiteln.
Jesus gibt zu erkennen, daß Sein Gebet vor Gott mehr gilt als diese
Bitte des Satans. Der Herr sagt: **„Ich aber habe für dich gebetet, daß
dein Glaube nicht aufhört!"** In den Worten „für dich" im Gegensatz
zu „euch" liegt der Gedanke, daß Petrus vor den anderen ganz besonders der Fürbitte des Herrn bedurfte, damit sein Glaube nicht schwindet. Das Sichten des Weizens ist dem Satan wohl erlaubt, damit die
Spreu vom Weizen gesondert wird. Gott aber hat schon Vorsorge getroffen, daß kein Körnlein verloren geht (Am 9, 9). Jesus erinnert hier
an die Wurfschaufel, die Er nach den Worten Johannes des Täufers
Selbst führt, um alle Spreu von den Körnern zu sondern. Beim Sichten

W. Stb. Matth.
S. 343 f.
W. Stb. Mark.
S. 243f.
Zu V. 31—34:
Mt 26, 31—35
Mk 14, 27—31
Jo 13, 36—38
Zu Vers 31:
2 Ko 2, 11
Zu Vers 32:
Jo 17, 11. 15. 20
Ps 51, 15

oder beim Worfeln bekommt der Satan nur die Spreu, die Körner hebt Gott auf. Obgleich Petrus durch seinen tiefen Fall an die Grenze des Glaubensverlustes gelangen wird, so sagt ihm der Herr dennoch voraus, daß er Apostel bleibt und nach seiner Umkehr seine Brüder stärken wird. [6])

Die vom Herrn im voraus gegebene Verheißung schließt eine Forderung an den Apostel ein, er solle tun, was einst David in der Buße versprach und redlich ausführte (vgl. Ps 51, 15). Obgleich der Herr die Jünger als Seine Brüder bezeichnet, soll Petrus „seine Brüder" stärken, die sich wie er in der gleichen Schwachheit und in den gleichen Sünden befinden. Die Forderung des Herrn hat Petrus später treu befolgt; die Pfingstpredigt (Apg 2) und seine beiden Briefe, in denen dieser Ausdruck oft vorkommt (1 Pt 5, 10; 2 Pt 1, 12; 3, 17; 2, 14) sind Zeugnisse dafür, wie er sich der Angefochtenen und Schwachen im Glauben angenommen hat.

In kühner Selbstsicherheit und im Vertrauen auf seine Treue und Liebe zum Herrn widersprach Petrus den Worten Jesu. Was der Jünger sagt, klingt, als brauche er gar nicht die Fürbitte seines Meisters, weil sein Glaube schon stark genug sei. Er mutet sich zu, trotz Gefängnis und Tod dem Herrn die Treue zu halten.

Nicht ohne Ursache redet Jesus jetzt den Jünger mit Petrus an statt mit Simon. Er, der im Namen aller den Glauben an den Herrn bekannt hat, als er Petrus war, wird Ihn heute noch dreimal verleugnen, wird versichern, daß er Ihn gar nicht kennt.

Jesu Hinweis auf die Zukunft der Jünger.

Lk 22, 35—38

Zu Vers 35:
Lk 9, 3

Zu Vers 37:
Jes 53, 12

35 Und Er sprach zu ihnen: „So oft Ich euch gesandt habe ohne Beutel und Tasche und Sandalen, habt ihr da jemals Mangel gehabt?" Sie
36 erwiderten: „Keineswegs!" * Er sprach zu ihnen: „Aber jetzt, wer einen Beutel hat, trage ihn, und ebenso eine Tasche, und wer so
37 etwas nicht hat, der verkaufe sein Kleid und kaufe ein Schwert. * Denn Ich sage euch, daß das, was geschrieben steht, an Mir erfüllt werden muß, nämlich: ‚Er ist unter die Gesetzlosen gerechnet worden.' Denn was Mir bestimmt ist, hat jetzt ein Ende (kommt jetzt zur
38 Erfüllung)." * Sie aber sprachen: „Herr, siehe, hier sind zwei Schwerter!" Er aber sprach zu ihnen: „Es ist genug!"

Unpassend wird diese Schlußrede des Herrn, die Lukas allein überliefert, als eine Rede vom Schwert bezeichnet. Wie die Ankündigung der Verleugnung des Petrus ein Hinweis auf die innere Gefahr ist, so beschreibt Jesus den Jüngern jetzt die äußere Not, die ihnen bevorsteht.

[6] Der griech. Ausdruck: „epistrephein" oder „epistraphesthai" bedeutet nach dem Sprachgebrauch des NT eine Rückkehr aus Sünden und eine Hinkehr zu Gott, wie ihn Lukas oft anwendet (vgl. Apg 11, 21; 14, 15; 26, 18; 3, 19; 9, 35).

Jesus erinnert Seine Jünger in der Abschiedsstunde an Tage der Vergangenheit, als Er sie ohne Beutel, ohne Tasche und Sandalen aussandte. Es war die Zeit, da Er die Zwölfe (Lk 9, 1—6) und die Siebzig (Lk 10, 5—8) aussandte, das Evangelium zu predigen. Damals hatten sie keinen Mangel und keine Sorgen, bei vielen fanden sie offene Ohren und Herzen; nach der Rückkehr konnten sie sogar von Erfolgen in ihrer Arbeit sprechen. Der Name ihres Meisters verschaffte ihnen alles, was sie brauchten. Wie ein Katechet erinnert Jesus die Jünger an ihre damaligen Erlebnisse und läßt sie die Antwort auf die Frage, ob sie Mangel gehabt haben, selbst geben, ehe Er in Seiner Rede fortfährt.

Der Herr stellt den Jüngern in Aussicht, daß es in Zukunft anders gehen werde. Um ihren apostolischen Beruf ausführen zu können, sollen sie sich mit allem Erforderlichen versehen. Auf die Gastfreundschaft der damaligen Zeit können sie nicht mehr rechnen. Wer einen Beutel besitzt, soll ihn aufnehmen und tragen. Wer weder Beutel noch Tasche hat, soll sein Obergewand verkaufen und ein Schwert kaufen. Der Sinn ist: „Außer Beutel und Tasche ist ein Schwert unentbehrlich". Jesus spricht nach dem Zusammenhang den Gedanken aus: Wer Beutel und Tasche benötigt, kann nicht damit rechnen, jederzeit das Nötige zu bekommen; wer ein Schwert mehr benötigt als einen Mantel, muß die Bosheit der Menschen mehr befürchten als die Unbill des Wetters. Eine solche Lage will Jesus mit Seiner bildlichen Rede veranschaulichen.

Das Los des Herrn, bald ein gekreuzigter Messias zu sein, bringt den Jüngern Gefahren und Verfolgungen. Jesus beruft Sich auf ein Schriftwort aus dem Passionskapitel in Jesaja 53, wo Sein Leidensgeschick geweissagt ist. Wenn Jesus nach Gottes Rat unter die Übeltäter gerechnet wird, können die Jünger für sich nichts Besseres erwarten.

Der folgende Satz (Vers 37): „**Denn was Mir bestimmt ist, hat jetzt ein Ende!**" wird verschieden aufgefaßt. Gewöhnlich deutet man: „hat ein Ende" (echei telos) mit „vollendet werden" oder „erfüllt werden". [7])

Die Jünger zeigten Ihm zwei Schwerter, weil sie der Meinung waren, Jesus empfehle ihnen für die Ausrichtung ihres Berufes, sich mit einem Schwert auszurüsten, um feindliche Angriffe abzuwehren. Einige Erklärer meinen, es handele sich hier um zwei Schlachtmesser, welche für die Bereitung des Passahlammes nötig waren. Weil im NT sich nicht nachweisen läßt, daß ein solches Werkzeug für diesen Zweck gebraucht wurde, ist eine solche Erklärung sachlich von keinerlei Bedeutung. Die Antwort des Herrn: „**Es ist genug!**" enthält einen Doppel-

---

[7] Die Wendung wird auch erklärt: „Weil alles von Mir Geschriebene geschehen muß bis aufs Letzte, darum geschieht auch dies." Der Sinn des Ganzen ist: „Wenn dieses noch geschieht, weil alles geschehen muß, so hat das Erfüllen und Geschehen allerdings damit ein Ende." Weil Jesus nach der Schrift den Verbrechertod sterben muß, so hat das an Ihm Sein Ende gefunden. Die Jünger, die nicht zur Versöhnung, sondern zur Läuterung ihres Glaubenslebens und den Brüdern zum Segen leiden müssen, sollen und dürfen auf ihr Leben achthaben, um es in der von Gott angeordneten Weise allein aufzuopfern.

sinn. Sie kann sich auf die zwei Schwerter beziehen, daß es hinreicht,
sie kann aber auch im Blick auf die ganze Unterhaltung den Sinn haben: Es ist genug von dieser Sache. Ich sehe, Ihr versteht Mich nicht! [8])

W. Stb. Matth.
S. 344ff.

3. Jesu Gebetskampf am Ölberge.

W. Stb. Mark.
S. 246ff.

Lk 22, 39—46

Zu V. 39—46:
Mt 26, 30.
  36—46
Mk 14, 26.
  32—42

Zu Vers 39:
Jo 18, 1

Zu Vers 43:
1 Kö 19, 5

39 Und da Er hinausging, kam Er nach der Gewohnheit an den Öl-
40 berg. Es folgten Ihm aber auch die Jünger. * Als Er aber dort angekommen war, sprach Er zu ihnen: „Betet, daß ihr nicht in Ver-
41 suchung geratet!" * Und Er entfernte Sich von ihnen etwa einen
42 Steinwurf weit und beugte die Kniee und betete, * indem Er sagte:
   „Vater, wenn Du willst, laß diesen Kelch an Mir vorübergehen.
43 Jedoch nicht Mein Wille, sondern der Deine geschehe!" * Da erschien Ihm aber ein Engel vom Himmel und stärkte Ihn.
44 als Er in Todesangst kam, betete Er noch anhaltender. * Und es
   wurde Sein Schweiß gleich wie dicke Blutstropfen, die auf die Erde
45 herabfielen. * Und da Er vom Gebete aufstand, kam Er zu den
46 Jüngern, fand sie eingeschlafen vor Traurigkeit. * Und Er sprach
   zu ihnen: „Was schlaft ihr? Steht auf, betet, damit ihr nicht in
   Versuchung geratet!"

Lukas berichtet nach seiner schriftstellerischen Eigenart den Gebetskampf des Herrn in Gethsemane nicht so ausführlich und vollständig
wie Matthäus und Markus. Unser Evangelist zieht alles summarisch zusammen, er bezeichnet nicht einmal den Ort, wo der Gebetskampf am
Ölberge stattfand, sondern er setzt ihn als bekannt voraus. Die Auswahl, die der Herr unter den Jüngern vornahm, die dreifache Wiederholung des Gebetes und die Warnrufe an Petrus werden übergangen.
Wir verdanken dem Lukas dagegen die Erwähnung des Blutschweißes,
des stärkenden Engels und daß die Jünger vor Trauer eingeschlafen
waren. Lukas allein bestimmt die Entfernung zwischen dem betenden
Herrn und den Jüngern: etwa einen Steinwurf weit. Lukas teilt mit,
daß Jesus nach Seiner Gewohnheit am Ölberg betete. Wenn die lukanische Darstellung auch nicht so ausführlich ist wie bei Matthäus und
Markus, so ist sein Bericht doch besonders wertvoll.

Die Anfangsworte des Abschnittes deuten an, daß Jesus aus dem
Saal und aus der Stadt hinausging, um Sich nach Seiner Gewohnheit
zum Ölberge zu begeben. Dieser Ort war auch dem Judas bekannt
(Jo 18, 2). Wenn der Verräter den Herrn nicht im Passahsaal fand, so

---

[8] Luther erklärt hierzu in seiner Randglosse: „Es gilt nicht mehr mit dem leiblichen Schwert
fechten, sondern es gilt hinfort leiden um des Evangeliums willen und Kreuz tragen. Denn man
kann wider den Teufel nicht mit Eisen fechten; darum ist nötig, alles daran zu setzen und nur
das geistliche Schwert, das Wort, zu fassen." Papst Bonifacius VIII. begründet dagegen in der
Bulle „Unam sanctam" aus diesem Verse das doppelte Schwert des römischen Stuhles, die geistliche und die weltliche Amtsgewalt. Calvin bemerkt dazu: „Was hier die Kirchenrechtslehrer
hervorzaubern, ihre bewaffneten Bischöfe mit einer doppelten Amtsgewalt auszustatten, ist nicht
eine faule Allegorie, sondern ein schamloser Spott, womit sie Gottes Wort verhöhnen."

wußte er, daß er Ihn dort antreffen würde. Fern vom Freudenjubel der Stadt in der Passahnacht suchte Er in freier Natur Ruhe und Sammlung im Gebet an dem Ort, wo Er so oft hingegangen war (Lk 21, 37).

Die Aufforderung zum Beten, um nicht in Versuchung zu kommen, scheint nach Lukas Jesus an alle Jünger gerichtet zu haben. Aus Matthäus und Markus läßt sich entnehmen, daß der Herr Seine drei Lieblingsjünger weiter mit in den Garten nahm und sie zum Gebet aufforderte. Der Gebetsinhalt bezieht sich auf die Bewahrung vor der Versuchung. Die Versuchung ist in diesem Zusammenhang die drohende Gefahr, die sie bald erfahren sollten, durch die sie Schiffbruch am Glauben erleiden konnten.

Jesus entfernte Sich einen Steinwurf weit von den Jüngern. Lukas faßt hier zwei Momente zusammen, die Matthäus und Markus unterscheiden. Der Herr entfernte Sich zuerst von den Jüngern, nahm aber Petrus, Johannes und Jakobus mit Sich. Ihnen vertraute Er Seine Angst an. Hiernach trennte Er Sich auch von diesen, um ganz allein zu sein. Der Herr beugte Seine Kniee zum Gebet. Markus sagt: „Er fiel auf die Erde", Matthäus sagt: „auf Sein Angesicht". Stehend, mit aufgerichtetem Angesicht, konnte Er jetzt nicht beten. Lukas zieht den Inhalt der drei Gebete in eins zusammen, obgleich von ihm angedeutet ist, daß Jesus mehrere Male gebetet hat (Lk 22, 44).

Über die Art und den Zweck der Stärkung durch einen Engel hat man zu allen Zeiten sehr verschieden gedacht. Eine innere Erscheinung anzunehmen, ist unrichtig. An eine Stärkung zum Gebet zu denken, etwa daß Jesus im heftigsten Gefühl des Leidens durch die verklärte Aussicht auf die künftige Freude gestärkt würde, ist wohl auch abzulehnen. Es dürfte sich wohl, wie einst bei Elia (1 Kö 19,7), um eine leibliche Stärkung durch den Engel handeln.

Der Herr betete im Kampf mit Sünde, Tod und Teufel noch heftiger. Im eigentlichen Todeskampf strengt der Herr alle Seine Kräfte zu einem unablässigen Gebetskampf an. Die beste Erklärung zu dieser Stelle geben die Worte des Hebräerbriefes, wo von dem starken Geschrei und den Tränen die Rede ist, womit Jesus Sein Gebet und Flehen Dem opferte, der Ihm vom Tode aushelfen konnte (vgl. Hbr 5. 7—9).

Die Darstellung über den weiteren Verlauf des Gebetskampfes verrät den Verfasser als Arzt. Lukas berichtet, daß bei Jesus der Schweiß wie dicke Blutstropfen auf die Erde fiel. An eine poetische Ausschmükkung oder eine·mythische Dichtung ist hier nicht zu denken. Nach medizinischen Gutachten kann ein bis auf den Tod Geängstigter einen Schweiß wie Blutstropfen ausschwitzen. Der Zustand des leidenden Herrn wird durch diesen Zug in seiner ganzen Tragschwere geschildert.

Lukas wußte als Arzt auch, daß einer vor Trauer einschlafen kann. Wenn die Traurigkeit so groß ist, kann der ganze äußere und innere Mensch derart ermatten, daß er in einen Zustand der Betäubung versinkt. Die übrigen Evangelisten sagen auch nichts davon, daß es ein gewöhnlicher, gesunder Schlaf war, der die Jünger übermannte. Es ist nicht ausgeschlossen, daß auch die Macht der Finsternis in diesen schweren Augenblicken auf sie einwirkte.

Jesus wandte Sich mit einem Mahnrufe an die Schlafenden. Die genauere Angabe Seiner Worte berichten Matthäus und Markus. Der lukanische Bericht ist dagegen kurz, daß wir keine vollständige Vorstellung darüber gewinnen. Der Herr gönnte Seinen Jüngern die Erholung, die sie bald in dieser furchtbaren Nacht nicht mehr fanden. Er bewachte sogar Selbst einige Augenblicke ihre kurze Ruhe (Mt 26, 44): „Er ließ sie ruhen und ging hin, um zu beten." Erst als Judas mit der Bande kam, mahnte Er die Jünger zum Aufstehen, weil jetzt keine Zeit mehr zu verlieren war. Er rief ihnen zu, die Feinde in wachem Zustand zu erwarten. Noch einmal wird den Jüngern das schon erwähnte Gebetsanliegen nahegelegt (Lk 22, 40. 46), um der bald kommenden Feindesschar mutig entgegentreten zu können.

B. Jesu Leiden und Sterben.

Lk 22, 47—23, 56

Der hier vorliegende Abschnitt der Passionsgeschichte berichtet: 1. Die Gefangennahme Jesu (Lk 22, 47—53); 2. Jesu Verhör vor der geistlichen Behörde (Lk 22, 54—71); 3. Jesus vor dem weltlichen Gericht (Lk 23, 1—25); 4. Die Kreuzigung Jesu (Lk 23,26—49); 5. Das Begräbnis (Lk 23, 50—56).

1. Die Gefangennahme Jesu.

Lk 22, 47—53

W. Stb. Matth.
S. 347ff.
W. Stb. Mark.
S. 252ff.
Zu V. 47—53:
Mt 26, 47—56
Mk 14, 43—49
Jo 18, 2—11

47 Und während Er noch redete, kam plötzlich eine Volksmenge und der genannte Judas, einer der Zwölfe, ging vor ihnen her und
48 nahte sich Jesu, Ihn zu küssen. * Jesus aber sprach zu ihm: „Judas,
49 mit einem Kuß verrätst du den Sohn des Menschen?" * Als die um Ihn waren, sahen, was geschehen würde, sprachen sie: „Herr, sollen
50 wir mit dem Schwerte dreinschlagen?" * Und es schlug einer von ihnen auf den Knecht des Hohenpriesters ein und hieb ihm sein
51 rechtes Ohr ab. * Jesus aber antwortete und sprach: „Laßt ab! Es ist in Ordnung!" Und während Er das Ohr berührte, heilte Er. *
52 Jesus aber sprach zu den auf Ihn herankommenden Hohenpriestern und Hauptleuten des Tempels und zu den Ältesten: „Wie gegen einen Räuber seid ihr ausgegangen mit Schwertern und Stöcken? *
53 Wo ich täglich bei euch im Tempel war, habt ihr die Hände nicht gegen Mich ausgestreckt. Dieses aber ist eure Stunde und die Macht der Finsternis."

Zu Vers 53:
Jo 7, 30; 8, 20

Der lukanische Bericht über diesen Vorgang beschränkt sich auf das Wesentliche des Verhaltens Jesu. Lukas teilt das letzte Wort des Herrn an den Verräter mit. Es wird erwähnt, wie Petrus zurechtgewiesen wurde, weil er mit dem Schwerte dreinschlug. Die Rüge des Herrn über die Handlungsweise der Häscher läßt erkennen, daß Jesus nicht der Gewalt Seiner Feinde unterlag, sondern Sich im Gehorsam gegen den Willen Seines Vaters gefangennehmen ließ, um Sich auch bei dieser Gelegenheit als Herr und Retter zu offenbaren.

Alle Synoptiker berichten von dem Vordringen des Verräters, während Jesus noch mit den Jüngern redete. Packend schildert Lukas das unerwartete und schnelle Auftreten der Feinde. Er erwähnt zunächst das Erscheinen einer Volksmenge, ohne zu sagen, aus welchen Leuten die Schar bestand, was Matthäus und Markus doch tun. Das Zeichen, das Judas mit den Häschern verabredet hatte, damit Jesus ergriffen werden konnte, war im Grunde völlig überflüssig, da nach dem johanneischen Bericht die Bande vor der machtvollen und hehren Erscheinung des Herrn zur Erde fiel und Jesus Selbst der Schar freimütig entgegentrat (Jo 18, 3—9). Lukas sagt nichts von der Absicht der Begrüßung seitens des Judas, weil sie sich von selbst versteht. [9]

Der Bericht: **„Als die um Ihn waren, sahen, was da geschehen würde"**, zeigt den krassen Gegensatz zwischen dem untreuen Verräter und den getreuen Jüngern. Das Herannahen der Bande und die Schandtat des Judas überzeugte die Jünger, daß die gefürchtete Stunde nicht mehr fern war. In ihrer Bestürzung fragten sie den Herrn, ob sie mit dem Schwerte dreinschlagen sollten. Ehe Jesus zustimmen oder ablehnen konnte, vollzog schon einer von ihnen die unvorsichtige Tat. Keiner der Synoptiker nennt den Namen des Täters, nur Johannes, der sein Evangelium nach dem Tode des Petrus verfaßte, hat erwähnt, daß Petrus dem Malchus, dem Knecht des Hohenpriesters, das Ohr abschlug. Das Verschweigen seines Namens geschah wohl, um den Apostel nicht in Gefahr zu bringen.

Die Antwort des Herrn: **„Laßt bis zu diesem!"** oder **„Laßt sie!"** ist etwas dunkel, und sie wird verschieden erklärt. Diese kurzen Worte bei Lukas ersetzen eine lange und wichtige Antwort des Herrn, die Matthäus berichtet. Der Zusammenhang zeigt, daß Jesus diese Worte nicht zu den Häschern, sondern zu den Jüngern sagte. [10]

Wenn Johannes, Matthäus und Markus nichts von der Heilung des Ohres sagen, so nicht, weil ihnen dies Heilungswunder gegen die

---

[9] Dem lukanischen Berichte könnte entnommen werden, Judas wäre durch die Anrede des Herrn verhindert worden, mit dem Kusse seinen Verrat zu bewirken. Die beiden ersten Synoptiker berichten jedoch, daß der Verräter wirklich den Herrn geküßt hat. Auf diese seine Schandtat folgen die erschütternden Worte Jesu. Wenn anzunehmen ist, daß die Worte Jesu: „Freund. wozu bist du hier?" (Mt 26, 50) bei den Herzueilen des Judas dem Kusse vorangingen und daß die hier berichtete Frage und Anrede Jesu nach dem Kuß erfolgte, so kann erkannt werden, wie die Berichte der Evangelisten miteinander harmonieren. Die zermalmende Frage des Herrn hindert Judas nicht, von jetzt ab nur noch bei den Feinden Jesu zu stehen.

[10] Die triftigste Erklärung scheint zu sein: „Laßt ab, bis hierher und nicht weiter! Es steht auch dieses Gefangennehmen im Willen des Vaters." Jesus straft damit nicht die Jünger um das, was Petrus getan hat, sondern Er verbietet, mit dem Schwert fortzufahren. Das Zuschlagen mit dem Schwerte ist als ein Vorgehen getadelt, das dem göttlichen Rat widerspricht, sich darin die Kampfbereitschaft der Jünger für ihren Herrn kundgetan hat. Es darf nicht vergessen werden. daß das Reich Gottes n i c h t durch T ö t e n, s o n d e r n durch G e t ö t e t w e r d e n gebaut wird.

andern Taten Jesu gering erschien, sondern sie setzten es als selbstverständlich voraus, daß der Herr den Schaden wieder gut machte. Lukas, der Arzt, konnte es nicht unterlassen, Jesu heilenden Eingriff zu
erwähnen.

Es erscheint gar nicht unglaubwürdig, daß auch die beiden Hohenpriester persönlich in Gethsemane waren, um sich von der Gefangennahme
des Herrn zu überzeugen. Weil Lukas die Hohenpriester, die Haupt-
leute des Tempels und die Ältesten zuletzt auftreten läßt, sind vielleicht die Diener vorausgeschickt worden, um die Verhaftung des
Herrn vorzunehmen; da sie aber nicht so schnell von Gethsemane zurückkehrten, liefen die Führer und Vorgesetzten ihren Untergebenen
in Ungeduld nach.

Das strafende Wort des Herrn an Seine Häscher in Vers 53 ist in
den Evangelien gleichlautend. Er zeigt ihnen, daß Seine Verhaftung
nicht durch ihre List und Gewalt zustandekam, sondern daß sie nach
Gottes Ratschluß geschah. Es war nötig, dies den Volksobersten zu
erklären, um dem Wahn vorzubeugen, als sei Er nicht der Messias,
sondern nach ihrer Meinung ein Empörer und Gotteslästerer. In dieser
Wahnvorstellung boten Seine Feinde in der Nacht eine bewaffnete
Macht auf, um Ihn greifen zu lassen! Sie traten Ihm wie einem Räuber entgegen, der sich verstecken und seiner Verhaftung gewaltsam
entledigen wollte. Was Jesus ihnen entgegenhält, war geeignet, sie tief
zu beschämen, wenn sie noch für eine Beschämung empfänglich gewesen wären.

Der Herr lenkt den Blick Seiner Häscher in Vers 53 auf die denk-
würdige Vergangenheit zurück, daß Er täglich bei ihnen im Tempel
war, da sie nicht wagten, ihre Hände gegen Ihn auszustrecken. Sie
fürchteten das Volk, weil es Jesus für den Messias hielt (Mt 26, 5).
Die Feinde werden an manchen vergeblichen Anschlag (vgl. Jo 7, 30. 44;
8, 20. 49) erinnert, den sie ausführen wollten. Der Herr aber sagt nach
Matthäus, daß sie gerade durch dieses Werk die Schrift erfüllen. Lukas
betont statt dessen für seine heidenchristlichen Leser, daß Seine Verhaftung ein Werk der Finsternis ist, das durch göttliche Fügung geschehen konnte.

Die Schlußworte Jesu: „**Dies ist eure Stunde und die Macht der
Finsternis**" begründen, warum sie Ihn nicht am hellen Tage, als Er
täglich im Tempel war, gefangennahmen. Es ist nicht für sie der günstige Zeitpunkt, sondern der Augenblick zur Ausführung ihres Werkes, der nach göttlichem Verhängnis über sie bestimmt war. Was
sie augenblicklich ausführen, geschieht durch eine Gewalt, die Gott
nach Seinem ewigen Ratschluß dem Reiche der Finsternis gegeben hat.
Jesus bedient Sich zweifellos dieser bildlichen Redeweise im Blick auf
die Nacht, die sie zur Ausführung ihrer Greueltat erwählten. Judas,
der Verräter, und die ganze Bande, die Ihn gefangennahm, sind
damit als Helfershelfer des Reiches der Finsternis bezeichnet.

2. Die Verurteilung Jesu durch das geistliche Gericht.

Lk 22, 54—71

Die Verurteilung Jesu zum Tode wurde durch ein geistliches und durch ein weltliches Gerichtsverfahren bewirkt. Der Herr mußte Sich vor dem Sanhedrin (dem Hohen Rat) und vor dem römischen Statthalter verantworten. Mit dem geistlichen Gerichtsverfahren (Lk 22, 54—71) steht: a) Die Verleugnung des Petrus (Lk 22, 54—62). b) Die Mißhandlung durch die Juden (Lk 22, 63—65). c) Das Todesurteil des Sanhedrins (Lk 22, 66—71) in Zusammenhang.

a) Die Verleugnung des Petrus.

Lk 22, 54—62

54 Nachdem sie Ihn aber festgenommen hatten, führten sie Ihn ab und brachten Ihn in das Haus des Hohenpriesters. Petrus aber
55 folgte von weitem. * Während sie aber ein Feuer anzündeten in der Mitte des Hofes und sich darum lagerten, setzte sich Petrus
56 unter sie. * Da ihn aber eine Magd bei dem Licht sitzen sah und unverwandt zu ihm hinsah, sprach sie: „Auch dieser war mit Ihm!" *
57 Er aber verleugnete und sagte: „Ich kenne Ihn nicht, Weib!" * Und
58 nach kurzer Zeit sah ihn ein anderer und sagte: „Auch du bist einer von ihnen!" Petrus aber sagte: „Mensch, ich bin es nicht!" *
59 Nach Verlauf von etwa einer Stunde bekräftigte es ein anderer, indem er sagte: „Wahrhaftig, auch dieser war mit Ihm, denn er ist
60 ja ein Galiläer!" * Petrus aber sprach: „Mensch, ich verstehe nicht, was du sagst!" Und im selben Augenblick, während er noch re-
61 dete, krähte der Hahn. * Und der Herr wandte Sich um, blickte Petrus an. Da erinnerte sich Petrus des Wortes des Herrn, wie Er zu ihm gesprochen hatte: „Bevor der Hahn heute kräht, wirst du
62 Mich dreimal verleugnen!" * Und Petrus ging hinaus und weinte bitterlich.

W. Stb. Matth. S. 349f.; 352ff.
W. Stb. Mark. S. 264ff.
Zu V. 54—62: Mt 26, 57. 58.
69—75
Mk 14, 53. 54. 66—72
Jo 18, 12—18. 25—27

Zu Vers 61: V. 34

Nach den Berichten der Synoptiker folgen auf die Verhaftung Jesu zwei Vorgänge: Die dreimalige Verleugnung des Petrus und die Verurteilung Jesu bei der geistlichen Behörde. Die drei Evangelisten leiten diese beiden Ereignisse mit den gleichen Worten ein, daß Jesus in das Haus des Hohenpriesters geführt wurde und Petrus Ihm von weitem folgte. Lukas erzählt zuerst die Verleugnung des Petrus (Lk 22, 55—62), hernach die Verspottung Jesu (Lk 22, 63—65) und dann die Verurteilung durch den Hohenpriester (Lk 22, 66—71). Matthäus und Markus berichten dagegen zuerst das Verhör, dann die Verurteilung, sodann die Verspottung und zuletzt die Verleugnung des Petrus (Mt 26, 59—75; Mk 14, 55—72). Lukas stellt die Verleugnung voran, um zu zeigen, daß des Herrn Voraussage bald in Erfüllung ging, aber auch, daß sich die Zusage Jesu bewährte: „Ich habe für dich gebetet, daß dein Glaube nicht aufhört" (Lk 22, 32). Ein Blick des Herrn genügte, daß der gefallene Jünger zur Besinnung und zu ernster Reue über seine

Sünde kam. Die Differenzen der vier evangelischen Berichte über Einzelheiten lassen sich ausgleichen, sobald der richtige Verlauf der dreimaligen Verleugnung klargestellt ist. [11])

Lukas übergeht die Einzelheiten des Verhörs bei der geistlichen Behörde, die aber Matthäus, Markus und Johannes mitteilen. Durch einen Vergleich der verschiedenen Berichte läßt sich die historische Reihenfolge der Tatsachen erkennen. 1. Jesus wurde zuerst zu Hannas geführt und dann zu Kajaphas. Im Hause des Letztgenannten fand ein Gespräch über Jesu Jünger und Lehre statt (Jo 18, 12—14. 19—24). 2. Die erste Verleugnung fiel vor dem Hause des Hannas (vgl. Mt 26, 69. 70; Mk 14, 66—68; Lk 22, 56. 57; Jo 18, 15—18). 3. Es wird von falschen Zeugen, einer Beleidigung und einer vorläufigen Verurteilung während der Nachtversammlung berichtet (Mt 26, 59—66; Mk 14, 55 bis 64). 4. Die Sitzung wird vorläufig aufgehoben, der Herr wird durch die Diener verspottet (Mt 26, 67. 68; Mk 14, 65; Lk 22, 63—65). 5. Während dieser Ereignisse fand die zweite und dritte Verleugnung statt. Im Augenblick der dritten Verleugnung beim zweiten Hahnenschrei wurde Jesus über den inneren Hof wieder zum Saal des Hohenpriesters geführt. Bei dieser Gelegenheit blickte der Herr den Jünger an, was seine Reue bewirkte. 6. Die Morgenversammlung, die Matthäus und Markus nur kurz berühren, beschreibt Lukas ausführlicher (Mt 27, 1; Mk 15, 1; Lk 22, 66—71; 23, 1; Jo 18, 28). Diese Morgenversammlung schließt mit der Wegführung zu Pilatus.

Die erste Verleugnung wird mit der Bemerkung verknüpft, daß sich Petrus in jener Nacht im Vorhofe an ein angezündetes Feuer mitten unter die Dienerschaft setzte. Nach allen synoptischen Berichten saß Petrus, nach Johannes stand er dabei (Jo 18, 18). Um in der Nähe der Gerichtsverhandlung Augen- und Ohrenzeuge sein zu können, nahm er mitten unter den Dienern Platz, die sich am Feuer wärmten. Diese Unruhe des Petrus mag die Knechte und Soldaten veranlaßt haben, ihre besondere Aufmerksamkeit auf ihn zu lenken.

Lukas berichtet, daß die Magd, die den Apostel zur ersten Verleugnung veranlaßte, zu anderen Leuten von Petrus sprach; Matthäus und Markus schreiben, daß sie sich direkt an Petrus wandte, nach Johannes redete sie in Frageform. Unser Evangelist zeigt mit einem seiner Lieblingsausdrücke: „atenizein = fest anschauen, unverwandt hinsehen" (Lk 4, 20; 22, 56; Apg 1, 10; 3, 4. 12; 6, 15; 7, 55; 10, 4; 11, 6;

---

[11] Die dreimalige Verleugnung des Petrus ereignete sich nach Markus und Lukas im Hofe des hohenpriesterlichen Hauses. Matthäus nennt allein Kajaphas als den Hohenpriester. Alle drei Synoptiker berichten einfach, daß sich die Verleugnung während des Verhörs zutrug, ohne die Zeit genauer anzugeben. Hinsichtlich der Zeitangabe und des Ortes ist der johanneische Bericht genauer. Johannes läßt die erste Verleugnung während des Verhörs vor dem Hohenpriester Hannas vorfallen. Die zweite und dritte Verleugnung geschah, nachdem Jesus von Hannas gebunden zu Kajaphas geführt wurde. Diese Differenz läßt sich leicht auflösen durch die schon von Euthymius vertretene Ansicht, daß Hannas und Kajaphas zwei Gebäude des hohenpriesterlichen Palastes mit einem g e m e i n s a m e n H o f e bewohnten.

13, 9; 14, 9; 23, 1), daß diese Magd ihren Blick fest auf Petrus richtete. Johannes, der Petrus den Eintritt in den hohenpriesterlichen Hof verschaffte, bezeichnet die Magd als Türhüterin (Jo 18, 15. 16. 17). Sie erkannte den Jünger, den sie hereingelassen hatte, als einen Fremden, wodurch sich ihr besonderes Augenmerk auf ihn erklärt. Den unerwarteten Angriff wies Petrus mit der schnellen und unbestimmten Antwort zurück: „**Ich kenne Ihn nicht!**" Die Formulierung seiner Worte ist nach den einzelnen Evangelisten verschieden. Hier verleugnet Petrus den Herrn, nach Mt 26, 70 und Mk 14, 65 gab er eine ausweichende Antwort, nach Jo 18, 17 verleugnet er sich als Jünger des Herrn.

Der erste Hahnenschrei nach der ersten Verleugnung, den Markus allein erwähnt (Mk 14, 68), wurde von Petrus überhört. Der Jünger, von Unruhe getrieben, wollte zur Tür hinaus (Mt 26, 71), fand sie aber verschlossen. Er wagte nicht, um Öffnung der Türe zu bitten, um keine ungünstige Vermutung hervorzurufen. Petrus mußte seinen alten Platz wieder aufsuchen. Diese Unruhe erregte den Verdacht aufs neue. Nach Lukas fragt ihn jetzt ein anderer, nach Markus derselbe, nach Matthäus eine andere Magd. Diese Verschiedenheiten können in Harmonie aufgelöst werden. Die Dienerschaft fing an, sich über Petrus lustig zu machen. Der eine und der andere, Mägde und Diener, sagten: Dieser war auch bei Jesus und Sein Anhänger. Dieses Gerede veranlaßte den Jünger, seinen Umgang mit Jesus zu verleugnen. Nach Johannes waren es verschiedene andere von der Wache, die ihr Spiel mit Petrus trieben. Um diese lästigen Nachspürer loszuwerden, bekräftigte er seine Verleugnung noch mit einem Eidschwur, wie es Matthäus erwähnt.

Nach etwa einer Stunde (Matthäus sagt: nach kurzer Zeit) fragten die Anwesenden noch genauer, ob er nicht mit Ihm war, weil er doch ein Galiläer sei. Johannes berichtet: Einer der Knechte des Hohenpriesters, dem Petrus das Ohr abgehauen hatte, sagte: „Habe ich dich nicht im Garten bei Ihm gesehen?" (Jo 18, 26). Nach sämtlichen Synoptikern machten die Fragesteller seinen galiläischen Dialekt geltend, um ihre Behauptung zu begründen. Durch beiderlei Beweisführungen trieben sie Petrus derart in die Enge, daß er zum dritten Mal den Herrn verleugnete; Matthäus und Markus erwähnen, daß seine Verleugnung mit entsetzlichen Flüchen und Selbstverwünschungen verbunden war.

Während Petrus noch redete, krähte der Hahn. Jetzt erinnerte er sich an des Herrn Voraussage. Lukas fügt allein hinzu, daß der Herr Sich zu Petrus wandte und ihn anblickte. Zwei Momente, der Hahnenschrei und der Blick des Herrn, bewirkten bei dem Apostel bittere Tränen der Reue über seine dreimalige Verleugnung. Die Frucht der Fürbitte des Herrn, daß sein Glaube nicht schwinden sollte, und Sein erbarmungsvoller Blick haben Petrus vor der Verzweiflung bewahrt. Der Fall und die Reue des Petrus haben mit zu den Mitteln gehört,

durch welche er ein hervorragender Apostel wurde. Aussprüche aus
seinen Briefen, welche die Geschichte seines Falles und seiner Reue
widerspiegeln (1 Pt 1, 13; 2, 1. 11; 3, 12. 15; 5, 5. 8) sind geeignet,
vor solcher Sünde zu bewahren und einen gefallenen Sünder wieder
aufzurichten.

W. Stb. Matth.
S. 349ff.

b) Die Verspottung des Herrn durch die Juden.

Lk 22, 63—65

W. Stb. Mark.
S. 256f.

Zu V. 63—65:
Mt 26, 67. 68
Mk 14, 65

**63 Und die Männer, die Ihn bewachten, verspotteten Ihn und schlu-
64 gen Ihn. * Und nachdem sie Ihm das Angesicht verdeckten, fragten
65 sie Ihn und sagten: „Sage uns, wer ist es, der Dich schlägt?" * Und
noch viele andere Schmähreden stießen sie gegen Ihn aus.**

Die hier erwähnte Verspottung berichten Matthäus und Markus nach
der Verurteilung des Herrn durch den Hohen Rat. Die Mißhandlung,
von der Lukas berichtet, scheint zeitlich zwischen der Nachtversammlung und der Morgenversammlung zu liegen. Da ein Teil der Sanhedristen nach Beendigung der Nachtversammlung mittlerweile den Saal
verließ, blieb Jesus in den Händen der Knechte oder Gerichtsdiener
zurück. Bei allen rechtlich denkenden Völkern steht ein Verurteilter,
solange er lebt, unter dem Schutze des Gesetzes. Die Gerichtsdiener,
die Jesus bewachten, ließen Ihn jedoch den Haß spüren, den ihre
Herren gegen Ihn hegten. Bei dieser Mißhandlung wurde Er vor allem
als Prophet und König verhöhnt. Mt 26, 67 unterscheidet nicht zwischen denen, die den Herrn verurteilten und mißhandelten, und Mk
14, 65 unterscheidet die Männer, die Jesus ins Angesicht spieen, ausdrücklich von den Knechten, die den Herrn schlugen. Daraus kann
gefolgert werden, daß die Sanhedristen samt den Knechten ihre Hände
dazu aufhoben, Jesus in den Schmutz der tiefsten Beschämung herab-
zuziehen. Eine Vereinigung der verschiedenen Züge, welche die einzelnen Synoptiker aufbewahrt haben, zeigt ein Bild einer verspotteten Königswürde, das Entsetzen und Grauen erregt und das in jeder
Beziehung gegen alles Rechtsempfinden stand! Das Ganze erinnert
lebhaft an die Weissagung, die in Jes 50, 4—8 aufgezeichnet ist.

W. Stb. Matth.
S. 349ff.

c) Die Verurteilung Jesu durch den Hohen Rat.

Lk 22, 66—71

W. Stb. Mark.
S. 255ff.

Zu V. 66—71:
Mt 26, 59—66
Mk 14, 55—64

Zu Vers 66:
Jo 18, 24

**66 Und als es Tag ward, versammelte sich das Presbyterium des Vol-
kes, Hohenpriester mitsamt Schriftgelehrten, und sie führten Ihn
67 in ihre Sitzung und sagten: * „Wenn Du der Christus (der Messias)
68 bist, sage es uns!" * Er erwiderte ihnen: „Wenn Ich es euch auch
sage, so glaubt ihr es Mir doch nicht. Wenn Ich euch aber etwas
69 frage, dann antwortet ihr Mir nicht. * Von jetzt an aber wird sitzen
70 der Sohn des Menschen zur Rechten der Macht Gottes." * Sie
alle aber sprachen: „Bist Du also der Sohn Gottes?" Er aber sagte
71 zu ihnen: „Ihr sagt es, Ich bin es!" * Sie aber sprachen: „Was be-**

dürfen wir noch eines Zeugnisses mehr? Denn wir haben es selbst aus Seinem Munde gehört."

Ein Vergleich der synoptischen Berichte über die Verurteilung Jesu läßt erkennen, daß nach der Verhaftung des Herrn zwei Sitzungen der geistlichen Behörde stattfanden: eine Nachtversammlung und eine Morgenversammlung. Die Nachtverhandlung wird von Matthäus und Markus sehr ausführlich geschildert. Lukas übergeht sie; er berichtet nur das Ergebnis der Morgenversammlung. Was er mitteilt (Lk 22, 66—71), stimmt in manchen Punkten mit dem Nachtverhör überein, das Matthäus und Markus erzählen. Was Lukas berichtet, charakterisiert gerade die zweite, offizielle und entscheidende Sitzung des Hohen Rates. Die erste Nachtsitzung, in der das Todesurteil schon ausgesprochen wurde, trägt alle Spuren der Übereilung und Unvollständigkeit an sich. In dieser Sitzung wird der Hohepriester nur in seiner Hauskleidung anwesend gewesen sein, denn es war ihm nicht erlaubt, seine Amtstracht zu zerreißen. Um aber die Form des Rechts zu wahren, wurde am frühen Morgen eine zweite Sitzung einberufen, zu der die Glieder des Hohen Rates vollzählig erschienen.

Die ersten Worte des Abschnittes in Vers 66: **„Als es Tag ward"** sind an sich dehnbar. Sie besagen: sobald es hell wurde. Diese Zeitbestimmung bezieht sich auf den ganzen Vorgang. Es kann so verstanden werden, daß die Versammlung des Synedriums und das Verhör schon in der Frühe gegen Sonnenaufgang stattfand (vgl. Mt 27, 1; Mk 15, 1). [12])

Die Verlegenheit, die sich noch vor einigen Stunden während der ersten Nachtverhandlung aus allen Worten offenbarte, war nicht mehr vorhanden. Der Hohe Rat ging von einem festen Ausgangspunkte aus, den man in der Erklärung des Herrn in Vers 69 und 70 gefunden hatte. Der bereits gefällte Urteilsspruch sollte nur noch besiegelt werden. Auf Grund dessen, was dem Hohen Rat aus der ersten Sitzung völlig bekannt war, wurde der Herr gleich zu Beginn der Verhandlung gefragt: **„Bist Du der Christus, der Messias, sage es uns!"** Die Worte können bedeuten: „W e n n Du der Christus, der Messias, bist, so sage es uns!", oder: „Sage uns, o b Du der Christus, der Messias, bist!" Es läßt sich nicht genau bestimmen, was aus der ersten Sitzung in der Morgenverhandlung wiederholt werden mußte. Jedenfalls stellten die Sanhedristen zunächst die politische Seite der Frage in den Vordergrund. Wie gern hätten sie noch mehr aus Jesus herausgepreßt, aber sie bekamen das gleiche von Ihm zu hören.

Die Antwort Jesu: **„Wenn Ich es euch auch sage, so glaubt ihr es Mir doch nicht. Wenn Ich euch aber etwas fragen werde, so werdet**

---

[12] Das Presbyterium oder die Ältestenschaft ist das Kollegium der Volksältesten, mit denen die Hohenpriester und Schriftgelehrten zu einer Einheit verbunden waren, als die drei Körperschaften, aus denen der Hohe Rat bestand. Diese ließen Jesus in ihren eigenen Sitzungssaal führen. Aus der Mehrzahlform: „legentes = indem sie sagten" geht nicht hervor, daß alle 70 Mitglieder des Synedriums sprachen, sondern der Hohepriester sprach als Präses des ganzen Kollegiums.

ihr Mir nicht antworten", finden einige Erklärer bei einer Gerichtsverhandlung für unpassend. Eine solche Erklärung der Ausleger kann nur
gegeben werden, wenn das Ergebnis der ersten Sitzung nicht bedacht
wird. Nach den bereits gemachten Erfahrungen hält es der Herr für
sinnlos, Sich deutlicher auszusprechen. Wenn auch ein Angeklagter das
Recht hat, sich zu verteidigen, so wußte Jesus allzugut, daß Seine
Verurteilung bestehen blieb, ob sie gerecht war oder nicht.

Der wesentliche Inhalt der Antwort, die Jesus dem Hohen Rat gab,
liegt in den Worten: **„Von jetzt an wird der Sohn des Menschen
sitzen zur Rechten der Macht Gottes."** Der Herr legte damit vor Seinen irdischen Richtern das offene Bekenntnis Seiner Gottessohnschaft
ab. Auf diese Aussage wurde Seine Verurteilung zum Tode gegründet.
Es ist das letzte Mal, daß Er Sich den Sohn des Menschen nennt. Dabei
zeigt Er Sich im vollen Glanze der göttlichen Majestät. Aus der nach
Ps 110, 1 und Dan 7, 13 gebildeten Aussage erwiderte der Richter
fragend: **„Du bist also der Sohn Gottes?"** Jesus antwortet kurz und
deutlich: **„Ihr sagt es, Ich bin es!"** Die Juden erwarteten den Messias
im theokratischen Sinne zugleich als Sohn Gottes. Die Sanhedristen
sprachen diesen Namen aus, weil sie kaum ihren Ohren trauen, daß
Er, der tief Erniedrigte und schon zum Tode Verurteilte, Sich diese
höchste Würde beilegt. Der Hohe Rat faßt jetzt die religiöse Seite
ins Auge; er drückt sich so stark wie möglich aus, um das Urteil wegen Gotteslästerung zu begründen. Jesus fügt Seinen klaren Worten
nicht mehr das geringste hinzu.

Die Morgensitzung ist damit ähnlich wie die Nachtverhandlung abgelaufen. Wie Kajaphas im Blick auf zwei falsche Zeugen ausrief:
„Was bedürfen wir weiter Zeugnis?", so erklären auch jetzt die Feinde
des Herrn aufgrund Seiner eigenen Antwort, daß sie keines Zeugnisses
mehr bedürfen. Ein ausdrückliches Todesurteil wird nicht ausgesprochen, es bleibt bei dem Urteilsspruch der ersten Sitzung. Sie halten
das Verbrechen als erwiesen.

3. Jesus vor dem weltlichen Gericht.
Lk 23, 1—25

Die Hinführung des Herrn zu Pilatus und Seine Übergabe an ihn ist
ein Ereignis der Passionsgeschichte, das alle Evangelisten sichtlich betonen. Mit dieser Überführung des Herrn zu Pilatus tritt der ganze
Prozeß in ein neues Stadium. Jesus wird jetzt vor das w e l t l i c h e
Gericht gestellt. [1])

---

[1] Jedes der vier Evangelien zeigt auch in diesem Abschnitt der Passionsgeschichte seine Eigentümlichkeit. Die Synoptiker z. B. schildern vorzugsweise die öffentliche Seite der Gerichtsverhandlung,
Johannes teilt das Besondere mit, was zwischen Jesus und dem römischen Landpfleger vorfiel.
Matthäus allein erzählt den merkwürdigen Traum der Frau des Pilatus und erwähnt die israelitische Zeremonie des Händewaschens. Markus berichtet alles nur kurz, um zu zeigen, wie der Herr
über den Kampfplatz hin Seinem Triumph entgegeneilt. Lukas berichtet die Darstellung der

Weil die weltliche Gerichtsverhandlung unter der Leitung des römischen Statthalters stattfand, sind einige Bemerkungen über Pilatus notwendig. Die Spannung des römisch-heidnischen Weltgeistes mit dem jüdischen Fanatismus kommt bei Pilatus schon stark zur Geltung. Mehrfach erging er sich in höhnischen Verachtungen gegen die Juden. Seine Abneigung gegen die Juden machte es dem Pilatus leicht, die Sache Jesu in einem günstigen Licht zu sehen. Die Würde Jesu und die Warnung der Frau des Pilatus versetzten ihn in Schrecken. Unter solchen Stimmungen und Eindrücken strengte sich Pilatus an, Jesus der Rache Seiner Feinde zu entziehen. Er versuchte dabei, sich selbst der Verurteilung Jesu zu entledigen. Man denke an die Absendung Jesu zu Herodes, an die Zusammenstellung Jesu mit Barabbas, an das Händewaschen und an die Vorstellung des Gegeißelten. Pilatus war leider im Charakter zu schwach und zu unlauter, um den Gesichtspunkt der „Gerechtigkeit" und Berufstreue geltend zu machen. Er wurde in seiner dämonischen Weltlist von der stärkeren Dämonie der jüdischen Sanhedristen überwunden.

Der Abschnitt zeigt: 1. Jesus vor Pilatus (Lk 23, 1—5); 2. Seine Sendung zu Herodes (Lk 23, 6—12); 3. Die vergeblichen Versuche des Pilatus, Jesus loszulassen (Lk 23, 13—25).

a) Jesus vor dem römischen Landpfleger.

Lk 23, 1—5

1 **Nun stand die ganze Menge auf und führte Ihn zu Pilatus.** * **Dort**
2 **machten sie folgende Anklage geltend: „Diesen haben wir gefunden, daß Er unser Volk aufwiegelt und wehrt, dem Kaiser Steuern zu geben, und daß Er Selbst sagt, daß Er Christus, ein König, sei."** *
3 **Pilatus aber fragte Ihn, indem er sagte: „Du bist der König der**
4 **Juden?" Er aber antwortete ihm und sagte: „Du sagst es".** * **Darauf erklärte Pilatus den Hohenpriestern und den Volksmassen: „Ich**
5 **finde keine Schuld an diesem Menschen".** * **Sie bestanden aber darauf und sagten, daß Er das Volk aufwiegelt, indem Er mit Seiner Lehre ganz Judäa durchzieht, „und zwar hat Er angefangen von Galiläa bis hierher".**

Die Römer hatten der jüdischen Obrigkeit das Recht entzogen, Todesurteile zu fällen. Der Sanhedrin, der den Tod des Herrn beschlossen hatte, war genötigt, Ihn dem Prokurator zu überliefern, damit dieser das Todesurteil fällte und vollstreckte.

Es war für die Sanhedristen nicht leicht, die Sache so einzuleiten, daß Pilatus gleich zu Anfang günstig davon beeindruckt wurde. Wenn

Gerichtsverhandlung mit dem Auftritt vor Herodes. Die einzelnen Vorfälle zieht er enger zusammen. Er achtet mehr auf die Anordnung der Tatsachen als auf die Zeitfolge. Die Geißelung und die Verspottung durch die römischen Soldaten übergeht Lukas. Johannes beschreibt allein den eigentlichen Anfang der Gerichtsverhandlung (Jo 18, 18—32). Unserem Evangelisten verdanken wir die genaue Angabe des Anklagegrundes (Lk 23, 2), womit die Reihe der Beschuldigungen eröffnet wurde.

sie beginnen und sagen: „Diesen haben wir gefunden", so zeigt das
ihre ganze Verachtung und Geringschätzung der Person des Herrn.
Das spätere Urteil Seiner Schuldlosigkeit, das Pilatus und Herodes
fällen (Lk 23, 4. 14), sticht merkwürdig von ihrer Aussage ab. Die
Verkläger des Herrn verstellten sich vor Pilatus als warme und echte
Volksfreunde, die es nicht dulden könnten, daß die wahren Volks-
interessen auf dem Spiele ständen. Ihre Beschuldigung enthält eine
dreifache Anklage: 1. Jesus wird als Volksaufwiegler hingestellt. Nach
dem grie „diastrephonta" gab Er dem Volke eine falsche Richtung, mache es irre und abwendig; Er bringe es von dem guten Wege ab, auf
welchem die Volksobersten und die Römer das Volk so gerne wandeln sehen. 2. Der Herr hätte verboten, dem Kaiser Steuern zu geben.
Diese Beschuldigung war eine unerhörte Lüge; denn Jesus hatte gerade
die Entrichtung der Steuern an den Kaiser nicht verboten, sondern
a u s d r ü c k l i c h g e b o t e n (vgl. Lk 20, 25). 3. Zuletzt hoben
Seine Ankläger hervor, Jesus erkläre von Sich Selbst, daß Er Christus,
ein König, sei. Nicht ohne Absicht vermeiden sie es, von dem König
der Juden zu sprechen. Pilatus aber faßte ihren unbestimmten Ausdruck in dieser Bedeutung auf. Mit einer listigen Taktik stellten sie
die „politische" Seite ihrer Beschwerde in den Vordergrund. Hiermit
wollten sie versuchen, die eigentlichen Motive ihres Handelns zu ver-
decken. Pilatus aber, der die Juden kannte, wandte sich so schnell wie
möglich von den Verklägern zu dem Verklagten.

Der römische Landpfleger war mit der herrschenden Messiaserwartung bekannt. Er formulierte seine Frage genau und forschte nach, ob
Jesus wirklich der verheißene und langersehnte König Israels sei. Auf
die Frage des Pilatus: „Du bist der König der Juden?" konnte Jesus
nur mit einem „Ja" antworten. Der Ton, die Art und Weise, wie Jesus Seine Antwort aussprach, veranlaßte den Landvogt, die Sache näher zu untersuchen. Aus Jo 18, 36 ff ist zu ersehen, daß Jesus den Römer über die geistige Natur Seines Königtums aufklärte. Pilatus
mußte dadurch einsehen, daß Jesus kein p o l i t i s c h e r König sein
wollte, der danach strebte, dem römischen Kaiser die Herrschaft streitig zu machen. Die Unschuldserklärung des Pilatus beruht demnach
nicht auf dem ersten Eindruck, sondern es ist eine Untersuchung vorausgegangen. In dem Sondergespräch des Pilatus mit Jesus, das Johannes mitteilt (Jo 18, 33—37), wird die Beschuldigung, welche Lukas
(Lk 23, 2) berichtet, vorausgesetzt. Der Lukasbericht wäre an dieser
Stelle unverständlich ohne die Ergänzung aus Johannes.

b) Jesus vor Herodes.

Lk 23, 6—12

6 **Als aber Pilatus dies hörte** (nämlich das Wort Galiläa), **fragte er,**
7 **ob dieser Mensch ein Galiläer sei.** * **und da er erfuhr, daß Er aus**
   dem Machtbereich des Herodes sei, sandte er Ihn hinauf zu Hero-
8 **des, der auch selbst in diesen Tagen in Jerusalem war.** * **Als aber**

Herodes Jesus sah, freute er sich sehr; denn seit geraumer Zeit
hatte er gehofft, Ihn zu sehen, weil er von Ihm gehört hatte und
9 meinte, ein Zeichen von Ihm zu sehen. * Er fragte Ihn mit vielen
10 Worten, aber Jesus antwortete ihm n i c h t s. * Es verklagten aber
11 die Hohenpriester und Schriftgelehrten Ihn sehr heftig. * Nachdem
dann aber Herodes Ihn mit seinen Soldaten verhöhnt und verspottet hatte, warf er Ihm ein glänzendes Gewand um und sandte Ihn
12 wieder zu Pilatus zurück. * An diesem Tage aber wurden Herodes
und Pilatus miteinander Freunde; denn sie hatten vorher in Feindschaft gegeneinander gestanden.

Das hier Erzählte gehört zum lukanischen Sondergut. Die letzte
oben erwähnte Beschuldigung der Volksverhetzung, welche die Juden
vor Pilatus laut werden ließen, fand keinen rechten Anklang. Mit
Nachdruck betonten sie jetzt, daß Jesus das Volk mit Seiner Lehre
von Galiläa bis nach Jerusalem hin aufwiegele. Pilatus kam in Verlegenheit. Sobald er aber den Namen „Galiläa" hörte, griff er dies als
ein willkommenes Ausfluchtmittel auf. Die Juden hofften, wenn sie
Jesus als Galiläer hinstellten, würde Pilatus noch mehr gegen den
Herrn zürnen. Ihr Wunsch wurde jedoch nicht so erfüllt, wie sie es sich
dachten. Pilatus sandte Jesus zu Herodes hinauf, dem Vierfürsten von
Galiläa, der gerade jetzt zum Passahfest in Jerusalem war.

Gewöhnlich glaubt man, Pilatus hätte die Sache gegen Jesus von
sich wegschieben wollen. Hiernach soll der Römer gehofft haben, Herodes transportiere den Gefangenen nach Galiläa. Pilatus wäre dann
Jesus los geworden. Eine solche Verweisung war den Römern nicht
fremd (vgl. Apg 26, 3. 4). Es fragt sich, ob diese Absicht bei Pilatus
wirklich hier auch vorlag. Der Landpfleger gab durch nichts zu erkennen, daß er sich dieser Sache, so widerwärtig sie ihm auch war, e n t -
l e d i g e n wollte. Wahrscheinlich ist, daß Pilatus von Herodes ein
günstiges Gutachten für den Angeklagten wünschte. Vielleicht wünschte
er eine Aufklärung über Jesu Person und Sache, die ihm immer dunkler wurde. Pilatus erwies dem Herodes aus politischer Klugheit eine
gewisse Artigkeit, da er ihm in einer so wichtigen Sache die Entscheidung überließ.

Dadurch, daß Jesus vor Herodes in Schweigen verharrte, ist ersichtlich, daß der Herr den Vierfürsten nicht als gesetzlichen Richter anerkannte. Es ist darum verständlich, daß Pilatus nach der Rückkehr des
Herrn gar nicht enttäuscht war. Der Eindruck, welchen der Landpfleger von dem Angeklagten hatte, wurde ihm auch von dem Vierfürsten
mitgeteilt (Lk 23, 13—16).

Herodes freute sich sehr, daß er Jesus sah, weil er glaubte, sein lang
gehegter Wunsch würde jetzt erfüllt. Einst zitterte er, als das Gerücht
von des Herrn Wundertaten sein Ohr erreichte. Dieser Stachel war
jetzt abgestumpft. Der leichtsinnige Vierfürst hoffte, zu seiner und
des Hofes Belustigung ein Wunderzeichen von Jesus zu sehen. Das
Schweigen des Herrn ist beachtenswert. In der Passionsgeschichte wird

viermal von einem Schweigen des Herrn berichtet: vor Kajaphas (Mt
26, 63), vor Herodes (Lk 23, 9) und zweimal vor Pilatus (Mt 27, 12;
Jo 19, 9). Der Herr schwieg, wo Er hätte sprechen können; Er sprach,
wo Er hätte schweigen können. Die Majestät Seines Schweigens offenbart Seine Herrlichkeit.

Die Hohenpriester und die Schriftgelehrten waren auch am Hofe des
Herodes anwesend. Sie versäumten nicht, ihren Gefangenen fest im
Auge zu behalten. Vielleicht fürchteten sie, Herodes könnte zu schonend mit Jesus verfahren. Die Verachtung des Vierfürsten aber traf
den Herrn nicht, weil die Hohenpriester und Schriftgelehrten Ihn verklagten, sondern weil Herodes sich in seiner Erwartung getäuscht sah.

Zur Verhöhnung Seiner Messiaswürde ließ er Ihm ein grelles Gewand um die Schultern werfen. Mit dieser Kleidung schickte er Jesus
zu Pilatus zurück. Für Pilatus lag darin eine Andeutung, daß ein solcher
angeblicher König keine Verurteilung, sondern höchstens Verachtung
verdiene.

Der Bericht über diese Episode schließt mit der Bemerkung, daß Herodes und Pilatus, die bisher in Feindschaft lebten, an diesem Tage
Freunde wurden. Dieser Ausgang erscheint unserem Evangelisten wichtig genug, ihn zu erwähnen.

Die freundschaftliche Verbindung zwischen Herodes und Pilatus dem
leidenden Herrn gegenüber veranschaulicht manchen schändlichen Bund,
den unversöhnliche Feinde schließen, wenn sie gemeinsam Christus
und Sein Werk bekämpfen wollen. Dieser Zug der Passionsgeschichte
ist ein klarer Spiegel dafür, daß sich im Verlauf der Geschichte unversöhnliche Geistesströmungen vereinigten, um durch Unglauben den
Glauben an Christum zu überwinden.

c) Vergebliche Versuche des Pilatus um die Loslassung des Herrn.

Lk 23, 13—25

Herodes schickte Jesus an Pilatus zurück, ohne eine richterliche Entscheidung zu fällen über die Anklage, die gegen Ihn erhoben wurde.
Pilatus mußte die Verhandlung wieder aufnehmen. Lukas erwähnt von
dieser Verhandlung die Hauptmomente. Aus seiner kurzen Zusammenfassung ist deutlich zu erkennen, daß Jesus völlig unschuldig zum Tode
verurteilt wurde. Pilatus versuchte dreimal den jüdischen Obersten
die Unschuld des Herrn kundzutun. Erst nach hartnäckiger Abweisung
seiner Vorschläge gab Pilatus dem Drängen der Feinde des Herrn nach,
den Schuldlosen zum Kreuzestode zu verurteilen.

Jesu Unschuldserklärung durch Pilatus.

Lk 23, 13—16

13 **Da aber Pilatus die Hohenpriester und die Obersten und das Volk**
14 **zusammenrief,** * **sprach er zu ihnen: „Ihr habt diesen Menschen**
   zu mir gebracht, wie einen, der das Volk abwendig macht; und
   siehe, nachdem ich vor euch die Sache untersucht habe, finde ich

keine Schuld an diesem Menschen, gegen den ihr Klage erhebt. *
15 Aber auch Herodes findet nichts, denn er sandte Ihn zu uns, und
siehe, es ist nichts vorhanden, worum Er den Tod verdient hätte. *
16 Ich werde Ihn nunmehr züchtigen und loslassen."

Pilatus begnügte sich nicht, nur den Sanhedristen seine Ansicht mitzuteilen, sondern er rief auch das Volk hinzu. In einer Ansprache begründet Pilatus die Schuldlosigkeit des Herrn. Die erste Anschuldigung,
Jesus wiegele das Volk auf, wird nach dem Ergebnis seines Verhörs
in ihrer Gegenwart widerlegt (vgl. Lk 23, 2. 3; Mt 27, 12—14; Mk 15,
3—5). Das hier Berichtete ist kein Gegensatz zu Jo 18, 33, denn es
muß zwischen der besonderen Unterredung und dem öffentlichen Verhör unterschieden werden. Von letzterem ist hier die Rede. Pilatus
nahm die Sache ernst. In direktem Widerspruch zu dem, was die Feinde
des Herrn gefunden haben wollten (Lk 23, 2), hatte er nichts gefunden, was vor einem weltlichen Richter als gesetzlicher Grund für eine
Anklage hätte gelten können. Nicht einmal Herodes hat etwas Stich-
haltiges in ihrer Beschuldigung entdecken können. Nach dieser Einleitung scheint nur die Freilassung des Herrn möglich zu sein.

Pilatus faßte das Ergebnis seiner Untersuchung zusammen und leitete
daraus den Vorschlag ab, Jesus zu züchtigen und dann freizulassen.
Es ist zu bedenken, daß der Vorschlag, Jesus zu züchtigen, in unserem Sinne eine bloße Disziplinarstrafe ist, aber nicht mit der von
Matthäus, Markus und Johannes erwähnten Geißelung identifiziert
werden kann. Die von den beiden ersten Synoptikern und von Johannes erwähnte Geißelung als Vorstufe der Kreuzigung wird von
Lukas nicht erwähnt.

Was Pilatus bisher ausführte, war in dreifacher Beziehung gut. Er
leitete eine genaue Untersuchung ein, er erklärte feierlich die Unschuld
Jesu, er betrat den erlaubten Weg zur Einziehung weiterer Erkundigungen. Mit dem Vorschlag, den Herrn zu züchtigen, offenbarte er
eine Schwäche. Pilatus hatte hiermit sein Recht aus der Hand gegeben. Die Feinde Jesu erkannten dadurch deutlich, wenn sie nur hartnäckig auf ihrer Forderung verharrten, würden sie dann nach und nach
alles erhalten.

Jesus oder Barabbas.

Lk 23, 17—19

17 Pilatus war verpflichtet, ihnen zum Fest einen Gefangenen loszu-
18 geben. * Sie aber schrien mit der ganzen Menge und sagten: „Hin-
19 weg mit diesem, gib uns Barabbas los!" * Dieser war wegen eines
Aufstandes, der in der Stadt entstanden war, und wegen eines
Mordes in das Gefängnis geworfen worden.

Eine solche Freilassung scheint mehr eine jüdische als eine heidnische Sitte oder Gewohnheit gewesen zu sein (vgl. Jo 18, 39). Nach
Markus 15, 6—8 ging das Verlangen vom Volke aus, daß Pilatus am

Passahfeste einen Gefangenen losgeben möge. Diese Volksbitte veranlaßte Pilatus dazu, Jesus dem Barabbas gleichzustellen.

Die Forderung des Volkes: **„Gib uns Barabbas los!"** knüpft an den Vorschlag an, Jesus loszulassen (Lk 23, 16). Nach Jo 18, 38. 39 bietet Pilatus den Juden im Blick auf die Sitte am Passahfest geradezu an, ihnen den König der Juden loszulassen. Es war dies wohl der eigentliche Verlauf. Matthäus berichtet von einer Wahl zwischen Jesus und Barabbas. Markus erzählt, daß das Volk die Beratung unterbrach, die sich auf Jesus bezog, und plötzlich die Freigabe eines Gefangenen verlangte. Lukas stellt dieses Volksverlangen als einmütig und unabhängig dar. Matthäus und Markus berichten, daß die Obersten und ihre Diener einen gewissen Druck auf das Volk ausübten und zu diesem Begehren veranlaßten.

Der Name „Barabbas" bedeutet „Sohn des Vaters". Nach einigen Minuskeln, Übersetzungen, Scholien und nach Origenes heißt dieser Raubmörder: „Jesus Barabbas". (Vgl. Nestles Fußnote zu Mt 27, 16.) Man meint, es sei der heilige Name Jesus in dieser entwürdigenden Verbindung mit einem Verbrecher ausgemerzt worden. Manche Ausleger haben eine göttliche Vorsehung darin gefunden, daß Jesus, der in Wahrheit der Sohn des Vaters ist, einer solchen Karikatur gegenübergestellt wird, die den gleichen Namen trägt.

Der wilde Ruf der Volksmenge: **„Hinweg mit diesem!"** setzt voraus, daß Jesus neben Barabbas stand. Wie das Volk zu diesem Entschluß gelangte, wird besonders von Markus beschrieben. Durch die Erzählung von dem Traum der Frau des Pilatus bei Matthäus wird das Rätsel gelöst, wodurch das Volk in so kurzer Zeit von einer so fanatischen Wut erfüllt werden konnte. Die kurze Abwesenheit des Landpflegers wurde von den Obersten ausgenutzt, um das Volk in ihrem Sinne zu beeinflussen.

Die Wahl zwischen Jesus und Barabbas ist ein deutlicher Beweis dafür, wie gefahrvoll es ist, die Volksstimme über die wichtigsten Lebensfragen, über Wahrheit und Recht, entscheiden zu lassen.

Die Wahl zwischen Jesus und Barabbas ist das bezeichnende Bild der Wahl, in welcher sich die Menschen aller Jahrhunderte entscheiden müssen; sie haben zu wählen zwischen Leben und Tod, zwischen Segen und Fluch (vgl. 1 Mo 30, 18. 19; Jos 24, 15). Die Beweggründe, die ein Volk zu einer so verhängnisvollen Wahl verleiten, sind immer die gleichen. Es ist die Auflehnung gegen den Herrn und Seinen Christus.

Pilatus übergibt Jesus in den Willen Seiner Feinde.

Lk 23, 20—25

20 Wiederum redete Pilatus ihnen zu, in der Absicht, Jesus loszuge-
21 ben. * Sie aber riefen dabei und sagten: „Kreuzige, kreuzige Ihn!" *
22 Er aber sprach zum dritten Male zu ihnen: „Was hat denn dieser Böses getan? Ich habe keine Ursache zum Tode an Ihm gefunden. *
23 Ich werde Ihn nun züchtigen und losgeben!" Sie aber hielten an

mit lautem Geschrei und verlangten, daß Er gekreuzigt würde! Und
24 ihre Stimmen behaupteten sich. * Da gab Pilatus ihrem Verlangen
25 nach. * Er gab den los, der wegen eines Aufstandes und Mordes
ins Gefängnis geworfen worden war, Jesus aber gab er ihrem Willen preis.

Pilatus hielt wiederum eine Ansprache. [2])
Die Ansprache des Pilatus wurde von dem Geschrei der Juden unterbrochen. Der Ausruf des Volkes: „Kreuzige, kreuzige Ihn!" brachte
mit fanatischer Wut den scheußlichen Plan der Obersten zum Ausdruck.

Lukas allein berichtet, daß Pilatus an diesem Punkte der Gerichtsverhandlung zum dritten Mal seine Stimme zu Jesu Gunsten erhob. Der
Wunsch, Jesus loszulassen, den er noch einmal aussprach, löste eine
rasende Wut beim Volke aus. Nach einigen Handschriften stimmten
auch die Hohenpriester in das durchdringende Mordgeschrei des wütenden Volkes mit ein. Diese Stimmen behielten die Oberhand.

Pilatus fällte das Endurteil, daß ihr Verlangen geschehen sollte.
Jesus wurde nicht dem Willen des Richters oder der Forderung des
Gesetzes, sondern dem Willen des Volkes überlassen.

4. Die Kreuzigung Jesu auf Golgatha und Sein Tod.

Lk 23, 26—49

Matthäus und Markus berichten über die äußeren Umstände bei
der Kreuzigung ausführlicher als Lukas. Unser Evangelist hat den Be-
richt über den Gang zur Richtstätte ergänzt. Außer den von Matthäus
und Markus erwähnten Vorgängen bei der Kreuzigung überliefert
Lukas die Mitkreuzigung zweier Missetäter zu beiden Seiten des
Herrn (Lk 23, 33), Jesu Fürbitte für Seine Feinde (Lk 23, 34) und die
Begnadigung des bußfertigen Schächers (Lk 23, 32—43). Es sind Tat-
sachen, die beweisen, daß der unter die Übeltäter Gerechnete Sich als
König des Reiches Gottes erzeigt, der Gnade und Recht übt, für
Seine Feinde betet, die Unbußfertigen an das Gericht mahnt und den
Bußfertigen die Aufnahme in das Paradies zusagt.

a) Jesu Gang zum Richtplatze.

Lk 23, 26—32

26 Und als sie Ihn dann hinausführten, griffen sie einen gewissen
Simon von Kyrene auf, der vom Felde kam, und legten ihm das
27 Kreuz auf, daß er es hinter Jesus hertrage. * Es folgte Ihm aber

---

[2] Lukas sagt nichts von dem Inhalt der Ankündigung; Matthäus und Markus teilen mit, daß
Pilatus fragt: „Was wollt ihr, daß ich mit Dem mache, den ihr König der Juden nennt?" (vgl.
Mt 27, 21; Mk 15, 12). Die gute Absicht des Statthalters, Jesus loszulassen, kann nicht verkannt
werden. Sein Vorschlag war einem guten Grundsatz entsprungen und sein Ziel war auch gut.
Für die Erreichung dieses Zieles schien sich ihm ein passendes Hilfsmittel anzubieten. Weil bei
den Obersten persönlicher Haß die Triebfeder war, versuchte er, die Volksstimme für Jesus zu
gewinnen durch das Angebot der Züchtigung Jesu. Diese Handlungsweise des Römers ist jedoch
verwerflich. Es fehlten die strenge Gerechtigkeit und die weise Bedachtsamkeit.

eine große Volksmenge und viele Frauen, die Ihn beklagten und
28 beweinten. * Jesus aber wandte Sich zu ihnen um und sprach:
„Töchter Jerusalems, weinet nicht über Mich. Weint jedoch über
29 euch selbst und eure Kinder. * Denn siehe, es kommen Tage, an
denen man sagen wird: ‚Glückselig zu preisen sind die Unfruchtbaren und die Frauen, die nicht geboren haben, und die Brüste,
30 die nicht Säuglinge stillten!' * Dann wird man anfangen, zu den Bergen zu sagen: ‚Fallt über uns!' und zu den Hügeln: ‚Bedeckt uns!' *
31 Denn wenn man dies an dem grünen Holze tut, was wird an dem
32 dürren werden?" * Es wurden aber auch zwei andere Missetäter
hinausgeführt, um mit Ihm hingerichtet zu werden.

Jesus mußte Sein Kreuz Selbst tragen (vgl. Jo 19, 17; Mt 10, 38).
Was die römischen Soldaten bewog, Simon von Kyrene zu zwingen,
diesen Dienst zu übernehmen, ist nicht bekannt. Von einem Zusam-
menbrechen des Herrn unter dieser Last sagt die Schrift nichts, ebensowenig wird berichtet, daß Simon seine Teilnahme für Jesus laut werden ließ. Die Bemerkung, daß Simon vom Felde kam, gibt keine Auskunft darüber, wie weit sein Acker von der Stadt entfernt war. Wahrscheinlich wird er auf dem Felde gearbeitet haben. Dieser kleine Zug
beweist wohl, daß kein Feiertag war.

Zu der großen Volksmenge, die Jesus zur Richtstätte geleitete,
wo römische Soldaten unter Führung eines Hauptmannes das Urteil
vollstrecken mußten, gehörten auch zahlreiche Frauen, die den Herrn
laut beklagten. Das hier Erwähnte gehört zum Sondergut des Lukas.
Ein schöner Zug echter Menschlichkeit ist an dieser Stelle eingeschaltet. Das Lukas-Evangelium, das am meisten von den Frauen erwähnt,
die mit Jesus in Verbindung standen, erzählt hier, daß der zum Kreuzestode verurteilte Herr noch ein Wort des Mitleids für die Töchter
Jerusalems hatte. Es liegt kein Anlaß vor, diese Frauen mit den Freundinnen aus Galiläa gleichzustellen, die nachher unter dem Kreuze stehen (Lk 23, 49).

Die Äußerungen des weiblichen und menschlichen Mitgefühls der
Töchter Jerusalems zeigen deutlich, daß die Sanhedristen und die auf-
gehetzte Volksmenge, welche stürmisch die Kreuzigung Jesu ausspra-
chen, die wirkliche Stimmung des Volkes nicht zu Worte kommen ließen. Jesus sah, daß das Mitleid der Frauen sich nicht im gleichen
Maße auf die zwei anderen Verurteilten, sondern nur auf Ihn bezog.
Der Herr sagt deshalb nicht: „Weinet nicht über uns!", sondern: „Weinet nicht über Mich!" Die entsetzliche Gleichstellung der drei Verurteilten geschah erst durch die Hand der Henker. Jesus lenkt ihren
Blick von Sich Selbst auf ihre eigene Zukunft durch das ergreifende
Wort: „Weinet über euch selbst und eure Kinder!" Es ist sicherlich
eine Anspielung auf die Verwünschung der Juden (Mt 27, 25), deren
Erfüllung auch die Kinder dieser Frauen treffen sollte.

Jesus kündigt Tage an, in welchen der höchste Ehesegen als ein
Fluch angesehen wird, wo doch sonst Unfruchtbarkeit und Kinderlo-

sigkeit als Strafe Gottes galten (vgl. Hos 9, 14). Die Unfruchtbaren und Kinderlosen sind während des Strafgerichts über Jerusalem glücklich zu preisen, weil sie dann den Jammer und das Unglück ihrer Kinder nicht mitanzusehen brauchen, sondern allein leiden. Wenn das von Hosea angedrohte Vertilgungsgericht über Jerusalem hereinbricht, werden die Bewohner dieser Stadt aus Verzweiflung mit den Worten dieses Propheten begehren, unter einstürzenden Bergen begraben zu werden, um dem Schrecken dieses Strafgerichtes zu entgehen (vgl. Hos 10, 8). In etwas freierer Form sind diese Prophetenworte auf die Schrecken vor dem Endgericht zu übertragen (Offb 6, 16).

Das Kommen des furchtbaren Vertilgungsgerichtes über Jerusalem begründet Jesus mit dem sprichwörtlichen Satze: „**Wenn sie dieses am grünen Holz tun, was wird am dürren werden?**" Grünes und dürres Holz sind Bilder der Gerechten und Gottlosen. Unter dem Sinnbild eines Feuers, das jedes grüne und dürre Holz verzehrt, schildert Hesekiel (Hes 21, 3) das Gericht, das über Jerusalem hereinbrechen soll, und er erklärt das Bild von der Vertilgung der Gerechten und der Frevler (Hes 21, 8). Jesus, der wie ein gemeiner Verbrecher gekreuzigt werden soll, vergleicht Sich mit dem grünen Holze. Die Bevölkerung Jerusalems, soweit sie von der Führung ihrer Volksobersten abhängig ist, gleicht immer mehr dem dürren Holze, womit man den Ofen heizt, d. h. sie reift dem Gericht entgegen.

Eine weitere Zugabe der Schmach, welche die Obersten dem Herrn wohl zufügen, war die Mitkreuzigung von zwei anderen Missetätern.

b) Der Vollzug der Kreuzigung.

Lk 23, 33—38

33 **Und als sie an den Ort kamen, der Schädelstätte heißt, kreuzigten sie Ihn dort mitsamt den Verbrechern, den einen zur Rechten, den**
34 **anderen zur Linken. * Jesus aber sagte: „Vater, vergib ihnen; denn sie wissen nicht, was sie tun!" Um aber Seine Kleider zu**
35 **verteilen, warfen sie Lose. * Und das Volk stand und sah zu. Die Obersten aber rümpften auch die Nase, indem sie sagten: „Andern hat Er geholfen, Er helfe Sich Selbst, wenn dieser wirklich der**
36 **Christus Gottes ist, der Auserwählte." * Es verspotteten Ihn aber**
37 **auch die Soldaten. Sie traten herzu und reichten Ihm Essig dar * und**
38 **sagten: „Wenn Du der König der Juden bist, hilf Dir Selbst!" * Es war aber auch eine Inschrift über Ihm angebracht, die sagte: „Dieser ist der König der Juden!"**

Der Richtplatz, zu dem Jesus hingeführt wurde, hieß auf hebr „Golgotha", nach der genauen Aussprache heißt er „Gulgoleth" und nach dem Aramäischen „Gulgaltha", was „Schädel" bedeutet. Matthäus, Markus und Johannes erklären Golgotha als „kraniou topos = Schädelort"; Lukas übersetzt für seine grie Leser genauer: „Kranion-Schädel". Es ist streitig, woher der Platz diesen Namen hat. Viele Erklärer vermuten: von den dort befindlichen, in der Erde verscharrten Schädeln der Hingerichteten. Andere Ausleger deuten den Namen von der Gestalt des Hügels. Die Lage von Golgotha ist bis heute noch sehr umstritten. Die bis ins 4. Jahrhundert hinaufreichende Überlieferung setzt den Calvarienberg mit dem heiligen Grabe in das heutige Jerusalem, wo die Grabeskirche erbaut ist.

Lukas erwähnt nicht allein, daß die beiden Missetäter mit Jesus gekreuzigt wurden, sondern er bereichert die Darstellung durch die Mitteilung des ersten Gebetswortes, welches der Herr unmittelbar nach der Nagelung ans Kreuz gesprochen hat: „Vater, vergib ihnen; denn sie wissen nicht, was sie tun!"

Jesus faßt zweifellos die Vollstrecker u n d die Urheber Seines Todes, die Heiden mit ihrem Landpfleger und die Juden mit ihrem Hohenpriester, in Seiner Bitte zusammen. Von allen diesen Menschen, selbst von den feindseligsten, konnte gesagt werden, daß mit ihrer Bosheit ein großes Maß Verblendung verbunden war (vgl. Apg. 3, 14; 1 Ko 2, 8. 9). Wenn diese Blindheit auch selbstverschuldet war, so sah doch die göttliche Liebe in Christo hier einen Grund zur Fürbitte, um für alle Schuldner Gnade zu erflehen.

Die Kleiderverteilung erwähnt Lukas nur mit einem einzelnen Wort. Um die Kleider der Gekreuzigten, welche nach römischem Gesetz den Vollstreckern des Urteils gehörten, wurde zweimal das Los geworfen, zuerst um Mantel, Mütze, Gürtel und Sandalen, sodann um den Rock oder die Tunika.

Das Dastehen und Zuschauen des Volkes ist ein starker Kontrast zu der vom Herrn ausgesprochenen Fürbitte. Lukas sagt nicht ausdrücklich, daß sich das Volk an den Spöttereien beteiligte. Es ist mehr ein teilnahmsloses Verhalten. Zu dem Dastehen und Zuschauen des Volkes kam noch das Nasenrümpfen und die Verspottung der Obersten hinzu. Unser Evangelist erwähnt die Verhöhnung der Obersten nur k u r z . Hier im Text sprechen die Spottenden vom Herrn in der dritten Person, wogegen sie nach Matthäus und Markus ihre Spottreden dem Herrn in direkter Rede zurufen. Die höhnische Aufforderung zur Selbsthilfe bezieht sich auf Seine Heilungstaten (Lk 19, 37) und auf Sein Bekenntnis vor dem Sanhedrin (Lk 22, 67—70).

Lukas ist der einzige, welcher die Verspottung der Soldaten mitteilt, die durch das schlechte Vorbild der Obersten dazu angeregt wurden. Sie reichten Ihm außerdem Essig. Dem hier Erwähnten geht der Ausruf Jesu: „Eli, Eli, lama asabthani" (Mt 27, 46; Mk 15, 34) und: „Mich dürstet!" (Jo 19, 28) voraus. Einer der Soldaten reichte Jesus einen Schwamm, gefüllt mit Essig, mit den spöttischen Worten: „Laßt, wir wollen sehen, ob Elias kommt, Ihn zu retten" (Mt 27, 48). Diese Verhöhnung erwähnt Lukas ohne Angabe der Veranlassung und der näheren Umstände. Er beabsichtigt zu zeigen, wie Jesus von den verschiedenen Menschenklassen verlästert wurde. Hiermit hängt auch die allgemeinere Fassung der spöttischen Worte zusammen.

Die Bemerkung: „Es war aber auch eine Aufschrift über Ihm: Dieser ist der König der Juden!" erklärt den Wortlaut der spottenden Worte der Kriegsknechte: „Wenn Du der König der Juden bist, so rette Dich Selbst." Die Soldaten, die diesen Titel angeheftet hatten, konnten ihn auch lesen, und sie wurden dadurch zur Verspottung veranlaßt.

c) Die Begnadigung des bußfertigen Schächers.

Lk 23, 39—43

39 Einer aber der gehenkten Verbrecher lästerte Ihn: „Bist Du nicht
40 der Christus? Dann rette Dich Selbst und uns!" * Der andere aber
    schalt ihn laut und sagte: „Fürchtest du Gott nicht, wo du doch
41 dem gleichen Urteil verfallen bist? * Uns geschieht recht, wir
    empfangen Strafe für das, was wir getan haben; dieser aber hat
42 nichts Böses getan." * Dann sagte er: „Jesus, gedenke meiner,
43 wenn Du in Dein Königreich kommst!" * Jesus sprach zu ihm:
    „Wahrlich, Ich sage dir, heute wirst du mit Mir im Paradiese sein!"

Lukas berichtet, daß einer der gehenkten Missetäter den Herrn verlästerte. Nach Mt 27, 44 und Mk 15, 53 verspotteten Ihn beide Mitgekreuzigten. Es ist oft versucht worden, diese Verschiedenheit auszugleichen. Ein Erklärer betont, daß zwischen „oneidizein = schmähen" und „blasphemein = lästern" unterschieden werden müsse. Bei dem Unbußfertigen könne von Lästerung die Rede sein, der besser gesinnte Missetäter könne den Herrn nur geschmäht haben, ehe er anderen Sinnes wurde.

Diese Geschichte, welche die Rechtfertigung aus freier Gnade enthüllt, gehört zum Sondergut des Lukas.

Es wird oft leichtfertig von der Schächergnade gesprochen. Wer diese Geschichte aufmerksam liest, kommt zu einem anderen Ergebnis. Der Schächer beugte sich unter sein Strafurteil; er wußte sich vor Gott und Menschen schuldig.

Der Bußfertige wurde von seiner Selbst- und Schulderkenntnis dann zur wahren Heilandserkenntnis geleitet. Er bezeugte im Gegensatz zu allen, die den Herrn zum Verbrechertode verurteilt hatten, die völlige Unschuld des Gekreuzigten. Der gelinde Ausdruck, daß Jesus nichts Ungeziemendes getan hat, bezeichnet des Herrn Unschuld umso stärker. Das Zeugnis von der fleckenlosen Unschuld aus dem Munde eines Missetäters in dem Augenblick, als sich alle Stimmen gegen Ihn erhoben, muß uns in Staunen versetzen.

Der Mörder offenbarte einen noch helleren und festeren Glauben, indem er sich vertrauensvoll an Jesus Selbst wandte. Er betete: „Jesu, gedenke meiner." Von Jesus, der an Händen und Füßen angenagelt und ein Sterbender war, den alle Jünger verlassen hatten, erwartete er, daß Er seiner gedenken möge. Über der Dornenkrone sah er eine Königskrone und bat, daß Er seiner gedenken möge, wenn Er in Sein Königreich komme. Der Schächer erkannte in Jesus den Messias, er

glaubte an Seine Auferstehung und Sein Wiederkommen. Der Missetäter am Kreuze überragte viele andere in Klarheit der Erkenntnis, in
der Kraft des Glaubens und in der Freimütigkeit des Bekenntnisses.

Jesus, der am Kreuz auf alle Lästerungen und Verspottungen stand-
haft schwieg, ließ das Gebet des Schächers nicht einen Augenblick
ohne Antwort. Der Herr versprach ihm weit mehr, als er begehrte,
erbat und ausdenken konnte. Der Herr versprach ihm das Paradies,
und zwar noch „für heute" und in der Gemeinschaft mit Ihm. Unge-
reimt ist die Satzverbindung: „Ich sage dir heute", um das Weilen
mit Jesus im Paradiese bis auf eine fernliegende Zukunft hinauszuschie-
ben. Dem Wörtlein „heute" eine solche Bedeutung beizulegen, entspricht garnicht dem Sprachgebrauch des Lukas-Evangeliums (vgl. Lk
2, 11; 4, 21; 19, 5. 9; 22, 34; 24, 21). Jesus spricht zu dem Schächer
von dem Zustand, in den die Seelen der Gläubigen durch ihr Sterben
eingehen. Wie das selige Fortleben der atst Frommen nach dem Tode
ein Ruhen im Schoße Abrahams ist (Lk 16, 22), so gehen die an Jesus
Glaubenden im Augenblick ihres Sterbens ins Paradies, um „mit Christus" zu sein, so wie es Paulus (Phil. 1, 23) sagte. Der Schächer, der
sein qualvolles Leiden mit Ihm teilte, der in demütiger Reue seine
Schuld und Jesu Unschuld bezeugte, der auf Ihn als den König hoffte
und sich gläubig im Gebet an Ihn wandte, sollte auch die Seligkeit
mit Ihm teilen, in welche Jesus durch Sein Sterben gelangte.

d) Jesu Sterben am Kreuz.

Lk 23, 44—49

44 Und es war bereits nunmehr etwa die sechste Stunde. Da brach
eine Finsternis über das ganze Land herein bis zur neunten Stunde.*
45 Die Sonne verlor ihren Schein. Der Vorhang des Tempels riß
46 mitten entzwei. * Da rief Jesus mit lauter Stimme: „Vater, in
Deine Hände befehle Ich Meinen Geist!" Als Er dieses gesprochen
47 hatte, verschied Er. * Als aber der Hauptmann das Geschehene sah,
pries er Gott und sagte: „In Wahrheit, dieser Mensch war ein Ge-
48 rechter." * Und alle die zu diesem Schauspiel zusammengekomme-
nen Volksmengen, die die Vorgänge mitangesehen hatten, schlu-
49 gen an die Brust und kehrten um. * Es standen aber alle Seine
Bekannten von ferne, auch die Frauen, die Ihm von Galiläa mitge-
folgt waren und dieses alles mit ansahen.

Die Passionsgeschichte nach dem Bericht des Lukas zeigt eine immer
kürzere Zusammenfassung, je näher sie ihrem Ende zueilt. Jesu Anbe-
fehlung Seiner Mutter an Johannes, die Klage des Gekreuzigten, die
letzte Labung des Sterbenden wird hier nicht erwähnt. Das Zerreißen
des Tempelvorhangs wird berichtet, daß es vor dem Tode des Herrn
geschah. Nach Matthäus fand es einen Augenblick später statt. Bei
der schnellen Aufeinanderfolge der Ereignisse ist es unmöglich, von
einem ersteren und späteren Moment zu reden. Lukas hat allein das
letzte Kreuzeswort des Herrn aufbewahrt. In der Angabe der Zeichen

während des Sterbens Jesu ähnelt der Bericht des Lukas in seiner kurzen Zusammenfassung mehr dem des Markus als dem des Matthäus. Wie seine beiden synoptischen Vorgänger übergeht Lukas das Brechen der Beine der beiden gerichteten Verbrecher und die Durchstechung der Seite des Herrn. In der ziemlich ausführlichen Beschreibung des Begräbnisses des Herrn trifft Lukas mit den Berichten der anderen Evangelisten zusammen.

Nach Mk 15, 25 war es die dritte Stunde, d. h. 9 Uhr vormittags, als Jesus gekreuzigt wurde. Die sechste Stunde war demnach die Zeit um 12 Uhr mittags. Jesus hing also schon drei volle Stunden am Kreuze, als die Finsternis eintrat, die drei Stunden, bis gegen 15 Uhr nachmittags dauerte. Die Verspottung, die Jesus erfuhr, fällt in die ersten Stunden. Jesus, der während dieser Zeit auf die Spottreden schwieg, brach dieses Schweigen mit Seiner Zusage an den bußfertigen Schächer. Mit dem Eintreten der Finsternis verstummten wohl alle Spottreden. Bei dieser Finsternis am hellen Mittag ist an keine Sonnenfinsternis zu denken, weil diese nach astronomischen Gesetzen zur Zeit des Vollmondes, in die das Passah fiel, nicht eintreten kann. Matthäus und Markus sagen kein Wort von einer Sonnenfinsternis. Nur Lukas berichtet von der Verdunkelung der Sonne. Es war eine wunderbare Verfinsterung, eine göttliche Zeichensprache der Natur. Die Bedeutung der Finsternis bei dem Tode Jesu ergibt sich aus der Warnung, mit der der Herr Abschied von dem Volke nahm: „Noch eine kleine Weile ist das Licht bei euch. Wandelt, weil ihr das Licht habt, daß euch die Finsternis, nicht überfalle. Wer in Finsternis wandelt, weiß nicht, wo er hingeht" (Jo 12, 35). Diese Warnung hat die jüdische Nation verschmäht. Jesus starb, das sie das so wollte. Durch die Hand Israels erlosch „d a s L i c h t d e r W e l t" für Israel, und höllische Finsternis wurde ihre Wohnung. Die Finsternis war ein Zeichen, mit dem Gott dem jüdischen Volk den Tod Seines Sohnes deutete.

Das Zerreißen des Vorhangs im Tempel bezeugte die Wirkung des Todes Jesu, den Juden zum Schrecken, den Jüngern des Herrn zur Stärkung des Glaubens. Es war der Vorhang zwischen dem Heiligen und Allerheiligen des Tempels, der den Einblick ins Allerheilige verhüllte und den Zugang zum Gnadenthron verdeckte. Über die Bedeutung des Zerreißens dieses Vorhangs gibt der Hebräerbrief Aufschluß (Hbr 6, 19. 20; 9, 12; 10, 19. 20), der den Opfertod Christi, des wahren Hohenpriesters, als Eingang in das Allerheilige darstellt. Es ist uns dadurch der neue, lebendige Weg durch den Vorhang bereitet worden. Das Zerreißen des Vorhangs beim Tode des Herrn bezeichnet Seinen Tod als das Mittel der Versöhnung zwischen Gott und Menschen, wodurch die Scheidewand aufgehoben ist, die den Sünder von Gott trennt. Gott stellt durch dieses Zeichen den Tod Jesu als sühnenden Opfertod dar und bezeugt, daß der Sohn des Menschen Sein Leben als Lösegeld für viele dahingab (Mt 20, 28). Es ist gleichsam ein Zeichen dafür, daß der atst Opferkultus aufgehoben war, was den

Verfall des jüdischen Tempels zur Folge haben mußte. Mit dem Zerreißen des Vorhangs hörte der Tempel auf, Gottes Wohnung unter
Seinem Volke zu sein. Der Tempel ist mit dem Tode Jesu auf diese
Weise abgebrochen worden, um nach Seiner Auferstehung nach drei
Tagen den neuen, nicht mit Händen gemachten Seines verklärten Leibes aufzurichten. Für die ungläubigen Hohenpriester sollte das Zerreißen des Vorhangs ein Zeichen Gottes sein, daß der von ihnen Ver-
worfene wirklich der Christus und Gottes Sohn war und daß der
Tempel mit seinem Kultus, für den sie eiferten, dem Untergang geweiht sei.

Lukas reiht an diese beiden Ereignisse den letzten Ausruf Jesu, worauf Er dann sogleich verschied. Die Bitte: „**Vater, in Deine Hände
befehle Ich Meinen Geist!**" erinnert an Ps 31, 6, in dem aber die Anrede „Vater" fehlt. Die Begründung im 31. Psalm: „Denn Du hast mich
erlöst, Herr, getreuer Gott!" betet Jesus nicht mit. Es ist in jenem
Psalm das völlige Vertrauen auf Gott, den Retter aus der Lebensgefahr, ausgesprochen. Jesus spricht dagegen das volle Bewußtsein ungetrübter Einheit mit dem Vater im Himmel aus, Dessen Obhut Er im
Sterben Sein irdisches Leben anvertraut.

Lukas berichtet noch über den Eindruck des Todesleidens Jesu auf
die Umstehenden. Zuerst werden der römische Hauptmann, dann das
Volk und zuletzt die Anhänger des Herrn genannt. Übereinstimmend
mit Matthäus und Markus erwähnt unser Evangelist, welchen Eindruck
das Sterben des Herrn auf den heidnischen Hauptmann hinterließ, der
am Kreuz Wache hielt. Der Heide sagte nach Lukas: „**Dieser Mensch
war ein Gerechter**", Jesus war kein Missetäter, wie man glaubte. „**Das
Geschehene**", das der Hauptmann sah, bezieht sich nicht allein auf den
letzten Ausruf des Herrn kurz vor Seinem Sterben, sondern auf Jesu
ganzes Verhalten am Kreuz. Der Hauptmann wußte nun, daß Jesus
mehr war als ein Gerechter. Jesus hatte nämlich am Kreuz G o t t zweimal Seinen Vater genannt. Der Hauptmann konnte daraufhin nach
Matthäus und Markus den Herrn dann auch als Gottes S o h n bezeugen.

Indem Lukas die Berichte der anderen Evangelisten ergänzt, erwähnt
er besonders den Eindruck des Todes Jesu auf die Volksmengen, die
zu diesem Schauspiel mit hinzugekommen waren. Der Ausdruck:
„theoria = Schauspiel" ist ein Hinweis auf die Neugier, die die
Menge herbeiführte. Sie schlugen an ihre Brust und kehrten um, als
sie diese Ereignisse sahen.

Die ganzen Vorgänge sahen auch alle Bekannten des Herrn, die in
Jerusalem anwesend waren, und die Frauen, die Ihm aus Galiläa gefolgt waren. Matthäus und Markus nennen auch die Anwesenheit der
Frauen, sie erwähnen auch ihre Namen. Die Frauen, die Lukas schon
früher nennt, erwähnt er erst bei dem Gang zum Grabe am Auferste-
hungsmorgen (Lk 24, 10). Während das Volk wegging vom Kreuz, versammelten sich die Freunde Jesu allmählich um Seinen Leichnam.

5. Das Begräbnis Jesu.

Lk 23, 50—56

W. Stb. Matth.
S. 368f.

W. Stb. Mark.
S. 271ff.

Zu V. 50—56:

Mt 27, 57—61
Mk 15, 42—47
Jo 19, 38—42

Zu Vers 51:
Lk 2, 25. 38

Zu Vers 55:
V. 49

Zu Vers 56:
2 Mo 20, 10

50 Und siehe, ein Mann namens Joseph, der ein Ratsherr war, ein
51 guter und gerechter Mann, * hatte nicht ihrem Rat und ihrer Tat
zugestimmt. Er war von Arimathia, einer Stadt der Juden. Er erwar-
52 tete das Königreich Gottes. * Dieser ging hin zu Pilatus und erbat
53 sich den Leib Jesu. * Und nachdem er Ihn herabgenommen hatte,
wickelte er Ihn in feine Leinwand, und er legte Ihn in ein Grab,
das in einen Felsen gehauen war, in das hinein noch nie einer ge-
54 legt worden war. * Es war aber der sogenannte Rüsttag, und der
55 Sabbat brach soeben an. * Es waren aber auch die Frauen nachgefolgt, die mit Ihm aus Galiläa gekommen waren. Sie betrachteten
56 das Grab und schauten zu, wie Sein Leib gelegt war. * Nach ihrer
Rückkehr bereiteten sie Gewürz und Salben. — Am Sabbat aber
hielten sie sich still nach der Vorschrift des Gesetzes.

Die grundlegende Einleitung zu dieser Geschichte bietet das Johannesevangelium. Die Juden baten zuerst Pilatus um Beseitigung des
Leichnams, hernach bat Joseph von Arimathia um den Leichnam des
Herrn. Nach Johannes kam noch Nikodemus hinzu, welcher Salben zum
Begräbnis hergab. Joseph von Arimathia wird von Markus und Lukas
etwas genauer charakterisiert als von Matthäus. Unter den Frauen läßt
Matthäus die beiden Marias, die von Magdalena und „die andere", am
bestimmtesten hervortreten. Nach Markus ist es die Maria des Joses,
die sich dem Grabe gegenüber setzte. Die Versiegelung des Grabes erzählt Matthäus allein (Mt 27, 62—66).

Lukas bezeichnet Joseph von Arimathia als einen guten und gerechten Mann. Er war nicht gerecht im juristischen, sondern im theokratischen Sinne. Bengel macht die feine Bemerkung: „Jeder gute Mensch
ist auch gerecht, aber nicht umgekehrt". Es wird nicht behauptet, daß
Joseph von Arimathia der einzige war, der den Beschluß und die Handlungsweise des Hohen Rates nicht billigte.

Joseph von Arimathia bat Pilatus um den Leichnam des Herrn.
Römische Prokuratoren verliehen solche Vergünstigungen oft für Geld.
Nach Bestimmungen des römischen Gesetzes durften die Leichname der
Verurteilten den Bekannten nicht vorenthalten werden. Der Grund,
warum Pilatus dem angesehenen Ratsherrn den Leichnam Jesu aushän-
digte, wird nicht erwähnt.

Von dem Grabe, in das Jesus gelegt wurde, wird mit großem Nachdruck gesagt, daß darin noch niemand gelegen hatte. Die Zeitangabe:
„Der Rüsttag und der Anbruch des Sabbats" stimmt mit Mk 15, 42 und
Jo 19, 42 überein. Damit ist der Freitagabend gegen Sonnenuntergang
gemeint. Wegen des nahen Sabbats mußte die Bestattung des Leichnams beschleunigt werden. Die galiläischen Frauen, die Jesus nachgefolgt waren, kauften nach der Beisetzung des Leichnams noch Kräuter
und Salben, um n a c h dem Sabbat die Einbalsamierung als solche zu
vollenden. Wenn Markus berichtet, daß Spezereien erst n a c h dem

Sabbat eingekauft wurden, so steht dies nicht in Widerspruch zu dem, was hier Lukas schreibt.

Vielleicht dürfen wir uns die ganze Situation so denken: Weil die Zeit wegen des nahen Sabbats drängte, konnte die Leichenbestattung und die Leichenbereitung nur flüchtig geschehen. Nach Jo 19, 40 „nahmen sie Jesu Leichnam und umwickelten Ihn mit Binden samt den wohlriechenden Essenzen, wie es bei den Juden Begräbnissitte ist" und auch beim toten Lazarus der Fall gewesen war. Auf Grund von Jo 19, 39 wird Nikodemus erwähnt, „der eine Mischung von Myrrhe und Aloe brachte, an die 100 Pfund". Wenn es dann in den Versen 55b—56 heißt, daß die Frauen das Grab betrachteten und zuschauten, wie Sein Leib gelegt war, und dann nach ihrer Rückkehr in die Stadt den Rest des Rüsttages benutzten, um die Salben und Duftstoffe zu bereiten — dann ist jedes Wort dieser Berichterstattung von größtem Wert. — Der reiche Vorrat an Myrrhe und Aloe, den Nikodemus erworben hatte, genügte scheinbar ihrer Verehrung für Jesus nicht. Sie planten darum, die übereilte Leichenbereitung durch eine gründliche und weitere zu ergänzen, d. h. n a c h dem Sabbat zu den bereits bereiteten Salben und Duftstoffen noch weitere hinzuzukaufen, um dann an dem ersten Tage der Woche, also am Ostersonntag früh, zum Grabe zurückzueilen in der Absicht, alles aufs beste zu ordnen und fertigzumachen. Die Frauen waren am Ostersonntag früh nicht deshalb zum Grabe geeilt, um den Auferstandenen zu begrüßen, sondern um den Toten fertig zu salben.

VII. Hauptteil

Die Auferstehung und die Himmelfahrt Jesu Christi.

Lk 24, 1—53

Der Kreuzestod, das „größte Trauerspiel der Weltgeschichte", war nicht das Ende des Erdenlebens Jesu, sondern Seine herrliche Auferstehung und Himmelfahrt bildete den krönenden Abschluß Seines Lebens und Wirkens. Während der Herr am Kreuz hing, waren viele Menschen die Zuschauer Seiner Schmach und Seiner Leiden. Viele hörten Seine Seufzer, manche sahen, wie Er das Haupt neigte und verschied! Die Auferstehung des Herrn aber ist nur von Engeln gesehen worden. Weil kein Mensch gesehen hat, wie der Herr erwachte und aus dem Grabe hervorging, wird von keinem der Evangelisten der eigentliche Vorgang Seiner Auferstehung beschrieben. Die T a t s a c h e der Auferstehung des Herrn jedoch und die Erscheinungen des Auferstandenen werden in allen vier Evangelien, in der Apostelgeschichte und von Paulus glaubwürdig bezeugt.

Alle vier Evangelien gleichen sich darin, daß in der Frühe des Ostermorgens die Frauen aus Galiläa zum Grabe gingen, das Grab geöffnet fanden und durch Engelmund die Botschaft der Auferstehung des Herrn vernahmen und daß der Auferstandene diesen Frauen und der Maria Magdalena erschien. Die Abweichungen der einzelnen Berichte über diese Tatsache beziehen sich nur auf untergeordnete Momente. Bedeutend ist der Umstand, daß Matthäus nur von einer Erscheinung des Auferstandenen berichtet (vgl. Mt 28, 1—10); Markus erzählt in seinem Anhang von drei Erscheinungen (Mk 16, 9—20); Lukas spricht von keiner Erscheinung in Galiläa, sondern von Erscheinungen in Jerusalem; Johannes erwähnt zwei Erscheinungen, eine im Kreise der versammelten Jünger zu Jerusalem und eine in Galiläa (Jo 21).

Daraus läßt sich nur schließen, daß die Evangelisten gar nicht a l l e Erscheinungen des Auferstandenen berichten wollten, sondern nur s o l c h e Erscheinungen erwähnten, welche zur Befestigung des Glaubens an die Auferstehung Christi ausreichen. Jeder Evangelist hat nach dem Plan und der Anlage seines Evangeliums eine Auswahl der Erscheinungen des Auferstandenen getroffen.

Wenn sich Matthäus auf die Offenbarungen des Auferstandenen, die in Galiläa geschahen, beschränkt, so entspricht das dem Plane seines Evangeliums, Jesu messianisches Wirken vorzugsweise auf dem Boden Galiläas zu schildern. Lukas und Johannes erwähnen die Erscheinungen des Auferstandenen in Jerusalem, weil Jerusalem der Ort war, von wo aus das Zeugnis der Auferstehung des Herrn in alle Welt ausgehen sollte.

Die Darstellung der Auferstehungs- und Himmelfahrtsgeschichte im
Lukasevangelium beschränkt sich durchweg auf die Hauptsache. Bei der
Beschreibung des Begräbnisses wird nichts von dem Stein zum Ver-
schluß des Grabes erwähnt; die Frauen, die zum Grabe kamen, fanden
den Stein weggewälzt (Lk 24, 2). Lukas berichtet die beiden Erscheinungen, die besonders geeignet waren, die Überzeugung von der Auferstehung Christi zu begründen. Es entspricht ganz dem Plane seines
Evangeliums, den Heidenchristen die historische Gewißheit über die
Heilstatsachen zu übermitteln. Die eine Erscheinung Jesu nach Seiner
Auferstehung zeigt, daß selbst die Jünger anfangs an der Wirklichkeit
der Auferstehung zweifelten, aber durch unabweisbare Tatsachen davon
überzeugt wurden. Jesu Erscheinung auf dem Wege nach Emmaus und
dann im Kreise der Apostel zu Jerusalem erbrachte den Beweis von der
Leibhaftigkeit Seiner Auferstehung. [1])

Der Auferstehungsbericht des Lukas zerlegt sich in vier Abschnitte:
1. Die galiläischen Frauen am geöffneten Grabe des Auferstandenen
(Lk 24. 1—12); 2. Die Begegnung des Auferstandenen mit den Emmaus-
jüngern (Lk 24, 13—35); 3. Die Erscheinung des Auferstandenen im
Kreise der Jünger zu Jerusalem (Lk 24, 36—42); 4. Die Himmelfahrt
Jesu Christi (Lk 24, 44—53).

W. Stb. Matth.
S. 371ff.

W. Stb. Mark.
S. 274ff.

Zu V. 1—12:
Mt 28, 1—8
Mk 16, 1—8
Jo 20, 1—13

1. Der Gang der galiläischen Frauen und des Petrus zum Grabe.

Lk 24, 1—12

Dieser Abschnitt berichtet von der Ankunft der Frauen am Grabe.
(Lk 24, 1—3), sodann von der Erscheinung und der Botschaft der Engel
(Lk 24, 4—7), endlich vom Weggang der Frauen und der Ankunft des
Petrus (Lk 24, 8—12).

a) Der Gang der galiläischen Frauen zum Grabe.

Lk 24, 1—3

1 Am ersten Wochentage aber in der tiefen Morgendämmerung kamen
sie (die Frauen) zu dem Grabe, brachten mit sich die wohlriechenden
2 Kräuter, die sie bereitet hatten. * Sie fanden aber den Stein abgewälzt
3 von dem Grabe. * Als sie aber hineingingen, fanden sie den Leib des
Herrn Jesu nicht.

[1] Der eigentümliche Auferstehungsbericht des Lukas betont noch einen anderen Gesichtspunkt.
Es wird hervorgehoben, daß das Leiden Christi und Seine Auferstehung am dritten Tage in der
Schrift vorausgesagt ist. Schon der Engel erinnert die galiläischen Frauen an die Verkündigung
Jesu, daß der Sohn des Menschen in die Hände der Sünder überliefert, gekreuzigt und am dritten
Tage auferstehen müsse (Lk 24, 7). Jesus schalt die Emmausjünger wegen ihres Unverstandes und
ihrer Herzenshärtigkeit, der Verkündigung der P r o p h e t e n zu glauben, daß Christus leiden
und zu Seiner Herrlichkeit eingehen müsse. Der Herr erschloß ihnen das Verständnis des AT, das
von Ihm zeugt (Lk 24, 25 ff.). Den Elfen und den übrigen, denen Er in Jerusalem erschien, bewies
Er aus dem AT die Notwendigkeit Seines Leidens und Seiner Auferstehung (Lk 24, 44), um sie
als Zeugen dieser Tatsachen zu Verkündigern des Evangeliums auszurüsten. Es ist zu beachten,
daß dieser Hinweis auf das AT in keinem Auferstehungsbericht der anderen vorkommt.

Im Anschluß an den Bericht, daß die galiläischen Frauen genau hin-
sahen, wohin und wie der Leichnam des Herrn gelegt wurde, und dann
zu H?̣ e Salben bereiteten und den Sabbat über nach dem Gesetze
ruhten (Lk 23, 55. 56), erzählt Lukas nunmehr die Geschichte von der
Auferstehung des Herrn. Es können darum keine anderen Frauen sein
als die, welche dem Herrn aus Galiläa gefolgt waren. Lukas nennt drei
dieser Frauen mit Namen (Lk 24, 10). Alle Evangelisten nennen Maria
Magdalena; Matthäus und Markus reden außerdem von „der anderen
Maria", der Mutter des Jakobus; Markus erwähnt als dritte nur Salome, während Lukas als dritte die Johanna nennt. Wahrscheinlicher ist,
daß alle in der frühen Morgenstunde gemeinsam diesen Gang unter-
nahmen.

Lukas berichtet, als die Frauen am Grabe ankamen, sahen sie, daß
der Stein abgewälzt war. Nach Markus beschäftigten sich die Frauen
auf dem Wege zum Grabe mit allerlei Anschlägen und Sorgen hinsichtlich der Wegwälzung des Steines. Matthäus erzählt von einer Erschütterung der Grabstätte, worauf ein Engel herabstieg, der den Stein ab-
wälzte. Davon erzählt Lukas nichts. Sehr anschaulich aber beschreibt
Lukas den Schrecken und die Freude der Frauen.

b) Die Erscheinung und die Botschaft der Engel.

Lk 24, 4—7

4 **Plötzlich, während sie noch darüber in Verlegenheit waren, standen**
5 **zwei Männer in blitzstrahlender Kleidung vor ihnen. * Als sie aber**
 darüber in Furcht gerieten und die Angesichter zur Erde neigten,
 sprachen die Männer zu ihnen: „Was sucht ihr den Lebendigen bei
6 **den Toten? * Er ist nicht hier, sondern ist auferweckt worden. Ge-**
7 **denkt daran, wie Er euch sagte, wo Er noch in Galiläa war, * daß Er**   Zu Vers 7:
 sagte, daß der Sohn des Menschen muß ausgeliefert werden in die   Mt 17, 22. 23
 Hände der sündigen Menschen und gekreuzigt werden und am drit-
 ten Tage auferstehen."

Während die Frauen noch in Verlegenheit fragten, wer den Stein
vom Grabe wegwälzte, standen zwei Männer in blitzhellen Gewändern
vor ihnen. Die Frauen waren entsetzt darüber, daß der Stein fortge-
schafft war. Lukas erklärt den Wanderern nach Emmaus die beiden
Männer als „Engel" (Lk 24, 23). Demnach spricht unser Text von zwei
Engeln. Markus wie auch Matthäus reden dagegen nur von einem
Engel in Menschengestalt. Der Bericht unseres Evangelisten trifft in
diesem Punkte mit Jo 20, 16 zusammen. Diese Verschiedenheit als
Widersprüche zu erklären, kann nicht begründet werden. Die beiden
ersten Synoptiker erwähnen nur den einen Engel, der zu den Frauen
redete. Das Zeitwort „ephistemi = Herantreten" wird von Engel-
erscheinungen gebraucht (Lk 2,9; Apg 12,7), und es bezeichnet das U n -
e r w a r t e t e oder Plötzliche. Die weiße Kleidung der Engel als Fest-
gewänder anzusehen, ist wohl hier nicht richtig, sondern sie ist vielmehr die äußere Darstellung ihrer inneren Fleckenlosigkeit und Rein-

heit. Markus gibt den genauen Ort an, wo der Engel am Grabe saß; Matthäus, der vorher den Engel als auf dem Stein sitzend beschrieb, schweigt darüber, wo er sich hernach im Grabe befand; Lukas sagt von alledem nichts.

Beim Anblick der beiden Engelgestalten ergriff die Frauen ein tiefer Schrecken. Markus berichtet kurz und bündig: „Sie entsetzten sich", um dadurch den höchsten Grad des Staunens und Entsetzens auszudrücken. Lukas dagegen malt weiter aus, wie sich die Furcht der Frauen zeigte. Er schreibt: **„Und sie neigten ihre Angesichter zur Erde".** Die Frauen neigten aus Furcht ihre Angesichter zur Erde; die blitzhelle, weiße Kleidung der Engel blendete die Augen, die ungewohnte Art und Erscheinung bestürzte die Gemüter.

Das Entsetzen der Frauen war jedoch ganz anderer Art als das Entsetzen der römischen Grabwächter. Die Engel hatten für jene Wächter keine Worte der Beruhigung, der Stärkung und Tröstung. Die Frauen dagegen wurden von den Engeln freundlich angeredet, um ihnen die Furcht zu nehmen und daß sie sich des Herrn freuen könnten, der von den Toten auferstanden wäre. Die Rede der Engel wird von allen Synoptikern überliefert. Matthäus und Markus bieten dazu noch das kurze Wort, durch welches den Frauen Mut zugesprochen wurde.

Nach Matthäus b e g r ü n d e t der Engel, warum er so freundlich zu den Frauen sprechen konnte. Er wußte, daß sie Jesus, den Gekreuzigten, im Grabe suchten. Sie suchten Ihn mit schwachem Glauben, aber starker Liebe, mit aufgegebenen Hoffnungen, aber mit ausharrender Treue. Freunde Jesu haben keinen Grund, sich zu fürchten vor den Engeln. Nach Lukas stellen die Engel an die Frauen die Frage: **„Was sucht ihr den Lebendigen bei den Toten?"** Die Frage der Engel sagt nicht, daß Jesus wieder lebendig geworden ist, sondern daß Er im höchsten Sinne der **Lebendige** als solcher ist. Er ist deshalb der Lebendige, weil Er Selber ja das Leben ist (Jo 6, 35). In der ganzen Schöpfung empfängt alles Lebendige Leben von Ihm, in Ihm Selbst leben alle Lebendigen, weil Er Selbst wesenhaft das Leben ist, deshalb gibt Er den Lebenden das natürliche Leben, den Gläubigen das geistliche und ewige Leben, darum konnte Er nicht im Tode gehalten werden (Apg 2, 24).

Die Frauen waren jetzt vorbereitet, das große Osterwort zu vernehmen, das alle drei Synoptiker fast gleichzeitig berichten. Dadurch, daß der Engel sagt, daß Jesus auferweckt worden ist, wird das große Osterwunder auf Gottes Antrieb und Ursache zurückgeführt. Die Auferstehung Jesu Christi wird noch an anderen Stellen des NT auf Gott zurückgeführt (vgl. Apg 2, 24; 3, 15; 4, 10; 10, 40; Rö 4, 24; 1 Ko 6, 14; 15, 15; 2 Ko 4, 14). Damit wird nicht in Abrede gestellt, daß Jesus in eigener göttlicher Vollmacht von den Toten auferstanden ist. Er sagt hinweisend auf den Tempel Seines heiligen Leibes: „In drei Tagen werde Ich Ihn aufrichten" (Jo 2, 20), womit Er auf Seine Auferstehung anspielt (Jo 2, 22). Jesus sagt ebenso: „Ich habe Vollmacht, Mein Leben hinzugeben, und Ich habe Vollmacht, es wieder zu Mir zu nehmen, dieses Gebot habe Ich von Meinem Vater empfangen" (Jo 10, 18). So wird die Auferstehung sowohl als ein Werk Gottes des Vaters betont, aber auch als ein Selbstwerk des Heilandes.

Die Auferstehung Jesu wird den Frauen nicht als ein Akt des Gekreuzigten, sondern als eine Tat Gottes dargestellt. Es entspricht der Stellung und der Person der Engel als Gottes dienstbarer Geister und Boten, das W e r k G o t t e s zu melden, was auch dem Glaubensstandpunkt der Frauen am angemessensten ist. Was die Jüngerinnen Jesu ihrem gekreuzigten und verstorbenen Meister nicht zutrauten, das trauen sie immer noch der Allmacht Gottes zu. Der Glaube an Jesus hatte Schiffbruch erlitten, der Glaube an den allmächtigen Gott lebte noch in ihren zerbrochenen Herzen. Was Gott durch das Wort Seines Sohnes an vielen getan hatte, das hat Er jetzt an Seinem eingeborenen Sohn getan, indem Er Ihn auferweckte. Die Frauen werden im ersten Augenblick den rechten Sinn der Osterbotschaft nicht verstanden haben. Der Auferstandene mußte sie erst nach und nach in das Verständnis dieses Engelwortes einführen.

Die beiden Männer oder Engel suchen die Galiläerinnen nach Lukas und Matthäus nicht allein durch den Hinweis auf das leere Grab zum Glauben an die Auferstehung Jesu zu führen, sie schlagen dazu einen noch würdigeren Weg ein. Die Frauen sollen bedenken, was der Herr ihnen vor Zeiten schon Selbst gesagt hatte. Die beiden Engel betonen, daß Jesus schon seit langer Zeit, nicht erst in den letzten Tagen, von Seinem Leiden und Sterben und von Seiner Auferstehung in Galiläa geredet hat. Manchmal hat der Herr darauf hingewiesen (vgl. Mt 12, 40; 16, 21; 17, 22 f). Was Jesus so lange vorher und s o o f t gesagt hat, mußte ihnen umso leichter wieder in Erinnerung gelangen. Der erste Teil der Weissagung, nämlich der über das Kreuz und Sterben, ist zu ihrem tiefsten Schmerz in Erfüllung gegangen. Konnten sie vertrauen, daß Seine Auferstehungsweissagung auch in Erfüllung geht? Was Jesus über Seine Auferstehung vorausgesagt hat, ist nun eingetreten. Gott hat Ihn über alles menschliche Erwarten auferweckt.

c) Weggang der Frauen und die Ankunft des Petrus.
Lk 24, 8—12

8 9 Da gedachten sie Seiner Reden. * Und, vom Grab zurückgekehrt, 10 verkündigten sie dies alles den Elfen und allen übrigen. * Es waren Maria Magdalena und Johanna und Maria, die Mutter des Jakobus, und die übrigen Frauen mit ihnen, die dieses den Aposteln berichte-11 ten. * Aber diese Nachrichten erschienen ihnen wie leeres Geschwätz, 12 und sie (die Apostel) glaubten ihnen nicht. * Petrus aber machte sich danach auf und eilte zum Grabe. Als er sich hinein bückte, sah er die Binden allein da liegen, und er ging weg nach Hause, indem er das Zustandegekommene bewunderte.

Zu Vers 10:
K. 8, 2. 3

Die Engel riefen den Frauen die Verkündigung Jesu ins Gedächtnis zurück. Es ist leicht begreiflich, daß sie sich der Reden des Herrn erinnerten. [2])

Wenn der Auferstandene den Frauen nicht erschienen wäre und sie nicht nachdrücklich zur heiligen Freude aufgefordert hätte, wäre die Osterfreude bald zu Ende gewesen; denn sie kamen bei den Aposteln übel an. Die Apostel schenkten ihrer Botschaft von der Auferstehung Jesu durchaus keinen Glauben. Die Nachricht der Frauen erschien den Jüngern wie törichtes Geschwätz oder wie Possen. Der Ausdruck „leros", der nur an dieser Stelle im NT vorkommt, bedeutet nach Hesychius soviel wie „Unsinn", „Geschwätz" oder „Lüge". Lukas beschreibt den Eindruck sehr summarisch, den die ersten Mitteilungen machten. Es hat den Anschein, als hätten alle elf Apostel diese Frauen als Närrinnen angesehen. Die Jüngerinnen des Herrn aber ließen sich durch den Unglauben und den Spott der Apostel nicht beirren oder abschrecken, die frohe Osterbotschaft zu den anderen zu bringen. Sie breiteten unverdrossen das Evangelium von der Auferstehung Christi aus.

Wie merkwürdig und eigenartig! Frauen, die nach der apostolischen Ordnung in der Gemeinde schweigen sollen (1 Ko 14, 35), wurden mit der Osterbotschaft beauftragt: **„Der Herr ist auferstanden!"** — Ist das in der Ordnung? Warum geschah das? Diese Fragen werden selten aufgeworfen. Wir möchten meinen, daß den Galiläerinnen die erste Verkündigung der Auferstehung des Herrn aufgetragen wurde, weil sie an der Stelle, wo sich das Wunder des Ostermorgens ereignete, zuerst zugegen waren. Während sich die Jünger zerstreut hatten und geflohen waren, gingen sie nicht nur g e m e i n s a m als die ersten zum Grabe, sondern blieben auch in enger Verbindung zusammen. Die Frauen waren darum am besten geeignet, die zerstreuten Jünger wieder zu sammeln. Die Apostel, welche der Erlöser als Seine Zeugen bis ans Ende der Erde erwählt hatte, hatten sich an Seinem Kreuz „gestoßen" und „geärgert" und dadurch ihr Recht verwirkt, die ersten Zeugen zu sein. Die Frauen mußten daher als die ersten Zeugen der Auferstehung die Apostel an diese Dinge erinnern.

Nach dem vierten Evangelium machten sich Petrus und Johannes sofort zum Grabe auf, nachdem sie von Maria Magdalena die Nachricht empfingen. Nach Lukas begibt sich Petrus allein zum Grabe. Lukas sagt aber hernach, daß Petrus nicht allein zum Grabe hinausgeeilt war (Lk 24, 24). So ergänzen sich die kleinen, unbedeutenden Differenzen der beiden Berichte zu einem Ganzen, und Widersprüche sind nicht vorhanden.

---

[2] Nach dem Bericht des Matthäus und Markus wurden die Frauen von den Engeln beauftragt, die Kunde von der Auferstehung Jesu Seinen Jüngern mitzuteilen. Nach Matthäus erschien der Auferstandene den heimeilenden Frauen unterwegs. Matthäus sagt dann nichts darüber, wie der Auferstandene wieder verschwand und wie die Frauen ihre Botschaft ausrichteten. An diesem Punkte setzt Lukas in Vers 9 mit seiner Erzählung ein. Er nennt Maria Magdalena, Johanna, Maria Jakobi und unterscheidet sie von den übrigen Frauen, die die Kunde von dem Engel den Aposteln weitergeben. Sie melden den elf Aposteln und den übrigen, was sie gehört haben.

2. Die Begegnung des Auferstandenen mit den Emmausjüngern.

Lk 24, 13—35

W. Stb. Mark.
S. 281 ff.
Zu V. 13—35:
Mk 16, 12. 13

Unter allen Erscheinungen des wiederaufgeweckten Christus ist von den Evangelisten keine ausführlicher beschrieben, aber auch keine lieblicher und ergötzlicher als hier diese, welche die nach Emmaus gehenden Jünger betrifft. In dieser reichlichen und ausführlichen Beschreibung wird ins Gedächtnis zurückgerufen, wie Christus Sich nicht allein mit den Wanderern vereinigt, sondern Sich auch mit jenen freundschaftlich etwa 2—3 Stunden unterhält über die Weissagungen des AT, die Sein Leiden, Seinen Tod und Seine Auferstehung voraussagen, und wie Er endlich von jenen in der Herberge zu Emmaus erkannt wird und sie mit großer Freude die ganze Sache den übrigen Aposteln darstellen.

Wie Johannes sehr eingehend die beiden Erscheinungen Christi vor Seinen Jüngern in Jerusalem erzählt, so hat Lukas ein lebensfrisches, warmes, klares und tief ergreifendes Bild von der Erscheinung des Herrn vor den Emmausjüngern entworfen. Die Erzählung unseres Evangelisten bietet ein schönes Seitenstück zu den zwei von Johannes erzählten Erscheinungen. Die anderen Offenbarungen des Auferstandenen treten gegen diese drei Erscheinungen bescheiden in den Hintergrund. Lukas schreibt dieser Erscheinung des auferstandenen Herrn eine eminente Bedeutung zu. Die kurze Notiz in Mk 16, 12 f ist ein Fingerzeig auf diese Erzählung des Lukas.

Der Bericht des Lukas von der Erscheinung des Auferstandenen vor den Emmausjüngern erwähnt: a) Die Begegnung Jesu mit den Jüngern auf dem Wege nach Emmaus (Lk 24, 13—16); b) Die Unterhaltung der Wanderer mit dem Auferstandenen (Lk 24, 17—24); c) Jesu Auslegung der atst Schriften (Lk 24, 25—26); d) Die Einkehr des Auferstandenen in der Herberge zu Emmaus (Lk 24, 27—31); e) Die Botschaft der Emmausjünger vom Auferstandenen an die Apostel des Herrn (Lk 24, 32—35).

a) Die Begegnung Jesu mit den Jüngern auf dem Wege nach Emmaus.

Lk 24, 13—16

13 **Und siehe, zwei von ihnen waren am selben Tage auf dem Wege in ein Dorf namens Emmaus, das sechzig Stadien von Jerusalem**
14 **entfernt ist** (ca. 3 Fußstunden). * **Und sie unterhielten sich unter-**
15 **einander über alles, was sich zugetragen hatte.** * **Während sie sich so miteinander unterhielten und verhandelten, nahte Sich Jesus**
16 **Selbst und ging mit ihnen.** * **Ihre Augen aber wurden gehalten, daß sie Ihn nicht erkannten.**

Zu Vers 15:
Mt 18. 20

Umständlich hebt Lukas an: **„Und siehe, zwei von ihnen waren am selben Tage auf dem Wege in ein Dorf, das da sechzig Stadien von Jerusalem entfernt ist."** Alle Erklärer haben sich eingehend damit befaßt, wer diese beiden Wanderer waren. Verfehlt ist, hier an Simon Petrus, an Nathanael oder an Jakobus den Jüngeren zu denken, denn die beiden Wanderer fanden bei ihrer Rückkehr die elf Jünger versammelt.

Die nähere Zeitbestimmung des Lukas: „...am selben Tage", setzt diese Begebenheit auf den 1. O s t e r t a g , wo die Auferstehung stattfand. Dies geht auch zweifellos aus Lk 24, 21 hervor. Die genaue Tageszeit wird nicht angegeben, aber es kann angenommen werden, daß sich die Geschichte am Oster n a c h m i t t a g abspielte. Dafür spricht der Umstand, daß die beiden Wanderer wußten, daß Frauen und Männer am Grabe waren und es leer fanden. Vor allem erreichten die beiden Jünger das Dorf Emmaus am Abend, als sich die Sonne senkte (Lk 24, 29).

Lukas berichtet genau, daß die beiden Wanderer zu dem Dorf Emmaus gingen, das sechzig Stadien von Jerusalem entfernt liegt. Sie gingen tief betrübt, aber nicht mit verschlossenen Herzen und Lippen ihres Weges. Das Gespräch der beiden Jünger beweist, daß der Glaube noch nicht völlig in ihren Herzen erloschen war. Diese beiden Jünger werden vielfach als ganz verzweifelte Männer dargestellt. Das kann aber nicht behauptet werden. Es steht fest, daß diese beiden nach Trost und Licht suchten. Sie glaubten, durch gegenseitigen Austausch sich trösten zu können. Die Osterbotschaft der Frauen konnte sie nicht erfreuen. Der Stein war zwar vom Grabe weggewälzt, aber der Eine, der allein sie hätte trösten können, war ihrer Ansicht nach doch nicht mehr unter den Lebenden; denn man hatte Ihn ja nicht gesehen.

Während sich die beiden Wanderer lebhaft über den Tod des Herrn unterhielten, ging ihnen Jesus, im buchstäblichen Sinne des Wortes, nach. Weil sich die Jünger unterwegs sehr um ihren Heiland bekümmerten, hatte ihre Unterhaltung den Gewinn, daß der Herr nach Seiner Verheißung bald auch wirklich mitten unter ihnen war (vgl. Mt 18, 20). Der Herr ist diesen Jüngern an Seinem großen Siegestage wirklich und persönlich erschienen, um ihnen Licht und Trost zu bringen. Warum ließ Er die anderen Jünger zu Jerusalem bis zum Abend auf Sein Erscheinen warten? Einige Erklärer meinen, die Emmausjünger waren die Schafe, die am weitesten von Seiner Herde entfernt waren. Ein anderer Ausleger glaubt, Jesus sei ihnen erschienen, um die Apostel auf Seine Auferstehung vorzubereiten. Aus dem Bericht des Lukas aber ist zu entnehmen, daß Jesus den beiden Jüngern um ihrer selbst willen erschienen ist. Wenn Kleopas und sein ungenannter Begleiter auch keine hervorragenden Personen aus dem weiteren Jüngerkreise des Herrn waren, so hatte der gute und treue Hirte gerade ein Herz für die Kleinen Seiner Herde.

Die beiden Wanderer erkannten den Herrn ebensowenig wie Maria Magdalena, die den Auferstandenen für einen Gärtner hielt. Die beiden Jünger hielten Jesus für einen Wandersmann, genauso wie sie selbst Wandersleute waren. Markus und Lukas berichten, daß die beiden Jünger den Auferstandenen aus bestimmten Gründen nicht erkannten. Markus sagt, daß Jesus in einer anderen Gestalt erschien; Lukas erwähnt, daß ihre Augen gehalten wurden. Es wären die Fragen zu klären: Erschien der Auferstandene in einem neuen Leibe? oder: War eine

Umwandlung mit dem Herrn wirklich vorgegangen, daß sich Seine Gestalt verändert hatte?

Die Emmausjünger erkannten den Herrn nicht (Lk 24, 16), bis Er ihnen das Brot brach (Lk 24, 31). Maria Magdalena erkannte den Herrn erst, als Er sie bei ihrem Namen rief (Jo 20, 14 ff). Die Jünger erkannten den auferstandenen Herrn auch längere Zeit nicht, als Er am Ufer stand (Jo 21, 4. 7. 12). Sein Kommen und Gehen hatte also etwas Geisthaftes und Plötzliches. Als die Emmausjünger den Herrn endlich erkannten, war Er schon wieder vor ihren Augen verschwunden (Lk 24, 31). Der Herr trat auch plötzlich in die Versammlung der Jünger zu Jerusalem ein (Lk 24, 36), so daß sie glaubten, eine Geistererscheinung zu sehen (Lk 24, 37). Bei den beiden Besuchen, die Johannes berichtet, erschien der Auferstandene mit der gleichen Plötzlichkeit unter ihnen und dazu noch bei verschlossenen Türen (Jo 20, 19. 26).

Die Leiblichkeit des Herrn war also eine andere Leiblichkeit. Sie war eine verklärte Leiblichkeit.

Wenn die Emmausjünger den Auferstandenen nicht erkannten, so läßt sich das nicht aus ihrem Unglauben erklären. Es kann wohl hier gesagt werden, daß Gott dieses Nichterkennen bewirkte. Die Kraft der Auferstehung Christi wird eben nicht durch ein leibliches Schauen und Empfinden wahrgenommen, sondern durch das Wort und den Glauben.

b) Die Unterhaltung der Wanderer mit dem Auferstandenen.

Lk 24, 17—24

17 Er aber sprach zu ihnen: „Was sind denn das für Reden, die ihr da so untereinander wechselt auf eurem Wege?" Da blieben sie trauri
18 gen Blickes stehen. * Einer aber von ihnen, namens Kleopas, sprach zu Ihm: „Du bist der einzige Fremdling in Jerusalem, der nicht
19 weiß, was dort in diesen Tagen geschehen ist". * Er sprach zu ihnen: „Was denn?" Sie aber erwiderten Ihm: „Das von Jesus, dem Nazarener, welcher ein prophetischer Mann wurde, mächtig in Werk
20 und Wort vor Gott und allem Volk. * Wie auch unsere Hohenpriester und Obersten Ihn zum Tode verurteilt haben und Ihn
21 kreuzigen ließen. * Wir aber hofften, daß Er es sei, der Israel erlösen sollte. Nun ist nach alledem heute der dritte Tag, seit dem
22 dieses geschehen ist. * Dazu kommt noch folgendes: Einige Frauen von uns haben uns in Aufregung versetzt. Sie waren nämlich früh
23 morgens zum Grabe gegangen. * Und da sie Seinen Leib nicht fanden, kamen sie zurück und sagten, daß sie eine Erscheinung von
24 Engeln gehabt hätten, welche sagen, daß Er lebe! * Darauf sind dann einige von uns zum Grabe gegangen. Diese fanden es so, wie es die Frauen geschildert hatten, Ihn aber sahen sie nicht."

Zu Vers 19:
Mt 21, 11

Zu Vers 21:
Apg 1, 6
Zu Vers 22:
V. 1—11

Zu Vers 24:
V. 12
Jo 20, 3—10

Der Unbekannte fragt die beiden Wanderer nach der Ursache ihres Wortwechsels. Jesus ist als Seelsorger vorsichtig und verständig. Er wußte um ihre Bekümmernis, aber Er gab ihnen Gelegenheit, sich durch eine offene Aussprache das Herz zu erleichtern. Jesus stellte Sich wie ein Unwissender, obgleich Er alles wußte. Die Emmausjünger konnten sich vor Ihm offen und freimütig aussprechen, wenn diese Aussprache auch lange Zeit in Anspruch nahm. [3])

Der finstere Gesichtsausdruck der beiden Wanderer war ein Zeichen ihrer tiefen Trauer und ihres ungeheuren Schmerzes. Die teilnehmende Frage des Unbekannten erregte ihre Herzen so, daß sie aufs stärkste ihren Verlust empfanden. Die Last des Jammers lag so schwer auf ihren Herzen, daß sie stille standen, einfach nicht weitergehen konnten, Atem schöpfen und aus der Tiefe aufseufzen mußten.

Jesus fragte, als wüßte Er rein gar nichts. Dadurch ergoß sich die Fülle ihres Herzeleids in einem vollen Strome. Sie klagten dem freundlichen Reisebegleiter ihren tiefen Schmerz. Es gehörte Mut dazu, sich als Anhänger Jesu, den das Volk gekreuzigt und verworfen hatte, frei und offen zu bekennen. Sie scheuten sich nicht, Freunde dieses Gehenkten zu sein. Ihre Liebe zu dem großen Propheten, welchen Gott Seinem Volke erweckt hatte, war so groß, daß sie es nicht unterlassen konnten, diesem Fremdling gegenüber von Ihm zu zeugen und zu erzählen.

Ehe die beiden Jünger nun von dem kläglichen Geschick reden, das ihrem großen Freund in den letzten Tagen in Jerusalem widerfahren war, bezeichnen sie den Gekreuzigten als einen **Propheten**. Jesus von Nazareth ist als Prophet aufgetreten, als Prophet ist Er immer mehr hervorgetreten; Er offenbarte eine immer größere Herrlichkeit, daß Sein Prophetentum immer größere Anerkennung fand. Es heißt hier nicht: „Welcher war", sondern *„Welcher wurde ein Prophet"*, um auf das Werden und Zunehmen Seines Prophetentums hinzudeuten. Er ist ein Prophet, mächtig in Werk und Wort, geworden. Jesus wirkte durch Sein Wort gewaltig, daß Seine Zuhörer in laute Verwunderung ausbrachen (Lk 7, 28 f). Den Worten des Herrn entsprachen auch Seine Taten oder Werke. Die beiden Wanderer spielten offenbar auf die Krafttaten des Erlösers, auf Seine Wunder und Zeichen an. Wenn auch die Propheten des Alten Bundes Wunder taten, so übertreffen die Wundertaten des Herrn alle Werke der Propheten.

Nach einer kurzen Charakterisierung der P e r s o n Jesu gehen die Jünger zu dem über, was diesem großen Propheten in diesen Tagen zu Jerusalem nun Schreckliches zugestoßen ist. Die Spitzen der Hierarchie und die Vorsteher des ganzen Volkes haben diesen Propheten zur Verdammnis des Kreuzestodes verurteilt. Sie haben Ihn gekreuzigt, um die größte Schmach auf Ihn zu häufen. Die beiden Wanderer wußten, daß die Hohenpriester und Volksobersten Ihn nicht selbst durch ihre Leute ge-

---

[3] Nach den Koine-Handschriften fragte der Herr noch: „Und was seid ihr so finster dreinblickend?" Es ist keine Frage des Vorwurfs, wie einige Ausleger wollen, sondern der herzlichsten Teilnahme. Die Codices Sinaiticus, Alexandrinus, Vaticanus, die durch die sahidische, koptische, äthiopische Übersetzung unterstützt werden, lesen dafür: „Und sie standen finster dreinblickend" oder: „Sie blieben traurigen Blickes stehen".

kreuzigt haben, sondern Pilatus hat es befohlen. Sie waren aber über alle Vorgänge genau unterrichtet, daß die Hohenpriester und Obersten als die eigentlichen Urheber Seiner Kreuzigung anzusehen sind. Wehmütig klagen sie, daß ihre Volkshäupter diesen bewährten Gottespropheten schrecklich gemordet haben, daß dieser Prophet durch der Hohenpriester Schuld ein solches Ende nehmen mußte.

Den Mann aus Nazareth, mächtig in Werken und Worten, den sie anfangs als einen Propheten ansehen, betrachteten sie als den von Moses verheißenen Propheten (5 Mo 18, 18), dem die Erlösung Israels gelingen sollte. Unter dem Propheten, der Israel erlösen sollte, war ein Mann zu verstehen, der den davidischen Königsthron wieder aufrichtet, der die Feinde des Volkes Gottes vernichtet, der Sich die ganze Erde untertänig macht. Mit schmerzerfülltem und blutendem Herzen standen sie am leeren Grabe des Herrn, das ihre glänzenden Hoffnungen verschlungen hatte.

Die folgenden Worte im Grie: „alla ge kai" sind sehr schwer zu übersetzen. Sie können übersetzt werden: **„Aber doch auch . . .".** Aus diesen Worten kann empfunden werden, daß noch etwas da war, was die gesunkenen Hoffnungen in irgendeiner Art vielleicht wieder aufrichten könnte. Bei allem, was sie erfahren und erlitten haben, war immer noch etwas vorhanden, was dem Leiden und Sterben des Erlösers etwas von seinem Schrecken und Entsetzen nahm. Bei allem Herzeleid war ihnen noch ein ganz kleiner Hoffnungsschimmer geblieben. Was es war, liegt in ihren Worten: sie nennen den **„dritten Tag".** Auf diesen dritten Tag haben sie immer noch leise gehofft. Sie erwarteten an diesem Tage die Lösung des Rätsels vom Kreuzestode des Messias und einen großen Umschwung der ganzen Sachlage. Jesus hatte eben ganz bestimmt von diesem dritten Tage nach Seinem Tode gesprochen. W a s Jesus ihnen inhaltlich damit verheißen hatte, verstanden sie nicht.

Die beiden Wanderer erzählen dem Unbekannten, daß sie durch einige Frauen aus dem Jüngerkreis des Herrn in Schrecken, Entsetzen, Staunen oder in Verwunderung versetzt wurden. Was sie am Vormittag von ihnen vernommen haben, hat ihnen den letzten Hoffnungsschimmer erbarmungslos ausgelöscht. Nach dieser Kunde haben sie allen Hoffnungen den Abschied gegeben und Jerusalem verlassen, weil jetzt alles aus ist. Die Frauen sind frühmorgens am dritten Tage zum Grabe gegangen. Der Leib des Gekreuzigten, den sie suchten, war dort nicht mehr zu finden. Daraufhin kamen sie und sagten, eine Erscheinung von Engeln gesehen zu haben, welche sagten, **„Er lebe".** Die beiden Jünger fällen kein Urteil über diese Erscheinung, sondern lassen es auf sich beruhen. Die von den Frauen berichtete Aussage der Engel, daß Er lebe, hatte bei den zwei Jüngern keine Glaubwürdigkeit.

Auf die Nachricht der Frauen haben sich aber zwei Apostel zum Grabe begeben, um dort den Tatbestand zu ermitteln. Die Wanderer sagen nicht, wer diese beiden Apostel waren. Es ist aber wohl nicht verfehlt, hier an Petrus und Johannes zu denken. Die beiden Männer fanden es so, wie die Frauen berichtet hatten: sie haben kein Gesicht gehabt, aber sie fanden das Grab leer. Jene Engel sollen gesagt haben, daß Er lebe —, sie sind hingegangen, um den Lebendigen zu suchen, haben Ihn aber nicht gefunden. Die beiden Jünger ziehen den Schluß, es sei undenkbar, daß Jesus von den Toten auferstanden wäre; wäre es so, würde Er Sich diesen Männern offenbart haben. Diese Folgerung hat eine gewisse Berechtigung. Die beiden Wanderer befanden sich in der drückendsten Gemütsverfassung. Sie hatten noch etwas am dritten Tage erwartet. Obgleich sie ganz wunderbare Nachrichten empfingen, daß Engel sich schauen ließen, war doch das Grab leer und der Auferstandene hatte Sich nicht sehen lassen. Weil Gottes Gedanken nicht von ihnen begriffen wurden, konnten sie die herrliche Auferstehung des Erlösers nicht glauben. Falsche, vorgefaßte Ansichten hielten das Licht der Wahrheit auf, Finsternis verdunkelte ihnen die Klarheit des Herrn.

c) Jesu Auslegung der alttestamentlichen Schriften.

Lk 24, 25—27

25 Und Er sprach zu ihnen: „O ihr Unverständigen, wie ist doch euer Herz so abgestumpft, um allem, was die Propheten gesagt haben,
26 Glauben zu schenken! * Mußte nicht der Messias dieses leiden,
27 um daraufhin in Seine Herrlichkeit einzugehen?" * Da fing Er an, von Mose und von allen Propheten zu sprechen, und erklärte ihnen, was in allen Schriftstellen, die sich auf Ihn Selbst bezogen, ausgesagt war.

Zu Vers 27:
5 Mo 18, 15
Ps 22; Jes 53

Der Auferstandene hatte für die Niedergeschlagenen zunächst kein Wort des Trostes, sondern zuerst eine scharfe Zurechtweisung. Die energische Sprache des Herrn sollte ihnen wohl helfen, sich aufzuraffen. Jesus bezeichnet die beiden Wanderer zuerst als „**Unverständige**". Es fehlt ihnen der rechte Verstand und die klare Erkenntnis. Wenn sie Verstand hätten, würden sie jetzt nicht so traurig sein, sondern jauchzen und Gott für die wahre Erlösung Seines Volkes danken.

Ihr Unverstand hat in der Herzensträgheit seine Wurzel. Das träge Herz der Jünger war abgestumpft. Sie hofften, der große Prophet, mächtig in Werk und Wort, würde sie die Herrlichkeit und Seligkeit des auserwählten Volkes genießen lassen. Was die Propheten von der Herrlichkeit des Messias und Seines Reiches geweissagt haben, war ihnen zwar lieb und wert, weil sie die bildlichen Reden für buchstäbliche Beschreibungen des herrlichen Zukunftsreiches hielten. Die Weissagungen aber von dem Leiden und Sterben des Messias waren ihnen dagegen fremd und dunkel geblieben. Christus sah in Seinem Leiden und Sterben nichts anderes als die Erfüllung der Weissagung. Die unverständigen und trägherzigen Jünger haben sich gerade an dem gestoßen, was Jesus zum Messias machte. Sein Weg ging durch Leiden zur Herrlichkeit. Das Leiden war für Ihn die Brücke, der Übergang aus dem Stande der Erniedrigung zu dem Stande der Erhöhung.

Der Auferstandene hatte den beiden Jüngern eine Kardinalfrage vorgelegt, nachdem sie von Ihm auf die Weissagungen des AT hingewiesen worden waren. Wenn der Herr eine Antwort auf Seine Frage haben wollte, mußte Er ihnen erst einen gründlichen Unterricht erteilen. Der Herr fing darum an, ihnen die messianischen Weissagungen zu erklären, die sich auf Sein Leiden und auf die danach folgende Herrlichkeit beziehen. Es war eine gründliche Unterweisung. Jesus begnügte Sich nicht, den Jüngern nur einige Stellen aus dem AT vorzulegen, sondern Er fing bei Mose an und legte ihnen alle Stellen der Propheten aus. Die Jünger wurden aus der Morgendämmerung zum Tageslicht hingeleitet, durch Aufschluß darüber, was Jesus Christus Selbst ist. Es ist ein Fortschritt in den Weissagungen der Schrift zu erkennen, denn Gott hat am Anfang noch verhüllt von dem Leiden und Sterben des Messias geredet, bis Er dann am Ende deutlich davon sprach. Zuerst sind es nur leise Andeutungen, später aber klare Verkündigungen. Wenn es dem Auferstandenen gelang, die Jünger zu überzeugen, daß das ganze AT vom Leiden und Sterben und der Auferstehung des Messias weissagt, dann war alles gewonnen. Der Auferstandene wollte auf dem Grunde des AT die Grundfeste des Glaubens bauen. Durch eine gründliche Auslegung zeigte Er den Jüngern, wie sich die einzelnen Weissagungen zu einem festen Gebäude zusammenfügen. Eine Auslegung des AT, die in diesem Schrifttum keine Weissagungen auf Christus und keine Voraussagen auf Sein Leiden und Sterben und auch auf Seine Auferstehung findet, hat in der Gemeinde Jesu keinen Platz.

d) Die Einkehr des Auferstandenen in die Herberge zu Emmaus.
Lk 24, 26—31

28 Unterdessen kamen sie zu dem Orte, wohin ihre Wanderung ging,
29 und Er gab vor, weiterzugehen. * Und sie drängten Ihn und sagten: „Bleibe bei uns; denn es will Abend werden und der Tag hat sich
30 geneigt!" So ging Er denn hinein, bei ihnen zu bleiben. * Als Er Sich hierauf mit ihnen zu Tische niedergesetzt hatte, nahm Er das
31 Brot, sprach den Segen und brach es und gab es ihnen. * Da wurden ihnen die Augen geöffnet, und sie erkannten Ihn. Er aber entschwand vor ihnen.

Zu Vers 30: Lk 22, 19

Wie lange der Unterricht gedauert hat, wird nicht gesagt. Die beiden Jünger hatten schließlich das Ziel ihrer Reise erreicht. Der Reisegefährte aber schien noch nicht am Ziele angelangt zu sein. Der Herr nahm wohl deshalb den Schein zum Weitergehen an, damit sie sich b e w u ß t würden, daß Er sie nicht verlassen wolle und daß sie nicht von Ihm lassen können.
Die beiden Jünger empfanden tief, was der Unbekannte ihnen in diesen wenigen Stunden gewesen ist. Sie drangen darum mit Bitten auf Ihn ein, bei ihnen zu bleiben. Sie sind schüchtern. Der Unbekannte wird nicht angehalten i h r e t wegen, sondern S e i n e t wegen bei ihnen zu bleiben. Der Begleiter soll da bleiben, weil die Nacht schon angebrochen sei. Bleiben soll Er, weil es dem Abend zugeht; denn ein

Wanderer gibt sein Wandern auf und ruht aus, wenn es Abend wird
und die Nacht hereinbricht.

Ihrer dringenden Bitte leistet der Herr Gehör. Er geht hinein ins
Haus, um bei ihnen zu bleiben. Der Herr fühlt Sich nun nicht als
G a s t der beiden, sondern handelt als Herr und Meister, als der
Hausvater in ihrer Mitte. Nachdem sie sich an dem Tische gelagert
hatten, nahm der Herr das Brot in Seine Hand, sprach einen Segens-
spruch darüber aus, brach es und teilte es aus. Jesus hat nie Speise und
Trank zu Sich genommen, ohne dem Geber aller guten und vollkom-
menen Gaben dafür zu danken. Der Herr sprach auch sonst über dem
Brote Seinen Segensspruch aus, dann brach Er es und teilte es aus (vgl.
Mt 14, 19; Mk 9, 41; Lk 9, 16; Jo 6, 11). Dabei erkannten sie Den,
welchen sie stundenlang nicht erkannt hatten, obgleich Er mit ihnen
gegangen war und mit ihnen geredet hatte. 4)

Der Auferstandene offenbarte Sich eigentlich nur, um Sich sofort
wieder zu verhüllen, und nicht, um bei den Jüngern zu b l e i b e n. Die
Emmausjünger mußten erfahren, daß Er ihnen Seine sichtbare und er-
kennbare Gegenwart nur für eine kurze Zeit schenkte, daß Er leiblich
bald wieder von ihnen schied. Sobald sie Ihn erkannten, war Er ihren
Blicken wieder entschwunden.

e) Die Botschaft der Emmausjünger vom Auferstandenen an die Apostel des Herrn.

Lk 24, 32—35

**32 Da sprachen sie untereinander: „Brannte nicht unser Herz in uns,
wie Er zu uns redete auf dem Wege, wie Er uns die Schriftstellen
33 erklärte?" * Und sie brachen zur selben Stunde auf und kehrten**

---

⁴ Die Erklärer haben mehrfach gefragt, ob die Jünger den Auferstandenen durch den Segensspruch oder durch das Brechen des Brotes erkannt hätten. Wenn die Jünger den Herrn durch den
Segensspruch erkannt hätten, würde Jesus nach einer bestimmten Formel bei dieser Mahlzeit
gebetet haben. Es entspricht sicherlich nicht dem freien Umgang des Herrn mit Seinem himmlischen
Vater, daß Er Sich einer solchen feststehenden Gebetsformel bedient hätte. Wenn jedoch die
Stimme des Unbekannten den beiden Jüngern die inneren Augen geöffnet hätte, wäre es merkwürdig, daß sie den Herrn nicht schon während der Unterhaltung erkannten. „Ihnen wurden die
Augen geöffnet" auf das Brechen des Brotes zurückzuführen, ist wohl ebensowenig zu begründen.
Die Jünger, so meint man, hätten den besonderen Griff gekannt, mit welchem der Herr das Brot
brach. Diese Erklärung ist sicherlich auch von der Hand zu weisen. Der Unbekannte wurde nicht
während des Brotbrechens, sondern erst nach der Austeilung des Brotes erkannt. Nachdem Jesus
das Brot gesegnet, gebrochen und ausgeteilt hatte, wurden die Augen der beiden Jünger geöffnet.
Weil die Jünger den Herrn nicht aus eigenem Vermögen oder durch eine natürliche Ursache erkannten, bleibt nichts anderes übrig, als das **Öffnen ihrer Augen** auf ein göttliches Wirken zurückzuführen. Sie erkannten den Unbekannten, weil mit ihren Augen etwas geschah, weil ihre Augen
durch Gottes Güte sehend gemacht wurden. Bis dahin wurden sie durch Gottes Willen und Wirken
gehalten. Wenn auch nicht zu leugnen ist, daß alles, was über Tische geschah, mithalf, den Jüngern
die Augen aufzutun, so mußte doch G o t t S e l b s t eingreifen, um das Öffnen zu bewirken.
Es mußten ihnen die Augen des Geistes geöffnet werden, um den Herrn im verklärten Leibe
zu schauen.

nach Jerusalem zurück. Dort fanden sie die Elfe versammelt und
34 andere bei ihnen. * Sie (die Elf) sagten, daß der Herr wirklich auf-
35 erweckt und dem Simon erschienen sei. * Da erzählten auch sie
selbst die Dinge, die sich auf dem Wege zugetragen hatten und
wie Er Sich bei dem Brechen des Brotes zu erkennen gegeben hatte.

Zu Vers 34:
1 Ko 15, 4. 5

Der Auferstandene war verschwunden. Die beiden Jünger waren
wieder allein. Wenn sie davon sprachen, daß bereits auf dem Wege
ihr Herz brannte, als Er ihnen die Schrift erklärte, so bedeutet das
nicht, daß dieses Feuer schon wieder erloschen war. Das Feuer war
vielmehr so stark, daß sie sich nach Jerusalem zu den anderen Brüdern
hingetrieben fühlten, um mit ihrem Feuer das Feuer seliger Osterfreude
weiter mächtig zu entfachen und zum Lodern zu bringen. Der Auferstandene hatte den beiden Jüngern keine Anweisung gegeben, ihren
Brüdern die frohe Auferstehungsbotschaft zu bringen. Sie wußten, wie
es im Kreise der Brüder ausgesehen hatte, als sie Jerusalem verließen.
Die brüderliche Liebe drängte sie, dem Auferstandenen, der ihnen zum
Glauben verholfen hatte, zu danken, indem sie Ihm an Seinen Brüdern dienten und sie im Glauben unterwiesen.

Die beiden Wanderer wollten voller Freude dem Jüngerkreise der
Elf sagen, daß der Auferstandene ihnen erschienen sei. Sobald sie aber
in den Raum eintraten, wo die Elf versammelt waren, scholl ihnen das
freudige Bekenntnis entgegen: „Der Herr ist wirklich auferweckt worden und dem Simon erschienen". Die Erscheinung, welche dem Simon
zuteil wurde, hat für die übrigen Jünger die Entscheidung zum Glauben an die Auferstehung Jesu herbeigeführt.

Auf diesen frischen und frohen Ostergruß seitens der Elf und der
versammelten Gemeinde erzählen die beiden Wanderer ihre Erlebnisse.
Auch sie konnten voller Glück von einer Erscheinung des Auferstandenen reden.

3. Die Erscheinung des Auferstandenen im Kreise der Jünger
zu Jerusalem.

W. Stb. Mark.
S. 283 ff.
Zu V. 36—49:
Mk 16, 14—18
Jo 20, 19—23
1 Ko 15, 5

Lk 24, 36—43

Lukas berichtet: a) Von einer plötzlichen Erscheinung des Auferstandenen (Lk 24, 36—38); b) von handgreiflichen Merkmalen der leiblichen Auferstehung des Herrn (Lk 24, 39—43).

a) Eine plötzliche Erscheinung des Auferstandenen.

Lk 24, 36—38

36 Während sie noch darüber redeten, stand Er Selbst in ihrer Mitte. *
37 In ihrer Erregung und Angst meinten sie jedoch, einen Geist zu
38 sehen. * Da sprach Er zu ihnen: „Was seid ihr so bestürzt, und
warum steigen Zweifel auf in euren Herzen?"

Zu Vers 37:
Mt 14, 26

Während die beiden Wanderer von Emmaus noch reden, erschien
Jesus plötzlich in ihrer Mitte. Plötzlich stand Er da. Die Jünger sehen

Ihn nicht kommen, **Er stand in ihrer Mitte.** Diese Weise des Sich-Zeigens erregt die Jünger derart, daß sie glauben, einen Geist zu sehen. [5] Nach Mk 16, 14 mußte der Herr sie wegen ihrer Herzenshärtigkeit und wegen ihres Unglaubens schelten. Die Einschaltung des Markusberichtes scheint wohl an dieser Stelle richtig zu sein. Wie sehr es den elf Aposteln und den übrigen Jüngern an dem rechten, fröhlichen Glauben fehlte, ist daraus zu schließen, daß sie zuerst Furcht und Entsetzen empfanden, als ihnen der Herr erschien. Seine Erscheinung erfolgte so plötzlich und so geheimnisvoll und so wunderbar, daß sie auf den Gedanken kamen, einen **Geist** zu sehen. Die Jünger meinten ein Gespenst zu sehen, das die Gestalt des Heilandes nachahmte.

Der Auferstandene hatte die Aufgabe, die Jünger zu überzeugen, daß Er Selbst vor ihnen stand. Er fragte sie: **„Was seid ihr bestürzt, und warum steigen Zweifel in euren Herzen auf?"** Jesus mußte die Jünger zuerst aus der Verwirrung zur Sammlung und Besinnung zurückführen. Durch die Worte: „Was seid ihr verwirrt oder bestürzt?" werden sie ermahnt, ihre Sinne vom Schrecken zu lösen. Solange aber die Menschen verwirrt sind, bleiben sie beim hellsten Licht verblendet. Damit Seine Jünger zur rechten Erkenntnis gelangen, veranlaßt Er sie, das Ganze ruhig und schlicht zu überlegen.

> b) Die handgreiflichen Merkmale für die Auferstehung.

Lk 24, 39—43

39 **„Seht Meine Hände und Meine Füße, daß Ich es Selbst bin; betastet Mich und seht; denn ein Geist hat nicht Fleisch und Bein, wie ihr 40 es an Mir seht."** * Und als Er dies gesagt hatte, zeigte Er ihnen die **41** Hände und die Füße. * Während sie aber noch ungläubig waren vor Freuden und sich verwunderten, sprach Er zu ihnen: „Habt ihr **42** etwas Speise hier?" * Da übergaben sie Ihm ein Teil von gebrate-**43** nem Fisch. * Und Er nahm es und aß es vor ihren Augen.

Zu Vers 42:
Jo 21, 10

Nachdem Jesus die erschrockenen und verwirrten Jünger zur Ruhe gebracht hatte, gibt Er ihnen Seine Hände und Seine Füße zu besehen und zu betasten, um sie von Seiner persönlichen Gegenwart zu überzeugen. Die Nägelmale an Händen und Füßen, nach Johannes noch die

---

[5] Durch die Ergänzung beider Berichte, nämlich des von Lukas und des von Johannes, wird auf das Geheimnis hingewiesen, das über dem Hineinkommen des Herrn liegt. Johannes will sagen, daß die Türen verschlossen blieben und sich nicht öffneten (vgl. Apg 12, 10; 16, 16), und daß Jesus trotzdem zu den Jüngern kam. Wie der Auferstandene auf einmal in der Mitte Seiner Jünger stand, wird nicht näher beschrieben. Das demütige Beispiel der Evangelisten, die dieses Stehen des Herrn trotz verschlossener Türen nicht zu erfragen suchten beim Herrn, sondern schweigen, sollte uns anspornen, daß wir offen sagen: E s   i s t   und bleibt   e i n   G e h e i m n i s ! Das wunderbare Erscheinen des Herrn bei verschlossenen Türen ist die Kehrseite von dem wunderbaren Verschwinden vor den Augen der Emmausjünger.

Nach den Codices Sinaiticus, Alexandrinus und Vaticanus sagte der Erschienene in der Mitte der Jünger: „Friede euch!", im Codex Cantabrigiensis fehlen die Worte: „Und Er sagte zu ihnen: Friede euch!" Weil dieser Friedensgruß des Herrn für eine Einschiebung aus Jo 20, 19. 26 gehalten wird, empfiehlt man eine Auslassung an dieser Stelle.

Seitenwunde, mußten jedes Bedenken beseitigen, daß Er es Selbst ist und kein anderer.

So überzeugte Jesus Seine Jünger von der Tatsache Seiner Persönlichkeit und Seiner Leiblichkeit.

Der Evangelist erzählt nicht, ob die Jünger den Herrn wirklich betastet haben, es ist aber doch anzunehmen, daß sie Seine Forderung befolgten. Die Freude der Jünger war so groß, daß sie noch gar nicht recht glauben konnten. Das Menschenherz ist zu klein, eine große Freude, die ihm über jede Vermutung und Erwartung widerfährt, gleich aufzunehmen. Zuerst verhinderten Furcht und Schreckengedanken den Glauben bei den Jüngern. Jetzt ist die große **Freude** ein Hindernis, daß sie nicht glauben können. Die Jünger können sich erst langsam in ihr Glück hineinfinden.

Jesus kam der Schwachheit Seiner Jünger freundlich entgegen. Um ihnen noch klarer zu zeigen, daß Er in leibhaftiger Wirklichkeit mitten unter ihnen steht, fragt Er, ob sie irgendetwas zu essen haben. Der Herr fordert dieses nicht Seinetwegen, sondern wegen ihres Unglaubens. Es wurde Ihm ein Stück von gebratenem Fisch dargeboten. Die Worte: „...und vom Wabenhonig", welche die Koine-Handschrift enthält, fehlen in anderen Handschriften. Die Allegorie, welche die Kirchenväter aus dem gebratenen Fisch und dem Wabenhonig herausholen, sind von der Hand zu weisen. Jesus wollte zu keinen allegorischen Spielereien Veranlassung geben, sondern die Jünger sollten sich durch Sein Essen überzeugen, daß Er in leibhaftiger Wirklichkeit unter ihnen war.

Jetzt, da der Herr Speise von ihnen gegessen hatte, fielen für sie alle Bedenken und Zweifel dahin. Die Jünger freuten sich, daß sie den Herrn sahen. Jetzt erkannten sie Ihn recht, daß Er es Selbst in leiblicher Person und Wirklichkeit war. Ihre Osterfreude gelangte völlig zum Durchbruch.

4. Die Himmelfahrt des Herrn.

Lk 24, 44—53

Lukas faßt am Schlusse seines Evangeliums alles zusammen, was Jesus nach Seiner Auferstehung bis zur Himmelfahrt Seinen Jüngern an Belehrung und Verheißung erteilt hat. Was in Lk 24, 44—48 berichtet wird, deutet nicht daraufhin, daß Jesus das dort Erwähnte am Osterabend (Lk 24, 36) oder erst am Himmelfahrtstage gesagt hat. Ein bedeutender Schriftausleger verlegt zwischen Lk 24, 44. 45 die 40 Tage bis zum Verlauf der Himmelfahrt (Apg 1, 3). Jener Ausleger findet hiernach in Lk 24, 44—49 einen summarischen Bericht über das, was Jesus vom Auferstehungstag bis zu Seiner Himmelfahrt 40 Tage geredet hat. Lukas faßt hier (Lk 24, 44—53) also das Resultat der verschiedenen Reden des Auferstandenen mit der Himmelfahrt kurz zusammen, in der Absicht, die Himmelfahrt im zweiten Buche ausführlicher zu behandeln.

Lukas berichtet hier: a) Die letzten Reden des Auferstandenen an
Seine Jünger (Lk 24, 44—49); b) die Aufnahme des Auferstandenen in
den Himmel (Lk 24, 50—53).

a) Die letzten Reden des Auferstandenen an die Jünger.

Lk 24, 44—49

Zu Vers 44:
Lk 9, 22;
18, 31—33
V. 27

44 Er aber sprach zu ihnen: „Dieses sind Meine Reden, die Ich zu euch
sagte, da Ich noch bei euch war, daß sich alles erfüllen müsse, was
in dem Gesetz Moses und den Propheten und Psalmen von Mir ge-
45 schrieben steht." * Alsdann öffnete Er ihnen den Sinn zum Ver-
46 ständnis der Schriften. * Und Er sprach zu ihnen: „So steht geschrieben, daß der Christus leiden muß und von den Toten auferstehen
47 wird am dritten Tage. * Und daß auf Seinen Namen hin Bekehrung
zur Vergebung der Sünden verkündet werden muß, und zwar unter
48 allen Völkern, von Jerusalem anfangend. * Ihr seid dessen Zeu-
49 gen. * Und siehe, Ich sende aus die Verheißung Meines Vaters auf

Zu Vers 49:
Jo 15, 26;
16, 7
Apg 1, 4

euch. Ihr aber sollt in der Stadt verbleiben, bis daß ihr Macht angezogen habt aus der Höhe."

Wie der Herr vor Seinem Leiden und Sterben mit den Jüngern zu-
sammensaß und mit ihnen aß und ihnen durch das Mahl ein Zeichen
Seiner Liebe bot, so wollte Er auch jetzt, ehe Er von ihnen Abschied
nahm, den Jüngern ein besonderes Vermächtnis hinterlassen, an welchem sie sich ihr Leben lang erquicken könnten.

Oft hat der Herr es den Jüngern erklärt, daß kein Jota, kein Häk-
chen vom Gesetz und den Propheten hinfallen darf, sondern daß Er
vielmehr gekommen ist, die auf Ihn lautenden Weissagungen des Alten
Bundes zu vollenden. Jede messianische Verheißung, soweit sie auf
diese Zeit lautet, wird Er der Erfüllung entgegenführen. Nach dieser
feierlichen Erklärung, daß die Weissagungen der Schrift, die sich auf
Ihn beziehen, erfüllt werden müßten, eröffnete Er ihnen die atst
Schriften. Sämtliche Verheißungen, soweit sie in diesem Sinne in Be-
tracht kommen, faßt der Herr unter die vier Hauptstücke zusammen:
Leiden, Tod, Auferstehung und Völkerpredigt.

Diese Worte oder Reden, auf welche Er Seine Jünger hinweist, sprach
Er zu einer ganz bestimmten Zeit zu den Jüngern. Er tat sie den Seinen
kund, als Er noch mit ihnen wandelte. Jetzt dagegen befindet Er Sich
im Zustande der Verklärung und im verherrlichten Leibe. Das frühere
Zusammensein mit den Jüngern war durch Seinen Kreuzestod zu Ende
gegangen.

Jesus sagte den Jüngern in den Tagen Seines Fleisches, daß alles erfüllt werden müsse, was in dem Gesetze Moses, den Propheten und den
Psalmen in bezug auf Ihn geschrieben sei. Obgleich Er den Jüngern
nicht nur einmal, sondern oft diese Belehrung erteilte, mußte Er doch
wahrnehmen, daß ihnen Seine bestimmten Erklärungen aus der Schrift
nicht einleuchtend waren. Falsche Vorstellungen hatten sich vielmehr

bei den Jüngern festgesetzt, welche mit ihren fleischlichen Wünschen übereinstimmten. Weil es jetzt das letzte Mal war, daß Er von Angesicht zu Angesicht mit den Jüngern sprach, konnte Er es nicht länger anstehen lassen, sie in das volle Verständnis des AT einzuführen. Wenn Lukas schreibt, daß Jesus den Jüngern die Voraussetzungen geschaffen hätte, um die Schriften zu verstehen, so spricht er sich nicht darüber aus, ob Er ihnen nicht auch das Herz, wie der Purpurkrämerin Lydia, öffnete (vgl. Apg 16, 14). Zu der Worterklärung, welche an den Verstand appelliert, muß die innere Erleuchtung kommen.

Interessant ist, daß die Auferstehung am dritten Tage betont wird, wie das auch Paulus in seiner bekannten Belehrung über die Auferstehung tut (1 Ko 15, 4). Die Auferstehung am dritten Tage lehrte Jesus nach der Schrift. D i r e k t e Weissagungen über den Zeittermin der Auferstehung enthält zwar das AT nicht. Der Herr hat den dritten Tag nur aus Typen entwickelt wie aus der Geschichte des Propheten Jona (vgl. Mt 12, 40).

In diesem „Öffnen der Schrift" zeigte der Herr den Jüngern noch einen dritten Hauptpunkt an, und zwar ein göttliches Muß, nämlich „die Völkerpredigt". Die U n i v e r s a l i t ä t des Evangeliums von Jesus Christus spricht das AT ebenso bestimmt aus wie Sein Leiden und Sterben, wie auch Seine Auferstehung. In dieser Beziehung können eine Anzahl atst Beweisstellen angeführt werden (Jes 49, 1; Ps 2, 8; Hos 2, 23; Joe 3, 5; Mal 1, 11; Dan 7, 14; Ps 117, 1). Der Herr öffnete den Aposteln den Blick in das Weite. Mehrfach betraute Er sie durch deutliche Fingerzeige ausdrücklich mit der Predigt des Evangeliums an alle Völker (Mt 8, 11; 10, 18; Lk 14, 23; Jo 10, 16; Mt 26, 13; Mk 14, 9; Mt 24, 14). Den Schriftbeweis für Seine Winke und Befehle gab Er den Jüngern jetzt erst, als die Aufgabe der Völkerpredigt bald an sie herantreten würde. Der Inhalt ihrer Predigt ist Sinnesänderung oder Bekehrung, eine Änderung ihres Sinnes und ganzen Wesens zur Vergebung der Sünden. Was sie predigen sollen, ist kein Selbstzweck, sondern der Kern des Evangeliums. Diese Bekehrungspredigt soll schriftgemäß geschehen. Es ist hier auf die Worte zu achten: „epi to onomati auton", was nicht bedeutet: in Seinem Namen, sondern besser mit „auf Grund seines Namens" zu übersetzen ist. Der Name Christi ist gleichsam der Grund, der Stützpunkt des Evangeliums der Buße zur Vergebung der Sünden. Die Apostel brauchen nur diesen Namen: seine Bedeutung, seinen Inhalt und das Wesen und Werk zu entfalten.

Der Herr gibt den Jüngern die wichtige Anweisung, daß sie mit der Evangeliumspredigt in Jerusalem beginnen sollen. Dies ist der biblische Weg. In der Stadt Davids war dem Messias der Thron verheißen (Ps 132). Gott hat auf Zion Seinen König eingesetzt (Ps 2, 6). Von Zion geht das Gesetz aus und das Wort Gottes von Jerusalem aus (Jes 2, 3). Zu Zion ist der köstliche Eckstein gelegt (Jes 28, 16). Zion und Jerusalem sollen ihre Stimme mit Macht erheben (Jes 40, 9). Die Jünger

hätten leicht auf den Gedanken kommen können, nicht in der Stadt
Jerusalem, die doch den Christus getötet hatte, mit der Predigt des
Evangeliums zu beginnen und mit Israel nichts mehr zu versuchen.
Jerusalem war jedoch lange der Zentralpunkt der Mission, und dort
weilten die Apostel, die Säulen der Gemeinde waren. Paulus, wenn er
missionierte, suchte zuerst die Juden auf (Apg 13, 46). Die Begründung
der Völkerpredigt aus der Schrift bezeugt die Ehrfurcht des Herrn vor
dem AT (vgl. Mt 22, 43). Wenn der Sohn Gottes eine solche Achtung
vor der Schrift hatte, wievielmehr sollten sich Seine Knechte um das
geschriebene Wort Gottes kümmern!

Nachdem der Herr den Jüngern die Hauptstücke aus der Schrift
vorgetragen hat, beruft Er sie zu Seinen **Zeugen.** Sie sollen vor aller
Welt bezeugen, was Er ihnen aus der Schrift zeigte. Das Zeugnis der
Apostel bezieht sich auf Sein Leiden, Sterben und Auferstehen als
Predigt in aller Welt. Wenn Jesus sie aufforderte, das zu bezeugen, so
mußten sie ahnen, daß das Wort vom Kreuz und von der Auferstehung
bei Juden und Heiden ein Stein des Anstoßes und des Ärgernisses
sein werde. Wirkliche Zeugen des Evangeliums zu sein, heißt nach dem
Grundtext eigentlich „Märtyrer" sein, die ihr Zeugnis mit dem Tode
besiegeln, wenn es sein muß.

Das Zeugenamt, wozu der Herr Seine Jünger berufen hat, sollten sie
bald ausführen. Er will ihnen zu diesem Zeugenamt den Heiligen Geist
aus dem Himmel heraussenden. Mit dem zusammengesetzten Ausdruck
„exapostellein" bezeichnet Lukas gerne die Sendung des Heiligen
Geistes (vgl. Lk 1, 53; 20, 10. 11; Apg 7,12; 9,30; 11, 22; 12, 11 usw.)
aus dem Himmel heraus, in welchen Er Sich jetzt erhebt. Diese Aussage
von der Sendung des Heiligen Geistes steht in der Gegenwartsform,
um auszudrücken, daß diese Verheißung nicht allein gewiß ist, sondern
auch in kürzester Zeit zu erwarten ist. Der Herr sendet den vom Vater
verheißenen Geist aus Seiner eigenen Machtfülle.

Die Jünger sollen die Verheißung des Vaters empfangen, damit sie
fähig sind, als Seine Zeugen aufzutreten. Bis dahin aber sollen sie sich
still und ruhig verhalten. Sie sollen in der Stadt bleiben, bis sie angezogen haben Macht aus der Höhe. Nach Apg 1, 4—5 wird dieses Wort
des Herrn bestimmt dem Himmelfahrtstage zugeschrieben. Die Anweisung, in Jerusalem zu verweilen, reicht nicht über den Pfingsttag hinaus. Der Tag der Ausgießung des Heiligen Geistes steht also in Aussicht. Die Jünger sollen Jerusalem nicht verlassen, weil die Erfüllung
der Verheißung in allernächster Zeit bevorsteht, und zwar sind es keine
Wochen mehr, sondern nur noch **Tage.** Hier in Jerusalem sollen sie der
Dinge warten, die da kommen sollen.

W.Stb.Mark.
S. 288
Zu V. 50—53:
Mk 16, 19
Apg 1, 4—14

b) Die Aufnahme des Auferstandenen in den Himmel.

Lk 24, 50—53

50 Er aber führte sie hinaus bis nach Bethanien. Dort erhob Er Seine
51 Hände und segnete sie. * Und es geschah, indem Er sie segnete,

52 schied Er von ihnen. * Und sie kehrten zurück nach Jerusalem mit
53 großer Freude. * Und sie waren fortwährend im Tempel, um Gott
zu loben und zu preisen.

Die Apostelgeschichte erwähnt Bethanien nicht, sondern den Ölberg
als den Ort, wo sich die Himmelfahrt ereignete (Apg 1, 12). Beide Mitteilungen stehen im schönsten Einklang. Der Ölberg liegt zwischen
Jerusalem und Bethanien. Die Bemerkung „bis nach Bethanien" bedeutet nicht, in den Ort hinein, sondern bis in die Nähe oder in der
Richtung, auf dem Wege, bis zu der Stelle, wo es nach Bethanien hinab
geht.

Es ist nur diesmal, daß Jesus Seine Jünger mit **erhobenen** Händen
segnete. Täglich segnete Er sie mit allem Guten, als sie mit Ihm wandelten. Den Segen auf das Volk Gottes zu legen, war das Amt des
Hohenpriesters (4 Mo 6, 23). Jetzt, da der Herr von ihnen schied,
offenbarte Er Sich als ihr wahrer Hoherpriester.

Während dieses Segnens schied der Herr von Seinen Jüngern. Es
kann nicht anders sein, als daß Er vor ihren Augen in die Höhe entrückt wurde. Es war diesmal ein ganz besonderes, wunderbares Ent-
fernen, wie früher Sein plötzliches Erscheinen in ihrer Mitte auch wunderbar war (vgl. Jo 20, 19. 26). Lukas, der seinen Bericht damit beendet,
sagt deutlich, daß Christus fortan nicht mehr erschien; denn nicht mehr
die Person Jesu, sondern der Tempel in Jerusalem ist der Punkt ihrer
Vereinigung. In den meisten Handschriften steht hier noch der Satz:
„Und Er wurde in den Himmel emporgehoben." Wenn dieser Satz auch
eine Glosse ist, so bietet er doch die sachlich richtige Erklärung, wie
der Herr von den Jüngern schied. Wenn Er bei den früheren Erscheinungen plötzlich unsichtbar verschwand, so schied Er jetzt **sichtbar** vor
den Augen der Jünger, **sichtbar** zum Himmel auffahrend. Der Herr
wollte damit nicht nur einen deutlichen Abschluß Seiner Oster-Erschei-
nungen bieten, sondern die Jünger überzeugen, daß Er nunmehr zur
Herrlichkeit des Vaters zurückgekehrt sei (vgl. Lk 24, 25; Jo 17, 5),
die Er beim Eintritt in die Welt verlassen hatte.

Nachdem der Herr gen Himmel gefahren war, kehrten die Jünger mit
großer Freude nach Jerusalem zurück. Damit befolgten sie die Anweisung des Herrn, um dort den Empfang der Verheißung des Vaters zu
erwarten. Damals erschrak ihr Herz über die Ankündigung Seines Weg-
ganges. Jetzt ist es voller Freude, weil sie Seine Himmelfahrt als Seinen
Hingang zum Vater erkannten. Wenn die Jünger im Tempel waren, so
schließt das nicht aus, daß sie auch in häuslicher Gemeinschaft zusam-
menkamen (Apg 1, 13). Sie gingen zur Zeit des öffentlichen Gottesdienstes in den Tempel, wie sie auch nach der Ausgießung des Geistes
noch täglich zur Stunde des Gebets in den Tempel gingen (Apg 2, 46;
3, 1). Sie lobten und priesen Gott für alles, was sie erlebt hatten. Besonders die Auferstehung und Erhöhung Jesu zur Rechten Gottes war
der Gegenstand ihres Lobpreises fort und fort!